Schülerduden Lateinisch – Deutsch

Alle Schülerduden im Überblick:

Rechtschreibung
Grammatik
Fremdwörterbuch
Lateinisch – Deutsch
Literatur
Kunst
Musik
Religion und Ethik
Philosophie
Psychologie
Mathematik I
Mathematik II
Informatik
Physik
Chemie
Biologie
Geografie
Länder – Städte – Kontinente
Wirtschaft
Politik und Gesellschaft
Geschichte

Moritz Schulte

Schülerduden
Lateinisch – Deutsch

3., überarbeitete Auflage
Herausgegeben und bearbeitet
von der Redaktion Schule und Lernen

Dudenverlag
Mannheim · Leipzig · Wien · Zürich

Bibliografische Information der Deutschen Nationalbibliothek
Die Deutsche Nationalbibliothek verzeichnet diese Publikation in der Deutschen Nationalbibliografie; detaillierte bibliografische Daten sind im Internet über http://dnb.ddb.de abrufbar.

Lizenzausgabe für Bibliographisches Institut AG, Mannheim
Ausgabe 2008 nach den seit 1.8.2006 gültigen Rechtschreibregeln;
Nachdruck 2010

Bearbeitet von Peter Helms, Werner-Wilfrid Rogosky, Peter Witzmann
Unter der Leitung von Gerhard Löwe

D C B

Redaktionelle Leitung Heike Krüger-Beer
Redaktion Linda Strehl

Herstellung Annette Scheerer
Layout Horst Bachmann
Umschlaggestaltung Hemm-communication.design, Filderstadt
Umschlagabbildungen Gazimal/Stone/Getty Images,
München: Schülerin mit Buch; Lars Halbauer/picture-alliance/dpa,
Frankfurt am Main: Kolosseum
Satz Bibliographisches Institut AG, Mannheim
Druck und Bindung Offizin Andersen Nexö Leipzig GmbH
Printed in Germany

ISBN 978-3-411-71653-1

Elias Kröger

Benutzungshinweise

Der Schülerduden „Lateinisch – Deutsch“ richtet sich in erster Linie an Schülerinnen und Schüler an Gymnasien (G8 und G9) und an anderen weiterführenden Schulen mit Lateinunterricht, aber auch an Studierende, für die Latein eine Bedeutung innerhalb ihres Fachstudiums hat. Der Band enthält rund 30 000 Stichworteinheiten. Sein Wortschatz erstreckt sich auf die klassischen und ausgewählte spät- und mittellateinische Autoren. Dabei rechnet das Wörterbuch Spätlatein von ca. 200 bis 600 n. Chr., Mittellatein bis etwa 1500.

Der Aufbau der Stichwortartikel

1. Der lateinische Wortschatz ist streng alphabetisch angeordnet. Stichwörter und Varianten erscheinen in halbfetter Schrift:

   atomus, ī; **Scythi|s,** ~dis *f u.* **~ssa,** ~ssae *f.*

2. Die Tilde (~) ersetzt
   - das ganze Stichwort bei dessen Wiederholung:

     solūtus I. ... stomachus ~ *lies:* stomachus solūtus
   - den durch einen feinen senkrechten Strich im Stichwort abgetrennten vorderen Teil des Stichworts:

     ūnitā|s, ~tis *f, lies:* unitas, unitatis

     com|pōnō, ~posuī, ~pos(i)tus *3, lies:* compōnō, composuī, compositus bzw. compostus

   Nach dem Trennstrich bzw. der Tilde steht die jeweilige Endung oder ein Teil des Wortstamms + Endung.

3. Buchstabengleiche Wörter verschiedener Vokalquantität (Vokallänge, Vokalkürze) werden als verschiedene Stichwörter behandelt und durch vorangesetzte hochgestellte arabische Ziffern unterschieden:

   ^{1}**vas,** vadis *m*

   ^{2}**vās,** vāsis *n*

   Gleichlautende Wörter verschiedener Wortart werden innerhalb eines Stichwortartikels durch halbfette römische Ziffern unterschieden:

   cautus I. *Adj 3* ... **II.** *Part Perf Pass* ...

   foedus I. *Adj 3* ... **II.** *Subst foederis n* ...

4. Die Zugehörigkeit der Nomina zu ihrer Deklination ergibt sich aus der Genitivangabe. Bei allen Substantiven ist die Genusbezeichnung beigegeben:

   libellus, ī *m, lies:* libellus, libellī *Maskulinum*

5. Kursive Ziffern hinter Verben verweisen auf die 1., 2., 3. und 4. Konjugationsklasse. Die lateinischen Verben sind mit der 1. Person Präsens Indikativ Aktiv bzw. Passiv verzeichnet:

   vocō *1* rufen

   Kursive Ziffern hinter Adjektiven und Pronomina der 1./2. Deklination kennzeichnen die Anzahl der Genusendungen:

   māgnus *3* groß *lies:* māgnus, māgna, māgnum groß

Zweiendigen Adjektiven auf -is ist die Endung -e des Neutrums und dreiendigen die für alle drei Genera gleiche Endung -is des Genitivs beigegeben:

missil|is, ~e, *Gen* ~is

Substantive der 2. Deklination und Adjektive der 1./2. und 3. Deklination mit dem Nominativ Maskulinum auf -er werden mit der vollen Form des Femininums und Neutrums dargestellt, um Missverständnisse zu vermeiden:

sagittifer, sagittifera, sagittiferum

salū|ber (~bris), salūbris, salūbre, *Gen* ~bris

6. Die Kasusangabe *Akk* steht für transitiven Gebrauch, ist aber nur in den Fällen angegeben, in denen Latein und Deutsch ein Objekt unterschiedlich regieren:

sapiō, sapiī *3* **1.** schmecken *Akk* nach; riechen *Akk* nach

Sind unterschiedliche Kasus (mit oder ohne Präposition) möglich, wird ebenfalls der Objektkasus genannt, wobei die Präposition bei fakultativem Gebrauch in Klammer gesetzt ist:

arietō *1* ... anrennen, stürmen (in) *Akk* gegen,

lies: arietō mit *in* + Akkusativ oder nur mit Akkusativ.

7. Spät- und mittellateinische Bedeutungen eines Stichworts werden durch eine Hohlklammer (⟦) und die Abkürzungen *spl* oder *ml* gekennzeichnet. In allen anderen Fällen handelt es sich um klassisches Latein. Altlateinischer Wortschatz wird mit der Abkürzung *altl* bezeichnet. In die Abkürzung *ml* sind auch einige Neolatinismen mit einbezogen.

8. Die für die Metrik des klassischen Lateins wichtige Angabe der Vokalquantität erfolgt durch einen waagrechten Strich über langen Vokalen. Kurze Vokale bleiben unbezeichnet. Bei schwankendem Gebrauch sind Länge- und Kürzezeichen gesetzt:

mīlĕ̄s, mīlitis

Im spät- und mittellateinischen Wortschatz wird die Vokalquantität nicht gekennzeichnet.

9. In vielen Fällen ist beim Stichwort in eckigen Klammern die Etymologie angegeben, d. h. dasjenige Wort, von dem oder von dessen Wurzel das Stichwort abgeleitet ist:

integrō *1* [integer]

Wörter griechischer Herkunft sind durch [*gr*] bezeichnet:

dolō, ~nis [*gr*]

10. Mit folgenden Abkürzungen wird über die Beziehungen des Lateinischen zur deutschen Sprache Auskunft gegeben:

- *urv* für *urverwandte* Wörter aus dem Indoeuropäischen:

  cor, cordis *n* Herz (*urv*)

- *Lw* für *Lehnwörter,* die einer älteren Sprachschicht entstammen, mit starken phonetischen Eindeutschungen:

  class|is, ~is *f* Klasse (*Lw*)

- *Fw* für *Fremdwörter* späterer Herkunft, die nur geringe Veränderungen im Lautsystem zeigen:

  cummi *undekl n* Gummi (*Fw*)

A

A. *Abk* **1.** = Aulus **2.** = absolvo (spreche frei) *auf den Stimmtäfelchen der Richter;* →C. 3. **3.** = auditor (Hörer, Schüler) *in Ciceros Tuskulanen*

[1]**ā** = ah

[2]**ā, ab, abs** *Präp beim Abl* **1.** *räuml* (*Ausgangspunkt, Trennung, Abstand*) von, von ... her, von ... aus, aus; a dextra (parte) auf der rechten Seite; a fronte vorn; a latere in der Flanke; a tergo im Rücken **2.** *zeitl* von – an, gleich nach **3.** *übertr* (*Urheber, Ursache, Herkunft*) von, aus, infolge; servus ab epistulis Geheimschreiber ⟦*spl nach Komp* als

ab →[2]a

abāctus →abigo

abacus, ī *m* Abakus (eine Art Rechenmaschine); Spielbrett; (Prunk-)Tisch *zum Aufstellen von Gefäßen*

ābaetō →abito

abaliēnātiō, ~nis *f* Ent-, Veräußerung

abaliēnātus I. *Adj 3 med* abgestorben **II.** *Part Perf Pass* →abalieno

abaliēnō *1* **1.** entfremden (a) *Abl* jmdm., abtrünnig machen (a) *Abl* von **2.** veräußern, abtreten

Abantēus *3* abantëisch, des Abas

Abantiadēs, ae *m* Abantiade, Nachkomme des Abas

Abās, Abantis *m* Abas (König in Argos)

abavus, ī *m* Ururgroßvater; Ahnherr

⟦**abba** = abbas

⟦**abba|s,** ~tis *m spl* Abt [*Lw*]

⟦**abbat(e)ia,** ae *f spl* Abtei

⟦**abbatiola,** ae *f spl* Abtei

⟦**Abbatis cella,** ae *f ml* Appenzell

⟦**abbatissa,** ae *f spl* Äbtissin

⟦**abbrevio** *1 ml* ein Konzept verfassen, einen Entwurf machen; verbriefen

Abdēra, ōrum *n u* ae *f* Abdera (Stadt in Thrakien)

Abdēritēs, ae *m* Abderit, Einw. von Abdera

abdicātiō, ~nis *f* Amtsniederlegung

[1]**abdicō** *1* **1.** verleugnen, verstoßen **2.** *mit Akk od* se abdicare *mit Abl ein Amt* niederlegen **3.** (se) abdicare sich lossagen *Abl* von ⟦*ml* entsagen; fernhalten

[2]**ab|dīcō,** ~dīxī, ~dictus *3* ablehnen

abdidī →abdo

abditum, ī *n* [abditus] Verborgenheit, Tiefe ⟦*ml* Geheimnis

abditus I. *Adj 3* verborgen; entlegen, entfernt **II.** *Part Perf Pass* →abdo

abdīxī →[2]abdico

ab|dō, ~didī, ~ditus *3* **1.** entfernen, verbergen, verstecken in *mit Akk* (*Abl*), *dt* in *mit Dat* **2.** se abdere sich zurückziehen, sich verbergen, sich verstecken in *mit Akk* (*Abl*), *dt* in *mit Dat*

abdōm|en, ~inis *n* Schmerbauch, Wanst

ab|dūcō, ~dūxī, ~ductus *3* weg-, ab-, entführen; weg-, abziehen; abkommandieren; abspenstig machen, zum Abfall verleiten ⟦*ml* se abducere sich fortmachen, fortgehen; →abducor

⟦**ab|ducor,** ~ductus sum *3 ml* verloren gehen

abductus →abduco *u* abducor

⟦**ab|edo,** ~edi, ~esus *3 ml* abnagen

abēgī →abigo

Abella, ae *f* Abella (Stadt in Kampanien)

Abellānī, ōrum *m* Abellaner, Einw. von Abella

ab|eō, ~iī, ~itum (*Inf* ~īre) weggehen; (aus)scheiden *Abl* aus *einem Amt, dem Leben;* verfließen, vergehen *Zeit* ⟦*ml* sterben de an

abequitō *1* fortreiten

aberrātiō, ~nis *f* Entfernung, Abstand; Ablenkung

aberrō *1* abirren, abkommen; abweichen, abschweifen

abesse →absum

⟦**abesus** →abedo

Abgarus, ī *m* Abgar (Titel der Herrscher von Edessa)

abhinc *räuml* von hier; *zeitl mit Akk od Abl* (jetzt) vor, vor (nunmehr) ⟦*spl* danach

⟦**abhominatio** = abominatio

abhorr|ēns, *Gen* ~entis **I.** *Adj 3* abweichend, fremd; unverständlich, sinnlos **II.** *Part Präs Akt* →abhorreo

ab|horreō, ~horruī 2 *mit* (a) *Abl od Dat* zurückschrecken vor; abweichen von, nicht passen zu ⟦*ml* verschieden sein

abī, abi- *zu* abeo

ab|iciō, ~iēcī, ~iectus *3* [iacio] wegwerfen; niederwerfen, zu Boden werfen; fahren lassen, aufgeben; entmutigen; erniedrigen, demütigen

abiectiō, ~nis *f* Entmutigung, Mutlosigkeit ⟦*spl* Demütigung, Verachtung

abiectus I. *Adj 3* nachlässig hingeworfen; verworfen, gemein; niedergeschlagen, mutlos **II.** *Part Perf Pass* →abicio ⟦*ml* morbus ~ Aussatz

abiēgnus *3* [abies] aus Tannenholz

abiēs, abietis *f* Tanne, Tannenholz; Speer, Lanze; Schreibtafel; Schiff

ab|igō, ~ēgī, ~āctus *3* [ago] weg-, vertreiben, verjagen, verstoßen; rauben

abiī →abeo

abin' = abisne (*2. Sg Indik Präs Akt zu* abeo + [2]-ne)

abitiō, ~nis *f* [abeo] Weg-, Fortgehen

a

ābitō *3* [*altl*] weggehen
abitum →abeo
abitus, ūs *m* [abeo] Weg-, Fortgehen; Abreise; *örtl* Ausgang
abiūdicō *1* aberkennen, absprechen a *Abl od Dat* jmdm.
ab|iungō, ~iūnxī, ~iūnctus *3 Tiere* ab-, ausspannen; trennen, entfernen
⟦**abiurator,** ~is *m spl* jmd., der etw. unter Eid abstreitet; Ableugner
abiūrō *1* abschwören, unter Eid ableugnen
ablaqueō *1* die Erde aufhacken *od* auflockern
⟦**ablatio,** ~nis *f spl* Wegnahme, Raub
⟦**ablativus,** i *m spl* Ablativ; *ml* Befreier
ablātus →aufero(r)
ablēgātiō, ~nis *f* Entsendung; Entfernung, Verbannung
ablēgō *1* wegschicken, entfernen
abligurriō *4* ab-, belecken; verprassen
ablocō *1* vermieten, verpachten
ablūdō *3* abweichen, nicht passen a zu
ab|luō, ~luī, ~lūtus *3* [lavo] abwaschen; tilgen ⟦*spl* taufen
⟦**ablutio,** ~nis *f ml* Abspülen, Bad; Abspülwasser
ablūtus →abluo
⟦**ab|mordeo,** ~mordi, ~morsus *2 ml* abbeißen
abn. *Abk* = abnepos
⟦**abnegatio,** ~nis *f spl* Ab-, Verleugnung; Absage
abnegō *1* abschlagen, verweigern; sich weigern
abnepō|s, ~tis *m* Ururenkel
abneptis, ~ *f* Ururenkelin
Abnoba, ae *m* Schwarzwald
abnōrm|is, ~e, *Gen* ~is von der Regel abweichend
ab|nuō, ~nuī, ~nuitūrus *3* abwinken; ablehnen, verweigern; leugnen, bestreiten
abnūtō *1* = abnuo
ab|oleō, ~olēvī, ~olitus *2* vernichten, zerstören; beseitigen, aufheben; aberkennen
abol|ēscō, ~ēvī *3* (allmählich) verschwinden, vergehen
abolēvī →**1.** aboleo **2.** abolesco
abolitiō, ~nis *f* Abschaffung, Aufhebung, Verwerfung
abolitus →aboleo
abolla, ae *f* Umhang, (Soldaten-)Mantel
abōminandus I. *Adj 3* verabscheuenswert **II.** *Gerdv zu* abomino(r)
⟦**abominatio,** ~nis *f spl* Verabscheuung; Gräuel; Unmenschlichkeit
abōmin|ō *u* ~or *1* wegwünschen; verabscheuen
Aborīgin|ēs, ~um *m* Aboriginer (Stammvolk der Latiner)
abortiō, ~nis *f* Frühgeburt, Fehlgeburt
abortīvus *3* zu früh geboren
abortus, ūs *m* = abortio
ab|rādō, ~rāsī, ~rāsus *3* abkratzen, -schaben; abscheren, -schneiden; abzwacken, wegnehmen ⟦*ml* glatt rasieren; bloßlegen; austilgen
⟦**abrenuntio** *1 spl* absprechen; entsagen
ab|ripiō, ~ripuī, ~reptus *3* [rapio] wegreißen, -schleppen; entführen, rauben; se abripere sich aus dem Staube machen
abrogātiō, ~nis *f* Abschaffung, Aufhebung
abrogō *1* (durch Volksbeschluss) abschaffen, aufheben; aberkennen, entziehen
abrotonum, ī *n* [*gr*] Stabwurz, Zitronenkraut *Gewürz- und Arzneipflanze*
ab|rumpō, ~rūpī, ~ruptus *3* ab-, los-, zerreißen; abbrechen; *übertr* ab-, unterbrechen, aufgeben
ab|rumpor, ~ruptus sum *3* lostoben
abruptiō, ~nis *f* Abreißen; Ehebruch
abruptum, ī *n* [abruptus] Abgrund
abruptus I. *Adj 3* jäh, steil, schroff; *vom Stil* abgerissen, schroff **II.** *Part Perf Pass* →abrumpo *und* abrumpor
abs →²a
abs|cēdō, ~cessī, ~cessum *3* weg-, vergehen; *mit* (a) *Abl* aufgeben; sich entziehen; nachgeben
abscessiō, ~nis *f* Zurückweichen; Abnahme
abscessum →abscedo
abscessus, ūs *m* Weggang, Abzug; *med* Eitergeschwür, Abszess
¹**abscīdī** →abscindo
²**abscīdī** →abscido
abs|cīdō, ~cīdī, ~cīsus *3* [caedo] abhauen, abschneiden, trennen; *übertr* abschneiden, entziehen ⟦*ml* fidem ~cido die Treue brechen; nefas ~cido vom Unrecht ablassen
ab|scindō, ~scidī, ~scissus *3* ab-, weg-, losreißen; aufreißen; scheiden, trennen; entziehen
⟦**abscisio,** ~nis *f ml* Abschneiden
abscissus →abscindo
abscīsus I. *Adj 3* jäh, steil, schroff; *übertr* abgebrochen, kurz angebunden, schroff **II.** *Part Perf Pass* →abscido
abscondī →abscondo
abscondidī →abscondo
⟦**absconditum,** i *n* [absconditus] *ml* Geheimnis
absconditus I. *Adj 3* verborgen, versteckt; *übertr* verhüllt; tief(gründig) **II.** *Part Perf Pass* →abscondo
abs|condō, ~condī *u.* ~condidī, ~conditus *u. spl* ~consus *3* verstecken, verbergen, verheimlichen; aus dem Gesicht verlieren
absēns, *Gen* absentis [absum] abwesend, entfernt ⟦*spl* mente atque sensu absentissimus bewusstlos

absentia, ae *f* Abwesenheit
absentīvus *3* (lange, längere Zeit) abwesend
⟦**absento** *1 spl* entfernt sein; se absentare sich fernhalten
absiliō *4* [salio] weg-, davonspringen
absimil|is, ~e, *Gen* ~is unähnlich
absinthium, ī *n* [*gr*] Wermut
absis = habsis
ab|sistō, ~stitī *3* wegtreten, -gehen, sich entfernen; ablassen *Abl* von; *mit Inf* aufhören ⟦*ml* fern sein
absolūtiō, ~nis *f* **1.** Freisprechung **2.** Vollendung, Vollkommenheit ⟦*ml* Lösung vom Kirchenbann, Absolution
absolūtōrius *3* freisprechend
absolūt|us **I.** *Adj 3* vollendet, vollkommen; uneingeschränkt, unbedingt **II.** *Part Perf Pass* →absolvo ⟦*ml Adv* ~e im Allgemeinen
ab|solvō, ~solvī, ~solūtus *3* **1.** ablösen, losmachen; befreien, freisprechen *Gen od* (de) *Abl* von **2.** vollenden ⟦*ml* Absolution erteilen *Akk* jmdm.
absonus *3* misstönend; nicht in Einklang stehend, unvereinbar *Dat od* a mit
ab|sorbeō, ~sorbuī *2* hinunterschlürfen, -schlingen, verschlingen: *übertr* mit sich fortreißen
absp- = asp-
absque *Präp beim Abl altl* ohne, außer; ~ *Abl* esset ohne jmds. Hilfe
abstēmius *3* [temetum] enthaltsam, nüchtern; zurückhaltend *Gen* gegenüber dem Genuss von
abs|tergeō, ~tersī, ~tersus *3* ab-, wegwischen; beseitigen
abs|terreō, ~terruī, ~territus *2* verjagen, verscheuchen; abschrecken, abhalten *Abl* von
abstersī →abstergeo
abstersus →abstergeo
abstinā|x, *Gen* ~cis enthaltsam
abstin|ēns **I.** *Adj Gen* ~entis enthaltsam, uneigennützig **II.** *Part Präs Akt* →abstineo
abstinentia, ae *f* Verzicht, Enthaltsamkeit, Genügsamkeit; Uneigennützigkeit
abs|tineō, ~tinuī, ~tentus *2* **1.** ab-, zurück-, fernhalten; auf Diät setzen **2.** (se) ~tinere (a) *Abl, Gen od Akk* sich enthalten, fernbleiben von **3.** *mit Inf od* ne, quin, quominus sich enthalten zu, sich zurückhalten zu **4.** *abs* fasten
abstitī →absisto
abstō *1* entfernt stehen
abs|trahō, ~trāxī, ~tractus *3* fortschleppen, losreißen; ablenken, abhalten ⟦*ml* entziehen
abs|trūdō, ~trūsī, ~trūsus *3* verstecken, verbergen
abstrūsus **I.** *Adj 3* verborgen, heimlich; verschlossen *Charakter* **II.** *Part Perf Pass* →abstrudo
abstulī →aufero
absum, āfuī, āfutūrus (*Inf Präs Akt* abesse) **1.** abwesend, fern, entfernt sein **2.** nicht beistehen **3.** *mit* a *Abl* verschieden sein von, ungeeignet sein für, nicht passen zu; multum *od* longe abest, ut es fehlt viel daran, dass; non multum *od* non longe *od* paulum (nihil) abest, quin es fehlt nicht viel (nichts) daran, dass (= beinahe); tantum abest, ut ... ut weit entfernt, dass ... vielmehr
absūmēd|ō, ~inis *f* Verzehren
ab|sūmō, ~sūmpsī, ~sūmptus *3* verbrauchen; vergeuden, verschwenden; vernichten; →absumor
ab|sūmor, ~sūmptus sum *3* vergehen, umkommen
absurdus *3* misstönend; albern, sinnlos; unpassend a *od Dat* für, ungeschickt, unbrauchbar
Absyrtus, ī *m* Absyrtos (Bruder der Medea)
abund|āns **I.** *Adj, Gen* ~antis überfließend, übervoll; (über)reich *Gen oder Abl* an; im Überfluss vorhanden, reichlich **II.** *Subst* ~antis *n* Überfluss **III.** *Part Präs Akt* →abundo ⟦*ml* ex ~anti est ist überflüssig
abundanter *Adv* wort-, ausdrucksreich
abundantia, ae *f* Überfluten, -fließen, -laufen; Überfluss; *vom Stil* Überladenheit
abundē *Adv* im Überfluss, mehr als genug
abundō *1* überfließen, -strömen; Überfluss haben *Abl* an; im Überfluss vorhanden sein; *vom Stil* überladen sein
abūsiō, ~nis *f* Katachrese *Gebrauch eines Wortes in uneigentlicher Bedeutung* ⟦*spl* Missbrauch
⟦**abusive** *Adv spl* missbräuchlich
abūsque *Präp beim Abl* von ... her
abūsus **I.** *Part Perf* →abutor **II.** *Subst* ūs *m* Verbrauch
ab|ūtor, ~ūsus sum *3 mit Abl* verbrauchen, ausnutzen; missbrauchen
Abȳdēnus **I.** *Adj 3* abydenisch, von Abydos **II.** *Subst* ī *m* Abydener, Einw. von Abydos
Abȳdum, ī *n* = Abydus
Abȳdus, ī *f* Abydos (Ort in Kleinasien am Hellespont)
⟦**abyssus,** i *f* (*m*) [*gr*] spl Abgrund des Meeres; Hölle; unermesslicher Weltraum
ac = atque
Acadēmīa, ae *f* Akademie (1. heiliger Bezirk des attischen Heros Akademos 2. danach benannte Philosophenschule Platons 3. Landgut Ciceros in Kampanien 4. Gymnasium auf Ciceros Landgut bei Tusculum) ⟦*ml* Universität

a

Acadēmicus *3* akademisch, zur Akademie gehörig
Acadēmus, ī *m* Akademos (attischer Heros)
acalanthi|s, ~dis (*Akk* ~da) *f* [*gr*] Stieglitz
Acam|ās, ~antis (*Akk* ~anta) *m* Akamas (S. des Theseus)
acanthus, ī Akanthus (1. *m Pflanze* = Bärenklau 2. *f Baum* = Schotendorn)
Acanthus, ī *f* Akanthos (Seestadt auf Chalkidike)
acarna, ae *f* = acharne
Acarnān, ~is (*Akk Pl* ~as) *m* Akarnanier, Einw. von Akarnanien
Acarnānia, ae *f* Akarnanien (Landschaft Mittelgriechenlands)
Acarnān(ic)us *3* akarnanisch, aus Akarnanien
acarnē = acharne
Acastus, ī *m* Akastos (S. des Pelias 1.)
⟦**acatus,** i *m* [*gr*] *spl* (kleines, schnell segelndes) Schiff
Acbarus = Abgarus
Acca Larentia, ae *f* Acca Larentia (röm. Flurgöttin, Gem. des Faustulus)
ac|cēdō, ~cessī, ~cessus *3 mit* (ad, in) *Akk od Dat* **1.** herantreten, -kommen, sich nähern, sich einstellen, eintreten **2.** *übertr* sich anschließen, beipflichten; schreiten zu, übernehmen; ~cedo ad rem publicam sich den Staatsgeschäften widmen; nahekommen, ähnlich sein *od* werden; *als Zuwachs* hinzukommen; huc *od* eo *od* eodem ~cedit, quod *od* ut dazu kommt noch, dass ⟦*ml zur Kommunion* herantreten
accelerō *1 mit Akk* beschleunigen; *ohne Akk* (herbei)eilen, sich beeilen ⟦*ml* eilig herbeiholen
ac|cendō, ~cendī, ~cēnsus *3* anzünden; erleuchten; entflammen, anfeuern, reizen; steigern, vermehren, erhöhen
ac|cēnseō, ~cēnsuī, ~cēnsus *2* zurechnen; zugesellen
accēns|us I. *Subst* [accenseo] **1.** ī *m* Amtsdiener, Unterbeamter, Gerichtsdiener **2.** *Pl* ~ī, ~ōrum *m* Ersatzleute *einer Legion* **II.** *Part Perf Pass* **1.** →accendo **2.** →accenseo
accentus, ūs *m* [cano] Betonung, Akzent; Blasen *eines Instruments*
accēpī →accipio
⟦**acceptabil|is,** ~e, *Gen* ~is *spl* annehmbar, angenehm
acceptātus I. *Adj 3* annehmbar, angenehm **II.** *Part Perf Pass* →accepto
acceptiō, ~nis *f* Annahme, Empfang ⟦*spl* Geltung, Würdigung; *ml* ~ potestatis Übernahme der Herrschaft
acceptō *1* an-, einnehmen, empfangen ⟦*ml* auf sich nehmen
accept|or, ~ōris *m* Empfänger
acceptri|x, ~cis *f* Empfängerin
acceptus I. *Adj 3* angenehm, willkommen **II.** *Part Perf Pass* →accipio
accersō = arcesso
accessī →accedo
accessiō, ~nis *f* Herantreten, Annäherung; Zutritt, Audienz; (Fieber-)Anfall; Zuwachs, Vermehrung; Anhängsel ⟦*ml* Anhang, Verstärkung
accessus I. *Part Perf Pass* →accedo **II.** *Subst* ūs *m* Annäherung; Zutritt; Zuwachs, Vermehrung; Neigung ⟦*spl örtl* Zugang
Acciānus *3* accianisch, des Accius
accidenti|a I. *Part Präs Akt Nom Akk Pl n zu* accido **II.** *Subst* ~um *n* zufällige Ereignisse ⟦*ml phil* zufällige, nicht wesentliche Eigenschaften
[1]**ac|cidō,** ~cidī *3* [cado] (hin-, nieder)fallen ad *od Dat* auf *od* bei, ~cido ad pedes sich zu Füßen werfen *Gen* jmdm.; gelangen **2.** vorfallen, sich ereignen, geschehen, ablaufen **3.** widerfahren, zustoßen ⟦*ml* anfallen, einkommen
[2]**ac|cīdō,** ~cīdī, ~cīsus *3* [caedo] anhauen, an-, verschneiden; *übertr* anschlagen, hart mitnehmen, schwächen
ac|cieō, ~cīvī *2* herbeirufen, -holen
accii →accio
ac|cingō, ~cīnxī, ~cīnctus *3* **1.** (an-, um)gürten; ausrüsten, ausstatten **2.** se ~cingere sich rüsten, sich anschicken, sich bereitmachen; →accingor
ac|cingor, ~cīnctus sum *3* sich rüsten, sich anschicken, sich bereit machen
⟦**ac|cino,** ~cinui *3* [cano] *spl* dazu singen, dazu tönen
accīnxī →accingo
ac|ciō, ~cīvī *od* ~ciī, ~cītus *4* [cieo] herbeirufen, kommen lassen
accipetrīna, ae *f* [accipiter] »Habichtsraub«
ac|cipiō, ~cēpī, ~ceptus *3* [capio] an-, auf-, übernehmen, empfangen; auf-, wahrnehmen; erfahren; *beim Beurteilen* auffassen, -nehmen, ansehen; billigen ⟦*ml* ergreifen
accipit|er, ~ris *m* Habicht, Falke
accipitrīna = accipetrina
⟦**accipitror** *1 ml* mit Falken jagen
accītus I. *Adj 3* ausländisch **II.** *Part Perf Pass* →accio **III.** *Subst* ūs *m* (Herbei-)Rufen, Vorladung
Accius, ī *m* Accius (röm. Tragiker im 2. Jh. v. Chr.)
accīvī 1. →accieo **2.** →accio
acclāmātiō, ~nis *f* Zuruf
acclāmō *1* zurufen; (laut) nennen, bezeichnen
acclārō *1* offenbaren, deutlich machen
acclīn|is, ~e, *Gen* ~is sich anlehnend *Dat* an; *übertr* (zu)geneigt ⟦*ml* sich (ver)neigend *beim Beten*

acclīnō *1* anlehnen; hin-, zuneigen
⟦**acclinus** *3 ml* vornübergeneigt, gebückt
acclīv|is, ~e, *Gen* ~is [clivus] (sanft) ansteigend
acclīvitā|s, ~tis *f* (sanfte) Steigung
acclīvus *3* = acclivis
accola, ae *m* [accolo] Nachbar ⟦*ml* Nichthöriger, freier Bauer ohne Besitz
ac|colō, ~coluī *3* wohnen *Akk* an, bei, in der Nähe von
accomodātiō, ~nis *f* Anpassung; Rücksichtnahme
accomodātus I. *Adj 3* passend; angemessen, geeignet **II.** *Part Perf Pass* →accomodo
accomodō *1* anpassen; anlegen, -fügen; widmen ⟦*spl* hinzufügen; erteilen
accomodus *3* passend *Dat od* ad zu ⟦*spl* angepasst; entsprechend
ac|crēdō, ~crēdidī, ~ditum *3* Glauben schenken
ac|crēscō, ~crēvī, ~crētum *3* anwachsen; hinzukommen *Dat* zu
accrētiō, ~nis *f* Anwachsen, Zunahme
accrētum →accresco
accrēvī →accresco
accubitiō, ~nis *f* Sichniederlegen, Platznehmen *bei Tisch*
accubitum →accumbo
⟦**accubitus,** us *m spl.* **1.** = accubitio **2.** Platz *bei Tisch*
accubō *1* liegen *Dat* bei; *bei Tisch* liegen
accubuī →accumbo
accubuō *Adv* (dabei)liegend
accucurrī →accurro
ac|cūdō, ~cūdī, ~cūsus *3* dazuschlagen, -prägen
ac|cumbō, ~cubuī, ~cubitum *3* sich lagern, sich hinlegen; sich legen *zu Tisch*
accumulāt|or, ~ōris *m* Anhäufer
accumulō *1* anhäufen; überhäufen
accūrātiō, ~nis *f* Sorgfalt, Genauigkeit
accūrātus I. *Adj 3* sorgfältig, genau; ausführlich **II.** *Part Perf Pass* →accuro
accūrō *1* pünktlich besorgen, sorgfältig erledigen; (gut) bewirten
ac|currō, ~(cu)currī, ~cursum *3* herbeilaufen, -eilen
accursus, ūs *m* Herbeilaufen
accūsābil|is, ~e, *Gen* ~is anklagenswert, strafbar; verwerflich
accūsātiō, ~nis *f* Anklage(schrift)
accūsātīvus, ī *m* Akkusativ ⟦*ml* Kläger *Wortspiel*
accūsāt|or, ~ōris *m* Kläger, Ankläger
accūsātōrius *3* anklagend
accūsātrī|x, ~cis *f* Anklägerin
accūsitō *1* be-, anschuldigen
accūsō *1* [causa] (vor Gericht) anklagen *Gen od* de wegen; sich beschweren *Akk* über jmdn., Vorwürfe machen *Akk* jmdm.

accūsus →accudo
Acē, ēs *f* Ake (Stadt in Phönizien), *heute* Akka
aceō, acuī *2* scharf, sauer sein
^{1}**acer,** ~is *n* Ahorn(baum) [*urv*]
^{2}**ācer,** ācris, ācre, *Gen* ācris [acies, acuo] **1.** scharf, spitz, schneidend **2.** *übertr* durchdringend, scharf, schmerzhaft, laut *bei Sinneswahrnehmungen;* streng, hart; heftig, leidenschaftlich; eifrig, energisch; scharfsinnig
acerbitā|s, ~tis *f* Herbheit, Säure; Härte, Strenge, Unfreundlichkeit; Missgeschick, traurige Lage, Elend
acerbō *1* verschärfen, verschlimmern
acerbus *3* [^{2}acer] herb, bitter, sauer; unreif, frühzeitig; unfreundlich, streng; schmerzlich, traurig
acernia, ae *f* = acharne
acernus *3* [^{1}acer] aus Ahornholz
acerra, ae *f* Weihrauchkästchen
Acerrae, ārum *f* Acerrae (Ort in Kampanien) *heute* Acerra
Acerrānī, ōrum *m* Acerraner, Einw. von Acerrae
Aceruntia = Acherontia
acervāl|is I. *Adj* ~e, *Gen* ~is haufenartig, Haufen- **II.** *Subst* ~is *m* [Übersetzung von *gr* sōr(e)itēs] *phil* Trugschluss vom Getreidehaufen (»wie viel Körner bilden einen Haufen?«) (= sorites)
acervātim *Adv* in Haufen, haufenweise, massenhaft; summarisch
acervō *1* (auf-, an)häufen
acervus, ī *m* **1.** Haufen, Menge **2.** = acervalis II.
acēscō, acuī *3* [aceo] sauer werden
Acesīn|ēs, ~is *m* Akesines (Nebenfluss des Indus), *heute* Chanab
Acesta, ae *f* Akeste (Ort an der Nordküste Siziliens, = Segesta)
Acestēns|ēs, ~ium *m* (die) Akester, Einw. von Akeste
Acest|ēs, ae (*Akk* ~ēn) *m* Akestes (*myth* König auf Sizilien, Gründer von Akeste)
acētābulum, ī *n* Gefäß (für Essigsoße); (Hohl-)Maß (*ca. 1/16l*); *med* Gelenkpfanne
acētārium, ī *n* [acetum] Salat
acētum, ī *n* [aceo] Essig (*Lw*); beißender Witz
Achaemen|ēs, ~is *m* Achaimenes (*myth* Ahnherr des persischen Königsgeschlechts der Achaimeniden)
Achaemenius *3* persisch; parthisch; *poet* östlich
Achae|us 1. ī *m* Achaios (Stammvater der Achaier) **2.** *Pl* ~ī, ~ōrum *m* Achaier, Achäer (1. gr. Stamm 2. Einw. der röm. Provinz Achaia); *poet* Griechen
Achāia, ae *f* Achaia (1. Landschaft auf der

a

Peloponnes 2. Bez. Griechenlands als röm. Provinz)
Achāia|s, ~dis *f* Achaierin, Griechin
Achāicus *3* achaiisch, griechisch
Achāi|s, ~dis *u.* ~dos *f* **1.** *poet* Griechenland **2.** (*Akk Pl* ~das) Achaierin, Griechin
acharna, ae *f* = acharne
acharnē, ēs *f* Seebarsch *Seefisch*
Achelōi(a)|s, ~dis *f* Tochter des Acheloos; *Pl* ~des, ~dum *f myth* Sirenen
Achelōius *3* zum Fluss(gott) Acheloos gehörig; *poet* voll Wasser
Achelōus, ī *m* Acheloos (1. größter Fluss Griechenlands, *heute* Aspropotamos 2. Flussgott)
Acher|ōn, ~ontis (*Akk auch* ~onta) *m* Acheron (1. Eig. von Flüssen a) in Epirus b) in Bruttium c) in der Totenwelt 2. *poet* Totenwelt)
Acherontia, ae *f* Acherontia (Ort in Apulien)
Acher|ūns, ~untis (*Akk auch* ~unta) *m, f* Totenwelt, →Acherunti
Acheruntī **1.** in der Welt der Toten **2.** *Dat zu* Acheruns
Acheruntīcus *3* zur Totenwelt gehörig, dem Tode nahe
Acherūsius *3* zur Totenwelt gehörig, unterirdisch
Achill|es, ~is (*auch* Achill(e)ī) *m* Achill(es), *gr* Achilleus (S. des Peleus u. der Thetis, Held vor Troja)
Achillēus *3* achilleisch, des Achill
Achillīdēs, ae *m* Achillide, Nachkomme des Achill
Achīv|us **I.** *Adj 3* achivisch, griechisch **II.** *Subst Pl* ~ī, ~ōrum Achiver, Griechen
Acholla = Acylla
Achradina, ae *f* Achradina (Stadtteil von Syrakus)
acia, ae *f* [acus] Näh-, Heftfaden
Acīdalia, ae *f* Akidalia (*BN* der Aphrodite nach einer gleichnamigen Quelle in Boiotien)
acidus *3* [aceo] sauer; widerlich, lästig
aciēs, ēī (*auch* acii *u.* acie) *f* [²acer] **1.** Schärfe, Schneide, Spitze **2.** *übertr* (gute) Sehkraft, scharfes Auge, scharfer Blick; Scharfsinn; Schlacht; Schlachtlinie, -ordnung, Front; Heer ⟦*ml* Glanz
Acīli|us *3 Gent, z. B.* M'. ~us Glabrio (Besieger Antiochos' III. 191 v. Chr.); lex ~a de repetundis Gesetz des Acilius gegen Erpressung *123 v. Chr.*
Acilla = Acylla
acina, ae *f* = acinus
acīnac|ēs, ~is (*Akk auch* ~ēn) *m* (kurzer, krummer) Säbel *der Perser, Meder u. Skythen*
acinum, ī *n* = acinus
acinus, ī *m* (Wein-)Beere
acipēnser = acupenser
Acis, Acidis (*Akk* Acin, *Vok* Aci) *m* Acis, *gr* Akis (kleiner Fluss am Ätna)
acly|s, ~dis *f* (kurzer) Wurfspieß (mit Schwungriemen)
Acmōnēns|is, **I.** *Adj* ~e, *Gen* ~is akmonisch, von Akmonia **II.** *Subst* ~ēs, ~ium *m* Akmonier, Einw. von Akmonia
Acmōnia, ae *f* Akmonia (Ort in Phrygien)
⟦**acolut(h)us,** i *m spl* Akoluth (Gehilfe eines Geistlichen)
⟦**acolytus** = acolut(h)us
aconītum, ī *n* [*gr*] Eisenhut; Akonitin (aus dem Eisenhut gewonnenes Gift)
acor, acōris *m* [aceo] Säure
ac|quiēscō, ~quiēvī, ~quiētum *3* Ruhe finden, (aus)ruhen; sterben; *mit* (in) *Abl od Dat* sich beruhigen bei, Trost finden in, zufrieden sein mit ⟦*spl* Ruhe halten; Folge leisten; *mit AcI* (es) zufrieden sein, einverstanden sein
ac|quīrō, ~quīsīvī *u* ~quīsiī, ~quīsītus *3* [quaero] (dazu)erwerben, -gewinnen, verschaffen
⟦**acquisitio,** ~nis *f ml* Erwerbung
acquīsītus, acquīsīvī →acquiro
Acraeus *3* [*gr*] auf Höhen verehrt (*BN* Junos u. Jupiters)
Acrag|ā(n)s, ~antis (*Akk* ~anta) *m* [*gr*] = Agrigentum
acrātophorum, ī *n* = acratophorus
acrātophorus, ī *m* [*gr*] Weingefäß *für ungemischten Wein*
⟦**acred|o,** ~inis *f ml* Schärfe *eines Schreibens*
acrēdula, ae *f* Unke
ācriculus *3* [²acer] etwas hitzig, reizbar
ācrimōnia, ae *f* [²acer] Schärfe; Eifer, Energie ⟦*ml* Scharfsinn
Acrisiōnē, ēs *f* Tochter des Akrisios (= Danaë)
Acrisiōnēus *3* akrisioneisch, des Akrisios *od* der Danaë
Acrisiōniadēs, ae *m* Akrisioniade, Enkel des Akrisios (= Perseus 1.)
Acrisius, ī *m* Akrisios (König von Argos, V. der Danaë)
acroāma, ~tis *n* [*gr*] (musikalischer) Vortrag; Musiker, Sänger, Rezitator
acroāsis, ~ *f* [*gr*] Vortrag, Vorlesung
acroāticus *3* [*gr*] für den Vortrag bestimmt
Acroceraunia, ōrum *n* Akrokeraunische Berge (Nordspitze der Keraunischen Berge in Epirus)
Acrocorinthus, ī *f* Akrokorinth (Burg von Korinth)
Acronus, ī *m* (lacus) Acronus(-See) (Teil des Bodensees)
⟦**acsi, ac si** *ml* **I.** *Adv* gleichsam **II.** *Kon.* wie wenn, als ob
[1]**acta,** ae *f* [*gr*] Meeresküste, -strand; *Pl* actae, ārum *f* Strandleben

[2]**ācta 1.** *Subst* ōrum *n* Handlungen, Taten, Werke; (amtliche) Verfügungen, Verordnungen; (amtliche) Verhandlungsberichte, Protokolle, Akten; ~ diurna *od* publica *od* urbana Tagesberichte, Zeitung, Amtsblatt **II.** *Nom Sg f u. Nom Akk Pl n Part Perf Pass zu* ago

Actae|ōn, ~onis *m* Aktaion (S. der Autonoe, Jäger der gr. Sage)

Actaeus *3* [[1]acta] attisch, athenisch

Actiacus *3* aktisch, zu Aktium *od* der Schlacht bei Aktium gehörig; →Actium

Actia|s, *Gen* ~dis *f* [[1]acta] attisch

āctiō, ~nis *f* Ausführung, Tätigkeit; ~ gratiarum Danksagung; (öffentliche) Verhandlung, (öffentliche) Rede; (gerichtliche) Klage, Prozess, Klageformel, -rede, -schrift, -recht, (gerichtlicher) Termin; Vortrag(sweise); *med* Verrichtung, Vorgang

āctitō *1* [ago] (gewöhnlich, oft) betreiben ⟦*spl* (immer wieder) tun und treiben

Actium, ī *n* Aktium (1. Vorgebirge im nordwestlichen Griechenland, bekannt durch den Sieg des Augustus 31 v. Chr. 2. Hafen bei Kerkyra)

āctiuncula, ae *f* kurze Gerichtsrede

Actius *3* = Actiacus

⟦**activum,** i *n ml gramm* Aktiv

⟦**activus** *3 ml* tätig

āctor, āctōris *m* Treiber; Vollzieher, Vermittler, Verwalter; *jur* Kläger; Darsteller, Schauspieler, Redner

Actōr, Actoris *m* Aktor (1. V. des Menoitios, Großvater des Patroklos 2. König von Elis, V. der Zwillinge Eurytos u. Kteatos)

Actoridēs, ae *m* Aktoride, Nachkomme des Aktor

⟦**actri|x,** ~cis *f spl* Täterin, Urheberin; *ml* Vollzieherin

⟦**actual|is,** ~e, *Gen* ~is *spl* wirklich, wirksam, tätig, praktisch

āctuāria, ae *f* [actuarius I. 1.] Schnellsegler

āctuāriola, ae *f* Ruderboot

āctuārius I. *Adj 3* [actus II.] **1.** (schnell) segelnd **2.** limes ~ zum Treiben eines Viehgespannes u. zum Fahren eingerichteter Weg zwischen zwei Äckern **II.** *Subst* ī *m* [[2]acta] Schnellschreiber, Protokollführer; Buchhalter; Proviantmeister

āctum I. *Subst* ī *n* (Rechts-)Handlung **II.** *Akk Sg m u. Nom Akk Sg n Part Perf Pass zu* ago

āctuōsus *3* tätig, aktiv; lebhaft, leidenschaftlich

āctus I. *Part Perf Pass* →ago **II.** *Subst* ūs *m* Treiben (des Viehs); Actus (1. Feldmaß, = 1260 qm 2. Längenmaß, = 35,5 m); (schnelle) Bewegung, Tätigkeit; *jur* gerichtliche Tätigkeit, Verfahren; Vortrag *des Redners oder Schauspielers,* Aufführung; Akt *eines Bühnenstückes* ⟦*spl* apostolorum ~ (*Pl*) Apostelgeschichte; actu tatsächlich

āctūtum *Adv* sogleich

acua = aqua

⟦**acucula,** ae *f spl* Nadel *einer Konifere*

acuī 1. →aceo **2.** →acesco **3.** →acuo

acula, ae *f* [aqua] Wässerchen

aculeātus *3* stachlig; *übertr* spitz, beißend; spitzfindig

aculeus, ī *m* [acus] Stachel, Spitze; *übertr* Schärfe, Stichelei; Ansporn, Antrieb; tiefer Eindruck

acūm|en, ~inis *n* [acuo] Spitze; Scharfsinn, Witz; Spitzfindigkeit, Kniff; *Pl* ~ina, ~inum *n* Flämmchen, Elmsfeuer *an Speerspitzen* ⟦*spl* Höhe, Gipfel

acuō, acuī, acūtus *3* [acus; [2]acer] schärfen, spitzen, wetzen; üben; anspornen; steigern, erhöhen

acupēnser, ~is *m* Stör

acus, ūs *f* [[2]acer] Nadel; Haarnadel

⟦**acuta,** ae *f* [acutus] *ml* akutes Fieber

⟦**acutia,** ae *f ml* Schlauheit

acūtulus *3* (ziemlich) spitzfindig

acūtus I. *Adj 3* **1.** spitz, scharf **2.** *übertr* scharf, schneidend, stechend; durchdringend, gellend; scharfsinnig, geistreich; *med* akut **II.** *Part Perf Pass* →acuo ⟦*Subst* i *m ml* akute Krankheit

Acylla, ae *f* Acylla (karthagischer Ort in Nordafrika)

Acyllitānī, ōrum *m* (die) Acyllitaner, Einw. von Acylla

ad I. *Präp beim Akk* **1.** *räuml* nach, zu; bei, an **2.** *zeitl* gegen; bis zu; auf, für; binnen **3.** *übertr* (im Hinblick) auf, im Verhältnis zu, im Vergleich zu; nach, gemäß; (*Zweck*) zu, für; (*bei Zahl- u Maßangaben*) an die, ungefähr; bis zu, bis auf; ~ unum omnes alle bis auf den letzten Mann **II.** *Adv* ungefähr ⟦*spl Präp auch* über; *statt des Dat z. B.* ~ imperium pareo dem Befehl folgen

a. d. *Abk* **1.** = ante diem *bei Datumsangaben* **2.** ⟦*ml* = anno domini im Jahre des Herrn

adāctiō, ~nis *f* [adigo] Hinbringen; ~ iuris iurandi Vereidigung

adāctus I. *Part Perf Pass* →adigo **II.** *Subst* ūs *m* Heranbringen

adaequē *Adv* auf gleiche Weise, ebenso

adaequō *1* gleichmachen; gleichstellen, vergleichen; erreichen, gleichkommen *Akk* jmdm.

adaggerō *1* anhäufen

⟦**adagio,** ~nis *f spl* Sprichwort

adalligō *1* anbinden *Dat* an

adamantēus *3* [*gr*] stählern, stahlhart; unzerbrechlich

adamantinus *3* = adamanteus

adam|ās, ~antis (*Akk auch* ~anta) *m* [*gr*] Stahl; Diamant
adambulō *1* auf und ab gehen, hergehen ad *od Dat* bei, neben
adamō *1* liebgewinnen
ad|aperiō, ~aperuī, ~apertus *4* öffnen; aufdecken, entblößen
adapertil|is, ~e, *Gen* ~is zum Öffnen eingerichtet, zu öffnen
adapertus, adaperuī →adaperio
adaptō *1* anpassen; (passend) herrichten
adaquō *1* anfeuchten; zur Tränke bringen
adaquor *1* Wasser holen; zur Tränke gehen
⟦**adauctio,** ~nis *f ml* Vermehrung
ad|augeō, ~auxī, ~auctus *2* (noch dazu) vergrößern, vermehren
adaugēscō *3* zunehmen, wachsen
adauxī →adaugeo
adaxint *altl* = adegerint
ad|bibō, ~bibī *3* (ein bisschen) trinken; *übertr* in sich aufnehmen
adbītō *3* herangehen
adc- = acc-
addecet *2* es gehört sich *Akk* für
addēnseō *2* noch dichter machen, auffüllen
ad|dīcō, ~dīxī, ~dictus *3 bei der Vogelschau* dafür sprechen, als günstig bezeichnen, günstig sein; *jur* zuerkennen, zusprechen; überlassen, verkaufen; se ~dicere sich (ganz und gar) ergeben *od* widmen
addictiō, ~nis *f* Zusprechen, Zuerkennen
addictus I. *Adj 3* (unbedingt) ergeben **II.** *Part Perf Pass* →addico **III.** *Subst* ī *m* Schuldknecht
addidī →addo
ad|discō, ~didicī *3* dazulernen
additāmentum, ī *n* [addo] Zugabe, Zusatz; Anhängsel
additus →addo
addīxī →addico
ad|dō, ~didī, ~ditus *3* [do] **1.** *Zügel* anlegen; bei-, mitgeben, zugesellen; *übertr* beibringen, einflößen **2.** hinzufügen, addieren; adde (huc) füge *od* rechne noch dazu
addoceō *2* (noch) dazulehren
addormīscō *3* (ein wenig) einschlafen
Addua, ae *f* Addua (Nebenfluss des Po), *heute* Adda
addubitō *1* (einige) Zweifel hegen, Bedenken tragen; *mit Akk* etw. anzweifeln, beanstanden
ad|dūcō, ~dūxī, ~ductus *3* **1.** (her)anziehen, spannen; zusammenziehen, runzeln **2.** heran-, hinzuführen, herbeiholen **3.** *in eine Lage, einen Zustand* bringen, versetzen; bewegen, veranlassen
adductus I. *Adj 3* eng, schmal; streng, ernst **II.** *Part Perf Pass* →adduco
addūxī →adduco
ad|edō, ~ēdī, ~ēsus *3* anfressen, -nagen; ver-, aufbrauchen, zerrütten
adēgī →adigo
Adelph|ī u **~oe,** ~ōrum *m* [*gr*] Die Brüder (Komödie des Terenz)
adēmī →adimo
ademptiō, ~nis *f* [adimo] Wegnahme, Entzug
ademptus →adimo
[1]**ad|eō,** ~iī, ~itus (*Inf* ~īre) herangehen, -treten, sich nähern; betreten, bereisen, besuchen; sich wenden (ad) *Akk* an, fragen, bitten; übernehmen, auf sichnehmen (ad) *Akk* etw.; ~eo manum zum besten haben *Dat* jmdn.
[2]**ad|eō** [[1]eo] *Adv* so weit, so lange, so sehr, ~eo non, ut so wenig, dass; noch dazu, sogar; eben, gerade; atque ~eo oder vielmehr ⟦*ml* überhaupt
adeps, adipis *m f* Fett, Schmalz; *Pl* adipēs, adipum Schmerbauch
adeptiō, ~nis *f* [adipiscor] Erlangung
adeptus →adipisco(r)
adequitō *1* heranreiten; nebenherreiten ⟦*ml* reiten *Dat* neben jmdm.
adesse →assum
adēsuriō *4* noch größeren Hunger bekommen
adf- = aff-
adg- = agg-
adgn- = agn-
ad|haereō, ~haesī, ~haesum *2* (fest)hängen, angrenzen, sich anschließen *Dat od Akk* an
ad|haerēscō, ~haesī, ~haesum *3* stecken, hängen bleiben, haften; *übertr* festhalten *Dat* an; stecken bleiben, stocken *von der Rede und vom Redner*
adhaesī **1.** →adhaereo **2.** →adhaeresco
adhaesiō, ~nis *f* Anhaften
adhaesum **1.** →adhaereo **2.** →adhaeresco
adhaesus, ūs *m* Anhaften
Adherbal, ~is *m* Adherbal (karthagisch-numidischer N)
ad|hibeō, ~hibuī, ~hibitus *2* [habeo] anlegen, darauf legen, (hin)wenden; anwenden, entgegenbringen, zeigen; hinzuziehen, mitnehmen *mit doppeltem Akk* jmdn. als; behandeln ⟦*spl* erteilen
adhinniō *4* zu-, anwiehern; gierig sein *Dat, Akk od* ad nach
⟦**adhio** *1 ml* den Schnabel aufsperren
adhōc = adhuc
adhortātiō, ~nis *f* Ermutigung, Ermahnung
adhortāt|or, ~ōris *m* Ermutiger, Ermahner, Antreiber
adhortor *1* ermutigen, anfeuern, ermahnen
adhūc bis jetzt, bisher; noch (immer), auch jetzt noch; außerdem ⟦*spl* weiterhin, in Zukunft

adī- →adeo
Adiabēna, ae *f* = Adiabene
Adiabēnē, ēs *f* Adiabene (Provinz Assyriens)
Adiabēnus *3* adiabenisch, von Adiabene
adiaceō *2* liegen, angrenzen *Dat od* (ad) *Akk* an
⟦**adibil|is,** ~e, *Gen* ~is [¹adeo I.] *spl* zugänglich
ad|iciō, ~iēcī, ~iectus *3* [iacio] hinwerfen, *übertr* hinlenken, richten; hinstellen, -setzen, -legen; hinzufügen; ~icio aggerem ad den Erdwall aufschütten bis
adiectiō, ~nis *f* Hinzufügen; Mehrbieten *bei Kauf, Versteigerung*
adiectus →adicio
ad|igō, ~ēgī, ~āctus *3* [ago] heran-, hin(ein)treiben; *Geschosse* schleudern; *übertr* treiben, drängen; *jur* ~igo arbitrum vor den Schiedsrichter laden; ~igo (ad) iusiurandum *od* iureiurando vereidigen, Treue schwören lassen
adiī →adeo
Adimantus, ī *m* Adeimantos (athenischer Feldherr im 5. Jh. v. Chr.)
ad|imō, ~ēmī, ~ēmptus *3* [emo] weg-, abnehmen, rauben
⟦**adim|pleo,** ~plevi, ~pletum *2 spl* erfüllen
⟦**adin|venio,** ~veni, ~ventus *4 spl* finden, erfinden
⟦**adinventio,** ~nis *f spl* Erfindung
adipāl|is, ~e, *Gen* ~is fettig
adipāta, ōrum *n* [adipatus] Schmalzgebackenes
adipātus *3* fettig; schwülstig
adipīscō, –, adeptus *3* = adipiscor
adipīscor, adeptus sum *3* [apiscor] erreichen, einholen; erringen, erlangen
aditiāl|is, ~e, *Gen* ~is [¹adeo I.] beim Amtsantritt, Antritts-
aditiō, ~nis *f* [¹adeo I.] Hingehen, Zutritt *Akk* zu; Antreten (einer Erbschaft)
aditus I. *Part Perf Pass* →¹adeo **II.** *Subst* ūs *m* Hingehen; Zugang, Zutritt, Audienz; Eingang; Möglichkeit, Gelegenheit ⟦*spl* Tür
adiūdicō *1* zuerkennen, zusprechen; zuschreiben
adiuerō *altl* = adiuvero
adiūmentum, ī *n* [adiuvo] Hilfsmittel; Hilfe, Unterstützung
adiūncta, ōrum *n* [adiunctus I.] begleitende Umstände, Nebenumstände
adiūnctiō, ~nis *f rhet* Hinzufügung, (einschränkender) Zusatz; sine ~ne ohne Ausnahme; Anschluss, Sichanschließen, Hin-, Zuneigung
⟦**adiunctiv|us** *spl* **I.** *Adj 3* zueinander gehörig **II.** *Subst Pl* ~i, ~orum *m* die Liebenden
adiūnct|or, ~ōris *m* Hinzufüger
adiūnctum, ī *n* [adiunctus I.] Eigentümlichkeit, charakteristisches *od* wesentliches Merkmal
adiūnctus I. *Adj 3* (eng) verbunden *Dat* mit, angrenzend *Dat* an; eigentümlich, wesentlich; →adiunctum, adiuncta **II.** *Part Perf Pass* →adiungo
ad|iungō, ~iūnxī, ~iūnctus *3* anspannen *Dat* an, anbinden *Dat* an, anfügen *Dat* an, anschließen, hinzufügen; beilegen, beimessen; *Gedanken* richten, lenken ad auf
adiūrō 1. *1* (dazu) schwören, eidlich versichern ⟦*spl* beschwören, bannen **2.** *Nbf* = adiuvero (*Fut II Akt zu* adiuvo)
adiūtābil|is, ~e, *Gen* ~is förderlich
adiūtō *1* unterstützen
adiūt|or, ~ōris *m* [adiuvo] Helfer; Helfershelfer; Unterbeamter; *Theater* Nebenperson, Spieler der Nebenrolle
adiūtōrium, ī *n* Hilfe, Unterstützung
adiūtrī|x, ~cis *f* Helferin; Helfershelferin; BN von Legionen, deren Soldaten urspr. kein volles röm. Bürgerrecht hatten ⟦*Adj, Gen* ~cis *ml* hilfsbereit
ad|iuvō, ~iūvī, ~iūtus *1* unterstützen; nähren, erhalten; fördern, (gute) Dienste leisten *Akk* jmdm, beitragen
adl- = all-
⟦**admallo** *1* [*germ*] *ml* vor Gericht laden
⟦**admarinus** *3 ml* am Meere wohnend
admātūrō *1* (noch mehr) beschleunigen
ad|mētior, ~mēnsus sum *4* zumessen, zuteilen
Admētus, ī *m* Admetos (1. *myth* Herrscher von Pherai in Thessalien, Gem. der Alkestis 2. *hist* König der Molosser)
adminiculāt|or, ~ōris *m* Helfer
adminiculō *1* (durch Pfähle) stützen; unterstützen
⟦**adminiculor** *1 spl* unterstützen
adminiculum, ī *n* Stütze, (Stütz-)Pfahl; Hilfsmittel, Werkzeug; Hilfe, Beistand
administer, administrī *m* Gehilfe, Mitarbeiter; Werkzeug, Helfershelfer
administra, ae *f* Gehilfin, Mitarbeiterin
administrātiō, ~nis *f* Hilfeleistung; Leitung, Verwaltung, Amt; Bedienung, Benutzung
administrāt|or, ~ōris *m* Leiter, Verwalter ⟦*spl* Administrator (Verwalter eines unbesetzten Bistums)
⟦**administrātōrius** *3 spl* behilflich, Hilfs-
administrō *1* besorgen, erledigen, verwalten; befehligen, kommandieren; mitwirken
admīrābil|is, ~e, *Gen* ~is bewundernswert, wunderbar; seltsam, sonderbar
admīrābilitā|s, ~tis *f* Großartigkeit; Bewunderung
admīrandus I. *Adj 3* bewundernswert, wunderbar **II.** *Gerdv zu* admiror

admīrātiō, ~nis *f* Bewunderung, Verehrung; Verwunderung, Staunen; Merkwürdigkeit
admīrāt|or, ~ōris *m* Bewunderer, Verehrer
admīror *1* bewundern, verehren; sich wundern (*Akk* über)
ad|misceō, ~miscuī, ~mīxtus *2* beimischen; (hin)zufügen; vermischen, vermengen
admissārius, ī *m* Zuchthengst; *übertr* geiler Mensch
admissiō, ~nis *f* Zutritt, Audienz
admissum I. *Subst* ī *n* Schuld, Vergehen **II.** *Akk Sg m u. Nom Akk Sg n Part Perf Pass* →admitto
admiss|us I. *Adj 3* losgelassen, rasch; ~o equo im Galopp **II.** *Part Perf Pass* →admitto
ad|mittō, ~mīsī, ~missus *3* loslassen, galoppieren lassen, equo ~misso im Galopp; zulassen, Zutritt gewähren *Akk* jmdm., hinzuziehen; geschehen lassen, gestatten; begehen, auf sich laden
admīxtiō, ~nis *f* [admisceo] Beimischung
admīxtus →admisceo
admodum *Adv* völlig, gänzlich, äußerst, sehr; *bei Zahl- u. Maßangaben* genau, gerade, (gut) an die, mindestens, *auch* höchstens; *in Antworten* ja(wohl)
admoeniō *4* [moenia] einschließen; fabricas, fallacias ~ Listen u. Ränke anwenden
admōlior *4* heran-, hinbringen; manus ~ Hand anlegen *Dat* an; sich in Bewegung setzen
ad|moneō, ~monuī, ~monitus *2* **1.** *mit* de, *Gen, Akk* erinnern an, belehren über; *mit AcI* erinnern, dass **2.** ermahnen, auffordern
admonita I. *Subst* ōrum *n* Warnungen **II.** *Nom Sg f, Nom Akk Pl n Part Perf Pass* →admoneo
admonitiō, ~nis *f* Erinnerung, Ermahnung, Warnung ⟦*ml jur* Mahnung; ~ generalis offizieller Erlass
admonit|or, ~ōris *m* Erinnerer, Mahner *Gen* zu *od* an
admonitus I. *Part Perf Pass* →admoneo **II.** *Subst* ūs *m* = admonitio
admonuī →admoneo
ad|mordeō, ~momordī, ~morsus *2* an-, benagen
admōrunt *Nbf* = admoverunt (*3. Pers Pl Ind Perf Akt zu* admoveo)
admōsse *Nbf* = admovisse (*Inf Perf Akt zu* admoveo)
admōtiō, ~nis *f* Anlegen; ~ digitorum Fingersatz *beim Spielen eines Saiteninstruments* ⟦*spl med* Anlegen *von Umschlägen*
ad|moveō, ~mōvī, ~mōtus *2* heranbewegen, -bringen; nahebringen, beibringen; anwenden
ad|moveor, ~mōtus sum *2* sich nähern, gelangen
admūgiō *4* zubrüllen, anbrüllen *Dat* jmdn.
admurmurātiō, ~nis *f* (beifälliges) Gemurmel; Murren
admurmur|ō *u* **~or** *1* (beifällig *od* ablehnend) murmeln
admutilō *1 übertr* rupfen, prellen
adnāscor = agnascor
adnatō *1* heranschwimmen
adnātus = agnatus
adnāvigō *1* (mit dem Schiff) heranfahren
ad|nectō, ~nexuī, ~nexus *3* anknüpfen, -binden; an-, hinzufügen; verbinden, vereinigen
adnexus I. *Part Perf Pass* →adnecto **II.** *Subst* ūs *m* (soziale) Verbindung, Verband
⟦**adnihilo** *1* [nihil] *spl* gering schätzen
adnīsus I. *Part Perf* →adnitor **II.** ⟦*Subst* us *m spl* Bemühen
ad|nītor, ~nīxus *u.* ~nīsus sum *3* sich anlehnen *Dat od* ad an; sich anstrengen, sich bemühen
adnō *1* heranschwimmen (*auch Akk od Dat* an); schwimmen *Dat* neben, nebenherschwimmen
adnōscō = agnosco
adnotātiō, ~nis *f* Aufzeichnung, Anmerkung
adnotō *1* aufzeichnen, (sich) notieren; bemerken, wahrnehmen
adnuī →adnuo
⟦**adnullo** *1 spl* zunichtemachen
⟦**adnullor** *1 spl* aufhören
adnumerō *1* auszahlen; hinzuzählen, -rechnen *Dat od* in *dt* zu
⟦**adnuntiatio,** ~nis *f ml* Verkündigung; dies ~nis (Fest) Mariä Verkündigung
adnūntiō *1* an-, verkündigen
ad|nuō, ~nuī *3* zunicken; (durch Nicken) zustimmen, zusagen, versprechen; durch Nicken bezeichnen
adnūtō *1* immer wieder zunicken
adoleō *2* (als Opfer) verbrennen; (durch Brandopfer) ehren
adolēsc|ēns I. *Adj, Gen* ~entis jung **II.** *Part Präs Akt* →adolesco **III.** *Subst* ~entis **1.** *m* junger Mann, Jüngling **2.** *f* (junges) Mädchen
ad|olēscō *3* **1.** ~olēvī, ~ultus (heran)wachsen; erstarken **2.** –, – auflodern, aufflammen
Adōn, ~is *m* = Adonis
Adōneus, eī *m* = Adonis
Adōni|s 1. ~dis (*Akk auch* ~n, *Vok* ~) *m* Adonis (Geliebter der Aphrodite) **2.** *Gen Sg zu* Adon
ad|operiō, ~operuī, ~opertus *4* bedecken, verhüllen; schließen
adoptātīcius, ī *m* Adoptivsohn

adopt(āt)iō, ~nis *f* Adoption ⟦*spl* ~ filiorum dei Gotteskindschaft
adoptīvus *3* Adoptiv- ⟦*spl dogmatisch* durch Gott angenommen
adoptō *1* dazu-, annehmen, zu Hilfe nehmen, wählen; adoptieren ⟦*spl* wünschen, ersehnen
ador, adōris *n* Dinkel, Spelt
adōrātiō, ~nis *f* [adoro] Anbetung
adōrea = adoria
adōreus *3* aus Dinkel *od* Spelt (bestehend), Dinkel-, Spelt-
adōria, ae *f* Siegesruhm
ad|orior, ~ortus sum *4* angreifen, überfallen; *mit Bitten od Drohungen* angehen, bestürmen; in Angriff nehmen, unternehmen
adōrnō *1* ausrüsten, ausstatten, versehen; schmücken
adōrō *1* anbeten, -flehen; erflehen; verehren
adortus →adorior
adp- = app-
adqu- = acqu-
adr- = *auch* arr-
ad|rādō, ~rāsī, ~rāsus *3* stutzen, scheren
Adramyttēnus, ī *m* Adramyttener, Einw. von Adramytteion
Adramyt(t)ēum, ī *n* Adramytteion (Küstenort in Mysien)
Adrana, ae *m* Adrana (Nebenfluss der Fulda), *heute* Eder
Adrāstus, ī *m* Adrastos (König von Argos, einer der Sieben gegen Theben)
Adri- = Hadri-
Adrūmētum, ī *n* Adrumetum (Küstenort südlich von Karthago)
ads- = ass-
adsc- = asc-
adsp- = asp-
adst- = ast-
adt- = att-
Adua = Addua
Aduatuca, ae *f* Aduatuca (Kastell der Eburonen in Gallia Belgica)
Aduatucī, ōrum *m* Aduatuker (germ. Volk in Gallia Belgica)
adūlātiō, ~nis *f* Wedeln, Schmeicheln *von Hunden;* kriechendes Benehmen, Schmeichelei
adūlāt|or, ~ōris *m* Schmeichler, Speichellecker
adūlātōrius *3* kriechend, schmeichelnd
adulēscēns = adolescens I. *und* III.
adulēscentia, ae *f* Jugend
adulēscentula I. *Subst* ae *f* Mädchen **II.** *Nom Sg f zu* adulescentulus I.
adulēscentulus I. *Adj 3* (noch) ganz jung **II.** *Subst* ī *m* Junge
adul|ō *u.* **~or** *1* sich schweifwedelnd anschmiegen *Akk* an; (kriechend) schmeicheln *Akk* jmdm.
adulter, adultera, adulterum I. *Adj* ehebrecherisch; nachgemacht, unecht **II.** *Subst* ī *m* Ehebrecher; Liebhaber
adultera I. *Subst* ae *f* Ehebrecherin; Geliebte, Freundin **II.** *Nom Sg f Nom Akk Pl n zu* adulter I.
adulterīnus *3* nachgemacht, unecht, falsch ⟦*ml* unebenbürtig
adulterium, ī *n* Ehebruch; (Liebes-)Verhältnis
adulterō *1* [alter] Ehebruch treiben; zum Ehebruch verführen; (ver)fälschen, nachmachen
adultus I. *Adj 3* erwachsen; vorgerückt *von Zeit u. Alter;* erstarkt **II.** *Part Perf* →adolesco 1.
adumbrātiō, ~nis *f* Umriss, Skizze; Andeutung
adumbrātus I. *Adj 3* (nur) im Entwurf (gegeben), skizziert, undeutlich; erdichtet, falsch, Schein- **II.** *Part Perf Pass* →adumbro
adumbrō *1* einen Entwurf machen, skizzieren; andeuten; nachahmen; beschatten
aduncitā|s, ~tis *f* Krümmung
aduncus *3* gekrümmt, gebogen
⟦**aduno** *1 spl* (ver)einigen
adurgeō *2* bedrängen, verfolgen
ad|ūrō, ~ussī, ~ustus *3* (ver)brennen, anbrennen lassen; erfrieren lassen
adūsque I. *Präp beim Akk* bis zu **II.** *Adv* überall
adussī →aduro
adustus I. *Adj 3* sonnenverbrannt, -gebräunt **II.** *Part Perf Pass* →aduro
advecticius *3* aus dem Ausland eingeführt, ausländisch
advectiō, ~nis *f* Transport
advectō *1* (ständig) herbeischaffen, einführen
advectus I. *Part Perf* →adveho *u.* advehor **II.** *Subst* ūs *m* Herbeischaffen, -holen, Einfuhr
ad|vehō, ~vēxī, ~vectus *3* herbeibringen, -schaffen
ad|vehor, ~vectus sum *3* heranfahren, -reiten, hingelangen
advēlō *1* umhüllen; bekränzen
adven|a [advenio] **I.** *Adj, Gen* ~ae fremd, ausländisch **II.** *Subst* ae *m, f* Ankömmling, Fremde(r)
ad|veniō, ~vēnī, ~ventum *4* (her)ankommen in *Akk, dt* in *Dat;* ausbrechen *von Krankheiten;* zufallen *von Erwerbungen*
adventīci|us *3* ausländisch, fremd; von außen kommend; außergewöhnlich, zufällig, Neben-; (cena) ~a Ankunftsschmaus
adventō *1* (rasch) näher kommen, heranrücken
advent|or, ~ōris *m* Ankömmling, Fremder, Besucher

a

adventum →advenio
adventus, ūs *m* Ankunft, (Heran-)Nahen Hereinbrechen, Besuch ⟦*ml* Angriff; Adventszeit
adversāria I. *Subst* **1.** ae *f* Gegnerin **2.** ōrum *n* (vorläufiges) Kassenbuch, Kladde; *jur* Behauptungen der Gegenpartei **II.** *Nom Sg f, Nom Akk Pl n zu* adversarius I.
adversārius I. *Adj 3* gegnerisch, feindlich, widerstrebend **II.** *Subst* ī *m* Gegner, Feind ⟦*spl* Teufel; böser Geist
adversāt|or, ~ōris *m* Gegner
adversātrī|x, ~cis *f* Gegnerin
⟦**adversita|s,** ~tis *f spl* Feindschaft; Missgeschick
adversitor = advorsitor
adversō *1* animum ~ (eifrig) darauf achten
adversor *1* sich widersetzen, entgegentreten
adversa, ōrum *n* [adversus I.] Missgeschick, Unglück; Gegenteil, Gegensatz
adversum I. = adversus IV. *u.* V. **II. 1.** *Akk Sg m, Nom Akk Sg n zu* adversus I. *u.* II. **2.** *Akk Sg zu* adversus III.
advers|us I. *Adj 3* entgegengewandt, gegenüberstehend, -liegend; vorn (befindlich), Vorder-; *übertr* entgegengesetzt, ungünstig, feindlich; *Adv* ex ~o (von) gegenüber; in ~um entgegen; ~o flumine stromaufwärts; ~o senatu gegen den Willen des Senats; res ~ae *od* fortuna ~a Missgeschick, Unglück **II.** *Part Perf Pass* →adverto **III.** *Subst* ī *m* Gegner **IV.** *Präp beim Akk örtl* gegenüber, angesichts; in Richtung auf, nach (– hin), gegen; *übertr* im Verhältnis zu, in Hinsicht auf, gegen(über); im Widerspruch zu; im Vergleich mit, neben; ~us tempestates zum Schutz vor *od* gegen Unwetter **V.** *Adv* entgegen, anders ⟦ex ~o *Adv ml* (von) gegenüber; ungünstig; im Gegensatz dazu
ad|vertō, ~vertī, ~versus *3* hinwenden, -lenken; auf sich lenken; animum ~verto Aufmerksamkeit richten, achtgeben, bemerken; *auch* bestrafen in *Akk* jmdn. ⟦*ml* vernehmen, (an)hören
advesperā|scit, ~vit *3 es* wird Abend ⟦*spl* dies ~scit der Tag neigt sich dem Abend zu
advēxī →adveho
advigilō *1* wachen, *Dat* bei jmdm., wachsam sein
⟦**ad|vivo,** ~vixi *3 spl* am Leben bleiben
⟦**advocata,** ae *f spl* Fürsprecherin (= Maria)
⟦**advocatia,** *ae f ml* Vogtei *Amt und Bezirk*
advocātiō, ~nis *f* Berufung von Sachverständigen; Beistand vor Gericht, Rechtsbeistand; Anwaltschaft; Frist zur Berufung von Rechtsbeiständen *od* zur Beratung mit ihnen; Aufschub, Frist
advocātus I. *Part Perf Pass* →advoco **II.** *Subst* ī *m* Rechtsbeistand, Rechtsanwalt
advocō *1* herbeirufen; (als Rechtsbeistand) berufen
advolātus, ūs *m* Herbeifliegen
advolō *1* herbeifliegen, -eilen
ad|volvō, ~volvī, ~volūtus *3* heranwälzen; se ~volvere sich hinwerfen, niederfallen *Dat od Akk* vor
ad|volvor, ~volūtus sum *3* sich hinwerfen, niederfallen *Dat od Akk* vor
advorsit|or, ~ōris *m* Abholer *Sklave, der seinen Herrn abholt*
advorsum = adversum
advorsus = adversus
adytum, ī *n* [*gr*] der unbetretbare Raum, das Allerheiligste *vor allem eines Tempels;* Grabkammer
Aea, ae (*Akk* Aean) *f* Aia (Halbinsel in Kolchis, Heimat der Medea)
Aeacidēius *3* aiakidisch, der Aiakiden
Aeacidēs, ae *m* Aiakide, Nachkomme des Aiakos (*bes* Achill)
Aeacidīnus *3* des Achill würdig
Aeacus, ī *m* Aiakos (König von Aigina, V. des Telamon, Phokos und Peleus)
Aeaea, ae *f* Aiaia (Insel der Medea, Kirke, Kalypso)
Aeaeus *3* **1.** von Aia *od* Aiaia **2.** der Kirke, Zauber- **3.** (der) Kalypso
Aeas, Aeantis *m* Aias (Fluss in Epirus)
Aebura, ae *f* Aebura (Ort in Spanien)
Aeculānum, ī *n* Aeculanum (Ort der Hirpiner in Samnium)
aecus = aequus
aed. cur. *Abk* = aedilis curulis kurulischer Ädil
Aedēpsus, ī *f* Aidepsos (Kurort auf Euboia)
aedēs, aedis *f* Zimmer; Tempel; *Pl* aedēs, aedium *f* (Wohn-)Haus
aedicul|a, ~ae *f* Zimmerchen; kleiner Tempel, Kapelle; *Pl* ~ae, ~ārum *f* (ärmliches) Häuschen
aedificātiō, ~nis *f* Bauen; Bauwerk, Gebäude; bebautes Gelände, Stadtkern ⟦*spl* (geistliche) Erbauung
aedificātiuncula, ae *f* kleines Bauwerk
aedificāt|or, ~ōris *m* Erbauer, Baumeister; einer, der gern baut, Baulustiger
⟦**aedificatorius** *3 spl* erbaulich
aedificium, ī *n* Gebäude, Bauwerk
aedificō *1* [facio] (er)bauen; *abs* (Häuser) bauen ⟦*spl* geistlich erbauen
aedilicius I. *Adj 3* des Ädilen **II.** *Subst* ī *m* gewesener Ädil
aedīlis, ~ *m* Ädil (hoher röm. Beamter)
aedīlitā|s, ~tis *f* Ädilität, Amt des Ädilen
aedis 1. *Nom* = aedes **2.** *Gen Sg zu* aedes
aeditu(m)us, ī *m* [aedes] Tempelaufseher ⟦*ml* Küster

aēdōn, aēdonis (*Akk Sg* aēdona) *f* [*gr*] Nachtigall
aed. pl. *Abk* = aedilis plebis plebejischer Ädil
Aeduī = Haedui
Aeēta = Aeetes
Aeētaeus *3* des Aietes; kolchisch
Aeētēs, ae *m* Aietes (*myth* König in Kolchis, V. der Medea)
Aeētia|s, ~dis *f* T. des Aietes (= Medea)
Aeētīnē, ēs *f* T. des Aietes (= Medea)
Aefula, ae *f* Aefula (Ort in Latium)
Aefulānus *3* aefulanisch, von Aefula
Aegaeōn, ~is (*Akk* ~a) *m* Aigaion (hundertarmiger Riese)
Aegaeum, ī *n* [Aegaeus] Ägäisches Meer
Aegaeus *3* ägäisch; des Ägäischen Meeres
Aegātae, ārum *f* = Aegates
Aegāt|ēs, ~ium *f* (insulae) Ägatische Inseln (Inselgruppe an der Westküste Siziliens)
Aegēae, ārum *f* Aigeiai (1. Stadt in Makedonien 2. Hafenort in Kilikien 3. Ort in Mysien)
Aegēātae, ārum *m* Aigeaten, Einw. von Aigeiai
aeger, aegra, aegrum krank; beschwerlich, schmerzlich, traurig
Aegeus, Aegeī (*Akk auch* Aegea) *m* Aigeus (König von Athen, V. des Theseus)
Aegīae = Aegeae
Aegial|eūs, ~eī *m* Aigialeus (Br. der Medea)
Aegīdēs, ae *m* Aigide, Nachkomme des Aigeus (*bes* Theseus)
Aegiēns|is, ~e, *Gen* ~is aigiisch, von Aigion *zu* Aegium
Aegimūrus, ī *f* Aegimurus (Insel bei Karthago)
Aegīna, ae *f* Aigina (gr. Insel im Saronischen Meerbusen)
Aegīnētae, ārum *m* Aigineten, Einw. von Aigina
Aegīnēticus *3* aiginetisch, von Aigina
Aeginiēns|ēs, ~ium *m* Aiginier, Einw. von Aiginion *zu* Aeginium
Aeginium, ī *n* Aiginion (Ort in Makedonien)
aegi|s, ~dis *f* [*gr*] Aigis (*myth und poet* Schild *od* Panzer des Zeus *u.* der Athene mit dem Gorgoneion); Schild, Schutz(wehr)
Aegīsos, ī *f* Aigissos (Ort am Unterlauf der Donau)
Aegisthus, ī *m* Aigisthos (Mörder Agamemnons)
Aegium, ī *n* Aigion (Ort in Achaia am Korinthischen Meerbusen)
Aegos Flumen *gr* Aigos Potamoi, *dt* Ziegenfluss (Fluss u. Ort auf der thrakischen Chersones an den Dardanellen, Sieg Lysanders über die Athener 405 v. Chr.)
aegrē *Adv* [aeger] mit Kummer, unangenehm, ärgerlich, ungern; ~ fero unwillig *od* bekümmert sein *Akk* über; (nur) mit Mühe, kaum
aegrēscō *3* [aeger] krank werden; sich ärgern, sich betrüben; schlimmer werden
aegrimōnia, ae *f* Kummer; Ärger
aegritūd|ō, ~inis *f* Unwohlsein; Krankheit; Kummer
aegr|or, ~ōris *m* Krankheit
aegrōtātiō, ~nis *f* Krankheit, Siechtum
aegrōtō *1* krank sein
aegrōtus *3* [aeger] krank; zerrüttet
Aegyptīnī, ōrum *m* (die) Ägypter
Aegyptius I. *Adj 3* ägyptisch **II.** *Subst* ī *m* Ägypter
Aegyptus, ī *f* Ägypten
Aelia Capitolina, ae *f* Jerusalem (Bez. nach der Neugründung durch Hadrian)
Aeliānus *3* des Aelius
aelino|s, ī (*Akk Sg* ~n) *m* Klageruf
Aeli|us *3 Gent,* z. B. **1.** L. ~us Praeconinus Stilo (erster röm. Philologe, Lehrer Varros u. Ciceros) **2.** P. ~us →Hadrianus; lex ~a Gesetz des Aelius
Aëll|ō,ē ~ūs *f* [*gr*] Aëllo, *dt* Sturmwind (*myth N* 1. eine der Harpyien 2. ein Hund des Aktaion)
Aemilia, ae *f* [Aemilius] Via Aemilia (von M. Aemilius Lepidus 187 v. Chr. gebaute Landstraße von Ariminum nach Placentia)
Aemiliāna, ōrum *n* Aemiliana (Vorstadt Roms)
Aemiliān|us *3* S. des Aemilius 1., BN des Cornelius 1. c); praedia ~a Grundstücke in der Vorstadt Aemiliana
Aemili|us *3 Gent,* z. B. **1.** L. ~us Paulus (fiel als Konsul 216 v. Chr. bei Cannae) **2.** L. ~us Paulus Macedonicus (besiegte als Konsul 168 v. Chr. bei Pydna Perseus 2.); via ~a = Aemilia
aemula, ae *f* [aemulus] Nebenbuhlerin, Rivalin
aemulātiō, ~nis *f* Nacheiferung, Wetteifer; Eifersucht ⟦*ml* (politisches) Betreiben
aemulāt|or, ~ōris *m* Nacheiferer; Nebenbuhler
aemulātus, ūs *m* = aemulatio
aemulor *1 mit Akk od Dat* wetteifern mit, nacheifern, nachahmen; eifersüchtig *od* neidisch sein *Dat* auf
aemulus I. *Adj 3 mit Gen od Dat* nacheifernd; eifersüchtig auf, neidisch auf; ebenbürtig, gleich **II.** *Subst* ī *m* Nebenbuhler, Rivale; Anhänger ⟦*ml* Feind
Aenāria, ae *f* Aenaria (Insel bei Neapel), *heute* Ischia
aēnātōrēs = aeneatores
Aenēa, ae *f* Aineia (Ort auf Chalkidike)
Aeneadae, ārum *m* **1.**→ Aeneades **2.** = Aenii

a

Aenead|ēs, ~ae *m* Aeneade, Nachkomme des Aeneas (*bes* Ascanius, Augustus); *Pl* ~ae, ~ārum *u.* ~um *m* Trojaner; Römer
Aenē|ās, ~ae (*Akk auch* ~an) *m* Aeneas, *gr* Aineias (S. des Anchises *u.* der Aphrodite, Stammvater Roms *u.* des iulischen Geschlechts)
Aenēi|s, ~dis *u.* ~dos (*Akk* ~da) *f* Aeneis, Äneis (Vergils Epos von Aeneas)
Aenēius *3* aeneisch, des Aeneas
aēneātōr|ēs, ~um *m* [aeneus] (die) Tuba- u. Bucinabläser
⟦**aenesis,** ~ *f* [*gr*] *ml* Lob, Zustimmung
aēneus = aenus
Aenīa = Aenea
Aeniān|es, ~um *m* Ainianen (Volk in Südthessalien)
Aenīdēs = Aeneades
aenigma, ~tis *n* [*gr*] Rätsel; Rätselhaftes, dunkle Andeutung ⟦*ml* Abbild
Aeniī, ōrum *m* (die) Ainier, Einw. von Ainos *zu* Aenus 1.
Aēnobarbus = Ahenobarbus →Domitius
aēnum, ī *n* [aenus] (eherner) Kessel
aēnus *3* [aes] ehern, kupfern, bronzen; fest, unbezwinglich
Aenus, ī **1.** *f* Ainos (Ort in Thrakien an der Mündung des Hebros) **2.** *m* Aenus (Nebenfluss der Donau), *heute* Inn
Aeol|ēs, ~um *m* Äol(i)er, Aioler, Einw. von Äolien
Aeolia, ae *f* Äolien, Aiolien (Landschaft im nordwestlichen Kleinasien)
Aeolidēs, ae *m* Aiolide, Nachkomme des Aiolos
⟦**aeolipila,** ae *f spl* Windkugel *meteorologisches Gerät*
Aeoli|s, ~dis *u.* ~dos (*Akk* ~da) *f* **1.** = Aeolia **2.** Aiolide, T. des Aiolos
Aeolius *3* **1.** äolisch, aiolisch *zu* Aeolia **2.** zu Aiolos gehörig, des Aiolos *zu* Aeolus
Aeolus, ī *m* Aiolos, Äolus (1. Stammvater der Äoler 2. *myth* Beherrscher der Äolischen *od.* Liparischen Inseln, König der Winde 3. ein Trojaner)
⟦**aeōn,** ~is *m* [*gr*] *ml* (großer) Zeitraum
aequābil|is, ~e, *Gen* ~is gleich(mäßig, -förmig); unparteiisch; leutselig
aequābilitā|s, ~tis *f* Gleichmäßigkeit, Gleichförmigkeit; Unparteilichkeit; Gleichmut
aequaevus *3* gleichaltrig
aequāl|is **I.** *Adj* ~e, *Gen* ~is gleich(mäßig, -förmig); eben; gleichzeitig, gleichaltrig **II.** *Subst* ~is *m* Alters-, Zeitgenosse, Jugendfreund; *f* Alters-, Zeitgenossin, Jugendfreundin
aequālitā|s, ~tis *f* Gleichheit, Gleichförmigkeit, Gleichmäßigkeit; Gleichberechtigung; Gleichaltrigkeit; Altersgenossen
aequanimitā|s, ~tis *f* [animus] Gerechtigkeit; Gleichmut, Geduld
⟦**aequanimus** *3 spl* gleichmütig, geduldig
aequātiō, ~nis *f* Gleichstellung, Gleichheit
⟦**aequator** *ml* **I.** *Adj, Gen* ~is circulus ~ (Himmels-)Äquator **II.** *Subst* ~is *m* Äquator
Aequī, ōrum *m* Äquer (italisches Volk östlich von Rom)
Aequiculī = Aequi
Aequicus *3* äquisch *zu* Aequi
aequilībritā|s, ~tis *f* [libra] Gleichgewichtsgesetz
⟦**aequimanus,** *Gen* ~ *spl* beidhändig; (mit beiden Händen) gleich geschickt, ebenbürtig
Aequimēlium, ī *n* Aequimelium (Platz in Rom am Kapitol)
aequinoctiāl|is, ~e, *Gen* ~is zur Zeit der Tagundnachtgleiche
aequinoctium, ī *n* Tagundnachtgleiche
⟦**aequipar,** *Gen* ~is *spl* ganz gleich
aequiperābil|is, ~e, *Gen* ~is vergleichbar
aequiperō *1* [par] gleichstellen, -setzen; gleichkommen *Akk* jmdm., erreichen
aequipondium, ī *n* [pondus] Laufgewicht *verschiebbares Gewicht an der Hebelarm-Schnellwaage*
aequitā|s, ~tis *f* Gleichheit, Ebenmaß; Gleichberechtigung; Billigkeit, Gerechtigkeit; Gleichmut, Geduld
⟦**aequivoco** *1 ml* passend bezeichnen; mit dem gleichen Wort bezeichnen
⟦**aequivocus** *ml* **I.** *Adj 3* gleichnamig **II.** *Subst* i *m* Namensvetter
aequō *1* [aequus] gleichmachen, ebnen; gleichstellen, vergleichen; gleichkommen *Akk* jmdm., erreichen
aequor, ~is *n* [aequus] Ebene; Meer(esfläche, -esspiegel)
aequoreus *3* Meer(es)-, See-
aequ|um, ~ī *n* [aequus] **1.** ebene Fläche, freies Feld **2.** Gleichheit, gleiche Lage, Gleichberechtigung **3.** Billigkeit, Angemessenheit; ex ~o nach Billigkeit, mit gleichem Recht, in gleichem Maße, auf gleiche Weise ⟦*Sg u. Pl* ~a, ~orum *n ml* das Gute; *übertr* in ~um auf die gleiche Ebene; ex ~o gleich im Verhältnis zu, zu gleichen Teilen
aequ|us *3* **1.** flach, eben **2.** gleich, ~e atque (ac) in gleicher Weise wie **3.** billig, gerecht; ~um est es ist recht und billig **4.** günstig, wohlwollend **5.** ruhig, gelassen, ~us animus Gleichmut; →aequum
āēr, āeris (*Akk Sg auch* āera) *m* [*gr*] Luft; Nebel
aerāmentum, ī *n* [aes] ehernes Geschirr
aerāria, ae *f* [aerarius] Erzgrube
aerārium, ī *n* [aerarius] Schatzkammer, (röm.) Staatskasse; Geldmittel, Kasse
aerārius [aes] **I.** *Adj 3* **1.** Erz-, Kupfer-, Bronze- **2.** Geld-, Finanz- **II.** *Subst* ī *m* **1.** Ärarier, Ärarbürger (Bürger ohne po-

litische Rechte, der eine bestimmte Summe an die Staatskasse zahlen musste) **2.** Erz-, Kupfer-, Bronzearbeiter; Schmied
aerātus *3* [aes] erzbeschlagen, ehern; gut bei Kasse
aereus *3* = aeratus
aerifer *3* eherne Zimbeln tragend
aeri|pēs, *Gen* ~pedis erzfüßig
āerius *3* [aer] in der Luft (befindlich), luftig; hochragend
aerō, ~nis *m* [*gr*] Tragkorb
Aëropē, ēs *f* Aërope (M. der beiden Atriden)
aerōsus *3* [aes] erzhaltig
aerūginōsus *3* voll Grünspan
aerūg|ō, ~inis *f* [aes] Grünspan; Missgunst, Neid; Habsucht
aerumna, ae *f* Trübsal, Mühsal, Not
aerumnābil|is, ~e, *Gen* ~is trübselig, mühselig
aerumnōsus *3* mühselig, kummervoll
aes, aeris (*Dat Sg altl* aere) *n* Erz [*urv*], Kupfer, Bronze; (Erz-, Kupfer-, Bronze-)Gefäß *od* Statue *od* Tafel; (Kupfer-)Geld; *meist Pl* aera, aerum *n* Lohn, Sold; ~ alienum Schulden
Aesar, ~is *m* Aesar (Fluss in Bruttium)
Aesareus *3* aesarisch, des Aesar
⟦**aesca,** ae *f ml* Äsche *Fisch*
Aeschin|ēs, ~is *u.* ~ī (*Akk auch* ~ēn) *m* Aischines (1. Schüler des Sokrates 2. Athenischer Redner, Gegner des Demosthenes 3. Lehrer der neuen Akademie in Athen um 100 v. Chr. 4. aus Milet, Redner z. Z. Ciceros)
Aeschylēus *3* aischyleisch, des Aischylos
Aeschylus, ī *m* Aischylos (1. Tragödiendichter in Athen, 525–456 2. Rhetor z. Z. Ciceros)
aischȳnomenē, ēs *f* [*gr*] Aischynomene, *dt* die sich Schämende *Mimosenart*
Aesculāpium, ī *n* Äskulaptempel
Aesculāpius, ī *m* Aesculapius, Äskulap, *gr* Asklepios (Gott der Heilkunde)
aesculētum, ī *n* Eichenwald
aesculeus *3* eichen, aus Eiche; Eichen-
aesculus, ī *f* Wintereiche
Aesernia, ae *f* Aesernia (Ort in Samnium)
Aesernīnus *3* aeserninisch, von Aesernia
Aesis, ~ *m* Aesis (Fluss in Umbrien)
Aesōn, Aesonis (*Akk* Aesona) *m* Aison (V. des Iason)
Aesonid|ēs, ae (*Akk* ~ēn, *Vok* ~ē) *m* Aisonide, S. des Aison (= Iason)
Aesonius *3* aisonisch, des Aison
Aesōpēus = Aesopius
Aesōpius *3* äsopisch, des Äsop
Aesōpus, ī *m* **1.** Äsop, *gr* Aisopos (gr. Fabeldichter um 550 v. Chr.) **2.** Claudius ~ (Schauspieler in Rom z. Z. Ciceros)

aestā|s, ~tis *f* [aestus] Sommer; Sommerwetter, -hitze
aestifer *3* [aestus] Hitze bringend, heiß
Aestiī, ōrum *m* Ästier, Ästen (Volk an der Ostküste der Ostsee)
aestimābil|is, ~e, *Gen* ~is schätzbar, schätzenswert
aestimātiō, ~nis *f* **1.** Abschätzung, Taxierung **2.** Bezahlung durch taxierte Grundstücke **3.** Wert **4.** Würdigung, Anerkennung
aestimāt|or, ~ōris *m* Taxator; Beurteiler
aestimium, ī *n* Abschätzung, Taxierung
aestimō *1* abschätzen, taxieren, veranschlagen *Gen od Abl* auf; schätzen, würdigen; glauben
aestīva, ōrum *n* [aestivus] *milit* Sommerlager; Feldzug; (Herde auf der) Sommerweide
aestīvō *1* den Sommer zubringen
aestīvus *3* [aestus] sommerlich, Sommer-
aestuārium, ī *n* [aestus] überflutete Niederung; Watt; Bucht; Luftloch, -schacht ⟦*ml* heizbarer Raum, warme Stube
aestumō = aestimo
aestuō *1* [aestus] auflodern; glühen; kochen; schwitzen; wogen, wallen, brausen; heftig bewegt sein, leidenschaftlich erregt sein; unschlüssig sein, schwanken ⟦*ml* fiebern; *mit* ad *od Dat* brennend verlangen nach, erglühen für
aestuōsus *3* glühend, schwül; brandend, wogend
aest|us, ~ūs *m* [aestas] Hitze, Glut; Brandung, Strömung, Flut; *Pl* ~ūs, ~uum *m* Gezeiten; Leidenschaft, Ungestüm; Unruhe, Besorgnis
aetā|s, ~tis *f* [aevum] Leben(szeit); (Lebens-)Alter, Generation, Altersstufe; Zeit(alter) ⟦*ml* Volljährigkeit
aetātula, ae *f* Kindesalter, Jugend(zeit)
⟦**aeternal|is,** ~e, *Gen* ~is *spl* ewig
aeternitā|s, ~tis *f* Ewigkeit, Unsterblichkeit ⟦*spl christlich* ewiges Leben; ~s vestra *Anrede des röm. Kaisers*
aeternō I. *Verb 1* verewigen **II.** *Adv* [aeternus] (auf) ewig, unaufhörlich, immer(fort) **III.** *Dat Abl Sg m n zu* aeternus
aeternum I. = aeterno II. **II.** *Akk Sg m, Nom Akk Sg n zu* aeternus
aetern|us *3* [aevum] ewig, unsterblich ⟦*spl* vita ~a *christlich* das ewige Leben
aeth|ēr, ~eris (*Akk* ~era) *m* [*gr*] Himmel(sraum), Himmelsbewohner, (Ober-)Welt ⟦*ml christlich* Himmel, Jenseits
⟦**aethereus** *3 ml* himmlisch, Himmels-
aetherius *3* ätherisch, im Äther, (in) der (Ober-)Welt, himmlisch; luftig
Aethiopia, ae *f* Äthiopien
Aethiop|s [*gr*] **I.** *Adj, Gen* ~is äthiopisch **II.** *Subst* ~is (*Akk Pl* ~as) *m* Äthiopier, Schwarzer

a Aet b c d e f g h i j k l m n o p q r s t u v w x y z

a

aethra, ae *f* Himmelsglanz, heitere Bläue, reine Luft
⟦**aethral|is,** ~e, *Gen* ~is *ml* Himmels-
aetiologia, ae *f* [*gr*] Erforschung der Gründe, Beweisführung (durch Anführung der Gründe)
Aëtiōn, ~is *m* Aëtion (gr. Maler um 330 v. Chr.)
⟦**Aëtius,** i *m spl* Aëtius (röm. Staatsmann und Feldherr, Sieger über Attila 451 n. Chr.)
Aetna, ae *f* **1.** Ätna (Berg auf Sizilien) **2.** Aetna (Ort am Ätna)
Aetnae|us I. *Adj 3* zum Ätna gehörig, des Ätna **II.** *Subst Pl* ~ī, ~ōrum *m* Anwohner des Ätna
Aetnē, ēs *f* = Aetna
Aetnēns|ēs, ~ium *m* Aetnenser, Einw. von Aetna 2.
⟦**A et O** [= A et Ω] *ml* Anfang und Ende, *auch* = Christus
Aetōlī, ōrum *m* Aitolier, Ätolier, Einw. von Aitolien
Aetōlia, ae *f* Aitolien, Ätolien (Landschaft im westlichen Mittelgriechenland)
Aetōlicus *3* aitolisch, ätolisch
Aetōli|s, ~dis *f* Aitolierin, Ätolierin
Aetōlius *3* aitolisch, ätolisch
Aetōlus *3* aitolisch, ätolisch
aevitās = aetas
aevos, ī *m* = aevum
aevum, ī *n* **1.** Ewigkeit (*urv*) **2.** = aetas
afannae, ārum *f* [*gr*] Ausflüchte, Ausreden
Āfer I. *Adj* Āfra, Āfrum afrikanisch, punisch **II.** *Subst* Āfrī *m BN* →Terentius 2.
affābil|is, ~e, *Gen* ~is [for] freundlich, leutselig
affābilitā|s, ~tis *f* Leutseligkeit
affabrē *Adv* [faber] kunstgerecht, kunstvoll
⟦**affam|en,** ~inis *n spl* Anrede, Zuspruch
affatim *Adv* [fatigo] genügend, reichlich
affātus I. *Part Perf* →affor **II.** *Subst* ūs *m* Anrede, Ansprache
affēcī →afficio
⟦**affectabil|is,** ~e, *Gen* ~is *ml* wünschens-, erstrebenswert
affectātiō, ~nis *f* Streben, Sucht; Künstelei ⟦*ml* Anspruch *Gen* auf
affectiō, ~nis *f* Einwirkung, Beeinflussung; Zustand, Beschaffenheit, Stimmung; Neigung, Zuneigung, Liebe ⟦*spl* Streben
affectō *1* [afficio] ergreifen, greifen *Akk* nach, erstreben; (er)künsteln
⟦**affectuose** *Adv spl* liebevoll; eifrig
affectus I. *Adj 3* versehen, ausgestattet; beschaffen, gestimmt; bekümmert, angegriffen, schwach; zu Ende gehend, dem Ende nahe **II.** *Part Perf Pass* →afficio **III.** *Subst* ūs *m* Zustand, Stimmung; Neigung, Liebe; Leidenschaft, Affekt ⟦*spl* (fromme) Liebe
afferō, attulī, allātus (*Inf* afferre) *3* herbeibringen, -tragen, -führen; hin-, überbringen, melden; vorbringen, (*als*) *Grund* anführen; hinzufügen, beisteuern, beitragen; bereiten, bewirken, verursachen
af|ficiō, ~fēcī, ~fectus *3* **1.** ausstatten, versehen, erfüllen; *bes in Umschreibungen, z. B.* dolore ~ficio mit Schmerz erfüllen; exilio ~ficio verbannen, honore ~ficio ehren; iniuria ~ficio beleidigen; laude ~ficio loben; muneribus ~ficio beschenken; praemio ~ficio belohnen; timore ~ficio in Furcht versetzen; sepultura ~ficio bestatten; supplicio ~ficio hinrichten; *Pass* morbo ~ficior erkranken **2.** beeinflussen, beeindrucken, in einen Zustand *od* in eine Stimmung versetzen **3.** hart mitnehmen, schwächen, erschöpfen
affictus →affingo
af|figō, ~fīxī, ~fīxus *3* anheften, befestigen *Dat od* ad an
af|fingō, ~fīnxī, ~fictus *3 in der bildenden Kunst* an-, hinzufügen; hinzu-, andichten
affīn|is I. *Adj* ~e, *Gen* ~is *mit Dat od Gen* benachbart, angrenzend an; beteiligt an, verwickelt in; verschwägert mit **II.** *Subst* ~is *m* Schwager, Schwiegersohn ⟦*ml* Vetter *als höfische Anrede*
affīnitā|s, ~tis *f* Verschwägerung, enge Beziehung, Verwandtschaft, Freundschaft
affīnxī →affingo
affīrmātē *Adv* unter Beteuerungen, hoch und heilig
affīrmātiō, ~nis *m* Versicherung, Beteuerung
⟦**affirmator,** ~is *m spl* Bestätiger, Bürge
affīrmō *1* bekräftigen, bestätigen; versichern, behaupten
affīxī, affīxus →affigo
afflātus I. *Part Perf Pass* →afflo **II.** *Subst* ūs *m* Anwehen, -hauchen, Luft(zug)
affleō *2* weinen *Dat* bei *od* mit jmdm.
afflīctātiō, ~nis *f* Qual ⟦*spl* Stoß; Trübsal
⟦**afflictio,** ~nis *f spl* (Schicksals-)Schlag, Not, Bedrängnis
afflīct|ō 1 (heftig) schlagen, beschädigen; plagen, heimsuchen; se ~are sich ängstigen, sich Sorgen machen
afflīct|or I. *Subst* ~ōris *m* Herabwürdiger, Herabsetzer **II.** *Verb 1* sich ängstigen, sich Sorgen machen
afflīctus I. *Adj 3* geschädigt, übel zugerichtet, zerrüttet; betrübt, niedergeschlagen, mutlos; verachtet, verkracht **II.** *Part Perf Pass* →affligo
af|flīgō, ~flīxī, ~flīctus *3* nieder-, zu Boden schlagen, umstürzen; beschädigen; schlagen, schmettern *Dat od* ad an; heimsuchen, betrüben, entmutigen

afflō *1* hinwehen, zutragen; anwehen, -hauchen, entgegenwehen ⟦*ml* eingeben
afflu|ēns I. *Adj, Gen* ~entis reichlich; reich *Abl od Gen* an **II.** *Part Präs Akt* →affluo
affluentia I. *Subst* ae *f* Fülle, Überfluss **II.** *Nom/Akk Pl n zu* affluens
af|fluō, ~flūxī *3* (hin)zu-, heranfließen, herbeiströmen; reichlich vorhanden sein; Überfluss haben *Abl* an
affor *1* anreden, -sprechen, -flehen
affore = affuturum esse (*zu* assum) ⟦*spl auch* = adesse
afforem = adessem *od* affuissem (*zu* assum)
afformīdō *1* ~, ne Angst bekommen, dass
af|fricō, ~fricuī, ~frictus *1* reiben *Dat* an; übertragen *Dat* auf
affūdī →affundo
affuī →assum
af|fulgeō, ~fulsī *2* entgegenstrahlen, -leuchten, aufleuchten, (leuchtend) erscheinen
af|fundō, ~fūdī, ~fūsus *3* hinzugießen, gießen *Dat* an *od* auf
af|fundor, ~fūsus sum *3* herbeiströmen, sich ergießen; sich werfen *Dat* auf
affutūrus *Part Fut Akt* →assum
afluentia = affluentia I.
āfluō *3* wegfließen
āfore = afuturum esse (*zu* absum)
āforem = abessem *od* afuissem (*zu* absum)
Āfra →Afer
Afrāniānus *3* des Afranius
Afrānius *3 Gent, z. B.* **1.** L. ~ (Meister der Fabula togata um 100 v. Chr.) **2.** L. ~ (Legat des Pompeius)
Āfrī I. *Subst* ōrum *m* Afrikaner, Punier **II.** *Gen Sg m, n, Nom Pl m zu* Afer I.
Āfrica I. *Subst* ae *f* **1.** Africa (röm. Provinz, ehemaliges Gebiet Karthagos) **2.** Afrika (der Erdteil) **II.** *Nom Sg f, Nom/Akk Pl n zu* Africus I.
Āfricānae, ārum *f* [Africanus] wilde Tiere aus Afrika
Āfricānus I. *Adj 3* afrikanisch, punisch **II.** *Subst* ī *m BN* →Cornelius 1. b) und c)
Āfricus I. *Adj 3* afrikanisch, punisch **II.** *Subst* ī *m* Südwestwind ⟦*ml* Südwesten
Āfrum →Afer
āfuī, āfutūrus →absum
Agamemn|ō(n), ~onis (*Akk auch* ~ona) *m* Agamemnon (König von Mykene, Oberbefehlshaber der Griechen im Trojanischen Krieg)
Aganippē, ēs *f* Aganippe (den Musen heilige Quelle am Helikon)
Aganippēus *3* zur Aganippe gehörig, aganippisch
Aganippi|s, *Gen* ~dos *f* = Aganippeus
agāsō, ~nis *m* Reit-, Stallknecht; Tölpel
Agathocl|ēs, ~is *u.* ~ī (*Akk auch* ~ēn) *m* Agathokles (Tyrann von Syrakus 361–289)
Agathyrna, ae *f* Agathyrna (Ort an der Nordküste Siziliens)
Agathyrsī, ōrum *m* Agathyrser (Skythenstamm im heutigen westlichen Rumänien und östlichen Ungarn)
Agau|ē, ~ēs (*Akk auch* ~ēn) *f* Agaue (M. des Pentheus)
Agedincum, ī *n* Agedincum (Hauptort der Senonen in Gallia Lugdunensis), *heute* Sens
age(dum) *Interj* wohlan!, los!
agellus, ī *m* [ager] Gütchen, kleines Grundstück
āgēma, ~tis *n* [*gr*] Agema (makedonische Garde)
Agēn|ōr, ~oris *m* Agenor (myth. König von Phönizien, V. des Kadmos und der Europa)
Agēnoreus *3* zu Agenor gehörig, phönizisch, karthagisch
Agēnoridēs, ae *m* Agenoride, Nachkomme des Agenor
agēns I. *Adj, Gen* agentis lebhaft **II.** *Part Präs Akt* →ago **III.** ⟦*Subst* agentis *m spl* ~ in rebus Beauftragter *röm. kaiserliches Amt*
ager, agrī *m* Acker (*urv*), Feld, Boden, Grundstück; Gebiet; *Pl* agrī, ōrum *m* (flaches) Land
āgerō *3* wegschaffen
Agēsilāus, ī *m* Agesilaos (spartanischer König um 400 v. Chr.)
Agēsipoli|s, ~dos (*Akk* ~n) *m* Agesipolis (spartanischer König um 200 v. Chr.)
Aggar *undekl* Aggar (Ort in Nordafrika)
aggemō *3* dabei seufzen, seufzen *Dat* zu *od* bei
⟦**aggeniculor** *1 spl* die Knie beugen *Dat* vor
agger, ~is *m* [aggero 2.] (zur Aufschüttung herbeigeschaffte) Erde; Damm(weg), (Schutz-)Wall; Stadtmauer; Ufer(böschung); Hafendamm; Haufen, Hügel
aggerātiō, ~nis *f* Aufschüttung, Damm
ag|gerō 1. *1* [agger] aufhäufen, -schütten; steigern, vergrößern, vermehren **2.** ~gessī, ~gestus *3* herbeischaffen; *übertr* vorbringen, sagen
aggestus I. *Part Perf Pass* →aggero 2. **II.** *Subst* ūs *m* Herbeischaffen
agglomerō *1* dicht *od* fest anschließen
agglūtinō *1* anleimen, -kleben
aggravēscō *3* sich verschlimmern
aggravō *1* schwerer machen; steigern, verschlimmern ⟦*ml* bedrücken
ag|gredior, ~gressus sum *3* [gradior] herantreten (*Akk* an); angreifen; anklagen; sich anschicken, beginnen, unternehmen, versuchen
⟦**aggregatio,** ~nis *f spl* Zusammenkunft
aggregō *1* [grex] zugesellen, anschließen
aggregor *1* [grex] sich anschließen
aggressiō, ~nis *f* erste Worte *einer Rede*

aggressus →aggredior
agil|is, ~e, *Gen* ~is (leicht) beweglich; schnell; rührig, geschäftig
agilitā|s, ~tis *f* Beweglichkeit, Schnelligkeit
aginō *1* sich (eifrig) bemühen
Āgis, Āgidis (*Akk auch* Āgin) *m* Agis (*N* spartanischer Könige)
agitābil|is, ~e, *Gen* ~is leicht beweglich
agitātiō, ~nis *f* Bewegung; Tätigkeit, Ausübung, Beschäftigung *Gen* mit
agitāt|or, ~ōris *m* Treiber; Wagenlenker *bei Zirkusspielen* ⟦*spl übertr* Leiter, Lenker
agitō *1* [ago] (hin und her) bewegen, treiben, jagen; anspornen, beunruhigen, aufregen; betreiben, verhandeln, *abs* handeln; (animo, in animo, mente, in mente) ~ überlegen, beabsichtigen; *Zeit* verbringen; leben, sich aufhalten
agitor *1* vorhanden sein, *übertr* herrschen
Aglaophōn, ~tis *m* Aglaophon (gr. Maler im 5. Jh. v. Chr., V. des Polygnot)
Aglauros, ī *f* Aglauros (T. des Kekrops)
agmen, agminis *n* [ago] Zug, Strom; Heereszug, Truppe; ~ quadratum geschlossener, gefechtsbereiter Heereszug; ~ primum Vorhut; ~ medium Zentrum; ~ extremum *od* novissimum Nachhut; Schar, Gruppe ⟦*spl* himmlische Heerschar
agminātim *Adv* trupp-, scharenweise
āgna, ae *f* junges (weibliches) Schaf
āg|nāscor, ~nātus sum *3* [*ad-(g)nascor] nach-, hinzugeboren werden *zu vorhandenen Erben, nach dem Tode des Vaters bzw. nach Abfassung des Testaments*
āgnātiō, ~nis *f* Geburt nach dem Tode des Vaters *bzw* nach Abfassung des Testaments; Blutsverwandtschaft von väterlicher Seite
āgnātus I. *Part Perf* →agnascor **II.** *Subst* ī *m* nach-, hinzugeborener Sohn *zu vorhandenen Erben, nach dem Tode des Vaters bzw. nach Abfassung des Testaments;* Agnat, Blutsverwandter von väterlicher Seite
⟦**agnella,** ae *f* [agnus] *spl* Lämmchen
āgnellus, ī *m* [agnus] Lämmchen
⟦**agnicula,** ae *f* [agnus] *spl* Lämmchen
āgnīna, ae *f* [agninus] Lammfleisch
āgnīnus *3* vom Lamm, Lamm-
āgnitiō, ~nis *f* [agnosco] Anerkennung; Erkenntnis
āgnitus →agnosco
āgnōm|en, ~inis *n* [agnosco] Beiname
āg|nōscō, ~nōvī, ~nitus *3* [*ad(g)nosco] (wieder)erkennen, wahrnehmen; anerkennen; crimen ~nosco Schuld zugeben
āgnus, ī *m* Lamm
agō, ēgī, āctus *3* **1.** (vorwärts-, heraus-, weg)treiben, bewegen; fero atque ~ lebloses und lebendes Eigentum wegschaffen, rauben und plündern **2.** betreiben, tun, *abs* handeln; ag(it)e wohlan!, los!; id ~ danach streben, sich darum bemühen; bene agitur mecum es geht mir gut **3.** ver-, unterhandeln; causam ~ einen Prozess führen; res agitur eine Sache steht auf dem Spiel; agitur de es handelt sich um; res acta est die Sache ist entschieden, die Sache ist aus; actum est de es ist aus mit **4.** veranstalten, feiern, aufführen; vortragen, darstellen, spielen; gratias ~ sich bedanken *Dat* bei **5.** *Zeit, Leben* verbringen; *abs* leben, sich aufhalten; →agor, agens, actum, ²acta ⟦legatum ~ *ml* Gesandter sein
agōn, ~is (*Akk Sg auch* ~a, *Akk Pl* ~as) *m* [*gr*] Wettkampf, (Kampf-)Spiel ⟦*spl* geistiger Kampf *Gen* mit; *ml* Krampf, Klappern (vor Kälte); Todeskampf
Agōnāli|a, ~um *und* ~ōrum *n* Agonalien (röm. Opferfest am 9. Januar, 17. März, 21. Mai und 11. Dezember)
Agōnāl|is, ~e, *Gen* ~is zu den Agonalien gehörig, der Agonalien
Agōnia, ōrum *n* = Agonalia
agor, āctus sum *3* **1.** aufbrechen, marschieren, ziehen **2.** stürmen, eilen, rennen, fliegen **3.** ab-, verlaufen, verfließen
agorānomus, ī *m* Marktaufseher *bei den Griechen*
Agrag|ā(n)s, ~antis (*Akk* ~anta) *m* = Agrigentum
agrāria, ae *f* [agrarius] Ackergesetz
agrāri|us I. *Adj 3* die Staatsländereien betreffend; lex ~a Ackergesetz **II.** *Subst Pl* ~ī, ~ōrum *m* Befürworter der Ackergesetze u. -verteilung ⟦*ml* ~i milites Heerespflichtige vom Lande
agrest|is I. *Adj* ~e, *Gen* ~is wild (wachsend); ländlich; *übertr* roh, plump, ungebildet **II.** *Subst* ~is *m* Bauer
agricola, ae *m* [²colo] Bauer; deus ~ ländlicher Gott, Schutzgott des Ackerbaus (= Silvanus)
Agricola, ae *m* Cn. Iulius ~ (Schwiegervater des Tacitus, 1. Jh. n. Chr.)
agricult- = cult-
Agrigentīnus *3* agrigentinisch, von Agrigentum
Agrigentum, ī *n* Agrigentum, *gr* Akragas (dorische Kolonie an der Südküste Siziliens), *heute* Agrigento
agripeta, ae *m* [peto] Ansiedler, Kolonist
Agrippa, ae *m BN* Agrippa (1. M. Vipsanius ~, soll 494 v. Chr. durch seine Fabel vom Magen u. den Gliedern die Plebejer mit den Patriziern versöhnt haben 2. M. Vipsanius ~, Freund u. Feldherr des Augustus, Sieger von Aktium, 63–12 3. ~ Postumus, S. von 2., Enkel des Augustus durch Iulia)

Agrippīna, ae *f* **1.** Agrippina (a) Töchter des Agrippa 2., die ältere Gem. des Tiberius, die jüngere des Germanicus b) T. des Germanicus, M. Neros) **2.** = Colonia Agrippinensis, *heute* Köln
Agrippinēns|is I. *Adj* ~e, *Gen* ~is agrippinensisch, der Agrippina 1 b), →Colonia ~is **II.** *Subst Pl* ~ēs, ~ium *m* Agrippinenser, Bew. von →Colonia Agrippinensis
Agu(o)ntum, ī *n* Aguntum (röm. Stadt in Noricum)
Agyi|eūs, ~eī *u.* ~eōs (*Vok* ~eu) *m* Agyieus (*BN* Apollons als Schirmherr der Straßen)
Agylla, ae *f* Agylla (= Caere)
Agyllīnus *3* agyllinisch, von Agylla
Agyrinēns|is, ~e, *Gen* ~is agyrinensisch, von Agyrium
Agyrium, ī *n* Agyrium, *gr* Agyrion (Ort auf Sizilien)
āh *Interj* ah!, ach!
aha *Interj* oho!
Ahāla, ae *m BN, z. B.* C. Servilius ~ (Mörder des Maelius, 5. Jh. v. Chr.)
Aharna, ae *f* Aharna (Ort in Etrurien)
ahēneus = aenus
Ahēnobarbus →Domitius
ahēnus = aenus
ai *Interj* ach!, wehe!
Āiāx, Āiācis (*Akk auch* Āiācēn) *m* Ajax, *gr* Aias (gr. Helden vor Troja: 1. S. des Oileus von Lokris 2. S. des Telamon von Salamis)
aid- *altl* = aed-
āiēns *Part Präs Akt* →aio
ain [*ais-ne *zu* aio] wirklich?
āiō [*ag-jo] ja sagen, bejahen; sagen, versichern; quid ais was meinst du?, was du nicht sagst!
Āius Locūtius *und* **Āius Loquēns** *m* Ansagender, Sprecher (göttliche Stimme, die 390 v. Chr. die Römer vor den Galliern warnte)
āla, ae *f* [*axla] Achsel (*urv*), Schulter; Flügel *des Vogels, des Heeres;* Reiterei; Ala (Reiterschar, -abteilung); Hilfstruppen; (zum Atrium offener) Seitenraum
Alabanda, ōrum *n und* ae *f* Alabanda (Ort in Karien)
Alabandēns|ēs, ~ium *m* Alabander, Einw. von Alabanda
Alaband|īs, ~ium *m* = Alabandenses
Alabandus, ī *m* Alabandos (*myth* Erbauer von Alabanda)
alabarchēs = arabarches
alabaster, alabastrī *m* Salbenfläschchen (aus Alabaster)
alabastrum, ī *n* = alabaster
alac|er u. **~ris,** ~ris, ~re, *Gen* ~ris lebhaft, munter, eifrig, aufgeregt; begeistert
alacritā|s, ~tis *f* (freudige) Erregung, Fröhlichkeit; Eifer ⟦*ml* Beweglichkeit
Alamannī, ōrum *m* Alemannen (germ. Stammesverband am Oberrhein seit 200 n. Chr.)
Alānī, ōrum *m* Alanen (Stammesverband skythisch-sarmatischer Herkunft)
alapa, ae *f* Ohrfeige
ālār|is I. *Adj* ~e, *Gen* ~is = alarius I. **II.** *Subst Pl* ~ēs, ~ium *m* = alarius II.
ālāri|us I. *Adj 3* auf dem Flügel (des Heeres stehend), Flügel- **II.** *Subst Pl* ~ī, ~ōrum *m* Flügeltruppen, Hilfstruppen (der Bundesgenossen)
ālātus *3* geflügelt
alauda, ae *f* **1.** Haubenlerche **2.** Alauda (N einer gallischen Legion Cäsars, nach dem Helmschmuck benannt); *Pl* Alaudae, ārum Soldaten der Alauda
Alba, ae *f* Alba (N mehrerer röm. Orte, z. B. 1. ~ *u.* ~ Longa *myth* Mutterstadt Roms 2. ~ *u.* ~ Fucentia, am Fucinus-See)
⟦**alba,** ae *f ml* Albe (weißes Leinengewand des Priesters); Helle, Morgenröte
Albānī, ōrum *m* Albaner (1. Einw. von Alba 1., 2. Einw. von Albania)
Albānia, ae *f* Albania (Landschaft am Kaspischen Meer)
Albānum, ī *n* [Albanus] **1.** ~ (praedium) Landhaus am Albanerberg **2.** ~ (vinum) Albanerwein
Albānus *3* albanisch, von Alba 1.; lapis ~ Peperin
albātus *3* weiß gekleidet ⟦*Subst* i *m ml* (weiß gekleideter) Engel
⟦**albed|o,** ~inis *f spl* weiße Farbe, Weiße
Albēns|is, ~e, *Gen* ~is albensisch, von Alba 2.
albe|ō *2* weiß sein ⟦~ntes campi *ml* Papier, Bücher
albēscō *3* weiß werden, hell werden
Albiānus *3* albianisch, des Albius
albicapillus *3* weißhaarig
Albicī, ōrum *m* Albiker (Bergvolk bei Massilia)
albicō *1* weiß(lich) sein
albidus *3* weiß(lich)
Albingaunī, ōrum *m* Albingauner, Einw. von Albi(n)gaunum
Albi(n)gaunum, ī *n* Albi(n)gaunum (Hauptort der ligurischen Ingauni)
Albinovānus *3 Gent, z. B.* **1.** ~ Celsus (Geheimschreiber des Tiberius) **2.** C. ~ Pedo (Dichter, Freund Ovids)
Albīnus, ī *m BN, z. B.* A. Postumius ~ (Historiker um 150 n. Chr.)
⟦**albinu|s** *3 ml* weiß; ~m vinum Weißwein
Albion, ~is *f* = Britannia
Albis, ~ *m* Albis (Fluss in Germanien), *heute* Elbe
albitūd|ō, ~inis *f* weiße Farbe, Weiße
Albius *3 Gent, z. B.* ~ Tibullus, Tibull (Dichter, ca. 50–19 v. Chr.)

a

Albrūna, ae *f* Albruna (germ. Seherin)
Albula, ae [albulus] Albula (1. *f* alter N des Tiber 2. *m, f* Bach bei Tibur)
Albulae, ārum *f* (aquae) [albulus] = Albula 2.
albulus *3* weiß(lich), weiß schäumend *von Gewässern*
album, ī *n* [albus] weiße Farbe; Album (geweißte Tafel für öffentliche Bekanntmachungen); Liste, Verzeichnis
Albunea, ae *f* Albunea (weissagende Nymphe einer Quelle bei Tibur)
Alburnus, ī *m* Alburnus (hohes, waldreiches Gebirge in Lukanien)
albus *3* weiß(grau); weiß gekleidet; blass; hell; günstig, Glück bringend
Alcaeus, ī *m* Alkaios (gr. Lyriker um 600 v. Chr.)
Alcamen|ēs, ~is *m* Alkamenes (gr. Plastiker, Schüler des Pheidias)
Alcathoē, ēs *f* Alkathoë (Burg von Megara 1.)
Alcathous, ī *m* Alkathoos (S. des Pelops, Wiedererbauer von Megara 1.)
alcē, ēs *f* [*germ*] Elch
alcēd|ō, ~inis *f* [*gr*] Eisvogel
alcēdōnia, ōrum *n* Eisvogelbrutzeit *sturmfreie Zeit um die Wintersonnenwende;* Stille, Ruhe, geschäftslose Zeit *auf dem Markt*
alcēs, alcis *f* (*Akk Sg* alcen) [*germ*] Elch
Alceūs, Alceī *m* Alkeus (V. des Amphitryon)
Alcibiad|ēs, ~is (*Akk auch* ~ēn, *Vok* ~ē) *m* Alkibiades (athenischer Staatsmann im 5. Jh. v. Chr.)
Alcidam|ās, ~antis *m* Alkidamas (Rhetor um 400 v. Chr., Schüler des Gorgias)
Alcidēmos, ī *f* [*gr*] Alkidemos, Volksbeschützerin (BN Athenes)
Alcidēs, ae *m* Alkide, Nachkomme des Alkeus (= Herakles)
Alcinous, ī *m* Alkinoos (*myth* König der Phaiaken)
Alcis *m* Alken (göttliches Brüderpaar bei den Germanen)
Alcmaeōn = Alcmeo(n)
Alcmaeonius *3* alkmaionisch, des Alkmaion *zu* Alcmeo(n) 1.
Alcmēna, ae *f* Alkmene (M. des Herakles)
Alcme|ō(n), ~onis *m* Alkmaion (1. S. des Amphiaraos 2. gr. Maler, Philosoph u. Arzt aus Kroton um 500 v. Chr.)
Alcō|(n), ~nis *m* Alkon (S. des Atreus)
Alcumēna = Alcmena
Alcumēus, ī *m* = Alcmeo(n)
alcy|ōn, ~onis (*Akk Pl* ~onas) *f* [*gr*] Eisvogel
Alcyonē, ēs *f* Alkyone (1. T. des Windgottes Aiolos 2. Plejade)
[[aldio, ~nis *m* [*germ*] *ml* Alde, halbfreier Bauer
[[aldius, i *m* = aldio
ālea, ae *f* Würfel(spiel), Glücksspiel; Wagnis, Gefahr
āleārius *3* das Würfel- *od.* Glücksspiel betreffend, Spiel-
āleāt|or, ~ōris *m* (Würfel-)Spieler
āleātōrius = alearius
āleātum = aliatum
āleātus = aliatus
ālēc = allec
Alēctō (*Akk* ~) *f* Alekto (eine der drei Furien)
Alēī campī, ōrum *m* [Alei *gr*] Aleische Felder, Irrgefilde (*myth* Ebene in Kilikien, wo Bellerophon vom Pegasus herabstürzte)
Alēm|ōn, ~onis *m* Alemon (V. des Myskelos)
Alēmonidēs, ae *m* Alemonide, S. des Alemon (= Myskelos)
āleō, ~nis *m* [alea] (leidenschaftlicher) Spieler
āles [ala] **I.** *Adj, Gen* ālitis geflügelt; flüchtig, schnell **II.** *Subst* ālitis *m f* Vogel; Wahrzeichen, Vorbedeutung; Sänger
Ālesia, ae *f* Alesia (Festung der Mandubier, 52 v. Chr. Sieg Cäsars über Vercingetorix)
[[Alethia, ae *f ml* Wahrheit *als christliche Tugend*
Aletrīnā|s, *Gen* ~tis aletrinatisch, von Aletrium
Aletrium, ī *n* Aletrium (Ort der Herniker in Latium)
Ālē|us I. *Adj 3* elisch *zu* Elis **II.** *Subst Pl* ~ī, ~ōrum *m* Eleer, Bew. von Elis
Alexand|er, ~rī *m* Alexander, *gr* Alexandros (1. = Paris 2. ~ Magnus, König von Makedonien, 356–323 3. M. Aurelius ~ Severus, röm. Kaiser 222–235)
Alexandrēa = Alexandria
Alexandrīa, ae *f* Alexandria (N. vieler von Alexander dem Großen od. ihm zu Ehren gegründeter Städte)
Alexandrīnus *3* alexandrinisch, von Alexandria
Alexi|s, ~dis (*Akk* ~m *od* ~n, *Vok* ~) *m* Alexis (gr. Komödiendichter z. Z. Alexanders des Großen)
alga, ae *f* Alge, Seegras; Meeresküste, -strand
algeō, alsī *2* frieren
algēscō, alsī *3* sich erkälten
Algida terra, ae *f* = Algidus
Algidum, ī *n* [Algidus] Algidum (Festung der Äquer auf dem Algidus)
algidus *3* kalt
Algidus, ī *m* Algidus (Gebirgszug in Latium)
algor, algōris *m* [algeo] Kälte, Frost
algus, ūs *m* = algor
aliā I. *Adv* auf anderem Wege **II.** *Abl Sg f zu* alius

Ālia = Allia
Aliacmōn = Haliacmon
aliās I. *Adv* zu anderer Zeit, ein andermal, sonst; ~ ... ~ bald ... bald, ~ ... aliter bald so ... bald so, ~ aliud bald dies, bald jenes II. *Akk Pl f zu* alius ⟦*Adv ml* überhaupt; sin ~ andernfalls
āliātum, ī *n* Knoblauchgericht
āliātus, ī *m* Knoblauchesser
alibī *Adv* woanders, bei jemand anderem; ~ ... ~ hier ... dort; alius ~ der eine hier, der andere dort
alica, ae *f* Graupen, Grütze
alicārius *3* von Graupen, Graupen-
alicubī *Adv* irgendwo
alicui *Dat Sg m, f, n zu* aliqui(s)
alicuius *Gen Sg m, f, n zu* aliqui(s)
ālicula, ae *f* (kleiner) Mantel
alicunde *Adv* irgendwoher
alid = aliud; → [1]alius
Ālidēns|is, ~e, *Gen* ~is aus Elis
aliēnātiō, ~nis *f* Ent-, Veräußerung; Abneigung, Entfremdung, Abfall; Bewusstlosigkeit
aliēnātus I. *Adj 3* krank II. *Part Perf* →alieno *und* alienor
aliēnigena, ae [gigno] I. *Adj* ausländisch, fremd II. *Subst m* Ausländer, Fremder
aliēnigenus *3* [gigno] ausländisch, fremd
aliēnō *1* weggeben, abtreten, veräußern; wegschaffen, in fremde Hände *od* Gewalt bringen; entfremden, abspenstig machen (*Dat od* a jmdm.); mentem ~ den Geist krank machen; verwirren, ablenken; →alienatus I.
aliēnor *1* in fremde Hände *od* Gewalt geraten; abtrünnig werden, abfallen; Widerwillen haben (a gegen); *med* absterben
aliēnum, ī *n* [alienus] fremder Besitz, fremde Angelegenheit
aliēn|us [alius] I. *Adj 3* einem anderen gehörig, fremd; aes ~um Schulden; *mit Dat od* a fernstehend, nicht verwandt mit; abgeneigt, feindselig; unpassend, nachteilig II. *Subst* ~ī *m* Fremder, Ausländer ⟦*Adj 3 spl* fernstehend *Gen* jmdm.; ~i filii (Gott fremde) Weltkinder
ālifer *3* geflügelt
āliger *3* geflügelt
alii *Dat Sg m, f, n und Nom Pl m zu* alius
alimentārius *3* die Nahrung betreffend, zum Unterhalt gehörig; unterhaltsberechtigt
aliment|um, ~ī *n* [alo] Nahrung(smittel); Erzieherlohn; *Pl* ~a, ~ōrum *n* Kosten für Unterhalt und Erziehung
Alimentus, ī *m BN* →Cincius
⟦**alimonia,** ae *f spl* Nahrung, Ernährung
alimōnium, ī *n* [alo] Ernährung, Unterhalt
aliō I. *Adv* woandershin; zu einem anderen Zweck II. *Abl Sg m, n zu* alius
aliōquī(n) *Adv* im Übrigen, (auch) sonst; überhaupt; andernfalls
aliō(vo)rsum *Adv* woandershin; in anderem Sinne
ālip|ēs I. *Adj, Gen* ~edis mit Flügeln an den Füßen; schnell II. *Subst* ~edis *m* Rennpferd
Aliphēra, ae *f* Aliphera (Ort in Arkadien)
ālipilus, ī *m* [ala, [1]pilo] Haarentferner *Sklave, der in den Bädern die (Achsel-) Haare entfernte*
alīptēs, ae *m* [*gr*] Salber, Frotteur, Masseur *Sklave, der sich in den Bädern durch Salben, Massieren, Frottieren sowie Anordnung von Diät u. sportlichen Übungen um die körperliche Kondition kümmerte*
aliquā I. *Adv* irgendwo; irgendwie II. *Abl Sg f zu* aliqui(s)
aliquae →aliqui
⟦**aliqualiter** *Adv ml* einigermaßen
aliquam I. *Adv* ziemlich II. *Akk Sg f zu* aliqui(s)
aliquamdiū *Adv* eine Zeit lang; ziemlich lange
aliquandō *Adv* irgendeinmal, endlich einmal, manchmal ⟦*ml* sonst; auf einmal; ~ ... ~ bald ... bald
aliquantillum, ī *n* ein bisschen
aliquantisper *Adv* eine Zeit lang, eine Weile
aliquantulum, ī *n* ein bisschen
aliquantulus *3* ziemlich klein, ziemlich wenig
aliquantum, ī *n* ziemlich viel
aliquantus *3* ziemlich groß, ziemlich viel
aliquātenus *Adv* einigermaßen
aliqu|ī I. *Indefinitpron, f* ~a *od* ~ae, *n* ~od (*meist adjektivisch*) *u.* aliquis, *f* ~a, *n* ~id (*substantivisch u. adjektivisch*) (irgend)jemand, irgendein(er), etwas; *Pl* ~ī, ~ae, ~a einige, manche, *bei Zahlen* ungefähr; bedeutend; ~id etwas Wichtiges II. *Adv* irgendwie ⟦*ml* ein *als unbestimmter Artikel*
aliquid I. *Adv* einigermaßen II. →aliqui
aliquis →aliqui
aliquō I. *Adv* irgendwohin II. *Abl Sg m, n zu* aliqui(s)
aliquod →aliqui
aliquonde = alicunde
⟦**aliquorsum** *ml* = aliquovorsum
aliquot *undekl Indefinitpron* einige, mehrere
aliquotiē(n)s *Adv* einige Male
aliquōvorsum *Adv* in irgendeiner Richtung, irgendwohin
Ālis = Elis
alis = [1]alius
Alīsō, ~nis *m* Aliso (Kastell an der Lippe)
ālit- →ales
aliter *Adv* anders; ~ atque (ac) anders als; sonst

alitus →alo
ālituum *Nbf Gen Pl zu* ales
aliubī *Adv* woanders
ālium, ī *n* Knoblauch
aliunde *Adv* woandersher
[1]**alius,** alia, aliud (*Gen Sg* alterīus, *selten* alīus, *Dat Sg* aliī) ein anderer; *selten* der andere; ~ ... ~ der eine ... der andere; ~ aliud der eine dies, der andere das; ~ atque (ac, et) ein anderer als; nihil aliud nisi nichts anderes als, nur
[2]**alīus** →[1]alius
Ālīus *3* elisch, aus Elis
al|lābor, ~lāpsus sum *3* herangleiten *Dat od Akk* an
allabōrō *1* hinzukünsteln; sich bemühen
allacrim|āns, *Gen* ~antis dabei weinend
⟦**allambo** *3 spl* belecken
allāpsus I. *Part Perf*→allabor **II.** *Subst* ūs *m* Herangleiten
allātrō *1* anbellen, -kläffen
allātus →affero
allaudābil|is, ~e, *Gen* ~is (sehr) lobenswert
allaudō *1* loben
allēc, ~is *n* Fischsoße (Rückstände vom garum)
Allēctō = Alecto
allectō *1* [allicio] anlocken
[1]**allectus** →allicio
[2]**allēctus** →[2]allego
allēgātiō, ~nis *f* Entsendung *einer Person in privatem Auftrag* ⟦*spl* Rechtfertigung; Vorhaltung; *ml* Bibelzitat
allēgātus I. *Part Perf Pass* →[1]allego **II.** *Subst* ūs *m* Auftrag
allēgī →[2]allego
[1]**allēgō** *1* (in privatem Auftrag) entsenden; vorbringen, zitieren; sich berufen *Akk* auf
[2]**al|legō,** ~lēgī, ~lēctus *3* hinzuwählen
allēgoria, ae *f* [*gr*] Allegorie, Versinnbildlichung
allevāmentum, ī *n* Erleichterung
allevātiō, ~nis *f* Erleichterung
allēvī →allino
⟦**allevio** *1 spl* erleichtern
allevō *1* emporheben, aufrichten, stützen; erleichtern
allevor *1* sich aufrichten, sich erholen
[1]**allex** = hallex
[2]**allē|x,** ~cis *m, f* = allec
allēxī →allicio
Allia, ae *f* Allia (Nebenfluss des Tiber, um 390 v. Chr. Niederlage der Römer gegen die Kelten)
allice|faciō, ~factus *3* anlocken
al|liciō, ~lēxī, ~lectus *3* [*ad-lacio] anlocken, für sich gewinnen
al|līdō, ~līsī, ~līsus *3* [laedo] anschlagen; schleudern, werfen
al|līdor, ~līsus sum *3* eine Schlappe erleiden, scheitern
Alliēns|is, ~e, *Gen* ~is alliensisch, an der Allia
Allīfae, ārum *f* Allifae (Ort in Samnium)
Allīfāna, ōrum *n* [Allifanus] Trinkgefäße aus Allifae, Allifaner Humpen
Allīfānus *3* allifanisch, aus Allifae
alligātiō, ~nis *f* Anbinden; Band, Umwicklung
allig|ō *1* an-, fest-, verbinden; fesseln, hemmen; verpflichten, festlegen; se ~are sich schuldig machen (*Abl od Gen eines Vergehens*)
al|linō, ~lēvī, ~litus *3* anschmieren, -streichen, -kleben; beifügen
allīsī →allido
allīsus →allido
allium = alium
Allobro|x, ~gis (*Akk auch* ~ga) *m* Allobroger (Angehöriger eines Volkes in Gallia Narbonensis)
allocūtiō, ~nis *f* Anrede; Zuspruch, Trost
allocūtus →alloquor
⟦**allodium,** i *n* [*dt*] *ml* Allod, freies Gut
alloquium, ī *n* = allocutio
al|loquor, ~locūtus sum *3* anreden; ermahnen; trösten
allubēscō *3* zu Willen sein; Gefallen finden *Dat* an
allūceō *2* (an-, dazu)leuchten; faculam ~ *übertr* eine Fackel leuchten lassen, eine günstige Gelegenheit zeigen
al|lūcēscit, ~lūxit *3* es wird hell
allūdiō *1* [alludo] streicheln, kosen
al|lūdō, ~lūsī *3* (*mit* ad *od Dat*) spielen (mit), kosen (mit), schäkern (mit), anspielen (auf) ⟦*spl* spielen *von Tieren,* spielend heranbringen
al|luō, ~luī *3* [lavo] bespülen
allūsī →alludo
alluviēs, ēī *f* [alluo] Überschwemmung
alluviō, ~nis *f* [alluo] Anschwemmung ⟦*spl* Überschwemmung
⟦**almifluus** *3 ml* Segen spendend
⟦**almita|s,** ~tis *f ml* Hoheit, Heiligkeit
Almō, ~nis (*Akk* ~na) *m* Almo (Nebenfluss des Tiber)
almus *3* [alo] nährend, fruchtbar; Segen spendend
alnus, ī *f* Erle (*urv*); Kahn (aus Erlenholz)
alō, aluī, altus *und* alitus *3* (er)nähren, aufziehen; *Haustiere* halten; stark machen, fördern, entwickeln
Alōēus, Alōeī *m* Aloeus (ein Gigant)
alogia, ae *f* [*gr*] Unvernunft, Albernheit
Alōīdae, ārum *m* Aloiden, S. des Aloeus (= Otos u. Ephialtes)
⟦**alonge** *Adv ml* von Weitem
Alopē, ēs *f* Alope (1. Ort in Thessalien 2. Ort im opuntischen Lokris in Mittelgriechenland)

Alpēs, Alpium *f* Alpen
⟦**alpha** *undekl spl* Alpha (erster Buchstabe des gr. Alphabets); *ml* ~ peto simul o ein vollständiges Gebet sprechen
Alphēia|s, ~dis *f* Alpheiade (*BN* der Arethusa, Geliebte des Flussgottes Alpheios, →Alpheus II.)
Alphesiboea, ae *f* Alphesiboia (Gem. des Alkmaion, →Alcmeo(n) 1.)
Alphēus I. *Adj 3* alpheiisch *zu* II. **II.** *Subst* ī *m* Alpheios (Hauptfluss der Peloponnes in Elis)
⟦**alphinus,** i *m ml* Läufer *im Schachspiel*
Alpicī, ōrum *m* Alpenbewohner
Alpīnī, ōrum *m* Alpenbewohner
⟦**alpis,** ~ *f spl* Berg
alsī 1. →algeo **2.** →algesco
Alsiēns|e, ~is *n* Landgut bei Alsium
Alsium, ī *n* Alsium (Ort in Etrurien)
alsius *Adj* [algeo] **1.** *3* frierend **2.** *Komp, Nom/Akk Sg n* kühler
⟦**altar|e,** ~is *n ml* Altar; summum ~e Hochaltar
altāri|a, ~um *n* [altus] (zu Brandopfern bestimmter) Altar
⟦**altarista,** ae *m ml* Geistlicher *an einem ihm zugewiesenen Altar*
alter *3* (*Gen Sg* ~īus, *Dat Sg* ~ī) der eine (von beiden), der andere (von beiden); der zweite; ~um tantum doppelt so groß, doppelt so viel ⟦*ml* = alius
alterās I. *Adv* ein andermal **II.** *Akk Pl f zu* alter
⟦**alteratio,** ~nis *f ml* Veränderung
altercātiō, ~nis *f* Wortwechsel, Diskussion, Streit; Verhör
alterc|ō *u.* **~or** *1* [alter] diskutieren, streiten
alterī *Dat Sg m, f, n, Nom Pl m zu* alter
alterīus 1. →alter **2.** →^{1}alius
alternātiō, ~nis *f* Abwechslung ⟦*Pl* ~nes, ~num *f ml* Wechselfälle
alternīs *Adv* [alternus] abwechselnd
alternō *1* abwechseln; schwanken *beim Überlegen*
alternus *3* [alter] der eine um den anderen, jeder zweite, abwechselnd; zwischen Hexametern u. Pentametern wechselnd, im Distichon
alter|uter, ~utra *u.* ~a utra, ~utrum *u.* ~um utrum (*Gen* ~utrīus, *Dat* ~utrī) einer von beiden; einander
alticīnctus *3* hoch gegürtet, hoch geschürzt
altili|a, ~um *n* [altilis] Mastgeflügel
altil|is, ~e, *Gen* ~is [alo] gemästet, Mast-
Altīnum, ī *n* Altinum (Küstenort in Oberitalien im Lande der Veneter)
altisonus *3* aus der Höhe tönend, donnernd ⟦*spl* laut schallend; *übertr* großartig (klingend)
⟦**altissimus,** i *m* [altus] *ml* der Höchste, Gott
⟦**altithronus** *3 ml* in der Höhe thronend
altiton|āns, *Gen* ~antis (hoch oben) donnernd
altitūd|ō, ~inis *f* Höhe, Tiefe; Erhabenheit, Größe; *übertr* Verschlossenheit
altiusculus *3* etwas zu hoch
altivol|āns I. *Adj, Gen* ~antis hoch oben fliegend **II.** *Subst Pl* ~antēs, ~antum *f* Vögel
altor, altōris *m* [alo] Ernährer, Pflegevater
altrimsecus = altrinsecus
altrīnsecus *Adv* auf der anderen Seite
altrī|x I. *Adj, Gen* ~cis (er)nährend, heimatlich **II.** *Subst* ~cis *f* Ernährerin, Pflegemutter, Amme
altrōvorsum *Adv* nach der anderen Seite
altum, ī *n* [altus] Höhe, hohe See; Tiefe, Inneres
altus I. *Adj 3* hoch, erhaben; tief; laut; gründlich; uralt **II.** *Part Perf Pass* →alo ⟦*Adj 3 ml* teuer; →altissimus
ālūcinor = halucinor
alūm|en, ~inis *n* Alaun (*Fw*)
alumentārius = alimentarius
alumna, ae *f* [alumnus] Pflegetochter
alumnor *1* auf-, großziehen; *Tiere* abrichten
alumnus [alo] **I.** *Adj 3* großgezogen **II.** *Subst* ī *m* Zögling, Pflegesohn ⟦*ml* ~ Christi Jünger, Christ
Aluntīnus *3* aluntinisch, von Aluntium
Aluntium, ī *n* Aluntium (Ort an der Nordküste Siziliens)
alūta, ae *f* [alumen] weiches (mit Alaun gegerbtes) Leder; Schuh; Schönheitspflästerchen
alvārium, ī *n* Bienenkorb, -stock, -haus
alveār|e, ~is *n* = alvarium
alveārium = alvarium
alveolus, ī *m* (kleine) Mulde, (kleines) Flussbett; Schanzkorb; Würfelbrett *mit hohem Rand;* Würfelspiel ⟦*spl* Bienenkorb
alveus, ī *m* [alvus] Bauch; Kahn; Wanne; Becken; Flussbett; Bienenkorb; Würfelbrett *mit hohem Rand;* Würfelspiel
alvus, ī *f* (*m*) (Schiffs-)Bauch, Magen; Mutterleib; Bienenstock
Alyatt|ēs, ~is *u.* ~eī *m* Alyattes (König von Lydien um 600 v. Chr., V. des Kroisos)
Alyzia, ae *f* Alyzia (Ort in Akarnanien)
amābil|is, ~e, *Gen* ~is liebenswürdig
amābilitā|s, ~tis *f* Liebenswürdigkeit
Amalthēa, ae *f* Amaltheia (1. Nymphe *od* Ziege, die Zeus aufzog 2. Sibylle in Cumae)
Amalthēum, ī *n* Heiligtum der Amaltheia
Amalthīum = Amaltheum
āmandātiō, ~nis *f* Verweisung; ~ rusticana Verweisung aufs Dorf
āmandō *1* verweisen, außer Landes schicken
Amānicus *3* amanisch, des Amanos

a

Amāniēns|ēs, ~ium *m* Amaner, Bewohner des Amanos
amāns I. *Adj, Gen* amantis liebevoll **II.** *Part Präs Akt* →amo **III.** *Subst* amantis *m* Liebhaber ⟦*spl* Freund; →amantissimus
Amantia, ae *f* Amantia (Küstenort in Illyrien)
Amantīnī, ōrum *m* Amantiner, Einw. von Amantia
⟦**amantissimus** *spl* **I.** *Adj 3 Sup* verehrt **II.** *Subst* i *m* Geliebter
āmanuēnsis, ~ *m* [a manu] Schreiber, Sekretär
Amānus, ī *m* Amanos (Teil des Taurosgebirges)
amāracum, ī *n* [*gr*] Majoran
amāracus, ī *m, f* [*gr*] Majoran
amarantus, ī *m* [*gr*] Amarant, Tausendschön
⟦**amarico** *1 spl* erbittern, reizen
amāritiēs, ēī *f* = amaritudo
amāritūd|ō, ~inis *f* Bitterkeit, bitterer Geschmack
amār|or, ~ōris *m* = amaritudo
amār|us *3* bitter, herb, beißend; widerwärtig, unangenehm; empfindlich, reizbar ⟦*Adv* ~e *ml* bitterlich, schmerzlich
Amarynthi|s, ~dis *f* die Amarynthische (*BN* der Artemis nach dem Ort Amarynthos auf Euboia)
Amasēnus, ī *m* Amasenus (Fluss in Latium)
Amās|is, ~idis (*Akk* ~im, *Abl auch* ~i *u.* ~e) *m* Amasis (ägyptischer König um 550 v. Chr.)
amāsiuncula, ae *f* [amasius] Geliebte
amāsius, ī *m* [amo] Liebhaber
Amastri|s, ~dis *f* Amastris (Ort in Paphlagonien)
Amathū|s, ~ntis (*Akk* ~nta) Amathus (1. *f* Ort auf Zypern mit Aphroditetempel 2. *m* Gründer von 1.)
Amathūsi(ac)us *3* amathusisch, von Amathus 1.
amātiō, ~nis *f* Liebe, Verliebtheit, Liebschaft
amāt|or, ~ōris *m* Liebhaber, Freund
amātorculus, ī *m* kümmerlicher Liebhaber
amātōrius *3* verliebt, der Liebe, Liebes-
amātrī|x, ~cis *f* Liebste, Geliebte ⟦*spl Adj, Gen* ~cis liebend; *Subst* ~cis *f* Freundin
Amaz|ōn, ~onis (*Akk Sg auch* ~ona, *Akk Pl* ~onas; *Pl auch* ~onides, ~onidum, *Akk* ~onidas) *f* Amazone (*myth* Angehörige eines kriegerischen Frauenvolkes in Kleinasien)
Amazoni(c)us *3* amazonisch, Amazonen-
ambactus, ī *m* [*kelt*] Gefolgsmann
ambāg|ēs, ~is *f* (*gew Pl* ~ēs, ~um) [amb-, ago] Umweg, Irrgang, Irrweg; Umschweife, Ausflüchte; rätselhafte (Orakel-)Worte, Andeutungen, Zweideutigkeit
Ambarrī, ōrum *m* Ambarrer (gallisches Volk an der Saône)
amb|edō, ~ēdī, ~ēsus *3* (ringsum) annagen, auffressen
ambestrī|x, ~cis *f* [ambedo] Fresserin
Ambiānī, ōrum *m* Ambianer (Belgerstamm an der Somme)
Ambibarii, ōrum *m* Ambibarier (kelt. Volk in der Normandie)
⟦**ambigito** *1 spl* zweifeln
ambigō *3* [ago] bezweifeln, bestreiten; (vor Gericht) streiten; schwanken, unschlüssig sein
ambigor *3* zweifelhaft sein, strittig sein
ambiguitā|s, ~tis *f* Zweideutigkeit, Doppelsinn ⟦*spl* Zweifel
ambiguus *3* [ambigo] sich nach zwei Seiten hinneigend, beiderseitig; veränderlich, doppel-, vielgestaltig; zweifelhaft, unsicher; schwankend, unentschlossen; zweideutig, doppelsinnig
Ambiliātī, ōrum *m* Ambiliater (kelt. Volk an der Somme)
ambi|ō *4* [*amb-eo] herumgehen *Akk* um, umgehen; umgeben, einfassen; *als Bittsteller* angehen, sich wenden *Akk* an; *zur Gewinnung von Wählerstimmen* ansprechen, umwerben; magistratum sibi ~re sich um ein Amt bewerben ⟦*ml* umschließen, enthalten; *mit Inf* wünschen; *mit* ad umlagern, treten vor; →ambior
⟦**ambior** *4 ml* umsäumt sein
Ambiorī|x, ~gis *m* Ambiorix (Stammesführer der Eburonen)
ambitiō, ~nis *f* Streben nach Beziehungen *od* nach der Gunst der Wähler, Amtsbewerbung; Eitelkeit, Ehrgeiz, Ruhmsucht, Prunk(sucht); eifriges Streben, eifrige Bemühung ⟦*ml* lateris ~ Gehen zu beiden Seiten jmds.
ambitiōsus *3* umgebend, (fest) umschlingend; nach Beziehungen *od* nach der Gunst der Wähler *od* nach Ämtern strebend; ehrgeizig, ehrsüchtig; prunkvoll, eitel ⟦*spl* umfangreich
ambitus, ūs *m* **1.** Umlauf, Kreislauf; Krümmung, Kreis, Rand; Umfang **2.** unrechtmäßige Amtsbewerbung, unerlaubter Wahlkampf *bes durch Bestechung;* Streben nach Beziehungen; Ehrsucht, Eitelkeit, Prunksucht
Ambivaretī, ōrum *m* Ambivareter (kelt. Völkerschaft unter dem Schutz der Häduer)
Ambivaritī, ōrum *m* Ambivariter (belgisches Volk an der Maas)
[1]**ambō,** ambae, ambō beide (zusammen)
[2]⟦**ambo,** ~nis *m* [*gr*] *ml* Kanzel
Ambracia, ae *f* Ambrakia (Stadt in Epirus)

Ambraciēns|is I. *Adj* ~e, *Gen* ~is = Ambracius **II.** *Subst* ~is *m* = Ambraciotes
Ambraciōtēs, ae *m* Ambrakiote, Einw. von Ambrakia
Ambracius *3* ambrakisch, von Ambrakia
ambrosia, ae *f* [ambrosius] Ambrosia (1. Nahrung der Götter u. ihrer Rosse 2. duftende u. Unsterblichkeit verleihende Salbe 3. Pflanzenname)
⟦**Ambrosiana,** ae *f ml* die (Bibliotheca) Ambrosiana (Bibliothek in Mailand)
⟦**Ambrosianus** *ml* **I.** *Adj 3* ambrosianisch, des Ambrosius **II.** *Subst* i *m* der (Codex) Ambrosianus (Handschrift aus der Ambrosiana)
ambrosius *3* göttlich
⟦**Ambrosius,** i *m* Ambrosius (Bischof von Mailand im 4. Jh. n. Chr., christlicher Schriftsteller)
ambūbāia, ae *f* (syrische) Flötenspielerin
ambulācrum, ī *n* Spazierweg, Allee
ambulātiō, ~nis *f* Spaziergang; Wandelhalle
ambulātiuncula, ae *f* kleiner Spaziergang; kleiner Spazierweg, kleine Wandelhalle
ambulāt|or, ~ōris *m* Spaziergänger, Bummler
ambulātōrius *3* hin und her gehend, beweglich
ambulō *1* (umher-, spazieren) gehen, reisen, marschieren, (durch)wandern ⟦*spl* zu Fuß gehen; einen christlichen Lebenswandel führen; *ml* dahingehen, schwinden
amb|ūrō, ~ussī, ~ustus *3* an-, verbrennen; erfrieren lassen; schädigen
ambustulātus *3* um und um verbrannt, gebraten
ambustus →amburo
amellus, ī *m* Sternblume
⟦**amen** [*hebr-gr*] *spl* **I.** *Subst undekl* Amen **II.** *Adv* wahrlich
āmendō = amando
āmēns, *Gen* āmentis von Sinnen, außer sich; sinnlos
āmentātus = ammentatus
āmentia, ae *f* Sinnlosigkeit, Wahnsinn
āmentum = ammentum
Ameria, ae *f* Ameria (Ort in Umbrien)
Amerīnus *3* amerinisch, aus Ameria
Ameriola, ae *f* Ameriola (Ort der Sabiner)
ames, amitis *m* Stellgabel *für Vogelnetze;* Querholz
Amēstratīnus *3* amestratinisch, von Amestratus
Amēstratus, ī *f* Amestratus, *gr* Amestratos (Ort an der Nordküste Siziliens)
amethystinus *3* amethystfarben
amethystus, ī [*gr*] Amethyst
āmfrāctus = anfractus
amīca, ae *f* [amicus] Freundin, Geliebte
⟦**amicabiliter** *Adv spl* freund(schaft)lich
⟦**amical|is,** ~e, *Gen* ~is *ml* befreundet, freundschaftlich
amicē *Adv* freund(schaft)lich, bereitwillig
am|iciō, ~icuī *u.* ~ixī, ~ictus *4* [*am(b)iacio] *mit dem Obergewand* umhüllen; einwickeln ⟦carne ~ictus *ml* im Fleische *Christus als Mensch*
amīciter *Adv* [*altl*] freundlich
amīcitia, ae *f* Freundschaft(sbündnis); Freunde ⟦*ml Anrede* vestra ~
amictus I. *Part Perf Pass* →amicio **II.** *Subst* ūs *m* Umlegen *des Obergewandes;* Tracht, Faltenwurf; (Ober-)Gewand, Mantel; Hülle, Schleier
amicuī →amicio
amīcula, ae *f* Liebchen, Geliebte
amiculum, ī *n* [amicio] Umhüllung, Mantel
amīculus, ī *m* (lieber) Freund
amīcus [amo] **I.** *Adj 3* befreundet, freund(schaft)lich gesinnt; günstig **II.** *Subst* ī *m* Freund
āmigrō *1* fortziehen, auswandern
Amin(n)ēus *3* aus Aminea (durch seinen guten Wein bekannter Ort an der Adria)
Amīsēnī, ōrum *m* Amisener, Einw. von Amisos
āmīsī →amitto
Amisia, ae *m* Amisia, *heute* Ems
āmissiō, ~nis *f* Verlust
Amissis, ~ *m* = Amisia
āmissus →amitto
Amīsus, ī *f* Amisos (Stadt in Pontos), *heute* Samsun
amita, ae *f* (Groß-)Tante
Amiternīnus = Amiternus
Amiternum, ī *n* Amiternum (Stadt der Sabiner), *heute* Amatrice
Amiternus *3* amiternisch, von Amiternum
ā|mittō, ~mīsī, ~missus *3* loslassen, fallen lassen, sich entgehen lassen; verlieren, aufgeben
amixī →amicio
ammentātus *3* mit Schwungriemen (versehen)
ammentum, ī *n* (Schwung-)Riemen
⟦**Ammianus Marcellinus,** i *m spl* Ammianus Marcellinus (röm. Historiker im 4. Jh. n. Chr.)
Ammōn = Hammon
amnicola, ae *m, f* am Fluss wohnend, am Strome heimisch ⟦*spl* im Fluss lebend
amniculus, ī *m* Flüsschen
amnicus *3* zum Fluss gehörig, Fluss-
amnis, ~ *m* (*f*) Strom; Strömung; Wildbach; Wasser
amō *1* lieben, gernhaben, sich gefallen lassen; gern tun, *zu tun* lieben *od* pflegen; amabo (te) sei so gut, bitte (sehr); ita *u.* sic di me (bene) ament *u.* amabunt so wahr mir Gott helfe, wahrhaftig; se amare von sich eingenommen sein
⟦**amodo** →modo

amoenitā|s, ~tis *f* reizende Lage, schöne Gegend; Annehmlichkeit, Reiz, Lieblichkeit
⟦**amoeno** *1 spl* angenehm machen
amoenus *3* reizend gelegen; angenehm, reizend, lieblich, schön
āmōlior *4* fortschaffen, entfernen, beseitigen
amōmum, ī *n* [*gr*] Amomum (1. orientalische Gewürzpflanze 2. aus deren Frucht gewonnener Balsam)
amor, amōris *m* Liebe; *Pl* amōrēs, amōrum *m* Liebschaft(en), Liebesverhältnis(se); Begierde, Lust, Streben; geliebter Gegenstand, Liebling ⟦*ml* Liebhaberei, Lieblingsgedanke
Amor, Amōris *m* Amor (Liebesgott); *Pl* Amōrēs, Amōrum *m* Liebesgötter, Amoretten
Amorgos, ī *f* Amorgos (Insel im Ägäischen Meer)
āmōtiō, ~nis *f* Entfernung, Beseitigung
ā|moveō, ~mōvī, ~mōtus *2* fortschaffen, entfernen, beseitigen, fernhalten
amphi- [*gr*] (her)um-
Amphiarāus, ī *m* Amphiaraos (*myth* Seher in Argos)
Amphiarēiadēs, ae *m* S. des Amphiaraos (= Alkamaion)
Amphiarēus *3* amphiaraisch, des Amphiaraos
⟦**amphibalum,** i *n* [*gr*] *spl* Überwurf, (Priester-)Gewand
amphibolia, ae *f* [*gr*] Zweideutigkeit
Amphictyon|es, ~um (*Akk* ~as) *m* Amphiktyonen (zu einem Staatenbund zusammengeschlossene Umwohner eines Heiligtums, bes. von Delphi und Delos)
Amphilochī, ōrum *m* Amphilocher, Einw. von Amphilochia
Amphilochia, ae *f* Amphilochia (westgriechische Landschaft)
Amphī|ōn ~onis (*Akk auch* ~ona) *m* Amphion (*myth* König von Theben, erbaute mit Zethos dessen Mauern)
Amphīonius *3* amphionisch, des Amphion; thebanisch
Amphipoli|s, ~s (*Akk auch* ~n) *f* Amphipolis (makedonische Stadt)
Amphipolītānus *3* amphipolitanisch, von Amphipolis
amphiprostȳlos, ī *m* [*gr*] Amphiprostylos (Tempel mit je 4 Säulen an den Schmalseiten)
amphitheātrum, ī *n* [*gr*] Amphitheater (ellipsenförmiger Bau für Gladiatoren- u. Tierkämpfe)
amphitheātrica, ae *f* (charta) schlechtes Papier *aus einer Werkstatt beim Amphitheater von Alexandria in Ägypten*
Amphitrītē, ēs *f* Amphitrite (Meeresgöttin)
Amphitruō, ~nis *m* = Amphitryon
Amphitryōn, ~is *m* Amphitryon (*myth* König von Tiryns od. Theben, Gem. der Alkmene)
Amphitryōniadēs, ae *m* S. des Amphitryon (= Herakles)
amphora, ae *f* [*gr*] Amphora (1. zweihenkliges Gefäß 2. Hohlmaß = 26,26 l)
Amphrȳsius *3* amphrysisch, des Amphrysos; *poet* apollinisch, sibyllinisch
Amphrȳsus, ī *m* Amphrysos (thessalischer Küstenfluss)
ampla, ae *f* Griff; Handhabe
am|plector, ~plexus sum *3* umschlingen, umfassen, umarmen; umgeben, umschließen; lieb gewinnen, ins Herz schließen; durchdenken, erwägen, überlegen; gutheißen, hoch schätzen; *übertr* einschließen, enthalten; *übertr* behandeln, zusammenfassen
amplex|or *u.* **~ō** *1* (wiederholt) umschlingen, umfassen, umarmen; (sehr) ins Herz schließen; hoch schätzen
amplexus **I.** *Part Perf* →amplector **II.** *Subst* ūs *m* Umschlingung, Umarmung
amplificātiō, ~nis *f* Vermehrung, Vergrößerung; *rhet* schwungvolle u. ausdrucksreiche Steigerung
amplificāt|or, ~ōris *m* Vermehrer, Förderer
amplificē *Adv* herrlich
amplificō *1* erweitern, vergrößern, (ver)mehren; erhöhen, steigern
ampliō *1* **1.** = amplifico **2.** *jur* verschieben, vertagen
amplitūd|ō, ~inis *f* Größe, Weite, Umfang; Großartigkeit, Erhabenheit; Ansehen, Würde
amplius *Subst undekl n u. Adv Komp* [amplus] weiter, länger, stärker, (noch) mehr; *bei Zahlen* mehr (als); (hoc *u* eo) ~ außerdem (noch), (noch) dazu
ampliusculē *Adv* ziemlich ausführlich, allzu reichlich
amplus *3* weit, geräumig, umfangreich; viel, groß, bedeutend, reichlich; glänzend, prächtig, herrlich; (hoch) angesehen, ausgezeichnet, berühmt; →amplius
Ampsanctus, ī *m* Ampsanctus (kleiner See in Samnium)
Am(p)sivariī, ōrum *m* Amsivarier (germ. Volk an der Ems)
ampulla, ae *f* [amphora] (Salb-)Fläschchen, (Schmink-)Büchse; Schwulst, Pathos
ampullārius, ī *m* Flaschenhersteller
ampullor *1* schwülstig reden, mit Pathos reden
amputātiō, ~nis *f* Abschneiden
amputō *1* ringsum beschneiden; abschneiden, -hacken; beschränken, vermindern

Ampycidēs, ae *m* Ampykide, S. des Ampykos (= Mopsos)
Ampycus, ī *m* Ampykos (ein Lapithe)
Amsivarii = Am(p)sivarii
⟦**Amstelodunum,** i *n ml* Amsterdam
amuletum, ī *n* Amulett, Talisman
Amūlius, ī *m* Amulius (*myth* König von Alba Longa)
Amunclae = Amyclae 2.
amurca, ae *f* [*gr*] Ölschaum *beim Auspressen von Oliven abgesonderte wässerige Flüssigkeit*
amussis, ~ *f* Richtgerät *der Bauleute,* Lineal *der Zimmerleute;* ad amussim genau
Amyclae, ārum *f* Amyclae, *gr* Amyklai (1. Stadt in Lakonien, Heimat der Dioskuren 2. Ort in Latium)
Amyclaeus *3* amyklaiisch, von Amyklai *zu* Amyclae 1.
Amyclānus *3* amyclanisch, von Amyclae 2.
Amyclidēs, ae *m* Amyklide, S. des Amyklas (des Gründers von Amyclae 1.) (= Hyakinthos)
Amycus, ī *m* Amykos (S. Poseidons, bithynischer König)
amygdala, ae *f* = amygdalum
amygdalum, ī *n* [*gr*] Mandel(baum) (*Lw*)
Amȳmōnē, ēs *f* Amymone (1. *myth* T. des Danaos 2. Quelle in Argolis)
Amyntās, ae *m* Amyntas (N makedonischer Könige)
Amyntiadēs, ae *m* Amyntiade, S. des Amyntas (= Philipp II. von Makedonien)
Amynt|ōr, ~oris *m* Amyntor (*myth* Doloperkönig)
Amyntoridēs, ae *m* Amyntoride, S. des Amyntor (= Phoinix)
amysti|s, ~s *u.* ~dis (*Akk Pl* ~das) *f* [*gr*] Leeren des Bechers in einem Zuge
Amythā|ōn, ~onis *m* Amythaon (*myth* V. des Melampos u. Bias)
an [*at-ne] *Kon.* **1.** *zur Einleitung des zweiten Gliedes von Doppelfragen* oder (ob) **2.** *zur Einleitung rhetorischer Fragen* oder, oder vielleicht, oder etwa; *nach vorangehender Frage* doch wohl **3.** *zur Einleitung indirekter Fragesätze* ob **4.** *in besonderen Wendungen* haud scio ~, nescio ~, dubito ~ vielleicht, wohl; haud scio *usw.* ~ non schwerlich, wohl nicht ⟦*ml in Doppelfragen* ~ ... ~ = utrum ... ~; ~ ne = necne
ana- [*gr*] (hin)auf-
⟦**anabaptisticus** *3* [*gr*] *ml* die Wiedertäufer betreffend
Anac|es, ~um *m* [*gr*] Herrscher, Schirmherren *BN der Dioskuren*
⟦**anachoreta,** ae *m* [*gr*] *spl* Einsiedler, Eremit
Anacre|ōn, ~ontis (*Akk* ~onta) *m* Anakreon (gr. Lyriker im 6. Jh. v. Chr.)
Anactes = Anaces
Anactorium, ī *n* Anaktorion (Vorgebirge u. Stadt in Westgriechenland am ambrakischen Meerbusen)
Anāgnia, ae *f* Anagnia (Hauptort der Herniker in Latium), *heute* Anagni
Anagnīnum, ī *n* [Anagninus] Anagninum (Landgut Ciceros bei Anagnia)
Anagnīnus *3* anagninisch, von Anagnia
anagnōstēs, ae *m* [*gr*] Vorleser
analecta, ae *m* [*gr*] Brockensammler *Sklave, der die Reste der Mahlzeit entfernte*
analēmma, ~tis (*Gen Pl* ~tōrum, *Dat/Abl Pl* ~tīs) *n* [*gr*] Zifferblatt *der Sonnenuhr*
analogia, ae (*Akk Sg* ~n) *f* [*gr*] gleiches Verhältnis, Entsprechung, Analogie; Gleichförmigkeit
⟦**analogium,** i *n* [*gr*] *spl* Pult, Katheder
anancaeum, ī *n* [*gr*] Humpen
⟦**anapaesticus** *3* [*gr*] *spl* aus Anapästen bestehend, in Anapästen
anapaestum, ī *n* Gedicht in Anapästen
anapaestus, ī *m* [*gr*] Anapäst (Versfuß, ◡◡–)
Anāpis, ~ *m* = Anapus
Anāpus, ī *m* Anapus, *gr* Anapos (Fluss auf Sizilien bei Syrakus)
Anart|es, ~ium *m* Anarter (Volk an der Theiß)
Anās, ae *m* Anas (Fluss in Spanien), *heute* Guadiana
anas, anatis *und* anitis *f* Ente (*urv*)
⟦**anathema,** ~tis *n* [*gr*] *spl* **1.** Weihgeschenk, **2.** Fluch, Kirchenbann; ~ est er ist mit dem Kirchenbann belegt
anaticula = aniticula
anatocismus, ī *m* [*gr*] Zinseszins
Anaxagor|ās, ~ae (*Akk auch* ~ān) *m* Anaxagoras (gr. Philosoph im 5. Jh. v. Chr.)
Anaxarchus, ī *m* Anaxarchos (gr. Philosoph im 4. Jh. v. Chr.)
Anaximander, Anaximandrī *m* Anaximander, *gr* Anaximandros (gr. Philosoph im 6. Jh. v. Chr.)
Anaximen|ēs, ~is *m* Anaximenes (gr. Philosoph im 6. Jh. v. Chr.)
anceps, *Gen* ancipitis [amb-, caput] doppelköpfig; zweiseitig, von zwei Seiten; zweideutig; ungewiss, zweifelhaft, unentschieden; schwankend, unentschlossen; bedenklich, gefährlich
Anchisēs, ae *m* Anchises (V. des Äneas)
Anchisēus *3* anchiseisch, des Anchises
Anchīsiadēs, ae *m* Anchisiade, S. des Anchises (= Äneas)
⟦**anchorago** *spl* Salm *Flussfisch*
ancīl|e, ~is (*Gen Pl auch* ~iōrum) *n* Ancile (heiliger, angeblich vom Himmel gefallener Schild); Schild
ancilla, ae *f* Dienerin, Sklavin
ancillariolus, ī *m* Schürzenjäger

a anc b c d e f g h i j k l m n o p q r s t u v w x y z

a

ancillār|is, ~e, *Gen* ~is Dienerinnen zukommend, Sklavinnen-
ancillor *1* (untertänig) dienstbar sein, (sklavisch) zu Willen sein
ancillula, ae *f* junge Dienerin, junge Sklavin
ancipes *altl* = anceps
Ancōn, ~is *f* = Ancona
ancōn, ~is (*Akk* ~a) *m* [*gr*] Ellenbogen; *Mathematik* Schenkel
Ancōna, ae *f* Ancona (Ort am Adriatischen Meer)
Ancōnitānus, ī *m* Anconitaner, Einw. von Ancona
ancora, ae *f* [*gr*] Anker (*Lw*)
⟦**ancorago** = anchorago
ancorāl|e, ~is *n* Ankertau
ancorārius *3* Anker-
Ancorārius mōns, Ancorāriī montis *m* Ancorarius-Gebirge (Gebirge in Mauretanien)
Ancus, ī *m* Ancus *Vorname* →Marcius
Ancȳra, ae *f* Ankyra (Hauptstadt der Galater), *heute* Ankara
andabata, ae *m* Blindkämpfer *Gladiator mit Helm ohne Sehschlitze*
Andania, ae *f* Andania (Ort in Messenien)
Andecāvī, ōrum *m* = Andi
⟦**andedus,** i *m* [*kelt*] *ml* Feuerbock, Topfgestell
Andēs, Andium **1.** *m* = Andi **2.** *f* Andes (Geburtsort Vergils bei Mantua)
Andī, ōrum *m* Anden (kelt. Volk an der Loire)
Andria, ae *f* [Andrius] Das Mädchen von Andros *Komödie des Terenz*
Andrius *3* andrisch, von Andros
Androgeōn, ~is *m* = Androgeōs
Androgeōnē|us *3* androgeoneisch, des Androgeos; ~a caedes Mord an Androgeos
Androge|ōs, ~ī *u.* ~ō *m* Androgeos (S. des Minos und der Pasiphae)
androgynus, ī *m* [*gr*] Zwitter, Hermaphrodit
Andromacha, ae *f* = Andromache
Andromachē, ēs *f* Andromache (Gem. Hektors)
Andromeda, ae *f* Andromeda (T. des Kepheus, von Perseus gerettet)
Andromedē, ēs *f* = Andromeda
andrōn, ~is (*Akk Pl* ~as) *m* [*gr*] Gang, Flur
Andronīcus, ī *m BN* →Livius 3.
Andros, ī *f* Andros (Kykladeninsel)
ānellus, ī *m* kleiner Ring, Ringlein
Anemūrium, ī *n* Anemurion (Vorgebirge in Kilikien)
aneō *2* [[1]anus] zittern wie eine alte Frau
anēthum, ī *n* [*gr*] Dill
anetīnus *3* [anas] Enten-
ānfrāctus, ūs *m* Biegung, Krümmung; Kreislauf, -bahn; Weitschweifigkeit ⟦*ml* Figur beim Reigentanz

⟦**angaria,** ae *f* [*pers-gr*] *spl* Last, Fron
⟦**angelicus** *3 spl* des Engels; himmlisch
angellus, ī *m* Eckchen, Winkelchen
⟦**angelus,** i *m spl* Engel (*Lw*); *ml* Fahne mit dem Bild des Erzengels Michael
Angerōna, ae *f* Angerona (röm. Göttin)
angina, ae *f* [ango] Halsentzündung
angiportum, ī *n* Durchgang, Gasse, Seitenstraße
angiportus, ūs *m* = angiportum
Angitia, ae *f* Angitia (italische lokale Heilgöttin)
Angliī, ōrum *m* Angeln (germ. Volk)
angō, ānxī *3* würgen; ängstigen, beunruhigen, quälen
angor I. *Subst* angōris *m* Angst (*urv*), Unruhe, Beklemmung; *Pl* angores, angorum *m* Trübsinn, Melancholie **II.** *Verb 3* sich ängstigen, beunruhigt sein
Angrivariī, ōrum *m* Angrivarier (germ. Volk an der Weser)
anguicomus *3* schlangenhaarig
anguiculus, ī *m* kleine Schlange
anguifer *3* Schlangen tragend
anguigena, ae *m f Adj* von Schlangen erzeugt
anguilla, ae *f* Aal
anguimanus, ūs *Adj* schlangenhändig, -armig
anguineus *3* [anguis] schlangenartig, Schlangen- ⟦*ml* teuflisch
anguīnus = anguineus
anguip|ēs, *Gen* ~edis schlangenfüßig
angu|is, ~is (*Abl auch* ~ī) *m, f* Schlange; Drachen, Schlange *als Sternbilder* ⟦*ml* Teufel
anguiten|ēns, ~entis *m* Schlangenträger *Sternbild*
angulār|is, ~e, *Gen* ~is winklig, eckig ⟦*spl* lapis ~is Eckstein
angulātus *3* eckig
angulus, ī *m* Ecke, Winkel; (Meeres-)Bucht; Schlupfwinkel
angusti|ae, ~ārum (*selten Sg* ~a, ~ae) *f* (Land-, Meer-)Enge, Engpass; Knappheit, Kürze; Mangel, Armut, Not; Verlegenheit, Schwierigkeit; Beschränktheit, Engherzigkeit ⟦*Sg* ~a, ~ae *f spl* Angst; ~a famis Hungersnot
angusticlāvius *3* mit schmalem Purpurstreifen (an der Tunika) *zur Kennzeichnung des plebejischen Standes*
angustō *1* enger machen, einengen, beschränken
angustum, ī *n* [angustus] Enge; Klemme, Verlegenheit
angustus *3* [angor] eng (*urv*), schmal, kurz; knapp, dürftig, arm; misslich, schwierig; engherzig, kleinlich
anhēlitus, ūs *m* [anhelo] Atem, Hauch; Schnaufen, Keuchen; Ausdünstung
anhēlō *1* [halo] keuchen, schnauben; lech-

zen *Akk* nach; ausschnauben ⟦*ml* begierig verlangen *Dat* nach; wünschen

anhēlus *3* keuchend, schnaubend, ächzend; atemraubend, Keuchen verursachend

Aniciānus *3* anicianisch, zu (einem) Anicius gehörig, nach (einem) Anicius benannt

anicula, ae *f* (altes) Mütterchen ⟦*ml Adj* alt

Aniēn = Anio

Aniēns|is, ~e, *Gen* ~is = Anienus

Aniēnus *3* anienisch, des Anio

anīl|is, ~e, *Gen* ~is [[1]anus] altweiberhaft, (wie) von *od* bei alten Frauen

anīlit|ās, ~ātis *f* hohes Alter

anima, ae *f* Luft(hauch), Wind; Atem, Seele, Leben; Geist, Bewusstsein; Schatten der Unterwelt

animadversiō, ~nis *f* Aufmerksamkeit; (sinnliche) Wahrnehmung; Tadel, Bestrafung, Strafe

animadvers|or, ~ōris *m* Beobachter

animad|vertō, ~vertī, ~versus *3* achtgeben, beachten; bemerken, wahrnehmen; tadeln; vorgehen in *Akk* gegen, bestrafen in *Akk* jmdn. ⟦*spl* gladio ~verto mit dem Tode durchs Schwert bestrafen; *ml* in caput ~verto peinliche Gerichtsbarkeit ausüben

anim|al, ~ālis (*Abl* ~ālī) *n* Lebewesen ⟦*ml* Rind

animāl|is, ~e, *Gen* ~is [anima] luftig; lebend(ig), belebt; belebend ⟦*spl* geistig, innerlich

anim|āns I. *Adj, Gen* ~antis beseelt, lebendig II. *Part Präs Akt* →animo III. *Subst* ~antis *m, f, n* Lebewesen

animātiō, ~nis *f* Geschöpf, Lebewesen ⟦*spl* Beseelung, Belebung

animātus I. *Adj 3* beseelt, belebt; gesinnt, gestimmt; mutig, tapfer II. *Part Perf Pass* →animo

animō *1* beleben, beseelen ⟦*spl* ermuntern, anregen

⟦**animosita|s,** ~tis *f ml* Entschlossenheit, Mut; Ehrgeiz; Zorn, Erbitterung

animōsus *3* mutig; heftig, leidenschaftlich; stolz *Abl* auf ⟦*spl* erregt; eifrig

animula, ae *f* Seelchen, Seele; etwas Leben(sgeist)

animulus, ī *m* Herzchen *als Liebkosungswort* ⟦*ml Anrede an das Jesuskind*

anim|us, ī *m* Seele, Geist, Bewusstsein; Sinn; Urteil, Ansicht; Absicht, Entschluss; Neigung, Verlangen, Lust; Stimmung, Gesinnung, Charakter; Gefühl, Gemüt, Herz; Mut, Selbstvertrauen; Hochmut, Stolz; Leidenschaft, Zorn; *Lok* ~i im Herzen, im Innern; bono ~o sum guten Mutes sein; aequo ~o mit Gleichmut; in ~o habeo *u.* mihi est in ~o beabsichtigen, wollen

Aniō, Aniōnis *u.* Aniēnis *m* Anio (Nebenfluss des Tiber)

anisocycla, ōrum *n* [*gr*] Anisokyklen (Räderwerk mit verschieden großen Radscheiben)

anit- →anas

aniticula, ae *f* [anas] Entchen

ann- →*auch* adn-

Anna, ae *f* Anna (Schw. Didos)

annāl|is I. *Adj* ~e, *Gen* ~is Jahres-; lex ~is Jahres-, Altersgesetz *legte das Alter fest, in dem jedes Amt angetreten werden durfte* II. *Subst Pl* ~ēs, ~ium *m* Annalen, Jahrbücher, Chronik ⟦*ml* dies ~is Jahrestag

Anna Perenna, ae *f* Anna Perenna (altitalische Göttin)

anne = an

Anniānus *3* annianisch, des Annius *od* der Annia

anniculus *3* einjährig, ein Jahr alt

Annius *3 Gent, z. B.* T. ~ Milo (Volkstribun, Anhänger Ciceros)

anniversārius *3* jährlich (wiederkehrend) ⟦*Subst* i *m ml* Jahrestag

annōn = an non

annōna, ae *f* Jahresertrag *gew des Getreides;* Getreide(versorgung), Lebensmittel; (Getreide-, Lebensmittel-)Preis; hoher Preis, Teuerung ⟦*ml* Futter; Lebensunterhalt; (Essens-)Portion

annōsus *3* (hoch)bejahrt, alt

annōtinus *3* vorjährig

annua, ōrum *n* [annuus] Jahresgehalt, Rente

⟦**annual|is** *ml* I. *Adj* ~e, *Gen* ~is ein Jahr lang II. *Subst* ~is *f* Maibraut, diesjährige Geliebte

⟦**annuatim** *Adv spl* (all)jährlich

⟦**annullo** *1 ml* zunichtemachen

annus, ī *m* Jahr; Jahreszeit; Jahresertrag, Ernte; anno während eines ganzen Jahres, jährlich; annum ein (volles) Jahr hindurch; ad annum übers Jahr, im nächsten Jahr; in annum für ein Jahr

annuum, ī *n* [annuus] = annua

annuus *3* einjährig, für ein Jahr; jährlich ⟦*spl* Jahres-

⟦**anomalus** *3* [*gr*] *spl* vom normalen Sprachgebrauch abweichend, unregelmäßig

an|quīrō, ~quīsīvī, ~quīsītus *3* [quaero] (ringsum) suchen; untersuchen, er-, nachforschen; *jur* nach Voruntersuchung einen Strafantrag stellen

ānsa, ae *f* Griff, Henkel, Öse; Gabel für den Balken der Waage; Anhaltspunkt, Anlass, Gelegenheit

ānsātus *3* mit Henkeln (versehen)

ānser, ~is *m* (*f*) Gans (*urv*)

anta, ae (*f*) (viereckiger) Pfeiler

Antaeus, ī *m* Antaios (ein Riese)

a

Antandrius *3* antandrisch, von Antandros
Antandros, ī *f* Antandros (Hafen in Mysien)
ante I. *Präp beim Akk* vor **II.** *Adv örtl* vorn, vorwärts; *zeitl* vorher, früher ⟦*spl* künftig
anteā *Adv* vorher, früher
anteambulō, ~nis *m* Vorläufer *Sklave, der seinem Herrn den Weg frei macht*
antecanem *undekl* [*gr* prokyon] Kleiner Hund *Sternbild*
ante|capiō, ~cēpī, ~captus *u.* ~ceptus *3* vorwegnehmen; im Voraus besetzen; besorgen, verschaffen; benutzen
antecēd|ēns I. *Part Präs Akt* →antecedo **II.** *Subst* ~entis *n* Vorausgehendes, Ursache
ante|cēdō, ~cessī, ~cessus *3* voraus-, vorangehen *Akk od Dat* jmdm.; überholen; übertreffen *Dat od Akk* jmdn.
antecellō *3* hervorragen; übertreffen *Dat od Akk* jmdn.
anteceptus →antecapio
antecessī →antecedo
antecessiō, ~nis *f* Vorauseilen, Vorsprung; Ursache
⟦**antecessor,** ~is *m spl* Vorgänger *im Amt*
antecessōrēs = antecursores
antecessus →antecedo
antecursōr|ēs, ~um *m milit* Vortrupp, Vorabteilung
antedictus *3* vorher genannt
ante|eō, ~iī (*Inf* ~īre) voran-, vorausgehen *Dat od Akk* jmdm.; übertreffen *Dat od Akk* jmdn.; *übertr* zuvorkommen, vereiteln
⟦**antefatus** *3 spl* oben gesagt
ante|ferō, ~tulī, ~lātus (*Inf* ~ferre) *3* vorantragen; *übertr* vorziehen ⟦*spl* vorausschicken
antefīxa, ōrum *n* [antefixus] Gesimsverzierungen
antefīxus *3* vorn befestigt
ante|gredior, ~gressus sum *3* [gradior] voran-, vorausgehen
antehabeō *2 übertr* vorziehen
antehāc *Adv* bisher, früher
anteiī *zu* anteeo
antelātus →antefero
antelogium, ī *n* [*gr* prologos] Prolog
antelūcānus *3* [lux] vor Sonnenaufgang; bis zum frühen Morgen (sich hinziehend) ⟦*ml* coetus ~ Frühmesse
antemerīdiānus *3* Vormittags-
antemna, ae *f* Segelstange, Rahe
Antemnae, ārum *f* Antemnae (Ort in Latium)
Antemnāt|ēs, ~ium *m* Antemnaten, Einw. von Antemnae
antenna = antemna
Antēnor, ~is (*Akk auch* ~a) *m* Antenor (Trojaner, Gründer von Patavium)
Antēnoridēs, ae *m* Antenoride, Nachkomme des Antenor
anteoccupātiō, ~nis *f rhet* Vorwegnahme eines Einwurfs
antepaenultima, ae *f* drittletzte Silbe
anteparta, ōrum *n* vorher Erworbenes
antepartum, ī *n* vorher Erworbenes
antependulus *3* nach vorn hängend
antepertum, ī *n* vorher Erworbenes
antep|ēs, ~edis *m* Vorderfuß
antepīlānī, ōrum *m* Antepilani (*milit* hastati u. principes, die in der röm. Schlachtordnung vor den mit dem pilum bewaffneten triarii standen)
ante|pōnō, ~posuī, ~positus *3* vorsetzen, vorstellen; *übertr* vorziehen
antepot|ēns, *Gen* ~entis besonders reich *Abl* an
antequam (*auch getrennt* **ante quam, ante ... quam)** *Kon. mit Ind u. Konj.* ehe, bevor
anteri|or, ~us, *Gen* ~ōris vorderer, früherer ⟦*ml Subst* **1.** ~or, ~oris *m* Vorfahr, Vorgänger **2.** ~ora, ~orum *n* Vorderteil; ad ~ora nach vorn
antēs, antium *m* Reihen (der Weinstöcke, Blumen od. Soldaten)
antesīgnānī, ōrum *m milit* Vorkämpfer, vorderste Kampfreihe, Elitetruppe
⟦**antesterno** *3 ml* ausbreiten, ausschütten
antestō = antisto
antestor *1* zum Zeugen anrufen
antetulī →antefero
ante|veniō, ~vēnī, ~ventus *4* überholen; übertreffen *Akk od Dat* jmdn.; zuvorkommen, vereiteln
ante|vertō, ~vertī, ~versus *u.* **~vertor** *3* einen Vorsprung gewinnen; zuvorkommen, vereiteln; *übertr* vorziehen
Anthēd|ōn, ~onis *f* Anthedon (boiotischer Hafen)
anthinus *3* [*gr*] aus Blüten, aus Blumen
anti- 1. = ante- **2.** [*gr*] gegen-
Antiā|s I. *Adj, Gen* ~tis antiatisch, von Antium **II.** *Subst* ~tis *m* **1.** Antiate, Einw. von Antium **2.** *BN* →Valerius 2.
Antiātīnus *3* = Antias I.
Anticatō, ~nis *m* Anticato, Gegen-Cato (Schrift Cäsars in 2 Büchern)
anticipātiō, ~nis *f* ursprüngliche Vorstellung, vorgefasste Meinung *von einer Sache, bevor man sie durch den Unterricht kennenlernt*
anticipō *1* [ante, capio] vorausnehmen, vorwegnehmen
Anticlēa, ae *f* Antikleia (M. des Odysseus)
antīcus *3* = antiquus
Anticyra, ae *f* Antikyra (gr. Orte, die durch ihren Nieswurz als Heilmittel gegen Wahnsinn berühmt waren)
antid *altl* = ante
antideā = antea

antideō = anteeo
antidhāc = antehac
antidotum, ī *n* [*gr*] Gegenmittel, Gegengift
Antigen|ēs, ~is *m* Antigenes (Feldherr Alexanders des Großen)
Antigonē, ēs *f* Antigone (T. des Oidipus u. der Iokaste)
Antigonēa, ae *f* Antigoneia (N gr. Orte)
Antigonēns|is, ~e, *Gen* ~is von Antigoneia
Antigonus, ī *m* Antigonos (1. Feldherr Alexanders des Großen 2. N von Nachkommen von 1., makedonische Könige)
Antilibanus, ī *m* [*gr*] Antilibanon (Gebirge parallel zum Libanon)
Antilochus, ī *m* Antilochos (S. Nestors)
⟦**antilogium,** i *n* [*gr*] *ml* Widerspruch
Antimachus, ī *m* Antimachos (gr. Dichter um 400 v. Chr.)
Antiochēa = Antiochia
Antiochēns|ēs, ~ium *m* Antiocheier, Einw. von Antiocheia
Antiochīa, ae *f* Antiocheia (N mehrerer Städte, bes bekannt die Hauptstadt des Seleukidenreiches)
Antiochus, ī *m* Antiochos (1. N von Königen des Seleukidenreiches u. von Kommagene 2. Antiochos von Askalon, gr. Philosoph im 1. Jh. v. Chr.)
Antiopa, ae *f* = Antiope
Antiopē, ēs *f* Antiope (*myth* FN 1. M. des Amphion u. Zethos 2. M. der Pieriden 3. Amazone)
Antipater, Antipatrī *m* Antipatros (1. makedonischer Feldherr u. Statthalter im 4. Jh. v. Chr. 2. N mehrerer gr. Philosophen); Antipater (*BN* →Caelius I. 2.)
Antipatrēa, ae *f* Antipatreia (makedonische Festung)
Antiphatēs, ae *f* Antiphates (myth Laistrygonenkönig)
Antiphō|(n), ~n(t)is *m* Antiphon (gr. N, z. B. eines attischen Redners im 5. Jh. v. Chr.)
⟦**antiphona,** ae *f* [*gr*] *spl* Antiphon(e) (liturgischer Wechselgesang)
⟦**antiphonarium,** i *n* [*gr*] *ml* Antiphonar, Antiphonensammlung
⟦**antiphrasi|s,** ~s (*Akk auch* ~n) *f* [*gr*] *spl* Gegensatz
⟦**antiphrasticos** [*gr*] *Adv ml* widersprechend
antipod|es, ~um (*Akk* ~as) *m* Gegenfüßler
Antipolis, ~ *f* Antipolis (Massilierkolonie in Gallia Narbonensis), *heute* Antibes
antīqua, ōrum *n* [antiquus] Vorzeit, Altertum
antīquārius, ī *m* Liebhaber u. Kenner altrömischer Literatur ⟦*spl* Abschreiber von Handschriften
antīquitā|s, ~tis *f* Altertum; gute alte Sitte; hohes Alter ⟦*ml* ex ~te seit langer Zeit
antīquitus *Adv* von alters her; in alter Zeit
antīquō *1 ein beantragtes Gesetz* verwerfen
antīqu|us [ante] **I.** *Adj 3* vorderer; früher, alt(ehrwürdig), von altem Schrot und Korn; *Komp* ~ior, ~ius, *Gen* ~iōris *auch* wichtiger, *Sup* ~issimus *3 auch* wichtigster **II.** *Subst Pl* ~ī, ~ōrum *m* die Alten, die Menschen der Vorzeit
antisophista, ae *m* [*gr*] wissenschaftlicher Gegner
Antissa, ae *f* Antissa (Hafen auf Lesbos)
Antissaeī, ōrum *m* Antissaier, Einw. von Antissa
antist|es, ~itis *m, f* [antisto] (Tempel-)Vorsteher(in), (Ober-)Priester(in); Meister *in einer Kunst od Wissenschaft* ⟦*spl u. ml* Vorsteher, Leiter; Abt; (Erz-)Bischof; Papst
antistetī →antisto
Antisthen|ēs, ~is *m* Antisthenes (Kyniker um 400 v. Chr.)
antistita, ae *f* (Ober-)Priesterin
Antistius *3 Gent, z. B.* ~ Labeo (V. u. S., Juristen z. Z. Cäsars u. Augustus')
anti|stō, ~stetī *1* [ante] voranstehen, herausragen; übertreffen *Dat od Akk* jmdn.
Antium, ī *n* Antium (Hafen in Latium), *heute* Anzio
antlia, ae *f* [*gr*] Pumpe, Schöpfrad
Antōniān|us, I. *Adj 3* antonianisch, des Antonius 1. od. 4. **II.** *Subst Pl* ~ī, ~ōrum *m* Antonianer, Anhänger des Antonius 4.
Antōnia, ae *f* Antonia (1. ~ maior, ältere T. von Antonius 4. 2. ~ minor, jüngere T. von Antonius 4., Gem. des Drusus)
Antōnius *3 Gent, z. B.* **1.** M. ~ Orator (Redner um 100 v. Chr.) **2.** M. ~ Creticus (S. von 1., Prätor, fiel 74 v. Chr.) **3.** C. ~ Hybrida (S. von 1., Ciceros Mitkonsul 63 v. Chr.) **4.** M. ~ (S. von 2., Mitglied des 2. Triumvirats 43 v. Chr.) **5.** Iulus ~ (S. von 4.) **6.** ~ Musa (Arzt des Augustus)
Antrō, ~nis (Akk ~na) *f* Antron (thessalischer Hafen)
antrum, ī *n* [*gr*] Höhle, Grotte; Höhlung ⟦*ml* (Mause-)Loch
Anūbi|s, ~s *u.* ~dis *m* Anubis (hundsköpfiger ägyptischer Gott des Totenreiches)
ānulārius I. *Adj 3* Ring(macher)- **II.** *Subst* ī *m* Ringmacher
ānulātus *3* beringt, mit Ring(en)
ānulus, ī *m* (Siegel-)Ring; ~ (aureus) (goldener) Ritterring, Ritterwürde
¹**anus,** ūs **I.** *Adj* alt **II.** *Subst f* alte Frau, Greisin
²**ānus,** ī *m* Fußring, -schelle *Sklavenfessel;* After
ānxī →ango
ānxietā|s, ~tis *f* Ängstlichkeit, Angst; (peinliche) Sorgfalt
ānxifer *3* Angst bringend, erregend
⟦**anxio** *1 spl* ängstigen

⟦**anxior** *1 spl* sich ängstigen
ānxitūd|ō, ~inis *f* Ängstlichkeit, Angst
ānxius *3* [ango] ängstlich, besorgt, unruhig, ärgerlich; vorsichtig; beängstigend
Anxur, ~is *n* Anxur (1. Ort in Latium 2. Schutzgott von 1.), *heute* Terracina
Anxurnā|s, *Gen* ~tis von Anxur 1.
Anxurus (Juppiter) = Anxur 2.
Anytus, ī *m* Anytos (Ankläger des Sokrates)
[1]**Āōn,** Āonis *m* Aon (boiotischer Heros)
[2]**Āon,** *Gen* Āonis boiotisch
Āonia, ae *f* [Aonius] Boiotien
Āonid|es, ~um *f* Musen
Āoni|us I. *Adj 3* boiotisch; deus ~us Bakchos; sorores ~ae Musen **II.** *Subst* ī *m* Boioter; Herakles
Aornos [*gr*] = Avernus [*lat*]
Ap. *Abk* = Appius
apage [*gr*] weg (damit)!, hau ab!, weg *Akk* mit!
Apamēa, ae *f* Apameia (je ein Ort in 1. Syrien 2. Großphrygien 3. Bithynien)
Apamē(n)ī, ōrum *m* Apameier, Einw. von Apameia
Apamēns|is, ~e, *Gen* ~is apameiisch, von Apameia
Apamīa = Apamea
apathīa, ae *f* [*gr*] Leidenschaftslosigkeit
apēliōtēs, ae *m* [*gr*] Ostwind
Apella, ae *m* = Apelles
Apell|ēs, ~is *m* Apelles (gr. Maler im 4. Jh. v. Chr.)
Apellēus *3* apelleisch, des Apelles
Apennīn- = Appennin-
aper, aprī *m* Wildschwein, Eber (*urv*)
Aperantia, ae *f* Aperantia (ätolische Landschaft)
aper|io, ~uī, ~tus *4* (er)öffnen; auf-, durchbrechen; aufdecken, erschließen, zugänglich machen, sichtbar machen; offenbaren, deutlich machen, darlegen; ermöglichen, beginnen
apertō *1* (ganz) entblößen
⟦**apertura,** ae *f spl* Öffnung, Loch, Tür
apertus I. *Adj 3* offen (stehend), (leicht) zugänglich; unbehindert, möglich; unverhüllt, unbedeckt, ungeschützt; offenbar, offenkundig, klar, deutlich; offenherzig, freimütig, rücksichtslos **II.** *Part Perf Pass* →aperio
aperuī →aperio
apex, apicis *m* Spitze, Gipfel; Flamme; (Priester-)Mütze; Tiara *Kopfbedeckung asiatischer Fürsten u. Satrapen; übertr* Krone, höchste Zierde *od* Würde; Helm(spitze); Apex *Längezeichen über Vokalen* ⟦*spl* oberster Teil; (großer) Buchstabe; Schrift; Urkunde
Apharēius *3* aphareisch, des Aphareus
Apharēus, Aphareī *m* Aphareus (*myth* messenischer König)
Aphidn|a, ae *u.* **~ae,** ārum *f* Aphidna (1. attischer Demos 2. lakonischer Ort)
aphracta, ōrum *n* = aphractus
aphractus, ī *f* [*gr*] Schiff ohne Verdeck
Aphrodīsia, ōrum *n* Aphroditefest
Aphrodīsia|s, ~dis *f* Aphrodisias (1. Ort in Karien 2. kilikischer Hafen)
apiātus *3* (wie mit Eppichsamen) getüpfelt
apicātus *3* [apex] mit der Priestermütze geschmückt
Apīcius, ī *m* Apicius (BN des M. Gavius ~, Feinschmecker z. Z. des Augustus u. Tiberius; unter seinem Namen ist ein Kochbuch aus späterer Zeit erhalten)
apicula, ae *f* Bienchen
Āpidanus, ī *m* Apidanos (thessalischer Fluss)
Apiolae, ārum *f* Apiolae (Ort in Latium)
Āpiō|(n), ~nis *m* Apion (1. Ptolemaios ~, König von Kyrene um 100 v. Chr. 2. alexandrin. Grammatiker im 1. Jh. n. Chr.)
Āpis, ~ *m* Apis (heiliger Stier der Ägypter)
apis, ~ *f* Biene
apīscor, aptus sum *3* (*altl auch als Pass gebraucht*) [*altl* apio binden] erreichen, einholen; erlangen, gewinnen; (geistig) erfassen, sich aneignen
apium I. *Subst* ī *n* Eppich (*Lw*), Sellerie **II.** *Gen Pl zu* apis
aplustr|a, ōrum *u.* **~e,** ~is *n* [*gr*] (Schiffs-)Heck
apo- [*gr*] weg-, ab-
apoclētī, ōrum *m* [*gr*] die Berufenen *ständiger Ausschuss des Ätolischen Bundes*
⟦**apocopo** *1* [*gr*] *ml sprachlich* verkürzen
apocul|ō *1* se ~are sich entfernen, sich drücken
apodytērium, ī *n* [*gr*] Auskleideraum *in den Thermen*
apolactizō *1* [*gr*] von sich stoßen
Apollinār|e, ~is *n* [Apollinaris] Apollinare, Apoll geweihter Platz
Apollinār|is, ~e, *Gen* ~is Apoll geweiht, des Apoll
Apollineus *3* = Apollinaris
Apoll|ō, ~inis *m* Apoll(on) (S. des Zeus u. der Leto, Gott der Weissagung, Künste, Heilkunde; Sonnengott)
Apollodōrus, ī *m* Apollodoros (1. athenischer Wissenschaftler im 2. Jh. v. Chr. 2. Rhetor aus Pergamon, Lehrer des Augustus)
Apollōnia, ae *f* Apollonia (gr. Städtename, z. B. das heutige Sosopol in Bulgarien)
Apollōniā|s, *Gen* ~tis = Apolloniensis
Apollōniāt|ēs, ~ae *u* ~is *m* Apolloniate, Einw. von Apollonia
Apollōniēns|is, ~e, *Gen* ~is von Apollonia
Apollōni|s, ~dis *f* Apollonis (Ort in Lydien)
Apollōnius, ī *m* Apollonios (gr *N, z. B.* 1. Apollonios Rhodios, Dichter im 3. Jh.

v. Chr. 2. Apollonios Molon, Rhetor um 100 v. Chr.)
⟦**apologeticum,** i *n* [*gr*] *spl* Verteidigungsrede, -schrift
apologō *1* [*gr*] verwerfen, verschmähen
apologus, ī *m* [*gr*] Erzählung, (äsopische) Fabel, Märchen
Aponus, ī *m* Aponus (Heilquelle bei Padua), *heute* Abano (Therme)
apophorētum, ī *n* [apophoretus] (den Gästen überreichtes) Geschenk, Tafelgeschenk ⟦*ml* Weihnachtsgeschenk
apophorētus *3* [*gr*] zum Mitnehmen (für die Gäste bestimmt)
apoproēgmena, ōrum *n* [*gr*] *phil* zu Meidendes, Verwerfliches
aposphrāgisma, ~tis *n* (eingeschnittenes) Bild *im Siegelring*
⟦**apostata,** ae *m spl* Abtrünniger *vom christlichen Glauben; BN des Kaisers Iulianus Apostata im 4. Jh. n. Chr.*
⟦**apostolicus** [*gr*] *spl* **1.** *Adj 3* apostolisch, Apostel- **II.** *Subst* i *m* Apostel; Papst
⟦**apostolus,** i *m* [*gr*] *spl* Apostel (*Fw*)
⟦**apostulus** = apostolus
apothēca, ae *f* [*gr*] Vorratskammer, Weinlager ⟦*ml* Kramladen
apoxȳomenos, ī *m* [*gr* der sich (den Schmutz) Abschabende] der Schaber *Athletenstatue des Lysippos*
appagineculī, ōrum *m* Zierleisten
apparātiō, ~nis *f* (sorgfältige) Vorbereitung
apparātus I. *Adj 3* (aus)gerüstet, gut ausgestattet, glänzend **II.** *Part Perf Pass* →apparo **III.** *Subst* ūs *m* Vorbereitung; Gerät, (Kriegs-)Werkzeug; Prunk, Pracht, Luxus ⟦*ml* gerüstete Mannschaft
⟦**apparentia,** ae *f spl* (merkwürdige) Erscheinung
ap|pāreō, ~pāruī, ~pāritūrus *2* sich zeigen, erscheinen, sichtbar sein; offenkundig sein, ersichtlich sein; zur Verfügung stehen, dienen; *unpers* ~pāret es ist klar, leuchtet ein
appāritiō, ~nis *f* (Unterbeamten-)Dienst; (*auch Pl* ~nēs, ~num) Unterbeamte
appārit|or, ~ōris *m* Unterbeamter, Amtsdiener ⟦*ml* Diener
appāritūra, ae *f* (Unterbeamten-)Dienst
apparō *1* zu-, vorbereiten; sich anschicken; →apparatus
appellātiō, ~nis *f* Anrede, Ansprache; *jur* Berufung; Benennung, Name, Titel; Aussprache *der Laute* ⟦*ml* Einspruch
appellāt|or, ~ōris *m jur* Berufungskläger, Berufung Einlegender
appellitō *1* zu nennen pflegen, gewöhnlich nennen
ap|pellō 1. *1* anreden, ansprechen; (vor Gericht) um Beistand anrufen; mahnen, zur Rede stellen; *mit doppeltem Akk* nennen, erklären zu *od* als; *Laute* aussprechen ⟦*ml* appellieren *Akk* an; sich wenden *Akk* an **2.** ~pulī, ~pulsus *3* herantreiben, -bewegen; hinlenken, -steuern; (navem, classem) ~pello landen
ap|pellor, ~pulsus sum *3* landen
⟦**appendici|um,** ~i *n gew Pl* ~a, ~orum *n ml* Drum und Dran, Zubehör
appendicula, ae *f* kleines Anhängsel
appendi|x, ~cis *f* [appendo] Anhang, Anhängsel, Zugabe
ap|pendō, ~pendī, ~pēnsus *3 nach Gewicht* zuteilen, (aus)geben ⟦*spl* aufhängen *Dat* an
Appennīnicola, ae *m* Bewohner der Apenninen
Appennīnigena, ae *m, f Adj* auf *od* an den Apenninen geboren *od* entsprungen
Appenīnus, ī *m* Apennin(en)
appēnsus →appendo
⟦**apper|tineo,** ~tinui 2 *ml* dazugehören
appet|ēns I. *Adj, Gen* ~entis begierig *Gen* nach; habsüchtig **II.** *Part Präs Akt* →appeto
appetentia, ae *f* Streben, Verlangen, Begehren
appetītiō, ~nis *f* Greifen; Streben, Verlangen, Neigung ⟦*spl* Trieb; Sehnsucht
appetītus I. *Part Perf Pass* →appeto **II.** *Subst* ūs *m* Streben, Verlangen, Begehren
ap|petō, ~petīvī, ~petītus *3* greifen *Akk* nach, streben *Akk* nach, verlangen; aufsuchen; bedrohen, angreifen, herfallen *Akk* über; *abs zeitl* herannahen, anbrechen
Appia, ae *f* [Appius] **1.** Via Appia (erste große röm. Straße von Rom nach Capua, erbaut von Appius) **2.** Appia (Ort in Großphrygien)
Appiānus *3* **1.** appianisch, von Appia 2. **2.** appianisch, des Appius
Appia|s, ~dis *f* Appias (Nymphenstatue beim Fons Appius, einem Brunnen auf dem Forum)
appictus →appingo
Appietā|s, ~tis *f* der alte Adel der Appier
ap|pingō, ~pīnxī, ~pictus *3* dazumalen; hinzuschreiben
Appius, ī *m Vorname, z. B.* **1.** ~ Claudius (Dezemvir 451 v. Chr.) **2.** ~ Claudius Caecus (Zensor 312 v. Chr., erbaute die erste röm. Wasserleitung u. die Via Appia) **3.** ~ Claudius Pulcher (Konsul 54, Zensor 50 v. Chr.) **4.** Forum Appii (Ort an der Via Appia)
ap|plaudō, ~plausī, ~plausus *3* (an)schlagen; Beifall klatschen
⟦**applene** *Adv spl* völlig, vollständig
applicātiō, ~nis *f* Sichanschließen *des Klienten an den Patron;* Zuneigung

applic|ō *1* (*Nbf* ~uī, ~itus) an-, hinzufügen, anlehnen, anschließen; *ein Schiff* heranbringen, anlegen, *abs* landen; hinlenken, -wenden; se ~are sich anschließen, sich beschäftigen ad mit ⟦*spl* ankommen
applicor *1* landen
applōdō = applaudo
applōrō *1* (vor)jammern
⟦**appodi|o** *1 ml* hinstellen; se ~are sich niederlassen
ap|pōnō, ~posuī, ~positus *3* **1.** hinsetzen, -stellen, -legen; *Essen* vorsetzen, auftragen **2.** mitgeben, an die Seite stellen; hinzufügen **3.** anrechnen *Dat als* ⟦*ml mit Inf* fortfahren *etw. zu tun;* setzen *beim Spiel*
apporrēctus *3* daneben hingestreckt
apportō *1* herbei-, hinbringen; mitbringen, verursachen ⟦*ml* zutrinken
appōscō *3* (noch) dazufordern
apposit|us I. *Adj 3* nahe gelegen, benachbart; bequem, geeignet, brauchbar ⟦*ml Adv* ~e zusammenhängend **II.** *Part Perf Pass* →appono
apposuī →appono
appōtus *3* angetrunken, betrunken
apprecor *1* anflehen
ap|prehendō *u.* **~prēndō,** ~prehendī, ~prehēnsus *3* (an)fassen, ergreifen, erobern; *jur* erfassen, einbeziehen, zutreffen *Akk* auf; *rhet* vorbringen
appressī, appressus →apprimo
apprīmē *Adv* besonders, sehr
ap|primō, ~pressī, ~pressus *3* [premo] andrücken, an sich drücken
approbātiō, ~nis *f* Billigung, Zustimmung; Beweis
approbāt|or, ~ōris *m* einer, der billigt *Gen* etwas
approbē *Adv* ganz gut
approbō *1* billigen, gutheißen, segnen; zur Zufriedenheit erledigen; beweisen, (als gut) erweisen
apprōmittō *3* ebenfalls versprechen
approperō *1* hineilen, sich beeilen; beschleunigen
appropinquātiō, ~nis *f* Annäherung, Herannahen
appropinquō *1* sich nähern, herannahen
⟦**appropio** *1 spl* sich nähern
⟦**approximo** *1 spl* sich nähern
appūgnō *1* angreifen, bestürmen
Appulēi|us *3 Gent, z. B.* **1.** L. ~us Saturninus (Volkstribun im 2. Jh. v. Chr.); lex ~a Gesetz des Appuleius **2.** ~us (aus Madaura, röm. Schriftsteller des 2. Jh. n. Chr.)
appulī →appello 2.
Appūlia = Apulia
appulsus I. *Part Perf Pass* →appello 2. **II.** *Subst* ūs *m* Annäherung, Landung; Einwirkung
aprīcātiō, ~nis *f* Sonnenbad
aprīcitā|s, ~tis *f* Sonnenwärme, Sonnenreichtum
aprīcor *1* sich sonnen
aprīcum, ī *n* [apricus] sonniger Platz; Sonnenlicht
aprīcus *3* sonnenbeschienen, sonnig
Aprīl|is I. *Adj* ~e, *Gen* ~is des April, April- **II.** *Subst* ~is (*Abl* ~ī) *m* April
⟦**aprinus** *3 spl* vom Eber, Wildschwein-
Aprōniānus *3* des Apronius
Aprōnius, ī *m Gent, z. B.* L. ~ (röm. Feldherr und Politiker im 1. Jh. v. Chr.)
aprūgnus *3* [aper] vom Eber, Wildschwein-
aps = abs →²a
apsis = habsis
apsque = absque
⟦**aptitud|o,** ~inis *f spl* gute Gelegenheit, Brauchbarkeit
aptō *1* [aptus] anpassen, -legen, -fügen; zurechtmachen, instand setzen; ausrüsten, versehen ⟦*ml* verfertigen; *Saiteninstrument* spielen
aptus I. *Adj 3* [*altl* apio binden] angeheftet, angepasst; abhängig ex von; zusammenhängend, verbunden; instand gesetzt, in gutem Zustand; ausgestattet; passend, geeignet ⟦*ml* nett **II.** *Part Perf* →apiscor
apud *Präp beim Akk.* **1.** *örtl u. übertr* (nahe) bei, an; auf, in **2.** im Hause von, in Gegenwart von, vor ⟦*ml* mit **3.** *zeitl* zur Zeit jmds., bei
Āpulēius = Appuleius
Āpūlia, ae *f* Apulien (Landschaft in Süditalien)
Āpulus *3* apulisch *zu* Apulia
aput = apud
aqua, ae *f* Wasser; Gewässer, Fluss, See, Meer, Regen; Wasserleitung; Wasseruhr; *Pl* aquae, ārum *f* Heilquelle, Bad(eort) *auch als Bestandteil von Ortsnamen, z. B. Aquae Sextiae* (*in der Provence*) ⟦*spl* ~ gratiae Taufe
aquaeductus, ūs *m* Wasserleitung
⟦**aqualiculus,** i *m* [aqualis] *spl* Magen
aquāl|is, ~is (*Abl* ~ī) *m* Wasserkrug
aquārius I. *Adj 3* Wasser-, Wasserleitungs- **II.** *Subst* ī *m* Röhrenmeister *Unterbeamter, verantwortlich für die Erhaltung der Wasserleitungen u. die Wasserverteilung;* Klempner; Wassermann *Sternbild*
aquāticus *3* im Wasser lebend, Wasser-; feucht, Regen bringend
aquātil|is, ~e, *Gen* ~is im Wasser lebend, Wasser-
aquātiō, ~nis *f* Wasserholen
aquāt|or, ~ōris *m* Wasserholer
aquila, ae *f* Adler *Vogel; Legionsfeldzeichen; Giebelteil am Tempel; Sternbild*
Aquilēia, ae *f* Aquileia (Ort in Oberitalien)
aquile|x, ~gis *m* Wasserbauingenieur

aquilifer, ī *m* Adlerträger *Träger des Legionsfeldzeichens*
aquilīnus *3* Adler-
Aquīlius *3 Gent, z. B.* C. ~ Gallus (Jurist, Freund Ciceros)
aquilō, ~nis *m* Nord(nordost)wind; Norden
Aquilōnia, ae *f* Aquilonia (Ort in Samnium)
⟦**aquilonigena,** ae *m Adj spl* im Norden geboren, nördlich
aquilōnius *3* [aquilo] nördlich
aquilus *3* dunkelfarbig, dunkelbraun
Aquīnā|s I. *Adj, Gen* ~tis aquinatisch, von Aquinum **II.** *Subst* ~tis *m* Aquinate, Einw. von Aquinum ⟦*ml* Thomas ~s Thomas von Aquino (mittelalterlicher Theologe und Philosoph des 13. Jh.)
⟦**Aquincum,** i *n spl* Aquincum (Stadt in Niederpannonien im Gebiet des heutigen Budapest)
Aquīnum, ī *n* Aquinum (Ort in Latium), *heute* Aquino
⟦**Aquisgranum** *ml* Aachen
Aquītānia, ae *f* Aquitanien (Südwestgallien)
Aquītānus *3* aquitanisch *zu* Aquitania
aquola = acula
aquor *1* Wasser holen
aquōsus *3* wasserreich; wasserhell, wasserklar
āra, ae *f* Altar *Opfertisch; Sternbild des südlichen Himmels;* Gerüst, Denkmal; ~ sepulcri Scheiterhaufen; Zuflucht, Schutz; *Teil von Ortsnamen, z. B.* Arae Flaviae, *heute* Rottweil
arabarchēs, ae *m* Arabarch (ägyptischer Steuerbeamter; scherzhaft von Pompeius, der sich rühmte, die Zolleinnahmen erhöht zu haben)
Arabia, ae *f* Arabien
arābil|is, ~e, *Gen* ~is pflügbar, zu pflügen ⟦*ml* non ~is unantastbar
Arab|s, ~is (*Akk Pl auch* ~as) *m* Araber
arachnē, ēs *f* [*gr*] Spinnengewebe *eine Art Sonnenuhr*
Arachnē, ēs *f* Arachne (*myth* Lyderin, von Athene in eine Spinne - *gr* arachne - verwandelt)
Arachōsia, ae *f* Arachosia (Landschaft), *heute etwa* Afghanistan
Arachōsiī, ōrum *m* Arachosier, Einw. von Arachosia
Aracynthus, ī *m* Arakynthos (Berg an der Grenze zwischen Boiotien und Attika)
Aradus, ī *f* Arados (phönizische Inselstadt)
arānea, ae *f* Spinne; Spinnengewebe
arāneola, ae *f* kleine Spinne
arāneōsus *3* voll Spinnengewebe
arāneum, ī *n* [araneus I.] Spinnengewebe
arāneus I. *Adj 3* Spinnen- **II.** *Subst* ī *m* Spinne
Arar, ~is *m* Arar (Fluss in Gallien), *heute* Saône
arātiō, ~nis *f* Pflügen, Ackerbau; *für den Zehnten verpachtetes* Staatsgut, Domäne
arātiuncula, ae *f* Äckerchen
arāt|or, ~ōris *m* Pflüger, Bauer; Pächter *eines Staatsgutes*
arātrum, ī *n* Pflug ⟦*spl* Stück Land
Arātus, ī *m* Aratos (1. gr. Dichter im 3. Jh. v. Chr. 2. Stratege des Achäischen Bundes im 3. Jh. v. Chr.)
Arax|ēs, ~is *m* Araxes (1. Fluss in Armenien 2. Fluss in Persien)
Arbēla, ōrum *n* Arbela (Ort in Assyrien)
⟦**Arbeo,** ~nis *m* [*dt*] *ml* Arbeo (latinisiert Heres; Bischof von Freising 764–783, Verfasser des Abrogans, des ersten lat.-dt. Glossars)
arbiter, arbitrī *m* Augenzeuge; (Schieds-) Richter; Herr, Gebieter ⟦*ml* Begleiter *des Königs*
arbitra, ae *f* Zeugin, Mitwisserin; (Schieds-)Richterin
arbitrāriō *Adv* [arbitrarius] vermutlich ⟦*ml* nach freiem Willen, selbstständig
arbitrārius *3* willkürlich, nach Belieben
arbitrātus I. *Part Perf* →arbitro(r) **II.** *Subst* ūs *m* (freie) Entscheidung, Gutdünken, Belieben; unbeschränkte Vollmacht
arbitrium, ī *n* [arbiter] Schiedsspruch, Urteil, Entscheidung; freies Ermessen, Gutdünken, willkürliche Bestimmung; Herrschaft, (unumschränkte) Macht ⟦*spl* ~ liberum freier Wille; *ml* ~ suum Selbstbestimmung(srecht)
arbitr|or *u.* **~ō** *1* [arbiter] **1.** beobachten, erspähen **2.** glauben, meinen, *mit doppeltem Akk* halten für; fidem ~or Glauben beimessen
arbitum = arbutum
arbor, ~is *f* Baum; *poet* Stange, Mast, Ruder, Schiff ⟦*spl auch m; ml* Stamm des Kreuzes
arboreus *3* vom Baum, Baum-; baumartig, -ähnlich
arbōs *altl* = arbor
arbuscula, ae *f* Bäumchen
arbustum, ī *n* [arbustus] Baumpflanzung, Weingarten
arbustus *3* mit Bäumen bepflanzt
arbuteus *3* vom Erdbeerbaum
arbutum, ī *n* Frucht des Erdbeerbaums
arbutus, ī *f* Erdbeerbaum
arca, ae *f* (Geld-)Kasten; Sarg; Gefängniszelle ⟦**1.** *spl* Kasse; Arche (*Lw*); ~ dominica Bundeslade **2.** *ml* [*vgl.* arcus] Brückenbogen
Arca|des, ~dum (*Nbf Gen* ~dōn, *Dat* ~sin, *Akk* ~das) *m* Arkadier, Bewohner Arkadiens
Arcadia, ae *f* Arkadien (Landschaft auf der Peloponnes)

a

Arcadi(c)us *3* arkadisch *zu* Arcadia
arcānō **I.** *Adv* heimlich **II.** **1.** *Dat/Abl Sg m, n zu* arcanus **2.** *Dat/Abl Sg zu* arcanum
arcānum, ī *n* [arcanus] Geheimnis ⟦*spl* Verborgenheit
arcānus *3* [arca] verschwiegen; geheim(nisvoll)
Arca|s, ~dis *m* Arkas (Stammvater der Arkadier)
⟦**arcellula,** ae *f spl* (Geld-)Truhe
arceō, arcuī *2* [arx, arca] einschließen, in Schranken halten; hindern, fernhalten, abwehren *Abl* von; schützen *Abl* vor
arcera, ae *f* Wagen
arcessīt|or, ~ōris *m* Herbeirufer, Herbeiholer
arcessītus **I.** *Part Perf Pass* →arcesso **II.** *Subst* ūs *m* Herbeirufen, -holen, Aufforderung
arcess|ō, ~īvī, ~ītus *3* kommen lassen, (herbei)holen; vorladen, belangen, anklagen; *Gedanken, (literarischen) Stoff* (weit) herholen, suchen; herbeiführen, erwerben
⟦**archangelus,** i *m* [*gr*] *spl* Erzengel (*Lw*)
Archelāus, ī *m* Archelaos (*gr N*)
archetypum, ī *n* [*gr*] Urbild, Original(werk) ⟦*ml* Muster, Vorbild, Idee, Modell
arch(i)- [*gr*] Erz-, Ober-, Ur-
Archiacus *3* aus der Werkstatt des (Tischlers) Archias
⟦**archiantist|es,** ~itis *m* [*gr*] *ml* Erzbischof
Archiās, ae *m* A. Licinius ~ (gr. Dichter, von Cicero verteidigt)
⟦**archicancellarius,** i *m* [*gr*] *ml* Erzkanzler (*Lw*)
⟦**archidiaconatus,** us *m spl* Archidiakonat, Amt des Archidiakons
⟦**archidiaconus,** i *m* [*gr*] *spl* Archidiakon (*Fw*) *geistlicher Amtstitel*
⟦**archidu|x,** ~cis *m* [*gr*] *ml* Erzherzog
⟦**archiepiscopal|is,** ~e, *Gen* ~is *spl* erzbischöflich
⟦**archiepiscopatus,** us *m spl* Erzbistum; erzbischöfliches Amt
⟦**archiepiscopus,** i *m* [*gr*] *spl* Erzbischof (*Lw*)
archigallus, ī *m* [*gr*] Oberpriester der Kybele
Archilochīus *3* archilochisch, des Archilochos
Archilochus, ī *m* Archilochos (gr. Dichter im 7. Jh. v. Chr.)
archimagīrus, ī *m* [*gr*] Chefkoch
⟦**archimandrita,** ae *m* [*gr*] *spl* Archimandrit (Vorsteher eines gr.-orthodoxen Klosters)
Archimēd|ēs, ~is *m* Archimedes (gr. Mathematiker u. Physiker im 3. Jh. v. Chr.)
archimīmus, ī *m* [*gr*] Hauptdarsteller (in den Mimen)
archipīrāta, ae *m* [*gr*] Seeräuberhauptmann
⟦**archipoeta,** ae *m* [*gr*] *ml* Erzpoet, Erster Dichter (Pseudonym od. Ehrentitel eines mittelalterlichen Dichters des 12. Jh.)
⟦**archipraesul,** ~is *m ml* Erzbischof
⟦**archisynagogus,** i *m* [*gr*] *spl* Synagogenvorsteher
architect|ōn, ~onis (*Akk Pl* ~onas) *m* Baumeister, Architekt; Ränkeschmied
architector *1* (auf)bauen; künstlich schaffen
architectūra, ae *f* Baukunst, Architektur
architectus, ī *m* Baumeister, Architekt; Urheber, Schöpfer, Erfinder, Anstifter
arch|ōn, ~ontis *m* Archon (Titel der 9 höchsten athenischen Staatsbeamten)
Archȳtās, ae *m* Archytas (Pythagoreer aus Tarent im 4. Jh. v. Chr.)
arcisellium, ī *n* Lehnstuhl
arciten|ēns **I.** *Adj, Gen* ~entis bogentragend, -führend **II.** *Subst* ~entis *m* Schütze *Sternbild*
Arct|os, ~ī (*Akk Sg* ~on, *Nom Pl* ~oe) *f* [*gr*] Bärin *Großer od Kleiner Bär, auch beide Sternbilder zusammen;* Norden, Nacht
Arctōus *3* nördlich
Arctūrus, ī *m* [*gr*] Bärenhüter *der hellste Stern im Sternbild Bootes od das ganze Sternbild*
Arctus = Arctos
arcuātūra, ae *f* Bogen(gewölbe) *der Wasserleitung*
arcuātus *3* bogenförmig gewölbt
arcuī →arceo
arcula, ae *f* Kästchen *für Schmuck u. Farben*
arculārius, ī *m* Schmuckkästchenhersteller
arcus, ūs *m* **1.** Bogen *Waffe* **2.** Regenbogen **3.** *Architektur* (Triumph-)Bogen **4.** *Mathematik* Kreisbogen **5.** Krümmung, Windung **6.** *Pl* arcūs, uum *m* Himmelszonen
ardaliō, ~nis *m* (geschäftig tuender) Müßiggänger
ardea, ae *f* Reiher
Ardea, ae *f* Ardea (Hauptstadt der Rutuler in Latium)
Ardeā|s, *Gen* ~tis ardeatisch, von Ardea
Ardeāt|ēs, ~ium *m* [Ardeas] Ardeaten, Einw. von Ardea
Ardeātīnus *3* = Ardeas
ārdēns **I.** *Adj, Gen* ārdentis brennend, glühend, heiß; funkelnd; leidenschaftlich **II.** *Part Präs Akt* →ardeo
ārdeō, ārsī, ārsūrus *2* [aridus] (ver)brennen, in Flammen aufgehen, glühen; funkeln, blitzen; (in Liebe) entbrannt sein
ārdēscō, ārsī *3* in Brand *od* Glut geraten; aufblitzen, erglänzen; (leidenschaftlich) entbrennen
ārdor, ārdōris *m* Brand, Glut; Hitze, *Pl* ārdōrēs, ārdōrum *m* heißes Klima, heiße

Zone; Glanz, Funkeln, Blitz(en); Leidenschaft, Begeisterung
Arduenna, ae *f* Ardennen (waldreicher Gebirgszug in Nordgallien)
arduum, ī *n* [arduus] **1.** steile Anhöhe **2.** große Schwierigkeit
arduus *3* **1.** hochragend, steil, hoch aufgerichtet, hoch oben **2.** schwierig, beschwerlich, lästig
ārea, ae *f* freier Platz, Spielplatz, Bauplatz; Tenne; (innerer) Hofraum *des Hauses;* Rennbahn *im Zirkus; Geometrie* Ebene
Arecomicī, ōrum *m* Arekomiker (Teil der kelt. Volcae)
āre|faciō, ~fēcī, ~factus *3* trocknen
āre|fīō, ~factus sum (*Inf* ~fierī) trocken werden
Arelāte *undekl n* Arelate (Ort an der Rhone), *heute* Arles
Aremoricae cīvitātēs aremorische Stämme (in der Bretagne und Normandie)
arēna = harena
⟦**arenga,** ae *f ml* Einleitung(sfloskel)
ārēns I. *Adj, Gen* ārentis trocken, vertrocknet; dürr **II.** *Part Präs Akt* →areo
āreō, āruī *2* trocken sein, dürr sein; dürsten, *vor Durst* lechzen
āreola, ae *f* kleiner freier Platz; Beet
Arēopagītēs, ae *m* Mitglied des Areopags
Arēopagus, ī *m* [*gr*] Areopag (1. Hügel in Athen 2. dort tagender oberster Gerichtshof)
ārēscō, āruī *3* trocken werden, (ver)trocknen, versiegen
aretālogus, ī *m* [*gr*] Moralprediger, Aufschneider *schmarotzender Philosoph am Tische der Reichen*
Arethūsa, ae *f* Arethusa (Quelle bei Syrakus)
Arethūsi|s, *Gen* ~dis (*Akk Pl* ~das) arethusisch *zu* Arethusa
Arēu|s [*gr*] **I.** *Adj 3* ~m iudicium Areopag (→Areopagus 2.) **II.** *Subst* ī *m* Areios (Stoiker, Lehrer des Augustus)
Argēī, ōrum *m* Argei, Argeer (1. Heiligtümer in den Stadtteilen Roms 2. Binsenpuppen, in einer religiösen Zeremonie im Mai in den Tiber geworfen)
argentāria, ae *f* [argentarius I.] Wechselstube, -geschäft, Bank; Silbergrube
argentāri|us I. *Adj 3* Silber-, Geld-, taberna ~a Wechselstube **II.** *Subst* ~ī *m* Geldwechsler, Bankier ⟦*spl* Silberschmied
argentātus *3* mit Silber verziert, versilbert
argenteolus *3* silbern
argenteus I. *Adj 3* silbern, versilbert, silberfarben **II.** *Subst* ī *m* Argenteus (Silbermünze), Silberdenar
⟦**Argentoratus,** i *f spl* Argentoratus (Stadt in Obergermanien am Rhein), *heute* Strasbourg
argentum, ī *n* Silber; Silbergeschirr; (Silber-) Geld; ~ vivum Quecksilber
argentumexterebrōnidēs, ae *m* [exterebro] Geldherausbohrer = *Erpresser, Scherzwort der Komödie*
argestēs, ae *m* [*gr*] (West-)Südwestwind
Argēus *3* argivisch, von Argos; *poet* griechisch
Argī, ōrum *m* = Argos
Argīlētum, ī *n* Argiletum (Stadtteil Roms)
argilla, ae *f* weißer Ton, Töpfererde
Arginūsae, ārum *f* Arginusen (Inselgruppe an der kleinasiatischen Küste bei Lesbos)
argītis, ~*f* [*gr*] Argitis (Weinart mit weißen Trauben)
Argīvus *3* = Argeus
Argō (*Akk, Abl* Argō; *Akk auch* Argon) *f* [*gr*] Argo (Schiff der Argonauten)
Argolicus *3* argolisch, argivisch *zu* Argolis II. *und* Argos; *poet* griechisch
Argoli|s I. *Adj, Gen* ~dis *f* argolisch, argivisch *zu* Argolis II. *u.* Argos **II.** *Subst* ~dis *f* Argolis (Landschaft auf der Peloponnes)
Argonautae, ārum *m* Argonauten (*myth* gr. Helden, die nach Kolchis fuhren, um das Goldene Vlies zu holen)
Argos *n* Argos (Stadt in Epirus, Thessalien und Argolis)
Argōus *3* Argo(nauten)-
arguī →arguo
argūmentātiō, ~nis *f* Beweisführung
argūmentor *1* beweisen; als Beweis anführen, durch Beweise darlegen
argūmentōsus *3* reich an Stoff *od* Beweisen ⟦*ml* schlau
argūment|um, ~ī *n* Beweis(mittel), Begründung; Inhalt, Stoff; Gedicht, (Theater-)Stück ⟦*ml* ~o, ut aus dem Grunde, dass
arguō, arguī *3* deutlich zu erkennen geben, zeigen, er-, beweisen; widerlegen, als unhaltbar erweisen; beschuldigen, anklagen (de) *Abl* wegen, crimine unter der Beschuldigung; (als strafbar) tadeln, rügen ⟦*ml* prüfen; argumentieren
Argus, ī *m* Argos (hundertäugiger Bewacher der Io)
argūtātiō, ~nis *f* Knarren
argūtiae, ārum *f* [argutus] Lebendigkeit; Scharfsinn; Spitzfindigkeit, Schlauheit ⟦*ml* feinsinnige Darlegung; Scholastik
argūt|ō *und* **~or** *1* (vor)schwatzen
argūtulus *3* (ziemlich) scharfsinnig, klug
argūtus *3* [arguo] gellend, schrill, klangreich; ausdrucksvoll, lebhaft, temperamentvoll; bedeutungsvoll; scharfsinnig, geistreich; pfiffig, schlau ⟦*ml übertr* ausgesprochen, deutlich
argyraspid|es, ~um (*Akk* ~as) *m* Silberschildträger *makedonische Elitetruppe*

a

Ariadna, ae *f* →Ariadne
Ariadnē, ēs *f* Ariadne (T. des Minos, half Theseus mit dem Ariadnefaden aus dem Labyrinth)
Ariadnēus *3* der Ariadne
Arīcia, ae *f* Aricia (Ort in Latium), *heute* Ariccia
Arīcīnus *3* aricinisch, von Aricia
⟦**arida,** ae *f* [aridus] *spl* Erde, Land
⟦**ariditā|s,** ~tis *f spl* trockener Zustand, Trockenheit, Dürre
āridulus *3* (ganz) trocken
āridum, ī *n* [aridus] das Trockene; trockener Boden ⟦*spl* trockenes Holz
āridus *3* trocken, dürr; durstig; mager, dürftig, reizlos; ärmlich, knauserig; unwissend; *Durst, Fieber* ausdörrend, -trocknend
ariēs, arietis *m* Widder, Schafbock; *Belagerungsmaschine zum Brechen der Mauern; Sternbild*
arietillus, ī *m* Dummkopf
arietīnus *3* [aries] Widder-
arietō 1 [aries] (heftig) stoßen, anrennen, -stürmen (in) *Akk* gegen
Arīminum, ī *n* Ariminum (Ort in Umbrien), *heute* Rimini
Ariobarzan|ēs, ~is *u.* ~ī (*Akk auch* ~ēn) *m* Ariobarzanes (N kappadokischer Könige)
ariol- = hariol-
Arīōn, Arīonis (*Akk auch* Arīona) *m* Arion (gr. Dichter und Sänger um 600 v. Chr.)
Arīonius *3* des Arion
Ariopagus = Areopagus
Ariovistus, ī *m* Ariovist (Suebenkönig im 1. Jh. v. Chr.)
arista, ae *f* Granne; Ähre
Aristaeus, ī *m* Aristaios (die Landwirtschaft fördernder S. Apolls)
Aristarchus, ī *m* Aristarch(os) (alexandrinischer Grammatiker und Philologe im 2. Jh. v. Chr.)
Aristīd|ēs, ~is *u.* ~ī (*Akk auch* ~ēn) *m* Aristeides (1. athenischer Politiker z. Z. der Perserkriege 2. gr. Schriftsteller um 100 v. Chr.)
Aristippēus *3* aristippisch, des Aristipp(os)
Aristippus, ī *m* Aristipp(os) (Schüler des Sokrates, Begründer der Philosophenschule der Kyrenaiker)
Aristō = Ariston
Aristogīt|ōn, ~onis (*Akk auch* ~ona) *m* Aristogeiton (mit Harmodios Mörder des athenischen Tyrannen Hipparchos 514 v. Chr.)
aristolochia, ae *f* [*gr*] Osterluzei (*Lw*)
Aristōn, ~is *m* Ariston (gr. Philosoph aus Chios im 3. Jh. v. Chr.)
Aristōnēus *3* des Ariston
Aristophan|ēs, ~is (*Akk auch* ~ēn) *m* Aristophanes (1. gr. Komödiendichter um 400 v. Chr. 2. alexandrinischer Grammatiker und Philologe um 200 v. Chr.)
Aristophanēus *3* aristophanisch, des Aristophanes 1.
Aristotel|ēs, ~is *u.* ~ī (*Akk auch* ~ēn) *m* Aristoteles (gr. Philosoph 384–322, Lehrer Alexanders des Großen, Begründer der Schule der Peripatetiker)
Aristotelēus *3* aristotelisch, des Aristoteles
Aristoxenus, ī *m* Aristoxenos (gr. Philosoph u. Musiker im 4. Jh. v. Chr., Schüler des Aristoteles)
Aristus, ī *m* Aristos (gr. Philosoph, Freund Ciceros)
arithmētica, ōrum *n* [*gr*] Rechenkunst, Arithmetik ⟦*spl* ~, ae *f*
arithmēticē, ēs *f* = arithmetica
āritūd|ō, ~inis *f* Trockenheit, Dürre
Ariūsius *3* ariusisch, von Ariusia (auf Chios)
arma, ōrum *n* Gerät(e), Werkzeug(e); Waffen; Kampf, Krieg; Truppen, Soldaten; Schutz-, Hilfsmittel *Gen* gegen
armamaxa, ae *f* [*gr*] (persischer) Reisewagen
armāmenta, ōrum *n* Ausrüstung, Takelage
armāmentārium, ī *n* Waffenlager, Zeughaus
armāriolum, ī *n* Schränkchen
armāri|um, ī *n* [arma] Schrank ⟦*spl* Bücherschrank, -regal; *ml Pl* ~a, orum *n* Bibliothek
⟦**armarius,** i *m ml* Bibliothekar, Archivar
armātūra, ae *f* Bewaffnung; Bewaffnete ⟦*ml* geistiges Rüstzeug
armātus I. *Adj 3* bewaffnet, gerüstet **II.** *Part Perf Pass* →armo **III.** *Subst* **1.** ī *m* Bewaffneter, Soldat **2.** ūs *m* Bewaffnung; Bewaffnete
Armenia, ae *f* Armenien (Hochland am Oberlauf von Euphrat u. Tigris, durch den oberen Euphrat geteilt in ~ maior Ostarmenien u. ~ minor Westarmenien)
Armenium, ī *n* [Armenius] **1.** Bergblau *kostbare, blaue Farbe* **2.** Aprikose
Armenius *3* armenisch *zu* Armenia
armentāl|is, ~e, *Gen* ~is in Herden weidend
armentārius, ī *m* Rinderhirt
arment|um, ~ī *n, gew Pl* ~a, ōrum *n* [arare] Großvieh *Rinder u. Pferde;* (Großvieh-)Herde
armifer *3* bewaffnet, kriegerisch, Kriegs-
armiger I. *Adj 3* Waffen tragend, bewaffnet **II.** *Subst* ī *m* Waffenträger, Leibwächter ⟦*ml* Knappe
armilla, ae *f* Armband, -spange; *mil* Orden ⟦*ml* (Mantel-)Spange
armillātus *3* mit Armspangen geschmückt ⟦*ml* (an den Armen) geschützt

armillum, ī *n* Weinkrug
Armilūstr(i)um, ī *n* [lustro] Armilustrium (Fest u. Festplatz der jährlichen Waffenweihe auf dem Aventin)
Arminius, ī *m* Arminius (Stammesführer der Cherusker, Sieger über die Römer im Teutoburger Wald 9 n. Chr.)
armipot|ēns, *Gen* ~entis kriegerisch, tapfer
armisonus *3* waffenklirrend
armō *1* ausrüsten, auftakeln; zum Kampfe rüsten, bewaffnen; *übertr* wappnen
armus, ī *m* Schulter(blatt), Oberarm (*urv*); Vorderbug, *poet* Flanken *eines Tieres*
Arn(i)ēns|is, ~e, *Gen* ~is des Arno; ~is tribus die Tribus Arn(i)ensis (ländliche Tribus nördlich von Rom)
Arnus, ī *m* Arnus (Fluss in Etrurien), *heute* Arno
arō *1* pflügen, bebauen; Ackerbau treiben; *übertr* durchpflügen, -furchen
arōma, ~tis (*Dat/Abl Pl auch* ~tīs) *n* Gewürz; Aroma ⟦*spl* Wohlgeruch
arōmaticus *3* Gewürz- ⟦*spl* wohlriechend
Arpī, ōrum *m* Arpi (Ort in Apulien)
Arpīnā|s **I.** *Adj, Gen* ~tis arpinatisch, von Arpinum **II.** *Subst* ~tis **1.** *m* Arpinate, Einw. von Arpinum **2.** *n* Landgut bei Arpinum
Arpīnum, ī *n* Arpinum (Ort in Latium, Geburtsort Ciceros u. Marius'), *heute* Arpino
Arpīnus *3* **1.** arpinisch, von Arpi **2.** arpinatisch, von Arpinum
arqu- = arc-
arrabō, ~nis *m* [*gr-hebr*] Anzahlung, (Unter-)Pfand ⟦*ml* Kaufgeld
arrēctāria, ōrum *n* senkrechter Balken, Pfosten
arrēctus **I.** *Adj 3* steil (ansteigend) **II.** *Part Perf Pass* →arrigo
ar|rēpō, ~rēpsī, ~rēptum *3* herankriechen, -schleichen
arreptus →arripio
Arrētīnus *3* arretinisch, von Arretium
Arrētium, ī *n* Arretium (Ort in Etrurien), *heute* Arezzo
arrēxī →arrigo
Arria, ae *f* Arria (Gem. des Paetus z. Z. des Kaisers Claudius)
Arr(h)idaeus, ī *m* Arridaios (Halbbruder Alexanders des Großen)
ar|rīdeō, ~rīsī, ~rīsus *2* mitlachen *Dat* mit; zu-, an-, belächeln; gefallen
ar|rigō, ~rēxī, ~rēctus *3* [rego] auf-, emporrichten; in Spannung versetzen; erheben, ermutigen, anfeuern
ar|ripiō, ~ripuī, ~reptus *3* an sich reißen, ergreifen; festnehmen, vor Gericht bringen; sich anmaßen, sich (widerrechtlich) aneignen; *geistig* erfassen, verstehen; in Angriff nehmen
arrīsī →arrideo
arrīs|or, ~ōris *m* Anlächler *jmd. der anderen gegenüber stets freundlich ist, um ihnen zu gefallen*
arrīsus →arrideo
Arrius *3 Gent, z. B.* Q. ~ (Homo novus z. Z. Ciceros)
ar|rōdō, ~rōsī, ~rōsus *3* an-, benagen
arrog|āns **I.** *Adj, Gen* ~antis anmaßend, rücksichtslos; anspruchsvoll **II.** *Part Präs Akt* →arrogo
arrogantia, ae *f* Anmaßung
arrog|ō *1* noch einmal fragen; *einem Beamten einen anderen* an die Seite stellen; verschaffen; adoptieren; sibi ~are sich (unrechtmäßig) aneignen, sich anmaßen
arrōsī →arrodo
arrōs|or, ~ōris *m übertr* Be-, Annager = *Schmarotzer*
arrōsus →arrodo
Arrūn|s, ~tis *m* Arruns (etruskischer Vorname)
ars, artis *f* Geschicklichkeit, Kunstfertigkeit; Kunstwerk; Handwerk, Gewerbe; Kunst, Wissenschaft; Theorie, System, Lehrbuch *einer Kunst od Wissenschaft;* Mittel, Handlungsweise, Eigenschaft; Kunstgriff, Betrug ⟦*ml* ~ mechanica Handwerk; artes Martiani (Capellae) die 7 freien (= einem freien Mann anstehenden) Wissenschaften; (wissenschaftliches) Fach
Arsac|ēs, ~is (*Akk* ~ēn) *m* Arsakes (Partherkönig um 250 v. Chr.)
ārsī **1.** →ardeo **2.** →ardesco
Arsinoa, ae *f* = Arsinoe
Arsinoē, ēs *f* Arsinoe (weiblicher N im Geschlecht der Ptolemaier, bes. bekannt die T. Ptolemaios' I., Gem. ihres Br.s Ptolemaios Philadelphos um 300 v. Chr.)
ārsūrus →ardeo
Artaxata, ōrum *n u.* ae *f* Artaxata (Hauptort Armeniens)
Artaxerx|ēs, ~is *u.* ~ī (*Akk* ~ēn) *m* Artaxerxes (persischer Königsname)
Artemīsia, ae *f* Artemisia (Gem. des Mausolos von Karien im 4. Jh. v. Chr.)
Artemīsium, ī *n* Artemision (nördliches Vorgebirge Euboias)
artēria, ae *f* [*gr*] Luftröhre; Schlagader
arthrīticus *3* [*gr*] gichtkrank
articulātim *Adv* gliedweise, Stück für Stück; gegliedert, Punkt für Punkt, einzeln
articulus, ī *m* [artus II.] Gelenk, Knöchel; Finger(glied, -gelenk), Knoten *von Pflanzen;* Satzglied; Teil, Abschnitt *der Rede;* (entscheidender) Augenblick, Wendepunkt ⟦*ml* (Grund-)Satz; (gefährlicher) Zeitpunkt
artif|ex **I.** *Adj, Gen* ~icis kunstfertig, geschickt; künstlerisch, kunstvoll **II.** *Subst*

~icis *m f* Künstler(in), Meister(in), Schöpfer(in); Urheber(in), Anstifter(in), Gauner(in) ⟦*Subst* ~icis *m spl* Handwerker

⟦**artificial|is,** ~e, *Gen* ~is *spl* künstlich, Kunst-

artificiōsus *3* kunstgemäß, -voll, -reich

artificium, ī *n* Handwerk, Gewerbe, Kunst; Kunstfertigkeit, Geschicklichkeit; Kunstwerk; Theorie, System *einer Wissenschaft od Kunst;* Kunstgriff, Schlauheit

⟦**artitud|o,** ~inis *f ml* Enge

artō *1* [artus I.] einengen; beschränken

artolaganus, ī *m* [*gr*] (Brot-)Kuchen

artopta, ae *m* [*gr*] Backform

artopticius *3* in der Backform gebacken

artum, ī *n* [artus I.] enger Raum, Gedränge; missliche Lage, Klemme

artus I. *Adj 3* dicht, (zusammen)gedrängt, eng; straff, fest, knapp, kurz; misslich, schwierig **II.** *Subst* ūs (*Dat/Abl Pl gew* artubus) *m* Gelenk; Glied

āruī 1. →areo **2.** →aresco

ārula, ae *f* kleiner Altar

arund- = harund-

Arūpinus *3* arupinisch, von Arupium (Ort in Illyrien)

aruspex = haruspex

⟦**arva,** ae *f* [arvus] *ml* Ebene, Felder

arvāl|is, ~e, *Gen* ~is Acker-, Flur-; frater ~is Flurbruder *Angehöriger eines zwölfköpfigen Priesterkollegiums, dessen Kult der Steigerung der Ernteerträge galt*

Arvernī, ōrum *m* Arverner (Keltenstamm im Südosten Galliens, in der heutigen Auvergne)

arvīna, ae *f* Fett, Speck

arvum, ī *n* [aro] Ackerland, Saatfeld; Flur, Gefilde, Gegend; Weideplatz; Gestade

arvus *3* [aro] bebaut, Acker-, Saat-

arx, arcis *f* [arceo] befestigte Anhöhe, Festung, Burg *bes die röm. auf dem Kapitol;* (Berg-)Gipfel, Kuppe; Schutz, Zuflucht ⟦*spl* (Gottes-)Himmel; ~ cerebri Kopf, Geist

as, assis *m* As (1. Gewichtseinheit: 1 röm. Pfund = 327,45 g 2. Münze, *urspr* im Werte eines Kupferstückes von 268 g, später in Gewicht u. Wert mehr u. mehr reduziert); das (zwölfteilige) Ganze *als Recheneinheit;* ex asse heres Universalerbe; ad assem bis zum letzten Pfennig

ascalpō *3* kratzen *Akk* an

Ascanius, ī *m* Ascanius (S. des Äneas, auch Iulus genannt)

⟦**ascella,** ae *f spl* Achsel(höhle), Flügel

ascendēns *Part Präs Akt* →ascendo; ~ machina Hebemaschine

ascendō, ascendī, ascēnsus *3* [scando] hinauf-, be-, ersteigen ⟦*spl* gelangen, in den Himmel kommen

ascēnsiō, ~nis *f* Hinaufsteigen, Aufstieg ⟦*ml* Himmelfahrt Christi; Himmelfahrtstag

⟦**ascensor,** ~is *m spl* Reiter, Lenker

ascēnsus I. *Part Perf Pass* →ascendo **II.** *Subst* ūs *m* Hinaufsteigen, Aufstieg; Auf-, Zugang

ascia, ae *f* Axt (*urv*) *der Zimmerleute;* (Maurer-)Kelle

Asciburgium, ī *n* Asciburgium (Ort am Niederrhein)

asciō *4* an-, aufnehmen

asciscō, ascīvī, ascītus *3* herbeiholen, an-, auf-, übernehmen; sich aneignen; in Anspruch nehmen, sich anmaßen; billigen ⟦*spl* adoptieren

ascopēra, ae *f* [*gr*] Leder-, Bettelsack

Ascra, ae *f* Askra (Geburtsort Hesiods am Helikon)

Ascraeus *3* askräisch, aus Askra; hesiodisch, des Hesiod

ascrībō, ascrīpsī, ascrīptus 3 dazuschreiben, *schriftlich* hinzufügen; *schriftlich* einsetzen *doppelter Akk* jmdn. als; eintragen; ~ ad rechnen zu, zählen zu; zuschreiben, beimessen, zuweisen

ascrīpticius *3* neu eingetragen

ascrīptiō, ~nis *f schriftlicher* Zusatz

ascrīptīvus *3* überzählig

ascrīpt|or, ~ōris *m* Mitunterzeichner

ascrīptus →ascribo

Asculum, ī *n* Asculum (Hauptort von Picenum), *heute* Ascoli

asellus, ī *m* Esel(chen); Dorsch

Asia, ae *f* **1.** Asien **2.** Kleinasien **3.** Asia (röm. Provinz im Westen Kleinasiens)

Asiān|us I. *Adj 3* asiatisch *zu* Asia **II.** *Subst Pl* ~ī, ~ōrum *m* **1.** Einw. von Asia 3. **2.** Steuerpächter in Asia 3.

Asiāticus *3* **1.** asiatisch *zu* Asia **2.** BN des L. Cornelius Scipio ~ (Besieger des Antiochos 190 v. Chr.)

asīlus, ī *m* Bremse *Insekt*

asināria, ae *f* [asinarius] Das Eselsspiel *Komödie des Plautus*

asinārius *3* Esel(s)-

⟦**asinius** *3 spl* Esel(s)-

Asinius 3 *Gent, z. B.* C. ~ Pol(l)io (Dichter, Redner u. Geschichtsschreiber im 1. Jh. v. Chr., Gründer der ersten öffentlichen Bibliothek in Rom)

asinus, ī *m* Esel (*Lw*)

Āsis, *Gen* Āsidis (*Akk* Āsida) *f* asiatisch *zu* Asia

[1]**Asius** *f* asiatisch *zu* Asia

[2]**Āsius** *3* asisch *zu einer Gegend in Lydien*

Āsōpiadēs, ae *m* Asopiade, Nachkomme des Asopos

Āsōpi|s, ~dis *und* ~dos *f* Asopide, T. des Asopos

Āsōpus, ī *m* Asopos (boiotischer Fluss u. Flussgott)

asōtus, ī *m* [*gr*] Verschwender, Lebemann, Wüstling
Asparagium, ī *n* Asparagium (Ort bei Dyrrhachium in Illyrien)
asparagus, ī *m* [*gr*] Spargel (*Lw*)
aspargō = aspergo
Aspasia, ae *f* Aspasia (Gem. des Perikles)
Aspavia, ae *f* Aspavia (spanische Festung)
aspectābil|is, ~e, *Gen* ~is sichtbar
aspectō *1* [ad-specto] (aufmerksam) anschauen; *von Örtlichkeiten* liegen *Akk* nach (- hin); achten *Akk* auf
aspect|us **I.** *Part Perf Pass* →aspicio **II.** *Subst* ūs *m* Blick, Anblick, Gesichtskreis, Aussehen; Sehkraft, Gesicht(ssinn) ⟦*ml* ~ibus *Gen* se praesentare hintreten vor jmdn.
as|pellō, ~pulī, ~pulsus *3* wegtreiben
Aspendos, ī *f* Aspendos (Ort in Pamphylien)
asper, aspera, asperum uneben, rau; abstoßend, herb; streng, schroff, kränkend; trotzig, grob, wild, roh; schwierig, hart
asperg|ō **I.** *Subst* ~inis *f* Bespritzen; Tropfen, Spritzer; Sprühregen **II.** *Verb* aspersī, aspersus *3* [ad-spargo] hinspritzen, -streuen; anspritzen; hinzufügen; bespritzen, beschmutzen, besudeln
asperitā|s, ~tis *f* Unebenheit, Rauheit, Unwirtlichkeit; Strenge, Barschheit, Schroffheit, Härte; Wildheit, Rohheit; Misslichkeit, Schwierigkeit ⟦*ml* Gefahr
aspernanter *Adv* verächtlich, mit Verachtung
aspernātiō, ~nis *f* Abneigung, Ab-, Zurückweisung
aspernor *1* (*selten Pass*) [[2]a-sperno] ab-, zurückweisen; verschmähen
asperō *1* rau machen; schärfen, spitzen; reizen
aspersī →aspergo II.
aspersiō, ~nis *f* Anspritzen; Auftragen *von Farben*
aspersus **I.** *Part Perf Pass* →aspergo II. **II.** *Subst* ūs *m* Anspritzen
aspiciō, aspexī, aspectus *3* [adspecio] erblicken, anblicken, betrachten; *von Örtlichkeiten* liegen *Akk* nach (- hin); untersuchen; erwägen, berücksichtigen
aspīrātiō, ~nis *f* Anhauchen, Anwehen; Ausdünstung; Hauchlaut, Aspiration
aspīrō *1* an-, hin-, aushauchen; hin-, zu-, anwehen; einflößen, eingeben; günstig sein, förderlich sein; (hin)streben ad, in, *Dat* nach, zu ⟦*ml* helfen
aspi|s, ~dis (*Akk Sg auch* ~da, *Akk Pl* ~das) *f* [*gr*] Aspis *Giftschlange,* Natter ⟦*ml sprichw* aures ~dis taube Ohren
asportātiō, ~nis *f* Wegschaffen
asportō *1* wegführen, -bringen, -schaffen
asprēt|um, ~ī *n* (*auch Pl* ~a, ~ōrum *n*) raue, steinige Stelle(n)
aspulī →aspello
aspulsus →aspello
⟦**assa,** ae *f* [assus] *ml* Braten
Assaracus, ī *m* Assarakos (*myth* König von Troja, Urgroßvater des Äneas)
assārius *3* einen As wert
⟦**assatura,** ae *f spl* Braten
assecla, ae *m* [assequor] Begleiter, Anhänger
assectātiō, ~nis *f* (ständige) Begleitung, Unterstützung *eines Amtsbewerbers*
assectāt|or, ~ōris *m* Begleiter, Anhänger
assector *1* beständig folgen *Akk* jmdm., begleiten
assecula = assecla
⟦**assecutor,** ~is *m spl* Begleiter; *Pl* ~es, ~um *m* Anhänger, Gefolge
assecūtus →assequor
assēdī **1.** →assideo **2.** →assido
assēnsī →assentio
assēnsiō, ~nis *f* Zustimmung, Beifall
assēns|or, ~ōris *m* Lobredner; Verteidiger
assēnsus **I.** *Part Perf* →assentio(r) **II.** *Subst* ūs *m* Zustimmung, Beifall; Widerhall, Echo
assentātiō, ~nis *f* Schmeichelei; Zustimmung
assentātiuncula, ae *f* Schmeichelei
assentāt|or, ~ōris *m* Schmeichler
assentātōriē *Adv* schmeichlerisch, nach Art der Schmeichler
assentātrī|x, ~cis *f* Schmeichlerin
as|sentiō, ~sēnsī, ~sēnsus *4* = assentior
as|sentior, ~sēnsus sum *4* zustimmen, beipflichten ⟦*ml* fortunae ~sentior dem Glück trauen
assentor *1* [assentior] in allem beistimmen, schmeicheln
as|sequor, ~secūtus sum *3* einholen, erreichen; erlangen, bekommen; einsehen, begreifen, verstehen
asser, ~is *m* Stange, Latte, Bohle
⟦**asserculus,** i *m ml* Brettchen, Schindel
[1]**as|serō,** ~sēvī, ~situs *3* daneben pflanzen
[2]**ās|serō,** ~seruī, ~sertus *3* einreihen, hinzufügen; zusprechen, beanspruchen; in libertatem ~sero *od* (in) liberali causa manu ~sero (durch Handauflegen) für frei erklären, als frei beanspruchen; in servitutem ~sero als seinen Sklaven beanspruchen; schützen, retten a vor ⟦*spl mit AcI* versichern, bestätigen, behaupten; *mit doppeltem Akk* nennen; *mit Akk des Gerdv* verlangen; vertreten
assertiō, ~nis *f* Freisprechung *eines Menschen aus der Sklaverei* ⟦*spl* ausdrückliche Erklärung; Behauptung; Spruch
assert|or, ~ōris *m* Anspruch Erhebender *Gen* auf *einen Menschen als Freien od Sklaven;* Beschützer, Befreier ⟦*spl* Verfechter *einer Lehre*
assertus →[2]assero

asseruī →assero 2.
asserviō *4* behilflich sein
asservō *1* verwahren, (auf)bewahren; bewachen
assessiō, ~nis *f* Dabeisitzen; Beistand
assess|or, ~ōris *m* Beisitzer, Gehilfe *in einem Amt*
assessum 1. →assideo **2.** →assido
assessus, ūs *m* Dabeisitzen, Anwesenheit
assevēranter *Adv* ernstlich, nachdrücklich
assevērātiō, ~nis *f* Beteuerung, Versicherung; Ernst, Nachdruck
assevērō *1* [ad, severus] mit Ernst verfahren, Ernst machen; ernstlich behaupten; frontem ~ die Stirn ernst machen, verfinstern
assēvī →assero 1.
assiccō *1* trocknen
as|sideō, ~sēdī, ~sessum *2* [sedeo] dabeisitzen; sitzen *Dat, selten Akk* bei, *vom Heer* liegen, lagern *Dat od Akk* vor; *jur* als Beisitzer anwesend sein; beistehen
as|sīdō, ~sēdī, ~sessum *3* sich hinsetzen *Akk* zu, neben
assiduitā|s, ~tis *f* (beständige) Anwesenheit; Ausdauer, Beharrlichkeit; Fortdauer
assiduus [assideo] **I.** *Adj 3* beständig anwesend; beharrlich, unermüdlich; ununterbrochen, beständig **II.** *Subst* ī *m* steuerpflichtiger Bürger *der oberen Klassen*
assīgnātiō, ~nis *f* Anweisung, Zuteilung; zugewiesenes Stück Land
assīgnō *1* zuweisen, zuteilen; beimessen, zuschreiben; übergeben, ausliefern ⟦*ml* erweisen, bezeugen
as|siliō, ~siluī *4* [salio] heranspringen, -stürmen *Dat* an
assimil|is, ~e, *Gen* ~is ziemlich ähnlich
assimulātiō, ~nis *f* Gleichstellung
assimulō *1* ähnlich machen, angleichen, nachbilden; nachahmen; vortäuschen, (er)heucheln; vergleichen *Dat* mit
assis, ~ *m* **1. a)** = as **b)** *Gen Sg zu* as **2.** = ²axis
assistō, astitī *3* hintreten, (her)antreten, sich hinstellen; da(bei)stehen, daneben stehen; beistehen ⟦*ml Part Präs Akt* assistentes Umgebung *von Personen*
assitus →assero 1.
⟦**asso** *1 spl* braten; *ml* foltern
⟦**associo** *1 spl* jmdn. gewinnen
assoleō *2* (zu geschehen) pflegen, üblich sein
assonō *1 vom Echo* mit einstimmen *Dat* in
Assōrīnus I. *Adj 3* assorinisch, von Assorus **II.** *Subst* ī *m* Assoriner, Einw. von Assorus
Assōrus, ī *f* Assorus, *gr* Assoros (Ort auf Sizilien)
assūdāscō *3* [sudor] in Schweiß geraten
assuē|faciō, ~fēcī, ~factus *3* (*Pass* ~fīō) gewöhnen *Abl od Dat* an
assuēfīō →assuefacio
as|suēscō, ~suēvī, ~suētus *3* sich gewöhnen *Dat od Abl* an, *selten* jmdn. gewöhnen; *Perf Akt* sich gewöhnt haben, gewohnt sein, pflegen
assuētūd|ō, ~inis *f* Gewöhnung, Umgang
assuētus I. *Adj 3* gewöhnt *Abl od Dat* an; gewohnt; bekannt, vertraut **II.** *Part Perf Pass* →assuesco
assuēvī →assuesco
assuī →assuo
assula, ae *f* Span, Splitter
assulātim *Adv* in Stücke, in Splitter
assultim *Adv* [assilio] (heran)hüpfend, in Sprüngen
assultō *1* [salto] heranspringen, -rennen; *milit* anstürmen *Dat od Akk* gegen, angreifen *Dat od Akk* jmdn.
assultus, ūs *m* Ansprung, Ansturm ⟦*ml* Angriff; Hieb *auch übertr*
assum I. *Subst* ī *n* Schwitzbad; Braten ⟦*ml* Wildbret **II.** *Verb* affuī (*Inf* adesse) da, anwesend sein; bewohnen, teilnehmen *Dat* an; zur Seite stehen, beistehen; erscheinen, sich einfinden, kommen; animo *od* animis ~ aufmerksam sein, achtgeben; ruhig sein, gefasst sein ⟦*spl Inf Präs Akt auch* affore **III.** *Akk Sg m Nom/Akk Sg n zu* assus
as|sūmō, ~sūmpsī, ~sūmptus *3* annehmen, an sich nehmen, zu sich nehmen, hinzunehmen; erwerben; in Anspruch nehmen, sich anmaßen; *phil* voraussetzen, als Prämisse aufstellen ⟦*ml* hominem ~sumo Menschengestalt annehmen
assūmptiō, ~nis *f* Auf-, Annahme; *phil* Voraussetzung, Prämisse ⟦*spl* Himmelfahrt; *ml* Mariä Himmelfahrt *auch der Feiertag*
assūmptīvus *3* unvollständig
assūmptus →assumo
as|suō, ~suī, ~sūtus *3* annähen, -flicken ⟦*ml* nähen *Dat* auf
as|surgō, ~surrēxī, ~surrēctus *3* sich aufrichten, sich erheben, aufstehen *Dat* vor; empor-, ansteigen, sich aufschwingen
assus *3* trocken, warm; gebraten; ohne Mörtel
assūtus →assuo
Assyria, ae *f* Assyrien (Teil von Mesopotamien am Tigris)
Assyrius I. *Adj 3* assyrisch *zu* Assyria; *poet auf umliegende Länder übertragen* asiatisch, orientalisch **II.** *Subst* ī *m* Assyrer *zu* Assyria
ast dann; *poet* aber; *altl* wenn aber
asta = hasta
Asta, ae *f* Asta (südspanischer Ort)
Astartē, ēs *f* Astarte (phönizisch-syrische Mondgöttin)

asternō, astrāvī, astrātus *3* hinstreuen, -werfen
asthmaticus [*gr*] **I.** *Adj 3* an Atemnot leidend, asthmatisch **II.** *Subst* ī *m* Asthmatiker
asticus [astu] **I.** *Adj 3* städtisch **II.** *Subst* ī *m* Städter, Bürger
astipulātiō, ~nis *f* (völlige) Übereinstimmung, Zustimmung
astipulāt|or, ~ōris *m* Zeuge *beim Abschluss eines Vertrages;* Anhänger
astipulor *1* als Vertragszeuge fungieren; (völlig) zustimmen
astitī 1. →assisto **2.** →asto
astituō, astituī, astitūtus *3* [statuo] hinstellen
astō, astitī *1* da(bei)stehen; zur Seite stehen, helfen; aufrecht stehen ⟦*ml* stehen; dienen, aufwarten
Astraea, ae *f* Astraia (Göttin der Gerechtigkeit)
Astraeī frātrēs astraiische Brüder *als S. des Titanen Astraios,* Winde
astragalizont|es, ~um *m* [*gr*] Würfelspieler *Statuengruppe des Polyklet*
⟦**astrangulo** *1 spl* erdrosseln
astrātus →asterno
astrāvī →asterno
astrepō, astrepuī, astrepitum *3* dazu lärmen, ertönen; lärmend einstimmen; tosend Beifall spenden
astrictus I. *Adj 3* angezogen, straff; knapp, sparsam; *von der Rede* gedrängt, kurz, bündig **II.** *Part Perf Pass* →astringo
⟦**astriger,** era, erum *3 spl* sternenbesetzt
astringō, astrīnxī, astrictus *3* fest (an)binden, schnüren; (straff) an-, zusammenziehen; verpflichten; einschränken; scelere se astringere sich eines Verbrechens schuldig machen
astrologia, ae *f* [*gr*] Sternkunde, Astronomie ⟦*spl* Sterndeutung, Astrologie
astrologus, ī *m* [*gr*] Astronom; Astrologe
astronomia, ae *f* [*gr*] Sternkunde, Astronomie
astronomus, ī *m* [*gr*] Astronom
astr|um, ~ī *n* [*gr*] Stern(bild), Gestirn ⟦*spl Pl* ~a, ~orum *n* Himmel(reich)
astruō, astrūxī, astrūctus *3* anbauen; hinzufügen ⟦*spl mit indirektem Fragesatz* darlegen
astu *undekl n* »die Stadt«, Athen
astupeō *2* anstaunen *Dat* jmdn. *od* etw.
Astura, ae Astura (1. *m* Fluss in Latium 2. *f* Ort in Latium)
asturcō, ~nis *m* asturisches Pferd *zu* Asturia
Asturia, ae *f* Asturien (spanische Landschaft)
astus, ūs *m* List
astūtia, ae *f* Schlauheit, List
astūtus *3* [astus] schlau, listig
asty = astu
Astyana|x, ~ctis (*Akk* ~cta) *m* Astyanax (S. Hektors)
astycus = asticus
Astypalaea, ae *f* Astypalaia (Sporadeninsel)
Astypalaeēns|is, ~e, *Gen* ~is von Astypalaia
Astypalēius *3* von Astypalaia
asȳlum, ī *n* [*gr*] Freistätte, Asyl
asymbolus *3* [*gr*] beitragsfrei, ohne Beitrag (für die Mahlzeit) zu zahlen
at *Kon.* aber (doch), dagegen; ~ (enim) *beim Einwurf* aber, könnte jemand einwenden; si non ... ~ (certe, tamen) wenn nicht ... so doch (wenigstens)
atābulus, ī *m* Südostwind, Schirokko
Atacīnus *3* vom Flusse Atax (in Gallia Narbonensis); *BN* →Terentius 4.
Atalanta, ae *f* Atalante (*myth* Jägerin)
atalla, ae *f* Opfergefäß
atat = attat(ae)
atavus, ī *m* Ahnherr; Vorfahr ⟦*ml auch* Onkel
Atēius *3 Gent, z. B.* C. ~ Capito (1. Volkstribun 55 v. Chr. 2. S. von 1., berühmter Jurist)
Ātella, ae *f* Atella (Ort in Kampanien)
Ātellāna, ae *f* (fabula) [Atellanus I. 1.] Atellane (oskische Volksposse)
Ātellān|us I. *Adj 3* **1.** atellanisch, von Atella **2.** Atellanen- *zu* Atellana **II.** *Subst* **1.** ~ī *m* Schauspieler in der Atellane **2.** *Pl* ~ī, ~ōrum *m* Atellanen, Einw. von Atella
āter, ātra, ātrum schwarz (gekleidet); traurig, unheil-, grauenvoll; böse, boshaft
Atesis = Athesis
Atest|e, ~is *n* Ateste (Stadt der Veneter), *heute* Este
Athamān|es, ~um (*Akk* ~as) *m* Athamanen (Volk in Epirus)
Athamantēus *3* athamanteisch *zu* Athamas *od* seinen Nachkommen
Athamantiadēs, ae *m* Athamantiade, S. des Athamas (= Melikertes, nach seinem Tode als Meergott Palaimon verehrt)
Athamanti|s, ~dis *u.* ~dos *f* Athamantide, T. des Athamas (= Helle)
Atham|ās, ~antis (*Akk auch* ~anta) *m* Athamas (myth. König)
Athēnae, ārum *f* Athen (Hauptstadt Attikas)
Athēniēns|is I. *Adj* ~e, *Gen* ~is athenisch, von Athen **II.** *Subst* ~is *m* Athener, Einw. von Athen
Athēniō, ~nis *m* Athenio (Hirt, Führer des 2. sizilischen Sklavenaufstandes 103 v. Chr.)
Athēnodōrus, ī *m* Athenodoros (Stoiker z. Z. des Augustus)
Athes|is, ~is (*Abl* ~ī) *m* Athesis (Fluss in Norditalien), *heute* Etsch *od* Adige

āthlēta, ae *m* [*gr*] Wettkämpfer, Athlet ⟦*spl* Streiter, Krieger; *ml* Feldherr
āthlēticē *Adv* wie ein Wettkämpfer
āthlēticus *3* des Wettkämpfers, Athleten-
Athō|(s), ~nis (*Nbf Dat, Akk, Abl* ~; *Akk auch* ~n) *m* Athos (Berg auf der Chalkidike)
Atiliānus *3* atilianisch, des Atilius
Atilius *3 Gent, z. B.* →Regulus 1.
Ātina, ae *f* Atina (Ort in Latium)
Ātinā|s I. *Adj, Gen* ~tis atinatisch, von Atina **II.** *Subst* ~tis *m* Atinate, Einw. von Atina
Atius *3 Gent, z. B.* M. ~ Balbus (Großvater des Augustus)
Atlā(n)s, Atlantis (*Akk auch* Atlanta, *Vok* Atlā) *m* Atlas (1. Gebirge in Nordwestafrika 2. Titan, der das Himmelsgewölbe trägt 3. *myth* König, von Perseus versteinert in Atlas 1.)
Atlantēus *3* atlantisch, nordwestafrikanisch *zu* Atlas 1.
Atlantiadēs, ae *m* Atlantiade, Nachkomme des Atlas
Atlanticus *3* = Atlanteus
Atlanti|s I. *Adj, Gen* ~dis *u.* ~dos (*Akk auch* ~da) = Atlanteus **II.** *Subst* ~dis *u.* ~dos (*Akk auch* ~da) *f* Atlantide, weiblicher Nachkomme des Atlas
Atlās = Atla(n)s
atomus, ī *f* [*gr*] Atom *kleinstes, unteilbares Stoffteilchen*
atque *Kon.* [*ad-que] **1.** und (dazu); ~ (etiam) und sogar; und zwar; und doch *nach Ausdrücken der Gleich- u. Ungleichheit, Ähnlich- u. Unähnlichkeit* wie **3.** *poet u. spl nach Komp* als (= quam)
atquī(n) *Kon.* aber doch, und doch, trotzdem; nun (aber)
Atraci|s, ~dis *f poet* Thessalierin (= Hippodame 2.)
ātrāmentum, ī *n* schwarze Flüssigkeit, schwarze Farbe, Tinte
ātrātus *3* [ater] geschwärzt; schwarz gekleidet, im Trauergewande ⟦*ml* dunkel, berußt
Atra|x, ~cis *f* Atrax (Ort in Thessalien)
Atrebat|ēs, ~(i)um *m* Atrebaten (Volk in Gallia Belgica)
Atreus, Atreī (*Akk auch* Atrea, *Vok* Atreu) *m* Atreus (*myth* König von Mykene, V. des Agamemnon und Menelaos)
Atrīd|ēs *u.* **~a,** ~ae *m* Atride, Nachkomme des Atreus (= Agamemnon *od* Menelaos); *Pl* ~ae, ~arum *m* Atriden, Agamemnon und Menelaos
ātriēns|is, ~is (*Abl auch* ~ī) *m* Hausmeister
ātriolum, ī *n* kleines Atrium
ātritā|s, ~tis *f* Schwärze
ātri|um, ~ī *n* Atrium *Hauptraum des röm. Hauses,* Saal, Halle; Tempel; *Pl* ~a, ~ōrum *n* Haus, Palast ⟦*spl* Kirche(nvor-halle)
atrōcitā|s, ~tis *f* Schrecklichkeit, Abscheulichkeit; Härte, Wildheit
Atropos, ī (*Akk* Atropon) *f* [*gr*] Atropos (eine der drei Parzen)
atrō|x, *Gen* ~cis schrecklich, abscheulich, grässlich; hart, streng; wild, trotzig
Atta, ae *m* Atta *BN, z. B.* C. Quinctius ~ *röm. Komödiendichter um 100 v. Chr.*
attāctus I. *Part Perf Pass* →attingo **II.** *Subst* ūs *m* Berührung
attagēn, ~is *m* [*gr*] Haselhuhn
Attali|s, ~dis (*Akk* ~da) *f* Attalis, attalische Phyle (in Athen, benannt nach Attalos)
Attalus, ī *m* Attalos (N mehrerer Könige von Pergamon)
attamen *Kon.* aber, jedoch, doch wenigstens
attāminō *1* entehren
attat(ae) *Interj* ha!
attemperātē *Adv* zur rechten Zeit
attemperō *1* anpassen, -fügen
attemptō *1* an-, betasten, streifen; versuchen, auf die Probe stellen; in Versuchung führen, abtrünnig zu machen versuchen; angreifen, anfechten
at|tendō, ~tendī, ~tentus *3* hinstrecken; (animum *bzw* animos) ~tendo Aufmerksamkeit richten, Acht geben (ad) *Akk od Dat* auf, beachten
attentiō, ~nis *f* Anspannung, Aufmerksamkeit
attentō = attempto
attent|us I. *Adj 3* gespannt, aufmerksam; bedacht *Gen od Dat* auf; genau, sparsam, knauserig ⟦~e *Adv spl* angelegentlich, inbrünstig **II.** *Part Perf Pass* **1.**→attendo **2.**→attineo
attenuātus I. *Adj 3* schlicht, schmucklos, mager **II.** *Part Perf Pass* →attenuo
attenuō *1* [tenuis] dünn machen, schwächen, verkleinern, vermindern
attenuor *1* [tenuis] dünn werden, abmagern, schwach werden, herunterkommen, schwinden
at|terō, ~trīvī, ~trītus *3* reiben *Dat* an, anschmiegen; wund reiben, abnutzen; zerreiben, aufreiben, schwächen, erschöpfen ⟦*ml Pass* mitgenommen *od* entstellt werden
⟦**attestatio,** ~nis *f spl* Bezeugung, Zeugnis; *ml* Beweis
attestor *1* bezeugen, bestätigen, beweisen
at|texō, ~texuī, ~textus *3* (dar)anflechten; hinzufügen
Atthis = Attis
Attica, ae *f* [Atticus] Attika (gr. Landschaft)
atticissō *1* attisch sprechen, attischen Charakter tragen

Atticus I. *Adj 3* attisch *zu* Attica, athenisch **II.** *Subst* ī *m* **1.** Attiker *zu* Attica, Athener **2.** *BN des* T. Pomponius ~ (Freund Ciceros)
attigī →attingo
attigō = attingo
attiguus *3* [attingo] angrenzend, benachbart
⟦**Attila,** ae *u.* ~ntis *m spl* Attila (Hunnenkönig im 5. Jh. n. Chr.)
Attīli- = Atili-
at|tineō, ~tinuī, ~tentus *2* [teneo] auf-, fest-, zurückhalten; behaupten, bewahren; hinhalten, hinziehen; sich erstrecken ad bis zu; angehen, betreffen ad jmdn. *od* etw.; non, nihil ~tinet es kommt nicht darauf an, es ist gleichgültig ⟦*ml* quod ~tinet was (hierher) gehört; non ~tinet *mit Inf* es lohnt nicht
at|tingō, ~tigī, ~tāctus *3* [tango] an-, berühren; sich aneignen; erreichen; betreten; angreifen, schlagen, treffen; sich befassen, sich beschäftigen *Akk* mit
Atti|s, ~dis *m* Attis (Geliebter der Kybele)
Attius *3 Gent, z. B.* P. ~ Varus (Prätor in Afrika, Anhänger des Pompeius)
attollō *3* empor-, er-, aufheben; auf-, errichten; auszeichnen ⟦*ml* anheben, anstimmen
attollor *3* sich erheben, aufsteigen, emporwachsen
at|tondeō, ~tondī, ~tōnsus *2* scheren; *Pflanzen* beschneiden; anfressen, abweiden; beeinträchtigen
attonitus I. *Adj 3* vom Donner gerührt, betäubt; bestürzt, erschüttert, entsetzt; verzückt, begeistert **II.** *Part Perf Pass* →attono
at|tonō, ~tonuī, ~tonitus *1* andonnern, betäuben; in Bestürzung versetzen, verwirren
attōnsus →attondeo
attorqueō *2* wirbeln, schwingen
attractō = attrecto
⟦**attractum,** i *n ml* gekauftes, erworbenes Gut
at|trahō, ~trāxī, ~tractus *3* (her)an-, an sich ziehen, herbeischleppen, kommen lassen
attrectātus I. *Part Perf Pass* →attrecto **II.** *Subst* ūs *m* Betastung
attrectō *1* [tracto] betasten, be-, anrühren; sich anzueignen suchen
attrepidō *1* herbeitrippeln
at|tribuō, ~tribuī, ~tribūtus *3* zuteilen, zuweisen; *Geld* anweisen; verleihen, übertragen; zuschreiben, beimessen
attribūtiō, ~nis *f* Geldanweisung *für jmdn., der seine Schulden damit begleichen soll; rhet* Nebenumstand ⟦*ml* Vollmacht; *rhet* Anführung erschwerender *od* entlastender Umstände
attribūtus →attribuo
⟦**attritio,** ~nis *f ml* ~ cordis Zerknirschung
attrītus I. *Adj 3* abgescheuert, abgenutzt; frech, unverschämt; *rhet* dünn, schwach **II.** *Part Perf Pass* →attero **III.** *Subst* ūs *m* Reiben
attrīvī →attero
attulī →affero
Atuatuc- = Aduatuc-
Atys, Atyos (*Akk* Atym *u.* Atyn, *Abl* Atye) *m* Atys (1. Stammvater der lydischen Könige 2. *myth* Stammvater der gens Atia)
au *Interj* ach!, bewahre!
a. u. c. *Abk* = ab urbe condita seit Gründung der Stadt (Rom)
⟦**auca,** ae *f* [avis] *spl* Gans
⟦**aucellator,** ~is *m* [avicella] *spl* Vogelfänger
auceps, aucupis *m* [avis, capere] Vogelfänger ⟦*ml Pl* aucipites
auctārium, ī *n* Zugabe *zu einer Geldsumme*
auctiō, ~nis *f* Versteigerung(sgegenstände)
auctionāri|us *3* Versteigerungs- ⟦*Subst Pl* ~i, ~orum *m ml* Geschäftsleute, Geschäftswelt
auctiōnor *1* Versteigerung vornehmen
aucti|or, ~ius, *Gen* ~ōris *Komp* vermehrt, vergrößert, reichlicher
auctitō *1* stark vermehren
auctō *1* (ständig) vermehren, bereichern
auct|or, ~ōris *m (f)* **1.** Ratgeber, Veranlasser, Anstifter; Förderer **2.** Urheber, Gründer, Stifter, Ahnherr; Verfasser, Schriftsteller **3.** Vertreter *Unmündiger od eines Eigentums,* Wortführer **4.** Berichterstatter, Gewährsmann; Vorbild, Autorität **5.** *besondere Verbindungen* ~ore, ~oribus auf Veranlassung *Abl* von; ~or sum *od* fio (an)raten *zu 1.,* ermächtigen, bestätigen *zu 3.,* berichten *zu 4.*
auctōrāmentum, ī *n* Handgeld, Lohn; Vereinbarung, Kontrakt; *übertr* Preis
auctōritā|s, ~tis *f* Rat, Veranlassung; Ermächtigung, Vollmacht; Eigentumsrecht; Gewähr, Bürgschaft; Glaubwürdigkeit; Gültigkeit; Einfluss, Ansehen, Macht ⟦*ml* Genehmigung *Gen* zu; Bedeutung, Vorbildlichkeit
auctōrō *1* verpflichten, anstellen
auctumnus = autumnus
auct|us I. *Part Perf* →augeo(r) **II.** *Subst* ~ūs *m* Vermehrung, Vergrößerung, Zunahme, Wachstum; Größe, Stärke **III.** →auctior
aucup- →auceps
aucupium, ī *n* [auceps] Vogelfang; Jagen, Haschen *Gen* nach; ~ verborum Wortklauberei

a

aucup|or *u* **~ō** *1* [auceps] auf (Vogel-)Fang gehen; lauern *Akk* auf, haschen, jagen *Akk* nach
audācia, ae *f* Kühnheit, Mut; Tollkühnheit, Wagnis; Frechheit
audā|x, *Gen* ~cis mutig; waghalsig; frech
audēns I. *Adj, Gen* audentis kühn, dreist **II.** *Part Präs Akt* →audeo
audentia, ae *f* Kühnheit, Mut
audeō, ausus sum *2* [avidus] Lust haben, wollen; wagen, sich erdreisten
audientia, ae *f* Aufmerksamkeit, Gehör; ~m facio Gehör verschaffen ⟦*ml* Tagung, Gerichtssitzung; Empfang, Audienz
audi|ō *4* hören, erfahren; an-, zu-, erhören; gehorchen, folgen, beistimmen *Akk od Dat* jmdm.; dicto ~ens sum aufs Wort gehorchen; sich nennen hören, gelten als; bene (male) ~o in gutem (schlechtem) Ruf stehen a bei; audito auf die Nachricht hin ⟦*ml* ~o, quia hören, dass; *als Student* hören a bei
audītiō, ~nis *f* (Zu-, An-)Hören; Hörensagen, Gerede, Gerücht
audītō I. *Verb 1* oft hören **II.** *Abl zu* auditus I. auf die Nachricht hin
audīt|or, ~ōris *m* Zuhörer, Schüler
audītōrium, ī *n* Hörsaal, Schule; Zuhörerschaft ⟦*spl* Sitzungsraum; *ml* Sakristei
audītum, ī *n* Hörensagen, Gerücht
audītus I. *Part Perf Pass* →audio; →audito II. **II.** *Subst* ūs *m* **1.** Gehör(sinn) **2.** = auditio
auferō, abstulī, ablātus *3* (*Inf* auferre) [au- = weg-] **1.** wegtragen, -bringen, -schaffen; fortführen, -reißen; ablenken, verleiten; se auferre sich fortmachen, enteilen, entschwinden **2.** (weg)nehmen, entziehen, entreißen, rauben; beseitigen, (für sich) davontragen, erlangen, gewinnen
auferor, ablātus sum (*Inf* auferrī) *3* sich fortmachen, enteilen, entschwinden
Aufidius 3 *Gent, z. B.* ~ Bassus (Geschichtsschreiber unter Augustus u. Tiberius)
Aufidus, ī *m* Aufidus (Fluss in Apulien), *heute* Ofanto
au|fugiō, ~fūgī *3* [au- = weg-] entfliehen; meiden
augeō, auxī, auctus *2* **1.** vermehren, vergrößern, steigern, fördern; verherrlichen, übertreiben **2.** (reichlich) versehen, ausstatten, überhäufen
augeor, auctus sum *2* sich vermehren, größer werden, wachsen
augēscō, auxī *3* wachsen, zunehmen
augm|en, ~inis *n* Vermehrung, Wachstum, Zunahme
⟦**augmento** *1 spl* vermehren, fördern
augmentum, ī *n* = augmen
augur, ~is **1.** *m* Augur, Vogelschauer *Angehöriger eines röm. Priesterkollegiums* **2.** *m, f* Weissager(in), Seher(in)
augurāl|e, is (*Abl* ~ī) *n* [auguralis] Feldherrnzelt *daneben die Vogelschau*
augurāl|is, ~e, *Gen* ~is Auguren-, Weissage-
augurātiō, ~nis *f* Weissagung
augurātō *Abl abs* nach den Augurien, auf Grund (der Durchführung) der Augurien
augurātus I. *Part Perf* →auguro(r) **II.** *Subst* ūs *m* Augurenamt, -würde
augurium, ī *n* Augurium (Beobachtung u. Deutung der Wahrzeichen, bes. des Vogelflugs); Vorzeichen, Weissagung
augurius *3* Auguren-
augur|ō *u.* **~or** *1* Augurien anstellen, Wahrzeichen beobachten, (aus den Wahrzeichen) weissagen, prophezeien; weihen; ahnen; →augurato
Augusta, ae *f* Augusta (1. Titel weiblicher Angehöriger des röm. Kaisers 2. Bestandteil von Ortsnamen, z. B. ~ Praetoria in Oberitalien, *heute* Aosta; →Taurini, Treveri, Vindelici)
Augustāl|is I. *Adj* ~e, *Gen* ~is augustalisch, des Augustus **II.** *Subst* ~is *m* Augustalis (Angehöriger des Priesterkollegiums für den Kaiserkult)
Augustiānī, ōrum *m* Augustiani (kaiserliche Leibgarde)
⟦**Augustinus,** i *m spl* BN des Aurelius ~ (354–430, Bischof von Hippo in Afrika, Kirchenlehrer *u* -schriftsteller)
Augustodūnum, ī *n* Augustodunum (Ort der Häduer in Gallia Lugdunensis), *heute* Autun
august|us *3* [augeo] heilig, erhaben, ehrwürdig; ~ē *Adv* ehrfurchtsvoll
Augustus I. *Adj 3* **1.** des (Kaisers) Augustus; kaiserlich **2.** des (Monats) August **II.** *Subst* ī *m* **1.** [augustus] Augustus (BN Oktavians, Kaiser 31 v. Chr. – 14 n. Chr., *u.* der späteren Kaiser ⟦*ml* Titel des deutschen Kaisers) **2.** (der Monat) August
aula, ae *f* **1.** Hof; Halle; Schloss, Palast, Hof(staat); fürstliche Macht ⟦*spl* Gotteshaus; *ml* Saal, Versammlungsraum **2.** Topf
aulaeum, ī *n* Teppich, Decke; Baldachin; Theatervorhang
Aulercī, ōrum *m* Aulerker (keltischer Stamm)
aulicoctus *3 altl* im Topf gekocht
aulicus I. *Adj 3* fürstlich, Hof- **II.** *Subst* ī *m* Hofbeamter, Höfling
Auli|s, ~dis (*Akk auch* ~da *u.* ~n) *f* Aulis (boiotischer Hafen)
auloedus, ī *m* [*gr*] Sänger zum Flötenspiel
Aulōn, ~is *m* Aulon (für seinen Wein berühmtes Tal bei Tarent)
aulula, ae *f* kleiner Topf

Aululāria, ae *f* (fabula) Aulularia, Topfkomödie (Komödie des Plautus)
Aulus, ī *m* Aulus (röm. Vorname)
aura, ae *f* Luft(hauch, -zug), Wehen; Tageslicht; Schimmer; ~ popularis Volksgunst ⟦*spl* Duft
aurāria, ae *f* [aurarius] Goldbergwerk
aurārius *3* Gold-
aurātus *3* vergoldet, golddurchwirkt
⟦**Aurelianensis urbs** *spl* (Stadt an der Loire), *heute* Orléans
Aurēli|us *3 Gent, z.B.* **1.** C. ~us Cotta (Konsul 75 v. Chr., Redner) **2.** L. ~us Cotta (Br. von 1., Prätor 70 v. Chr.); lex ~a iudiciaria Gesetz des Aurelius über die Zusammensetzung der Gerichtshöfe **3.** M. ~us Antoninus Mark Aurel (röm. Kaiser 161–180) **4.** via ~a (Straße von Rom nach Pisa); forum ~um (Ort an der via ~a) **5.** tribunal ~um *od* gradus ~i Aureliustribunal, -tribüne (für Schwurgerichtsverhandlungen auf dem Forum)
aureolus I. *Adj 3* golden; schön, allerliebst **II.** *Subst* ī *m* Goldstückchen
aureus I. *Adj 3* golden, vergoldet; nummus ~ Aureus (Goldmünze); mit Gold verziert; vortrefflich, herrlich, prächtig **II.** *Subst* ī *m* Aureus (Goldmünze)
aurichalcum = orichalcum
auricilla, ae *f* Ohrläppchen
auricomus *3* [coma] goldhaarig; goldbelaubt
auricula, ae *f* Ohr(läppchen)
⟦**auricularis,** ~ *m ml* Vertrauter, geheimer Ratgeber; Ohrenbläser
auriculārius *3* Ohren-, vertraut ⟦*Subst* i *m ml* = auricularis
aurifer *3* Gold tragend, hervorbringend, führend
aurif|ex, ~icis *m* Goldarbeiter, -schmied
⟦**aurifico** *1 ml* vergolden, aus Gold machen
aurīga, ae *m* Rennfahrer (im Zirkus); Steuermann; Fuhrmann *Sternbild* ⟦*ml* (Lohn-)Kutscher
aurīgārius, ī m Rennfahrer *beim Wagenrennen im Zirkus*
aurīgātiō, ~nis *f* Wagenrennen
aurigena, ae *m* der Goldgeborene *BN des Perseus*
⟦**auriger** *3 spl* Gold tragend *od* mit sich führend
aurīgō *1* [auriga] Rennfahrer sein *beim Wagenrennen im Zirkus*
auris, ~ *f* Ohr (*urv*); Gehör; Streichbrett *am Pfluge*
aurītulus, ī *m* Langohr, Esel
aurītus *3* langohrig; lauschend
aurōra, ae *f* Morgenröte; Osten
Aurōra, ae *f* Aurora (Göttin der Morgenröte), *gr* Eos
aurum, ī *n* Gold; Goldgeräte, -schmuck, -münzen; Goldglanz; goldenes Zeitalter ⟦*ml* Gold(geld), Gulden
Aurunca, ae *f* Aurunca (= Suessa Aurunca, →Suessa 1.)
Auruncl|us I. *Adj 3* aurunkisch, von Aurunca **II.** *Subst Pl* ~ī, ~ōrum *m* Aurunker (= Ausones)
Auscī, ōrum *m* Ausker (Volk in Aquitanien)
ausculor = osculor
auscultātiō, ~nis *f* Gehorchen; (heimliches) Horchen, Lauschen
auscultāt|or, ~ōris *m* Zuhörer ⟦*ml* Horcher
auscultō *1* an-, zuhören; horchen *Akk* auf, (er)lauschen; gehorchen
ausculum = osculum
Ausētānī, ōrum *m* Ausetaner (spanisches Volk)
ausī = ausus sum, →audeo
ausim = ausus sim *Konj. Perf zu* audeo
Ausona, ae *f* Ausona (Ort der Ausones 1., = Suessa 1.)
Auson|es, ~um *m altl* Ausonier (1. Ureinwohner Mittel- u. Unteritaliens 2. *poet* Italer, Einw. Italiens)
Ausonia, ae *f* Ausonien (1. Land der Ausones 1. 2. *poet* Italien)
Ausonid|ae, ~ārum *u.* ~um Einw. Italiens, Römer
Ausoni|s, *Gen* ~dis *f* italisch, römisch
Ausoni|us I. *Adj 3* **1.** italisch, römisch **2.** ⟦*spl Gent des* D. Magnus ~us (röm. Dichter u. Rhetor 310–393) **II.** *Subst Pl* ~ī, ~ōrum *m* Einw. Italiens, Römer
ausp|ex, ~icis *m* (*f*) [avis, specio] Vogelschauer, Weissager aus den Auspizien; (An-)Führer, Beschützer; Ehestifter
auspicāl|is, ~e, *Gen* ~is zukunftdeutend
auspicāliter = auspicato
auspicātō *Adv* nach Beobachtung des Vogelflugs, nach Durchführung der Auspizien; mit günstigem Vorzeichen
auspicātus I. *Adj 3* (nach Durchführung der Auspizien) feierlich (ein)geweiht; glücklich begonnen, Glück verheißend, günstig **II.** *Part Perf* →auspico(r)
auspicium, ī *n* Vogelschau, Auspizium; Recht, Auspizien durchzuführen; Vorzeichen; Einleitung, Beginn; oberste Leitung, Oberbefehl ⟦*ml* (verheißungsvoller) Anfang; Hoffnung
auspic|ō *u.* **~or** *1* [auspex] Vogelschau *od* Auspizien durchführen; (*nur Dep*) beginnen
auster, austrī *m* Südwind, Schirokko; Süden
austērità|s, ~tis *f* Herbheit; Strenge, Ernst, Unfreundlichkeit ⟦*ml* Trockenheit
austērus *3* herb, sauer, scharf; ernst, streng; finster, unfreundlich
austrāl|is, ~e, *Gen* ~is [auster] südlich
⟦**Austria,** ae *f ml* Österreich

a

austrīnus *3* vom Südwind (herrührend), südlich
⟦**austroafricus,** i *m spl* Südwestwind
⟦**Austrogoti** = Ostrogothi
ausum, ī *n* [audeo] Wagnis, Unternehmen
ausus I. *Part Perf* →audeo **II.** ⟦*Subst* us *m spl* Wagnis, Unternehmen
aut *Kon.* oder (höchstens, wenigstens); ~ ... ~ entweder ... oder
autem *Kon.* aber, dagegen
authepsa, *ae f* [*gr*] Kochtopf (mit Heizkammer), Samowar
auto- [*gr*] selbst-, eigen-
autographus *3* [*gr*] eigenhändig geschrieben
Autolycus, ī *m* Autolykos (als Dieb berüchtigter S. des Hermes, Großvater des Odysseus); *übertr.* Spitzbube
Automatia, ās *f* Automatia (Schicksalsgöttin)
automatopoeētus *3* [*gr*] sich selbst bewegend
automatum, ī *n* [automatus] Automat (sich von selbst bewegende Maschine)
automatus *3* [*gr*] aus eigenem Antrieb, freiwillig
Automed|ōn, ~ontis *m* Automedon (Wagenlenker des Achill)
Autonoē, ēs *f* Autonoë (M. des Aktaion)
Autonoēius *3* autonoeisch, der Autonoe; ~ heros Aktaion
autopȳrus, ī *m* [*gr*] (panis) ~ Weizenschrotbrot
Autrōnius 3 *Gent, z.B.* P. ~ Paetus (Teilnehmer an der Verschwörung des Catilina)
autumnāl|is, ~e, *Gen* ~is herbstlich, Herbst-
autumnitā|s, ~tis *f* Herbst(zeit, -wetter, -früchte)
autumnus I. *Adj 3* herbstlich **II.** *Subst* ī *m* Herbst
autumō *1 altl* behaupten, sagen, nennen; meinen
auxī 1. →augeo **2.** →augesco
auxiliār|is I. *Adj* ~e, *Gen* ~is helfend, Hilfs- **II.** *Subst Pl* ~ēs, ~ium *m* Hilfstruppen
auxiliāri|us I. *Adj 3* helfend, Hilfs- **II.** *Subst Pl* ~ī, ~ōrum *m* Hilfstruppen
auxiliāt|or, ~ōris *m* Helfer
auxiliātus I. *Part Perf* →auxilior **II.** *Subst* ūs *m* Hilfe(leistung)
auxili|or *1* helfen ⟦*ml auch* ~o *1* helfen *Akk* jmdm.
auxili|um, ī *n* [augeo] Hilfe, Beistand, Unterstützung; Hilfsmittel; *Pl* ~a, ~ōrum *n* (Hilfs-)Truppen; Hilfsquellen
Auximāt|ēs, ~ium *m* Auximaten, Einw. von Auximum
Auximum, ī *n* Auximum (Ort in Picenum)
⟦**Avari,** orum *m spl* Awaren; Hunnen
Avaricum, ī *n* Avaricum (Ort der Bituriges), *heute* Bourges
avāritia, ae *f* Gier, Habsucht, Geiz
avārus [aveo] **I.** *Adj 3* gierig *Gen* nach; habsüchtig, geizig **II.** *Subst* ī *m* Geizhals
avē *Imp* sei gegrüßt!, lebe wohl! ⟦*ml* Ave Maria *undekl* das Ave-Maria (christliches Gebet)
āvehō, āvēxī, āvectus *3* wegführen, -bringen, -schaffen
āvehor, āvectus sum *3* sich entfernen, wegfahren, wegreiten
āvellō, āvellī *u.* āvulsī, āvulsus *3* ab-, los-, weg-, heraus-, entreißen
avēn|a, ~ae *f* Hafer; wilder Hafer *Unkraut;* Halm, Rohr; *einrohrige* Hirtenflöte; *Pl* ~ae, ~arum Hirtenflöte *aus mehreren Rohren unterschiedlicher Länge,* Panflöte, Syrinx
avēnāceus *3* vom Hafer, Hafer-
Aventicum, ī *n* Aventicum (Hauptort der Helvetier), *heute* Avenches
Aventīnum, ī *n* = Aventinus II.
Aventinus I. *Adj 3* aventinisch, des Aventin **II.** *Subst* ī *m* Aventin (einer der 7 Hügel Roms)
aveō *2* **1.** wünschen, verlangen **2.** →ave, avere, avete, aveto
avēre *Inf* gegrüßt werden; ~ iubeo Grüße senden, grüßen
Avernāl|is, ~e, *Gen* ~is avernisch *zu* Avernus II., des Totenreiches
Avern|us I. *Adj 3* avernisch *zu* II., des Totenreiches **II.** *Subst* ~ī *m, auch* lacus ~us *u.* lacus ~i Avernersee, *heute* Lago d'Averno (See bei Cumae, wo der Eingang zum Totenreich sein sollte)
āverrō, āverrī *3* wegfegen
āverruncō *1* abwenden, -wehren
⟦**aversativus** *3 ml* abgeneigt, unzugänglich
⟦**aversator,** ~is *m ml* Feind
⟦**aversio,** ~nis *f spl* Abwenden, -kehr, -fall; Abscheu
āvers|or I. *Subst* ~ōris *m* Entwender, Veruntreuer **II.** *Verb 1* sich abwenden *Akk* von; verschmähen, zurückweisen, nicht anerkennen
āversus I. *Adj 3* abgewandt, rückwärtig, im Rücken, (von) hinten; abgeneigt, feindlich, ungünstig **II.** *Part Perf* →averto(r)
āvertō, āvertī, āversus *3* (sich) ab-, umwenden; ablenken, entfremden, abtrünnig machen; fern-, abhalten, abwehren, zurücktreiben, in die Flucht schlagen; entwenden, unterschlagen
āvertor, āversus sum *3* sich abwenden *Akk* von
avēte *Imp* seid gegrüßt!, lebt wohl!
avētō = ave
āvēxī →aveho
[1]**avia,** ae *f* [avus] Großmutter
[2]**āvia,** ōrum *n* [avius] Einöde(n), Wildnis
aviārium, ī *n* [avis] Vogelhaus; Nistplatz
⟦**avic|ella,** ~ellae *u.* **~ula,** ~ulae *f spl* Vöglein

aviditā|s, ~tis *f* Verlangen, (Geld-)Gier ⟦*ml* Eifer
avidus *3* (be)gierig *Gen,* ad *od* in nach; gefräßig, unersättlich; habsüchtig, geldgierig; leidenschaftlich, kampfbegierig; herrschsüchtig ⟦*ml mit Inf* darauf aus
Avion|ēs, ~um *m* Avionen (suebisches Volk)
avis, ~ *f* Vogel; Wahrzeichen, Vorzeichen, Vorbedeutung
avīt|us *3* [avus] großväterlich, -mütterlich; ererbt, uralt ⟦*ml* gens ~a Vorväter
āvius *3* [via] vom Wege ab(liegend), abgelegen, einsam; auf Abwegen
āvocāmentum, ī *n* Zerstreuung(smittel), Ablenkung(smittel), Erholung
āvocātiō, ~nis *f* Ablenkung, Zerstreuung
āvocō *1* wegrufen, abberufen; abziehen, fernhalten; ablenken, zerstreuen
āvolō *1* davonfliegen, -eilen
avonculus *altl* = avunculus
āvulsī →avello
āvuls|or, ~ōris *m* [avello] Abreißer
āvulsus →avello
avunculus, ī *m* [avus] Onkel *Bruder der Mutter;* ~ (magnus) Großonkel
avus, ī *m* Großvater; Urgroßvater; Vorfahr
Axenus *3* [*gr* ungastlich] Pontus ~ (*später* Pontus →Euxinus) Schwarzes Meer
axicia, ae *f* Schere
axiculus, ī *m* **1.** [axis 1.] kleine Achse **2.** [axis 2.] kleine Bohle, Latte
axilla, ae *f* Achsel(höhle) (*urv*)
⟦**axil(l)um,** i *n ml* Brett
axim *altl* = egerim *Konj. Perf Akt* →ago
Axīnus = Axenus
[1]**axis,** ~ *m* (Wagen-)Achse (*urv*); Wagen; Erdachse; (Nord-)Pol; Himmel(srichtung)
[2]**axis,** ~ *m* Diele, Brett, Bohle
Axius, ī *m* Axios (makedonischer Fluss), *heute* Vardar
Axona, ae *m* Axona (belgischer Fluss), *heute* Aisne
axungia, ae *f* [axis 1., unguo] Wagenschmiere; Fett
⟦**azyma,** orum *n* [azymus] *spl* ungesäuerte(s) Brot(e)
⟦**azymus** *3* [*gr*] *spl* ungesäuert

B

babae *Interj der Verwunderung* Junge, Junge!, kaum zu glauben!
babaecalus, ī *m* Lebemann, Laffe
Babylōn, ~is *u.* ~os (*Akk auch* ~a) *f* **1.** Babylon (Hauptstadt Babyloniens am Euphrat) **2.** Babylonien, die Babylonier
Babylōnia, ae *f* **1.** Babylonien (Landschaft am südlichen Euphrat u. Tigris) **2.** Babylon (Hauptstadt Babyloniens am Euphrat) **3.** Babylonierin
Babylōnicus *3* babylonisch
Babylōniēns|is, ~e, *Gen* ~is babylonisch
Babylōnius *3* babylonisch; *übertr* astrologisch
bāca, ae *f* Beere; (runde) Baumfrucht; Olive; Perle
bacalūsiae, ārum *f* Vermutungen, Lösungsmöglichkeiten
bācātus *3* mit Perlen besetzt
baccar, ~is *n* Haselwurz (Pflanze mit wohlriechender Wurzel)
Baccha, ae *f* Bakchantin, Begleiterin des Bakchos
bacchābundus *3* schwärmend, tobend *nach Art der Bakchant(inn)en*
Bacchān|al, ~ālis *n* Kultstätte des Bakchos; *Pl* ~ālia, ~ālium *n* Bakchanalien, Bakchosfest
bacchātiō, ~nis *f* Bakchosfest; Ausschweifung, Orgie
Bacchē, ēs *f* = Baccha
Bacchē(i)us *3* bakchisch, des Bakchos
Bacchiadae, ārum *m* Bakchiaden (korinthisches Herrschergeschlecht)
Bacchicus *3* bakchisch, des Bakchos
bacchor *1* Bakchosfest feiern; schwärmen, toben; (von der Bakchosfeier) durchtobt werden
Bacchus, ī *m* Bakchos (gr. BN des Dionysos); *lat* Bacchus = Dionysos; Wein(-stock)
bacciballum, ī *n* Dickerchen, Pummelchen
Bacenis, ~ *f* (silva) Bacenis (waldreiches germ. Mittelgebirge)
baceolus, ī *m* Dummkopf
bācifer *3* Beeren *od* Frucht tragend
bacillum, ī *n* [baculum] (kleiner) Stab, Stock
⟦**baco,** ~nis *m ml* Schinken, Speck; fettes Schwein
Bactra, ōrum *n* **1.** Baktra (Hauptstadt von 2.) **2.** Baktrien (mittelasiatisches Gebiet, etwa das heutige nördliche Afghanistan)
Bactriānus *3* baktrisch *zu* Bactra
Bactrīnus *3* baktrisch *zu* Bactra
baculum, ī *n* Stock, Stab
baculus, ī *m* Stock, Stab; ⟦*ml* Stange
badissō *1* [*gr*] gehen, schreiten, marschieren
Baebi|us *3 Gent* Baebius; lex ~a Gesetz des Baebius (über die Wahl der Prätoren, um 180 v. Chr.)
Baetica, ae *f* Baetica (röm. Provinz im südlichen Spanien)
Baeticus *3* baetisch *zu* Baetis *u* Baetica, am Baetis
Baet|is, ~is (*Akk* ~im *u.* ~in, *Abl auch* ~ī) *m* Baetis (spanischer Fluss), *heute* Guadalquivir

b

Baetūria, ae *f* Baeturia (nordwestlicher Teil von Baetica)
Bagrada, ae *m* Bagrada (Fluss im Gebiet von Karthago)
Bāiae, ārum (*Dat auch* Bāīs) *f* Baiae (Seebad bei Neapel)
Bāiānus *3* baianisch, von Baiae
bāiolus = baiulus
bāiulō *1* (eine Last) tragen
bāiulus, ī *m* Lastträger ⟦*spl* Träger; *ml* Prinzenerzieher
balanus, ī *f* (*m*) [*gr*] Eichel, *auch* Kastanie, Dattel; Behennuss; (aus der Behennuss gepresstes) Salböl; Meereichel *Krebstier*
balatrō, ~nis *m* Possenreißer
bālātus, ūs *m* Blöken *der Schafe,* Meckern
⟦**Balbulus,** i *m* Stammler (BN Notkers von St. Gallen, ml. Schriftsteller, ca. 840–912)
balbus *3* stammelnd, stotternd
Balbus, ī *m* Balbus (häufiger BN)
balbūtiō *4* stammeln, stottern
Baleār|ēs, ~ium **1.** *f* (insulae) Balearen (Inselgruppe im westlichen Mittelmeer) **2.** *m* Bewohner der Balearen
Baleāricus *3* balearisch *zu* Baleares
Baleār|is, ~e, *Gen* ~is balearisch zu Baleares
⟦**balena** = ballaena 2.
balin- = baln-
baliscus, ī *m* Bad
balista = ballista
ballaena, ae *f* **1.** [*gr*] Wal **2.** ⟦*ml* Mantelsack
ballēna = ballaena 1.
ballista, ae *f* *milit* Wurf-, Schleudermaschine, Geschütz; Wurfgeschoss
ballistārium, ī *n* *milit* Wurf-, Schleudermaschine, Geschütz
balnea, ōrum *n* [*gr*] Badeanstalt ⟦*ml* Punsch *Getränk aus Wein, Honig, heißem Wasser*
balneae, ārum *f* [*gr*] Badeanstalt
balneāria, ōrum *n* [balnearius] Bäder, Badezimmer
balneārius *3* Bade-
balneāt|or, ~ōris *m* Bademeister
⟦**balneo** *1 ml mit Akk* baden
balneolum, ī *n* kleines Bad
balneum, ī *n* [*gr*] Bad(ezimmer, -ewanne)
balneus, ī *m* = balneum
bālō *1* blöken
balsam|um, ī *n* **1.** Balsamstaude **2.** *gew Pl* ~a, ~ōrum *n* Balsam *aromat. Harzprodukt, als Salbe und Parfüm benutzt*
balteum, ī *n* = balteus
balteus, ī *m* Gürtel, Gurt, Wehrgehenk
bālū|x, ~cis *f* [*spanisch-iberisch*] Goldsand, -körner, -staub
Bambaliō, ~nis *m* Stammler, BN des M. Fulvius ~ (V. der Fulvia, der Gem. des Antonius 4.)
⟦**bancal|is** [*dt*] *ml* **1.** *Adj* ~e, *Gen* ~is Bank- **II.** *Subst* ~is *m f* Bankdecke
Bandusia, ae *f* Bandusia (Quelle in der Nähe vom Landgut des Horaz)
⟦**bannus,** i *m* [*dt*] *ml* Bann; ~ imperialis Reichsacht
Bantia, ae *f* Bantia (Ort an der Grenze von Lukanien u. Apulien)
Bantīnus *3* bantinisch, von Bantia
⟦**baptisma,** ~tis n [*gr*] *spl* Taufe
⟦**baptismal|is,** ~e, *Gen* ~is [*gr*] *ml* ecclesia ~is Taufkirche
⟦**baptismus,** i *m* = baptisma
⟦**baptista,** ae *m* [*gr*] *spl* Täufer
baptistērium, ī *n* [*gr*] Badebassin ⟦*spl* Taufkapelle
⟦**baptizo** *1* [*gr*] *spl* taufen
barathrum, ī *n* [*gr*] Schlucht, Abgrund, Totenwelt ⟦*ml* Hölle
barba, ae *f* Bart (*urv*)
barbaria, ae *f* [*gr*] Ausland; Barbarei; Rohheit, Unkultur, ungebildetes Benehmen
barbaricus *3* = barbarus I.
barbariēs, ēī *f* **1.** = barbaria **2.** ⟦*ml* Deutschland *im Gegensatz zu Ländern mit klassischer Bildung;* wilde Horde
barbarism|us, ī *m* [*gr*] Barbarismus, fehlerhafter Sprachgebrauch ⟦*ml* ~um facio fehlerhaft (lateinisch) sprechen *od* schreiben
⟦**barbarizo** *1* [*gr*] *spl* ungebildet sein, sich fehlerhaft ausdrücken; *ml auch* wie Barbaren behandeln
barbarus [*gr*] **I.** *Adj 3* ausländisch, nichtgriechisch, nichtrömisch; *vom griechischen Standpunkt auch* römisch, lateinisch; ungebildet, unkultiviert; wild, roh, grausam ⟦*ml* in deutscher Sprache **II.** *Subst* ī *m* Ausländer, Nichtgrieche, Nichtrömer; Barbar, unkultivierter Mensch
barbātōria, ae *f* (erstes feierliches) Rasieren (des Bartes)
barbātulus *3* mit dünnem Bart, milchbärtig
barbātus *3* bärtig; aus der guten alten Zeit *als man noch Bärte trug*
Barbātus, ī *m* BN des L. Cornelius Scipio ~ (Konsul 298 v. Chr.)
barbiger *3* barttragend, bärtig
barbitium, ī *n* Bart(wuchs)
barbitos, ī *m* (*f*) [*gr*] Laute, Leier
barbula, ae *f* Bärtchen, Milchbart
Barca, ae *m* Barkas (1. Stammvater der Barkiden in Karthago 2. BN des Hamilkar als Angehöriger der Barkiden)
barcala, ae *m* Dummkopf, Einfaltspinsel
Barcīnus *3* des Barkas, der Barkiden
barditus, ūs *m* Barditus (Schlachtgesang der Germanen)
bārdus *3* [*gr*] stumpfsinnig, dumm
Bargyli|ae, ~ārum *f u.* **~a,** ~ōrum *n* Bargylia (Ort in Karien)
Bargyliētae, ārum *m* Bargylieten, Einw. von Bargylia

Bargyliēticus *3* bargylietisch, von Bargylia
Bārīnus *3* barinisch, von Barium
bāri|s, ~dos *f* (ägyptisches) Schiff, Boot
Bārium, ī *n* Barium (apulischer Hafen), *heute* Bari
[1]**bārō,** ~nis *m* Tölpel, Einfaltspinsel
[2]⟦**baro,** ~nis *m ml* Freiherr, Baron
⟦**barratator,** ~is *m ml* Betrüger
barrītus, ūs *m* (Elefanten-)Gebrüll; Barritus (Schlachtruf, -gesang)
barrus, ī *m* Elefant
basel- = basil-
bāsiātiō, ~nis *f* Küssen, Kuss
⟦**Basilea** = Basilia
basilēum = basilium
⟦**basileus,** i *m* [*gr*] *ml* byzantinischer Kaiser
⟦**Basilia,** ~ae *f spl* Basilia (Stadt in Helvetien), *heute* Basel
basilica, ae *f* [basilicus] Basilika, *mehrschiffige* Halle ⟦*spl frühchristliches* Gotteshaus, Kirche; *ml* Dom
basilicum, ī *n* [basilicus] (prächtiges) Kleid, Gewand
basilicus [*gr*] **I.** *Adj 3* königlich, fürstlich **II.** *Subst* ī *m* Königswurf *beim Würfelspiel*
basilīum, ī *n* (königliches) Diadem
bāsiō *1* küssen
basis, ~ *u.* baseos (*Abl Sg gew* basī) *f* Sockel; Grundmauer, -linie ⟦*ml* Brückenpfeiler
bāsium, ī *n* Kuss
Bassareus, Bassareī (*Vok* Bassareu) *m* Bassareus (BN des Bakchos)
Bassaricus *3* bakchisch, des Bakchos
Bastarnae, ārum *m* Bastarner (germ. Volk zwischen Weichselquelle u. Donaumündung)
bat *Scherzwort, Parodie zu* at, *um einen damit eingeleiteten Einwand lächerlich zu machen u. zurückzuweisen, etwa* ach Quatsch, Unsinn
Batāvī, ōrum *m* Bataver (germ. Volk im heutigen Holland)
Batāvus 3 batavisch *zu* Batavi
Bathyllus, ī *m* Bathyllos (gr. PN)
batillum = vatillum
batioc(h)a, ae *f* [*gr*] große Trinkschale, Humpen
⟦**batlinea,** ae *f* [*dt*] *ml* (leinenes) Bettlaken
Battiadēs, ae m Battiade, Nachkomme des Battos (*gew* = *der Dichter* Kallimachos)
battu|ō, ~ī *3* stoßen, schlagen, kämpfen
Battus, ī *m* Battos (Gründer von Kyrene)
batuō = battuo
baubor *1* wauwauen, kläffen, bellen
Bauci|s, ~dis *f* Baukis (Gem. des Philemon)
Baulī, ōrum *m* Bauli (kampanischer Ort)
baxea, ae *f* (leichte) Sandale
beātitā|s, ~tis *f* = beatitudo
beātitūd|o, ~inis *f* Glück(seligkeit) ⟦*spl christlich* ewige Seligkeit; *spl u. ml ehrende Anrede*
beātus *3* [beo] glücklich, zufrieden; gesegnet, fruchtbar; herrlich, prächtig; reich; selig *von Verstorbenen* ⟦*ml kultisches Prädikat*
Bebrȳcia, ae *f* Bebrykien (Landschaft in Kleinasien)
Bebrȳcius *3* bebrykisch *zu* Bebrycia
beccus, ī *m* [*kelt*] Schnabel
Bedriacēns|is, ~e, *Gen* ~is bedriacisch, von Bedriacum
Bedriacum, ī *n* Bedriacum (Ort zwischen Mantua und Cremona)
Belgae, ārum *m* Belger (Stämme in Nordgallien, im heutigen Belgien)
Belgica, ae *f* [Belgicus] Belgien (von den Belgern bewohnter Nordteil Galliens, röm. Provinz)
Belgicus *3* belgisch *zu* Belgae
Belgium, ī *n* = Belgica
[1]**Bēlīdēs,** ae (*Vok* Bēlīde) *m* Belide, Nachkomme des Belos (→Belus 1.)
[2]**Bēlid|es,** ~um *f* Beliden, Enkelinnen des Belos (→Belus 1.), T. des Danaos (= Danaiden)
bellāria, ōrum *n* Nachtisch
bellāt|or I. *Adj, Gen* ~ōris *m* kriegerisch, kriegs-; streitlustig **II.** *Subst* ~ōris *m* Krieger
bellātōrius *3* streitbar, kriegerisch
bellātrī|x, *Gen* ~cis *f* = bellator I.
Belleroph|ōn, ~ōntis *u.* **~ontēs,** ~ontae *m* Bellerophon (*myth* Held, erlegte die Chimaira)
Bellerophontēus *3* bellerophontisch, des Bellerophon
belliāt(ul)us *3* schön
bellicōsus *3* kriegerisch, kriegslustig
bellicum, ī *n* [bellicus] Angriffssignal, ~ cano zum Angriff blasen
bellic|us *3* Kriegs-; res ~a Kriegswesen; kriegerisch
belliger *3* Krieg führend, kriegerisch
belligerō *1* Krieg führen, kämpfen
bellipot|ēns, *Gen* ~entis kriegsgewaltig
bell|ō *und* **~or** *1* Krieg führen, kämpfen
Bellōna, ae *f* Bellona (röm. Kriegsgöttin)
Bellovacī, ōrum *m* Bellovaker (belgischer Volksstamm)
bellulus *3* hübsch, niedlich
bell|um, ~ī *n* [*altl* duellum] Krieg; Schlacht; Streit; domi ~ique in Krieg und Frieden ⟦*ml* ~um publicum (offene) Feldschlacht
bellus *3* [*vgl* bene] hübsch, niedlich, köstlich; gesund und munter ⟦*ml* schön
bēlua, ae *f* Ungeheuer, Untier
bēluātus *3* mit (eingestickten *od* eingewebten) Tierfiguren
⟦**beluinus** *3 spl* tierisch

b

bēluōsus *3* reich an Tieren *od* Ungeheuern
Bēlus, ī *m* Belos (1. urspr. sem. Gottesbezeichnung Baal, dann N mythischer Könige 2. phönizischer Küstenfluss)
Bēnācus, ī *m* Benacus (See bei Verona), *heute* Gardasee
Bendīdius *3* bendidisch, der Bendis
Bendi|s, ~dis *f* Bendis (thrakische Mondgöttin)
bene *Adv zu* bonus (*Komp* melius, *Sup* optimē) **1.** *bei Verben* gut, wohl, ordentlich, richtig; ~ago cum gut, richtig verfahren mit, jmdn. freundlich behandeln; ~ audio in gutem Ruf stehen a bei; ~ dico gut, schön, passend *od* richtig reden, Worte von guter Vorbedeutung gebrauchen, Gutes reden *Dat* von, loben *Dat* jmdn.; ~ facio recht daran tun, Wohltaten erweisen, gute Dienste leisten; (mihi) ~ est es geht (mir) gut, es steht gut (mit mir), ich bin zufrieden **2.** *bei Adj u. Adv* völlig, sehr, recht, ziemlich ⟦*ml* wohl, allerdings **3.** *mit Akk od Dat* zum Wohl; prost
benedicē *Adv* mit freundlichen Worten
⟦**benedico** →bene (dico)
⟦**benedictio,** ~nis *f spl* (kirchlicher) Segen; Lobpreisung; Fluch
benefaciō *3* Wohltaten erweisen, gute Dienste leisten
benefactum, ī *n* Wohltat, Verdienst
beneficentia, ae *f* Wohltätigkeit
beneficiārius I. *Adj 3* als Wohltat anzusehen, als Gunst gewährt **II.** *Subst* ī *m* privilegierter Soldat *der von schweren Arbeiten des Dienstes befreit ist u. gew dem Feldherrn als Leibwächter dient*
⟦**beneficiatus,** i *m ml* Lehnsmann, Vasall
⟦**beneficientia,** ae *f ml* Lehnshoheit
⟦**beneficiolum,** i *n ml* kleine Gefälligkeit
beneficium, ī *n* Verdienst, Wohltat, Gefälligkeit, Hilfe; Begünstigung, Auszeichnung; Vorrecht, Privileg ⟦*ml* Amt; Lehen
beneficus *3* wohltätig, gefällig
benemōrius *3* [mos] von gutem Charakter, liebenswürdig
⟦**benevenio** *4 ml* willkommen sein
Beneventānus *3* beneventisch, von Beneventum
Beneventum, ī *n* Beneventum (Ort in Samnium, Niederlage des Pyrrhos 275 v. Chr.), *heute* Benevento
benevol|ēns I. *Adj* ~entis wohlwollend, gewogen, freundlich gesinnt **II.** *Subst* ~entis *m, f* Gönner(in), Freund(in)
benevolentia, ae *f* Wohlwollen, freundschaftliche Gesinnung ⟦*spl* nostra ~ *Titel, u. a. des röm. Kaisers*
benevolus *3* = benevolens I.
benificium = beneficium
benīgnitā|s, ~tis *f* Güte, Freundlichkeit; Gefälligkeit, Freigebigkeit
benīgn|us *3* gütig, freundlich; gefällig, freigebig; ~e facio Gutes erweisen; ~e (dicis, facis) sehr freundlich!, danke sehr!
beō *1* erfreuen, beschenken
⟦**berb-** = verv-
Berecynt|es, ~um *m* Berekynter (Volk in Phrygien)
Berecyntius *3* **1.** berekyntisch, *poet* phrygisch *zu* Berecyntes **2.** zur Kybele gehörig (→Cybele)
Berenīcē, ēs *f* Berenike (FN bes. am Ptolemaierhof, z.B. Gem. des Ptolemaios III. Euergetes im 3. Jh. v. Chr.)
Berenīcēus *3* berenikisch, der Berenike
Beroea, ae *f* Beroia (Ort in Makedonien), *heute* Veria
Beroeaeus, ī *m* Beroier, Einw. von Beroia
⟦**Berolinum,** i *n ml* Berlin
Bērōsus, ī *m* Berossos (babylonischer Historiker u. Astronom um 300 v. Chr.)
bēryll|us *u.* **~os,** ~ī *m f* Beryll (*Fw*), *grüner* Edelstein
Bērȳtus, ī *f* Berytos (phönizische Hafenstadt), *heute* Beirut
bēs, bessis *m* zwei Drittel (eines gew. zwölf-, auch sechsteiligen Ganzen)
bēsāl|is, ~e, *Gen* ~is zwei Drittel *eines Ganzen* umfassend; laterculus ~is $^2/_3$ Fuß (= ca. 20 cm) langer Ziegelstein
Bessī, ōrum *m* Besser (thrakisches Volk)
Bessicus *3* bessisch *zu* Bessi
bēstia, ae *f* Tier, *auch* Raubtier
bēstiārius, ī *m* Tierkämpfer
bēstiola, ae *f* Tierchen
bēta, ae *f* Bete (*Fw*), Rübe, Mangold
bētāceus I. *Adj 3* von der Bete, vom Mangold **II.** *Subst* ī *m* Mangoldwurzel
Betriacum = Bedriacum
betulla, ae *f* [*kelt*] Birke
bi- doppelt-, zweifach-
Biās, Biantis *m* Bias (Philosoph aus Priene um 550 v. Chr., einer der sieben Weisen)
Bibāculus, ī *m* Bibaculus (BN)
Biberius, ī *m* [bibo] Trunkenbold *Spottname des Kaisers Tiberius*
bibī →bibo
⟦**biblia,** ae *f* [*gr*] *ml* Bibel
bibliopōla, ae *m* [*gr*] Buchhändler
bibliothēca, ae *f* [*gr*] Bücherschrank, Bibliothek ⟦*ml* ~ sancta Heilige Schrift
bibō, bibī *3* trinken; in sich aufnehmen
bibulus I. *Adj 3* trinkfreudig, (immer) durstig *Gen* auf *od* nach; *Flüssigkeit* aufsaugend; trinkbar **II.** ⟦*Subst* i *m ml* Zechbruder
Bibulus, ī *m* Bibulus (BN)
biceps, *Gen* bicipitis [caput] zweiköpfig; zweigipflig
biclīnium, ī *n* Speisesofa (für zwei Personen)
bicol|or, *Gen* ~ōris zweifarbig
bicorniger *3* = bicornis

bicorn|is, ~e, *Gen* ~is zweihörnig, -zinkig, -armig, -gipflig
bicorpor, *Gen* ~is doppelleibig
bidēns, bidentis **1.** *f* Opfertier, Schaf **2.** *m* (zweizinkige) Hacke
bident|al, ~ālis *n* Blitzmal *vom Blitz getroffener, als heilig geltender Ort*
Bidīnus *3* bidinisch, von Bidis
Bidis, ~ *f* Bidis (Ort nordwestlich von Syrakus)
bīdu|um, ~ī *n* (Zeit von) zwei Tage(n); ~o im Verlauf von zwei Tagen, binnen zwei Tagen
biennium, ī *n* [annus] (Zeit, Frist von) zwei Jahre(n)
bifāriam *Adv* zweifach, doppelt
bifer *3* zweimal (im Jahr Früchte) tragend
bifidus *3* [findo] (in zwei Teile) gespalten
bifor|is, ~e, *Gen* ~is zweitürig, -flüglig; mit zwei Öffnungen; zweifach
bifōrmātus *3* = biformis
bifōrm|is, ~e, *Gen* ~is zweigestaltig, doppelleibig
bifr|ōns, *Gen* ~ontis doppelstirnig, mit zwei Gesichtern
⟦**bifurcor** *1 ml* sich gabeln
bifurcus *3* zweizackig, gegabelt, gabelförmig
bīgae, ārum *f* [biiugus] Zweigespann
bīgātus [bigae] **I.** *Adj 3* mit der Abbildung des Zweigespanns geprägt **II.** *Subst* ī *m* Silberdenar *mit Abbildung des Zweigespanns*
biiug|is I. *Adj* ~e, *Gen* ~is zweispännig **II.** *Subst Pl* ~ēs, ~ium *m* Zweigespann; Streitwagen
biiug|us I. *Adj 3* zweispännig **II.** *Subst Pl* ~ī, ~ōrum *m* Zweigespann; Streitwagen
Bilbilis, ~ Bilbilis (1. *m* Nebenfluss des Ebro 2. *f Ort* an 1., Geburtsort Martials)
bilībra, ae *f* zwei Pfund (= ca. 655 g)
bilībr|is, ~e, *Gen* ~is [bilibra] zwei Pfund schwer, zwei Pfund fassend
bilingu|is, ~e, *Gen* ~is zweisprachig; Kauderwelsch redend; *übertr* doppelzüngig
bīliōsus *3* gallig, voller Galle
bīlis, ~ (*Abl auch* bīlī) *f* Galle; Wut; Raserei, Wahnsinn; Schwermut
bilī|x, *Gen* ~cis [licium] zweifädig, doppeldrähtig
bilūstr|is, ~e, *Gen* ~is [[2]lustrum] zehnjährig
bilychn|is, ~e, *Gen* ~is zweiflammig
bimar|is, ~e, *Gen* ~is an zwei Meeren gelegen, von zwei Meeren umspült
bimarītus, ī m Bigamist
bimāt|er, *Gen* ~ris von zwei Müttern geboren *kultischer BN des Bakchos*
bimembr|is I. *Adj* ~e, *Gen* ~is zweigestaltig **II.** *Subst Pl* ~ēs, ~ium *m* Kentauren
bimē(n)str|is, ~e, *Gen* ~is zweimonatig
bīmulus *3* erst zweijährig
bīmus *3* [*bi-himus, *vgl* hiems] zweijährig
bīnī, bīnae, bīna (*Gen gew* bīnum) [bis] (je) zwei; ein Paar
binoctium, ī *n* (Zeit von) zwei Nächte(n)
binōmin|is, ~e, *Gen* ~is zweinamig
⟦**binomius** *3 ml* zwei Namen führend
Biōn, ~is *m* Bion (gr. Philosoph im 3. Jh. v. Chr., bissiger Satiriker)
Biōnēus *3* bionisch, bissig
bipalm|is, ~e, *Gen* ~is [palmus] zwei Spannen lang *od* breit (= ca. 15 cm)
bipartītō *Adv* [bipartitus] in zwei Teile(n)
bipartītus *3* in zwei Teile geteilt
bipat|ēns, *Gen* ~entis doppelt geöffnet, weit offen
bipedāl|is, ~e, *Gen* ~is zwei Fuß lang *od* breit *od* dick (= ca. 60 cm)
bipennifer *3* eine Doppelaxt tragend
bipenn|is I. *Adj* ~e, *Gen* ~is zweischneidig **II.** *Subst* ~is (*Abl gew* ~ī) *f* Doppelaxt
bipertītō = bipartito
bipertītus = bipartitus
bipēs I. *Adj, Gen* bipedis zweifüßig, -beinig **II.** *Subst* bipedis *m* Mensch
⟦**Bipontina,** ae *f ml* (Editio) Bipontina (Ausgabe antiker Texte aus Zweibrücken)
⟦**Bipont(i)um,** i *n ml* Zweibrücken
birēm|is I. *Adj* ~e, *Gen* ~is zweiruderig **II.** *Subst* ~is *f* Zweiruderer
⟦**birso** *1* [*dt*] *ml* pirschen
bis *Adv* zweimal
bisaccium, ī *n* Quersack
Bīsaltae, ārum *m* Bisalten (thrakisches Volk am Strymon)
Bīsaltica, ae *f* Bisaltica, Land der Bisalten
Bīsalti|s, ~dis (*Akk* ~da) *f myth* Bisaltide, T. des Bisaltes (= Theophane)
bisōn, bisontis *m* [*germ*] Wisent
Biston|es, ~um (*Akk auch* ~as) *m* Bistonen (thrakisches Volk); *poet* Thraker
Bistoni|s, *Gen* ~dis *f* bistonisch *zu* Bistones, thrakisch
Bistonius *3* bistonisch *zu* Bistones, thrakisch
bisulc|is, ~e, *Gen* ~is = bisulcus
bisulcus *3* (in zwei Teile) gespalten
Bīthȳnī, ōrum *m* Bithynier (Volk an der Nordküste Kleinasiens)
Bīthȳnia, ae *f* Bithynien *zu* Bithyni
Bīthȳnicus *3* bithynisch *zu* Bithyni
Bithȳn(i)us *3* bithynisch *zu* Bithyni
bītō *3 altl* gehen
bitūm|en, ~inis *n* Erdpech, Asphalt
bitūmineus *3* aus Erdpech
⟦**bituminosus** *3 spl* erdpech-, erdölhaltig
Biturīg|ēs, ~um *m* Biturigen (kelt. Volk in Aquitanien)
bivium, ī *n* [bivius] doppelter Zugang; Scheideweg, Weggabelung ⟦*ml* Kreuzweg
bivius *3* mit zwei Zugängen

blaesus *3* [*gr*] lispelnd, lallend
blandidicus *3* schmeichlerisch
blandiloquentia, ae *f* Schmeichelrede
blandiloqu|entulus *u.* **~us** *3* schmeichlerisch (redend)
blandīmentum, ī *n* Schmeichelei, Liebkosung; Reiz, Annehmlichkeit
bland|ior, ~ītus sum *4* [blandus] schmeicheln; reizen, (an)locken ⟦*ml* solatia ~ior Trost, Hilfe vortäuschen
blanditer = blande *Adv zu* blandus
blanditia, ae *f* = blandimentum
blandītus I. *Adj 3* reizend, angenehm **II.** *Part Perf* →blandior
⟦**blandulus** *3 ml* hold
blandus *3* schmeichelnd, zärtlich; reizend, lockend, angenehm
⟦**blasphemia,** ae *f* [*gr*] *spl* Schmähung, (Gottes-)Lästerung
⟦**blasphemo** *1 spl* lästern, schmähen
⟦**blasphemus** *3 spl* lästernd, schmähend
blaterō *1* plappern, faseln ⟦*ml* stammeln
blatiō *4* schwatzen
blatta, ae *f* Schabe; Motte; Bücherlaus
blattāri|us *3* Schaben-; ~a balnea dunkles Badezimmer
Blaudēnus *3* aus Blaudos (in Großphrygien)
⟦**blav(i)a,** ae *f* [*dt* blau] *ml* Schiefer
blennus, ī *m* [*gr*] Tölpel
bliteus *3* albern, geschmacklos
blitum, ī *n* [*gr*] Erdbeerspinat, Beermelde *Gemüsepflanze*
boārius *3* Ochsen-, Rinder-
⟦**boatus,** us *m* [bos] *spl* Brüllen
bōbus →bos
Bocchus, ī *m* Bocchus (mauretanischer Königsname)
bōcula = bucula
Boebē, ēs *f* Boibe (1. See in Thessalien 2. Ort an 1.)
Boebēi|s, ~dos *f* Boibeis (= Boebe 1.)
Boeōtarchēs, ae *m* Boiotarch (einer der obersten Beamten von Boiotien)
Boeōtī, ōrum *m* Boiotier, Bewohner von Boiotien
Boeōtia, ae *f* Boiotien (Landschaft in Mittelgriechenland, nordwestlich von Attika)
Boeōticus *3* boiotisch *zu* Boeotia
Boeōtii = Boeoti
Boeōt(i)us *3* boiotisch *zu* Boeotia
⟦**Boethius,** i *m spl* Boethius (Philosoph *u.* Politiker um 500 n. Chr.)
Boēthus, ī *m* Boëthos (gr. PN, z.B. ein Bildhauer u. Erzgießer im 2. Jh. v. Chr.)
Bōī = Boii
bōia, ae *f* Halseisen *Fessel für Sklaven u. Verbrecher*
Boihaemum, ī *n* Bojerland, Böhmen
Bōii, ōrum *m* Bojer (kelt. Volk in Böhmen, Oberitalien und im Häduergebiet)
Boiiohaemum = Boihaemum
Bōla, ae *u.* Bōlae, ārum *f* Bola, Bolae (Stadt der Äquer in Latium)
Bōlānus *3* bolanisch, von Bola
bolbus = bulbus
bōlētus, ī *m* [*gr*] (essbarer) Pilz (*Lw*), Champignon
bolus, ī *m* [*gr*] Wurf *beim Würfelspiel;* Gewinn
bombax *Interj der echten od spöttischen Verwunderung* [*gr*] wunderbar!, fantastisch!
⟦**bombizo** *1 spl* summen
bombus, ī *m* [*gr*] tiefer, dumpfer Ton
bombȳ|x, ~cis (*Akk Pl* ~cas) *m, f* [*gr*] Seidenraupe; Seide
bona, ōrum *n* [bonus] Vorzüge, Vorrechte; Hab und Gut, Vermögen
Bona Dea, ae *f* Gute Göttin (röm. Göttin der Fruchtbarkeit u. Keuschheit, Feiern am 1. Mai und im Dezember)
bonātus *3* von gutem Charakter, anständig
bonitā|s, ~tis *f* Güte, Anständigkeit; gute Qualität
Bonna, ae *f* Bonna (Ort in Niedergermanien am linken Rheinufer), *heute* Bonn
Bonnēns|is, ~e, *Gen* ~is bonnensisch, von Bonna
Bonōnia, ae *f* Bononia (Ort in Gallia Cisalpina), *heute* Bologna
Bonōniēns|is, ~e, *Gen* ~is bononisch, von Bononia
bonum, ī *n* [bonus] *phil* Gut, guter Zustand; Nutzen, Vorteil; →bona ⟦*ml* Rechtstitel
bonus *3* (*Komp* melior, melius; *Sup* optimus *u.* optumus) **1.** gut, geeignet, zweckmäßig; wohlhabend, von vornehmer Herkunft, angesehen **2.** gütig; anständig, rechtschaffen; tüchtig; mutig ⟦*ml* tüchtig *Gen* in
boō *1* brüllen; widerhallen
Boōt|ēs, ae *u.* ~is (*Akk* ~ēn) *m* [*gr* Ochsentreiber] Bootes, Bärenhüter *Sternbild des nördlichen Himmels*
⟦**boreal|is,** ~e, *Gen* ~is [*gr*] *spl* nördlich
boreās, ae *m* [*gr*] Nord-, Nordostwind; Norden
borēus *3* nördlich
Borysthen|ēs, ~is *m* Borysthenes (Fluss in Sarmatien), *heute* Dnjepr
Borysthenidae, ārum *m* Anwohner des Borysthenes
Borysthenius *3* ~ amnis (der Fluss) Borysthenes
bōs, bovis (*Gen Pl gew* boum, *Dat/Abl Pl gew* būbus *od* bōbus) *m, f* Ochse, Kuh, Rind
Bosp(h)orānus *3* bosporanisch *zu* Bosp(h)orus
Bosp(h)orius *3* = Bospo(h)ranus

Bosp(h)orus, ī *m* **1.** ~ Thracius Thrakischer Bosporos (Meerenge zwischen Europa u. Asien, verbindet das Schwarze Meer mit dem Marmarameer) **2.** ~ Cimmerius Kimmerischer Bosporos (Meerenge zwischen der Krim u. der Halbinsel Taman, verbindet das Schwarze Meer mit dem Asowschen Meer, *heute* Straße von Kertsch) **3.** Bosporanisches Reich; Hauptstadt des Bosporanischen Reiches (= Pantikapaion, *heute* Kertsch)
⟦**bostar,** ~is *n spl* Rinderstall
⟦**botrus,** i *m spl* Traube
⟦**botrys** = botrus
botulārius, ī *m* Wursthersteller, -händler
botulus, ī *m* Darm, Wurst
boum →bos
bov- →bos
bovārius = boarius
Boviānum, ī *n* Bovianum (Ort in Samnium)
bovīl|e, ~is (*Abl* ~ī) *n* Rinderstall
Bovillae, ārum *f* Bovillae (Ort in Latium)
Bovillānus *3* bovillanisch, von Bovillae
bovillus *3* Rind(er)-
⟦**bovinus** *3 spl* Rind(er)-
⟦**brabeum** = bravium
brabeuta, ae *m* [*gr*] Kampfrichter
brācae, ārum *f* [*kelt*] (weite, Pluder-)Hose
brācātus *3* Hosen tragend; ausländisch, verweichlicht; *geografisch* transalpin, jenseits der Alpen *von Rom aus betrachtet*
⟦**brac(c)hial|e,** ~is *n spl* Armspange; *ml* Ärmel
brac(c)hiāl|is, ~e, *Gen* ~is Arm-
⟦**brac(c)hiat|us** *spl* **I.** *Adj 3* mit Armbändern (*auch* Ästen *od* Zweigen) geschmückt **II.** *Subst Pl* ~i, ~orum *m* Bracchiati (röm. Truppe der späteren Kaiserzeit)
brac(c)hiolum, ī *n* Ärmchen, hübscher Arm
brac(c)hium, ī *n* [*gr*] Unterarm, Arm; *übertr* Schenkel *des Elefanten, des Zirkels,* Schere *des Krebses u. Skorpions;* Zweig, Segelstange; Bogenende; Abzweigung *eines Dammes, einer Kaimauer* ⟦*spl* Arm des Kreuzes; Meeresarm
bract- = bratt-
⟦**brado,** ~nis *m* [*dt*] *spl* Fleischstück, Braten
branchi|ae, ~ārum *f* [*gr*] Kiemen ⟦*spl auch Sg* ~a, ~ae *f*
Branchidae, ārum *m* Branchiden (Priester des Apollonorakels zu Didyma)
⟦**brandea,** ae *f* [*gr*] *spl* Seidenstoff, -gewand; Reliquientuch; *ml auch* Leichentuch
⟦**brandeum,** i *n* = brandea
brassica, ae *f* Kohl
brattea, ae *f* (dünnes) Metallblättchen, *bes* Goldblättchen
bratteātus *3* vergoldet
bratteola, ae *f* Goldblättchen
⟦**bravium,** i *n* [*gr*] *spl* Siegespreis
⟦**Brega,** ae *f ml* Brieg; *heute* Brzeg
Brennus, ī *m* Brennus (N kelt. Führer, 390 v. Chr. gegen Rom, 279 v. Chr. gegen Delphi)
Breunī, ōrum *m* Breunen (Volk im Inntal)
brev|e, ~is (*Abl* ~ī) *n* [brevis] seichte Stelle, Untiefe; kurzes Verzeichnis ⟦*ml* Liste, Schreiben, Brief (*Lw*); Urkunde
brevī *Adv* [brevis] bald; mit wenigen Worten
breviārium, ī *n* (kurzes) Verzeichnis, (kurze) Übersicht, Auszug ⟦*ml* Urkunde
breviculus *3* ziemlich klein, kurz
breviloqu|ēns, *Gen* ~entis sich kurz fassend
breviloquentia, ae *f* Kürze *im Ausdruck*
breviō *1* verkürzen
brev|is, ~e, *Gen* ~is kurz, klein; niedrig, flach; gering, unbedeutend ⟦*spl* in ~i in Kurzem; *ml Subst* ~is *f* Liste; Schreiben, Brief (*Lw*); Urkunde
brevitā|s, ~tis *f* Kürze, Kleinheit
Briarēus, Briareī *m* Briareus (hundertarmiger Riese)
Brigant|es, ~um *m* Briganten (Volk im nördlichen Britannien)
⟦**Brigantia,** ae *f spl* Brigantia (Stadt am Bodensee), *heute* Bregenz
Briganticus, ī m Briganticus (röm. BN *zu* Brigantes)
Brigantīnus lacus Bodensee
Brim|ō, ~ūs *f* [*gr* Zürnende] Brimo (BN der Proserpina)
Brisēi|s, ~dos (*Akk auch* ~da) *f* Briseis (Kriegsgefangene des Achill)
Britannī, ōrum *m* Britannier
Britannia, ae *f* Britannien ⟦*ml* ~ (minor) Bretagne
Britannicus I. *Adj 3* britannisch *zu* Britannia **II.** *Subst* ī *m* Britannicus (röm. BN)
Britann|us I. *Adj 3* britannisch *zu* Britannia **II.** *Subst Pl* ~ī, ~ōrum *m* Britannier *zu* Britannia
Britŏn|es, ~um *m* Britannier
Brittii = Bruttii
Brittŏn|es, ~um *m* Britannier
Brixia, ae *f* Brixia (Ort in Oberitalien), *heute* Brescia
Brixiānus *3* brixianisch, von Brixia
Bromius, ī *m* [*gr* Lärmender] Bromios (BN des Bakchos)
Bructer|us I. *Adj 3* brukterisch *zu* II. **II.** *Subst Pl* ~ī, ~ōrum *m* Brukterer (Volk in Nordwestgermanien)
brūma, ae *f* [brevis] kürzester Tag, Wintersonnenwende, Winter(kälte)
brūmāl|is, ~e, *Gen* ~is der Wintersonnenwende, winterlich, Winter-

b

Brundisīnus *3* brundisinisch, von Brundisium
Brundisium, ī *n* Brundisium (Ort in Calabria), *heute* in Apulien
⟦**brunellus, ī** *m* [*dt*] *ml* Esel
⟦**brunettum, i** *n* [*dt*] *ml* dunkler, brauner Kleiderstoff
⟦**brutal|is,** ~e, *Gen* ~is *spl* grob
Brūtīnus *3 des* Brutus 2.
Bruttiānī, ōrum *m* Bruttianer (im Zweiten Punischen Krieg zu Staatssklaven gemachte Bruttier, Diener röm. Magistrate)
Brutti|us I. *Adj 3* bruttisch *zu* II. **II.** *Subst Pl* ~ī, ~ōrum *m* Bruttier (Volksstamm an der Südspitze Italiens)
brūtus *3* schwer, wuchtig; schwerfällig, dumm
Brūtus, ī *m* Brutus, *BN in der gens Iunia, z.B.* **1.** L. Iunius ~ (Beender der Königsherrschaft 510 v. Chr., erster Konsul) **2.** M. Iunius ~ (Anführer der Verschwörung gegen Cäsar) **3.** D. Iunius ~ (Teilnehmer an der Verschwörung gegen Cäsar)
⟦**Bruxellae,** arum *f ml* Brüssel
būbalus, ī *m* [*gr*] Büffel (*Lw*); Gazelle
Būbastis, ~ *f* Bubastis (ägyptische Göttin)
būbīl|e, ~is (*Abl* ~ī) *n* Rinderstall
būblus = bubulus
būbō, ~nis *m* (*f*) Uhu
būbula, ae *f* [bubulus] Rindfleisch
bubulcit|or *u.* **~ō** *1* den Ochsentreiber machen
bubulcus, ī *m* Ochsentreiber, Knecht
būbulus *3* vom Rind, Rind-, Ochsen-; →cottabus
būbus →bos
būcaeda, ae *m* mit rindslederner Peitsche Geschlagener
bucca, ae *f* Backe; Bissen, Happen
buccea, ae *f* Bissen, Happen, Stückchen
⟦**buccella,** ae *f spl* = buccea
buccō, ~nis *m* Pausback; Tölpel
buccula, ae *f* Bäckchen; ⟦*ml* Schildbuckel (*Lw*)
bucculentus *3* pausbackig
⟦**bucella,** ae *f spl* = buccea
Būcephala, ae *f* Bukephale (Stadt am Hydaspes, von Alexander dem Großen nach seinem Pferd benannt), *heute* Salalpur
Būcephalās, ae *m* [*gr*] Bukephalos (Leibross Alexanders des Großen)
Būcephalē, ēs *f* = Bucephala
Būcephalus, ī *m* = Bucephalas
⟦**bucephalus,** i *m ml* Pferd
būcerus *3* [*gr*] mit Rinderhörnern, gehörnt
būcina, ae *f* Horn, Trompete, Signal; *poet* Posaune, Muschelhorn *des Triton*
būcinātor, ~ōris *m* Hornbläser, Trompeter; Ausposauner
⟦**bucino** *1 spl* Horn blasen
būcinum, ī *n* Horn-, Trompetenton; Posaunenschnecke
būcinus, ī *m* Hornbläser, Trompeter *vom Hahn gesagt*
būcolica, ōrum *n* [bucolicus] Hirtengedichte
būcolicus *3* [*gr*] Hirten-, ländlich
būcula, ae *f* junge Kuh, Färse
[1]**būfō,** ~nis *m* Kröte
[2]⟦**bufo,** ~nis *m ml* Hanswurst *verächtlich; komische Theaterfigur*
⟦**buglossa,** ae *f spl* Ochsenzunge *Pflanze*
bulbus, ī *m* Zwiebel, Knoblauch
būlē, ēs *f* [*gr*] Rat(sversammlung)
būleuta, ae *m* [*gr*] Ratsmitglied, -herr
būleutērium, ī *n* [*gr*] Rathaus
bulga, ae *f* (Geld-)Sack
bulla, ae *f* Wasserblase; Buckel, Knopf; Goldkapsel mit Amulett ⟦*ml* Metallsiegel *kaiserliches aus Gold, päpstliches aus Blei;* Urkunde
⟦**bullator,** ~is *m ml* päpstlicher Geheimschreiber
Bulli(d)ēns|ēs, ~ium *m* Einw. von Bullis
Bullīnī, ōrum *m* Einw. von Bullis
bulliō *4* [bulla] Blasen werfen, sprudeln
Bulliōn|ēs, ~um *m* Einw. von Bullis
Bulli|s, ~dis *f* Bullis (illyrischer Küstenort)
būmastus, ī *f* [*gr*] Bumastos (Weinart mit großen Trauben)
⟦**burcgravius,** i *m* [*dt*] *ml* Burggraf
⟦**Burdigala,** ae *f spl* Burdigala (Stadt an der Garonne), *heute* Bordeaux
⟦**burdo,** ~nis *m spl* Maultier, Lasttier
burdōnārius, ī *m* Lasttiertreiber
burdubasta, ae *m* lendenlahmer Esel *Schimpfwort*
⟦**burgens|is** [*dt*] *ml* **I.** *Adj* ~e, *Gen* ~is Stadt- **II.** *Subst* ~is *m* Bürger, Städter
Burgondiōn|ēs u **Burgundiōn|ēs,** ~um *m,* **Burgundiī,** ōrum *m* Burgunder (ostgerm. Stamm)
⟦**burgus,** i *m* **1.** [*gr*] *spl* Wachtturm, Kastell **2.** [*germ*] *ml* Burg, Stadt
būris, ~ *f* Krummholz *am Pflug*
⟦**bursa,** ae *f ml* (Geld-)Beutel, Börse (*Lw*); Kollegienhaus, ›Burschen‹haus
Būsīri|s, ~dis *u.* ~dos (*Akk auch* ~n *u.* ~m) *m* Busiris (*myth* ägyptischer König)
Būsta Gallica, ōrum *n* [bustum] Busta Gallica (= Galliergräber; Ort in Rom, wo 390 v. Chr. die gefallenen Kelten bestattet worden waren)
bustirapus, ī *m* Grabräuber
bustuārius *3* Grabstätten-
būstum, ī *n* Leichenbrandstätte; Grab(hügel, -mal)
Būthrōt|um, ~ī *n. u* **~os,** ~ī *f* Buthroton (Küstenort in Epirus)
Būthrōtius *3* buthrotisch, von Buthroton
būthysia, ae *f* [*gr*] Rinderopfer

⟦**buticula,** ae *f* [*Dim zu* buttis Gefäß] *spl* Trinkgefäß
būtȳrum, ī *n* [*gr*] Butter (*Lw*)
Buxentum, ī *n* Buxentum (Ort in Lukanien am Busento)
buxifer *3* Buchsbaum tragend
buxus, ī *f u.* **buxum,** ī *n* [*gr*] Buchsbaum(holz); *Gegenstände aus Buchsbaumholz:* Flöte, Kreisel, Kamm, Schreibtafel
Byblos, ī *f* Byblos (Ort in Phönizien)
⟦**byrrus** *3 spl* rot(braun)
Byrsa, ae *f* Byrsa (Burg von Karthago)
byrsa = bursa
⟦**byssinus** *3* [*gr*] *spl* aus feinem Leinen
⟦**byssus,** i *f* [*gr*] *spl* feines Leinen, Batist
Bȳzacium, ī *n* Byzakion, Byzacium (Landschaft an der kleinen Syrte)
Bȳzantium, ī *n* Byzanz, *heute* Istanbul
Bȳzantius *3* byzantinisch *zu* Byzantium

C

C. *Abk* **1.** = Gaius **2. C** = centum hundert **3.** = condemno ich verurteile *auf den Stimmtäfelchen der Richter, daher rhet littera tristis* **4.** = Calendae Kalenden, erster Tag des Monats **5.** = censuerunt sie haben beschlossen **6.** = comitialis (dies) Wahltag
⟦**caballico** *1 spl* reiten
caballus, ī *m* Gaul, Klepper, (Arbeits-)Pferd ⟦*ml auch* (edles) Pferd
Cabillōnum, ī *n* Cabillonum (Ort der Häduer am Arar), *heute* Chalon-sur-Saône
Cabīri, ōrum *m* Kabiren (hauptsächlich auf Samothrake verehrte Gottheiten)
⟦**cacanus,** i *m ml* Khagan (Titel der Awarenfürsten)
caccabus, ī *m* [*gr*] Kochtopf, Bratpfanne ⟦*spl* Krug
cachinnātiō, ~nis *f* schallendes Gelächter
cachinnō *1* laut auflachen
cachinnus, ī *m* (lautes) Lachen, (schallendes) Gelächter
cacō *1* kacken; beschmieren
⟦**cacodaemon,** ~is *m* [*gr*] *spl* böser Geist
cacozēlus, ī *m* [*gr*] Nachäffer
cacula, ae *m* Offiziersbursche
cacūm|en, ~inis *n* Spitze, Gipfel, Wipfel ⟦*ml* Giebel, Dach
cacūminō *1* (zu)spitzen
Cācus, ī *m* Cacus (*myth* Räuber, von Herkules getötet)
cadāver, ~is *n* [cado] Leiche; Aas; Ruine
cadāverōsus *3* leichenähnlich
Cadmēa, ae *f* [Cadmeus] Kadmeia (Burg von Theben)
cadmēa, ae *f* Zinkerz, Galmei (*Lw*)
Cadmēi|s, ~dos (*Akk* ~da) *f* = Cadmeus
Cadmēus *3* kadmeisch *zu* Cadmus, thebanisch
Cadmus, ī *m* Kadmos (S. des phönizischen Königs Agenor, *myth* Gründer von Theben)
cadō, cecidī, cāsūrus *3* fallen; sub oculos ~ in die Augen fallen; in morbum ~ krank werden; in iudicio ~ den Prozess verlieren; niedergehen, *von Gestirnen* untergehen, sinken *auch übertr,* schwinden; widerfahren, zuteilwerden, zutreffen in *Akk* auf; *von Zahlungen* fällig sein; ablaufen, ausfallen praeter opinionem wider Erwarten; ausgehen, enden ⟦*ml* abtrünnig werden
cādūceāt|or, ~ōris *m* Herold, Unterhändler
cādūceus, ī *m* [*gr*] Heroldsstab
cādūcifer, ~ī *m* (Herolds-)Stabträger *BN Merkurs*
cadūcus *3* [cado] fallend, gefallen, im Begriff zu fallen; hinfällig, dem Tode geweiht; *jur* herrenlos
Cadurcī, ōrum *m* Kadurker (kelt. Volk in Aquitanien)
cadus, ī *m* [*gr*] (großer) Krug
Cadūsiī, ōrum *m* Kadusier (Volk am Kaspischen Meer)
Caeciliānus *3* caecilisch, des Caecilius
Caecilius *3 Gent, bes der Familie der Metelli, ferner:* ~ Statius (Komödiendichter um 200 v. Chr.); Q. ~ Niger (Scheinkläger gegen Verres)
Caecīna, ae *m* Caecina (BN einer aus Etrurien stammenden Gens)
caecitā|s, ~tis *f* Blindheit; Verblendung ⟦*ml* Unwissenheit
caecō *1* (ver)blenden; verdunkeln
Caecubum, ī *n* (vinum) Käkuber (Wein aus dem Caecubus ager im südlichen Latium)
caecus *3* blind, verblendet; finster; unsichtbar, verborgen; unsicher, ungewiss; ziel-, planlos
⟦**caecutio** *4 spl* (wie) blind sein
caed|ēs *u.* **~is,** ~is *f* Töten, Schlachten; Mord, Blutbad; *durch Tötung* vergossenes Blut; *im Kampf* Gefallene
caedō, cecīdī, caesus *3* schlagen, (ab)hauen, fällen; niederhauen, erschlagen, töten; schlachten, opfern; durchhauen, zerschlagen, *Steine* brechen
caeduus *3* schlagbar
caelām|en, ~inis *n* getriebene Arbeit, Relief
caelāt|or, ~ōris *m* Künstler in getriebener Arbeit, Toreut
caelātūra, ae *f* getriebene Arbeit; Metallrelief; Kunst der Metallarbeit
cael|ebs, *Gen* ~ibis ehelos; einsam
cael|es I. *Adj, Gen* ~itis himmlisch **II.** *Subst* ~itis *m* Gott ⟦*Subst Pl* ~ites, ~itum *m ml christlich* die Himmlischen

caelesti|a, ~um *n* [caelestis] Himmelskörper, -erscheinungen; Astronomie ⟦*ml* Himmel (Gottes)
caelest|is **I.** *Adj* ~e, *Gen* ~is himmlisch, Himmels-; göttlich ⟦civitas ~is *spl* Gottesstaat **II.** *Subst Pl* ~ēs, ~ium *m* Götter
Caeliāna, ōrum *n* [Caelianus] Schriften des Caelius I. 2.
Caeliānus *3* caelianisch, des Caelius I.
caelib- →caelebs
caelibatus, ūs *m* Ehelosigkeit
caelicola, ae *m* Himmelsbewohner, Gott ⟦*spl* Engel; *ml* Heiliger
⟦**caelicolus** *3 ml* himmlisch, Himmels-
Caeliculus, ī *m* Caeliculus (Teil des Caelius II.)
Caelicus *3* auf dem Caelius, vom Caelius II.
⟦**caelicus** *3 ml* himmlisch, Himmels-
caelifer *3* den Himmel tragend
⟦**caeligenus** *3 ml* vom Himmel stammend
Caelimontānus *3* am Caelius (II.) (gelegen)
Caeliolus, ī *m* = Caeliculus
caelipot|ēns, *Gen* ~entis mächtig im Himmel
caelit- →caeles
⟦**caelitus** *Adv spl* vom Himmel
Caelius **I.** *3 Gent, z.B.* **1.** C. ~ Caldus (Politiker u. Redner um 100 v. Chr.) **2.** L. ~ Antipater (Historiker u. Jurist im 2. Jh. v. Chr.) **3.** M. ~ Rufus (Staatsmann u. Redner, Freund Ciceros) **II.** *Subst* ī *m* (mons) ~ (einer der Hügel Roms); ~ minor = Caeliculus
caelō *1 in getriebener Arbeit* mit Bildern verzieren, *als Relief* schnitzen, kunstvoll herstellen
cael|um, ~ī *n* **1.** [caedo] Grabstichel, Meißel **2.** Himmel *auch als Wohnsitz der Götter,* Himmelshöhe; (Ober-)Welt; Luft(raum); Klima ⟦*ml* ~o im Himmel, in ~is im Jenseits
caelus, ī *m* = caelum 2.
Caelus, ī *m* Caelus (S. des personifizierten Äthers, V. des Saturn u. anderer Götter)
⟦**caementarius,** i *m spl* Maurer
caementīcius *3* aus Bruchsteinen
caementum, ī *n* [caedo] Bruchstein ⟦*ml* Kalkmörtel
Caen|eūs, Caeneī *u.* ~eos *m* Kaineus (aus einem Mädchen – Kainis – in einen Mann verwandelter Lapithe)
Caenīna, ae *f* Caenina (Ort in Latium)
Caenīnēns|ēs, ~ium *m* Caeniner, Einw. von Caenina
Caenīnus *3* caeninisch, von Caenina
caenōsus *3* kotig, morastig
caenum, ī *n* Schmutz, Kot, Unflat ⟦*ml* Verwestes
caep|a, ~ae *f und* **~e,** ~is *n* Zwiebel
caepīcius *3* Zwiebel-
Caepiō, ~nis *m* Caepio (BN in der gens Servilia)
Caer|e, ~itis (*auch undekl*) *n* Caere (Stadt in Etrurien), *heute* Cerveteri
caeremōnia = caerimonia
Caer|ēs **I.** *Adj, Gen* ~itis *u.* ~ētis caeretisch, von Caere **II.** *Subst Pl* ~itēs *u.* ~ētēs, ~itum *u.* ~ētum *m* **1.** Einw. von Caere **2.** röm. Bürger ohne Stimmrecht
caerimōnia, ae *f* Verehrung, Ehrfurcht; Heiligkeit; Feier(lichkeit), religiöser Brauch, Zeremonie
⟦**caerimonior** *1 spl* opfern
Caerit- →Caeres
caerul(e)us *3* [caelum 2.] blau, blauäugig; dunkel(farbig), schwärzlich
Caesar, ~is *m* **1.** Caesar, Cäsar *BN der gens Iulia, z.B.* **a)** L. Iulius ~ (Konsul 90 v. Chr.) **b)** C. Iulius ~ (Prätor, V. von 1.c) **c)** C. Iulius ~ (berühmter Staatsmann u. Feldherr, geboren 100 v. Chr., Triumvirat 60, Konsul 59, Eroberung Galliens 58–51, Bürgerkrieg 49–45, danach Alleinherrschaft, Ermordung 44) **d)** C. Iulius →Octavianus Augustus (Großneffe von 1.c, erster röm. Kaiser) **2.** Kaiser (*Lw*); Titel **a)** der auf Augustus folgenden Kaiser **b)** ⟦*spl* der Thronfolger **c)** *ml* des Kaisers des Heiligen Römischen Reiches Deutscher Nation)
Caesarēa, ae *f* Caesarea (1. Hauptstadt von Kappadokien 2. Hafenstadt in Palästina 3. Hauptstadt der Provinz Mauretania Caesariensis)
Caesareus *3* cäsarisch, des Cäsar; kaiserlich
Caesariānus *3* = Caesareus
caesariātus *3* [caesaries] mit langem, dichtem Haar
Caesariēns|is **I.** *Adj* ~e, *Gen* ~is caesariensisch (BN von Städten u. Provinzen nach Caesar 2.a) od. Caesarea) **II.** *Subst Pl* ~ēs, ~ium *m* Einw. von Caesarea 2.
caesariēs, ēī *f* (langes, dichtes) Haar; *übertr* Laub
caesim *Adv* [caedo] mit Hieben *beim Kampf mit dem Schwert, Ggs* →punctim; durch Schneiden *mit dem Gartenmesser; rhet* abgehackt, in kurzen Sätzen
caesiō, ~nis *f* Schlagen, Fällen ⟦*Pl* ~nes, ~num *f spl* Prügelei
caesius *3* blaugrau
Caesō, ~nis *m* Caeso (röm. BN u. Vorname)
⟦**caesor,** ~is *m ml* Hauer, Holzfäller
caesp|es, ~itis *m* Rasen(platz), Rasenstück, -hütte, -altar; (faseriger) Wurzelstock
⟦**caespito** *1 ml* stolpern, straucheln
caestus, ūs *m* [caedo] Boxriemen *mit Metall verstärkt, um Hände u. Unterarme gewickelt*

⟦**caesura,** ae *f spl* Verseinschnitt, Zäsur
caesus →caedo
caetra, ae *f* leichter Lederschild
caetrāt|us **I.** *Adj 3* mit leichtem Lederschild bewaffnet **II.** *Subst Pl* ~ī, ~ōrum *m* leicht Bewaffnete ⟦*ml* Ritter
⟦**caganus** = cacanus
Caïcus, ī *m* Kaïkos (Fluss in Mysien)
Cāiēta, ae *f* Caieta (Vorgebirge u. Ort im südlichen Latium), *heute* Gaeta
Cāius *altl* = Gaius
Cal. *Abk* = Calendae Kalenden, erster Tag des Monats
Calaber, Calabra, Calabrum kalabrisch *zu* Calabria
Calabria, ae *f* Kalabrien (*in der Antike* südöstliche Halbinsel Italiens), *heute* (Teil von) Apulien
Calactē, ēs *f* Calacte (Ort an der Nordküste Siziliens)
Calactīnus *3* calactisch, von Calacte
Calagurris, ~ *f* Calagurris (Ort am Ebro), *heute* Calahorra
Calagurrītānī, ōrum *m* Calagurritaner, Einw. von Calagurris
Cala|is, ~is (*Akk* ~in, *Abl* ~ī) *m* Kalaïs (S. des Boreas)
calamārius *3* Schreibrohr-
Calami|s, ~dis *m* Kalamis (gr. Bildhauer im 5. Jh. v. Chr.)
calamister, calamistrī *m* [calamus] Brenneisen *zum Kräuseln der Haare;* Künstelei *im Ausdruck*
calamistrātus *3* gekräuselt, mit gebrannten Locken
calamistrum, ī *n* = calamister
calamitā|s, ~tis *f* [*vgl* in-columis] Schaden, Verlust; Unglück, Unheil; Niederlage
calamitōsus *3* schädlich, verderblich, unheilvoll; (schwer) geschädigt, unglücklich; gefährdet
⟦**calamo** *1 ml* schreiben
calamus, ī *m* [*gr*] (Schilf-)Rohr, Halm, Stängel; *Gegenstände aus (Schilf-)Rohr:* Flöte, Angelrute, Leimrute, Pfeil, Schreibrohr
Calanus, ī *m* Kalanos (indischer Brahmane)
calathiscus, ī *m* [*gr*] Körbchen
calathus, ī *m* [*gr*] Korb; Weinschale; Napf ⟦*spl* Blütenkelch
Cālātia, ae *f* Calatia (Ort bei Capua)
Cālātinus *3* calatinisch, von Calatia
calāt|or, ~ōris *m* [calo] Diener
calautica, ae *f* Kopfbinde *für Frauen,* Haube
⟦**calcaneum,** i *n spl* Ferse
calc|ar, ~āris (*Abl* ~ārī) *n* [calx 2.] Sporn; Ansporn, Antrieb
calceām|en, ~inis *n u.* **~entum,** ~entī *n* Schuhwerk, Schuh(e)
calceārium, ī *n* Schuhgeld
calceātus, ūs *m* Schuhwerk
calceō *1* beschuhen, mit Schuhen versehen
calceolārius, ī *m* Schuhmacher
calceolus, ī *m* Stiefelchen, Stiefelette
calceus, ī *m* [calx 2.] Halbstiefel, (hoher) Schuh
Calch|ās, ~antis *u.* Calchae (*Akk auch* ~anta) *m* Kalchas (Wahrsager der Griechen vor Troja)
Calchēd|ōn, ~onis *u.* ~onos (*Akk auch* ~ona) *f* Kalchedon (Ort in Bithynien gegenüber Byzanz)
Calchēdonius *3* kalchedonisch, von Kalchedon
calciāmen(tum) = calceamen(tum)
calcitrō [calx 2.] **I.** *Subst* ~nis *m* Schläger *Tier, das ausschlägt;* Polterer *jmd., der mit dem Fuß heftig gegen die Tür schlägt* **II.** *Verb 1* (hinten) ausschlagen; sich sträuben
calcitrōsus *3* (hinten) ausschlagend
calcō *1* [calx 2.] treten *Akk* auf, be-, festtreten; *übertr* mit Füßen treten, beschimpfen ⟦*ml* tanzen
calcul|us, ~ī *m* [calx 1.] Steinchen; Stimm-, Rechen-, Spielstein; *Pl* ~ī, ~ōrum *m* Berechnung; ad ~os voco einer (genauen) Berechnung unterziehen, zur Rechenschaft fordern ⟦*ml* (Wahl-)Stimme
calda = calida
caldārium, ī *n* [caldarius] Caldarium, Warmbad(ezimmer) ⟦*spl* Kochkessel
caldārius *3* [caldus] zum Wärmen gehörig, Heißwasser-
caldicerebrius, ī *m* Hitzkopf, Heißsporn
caldum = calidum
caldus = calidus
Calēdonia, ae *f* Kaledonien (*heute* NW Schottlands)
cale|faciō, ~fēcī, ~factus *3* (*Pass* ~fīō) erwärmen, erhitzen; *übertr* einheizen *Akk* jmdm.; erregen, aufreizen
calefactō *1* erhitzen
calefīō →calefacio
Calend|ae, ~ārum *f* Kalenden, erster Tag des Monats; Zahltag *für Schulden;* ~ae Ianuariae der 1. Januar; ad ~as Graecas an den gr. Kalenden (= niemals, da der gr. Kalender diese Bezeichnung nicht kannte) ⟦*spl* Monat(stag)
calendārium, ī *n* Terminkalender *für Schuldenzahlungen*
Calēnus **I.** *Adj 3* calenisch, von Cales **II.** *Subst* ī *m* Calenus (BN der gens Fufia)
caleō, caluī *2* warm sein, heiß sein, glühen; aufgeregt sein, entbrannt sein; *übertr* lebendig sein, in vollem Gange sein, eifrig betrieben werden
Calēs, Calium *f* Cales (Ort in Kampanien)
calēscō, caluī *3* warm *od* heiß werden; *übertr* erglühen ⟦*spl* lebhafter *od* angeregt werden

c

cal|faciō *und* **~ficiō** = calefacio
caliandrum, ī *n* hohe Frisur *der Frauen aus falschem Haar,* Perücke
⟦**calibs** = chalybs
caliculus, ī *m* (kleiner) Kelch; *milit künstliche* Grube *als Hindernis für Reiter*
calida, ae *f* [calidus] warmes Wasser
Calīdiānus *3* des Calidius
Calīdius 3 *Gent, z.B.* M. ~ (Redner, Prätor 57 v. Chr., Freund Ciceros)
calidum, ī *n* [calidus] Glühwein
calidus *3* [caleo] warm, heiß; feurig, leidenschaftlich, übereilt; *übertr* noch warm, frisch
caliendrum = caliandrum
caliga, ae *f* (Soldaten-)Stiefel
caligārius *3* Stiefel-; in (Soldaten-)Stiefeln, gestiefelt
caligātus *3* in (Soldaten-)Stiefeln
cālīginōsus *3* dunstig, düster, dunkel
cālīg|ō **I.** *Subst* ~inis *f* Nebel, Dunst, Rauch; Dunkelheit; Schwindelgefühl; (geistige) Finsternis; trauriger Zustand, Trübsal **II.** *Verb 1* verfinstern; dunkel, umschattet sein; *übertr* im Finstern tappen; ~o mir wird schwindlig; oculi ~ant, aspectus ~at es wird dunkel vor den Augen ⟦*spl* Schwindel erregen; blind werden
caligula, ae *f* [caliga] (Soldaten-) Stiefelchen
Caligula, ae *m* [caligula] Caligula (BN des Kaisers Gaius, 37–41)
cali|x, ~cis *m* Kelch (*Lw*), Becher, Schüssel; Schneckengehäuse; Normdüse (für private Wasseranschlüsse) ⟦*spl* Abendmahlskelch; *ml* Humpen
Callaecia, ae *f* Callaecia (Landschaft in Nordwestspanien), *heute* Galicien
Call|aecus *u.* **~aïcus** *3* callaecisch, aus Callaecia
callaïnus *3* [*gr*] blassgrün
calleō, calluī *2* **1.** [callum] Schwielen haben, hart werden, sich verhärten **2.** geübt, erfahren sein *Abl* in; kennen, verstehen, wissen
calliditā|s, ~tis *f* (Lebens-)Klugheit, Gewandtheit; Schlauheit, List
callidus *3* [calleo 2.] gewandt, praktisch, schlau; erfahren, bewandert, klug *Gen* in; fein, schlau ausgedacht
Callimachus, ī *m* Kallimachos (Gelehrter u. Dichter im 3. Jh. v. Chr., Leiter der Bibliothek in Alexandria)
Calliop|ē, ~ēs *u.* **~(ē)a,** ~(e)ae *f* Kalliope (Chorführerin der 9 Musen)
Callipoli|s, ~s (*Akk auch* ~n) *f* Kallipolis (1. Ort am Hellespont, *heute* Gelibolu 2. Ort auf der Krim)
call|is, ~is *m, f* Bergpfad, Waldweg; *Pl* ~ēs, ~ium *m, f* Gebirgsweiden ⟦*ml* Dorfstraße, Gasse
Callisthen|ēs, ~is (*Akk auch* ~ēn) *m* Kallisthenes (gr. Geschichtsschreiber, Jugendfreund Alexanders des Großen)
Callistō *undekl f* Kallisto (*myth* M. des Arkas, als Sternbild →Arctos in den Himmel versetzt)
callit(h)ri|x, ~cis *f* [*gr*] Meerkatze *Affenart*
callōsus *3* dickhäutig
calluī →calleo
callum, ī *n* harte, dicke Haut, Schwiele; Abgestumpftheit
[1]**calō** *1* holen (*urv*)*;* verkünden, zusammen-, einberufen
[2]**cālō,** ~nis *m* **1.** (Tross-)Knecht **2.** Holzschuh
calor, calōris *m* [caleo] Hitze, Glut, Fieberhitze; Eifer, Leidenschaft ⟦*spl* Lebenswärme
Calor, Calōris *m* Calor (Fluss in Samnium)
calōrātus *3* hitzig, leidenschaftlich
Calpē, ēs *f* Calpe, *heute* Gibraltar
Calpurniānus *3* calpurnisch, des Calpurnius
Calpurnius *3* Calpurnius *Gent, z.B. der Familie der Pisones*
calt(h)a, ae *f* (Garten-)Ringelblume
caltula, ae *f* gelbes (Frauen-)Kleid
caluī **1.** →caleo **2.** →calesco
calumnia, ae *f* [calvor] Betrug, Verleumdung; falsche Anklage; Strafe für falsche Anklage ⟦*ml* Rechtsstreit
calumniāt|or, ~ōris *m* verleumderischer Ankläger; Ränkeschmied ⟦*spl* Verleumder
calumnior *1* zu Unrecht anklagen, böswillig angreifen, bekritteln ⟦*ml auch Pass*
calva, ae *f* [calvus] Hirnschale, Schädel
⟦**calvaria,** ae *f spl* Hirnschale, Schädel
⟦**calvatus** *3 ml* kahlköpfig
Calvēna, ae *m* [calvus] Glatzkopf *erfundener Name für Cäsars kahlköpfigen Freund Matius*
calvitium, ī *n* Glatze
calvor *1* täuschen
calvus **I.** *Adj 3* kahl, glatzköpfig **II.** *Subst* ī *m* Glatzkopf
Calvus, ī *m* Calvus (BN)
calx, calcis *f (m)* **1.** (Spiel-)Stein; Kalk(stein) (*Lw*)*;* Ziel *der Rennbahn* **2.** Ferse, Huf
Calydōn, ~is *u.* ~os (*Akk auch* ~a) *f* Kalydon (Hauptstadt von Ätolien)
Calydōni|s **I.** *Adj, Gen* ~dis (*Akk* ~da) *f* kalydonisch *zu* Calydon **II.** *Subst* ~dis (*Akk* ~da) *f* Kalydonierin (= Deianeira)
Calydōn|ius *3* kalydonisch *zu* Calydon
Calymnē, ēs *f* Kalymna (Insel im Ägäischen Meer), *heute* Kalymnos
Calyps|ō, ~ūs (*Gen auch* ~ōnis, *Akk* ~ō, ~ōnem, ~ōn) *f* Kalypso (Nymphe, T. des Atlas, beherbergte Odysseus auf ihrer Insel)

Camalodūnum = Camulodunum
camara = camera
Camarīna = Camerina
⟦**cambio** *1* (*4*) [*kelt*] *ml* tauschen, wechseln
⟦**cambitor,** ~is *m ml* Wechsler
Cambodunum, ī *n* Cambodunum (Stadt in Rätien), *heute* Kempten
Cambȳs|ēs, ~is *u.* ~ae (*Akk* ~ēn) *m* Kambyses (pers. N 1. V. des älteren Kyros 2. des älteren Kyros S. u. Nachfolger, →Cyrus 1.)
camēlārius, ī *m* Kameltreiber
camella, ae *f* [camera] Schale *für Flüssigkeiten;* Bottich
camēlus, ī *m* [*gr*] Kamel
⟦**camelutinus** *3 ml* aus Kamelhaar
Camēna, ae *f* Camena (weissagende Quellnymphe, Muse)
camera, ae *f* [*gr*] gewölbte Decke, Wölbung, Gewölbe; Boot *mit gewölbtem Bretterdach* ⟦*ml* Kammer (*Lw*); Speicher; Schatzkammer, (Staats-)Kasse
⟦**camerarius,** i *m ml* Kämmerer (*Lw*), Kammerherr
Cameria, ae *f* Cameria (Ort in Latium)
Camerīna I. *Subst* ae *f* Camerina, *gr* Kamarina (1. Stadt an der Südküste Siziliens 2. Sumpf in der Nähe von 1.) **II.** *Nom Sg f und Nom/Akk Pl n zu* Camerinus I.
Camerīnum I. *Subst* ī *n* Camerinum (Ort in Umbrien), *heute* Camerino **II.** *Akk Sg m, Nom/Akk Sg n zu* Camerinus I.
Camerīnus I. *Adj 3* camerinisch, von Cameria **II.** *Subst* ī *m* Camerinus (1. BN der berühmten gens Sulpicia 2. *poet* = vornehmer Mensch)
Camerium, ī *n* Camerium (= Cameria)
Camer|s, *Gen* ~tis *u.* **~tīnus** *3* camert(in)isch, von Camerinum
⟦**camerula,** ae *f ml* Kämmerlein
Camillus, ī *m* Camillus (BN), →Furius 1.
⟦**caminata,** ae *f ml* (heizbares) Gemach, Kemenate; Klause
camīnus, ī *m* [*gr*] (Schmelz-)Ofen, Kamin(feuer)
⟦**camis(i)a,** ae *f spl* Hemd
⟦**camisil|e,** ~is *n ml* (einfacher) Hemdenstoff
⟦**campana,** ae *f spl* Glocke
⟦**campanarium,** i *n ml* Glockenturm
⟦**campania,** ae *f spl* Ebene
Campānia, ae *f* Kampanien (Landschaft in Mittelitalien)
Camp|āns, *Gen* ~antis [*altl*] = Campanus I.
Campān|us I. *Adj 3* kampanisch *zu* Campania; capuanisch, von Capua **II.** *Subst Pl* ~ī, ~ōrum *m* Kampanier, Einw. von Kampanien; Capuaner, Einw. von Capua
campest|er, ~ris, ~re, *Gen* ~ris flach, eben; auf *od* in der Ebene; auf dem Marsfeld; die Wahlen betreffend, Wahl-
campestr|e, ~is *n* [campestris] Lendenschurz *getragen bei sportlichen Übungen und Wettkämpfen* ⟦*spl* Ebene
⟦**campio,** ~nis *m spl* Kämpe (*Lw*), Kämpfer
camp|us, ī *m* **1.** offene Landschaft, Ebene; Meeresfläche **2.** Feld *in der Landwirtschaft* **3.** Schlacht(feld) **4.** (größerer) freier Platz *in der Stadt, z.B.* ~us (Martius) Marsfeld *in Rom für Wahlen, Sport, Naherholung* **5.** *myth, poet* Gefilde, ~i Elysii Gefilde der Seligen **6.** Tätigkeitsfeld, -gebiet ⟦*ml* eingehegte Weide, Kamp (*Lw*)
Camulodūnum, ī *n* Camulodunum (Ort in Britannien), *heute* Colchester
camur(us) *3* gekrümmt
canab|a, ae *f* Vorratslager; Verkaufsstand, -bude, (Wein-)Schenke *am Rande röm. Legionslager; Pl* ~ae, ~ārum *f* Krämerbezirk, Ansiedlung
Canacē, ēs *f* Kanake (T. des Aiolos, →Aeolus 2.)
canālicius *3* aus Schächten gewonnen
canāliculus, ī *m* Rinne, Röhrchen
canāl|is, ~is (*Abl gew* ī) *m f* [canna] Röhre, (Wasser-)Rinne, Kanal; Schacht; Kannelüre
canārius *3* Hunde-
⟦**canava,** ae *f spl* = canaba; *ml* Hanf (*urv*)
⟦**cancellarius,** i *m ml* Kanzler (*Lw*), Kanzleivorsteher
cancellī, ōrum *m* [cancer 2.] Gitter, Schranken, Grenzen ⟦*ml* Fenstergitter, Chorschranken
cancer, cancrī *m* **1.** Krebs *Tier; Sternbild; Geschwür;* Süden, Hitze **2.** Gitter, Schranke
Candāvia, ae *f* Kandavien (Gebirgsgegend in Illyrien)
cande|faciō, ~fēcī, ~factus (*Pass* ~fīō) (glänzend) weiß machen; glühend machen
candēla, ae *f* [candeo] (Wachs-)Kerze; Wachsschnur
candēlābr|um, ~ī *n u.* **~us,** ~ī *m* Leuchter, Lampenständer
candeō, canduī 2 weiß glänzen, (glänzend) weiß sein; glühen
candēscō, canduī *3* weiß *od* glänzend *od* glühend werden; erglänzen, erglühen
candicō *1* (weiß) glänzen
candidātōrius *3* des Amtsbewerbers
candidātus I. *Adj 3* weiß gekleidet ⟦*spl* weiß **II.** *Subst* ī *m* Amtsbewerber ⟦*spl* kaiserlicher Leibwächter
⟦**candidulatus** *3 ml* weiß
candidulus *3* schön weiß
candidus *3* **1.** strahlend, heiter **2.** (schnee-)weiß, weiß gekleidet **3.** *vom Stil* einfach, ungekünstelt **4.** aufrichtig, ehrlich, redlich **5.** glücklich, fröhlich ⟦*ml* blond

cand|or, ~ōris *m* weiße Farbe, heller Glanz; Klarheit, Aufrichtigkeit, Redlichkeit
canduī 1. →candeo **2.** →candesco
cāneō *2* [canus] grau, weiß sein
canēphoros, ī (*Nom Pl* canēphoroe) *f kult* Korbträgerin
canēs 1. *Nbf Nom Sg* = canis **2.** *Nom/Akk Pl zu* canis **3.** *Fut Sg 2.* →cano
cānēscō, cānuī *3* weiß *od* grau werden, altern
canīcula, ae *f* (kleine) Hündin, Hündchen; Hundsstern (= Sirius); Haifisch; Hund *schlechtester Wurf beim Würfelspiel*
Cānidia, ae *f* Canidia (FN)
Cānidius *3 Gent, z.B.* P. ~ Crassus (Anhänger des Antonius 4.)
canīnus *3* Hunde-; *übertr* bissig
canis, ~ *m, f* Hund (*urv*) **1.** *Tier* **2.** *Schimpfwort* (*auch für bissige u. unterwürfige Menschen*) **3.** *schlechtester Wurf beim Würfelspiel* **4.** *eine Art Fessel* **5.** *N zweier Sterne*
canistrum, ī *n* [*gr*] (Rohr-)Körbchen
cānitiēs, ēī *f* (weiß)graue Farbe; graues Haar; *poet* Alter
canna, ae *f* **1.** [*gr*] Rohr; Rohrflöte **2.** ⟦[*dt*] *spl* Kanne
⟦**cannaba,** ae *f u.* **cannabis,** ~ *f* **1.** = canava **2.** = canaba
Cannae, ārum *f* Cannae (Ort in Apulien, Niederlage der Römer gegen Hannibal 216 v. Chr.)
Cannēns|is, ~e, *Gen* ~is von *od* bei Cannae
Canninefa|s I. *Adj, Gen* ~tis kanninefatisch *zu* II. **II.** *Subst* ~tis *m* Kanninefate (Angehöriger eines batavischen Volkes)
cannula, ae *f* Schilf, Rohr
canō, cecinī *3* singen; krähen, krächzen, quaken; spielen *Abl ein Instrument,* blasen, *milit* receptui ~ zum Rückzug blasen (lassen); *von Instrumenten* (er)klingen, (er)tönen; dichten, komponieren; besingen, verherrlichen; verkünden ⟦*ml* feierlich singen, (Messe) abhalten
canōn, canonis (*Akk* canona) *m* [*gr*] Regel, Richtschnur ⟦*spl* Klosterregel; *ml* Dogma; kirchliches Gesetz
⟦**canonica,** ae *f* [canonicus] *ml* Kollegiatstift; Stiftskirche
⟦**canonicatus,** us *m ml* Domherrnstelle
canonicus *3* regelmäßig, regelrecht ⟦*spl* nach der Klosterregel; *ml* kirchlich rechtmäßig; civis ~ Weltgeistlicher; *Subst* i *m* Chor-, Dom-, Stiftsherr
⟦**canonista,** ae *m ml* Vertreter des Kirchenrechts
Canōpīus *3* kanopisch, von Kanopos *zu* Canopus 1.
Canōpus, ī *m* **1.** Kanopos (Stadt u. Insel in der Nähe von Alexandria); *übertr* (Unter-)Ägypten **2.** Kanopus (Stern im Sternbild Argo)
canor, canōris *m* Gesang, Klang
canōrum, ī *n* [canorus] Wohlklang
canōrus *3* (wohl)klingend, (wohl)tönend, melodisch, schön singend *od* blasend
Cantaber, Cantabrī *m* Kantabrer (Angehöriger eines Volkes in Nordspanien)
Cantabria, ae *f* Kantabrien
Cantabricus *3* kantabrisch
⟦**Cantabrigia,** ae *f ml* Cambridge
⟦**cantabrum,** i *n spl* Standarte
cantām|en, ~inis *n* Zauberspruch, -formel
⟦**cantatio,** ~nis *f spl* Singen
cantātrī|x, *Gen* ~cis *f* **I.** *Adj* Zauber- ⟦**II.** *Subst spl* Sängerin
canthari|s, ~dis (*Akk Pl* ~das) *f* [*gr*] (giftige) spanische Fliege
cantharus, ī *m* [*gr*] Kanne, Humpen
canthērīn|us *3* Wallach-, Gaul-; ~o ritu wie ein Gaul
canthērius, ī *m* Wallach, Gaul, Klepper
cantic|um, ~ī *n* Lied, Gesang, Canticum *arien- od. rezitativartige Komödienpartie* ⟦*spl* geistliches Lied, Psalm; ~um (~orum) das Hohelied
cantilēna, ae *f* (bekanntes) Lied, Singsang, abgedroschenes Geschwätz ⟦*spl* Lied; *ml* Stimme
cantiō, ~nis *f* Gesang; Zauberspruch ⟦*ml verächtlich* Geleier
cantitō *1* oft singen, zu singen pflegen
Cantium, ī *n* Cantium (Landschaft im Südosten Britanniens), *heute* Kent
cantiuncula, ae *f* Liedchen
⟦**cantizo** *1 ml* singen
cantō *1* singen, ertönen; spielen *Abl ein Instrument;* vortragen, herleiern, *übertr* vorpredigen; durch Zauberei hervorrufen, besprechen, bannen; besingen, verkünden
cant|or, ~ōris *m* Sänger, Schauspieler ⟦*ml* Kantor, (Kirchen-)Musiker; Priester *der die Liturgie versieht*
⟦**cantoria,** ae *f ml* (stiftisches) Kantoramt
cantrī|x, ~cis *f* Sängerin
canturiō *4* singen
cantus, ūs *m* Gesang, Klang, Musik; Zauberspruch, Weissagung ⟦*ml* cum ~u in singendem Ton
cānuī →canesco
Canulēius *3 Gent, z.B.* C. ~ (Volkstribun 445 v. Chr., Initiator des Gesetzes, das Ehen zwischen Patriziern u. Plebejern ermöglichte)
cānus I. *Adj 3* grau, weiß, alt **II.** *Subst Pl* cānī, ōrum *m* graues Haar ⟦*Subst* i *m spl* alter Mann
Canusīnātus *3* in Wolle aus Canusium gekleidet
Canusīnus, ī *m* Canusiner, Einw. von Canusium
Canusium, ī *n* Canusium (Ort in Apulien), *heute* Canosa

capācitā|s, ~tis *f* Fassungsvermögen, Raum ⟦*spl* Umfang, Größe
capā|x, *Gen* ~cis viel fassend, geräumig, weit; empfänglich, geeignet *Gen* für
capēd|ō, inis *f* [capis] Opferschale
capēduncula, ae *f* Opferschälchen
capella, ae *f* **1.** [capra] (kleine) Ziege *auch Stern im Sternbild Fuhrmann* **2.** ⟦[cappa] *ml* (kleines) Gotteshaus, Hofkapelle; Geistlichkeit der Hofkapelle
⟦**capellanus,** i *m ml* Geistlicher, ›Kaplan‹
⟦**capellus,** i *m ml* Kapuze
Capēna, ae *f* **1.** Capena (Ort in Etrurien) **2.** (porta) ~ Porta Capena, Capenisches Tor (Tor in Rom, Beginn der Via Appia)
Capēnā|s, *Gen* ~tis capenisch, von Capena 1.
Capēn|us *3* capenisch, von Capena 1.; porta ~a →Capena 2.
caper, caprī *m* Ziegenbock; Bocksgestank
caperrō *1* runzeln; Runzeln bekommen
capess|ō, ~īvī, ~ītus *3* (hastig, eifrig) ergreifen, in Angriff nehmen, übernehmen; streben *Akk* nach ⟦*ml* = capio; empfangen
Caphārēus = Caphereus
[1]**Caphēr|ēus,** ~eī *u.* ~eos (*Akk* ~ea, *Vok* ~eu) *m* Kaphereus (felsige südöstliche Spitze von Euboia)
[2]**Caphēreus** *3* von Kaphereus *zu* [1]Caphereus
capillāmentum, ī *n* Haar, Perücke; Wurzelfasern
capillātus *3* behaart, langhaarig
⟦**capillicium,** i *n* Haar(tracht), Perücke
capillus, ī *m* Haar
[1]**capiō,** ~nis *f* Ergreifung; usūs ~ Eigentumserwerb durch Verjährung
[2]**capiō,** cēpī, captus *3* **1.** ergreifen, nehmen; *geistig* erfassen; *Örtlichkeiten* erreichen, einnehmen; *Ämter, Aufgaben* übernehmen, *jur* in Besitz nehmen, erobern; fangen, gefangen nehmen; erwerben, gewinnen **2.** wählen **3.** bekommen, empfangen, erhalten **4.** fassen, enthalten ⟦*spl* auribus ~ hören; wahren vor; *unpers* non capit *mit Akk mit Inf* es ist unmöglich
capi|s, ~dis (*Akk Pl* ~das) *f* Opferschale *mit Henkel*
capistrō *1* anbinden, anschirren
capistrum, ī *n* [capio] Halfter, *lederner* Maulkorb ⟦*ml* Zaumzeug
capit- →caput
capit|al, ~ālis (*Abl* ~ālī) *n* todeswürdiges Verbrechen ⟦*spl* (Geld für) Schadenersatz
capitāl|is, ~e, *Gen* ~is tödlich, Tod(es)-, (sehr) gefährlich; hervorragend
⟦**capitaneus,** i *m ml* (lombardischer) Graf
capitium, ī *n* Frauentunika ⟦*spl* Öffnung (in der Tunika) für den Kopf; Kapuze
capitō, ~nis *m* Großkopf
Capitō, ~nis *m* Capito (röm. BN)
Capitōlīnus *3* kapitolinisch *zu* Capitolium
Capitōlium, ī *n* Kapitol (einer der 7 Hügel Roms, religiöses, politisches u. kulturelles Zentrum)
⟦**capitular|e,** ~is *n ml* Verordnung
⟦**capitular|is,** ~e, *Gen* ~is *ml* das Kapitel beginnend
capitulātim *Adv* kurz (zusammengefasst)
⟦**capitulo** *1 ml* kapitelweise berichten; berechnen; schelten
capitulum, ī *n* [caput] Köpfchen, Kopf; Mensch; Hauptbalken *an Kriegsmaschinen;* Kapitell ⟦*spl* Abschnitt, Kapitel; Verordnung; *ml* Domkapitel
cāpō, ~nis *m* Kapaun (*Fw*); Eunuch
⟦**cappa,** ae *f ml* (geistliches) Gewand, Umhang; Kapuze
Cappadocia, ae *f* Kappadokien (Landschaft Kleinasiens)
Cappado|x, ~cis (*Akk Pl* ~cas) *m* Kappadoker, Einw. von Kappadokien
cappar|is, ~is (*Abl* ~ī) *f* [*gr*] Kaper (*Lw*)
⟦**cappell-** = capell-
capra, ae *f* Ziege; *auch Stern im Sternbild Fuhrmann* (= *capella*)*;* Bocksgeruch
⟦**capraritia,** ae *f ml* Ziegenherde
caprea, ae *f* Reh
Capreae, ārum *f* Capreae (Insel an der kampanischen Küste), *heute* Capri
capreāginus *3* Reh-
Capreēns|is, ~e, *Gen* ~is auf Capri
capreol|us, ī *m* Rehbock; *Pl* ~ī, ~ōrum *m* Strebebänder *beim Holzbau*
capricornus, ī *m* Steinbock *Sternbild*
caprifīcus, ī *f* wilde(r) Feige(nbaum)
caprigenus *3* Ziegen-
caprimulgus, ī *m* Ziegenmelker, Hirt
Caprīneus, ī *m* Caprineus (zweideutiger BN des Tiberius: der auf Capri *od* der Ziegenbockige)
caprīnus *3* Ziegen-
capripl|ēs, *Gen* ~edis bocksfüßig
capsa, ae *f* Kapsel *für Buchrollen,* Kästchen ⟦*ml* (Reliquien-)Schrein; Sarg
Capsa, ae *f* Kapsa (Ort südlich von Tunis)
capsārius, ī *m* Träger der Büchertasche
capsella *u.* **capsula,** ae *f* (kleine) ›Kapsel‹ (*Lw*), Kästchen, Schächtelchen
Capsēns|ēs, ~ium *m* Einw. von Kapsa *zu* Capsa
capsus, ī *m* [capsa] (Wagen-)Kasten
captātiō, ~nis *f* Haschen, Jagen, Streben *Gen* nach
captāt|or, ~ōris *m* Trachtender, Strebender *Gen* nach
captiō, ~nis *f* Betrug, Täuschung; Schaden; Trugschluss ⟦*ml* Gefangennahme
captiōsa, ōrum *n* [captiosus] Trugschlüsse
captiōsus *3* betrügerisch; verfänglich
captiuncula, ae *f* Verfänglichkeit

captīvitā|s, ~tis *f* Gefangenschaft; Eroberung ⟦*ml* Gefangennahme, Verlust; die Gefangenen
⟦**captivo** *1 spl* gefangen nehmen
captīvus I. *Adj 3* (kriegs)gefangen, erbeutet, erobert **II.** *Subst* ī *m* Kriegsgefangener
captō *1* zu fangen, zu gewinnen suchen, lauern *Akk* auf; jagen, streben *Akk* nach ⟦*ml* bemerken
captūra, ae *f* Fang, Gewinn
captus I. *Part Perf Pass* →capio **II.** *Subst* ūs *m* Auffassungsgabe, geistige Fähigkeit, Bildungsstand
Capua, ae *f* Capua (Hauptstadt Kampaniens)
capūdō = capedo
capulār|is, ~e, *Gen* ~is dem Grabe nahe
⟦**capulo** *1 spl* abschneiden, fällen
capulus, ī *m* [capio] Handhabe, (Schwert-)Griff; Sarg
cāpus, ī *m* = capo
caput, capitis *n* **1.** Kopf; Person; Leben; capitis accuso auf Leben und Tod anklagen; causa *od* iudicium capitis Prozess über Leben und Tod; capitis *od* capite damno zum Tode verurteilen; bürgerliche Existenz, (volle) Rechtsfähigkeit **2.** Spitze, Ende; *med* vorspringender Teil, Lappen *der Leber;* Quelle, wesentliche Ursache; *selten* Mündung **3.** Haupt(person) (*urv*); Hauptstadt; Hauptsache, -abschnitt, Kapitel; Kapital ⟦*ml* Anfang; ~ ieiunii Aschermittwoch
Cār, Cāris (*Nom Pl* Cāres) *m* Karer, Einw. von Karien
Caral|ēs, ~ium *f* Carales (Ort auf Sardinien), *heute* Cagliari
Caralītāneus *3* caralitanisch, von Carales
⟦**caraxo** = charaxo
carbasa, ōrum *n* Leinengewänder; Segel *Pl*
carbas(e)us *3* aus (feinem) Leinen
carbasus, ī *f* [*gr*] Baumwollgewebe; feines Leinen; Segel
carbatinus = carpatinus
carbō, ~nis *m* Kohle
carbōnārius, ī *m* Köhler; Kohlenhändler
carbunculus, ī *m* (glühende) Kohle; Karfunkel(stein), roter Granat; Geschwür; Brand *Pflanzenkrankheit*
carcer, ~is *m* **1.** Kerker (*Lw*), Gefängnis; **2.** *gew Pl* ~es, ~um *m* Schranken *am Startpunkt der Rennbahn*
⟦**carceral|is,** ~e, *Gen* ~is *spl* Kerker-
carcerāriu|s *3* Kerker-; quaestum ~m facio sein Brot als Kerkermeister verdienen
⟦**carcero** *1 spl* einkerkern
Carchēdonius [*gr*] **I.** *Adj 3* karthagisch **II.** *Subst* ī *m* Karthager
carchēsium, ī *n* [*gr*] **1.** Trinkgefäß, Becher **2.** Mastspitze, Topp

carcinōma, ~tis (*Dat/Abl Pl* ~tīs) *n* Krebs(geschwür)
cardac|es, ~um (*Akk* ~as) *m* Kardaken (persische Fußtruppe)
cardēlis, ~ *f* Distelfink
cardiacus *3* magenkrank
Cardiānus *3* aus Kardia (Ort auf der thrakischen Chersones)
⟦**cardinal|is I.** *Adj* ~e, *Gen* ~is *spl* wichtig, Haupt- **II.** *Subst* ~is *m ml* Kardinal
[1]**card|ō,** ~inis *m* Türzapfen, -angel; Pol, Weltachse; *bei der Landvermessung* Grundlinie; Haupt-, Wendepunkt; Himmelsgegend
[2]⟦**cardo,** ~nis *m spl* = carduus
carduēlis = cardelis
carduus, ī *m* Distel
cārectum, ī *n* [carex] Riedgraswiese
⟦**carentia,** ae *f spl* Freisein *Gen* von, Verzicht *Gen* auf
careō, caruī, caritūrus *2 mit Abl* frei sein von, nicht haben, entbehren; sich enthalten, sich fernhalten von; verzichten müssen auf, verlieren
cārex, cāricis *f* Riedgras
Cāria, ae *f* Karien (Küstenlandschaft im Südwesten Kleinasiens)
Cārica, ae *f* [Caricus] karische Feige
Cāricus *3* karisch *zu* Caria
cariēs, ēī *f* Fäulnis, Morschheit; milder Geschmack *alten Weines*
carīna, ae *f* (Schiffs-)Kiel, Schiff
Carīnae, ārum *f* Carinae (Stadtteil von Rom am Esquilin)
carinārius, ī *m* Nussbraunfärber, →carinum
carinum, ī *n* Karinum (nussbraunes Frauengewand)
cariōsus *3* morsch, faul, mürbe; *vom Alter* gebrechlich, hinfällig; *vom Wein* abgelagert
caristia 1. ōrum *n* Caristia (röm. Familienfest am 22. Februar) **2.** ⟦ae *f ml* Teuerung, Preisanstieg
cāritā|s, ~tis *f* Liebe, Hochschätzung, -achtung; hoher Preis, Teuerung ⟦*spl* vestra ~s *Anrede an einen Freund; ml* göttliche Liebe; Nächstenliebe; Wert
⟦**caritativus** *3 ml* von Nächstenliebe erfüllt
caritūrus →careo
Carmānia, ae *f* Karmanien (Landschaft am Persischen Golf)
Carmēlus, ī *m* Karmel (Gebirge in Galiläa)
carm|en, ~inis *n* (Gebets-, Zauber-, Eides-, Gesetzes-)Formel, Spruch, Weissagung, Inschrift; Lied, Gesang; Gedicht
Carmenta, ae *f* = Carmentis
Carmentāli|a, ~um *n* [Carmentalis] Fest der Carmentis
Carmentāl|is, ~e, *Gen* ~is carmentalisch, der Carmentis

Carmentis, ~ *f* [carmen] Carmentis (*myth* Weissagerin, M. des Euander)
carminō *1* [²caro] *Wolle* krempeln
Carmō, ~nis *f* Carmo (Ort in Andalusien), *heute* Carmona
Carmōnēns|ēs, ~ium *m* Carmonenser, Einw. von Carmo
carn- →¹caro
⟦**carnal|is,** ~e, *Gen* ~is *spl* leiblich; irdisch; *ml* fleischlich, sündhaft
carnārium, ī *n* [¹caro] Fleischhaken; Fleisch-, Räucherkammer; Metzelei
Carnead|ēs, ~is (*Akk auch* ~ēn) *m* Karneades (gr. Philosoph im 2. Jh. v. Chr., Begründer der neueren Akademie in Athen, 155 in Rom)
Carnead|ēus *u.* **~ius** *3* karneadisch, des Karneades
⟦**carneus** *3 spl* fleischlich, irdisch
Carnī, ōrum *m* Karner (kelt. Volk in den Karnischen Alpen)
carnif|ex, ~icis *m* [¹caro] Henker(sknecht), Folterknecht, Peiniger; Schurke
carnificīna, ae *f* Henkeramt; Folter, Marter, Qual
carnificius *3* des Henkers, Henkers-
carnificō *1* hinrichten, köpfen
carnis **1.** *Nbf Nom Sg* = ¹caro **2.** *Gen Sg zu* ¹caro
⟦**carnosus** *3 spl* fleischig
carnuf- = carnif-
Carnuntum, ī *n* Carnuntum (Ort u. röm. Militärlager an der Donau, östlich von Wien)
Carnūt|ēs, ~um *m* Karnuten (kelt. Volk an der Loire)
¹**caro,** carnis *f* Fleisch(stück) ⟦*spl* leibliches, irdisches Dasein; ~ sum Mensch sein; *ml* Fleischkost; Kind
²**cārō** 3 *Wolle* krempeln
⟦**Carolus,** i *m* [*dt*] *ml* ~ magnus Karl der Große (Frankenkönig 768–814, 800 zum Kaiser gekrönt)
⟦**carpa,** ae *f spl* Karpfen
Carpathiu|s *3* karpathisch *zu* Carpathus; mare ~m Karpathisches Meer (südöstlicher Teil des Ägäischen Meeres)
Carpathus, ī *f* Karpathos (Insel zwischen Kreta und Rhodos)
carpatinus *3* aus rohem Leder, rohledern
⟦**carpentarius** *spl* **I.** *Adj 3* Wagen- **II.** *Subst* i *m* Stellmacher
carpentum, ī *n* *zweirädriger* (Reise- *od* Streit-)Wagen
Carpētānī, ōrum *m* Karpetaner (mächtiges spanisches Volk)
Carpētānia, ae *f* Karpetanien *zu* Carpetani
carp|ō, ~sī, ~tus *3* (ab)pflücken, abrupfen, -fressen; genießen; *eine Strecke* durcheilen, zurücklegen; *mit Worten* zerpflücken, verspotten; zerteilen, zersplittern, aufbrauchen; beunruhigen, schwächen
carptim *Adv* stückweise, in Auswahl, von Zeit zu Zeit
carpt|or, ~ōris *m* Fleischzerleger, Trancheur ⟦*spl* Lästerzunge
carptus →carpo
Carr(h)ae, ārum *f* Karrhai (Ort in Mesopotamien, Niederlage des Crassus gegen die Parther 53 v. Chr.)
carrō = ²caro
⟦**carrocium,** i *n ml* Bannerwagen *von Mailand*
carrūca, ae *f* [carrus] *vierrädriger* (Reise-)Wagen
carrus, ī *m u.* **carrum,** ī *n* [*kelt*] *vierrädriger* Karren (*Lw*), (Transport-)Wagen
Carseolānus *3* carseolanisch, von Carseoli
Carseolī, ōrum *m* Carseoli (Ort in Latium)
carta = charta
Cartēia, ae *f* Carteia (Küstenstadt in Südspanien)
Cartēiēns|is, ~e, *Gen* ~is carteisch, von Carteia
Carthaeus *3* karthaiisch, von Karthaia (Ort auf Keos)
Carthāg|ō, ~inis *f* **1.** Karthago (Stadt in Nordafrika) **2.** ~o (nova) Neukarthago (südostspanische Hafenstadt), *heute* Cartagena
Carthaginiēns|is **I.** *Adj* ~e, *Gen* ~is karthagisch *zu* Carthago **II.** *Subst* ~is *m* Karthager *zu* Carthago
Carthēius = Carthaeus
cartilāginōsus *3* sehr knorplig
cartilāg|ō, ~inis *f* Knorpel
caruī →careo
caruncula, ae *f* [¹caro] Stückchen Fleisch
cārus **I.** *Adj 3* lieb, wert, teuer *auch Preis* **II.** *Subst Pl* cārī, ōrum *m, auch Sup* cārissimī, ōrum *m* die (teuren) Lieben, Liebsten
Cārus, ī *m BN, z.B.* M. Aurelius ~ (röm. Kaiser 282–283)
Caryae, ārum *f* Karyai (Ort in Lakonien)
Caryāti|s **I.** *Adj, Gen* ~dis *f* karyatisch, von Karyai (BN der Artemis) **II.** *Subst Pl* ~dēs, ~dum (*Akk* ~das) *f* Karyatiden (1. Dienerinnen der Artemis im Tempel von Karyai 2. weibliche Figuren, die anstelle der Säulen das Gebälk tragen)
caryōta, ~ae *f* [*gr*] (karyotische) Dattel *nussförmige Dattelart*
caryōti|s, ~dis (*Akk Pl* ~das) *f* = caryota
Caryst|ēus *u.* **~ius** *3* karystisch, von Karystos
Carystus, ī *f* Karystos (Ort an der Südküste Euboias)
casa, ae *f* Hütte, Häuschen ⟦*spl* Gut; *ml* Herrenhaus
cascus *3* uralt
⟦**casearius** *3 spl* Käse-
cāseus, ī *m* Käse (*Lw*)
casia, ae *f* [*gr*] **1.** Kassiazimt **2.** Seidelbast

C

Casilīnāt|ēs, ~ium *m* Casiliner, Einw. von Casilinum
Casilīnēns|ēs, ~ium *m* = Casilinates
Casilīnum, ī *n* Casilinum (Ort in Kampanien)
Casīnā|s, *Gen* ~tis casinisch, von Casinum
Casīnum, ī *n* Casinum (Ort in Latium)
Casperia, ae *f* Casperia (Ort der Sabiner)
Caspi|us I. *Adj 3* kaspisch, am Kaspischen Meer; mare ~um Kaspisches Meer; ~ae (pylae *od* portae) Kaspische Engpässe (südlich des Kaspischen Meeres) **II.** *Subst Pl* ~ī, ~ōrum *m* Kaspier, Anwohner des Kaspischen Meeres
Cassander, Cassandrī *m* Kassandros (Feldherr Alexanders des Großen, König von Makedonien 317–298)
Cassandra, ae *f* Kassandra (trojanische Weissagerin, T. des Priamos)
Cassandrēa, ae *f* Kassandreia (Ort in Makedonien)
Cassandrēns|ēs, ~ium *m* Kassandreier, Einw. von Kassandreia
Cassandreūs, Cassandreī *m* der Kassandreier (= Apollodoros, Tyrann von Kassandreia)
Cassandrīa = Cassandrea
Cassandrus = Cassander
⟦**cassia** = casia
Cassiān|us *3* cassianisch, des Cassius; iudex ~us strenger Richter (wie Cassius 1.); bellum ~um Krieg des Cassius 2.; schola ~a Schule des Cassius 4.
cassida, ae *f* = cassis 2.
Cassiep- = Cassiop-
⟦**Cassiodorus,** i *m spl* Cassiodor(us) (BN des Flavius Magnus Aurelius ~, Senator u. Kanzleichef Theoderichs im 6. Jh. n. Chr., Mönch im von ihm gegründeten Kloster Vivarium, Schriftsteller)
Cassiopē, ēs *f* **1.** Kassiope (Hafenort auf Kerkyra) **2.** = Cassiopeia
Cassiop|eia, ~ēa, ~īa, ~iae *f* Kassiopeia (Gem. des Kepheus, M. der Andromeda, als Sternbild an den Himmel versetzt)
cass|is 1. ~is, *gew. Pl* ~ēs, ~ium *m* (Jäger-)Netz, *übertr* Falle; Spinngewebe **2.** ~idis *f* Helm *aus Metall, übertr* Krieg
cassīta, ae *f* [cassis 2.] Haubenlerche
Cassi|us *3 Gent, z.B.* **1.** L. ~us Longinus Ravilla (Konsul 127 v. Chr., strenger Richter) **2.** L. ~us Longinus (Konsul 107 v. Chr., von den Helvetiern besiegt u. getötet) **3.** C. ~us Longinus (Cäsarmörder) **4.** C. ~us Longinus (Jurist unter Claudius, Nero u. Vespasian) **5.** via ~a Via Cassia (Abzweig der Via Flaminia in Etrurien) ⟦*spl* ~us Felix (Arzt im 5. Jh. n. Chr., verfasste De medicina)
cassō *1* (hin und her) wackeln, schwanken ⟦*spl* für ungültig erklären
cassu|s *3* leer, hohl; *mit Abl od Gen einer Sache* beraubt, ohne; nichtig, unnütz, vergeblich; in ~m erfolglos, vergeblich
Castalia, ae *f* Kastalia (Apoll geweihte Quelle am Parnass bei Delphi)
Castalius *3* kastalisch, der Kastalia
castanea, ae *f* Kastanie (*Lw*)
castane|us *3* Kastanien-; ~a nux Kastanie
castellānus I. *Adj 3* Kastell- **II.** *Subst* ī *m* Kastellbewohner
castellātim *Adv* kastellweise, in kleinen Gruppen
castellum, ī *m* [castrum] befestigter Ort, Kastell, Blockhaus, Brückenkopf; Zuflucht(sort); Gebirgsdorf; (Wasser-)Sammelbehälter *wo das Wasser eines Aquaedukts gesammelt wurde, um von dort durch Rohrleitungen verteilt zu werden* ⟦*ml* (festes) Schloss
castēria, ae *f* Koje, Schlafraum der Ruderer
castificus *3* rein, keusch
castīgābil|is, ~e, *Gen* ~is Bestrafung verdienend
castīgātiō, ~nis *f* Zurechtweisung, Bestrafung
castīgāt|or, ~ōris *m* Moralprediger, Tadler, Bestrafer
castīgātōrius *3* zurechtweisend
castīgātus I. *Adj 3* straff; genau, gründlich, exakt; kurz (gefasst), knapp ⟦*spl* abgehärtet; eingeschränkt; *ml* tadelnswert **II.** *Part Perf Pass* →castigo
castīgō *1* zurechtweisen, tadeln, bestrafen; dringend ermahnen; verbessern, zügeln
castimōnia, ae *f kult u. sittliche* Reinheit, Enthaltsamkeit, Rechtschaffenheit
castitā|s, ~tis *f sittliche* Reinheit, *sexuelle* Enthaltsamkeit; Uneigennützigkeit
castor, ~is (*Akk Sg auch* ~a, *Akk Pl auch* ~as) *m* Biber
Castor, ~is (*Akk auch* ~a) *m* Kastor (S. des Tyndareos *od* Zeus u. der Leda; Kastor u. sein Zwillingsbruder Polydeukes *od* Pollux waren Schutzgottheiten, als Sternbild Zwillinge an den Himmel versetzt)
castoreum, ī *n* Bibergeil (Absonderung aus den Afterdrüsen des Bibers)
castra, ōrum *n* (Kriegs-)Lager; ~ *od* ~ praetoria(na) Prätorianerkaserne; Tagesmarsch; Kriegsdienst ⟦*ml* Quartier; *als Bestandteil von Ortsnamen, z.B.* Castra Regina, *heute* Regensburg; Castra Vetera, *heute* Xanten
castrātus I. *Part Perf Pass* →castro **II.** *Subst* ī *m* Eunuch
castrēns|is, ~e, *Gen* ~is im Lager, Lager-
castrō *1* entmannen, kastrieren; schwächen, vermindern
castrum, ī *n* befestigter Ort, Kastell *gew als Bestandteil von Ortsnamen, z.B.* Castrum Album in Spanien; →castra ⟦*ml* Burg, Stadt

Castulō, ~nis *m f* Castulo (Ort in Spanien am Baetis)
Castulōnēns|is, ~e, *Gen* ~is castulonisch, von Castulo
castus *3* (sitten)rein, anständig; fromm, heilig; uneigennützig
⟦**casualiter** *Adv ml* zufällig
casula, ae *f* Häuschen ⟦*ml* Messgewand, Kasel
cāsūrus →cado
cāsus, ūs *m* [cado] Fall, Sturz; Verfall, Untergang; Vorfall, Zufall; casu zufällig; Unfall, Unglücksfall; Kasus ⟦*ml* Art und Weise
cat(a)- [*gr*] herab-, hinab-, vollständig
⟦**catabolensis,** ~ *m spl* Lastenfahrer, Spediteur
catadromus, ī *m* schräg in die Höhe gespanntes Seil
Catadūpa, ōrum *n* Katadupa (erster Nilkatarakt an der ägyptisch-nubischen Grenze)
Catadūpī, ōrum *m* Katadupen (Anwohner der Katadupa)
catagelasimus *3* lächerlich
catagrapha, ōrum *n* [catagraphus] Profilbilder
catagraphus *3* bemalt, bunt
catagūsa, ae *f* Die hinabführende *Statue des Praxiteles* (*Demeter, Persephone zum Hades hinabführend*)
⟦**catalogus,** i *m spl* Liste, Verzeichnis
catalysi|s (*Akk* ~n) *f* friedliche Lösung
Catamītus, ī *m* [*etr*] Ganymed(es)
catamītus, ī *m* Lustknabe
Catanē, ēs *f* = Catina
Cataon|es, ~um (*Akk* ~as) *m* Kataonier, Einw. von Kataonien
Cataonia, ae *f* Kataonien (Landschaft in Kappadokien)
cataphagās, ae *m* Fresser
cataphracta 1. = cataphractes **2.** *f zu* cataphractus
⟦**cataphractarius** *spl* **I.** *Adj 3* gepanzert **II.** *Subst* i *m* Panzerreiter
cataphractēs, ae *m* Panzerreiter; Schuppenpanzer
cataphractus *3* gepanzert
cataplūs, ī *m* [*gr*] Landung(sort); (landende) Flotte
catapulta, ae *f* Wurfmaschine *zum Abschießen von Pfeilen, Lanzen usw;* Wurfgeschoss
catapultārius *3* von der Wurfmaschine abgeschossen, Wurfmaschinen-
cataract|a, ~ae *f u.* **~ēs,** ~ae (*Akk Sg* ~ēn) *m* Wasserfall; Fallgitter *an Toren;* Schleuse
cataractria, ae *f* Kataraktria (N eines Gewürzes)
catascop|ium, ~ī *n u.* **~us,** ~ī *m* Wachtschiff
catasta, ae *f* Ausstellungsgerüst *beim Sklavenverkauf*
⟦**catechumenus,** i *m spl* der (durch Religionsunterricht) auf die Taufe vorbereitet wird
catēia, ae *f* Wurfholz *der Kelten u. Germanen, wahrscheinlich ein Bumerang*
catella, ae *f* **1.** [catula] (Schoß-)Hündchen **2.** [catena] Halskette
catellus, ī *m* [catulus] Hündchen
catēna, ae *f* Kette (*Lw*), Fessel *auch übertr,* Zwang
catēnārius *3* Ketten-
catēnātiō, ~nis *f* Verklammerung *technisch;* Verbindung; Gebilde, Konstruktion
catēnātus *3* in Ketten, gefesselt; verkettet, verbunden; mit einer Kette gesichert; an einer Kette befestigt
caterva, ae *f* Schar; (Schauspieler-)Truppe
catervārius *3* truppweise fechtend
catervātim *Adv* haufen-, scharenweise
cath- = cat(a)-
cathedra, ae *f* Sessel ⟦*spl* Lehrstuhl, Katheder; *ml* Bischofsstuhl
⟦**cathedral|is,** ~e, *Gen* ~is *ml* bischöflich
cathedrārius *3* Sessel-, Katheder-
⟦**catholicus** *3 ml* allgemein; rechtgläubig
Catilīna, ae *f* Catilina, *BN des* L. Sergius ~ (Führer einer Verschwörung während des Konsulats Ciceros 63 v. Chr.)
catīllō *1* [catillus] die Teller ablecken
catīll|um, ī *n u.* **~us,** ī *m* [catinus] Schüsselchen, Tellerchen
Cātil(l)us, ī *m* Catil(l)us (*myth* Mitgründer von Tibur)
Catina, ae *f* Catina, *gr* Katane (Stadt auf Sizilien am Ätna)
Catinēns|is, ~e, *Gen* ~is catinisch, von Catina
catīnus, ī *m* Schüssel, Napf, (Schmelz-)Tiegel; Windkessel *Hauptkammer einer Druckpumpe*
Catius, ī *m* Catius (*Gent,* z.B. eines epikureischen Philosophen z. Z. Ciceros)
Catō, ~nis *m* Cato *BN der gens Porcia, z.B.* **1.** M. Porcius ~ maior *od* Censorius (234–149, verteidigte die alten röm. Sitten, forderte die Zerstörung Karthagos) **2.** M. Porcius ~ Uticensis (Urenkel von 1., Verteidiger der republikanischen Staatsform, Gegner Cäsars, tötete sich in Utica 46 v. Chr.)
catōmidiō *1* [*gr*] verprügeln
catōmum, in ~ übergelegt *zur Züchtigung*
Catōniānus *3* catonisch, des Cato 1.
Catōnīni, ōrum *m* Anhänger des Cato 2.
catt|a, ~ae *f* ~ae Pannonicae pannonisches Geflügel ⟦*spl* Katze (*Lw*)
Cattī = Chatti
⟦**cattus,** i *m spl* Kater
catula, ae *f* Hündchen
Catullus, ī *m* Catull, *BN des* C. Valerius ~ (röm. Dichter 87–54)

catulus, ī *m* das Junge; junger Hund
Catulus, ī *m* Catulus (BN der gens Lutatia)
Caturig|ēs, ~um *m* Katurigen (kelt. Volk in Gallia Narbonensis)
catus *3* gescheit, schlau
Caucasius *3* kaukasisch
Caucasus, ī *m* Kaukasus (1. der heutige Kaukasus 2. Gebirge nördlich von Indien, *heute* Hindukusch)
Cauchī = Chauci
cauda, ae *f* Schwanz ⟦*ml* Schleppe
caudeus *3* Binsen-
caud|ex, ~icis *m* Baumstamm, Klotz *auch als Schimpfwort;* Strafblock; (Notiz-, Rechnungs-)Buch ⟦*ml* Handschrift; Bibel
caudicāl|is, ~e, *Gen* ~is Holz-
⟦**caudiceus** *3 spl* aus einem Baumstamm (hergestellt)
Caudīn|us *3* caudinisch, von Caudium; ~ae furculae *od* fauces Caudinische Pässe (Niederlage der Römer durch die Samniten 321 v. Chr.)
Caudium, ī *n* Caudium (Ort in Samnium)
caulae, ārum *f* Viehhürde, Stall; Umfriedung, Einzäunung; Öffnungen, Poren
caulātor = cavillator
cauliculus = coliculus
caulis, ~ *m* Stängel, Strunk, Kohl (*Lw*); Legeröhre *der Insekten;* männliches Glied
Caulōn, ~is *m u.* **~ea,** ae *f* Caulon, *gr* Kaulon (Ort der Bruttier)
⟦**cauma,** ~tis *n* [*gr*] *spl* Hitze
Cauneae, ārum *f* [Cauneus] Feigen von Kaunos
Caun|eus *u.* **~ius** *3* kaunisch, von Kaunos
Caunus, ī *f* Kaunos (Ort in Karien)
[1]**caupō,** ~nis *m* ›Kauf‹mann (*Lw*), (Schank-)Wirt
[2]⟦**caupo,** ~nis *m ml* Kapaun
caupōna, ae *f* **1.** Wirtin **2.** Kneipe
caupōnius *3* Gaststätten-
caupōnor *1* feilschen *Akk* um
caupōnula, ae *f* Kneipe
caurus, ī *m* Nordwestwind
[1]**caus|a,** ~ae *f* **1.** Grund, Ursache, Anlass; cum ~a mit gutem Grunde; per ~am unter dem Vorwand **2.** Angelegenheit, Gegenstand, Sache, Sachverhalt; Lage, Verhältnis, Umstände; *jur* Streit-, Rechtssache, Prozess; ~am dico Prozess führen, sich verteidigen ⟦*ml* in (sine) ~a sum (un)schuldig sein; in ~am pono *od* traho vor Gericht bringen; schwierige Verhältnisse
[2]**causā** *Präp beim Gen, gew nachgestellt* zum Zweck, wegen, um zu; mea ~ meinetwegen ⟦*ml* ~ dei um Gottes willen
causāri|us I. *Adj 3* kränklich; *milit* missio ~a Entlassung aus gesundheitlichen Gründen **II.** *Subst Pl* ~ī, ~ōrum *m* Invaliden
causia, ae *f* [*gr*] (Sonnen-)Hut *mit breiter Krempe*
causidicus, ī *m* Rechtsanwalt
causificor *1* = causor
causor *1* als Grund angeben, vorschützen ⟦*spl* sich beklagen de *od Akk* über; *ml* sich streiten *Akk* um
caussa = causa
causula, ae *f* unbedeutender Anlass; unbedeutender Prozess
cautēla, ae *f* Vorsicht ⟦*spl* Schutz; *jur* Kaution
cautērium, ī *n* [*gr*] *med* Brenneisen
caut|ēs, ~is *f* Riff, Klippe
cautim *Adv* vorsichtig
cautiō, ~nis *f* Behutsamkeit, Vorsicht; ~ est es ist Vorsicht nötig; Sicherheit, Garantie
caut|or, ~ōris *m* Mann der Vorsicht; Abwehrer, Helfer
cautus I. *Adj 3* vorsichtig, behutsam; sicher(gestellt) **II.** *Part Perf Pass* →caveo
cavaedium, ī *n* (innerer) Hof(raum)
⟦**cavatura,** ae *f spl* Wölbung
cavea, ae *f* Käfig (*Lw*); Zuschauer(raum), Theater
caveō, cāvī, cautus *2* **1.** sich hüten, sich in Acht nehmen *Akk od* (a) *Abl* vor, (ut) ne dass *od* zu *mit Inf;* cave, cavete *mit* (ne *u*) *Konj od Inf* ja nicht, auf keinen Fall **2.** Vorsichtsmaßregeln treffen, Fürsorge tragen, sorgen *Dat* für; (sich) Sicherheit verschaffen, Rechtsbeistand leisten, Bürgschaft geben; Sorge tragen, bestimmen, beschließen
cavern|a, ~ae *f* [cavus] Höhlung, Höhle; ~ae navigii *od* puppis Schiffsraum ⟦*spl* Hohlraum des Blasebalgs
⟦**cavernosus** *3 spl* höhlenreich
cāvī →caveo
cavilla, ae *f* Neckerei, Stichelei
cavillātiō, ~nis *f* Necken, Spott, Stichelei; Spitzfindigkeit
cavillāt|or, ~ōris *m* Spötter
cavillis = caulis
Cavillōnum = Cabillonum
cavillor *1* scherzen, necken, sich lustig machen *Akk* über; Redensarten *od* Ausflüchte machen
⟦**caviso** *1 ml* herausfordern
⟦**cavita|s,** ~tis *f spl* Hohlraum
cavō *1* aushöhlen, durchbohren; *durch Aushöhlen* herstellen
cavum, ī *n* [cavus] Höhlung, Loch
cavus I. *Adj 3* hohl, gewölbt; nichtig, wertlos **II.** *Subst* ī *m* Höhlung, Loch
Caystrius *3* des Kaystros
Caystros, ī *m* Kaystros (Fluss in Ionien)
Cēa I. *Subst* ae *f* Keos (Insel der Kykladen), *heute* Kea **II.** *Nom Sg f, Nom/Akk Pl n zu* Ceus
Cebenna, ae *f* (mons) Cevennen (Gebirge im südlichen Gallien)

Cebrēni|s, ~dis (*Akk* ~da) *f* Kebrenide, T. des Kebren (Flussgott in der Troas)
[1]**cecidī** →cado
[2]**cecīdī** →caedo
Cecropid|ēs, ~ae *m* Kekropide, Nachkomme des Kekrops; *Pl* ~ae, ~ārum *m* Athener
Cecropi|s I. *Adj. Gen* ~dis *f* kekropisch, athenisch **II.** *Subst* ~dis *f* Kekropide, weiblicher Nachkomme des Kekrops; Athenerin
Cecropius *3* kekropisch, athenisch, attisch
Cecrop|s, ~is *m* Kekrops (erster König von Attika)
[1]**cēdō,** cessī, cessus *3* **1.** (einher)gehen, kommen; vonstattengehen, ablaufen; zuteilwerden, übergehen *an jmdn, in etw.;* gelten pro als **2.** weggehen, weichen; abtreten *Abl* etw., verzichten *Abl* auf; (den Vorrang) einräumen, nachgeben, sich fügen; vergehen, (ver)schwinden ⟦*ml* zufallen, gehören zu; (straflos) hingehen; *mit Inf* einwilligen
[2]**cedo** (*Pl* cette) *Interj* gib her!, schaff her!, lass hören!, nimm nur!, sieh nur!
Cedrōsiī = Gedrosi
cedrus, ī *f* Zeder; Zedernholz, -öl
Celaenae, ārum *f* Kelainai (Ort in Phrygien)
celeb|er, ~ris, ~re, *Gen* ~ris zahlreich u. oft besucht, volkreich, belebt; bekannt, gefeiert, berühmt; häufig gebraucht
⟦**celebran|s,** ~tis *m ml* geistlicher Gehilfe
celebrātiō, ~nis *f* zahlreicher Besuch, Versammlung; glänzende Feier, Festlichkeit ⟦*spl* ~ missae Zelebrierung der Messe
celebrātus I. *Adj 3* zahlreich besucht; gebräuchlich; feierlich; gepriesen, berühmt **II.** *Part Perf Pass* →celebro
celebris 1. *Nbf m* = celeber **2.** *f zu* celeber **3.** *Gen Sg zu* celeber
celebritā|s, ~tis *f* zahlreicher Besuch, Andrang; Belebtheit; Häufigkeit; Feierlichkeit; Berühmtheit ⟦*spl* Fest
celebrō *1* oft u. zahlreich besuchen, beleben, (an)füllen; umdrängen; (eifrig, oft) betreiben, ausüben; feierlich begehen, feiern; überall bekannt machen, rühmen, verherrlichen ⟦*ml Hof, Reichstag* (ab)halten; *Messe* zelebrieren
Celemna, ae *f* Celemna (Ort in Kampanien)
celer I. *Adj* ~is, ~e, *Gen* ~is schnell, rasch; hitzig, übereilt **II.** *Subst Pl* ~ēs, ~um *m* die Schnellen, Ritter *alte Bez der röm. equites*
celerip|ēs I. *Adj, Gen* ~edis schnellfüßig **II.** *Subst* ~edis *m* Eilbote
celeritā|s, ~tis *f* Schnelligkeit
celerō *1* beschleunigen; eilen
Celeus, ī *m* Keleos (*myth* König in Eleusis)
cella, ae *f* (Vorrats-)Kammer; Cella (Innenraum des Tempels, diente meist zur Aufnahme des Kultbildes) ⟦*spl* Mönchs-, Kloster»zelle« (*Lw*); Kloster; *ml* (Wein-)Keller
⟦**cellarium,** i *n* [cellarius] *spl* (Wein-)Keller (*Lw*)
cellārius I. *Adj 3* zur Vorratskammer gehörig **II.** *Subst* ī *m* Kellermeister
⟦**cellerarius,** i *m ml* Kellermeister
⟦**cellula,** ae *f spl* Einsiedelei, Kloster
cēlō *1* verbergen, verstecken; *mit doppeltem Akk* jmdm. etw. verheimlichen; in Unkenntnis lassen
celōcula, ae *f* [celer] (kleine) Jacht
celō|x, ~cis (*Abl* ~cī) *m f* [celer] Schnellsegler, Jacht
celsitūd|ō, ~inis *f* Höhe, hoher Wuchs ⟦*spl* Erhabenheit; vestra ~o Eure Hoheit *Titel*
celsus *3* [collis] hoch; erhaben, *übertr* groß; hochmütig
Celsus, ī *m* Celsus *BN, z.B.* A. Cornelius ~ (Schriftsteller z. Z. des Tiberius)
Celtae, ārum *m* Kelten (indoeuropäisches Volk)
Celtibēr, ~ī *m* Keltiberer (Angehöriger einer Völkergruppe in Zentralspanien)
Celtibēria, ae *f* Keltiberien, Land der Keltiberer
Celtibēricus *3* keltiberisch
Celticum, ī *n* Gebiet der Kelten
cēna, ae *f* Mahlzeit, Essen ⟦*ml* novissima ~ letztes Abendmahl (Christi)
Cēnabēns|is, ~e, *Gen* ~is cenabisch, von Cenabum
Cēnabum, ī *n* Cenabum (Hauptort der Karnuten, später Aurelianensis urbs), *heute* Orléans
cēnāculum, ī *n* Speisezimmer *im oberen Stock;* Obergeschoss, Dachstübchen ⟦*ml* Abendmahlsraum; (heiliges) Abendmahl
Cēnaeum, ī *n* Kenaion (nordwestliches Vorgebirge Euboias)
Cēnaeus *3* kenaiisch, von Kenaion
cēnātic|us *3* zur Mahlzeit gehörig; spes ~a Hoffnung auf eine Mahlzeit
cēnātiō, ~nis *f* Speisezimmer
cēnātiuncula, ae *f* Speisezimmerchen
cēnātōria, ōrum *n* [cenatorius] Tisch-, Abendkleidung
cēnātōrium, ī *n* [cenatorius] Speisezimmer
cēnātōrius *3* zur Mahlzeit gehörig
Cenchreae, ārum *f* Kenchreai (Hafen Korinths am Saronischen Meerbusen)
Cenchrēus, ī *m* Kenchreios (Fluss bei Ephesos)
cēnitō *1* zu speisen pflegen, gewöhnlich speisen
cēnō *1* (zu Mittag) speisen, essen, verzehren; *Part Perf* cenatus nach dem Essen

C

⟦**cenodoxia,** ae *f* [*gr*] *spl* nichtiger Ruhm
⟦**cenodoxus** *3* [*gr*] *ml* eitel, nichtig
Cenoman(n)ī, ōrum *m* Kenomanen (1. Stamm der Aulerker in Gallia Lugdunensis 2. kelt. Volk in Oberitalien)
cēns|eō, ~uī, ~us *2 Vermögen* (ein-, ab)schätzen, angeben; der Ansicht sein, dafür stimmen; bestimmen, beschließen
cēnsiō, ~nis *f* (Vermögens-)Schätzung; Bestrafung
cēns|or, ~ōris m Zensor (hoher röm. Beamter); (strenger) Beurteiler, Kritiker, Sittenrichter
cēnsōrius I. *Adj 3* zensorisch, des Zensors; streng urteilend **II.** *Subst* ī *m* gewesener Zensor
cēnsuī →censeo
⟦**censum,** i *n ml* Ertrag, Abgabe
cēnsūra, ae *f* Zensoramt, Zensur; Prüfung, Beurteilung ⟦*ml* Rüge; Ansicht; Aufsicht; Kritik; Strenge
cēnsus I. *Part Perf Pass* →censeo **II.** *Subst* ūs *m* Vermögensschätzung, Volkszählung, Zensus; Zensusliste *Bürger- u. Vermögensverzeichnis;* Vermögen, Besitz ⟦*spl* Abgabe, Tribut, »Zins« (*Lw*); *ml* Schatz, Hort
centaurēum, ī *n* [*gr*] Tausendgüldenkraut
Centaurēus *3* kentaurisch, der Kentauren
centaurium = centaureum
Centaurus, ī [*gr*] Kentaur (*m* 1. *myth* Mischwesen, halb Mensch, halb Pferd 2. südliches Sternbild 3. *f* N eines Schiffes) ⟦*ml gelehrter Spott für:* Ritter
Centauricus 3 = Centaureus
⟦**centenarium,** i *n* [centenarius] *spl* Zentner (*Lw*)
centēnārius *3* aus hundert bestehend; hundert (Pfund, Zoll) umfassend; hundert As kostend
centēnī, ae, a (*Gen* centēnum) (je) hundert ⟦*spl* Hundertschaft, Bauernschaft
centēsim|a, ~ae *f* [centesimus] ein Prozent, einprozentige Abgabe; *Pl* ~ae, ~arum *f* (im Monat 1% = im Jahr) 12% (Zinsen)
centēsimus *3* hundertster
centic|eps, *Gen* ~ipitis hundertköpfig
centiē(n)s *Adv* hundertmal
centimanus *3* hundertarmig
centō, ~nis *m aus alten Stoffresten hergestellte* Decke, Matratze, Flickengewand ⟦*spl* Cento (Flickgedicht aus Zitaten berühmter Dichter)
centōnārius, ī *m* Händler mit Stoffresten, Hersteller von Decken *aus Stoffresten;* Feuerwehrmann *der das Feuer mit Decken löscht*
⟦**centrum,** i n [*gr*] *spl* Zenith; Mittelpunkt
centum *undekl* hundert (*urv*)
centumgeminus *3* hundertfältig, -armig, -torig
centumpl|ex, *Gen* ~icis hundertfältig, -fach
centumpondium, ī *n* Zentnergewicht
centumvirāl|is, ~e, *Gen* ~is der Hundertmänner *zu* centumviri
centumvirī, ōrum *m* Hundertmänner *Richterkollegium in Privatprozessen*
centunculus, ī *m aus alten Stoffresten hergestellte* (kleine) Decke, Flickengewand
⟦**centuplus** *3 spl* hundertfach
centuria, ae *f* Hundertschaft, Zenturie *als Heeres- u. Abstimmungsabteilung;* Feld-, Flurbezirk *Bodenmaß von 200 iugera = ca. 50 ha*
centuriātim *Adv* zenturienweise
centuriātus, ūs *m* **1.** Zenturionenstelle, -rang *zu* centurio I. **2.** Einteilung in Zenturien
centuri|ō I. *Subst* ~nis *m* Zenturio, Führer einer Zenturie **II.** *Verb 1* in Zenturien einteilen; comitia ~ata Zenturiatkomitien (nach Zenturien gegliederte Volksversammlung); lex ~ata in den Zenturiatkomitien beschlossenes Gesetz
centuriōnātus, ūs *m* Zenturionenstelle, -rang, -wahl *zu* centurio I.
Centuripīnus *3* centuripinisch, von Centuripa(e) (Ort auf Sizilien)
cēnula, ae *f* kleine Mahlzeit
Ceōs (*Akk und Abl* Ceō) = Cea
cēpa = caepa
Cephallānes = Cephallenes
Cephallānia = Cephallenia
Cephallēn|es, ~um *m* Kephallener, Einw. von Kephallenia
Cephallēnia, ae *f* Kephallenia (größte der Ionischen Inseln), *heute* Kefalonia
Cephaloedītānus *3* cephaloedisch, von Cephaloedium
Cephaloedium, ī *n* Cephaloedium, *gr* Kephaloidion (Ort an der Nordküste Siziliens)
Cephalus, ī *m* Kephalos (*myth* Enkel des thessalischen Königs Aiolos, Gem. der Prokris)
Cēphēius *3* kepheisch, des Kepheus *zu* [1]Cepheus, äthiopisch
Cēphēn|es, ~um *m* Kephenen (*myth* äthiopisches Volk)
Cēphēnus *3* kephenisch, der Kephenen
[1]**Cēph|eūs,** ~eī *und* ~eos (*Akk* ~ea) *m* Kepheus (*myth* König in Äthiopien, Gem. der Kassiopeia, V. der Andromeda)
[2]**Cēphēus** = Chepheius
Cēphisia|s, *Gen* ~dis *f* kephisisch, des Kephisos *zu* Cephisus 2.
Cēphisi|s, *Gen* ~dis (*Akk Pl* ~das) *f* kephisisch, des Kephisos *zu* Cephisus 1.
Cēphisius, ī *m* Kephisier, S. des Kephisos (= Narkissos)
Cēphisus, ī *m* Kephisos (1. Fluss in Phokis und Boiotien 2. Fluss in Attika)

cēpī →capio
cēpīcius = caepicius
cēpolendrum, ī *n* Cepolendrum *erdichtetes Gewürz*
cēra, ae *f* Wachs; Wachssiegel; Ahnenbild *aus Wachs; mit Wachs überzogene* Schreibtafel
Ceramicus, ī *m* Kerameikos (Stadtviertel u. Vorstadt Athens, in Letzterer Ehrenfriedhof)
cērārium, ī *n* Siegelgebühr *für verbrauchtes Wachs*
cerasinus *3* kirschfarbig, -rot
cerastēs, ae *m* [*gr*] Hornschlange
cerasum, ī *n* Kirsche (*Lw*)
cerasus, ī *f* Kirschbaum (*Lw*), Kirsche
ceratina, ae *f* Hörner-Trugschluss
cērātus *3* mit Wachs überzogen
Ceauni|a, ~ōrum *n u.* **~ī montēs** *m* Keraunische Berge (Gebirge an der Küste von Epirus)
ceraunius *3* [*gr*] rötlich
Cerbereus *3* zum Kerberos gehörig, des Kerberos
Cerberus, ī *m* Kerberos (mehrköpfiger Hund der Totenwelt)
Cercēī, ōrum *m* Cerceji (Vorgebirge u. Ort in Latium)
Cercēiēns|ēs, ~ium *m* Cercejer, Einw. von Cerceji
Cercīna, ae *f* Cercina, *gr* Kerkina (Insel in der kleinen Syrte, mit gleichnamiger Stadt)
Cercīnītānī, ōrum *m* Cerciner, Einw. von Cercina
Cercōp|es, ~um *m* [*gr*] Kerkopen (Räubervolk auf Pithekusa, *heute* Ischia, in Affen verwandelt)
cercopithēcus, ī *m* [*gr*] Meerkatze *Affenart*
cercūrus, ī *m* Kerkuros (1. Seefisch 2. leichter Schnellsegler)
Cercy|ōn, ~onis (*Akk auch* ~ona) *m* Kerkyon (*myth* Räuber in Attika, von Theseus getötet)
Cercyonēus *3* kerkyonisch, des Kerkyon
cercȳrus = cercurus
cerdō, ~nis *m* Handwerker
Cereāli|a, ~um *n* Ceresfest
Cereāl|is, ~e, *Gen* ~is cerealisch, der Ceres (heilig, geweiht) ⟦*ml* saxum ~e Mühlstein
cerebellum, ī *n* [cerebrum] Gehirn
cerebrōsus I. *Adj 3* leicht aufbrausend, jähzornig, rasend **II.** *Subst* ī *m* Hitzkopf
cerebrum, ī *n* Gehirn (*urv*); Schädel; Verstand; Hitzköpfigkeit, Jähzorn
Cerēs, Cereris *f* Ceres (Göttin des Getreides und Ackerbaus); Getreide, Brot
cēreus I. *Adj 3* wächsern, aus Wachs; wachsgelb; geschmeidig *wie Wachs* **II.** *Subst* ī *m* Wachskerze ⟦*spl* Osterkerze
⟦**cerevis(i)a** = cerves(i)a
Ceriālia = Cerealia
Ceriālis = Cerealis
cērificō *1* Schleim absondern
cērintha, ae *f* Wachsblume
cērinthus, ī *m* Bienenbrot *Harzart*
cērinus *3* wachsfarben, -gelb
Cermalus = Germalus
cernō, crēvī, crētus *3* **1.** scheiden, sondern **2.** unterscheiden, (deutlich) sehen, wahrnehmen, erkennen **3.** entscheiden, beschließen; durch Kampf entscheiden, kämpfen
cernulō *1* jmdn. kopfüber stürzen
cernuus *3* kopfüber stürzend ⟦*spl* vornübergeneigt
cērōma, ~tis *n* Wachssalbe *der Ringer;* Ringplatz
cērōmaticus *3* mit Wachssalbe bestrichen
cerrītus *3* verrückt, wahnsinnig
certām|en, ~inis *n* Wettkampf, -streit, -bewerb, -eifer; Streit, Kampf, Schlacht ⟦*ml* locus ~inis Richtplatz
certātim *Adv* um die Wette
certātiō, ~nis *f* Wettkampf, -streit; *jur* (Revisions-)Verhandlung *vor der Volksversammlung*
⟦**certator,** ~is *m spl* (Wett-)Kämpfer, *übertr* Streiter
certē *Adv* sicher(lich), ohne Zweifel; wenigstens
certiōrem faciō →certus
⟦**certioro** *1 spl* benachrichtigen, informieren
⟦**certitud|o,** ~inis *f spl* Gewissheit
certō [certus] **I.** *Verb 1* kämpfen, streiten, wetteifern; (vor Gericht) verhandeln; *mit Inf* sich bemühen **II.** *Adv* sicher, gewiss, genau
cert|us *3* [cerno] festgesetzt, bestimmt; entschieden, beschlossen; mihi ~um est es ist mein fester Entschluss; entschlossen *Inf od Gen Gerund/Gerdv* zu; zuverlässig, sicher; *einer Sache* sicher, wohl unterrichtet; ~iorem *od* ~um facio benachrichtigen *Gen od* de von; →certe, certo
cērula, ae *f* Wachs(stückchen); ~ miniata Rotstift
cērussa, ae *f* Bleiweiß, (weiße) Schminke
cerva, ae *f* Hirsch(kuh)
cervēs(i)a, ae *f* [*kelt*] Bier
cervīc|al, ~ālis (*Abl Sg* ~ālī) *n* Kopfkissen
cervīcula, ae *f* (kleiner) Nacken, Hals
cervīnus *3* Hirsch- ⟦*ml* hirschledern
cervī|x, ~cis *f* (*gew Pl*) Hals, Nacken, Genick
cerv|us, ī *m* Hirsch (*urv*); *Pl* ~i, ~orum *m milit* spanische Reiter *gabelförmige Stämme als Hindernis*
cērȳ|x, ~cis *m* [*gr*] Herold
cessātiō, ~nis *f* Zögern, Saumseligkeit; Untätigkeit, Müßiggang
cessāt|or, ~ōris *m* Zauderer, Müßiggänger, Faulpelz

C

cessī →¹cedo
cessim *Adv* [¹cedo] rückwärts, zurück
cessiō, ~nis *f* [¹cedo] Abtretung *von Besitz*
cessō *1* [¹cedo] zögern, säumen, nachlassen; ruhen, feiern, untätig sein ⟦*ml* Abstand nehmen, zurücktreten; *mit Inf* aufhören; *mit Akk* abhalten
cessus →¹cedo
cestrosphendonē, ēs *f milit* Wurfmaschine
cētāri|a, ~ae *f u.* **~um,** ~ī *n* (Thun-)Fischteich, -behälter *an der Meeresküste*
cētārius, ī *m* (Thun-)Fischhändler, Fischer
cētē →cetus
cētera *Adv* [ceterus] im Übrigen, sonst
cēterō *Adv* [ceterus] übrigens; →ceterus
cēterōquī(n) *Adv* im Übrigen, sonst
cēterum *Adv* [ceterus] übrigens, sonst, aber, doch
cēter|us *3* der übrige, der andere, et ~a und so weiter; de ~o übrigens, weiterhin; →cetera, cetero, ceterum ⟦*spl* de ~o in Zukunft
cētos →cetus
cētra = caetra
cētrātus = caetratus
cette →²cedo
cētus, ī *m* (*Nom/Akk Sg auch* cētos *n, Nom/Akk Pl auch* cētē *n*) *großer Seefisch:* Wal, Hai, Delfin, Thunfisch
ceu *Adv u Kon.* (so, ganz) wie; als ob
Cēus *3* keisch, von Keos *zu* Cea
Ceutron|ēs, ~um (*Akk* ~as) *m* Ceutronen (1. Volk in Gallia Belgica 2. Alpenvolk)
Cevenna = Cebenna
Cēÿx, Cēÿcis (*Akk* Cēÿca) *m* Keyx (*myth* Gem. der Alkyone, wie diese in einen Eisvogel verwandelt)
Chaerōnēa, ae *f* Chaironeia (Ort in Boiotien, Sieg Makedoniens über Athen 338 v. Chr.)
⟦**chalasticus** *3* [*gr*] *spl med* lindernd
chalcaspid|es, ~um *m* Chalkaspiden (mit Erzschilden bewaffnete makedonische Truppe)
Chalcēdōn = Calchedon
Chalcidēns|ēs, ~ium *m* Chalkidier, Einw. von Chalkis
Chalcidicum, ī *n* [Chalcidicus] Chalcidicum (Vorhalle eines größeren Gebäudes)
Chalcidicus *3* chalkidisch, von Chalkis
Chalcioecus, ī *f* [*gr*] Chalkioikos (BN der Athene); *bei den Römern* Minervatempel
Chalci|s, ~dis *u.* ~dos (*Akk auch* ~da) *f* Chalkis (gr. Ortsname, z.B. Hauptstadt von Euboia)
Chaldaeī, ōrum *m* Chaldäer (1. Einw. von Chaldäa in Südbabylonien 2. babylonische Priester, als Astrologen u. Magier bekannt, daher = Wahrsager)
Chaldaïcus *3* chaldäisch *zu* Chaldaei ⟦*ml* betrügerisch
chalō *1* [*gr*] herablassen
chalybēius *3* [chalybs] stählern, Stahl-
Chalyb|es, ~um *m* [chalybs] Chalyber (Volk in Pontos, Stahlproduzenten)
chalyb|s, ~is *m* [*gr*] (Gegenstand aus) Stahl; Schwert
chamaele|ōn, ~ontis *u.* ~ōnis (*Akk auch* ~onta) *m* [*gr*] Chamäleon
Chamāvī, ōrum *m* Chamaver (Volk im nordwestlichen Germanien)
Chāon|es, ~um *m* Chaonier (Volk in Epirus)
Chāonia, ae *f* Chaonien *zu* Chaones
Chāoni|s, Gen ~dis *f u.* **~us** *3* chaonisch *zu* Chaones; von Dodona
chaos, ī *n* [*gr*] Chaos (1. der klaffende, leere Raum vor der Weltentstehung 2. gestaltlose Urmasse, aus der die Welt entstand); Totenwelt
chara, ae *f* Chara (Pflanze mit essbarer Wurzel)
charactēr, ~is (*Akk* ~a) *m* [*gr*] (Brand-) Zeichen *bei Tieren;* Eigenart, Stil, Gepräge ⟦*spl* Buchstabe
⟦**charaxo** *1* [*gr*] *spl* schreiben
⟦**charisma,** ~tis *n* [*gr*] *spl* (himmlische) Gabe
charistia = caristia 1.
Charit|es, ~um *f* [*gr*] Chariten, Grazien (Göttinnen der Anmut)
Charmadās, ae *m* Charmadas (gr. Philosoph der akademischen Schule um 110 v. Chr.)
Charmidēs, Charmid(ā)ī *m* Charmides (gr. PN)
charmidō *1 scherzhaft* zum Charmides machen, in Charmides verwandeln
Charōn, ~is *m* Charon (Fährmann der Totenwelt)
Charōndās, ae *m* Charondas (sizilischer Gesetzgeber im 7. Jh. v. Chr.)
charta, ae *f* [*gr*] Papyrusblatt, Papier; Buch, Gedicht; Platte *aus Metall* ⟦*ml* Urkunde
⟦**charteus** *3 spl* Papier-
chartula, ae *f* Briefchen
Charudēs = Harudes
Charybd|is, ~is (*Akk auch* ~in, *Abl* ~ī) *f* Charybdis (Meeresstrudel in der Straße von Messina); *auch zur Bez der Habgier*
Charydēs = Harudes
chasma, ~tis *n* [*gr*] Riss, Spalte, Kluft
Chasuariī, ōrum *m* Chasuarier (germ. Volk am Niederrhein)
Chatt|us I. *Adj 3* chattisch *zu* II. **II.** *Subst Pl* ~ī, ~ōrum *m* Chatten (germ. Volk, *heute* Hessen)
Chaucī, ōrum *m* Chauken (germ. Volk an der Nordseeküste)
chēlae, ārum *f* [*gr*] Scheren *des Sternbildes Skorpion;* Waage *südliches Sternbild*
Chelīdoniae (īnsulae), ārum *f* Chelidonische Inseln (an der Küste von Lykien)

chelōnium, ī *n* [*gr*] *Technik* Zapfenlager
chelydrus, ī *m* [*gr*] Schildkrötenschlange
chely|s (*Akk* ~m *u.* ~n) *f* [*gr*] Schildkröte; Leier *auch Sternbild*
chēragra = chiragra
Cherronēsus = Chersonesus
Chersonēsus, ī *f* [*gr* Halbinsel] Chersones (Namensbestandteil verschiedener Halbinseln in der gr. Welt); ~ Taurica Taurische Chersones (*heute* Krim); ~ Thracia Thrakische Chersones (*heute* Gelibolu an den Dardanellen)
Cheruscī, ōrum *m* Cherusker (germ. Volk an der Weser)
cheuma, ~tis *n* [*gr*] Ausgießen, Guss
chīliarchēs, ae *m* = chiliarchus 1.
chīliarchus, ī *m* [*gr*] Chiliarch (1. Kommandeur einer Truppe von 1000 Mann 2. pers. Staatskanzler)
Chimaera, ae *f* Chimaira, Chimäre (1. Untier, vorn Löwe, in der Mitte Ziege, hinten Schlange, von Bellerophon getötet 2. N eines Schiffes)
chimaerifer *3* die Chimaira hervorbringend
Chionē, ēs *f* Chione (*myth* FN 1. M. des Autolykos 2. M. des Eumolpos)
Chīonidēs, ae *m* Chionide, S. der Chione (= Eumolpos)
Chios = Chius II.
chīragra, ae *f* [*gr*] Handgicht
chīramaxium, ī *n* [*gr*] (kleiner) Handwagen
chīrographum, ī *n* [*gr*] Handschrift; Dokument; Schuldschein
Chīrō|(n), ~nis (*Akk auch* ~na) *m* Cheiron, Chiron (Kentaur, Erzieher des Achill)
⟦**chirot(h)eca,** ae *f* [*gr*] *ml* Handschuh
chīrūrgia, ae *f* [*gr*] Chirurgie
⟦**chirurgic|us** *3 spl* chirurgisch; ars medicina ~a Chirurgie
[1]**Chīus I.** *3* chiisch, von Chios *zu* II.
[2]**Chīus** ī *f* Chios (Insel an der kleinasiatischen Küste)
chlamydātus *3* mit einer Chlamys bekleidet
chlamy|s, ~dis (*Akk Pl auch* ~das) *f* Chlamys, (Militär-)Mantel ⟦*ml* (Krönungs-) Mantel; Rock
Chlōri|s, ~dis (*Vok* ~) *f* Chloris (1. Nymphe, Göttin der Blumen u. Wiesen, Flora gleichgesetzt 2. FN)
Choasp|ēs, ~is *und* ~ī (*Akk auch* ~ēn) *m* Choaspes (1. Fluss in Persien 2. Fluss im nordwestlichen Indien)
Choerilus, ī *m* Choirilos (Dichter im Gefolge Alexanders des Großen)
chorāgium, ī *n* [*gr*] Bühnenausstattung
chorāgus, ī *m* [*gr*] Bühnenausstatter
choraul|a *und* **~ēs,** ~ae (*Akk auch* ~ēn) *m* Flötenspieler *zum Chortanz*
chorda, ae *f* [*gr*] Darm; (Darm-)Saite; Strick ⟦*ml* Brunnenseil
chorēa, ae *f* (*Akk Sg* chorēān) Chortanz, Reigen
chor|ēus *und* **~īus,** ~ī *m* Choreus (Versfuß, = Trochäus, – ◡)
⟦**chorizo** *1* [*gr*] *ml* tanzen
chōrobatēs, ae *m* Chorobat (Messgerät zur Bestimmung des Geländeprofils)
chorocitharistēs, ae *m* [*gr*] Kitharaspieler *zum Chortanz*
chōrographia, ae *f* [*gr*] Länderbeschreibung, -kunde
[1]**chōrus** = caurus
[2]**chorus,** ī m [*gr*] Chortanz, Reigen; Chor *als tanzende u. singende Gruppe, auch im Drama;* Menge, Schar ⟦*ml* Chor *als Teil einer Kirche*
Chrem|ēs, ~(ēt)is *m* Chremes (Komödientyp, mürrischer Geizhals)
⟦**chrisma,** ~tis *n* [*gr*] *spl* Salböl
⟦**chrismo** *1 spl* salben
Chrīstiāna, ae *f* [Christianus] Christin
⟦**christianita|s,** ~tis *f spl* christliche Gesinnung, Christentum, -heit
Chrīstiān|us I. *Adj 3* christlich ⟦*Sup* ~issimus *spl* allerchristlichst **II.** *Subst* ~ī *m* Christ
⟦**christicola,** ae *m spl* Christ
⟦**christicolus** *3 spl* christlich
⟦**christipara,** ae *f spl* Christusmutter
Chrīstus, ī *m* Christus
⟦**christus,** i *m spl* der Gesalbte
chronica, ōrum *n* [*gr*] Chronik
⟦**chronographia,** ae *f* [*gr*] *spl* Geschichtsschreibung
Chrȳsē, ēs *f* Chryse (Ort in Troas)
Chrȳsēi|s, ~dos *u.* ~dis (*Akk* ~da) *f* Chryseis (T. des Chryses)
chrȳsēlectrum, ī *n* [*gr*] Goldbernstein
chrȳsendeta, ōrum *n* [*gr*] Gefäße mit Goldrand
Chrȳs|ēs, ~ae (*Akk* ~ēn) *m* Chryses (*myth* Apollonpriester aus Chryse)
Chrȳsippēus *3* chrysippisch, des Chrysippos
Chrȳsippus, ī *m* Chrysippos (stoischer Philosoph im 3. Jh. v. Chr.)
chrȳsizon vīnum goldfarbener Wein *aus Attika*
chrȳsocolla, ae *f* [*gr*] Kupfergrün *Mineral zum Goldlöten*
chrȳsolithus, ī *m, f* [*gr*] Topas
chrȳsos, ī *m* [*gr*] Gold
Cīa = Cea
Ciānī, ōrum *m* Kianer, Einw. von Kios *zu* Cios
⟦**cibam|en,** ~inis *n ml* Speise, Nahrung
cibāria, ōrum *n* [cibarius] Nahrung, Lebensmittel(ration), Brot, Futter
cibārius *3* zur (täglichen) Nahrung gehörig, Nahrungs-; *übertr* gewöhnlich, grob
cibātus, ūs *m* Nahrung, Lebensmittel
cibō *1* füttern

cibōrium, ī *n* [*gr*] Trinkbecher *aus Metall* ⟦*spl* Baldachin (über dem Altar); *ml* Hostienbehälter
cibus, ī *m* Speise, Nahrung, Lebensmittel, Futter; Köder ⟦*spl auch* ~, ūs *m*
Cibyra, ae *f* Kibyra (Ort in Phrygien)
Cibyrātae, ārum *m* Kibyraten, Einw. von Kibyra
Cibyrāticus *3* kibyratisch, von Kibyra
cicāda, ae *f* Zikade
cicātrīcōsus *3* narbig, voller Narben
cicātrī|x, ~cis *f* Narbe; Kerbe
ciccum, ī *n* Kerngehäuse (des Granatapfels)
cicer, ~is *n* »Kicher«erbse
Cicerō, ~nis *m* Cicero, *BN der gens Tullia, z.B.* M. Tullius ~ (röm. Redner, Schriftsteller und Staatsmann, 106–43)
cichorēum, ī *n* [*gr*] Endivie
cīcilendrum, ī *n* Cicilendrum (erfundener Gewürzname)
cicimandrum, ī *n* Cicimandrum (erfundener Gewürzname)
Cicirrus, ī *m* Cicirrus (scherzhafter BN, wohl so viel wie Kampfhahn, Schreihals)
Ciconles, ~um (*Akk* ~as) *m* Kikonen (thrakisches Volk)
cicōnia, ae *f* Storch
cicur, *Gen* ~is zahm
cicurō *1* zähmen ⟦*spl* unterwerfen
Cicūta, ae *m* Cicuta (N eines Wucherers bei Horaz)
cicūta, ae *f* Schierling(ssaft); Rohr *der Hirtenflöte,* Hirtenflöte
cidaris, ~ *f* [pers] Tiara
cieō, cīvī, citus *2* in Bewegung setzen, erregen; (zu Hilfe, herbei)rufen, nennen; hervorrufen, hervorbringen, veranlassen
Cilic|es, ~um (*Akk gew* ~as) *m* Kilikier, Einw. von Kilikien
Cilicia, ae *f* Kilikien (Küstenland im Südosten Kleinasiens)
Ciliciēns|is, ~e, *Gen* ~is kilikisch
cilicium, ī *n* [Cilicius] Decke *aus kilikischen Ziegenhaaren* ⟦*spl* Decke, Teppich; Bußgewand
Cilicius *3* kilikisch
Cilissa, ae *f* kilikisch
Cili|x, *Gen* ~cis *m* kilikisch
⟦**cimba** = cumba
Cimber I. *Adj* Cimbra, Cimbrum kimbrisch *zu* II. **II.** *Subst* Cimbrī *m* Kimber (Angehöriger eines nordgerm. Volksstammes)
Cimbricus *3* kimbrisch
cīmex, cīmicis *m* Wanze
Ciminī lacus Ciminischer See (Kratersee in Etrurien)
Cimini|us *3* ~us lacus = Cimini lacus; ~us saltus *od* Pl ~ī saltūs, ~us mons, ~a silva Ciminischer Wald, Ciminisches Gebirge; *heute* Lago di Ronciglione
⟦**cimiterium** = coemeterium
Cimmeriī, ōrum *m* Kimmerier (thrakisches Volk, wanderte von der Nordküste des Schwarzen Meeres nach Kleinasien, poet. an verschiedenen myth. Orten lokalisiert, z.B. im hohen Norden)
Cimmerius *3* kimmerisch
Cimōlus, ī *f* Kimolos (Kykladeninsel)
Cimōn, ~is (*Akk auch* ~a) *m* Kimon (1. V. des Miltiades, 6. Jh. v. Chr. 2. S. des Miltiades, Feldherr u. Staatsmann im 5. Jh. v. Chr.)
cinaedicus *3* [*gr*] wollüstig, unzüchtig, schamlos
cinaedus [*gr*] **I.** *Adj 3* schamlos **II.** *Subst* ī *m* Wollüstling, Prostituierter
cincinnātus *3* gelockt
Cincinnātus, ī *m* [cincinnatus] Cincinnatus (BN des L. Quinctius ~, Diktator 458 v. Chr.)
cincinnus, ī *m* (künstliche) Haarlocke; Künstelei *im Ausdruck*
Cinciolus, ī *m* guter, lieber Cincius (*Dim.* zu Cincius 2.)
Cinci|us *3* Cincius (*Gent, z.B.* 1. L. ~us Alimentus, Prätor 210 v. Chr., schrieb Annalen in gr. Sprache 2. M. ~us Alimentus, Volkstribun 204 v. Chr.; lex ~a Gesetz des Cincius *das den Anwälten die Annahme von Geschenken verbot* 3. L. ~us, Geschäftsführer des Atticus)
cīncticulus, ī *m* kleiner Gurt, Gürtel
cīnctūra, ae *f* [cingo] Gürtung *der Toga*
cinctus I. *Part Perf* →cingo(r) **II.** *Subst* ūs *m* Gürtung; Gurt, Gürtel, Schurz
cīnctūtus *3* (nur) mit einem Schurz bekleidet
cinefactus *3* zu Asche geworden
cinerārius, ī *m* Haarkräusler, Lockenbrenner, Friseur
Cingetorī|x, ~gis *m* Cingetorix (1. Fürst der Treverer 2. britannischer Fürst)
cingillum, ī *n* Gürtel
cingō, cīnxī, cīnctus *3* (um)gürten; bekränzen; umgeben, umringen, umzingeln, einschließen; begleiten, schützen
cingor, cīnctus sum *3* sich (um)gürten, sich bewaffnen
cingulum, ī *n* Gurt, Gürtel, Wehrgehenk ⟦*spl* (militiae) ~ Militärdienst
Cingulum, ī *n* Cingulum (Ort in Picenum)
cingulus, ī *m* Erdgürtel, Zone ⟦*spl* Gürtel *als Kleidungsstück*
ciniflō, ~nis *m* = cinerarius
cinis, cineris (*Abl auch* cinerī) *m* (*f*) Asche; Totenasche ⟦*ml Pl* cineres, cinerum *m auch* Aschermittwoch
Cinna, ae *m* Cinna (*BN, z.B.* 1. L. Cornelius ~, Parteigänger des Marius 2. L. Cornelius ~, S. von 1., Cäsarmörder 3. C. Helvius ~, Dichter, Freund Catulls)
cinnama, ae *f* [*gr*] Zimt (*Lw*)

cinnamōm|um, ~ī *n und* **~us,** ~ī *m* Zimt ⟦*ml* Duft
cinnamum, ī *n* [*gr*] Zimt (*Lw*)
Cinnānus *3* cinnanisch, des Cinna 1.
cinxī →cingo
Cīnyphius *3* vom Kinyps (Fluss in Afrika); *poet* afrikanisch
Cinyr|ās, ~ae (*Akk auch* ~ān, *Vok* ~ā) *m* Kinyras (*myth* König von Assyrien u. Zypern, V. des Adonis und der Myrrha)
Cinyrēi|us 3 kinyreisch, des Kinyras; iuvenis *od* heros ~us Adonis, virgo ~a Myrrha
ciō *4* = cieo
Cios, ī *f* Kios (Ort in Bithynien)
⟦**cippaticus,** i *m ml* Ableger (vom Weinstock)
cippus, ī *m oben zugespitzter* Pfeiler, Grenz-, Grabstein; (spitzer) Schanzpfahl
circā I. *Präp beim Akk* **1.** *räuml* um, um ... herum, in ... umher; (nahe) bei, in der Nähe **2.** *zeitl* um, gegen **3.** *übertr bei Zahlen* gegen, ungefähr; hinsichtlich, in Bezug auf ⟦*ml* betreffs; ~ me gesta das mit mir Geschehene; ~ Christum um Christi willen **II.** *Adv* ringsum, umher, in der Umgebung
Circa, ae *f* = Circe
Circaeus *3* der Kirke
circāmoerium, ī *n* Platz um *od* beiderseits der Mauer *von Livius zur Erklärung von pomerium gebildet*
⟦**circator,** ~is *m spl* (Kloster-)Aufseher
Circē, ēs *f* Kirke (Zauberin, T. des Helios)
Circē- = Cerce-
circēns|is I. *Adj* ~e, *Gen* ~is Zirkus- **II.** *Subst Pl* ~ēs, ~ium *m* Zirkusspiele
circ|es, ~itis *m* Kreis, Ring, Umlauf
circiēnsis = circensis
circinātiō, ~nis *f* (Um-)Kreis
circinō *1* rund machen, kreisförmig biegen; durchfliegen
circin|us, ī *m* Zirkel; Kreis ⟦*ml* in ~um im, zum Kreise
circiter I. *Präp beim Akk* in der Nähe, ungefähr (um), an, gegen **II.** *Adv* ringsumher; ungefähr
circitō *1* durchwandern
circius, ī *m* Nordwestwind
circlus = circulus
⟦**circo** *1* [circum] *ml* prüfend umhergehen
circueō = circumeo
circuit- = circumit-
circulātim *Adv* in Gruppen
circulāt|or, ~ōris *m* (herumziehender) Händler *od* Artist; marktschreierischer (Schein-)Philosoph, Rhetor
circulātōrius *3* umherziehend u. anpreisend, marktschreierisch
circulor 1 *einen Kreis von Zuhörern* um sich versammeln; Gruppe(n) bilden
circulus, ī *m* Kreis(linie, -bahn); Ring, Reif(en); Versammlung, Gruppe *zu gemeinsamer Freizeitgestaltung* ⟦*ml* ~ anni Kreislauf des Jahres; Verlauf; Befestigungsring
circum I. *Präp beim Akk* (rings)um, in ... umher, umher bei; in der Nähe von **II.** *Adv* ringsum(her), in der Umgebung, auf beiden Seiten **III.** *Akk Sg zu* circus
circum|agō, ~ēgī, ~āctus *3* **1.** (im Kreise) herumführen **2.** umdrehen, -wenden, -lenken
circum|agor, ~āctus sum *3* **1.** sich (im Kreise) herumbewegen, umherziehen; *von der Zeit* verfließen, vergehen **2.** sich (leicht) umstimmen lassen, verleiten lassen
⟦**circumamicio** *4 spl* umhüllen
⟦**circumamictus** *3* [circumamicio] *spl* (rings) umhüllt, bekleidet
circumarō *1* (rings) umpflügen
⟦**circumcellio,** ~nis *m spl* Vagabund, Wandermönch; *Pl* ~nes, ~num *m* Circumcellionen (Hauptträger einer sozialen u. religiösen Bewegung im spätantiken Nordafrika)
circum|cīdō, ~cīdī, ~cīsus *3* [caedo] (rings) abschneiden, beschneiden; be-, einschränken, vermindern
⟦**circumcingo** *3 spl* einschließen, umgarnen
circumcircā *Adv* ringsum
⟦**circumcircino** *1 ml* einen Kreis ziehen *Akk* um
circumcīsus I. *Adj 3* abschüssig, steil; gedrängt, knapp, kurz **II.** *Part Perf Pass* →circumcido
circum|clūdō, ~clūsī, ~clūsus *3* [claudo] ringsum einschließen, umzingeln; einfassen
circumcolō *3* wohnen *Akk* um ... herum
circumcursō *1* (rings) herumlaufen, -reiten *Akk* um; ~omnia überall herumlaufen
circum|dō, ~dedī, ~datus *1* [do] herumlegen, -stellen, -setzen *Dat* um; umgeben, umzingeln, einschließen
circum|dūcō, ~dūxī, ~ductus *3* herumführen; betrügen; *von der Rede* ausspinnen, erweitern; einklammern
circumductiō, ~nis *f* Herumführen; Betrügen, Prellerei
circumductus →circumduco
circumdūxī →circumduco
circumēgī →circumago
circum|eō, ~iī, ~itus (*Inf* ~īre) herumgehen *Akk* um, umgehen, -fahren, -reiten; umzingeln, einschließen; besuchen, aufsuchen, besichtigen
circumequitō *1* reiten *Akk* um
circum|ferō, ~tulī, ~lātus (*Inf* ~ferre) *3* herumtragen, -bewegen; unter die Leute bringen, verbreiten ⟦*ml* (an sich) tragen
circum|feror, ~lātus sum *3* umher-, herumgehen

circum|flectō, ~flexī, ~flexus *3* (nieder)beugen, (um)biegen; ~flecto longos cursus in weitem Bogen umfahren
circumflexus I. *Part Perf Pass* →circumflecto **II.** *Subst* ūs *m* Krümmung, Wölbung
circumflō *1* (rings) umwehen
circum|fluō, ~flūxī *3* (rings) umfließen, umgeben; im Überfluss vorhanden sein, Überfluss haben ⟦*spl* zusammenströmen
circumfluus *3* umfließend; umflossen
circumflūxī →circumfluo
circumforāneu|s *3* auf den Märkten umherziehend; auf dem Markte geliehen; aes ~m Schulden
circum|fremō, ~fremuī *3* umlärmen
circumfūdī →circumfundo
⟦**circumfulgeo** *2 spl* umstrahlen
circum|fundō, ~fūdī, ~fūsus *3* herumgießen, -legen; umgeben, umringen, einschließen
circum|fundor, ~fūsus sum *3* sich (rings) ergießen, umfließen, sich ausbreiten, sich herandrängen, sich umgeben
circumgemō *3* brummen *Akk* rings um
circumgestō *1* (überall) herumtragen
circum|gredior, ~gressus sum *3* [gradior] umgehen, umringen, umzingeln
circumĭ- *zu* circumeo
circumiaceō *2* ringsherum liegen *Dat* um
circum|iciō, ~iēcī, ~iectus *3* [iacio] herumwerfen, -stellen, -legen *Dat* um; umschließen, umgeben
circumiectus I. *Adj 3* umliegend, (rings) liegend *Dat* an; umgeben *Abl* von **II.** *Part Perf Pass* →circumicio **III.** *Subst* ūs *m* Umfassen, Umschlingen; Umgebung
circumitiō, ~nis *f* Rundgang *bei den Wachen;* Wandelgang; Umweg; Umschreibung
circu(m)itus, ūs *m* Umlauf, Umschiffung, Rundfahrt; Umfang, Umkreis; Umweg; Umschreibung; *rhet* Periode ⟦*ml* Umgang *kirchliche Handlung;* Reigentanz
circumlātrō *1* an-, umbellen ⟦*spl übertr* herfallen *Akk* über
circumlātus →circumfero(r)
circumligō *1* binden *Dat* um; umbinden, umschlingen
circumliniō *4* = circumlino
circum|linō, –, ~litus *3* herumschmieren, -kleben *Dat* um; beschmieren, bestreichen, überziehen
circumlitiō, ~nis *f* Bemalung
circumlitus →circumlino
⟦**circum|loquor,** ~locutus sum *3 spl* umschreiben
circumlūc|ēns, *Gen* ~entis ringsumherleuchtend, hell strahlend
circumluō *3* umspülen, -fließen
circumluviō, ~nis *f* Inselbildung
circum|mingō, ~mīnxī *3* herumpinkeln *Akk* um
circum|mittō, ~mīsī, ~missus *3* einen Umweg nehmen lassen, (überall) herumschicken
circummoniō = circummunio
circummūgiō *4* brüllen *Akk* rings um
circummūniō *4* (mit einer Mauer, Befestigungsanlage) umgeben, einschließen
circummūnītiō, ~nis *f* Einschließung
circumpadānus *3* zu beiden Seiten des Padus, *heute* Po
circumpaviō *4* ringsum feststampfen
circumpendeō *2* ringsum hängen
circumplaudō *3* ringsum mit Klatschen begrüßen
circum|plectō, –, ~plexus *3 und* **~plector,** ~plexus sum *3* umschlingen, umgeben, umfassen
circumplicō *1* umwickeln, umschlingen
circum|pōnō, ~posuī, ~positus *3* (rings) herumstellen, -setzen, -legen *Dat* um
circumpotātiō, ~nis *f* Umtrunk
⟦**circumquaque** *Adv spl* auf *od* nach allen Seiten, überall, ringsumher
circumrētiō *4* [rete] (mit einem Netz) um-, einschließen; umgarnen, umstricken
circum|rōdō, ~rōsī *2* (ringsum) benagen; *übertr* herumkauen *Akk* an
circum|saepiō, ~saepsī, ~saeptus *4* umzäunen; umgeben, umstellen, umzingeln
circumscindō *3* die Kleider herunterreißen *Akk* jmdm.
circum|scrībō, ~scrīpsī, ~scrīptus *3* einen Kreis ziehen *Akk* um, einschließen; ein-, beschränken, in seine Schranken verweisen; *mit Worten* umschreiben; *Gesetz, Testament* umdeuten, verdrehen, umgehen; irreführen, täuschen, übervorteilen; beiseitelassen, übergehen ⟦*ml* betrügen
circumscrīptiō, ~nis *f* (umschriebener) Kreis; Begrenzung, Umfang; *rhet* Periode; Betrügerei, Übervorteilung
circumscrīpt|or, ~ōris *m* Betrüger
circumscrīptus I. *Adj 3 rhet* knapp, (kurz und) bündig; *rhet* abgerundet; beschränkt, eingeschränkt **II.** *Part Perf Pass* →circumscribo
circum|secō, –, ~sectus *1* (ringsum) beschneiden
circumsecus *Adv* ringsum, in der Umgebung
circum|sedeō, ~sēdī, ~sessus *2* umzingeln, belagern
circumsessiō, ~nis *f* Belagerung
circumsessus →circumsedeo
circumsīdō *3* = circumsedeo
circum|siliō, ~siluī *4* [salio] herumhüpfen
circum|sistō, ~stetī *3* umstellen, umringen; *übertr* bedrängen
⟦**circumsitus** *3 spl* ringsum (liegend)

circum|sonō, ~sonuī *1* ringsum ertönen; umrauschen
circumsonus *3* **1.** (ringsum) lärmend **2.** umtönt
circumspectātrī|x, ~cis *f* Umherspäherin; die Ausschau hält *Gen* nach
circumspectiō, ~nis *f* Umsicht ⟦*ml* ~ tua Eure Weisheit *Anrede an den Erzbischof*
circumspectō *1* umherschauen; sich umsehen *Akk* nach; betrachten
circumspectus I. *Adj 3* umsichtig, besonnen **II.** *Part Perf Pass* →circumspicio **III.** *Subst* ūs *m* Ausblick, Umschau; (allseitiges) Erwägen
circum|spiciō, ~spexī, ~spectus *3* sich umsehen, (ringsum) betrachten, mustern; ausfindig zu machen *od* aufzutreiben suchen; bedenken, (sorgfältig) erwägen; darauf achten
circumstantia, ae *f* Umher-, Herumstehen; ~ hostium Einschließung durch die Feinde; Situation, Umstände
circumsteti 1. →circumsisto **2.** →circumsto
circum|stō, ~stetī *1* herumstehen *Akk* um; umgeben, umzingeln; *übertr* bedrängen ⟦*ml* schützen
circum|strepō, ~strepuī, ~strepitus *3* umrauschen, -lärmen, -tönen; (ringsum) laut äußern
circum|struō, ~strūxī, ~strūctus *3* umbauen
circumsūtus *3* rings umnäht
⟦**circumtego** *3 spl* (rings) bedecken, bekleiden
circumtendō *3* (ringsum) bespannen, überziehen
circumterō *3* dicht umstehen, umdrängen
circumtextus *3* (rings) umwebt, bestickt, verbrämt
circum|tonō, ~tonuī *1* umdonnern, -rauschen
circumtōnsus *3* ringsum geschoren; gekünstelt
circumtonui →circumtono
circumtuli →circumfero
circum|vādō, ~vāsī *3* umzingeln, überfallen
circumvagus *3* rings umflutend, erdumströmend
circumvallō *1* mit einem Wall einschließen
circumvectiō, ~nis *f* Warentransport, Handelsverkehr *im Inland;* ~ solis Umlauf der Sonne
circumvector *1* umfahren, -reiten; beschreiben
circum|vehor, ~vectus sum *3* umfahren, -reiten, -segeln
circum|veniō, ~vēnī, ~ventus *4* umringen, umzingeln, einschließen; hintergehen, überlisten; unterdrücken ⟦*ml* einengen, hindern
⟦**circumventio,** ~nis *f spl* Täuschung
circumventus →circumvenio
circum|vertō, ~vertī, ~versus *3* umdrehen, -wenden; betrügen *Abl* um
circum|vertor, ~versus sum *3* sich drehen *Akk* um
circumvestiō *4* (ringsum) bekleiden, bedecken, schützen
circum|vinciō, –, ~vinctus *4* (rings) umbinden
circumvīsō *3* (ringsum) ansehen
circumvol(it)ō *1* umherfliegen, -eilen; umfliegen, -flattern
circum|volvō, ~volvī, ~volūtus *3* herumwälzen, -rollen
circus, ī *m* Kreis(linie); Rennbahn, Zirkus *als Ort der Wagenrennen*
cīris, ~ *f* [*gr*] Ciris (*myth* N eines Meervogels)
Cīris, ~ *f* [ciris] Ciris (Titel eines Gedichts von der Verwandlung der Königstochter Scylla in den Meervogel Ciris, Vergil zugeschrieben)
⟦**cirotheca** = chirotheca
cirrātus *3* [cirrus] kraushaarig; mit Fransen versehen; in Büscheln
Cirrha, ae *f* Kirrha (Hafen von Delphi)
Cirrhaeus *3* kirrhäisch, von Kirrha; *poet* delphisch, des Apollonorakels
cirrus, ī *m* (Haar-)Locke; Franse
Cirta, ae *f* Cirta (Stadt in Numidien), *heute* Constantine
Cirtēns|ēs, ~ium *m* Cirtenser, Einw. von Cirta
cis *Präp beim Akk örtl* diesseits; *zeitl* binnen, innerhalb
cisalpīn|us *3* diesseits der Alpen *von Rom aus gesehen;* Gallia ~a diesseitiges Gallien *Oberitalien*
cisium, ī *n leichter, zweirädriger* (Reise-)Wagen
⟦**cismarinus** *3 ml* diesseits des Meeres
cisrhēnānus *3* diesseits (= westlich) des Rheins
Cissēi|s, ~dis *f* Kisseïde, T. des (Thrakerfürsten) Kisseus (= Hekabe)
cista, ae *f* Kiste (*Lw*), Kasten
cistella, ae *f* Kästchen
cistellāria, ae *f* Cistellaria, Kästchenkomödie (Titel einer Komödie des Plautus)
cistellātri|x, ~cis *f* Schmuckkästchenbewahrerin
cistellula, ae *f* (kleines) Kästchen
cisterna, ae *f* [cista] Zisterne (*Fw*)
cisternīnus *3* aus der Zisterne
cistifer, ī *m* Korbträger *bei religiösen Zeremonien*
cistophorus, ī *m* (*Gen Pl auch* cistophorum) [*gr*] Cistophorus (*dt* Kisten-, Korbträger; Münze der Provinz Asia, = $2^1/_2$ Denar, benannt nach dem Münzbild); Geld
cistula, ae *f* Kistchen, Kästchen

C

citātim *Adv* [cito I.] eilends, schnell
⟦**citatio,** ~nis *f ml* Vorladung
citātus I. *Adj 3* beschleunigt, schnell **II.** *Part Perf Pass zu* cito I.
citer, citra, citrum diesseitig; *Komp* →citerior, *Sup* →citimus
citeri|or, ~us, *Gen* ~ōris *Komp* [citer] näher liegend, diesseitig
Cithaerōn, ~is *m* Kithairon (Gebirge an der Grenze zwischen Attika u. Boiotien)
cithara, ae *f* [*gr*] Kithara (Saiteninstrument)
citharista, ae *m* [cithara] Kitharaspieler
citharistria, ae *f* [cithara] Kitharaspielerin
citharizō *1* [cithara] (auf der) Kithara spielen
citharoedicus *3* [citharoedus] des Kitharodos, des Sängers zur Kithara
citharoedus, ī *m* [*gr*] Kitharodos, Sänger zur Kithara
Citiēī, ōrum *m* Kitieer, Einw. von Kition *zu* Citium 1.
citimus *3 Sup* [citer] sehr nahe, nächstliegend, nächster
Citium, ī *n* Kition (**1.** Ort auf Zypern **2.** Ort in Makedonien)
citius *Adv* (*Komp zu* cito II.) schneller; eher, vielmehr
citō I. *Verb 1* [cieo] in Bewegung setzen, an-, auf-, herbeirufen; *jur* vorladen, *Versammlung* einberufen, *zur Versammlung* einladen; hervorrufen, verursachen **II.** *Adv* [citus] schnell, rasch ⟦*ml* quam ~ sobald (als)
citrā I. *Präp beim Akk* **1.** *örtl* diesseits, innerhalb, vor **2.** *zeitl* vor **3.** *übertr* ohne, außer, ausgenommen **II.** *Adv* diesseits, davor
citreus *3* aus Zitrusholz; Zitronen-
citrō I. *Adv* hierher; ultro (et) ~ hinüber und herüber, hin und her **II. 1.** *Dat/Abl Sg m, n zu* citer **2.** *Dat/Abl Sg zu* citrum **3.** *Dat/Abl Sg zu* citrus
citrum, ī *n* Zitrusholz
citrus, ī *f* Zitrusbaum (1. medischer Zitronenbaum 2. afrikanischer Lebensbaum)
citus *3* [cieo] schnell, rasch; →cito II., citius
[1]**Cius** = Cios
[2]**Cīus** = Ceus
cīvic|us *3* bürgerlich, Bürger-, Stadt-; corona ~a Bürgerkranz *Auszeichnung für Lebensrettung durch Tötung eines Feindes* ⟦*ml* staatlich
cīvīl|is, ~e, *Gen* ~is bürgerlich, Bürger-; öffentlich, staatlich, politisch; patriotisch; leutselig ⟦*spl* lis ~is Zivilprozess; friedlich, res ~es Bildung; umgänglich, entgegenkommend; heimisch; *ml* irdisch
Cīvīlis, ~ *m* Civilis, *BN des* Claudius ~ (Bataverführer im Aufstand gegen Rom 69/70 n. Chr.)
cīvīlitā|s, ~tis *f* Leutseligkeit; Staatskunst ⟦*spl* Höflichkeit, Umgänglichkeit; Bürgerstand, -status
cīvis, ~ *m, f* Bürger(in), Mitbürger(in); Untertan(in)
cīvitā|s, ~tis *f* [civis] Bürgerrecht; Bürgerschaft, Stamm, Staat; Gemeinde, Stadt ⟦*spl* ~s dei Gottesstaat; *ml* (Bischofs-) Stadt
cīvitātula, ae *f* Bürgerrecht *einer kleinen Stadt* ⟦*spl* Städtchen
clād|ēs, ~is *f* Verletzung; Verlust, Schaden, Unglück, Unheil; Niederlage; Seuche
clādis 1. *Nbf Nom* = clades **2.** *Gen Sg zu* clades
clam I. *Präp beim Akk u. Abl* heimlich vor, ohne Wissen von **II.** *Adv* heimlich
clāmāt|or, ~ōris *m* Schreier ⟦*ml* Beschwerdeführer
clamidātus = chlamydatus
clāmitātiō, ~nis *f* lautes Schreien, Rufen
clāmitō *1* laut schreien, rufen, nennen
clāmō *1* [[1]calo, clarus] schreien, laut rufen; herbeirufen; (laut) ausrufen, verkünden; laut nennen ⟦*ml* schimpfen
clām|or, ~ōris *m* lauter Ruf, Geschrei; Lärm, Getöse, Widerhall ⟦*spl* ~or populi Gerücht, allgemeine Beschwerde
⟦**clanculo** *Adv spl* heimlich
clanculum [clam] **I.** *Präp beim Akk* heimlich vor, ohne Wissen von **II.** *Adv* heimlich
clandestīnus *3* [clam] heimlich, geheim
clang|or, ~ōris *m* Schall, Klang; Geschrei
Clanis, ~ *m* Clanis (Nebenfluss des Tiber)
Clanius, ī *m* Clanius (Fluss in Kampanien)
clāreō *2* hell *od* klar sein, glänzen
clārēscō, clāruī *3* hell werden, erglänzen; ertönen, erschallen; *übertr* glänzen, sich auszeichnen; einleuchten, deutlich werden ⟦*ml* sich herausstellen
clārigātiō, ~nis *f* [clarus] **1.** (Geld-)Strafe *wegen Verletzung der Aufenthaltsbeschränkung* **2.** Forderung nach Genugtuung an der Staatsgrenze
clārisonus *3* hell tönend
clāritā|s, ~tis *f* Helligkeit; Deutlichkeit, Klarheit; Berühmtheit
clāritūd|ō, ~inis *f* Helligkeit; Berühmtheit
Clarius *3* klarisch, von Klaros; *auch BN Apollons,* Apoll(on)
clārō *1* erhellen; klar, deutlich machen; verherrlichen
Claros, ī *f* Klaros (Ort in Ionien, bei Kolophon)
clāruī →claresco
clār|us *3* hell, leuchtend, glänzend; laut; klar (*Lw*), deutlich, verständlich; berühmt, berüchtigt ⟦*spl* v(ir) cl(arissimus) hochberühmter Mann *spätrömischer Titel; ml* vinum ~um blassfarbener Wein

classiārius [classis] **I.** *Adj 3* zur Flotte gehörig, Marine- **II.** *Subst* ī *m* Marinesoldat, Matrose
classicula, ae *f* kleine Flotte, Flottille
classicum, ī *n* [classis] (Trompeten-)Signal; (Kriegs-)Trompete
classic|us [classis] **I.** *Adj 3* Flotten-, Marine-, See- **II.** *Subst Pl* ~ī, ~ōrum *m* Marinesoldaten, Matrosen
class|is, ~is (*Abl auch* ~ī) (Vermögens-, Steuer-)Klasse (*Lw*) *der röm. Bürger;* Abteilung, Gruppe, (Schul-)Klasse; Heer; (Kriegs-)Flotte, Geschwader; *poet* Schiff
Clastidium, ī *n* Clastidium (Ort in Oberitalien am Po)
Claterna, ae *f* Claterna (Ort in Oberitalien)
clātra, ōrum *n* Gitter
clātrātus *3* vergittert
clātrī, ōrum *m* Gitter
claudeō = claudico
Claudiāl|is, ~e, *Gen* ~is = Claudianus
Claudiānus *3* claudisch, des Claudius
claudicātiō, ~nis *f* Hinken
claudicō *1* [claudus] hinken, lahm sein; *übertr* auf schwachen Füßen stehen, mangelhaft sein, unzureichend sein
Claudius *3* Claudius (*Gent, z.B.* **1.** Appius ~, Appius ~ Caecus, Appius ~ Pulcher →Appius **2.** ~ Quadrigarius, Historiker um 100 v. Chr. **3.** Ti. ~ Nero, V. des Kaisers Tiberius u. Ahnherr der weiteren julisch-claudischen Kaiser Caligula, Claudius, Nero **4.** M. ~ Marcellus, Eroberer von Syrakus im 2. Punischen Kriege 212 v. Chr.); →Clodius
claudō *3* **1.** = claudico **2.** clausī, clausus (ab-, ver-, zu)schließen, (ver)sperren, verstopfen; absperren, abschneiden; einschließen, einsperren; umzingeln, umgeben; zu Ende bringen, beendigen
claudus *3* lahm, hinkend; *übertr* schwankend, mangelhaft, unvollkommen
clausī →claudo
claustra →claustrum
⟦**claustral|is,** ~e, *Gen* ~is *ml* klösterlich
claustr|um, ~ī *n, gew Pl* ~a, ~ōrum *n* [claudo] Verschluss, Riegel, Schloss, Schranken; Sperre, Bollwerk; Gewahrsam, Gefängnis, Käfig; Pass, Durchgang ⟦*spl* Mauer; Kloster (*Lw*); *ml* (Mariae) Schoß
clausula, ae *f* [claudo] Schluss, Ende, Schlusssatz, Schlussverse ⟦*spl* [*Dim zu* clausa] (kleine) Klause; *jur* Vorbehalt, Klausel
⟦**clausura,** ae *f spl* Verschluss, Schloss; *ml* Sperre; Enge, Engpass; Klausur (abgesperrter Teil eines Klosters)
clausus →claudo
clāva, ae *f* Knüppel, Keule; Briefstab *der Spartaner*
clāvārium, ī *n* [clavus] Schuhnagelgeld *Geschenk an Soldaten*
clāvāt|or, ~ōris *m* Keulenträger
clāvicula, ae *f* Schlüssel(chen); (Wein-) Ranke; *Technik* Zapfen
clāviger, clavigera, clavigerum **1.** [clava] keulentragend, mit einer Keule bewaffnet *bes als BN des Herakles* **2.** [clavis] schlüsseltragend *BN des Janus* ⟦*spl Subst* i *m* Schlüsselbewahrer *BN des Petrus*
clāvis, ~ *f* Schlüssel; ~ adulter(in)a Nachschlüssel; Riegel; Reifenstock *zum Inbewegungsetzen des Spielreifens* ⟦*ml übertr* ~ polorum Schlüssel zum Himmel; ~ ecclesiae Schlüsselgewalt der Kirche
clāvus, ī *m* Nagel; Steuerruder; Hühnerauge; Purpurstreifen *an der Tunika,* ~ latus breiter Purpurstreifen *bes bei den Senatoren,* ~ angustus schmaler Purpurstreifen *bei den Rittern*
Clazomenae, ārum *f* Klazomenai (Stadt in Ionien)
Clazomenius *3* klazomenisch, von Klazomenai
Cleanth|ēs, ~is (*Akk auch* ~ēn) *m* Kleanthes (Philosoph, seit ca. 264 v. Chr. Nachfolger seines Lehrers Zenon als Leiter der Stoa)
clēm|ēns, *Gen* ~entis mild, nachsichtig, gnädig; ruhig, still
clēmentia, ae *f* Milde, Nachsicht, Gnade ⟦*spl u. ml* vestra ~ Euer Gnaden *Titel der röm. und dt. Kaiser*
⟦**clenodium,** i *n* [*dt*] *ml* Kleinod
Cleombrotus, ī *m* Kleombrotos (1. spartanischer Feldherr bei Leuktra 371 v. Chr. 2. Philosoph platonischer Richtung)
Cleō|(n), ~nis *m* Kleon (athenischer Politiker, gefallen 422 v. Chr.)
Cleōnae, ārum *f* Kleonai (Ort zwischen Korinth und Argos)
Cleopatra, ae *f* Kleopatra (letzte ägyptische Königin, Selbstmord 30 v. Chr.)
clepō, clepsī, cleptus *3* stehlen
clepsydra, ae *f* [*gr*] Wasseruhr; *mit der Wasseruhr abgemessene* Redezeiteinheit
clepta, ae *m* [*gr*] Dieb
⟦**clericatus,** us *m spl* geistliches Amt
⟦**clericellus,** i *m ml* Domschüler
⟦**clericulus,** i *m* [clericus] *ml* Geistlicher
⟦**clericus,** i *m spl* Geistlicher, Chorherr
⟦**cleritatus,** us *m ml* Mönchstum
⟦**clerus,** i *m* [*gr*] *spl* Geistlichkeit
clībanus, ~i *m* [*gr*] Backpfanne, -form ⟦*spl* Backofen
clīdūchus, ī *m* [*gr*] Schlüsselträger *Statue des Pheidias*
cliēns, clientis *m* Klient *Person, die sich in Schutz u. Abhängigkeit von einem ökonomisch u. politisch Mächtigeren, dem patronus, befindet;* Schutzbefohlener, Schutzgenosse, Höriger

C

clienta, ae *f* (die) Schutzbefohlene
clientēla, ae *f* [cliens] Klientel, (Gesamtheit der) Klienten; Schutzgenossen, Hörige ⟦*ml* Gesinde, Gefolge
⟦**cliento** *1 ml* zum Abhängigen machen
clientulus, ī *m* ärmlicher Klient
⟦**clima,** ~tis *n* [*gr*] *spl* Gegend; Klima
clīmactēr, ~is (*Akk Sg* ~a, *Akk Pl* ~as) *m* [*gr*] Stufenjahr *gefahrvoller, kritischer Abschnitt im menschlichen Leben, alle 7 Jahre, bes im 63. Jahr*
clīmactēricus *3* [climacter] klimakterisch, kritisch
clīnē, ēs *f* [*gr*] Liege, (Polster-)Sitz
clīnicē, ēs *f* Heilkunst am Krankenbett, klinische Medizin
⟦**clinicus** *3 spl* bettlägerig; kränklich
clīnō *1* biegen, beugen; neigen, senken
clīnopalē, ēs *f* [*gr*] Ringen im Bett
Cliō, Cliūs *f* Klio (1. Muse der Geschichte 2. Meernymphe)
clipeātus I. *Adj 3* schildtragend **II.** *Subst* ī *m* Schildträger
⟦**clipeolus,** i *m ml* (kleiner) Schild
clipe|us, ~ī *m u.* **~um,** ~ī *n* (Rund-)Schild; Sonnenscheibe; Himmelsgewölbe; Medaillon
Clīsthen|ēs, ~is *m* Kleisthenes (athenischer Staatsmann um 500 v. Chr.)
Clītarchus, ī *m* Kleitarchos (Begleiter u. Geschichtsschreiber Alexanders des Großen)
clītellae, ārum *f* Packsattel
clītellārius *3* einen Packzettel tragend, Pack-
Clīternīnus *3* cliternisch, von Cliternum
Clīternum, ī *n* Cliternum (Ort der Äquer)
Clītomachus, ī *m* Kleitomachos (akademischer Philosoph im 2. Jh. v. Chr., Schüler des Karneades)
Clīt|ōr, ~oris *m* Kleitor (Ort in Nordarkadien)
Clītumnus, ī *m* Citumnus (Flüsschen in Umbrien)
Clītus, ī *m* Kleitos (Reiterführer Alexanders des Großen)
clīvōsus *3* abschüssig, steil
clīvus, ī *m* Abhang, Anhöhe, Hügel(straße)
cloāca, ae *f* (Entwässerungs-, Abwässer-) Kanal; ~ maxima Hauptkanal
Cloācīna, ae *f* Cloacina, die Reinigende *BN der Venus*
Clōdius *3* Clodius *volkssprachliche Form des Gent Claudius, z.B.* P. ~ Pulcher (Volkstribun, Gegner Ciceros)
clōdus = claudus
Cloeli|us *3 Gent, z.B.* **1.** C. ~us (letzter König von Alba Longa) **2.** ~a (sagenhafte Heldin im Krieg gegen Porsenna)
clōstrum = claustrum
Clōthō (*Akk* ~) *f* [*gr*] Klotho, die Spinnende (eine der 3 Moiren *od* Parzen)
Cluācīna = Cloacina
clūdō = claudo 2.
cluēns = cliens
Cluentiānus *3* cluentisch, des Cluentius
Cluentius *3 Gent, z.B.* A. ~ Habitus (von Cicero verteidigt)
clueō *2* gepriesen werden, genannt werden, heißen
Cluilius = Cloelius
clūn|is, ~is *m, f* Hinterbacke, -keule; *Pl* ~ēs, ~ium *m, f* Hintern, Steiß
cluō *3* = clueo
Clupea, ae *f u.* ōrum *n* Clupea (Ort u. Vorgebirge bei Karthago)
clupeātus = clipeatus
clupeus = clipeus
clūrīnus *3* Affen-
⟦**clusa,** ae *f* [= clausa] *spl* Engpass
Clūsīni, ōrum *m* Clusiner, Einw. von Clusium
Clūsium, ī *n* Clusium (Ort in Etrurien), *heute* Chiusi
Clūsius, ī *m* Clusius, Schließer *BN des Janus*
clūsūra = clausura
Cluviae, ārum *f* Cluviae (Ort in Samnium)
Cluviānus *3* cluvianisch, von Cluviae
Clymenē, ēs *f* Klymene (M. des Phaëton)
Clymenēius *3* der Klymene
Clymenus, ī *m* Klymenos *BN des Pluton*
clypeus = clipeus
clystēr, ~is *m* [*gr*] Einlauf(spritze), Klistier(spritze)
Clytaemēstra, ae *f* Klytaimestra (Gem. Agamemnons)
Cn. *Abk* = Gnaeus
Cnidiī, ōrum *m* Knidier, Einw. von Knidos
Cnid|os *u.* **~us,** ~ī *f* Knidos (Seestadt in Karien)
Cnōs- = Gnos-
Cōa, ōrum *n* [¹Cous] koische (Seiden-)Gewänder
coaccēdō *3* noch hinzukommen
coacervātiō, ~nis *f* Anhäufung
coacervō *1* anhäufen
co|acēscō, ~acuī *3* sauer werden; verwildern
coācta, ōrum *n* [coactus I.] Filz
coāctiō, ~nis *f* (Geld-)Eintreibung
coāct|or, ~ōris *m* Geldeinzieher, Steuereintreiber; Antreiber, Nötiger; *Pl* agminis ~ōrēs, ~ōrum *m milit* Nachhut
coāctus I. *Adj 3* gepresst; geronnen; er-, gezwungen **II.** *Part Perf Pass* →cogo **III.** *Subst* ūs *m* Zwang
coacuī →coacesco
coaddō *3* mit hinzutun, -fügen
⟦**coadduco** *3 ml* zuführen, beimischen
⟦**coadiutor,** ~is *m ml* (geistlicher) Helfer; Koadjutor (Stellvertreter des Bischofs)
⟦**coaduno** *1 spl* vereinigen
coaedificō *1* be-, erbauen

coaequāl|is I. *Adj* ~e, *Gen* ~is gleichaltrig **II.** *Subst* ~is, ~is *m* Altersgenosse ⟦*ml* gleichkommend, gleichbedeutend
coaequō *1* gleichmachen, ebnen
⟦**coaetanea,** ae *f spl* Altersgenossin
⟦**coaetaneus,** i *m spl* Altersgenosse
⟦**coaeternus** *3 spl* gleich-ewig
⟦**coaevulus,** i *m spl* Kind gleichen Alters
⟦**coaevus** *3 spl* gleichaltrig
coāgmentātiō, ~nis *f* Zusammenfügung, Verbindung
coāgmentō *1* zusammenfügen, -leimen; verbinden ⟦*ml* anfügen, befestigen
coāgmentum, ī *n* Fuge ⟦*spl* Zusammensetzung
coāgulō *1* zusammenbringen, -schließen; gerinnen lassen
coāgulum, ī *n* [cogo] **1.** Lab **2.** Gerinnen
co|alēscō, ~aluī, ~alitus *3* [alo] zusammen-, verwachsen; Wurzel fassen, anwachsen, erstarken
coangustō *1* zusammendrängen; einschränken
⟦**coapto** *1 spl* zusammenfügen; anpassen; anziehen
co|arguō, ~arguī, ~argūtus *3* aufzeigen, aufdecken, beweisen; als falsch erweisen, widerlegen; überführen
coartātiō, ~nis *f* Zusammendrängen
coartō *1* zusammendrängen, ver-, einengen; ver-, abkürzen ⟦*ml* umdrängen, einschließen; in die Enge treiben; *mit Inf* zwingen
[1]**coaxō** *1* quaken
[2]**coaxō** *1* mit einem Bretterboden versehen
Coccēius *3* Cocceius (*Gent, z.B.* 1. L. ~ Nerva, Vermittler im Bürgerkrieg zwischen Oktavian u. Antonius 2. M. ~ Nerva, Jurist z. Z. des Tiberius 3. M. ~ Nerva, Enkel von 2., Kaiser 96–98)
coccinātus *3* in Scharlach gekleidet
coccineus *3* scharlachfarben
coccinum, ī *n* Scharlachdecke, -gewand
coccinus *3* scharlachfarben
coccum, ī *n* [*gr*] Scharlachfarbe, -faden, -gewand ⟦*ml* scharlachfarbener Stoff
cochlea, ae *f* [*gr*] Schnecke ⟦*ml* Wendeltreppe
cochle|ar, ~āris (*Abl* ~ārī) *n* Löffel
cōciō, ~nis *m* Händler
cocle- = cochle-
cocl|es, ~itis *m* Einäugiger, Kyklop
Cocl|es, ~itis *m BN des* Horatius ~es (Held im Krieg gegen Porsenna)
coctil|is, ~e, *Gen* ~is gebrannt; aus Backsteinen
⟦**coctio,** ~nis *m ml* Schelm
coct|or, ~ōris *m* Koch
coctūra, ae *f* Kochen; Schmelzen ⟦*ml* Brandmal
coctus →coquo
⟦**cocuma,** ae *f ml* = cucuma
cocus = coquus
Cōcȳtius *3* kokytisch, des Kokytos
Cōcȳtus, ī *m* Kokytos (Fluss der Totenwelt)
cōda = cauda
Codanus sinus Codanus-Meerbusen (westlicher Teil der Ostsee)
Cōdēta, ae *f* ~ (maior) (größeres) Codetafeld (auf dem rechten Tiberufer), ~ minor kleineres Codetafeld (Teil des Marsfeldes)
cōdex = caudex
cōdicāri|us *3* aus einem Baumstamm (hergestellt); navis ~a Einbaum
cōdicill|us, ~ī *m* **1.** kleiner Stamm **2.** *Pl* ~ī, ~ōrum *m* Schreibtafel; (Bitt-)Schrift, Brief; kaiserliches Schreiben, kaiserliche Verfügung; Testamentszusatz, -ergänzung ⟦*ml* (Pergament-)Büchlein
Codrus, ī *m* Kodros (*myth* letzter König von Athen)
coebus = cubus
coēgī →cogo
Coela, ōrum *n* Koila (Bucht auf Euboia)
Coelē, ēs *f* (Syria) Koile (Syria) (Südsyrien, *bes* das Tal zwischen Libanon u. Antilibanon)
Coelius = Caelius
coelu|m, ~s = caelum 2.
⟦**coemeterium,** i *n* [*gr*] *spl* Begräbnisstätte, Friedhof
co|emō, ~ēmī, ~ēmptus *3* zusammen-, aufkaufen
coēmptiō, ~nis (Kauf- *od* Schein-)Ehe ⟦*spl* (Auf-)Kauf
coēmptiōnāl|is, ~e, *Gen* ~is wertlos, Ausschuss-
coēmptus →coemo
⟦**coenobita,** ae *m* [*gr*] *spl* Mönch
⟦**coenobium,** i *n* [*gr*] *spl* Kloster
coenōsus = caenosus
coenum = caenum
co|eō, ~iī, ~itus (*Inf* ~īre) zusammenkommen, -treffen, -fließen; *feindlich* zusammenstoßen; sich vereinigen; *von Wunden* sich schließen; *von Flüssigkeiten* gerinnen; *Bündnis* schließen ⟦*ml* sich befruchten
coep|i, ~tus (*Inf* ~isse) angefangen haben
⟦**coepiscopus,** i *m spl* Mitbischof
coeptō *1* beginnen
coeptum, ī *n* Unternehmen, Vorhaben
coeptus I. *Part Perf Pass* →coepi **II.** *Subst* ūs *m* Beginn, Unternehmen
coepulōnus, ī *m* Tischgenosse
co|erceō, ~ercuī, ~ercitus *2* [arceo] einschließen; be-, einschränken, hindern, hemmen; fest-, zurückhalten, in Schranken *od* in Ordnung halten; bestrafen ⟦*ml* überwältigen; *mit Inf* üben
coercitiō, ~nis *f* [coerceo] Be-, Einschränkung; Zwang, Strafe, Bestrafung(srecht) ⟦*ml* Regelung

C

coercitus, coercuī →coerceo
coerō *1 altl* = curo
coetus, ūs *m* [coeo] Zusammentreffen; Versammlung, Verein ⟦*ml* Gemeinde; Kollegium
Coëus, ī *m* Koios (ein Titan)
cofinus = cophinus
⟦**cogitabundus** *3 ml* nachdenklich
cōgitātē *Adv* mit Überlegung, mit Bedacht
cōgitātim = cogitate
cōgitātiō, ~nis *f* Nachdenken, Überlegen, Erwägung; Denkvermögen; Fantasie; Vorhaben, Absicht, Plan
cōgitātum, ī *n* Gedanke, Ansicht; Vorhaben, Plan
cōgitātus I. *Part Perf Pass zu* cogito **II.** ⟦*Subst* us *m spl* Denken, Gedanke
cōgitō *1* be-, nachdenken, überlegen; erwägen; denken de *od Akk* an, bedacht sein de auf; beabsichtigen, vorhaben
cōgnāta, ae *f* [cognatus] (die) Verwandte
cōgnātiō, ~nis *f* [nascor] (Bluts-)Verwandtschaft; Verwandte, Sippe; Ähnlichkeit, Übereinstimmung
cōgnātus [nascor] **I.** *Adj 3* (bluts)verwandt; ähnlich, übereinstimmend **II.** *Subst* ī *m* Verwandter
cōgnitiō, ~nis *f* [cognosco] (nähere) Bekanntschaft; Erkenntnis; Vorstellung, Begriff; gerichtliche Untersuchung
cōgnit|or, ~ōris *m* [cognosco] (Identitäts-)Zeuge, Bürge; (Rechts-, Staats)-Anwalt, Vertreter [[*spl* Ermittlungs-, Schiedsrichter
cōgnitūra, ae *f* Amt *od* Tätigkeit als Staatsanwalt
cōgnitus I. *Adj 3* bekannt; erprobt, bewährt **II.** *Part Perf Pass* →cognosco
cōgnōbil|is, ~e, *Gen* ~is [cognosco] verständlich
cōgnōm|en, ~inis *n u.* **~entum,** ~ī *n* [cognosco] Familienname; Beiname; Name
cōgnōminātus I. *Adj 3* gleichbedeutend, sinnverwandt, synonym **II.** *Part Perf Pass zu* cognomino
cōgnōmin|is I. *Adj* ~e, *Gen* ~is gleichnamig **II.** *Gen Sg zu* cognomen
cōgnōminō *1* (mit Beinamen) nennen
⟦**cognoscibil|is,** ~e, *Gen* ~is *spl* erkennbar; bekannt
cō|gnōscō, ~gnōvī, ~gnitus *3* kennenlernen, erkennen; wiedererkennen, *vor Gericht* anerkennen, die Identität bezeugen *Akk* jmds.; wahrnehmen, bemerken, erfahren; auskundschaften, untersuchen, prüfen; lesen, studieren; *Perf* ~gnōvī *auch* kennen, wissen; (sexuellen) Verkehr haben *Akk* mit
cōgō, coēgī, coāctus *3* [*co-ago] **1.** zusammentreiben, -bringen, (ver)sammeln, vereinigen; *Geld* eintreiben; *log* folgern, schließen; *milit* hineindrängen, zusammenhalten; agmen ~ den Heereszug schließen, die Nachhut bilden **2.** (er)zwingen, drängen; in ordinem ~ in Ordnung *od* in Schranken halten; erniedrigen, degradieren ⟦*ml Part Präs Akt* cogens dringend
cōgor, coāctus sum *3* **1.** zusammenkommen, sich vereinigen **2.** sich gezwungen sehen
⟦**cohabitator,** ~is *m spl* Mitbewohner
⟦**cohabito** *1 spl* zusammenwohnen
cohaerentia I. *Subst* ae *f* Zusammenhang **II.** *Nom/Akk n Pl Part Präs Akt zu* cohaereo
co|haereō, ~haesī, ~haesum *2* zusammenhängen, (eng, unmittelbar) verbunden sein *Dat* mit; (organisch) zusammenhängen, -halten, (inneren) Halt *od* Bestand haben; bestehen *Abl* aus
co|haerēscō, ~haesī *3* sich verbinden, zusammen-, verwachsen
cohaesī 1. →cohaereo **2.** →cohaeresco
cohaesum →cohaereo
coherceō = coerceo
cohērē|s, ~dis *m f* Miterbe, Miterbin
co|hibeō, ~hibuī, ~hibitus *2* [habeo] um-, einschließen, enthalten, beinhalten; auf-, fest-, zurückhalten; im Zaume halten, zügeln; fernhalten
cohonestō *1* (mit anderen) ehren *od* verherrlichen
cohorr|ēscō, ~uī *3* schaudern, erschrecken, zittern
cohor|s, ~tis *f* [hortus] Hof(raum), Gehege *für Vieh u. Geflügel,* Viehhof; Schar, Gruppe, Gefolge; Kohorte *zehnter Teil einer Legion, 500–600 Mann,* ~s praetori(an)a Leibwache *des Feldherrn, in der Kaiserzeit* Prätorianerkohorte *Einheit der Leibwache des Kaisers; Pl* ~tēs, ~tium *f auch* Hilfstruppen der Bundesgenossen
cohortāl|is, ~e, *Gen* ~is zum (Vieh-)Hof gehörig; zur (kaiserlichen) Leibwache gehörig
cohortātiō, ~nis *f* Ermahnung, Ermunterung, Anfeuerung
cohorticula, ae *f* jämmerliche Kohorte
cohortor *1* ermuntern, anfeuern, ermahnen
cohūmidō *1* (gänzlich) befeuchten
coĭ- *zu* coeo
Cōī 1. →Cos **2.** *Gen Sg m, n u. Nom Pl m zu* Cous **3.** *Gen Sg zu* Coum
cōiciō = conicio
⟦**coincidentia,** ae *f ml* Zusammenfallen
coinquinō *1* besudeln, beflecken ⟦*ml* schänden
coinquō *3* zerhacken; beschneiden
coitiō, ~nis *f* [coeo] *feindliches* Zusammentreffen, Zusammenstoß; Vereinigung, Komplott, Verschwörung ⟦*spl* Versammlung; Haufen

coitus I. *Part Perf Pass* →coeo **II.** *Subst* ūs *m* Vereinigung; Begattung; *Astronomie* Konjunktion
cōlaepium, ī *n* [*gr*] Hüftknochen, Schinken
⟦**colaphi|so** *u.* **~zo** *1* [*gr*] *spl* schlagen, ohrfeigen
colaphus, ī *m* [*gr*] Faustschlag
Cola|x, ~cis *m* [*gr*] Der Schmeichler *Komödientitel*
Colchī, ōrum *m* Kolcher, Einw. von Kolchis
Colchicus *3* kolchisch, von Kolchis
Colchi|s I. *Adj, Gen* ~dis *u.* ~dos (*Akk Sg auch* ~da, *Akk Pl auch* ~das) *f* kolchisch, von Kolchis **II.** *Subst* **1.** ~dos (*Akk auch* ~da) *f* Kolchis (Landschaft an der Ostküste des Schwarzen Meeres) **2.** ~dis *u.* ~dos (*Akk Sg auch* ~da, *Akk Pl auch* ~das) *f* Kolcherin (*bes* = Medea)
Colchus *3* kolchisch, von Kolchis
colēns I. *Part Präs Akt zu* ²colo **II.** *Subst* colentis *m* Verehrer (religionum religiöser Gebräuche)
cōlēpium = colaepium
cōleus, ī *m* Hode
cōliculus, ī *m* [caulis] Spross, Trieb
collabāscō *3* mit zu wanken beginnen
collabefactō *1* zum Wanken bringen
collabe|fīō, ~factus sum (*Inf* ~fierī) wankend gemacht werden, zum Fallen gebracht werden, *übertr* gestürzt werden; zusammensinken, -fallen
collābor *3* (zusammen-, ein)stürzen, zusammensinken
⟦**collaboratio,** ~nis *f ml* Ertrag
collacerātus *3* gänzlich zerrissen, zerfleischt
collacrimātiō, ~nis *f* Tränenstrom
collacrimō *1* in Tränen ausbrechen, beweinen
⟦**collaetor** *1 spl* sich gemeinsam freuen *Dat* mit
collār|e, ~is (*Abl* ~ī) *n* [collum] Halseisen *Sklavenfessel*
⟦**collaterал|is,** ~e, *Gen* ~is *ml* zur Seite stehend, vertraut
Collātia, ae *f* Collatia (Ort in Latium)
collātīcius *3* geliehen; beigesteuert
Collātīnus I. *Adj 3* collatinisch, von Collatia **II.** *Subst* ī *m* Collatinus (BN des L. Tarquinius ~, Gem. der Lucretia, an der Vertreibung des letzten röm. Königs 509 v. Chr. beteiligt)
collātiō, ~nis *f* [confero] Zusammentragen; ~ signorum Angriff; Beitrag; Vergleich(ung); Gleichnis ⟦*ml* gemeinsame Gabe; Unterhaltung, abendlicher Umtrunk
collātīvus 3 zusammengetragen; ~ venter Dickwanst
collāt|or, ~ōris *m* [confero] Beisteuerer ⟦*spl* Steuerpflichtiger; Redner
collātus I. *Part Perf Pass* →confero **II.** *Subst* ūs *m* Angriff
collaudātiō, ~nis *f* Belobigung
⟦**collaudator,** ~is *m ml* Teilnehmer am Lobgesang
collaudō *1* loben, belobigen
collēcta, ae *f* [colligo 2.] (Geld-)Beitrag *zu einem gemeinsamen Essen* ⟦*spl* Kollekte, Sammlung *zur Unterstützung von Armen; ml* Kolleggeld, Honorar
⟦**collectane|um,** ~i *n, gew Pl* ~a, ~orum *n ml* Sammelband, -werk
collēctāneus *3* gesammelt
collēctīcius *3* zusammengelesen
collēctiō, ~nis *f* [colligo 2.] Sammeln; Zusammenfassung; Abszess
⟦**collector,** ~is *m ml* Ablasshändler
collēctus I. *Adj 3* gedrängt, bündig, kurz **II.** *Part Perf* →colligo 2. *und* colligor
collēga, ae *m* [colligo 2.] Amtskollege; Genosse, Kamerad *in einer Vereinigung* ⟦*ml* Schicksalsgenosse, Kamerad
collēgī →colligo 2.
⟦**collegiatus** *3* [collegium] *ml* Kollegiat-, nicht bischöflich
collēgium, ī *n* (Amts-)Kollegium, (Berufs-)Vereinigung, Verein ⟦*ml* (mehrköpfige) Behörde; Zunft; ~ militare Ritterschaft, -stand; Gemeinschaft *Gen* mit
collēvī →collino
collībertus, ī *m* Mitfreigelassener
col|libuit *u.* **~libitum est** (*Inf* ~libuisse) es beliebt, gefällt
col|līdō, ~līsī, ~līsus *3* [laedo] zusammenstoßen *mit Akk,* -schlagen, -drücken; zerstoßen, zerdrücken
col|līdor, ~līsus sum *3* zusammenstoßen *Dat* mit
colligātiō, ~nis *f* [colligo 1.] Zusammenschluss, Verbindung
¹**col|ligō** *1* zusammen-, verbinden; zusammenfassen; fesseln; zurückhalten, hemmen
²**col|ligō** ~lēgī, ~lēctus *3* [lego] auflesen, sammeln; zusammenfalten, -raffen, -wickeln, -packen; se ~ligere sich zusammenziehen, sich ducken; straffen, *Segel* reffen; *Gutes od Schlechtes* gewinnen, erwerben, sich zuziehen; corpus ~ligo sich aufraffen, animum *od* mentem ~ligo zu sich kommen, sich erholen; zusammenfassen, aufzählen; berechnen, (schluss)folgern ⟦*spl* mischen; *ml einen Leichnam* aufheben
col|ligor, ~lēctus sum *3 beim Rechnen* sich ergeben, herauskommen
collin|eō *u.* **~iō** *1* richten, zielen; (das Ziel) treffen
col|linō, ~lēvī, ~litus *3* bestreichen, -schmieren, -schmutzen
collīnus *3* [collis] hügelig, Hügel-
Collīnus *3* am (Hügel) Quirinal(is)
colliquefactus *3* gänzlich geschmolzen

C

colliquiārium, ī *n* Kolliquiarium, gegossene Röhre
collis, ~ *m* Hügel
collīsī →collido
collīsiō, ~nis *f* [collido] Zusammenstoß(en), Erschütterung
collīsus I. *Part Perf* →collido(r) **II.** *Subst* ūs *m* Zusammenstoß(en)
collitus →collino
collocātiō, ~nis *f* Stellung, (An-)Ordnung; Verheiratung
colloc|ō *1* (hin-, auf)stellen, setzen, legen; zusammenstellen, ordnen, einrichten; unterbringen, ansiedeln, stationieren; *Zeit* verbringen; *Geld* anlegen; se ~are sich widmen in *Abl einer Sache;* verheiraten *Dat* mit ⟦*ml* membra ~o sich zur Ruhe legen; causam ~o Beschwerde einlegen
collocuplētō *1* (sehr) reich machen, bereichern
collocūtiō, ~nis *f* Unterredung
collocūtus →colloquor
colloquium, ī *n* Gespräch, Unterredung ⟦*ml* Tagung
col|loquor, ~locūtus sum *3* sich unterreden, besprechen; sich unterhalten cum *od Akk* mit ⟦*spl auch Dat* mit
collubuit = collibuit
collūceō *2* (von allen Seiten) leuchten, strahlen; klar hervortreten
colluctor *1* ringen
col|lūdō, ~lūsī, ~lūsus *3* spielen *Dat* mit; *übertr* unter einer Decke stecken
collum, ī *n* Hals (*urv*) ⟦*ml* Bergrücken
⟦**collumino** *1 ml* erleuchten
col|luō, ~luī, ~lūtus *3* aus-, abspülen; *poet* ora ~luo Durst löschen
collus, ī *m* = collum
collūsī →colludo
collūsiō, ~nis *f* [colludo] geheimes Einverständnis
collūs|or, ~ōris *m* [colludo] Spielgefährte, Partner
⟦**collustratio,** ~nis *f ml* Leuchtkraft, Glanz
collūstrō *1* erleuchten; (genau) betrachten
collūsus →colludo
collutulentō *1* besudeln, entehren
collūtus →colluo
colluviō, ~nis *f u.* **colluviēs,** ēī *f* [colluo] Gemisch, Unrat; Wirrwarr, Chaos; (zusammengewürfelte) Masse, Gesindel
collybus, ī *m* [*gr*] Aufschlag *beim Geldwechseln;* Geldwechseln *in andere Währung*
collȳra, ae *f* [*gr*] (grobes) Brot
collȳricus *3* aus (grobem) Brot, Brot-
⟦**collyri|s,** ~dis *f spl* = collyra
collȳrium, ī *n* [*gr*] Augensalbe
[1]**cōlō** *1* [colum] reinigen, filtern, sieben
[2]**colō,** coluī, cultus *3* bebauen, bestellen, Ackerbau treiben; pflegen; (ver)ehren; (be)wohnen
colocāsium, ī *n* [*gr*] (indische) Wasserrose
cōlon, ī *n* [*gr*] Darm; Satz-, Versglied ⟦*spl* Semikolon *geschrieben als Punkt auf halber Zeilenhöhe*
colōna, ae *f* [²colo] Bäuerin
Colōnae, ārum *f* Kolonai (Ort in der Troas)
Colonēus *3* aus (dem attischen Demos) Kolonos
colōnia, ae *f* Kolonie *röm.* (*Militär-*)*Siedlung mit vollem Bürgerrecht in eroberten Ländern;* Ansiedlung
Colōnia Agrippinēnsis Colonia Agrippinensis (röm. Kolonie im Gebiet der Ubier, nach Agrippina 2. benannt), *heute* Köln
colōniārius *3* [colonia] in einer (röm.) Kolonie lebend, aus einer (röm.) Kolonie stammend
⟦**colonica,** ae *f* [colonicus] *spl* Meierei
colōnicus *3* [colonia] aus (röm.) Kolonien stammend
colōnus, ī *m* [²colo] Bauer; Pächter, Kolone; Ansiedler *einer röm. Kolonie* (→colonia)
Colophōn, ~is (*Akk auch* ~a) *f* Kolophon (Stadt in Ionien)
Colophōnius *3* kolophonisch, von Kolophon
color, colōris *m* Farbe, Gesichtsfarbe; Äußeres, Zustand; *rhet* Färbung
colōrātus I. *Adj 3* farbig, (sonnen)gebräunt; *übertr* geschminkt **II.** *Part Perf Pass zu* coloro
colōrō *1* färben; bräunen ⟦*ml* schminken
colōs = color
Colossae, ārum *f* Kolossai (Ort in Phrygien)
colossaeus = colosseus
Colosserō|s, ~tis *m* [*gr*] Prachtriese *Benennung eines großen schönen Mannes*
colossēus *3* [*gr*] riesengroß, kolossal
colossiaeus = colosseus
colossicos, on = colosseus
colossicus *3* = colosseus
colossus, ī *m* [*gr*] Riesenstatue, Koloss, *bes der Koloss zu Rhodos*
colostra = colustra
⟦**colpus,** i *m* [colaphus] *spl* Schlag
colub|er, ~rī *m und* **~ra,** ~rae *f* (kleine) Schlange, Natter
colubrifer *3* Schlangen tragend
colubrīnus *3* schlangenartig; schlau, listig
coluī →²colo
cōlum, ī *n* Sieb, Filter
columba, ae *f* Taube
columb|ar, ~āris (*Abl* ~ārī) *n* [columba] Halsfessel *für Sklaven*
columbīnus *3* Tauben-
columbor *1* sich schnäbeln
columbul|a, ~ae *f u.* **~us,** ~ī *m* Täubchen
columbus, ī *m* Tauber, Taube

columella, ae *f* [columna] kleine Säule, Pfosten, Pfeiler
Columella, ae *m* Columella (BN des L. Iunius Moderatus ~, Verfasser eines Werkes über die Landwirtschaft im 1. Jh. n. Chr.)
colum|en, ~inis *n* Spitze, Gipfel; Giebel; *übertr* Säule, Stütze
colum|is, ~e, *Gen* ~is heil, unversehrt
columna, ae *f* Säule, Pfeiler; ~ (Maenia) Schandsäule *auf dem Forum in Rom* ⟦*spl übertr* Säule, Stütze
columnāriī, ōrum *m* [columnarius] Gesindel
columnārium, ī *n* [columnarius] Säulensteuer
columnārius *3* Säulen-
columnātus *3* durch Säulen gestützt, von Säulen getragen
colurnus *3* [corulus] aus Haselholz
colus, ī *u.* ūs *m f* Spinnrocken; Faden (der Parzen)
colustra, ae *f* Erst-, Kolostralmilch; Zuckermilch *Kosewort*
colȳphium, ī *n* [*gr*] Lendenstück *als Athletenkost*
com *altl* = cum I.
coma, ae *f* [*gr*] (Haupt-)Haar; Mähne; Wolle; Laub; Ähren; Gras; Strahlen
Comāna, ōrum *n* Komana (1. Ort in Pontos 2. Ort in Kappadokien)
comāns, *Gen* comantis [coma] behaart; stella ~ Komet
cōmarchus, ī *m* [*gr*] (Dorf-)Bürgermeister, Dorfschulze
comātus *3* langhaarig; belaubt
com|bibō **I.** *Subst,* ~bibōnis *m* Zechbruder **II.** *Verb,* ~bibī *3* (aus)trinken, einsaugen, in sich aufnehmen
comb|ūrō, ~ussī, ~ustus *3* [*co-amb-uro] (völlig) verbrennen, versengen; vernichten
⟦**combustio,** ~nis *f spl* Verbrennung
combustus →comburo
com|edō, ~ēdī, ~ēs(s)us *u.* ~estus *3* aufessen, verzehren; verprassen, durchbringen
Cōmēns|ēs, ~ium *m* Comenser, Einw. von Comum
[1]**comes,** comitis *m, f* [com, ire] Begleiter(in), Gefährte, Teilnehmer; Erzieher, Hofmeister; *Pl* comitēs, comitum *m* Gefolge *des Statthalters od des Kaisers,* Hof(staat) ⟦*spl* vita comite wenn das Leben reicht; *ml* Graf; ~ palatii Pfalzgraf; ~ stabuli Marschall
[2]**comēs, comēs-** *zu* comedo
cōmessātiō = comissatio
⟦**comessator,** ~is *m* [= comissator] *spl* Tischgenosse
comēs(s)us, comestus →comedo
comētēs, ae *m* [*gr*] Komet
⟦**cometis,** ~ *m* [*gr*] *spl* Komet
comfragōsus = confragosus
cōmicus [*gr*] **I.** *Adj 3* aus *od* wie in der Komödie, Komödien- **II.** *Subst* ī *m* Komödiendichter, -schauspieler
cōmis, cōme, *Gen* cōmis freundlich, höflich; heiter, gut gelaunt
cōmis(s)ābundus *3* (umher)schwärmend
cōmis(s)ātiō, ~nis *f* fröhlicher Umzug; Trinkgelage
cōmis(s)āt|or, ~ōris *m* Zechbruder
cōmis(s)or *1* [*gr*] (fröhlich) umherschwärmen, zechen
comit- →[1]comes
cōmitā|s, ~tis *f* [comis] Freundlichkeit, Gefälligkeit, Höflichkeit; Heiterkeit, gute Laune
comitāt|us **I.** *Adj 3* begleitet *Abl* von; *Komp* ~ior besser geleitet, mit größerem Gefolge **II.** *Part Perf zu* comito(r) **III.** *Subst* ūs *m* Begleitung; (die) Begleiter, Gefolge, Hof(staat), *germ* Gefolgschaft; Reisegesellschaft, Karawane ⟦*ml* Hof(haltung); Grafschaft
comitia, ōrum *n* [comitium] Volksversammlung, Komitien; Wahl ⟦*ml* Reichstag
comitiāl|is, ~e, *Gen* ~is [comitia] der Komitien, Wahl-; morbus ~is, vitium ~e Epilepsie *unterbrach den Wahlvorgang bei den Komitien*
comitiātus, ūs *m* [comitio] (beschließende) Volksversammlung; ~ maximus Zenturiatkomitien
comitiō *1* auf dem Versammlungsplatz erscheinen
⟦**comitissa,** ae *f ml* Gräfin
comitium, ī *n* [com-, ire] Versammlungsplatz *am Forum für Volksversammlungen,* Komitium; →comitia
comit|or *und* **~ō** *1* [comes] begleiten; zu Grabe geleiten; sich zugesellen; →comitatus I. ⟦*ml* vita ~ante wenn nur das Leben bleibt
commaculō *1* beflecken, besudeln
Commāgēnē, ēs *f* Kommagene (nordöstliche Landschaft Syriens)
Commāgēnus *3* kommagenisch, von Kommagene
⟦**commaneo** *2 spl* sich aufhalten, wohnen
commanipulāris, ~ *m* Soldat aus demselben Manipel, Kamerad
commarītus, ī *m* Mitehemann *Komödienwitz*
⟦**commat|er,** ~ris *f spl* (Tauf-)Patin, Gevatterin
commeātus, ūs *m* [commeo] Verkehr, Transport, Ladung; Zu-, Einfuhr; Lebensmittel, Proviant; Urlaub
com|memini (*Inf* ~meminisse) sich erinnern *Akk* an
commemorābil|is, ~e, *Gen* ~is erwähnenswert, bemerkenswert

C

commemorātiō, ~nis *f* Erinnerung; Erwähnung ⟦*spl* Gedächtnisfeier
commemorō *1* sich erinnern; erinnern *Akk* an; erwähnen, darlegen ⟦*ml mit doppeltem Akk* bezeichnen als, nennen
commendābil|is, ~e, *Gen* ~is empfehlenswert
commendātīcius *3* empfehlend, Empfehlungs-
commendātiō, ~nis *f* Empfehlung ⟦*ml* Hinweis *Gen* auf
commendāt|or, ~ōris *m* Empfehler, Gönner ⟦*ml* Komtur (*Fw*)
commendātri|x, ~cis *f* Empfehlerin, Gönnerin
commendātus I. *Adj 3* empfohlen, empfehlenswert; angenehm, ausgezeichnet **II.** *Part Perf Pass zu* commendo
commendō *1* [mando] anvertrauen, übergeben; empfehlen ⟦*ml* anordnen; terrae ~ bestatten
⟦**commensalis,** ~ *m. f ml* Tischgenosse, -genossin
commēnsus →commetior
commentāriolu|s, ~ī *m u.* **~m,** ~ī *n* Skizze, Entwurf; Aufsatz
commentāri|us, ~ī *m u.* **~um,** ~ī *n* Aufzeichnung, Tagebuch, Entwurf; Denkwürdigkeiten, Nachrichten, Chronik; Erläuterungsschrift, Kommentar
commentātiō, ~nis *f* [commentor] (sorgfältiges) Überdenken, Vorbereitung (*Gen* auf); (gelehrte) Abhandlung
commentīcius *3* [commentus] erfunden, erdacht, ideal; erdichtet, erlogen
comment|or I. *Subst* ~ōris *m* Erfinder **II.** *Verb 1* [comminiscor] durchdenken, reiflich erwägen; entwerfen, verfassen, niederschreiben; *rhet* sich vorbereiten, üben, einstudieren ⟦*spl* erläutern
commentum, ī *n* [cominiscor] Einfall, Erfindung; Erdichtung, Lüge ⟦*spl* Anschlag, List
commentus I. *Adj 3* erdichtet, erlogen **II.** *Part Perf* →comminiscor
commerci|um, ~ī *n* [merx] **1.** Handel(sverkehr); Recht, Handel (mit Rom) zu treiben, Handelsrecht; Handelsplatz; *Pl* ~a, ~ōrum *n* (Handels-)Geschäfte **2.** Verkehr, Umgang, Gemeinschaft; ~um linguae Kenntnis der Sprache (des Nachbarvolks); ~um belli Verhandlung mit dem Feind
commercor *1* zusammen-, aufkaufen
com|mereō, ~meruī, ~meritus *2 u.* **~mereor,** ~meritus sum *2* verdienen; begehen, verschulden, auf sich laden
commers = commercium
commeruī →commereo
com|mētior, ~mēnsus sum *4* (aus)messen; vergleichen
commētō *1* (häufig, gewöhnlich) gehen
commictus →commingo
commigrō *1* wandern, ziehen
commīlitium, ī *n* Kriegskameradschaft; Teilnahme am Krieg; Gemeinschaft
commīlitō, ~nis *m* Kriegskamerad ⟦*ml m, f* Glaubensgenosse, -in, Mitstreiter(in) *im Dienste Christi*
comminātiō, ~nis *f* (Be-)Drohung
com|mingō, ~mīnxī, ~mi(n)ctus *3* bepissen; beschmutzen
com|minīscor, ~mentus sum *3* [memini] ausdenken, ersinnen, erdichten, erfinden; sich darauf besinnen
⟦**commino** *1 ml* = comminor
comminor *1* (an-, be)drohen
com|minuō, ~minuī, ~minūtus *3* vermindern, verringern; schwächen; zerschlagen, zertrümmern
comminus *Adv* [manus] im Handgemenge, Mann gegen Mann; in *od* aus der Nähe, persönlich; unverzüglich, sogleich
comminūtus →comminuo
commīnxī →commingo
com|misceō, ~miscuī, ~mixtus *2* (ver-, bei)mischen, vermengen
⟦**com|misceor,** ~mixtus sum 2 *spl* ein Liebesverhältnis haben
commiserātiō, ~nis *f rhet* Bejammern *des Beklagten zur Erregung von Mitleid bei den Richtern; übertr* larmoyanter Ton
commiserēsc|ō *3 u. unpers* ~it me Mitleid haben *Gen* mit
commiseror *1* bedauern, beklagen, bejammern
commīsī →committo
⟦**commissarius,** i *m ml* Beauftragter
commissiō, ~nis *f* [committo] Wettkampf, -streit; Prunkrede
commissum, ī *n* [committo] Unternehmen; Vergehen, Schuld; das Anvertraute, Geheimnis; Einziehung, Konfiszierung ⟦*spl* Ausführung
commissūra, ae *f* [committo] Verbindung, Band, Fuge
commissus →committo(r)
commītigō *1* mürbe klopfen *Komödienausdruck*
com|mittō, ~mīsī, ~missus *3* **1.** zusammenfügen, verbinden, vereinigen; zustande bringen, beginnen; *Verbrechen* begehen, verüben; verschulden; sich vergehen; es dahin *od* dazu kommen lassen, bewirken **2.** übergeben, -lassen, anvertrauen; se ~mittere sich trauen, zu kommen wagen in *Akk od Dat* in; Vertrauen schenken, sich anvertrauen ⟦*ml* vergleichen; bello ~mitto bekriegen; se ~mittere sich empfehlen
com|mittor, ~missus sum *3* sich verbinden, sich vereinigen; ins Handgemenge kommen; *jur von Vertragsbestimmungen* in

Erfüllung gehen, *von Streitobjekten* verfallen
⟦**commixtio,** ~nis *f spl* (Ver-)Mischung; *ml* Vereinigung, Ehe
commixtus I. *Adj 3* vermischt, aus der Vermischung - (ex) *Abl* von - hervorgegangen; verworren **II.** *Part Perf* →commisceo(r)
commoditā|s, ~tis *f* [commodus] Angemessenheit, Zweckmäßigkeit; Annehmlichkeit, Bequemlichkeit; Vorteil; Gefälligkeit, Zuvorkommenheit
Commoditā|s, ~tis *f* Commoditas (Göttin des günstigen Geschicks)
commodō *1* sich gefällig zeigen; (aus Gefälligkeit) leihen, überlassen, gewähren
commodul|ē *u.* **~um** *Adv* ganz und gar angemessen, hübsch, nett
commod|um [commodus] **I.** *Subst* **1.** ~ī *n* Bequemlichkeit, günstiger Zeitpunkt; ~o meo im rechten Augenblick für mich; (ex) ~o, per ~um zu gelegener Zeit; Vorteil, Nutzen **2.** *Pl* ~a, ~ōrum *n* Wohl, Glück; staatliche Vergünstigungen, Privilegien **II.** *Adv* gerade, eben
commodus *3* [*aus* cum modo mit Maß] angemessen, passend, zweckmäßig, günstig, bequem; gefällig, zuvorkommend
commoeniō = communio II.
commolō *3* zermahlen, -malmen, -stampfen
commone|faciō, ~fēcī, ~factus *3* (*Pass* ~fīō) = commoneo
commonefīō →commonefacio
com|moneō, ~monuī, ~monitus *2* erinnern, (er)mahnen *Akk der Sache, Gen od* de an ⟦*ml mit AcI* auffordern
⟦**commonitio,** ~nis *f spl* Ermahnung
⟦**commonito** *1 ml* ermahnen, auffordern
commonitus →commoneo
commōnstrō *1* deutlich zeigen
commonuī →commoneo
commorātiō, ~nis *f* Verweilen
commordeō *2* beißen *Akk* nach, in
com|morior, ~mortuus sum *3* zugleich sterben *Dat od* cum mit
commoror *1* sich aufhalten, verweilen; aufhalten
commortuus →commorior
commōtiō, ~nis *f* [commoveo] Bewegung, Erregung, Aufregung
commōtiuncula, ae *f* [commotio] leichte Unpässlichkeit
commōtus I. *Adj 3* schwankend, unsicher; aufgeregt, leidenschaftlich, aufgebracht; verrückt, wahnsinnig **II.** *Part Perf Pass* →commoveo
com|moveō, ~mōvī, ~mōtus *2* **1.** in Bewegung setzen; fortbewegen, -rücken, -schaffen, *Gegner* zum Weichen bringen; castra ~moveo aufbrechen **2.** anregen, veranlassen, hervorrufen; antreiben, bestimmen; beeindrucken, rühren, erschüttern; beunruhigen, aufregen, erschrecken
com|mulceō, ~mulsī, ~mulsus *2* streicheln, liebkosen; freundlich stimmen
commūn|e I. *Adj* →communis **II.** *Subst* ~is (*Abl Sg* ~ī) *n* **1.** Gemeinde, Gemeinwesen; Gemeingut, gemeinschaftliches Vermögen **2.** in ~e zum gemeinschaftlichen Gebrauch, zum allgemeinen Besten; gleichmäßig; im Allgemeinen, überhaupt ⟦*ml* in ~e insgesamt, miteinander
commūnic|āns I. *Part Präs Akt zu* communico **II.** ⟦*Subst* ~antis *m spl* Abendmahlsteilnehmer, Erwachsener
commūnicātiō, ~nis *f* Mitteilung ⟦*spl* ~ orationis Teilnahme am Gebet; Gemeinschaft, Kommunikation
commūnicō *1* **1.** vereinigen; teilen; mitteilen cum jmdm.; sich besprechen ⟦*spl* das Abendmahl nehmen, kommunizieren; das Abendmahl erteilen; →communicans
commūniō I. *Subst* ~nis *f* [communis] Gemeinschaft ⟦*spl* Abendmahl, Kommunion; *ml* Übereinstimmung **II.** *Verb 4* (stark) befestigen; stärken, sichern
commūn|is, ~e, *Gen* ~is gemeinschaftlich, gemeinsam; allgemein, überall üblich; umgänglich, herablassend, demokratisch gesinnt; →commune, communiter
commūnitā|s, ~tis *f* Gemeinschaft; Gemeinsinn; Leutseligkeit ⟦*spl* Gruppe
commūniter *Adv* gemeinschaftlich, im Allgemeinen
commurmuror *1* (bei sich) murmeln
commūtābil|is, ~e, *Gen* ~is veränderlich
commūtātiō, ~nis *f* Veränderung, Wechsel, Austausch ⟦*ml* Geschäftsverkehr
commūtō *1* verändern; fälschen; (ver-, aus-, ein)tauschen
commūtor *1* sich (ver)ändern
cōmō, cōmpsī, cōmptus *3* [emo] ordnen; flechten, schmücken, kämmen, frisieren ⟦*spl* zieren
cōmoedia, ae *f* [*gr*] Komödie, Lustspiel
cōmoedicē *Adv* [*gr*] wie in der Komödie
cōmoedus [*gr*] **I.** *Adj 3* zur Komödie gehörig, Komödien- **II.** *Subst* ī *m* Komödienschauspieler
comōsus *3* stark behaart
com|paciscor, ~pectus *u.* ~pactus sum *3* einen Vertrag schließen
⟦**compaco** *1 spl* friedlich machen
compāctil|is, ~e, *Gen* ~is [compingo] (dicht) gefügt; untersetzt, gedrungen
compāctiō, ~nis *f* [compingo] Zusammenfügung
compactum = compectum
[1]**compactus I.** *Part Perf* →compaciscor **II.** ⟦*Adj 3 ml* ausgemacht; allgemein bekannt

C

[2]**compāctus I.** *Adj 3* gedrungen, untersetzt **II.** *Part Perf Pass* →compingo

compāg|ēs, ~is *f u.* **~ō,** ~inis *f* [compingo] Zusammenfügen; Fuge; Gefüge, Bau, Struktur, Organismus

comp|ār I. *Adj, Gen* ~aris gleich; ebenbürtig **II.** *Subst* **1.** ~aris (*Abl Sg* ~arī) *m, f* Gefährte, Gefährtin, Kamerad(in), Gatte, Gattin **2.** ⟦*Pl* ~ares, ~arium *m ml* Kämpferpaare

comparābil|is, ~e, *Gen* ~is vergleichbar

comparātē *Adv* vergleichsweise

comparātiō, ~nis *f* **1.** [[1]comparo] Vergleich; gleiche Stellung, richtiges Verhältnis; Übereinkunft; Konstellation; (ex) ~ne im Vergleich *Gen* zu, mit **2.** [comparo 2.] Herbei-, Beschaffung; Vorbereitung

comparātīvus *3* [[1]comparo] vergleichend

com|parcō, ~parsī = comperco

com|pāreō, ~pāruī *2* erscheinen, zur Stelle sein; sichtbar sein, noch vorhanden sein ⟦*ml* in conspectu ~pareo treten *Gen* vor

[1]**comparō** *1* [[2]paro] vergleichen; gleichstellen; *Amtsgeschäfte* untereinander ausgleichen, verteilen; übereinkommen *Akk* hinsichtlich, unter sich aufteilen; *als Kampfpaar* antreten lassen, gegenüberstellen

[2]**comparō** *1* [[1]paro] (vor)bereiten, einrichten, veranstalten; an-, beschaffen, erwerben, gewinnen ⟦*spl mit AcI* bewirken, dass

comparsī →comparco

compāruī →compareo

com|pāscō, –, ~pāstus *3* (Vieh) gemeinsam weiden lassen; füttern; famem ~pasco Hunger stillen

compāscuus *3* ~ ager gemeinsames Weideland

⟦**compassio,** ~nis *f spl* Mitleid; Sympathie, Übereinstimmung

⟦**compat|er,** ~ris *m spl* (Tauf-)Pate, Gevatter

⟦**compaternita|s,** ~tis *f ml* Patenstelle, -würde

⟦**compatior** *3 spl* Mitleid haben

⟦**compatriota,** ae *m spl* Landsmann

compect|um, ~ī *n* [compaciscor] Vertrag, Übereinkunft; (de, ex) ~o verabredetermaßen, vereinbarungsgemäß

compectus →compaciscor

compediō *4* [compes] an den Füßen fesseln

compēgī →compingo

compellātiō, ~nis *f* Ausschimpfen, Vorwurf

[1]**com|pellō** *1* anreden, -rufen; schelten, tadeln, schmähen; anklagen

[2]**com|pellō,** ~pulī, ~pulsus *3* zusammentreiben; (hin)treiben, verschlagen; bedrängen, in die Enge treiben; *zu etw.* drängen, treiben, bewegen ⟦*ml mit Inf* zwingen; schelten

compendiāria, ae *f* [compendiarius] kürzester Weg, Wegabkürzung

compendiārium, ī *n* [compendiarius] kürzester Weg, Wegabkürzung; abgekürztes Verfahren

compendi|ārius *u.* **~ōsus** *3* abgekürzt, kurz

compendium, ī *n* Ersparnis; (Weg-)Abkürzung, direkter Weg; Gewinn, Vorteil

compēnsātiō, ~nis *f* Ausgleich

compēnsō *1* (gegeneinander) abwägen, gegenüberstellen; aufwiegen, ausgleichen

com|percō, ~persī *3* [parco] zusammen-, aufsparen; unterlassen

comperendināt|iō, ~iōnis *f u.* **~us,** ~ūs *m* Aufschub, Vertagung *des Urteils auf den übernächsten Gerichtstag*

comperendinō *1 das Urteil auf den übernächsten Gerichtstag* vertagen; Vertagung beantragen; zum übernächsten Gerichtstag *od* zum zweiten Termin *zur Urteilsverkündung* vorladen ⟦*spl allg* aufschieben; *ml* Aufschub verlangen

com|periō (*im Präs auch* ~perior), ~perī, ~pertus *4* genau *od* zuverlässig erfahren; ertappen, überführen

compersī →comperco

comp|ēs, ~edis *f* [*vgl* pedica, expedio], *gew Pl* ~edēs, ~ed(i)um *f* Fußfessel *der Sklaven; übertr* Fessel

compe|scō, ~scuī *3* [parco] in Schranken halten, bezähmen, unterdrücken; gefangen halten; *Hunger, Durst* stillen

compet|ēns I. *Part Präs Akt zu* competo **II.** ⟦*Adj, Gen* ~entis *spl* angemessen; rechtmäßig, zuständig; passend, genau

competentia I. *Nom/Akk Pl n Part Präs Akt zu* competo **II.** *Subst* ae *f* **1.** Symmetrie **2.** Konstellation ⟦*spl* Eignung

competiī →competo

competīt|or, ~ōris *m* Mitbewerber, Konkurrent

competītrī|x, ~cis *f* Mitbewerberin, Konkurrentin

com|petō, ~petīvī *u.* ~petiī, ~petītus *3* zusammentreffen, *zeitl* zusammenfallen; zutreffen, entsprechen; ausreichen, fähig sein; gemeinsam erstreben, zugleich zu erreichen suchen ⟦*spl unpers* ~petit es kommt zu; *ml* wetteifern

compīlātiō, ~nis *f* zusammengeklaubtes Zeug, minderwertige Nachrichten

compīlō *1* **1.** (aus)plündern, berauben; ausbeuten, aus-, abschreiben ⟦*ml* einheimsen **2.** [pilum 1.] verprügeln

com|pingō, ~pēgī, ~pāctus *3* [pango] zusammenfügen; drängen, stoßen; verstecken; se ~pingere sich verdrücken, sich verstecken in *Akk dt* in *Dat*

Compitāl|ia, ~ium *u.* ~ōrum *n* Compitalien (Fest der Lares ~es, der Laren an den Weg- *od* Straßenkreuzungen)

compitālicius *3* zu den Compitalien gehörig, der Compitalien
compitāl|is, ~e, *Gen* ~is zur Weg- *od* Straßenkreuzung gehörig
compitum, ī *n* [competo] Weg-, Straßenkreuzung *mit Larenheiligtum*
com|placeō, ~placuī *od* ~placitus sum *2* gefallen ⟦*spl* sibi ~placere Wohlgefallen haben in an; *unpers* ~placet *mit AcI* = placet
complācō *1* sich geneigt machen
complacuī →complaceo
complānō *1* einebnen, dem Erdboden gleichmachen
com|plector, ~plexus sum *und* **~plectō,** –, ~plexus *3* [*vgl* am-plector] umschlingen, -armen, -fassen; (mit Zuneigung) umgeben, (mit Interesse) betreiben; *räuml* umgeben, -schließen, enthalten; zusammenfassen(d darstellen); erfassen, begreifen, verstehen; sich aneignen, erlangen ⟦*ml* familiarissime ~plector lieben; auf sich nehmen
complēmentum, ī *n* Ergänzung(smittel)
com|pleō, ~plēvī, ~plētus *2* (aus-, an-, er)füllen; bemannen; vollzählig machen, ergänzen; vollenden, septuaginta annos ~pleo siebzig Jahre leben ⟦*ml* vollziehen
⟦**completorium,** i *n ml* Schlussandacht *der horae canonicae*
complētus →compleo
complēvī →compleo
⟦**compl|ex,** ~icis *m spl* Verbündeter; Mitschuldiger
complexiō, ~nis *f* Verbindung, Verknüpfung; zusammenfassende Darstellung; ~ verborum *rhet* Periode; *log* Schlussfolgerung, -satz; *Dialektik* Dilemma ⟦*spl* Körperverfassung, Ernährungszustand
complexus I. *Part Perf* →complecto(r) **II.** *Subst* ūs *m* Umfassung, -schließung, -armung; ~ armorum Handgemenge **III.** ⟦*Adj 3 ml* geflochten
complicātus I. *Adj 3* unklar, verworren **II.** *Part Perf Pass zu* complico
com|plicō *1* (*Perf Akt auch* ~plicuī, *Part Perf Pass auch* ~plicitus) zusammenfalten, -wickeln, -legen
com|plōdō, ~plōsī, ~plōsus *3* [plaudo] *Hände* zusammenschlagen
complōrātiō, ~nis *f* (gemeinsames) Wehklagen
complōrātus I. *Adj 3* kläglich **II.** *Part Perf Pass zu* comploro **III.** *Subst* ūs *m* = comploratio
complōrō *1* laut beklagen
complōsī →complodo
complōsus →complodo
⟦**compluo** *3 spl* (be)regnen
⟦**compluor** *3 spl* (vom Regen) nass werden; einregnen
complūr|ēs, ~(i)a, *Gen* ~ium mehrere, einige, (ziemlich) viele
complūriē(n)s *Adv* mehrmals, ziemlich oft
complūsculī *3* ziemlich viele
compluvium, ī *n* Compluvium (Dachöffnung des röm. Hauses, durch die das Regenwasser in das darunterliegende Impluvium floss); Innenhof
com|pōnō, ~posuī, ~pos(i)tus *3* zusammenstellen, -setzen, -legen, -bringen; vereinigen; *zum Kampf od vor Gericht* konfrontieren, vergleichen(d gegenüberstellen); zustande bringen, schaffen, gestalten, ersinnen; *schriftlich* ab-, verfassen, besingen; (gemeinsam) verabreden, festsetzen; zusammentragen, einbringen, aufbewahren; beisetzen; (se) ~ponere (sich) niederlegen; zurechtlegen, ordnen; beruhigen, versöhnen, *Streit, Kampf* schlichten, beilegen ⟦*ml* ~pono adversum gegenüberstellen; begleichen, zahlen; komponieren
comportō *1* zusammentragen; *Getreide* einbringen, liefern
compo|s, *Gen* ~tis [*zu* potis] mächtig, im Besitz *od* Genuss *Gen od Abl* von
compositiō, ~nis *f* Zusammenstellung, -setzung; Abfassung; Einrichtung, Anordnung, Gestaltung; Einigung, Aussöhnung ⟦*ml* Übereinstimmung; Sühne(geld), Schadenersatz
composit|or, ~ōris *m* Ordner; einer, der gliedert; Verfasser
compositus I. *Adj 3* zusammengesetzt; (wohl) geordnet, geregelt, gut eingerichtet; *mit* ad, in *Akk, Dat* gerüstet für, geeignet zu, eingestellt auf; erdichtet, erlogen; ruhig, gesetzt, gelassen **II.** *Part Perf Pass* →compono
compostus →compono
composuī →compono
compōtātiō, ~nis *f* Trinkgesellschaft *Ciceros Übersetzung von gr symposion;* →concenatio
compotiō *4* beglücken *Gen od Abl* mit
compotior 4 teilhaftig werden *Abl* einer Sache
compōt|or, ~ōris *m* Trink-, Saufkumpan
compōtrī|x, ~cis *f* Trink-, Saufkumpanin
comprāns|or, ~ōris *m* (Frühstücks-)Gast; Kumpan
comprecātiō, ~nis *f* gemeinsames Gebet *Gen* zu
comprecor *1* beten *Akk od Dat* zu; erflehen, wünschen
com|prehendō, ~prehendī, ~prehēnsus *3* zusammenfassen; *körperlich, räuml, übertr* umfassen, -schließen, einschließen; *geistig* beherrschen; *schriftlich* darstellen, beschreiben; ertappen, entdecken; ergreifen, (ge)fangen (nehmen), besetzen; (animo, mente, cogitatione)

~prehendo erfassen, begreifen, verstehen ⟦*spl* erwähnen
comprehēnsibil|is, ~e, *Gen* ~is fasslich, erfassbar, wahrnehmbar
comprehēnsiō, ~nis *f* Zusammenfassung, Verknüpfung; Festnahme; Wahrnehmung, Begriff
comprehēnsus →comprehendo
comprēndō = comprehendo
⟦**compresbyter,** i *m ml* Mitpriester
compressē *Adv* gedrängt, kurz
compressī →comprimo
compressiō, ~nis *f* Zusammendrücken; Umarmung; gedrängte Darstellung
compressus I. *Adj 3* eng, knapp, kurz; *med* verstopft **II.** *Part Perf Pass* →comprimo **III.** *Subst* ūs *m* Zusammendrücken; Umarmung, Umschließung
com|primō, ~pressī, ~pressus *3* zusammendrücken, -pressen, -drängen; zerdrücken, zerquetschen; schänden, vergewaltigen; unterdrücken, hemmen, geheim halten; *Lebensmittel* zurückhalten (= nicht verkaufen)
comprobātiō, ~nis *f* Anerkennung
comprobāt|or, ~ōris *m* Anerkenner, einer, der anerkennt; Anhänger, Verteidiger
comprobō *1* billigen, anerkennen, zugeben; beweisen, bestätigen
comprōmīsī →compromitto
comprōmissum, ī *n* Übereinkunft (sich unter Hinterlegung einer Kaution einem Schiedsspruch zu fügen)
comprō|mittō, ~mīsī, ~missus *3 jur* vereinbaren →compromissum ⟦*spl* versprechen
⟦**comprovincialis,** ~ *m spl* Landsmann (aus derselben Provinz)
Compsa, ae *f* Compsa (Ort der Hirpiner in Samnium), *heute* Conza
Compsānus *3* compsanisch, von Compsa
cōmpsī →como
compsissumē *Adv* [*gr* compsos] fein, witzig
cōmptiō, ~nālis = coemptio, coemptionalis
cōmptus I. *Adj 3* gefällig, sauber, korrekt **II.** *Part Perf Pass* →como **III.** *Subst* ūs *m* Zusammenfügung; (gepflegtes) Haar, Frisur
⟦**compugno** *1 spl* miteinander *od* gegeneinander kämpfen
compulī →compello
⟦**compulsatio,** ~nis *f ml* Zusammen-, Aneinanderschlagen
⟦**compulsio,** ~nis *f spl* Schlag, Kampf; Drängen, Zwang
⟦**compulso** *1 spl* zusammenschlagen, kämpfen; *ml* läuten
compulsus →compello
⟦**compunctio,** ~nis *f spl* (Ein-)Stich; Reue
compūnctus I. *Part Perf* →compungo(r) **II.** ⟦*Adj 3 ml* reuevoll

com|pungō, ~punxī, ~pūnctus *3* zerstechen; tätowieren ⟦*spl* treffen, erschüttern; *ml* zur Reue stimmen
⟦**com|pungor,** ~punctus sum *3 spl* von Reue gequält werden
computātiō, ~nis *f* Berechnung
comput|ō *1* zusammen-, berechnen; auf seinen Vorteil bedacht sein ⟦*spl* rechnen pro unter; *ml* rechnen intra unter; ars ~andi Kalenderberechnung
computr|escō, ~uī *3* verfaulen; verwesen ⟦*spl* zunichtewerden
⟦**computus,** i *m spl* Rechnen; Berechnung *der kirchlichen Feste, bes* ~ paschae *od* paschalis Berechnung des Osterfestes
Cōmum, ī *n* Comum (Ort in Oberitalien), *heute* Como; Novum ~ Novum Comum (= Neu-Comum, N von Comum seit 59 v. Chr.)
cōnām|en, ~inis *n* Versuch, Anstrengung, Bemühung; iutus aliquo ~ine mit einiger Nachhilfe
cōnātum, ī *n* = conatus II.
cōnātus I. *Part Perf zu* conor **II.** *Subst* ūs *m* Versuch, Unternehmen, Wagnis; Bemühung, Anstrengung; Trieb, Drang
conb- = comb-
concacō *1* bekacken, beschmutzen
concaed|ēs, ~ium *f milit* Verhau
concale|faciō, ~fēcī, ~factus *3* (*Pass* ~fīō) ganz *od* durch und durch erwärmen
concalefactus I. *Adj 3* wärmehaltig **II.** *Part Perf Pass* →concalefacio
concalefīō →concalefacio
concaleō *2* ganz warm sein
concal|ēscō, ~uī *3* (durch und durch) warm *od* heiß werden; vor Liebe erglühen
concall|ēscō, ~uī *3* **1.** [calleo 1.] Schwielen bekommen; gefühllos werden **2.** [calleo 2.] gewitzt *od* durchtrieben werden
concaluī →concalesco
concamarātiō = concameratio
⟦**concambium,** i *n spl* Geldwechseln
concamerātiō, ~nis *f* Wölbung, Gewölbe, (gewölbte) Decke
concamerō *1* überwölben
Concanus, ī *m* Konkaner (Angehöriger eines Volkes in Kantabrien)
⟦**concaptivus,** i *m spl* Mitgefangener
concastīgō *1* stark züchtigen, gründlich bestrafen
⟦**concaten|o** *1 spl* zusammenketten, in Ketten legen; lorica ~ata Kettenpanzer
⟦**concatenor** *1 spl* fest verbunden sein; festfrieren
concatervātus *3* dicht gedrängt
concavō *1* hohl machen, aushöhlen, krümmen
concavus *3* hohl, gewölbt, gekrümmt
con|cēdō, ~cessī, ~cessus *3* **1.** sich (weg)begeben, sich entfernen; weichen (ab, ex) *Abl* von, vita ~cedo aus dem Le-

ben scheiden, sterben **2.** abtreten *mit Akk,* überlassen; erlauben, zugeben, zugestehen; nachgeben, sich fügen; nachsichtig sein *Dat* gegenüber; verzeihen ⟦*spl* ~cedo in famulicium Diener werden, in den Dienst treten; sich in etw. schicken; *ml* freigeben, beurlauben; se ~cedere naturae communi sterben
concelebrō *1* beleben, (mit lebenden Wesen) bevölkern; festlich begehen, feiern; eifrig betreiben; überall bekannt machen, verherrlichen, preisen ⟦*ml* talos ~ Würfel spielen
concēlō *1* (sorgfältig) verheimlichen
concēnātiō, ~nis *f* Essgesellschaft *Ciceros Übersetzung von gr syndeipnon;* →compotatio
concentiō, ~nis *f* [concino] Einklang, Harmonie, (harmonischer) Gesang, (harmonische) Musik
⟦**concentricus** *3* [centrum] *ml* konzentrisch
concenturiō *1* zenturien-, haufenweise sammeln *Komödienwitz*
concentus I. *Part Perf Pass* →concino **II.** *Subst* ūs *m* Einklang, Harmonie, (harmonischer) Gesang, (harmonische) Musik; Übereinstimmung, Einigkeit, Eintracht
concēpī →concipio
conceptāculum, ī *n* Behälter
conceptiō, ~nis *f* Empfängnis; Abfassung *von Rechtsformeln;* Inbegriff
conceptum, ī *n* Leibesfrucht
conceptus I. *Part Perf Pass* →concipio **II.** *Subst* ūs *m* Empfängnis; Leibesfrucht ⟦*spl* Gedanke, Vorstellung
con|cerpō, ~cerpsī, ~cerptus *3* zerreißen; *übertr* herunterreißen, herabsetzen
concertātiō, ~nis *f* (Wort-)Streit, Disput ⟦*spl* Kampf, Rauferei
concertāt|or, ~ōris *m* Nebenbuhler, Rivale
concertātōrius *3* den Wortstreit betreffend, streitend
concertō *1* sich messen, wetteifern, streiten, disputieren
concessī →concedo
concessiō, ~nis *f* [concedo] Abtretung; Zugeständnis, Bewilligung; Straferlass
concessō *1* nachlassen, aufhören, ruhen
concessus I. *Adj 3* erlaubt, rechtmäßig **II.** *Part Perf Pass* →concedo **III.** *Subst* ūs *m* Erlaubnis, Zugeständnis
concha, ae *f* [*gr*] Muschel(schale), (Purpur-)Schnecke; Perle; Purpur; *muschelförmiges* Gefäß; *schneckenförmiges* Tritonshorn
conchātus *3* muschelförmig
conchis, ~ *f* [*gr*] *grobes* Bohnengericht, Bohnenbrei
conchīta, ae *m* [*gr*] Muschelsammler
⟦**conchus,** i *m* [concha] *ml* Becher
conchȳliātus *3* [conchylium] purpurfarben
conchȳlium, ī *n* [*gr*] Schaltier, Auster, Purpurschnecke; Purpurfarbe; Purpurgewand
[1]**con|cidō,** ~cidī *3* [cado] zusammenfallen, einstürzen; niederstürzen, *im Kampfe* fallen; unterliegen, zugrunde gehen, *übertr* zusammenbrechen; *vom Wind* sich legen ⟦*ml* sich verändern
[2]**con|cīdō,** ~cīdī, ~cīsus *3* [caedo] zusammen-, niederhauen; durchprügeln; zerhacken, zerstückeln, zergliedern; vernichten, zugrunde richten ⟦*ml* zerschneiden
con|cieō, ~cīvī, ~citus *2* zusammenbringen, sammeln, herbeirufen; erregen, antreiben, aufreizen; hervorrufen, veranlassen
conciliābulum, ī *n* Versammlungs-, Marktplatz, Gerichtsort; *scherzhaft* Vergnügungsstätte, Lasterhöhle
conciliātiō, ~nis *f* Vereinigung, Verbindung; Gewinnung *für etw, von Gunst od Zuneigung;* Geneigtheit, Hinneigung
conciliāt|or, ~ōris *m* Vermittler
conciliātrīcula, ae *f* Vermittlerin
conciliātrī|x, ~cis *f* Vermittlerin; Kupplerin
conciliātus I. *Adj 3* beliebt *Dat* bei; *zu etw* geneigt **II.** *Part Perf Pass zu* concilio
conciliō *1* [concilium] zusammenbringen, (ver)einigen; geneigt machen, gewinnen; (an)empfehlen; erwirken, zustande bringen; verschaffen, erwerben
⟦**concilior** *1 ml* sich vereinigen sibi miteinander
concilium, ī *n* [[1]calo] Vereinigung, Verbindung; Zusammenkunft; (Volks-, Bundes-)Versammlung, Landtag ⟦*spl u. ml* Kirchenversammlung, Konzil
concinnitā|s, ~tis *f bes rhet* kunstgerechte Verbindung, Harmonie, Eleganz ⟦*spl* künstlerische Form *od* Schönheit
concinnitūd|ō, ~inis *f* = concinnitas
concinnō *1* richtig *od* kunstgerecht zusammenfügen; herrichten, zurechtlegen; *übertr* formen, bereiten, hervorrufen
concinnus *3* kunstgerecht, hübsch, zierlich, nett; gefällig, angenehm
con|cinō, ~cinuī, ~centus *3* (zusammen) singen *od* ertönen; anstimmen; übereinstimmen; besingen, verherrlichen, preisen
conciō *4* = concieo
concipilō *1* widerrechtlich an sich nehmen, sich aneignen
con|cipiō, ~cēpī, ~ceptus *3* [capio] in sich aufnehmen, empfangen, schwanger werden; sich zuziehen, auf sich laden, begehen; in sich aufkommen lassen, empfinden, fühlen; (animo, mente) ~cipio wahrnehmen, begreifen, verstehen, sich vorstellen; abfassen, formulieren; *Eid,*

Gebet, Gelübde (aus)sprechen ⟦*ml* (be)denken, planen; sich vorstellen
concipulō = concipilo
concīsiō, ~nis *f* Zerstückelung, -teilung, -gliederung
concīsūra, ae *f* Ver- *od* Zerteilung; Ritze
concīsus I. *Adj 3* kurz, sich kurzfassend **II.** *Part Perf Pass* →²concido
concitātiō, ~nis *f* rasche Bewegung; (politische) Demonstration, Aufruhr; Aufregung, Erregung, Leidenschaft
concitāt|or, ~ōris *m* Aufwiegler; Anstifter
concitātus I. *Adj 3* eilend, schnell; erregt, aufgeregt, heftig **II.** *Part Perf Pass zu* concito
⟦**concite** *Adv ml* schnellstens, schleunigst
concitō *1* [concieo] zusammenbringen, herbeirufen; in (schnelle) Bewegung setzen, treiben, jagen; antreiben, anfeuern, entflammen, aufwiegeln; hervorrufen, veranlassen
concit|or, ~ōris *m* [concieo] Aufwiegler; Anstifter
concitus →concieo
concīvī →concieo
⟦**concivis,** ~ *m ml* (Mit-)Bürger
conclāmātiō, ~nis *f* (lautes) Geschrei
conclāmitō *1* laut rufen
conclāmō *1* laut (aus)rufen, laut verkünden, mit Beifallsgeschrei begrüßen; *Tote* laut beklagen; vasa ~ Befehl zum Aufbruch geben; zusammenrufen
⟦**conclavarius** *3 ml* Stuben-, auf die vier Wände beschränkt
conclāv|e, ~is (*Abl Sg* ~ī) *n* [clavis] (Schlaf-, Ess-)Zimmer ⟦*ml* Wahlraum
con|clūdō, ~clūsī, ~clūsus *3* [claudo] einschließen, -sperren; abschließen, -sperren; *übertr* abschließen, zum Abschluss bringen *od* kommen; (schluss)folgern, beweisen ⟦*spl* (in der Disputation) siegen *Dat* über
conclūsē *Adv* (rhythmisch) abgerundet
conclūsī →concludo
conclūsiō, ~nis *f milit* Einschließung, Blockade; Abschluss, Ende, Schlussteil *der Rede; log* Schlusssatz, Folgerung; ~ (verborum, sententiarum) *rhet* abgeschlossene Periode
conclūsiuncula, ae *f* spitzfindige, sophistische Schlussfolgerung
conclūsus I. *Part Perf Pass* →concludo **II.** ⟦*Subst* i *m spl* Gefangener
concoctiō, ~nis *f* Verdauung
concoctus →concoquo
concol|or, *Gen* ~ōris gleichfarbig, von gleicher Farbe *Dat* wie
concomitātus *3* begleitet
con|coquō, ~coxī, ~coctus *3* zusammenkochen *Dat* mit; gar kochen; verdauen; gutwillig ertragen, sich gefallen lassen; reiflich überlegen
⟦**concordantia,** ae *f ml* Einmütigkeit; Parallelstelle
concordia, ae *f* Eintracht, Einigkeit
concorditer *Adv* einträchtig, harmonisch
concordō *1* übereinstimmen, einig sein, harmonieren ⟦*spl* sich einigen in *dt* mit; einigen, in Übereinstimmung bringen; *ml* tympana ~ Tamburins erklingen lassen
concor|s, *Gen* ~dis einträchtig, einig, harmonierend
concoxī →concoquo
con|crēdō, ~crēdidī, ~crēditus *3* anvertrauen
concremō *1* (völlig) verbrennen
con|crepō, ~crepuī *1* ertönen, dröhnen, knarren; ertönen lassen ⟦*spl* preisen
con|crēscō, ~crēvī, ~crētus *3* zusammenwachsen; sich verdichten, gerinnen, erstarren; sich bilden, entstehen; →concretus
concrētiō, ~nis *f* Zusammenwachsen; Verbindung, Zusammensetzung, Gebilde
concrētus I. *Adj 3* zusammengesetzt; verdichtet, dicht, hart; geronnen ⟦*ml* furor ~ angesammelte Wut **II.** *Part Perf* →concresco
concrēvī →concresco
concrīminor *1* heftige Klage führen
concrispō *1* kräuseln; schwingen, schleudern
concubīna, ae *f* Konkubine (Frau, die mit einem Mann im →concubinatus lebt); Geliebte
concubīnātus, ūs *m* Konkubinat (Zusammenleben von Mann u. Frau ohne Eheschließung)
concubīnus, ī *m* Geliebter *eines Mannes*
concubitum →concumbo
concubitus, ūs *m* Zusammenliegen *bei Tisch;* sexueller Verkehr, Begattung
concubium, ī *n* ~ noctis Zeit des ersten tiefen Schlafes, tiefe Nacht; sexueller Verkehr
concubi|us *3* ~a nox Zeit des ersten tiefen Schlafes, tiefe Nacht
concubuī →concumbo
concucurrī →concurro
⟦**conculcatio,** ~nis *f spl* Zertreten; Unterdrückung
conculcō *1* zusammen-, niedertreten; misshandeln, missachten ⟦*spl* (zer)treten
con|cumbō, ~cubuī, ~cubitum *3* [cubo] sich (zusammen) niederlegen *Dat* mit
concupiī →concupisco
⟦**concupiscentia,** ae *f spl* Begierde
con|cupīscō, ~cupīvī *u.* ~cupiī, ~cupītus *3* [cupio] (heftig) begehren, (sehnlichst) wünschen, beanspruchen
concūrō *1* (gewissenhaft) besorgen
con|currō, ~(cu)currī, ~cursus *3* (in Menge) zusammenlaufen, (von allen Seiten) herbeieilen; zusammenstoßen, (im

Kampf) aufeinandertreffen, angreifen; gleichzeitig stattfinden *od* eintreten, *zeitl* zusammenfallen
concursātiō, ~nis *f* Hin- und Herlaufen, Herumlaufen; Umherreisen; *milit* Geplänkel
concursāt|or, *Gen* ~ōris *milit beim Geplänkel* hin und her eilend, nur ans Geplänkel gewöhnt
concursiō, ~nis *f* Zusammentreffen; *rhet* Symploke (Wiederholung derselben Wörter am Satzanfang und -ende)
concursō *1* hin und her *od* herumlaufen; (überall) herumreisen; *milit* (wiederholt) zusammenstoßen, kämpfen; aufsuchen, besuchen, bereisen
concursus I. *Part Perf Pass* →concurro **II.** *Subst* ūs *m* Zusammenlaufen, -strömen, Auflauf; Aufeinandertreffen, Zusammenstoßen, -wirken *von Dingen;* (gegenseitiger) Angriff; Konkurrenz *zweier Rechtsansprüche* ⟦*ml* Wettstreit
concussī →concutio
concussiō, ~nis *f* Erschütterung
concussus →concutio
concūstōdiō *4* be-, überwachen
con|cutiō, ~cussī, ~cussus *3* [quatio] zusammenschlagen; schütteln; erschüttern, zerrütten; erschrecken, ängstigen; *übertr* aufrütteln; se ~cutere sich sorgfältig prüfen
condalium, ī *n kleiner, von Sklaven getragener* Ring
condecet = decet
condecorō *1* (aus)schmücken
condemnātiō, ~nis *f* Verurteilung ⟦*spl* Bestrafung, (Geld-)Strafe
condemnāt|or, ~ōris m (erfolgreicher) Ankläger; Verdammer, Verurteiler
condemnō *1* verurteilen (lassen) *Gen od* de wegen, *Abl* zu; capitis *od* capite ~ zum Tode verurteilen; beschuldigen; tadeln, missbilligen
condēnsō *1* zusammendrängen, -pressen
condēnsus *3* dicht gedrängt, dicht besetzt
⟦**condescensio,** ~nis *f ml* Herablassung
condiciō, ~nis *f* [condico] Übereinkunft, (Heirats-)Vertrag; Vorschlag; Bedingung, Voraussetzung; Verhältnis, Lage, Zustand, (rechtliche) Stellung; Los, Aufgabe ⟦*spl* Stand; Verhalten
con|dīcō, ~dīxī, ~dictus *3* gemeinschaftlich verabreden, festsetzen, bestimmen
⟦**condictio,** ~nis *f spl jur* Forderung auf Rückerstattung von Eigentum *od* Schadenersatz; *ml* = condicio Stand
condictus I. *Part Perf Pass* →condico **II.** ⟦*Subst* us *m ml* Verabredung
condidī →condo
condidicī →condisco
condīgnus *3* (ganz) würdig, angemessen *Abl, Gen, Dat einer Sache* (*od Person*)
condīmentum, ī *n* [condio] Gewürz, Würze *auch übertr*
condiō *4* einmachen, -legen; würzen, geschmackvoll zubereiten; *übertr* ansprechend gestalten; einbalsamieren; mildern, lindern ⟦*ml* sale ~ mit Salz weihen *bei der Taufe*
⟦**condirigo** *3 ml* beschicken, versorgen
condiscipulātus, ūs *m* Schulfreundschaft
condiscipulus, ī *m* Mitschüler
con|discō, ~didicī *3* (gründlich) lernen
[1]**condītiō,** ~nis *f* [condio] Einmachen, -legen; Würzen
[2]⟦**conditio,** ~nis *f* [condo] *spl* Erschaffung; = condicio
conditivum, ī *n* [conditivus] Grab
conditīvus *3* [condo] zum Einlegen bestimmt, Einlege-
condit|or, ~ōris *m* [condo] (Be-)Gründer, Stifter, Schöpfer; Verfasser, Darsteller
conditōrium, ī *n* [condo] Sarg; Grabmal
[1]**condītūra,** ae *f* [condio] Einmachen, -legen; (schmackhafte) Zubereitung
[2]**conditūra,** ae *f* [condo] Verfertigung, Herstellung
[1]**condītus I.** *Adj 3* gewürzt, schmackhaft, ansprechend **II.** *Part Perf Pass* →condio
[2]**conditus I.** *Part Perf Pass* →condo **II.** ⟦*Subst* us *m spl übertr* Versteck
condīxī →condico
con|dō, ~didī, ~ditus *3* (er)bauen, (be)gründen, stiften, schaffen; verfassen, darstellen, beschreiben, besingen; in Sicherheit bringen, bergen, (auf)bewahren; verbergen, verstecken; beisetzen, begraben; *Zeit* abschließen, verbringen ⟦*spl von Gott* (er)schaffen, einsetzen
condoce|faciō, ~fēcī, ~factus *3* = condoceo
con|doceō, ~docuī, ~doctus *2* belehren, anleiten, trainieren, abrichten
condoleō *2* Schmerz empfinden ⟦*spl* Mitleid haben *Dat* mit; *ml* sich erbarmen de jmds.
condol|ēscō, ~uī *3* zu schmerzen beginnen, *gew Perf* schmerzen, wehtun; *übertr* (mit) Schmerz empfinden, trauern
condōnātiō, ~nis *f* (Ver-)Schenkung
condōnō *1* (ver)schenken, überlassen, *übertr* opfern; *Schulden* erlassen; verzeihen, unbestraft lassen (*Dat auch* jmdm. zuliebe, aus Rücksicht auf jmdn.) ⟦*ml* verleihen
condormiō *4* (fest) schlafen
con|dormīscō, ~dormīvī *3* einschlafen
Condrusī, ōrum *m* Kondruser (germ. Volk in Gallia Belgica)
condūcibil|is, ~e, *Gen* ~is zuträglich; zweckdienlich
con|dūcō, ~dūxī, ~ductus *3* zusammenziehen, versammeln, vereinigen; pachten, mieten, anwerben; *Arbeit, Dienstleistung*

C

übernehmen; kaufen; zuträglich sein, nützen; beitragen
conducticius *3* gemietet, Miets-, Söldner-
conductiō, ~nis *f* Zusammenfassung *des Gesagten;* Pachtung
conduct|or, ~ōris *m* Mieter, Pächter
conductum, ī *n* [conduco] Pachtung; Mietswohnung
conductus I. *Part Perf Pass* →conduco **II.** ⟦*Subst* us *m ml* Geleit; Eintrittsgesang
conduplicātiō, ~nis *f* Verdopplung *scherzhaft für* Umarmung; *rhet* Wiederholung *desselben Wortes zu Anfang des nächsten Satzes*
conduplicō *1* verdoppeln
condus, ī *m* [condo] Vorratsverwalter
condūxī →conduco
cō|nectō, ~nexuī, ~nexus *3* zusammenknüpfen, -fügen; verknüpfen, verbinden, vereinigen *Dat* mit
⟦**conexio,** ~nis *f spl* Verknüpfung, Verbindung
cōnexuī →conecto
cōnexum, ī *n* (logische) Schlussreihe ⟦*spl* Zusammenhang
cōnexus I. *Adj 3* verschwägert, nahe verwandt *Dat* mit **II.** *Part Perf Pass* →conecto
cōnfābulor *1* plaudern, sich unterhalten
⟦**confamiliaris,** ~ *m ml* Sippengenosse
cōnfarreātiō, ~nis *f* Confarreatio (feierlichste, religiöse Form der patrizischen Eheschließung)
cōnfarreō *1* durch Confarreatio verheiraten; matrimonium ~ Ehe durch Confarreatio schließen
cōnfātāl|is, ~e, *Gen* ~is (vom Schicksal) mitverhängt
cōnfēcī →conficio
cōnfectiō, ~nis *f* [conficio] Herstellung, Anfertigung, Abfassung, Vollendung; Eintreibung *von Steuern;* Beendigung *eines Krieges;* Vernichtung, Schwächung
cōnfect|or, ~ōris *m* Verfertiger; Beender; Vernichter
cōnfectūra, ae *f* Anfertigung, Zubereitung
cōnfectus →conficio(r)
cōnferbuī →confervesco
cōn|ferciō, ~fersī, ~fertus *4* [farcio] zusammenstopfen, -drängen; unterbringen
cōnferō, contulī, collātus (*Inf* cōnferre) zusammentragen, -fassen, sammeln, vereinigen; *Geld* aufbringen, beitragen; *gew feindlich* zusammen-, aneinanderbringen; signis collatis in offener Feldschlacht; collato gradu *od* pede Mann gegen Mann; vergleichen; rationes ~ Rechnungen überprüfen, abrechnen, Bilanz machen; *Worte, Ansichten* austauschen, besprechen; hintragen, -bringen, verlegen; se conferre sich (hin)begeben; *Gedanken, Tätigkeit* richten ad, in auf; *Geld, Geschenke* hergeben, verwenden *Dat,* ad, in für, zu; verwandeln; förderlich sein, nützlich sein, (mit) beitragen ⟦*spl* nützen; in Beziehung setzen *zu etw.;* sich unterhalten; geben, verleihen, zuteilen, übertragen; vota ~ seine Stimme abgeben in *Akk* für
cōnfersī →confercio
cōnfertim *Adv* [confercio] dicht gedrängt
cōnfertus I. *Adj 3* (zusammen)gedrängt, dicht; gefüllt *Abl* mit, voll *Abl* von **II.** *Part Perf Pass* →confercio
cōn|fervēscō, ~ferbuī *3* [ferveo] in Glut geraten, sich erhitzen, entbrennen
cōnfessiō, ~nis *f* [confiteor] (Ein-)Geständnis ⟦*spl* ~ fidei Glaubensbekenntnis; Selbstbekenntnis; Märtyrergrab; *ml* Beichte
⟦**Confession|es,** ~um *f spl* Bekenntnisse *Werk des Augustinus*
⟦**confessor,** ~is *m spl* Bekenner *kirchlicher Ehrentitel; ml* Beichtvater
cōnfess|us I. *Adj 3* geständig; eingestanden, allgemein anerkannt; in ~o *Adv* unbestritten **II.** *Part Perf* →confiteor
cōnfestim *Adv* [festino] unverzüglich, sofort
cōnfici|ēns I. *Adj, Gen* ~entis bewirkend, zustande bringend *Gen* etw.; ~entissimus litterarum jmd., der alles genau aufschreibt *od* Vielschreiberei liebt **II.** *Part Präs Akt zu* conficio
cōn|ficiō, ~fēcī, ~fectus *3* zusammenbringen, auftreiben, verschaffen; an-, verfertigen, ausführen, ver-, abfassen; rationem ~ficio Rechnung aufstellen; verursachen, bewirken, veranlassen, machen; *Raum* durchmessen, zurücklegen; *Zeit* vollenden, verbringen; erledigen, voll-, beenden; *mit etw. fertig werden, z. B.:* verdauen; (zer)kauen; vergeuden; schwächen, aufreiben; besiegen, unterwerfen; zugrunde richten, zerstören, töten
cōn|ficior, ~fectus sum *3* (ex eo) ~ficitur (daraus) ergibt sich; zu Ende gehen, vorbei *od* um sein; (fast) vergehen *Abl* vor
cōnfictiō, ~nis *f* [confingo] Erdichtung
cōnfictus →confingo
cōnfīd|ēns I. *Adj, Gen* ~entis zuversichtlich, mutig; verwegen, dreist, unverschämt **II.** *Part Präs Akt zu* confido
cōnfīdentia, ae *f* Selbstvertrauen; *gew negativ* Frechheit, Unverschämtheit
cōnfīdentiloquus *3* dreist sprechend, großsprecherisch
cōn|fīdō, ~fīsus sum *3* vertrauen, sich verlassen *Dat,* (de) *Abl* auf; hoffen; *abs* seiner Sache sicher sein ⟦*spl* ~fido in *Abl od Akk,* de vertrauen auf; ~fido, quod darauf vertrauen, dass
cōnfierī →confio

cōn|fīgō, ~fīxī, ~fīxus *3* zusammenfügen, -nageln; durchbohren; lähmen
⟦**configuro** *1 spl* gleich gestalten, anpassen
cōnfindo *3* zerspalten
cōn|fingō, ~fīnxī, ~fictus *3* verfertigen; ersinnen, erdichten, vorspiegeln
cōnfīn|is, ~e, *Gen* ~is benachbart; nahe stehend/nahestehend, ähnlich
cōnfīni|um, ~ī *n* Grenzgebiet, Grenze, Grenzlinie; *Pl* ~a, ~ōrum *n* Grenzverhältnisse *von Grundstücken;* ~a lucis Morgendämmerung, ~a noctis (dubiae) Abenddämmerung
cōnfīnxī →confingo
cōn|fīō (*Inf* ~fierī) ausgeführt *od* vollendet werden, zustande kommen, geschehen; zu Ende gehen, alle werden
cōnfīrmātiō, ~nis *f* (Ver-)Stärkung; Beruhigung, Trost; Bestätigung; Begründung *durch Beweisführung* ⟦*ml* Firmung
cōnfīrmāt|or, ~ōris *m* Bürge
cōnfīrmātus I. *Adj 3* mutig; bestätigt, gewiss **II.** *Part Perf Pass zu* confirmo
cōnfīrmitā|s, ~tis *f* [firmus] Halsstarrigkeit, Sturheit
cōnfīrmō *1* (ver)stärken, kräftigen, sichern; bestätigen, beweisen; zuversichtlich machen, ermutigen; (bestimmt) erklären, versichern
⟦**confirmor** *1 spl* stark sein
cōnfiscō *1* in der Kasse aufbewahren; (für die kaiserliche Kasse) beschlagnahmen
cōnfīsiō, ~nis *f* [confido] Vertrauen
cōnfīsus →confido
cōn|fiteor, ~fessus sum *2* [fateor] gestehen, bekennen, anerkennen; zu erkennen geben, *poet* sich zu erkennen geben *Akk* als ⟦*spl* (fidem) ~fiteor sich zum christlichen Glauben bekennen; beichten
cōnfīxī →configo
cōnfīxus →configo
cōnflagrātiō, ~nis *f* Auflodern, Verbrennung, Brand
cōnflagrō *1* in Flammen aufgehen, verbrennen
⟦**conflictatio,** ~nis *f spl übertr* Kampf, Streit; Krampf
cōnflīctiō, ~nis *f* Zusammenstoß; Streit, Konflikt (*Fw*)
cōnflīctō *1* [confligo] hart mitnehmen, heimsuchen; *übertr* sich herumschlagen, (zu) kämpfen (haben)
cōnflīctor *1* [confligo] *übertr* sich herumschlagen, (zu) kämpfen (haben); ins Gedränge kommen, einen schweren Stand haben
cōnflīctus I. *Part Perf Pass* →confligo **II.** *Subst* ūs *m* Zusammenschlagen, Zusammenstoß
cōn|flīgō, ~flīxī, ~flīctus *3* zusammenstoßen; kämpfen, streiten
cōnflō *1 Feuer, Brand* an-, entfachen; (ein)schmelzen, (durch Schmelzen) herstellen; vereinigen, zusammenbringen, anhäufen; anstiften, aushecken, veranlassen
⟦**confloreo** *2 spl* gemeinsam blühen *auch übertr von der Jugend*
cōnflu|ēns I. *Part Präs Akt zu* confluo **II.** *Subst* ~entis *m u. Pl* ~entēs, ~entium *m* Zusammenfluss *zweier Flüsse,* Mündung *eines Nebenflusses*
Cōnfluent|ēs, ~ium *f* Confluentes (Ort am Zusammenfluss von Mosel u. Rhein), *heute* Koblenz
cōn|fluō, ~flūxī *3* zusammenfließen; *übertr* zusammenströmen, (zahlreich) zusammenkommen
cōn|fodiō, ~fōdī, ~fossus *3* niederstechen, durchbohren, *übertr* verletzen, schädigen; umgraben; durchstreichen, tilgen
⟦**confoederatio,** ~nis *f spl* Bund
⟦**confoedero** *1 spl* ein (politisches) Bündnis schließen; verbinden
cōnfore *Inf Fut* (*altl*) *unpers* gelingen ⟦*spl* = esse *und* prodesse
cōnfōrmātiō, ~nis *f* Gestaltung, Bildung, Form; ~ verborum richtige Wortfügung; *rhet* ~ sententiarum, orationis Redefigur; *phil* ~ (animi) Vorstellung, Begriff
⟦**conform|is,** ~e, *Gen* ~is *spl* von gleicher Gestalt, ähnlich, entsprechend
⟦**conformita|s,** ~tis *f spl* Wesensgleichheit; *ml* Gleichartigkeit
cōnfōrm|ō *1* bilden, formen, gestalten; ausbilden, schulen ⟦*spl* gleichmachen; se ~are ähneln
⟦**conformor** *1 spl* sich anpassen, sich fügen
cōnfornicō *1* [fornix] überwölben
⟦**cōnfortō** *1* [fortis] *spl* (sehr) stärken
cōnfossi|or, *Gen* ~ōris (*Komp zu* confossus) stärker durchbohrt
cōnfossus →confodio
cōn|foveō, ~fōvī, ~fōtus *2* (eifrig) wärmen, pflegen ⟦*spl* fördern
cōnfrāctus →confringo
cōnfragōsum, ī *n* [confragosus] unebene, gebirgige Gegend
cōnfragōsus *3* [frango] uneben, zerklüftet; schwierig
⟦**confrat|er,** ~ris *m ml* (geistlicher) Bruder, Mitchrist; Verwandter
cōnfrēgī →confringo
cōn|fremō, ~fremuī *3* (zusammen) murren; dröhnen, ertönen
cōn|fricō, ~fricuī, ~fricātus *1* ein-, abreiben ⟦*ml* aures ~frico sich hinter den Ohren kratzen
cōn|fringō, ~frēgī, ~frāctus *3* [frango] zerbrechen *mit Akk;* zunichtemachen
cōnfūdī →confundo
cōn|fugiō, ~fūgī *3* fliehen, seine Zuflucht nehmen

C

cōnfugium, ī *n* Zuflucht(sort)
cōnfulgeō *2* (er)glänzen
cōn|fundō, ~fūdī, ~fūsus *3* zusammengießen, -schütten; vermischen, verbinden, vereinigen; (hin)eingießen; verwirren, in Unordnung *od* durcheinander *od* aus der Fassung bringen; entstellen, trüben; foedus ~fundo Bündnis verletzen ⟦*ml* vernichten, zuschanden machen
cōn|fundor, ~fūsus sum *3* sich vermischen *Dat* mit; hineinströmen, sich ergießen
cōnfūsa, ōrum *n* [confusus I.] Wirrwarr ⟦*spl* Verwirrung, Durcheinander, Chaos
cōnfūsīcius *3* [confundo] zusammengegossen
cōnfūsiō, ~nis *f* [confundo] Vermischung, Vereinigung; Verwirrung, Bestürzung ⟦*spl* Beschämung, Schande; Vergehen; *ml* ungeordnete Menge; Vernichtung
cōnfūsus I. *Adj 3* ungeordnet, durcheinander(gehend, -liegend); verwirrt, aus der Fassung (gebracht), bestürzt **II.** *Part Perf* →confundo(r)
cōnfūtō *1* zurückweisen, zum Schweigen bringen, in die Schranken verweisen; widerlegen
cōnfutuō *3* (sexuellen) Verkehr haben, es treiben *Akk* mit
cōnfutūrum (esse) = confore
⟦**congaudeo** *2 spl* sich mit freuen *Abl* über
⟦**congelasco** *3 spl* (völlig) zufrieren
congelō *1* [gelu] zum Gefrieren bringen, erstarren lassen; zufrieren, sich verdichten, erstarren
congeminātiō, ~nis *f* Verdopplung *scherzhaft für Umarmung*
congeminō *1* verdoppeln; sich verdoppeln
con|gemō, ~gemuī *3* laut seufzen; (heftig) beklagen
⟦**congeneralis,** ~ *m ml* Verwandter
congenitus *3* zugleich entstanden *Dat* mit
conger, congrī *m* [*gr*] Meeraal
congeriēs, ēī *f* [congero] Haufen, Masse; Holzstoß, Scheiterhaufen
con|gerō, ~gessī, ~gestus *3* zusammentragen, -bringen, sammeln; an-, aufhäufen; zusammensetzen, errichten, (Nest, Nester) bauen
congerrō, ~nis *m* Zechgenosse, Saufkumpan
congessī →congero
congestīcius *3* zusammengehäuft, aufgeschüttet
congestus I. *Part Perf Pass* →congero **II.** *Subst* ūs *m* Zusammentragen, Anhäufung; Haufen, Masse; Nisten
congiāl|is, ~e, *Gen* ~is einen Congius enthaltend *od* fassend
congiārium, ī *n* Spende, Geschenk *in Naturalien* (*urspr ein Congius*) *u. Geld an Volk od. Soldaten*
congiāriu|s *3* einen Congius betragend, vinum ~m Weinspende (von einem Congius)
congius, ī *m* Congius (röm. Hohlmaß, = 3,275 l)
conglaciō *1* gefrieren
conglīscō *3* (auf)glimmen; (wieder) entstehen
conglobātiō, ~nis *f* Zusammenrottung
conglobō *1* zusammenballen, abrunden; zusammenscharen, -drängen
conglobor *1* sich zusammenrotten, -drängen
conglūtinātiō, ~nis *f* Zusammenleimung, -fügung
conglūtinō *1* zusammenleimen, fügen, eng verbinden, verknüpfen
⟦**conglutinor** *1 spl* zusammenkleben *ohne Akk*
congraec|ō *u.* **~or** *1* auf griechische Art verwenden = verprassen
congrātulor *1* Glück wünschen, gratulieren *Akk* zu ⟦*spl* sich miteinander freuen
con|gredior, ~gressus sum *3* zusammenkommen, -treffen; zusammenstoßen, kämpfen, streiten
congregābil|is, ~e, *Gen* ~is gesellig
congregātiō, ~nis *f* Zusammenleben, Geselligkeit ⟦*spl* Versammlung; Schar; Klostergemeinschaft
congreg|ō *1* [grex] (ver)sammeln, vereinigen; se ~are = congregor
congregor *1* sich zugesellen, sich (zum Zusammenleben) vereinigen
congressiō, ~nis *f* = congressus II.
congressus I. *Part Perf* →congredior **II.** *Subst* ūs *m* Zusammenkunft; Verkehr, Umgang, Gesellschaft; Zusammenstoß, Schlacht; Krieg, Kampf
congru|ēns I. *Adj, Gen* ~entis *mit Dat od* cum passend zu, übereinstimmend mit, angemessen; einstimmig, ebenmäßig, harmonisch **II.** *Part Präs Akt zu* congruo
congruentia I. *Subst* ae *f* Übereinstimmung, Harmonie **II.** *Nom/Akk Pl n Part Präs Akt zu* congruo
con|gruō, ~gruī *3* zusammentreffen, *zeitl* zusammenfallen, stimmen; entsprechen, im Einklang stehen, harmonieren *Dat* mit ⟦*spl unpers* ~gruit *mit AcI od* ut es ist angemessen, es kommt zu
congruus *3* übereinstimmend *Dat* mit
con|iciō, ~iēcī, ~iectus *3* [iacio] zusammenwerfen, -tragen, -bringen; (hin)werfen, schleudern, schießen; bringen, *an, auf, gegen* richten; *Geld in etw.* stecken; *in einen Zustand* versetzen; se ~icere sich stürzen, sich eilig begeben; schließen, vermuten, erraten, deuten
coniectātiō, ~nis *f* Vermutung, Annahme
coniectiō, ~nis *f* Werfen, Schleudern; Annahme, Deutung

coniectō *1* vermuten, schließen, erraten; deuten
coniect|or, ~ōris *m* Traumdeuter, Wahrsager
coniectri|x, ~cis *f* Traumdeuterin
coniectūra, ae *f* Vermutung, Annahme; Wahrsagung
coniectūrāl|is, ~e, *Gen* ~is auf Mutmaßung beruhend
coniectus I. *Part Perf Pass* →conicio **II.** *Subst* ūs *m* Werfen, Schleudern; teli ~ Schussweite; Richten, Lenken *des Blickes od der Aufmerksamkeit*
cōni|fer *u.* **~ger** *3* Zapfen tragend
⟦**coniocor** *1 ml* Späße *od* Witze machen
cō|nītor, ~nīsus *u.* ~nīxus sum *3* sich an-, aufstemmen; emporklettern, sich emporarbeiten; sich anstrengen, sich bemühen; *poet* gebären
coniugāl|is, ~e, *Gen* ~is ehelich, Ehe-
coniugātiō, ~nis *f* [iungo] Verbindung, Vermischung; etymologische Verwandtschaft ⟦*spl* Konjugation
coniugāt|or, ~ōris *m* Vereiniger, Stifter
coniugiāl|is, ~e, *Gen* ~is ehelich, Ehe-
coniugium, ī *n* [coniungo] Ehe; Liebesverhältnis; *poet* Gatte, Gattin
coniugō *1* verbinden, (-)knüpfen
coniūnctim *Adv* gemeinschaftlich
coniūnctiō, ~nis *f* Verbindung, Vereinigung; Begriffs-, Satzverbindung; *gramm* Konjunktion; Verwandtschaft
coniūnctus I. *Adj 3* verbunden, vereint, zusammenhängend; angrenzend; *zeitl* nahe stehend, unmittelbar folgend, gleichzeitig; befreundet, verwandt, vermählt **II.** *Part Perf Pass* →coniungo
con|iungō, ~iūnxī, ~iūnctus *3* verbinden, vereinigen, verknüpfen *Dat* mit; *Ehe, Freundschaft* schließen, stiften
coniūnx = coniux
coniūnxī →coniungo
coniūrātiō, ~nis *f* gegenseitig geleisteter Eid; ~ Acarnanica Eidgenossenschaft der Akarnanier (210 v. Chr.); Verschwörung
coniūrat|us I. *Adj 3* vereidigt; durch Eid verbunden; verschworen **II.** *Subst Pl* ~ī, ~ōrum *m* Verschwörer
coniūrō *1* zusammen schwören; den Fahneneid leisten; sich (eidlich) verbinden, sich verschwören ⟦*ml* (Dämonen) beschwören
coniu|x, ~gis *m f* [coniungo] Gatte, Gattin; Weibchen *von Tieren; poet* Braut, Geliebte
cō|nīveō, ~nīvī *u.* ~nīxī *2* die Augen schließen; geschlossen sein; *übertr* ein Auge zudrücken
cōnīxus →conitor
conl- = coll-
conm- = comm-
⟦**con|nascor,** ~natus sum *3 spl* zugleich mitgeschaffen werden, zugleich mitentstehen
conne- = cone-
connītor = conitor
connīveō = coniveo
⟦**connumero** *1 spl* mit dazuzählen, zurechnen, aufzählen
Conōn, ~is *m* Konon (1. athenischer Feldherr um 400 v. Chr. 2. Astronom u. Mathematiker in Alexandria, 3. Jh. v. Chr.)
cōnōpium, ī *n* [*gr*] Mücken-, Moskitonetz; *durch Moskitonetz geschütztes* (Himmel-) Bett
cōnor *1* versuchen, wagen, unternehmen
conp- = comp-
conquassātiō, ~nis *f* Erschütterung; Zerrüttung
conquassō *1* (stark) erschüttern, zerrütten
con|queror, ~questus sum *3* laut (be)klagen, sich beschweren *Akk od* de über, cum *od* apud bei
conquestiō, ~nis *f* laute Klage, Wehklagen, Beschwerde
conquestus I. *Part Perf* →conqueror **II.** *Subst* ūs *m* = conquestio
con|quiēscō, ~quiēvī, ~quiētum *3* Ruhe finden, ruhen, rasten; aufgehört haben, stillstehen, daniederliegen
conquinīscō *3* niederkauern
con|quīrō, ~quīsīvī, ~quīsītus *3* [quaero] (sich zu verschaffen *od* zu erlangen) suchen, sammeln, auftreiben, aufspüren; *Soldaten od Kolonisten* werben, rekrutieren
conquīsītiō, ~nis *f* [conquiro] (Zusammen-)Suchen, Sammeln; Werbung, Rekrutierung *von Soldaten*
conquīsīt|or, ~ōris *m* **1.** Werber, Rekrutierungsoffizier **2.** *altl* = conquistor
conquīsītus I. *Adj 3* ausgesucht, erlesen **II.** *Part Perf Pass* →conquiro
conquīsīvī →conquiro
conquīst|or, ~ōris *m* [conquiro] *altl* Geheimpolizist, Häscher
conr- = corr-
Cōnsa = Compsa
⟦**consacerdo|s,** ~tis *m spl* geistlicher Amtsgenosse
⟦**consacramentalis,** ~ *m ml* Eideshelfer
cōn|saepiō, ~saepsī, ~saeptus *4* umzäunen ⟦*spl* einfassen; gurges ~saeptus Bassin
cōnsaeptum, ī *n* Umzäunung, eingezäunter Platz, Gehege
cōnsaeptus →consaepio
cōnsalūtātiō, ~nis *f* Begrüßung
cōnsalūtō *1* begrüßen
cōn|sānēscō, ~sānuī *3* genesen; heilen *ohne Akk*
cōnsanguinea, ae *f* [consanguineus I.] Blutsverwandte; Schwester

C

cōnsanguineus I. *Adj 3* blutsverwandt; geschwisterlich **II.** *Subst* ī *m* Blutsverwandter; Bruder
cōnsanguinitā|s, ~tis *f* (Bluts-)Verwandtschaft
cōnsānuī →consanesco
Cōnsānnus = Compsanus
⟦**consarcino** *1 spl* zusammennähen, -flicken
cōnsauciō *1* schwer verwunden
cōnsāviō *1* küssen
cōnscelerātus I. *Adj 3* frevelhaft **II.** *Part Perf Pass zu* conscelero
cōnscelerō *1* (mit einem Verbrechen) beflecken
cōn|scendō, ~scendī, ~scēnsus *3* [scando] (be)steigen; *auch abs* Schiff(e) besteigen, sich einschiffen (a) *Abl* in
cōnscēnsiō, ~nis *f* Einsteigen
cōnscēnsus →conscendo
⟦**conscholaris,** ~ *m spl* Mitschüler, Studienkamerad
cōnscidī →conscindo
cōnscienti|a, ae *f* [conscio] Mitwisserschaft; Einverständnis; (Selbst-)Bewusstsein; (gutes, schlechtes) Gewissen; *Pl* ~ae, ~ārum *f* Gewissensbisse ⟦*ml* de ~a mit Wissen
cōn|scindō, ~scidī, ~scissus *3* zerreißen; *übertr* herunterreißen
cōnsc|iō *4* ~īre (sibi) sich bewusst sein *Akk* einer Sache, etw. auf dem Gewissen haben ⟦*ml* = scio
cōn|scīscō, ~scīvī, ~scītus *3* gemeinsam beschließen; (sibi) ~sciscere sich entschließen *Akk* zu; auf sich nehmen *od* laden
cōnscissus →conscindo
cōnscītus →conscisco
cōnscius I. *Adj 3* eingeweiht *Gen, Dat,* in *Abl od* de in; ~ sum *Gen der Sache u. Dat der Person von einer Tat jmds* wissen; (sibi) ~ sich bewusst *Gen, Dat,* in *Abl* einer Sache; schuldbewusst **II.** *Subst* ī *m* Mitwisser, Zeuge
cōnscīvī →conscisco
cōnscreor *1* sich laut räuspern
cōnscrībillō *1* bekritzeln; mit Striemen bedecken
cōn|scrībō, ~scrīpsī, ~scrīptus *3* (voll) schreiben; ver-, abfassen; *in eine Liste* eintragen, aufschreiben, *z. B. Bürger* in die Bürgerliste eintragen; *Soldaten* rekrutieren, zum Wehrdienst einberufen; *Senatoren* (neu) ernennen; patres ~scripti Senatoren; *Urkunden, Gesetze* aufzeichnen
cōnscrīptiō, ~nis *f* Abfassung, Aufzeichnung, Abhandlung ⟦*spl* Urkunde
cōnscrīptus I. *Part Perf Pass* →conscribo **II.** *Subst* ī *m* (neu ernannter) Senator
cōn|secō, ~secuī, ~sectus *1* (in Stücke) zerschneiden
cōnsecrātiō, ~nis *f* (religiöse) Weihe; Vergötterung, Apotheose; Verfluchung ⟦*spl* Bischofsweihe
⟦**consecrator,** ~is *m ml* der die Weihe gibt (= Christus *od* der Papst)
cōnsecrātus I. *Adj 3* geweiht, heilig **II.** *Part Perf Pass zu* consecro
cōnsecrō *1* [sacro] *einer Gottheit* weihen; für eine Gottheit erklären, zur Gottheit erheben; verfluchen; unsterblich machen, verewigen ⟦*ml* heiligen; solemnia ~ Hochamt halten; *einen Bischof* weihen
cōnsectāria, ōrum *n* [consectarius] Schlussfolgerungen
cōnsectārius *3* [consequor] folgerichtig
cōnsectātiō, ~nis *f* Streben *Gen* nach
cōnsectātrī|x, ~cis *f* (eifrige) Anhängerin, Freundin
cōnsectiō, ~nis *f* [conseco] Zerschneiden
cōnsector *1* verfolgen; streben *Akk* nach; (im Einzelnen) aufzählen
cōnsectus →conseco
cōnsecuī →conseco
cōnsecūtiō, ~nis *f* Folge; richtige Aufeinanderfolge, Ordnung *der Wörter;* Schlussfolgerung
cōnsecūtus →consequor
cōnsēdī →consido
cōnsen|ēscō, ~uī *3* alt werden; (alters)schwach *od* kraftlos werden, erlahmen; schwinden, an Ansehen *od* Einfluss verlieren
cōnsēnsī →consentio
cōnsēnsiō, ~nis *f* **1.** = consensus II. **2.** ⟦*ml* Vereinigung (der Christen)
cōnsēnsus I. *Part Perf Pass* →consentio **II.** *Subst* ūs *m* Übereinstimmung, Einigkeit; übereinstimmende Meinung, einhelliger Beschluss; Verabredung, Verschwörung
cōnsentāneus *3* übereinstimmend *Dat* mit; vernunftgemäß, folgerichtig, natürlich
Cōnsentia, ae *f* Consentia (Hauptort der Bruttier), *heute* Cosenza
Cōnsentīnī, ōrum *m* Consentiner, Einw. von Consentia
cōnsenti|ēns I. *Adj, Gen* ~entis übereinstimmend, einstimmig **II.** *Part Präs Akt zu* consentio
cōn|sentiō, ~sēnsī, ~sēnsus *4* übereinstimmen, einer Meinung sein; einstimmig beschließen; in Einklang stehen, harmonieren *Dat* mit, passen *Dat* zu ⟦*ml* sich einigen in auf jmdn.
cōnsenuī →consenesco
cōnsequ|ēns I. *Adj, Gen* ~entis folgerichtig, angemessen; (logisch *od* grammatisch) richtig **II.** *Part Präs Akt zu* consequor **III.** *Subst* ~entis *n* Folge(rung), ~ens est, ut daraus folgt, dass
⟦**consequenter** *spl* sachgemäß; ferner; demzufolge

cōnsequentia, ae *f* Folge
cōnsequius *3* nachfolgend
cōn|sequor, ~secūtus sum *3 mit Akk* (ver-, nach)folgen; nachahmen, sich zum Muster nehmen, einhalten; einholen, erreichen, erlangen, gewinnen; *nacheifernd* gleichkommen; *durch Worte* treffend ausdrücken; begreifen, verstehen, hinter etw. kommen
^{1}**cōn|serō** ~sēvī, ~situs *3* [^{2}sero] besäen, -pflanzen; (an)pflanzen; belästigen, bedrängen
^{2}**cōn|serō** ~seruī, ~sertus *3* [^{1}sero] aneinanderreihen, -fügen; verbinden, -knüpfen *Dat* mit; ex iure manum ~sertum (*Supin*) voco zur Eröffnung des Prozesses vorladen; *feindlich* aneinanderbringen; manum, manus ~sero ins Handgemenge geraten, den Kampf beginnen ⟦*spl* (im Meinungsstreit) aneinandergeraten
cōnsertē *Adv* verknüpft, im engen Zusammenhang
cōnsertus →consero 2.
cōnseruī →consero 2.
cōnserva, ae *f* Mitsklavin
cōnservātiō, ~nis *f* Erhaltung, (Auf-)Bewahrung, Rettung
cōnservāt|or, ~ōris *m* Retter, Bewahrer
cōnservātrī|x, ~cis *f* Retterin, Bewahrerin
cōnservitium, ī *n* (gemeinsame) Sklaverei
cōnservō *1* (unversehrt) erhalten, (auf)bewahren; retten, begnadigen; aufrechterhalten, (ein)halten, achten ⟦*ml* versorgen
cōnservus, ī *m* Mitsklave ⟦*ml* Mitknecht *des Klosters*
cōnsess|or, ~ōris m Nachbar *im Theater, beim Gastmahl; jur* Beisitzer
cōnsessum →consido
cōnsessus, ūs *m* Beisammensitzen; Versammlung, Publikum
cōnsēvī →^{1}consero
cōnsīderātiō, ~nis *f* Betrachtung, Erwägung ⟦*ml* ~nem habeo achthaben *Gen* auf; ~nem sui habere mit sich zurate gehen
cōnsīderātus I. *Adj 3* (reiflich) überlegt, (wohl) erwogen; bedächtig, besonnen **II.** *Part Perf Pass zu* considero
cōnsīderō *1* [com sidere unter Beobachtung der Sterne] (genau) betrachten; überlegen, erwägen; darauf bedacht sein ⟦*ml* sehen
consīdī →consido
cōnsīdium, ī *n altl* (Gerichts-)Versammlung
cōn|sīdō, ~sēdī *u.* ~sīdī, ~sessum *3* sich (hin)setzen, sich niederlassen; sich festsetzen, sich ansiedeln; *von Schiffen* landen; Sitzung durchführen; *vom Heer* sich lagern, in Stellung gehen; in sich zusammensinken, sich legen, nachlassen, aufhören; versinken; in Vergessenheit geraten ⟦*ml* sich setzen *Dat* zu; zu Gericht sitzen *Dat* über
cōnsīgnō *1* versiegeln; bestätigen, beglaubigen, verbürgen; aufzeichnen, schriftlich niederlegen; crucis charactere ~ mit einem Kreuz zeichnen ⟦*ml* segnen, richtig versehen *mit*
cōn|silēscō, ~siluī *3* verstummen
cōnsiliārius I. *Adj 3* ratgebend, beratend **II.** *Subst* ī *m* Ratgeber, Berater; Beisitzer ⟦*ml* Rat(geber); ~ caesareus kaiserlicher Rat *Amt od Titel*
cōnsiliāt|or, ~ōris *m* Ratgeber
cōnsiliātrī|x, ~cis *f* Ratgeberin
cōnsili|or *1* (sich) beraten; Rat erteilen ⟦*ml* (*Fut* ~ar, *Perf* ~avit) raten
cōnsili|um, ~ī *n* [*vgl* consul, consulo] **1.** (beratende) Versammlung, Beratung; in ~um eo zur Beratung und Abstimmung schreiten; beratende Behörde, Kollegium, Kriegsrat, Beirat; Überlegung, Einsicht, Klugheit, Kriegslist; bono ~o aus gutem Grunde **2.** Beschluss, Plan, Absicht, Grundsatz; ~o absichtlich; eo ~o, ut in der Absicht, zu; Vorschlag, Rat(schlag); opera et ~o mit Rat und Tat ⟦*ml* ~a confero Beratungen abhalten; ~o sedeo, ut (zurate sitzen =) beschließen, dass
cōnsiluī →consilesco
cōnsimil|is, ~e, *Gen* ~is (ganz) ähnlich
cōnsipiō *3* [sapio] bei Besinnung *od* bei Verstand sein *od* bleiben
cōn|sistō, ~stitī *3* sich hin-, aufstellen, hintreten; festen Fuß fassen, sich behaupten, Aufenthalt nehmen, sich ansiedeln; stehen bleiben, haltmachen, zum Stillstand kommen, vor Anker gehen; Platz greifen, eintreten, sich durchsetzen; sich behaupten, erhalten bleiben, sich halten; *mit* (in, ex) *Abl* bestehen in, beruhen auf ⟦*ml* (= sum) sich befinden; wohnen
⟦**consistorium,** i *n* [consisto] *spl* Beratungszimmer, Rat; *ml* Zimmer; Standort, Stelle; Versammlung
cōnsitiō, ~nis *f* [consero 1.] Besäen, Bepflanzen, Anbau ⟦*ml* Anpflanzung, (Saat-)Feld
cōnsit|or, ~ōris *m* Pflanzer
cōnsitūra, ae *f* = consitio
cōnsitus →consero 1.
cōnsobrīna, ae *f* Base, Cousine
cōnsobrīnus, ī *m* Vetter, Cousin
cōnsocer, ī *m* (Mit-)Schwiegervater
⟦**consocial|is,** ~e, *Gen* ~is *ml* ebenbürtig
cōnsociātiō, ~nis *f* Verbindung, Vereinigung
cōnsociātus I. *Adj 3* übereinstimmend, (innig) verbunden, gemeinsam **II.** *Part Perf Pass zu* consocio
cōnsociō *1* vereinigen, verbinden; gemeinsam machen, teilen; arma ~ Waffenbrü-

C

derschaft schließen; consilia ~ in seine Pläne hineinziehen cum jmdn.

⟦**consocius** I. *Adj 3 spl* verbunden II. *Subst* i *m ml* Kampfgenosse

consol *altl* = consul

cōnsōlābil|is, ~e, *Gen* ~is **1.** zu trösten **2.** Trost bringend

cōnsōlātiō, ~nis *f* Trost, Tröstung; Trostrede, -schrift ⟦*ml* Hilfe

cōnsōlāt|or, ~ōris *m* Tröster ⟦*spl bes* der Heilige Geist

cōnsōlātōrius *3* tröstend, Trost-

cōnsōlor *1* trösten, ermutigen; (durch Trost) lindern, mildern ⟦*spl auch Pass* getröstet *od* ermutigt werden; sich trösten, Trost finden

cōnsomniō *1* zusammenträumen, sich ausdenken

cōnson|āns I. *Part Präs Akt zu* consono II. *Subst* ~antis *f* Konsonant

cōn|sonō, ~sonuī *1* zusammen klingen, zusammen ertönen; widerhallen; im Einklang stehen, harmonieren *Dat* mit ⟦*spl* einstimmen

cōnsonus *3* zusammen ertönend; übereinstimmend, passend

cōnsōpiō *4* (fest) einschläfern, betäuben

cōnsōpior *4* (somno) ~ (fest) einschlafen; außer Kraft treten

⟦**consoror,** ~is *f spl* (Glaubens-)Schwester

cōnsor|s I. *Adj, Gen* ~tis gleichen Anteil habend, beteiligt *Gen* an; ein (ungeteiltes) Erbe gemeinsam besitzend; gemeinsam, gemeinschaftlich; geschwisterlich, brüderlich, schwesterlich II. *Subst* ~tis **1.** *m* Gefährte, Teilhaber, Partner; Bruder **2.** *f* Schwester

cōnsortiō, ~nis *f* Gemeinschaft, Partnerschaft, gemeinschaftliches Amt

cōnsortium, ī *n* Gemeinsamkeit, (Güter-)Gemeinschaft ⟦*spl* Gesellschaft, Verkehr; *ml* Beistand (Gottes)

cōnspargō = conspergo

cōnspect|us I. *Adj 3* sichtbar; auffallend, stattlich II. *Part Perf* →conspicio(r) III. *Subst* ūs *m* Erblicken, Anblick, Aussicht, Gesichtskreis; in ~um venio sich zeigen, erscheinen *Gen* vor; in ~u in Gegenwart, angesichts; in ~u sum vor Augen stehen, sichtbar sein; Betrachtung, Erwägung ⟦*spl* Besichtigung *Gen* durch; ~us dei Gegenwart Gottes, in ~u(m) dei vor Gott

cōn|spergō, ~spersī, ~spersus *3* [spargo] bespritzen, -sprengen, -netzen; *übertr* überschütten, (reichlich) versehen ⟦*spl* (be)streuen

cōnspexī →conspicio

⟦**conspicabil|is,** ~e, *Gen* ~is *spl* sichtbar

cōnspiciendus I. *Adj 3* sehenswert, ansehnlich II. *Gerdv zu* conspicio

cōnspicillum, ī *n* [conspicio] Beobachtungsort, Warte

cōn|spiciō, ~spexī, ~spectus *3* erblicken; anschauen, -sehen, betrachten; hin-, ausschauen *Akk* nach; begreifen, einsehen

cōn|spicior, ~spectus sum *3* in die Augen fallen, auffallen, Aufsehen erregen

cōnspicor *1* erblicken; *auch Pass* erblickt werden, sichtbar werden

cōnspicuus *3* sichtbar; auffallend, ausgezeichnet

cōnspīr|āns I. *Adj, Gen* ~antis einmütig II. *Part Präs Akt zu* conspiro

cōnspīrātiō, ~nis *f* Einigkeit; Verschwörung

cōnspīrāt|us I. *Adj 3* einmütig II. *Subst Pl* ~ī, ~ōrum *m* Verschworene

cōnspīrō *1* zusammen *od* harmonisch ertönen; einig sein, übereinstimmen, vereint wirken; sich verschwören

cōnspissō *1* verdichten, verdicken

cōnspondeō *2* vereinbaren

cōnspōns|or, ~ōris *m* (Mit-)Bürge

cōn|spuō, ~spuī, ~spūtus *3* bespeien, (an)spucken

cōnspūtō *1* anspucken

cōnspūtus →conspuo

cōnstabiliō *4* sichern

cōnst|āns I. *Adj, Gen* ~antis fest(stehend), ruhig; stetig, gleichmäßig, unveränderlich; folgerichtig, konsequent; standhaft, charakterfest ⟦*ml* feststehend, ausgemacht; hartnäckig II. *Part Präs Akt zu* consto

cōnstantia I. *Subst* ae *f* Festigkeit, Ruhe; Stetigkeit, Unveränderlichkeit; Folgerichtigkeit, Konsequenz; Standhaftigkeit, Charakterfestigkeit, Ausdauer II. **1.** *Nom/Akk Pl n zu* constans I. **2.** *Nom/Akk Pl n zu* constans II.

⟦**Constantia,** ae *f spl* Constantia (Ort in Obergermanien), *heute* Konstanz

⟦**Constantinus,** i *m spl* Constantinus, *dt* Konstantin, *BN, bes des* Flavius Valerius ~ (röm. Kaiser 306–337)

cōnsternātiō, ~nis *f* Scheuwerden *von Tieren,* Bestürzung, Erschrecken, Entsetzen; Aufruhr, Aufstand

[1]**cōn|sternō** *1* scheu machen, aufscheuchen, erschrecken; (leidenschaftlich) aufregen, erbittern

[2]**cōn|sternō** ~strāvī, ~strātus *3* bedecken, -streuen; mit Verdeck versehen; um-, niederwerfen ⟦*ml* überbrücken

cōnsternor *1* stutzig werden, in Bestürzung geraten

cōnstipātiō, ~nis *f* Gedränge

cōnstipō *1* zusammendrängen

cōnstitī **1.** →consisto **2.** →consto

cōn|stituō, ~stituī, ~stitūtus *3* [statuo] auf-, hinstellen; haltmachen lassen; errichten, anlegen, ansiedeln; schaffen, zu-

stande bringen; in Ordnung bringen, konsolidieren; *in ein Amt od eine Stellung* einsetzen; bestimmen, festsetzen, entscheiden; beschließen, sich entschließen; Feststellung treffen, feststellen
cōnstitūtiō, ~nis *f* Einrichtung, Beschaffenheit, Zustand; Feststellung, (Begriffs-)Bestimmung; *jur* Verordnung ⟦*spl* Schöpfung; *ml* Eingebung, Rat
cōnstitūtum, ī *n* Verordnung; Verabredung, Vorsatz ⟦*spl* Satzung
cōnstitūtus I. *Part Perf Pass* →constituo **II.** ⟦*Adj 3 spl* befindlich
cōn|stō, ~stitī, ~stātūrus *1* (beisammen)stehen; *aus etw, in etw* bestehen; kosten (*Lw*) *mit Preis im Abl od Gen;* (unverändert) fortbestehen, (gleich) bleiben; sibi ~stare konsequent sein; beruhen (in) *Abl* auf; ratio ~stat die Rechnung stimmt; vorhanden sein, existieren; (allgemein) bekannt sein, feststehen; *unpers* ~stat es steht fest, ist bekannt; inter omnes ~stat alle sind sich einig ⟦*ml* pretio ~sto käuflich sein; de nil ~stante kostenlos, umsonst
⟦**constrator,** ~is *m spl* Beruhiger
cōnstrātum, ī *n* [²consterno] Bretterbelag, Verdeck
cōnstrātus →²consterno
cōnstrāvī →²consterno
cōnstrepō *3* laut ertönen (lassen), lärmen
cōn|stringō, ~strīnxī, ~strictus *3* zusammenschnüren, fesseln; beschränken, zügeln, *übertr* lähmen; kurz zusammenfassen
cōnstrūctiō, ~nis *f* Bau; Verbindung *von Wörtern, gramm* Konstruktion
cōn|struō, ~strūxī, ~strūctus *3* anhäufen, aufschichten; (er)bauen
cōnstuprāt|or, ~ōris *m* Schänder
cōnstuprō *1* schänden, vergewaltigen; bestechen
cōn|suādeō, ~suāsī, ~suāsus *2* dringend anraten
Cōnsuāli|a, ~um *n* Consualien (Fest zu Ehren des Consus)
cōnsuāsī →consuadeo
cōnsuās|or, ~ōris *m* Ratgeber
cōnsuāsus →consuadeo
⟦**consubsido** *3 spl übertr* sich festsetzen *von Gedanken;* übrig, liegen bleiben *zur Erörterung*
cōnsūcidus *3* vollsaftig
cōnsūdō *1* stark schwitzen
cōnsuē|faciō, ~fēcī, ~factus *3* (*Pass* ~fīō) (daran) gewöhnen
cōn|suēscō, ~suēvī *3* **1.** sich gewöhnen *Dat* an **2.** *Perf* gewohnt sein, pflegen; Umgang haben, ein (Liebes-)Verhältnis haben
cōnsuētiō, ~nis *f* Umgang, (Liebes-)Verhältnis
⟦**consuetudinarius** *3 spl* gewohnheitsmäßig
cōnsuētūd|ō, ~inis *f* Gewohnheit, Sitte, (Sprach-)Gebrauch, Erfahrung; Umgang, Verkehr, (Liebes-)Verhältnis
cōnsuētus *3* gewöhnt *Dat* an; gewohnt; gewöhnlich
cōnsuēvī →consuesco
cōnsuī →consuo
cōnsul, ~is *m* Konsul (*Bez. der zwei höchsten Beamten der röm. Republik*); ~e, ~ibus im Konsulatsjahr *Abl* von ⟦*ml* Bürgermeister, Ratsherr
cōnsulār|is I. *Adj* ~e, *Gen* ~is konsularisch, eines Konsuls, *bisw* eines Konsulars; homo, vir ~is gewesener Konsul, Konsular **II.** *Subst* ~is *m* gewesener Konsul, Konsular; *in der Kaiserzeit* (kaiserlicher) Legat, Provinzstatthalter
cōnsulātus, ūs *m* Konsulat, Konsulamt, -würde ⟦*ml* (städtischer) Rat
cōnsul|ō, ~uī, ~tus *3* befragen, um Rat fragen de *od Akk einer Sache* über; beraten, erwägen, überlegen; boni ~o für gut halten, sich zufriedengeben, zufrieden sein *Akk* mit; Maßnahmen treffen; *mit Adv od Präpositionalausdruck* handeln, verfahren; *mit Dat* sorgen für, sich kümmern um, helfen ⟦*spl mit AcI* raten
cōnsultātiō, ~nis *f* Beratung; Anfrage; *rhet* Thema
cōnsultē *Adv* absichtlich
cōnsultō I. *Verb 1* befragen; reiflich überlegen, erwägen, (sich) beraten; sorgen *Dat* für **II.** *Adv* absichtlich **III. 1.** *Dat/Abl Sg m, n zu* consultus I. *u.* II. **2.** *Dat/Abl Sg zu* consultus III. 1.
cōnsult|or, ~ōris *m* Ratsuchender; Ratgeber
cōnsultrī|x, ~cis *f* die (vor)sorgt *Gen* für
cōnsultum, ī *n* Plan, Beschluss, Maßnahme; Orakel(spruch)
cōnsultus I. *Adj 3* reiflich überlegt, durchdacht; kundig, erfahren *Gen* in **II.** *Part Perf Pass* →consulo **III.** *Subst* **1.** ī *m* (iuris, iure) ~ Jurist **2.** ⟦us *m spl* Beratung; *ml* Beschluss
cōnsuluī →consulo
cōnsummātiō, ~nis *f* Vollendung; Zusammenrechnen, -fassung; große Menge
cōnsummātus I. *Adj 3* vollendet, vollkommen ausgebildet **II.** *Part Perf Pass zu* consummo
cōnsummō *1* [summa] zusammenrechnen; vollbringen, vollenden, *abs* seine Dienstzeit (als Soldat) beenden; zur höchsten Vollendung, zur Vollkommenheit bringen ⟦*ml* beendigen, ein Ende bereiten
cōn|sūmō, ~sūmpsī, ~sūmptus *3* ver-, aufbrauchen, verzehren, aufessen; *Geld, Zeit, Mühe* ver-, aufwenden in *gew Abl* für; *Zeit* verbringen; verschwenden, ver-

C

geuden; abnutzen, erschöpfen; dahinraffen, vernichten ⟦*spl* beseitigen, aufheben
cōnsūmptiō, ~nis *f* [consumo] Aufzehrung, Vernichtung
cōnsūmpt|or, ~ōris *m* Verzehrer ⟦*spl* Verschwender
⟦**consumptri|x,** ~cis *f spl* Verzehrerin
cōnsūmptus →consumo
cōn|suō, ~suī, ~sūtus *3* zusammennähen, -flicken
cōn|surgō, ~surrēxī, ~surrēctus *3* sich erheben, aufstehen; emporsteigen, -ragen, sich auftürmen; sich *zu einer Tätigkeit* erheben, aufschwingen
cōnsurrēctiō, ~nis *f* [consurgo] (gemeinsames) Aufstehen
cōnsurrēctus →consurgo
cōnsurrēxī →consurgo
Cōnsus, ī *m* Consus (altröm. Gott der eingebrachten Ernte, nach Livius mit Neptun als dem Schöpfer der Pferde identisch)
cōnsusurrō *1* (zusammen) flüstern
⟦**consutor,** ~is *m ml* Schneider
cōnsūtus →consuo
contābē|faciō, ~fēcī, ~factus *3* dahinschwinden lassen, aufreiben
contāb|ēscō, ~uī *3* dahinschwinden; *übertr* sich verzehren
contabulātiō, ~nis *f* Bretterboden, Stockwerk
contabulō *1* [tabula] mit Bretterböden ausstatten, mit Stockwerken versehen; murum turribus ~ Mauer mit (mehrstöckigen) Holztürmen versehen; überbrücken
contāctus I. *Part Perf Pass* →contingo **II.** *Subst* ūs *m* = contagio
contāgiō, ~nis *f* [contingo] Berührung; Ansteckung; Einwirkung, (schlechter) Einfluss, übles Beispiel
contāgiōsus *3* ansteckend
contāgium, ī *n* = contagio
⟦**contaminatio,** ~nis *f spl* literarischer Mischmasch (→cento *spl*)
contāminātus I. *Adj 3* befleckt, unrein, gemein **II.** *Part Perf Pass zu* contamino
contāminō *1 durch Berührung od Vereinigung mit Schlechtem* verderben, beflecken, entehren ⟦*ml* berühren
contechnor *1* listig ersinnen
⟦**contectalis,** ~ *f ml* Hausgenossin, Gemahlin
con|tegō, ~tēxī, ~tēctus *3* (be)decken, schützen; verhüllen; verbergen, verheimlichen
contemerō *1* beflecken, entweihen
con|temnō, ~tempsī, ~temptus *3* verachten, gering schätzen; se ~temnere bescheiden sein; se non ~temnere sich nicht gering einschätzen, etwas von sich halten; verächtlich machen, heruntermachen ⟦*ml Recht* aufgeben; jmdn. zurückweisen
⟦**contempero** *1 spl* (zurecht)mischen; einrichten ad nach; mäßigen, mildern; (ganz) gleichmachen
⟦**contemperor** *1 spl* (ganz) gleich werden, verwachsen *Dat* mit
contemplātiō, ~nis *f* Beschauen, Betrachtung, Studium; Berücksichtigung, ~ne in Anbetracht, mit Rücksicht *Gen* auf
contemplāt|or, ~ōris *m* Beschauer, Betrachter
contemplātus I. *Part Perf zu* contemplo(r) **II.** *Subst* ūs *m* Betrachtung
contempl|or *u.* **~ō** *1* betrachten; erwägen ⟦*ml* sehen, erblicken
⟦**contemporal|is** *spl* **I.** *Adj* ~e, *Gen* ~is gleichzeitig **II.** *Subst* ~is *m* Zeitgenosse
contempsi →contemno
⟦**contemptibil|is,** ~e, *Gen* ~is *spl* verachtenswert, verächtlich, verachtet
contemptim *Adv* mit Verachtung, geringschätzig; gleichgültig, furchtlos
contemptiō, ~nis *f* Verachtung; Geringschätzung, Gleichgültigkeit
contemptius *Adv Komp* verächtlicher, geringschätziger
contempt|or I. *Adj, Gen* ~ōris verachtend, gering schätzend *Gen* etw.; alles verachtend, hochmütig **II.** *Subst* ~ōris *m* Verächter
contemptrī|x, ~cis *f* Verächterin
contemptus I. *Adj 3* verachtet, verächtlich **II.** *Part Perf Pass* →contemno **III.** *Subst* ūs *m* = contemptio
con|tendō, ~tendī, ~tentus *3* vergleichen; sich messen, wetteifern, streiten, kämpfen; (an)spannen, straff anziehen, *Saiteninstrument* stimmen; *Geschoss* schleudern; sich anstrengen, sich bemühen; (sich be)eilen; *Strecke* zurücklegen; (eifrig) erstreben, dringend erbitten, verlangen; fest behaupten
Contenebra, ae *f* Contenebra (etr. Stadt)
⟦**contenebro** *1 spl* verfinstern
contentiō, ~nis *f* [contendo] Spannen *der Schleudermaschinen;* Anspannung; Anstrengung, Eifer, Streben, Bemühung; Heftigkeit, Leidenschaft; Streit(sucht, -rede), Wettstreit, Kampf; Vergleich(en)
contentiōsus *3* streitsüchtig ⟦*ml* für den Wettbewerb verfasst
contentus I. *Adj 3* **1.** [contendo] (an)gespannt, straff; angestrengt, eifrig **2.** [contineo] sich begnügend, zufrieden **II.** *Part Perf Pass* **1.** →contendo **2.** →contineo
conterminus I. *Adj 3* benachbart **II.** *Subst* ī *m* Nachbar
con|terō, ~trīvī, ~trītus *3* zerreiben; aufreiben, abnutzen, hart mitnehmen, erschöpfen; se ~terere sich abmühen, abplagen; vergeuden, vernichten; *Zeit* hin-,

verbringen ⟦*ml* verletzen; ausmerzen, tilgen
con|teror, ~trītus sum *3* sich abmühen, abplagen
con|terreō, ~terruī, ~territus *2* erschrecken, einschüchtern
contestātiō, ~nis *f* [contestor] inständiges Bitten; ~ (litis) Einleitung des Prozesses
⟦**contestis,** ~ *m ml* Zeuge
contest|or *u.* **~ō** *1* als Zeugen anrufen; beschwören; litem ~o(r) *durch Annahme einer Prozessformel vor Zeugen* einen Prozess einleiten ⟦*spl* als eindringliche Mahnung aussprechen; vor Zeugen sprechen
contēxī →contego
con|texō, ~texuī, ~textus *3* zusammenflechten, -setzen, -fügen; verflechten, -knüpfen, -binden; anfügen, fortsetzen, ergänzen
contextus I. *Adj 3* zusammenhängend, fortlaufend, ununterbrochen **II.** *Part Perf Pass* →contexo **III.** *Subst* ūs *m* Zusammenhang
contexuī →contexo
con|ticēscō, ~ticuī *3* [taceo] verstummen, still werden, schweigen; *übertr* sich legen, aufhören
conticinium, ī *n* [conticesco] Nacht(stille)
conticinnum = conticinium
conticīscō = conticesco
conticuī →conticesco
contigī →contingo
contignātiō, ~nis *f* Balkenlage, Gebälk, Stockwerk
contignō *1* mit Balken belegen *od* überdecken
contiguus *3* [contingo] benachbart; erreichbar *Dat* für
contin|ēns I. *Adj, Gen* ~entis *mit Dat od* cum zusammenhängend mit, angrenzend an, unmittelbar folgend auf; (in sich) zusammenhängend, ununterbrochen; terra ~ens Festland; unaufhörlich; zurückhaltend, mäßig, enthaltsam **II.** *Part Präs Akt zu* contineo **III.** *Subst* ~entis **1.** (*Abl* ~entī) *f* Festland **2.** *n rhet* Hauptpunkt, -sache
continentia I. *Subst* ae *f* Mäßigung, Selbstbeherrschung ⟦*spl* (Haupt-)Inhalt; *ml* Zusammenhalten, -pressen *körperlich* **II. 1.** *Nom/Akk Pl n zu* continens I. *u.* II. **2.** *Nom/Akk Pl zu* continens III. 2.
con|tineō, ~tinuī, ~tentus *2* [teneo] **1.** zusammen-, festhalten, verbinden; in einem Zustand (er)halten, bewahren **2.** um-, einschließen, eingeschlossen halten; (in sich) enthalten, umfassen, *das Wesen einer Sache* ausmachen **3.** zurück- *od* in Schranken halten; se ~tinere verharren, sich aufhalten, bleiben; sich mäßigen, sich beherrschen; non (vix) se ~tinere, quin sich nicht (kaum) enthalten können *etw zu tun* ⟦*spl* im Besitz halten; vorenthalten
contineor *2* umgeben sein, umschlossen sein *Abl* von; *mit* (in) *Abl* enthalten sein in, bestehen in, beruhen auf, wesentlich beteiligt sein bei; verharren, sich aufhalten, bleiben; sich mäßigen, sich beherrschen
con|tingō, ~tigī, ~tāctus *3* [tango] **1.** berühren; *Lebensmittel* kosten; bestreuen; erreichen, treffen; *übertr* stoßen, grenzen *Akk* an; anstecken; beflecken; beeinflussen; (verwandtschaftlich, freundschaftlich) nahestehen *Akk* jmdm. **2.** widerfahren, glücken, zuteilwerden; sich ereignen *oft unpers* ⟦*ml* (an sich) nehmen; *unpers* ~tingit es geschieht
continor *1* (an)treffen
continuātiō, ~nis *f* Zusammenhang, Fortdauer; ~ (verborum) *rhet* Periode ⟦*ml* Weiterführung
⟦**continuatum,** i *n ml* angrenzendes Gebiet
continuātus I. *Adj 3* ununterbrochen; angrenzend *Dat* an **II.** *Part Perf zu* continuo(r)
continuī →contineo
[1]**continuō** [continuus] *1* aneinanderfügen, verbinden *Dat* mit; unmittelbar folgen lassen, fortsetzen, *Amt* verlängern, fortführen
[2]**continuō** *Adv.* ununterbrochen; gleich darauf, sofort; ohne Weiteres
continuor *1* **1.** = continor **2.** unmittelbar folgen, sich unmittelbar anschließen, angrenzen *Dat* an; ununterbrochen, fortdauern ⟦*ml vom Weg* führen, verlaufen
continuus *3* [contineo] zusammenhängend, aneinanderliegend; ununterbrochen, fortlaufend, nacheinander; *als Günstling* zunächststehend; *bei Tag od Nacht* folgend
cōntiō, ~nis *f* [*co-ventio] (Volks-, Heeres-)Versammlung; Rede, Vortrag ⟦*ml* ~ sacra Gottesdienst; Schar; (in) ~ne öffentlich; Predigt
cōntiōnābundus *3* vor der Versammlung redend, öffentlich äußernd
cōntiōnāl|is, ~e, *Gen* ~is zur Volksversammlung gehörig, in der Volksversammlung (üblich); senex ~is der alte Demagoge
cōntiōnārius *3* = contionalis
cōntiōnat|or, ~ōris *m* Volksredner; Demagoge ⟦*spl* Prediger
cōntiōnor *1 vor der* (*Volks-, Heeres-*)*Versammlung* eine Rede halten, äußern, erklären; versammelt sein ⟦*spl* predigen; *ml* Gericht(ssitzung) (ab)halten
cōntiuncula, ae *f* kleine *od* unbedeutende Volksversammlung, kleine *od* unbedeutende (Volks-)Rede
contollō *3* hintragen; gradum ~ hingehen

C

contonat *unpers* es donnert stark
contor = cuncto(r)
con|torqueō, ~torsī, ~tortus *2* herumdrehen, -wenden; winden; schleudern; *übertr* verdrehen, verzerren ⟦*spl* vultum ~torqueo das Gesicht in Falten legen
contortiō, ~nis *f* (Herum-)Schwingen; Verschrobenheit; ~ orationis verschrobener Ausdruck
contortiplicātus *3* verwickelt, verworren
contort|or, ~ōris *m* ~or legum Gesetzesverdreher
contortulus *3* (ziemlich) verschroben, (etwas) geschraubt
contortus I. *Adj 3* verschlungen, verwickelt; verschroben, geschraubt, gekünstelt; schwungvoll **II.** *Part Perf Pass* →contorqueo
contrā I. *Präp beim Akk* gegen; gegenüber; wider, abweichend von, im Widerspruch mit; im Werte von ⟦*ml* ~ choream sto vor dem Chor stehen; ~ *Akk einer Person* respicio nach jmdm. hinsehen **II.** *Adv* gegenüber; dagegen *Erwiderung, Gegensatz, Entgelt;* umgekehrt, anders atque, ac, quam als ⟦*ml* verum ~ andererseits; de ~ entgegen; e ~ im Gegensatz, -teil, dagegen, wiederum
contractiō, ~nis *f* Zusammenziehen, Verkürzung; Beklommenheit, Kleinmut ⟦*ml* Naht
contractiuncula, ae *f* leichte Beklommenheit
contractō = contrecto
contractūra, ae *f* Verjüngung *von Säulen*
contract|us I. *Adj 3 örtl* eng, schmal; *zeitl* kurz; *übertr* gedrängt, knapp; zurückgezogen (lebend); sparsam, geizig; ~um frigus lähmende Kälte; ~a paupertas drückende Armut ⟦*ml* gelähmt, verkrüppelt **II.** *Part Perf* →contraho(r) **III.** *Subst* ūs *m* Vertrag
contrā|dicō, ~dīxī, ~dictus *3* widersprechen, sprechen *Dat* gegen ⟦*ml* für unrichtig erklären
contrādictiō, ~nis *f* Widerspruch
⟦**contradictorium,** i *n spl* Widerspruch
⟦**contradictorius** *3 spl* Widerspruch, Einwände enthaltend; libellus ~ Gegenschrift
contrādictus →contradico
contrādīxī →contradico
⟦**con|trado,** ~tradidi, ~traditus, *3 spl* übergeben
⟦**con|trador,** ~traditus sum *3 ml* sich ergeben
con|trahō, ~trāxī, ~tractus *3* zusammenziehen, (ver)sammeln; zustande bringen, bewirken; sich *ein Übel* zuziehen; *Geschäft* abschließen, res ~tracta abgeschlossenes Geschäft, Vertrag; in (Geschäfts-)Verbindung treten; verkleinern, verkürzen, beschränken; beklommen machen, ängstigen ⟦*ml Verpflichtung* übernehmen; vitam ~traho das Leben dahinschleppen
con|trahor, ~tractus sum *3* sich zusammenziehen, sich krümmen; sich beklommen fühlen, ängstlich sein ⟦*ml* sich verengen, schwinden
contrāri|um, ī *n* [contrarius] Gegensatz, Gegenteil; e(x) ~o im Gegenteil, dagegen; entgegengesetzte Richtung ⟦*ml* Widerspruch
contrārius *3* [contra] gegenüberliegend, entgegengesetzt; dem Feinde zugekehrt; ungünstig, abgeneigt, feindlich; nachteilig, verderblich
contrāxī →contraho
Contrebia, ae *f* Contrebia (Ort der Keltiberer in Hispania Tarraconensis)
Contrebiēns|ēs, ~ium *m* Contrebier, Einw. von Contrebia
contrectātiō, ~nis *f* (unsittliche) Berührung ⟦*spl* Diebstahl
contrectō *1* [tracto] be-, abtasten, berühren, befühlen; *geistig* erfassen, sich befassen *Akk* mit ⟦*ml* anfassen
con|tremīscō, ~tremuī *3* erbeben, (er)zittern *Akk* vor
contribuī →contribuo
⟦**contribulis,** ~ *m* [tribus] *spl* Verwandter, Stammes-, Glaubensgenosse
con|tribuō, ~tribuī, ~tribūtus *3* verbinden, vereinigen; zuteilen; (mit anderen) beitragen, beisteuern
contrīstō *1* [tristis] verdüstern, trübe machen; betrüben
⟦**contritio,** ~nis *f spl* Zerstörung, Untergang; Hilflosigkeit, Elend; Reue, Kummer
contrītus I. *Adj 3* abgedroschen ⟦*ml* zerknirscht, reuig **II.** *Part Perf* →contero(r)
contrīvī →contero
contrōversi|a, ~ae *f* Streitigkeit, (Rechts-)Streit; Widerspruch, Widerrede; *rhet* Streitrede, (fingierter) Rechtsfall, (wissenschaftliche) Streitfrage; in ~a esse strittig sein
Contrōversiae, ārum *f* [controversia] Rechtsfälle, Kontroversen (Buch von Seneca dem Älteren)
contrōversiōsus *3* sehr umstritten
contrōversus *3* strittig, umstritten ⟦*spl* entgegengesetzt, feindlich
contrucīdō *1* niedermetzeln, hinschlachten
con|trūdō, ~trūsī, ~trūsus *3* (hinein)stoßen, (hinein)stecken
contruncō *1* zusammenhauen, zerhauen; verzehren, verschlingen
contrūsī →contrudo
contrūsus →contrudo
contubernāl|is, ~is (*Abl auch* ~ī) *m, f* [taberna] Zeltgenosse, (Kriegs-)Kamerad,

Gefährte, (Haus-)Freund(in); Begleiter *eines Feldherrn od höheren Beamten zur Ausbildung;* (Lebens-)Gefährte, (Lebens-)Gefährtin *Sklave od Sklavin in jur nicht als Ehe anerkannter Gemeinschaft* ⟦*spl* Geliebte; *ml* Hausgenossin, Frau

contubernium, ī *n* [taberna] Zeltgenossenschaft, (Kriegs-)Kameradschaft, Zusammenleben *der Soldaten;* (Wohnungs-, Tisch-)Gemeinschaft, (vertrauter) Umgang; Begleitung, Umgebung *eines Feldherrn od höheren Beamten zur Ausbildung;* (gemeinschaftliches) Zelt *der Soldaten,* (gemeinsame) Wohnung *bes eines Sklavenpaares;* Konkubinat, (eheliches) Zusammenleben *von Sklaven ohne jur anerkannte Ehe* ⟦*ml* (Haus-)Gemeinschaft; Spital

contudī →contundo

con|tueor, ~tuitus sum *2* betrachten, erblicken, bemerken

contuitus I. *Part Perf* →contueor **II.** *Subst* ūs *m* Betrachten, Anblick

contulī →confero

contumācia, ae *f* Trotz, Widerspenstigkeit

contumā|x, *Gen* ~cis trotzig, widerspenstig, eigensinnig; spröde, hart

contumēlia, ae *f* Misshandlung, Unannehmlichkeit; Kränkung, Beschimpfung, Beleidigung

contumēliōsus *3* schmähsüchtig; kränkend, schimpflich, schmachvoll

contumulō *1* anhäufen; begraben, bestatten

con|tundō, ~tudī, ~tū(n)sus *3* zerschlagen, -stoßen, -schmettern; *übertr* lähmen, brechen, vernichten

contuor *3* = contueor

conturbātiō, ~nis *f* Verwirrung, Bestürzung

conturbātus I. *Adj 3* verwirrt, bestürzt **II.** *Part Perf Pass zu* conturbo

conturbō *1* verwirren, in Unordnung bringen; *abs* Bankrott machen; bestürzt machen, beunruhigen, ängstigen ⟦*spl* pacem ~ den Frieden stören, brechen

⟦**conturmalis,** ~ *m spl* (Turma-, Schwadrons-)Kamerad

⟦**conturmo** *1 spl* turma-, schwadronsweise aufstellen

contus, ī *m* [*gr*] (Ruder-)Stange; Speer, Lanze

contūsus →contundo

contūtus = contuitus II.

cōnūbiāl|is, ~e, *Gen* ~is ehelich

cōnūbium, ī *n* [nubo] (gesetzmäßige röm.) Ehe; Eherecht

cōnus, ī *m* [*gr*] Kegel; Helmspitze *zum Hineinstecken des Helmbusches*

convador *1* [vador] zum Termin vorladen

con|valēscō, ~valuī *3* erstarken, mächtiger werden; rechtskräftig werden; gesund werden

convallis, ~ *f* Tal(kessel)

convaluī →convalesco

convāsō *1* [²vas] zusammen-, einpacken

convectō *1* = conveho

convect|or, ~ōris *m* Reisegefährte

con|vehō, ~vēxī, ~vectus *3* transportieren, zusammentragen, -bringen

con|vellō, ~vellī *u.* ~vulsī, ~vulsus *3* hin- und herreißen, übel zurichten; los-, herausreißen, signa ~vello (die Feldzeichen aus dem Boden reißen =) aufbrechen; auf-, zer-, niederreißen; *übertr* ins Wanken bringen, erschüttern, untergraben

convēlō *1* verhüllen

conven|a [convenio] **I.** *Adj* ~ae *m, f* zusammenkommend, sich vereinigend **II.** *Subst Pl* ~ae, ~ārum *m* zusammengelaufene Menge, Fremdlinge

convēnī →convenio

conveni|ēns I. *Adj, Gen* ~entis passend, übereinstimmend, angemessen; einig, einträchtig **II.** *Part Präs Akt zu* convenio

convenientia I. *Subst* ae *f* Übereinstimmung, Einklang, Harmonie, Symmetrie ⟦*ml* Zustimmung **II.** *Nom/Akk Pl n zu* conveniens I. *und* II.

con|veniō, ~vēnī, ~ventus *4* zusammenkommen, eintreffen; in manum ~venio *jur durch Heirat* in die Gewalt (des Mannes) kommen; treffen, (an)sprechen, auf-, besuchen; (gerichtlich) belangen; zustande kommen, vereinbart werden; einig werden, sich einigen; *unpers* ~venit es besteht Einvernehmen, wird vereinbart, man einigt sich; passen *Dat od* ad zu; übereinstimmen, harmonieren; angebracht sein; *unpers* ~venit es gehört sich *Dat* für ⟦*ml* sich wenden *Akk* an; *von Sachen* betreffen, angehen; sich einigen in *Akk* auf jmdn.; *unpers* ~venit man sollte, müsste

conventīcium, ī *n* Tagegelder, Diäten *der gr. Bürger für Teilnahme an der Volksversammlung*

conventīcius *3* [convenio] zusammenkommend, verkehrend

conventiculum, ī *n* Zusammenkunft, (kleine) Versammlung; Versammlungsort ⟦*ml* Gemeinde (der Klosterbrüder)

conventiō, ~nis *f* Übereinkunft, Vertrag; Versammlung

conventum, ī *n* Übereinkunft, Abmachung, Vertrag

conventus I. *Part Perf Pass* →convenio **II.** *Subst* ūs *m* Zusammenkunft, Versammlung; Bundesversammlung *der Bundesstaaten in einer röm. Provinz;* Bürgerverband *der röm. Bürger in einer Provinz;* Gerichtstag, -bezirk; Übereinkunft, Vertrag ⟦*ml* Kloster(gemeinde),

Mönche; Lehrkörper *einer Schule;* ~ publicus (deutscher) Reichstag; Synode
converberō *1* (stark) schlagen, zerschlagen; *Fehler* kritisieren
con|verrō, ~verrī, ~versus *3* zusammenfegen, -raffen
conversātiō, ~nis *f* Umgang, Verkehr ⟦*spl* ~ morum Änderung der Sitten, Übertritt ins Kloster; Lebenswandel, -führung; Zugehörigkeit zum Kloster
conversiō, ~nis *f* **1.** Umdrehung, Umlauf; Umkehrung, Umwandlung, Veränderung **2.** *rhet* Übertragung *od* Umwandlung (aus einer Redegattung in die andere), Paraphrase; Wiederholung desselben Wortes am Satzschluss, Epiphora; chiastische Umkehrung der Worte; periodische Abrundung, Periode ⟦*spl* (Sinnesänderung, Bekehrung =) Eintritt ins Kloster
conversō *1* [converto] herumdrehen, bewegen; (hin und her) erwägen
conversor *1* [convertor] sich aufhalten; verkehren cum *od Dat* mit ⟦*spl* religiose ~ als Mönch leben
conversus I. 1. *Part Perf Pass* →converro **2.** *Part Perf* →converto(r) **II.** ⟦*Subst* i *m ml* Novize, Laienbruder
con|vertō, ~vertī, ~versus *3* (hin)wenden, -richten, -lenken; (se) ~vertere sich (hin-, zu-, um)wenden; rückwärts- *od* woandershin wenden; in fugam ~verto in die Flucht schlagen, terga ~verto kehrtmachen (= fliehen); signa ~verto *mit dem Heer* eine Schwenkung machen; verändern, verwandeln, umstimmen, *Worte* umstellen; umkehren, (herum)drehen; rem publicam ~verto den Staat stürzen; se ~vertere sich (herum)drehen; *aus einer Sprache in die andere* übersetzen ⟦*spl* (sich) bekehren; ins Kloster eintreten; umwandeln; in opus ~verto nachbilden; *ml* e ~verso im Gegenteil, dagegen
con|vertor, ~versus sum *3* sich (hin-, zu-, um)wenden; sich (herum)drehen; sich ändern, sich verwandeln, umschlagen
⟦**convescor** *3 spl* gemeinsam essen
convestiō *4* bekleiden; bedecken, umgeben
convēxī →conveho
convexitā|s, ~tis *f* Wölbung
convex|um, ~ī *n, gew Pl* ~a, ~ōrum *n* Wölbung, (Himmels-)Gewölbe; ~a (vallium) tiefe Täler, Talkessel
convexus *3* gewölbt; steil (abfallend), abschüssig; gewunden, verschlungen
⟦**conviator,** ~is *m spl* Reisegefährte
convīcī →convinco
convīciāt|or, ~ōris *m* Lästerer, Schmäher
convīcior *1* schmähen, schimpfen, Vorwürfe machen
convīcium, ī *n* (lautes) Geschrei, Gekeife; Vorwurf, Zurechtweisung, Tadel; Schimpfwort; Lästermaul
convīctiō, ~nis *f* [convivo] Zusammenleben, (beständiger) Umgang, Gesellschaft; *Pl* ~nēs, ~num *f* domesticae Hauspersonal, Mitbewohner
convīct|or, ~ōris *m* [convivo] (täglicher) Gesellschafter, Gast, (Haus-)Freund
[1]**convictus** →convinco
[2]**convīctus,** ūs *m* Zusammenleben, Gesellschaft, Geselligkeit; Gelage
con|vincō, ~vīcī, ~victus *3 einer Schuld od eines Irrtums* überführen; widerlegen; unwiderleglich beweisen
convīsō *3* betrachten, durchforschen; besuchen; *von der Sonne* bescheinen, bestrahlen
convīva, ae *m, f* [convivo] Gast
convīval|is, ~e, *Gen* ~is beim Gastmahl, Tisch-, Tafel-
⟦**convivaria,** ae *f ml* Tischgenossin
convīvāt|or, ~ōris *m* Gastgeber
convīvium, ī *n* [convivo] (gemeinsames) Essen, Party; (Tisch-)Gäste
con|vīvō, ~vīxī *3* zusammenleben; zusammen speisen
convīv|or *u.* **~ō** *1* [conviva] zusammen schmausen
convīxī →convivo
convocātiō, ~nis *f* Einberufung, Alarmierung
convocō *1* zusammenrufen, einberufen; creditores ~ seinen Bankrott erklären
convolō *1* (in Mengen) herbeieilen, zusammenströmen
convolūtor *1* sich herumwälzen; sich herumtreiben
con|volvō, ~volvī, ~volūtus *3* zusammenrollen, -wickeln; fort-, (im Kreise) herumrollen; umwickeln
con|volvor, ~volūtus sum *3* rollen, kreisen; sich zusammenrollen
con|vomō, ~vomuī, ~vomitus *3* bespeien, -spucken
convorrō = converro
convortō = converto
convulnerō *1* schwer verwunden
convulsī →convello
convulsus →convello
⟦**cooperator,** ~is *m spl* (geistlicher) Gehilfe, Mitarbeiter
⟦**cooperimentum,** i *n spl* Bedeckung, Decke, Deckel
co|operiō, ~operuī, ~opertus *4* ganz bedecken, überschütten
⟦**cooperor** *1 spl* mitwirken, -arbeiten *Dat* mit
coopertus I. *Adj 3* überschüttet, überhäuft, überladen ⟦*spl* bekleidet **II.** *Part Perf Pass* →cooperio
cooperuī →cooperio

cooptātiō, ~nis *f* Ergänzung(swahl), ~ censoria Ergänzung des Senats durch die Zensoren
cooptō *1* hinzuwählen, kooptieren; ergänzen
co|orior, ~ortus sum *4* sich gemeinsam erheben, los-, ausbrechen; entstehen
Coōs = Cos
cōpa, ae *f* [caupo] (Gast-)Wirtin
Cōpāi|s, *Gen* ~dis *f* kopaisch, von Kopai (Stadt in Boiotien); ~s palus Kopaischer See, Kopaïs-See
cōperculum, ī *n* Deckel
cōperiō = cooperio
cophinus, ī *m* [*gr*] *großer* Korb ⟦*ml* Koffer (*Lw*)
cōpi|a, ~ae *f* [¹copis] **1.** *Sg* Menge, Fülle, Vorrat; Fähigkeit, Möglichkeit, Gelegenheit, Erlaubnis, ~am facio Gelegenheit geben **2.** *Pl* ~ae, ~ārum *f* Vorräte, Lebensmittel, Proviant; Truppen, Streitkräfte (*Sg selten*); Reichtum, Vermögen
cōpiolae, ārum *f* Häuflein Soldaten
cōpiōsus *3* wohlhabend, reich *Abl, selten Gen* an; reichlich (vorhanden); ~ ignis mächtiges Feuer; wort-, gedankenreich, beredsam
¹**cōpis,** cōpe, *Gen* cōpis [co, ops] *altl* reich, mächtig
²**copi|s,** ~dis (*Akk Pl* ~das) *f* (Krumm-)Säbel *der Perser*
cōpō = caupo
coprea, ae *m* [*gr*] Possenreißer
copta *u.* **coptoplacenta,** ae *f* [*gr*] *harter* Kuchen *aus zerstoßenen Zutaten*
cōpula, ae *f* [*co-apula, *vgl* apiscor] Band, Verbindung; Strick, Leine; Enterhaken
cōpulātiō, ~nis *f* Verbindung, -knüpfung
cōpul|ō *u.* **~or** *1* zusammenbinden; verbinden, -einigen, -knüpfen; verheiraten
coqua, ae *f* [coquo] Köchin (*Lw*)
⟦**coquina,** ae *f spl* Küche (*Lw*)
coquīnō *1* kochen
coquīnus *3* für Köche, Koch-
coquō, coxī, coctus *3* kochen, backen; reif machen; verdauen, zersetzen; dörren, austrocknen; ersinnen, ausdenken; beunruhigen, quälen
coquus, ī *m* [coquo] Koch (*Lw*)
cor, cordis *n* Herz (*urv*); Gefühl, Gemüt; Verstand, Einsicht; Magen(mund); ~di esse am Herzen liegen, lieb und wert sein ⟦*ml* ex ~de von Herzen
Cora, ae *f* Cora (Ort der Volsker), *heute* Cori
Coracēsium, ī *n* Korakesion (Ort u. Vorgebirge in Kilikien)
Coralli, ōrum *m* Koraller (Volk an der Donaumündung)
corallium = curalium
cōram [co, ¹os] **I.** *Präp beim Abl* in Gegenwart, vor **II.** *Adv* vor aller Augen, öffentlich; persönlich, an Ort und Stelle ⟦*spl örtl* vor
Coras, ae *m* Koras (*myth* Enkel des Amphiaraos, Mitbegründer von Tibur)
Cora|x, ~cis (*Akk auch* ~ca) *m* Korax (gr. PN, bes. Korax aus Syrakus, Rhetor im 5. Jh. v. Chr.)
⟦**corbanum** *undekl* [*hebr*] *ml* Kasse
Corbiō, ~nis *f* Corbio (1. Ort der Äquer 2. Ort in Spanien)
corbis, ~ *m, f* Korb (*Lw*)
corbīta, ae *f* [corbis] Transportschiff
corbula, ae *f* Körbchen
Corbulō, ~nis *m* Corbulo (BN eines Domitius)
corcillum, ī *n* Herz(chen), Verstand
corcodīlus = crocodilus
corcōt- = crocot-
corculum, ī *n* [cor] Herzchen
Corcȳra, ae *f* Kerkyra, Korfu (westgriechische Insel)
Corcȳraeus *3* kerkyreisch, von Kerkyra
cord- 1. →cor **2.** →corda **3.** →cordus
corda = chorda
cordātus *3* [cor] verständig, klug
cordā|x, ~cis *m* Kordax (ausgelassener gr. Tanz)
⟦**cordialiter** *Adv ml* herzlich
⟦**cordicitus** *Adv ml* von Herzen
cordolium, ī *n* [cor, doleo] Herzeleid
Corduba, ae *f* Corduba (Ort im südlichen Spanien), *heute* Córdoba
Cordubēns|is, ~e, *Gen* ~is cordubisch, von Corduba
Corduēnī = Gordyaei
cordu|s *3* spät geboren, spät gewachsen; faenum ~m Grummet (Heu zweiten Schnittes)
Cordus, ī *m* Cordus (BN)
Corfīniēns|is, ~e, *Gen* ~is corfiniensisch, von Corfinium
Corfīnium, ī *n* Corfinium (Ort der Päligner, Hauptort der Italiker im Bundesgenossenkrieg 90–88)
coriandrum, ī *n* Koriander
⟦**corilinus** = corulinus
Corinna, ae *f* Korinna (Dichterin aus Tanagra in Boiotien im 5. Jh. v. Chr.)
Corinthea = Corinthia
Corinthia, ōrum *n* [Corinthius] Metallarbeit *od* Gefäße aus Korinth
Corinthiacus *3* korinthisch, von Korinth
Corinthiārius, ī *m* Hersteller, Händler *od* Sammler von korinthischen Gefäßen
Corinthiēns|is, ~e, *Gen* ~is korinthisch, von Korinth
Corinthius I. *Adj 3* korinthisch, von Korinth **II.** *Subst* ī *m* Korinther, Einw. von Korinth
Corinthus, ī *f* Korinth
Coriolānus I. *Adj 3* coriolisch, von Corioli **II.** *Subst* ī *m* Coriolan(us) (BN des Cn.

Marcius ~ für die Eroberung von Corioli 493 v. Chr.)
Coriolī, ōrum *m* Corioli (Ort der Volsker in Latium)
Coriosolit|ēs, ~um (*Akk* ~as) *m* Koriosoliten (kelt. Volk in der Bretagne)
corium, ī *n* Fell, Haut *der Tiere,* Leder; Decke, Schicht
corius, ī *m* = corium
Cornēlia →Cornelius
Cornēli|us *3 Gent bedeutender Familien, z. B.* **1.** Scipiones **a)** P. ~us Scipio (Konsul 218 v. Chr.) **b)** P. ~us Scipio Africanus maior (S. von a) (Besieger Hannibals 202 v. Chr.); Castra ~a(na) (Landungsort Scipios zwischen Utica u. dem Fluss Bagrada); ~a (T. Scipios, M. der Gracchen) **c)** P. ~us Scipio Aemilianus Africanus minor (Adoptivsohn des ältesten S. von b), Eroberer von Karthago 146 u. Numantia 133 v. Chr.) **d)** P. ~us Scipio Nasica Corculum (Konsul u. Zensor, Gegner von Catos Antrag auf Zerstörung Karthagos) **2.** Sullae **a)** L. ~us Sulla Felix (Optimat, Diktator, gestorben 78 v. Chr.) **b)** Faustus ~us Sulla (S. von a)) **c)** P. ~us Sulla (Neffe von a), von Cicero verteidigt)
corneolus *3* **1.** [corneus 2.] hornartig **2.** [corneus 1.] vom Kornelkirschbaum, aus Hartriegelholz
corneus *3* **1.** [cornus 1.] vom Kornelkirschbaum, aus Hartriegelholz **2.** [cornu] aus Horn
cornic|en, ~inis *m* [cornu, cano] Hornbläser, Hornist, *auch* Flötist
cornicula, ae *f* [cornix] (kleine, junge) Krähe
Corniculānus *3* corniculanisch, aus Corniculum
corniculārius, ī *m* mit dem Ehrenhorn ausgezeichneter Soldat, Adjutant *eines Offiziers*
corniculum, ī *n* [cornu] Hörnchen; Ehrenhorn *am Helm angebrachte milit. Auszeichnung*
Corniculum, ī *n* Corniculum (Ort in Latium)
Cornificius *3* Cornificius (*Gent, z. B.* 1. Q. ~, Prätor 67 v. Chr. 2. Q. ~, S. von 1., Prätor 46 v. Chr., Dichter 3. ~, Rhetor unter Augustus)
corniger, cornigera, cornigerum gehörnt, geweihtragend
cornip|ēs I. *Adj, Gen* ~edis hornfüßig, behuft **II.** *Subst* ~edis *m* Pferd, Ross
corni|x, ~cis *f* Krähe
corn|ū, ~ūs *n* **1.** Horn; *Pl* ~ua Hörner, Geweih; *übertr* (Enden der) Mondsichel **2.** *Gegenstände* (*ursprünglich*) *aus Horn* Huf; Schnabel; Bogen *Waffe;* Trichter; Ölfläschchen; Resonanzboden *der Lyra;* Signalhorn, Trompete **3.** *hornähnliches* Haarbüschel; Flussarm; (äußerstes) Ende, Landzunge; (Spitze der) Segelstange; Helmkegel *zum Hineinstecken des Helmbusches;* Knopf, Knauf *am Ende des Stabes, um den die Bücherrolle gewickelt wurde; milit* Flügel; ~u copiae Füllhorn **4.** *übertr* Mut, Widerstand ⟦*ml* Zipfel, Saum
cornum, ī *n* **1.** [cornus 1.] Kornelkirsche; Lanze *aus Hartriegelholz* **2.** = cornu
cornus 1. ī *f* Kornelkirschbaum, Hartriegel; Lanze *aus Hartriegelholz* **2.** ūs *m* = cornu
Cornus, ī *f* Cornus (Ort auf Sardinien)
cornūt|us I. *Adj 3* gehörnt **II.** *Subst Pl* ~ī, ~ōrum *m* Cornuti (Truppenart der späteren Kaiserzeit) ⟦*ml von der Bischofsmütze* zweispitzig
Cornūtus, ī *m* Cornutus (BN)
Coroebus, ī *m* Koroibos *gr myth u. hist PN*
corōlla, ae *f* [corona] (kleiner) Kranz
corōllārium, ī n Kränzchen *als Geschenk;* Geschenk, Trinkgeld
corōn|a, ~ae *f* Kranz *als Schmuck u. milit. Auszeichnung;* sub ~ā vendo als Sklaven verkaufen *zum Verkauf angebotener Sklave trug einen Kranz;* Brustwehr *der Mauer;* Kranzgesims; (rundes) Blumenbeet; Zuhörerkreis, Versammlung; Truppenkette, Belagerungsring ⟦*spl* ~a martyrii Märtyrerkrone; *ml* Königs-, Kaiserkrone; ~a rasa *od* clericalis *od* capitis Tonsur; Kronleuchter; Gesims; Ring, Schar
Corōna, ae *f* Krone *zwei Sternbilder:* ~ Borealis Nördliche Krone, ~ Australis Südliche Krone
Corōnaeī, ōrum *m* Koroneer, Einw. von Koroneia
corōnāriu|s *3* für den Kranz; aurum ~m Kranzgeld, Geldgeschenk
Corōnē, ēs *f* Korone (Ort in Messenien)
Corōnēa, ae *f* Koroneia (Ort in Boiotien)
Corōnēns|is, ~e, *Gen* ~is koroneisch, von Koroneia
[1]**Corōnēus** *3* koroneisch, von Koroneia
[2]**Corōnēus,** Corōneī *m* Koroneus (*myth* König von Phokis, V. der Koronis)
Corōnidēs, ae *m* Koronide, S. der Koronis (= Asklepios)
corōni|s, ~dis *f* Schlussschnörkel *des Schreibers am Ende eines Buches od Abschnitts*
Corōni|s, ~dis (*Akk* ~da) *f* Koronis (M. des Asklepios)
corōnō *1* be-, umkränzen; umgeben, umschließen ⟦*ml* krönen; zum König machen
⟦**coropalatus,** i *m ml* (byzantinischer) Hofmarschall
corpor- →corpus

corporāl|is, ~e, *Gen* ~is körperlich, körperhaft ⟦*ml* leiblich, irdisch
corporātūra, ae *f* Körperbau
corporātus I. *Adj 3* zum Körper geworden, verkörpert, körperhaft **II.** ⟦*ml Part Perf zu* corporor
corporeus *3* körperlich, körperhaft; aus Fleisch (bestehend), fleischlich ⟦*ml* leiblich, irdisch
⟦**corporor** *1 ml* Mensch werden
corpulentus *3* wohlbeleibt
corp|us, ~oris *n* Körper (*Lw*), Leib, Rumpf; Fleisch; Leichnam, Leiche; Person, ~oris custos Leibwächter; Gesamtheit, Komplex; Körperschaft, Stand, Gruppe; Sammelwerk, Sammlung; Masse, Substanz ⟦*spl* ~us iuris civilis Sammelwerk des röm. Rechts *endgültige Zusammenfassung des röm. Rechts unter Iustinian 529 n. Chr.;* maneo in ~ore am Leben sein; Hostie (= Leib Christi); *ml* ~us regni Ausdehnung des Reiches
corpusculum, ī *n* Körperchen; Korpuskel; Bäuchlein ⟦*ml* Leichnam, Leiche
cor|rādō, ~rāsī, ~rāsus *3* zusammenkratzen
corrēctiō, ~nis *f* [corrigo] Berichtigung, Verbesserung; Zurechtweisung
corrēct|or, ~ōris *m* [corrigo] Verbesserer, Kritiker; (kaiserlicher) Statthalter *in kleineren Provinzen*
corrēctus →corrigo
⟦**corregnator,** ~is *m ml* Mitregent
⟦**corregno** *1 spl* mitherrschen, zugleich regieren
cor|rēpō, ~rēpsī, ~rēptum *3* sich verkriechen; *übertr vor Schreck* zusammenfahren
correptē *Adv* [corripio] kurz
correptiō, ~nis *f* Anpacken, -fassen; Anfall *einer Krankheit;* (Ver-)Kürzung, Abnahme ⟦*spl* Tadel
corrēptum →correpo
correptus →corripio; →correpte
⟦**corresurgo** *3 spl* mit auferstehen
correxī →corrigo
corrigia, ae *f* (Schuh-)Riemen ⟦*ml* Gürtel
cor|rigō, ~rēxi, ~rēctus *3* [rego] gerade richten, machen; berichtigen, verbessern; wiedergutmachen; zurechtweisen
cor|ripiō, ~ripuī, ~reptus *3* [rapio] an sich reißen, ergreifen, festnehmen, wegnehmen, dahinraffen; tadeln, anklagen; angreifen; verkürzen, beschränken; *Strecke* schnell zurücklegen, *Gang* beschleunigen; se ~ripere sich aufmachen, davoneilen ⟦*spl* befallen
corrīvātiō, ~nis *f* Sammeln (des Wassers)
corrīvō *1* in ein Flussbett leiten, sammeln
⟦**corroboratio,** ~nis *f spl* Erstarken; Bekräftigung
corrōbor|ō *1* kräftigen, stärken; se ~are erstarken, erwachsen werden
corrōboror *1* erstarken, erwachsen werden
cor|rōdō, ~rōsī, ~rōsus *3* be-, zernagen, zerfressen
corrogō *1* zusammenbitten, -betteln, -holen; einladen ⟦*ml* einfordern, an sich ziehen
corrōsī →corrodo
corrōsus →corrodo
corrotundō *1* abrunden
corrūda, ae *f* wilder Spargel
corrūgō *1* nares ~ jmdn. veranlassen, die Nase zu rümpfen
corrūgor *1* runzlig werden
corruī →corruo
cor|rumpō, ~rūpī, ~ruptus *3* verderben, verschlechtern, entstellen; entkräften, untergraben, zugrunde richten; schlecht ausführen, nicht ausnutzen, verscherzen; verfälschen, verdrehen; verführen, verleiten, bestechen
cor|rumpor, ~ruptus sum *3* sich verschlechtern, herunterkommen, verderben, zugrunde gehen
cor|ruō, ~ruī *3* [ruo] **1.** zusammen-, einstürzen, umfallen; zugrunde gehen, Bankrott machen, *vom Schauspieler* durchfallen **2.** zu Fall bringen, ins Verderben stürzen **3.** *Reichtümer* zusammenscharren
corrūpī →corrumpo
corruptēla, ae *f* Verderben, Verführung, Bestechung
⟦**corruptibil|is,** ~e, *Gen* ~is *spl* vergänglich
corruptiō, ~nis *f* Zerrüttung; verdorbener Zustand, Verkehrtheit *der Ansichten;* Verführung, Bestechung ⟦*spl* Verschlechterung; Verpestung
corrupt|or, ~ōris *m* Verderber, Verführer, Bestecher
corruptrī|x I. *Adj, Gen* ~cis *f* verführerisch **II.** *Subst* ~cis *f* Verführerin
corruptum, ī *n* [corruptus] verletzte Stelle
corruptus I. *Adj 3* verdorben, sittenlos, schlecht; *med* beschädigt, verletzt; verschroben, geschmacklos, verkehrt **II.** *Part Perf* →corrumpo(r)
cōrs = cohors
Corsī, ōrum *m* Korsen, Bewohner von Korsika
Corsica, ae *f* Korsika
Cors(ic)us *3* korsisch, von Korsika
cort|ex, ~icis *m (f)* (Baum-)Rinde; Kork (*Lw*); Schale ⟦*spl* Behälter *aus (Hasel-) Bast*
corticeus *3* aus Rinde, aus Kork
[1]**cortīna,** ae *f* Kessel(inhalt); Rundtribüne *einer Basilika;* Dreifuß (der Pythia); Orakel; Zuhörerkreis
[2]⟦**cortina** = curtina
⟦**cortis** = curtis
Cortōna, ae *f* Cortona (Ort in Etrurien)
Cortōnēns|is, ~e, *Gen* ~is cortonisch, von Cortona

C

Cortu(o)sa, ae *f* Cortu(o)sa (Stadt in Etrurien)
corulētum, ī *n* Haselgebüsch
⟦**corulinus** *3 ml* aus Haselholz, -bast
corulus, ī *f* Haselstaude
Coruncānius *3 Gent, z. B.* Ti. ~ (erster plebejischer Pontifex maximus 253 v. Chr.)
cōrus = caurus
⟦**coruscatio,** ~nis *f spl* Blitz
coruscō *1* [coruscus] schnell hin und her bewegen, schwingen; flattern; blinken, schimmern
coruscus *3* schwankend, zitternd, zuckend; blinkend, schimmernd, flammend
⟦**corvada,** ae *f ml* Frondienste
Corvīnus →Valerius
⟦**corvulus,** i *m ml* Rabenjunges
corvus, ī *m* Rabe; *milit* Brechstange, Enterhaken *zum Mauereinreißen*
Corybantius *3* korybantisch *zu* Corybas
Coryb|ās, ~antis (*Akk* ~anta) *m* Korybant (Priester der Kybele)
Cōrycid|es (*Akk* ~as) *f*, ~ nymphae korykische Nymphen (Nymphen, die in der korykischen Höhle am Parnass wohnen)
Cōrycius *3* **1.** korykisch, von Korykos *zu* Corycus 2. **2.** korykisch, von der korykischen Höhle am Parnass, parnassisch
Cōrycus, ī *f* Korykos (1. Ort in Lykien 2. Ort in Kilikien 3. Ort am Parnass 4. Vorgebirge in Ionien)
cōrycus, ī *m* [*gr*] Ledersack, Sandsack *für Krafttraining*
coryl- = corul-
corymbifer, corymbifera, corymbiferum Efeu tragend, mit Efeu bekränzt
corymbus, ī *m* Blütentraube (des Efeus)
coryphaeus, ī *m* [*gr*] Oberhaupt, Führer
Corythus, ī Corythus (1. *f* Ort in Etrurien, später Cortona 2. *m* S. Jupiters, *myth* Gründer von 1.)
cōrȳtus, ī *m* [*gr*] Köcher
[1]**cos.** *Abk* = consul
[2]**cōs,** cōtis *f* Wetz-, Schleifstein
Cōs, Coī *f* Kos (Insel an der kleinasiatischen Küste)
Cosa, ae *f u.* **Cosae,** ārum *f* Cosa(e) (1. Stadt in Etrurien 2. Stadt in Lukanien)
Cosānus *3* cosanisch, von Cosa 1.
cosmoe, ōrum *m* [*gr*] Kosmoi, Ordner (kretische Behörde)
⟦**cosmos,** i *m* [*gr*] *spl* Welt, Menschheit
cosol = consul
cōsp- = consp-
coss. *Abk* = consules
Coss(i)aei, ōrum *m* Kossaier (Volk nördlich des Persischen Meerbusens)
costa, ae *f* Rippe
costum, ī *n* [*gr*] Kostwurz(salbe), Balsam
Cosȳra, ae *f* Cosyra (Insel zwischen Sizilien u. Afrika), *heute* Pantelleria
cōtēs = cautes
cōthōn, ~is *m* Hafen(becken)
cothurnātus *3* kothurntragend; tragisch, erhaben ⟦*spl* auf der Bühne
corthurnus, ī *m* [*gr*] Jagdstiefel; Kothurn (Schuh der tragischen Schauspieler mit hoher Sohle); tragischer Stil, Tragödie
cotīdi- = cottidi-
Cotinī = Gotini
Cotōneu|s *3 in der Volkssprache* = Cydonius; malum ~m Quitte
Cotta, ae *m* Cotta (BN →Aurelius)
cottab|us, ī *m* Kottabos (gr. Spiel beim Symposion); Spritzer; ~ī būbulī Hiebe mit dem Ochsenziemer *Komödienwitz*
cottana = cottona
cottīdiānō *Adv* [cottidianus] täglich
cottīdiānus *3* (all)täglich, gewöhnlich
cottīdiē *Adv* täglich, Tag für Tag
cottona, ōrum *n* [*hebr-gr*] Kottona, kleine getrocknete Feigen
coturnī|x, ~cis *f* Wachtel
coturnus = cothurnus
Cotus, ī *m* = Cotys
Coty|s, ~is (*Akk* ~n *u.* ~m) *m* Kotys (thrakischer Fürstenname)
Cotyttia, ōrum *n* [Cotytto] Kotyttia (Fest der Kotytto)
Cotytt|ō, ~ūs *f* Kotytto (thrakische Göttin)
Cōum, ī *n* [[1]Cous] koischer Wein
[1]**Cōus** *3* [Cos] koisch, von Kos
[2]**Cous** = Cos
covinnārius, ī *m* [*kelt*] Sichelwagenkämpfer
covinnus, ī *m* [*kelt*] (Sichel-)Wagen
coxa, ae *f* Hüfte; Keule
coxendī|x, ~cis *f* [coxa] Hüftknochen, Hüfte
coxī →coquo
Crabra, ae *f od* aqua ~ Crabra (N eines Aquädukts bei Tusculum)
crābrō, ~nis *m* Hornisse
⟦**Cracovia,** ae *f ml* Krakau, *heute* Kraków
Cragus, ī *m* Kragos (Gebirge in Lykien)
⟦**cramaculus** = cremaculus
Crān(n)ōn, ~is (*Akk auch* ~a) *f* Kran(n)on (Ort in Thessalien)
Crant|ōr, ~oris *m* Krantor (gr. Philosoph der älteren Akademie um 300 v. Chr.)
crāpula, ae *f* Trunkenheit, Kater *Nachwirkung der Trunkenheit* ⟦*spl* Übermaß, Überladung *beim Essen*
crāpulārius *3* gegen die Trunkenheit *od* den Kater
crās I. *Subst n undekl* Morgen **II.** *Adv* morgen; in Zukunft
⟦**crassiloquus** *3 ml* derb in der Sprache
crassitūd|ō, ~inis *f* Dicke; Dichte
crassor *1* sich verdichten
crassum, ī *n* [crassus] Bodensatz
crassus *3* dicht, dick, fett; grob; schlammig, unwegsam; bieder, plump, ungebildet

Crassus, ī *m* Crassus (BN →Licinius 2. *u.* 3.)
crāstin|um, ī *n* [crastinus] morgiger Tag, ~o morgen, in ~um auf morgen ⟦*ml* folgender Tag, Tag *Gen* nach; ~um *Adv* morgen
crāstinus *3* morgig
Crataei|s, ~dis *f* Krataiis (Nymphe, M. der Skylla)
crātēr, ~is (*Akk Sg gew.* ~a, *Akk Pl* ~as) *m* Mischkrug, -gefäß, Krater; (Öl-)Gefäß; Wasserbecken; Abgrund, Krater
Crātēr, ~is *m* **1.** Crater (Meerbusen bei Baiae) **2.** Becher *südliches Sternbild*
crātēra, ae *f* = crater
Craterus, ī *m* Krateros (1. Heerführer Alexanders des Großen 2. berühmter Arzt z. Z. Ciceros)
Crat|ēs, ~is *m* Krates (aus Theben, kynischer Philosoph des 4. Jh. v. Chr.)
Crāthi|s, ~dis *m* Crathis (Grenzfluss zwischen Lukanien und Bruttium)
crātīcula, ae *f* [cratis] Bratrost, Grill
Crātīnus, ī *m* Kratinos (Dichter der alten attischen Komödie im 5. Jh. v. Chr.)
Cratippus, ī *m* Kratippos (peripatetischer Philosoph in Athen, Lehrer von Ciceros S.)
crātis, ~ *f* Flechtwerk, Geflecht, Hürde (*urv*); *milit* Faschine, Reisigbündel; Gefüge, Bau
creātiō, ~nis *f* Wahl ⟦*spl* Erzeugung, Schöpfung, Geschöpf
creāt|or, ~ōris *m* Erzeuger, Schöpfer, Gründer ⟦*spl* Schöpfer *für Gott gebraucht*
creātri|x, ~cis *f poet* Mutter
⟦**creatum,** i *n* [creo] *ml* Geschöpf
⟦**creatura,** ae *f spl* Schöpfung, *auch* = Welt; Geschöpf
crēber, crēbra, crēbrum dicht (stehend, besetzt), zahlreich; reich *Abl* an, voll *Abl* von; häufig, wiederholt
crēbra *Adv* [creber] häufig, wiederholt, oft
crēbr|ēscō, ~uī *3* häufig(er) werden, zunehmen, (an)wachsen, überhandnehmen; *von Gerüchten* sich verbreiten, *unpers* ~ēscit das Gerücht verbreitet sich, es wird bekannt
crēbritā|s, ~tis *f* Häufigkeit, Fülle
crēbrō *Adv* [creber] häufig, wiederholt, oft
crēbruī →crebresco
⟦**creden|s,** *Gen* ~tis *spl* gläubig
crēdibil|is, ~e, *Gen* ~is glaublich, glaubhaft
crēdidī →credo
crēdit|or, ~ōris *m* Gläubiger ⟦*ml* Geldgeber
crēditum, ī *n* Darlehen
crēditus I. *Part Perf Pass* →credo **II.** ⟦*Adj 3 ml* vertrauenswürdig
crēdō, crēdidī, crēditus *3* anvertrauen, übergeben, leihen; (ver)trauen, Glauben schenken, glauben, credor mir wird geglaubt; meinen; glauben *Akk od* de an; *mit doppeltem Akk* halten für ⟦*spl abs* den christlichen Glauben annehmen; in Christum, deum ~ an Christus, Gott glauben
credra, ae *f* [*gr*] Pomeranze
crēduam *altl Konj. Präs Akt zu* credo
crēduim *altl Konj. Präs Akt zu* credo
crēdulitā|s, ~tis *f* Leichtgläubigkeit ⟦*spl* (christliche) Gläubigkeit, (christlicher) Glaube
crēdul|us [credo] **I.** *Adj 3* leichtgläubig, vertrauensselig, harmlos, arglos; leicht geglaubt ⟦*spl* gläubig **II.** ⟦*Subst Pl* ~i, ~orum *m spl* Gläubige (= Christen)
⟦**cremacula,** ae *f ml* Kesselhaken
⟦**cremaculus,** i *m spl* Kesselhaken
Cremera, ae *m* Cremera (kleiner Nebenfluss des Tiber in Etrurien, Untergang der Fabier 479 v. Chr.)
Cremerēns|is, ~e, *Gen* ~is dies ~is Unglückstag der Fabier am Cremera
cremō *1* verbrennen
Cremōna, ae *f* Cremona (Stadt am Po)
Cremōnēns|is, ~e, *Gen* ~is cremonisch, von Cremona
Cremōnis iugum *n* Cremonis-Pass (in den Westalpen)
crem|or, ~ōris *m* dicker Saft, Schleim, Brei
Cremūtius *3 Gent, z. B.* A. ~ Cordus (Geschichtsschreiber unter Tiberius)
creō *1* (er)zeugen, gebären; schaffen, hervorrufen, -bringen, bewirken; wählen (lassen)
Creō, ~nis *m* = Creon
Creōn, Creontis (*Akk auch* Creonta) *m* Kreon (*myth* gr. Königsname)
crepā|x, *Gen* ~cis knisternd
creper, crepera, creperum dämmerig, dunkel; unklar, ungewiss, zweifelhaft
⟦**creperum,** i *n* [creper] *spl* Dämmerung, Dunkelheit
crepida, ae *f* [*gr*] Sandale
crepidātus *3* Sandalen tragend
crepīd|ō, ~inis *f* [*gr*] (gemauerter) Unterbau, Sockel; Rand, Vorsprung, (gemauerte) Einfassung, Kai ⟦*ml* äußerste Stelle, Spitze
crepidula, ae *f* kleine Sandale
crepitō *1* (stark) schallen, klirren, dröhnen, klappern, knistern, knurren ⟦*ml* hinrauschen *Dat* über; bersten
crepitus I. *Part Perf Pass* →crepo **II.** *Subst* ūs *m* (lauter) Schall, Knall, Dröhnen, Knistern, Klappern, Klatschen, Klirren; ~ (ventris) (lauter) Furz
crepō, crepuī, crepitus *1* **1.** (laut) schallen, tönen, rauschen, knarren, knistern, klappern, knurren **2.** ertönen *od* erschallen lassen; schwatzen, ständig (laut) reden *Akk* von ⟦*spl* bersten; umkommen
crepundia, ōrum *n* [crepo] (Kinder-)Klapper; Kastagnetten

C

crepusculum, ī *n* Zwielicht, Dämmerung
Crēs, Crētis (*Nom Pl auch* Crētĕs, *Akk Pl* Crētas) *m* Kreter, Einw. von Kreta
crēscō, crēvī *3* wachsen, sich vermehren, sich vergrößern, *vom Mond* zunehmen, *von Gewässern* steigen, anschwellen; *übertr* (an Ansehen und Macht) wachsen, sich emporschwingen, emporkommen
Crēsius *3* kretisch, von Kreta
Cressa, ae *f* **I.** *Adj* kretisch, von Kreta; nota ~ Kreidezeichen *die Römer glaubten, die Kreide käme von Kreta* **II.** *Subst* Kreterin, Bewohnerin von Kreta
crēta, ae *f* Kreide; Ton; *poet* Schlamm
Crēta ae *f* Kreta
Crētaeus *3* kretisch, von Kreta
crētātus *3* mit Kreide bestrichen
Crētē, ēs *f* Kreta
Crētēns|is I. *Adj* ~e, *Gen* ~is kretisch, von Kreta **II.** *Subst Pl* ~ēs, ~ium *m* Kreter, Einw. von Kreta
crētēra, crēterra, ae *f* = crater
Crēticus *3* kretisch, von Kreta
crētiō, ~nis *f* Willenserklärung, eine Erbschaft antreten zu wollen; Erbschaftsübernahme
crētōsus *3* kreide-, tonreich
Crēti|s, *Gen* ~dis *f* kretisch, von Kreta
crētula, ae *f* Siegelerde; Siegel
crētus 1. *Adj 3* entsprungen, entsprossen (a) *Abl* von, aus **2.** *Part Perf Pass* →cerno
Creūsa, ae *f* Kreusa (1. *myth* gr. Frauenname 2. Hafen in Boiotien)
crēvī 1. →cerno **2.** →cresco
crībrō *1* sieben
crībrum, ī *n* [cerno] Sieb
crīm|en, ~inis *n* Beschuldigung, Anklage, Vorwurf, ~ini do zum Vorwurf machen; Verbrechen, Vergehen, Schuld
⟦**criminal|is,** ~e, *Gen* ~is *spl* eine Straftat betreffend; lis ~is Strafprozess
crīminātiō, ~nis *f* Beschuldigung, Verleumdung
crīminātor, ~ōris *m* Verleumder in *Akk* jmds.
crīmin|or *und* **~ō** *1* beschuldigen, verleumden; sich beklagen, sich beschweren *Akk* über
crīminōsus *3* vorwurfsvoll; verleumderisch, gehässig ⟦*ml* verbrecherisch
Crimisa, ae *f* Crimisa (Vorgebirge in Bruttium)
Crīmīs(s)us = Crinis(s)us
crīnāl|e, ~is *n* Haarschmuck, Diadem
crīnāl|is, ~e, *Gen* ~is Haar-, haarähnlich
crīn|is, ~is *m* Haar; Haarflechte, Zopf *röm. Frauen;* Kometenschweif ⟦*ml sprichw* uno ~e redimo für nur ein Haar (= sehr billig) (ab)kaufen
Crīnis(s)us, ī *m* Crinis(s)us (Fluss im Westen Siziliens)
crīnīt|us *3* behaart, langhaarig; sidus ~um, stella ~a Komet
criobolium, ī *n* [*gr*] Widderopfer
crisimos, on entscheidend, kritisch
crisis, ~ *f* [*gr*] entscheidende Wendung, Krise
crispisulc|āns, *Gen* ~antis eine Zickzacklinie beschreibend
crispō *1* kräuseln, wellen; schwingen
crispulus *3* kraushaarig, gelockt
crispus *3* kraus(köpfig), gekräuselt, gewellt; zitternd, vibrierend
Crispus, ī *m BN* →Sallustius
crista, ae *f* Kamm *bes bei Tieren;* Helmbusch; Kopfaufsatz *bei Elefanten*
cristātus *3* kammtragend; helmbuschgeschmückt ⟦*ml* ~ ferrea galea mit einem eisernen Helm auf dem Haupte
⟦**crisus** *3* [*dt*] *ml* grau
Crithōtē, ēs *f* Krithote (Ort auf der thrakischen Chersones)
Critiās, ae *m* Kritias (Führer der 30 Tyrannen in Athen 404–403)
criticus, ī *m* [*gr*] (Kunst-)Kritiker
Critō, ~nis *m* Kriton (Schüler u. Freund des Sokrates)
Critobūlus, ī *m* Kritobulos (1. S. des Kriton 2. gr. Arzt z. Z. Alexanders des Großen)
Critolāus, ī *m* Kritolaos (1. Haupt der peripatetischen Schule, 155 v. Chr. als Gesandter in Rom 2. Feldherr des Achäischen Bundes im Kampf gegen Rom 147 v. Chr.)
crōcciō *4* krächzen
croceus *3* Safran-; safran-, goldgelb
crocinum, ī *n* [crocinus] Safranöl
crocinus *3* = croceus
crocodīlinus *3* vom Krokodil, Krokodil-
crocodīlus, ī *m* [*gr*] Krokodil
crocōta, ae *f* Safrankleid *gelbes Frauengewand*
crocōtārius *3* ~ infector Safrankleiderfärber
crocōtula, ae *f* = crocota
crocum, ī *n* [*gr*] Safran; Safranfarbe; Safranwasser *Parfüm* ⟦*ml* escam vendo sicut ~ eine Speise wie Safran (= sehr teuer) verkaufen
crocus, ī *m* = crocum
Croesus, ī *m* Kroisos (König von Lydien im 6. Jh. v. Chr.); *übertr* reicher Mann
Cromyōn, ~is *f* Kromyon (Ort in der Nähe von Korinth)
Cronium mare Kronos-Meer (= Nördliches Eismeer)
crotalia, ōrum *n* Perlenohrgehänge
crotalistria, ae *f* Kastagnettentänzerin; Klapperstorch
crotalum, ī *n* [*gr*] Klapper; Kastagnette
Crotō|(n), ~nis (*Akk auch* ~na) *f* (*m*) Kroton (Stadt an der Ostküste von Bruttium), *heute* Crotone

Crotōna, ae *f* = Croton
Crotōniātēs, ae (*Gen Pl auch* Crotōniātum) *m* Krotoniate, Einw. von Kroton
cruciābilitā|s, ~tis *f* Marter; ~s animi Seelenqual
cruciābiliter *Adv* qualvoll
cruciāmentum, ī *n* Marter, Qual
cruciārius, ī *m* Gekreuzigter; Galgenvogel
cruciāt|us, ūs *m* Folter, Marter, Qual; qualvolle Hinrichtung; *Pl* ~ūs, ~uum *m* Folterwerkzeuge
cruci|figō, ~fīxī, ~fīxus *3* kreuzigen
⟦**crucifixio,** ~nis *f spl* Kreuzigung
crucifixus I. *Part Perf Pass* →crucifigo **II.** ⟦*Subst* i *m spl* der Gekreuzigte
cruciō *1* [crux] foltern, martern, quälen ⟦*spl* kreuzigen
crucisalus, ī *m* [salio] Kreuztänzer *Komödienwitz: scherzhaft nach Chrysalus gebildeter N*
crūdēl|is, ~e, *Gen* ~is [crudus] gefühllos, grausam; entsetzlich, schrecklich
crūdēlitā|s, ~tis *f* Grausamkeit, Unmenschlichkeit
crūdēscō *3* schlimmer werden, zunehmen, wüten, toben
crūditā|s, ~tis *f* verdorbener Magen
crūdus *3* [cruor] blutig, roh; unreif, frisch; (noch) unbearbeitet; noch rüstig; unverdaut, mit vollem *od* verdorbenem Magen; gefühllos, roh, grausam; *von Ziegeln* ungebrannt
cruentō *1* mit Blut bespritzen; entweihen; *übertr* (sehr) verletzen
cruentus *3* [cruor] blutig, blutbefleckt; blutrot; blutdürstig, grausam
crumēna, ae *f* Geldbeutel, Brustbeutel; Geld
crumīlla, ae *f* Geldbeutelchen
crumīna = crumena
cruor, cruōris *m* Blut; *Pl* cruōrēs, cruōrum *m* Blutstropfen; Blutvergießen, Mord(en)
cruppellārius, ī *m* [*kelt*] (von Kopf bis Fuß) geharnischter Fechter *bei den Häduern*
crūr- →crus
crūrāl|is, ~e, *Gen* ~is [crus] an den Schienbeinen
crūricrepida, ae *m* [crus, crepo] Schepperbein *Komödienwort für Sklaven mit Ketten an den Beinen*
crūrifragius, ī *m* [crus, frango] Bruchbein *Komödienwort für Sklaven, denen zur Strafe die Beine gebrochen wurden*
crūs, crūris *n* (Unter-)Schenkel, (Schien-)Bein; *übertr* Schenkel, Stamm, Pfeiler
crūsculum, ī *n* Schenkelchen, Beinchen
⟦**cruselinum,** i *n* [*dt*] *ml* Krug
⟦**crusina,** ae *f* [*dt*] *ml* Pelzmantel
crusta, ae *f* Kruste, Rinde, Schale; *med* Schorf; Stuck, Wand- u. Fußbodenverkleidung (mit Marmor od. Mosaik); Reliefs, Verzierung (an Metallgefäßen)
crustallus = crystallus
crustulārius, ī *m* Zuckerbäcker, Konditor
crustulum, ī *n* (Zucker-)Plätzchen, Gebäck ⟦*ml* Brotrinde
crustum, ī *n* Gebäck
Crustumerī, ōrum *m* = Crustumeria
Crustumeria, ae *f* Crustumeria (Ort der Sabiner in Latium)
Crustumerium, ī *n* = Crustumeria
Crustumīnus *3* = Crustumius
Crustumium, ī *n* = Crustumeria
Crustumius *3* crustumerisch, von Crustumeria
crux, crucis *f* Kreuz (*Lw*), Marterholz *Folter- u Hinrichtungsgerät;* Kreuzigung, Hinrichtung; i in malam crucem geh zum Teufel; Plage, Qual, Unglück; Galgenstrick, Quälgeist ⟦*spl* Kreuz Christi; Lehre Christi, Christentum; Kreuzeszeichen *als sakrale Geste; ml* crucem praedico das Kreuz predigen, zum Kreuzzug auffordern; crucem suscipio das Kreuz aufnehmen, sich zur Teilnahme am Kreuzzug bereit erklären; Galgen
crypta, ae *f* [*gr*] bedeckter Gang, Gewölbe; Grotte, Tunnel, Kanal ⟦*spl* Gruft(kirche)
cryptoporticus, ūs *f* Kryptoportikus (mit Wänden umgebener u. Fenstern versehener Gang)
crystallinum, ī *n* [crystallinus] Kristallgefäß
crystallinus *3* aus Kristall
crystallus, ī *f* [*gr*] Eis; Bergkristall
Ctēsiās, ae *m* Ktesias (Leibarzt Artaxerxes' II. um 400 v. Chr.)
Ctēsibius, ī *m* Ktesibios (gr. Mathematiker u. Mechaniker im 3. Jh. v. Chr.)
Ctēsiphōn, ~tis Ktesiphon (1. *m* Freund des Demosthenes im 4. Jh. v. Chr. 2. (*Akk auch* ~ta) *f* Hauptstadt des Parther- u. Sassanidenreiches am Tigris)
⟦**cub(b)a** = cupa
cubiculār|is, ~e, *Gen* ~is Schlafzimmer-
cubiculārius, ī *m* Kammerdiener
cubiculāta, ae *f* (mit Zimmern ausgestattetes) Prunkschiff
cubiculum, ī *n* [cubo] (Schlaf-, Wohn-)Zimmer; (kaiserliche) Loge *im Theater od Zirkus* ⟦*ml* Lagerraum; Grabkammer
cubīl|e, ~is (*Abl* ~ī) *n* [cubo] Lager(stätte), Bett; *übertr* eigentlicher Sitz, wahre Stätte; *Pl* ~ia, ~ium *n* Üppigkeit, Unzucht; meridiana ~ia Mittagsruhe
cubit|al, ~ālis (*Abl* ~ālī) *n* Armpolster, -kissen
cubitāl|is, ~e, *Gen* ~is eine Elle (= ca. 44 cm) lang
cubitō *1* [cubo] (oft) liegen *od* schlafen, zu liegen *od* zu schlafen pflegen
cubitōri|us *3* zum Liegen bei Tisch gehörig; vestimenta ~a Tafel-, Festkleider

cubitum I. *Supin zu* cubo **II.** *Subst* ī *n* Ellbogen; Elle *Längenmaß (ca. 44 cm)*
cubitūra, ae *f* Liegen
cubit|us 1. ~ī *m* = cubitum **2.** ~ūs *m* Liegen, Schlafen, ~ū surgo aufstehen; Lager(stätte), Bett
cubō, cubuī, cubitum *1* liegen, ruhen; im Bett liegen, schlafen; zu Tisch liegen, speisen; krank liegen
cubus, ī *m* Kubus, Würfel; Kubikzahl
⟦**cucaniens|is,** ~e, *Gen* ~is *ml* aus dem Schlaraffenland
cucūlio = cucullio
⟦**cuculla,** ae *f spl* Kapuze, Mönchskutte
cuculliō, ~nis *m* Kapuze
cucullus, ī *m* Kapuze; Tüte
cucūlō *1* Kuckuck rufen
cucūlus, ī *m* Kuckuck
cucuma ae *f* Kochkessel, -topf
cucum|is, ~eris *u.* ~is (*Nbf Akk Sg* ~im *u.* ~in, *Abl Sg* ~i, *Akk Pl* ~is) *m* Gurke
cucurbita, ae *f* Kürbis (*Lw*); *med* Schröpfkopf
cucurbitula, ae *f* Schröpfkopf
cucurrī →curro
cūdō *3* schlagen, klopfen, stampfen; schmieden, prägen; verfertigen, herstellen
Cugernī, ōrum *m* Kugerner (germ. Volk am Niederrhein)
cui *Dat Sg zu* qui, quis
cūiā|s, *Gen* ~tis [cuius I. 1.] woher gebürtig *od* stammend?, was für ein Landsmann?
cuicuimodī von welcher Art immer, wie immer beschaffen
cūius I. *3* **1.** *Interr* wem gehörig?, wessen? **2.** *Relativpron* dem gehörend, dessen **II.** *Gen Sg zu* qui, quis
cūiusmodī von welcher Art?, wie beschaffen?
cūiusquemodī von jeder Art
culcit(r)a, ae *f* Matratze, Polster, Kissen
culcitula, ae *f* Pölsterchen, (kleines) Kissen
culex, culicis *m* (*f*) Mücke
Culex, Culicis *m* Die Mücke *Titel eines Vergil zugeschriebenen Gedichts*
culillus = culullus
culīna, ae *f* Küche; Kost, Essen
culleus, ī *m* (Leder-)Sack, Schlauch; Hohlmaß = 20 Amphoren
culm|en, ~inis *n* [columen] **1.** höchster Punkt, Gipfel *auch übertr,* Höhepunkt; Giebel, (Dach-)First, Dach, *poet* Haus, Palast; Würde, Macht ⟦*spl* Hoheit *Titel u. Anrede* **2.** *poet nach* culmus Halm, Stängel
culmus, ī *m* (Stroh-)Halm; Ähre; Strohdach
cūlō *1* ~ in gregem der Herde zur Kreuzung zugesellen
culp|a, ~ae *f* Schuld, Vergehen, Fehler; in ~a sum schuldig sein, extra ~am sum unschuldig sein
⟦**culpabil|is,** ~e, *Gen* ~is *spl* tadelnswert, strafbar, schuldig
culpātus I. *Adj 3* tadelnswert **II.** *Part Perf Pass zu* culpo
culpitō *1* hart tadeln
culpō *1* tadeln; beschuldigen, die Schuld schieben *Akk* auf
culta, ōrum *n* [cultus I.] kultiviertes Land, Felder
⟦**cultellatus** *3 ml* geschlitzt
cultellus, i *m* Messerchen ⟦*ml* Messer
culter, cultrī *m* Messer
cultiō, ~nis *f* Bebauung; ~ agri Ackerbau
cult|or, ~ōris *m* [¹colo] Bebauer, Züchter; Bauer; Bewohner; Verehrer, Freund; Priester ⟦*ml* ~or dei Christ
cultrārius, ī *m* [culter] Opferschlächter
cultrātus *3* messerförmig
cultrī|x, ~cis *f* Pflegerin; Bewohnerin ⟦*spl* Verehrerin
cultūra, ae *f* Bebauung, Bearbeitung; (agri) ~ Ackerbau; vitis ~ Anpflanzung des Wein(stock)s; Ausbildung; Verehrung ⟦*spl* Kult, Religion; *ml* Ehrung
cult|us I. *Adj 3* (gut) bebaut, gepflegt, kultiviert; geschmückt; gebildet **II.** *Part Perf Pass* →¹colo **III.** *Subst* ~ūs *m* Bearbeitung, Anbau; *Pl* ~ūs, ~uum *m* kultiviertes Land, Felder; Pflege, Verehrung; Lebensweise, Kleidung, Schmuck; (Aus-)Bildung, Erziehung ⟦*ml* Kult; Gottesdienst
culullus, ī *m* Becher, Pokal
cūlus, ī *m* After, Hintern
cum I. [*altl* com] *Präp beim Abl* mit; *bei begleitendem Nebenumstand auch* unter, multis ~ lacrimis unter vielen Tränen; pariter ~ ebenso wie **II.** [*altl* quom] Konj.on **1.** *mit Indik: Zeitpunkt* (damals) als, (dann) wenn; seit(dem); als (plötzlich); *Wiederholung* sooft, (jedes Mal) wenn; *zeitl u. sachliche Identität* indem, dadurch dass; ~ primum sobald **2.** *mit Konj.:* als, nachdem; da, weil; praesertim ~ zumal (da); obgleich; während *Gegensatz* **3.** *besondere Verbindungen:* ~ ... tum sowohl ... als (auch) besonders, und vor allem; ~ maxime ganz besonders, mehr denn je ⟦*ml* ~ ... tum etiam sowohl ... als (auch) besonders
Cūmae, ārum *f* Cumae (Ort in Kampanien)
Cūmaeus *3* cumaeisch, von Cumae, der Sibylle von Cumae
Cūmānus *3* = Cumaeus
cūmātil|e, ~is *n* [*gr*] blaues Kleid
cumba, ae *f* Kahn, Boot
cumbula, ae *f* kleiner Kahn, kleines Boot
cumera, ae *f* (Getreide-)Korb, (Getreide)-Kiste
cumīnum, ī *n* [*gr*] Kümmel
cummaximē = cum maxime →cum II.3.

cummi *undekl n* Gummi (*Fw*)
cumm|is, ~is (*Abl gew* ~ī) *f* Gummi (*Fw*)
cumprīmē *Adv* besonders
cumprīmīs *Adv* besonders
cumque *Adv* wann auch immer, jedes Mal
cumulātius *Adv Komp* mehr
cumulātus **I.** *Adj 3* gehäuft, reichlich, vermehrt, gesteigert; *übertr* vollendet, vollkommen **II.** *Part Perf Pass zu* cumulo
cumulō *1* auf-, anhäufen; überhäufen, -schütten; vergrößern, steigern; vollkommen machen, vollenden
cumulus, ī *m* Haufen; Übermaß, Überschuss, Zuwachs, Zugabe; *übertr* Gipfel, Krönung
cūnābula, ōrum *n* Wiege; Geburtsort, Heimat, Ursprung
cūnae, ārum *f* Wiege, *poet* Nest; primis cunis in der frühesten Kindheit
cūnctābundus *3* zögernd, langsam
cūnct|āns **I.** *Adj, Gen* ~antis zögernd, zurückhaltend, unentschlossen, langsam; zäh, hart **II.** *Part Präs Akt zu* cuncto(r)
cūnctātiō, ~nis *f* Zögern, Zaudern, Zurückhaltung
cūnctāt|or, ~ōris *m* **I.** *Adj* bedächtig **II.** *Subst* Zauderer
Cūnctāt|or, ~ōris *m* der Zauderer (BN →Fabius 2.)
cūnctātus **I.** *Adj 3* vorsichtig **II.** *Part Perf zu* cuncto(r)
⟦**cunctipoten|s** *spl* **I.** *Adj, Gen* ~tis allmächtig **II.** *Subst* ~tis *m* der Allmächtige (= Gott)
cūnct|or *u.* **~ō** *1* zögern, zaudern, zurückbleiben; unschlüssig sein, schwanken
cūnct|us *3* gesamt, ganz; *Pl* ~ī, ~ae, ~a alle
cuneātim *Adv milit* keilförmig
cuneātus *3* keilförmig (zugespitzt), spitz zulaufend ⟦*spl vom Zuschauerraum des Theaters* in keilförmig zulaufende Sektoren gegliedert; *ml Geografie* von dreieckiger Gestalt
cunēla = cunila
cune|ō *1* verkeilen; se ~are spitz zulaufen
cuneolus, ī *m* kleiner Keil; Stift
cuneor *1* spitz zulaufen
cuneus, ī *m* Keil; Pflock; keilförmige Schlachtordnung; Sektor *keilförmiger Abschnitt des Zuschauerraums im Theater* ⟦*ml* Heerhaufen; ~ sanctus Schar der Mönche
⟦**cuniada,** ae *f ml* (keilförmige) Axt
cuniculōsus *3* kaninchenreich
cuniculus, ī *m* Kaninchen; unterirdischer Gang, Stollen, Schacht, Kanal
cunīla, ae *f* Quendel, wilder Majoran
cunnus, ī *m* weibliche Scham; Dirne; Schnecke *Gebäck*
cunque = cumque
cūpa, ae *f* Tonne, Fass
cupēd- = cupped-
Cupīdineus *3* des Cupido, Liebes-
cupiditā|s, ~tis *f* Verlangen, Begierde, Leidenschaft; Habsucht, Genusssucht; Ehrgeiz; Begeisterung; Parteilichkeit
cupīd|ō, ~inis *f* Verlangen, Begierde, Leidenschaft; Habsucht; Ehrgeiz
Cupīd|ō, ~inis *m* Cupido (Liebesgott, S. der Venus); *Pl* ~ines Liebesgötter, Amoretten
cupidus *3* (be)gierig *Gen* nach, leidenschaftlich; habsüchtig; ehrgeizig; (leidenschaftlich) ergeben *Gen* jmdm; parteiisch
cupi|ēns **I.** *Adj, Gen* ~entis verlangend, begierig *Gen* nach **II.** *Part Präs Akt zu* cupio
cupiō, cupīvī *u.* cupiī, cupītus *3* wünschen, verlangen, begehren; (omnia) ~ *mit Dat od Gen* + causa jmdm. gewogen sein, jmds. Interessen vertreten
cupīt|or, ~ōris *m* einer, der wünscht *Gen* etw.
cupītum, ī *n* Wunsch
cupītus →cupio
cupīvī →cupio
cuppēdia **1.** ae *f* Naschhaftigkeit **2.** ōrum *n* Leckerbissen, Delikatessen
cuppēdinārius, ī *m* Delikatessenhersteller, -händler
cuppēd|ō, ~inis *f* **1.** [cuppes] forum ~inis Delikatessen-, Lebensmittelmarkt **2.** *bei Lukrez* = cupido
cuppēs *m* Leckermaul
cupressētum, ī *n* Zypressenhain
cupresseus *3* aus Zypressenholz, Zypressen-
cupressifer *3* Zypressen tragend
cupressus, ī *u.* ūs *f* Zypresse(nholz, -nöl); Kästchen aus Zypressenholz
cuprum = cyprum
cūr *Adv* weshalb?, warum?
cūra, ae *f* **1.** Sorge; Sorgfalt, Bemühung, Interesse *Gen od* de für; res mihi curae est die Sache liegt mir am Herzen, ich kümmere mich um die Sache **2.** Pflege, (ärztliche) Behandlung; Aufsicht, Verwaltung, Amt; Neugier; Forschung, Studium, (schriftliche) Arbeit **3.** (Liebes)-Kummer; Besorgnis **4.** Schützling, Liebling ⟦*ml* ~m habeo in re gerenda bedacht sein auf die Erledigung der Angelegenheit
cūralium, ī *n* [*gr*] Koralle
cūrātiō, ~nis *f* Besorgung, Pflege; (ärztliche) Behandlung, Heilung, Kur; Verwaltung, Leitung, Aufsicht, *jur* Vormundschaft ⟦*ml übertr* Heilung *von Übeln*
cūrāt|or, ~ōris *m* Aufseher, Verwalter, Leiter; Vormund ⟦*spl* Pfleger, Arzt; *ml* Hüter
cūrātūra, ae *f* Besorgung, Pflege
cūrātus **I.** *Adj 3* gepflegt; sorgfältig, eifrig **II.** *Part Perf Pass zu* curo
curculiō, ~nis *m* Kornwurm

C

Curculiō, ~nis *m* Curculio, Parasit Kornwurm *Titel einer Komödie des Plautus*
Curculiōni|us *3* campi ~i Kornwurmfelder (= Parasiten-Schlemmerland) *Komödienwitz*
curculiunculus, ī *m* Kornwürmchen (= etw. Nichtiges, Geringes)
Curēns|is, ~e, *Gen* ~is curensisch, von Cures
Curē|s 1. Curium *f* Cures (Hauptort der Sabiner); Cureten, Einw. von Cures **2.** ~tis *m* Curete, Einw. von Cures
Cūrēt|es, ~um (*Akk* ~ēs *u.* ~as) *m* Kureten (bewaffnete Beschützer des Zeus auf Kreta)
Cūrēti|s, *Gen* ~dis *f* kuretisch, der Kureten, *poet* kretisch
cūria, ae *f* **1.** Kurie (eine der 30 ältesten Gliederungseinheiten der Römer, ihre Versammlung u. ihr Versammlungsort) **2.** Senat(sgebäude, -versammlung) *in Rom* **3.** Senat(sgebäude), Regierung(sgebäude) *außerhalb Roms* ⟦*ml* (Fürsten-)Hof, Residenz; ~ generalis Hof-, Reichstag, Hoffest; päpstliche Regierung, Kurie; caeli suprema ~ Himmelssaal; Hof(raum)
cūriāl|is, ~is *m* Kurienmitglied, -genosse ⟦*spl* Hofbeamter; *Adj* ~e, *Gen* ~is höfisch; *ml* (im Hofdienst) zuverlässig, höflich, zuvorkommend
⟦**curialita|s,** ~tis *f ml* höfisches Benehmen, Hofdienst; vestra ~s *Anrede*
cūriātim *Adv* kurienweise, nach Kurien
Cūriātius *3 Gent* →Horatius
cūriāt|us *3* zu den Kurien gehörig; comitia ~a Kuriatkomitien; lex ~a in den Kuriatkomitien beschlossenes Gesetz
Curic(t)a, ae *f* = Curicum
Curicum, ī *n* Curicum (Insel an der Küste von Dalmatien), *heute* Krk
cūriō, ~nis *m* **1.** [curia] Kurienpriester, -vorsteher **2.** [cura] agnus ~ Opferlamm, Kümmerling (= sehr mageres Opfertier) *Witzwort der Komödie*
Cūriō, ~nis *m* BN →Scribonius
cūriōsitā|s, ~tis *f* Wissbegierde, Neugier
cūriōsus I. *Adj 3* sorgfältig, gewissenhaft; wissbegierig, neugierig ⟦*ml* gespannt *Gen* auf **II.** *Subst* ī *m* Spitzel, Aufpasser
curis, ~ *f* Lanze, Wurfspieß
Curi|us *3* Curius *Gent, z. B.* 1. M'. ~us Dentatus, Besieger der Samniten u. des Pyrrhos 275 v. Chr. 2. Q. ~us, Teilnehmer an der Verschwörung des Catilina 3. ~i fratres die Curiatier, →Horatius
cūrō *1* [cura] besorgen, sorgen *Akk* für, sich kümmern *Akk* um, ausführen; *Amt* verwalten, *milit Einheit* kommandieren; pflegen, heilen, kurieren (*Fw*); (dafür) sorgen, sich bemühen; ver-, beschaffen, auszahlen; schätzen, (ver)ehren
⟦**curra|x,** *Gen* ~cis [curro] *spl* (geschäftig) eilend
curriculō *Adv* eilends
curriculum, ī *n* [curro] Rennbahn; Lauf, Umlauf, Wettrennen; Renn-, Streitwagen; *zeitl* Ablauf, (Lebens-)Zeit
currō, cucurrī, cursus *3* laufen, eilen; *Strecke, Zeitraum* durchlaufen, -eilen
currūlis = curulis I. 1.
currus, ūs *m* [curro] (Triumph-, Renn-, Streit-)Wagen; *poet* Gespann; Schiff; Pflug
cursim *Adv* [curro] eilends, schnell
curs(it)ō *1* hin und her laufen ⟦*ml* (zu Pferde) hin und her jagen; rennen
curs|or, ~ōris *m* Eilbote; (Wett-)Läufer, Rennfahrer
cursūra, ae *f* Laufen
cursus I. *Part Perf Pass* →curro **II.** *Subst* ūs *m* (schnelle) Bewegung, Lauf; Reise, Fahrt; Kurs, Richtung; Laufbahn; Verlauf
⟦**curtina,** ae *f spl* Vorhang, Gardine (*Fw*)
⟦**curtis,** ~ *f* [cohors] *ml* Klosterhof; Königshof, Hofhaltung
⟦**curtisanus,** i *m ml* Höfling *verächtlich*
Curtius *3 Gent, z. B.* Q. ~ Rufus (Verf. einer Geschichte Alexanders des Großen im 1. Jh. n. Chr.); *mit Angehörigen der Gens ferner verbunden:* ~ lacus Teich des Curtius *Teil des Forums, einst unter Wasser,* ~ fons Quelle des Curtius *einer der Zuflüsse der Aqua Claudia*
curtō *1* (ver)kürzen, verstümmeln; schmälern
curtus *3* (zu) kurz (*Lw*), verstümmelt, beschnitten; unvollständig, mangelhaft
curūl|is I. *Adj* ~e, *Gen* ~is **1.** [currus] am, im Wagen, Wagen-, Renn- **2.** kurulisch, den höheren Beamten zustehend; sella ~is *elfenbeinerner* Amtsstuhl *der höheren Beamten* **II.** *Subst* ~is *f* Amtsstuhl (= sella curulis)
curvām|en, ~inis *n* Krümmung, Rundung, Wölbung
⟦**curvatim** *Adv ml* gekrümmt
curvātūra, ae *f* = curvamen
curvō *1* [curvus] krümmen, biegen, beugen, runden, wölben
curvor *1* [curvus] sich krümmen, sich biegen, sich (empor)wölben ⟦*ml* sich beugen
curvus *3* krumm, gekrümmt, gebogen; gewölbt, hohl, sich auftürmend
cuspi|s, ~dis *f* Spitze; Wurfspieß, Lanze; Dreizack
⟦**cussinus,** i *m ml* Kissen (*Lw*)
custōdēla, ae *f* Obhut, Schutz, Aufsicht
custōdia, ae *f* Bewachung, Aufsicht, Obhut; Wache, Wachposten; Gefangenhaltung, Gefängnis; Gefangener ⟦*ml* Küsteramt

custōdiō *4* bewachen, beaufsichtigen, behüten; (auf)bewahren; gefangen halten ⟦*spl* einhalten, befolgen
custō|s, ~dis *m f* Wächter(in), Wachposten; Behüter(in), Beschützer(in) ⟦*spl* Schutzengel; *ml* Küster(in)
Cusus, ī *m* Cusus (linker Nebenfluss der Donau)
Cutiliae, ārum *f* (aquae) Cutiliae (Ort der Sabiner nordöstlich von Rom)
cutis, ~ *f* Haut (*urv*); Oberfläche, Hülle ⟦*spl übertr* das Äußere; intus et in cute novi von innen und außen kennen; curam gero cutis sich gütlich tun
Cyanē, ēs *f* Kyane (Quelle u. deren Nymphe bei Syrakus)
Cyaneae, ārum *f* Kyaneai (zwei Inseln im Bosporos)
cyathissō *1* die Becher füllen
cyathus, ī *m* Schöpflöffel; Becher *Trinkgefäß; Hohlmaß (= 0,046 l)*
cybaea, ae *f* (navis) Transportschiff
Cybēbē = Cybele
Cybelē, ēs *u.* ae *f* Kybele (1. phrygische Göttin, Göttermutter 2. Berg in Phrygien)
Cybelēi|us *3* zur Kybele gehörig, der Kybele; ~a (mater) Kybele
cybiosactēs, ae (*Akk* cybiosactēn) *m* Salzfischhändler *Spottname Vespasians*
Cybistra, ōrum *n* Kybistra (Ort in Kappadokien)
cycladātus *3* im Festkleid
Cycla|s, ~dis (*Akk* ~da) *f* Kyklade, *gew Pl* ~des, ~dum (*Akk gew* ~das) *f* Kykladen (Inselgruppe im Ägäischen Meer)
cycla|s, ~dis *f* Festkleid *röm. Frauen*
cyclicus *3* kyklisch, des Epischen Kyklos (zusammenfassende Bez. der frühen gr. Epen außer denen Homers u. Hesiods)
Cyclōp|s, ~is (*Akk auch* ~a), *Pl* ~es, ~um (*Akk gew* ~as) *m* Kyklop, *Pl* Kyklopen (einäugige Riesen, Schmiedegesellen des Hephaistos)
⟦**cyclus,** i *m spl* Kreis, Umlauf, Zyklus
Cycnēius *3* kykneisch, des Kyknos, *auch* boiotisch
cycnēus *3* des Schwans, Schwanen-
cycnus, ī *m* Schwan; Dichter
Cycnus, ī *m* Kyknos (*myth* PN)
Cydnus, ī *m* Kydnos (Fluss in Kilikien)
Cydōn, ~is *m* Kydonier, Einw. von Kydonia
Cydōnēa = Cydonia
Cydōnēus = Cydonius
Cydōnia, ae *f* Kydonia (Stadt auf Kreta)
Cydōniātae, ārum *m* Kydonier, Einw. von Kydonia
Cydōniu|s *3* kydonisch, von Kydonia, *poet* kretisch; ~m (malum) Quitte (*Lw*)
cygnus = cycnus
Cygnus = Cycnus
cylindrus, ī *m* Walze, Zylinder
Cyllēnē, ēs *u.* ae *f* Kyllene (1. Berg in Arkadien, Hermes heilig 2. Hafenstadt in Elis)
Cyllēnēus = Cyllenius
Cyllēni|s, *Gen* ~dis (*Akk* ~da) *f* = Cyllenius
Cyllēnius *3* kyllenisch *zu* Cyllene 1., des Hermes
Cylōnium scelus Verbrechen an den Anhängern Kylons (versuchte vergeblich, um 630 v. Chr. in Athen eine Tyrannis zu errichten)
Cȳmaeus *3* **1.** kymeisch, von Kyme *zu* Cyme 1. **2.** = Cumaeus
cymba = cumba
cymbalum, ī *n* Becken, Zimbel (Schlaginstrument) ⟦*spl* Glocke
cymbium, ī *n* Trinkschale
Cȳmē, ēs *f* **1.** Kyme (Stadt in Kleinasien) **2.** Cumae
Cynicus I. *Adj 3* zur kynischen Philosophie gehörig, kynisch **II.** *Subst* ī *m* Philosoph der kynischen Richtung, Kyniker
cynocephalus, ī *m* Hundsaffe
Cynosarg|es, ~is *n* Kynosarges (Hügel u. Gymnasion bei Athen)
Cynoscephalae, ārum *f* Kynoskephalai (Hügel in Thessalien)
Cynosūra, ae *f* Kleiner Bär *Sternbild*
Cynosūrae, ārum *f* Kynosura (Vorgebirge in Attika und Arkadien)
Cynosūri|s, *Gen* ~dos (*Akk* ~da) *f* des Kleinen Bären, ~s ursa Kleiner Bär *Sternbild*
Cynthi|us *3* kynthisch, des Kynthos; der Kynthische (BN Apollons); ~a die Kynthische (BN der Artemis)
Cynthus, ī *m* Kynthos (Berg auf Delos, Geburtsort Apollons und der Artemis)
Cȳnus, ī *f* Kynos (Ort u. Vorgebirge im opuntischen Lokris)
cyparissus = cupressus
cypressus = cupressus
⟦**Cypri|s,** ~dis *u.* ~dos (*Akk auch* ~da) *f spl* **1.** die Kyprierin (BN der Venus) **2.** der 6. Tag der Woche
Cyprius vīcus, ī *m* Cyprius vicus, Kupferstraße *in der Innenstadt von Rom*
Cypr|os *u.* **~us,** ~ī *f gr* Kypros, *dt* Zypern (Hauptsitz des Aphroditekults, reiche Kupfervorkommen)
cyprum, ī *n* [Cypros] Kupfer
Cypselus, ī *m* Kypselos (Tyrann von Korinth um 600 v. Chr.)
Cȳrēa, ōrum *n* Bauten des Kyros *zu* Cyrus 3.
Cȳrēnaeus *3* kyrenisch, von Kyrene
Cȳrēnaic|us I. *Adj 3* kyrenisch, von Kyrene **II.** *Subst Pl* ~ī, ~ōrum *m* Kyrenaiker (Vertreter der von Aristippos begründeten kyrenaischen Philosophenschule)
Cȳrēn|ē, ~ēs *u.* **~ae,** ~ārum *f* Kyrene (gr. Kolonie in Nordafrika)

Cȳrēnēns|is, ~e, *Gen* ~is kyrenisch, von Kyrene
Cyrnos, ī *f* Korsika
Cȳropol|is, ~is (*Abl* ~ī) *f* Kyropolis (Ort in Sogdiana, Mittelasien)
Cyrtiī, ōrum *m* Kyrtier (kriegerisches Volk in Persien)
Cȳrus, ī *m* Kyros (1. Kyros II., der Ältere, Begründer des Perserreiches, König 559–529 2. Kyros der Jüngere, Bruder des Artaxerxes II., gefallen 401 v. Chr. 3. Architekt in Rom z. Z. Ciceros)
Cyssū|s, ~ntis *f* Kyssus (Hafen in Ionien)
Cytaei|s, ~dis *f* die Kytaierin (aus Kytaia in Kolchis, = Medea)
Cytāinē, ēs *f* = Cytaeis
Cythēra, ōrum *n* Kythera (Insel südlich der Peloponnes, Hauptsitz des Aphroditekultes)
Cytherē(i)a, ae *f* die Kytherische (BN der Aphrodite)
Cytherēia|s, *Gen* ~dis (*Akk Pl* ~das) *f* = Cytheriacus
Cytherēi|s, ~dis *f* = Cythere(i)a
Cytherēius *3* = Cytheriacus
Cythēriacus *3* kytherisch, von Kythera, der Aphrodite heilig
Cythnos, ī *f* Kythnos (Kykladeninsel)
cytisus, ī *f, m* Schneckenklee
Cytōriacus *3* kytorisch, vom Kytoros; aus Buchsbaumholz (vom Kytoros)
Cytōrus, ī *m* Kytoros (Berg in Paphlagonien)
Cyzicēnī, ōrum *m* Kyzikener, Einw. von Kyzikos
Cyzicus, ī *f* Kyzikos (Stadt in Phrygien an der Propontis)

D

D *Ziffer* = 500
D. *Abk* **1.** = Decimus **2.** = Divus göttlich *BN der verstorbenen Kaiser* **3.** = decurio Dekurio (milit. Dienstgrad) **4.** = dies Tag **5.** *im Briefdatum* = dabam (ich habe) geschrieben; *vgl.* D. D., D. D. D., D. M, DOM
Dācia, ae *f* Dakien (Land der Daker zwischen Donau bzw. Theiß, Karpaten u. Dnjestr, etwa das heutige Rumänien)
Dācicus *3* dakisch
dacruma = lacrima
dactylicus *3* daktylisch *zu* dactylus
dactyliothēca, ae *f* [*gr*] Ringkästchen
dactylus, ī *m* Daktylus (Versfuß, –◡◡); Dattel
Dācus, ī *m* Daker, Einw. von Dakien *zu* Dacia
Daedala, ōrum *n* Daidala (1. Festung gegenüber von Rhodos 2. Gegend im nördlichen Indien)
Daedalēus *3* daidalisch, des Daidalos
daedalus *3* [*gr*] kunstvoll (gearbeitet), kunstreich; listig
Daedalus, ī *m* Daidalos (*myth* Künstler aus Athen, Erbauer des Labyrinths)
⟦**daemon,** ~is (*Akk Sg auch* ~a, *Akk Pl* auch ~as) *m spl* (böser) Geist, Dämon; Kobold; Teufel
⟦**daemoniacus** *spl* **I.** *Adj 3* dämonisch, teuflisch **II.** *Subst* i *m* vom Teufel Besessener
⟦**daemonicus** *3 spl* dämonisch, teuflisch
⟦**daemonium,** i *n spl* (böser) Geist, Dämon
Dāhae, ārum *m* Daher (skythisches Volk östlich des Kaspischen Meeres)
Dalmatae, ārum *m* Dalmater, Einw. von Dalmatien
Dalmatia, ae *f* Dalmatien (Landschaft an der Ostküste des Adriatischen Meeres)
⟦**dalmatica,** ae *f spl* Dalmatika (weißes liturgisches Gewand)
Dalmaticus *3* dalmatisch
[1]**dāma** = damma
[2]⟦**dama,** ae *f* [domina] *ml* Dame *im Schach*
Dāmarātus = Demaratus
Damascēna, ae *f* Gebiet von Damaskus
Damascus, ī *f* Damaskus
Damasippus, ī *m* Damasippus *röm. BN*
dāmiūrgus = demiurgus
damma, ae *f* (*m*) Damhirsch, Reh, Gämse, Antilope, Gazelle
dammula, ae *f* (kleines) Reh
⟦**damnabil|is,** ~e, *Gen* ~is *spl* verdammenswert, verderblich
damnās *undekl* [aus damnatus] verurteilt, verpflichtet
damnātiō, ~nis *f* Verurteilung *Gen* wegen *eines Vergehens, od* zu *einer Strafe* ⟦*spl* (ewige) Verdammnis
damnātōrius *3* verurteilend
⟦**damnatri|x,** *Gen* ~cis *f ml* verdammend, eine Verdammung enthaltend
damnātus I. *Adj 3* verflucht, verworfen, verbrecherisch **II.** *Part Perf Pass zu* damno
⟦**damnifico** *1 spl* schädigen, (be)strafen
damnificus *3* schädlich
damnigerulus *3* schädlich
damnō *1* [damnum] verurteilen *Gen* wegen *eines Vergehens, Abl* zu *einer Strafe,* capitis *od* capite zum Tode; verwerfen, missbilligen; verpflichten, *von einer Gottheit* voti *od* voto ~ zur Erfüllung eines Gelübdes verpflichten = jmdm. seinen Wunsch erfüllen ⟦*spl* strafen in *Abl* an; schädigen
damnōsus schädlich, verderblich, nachteilig; verschwenderisch; *auch* ruiniert
damnum, ī *n* Verlust, Schaden, Nachteil, Unglück; Niederlage; Geldstrafe
Dāmocl|ēs, ~is *m* Damokles (Günstling des Tyrannen Dionysios des Älteren von Syrakus)

Dāmōn, ~is *m* Damon (gr. PN, z. B. 1. Musiklehrer des Sokrates 2. Pythagoreer im 4. Jh. v. Chr., Freund des Phintias)
Danaē, ēs *f* Danaë (M. des Perseus)
Danaēius *3* der Danae; heros ~ Perseus
Danaid|es, ~um *f* Danaïden (*myth* die 50 Töchter des Danaos)
Dana|us I. *Adj 3* argivisch, griechisch **II.** *Subst* **1.** ~ī *m* Danaos (*myth* S. des Belos, V. der Danaïden) 2. *Pl* ~ī, ~ōrum *u.* ~um *m* (Danaer, =) Griechen *bes vor Troja*
Dandarica, ae *f* Dandarica (Landschaft am Asowschen Meer)
Dandaridae, ārum *m* Dandariden (skythisches Volk)
danīsta, ae *m* [*gr*] Wucherer
danīsticus *3* Wucherer-
danunt = dant (*zu* do)
Dānuvius, ī *m* Donau (*bes* Oberlauf bis zum Eisernen Tor in Rumänien)
daphnē, ēs *f* [*gr*] Lorbeerbaum
Daphnē, ēs *f* Daphne (1. in einen Lorbeerbaum verwandelte T. des Penēus 2. Vorstadt von Antiocheia in Syrien mit Apolloheiligtum)
Daphni|s, ~dis *m* (*Akk* ~m *u.* ~n) Daphnis (S. des Hermes, Erfinder des Hirtengedichts in Sizilien)
daphnōn, ~is *m* Lorbeerhain
⟦**dapifer,** i *m* [*gr*] *spl* Koch, Truchsess
dapinō *1* [*gr*] auftischen
daps, dapis *f* Festmahl; Schmaus; Nahrung
dapsil|is, ~e, *Gen* ~is üppig
Dardanī, ōrum *m* Dardaner (Volk in Obermösien, dem heutigen Serbien)
Dardania, ae *f* Dardania (1. Stadt am Hellespont 2. Landschaft in Obermösien 3. *poet* = Troja)
Dardanidēs, ae *m* Nachkomme des Dardanos; = Aeneas; *Pl* Dardanidae, ārum *m* Trojaner
Dardani|s, ~dis *f* Trojanerin
Dardan(i)us *3* trojanisch; *auch* des Aeneas
Dardanus, ī *m* Dardanos (S. Jupiters, Ahnherr der trojanischen Könige)
Dārēus *u.* **Dārīus,** ī *m* Dareios (N persischer Könige)
datārius *3* schenkend; zu verschenken
datātim *Adv* [dato] sich (gegenseitig) zuwerfend
datiō, ~nis *f* Geben; Schenkungsrecht ⟦*ml* Leistung, Ablieferung
dātīvus, ī *m* Dativ ⟦*ml scherzhaft* Geldgeber
datō *1* weggeben, bewilligen
dator, datōris *m* Geber
⟦**datri|x,** ~cis *f spl* Spenderin
datum, ī *n* Gabe; Ausgabe ⟦*ml* Zug (beim Brettspiel)
datus I. *Part Perf Pass* →do **II.** *Subst* ūs *m* Geben

Daulia|s, ~dis *f* **I.** *Adj* daulisch, aus Daulis **II.** *Subst* Daulierin; Prokne
Dauli|s, ~dis *f* Daulis (Stadt nördlich von Delphi)
Daunia|s, ~dis *f* Nordapulien; *poet* Apulien
Daunius *3* des Daunus; *auch* apulisch, römisch
Daunus, ī *m* Daunus (*myth* König in Apulien, V. des Turnus)
Dāvus, ī *m* Davus *Sklavenname*
D. D. *Abk* = dono *od* donum dedit (er) gab als Geschenk
D. D. D. *Abk* = dat, dicat, dedicat (er) gibt, weiht, eignet zu *Weihungsformel*
dē *Präp beim Abl* **1.** von, von ... weg, von ... her(ab) **2.** *zeitlich* unmittelbar nach, noch während; diem de die Tag für Tag **3.** *übertr* hinsichtlich, über; gemäß; de ratione laut Rechnung ⟦*spl* ausgehend von, aufgrund; *Umschreibung des Gen, Verstärkung des Abl;* de facili leicht; de sub iugo unter dem Joch weg; *vl beim Akk*
dea, ae *f* (*Nbf Dat/Abl Pl* diis, deabus) Göttin
dealbō *1* weißen ⟦*spl* rein waschen
deambulātiō, ~nis *f* Spaziergang
⟦**deambulatorium,** i *n spl* Wandel-, Säulengang
deambulō *1* spazieren gehen
deamō *1* sehr lieben
dearmō *1* entwaffnen
deartuō *1* zerstückeln
deasciō *1* glätten; prellen
⟦**deauro** *1 spl* vergolden
dēbacchor *1* sich austoben
dēbellāt|or, ~ōris *m* Besieger
dēbellō *1* den Krieg beenden; besiegen
dēbeō, dēbuī, dēbitus *2* [*de-habeo] schulden, verdanken; *beim Inf* müssen, sollen
dēbeor, dēbitus sum *2* zustehen
⟦**debibo** *3 ml* vertrinken
dēbil|is, ~e, *Gen* ~is kraftlos, gebrechlich, gelähmt, verstümmelt
dēbilitā|s, ~tis *f* Gebrechlichkeit
dēbilitātiō, ~nis *f* Lähmung
dēbilitō *1* [debilis] schwächen, lähmen, entmutigen ⟦*spl körperlich* verletzen
dēbitiō, ~nis *f* Schuldigsein
dēbit|or, ~ōris *m* Schuldner; der zu Dank Verpflichtete *Gen* für
dēbitum, ī *n* Schuld, Verpflichtung; Schicksal ⟦*ml* moralische Schuld; ex debito nach Gebühr; praeter debitum über Gebühr
dēbitus *3* **I.** *Adj* schuldig, verdient; verpflichtet **II.** *Part Perf* →debeo(r)
dēblaterō *1* (her)plappern
⟦**decanatus,** us *m ml* Amt eines Dekans
⟦**decano** *3 ml* (schlecht) deklamieren
dēcantō *1* vortragen; herleiern; zu singen aufhören

[[**decanus,** i *m* [decem] *spl* Vorgesetzter (von 10 Mann); *ml* Dekan, Amt (in Kloster, Kirche *od* Politik)
[[**decapenta** *undekl* [*gr*] *ml* fünfzehn
[[**decapillo** *1 ml* das Haar abschneiden (als Strafe)
decastȳlos, on [*gr*] zehnsäulig
d
dē|cēdō, ~cessī, ~cessum *3* weggehen, sich entfernen; ab-, ausweichen; abnehmen, vergehen, sterben; verzichten de auf
Decelēa, ae *f* Dekeleia (Ort in Attika)
decem zehn (*urv*)
Decemb|er **I.** *Adj* ~ris, ~re, *Gen* ~ris des Dezember **II.** *Subst* ~ris *m* Dezember
decemiugis, ~ *m* Zehnspänner
decempeda, ae *f* [pes] Messstange (von 10 Fuß)
decempedāt|or, ~ōris *m* Landvermesser
decempl|ex, *Gen* ~icis zehnfach
decemprīmī, ōrum *m* die 10 obersten Ratsherrn (in Munizipien u. Kolonialstädten)
decemscalmus *3* mit 10 Ruderpflöcken
decemvir, ~ī *m* Dezemvir; *meist Pl* ~ī, ~(ōr)um Kollegium von 10 Männern *Dat* für (ständige *od* zeitweilige Behörde für bestimmte Aufgaben)
decemvirāl|is, ~e, *Gen* ~is der Dezemvirn
decemvirātus, ūs *m* Amt der Dezemvirn
[[**decennal|is,** ~e, *Gen* ~is *spl* zehnjährig
decenn|is, ~e, *Gen* ~is [annus] zehnjährig
decennium, ī *n* Zeitraum von 10 Jahren
decēns, *Gen* decentis lieblich; geziemend, würdig, anständig; decentius est es ziemt sich mehr *Dat* für
decentia, ae *f* Schicklichkeit, Anstand
deceō, decuī *2* sich ziemen *Akk* (*auch Dat, Abl*) für; gut stehen *Akk* jmdm.
dēcēpī →decipio
dēcept|or, ~ōris *m* Betrüger
[[**deceptorium,** i *n ml* Täuschung, Betrug
dēceptōrius *3* betrügerisch
decēris, ~ *f* [*gr*] Schiff (mit 10 Ruderreihen)
dēcernō, dēcrēvī, dēcrētus *3* entscheiden; dafür stimmen; beschließen, durch Beschluss anordnen; kämpfen; hostem ~ zum Feind erklären
dēcerp|ō, ~sī, ~tus *3* [carpo] abpflücken, ernten, herausnehmen; beeinträchtigen de *od* ex in *od* an
dēcertātiō, ~nis *f* Entscheidungskampf
dēcert|ō *u.* [[*ml* **~or** *1* bis zur Entscheidung kämpfen
dēcesse = decessisse
dēcessī →decedo
dēcessiō, ~nis *f* Weggang; Verlust
dēcess|or, ~ōris *m* Amtsvorgänger
dēcessus, ūs *m* Weggang; Zurücktreten; Tod [[*ml* Abstieg (vom Gebirge)
Decetia, ae *f* Decetia (Stadt an der Loire), *heute* Decize
Deciānus *3* des Decius
[[**decianus,** i *m ml* Würfelspieler
[1]**dē|cidō,** ~cidī [cado] herabfallen; sterben; geraten
[2]**dēcīdō,** ~cīdī, ~cīsus *3* [caedo] abschneiden; abschließen; ein Abkommen treffen; entscheiden
deciē(n)s *Adv.* **1.** zehnmal; oft **2.** *Abk für* deciens centena milia 1 Million
decima = decuma
decimāna, ae *f* Frau des Zehntpächters
decimān|us **I.** *Adj 3* **1.** Zehnt-, zehntpflichtig **2.** zur 10. Legion *od* Kohorte gehörig; porta ~a vom Feinde abliegendes Lagertor **3.** riesig **II.** *Subst* ~ī *m* **1.** Zehntpächter **2.** westöstliche Grenzlinie
[[**decimatus,** us *m ml* Alter von 10 Jahren
decimō **I.** *Verb 1* **1.** jeden Zehnten (mit dem Tode) bestrafen, dezimieren [[**2.** *spl* (zum Opfer) auswählen **3.** mit dem Zehnten belegen **II.** *Adv* zehntens
decimum **I.** *Subst* ī *n* das Zehnfache **II.** *Adv* zum zehnten Male
decimus *3* zehnter; ungeheuer groß
Decimus, ī *m* Decimus *Vorname*
dē|cipiō, ~cēpī, ~ceptus *3* [capio] täuschen; betören, irreleiten; entgehen; verbringen; vergessen machen [[*ml* ertappen
dēcīsiō, ~nis *f* [[2]decido] Abkommen
dēcīsus →[2]decido
[[**decius,** i *m ml* Würfel; decios mitto würfeln
Decius *3* Decius *Gent, bes* Kaiser (249–251)
dēclāmātiō, ~nis *f* rhetorischer Vortrag, Redeübung; *Pl* ~nes, ~um Sammlung fingierter Reden
dēclāmātiuncula, ae *f* kleine Redeübung
dēclāmāt|or, ~ōris *m* Redekünstler
dēclāmātōrius *3* rednerisch, des Redners
dēclām(it)ō *1* Redeübungen halten, deklamieren
dēclārātiō, ~nis *f* öffentliche Äußerung [[*spl* Erklärung, Erläuterung(sschrift)
dēclārō *1* öffentlich ausrufen; darlegen
dēclīnātiō, ~nis *f* Ausweichen; Abneigung; Abschweifung [[*spl gramm* Deklination
dēclīn|is, ~e, *Gen* ~is gebeugt, sich neigend
dēclīnō *1* (sich) neigen; ablenken; vermeiden; abbiegen, abweichen [[*ml* einen Abstecher machen
dēclīv|is, ~e, *Gen* ~is abschüssig, sich neigend
dēclīvitā|s, ~tis *f* Abschüssigkeit
[[**declivum,** i *n spl* Abhang
dēcocta, ae *f* (abgekochter) Kühltrank
[[**decoctio,** ~nis *f spl* Abkochung; Zersetzung; Backen
dēcoct|or, ~ōris *m* Verschwender
dēcoctus →decoquo
dēcollō *1* enthaupten
dēcōlō *1* durchseihen; täuschen
dēcol|or, *Gen* ~ōris verfärbt [[*ml* hässlich gefärbt

dēcolōrātiō, ~nis *f* Verfärbung
dēcolōrō *1* verfärben
dē|coquō, ~coxī, ~coctus *3* abkochen; einkochen, einschmelzen; sich verflüchtigen; sein Vermögen durchbringen
decor, decōris *m* [deceo] Anstand; Schönheit, Zierde
decora →decus
decorām|en, ~inis *n* Zierde
decorō *1* [decus] schmücken, ehren
decōrus *3* [decor] zierlich, schön; geziemend, ehrenvoll
dēcoxī →decoquo
dēcrepitus *3* altersschwach
dē|crēscō, ~crēvī *3* abnehmen
⟦**decretalis,** ~ *m spl* Verordnung; *ml* ~ *f*
⟦**decretista,** ae *m ml* Richter
dēcrētōrius *3* entscheidend
dēcrēt|um, ~ī *n* [decerno] Beschluss; Verfügung; Lehrsatz ⟦*ml* ~a, ~orum Dekretalien (geistliches Recht)
dēcrētus →decerno
dēcrēvī →decerno *und* decresco
dēcubuī →decumbo
decuma, ae *f* **1.** die zehnte Stunde **2.** der zehnte Teil (als Opfer *od* als Steuer)
decumānus = decimanus
decumatēs agri Dekumatland (zwischen Oberrhein und Donau)
dē|cumbō, ~cubuī *3* sich niederlegen; unterliegen ⟦*spl* bettlägerig werden
decumus = decimus
dēcunctor 1 zögern
decuria, ae *f* [decem] Dekurie, Zehnergruppe; Abteilung
decuriāl|is, ~e, *Gen* ~is aus derselben Zehnergruppe
decuriātiō, ~nis *f* = decuriatus
decuriātus, ūs *m* Einteilung in Zehnergruppen
decuriō I. *Subst* ~nis *m* Führer einer Zehnergruppe; Ratsherr **II.** *Verb 1* in Zehnergruppen einteilen
decuriōnātus, ūs *m* Amt eines Ratsherrn
dē|currō, ~(cu)currī, ~cursus *3* (herab)laufen, -marschieren; seine Zuflucht nehmen; durchlaufen, vollenden; abhandeln ⟦*spl* ablaufen
dēcursiō, ~nis *f* Herablaufen; Parademarsch
dēcursus I. *Part Perf Pass* →decurro ⟦*spl* abgelaufen, vorüber **II.** *Subst* ūs *m* **1.** = decursio **2.** Durchlaufen (des Ziels, des Amtes); Wasserlauf
dēcurtō *1* verkürzen, verstümmeln
decus, decoris *n* [deceo] Schmuck; Ruhm; sittliche Würde; *Pl* decora Ruhmestaten
dēcussī →decutio
decussis, ~ *m* [decem + as] Zahl 10 *od* Zeichen X; 10 Asse *Münze*
decussō *1* mit sich schneidenden Linien (in Form eines X) abteilen
dē|cutiō, ~cussī, ~cussus *3* [quatio] herabschütteln, abschlagen
dēdeceō *2* unpassend sein *Akk* jmdm.
⟦**dedecor,** *Gen* ~is *spl* hässlich
dēdecorō *1* entehren
dēdecōrus *3* [dedecus] Unehre machend
dēdec|us, ~oris *n* Schande; Schandtat; sittlich Schlechtes
dedet *altl* = dedit
dedī →do
dēdicātiō, ~nis *f* Einweihung ⟦*ml* Schenkung; ~ ecclesiae *od* templi Kirchweih
dēdicō *1* angeben, zeigen; einweihen; widmen ⟦*ml* mit einem Tempel ehren
dēdidī →dedo
dēdidicī →dedisco
⟦**dedignanter** *Adv ml* abweisend
dēdīgnor *1* verschmähen
dēdīscō, dēdidicī *3* verlernen
dēditīcius I. *Adj 3* unterworfen **II.** *Subst* ī *m* Untertan
dēditiō, ~nis *f* Kapitulation, Übergabe; Kriegsgefangenschaft ⟦*ml* Unterwürfigkeit *Dat* gegen
dēditus I. *Adj 3* ergeben; beschäftigt *Dat* mit **II.** *Part Perf* →dedo *und* dedor
dēdō, dēdidī, dēditus *3* übergeben, ausliefern; se dedere sich ergeben; sich widmen
dēdor, dēditus sum *3* sich ergeben, sich widmen
dēdoceō *2* vergessen lassen; eines Besseren belehren; abbringen *Akk* von
dēdoleō *2* seinen Kummer beenden
dēdolō *1* behauen
dē|dūcō, ~dūxī, ~ductus *3* (her)abziehen, ableiten; herabführen; geleiten; (dahin *od* dazu) bringen ⟦*ml* hervorziehen *Abl* aus, auspacken
dēductiō, ~nis *f* Hinführen; Geldabzug
dēduct|or, ~ōris *m* Begleiter
dēductus I. *Adj 3* gebogen; bescheiden, leise **II.** *Part Perf Pass* →deduco
dēdūxī →deduco
deerrō *1* abirren
dēfaecō *1* [faex] (von der Hefe) reinigen; erheitern
dēfaenerō *1* in Schulden stürzen
dēfatīgātiō, ~nis *f* Ermattung
dēfatīgō *1* ermüden, erschöpfen ⟦*ml* abbringen
dēfēcī →deficio
dēfectiō, ~nis *f* Abnehmen; Verfall; Abfall, Empörung; Finsternis
dēfect|or, ~ōris *m* Abtrünniger
dēfectus I. *Adj 3* entkräftet **II.** *Part Perf Pass* →deficio **III.** *Subst* ūs *m* Abfall; Abnehmen; Verfinsterung; Schwäche ⟦*spl* Sterben
dē|fendō, ~fendī, ~fēnsus *3* abwehren; verteidigen; (Meinung) vertreten; (Amt) verwalten

⟦**defensaculum,** i *n spl* Verteidigungsort
dēfēnsiō, ~nis *f* Abwehr; Verteidigung(srede) ⟦*ml* Vogtei
dēfēns(it)ō *1* verteidigen
dēfēns|or, ~ōris *m* Abwehrer; Verteidiger
dēfēnsus →defendo
⟦**deferb-** = deferv-
d
dēferō, dētulī, dēlātus (*Inf* deferre) herab-, wegtragen; überbringen, übertragen; melden; (bei der Behörde) anzeigen, anklagen ⟦*spl* Ehre erweisen; *ml* (eine Gestalt) tragen; beitragen zu; officium ~ Dienst antragen
dēferor, dēlātus sum (*Inf* deferrī) hingelangen, sich hintragen lassen
dēfervēscō, dēferbuī (defervī) *3* austoben; klar werden ⟦*ml* sich abkühlen
dēfetig- = defatig-
dē|fetīscor, ~fessus sum *3* [fatiscor] ermatten
dē|ficiō, ~fēcī, ~fectus *3* [facio] abnehmen, schwinden, ermatten; vita ~ficio sterben; abtrünnig werden, verlassen; animo ~ficio mutlos werden; ausgehen, mangeln *Akk* jmdm. ⟦*spl* Besinnung verlieren; sterben; versagen, keinen Erfolg haben; non ~ficio *mit Abl des Gerdv* nicht müde werden zu; Mangel leiden
dēficō = defaeco
dē|fīgō, ~fīxī, ~fīxus *3* (in) *Abl dt* in, auf *Akk* hineinschlagen, -stoßen; (Augen *od* Geist) fest richten auf; erstarren lassen, bannen ⟦*ml* festlegen, beschränken
dēfingō *3* abformen; verunstalten
dēfīniō *4* begrenzen; beschränken; bestimmen, definieren; beendigen ⟦*ml* erledigen; litem ~ einen Streit entscheiden
dēfīnītiō, ~nis *f* Festsetzung; Definition
dēfīnītīvus *3* bestimmend
dēfīnītus I. *Adj 3* bestimmt, deutlich **II.** *Part Perf Pass zu* definio
dēfiō (*Inf* defierī) fehlen
dēfīxī, dēfīxus →defigo
dēflagrātiō, ~nis *f* Niederbrennen
dēflagrō *1* niederbrennen; *übertr* verrauchen
dēflammō *1* auslöschen
dē|flectō, ~flexī, ~flexus *3* (her)abbiegen, ablenken; abweichen ⟦*ml* lenken, (Marsch, Ritt) richten nach
dēfleō *2* beweinen; sich ausweinen
dēflexī, dēflexus →deflecto
dēfloccātus *3* kahlköpfig
dēflōr|ēscō, ~uī *3* verblühen
dē|fluō, ~flūxī *3* herabfließen, -gleiten; wegfließen; aufhören
dē|fodiō, ~fōdī, ~fossus *3* vergraben; (Erde) ausgraben
⟦**defoedo** *1 spl* verabscheuen
dēfore *Inf Fut zu* desum ⟦*spl auch* = deesse
⟦**deforis** *Adv spl* von draußen

dēfōrmātiō, ~nis *f* Entstellung, Beschimpfung; Grundriss
dēfōrm|is, ~e, *Gen* ~is gestaltlos; entstellt; schmachvoll
dēfōrmitā|s, ~tis *f* entstelltes Aussehen; Häßlichkeit
dēfōrmō *1* **1.** entstellen **2.** gestalten, zeichnen; schildern
dēfossum, ī *n* Grube
dēfossus →defodio
dēfrāctus →defringo
dēfraudō *1* betrügen, unterschlagen
dēfrēgī →defringo
dēfrenātus *3* zügellos
dē|fricō, ~fricuī, ~fric(a)tus *1* abreiben
dē|fringō, ~frēgī, ~frāctus *3* [frango] abbrechen
dēfrūdō = defraudo
⟦**defrusto** *1* [frustum] *spl* zerfetzen
dēfrūstror *1* betrügen
dēfrutum, ī *n* eingekochter Most
dēfūdī →defundo
dē|fugiō, ~fūgī *3* fliehen, meiden
dēfuī →desum
dēfunctus I. *Adj 3* tot; überstanden **II.** *Part Perf* →defungor **III.** *Subst* **1.** ī *m* Toter ⟦**2.** ūs *m spl* Tod
dē|fundō, ~fūdī, ~fūsus *3* herabgießen
dēfungor, dēfūnctus sum *3* erledigen, überstehen *Abl* etw.; sterben
dēgener, *Gen* ~is [genus] entartet
dēgenerō *1* entarten; herabwürdigen
dē|gerō, ~gessī, ~gestus *3* wegschaffen
⟦**deglorio** *1 ml* unrühmlich werden
dē|glūbō, ~glūpsī, ~glūptus *3* enthäuten
⟦**deglutio** *4 spl* hinunterschlucken
dēgō *3* (ver)leben
⟦**degrado** *1 spl* herabsetzen, degradieren; *ml* sich erniedrigen, herabsteigen
dēgrandinat es hört auf zu hageln
dēgravō *1* herabdrücken
dē|gredior, ~gressus sum *3* [gradior] herabschreiten; weggehen
dēgrunniō *4* grunzen *vom Tierstimmenimitator*
dēgustō *1* kosten, versuchen
dēhibeō *2* [= debeo] schulden
dehinc *Adv* von jetzt *od* von da an; hierauf, ferner
dehīscō *3* sich spalten
dehonestāmentum, ī *n* Schimpf; Verunstaltung
dehonestō *1* beschimpfen ⟦*ml* der Würde berauben
dehortor *1* abraten *Akk* jmdm.
Dēianīra, ae *f* Deianeira (Gem. des Herakles)
dē|iciō, ~iēcī, ~iectus *3* [iacio] herabwerfen, zu Boden werfen, stürzen; (Kopf *od* Blick) senken; vertreiben ⟦*ml übertr* (den Geldwert) senken

dēicior, dēiectus sum *3* sich herabstürzen; verschlagen werden
deicō *altl* = dico
Dēidamīa, ae *f* Deidameia (Geliebte Achills, M. seines Sohnes Pyrrhos)
dēiēcī →deicio
dēiectiō, ~nis *f* Vertreibung; *med* Durchfall ⟦*spl* Verworfenheit, Niedrigkeit
dēiectus I. *Adj 3* tief liegend; mutlos **II.** *Part Perf* →deicio *u.* deicior **III.** *Subst* ūs *m* Sturz; Abhang
dēierō *1* [iuro] schwören
⟦**deificus** *3 ml* von Gott gemacht
dein = deinde
deinceps *Adv* [capio] hinter-, nacheinander; demnächst; in der Folge
deinde *Adv* von dort; danach, ferner ⟦*ml* von jetzt an
⟦**deintus** *spl* **I.** *Präp beim Abl* in **II.** *Adv* von innen
Dēionidēs, ae *m* S. der Deione, = Miletos
Dēiotarus, ī *m* Deiotarus (König von Galatien)
⟦**deipara,** ae *f spl* Gottesmutter
Dēiphobē, ēs *f* Deiphobe (T. des Meergottes Glaukos)
Dēiphobus, ī *m* Deiphobos (S. des Priamos)
⟦**deita|s,** ~tis *f spl* Göttlichkeit
⟦**deiug|is,** ~e, *Gen* ~is *spl* abwärtsgeneigt
dēiungō *3* abspannen; ausspannen
dēiūrō = deiero
dēiuvō *1* nicht mehr unterstützen
dē|lābor, ~lāpsus sum *3* herabgleiten; hineingeraten
dēlāmentor *1* bejammern
dēlāpsus I. *Part Perf* →delabor **II.** *Subst* ūs *m* Abfluss
dēlassō *1* matt machen
dēlātiō, ~nis *f* [defero] Anzeige, Anklage
dēlātō *1* [latus] verbreitern
dēlāt|or, ~ōris *m* [defero] Angeber, Ankläger
dēlātus I. *Part Perf Pass* →defero ⟦**II.** *ml Präp beim Abl* neben
⟦**delectabil|e,** ~is *n spl* Annehmlichkeit
dēlectābil|is, ~e, *Gen* ~is wohlschmeckend
dēlectāmentum, ī *n* Belustigung, Spiel
dēlectātiō, ~nis *f* Vergnügen *Gen* an
dēlectō *1* erfreuen; delectat es macht Freude *Akk* jmdm.
dēlēctus I. *Part Perf Pass* →[1]deligo **II.** *Subst* ūs *m* **1.** Wahl, Auswahl **2.** Aushebung (= dilectus III.)
dēlēgātiō, ~nis *f* Zahlungsanweisung
⟦**delegatus,** i *m ml* Gesandter *od* Beauftragter des Papstes
dēlēgī →deligo 1.
dēlēgō *1* beauftragen; hinsenden; zuweisen ⟦*ml* ~ *mit Gerdv u. Dat* jmdn. beauftragen zu; melden; bestellen *Akk* zu
dēlēnificus *3* verführerisch
dēlēnīmentum, ī *n* Beschwichtigung, Lockmittel
dēlēniō *4* besänftigen, locken
dēlēnīt|or, ~ōris *m* Besänftiger; einer der für sich einnimmt *Gen* jmdn.
dēleō *2* (ver)tilgen, vernichten, zerstören
dēlētiō, ~nis *f* Vernichtung
dēlētrī|x, ~cis *f* Zerstörerin
dēlēvī *Perf Akt* **1.** →deleo **2.** →delino
Dēlia, ae *f* **1.** Delierin; *bes* Diana **2.** Delia *Frauenname*
Dēliacus *3* delisch, aus Delos
dēlīberābundus *3* in Nachdenken versunken
dēlīberātiō, ~nis *f* Erwägung, Überlegung
dēlīberātivus *3* zur Überlegung gehörig, überlegend, beratend
dēlīberāt|or, ~ōris *m* Beantrager einer Bedenkzeit
dēlīberātus *3* entschieden
dēlīberō *1* **1.** [delibrare abwägen] erwägen; beschließen ⟦**2.** [libero] *spl* befreien
dēlībō *1* entnehmen, kosten; verkleinern; beeinträchtigen
dēlibrō *1* [liber Bast] Rinde abschälen
dēlibūtus *3* [libo] benetzt
delic- *auch* = deliqu-
dēlicātus I. *Adj 3* hübsch; üppig; verwöhnt ⟦*spl* erquickend **II.** *Subst* ī *m* Schlemmer; Lieblingssklave
dēliciae, ārum *f* Wonne, Liebhaberei; Leckerbissen, feine Speisen
dēliciolae, ārum *f* Wonne
dēlicium = deliciae
dēlictum, ī *n* [delinquo] Vergehen
dēlictus →delinquo
dēlicuī →deliquesco
dēliculus *3* minderwertig
[1]**dē|ligo,** ~lēgī, ~lēctus *3* [[1]lego] abpflücken; auswählen; (Truppen) ausheben
[2]**dē|ligō,** *1* [ligo] anbinden, verbinden
dēlīneō *1* zeichnen
dēlingō *3* (ab)lecken
dēlīniō = **1.** delenio **2.** delineo
dē|linō, (~lēvī), ~litus *3* bestreichen; wegwischen
dē|linquō, ~līquī, ~lictus *3* sich vergehen ⟦*ml* lassen, ablassen
dē|liquēscō, ~licuī *3* weich werden, schwinden ⟦*ml* schwanken
dēlīquī →delinquo
dēliquiō, ~nis *f* Verzicht
dēliquō *1* klären; erklären
dēliquus *3* fehlend
dēlīrāmentum, ī *n* albernes Zeug
dēlīrātiō, ~nis *f* Wahnsinn; Albernheit
dēlīrium, ī *n med* Delirium, Irresein
dēlīrō *1* **1.** verrückt sein, irrereden **2.** abweichen
dēlīrus *3* wahnsinnig, irre
dēlit|ēsco (*auch* **~iscō**), ~uī *3* sich verbergen

d

dēlītigō *1* zanken
dēlituī →delitesco
dēlitus →delino
Dēlium, ī *n* Delion (Stadt in Boiotien)
Dēlius I. *Adj 3* delisch **II.** *Subst* ī *m* Einw. von Delos
Delmatia *usw* = Dalmatia *usw*
⟦**delongaris,** ~ *m ml* Admiral (in Byzanz)
Dēlos, ī *f* (*Akk auch* Delon) Delos (Kykladeninsel mit Apollonkult)
Delphī, ōrum *m* **1.** Delphi (Stadt mit Orakel des Apollon) **2.** Einw. von Delphi
Delphica, ae *f* Prunktisch (in Form des delphischen Dreifußes)
Delphicus *3* delphisch
delph|īn, ~īnis *m u.* **~īnus,** ī *m* (*Akk Sg auch* ~īna) [*gr*] Delfin
Delta *undekl n* [*gr*] Nildelta
deltōton, ī *n* [*gr*] Dreieck *Sternbild*
dēlūbrum, ī *n* Tempel ⟦*ml* Kirche
dēluct|ō *u.* **~or** *1* bis zur Entscheidung ringen
dēlūdificō *1* = deludo
dē|lūdō, ~lūsī, ~lūsus *3* zum Besten haben ⟦*spl* unwirksam machen; hastam ~ludo den Speer ablenken; verspielen
dēlumbō *1* lähmen
dēlūsī, dēlūsus →deludo
Dēmad|ēs, ~is *m* Demades (Redner in Athen, Gegner des Demosthenes)
dēmandō *1* anvertrauen; auftragen ⟦*ml* nihil ~ nichts zu sagen haben
dēmānō *1* herabfließen
Dēmarātus, ī *m* Demaratos (1. Korinther, V. des Tarquinius Priscus 2. König von Sparta, floh zu Xerxes)
dēmarchus, ī *m* [*gr*] Bezirksvorsteher; *auch* Volkstribun
dēmēns, *Gen* dēmentis toll, verrückt
dēmēnsum, ī *n* Monatsration (der Sklaven)
dēmēnsus *3* [metior] zugemessen
dēmentia, ae *f* Wahnsinn
dēmeō *1* hinabgehen
dēmer|eō, ~uī, ~itus *2 u.* **~eor,** ~itus sum *2* verdienen, sich verdient machen; (für sich) gewinnen
dē|mergō, ~mersī, ~mersus *3* versenken; ins Verderben stürzen
dē|metō, ~messuī, ~messus *3* abmähen, abschneiden
Dēmētria|s, ~dis *f* Demetrias (Hafenstadt in Thessalien)
Dēmētrius, ī *m* Demetrios (gr. PN)
dēmigrātiō, ~nis *f* Auswanderung
dēmigrō *1* weggehen, auswandern
dēmin|uō, ~uī, ~ūtus *3* vermindern, wegnehmen; capite *od* se ~uere sein Bürgerrecht schmälern *od* verlieren
dēmin|uor, ~ūtus sum *3* abnehmen; capite ~ui = capite ~uere →deminuo
dēminūtiō, ~nis *f* Verminderung, Beschränkung; ~ capitis Schmälerung *od* Verlust des Bürgerrechts; Veräußerungsrecht
⟦**deminutive** *Adv spl* in der Verkleinerungsform
dēmīror *1* sich sehr verwundern
dēmissīcius *3* herabhängend
dēmissiō, ~nis *f* Herablassen; Niedergeschlagenheit
dēmissus I. *Adj 3* gesenkt, herabhängend; bescheiden; niedergeschlagen **II.** *Part Perf* →demitto *und* demittor
dēmītigō *1* milde stimmen
dē|mittō, ~mīsī, ~missus *3* hinablassen, hinabbeugen; hinabschicken, hinabwerfen; animum ~mitto Mut sinken lassen; se ~mittere hinabstürzen; sich hinabziehen; sich hinbegeben ⟦*ml* hinterlassen
dē|mittor, ~missus sum *3* **1.** lang herabfallen **2.** abstammen **3.** = se demittere
dēmiūrgus, ī *m* **1.** höchster Beamter *in gr Städten* ⟦**2.** *spl* Weltschöpfer
dēmō, dēmpsī, dēmptus *3* [*de-emo] wegnehmen →demptus
Dēmocrit|ēus *u.* **~ius** *3* des Demokrit
Dēmocritus, ī *m* Demokrit (Wissenschaftler aus Abdera, Begründer der Atomlehre, um 400 v. Chr.)
dēmōli|ō *u.* **~or** *4* niederreißen; culpam ~o die *od* eine Schuld abwälzen
dēmōlītiō, ~nis *f* Niederreißen
dēmōnstrātiō, ~nis *f* Zeigen; Beweis; Schilderung; Prunkrede
dēmōnstrātīvus *3* hinzeigend; Demonstrativ-; verherrlichend
dēmōnstrāt|or, ~ōris *m* einer, der bezeichnen kann
dēmōnstrō *1* bezeichnen; nachweisen, beweisen
dē|morior, ~mortuus sum *3* (weg)sterben; sterblich verliebt sein *Akk* in
dēmoror *1* (ver)zögern ⟦*ml* abhalten
Dēmosthen|ēs, ~is *m* (*Nbf Gen* ~ī, *Akk* ~ēn) Demosthenes (Politiker in Athen, 384–322)
dē|moveō, ~mōvī, ~mōtus *2* wegbringen, entfernen
dēmpsī →demo
dēmpt|us *Part Perf Pass* →demo; *bes* ~o fine ohne Ende; ~o auctore ohne Rücksicht auf den Urheber
dēmūgītus *3* vom Gebrüll der Rinder erfüllt
dē|mulceō, ~mulsī, ~mulsus *od* ~mulctus *2* streicheln ⟦*ml* trösten
dēmum *Adv* endlich, erst, vollends; nur
dēmūneror *1* reichlich beschenken
dēmurmurō *1* hermurmeln
dēmūtātiō, ~nis *f* Veränderung
dēmūtō *1* verändern; sich ändern

dēnārius, ī *m* [deni] Denar (1. älteste röm. Münze aus Silber = 10, später 16 As 2. Gewicht = 4,55 g, später 3,5 g ⟦*ml* Silbermünze, meist 12. Teil eines Solidus)
dēnārrō *1* genau erzählen
dēnāsō *1* der Nase berauben
dēnatō *1* hinabschwimmen, -fließen
dēnegō *1* leugnen; verweigern
dēnī, ae, a [decem] je zehn
dēnicāl|is, ~e, *Gen* ~is von einem Todesfall reinigend
dēnigrō *1* schwarz machen, trüben
dēnique *Adv* zuletzt, endlich, erst; *bei Aufzählung* schließlich; wenigstens; kurz, ferner ⟦*ml* aber
⟦**denodo** *1 ml* losknoten
dēnōminō *1* benennen
dēnōrmō *1* unregelmäßig machen
dēnotō *1* deutlich bezeichnen ⟦*ml* erspähen, ausfindig machen
dēns, dentis *m* [²edo] Zahn; *bei Geräten* Spitze, Zacke, Haken
Densēlētae, ārum *m* = Dentheleti
dēnseō *2* verdichten; dicht machen
dēnseor *2* dicht werden, rasch folgen
dēnsitā|s, ~tis *f* Dichte
dēnsō *1* dichtmachen
dēnsus *3* dicht, dicht gereiht; reich *Abl* an
dentāli|a, ~um *n* [dens] Scharbaum (des Pfluges); *übertr* Pflugschar
dentātus *3* mit Zähnen, mit Zacken; mit Elfenbein geglättet
Denthāliā|s, *Gen* ~tis den Denthaliern (Einw. in der Peloponnes) gehörig
Denthēlētī, ōrum *m* Dentheleter (Volk in Thrakien)
Denthēliās = Denthalias
denticulus, ī *m* Zähnchen; Zahnschnitt *Ornament*
dentifrangibulus *3* Zähne ausbrechend
dentifricium, ī *n* [frico] Zahnpulver
dentilegus, ī *m* einer, der die (ihm ausgeschlagenen) Zähne zusammenliest
dentiō *4* zahnen
dē|nūbō, ~nūpsī, ~nūptus *3* sich verheiraten
dēnūdō *1* entblößen; plündern
dēnumerō = dinumero
dēnūntiātiō, ~nis *f* Ankündigung
dēnūntiō *1* ankündigen; androhen; Anzeige erstatten
dēnuō *Adv* [de novo] von Neuem
dēnūpsī, dēnūptus →denubo
Dēōi|s, ~dis *f* [*gr*] T. der Deo (= Ceres), Proserpina
Dēōius *3* der Ceres geweiht
dēonerō *1* (eine Last) wegschaffen
deors|um *u.* **~us** *Adv* abwärts, unten
deōscul|ō *u.* **~or** *1* abküssen
dē|pacīscor, ~pactus sum *3* sich ausbedingen; sich einigen *Abl* um den Preis von
dēparcus *3* knauserig
dē|pāscō, ~pāvī, ~pāstus *3* abweiden lassen ⟦*ml* bewohnen
dē|pāscor, ~pāstus sum *3* abfressen, verzehren
dēpecīscor = depaciscor
dē|pectō, –, ~pexus *3* herabkämmen; *übertr* durchprügeln
dēpecūlāt|or, ~ōris *m* Plünderer
dēpecūlātus I. *Part Perf zu* depeculor **II.** *Subst* ūs *m* Ausplündern
dēpecūlor *1* ausplündern
dē|pellō, ~pulī, ~pulsus *3* hinab-, wegtreiben; abbringen
dēpendeō *2* (her)abhängen
dē|pendō, ~pendī, ~pēnsus *3* bezahlen
dēperd|ō, ~idī, ~itus *3* zugrunde richten; verlieren
dē|pereō, ~periī (*Inf* ~perire) zugrunde gehen; heftig verliebt sein *Akk* in ⟦*ml unpers* ~perit es wird Abbruch getan
dēpexus →depecto
dēpictus →depingo
dēpilō *1* rupfen
dē|pingō, ~pīnxī, ~pictus *3* ab-, bemalen
dē|plangō, ~plānxī, ~plānctus *3* bejammern
dēplexus *3* [plecto] umklammernd
dēplōrātiō, ~nis *f* Bejammern, Jammern
dēplōrātus I. *Adj 3* unheilbar ⟦*spl* kläglich **II.** *Part Perf Pass zu* deploro
dēplōrō *1* (be)klagen; verloren geben, aufgeben
dēpluō *3* herabregnen
dē|pōnō, ~posuī (*Nbf* ~posīvī), ~positus *3* niederlegen, hinterlegen; beisetzen; weglegen; aufgeben; senken ⟦*spl* herabsetzen; absetzen; *ml* hineinlegen (= täuschen)
dēpoposcī →deposco
dēpopulātiō, ~nis *f* Verwüstung
dēpopulāt|or, ~ōris *m* Verwüster
dēpopul|ō *u.* **~or** *1* verwüsten
dēportō *1* wegschaffen; (unter Verlust der Bürgerrechte) verbannen; (aus der Provinz) heimbringen; herabbringen ⟦*ml* niederdrücken
dē|poscō, ~poposcī *3* dringend fordern; die Auslieferung *od* Bestrafung verlangen *Akk* von ⟦*ml* (im Gebet) erflehen
dēpositiō, ~nis *f* Senken der Stimme; Satzende ⟦*spl* Niederlegen; Absetzung; Hinscheiden
dēpositum ī *n* anvertrautes Gut ⟦*ml* Schatz, Ersparnis
dēpositus I. *Adj 3* beigesetzt, gestorben; aufgegeben, sterbend **II.** *Part Perf Pass* →depono
dēposuī →depono
⟦**depraedatio,** ~nis *f spl* Plünderung, Beutezug
dēpraedor *1* ausplündern
dēpraesentiārum *Adv* jetzt gleich

d

dēprāvātiō, ~nis *f* Entstellung; Verschlechterung
[[**depravatum,** i *n ml* Fehler
dēprāvō *1* entstellen, verderben
dēprecābundus *3* eifrig bittend
dēprecātiō, ~nis *f* Bitte (um Hilfe *od* Entschuldigung); Verwünschung [[*spl* Gebet
dēprecāt|or, ~ōris *m* Fürsprecher
dēprecor *1* durch Bitten abzuwenden suchen; verwünschen; um Gnade bitten; erbitten [[*spl* bitten
dē|prehendō, ~prehendī, ~prehēnsus *3* abfangen; ertappen, überraschen; geistig erfassen, erkennen *Akk* als
dēprehēnsiō, ~nis *f* Entdeckung
dēprehēnsus →deprehendo
dēprēndō = deprehendo
dēpressus I. *Adj 3* niedrig, tief; unglücklich **II.** *Part Perf Pass* →deprimo
dē|primō, ~pressī, ~pressus *3* [premo] senken, (her)unterdrücken
dēproelior *1* heftig (miteinander) kämpfen
dēprōm|ō, ~psī, ~ptus *3* hervorholen [[*spl* mitteilen
dēproperō *1* sich beeilen; eilig herstellen
deps|ō, ~uī, ~tum *3* [*gr*] kneten, durcharbeiten, massieren
depstīcius *3* geknetet
dē|pudet, ~puduit *2 unpers Akk dt Nom* **1.** sich sehr schämen **2.** sich nicht mehr schämen
dēpūg|is, ~e, *Gen* ~is mit magerem Hintern
dēpūgnō *1* bis zur Entscheidung kämpfen
dēpulī →depello
dēpulsiō, ~nis *f* Abwehr; ~ luminum Reflexion der Lichtstrahlen
dēpulsō *1* [depello] fortstoßen
dēpuls|or, ~ōris *m* Abwender
dēpulsus →depello
dēpūrgō *1* reinigen; *med* abführen
[[**deputatum,** i *n ml* Abgabe
[[**deputatus** *3 ml* auf Deputat gestellt, hörig (ohne Besitz)
dēputō *1* **1.** abschneiden **2.** halten *Akk* für, meinen, zuweisen, bestimmen *Dat* für, anweisen als
dēque →sus 2.
dērā|dō, ~sī, ~sus *3* abschaben [[*ml* kahl scheren
Derbēt|ēs, ~is *m* Mann aus der Stadt Derbe (in Kleinasien)
Derbic|ēs, ~um *m* Derbiker (Volk am Kaspischen Meer)
Dercetis, ~ *f* Derketis (syrische Göttin)
dērēctus = directus
[[**derelicta,** ae *f ml* Witwe
dērelictiō, ~nis *f* Vernachlässigung
dēre|linquō, ~līquī, ~lictus *3* zurück-, verlassen; aufgeben; hinterlassen
dērepente *Adv* urplötzlich
dērēp|ō, ~sī *3* herabkriechen
dēreptus →deripio
dē|rīdeō, ~rīsī, ~rīsus *2* auslachen, verspotten
dērīdiculum, ī *n* Gespött, Lächerlichkeit
dērīdiculus *3* lächerlich
dērig|ēscō, ~uī *3* erstarren
dērigō = dirigo
dē|ripiō, ~ripuī, ~reptus *3* [rapio] herab-, los-, entreißen
dērīsī →derideo
dērīs|or, ~ōris *m* Spötter, Verspotter, Satiriker
dērīsus I. *Part Perf Pass* →derideo **II.** *Subst* ūs *m* Spott, Gespött
dērīvātiō, ~nis *f* Ableitung [[*ml* Abglanz
dērīvō *1* [rivus] ab-, wegleiten [[*ml* herleiten
dērogātiō, ~nis *f* (teilweise) Abschaffung
[[**derogator,** ~is *m ml* Tadler
dērogō *1* abschaffen; aberkennen, entziehen [[*spl* tadeln *Dat* an
dērōsus *3* [rodo] abgenagt
dērrō = deerro
dēruncinō *1* abhobeln; betrügen
dēru|ō, ~ī, ~tus *3* [ruo] herabwerfen; niederstürzen
dēruptus *3* abschüssig
dērutus →deruo
dēs. *Abk für* designatus
dēsacrificō *1* opfern
dēsaeviō *4* heftig wüten; zu toben aufhören
dēsaltō *1* pantomimisch vortragen
dē|scendō, ~scendī, ~scēnsus *3* [scando] herabsteigen, herabkommen, hinabgehen; aufs Forum gehen; eindringen; herabsinken; sich erniedrigen; sich einlassen; schreiten zu [[*ml* stromabwärts fahren; abstammen; sich vererben
dēscēnsiō, ~nis *f* Herabsteigen, -fahren; Badebecken
dēscēnsus I. *Part Perf Pass* →descendo **II.** *Subst* ūs *m* Abstieg
[[**descio** *4 ml* vergessen, nicht mehr kennen
dē|scīscō, ~sciī *od* ~scīvī, ~scītus *3* abfallen, untreu werden ab jmdm.
dē|scrībō, ~scrīpsī, ~scrīptus *3* (ab)zeichnen; abschreiben; beschreiben; vorschreiben; ver-, aufzeichnen; einteilen
dēscrīptiō, ~nis *f* Abschrift, Abriss, Zeichnung, Plan; Beschreibung; Ordnung
dēscrīptus I. *Adj 3* geordnet **II.** *Part Perf Pass* →describo
dēsec|ō, ~uī, ~tus *1* abschneiden
dēsēdī →desideo *u.* desido
[[**desentia,** ae *f ml* [desum] Abwesenheit
dēser|ō, ~uī, ~tus *3* im Stiche lassen, aufgeben, verlassen
dēserta, ōrum *n* Einöde, Wüste
[[**desertio,** ~nis *f spl* Desertieren; *jur* Nichterfüllen eines Versprechens; Verzicht auf Anklage; Abfall (von Gott)

dēsert|or, ~ōris *m* Verräter, Flüchtling, Deserteur ⟦*ml* ~or fidei Wortbrecher
⟦**desertum,** i *n spl* = deserta; ~ ponere verwüsten
dēsertus I. *Adj 3* verlassen, öde, einsam **II.** *Part Perf Pass* →desero
dēseruī →desero
dēserviō *4* eifrig dienen ⟦*spl* im Dienste stehen *Dat* bei; verdienen
dēses, *Gen* dēsidis [desideo] müßig
dēsiccō *1* aus-, abtrocknen ⟦*spl* trockenlegen
dē|sideō, ~sēdī *2* [sedeo] müßig dasitzen
dēsīderābil|is, ~e, *Gen* ~is begehrenswert; unvergesslich
⟦**desideranter** *Adv spl* erwünscht
dēsīderātiō, ~nis *f* Verlangen
dēsīderium, ī *n* Sehnsucht, Wunsch, Bitte; Bedürfnis
⟦**desiderius** *3 ml* verlangend
⟦**Desiderius,** i *m ml* Desiderius (Langobardenkönig, 774 von Karl dem Großen besiegt)
dēsīderō *1* begehren, ersehnen; vermissen, verlieren ⟦*spl* wollen
dēsidia, ae *f* [deses] Müßiggang, Trägheit
dēsidiābulum, ī *n* Faulenzerort
dēsidiōsus *3* träge, müßig
dē|sīdō, ~sēdī *3* herabsinken, sich senken
dēsīgnātiō, ~nis *f* Bezeichnung; Ernennung; Aufzeichnung
dēsīgnāt|or, ~ōris *m* Kampfrichter
dēsīgnātus *3* (*Abk* des.) gewählt (aber noch nicht im Amt)
dēsīgnō *1* bezeichnen, bestimmen; ernennen; bildlich darstellen
dēsiī →desino
dēsil|iō, ~uī *4* [salio] herabspringen
dē|sinō, ~siī, ~situs *3* aufhören, ablassen; enden, ein Ende nehmen ⟦*ml auch* = sino
dēsipiō *3* [sapio] unverständig sein
dē|sistō, ~stitī, ~stitūrus *3* abstehen; aufhören; wegtreten
⟦**desolatio,** ~nis *f spl* Verödung
dēsōlātus I. *Adj 3* verödet, verlassen **II.** *Part Perf Pass zu* desolo
dēsōlō *1* verlassen; sonus desolat der Ton bleibt weg
⟦**despectabil|is,** ~e, *Gen* ~is *spl* verächtlich
dēspectō *1* herabsehen *Akk* auf; verachten
dēspectus I. *Part Perf Pass* →despicio **II.** *Subst* ūs *m* Fernsicht; Verachtung
dēspēranter *Adv* verzweifelnd
dēspērātiō, ~nis *f* Hoffnungslosigkeit, Verzweiflung ⟦*spl* vergebliche Hoffnung *Gen* auf
dēspērātus I. *Adj 3* hoffnungslos, verzweifelt **II.** *Part Perf Pass zu* despero
dēspērō *1* (Hoffnung) aufgeben; verzweifeln *Akk, Dat* de an ⟦*ml* verzichten a *od* ab auf
dēspēxī →despicio
⟦**despicabil|is,** ~e *Gen* ~is *spl* verächtlich, unansehnlich
dēspicātiō, ~nis *f* Verachtung
dēspicātus I. *Adj 3* verachtet **II.** *Part Perf zu* despicor **III.** *Subst* ūs *m* Verachtung
dēspicientia, ae *f* Verachtung
dē|spiciō, ~spēxī, ~spectus *3* [specio] herabsehen, von oben erblicken; verachten; wegblicken
dēspicor *1* [despicio] verachten, verschmähen
dēspoliāt|or, ~ōris *m* Ausplünderer
dēspoliō *1* ausplündern, berauben
dē|spondeō, ~spondī, ~spōnsus *2* versprechen; verloben; versprechen lassen; aufgeben, verzweifeln *Akk* an
dēspōnsō *1* verloben; spem ~ Hoffnung setzen; (anvertrautes) Geld vertun ⟦*spl* vermählen; zur Braut *od* Gattin nehmen
dēspōnsus →despondeo
dēspūmō *1* abschäumen, abreiben; zu schäumen aufhören
dēspuō *3* (aus)spucken *aus Aberglauben od Verachtung;* verschmähen
dēsquāmō *1* abschuppen, abschälen
dēstīllātiō, ~nis *f* Herabträufeln, Katarrh
dēstīllō *1* herabtropfen; triefen *Abl* von; einen Katarrh haben
⟦**destimulo** *1 spl* heftig anspornen
dēstinātiō, ~nis *f* Festsetzung; Entschluss
dēstinātum, ī *n* Vorhaben, Vorsatz; Ziel
dēstinātus I. *Adj 3* entschlossen, gefasst **II.** *Part Perf Pass zu* destino
dēstinō *1* befestigen; bestimmen, festsetzen, beschließen; halten *Akk* für; aussuchen, kaufen ⟦*spl* (ent)senden
dēstitī →desisto
dēstit|uō, ~uī, ~ūtus *3* [statuo] hinstellen; zurücklassen, im Stich lassen; hintergehen
dēstitūtiō, ~nis *f* Täuschung ⟦*ml* Verlassenheit
dēstitūtus I. *Adj 3* beraubt, verwaist; enttäuscht; kahl **II.** *Part Perf Pass* →destituo
dēstrictus I. *Adj 3* scharf, streng **II.** *Part Perf Pass* →destringo; gladiis destrictis mit gezückten Schwertern
dē|stringō, ~strinxī, ~strictus *3* ab-, herausziehen; (leicht) berühren; durchhecheln
dēstrūctiō, ~nis *f* Niederreißen ⟦*ml* Nieder-, Unterwerfung
⟦**destructor,** ~is *m spl* Zerstörer
dē|struō, ~strūxī, ~strūctus *3* niederreißen, vernichten
dēsubitō *Adv* ganz plötzlich
⟦**desubtus** *Adv spl* darunter; *ml* per ~ darunter weg *od* hin
dēsūdāscō *3* stark schwitzen
dēsūdō *1* (sich) ausschwitzen; mit Mühe leisten
dēsuē|faciō, ~fēcī, ~factus *3* (*Pass* ~fīō) entwöhnen, entfremden

a b c d des e f g h i j k l m n o p q r s t u v w x y z

d

dēsuētūd|ō, ~inis *f* Entwöhnung; Ungewohntheit
dēsuētus *3* entwöhnt; ungewohnt
dēsult|or, ~ōris *m* Kunstreiter
dēsultōrius *3* Kunstreiter-; schwankend
dēsultūra, ae *f* Abspringen
dēsuluī *altl* = desilui →desilio
dē|sum, ~fuī, ~futūrus (*Inf* ~esse) fehlen, abwesend sein, nicht teilnehmen *Dat* an; nicht auf dem Posten sein, sich nicht widmen; non ~sum nicht versäumen; non ~sum *Dat* jmdn. nicht im Stich lassen
dēsūm|ō, ~psī, ~ptus *3* sich ausersehen
dēsuper *Adv* von oben her
dē|surgō, ~surrēxī *3* aufstehen
dē|tegō, ~tēxī, ~tēctus *3* ab-, aufdecken, entblößen; enthüllen
dē|tendō, ~tendī, ~tēnsus *3* abbrechen
⟦**detentio,** ~nis *f* [detineo] *ml* Zurückhalten, Haft
dētentus ⟦**I.** *Adj 3 ml* aufmerksam **II.** *Part Perf Pass* →detineo ⟦**III.** *Subst* ūs *m spl* Zurückhalten
dē|tergeō, ~tersī, ~tersus *2* ab-, wegwischen; abstreifen
dēteri|or, ~us, *Gen* ~ōris *Komp* weniger gut, geringer, schlechter, schwächer
dēterminātiō, ~nis *f* Abgrenzung
dēterminō *1* ab-, begrenzen; bestimmen ⟦*ml* einteilen
dē|terō, ~trīvī, ~trītus *3* abreiben, -nutzen; abschleifen; schmälern
dēterr|eō, ~uī, ~itus *2* abschrecken, -halten, -bringen; einschüchtern; dringend warnen; abwehren
dēterrimus *3 Sup* geringster, schlechtester, schwächster
dēterritus →deterreo
dēterruī →deterreo
dētersī, dētersus →detergeo
dētestābil|is, ~e, *Gen* ~is abscheulich
dētestātiō, ~nis *f* Verwünschung; Sühne
dētestor *1* (Schlimmes) herabwünschen; abweisen
dētēxī →detego
dētex|ō, ~uī, ~tus *3* fertig weben; vollenden
dē|tineō, ~tinuī, ~tentus *2* [teneo] auf-, zurück-, festhalten; beschäftigen, fesseln; se ~tinere sein Leben fristen; vorenthalten
dē|tondeō, ~tondī, ~tōnsus *2* abscheren ⟦*ml* mit der Tonsur versehen, zum Mönch machen
dēton|ō, ~uī *1* herabdonnern; sich ausdonnern, sich austoben
dētōnsus →detondeo
dē|torqueō, ~torsī, ~tortus *2* wegdrehen, abwenden; verrenken; *übertr* verdrehen
dētractātiō, dētractātor = detrectatio, detrectator
dētractiō, ~nis *f* Wegnahme; *med* Entziehung ⟦*ml übertr* Herabsetzung
⟦**detracto** *1 ml* ablehnen
dētract|or, ~ōris *m* Verkleinerer; Verleumder
dētractus →detraho
⟦**detrahen|s,** ~tis *m spl* Verleumder
dē|trahō, ~trāxī, ~tractus *3* herabziehen, herunter-, niederreißen; *übertr* erniedrigen; abziehen, abreißen; entziehen, entreißen, wegnehmen; entfernen; weg-, hinschleppen ⟦*ml übertr* Abbruch tun
dētrectātiō, ~nis *f* Verweigerung
dētrectāt|or, ~ōris *m* Verkleinerer ⟦*spl* Ablehner
dētrectō *1* [detraho] herabsetzen, verkleinern; verweigern
dētrīmentōsus *3* nachteilig
dētrīmentum, ī *n* [detero] Abnutzung, Verminderung; Nachteil, Verlust, Schaden ⟦*spl* Schwinden *der Zeit*
dētrītus **I.** *Adj 3* alltäglich, abgedroschen **II.** *Part Perf Pass* →detero
⟦**detriumpho** *1 spl* besiegen
dētrīvī →detero
dētrū|dō, ~sī, ~sus *3* herab-, hinabstoßen, hinabtreiben; wegstoßen, verdrängen, vertreiben; verschieben
dētruncātiō, ~nis *f* Abschneiden
dētruncō *1* abhauen, verstümmeln, stutzen; köpfen
dētrūsī, dētrūsus →detrudo
dētulī →defero
dēturbō *1* herabwirbeln, herabdrängen; vertreiben, herabstürzen; berauben (de, ex) *Abl* einer Sache
dēturpō *1* verunstalten ⟦*ml* trüben
Deucaliōn, ~is *m* Deukalion (S. des Prometheus, überlebt die Sintflut)
Deucaliōnēus *3* des Deukalion
deum **1.** *Akk Sg zu* deus **2.** *Nbf Gen Pl zu* deus
dēungō *3* salben, einölen
deūnx, deūncis *m* [uncia] elf Zwölftel
de|ūrō, ~ussī, ~ustus *3* nieder-, verbrennen; erfrieren lassen
deus, ī *m* (*Nbf Pl Nom* dii, di, *Gen* deum, divum, divom, *Dat/Abl* diis, dis) Gott, Gottheit; di meliora duint Gott bewahre ⟦*spl* deum fio vergöttert werden = sterben; *christlicher* Gott; *Pl* dei heidnische Götter, Götzen
deussī, deustus →deuro
deūtor *3* misshandeln *Abl* jmdn.
dēvāstō *1* gänzlich verwüsten, brandschatzen, vernichten
dē|vehō, ~vēxī, ~vectus *3* herabfahren; herbeibringen, hinschaffen
dē|vehor, ~vectus sum *3* abfahren, gelangen
dē|vellō, ~vellī (~volsī), ~vulsus (~volsus) *3* abrupfen, abreißen

dēvēlō *1* enthüllen
dēveneror *1* **1.** durch Gebet abwenden **2.** fromm verehren
dē|veniō, ~vēnī *4* hinabkommen; vom Wege abkommen; geraten, gelangen; verfallen in *od* ad auf ⟦*spl* landen; in excommunicationem ~venio exkommuniziert werden
dēverberō *1* durchprügeln ⟦*spl* = diverbero
dēverbium = diverbium
dēversor I. *Subst* dēversōris *m* Gast **II.** *Verb 1* einkehren, sich aufhalten
dēversōriolum, ī *n* kleine Herberge
dēversōrium, ī *n* Herberge; Schlupfwinkel
dēversōrius *3* Einkehr-
dēverticulum, ī *n* Seitenweg; Abweichung; Herberge; Schlupfwinkel
dē|vertō, ~vertī, ~versus *3* (sich) abwenden, abgehen, abschweifen; einkehren; Zuflucht nehmen
dēvertor *3* (*nur Präs*) = deverto
dēvēxī →deveho
⟦**devexio,** ~nis *f spl* Abhang
dēvexitā|s, ~tis *f* abschüssige Lage
dēvexus *3* abwärtsgehend, sich neigend
dēvīcī, dēvictus →devinco
dē|vinciō, ~vinxī, ~vinctus *4* fest verbinden, umwinden; zusammenfassen; eng verbinden, verpflichten, gewinnen ⟦*ml* se ~vincere sich anschließen
dē|vincō, ~vīcī, ~victus *3* völlig besiegen
dēvinctus I. *Adj 3* ganz ergeben **II.** *Part Perf Pass* →devincio
dēvinxī →devincio
⟦**devio** *1 spl* abirren; irreführen
dēvītātiō, ~nis *f* Vermeiden
dēvītō *1* vermeiden
dēvius *3* [via] abseits gelegen *od* wohnend; verirrt; unstet
dēvocō *1* herabrufen; wegrufen; verleiten
dēvolō *1* herabfliegen; wegfliegen, enteilen
dēvolsī, dēvolsus →devello
dē|volvō, ~volvī, ~volūtus *3* herabwälzen, herabrollen
dē|volvor, ~volūtus sum *3* sich herabwälzen, herabsinken ⟦*spl* sich zu Boden werfen
dēvorō *1* herunterschlucken, verschlingen; verprassen; geduldig ertragen
dēvortium, ī *n* Abbiegen
dēvortor *altl* = dēvērtor
dēvōtiō, ~nis *f* Aufopferung; Verwünschung ⟦*spl* Ergebenheit, Treue *Gen* gegen; Frömmigkeit; *ml* Andacht, Bitte; *Anrede eines Abtes*
dēvōtō *1* verzaubern; zum Tode weihen; anrufen
dēvōtus I. *Adj 3* verflucht; treu ergeben ⟦*spl* fromm; einfältig; *im Kult* gebunden **II.** *Part Perf Pass* →devoveo
dē|vōveō, ~vōvī, ~vōtus *2* geloben, weihen; verfluchen
dēvulsus →devello
dēxt|āns, ~antis *m* fünf Sechstel
dextella, ae *f* rechtes Händchen
dexter, dext(e)ra, dext(e)rum rechts gelegen, rechts; geschickt, gewandt; Glück bringend; gnädig, glücklich; günstig
dext(e)ra, ae *f* rechte Hand; feierliches Versprechen ⟦*ml* dextras do Gnade gewähren
dexteritā|s, ~tis *f* gewandtes Benehmen
dextimus *3* [*Sup zu* dexter] ganz rechts
[1]**dextra** = dextera
[2]**dextrā I.** *Präp beim Akk* rechts von **II.** *Adv* zur Rechten
⟦**dextrarius,** i *m ml* Streitross
dextrāt|or, ~ōris *m* nach rechts schwenkender Reiter
⟦**dextrim** *ml* **I.** *Präp beim Gen* zur Rechten **II.** *Adv* zur Rechten
⟦**dextro** *1 ml* mit der Rechten ergreifen
dextrōrsu|m *u.* **~s** *Adv* nach rechts ⟦*ml* ~m sensum porrigo recht verstehen
dextrōversum, dextrōvorsum = dextrorsum
dextumus = dextimus
dī →deus
Dīa, ae *f* **1.** = Naxos **2.** dea Dia (Spenderin des Flursegens)
diabathrārius, ī *m* Verfertiger leichter Schuhe
Diablint|ēs, ~um *u.* **~ī,** ōrum *m* Diablinter (kelt. Stamm)
⟦**diabolicus** *3 spl* vom Teufel, des Teufels; teuflisch, tückisch
⟦**diabolus,** i *m spl* Teufel
⟦**diacedrinus** *3* [*gr*] *ml* zitronenfarben
⟦**diacon,** ~is *u.* **~us,** ~i *m spl* (Hilfs-)Geistlicher, Diakon
⟦**Diaconus,** i *m* Diaconus (BN des Paulus, Schriftsteller der Langobarden im 8. Jh.)
⟦**diaconatus,** us *m spl* Amt des Diakons
⟦**diaconium,** i *spl* = diaconatus
diadēma, ~tis *n* [*gr*] Binde (bes. am Königsturban); Diadem ⟦*ml* Krone; kaiserliche Gewalt
diadēmātus *3* mit Kopfbinde geschmückt
diadūmenos, ī *m* **1.** = diadematus **2.** der die Siegerbinde umlegende Sportler (Statue des Polyklet)
diaeta, ae *f* [*gr*] **1.** Lebensweise **2.** Zimmer, Gartenhaus ⟦**3.** *ml* Tagereise
diagōn|ālis, ~āle, *Gen* ~ālis *u.* **~ios,** ~ion quer hindurchlaufend, diagonal
dialectica 1. ae *f* Dialektik, Disputierkunst **2.** ōrum *n* dialektische Lehrsätze
dialecticus I. *Adj 3* zum Disputieren gehörig, dialektisch **II.** *Subst* ī *m* Dialektiker ⟦*ml* Student der Philosophie
dialect|os *und* **~us,** ~ī *f* Mundart

d

Diāl|is I. *Adj* ~e, *Gen* ~is des Jupiter **II.** *Subst* ~is, ~is *m* Einzelpriester des Jupiter
dialogus, ī *m* Unterredung, wissenschaftliches Gespräch
Diāna, ae *f* Diana, *gr* Artemis (Göttin der Jagd, des Mondes, der Geburt; Schw. Apollos)
Diānium, ī *n* **1.** Dianatempel **2.** Dianium (Vorgebirge in Spanien)
Diānius *3* der Diana; Jagd-
dianomē, ēs *f* Verteilung, Spende
diapāsōn *undekl* [*gr*] Oktave
diapente *undekl* [*gr*] Quinte
diārium, ī *n* [dies] **1.** tägliche Kost (der Soldaten und Sklaven) **2.** Tagebuch
⟦**diastema,** ~tis *n spl* Intervall; *ml* Laut
diatessarōn *undekl* [*gr*] Quarte
dibaphus I. *Adj 2* doppelt gefärbt **II.** *Subst* ī *f* Staatskleid, Amtstracht
⟦**dibilis** *ml* = debilis
dica, ae *f* [*gr*] Rechtssache, Klage ⟦*ml* (Klag-)Schrift; Brief
dicācitā|s, ~tis *f* Witz(elei)
dicāculus *3* [dicax] witzig, schnippisch, redselig
dicātiō, ~nis *f* Bewerbung um Einbürgerung ⟦*spl* Weihung; Lob; *als Anrede:* Ehrwürden
dicā|x, *Gen* ~cis beißend, witzig
dice = dica
dichorēus, ī *m* [*gr*] Doppeltrochäus *Metrik*
diciō, ~nis *f* Gewalt, Botmäßigkeit ⟦*ml* Machtbereich; *Pl* ~nes Vereinbarungen
dicis causā *od* **gratiā** zum Schein, der Form wegen
[1]**dicō** *1* zueignen, widmen
[2]**dīcō,** dīxī, dictus *3* sagen, sprechen, erklären, weisen; festsetzen, diem ~ Termin bestimmen, dictatorem ~ zum Diktator ernennen; causam ~ Prozess führen; versichern, als gewiss behaupten; reden, eine Rede halten; erzählen; vortragen, (be)singen; vorhersagen
dīcor *3 beim Inf* sollen
⟦**dicrepo** *1 ml* = discrepo
dicrot|a, ~ae *f und* **~um,** ~ī *n* Zweiruderer, Schiff mit zwei Ruderreihen
Dictaeus *3* vom Berge Dikte (in Kreta)
⟦**dictam|en,** ~inis *n ml* Gedicht
dictamnus, ī *f* ein Heilkraut (vom Berge Dikte); Diptam
dictāta, ōrum *n* Lehrsätze, Aufgaben
dictāt|or, ~ōris *m* Diktator (höchster Beamter in latinischen Städten, in Rom mit außerordentl. Macht); Suffete (höchster Beamter in Karthago) ⟦*spl* Diktierer
dictātōrius *3* des Diktators
dictātrī|x, ~cis *f* Gebieterin
dictātūra, ae *f* Diktatur; Suffetenamt (in Karthago); Diktieren
⟦**dictatus,** us *m spl* Aufzeichnung
dictērium, ī *n* Witzwort
dictiō, ~nis *f* (Aus-)Sprechen; Gespräch, Rede; Vortrag ⟦*ml* Wort
dictitō *1* oft sagen; nennen; male ~ Böses nachsagen; causas ~ oft Prozesse führen
dictō *1* oft sagen; nennen; vorsagen, diktieren, abfassen; vorschreiben ⟦*ml* dichten; befehlen; = [1]dico verleihen
dictum, ī *n* das Gesagte; (Aus-)Spruch; Orakelspruch; Befehl; Versprechen
dictus I. *Part Perf Pass* →[2]dico **II.** ⟦*ml* = supradictus
Dictynna, ae *f* Diktynna (BN 1. der Nymphe Britomaris 2. der Artemis)
Dictynnēum, ī *n* Diktynneion (Heiligtum der Artemis bei Sparta)
⟦**didascalicus** *3* [*gr*] *spl* Lehr-
didicī →disco
dīdidī →dido
dīditus →dido *und* didor
Didō, ~nis *od* Didūs *f* Dido (Gründerin u. Königin von Karthago)
dīdō, dīdidī, dīditus *3* [do] verteilen
dīdor, dīditus sum *3* sich verbreiten, sich ausbreiten
dīdūcō, dīdūxī, dīductus *3* auseinanderziehen; trennen; terram ~ Boden lockern; (ver)teilen
dīductiō, ~nis *f* Zerlegung, Trennung, Teilung
Didymēon, ī *n* Didymeion (Apolloheiligtum in Didyma bei Milet)
diēcula, ae *f* [dies] kurze Frist
dierēctus *3 altl, meist* abi ~ scher dich zum Henker
diēs, diēī *m, f* (*Nbf Sg Gen* diē, diī; *Dat* diē) Tag, Tageslicht; Tagewerk, Tagereise; Termin, Frist; Zeit; in diem auf einen Tag, in den Tag hinein, für die Zukunft; in dies von Tag zu Tag, täglich ⟦*ml* in dies tagtäglich; diem claudo Leben beschließen
⟦**diescit** *3 ml* es wird Tag
Diēspiter *m* = Iuppiter
⟦**dieta** = diaeta
diffāmō *1* [fama] in Verruf bringen ⟦*spl* preisen
differentia, ae *f* Unterschied, Verschiedenheit, Abart
differō, distulī, dīlātus (*Inf* differre) **1.** auseinanderbringen, trennen, zerreißen, scheiden; verbreiten; aufschieben, verzögern, hinhalten **2.** (*nur Präsensstamm*) sich unterscheiden, verschieden sein
differtus *3* [farcio] voll(gestopft)
difficil|is, ~e, *Gen* ~is schwer, schwierig; eigensinnig; unzugänglich ⟦*spl* schwer zu beschaffen, selten
diffictus →diffingo
difficultā|s, ~tis *f* Schwierigkeit; Mangel; Eigensinn

diffīd|ēns, *Gen* ~entis misstrauisch, ängstlich
diffīdentia, ae *f* Misstrauen, Besorgnis
diffīdī →diffindo
dif|fīdō, ~fīsus sum *3* misstrauen, fürchten; verzweifeln *Dat od* de an; verloren geben
dif|findō, ~fidī, ~fissus *3* (zer)spalten
dif|fingō, ~fīnxī, ~fictus 3 umbilden, umschmieden, umgestalten
⟦**diffinite** *Adv spl* = definite
diffīnxī →diffingo
diffissus →diffindo
diffīsus →diffido
diffiteor *2* [fateor] in Abrede stellen
difflāgitō *1* ungestüm verlangen
diffleō *2* zerweinen
difflō *1* auseinanderblasen
dif|fluō, ~flūxī *3* auseinanderfließen, zerfließen, sich auflösen
dif|fringō, ~frēgī, ~frāctus *3* [frango] zerbrechen
diffūdī →diffundo
dif|fugiō, ~fūgī *3* auseinanderflüchten, auseinanderstieben, schwinden
diffugium, ī *n* Auseinanderstieben
diffunditō *1* verschleudern ⟦*spl* verbreiten
dif|fundō, ~fūdī, ~fūsus *3* ausgießen, auseinanderfließen lassen; vinum ~fundo Wein vom Fass abziehen; ausbreiten; zerstreuen, erheitern; se ~fundere = diffundor ⟦*ml Haar* herunterkämmen
dif|fundor, ~fūsus sum *3* sich ergießen, sich ausbreiten
diffūsiō, ~nis *f* Ausgelassenheit
diffūsus I. *Adj 3* ausgedehnt, weitläufig; heiter **II.** *Part Perf* →diffundo *u.* diffundor
diffutūtus *3* durch häufigen Verkehr geschwächt
digamma *undekl n* Doppelgamma (ehemaliger gr. Buchstabe *F; im Lat* F); *Abk für* fenus Zinsbuch
Digentia, ae *f* Digentia (Bach im Sabinerland beim Gut des Horaz)
dī|gerō, ~gessī, ~gestus *3* zerteilen, trennen; ordnen, einteilen, verteilen; darlegen
dīgesta, ōrum *n* Digesten (Sammlung röm. Rechtsvorschriften)
dīgestiō, ~nis *f* Einteilung, Aufzählung, Berechnung ⟦*spl* Verdauung
dīgestus I. *Adj 3* einer, der gut verdaut hat **II.** *Part Perf Pass* →digero **III.** *Subst* ūs *m* Einteilung
digitāl|is, ~e, *Gen* ~is einen Zoll (18,5 mm) lang ⟦*ml Subst* ~is, ~is *m* (Finger-)Ring
Digitī Idaeī, ōrum *m* Kybelepriester
digitulus, ī *m* Fingerchen
digitus, ī *m* Finger; Fingerbreite, Zoll (= 18,5 mm); Zehe
dīgladior *1* [gladius] sich herumschlagen
dīgnātiō, ~nis *f* Achtung, Würde, Rang ⟦*spl* Herablassung
dīgnitā|s, ~tis *f* Würde, Würdigkeit, Achtung, Rang; Wert; Schmuck; Pracht, würdevolles Aussehen; Ehrenstelle, Amt; Ehrenhaftigkeit
dīgnō *1* würdigen
dīgnor *1* für würdig halten; *mit Inf* wollen, geruhen ⟦*ml* erlauben
dīgnō|scō, ~vī *3* unterscheiden ⟦*spl* kennen, wissen
dīgnus *3* [decus] würdig, wert *Abl* (*im Dt Gen*); passend, geziemend, entsprechend, angemessen
dī|gredior, ~gressus sum *3* [gradior] sich entfernen, sich trennen; abweichen
dīgressiō, ~nis *f* Fortgehen, Trennung; Abschweifung
dīgressus I. *Part Perf* →digredior **II.** *Subst* ūs *m* = digressio
diī →deus; →dies
diis →deus
diiūdicātiō, ~nis *f* Entscheidung
diiūdicō *1* entscheiden; unterscheiden
diiūnct- = disiunct-
dī|labor, ~lāpsus sum *3* zerfallen, zerfließen; schwinden, vergehen; sich zerstreuen, entweichen
dīlacerō *1* zerfleischen
dīlāminō *1* spalten
dīlaniō *1* zerfleischen, zerreißen
dīlapidō *1* verschleudern
dīlāpsus →dilabor
dīlargior *4* reichlich verschenken
dīlātātus I. *Part Perf Pass zu* dilato ⟦**II.** *Adj 3 ml* bekannt, berühmt
dīlātiō, ~nis *f* Verzögerung, Aufschub
dīlātō *1* [latus] ausbreiten, ausdehnen, erweitern ⟦*ml* aufschieben
dīlāt|or, ~ōris *m* Zauderer
⟦**dilatura,** ae *f spl* Verzugszinsen
dīlātus →differo
dīlaudō *1* sehr loben
⟦**dilectio,** ~nis *f spl* Liebe
⟦**dilector,** ~is *m spl* Verehrer
dīlēctus I. *Adj 3* lieb, wert, teuer **II.** *Part Perf Pass* →diligo **III.** *Subst* ūs *m* Sorgfalt; Aushebung, ausgehobene Mannschaft ⟦*ml* sine dilectu ohne Unterschied
dīlēxī →diligo
dīlicuī = delicui →deliquesco
dīlig|ēns, *Gen* ~entis sorgfältig, genau; sparsam
dīligentia, ae *f* Sorgfalt, Achtsamkeit; Wirtschaftlichkeit
dī|ligō, ~lēxī, ~lēctus *3* hoch achten, lieben; lieb gewinnen ⟦*ml* gutheißen
dīliquēscō = deliquesco
dīlōrīcō *1* [lorica] aufreißen
dīlūceō *2* hell *od* klar sein
dī|lūcēscō, ~lūxī *3* aufleuchten, hell werden
dīlūcidus *3* hell; deutlich, klar

d

dīlūculum, ī *n* [diluceo] Morgendämmerung
dīlūdium, ī *n* [ludo] kampffreier Tag (der Gladiatoren); Ruhepause; Aufschub
dī|luō, ~luī, ~lūtus *3* [luo] auflösen, verdünnen; zerwaschen, erweichen; beseitigen
dīluvi|ēs, ~ēī *f u.* **~um,** ~ī *n* [diluo] Überschwemmung; Vernichtung ⟦*spl* ~um Sintflut
dīlūxī →dilucesco
dimachae, ārum *m* Doppelkämpfer zu Fuß und zu Pferde
dīmānō *1* auseinanderfließen, sich ausbreiten
dīmēnsiō, ~nis *f* Ausmessung ⟦*spl* Ausdehnung; *ml* Dauer
dīmēnsus *3 Part Perf* **1.** *Akt* →dimetior **2.** *Pass* abgemessen, abgesteckt
dī|mētior, ~mēnsus sum *4* vermessen, ausmessen
dīmēt|ō *u.* **~or** *1* abgrenzen, abstecken
dīmicātiō, ~onis *f* Kampf
dīmic|ō (*Perf Akt auch* ~uī) *1* kämpfen, fechten
dīmidiāt|us *3* halbiert, halb; *übertr* beinahe gleich ⟦*ml* fides ~a halb richtiger Glaube
dīmidium, ī *n* Hälfte
dīmidius *3* [medius] halb
dīminuō *3* klein machen, zerschmettern
dīminūtiō = deminutio
dīmissiō, ~nis *f* Entsendung; Entlassung
⟦**dimissui** esse *spl* ein Ende machen
dī|mittō, ~mīsī, ~missus *3* entlassen, fortschicken; stehen lassen; loslassen, fallen lassen; ausschicken, entsenden; locum ~mitto Ort räumen; rei publicae ~mitto um des Staates willen aufgeben ⟦*spl* erlassen, vergeben; zurücklassen, hinterlassen; *ml* weglassen; (zu)lassen; unterlassen = demitto
dī|moveō, ~mōvī, ~mōtus *2* auseinanderschieben, zerteilen; trennen; bewegen, vertreiben; abtrünnig machen
Dindym|a, ~ōrum *n u.* **~us,** ~ī *m* Dindyma (Berg in Phrygien)
Dindymēnē, ēs *f* Dindymene (BN der am Dindyma verehrten Kybele)
dīnōscō = dignosco
dīnotō *1* unterscheiden
dīnumerātiō, ~nis *f* Aufzählung
dīnumerō *1* ab-, aufzählen
diōbolār|is, ~e, *Gen* ~is für 2 Obolen käuflich
diōcesis = dioecesis
Diochar|ēs, ~is *m* Diochares (Freigelassener Caesars)
Diocharīnus *3* des Diochares
Diodōrus, ī *m* Diodor (gr. PN; *bes* Historiker aus Sizilien, 80–29)
⟦**dioecesanus,** i *m* [*gr*] *ml* Bewohner des Stadtgebiets
dioecēsis, ~ *f* Bezirk, Diözese ⟦*spl* (erz)bischöflicher Bezirk
dioecētēs, ae *m* [*gr*] Verwalter
Diogen|es, ~is *m* Diogenes (gr. PN; *bes* gr. Philosophen)
Diomēd|ēs, ~is *m* Diomedes (Held vor Troja, *myth* Gründer von Arpi)
Diomēdēus *3* des Diomedes
Diō(n), Diōnis *m* Dion (1. Schwager Dionysios' I. in Syrakus, Freund Platons, 354 v. Chr. ermordet 2. gr. Redner mit dem BN Chrysostomos, 40–112)
Diōn|a *u* **~ē,** ~ae *f* Dione (1. M. der Venus 2. = Venus)
Diōnaeus *3* der Dione
Dionȳsia, ōrum *n* Dionysien (Dionysosfest)
Dionȳsius I. *Adj* 3 des Dionysos **II.** *Subst* ī *m* Dionysios (gr. PN; *bes* Tyrannen von Syrakus)
Dionȳsus, ī *m* Dionysos, *lat* Bacchus; (Gott des Weines und der Natur)
dioptra, ae *f* Diopter (Visierinstrument zum Winkelmessen)
diōta, ae *f* Henkelkrug (= Amphora)
Dīphilus, ī *m* Diphilos (Komödiendichter um 300 v. Chr.)
diplinthius *3* zwei Ziegel dick
diplōma, ~tis *n* [*gr*] Urkunde, Diplom; Geleitbrief (für Reise in die Provinz; zur Benutzung der kaiserlichen Post)
dipsa|s, ~dis *f* [*gr*] Giftschlange
dipteros, on mit zwei Reihen Säulen
⟦**diptych|ium,** ~ii *n u.* **~(i)a,** ~(i)ae *f* [*gr*] *spl* Tafel, Verzeichnis
dīpund- = dupond-
Dipylon, ī *n* Dipylon, Doppeltor (im Nordwesten Athens)
dipyr|os, on *3* zweimal gebrannt
dīrae, ārum *f* [dirus] unheilvolle Zeichen; Verwünschungen
Dīrae, ārum *f* Rachegöttinnen, Furien
Dircaeus *3* **1.** der Dirke **2.** thebanisch
Dircē, ēs *f* Dirke (1. Königin von Theben 2. Quelle bei Theben)
⟦**directim** *Adv spl* gerade(aus); *ml* in einer Reihe
dīrēctus I. *Adj 3* gerade gerichtet; geradlinig waage-, senkrecht; steil abfallend; aufs Ziel losgehend, geradezu **II.** *Part Perf Pass* →dirigo
dirēmī →dirimo
diremptus I. *Part Perf Pass* →dirimo **II.** *Subst* ūs *m* Trennung
dīreptiō, ~nis *f* Plünderung
dīrept|or, ~ōris *m* Plünderer; Räuber
dīrēxī →dirigo
diribeō, –, diribitus *2* [*dis-habeo] sondern; verteilen
diribitiō, ~nis *f* Auszählen der Stimmtafeln
diribit|or, ~ōris *m* **1.** Verteiler **2.** Stimmenzähler

dīribitōrium, ī *n* Verwaltungsgebäude (im 9. Bezirk Roms)
dīrigēscō = derigesco
dī|rigō, ~rēxī, ~rēctus *3* gerade richten; einrichten, bestimmen; hinwenden, -lenken, -richten; Richtung nehmen, sich ausdehnen ⟦*spl* schicken; se ~rigere sich begeben
dir|imō, ~ēmī, ~emptus *3* [*dis-emo] trennen; unterbrechen, stören; aufheben
dī|ripiō, ~ripuī, ~reptus *3* [rapio] auseinanderreißen, zerreißen; (weg)reißen; plündern; zerstören ⟦*ml* ense ~ripio mit dem Schwert abtrennen; rauben
dīritā|s, ~tis *f* Bösartigkeit, Schrecklichkeit; Unglück; Abscheulichkeit
dī|rumpō, ~rūpī, ~ruptus *3* zerreißen, -brechen, -schlagen
dīru|ō, ~ī, ~tus *3* [ruo] auseinanderreißen, niederreißen, zerstören
dīrūpī, dīruptus →dirumpo
dīrus *3* unheilvoll, Unheil verkündend; schrecklich; *vgl* dirae
Dīs, Dītis *m* [dives] Pluto (Gott des Totenreiches)
dīs I. *Adj Gen* dītis [dives] reich **II.** *Nbf Dat/Abl Pl* →deus
discalceātus *3* unbeschuht
⟦**discantor,** ~is *m spl* (Sopran-)Sänger
dis|cēdō, ~cessī, ~cessus *3* auseinandergehen, sich trennen, sich zerstreuen; weggehen, abziehen, sich entfernen, (ver)schwinden; hervorgehen als, davonkommen; abweichen, abgehen; verlassen; absehen ⟦*spl* sterben
disceptātiō, ~nis *f* Erörterung, Verhandlung; Entscheidung; Streit(punkt)
disceptāt|or, ~ōris *m* Schiedsrichter
disceptātrī|x, ~cis *f* Schiedsrichterin
disceptō *1* [capio] erörtern, verhandeln; entscheiden
dis|cernō, ~crēvī, ~crētus *3* scheiden, trennen; unterscheiden; beurteilen; entscheiden
discerp|ō, ~sī, ~tus *3* [carpo] zerpflücken; zerstückeln; zerreißen; zerstreuen
discessī →discedo
discessiō, ~nis *f* Trennung; Ehescheidung; Abstimmung (durch Auseinandergehen in zwei Gruppen); Abmarsch ⟦*ml* Rücktritt, Verzicht
discessus I. *Part Perf Pass* →discedo **II.** *Subst* ūs *m* Auseinandergehen, Trennung; Weggehen, Abreise
[1]**discidī** →discindo
[2]**discīdī** →discīdo
discidium ī *n* Trennung, Zerwürfnis
discī|dō, ~dī, ~sus *3* [caedo] zerschlagen
discīnctus I. *Adj 3* entgürtet, ohne Gurt; waffenlos; *übertr* locker, liederlich **II.** *Part Perf Pass* →discingo
di|scindō, ~scidī, ~scissus *3* zerreißen, trennen
dis|cingō, ~cīnxī, ~cīnctus *3* losgürten, aufgürten; *vgl* discinctus
discī|plīna *u.* **~pulīna,** ae *f* [discipulus] Unterricht, Lehre, Schule; Kenntnis, Wissenschaft; Erziehung, Ordnung; Grundsätze ⟦*spl* Fach-, Einzelwissenschaft; liberales ~plinae die 7 freien Künste; Benehmen; Kirchenzucht
⟦**disciplinabiliter** *Adv spl* im Schulunterricht
⟦**disciplinatus** *3 spl* gebildet
discipula, ae *f* Schülerin
discipulīna →disciplina
discipulus, ī *m* [*dis-cipio] Schüler
discissus →discindo
discīsus →discido
disclū|dō, ~sī, ~sus *3* [claudo] von einander abschließen, trennen
dīscō, didicī *3* (kennen)lernen, studieren; erfahren, vernehmen
discobolos, ī *m* [*gr*] Diskuswerfer
discol|or, *Gen* ~ōris verschiedenfarbig, bunt; sich abhebend
discondūcō *3* nicht zuträglich sein, schaden
disconveniō *4* nicht übereinstimmen; *unpers* disconvenit es besteht ein Unterschied
⟦**discooperio** *4 spl* entblößen
discordābil|is, ~e, *Gen* ~is nicht übereinstimmend
⟦**discordantia,** ae *f ml* Widerspruch
discordia, ae *f* [discors] Uneinigkeit, Zwietracht; Zwist; Zankapfel; Meuterei
discordiōsus *3* streitsüchtig
discordō *1* [discors] uneins sein, nicht übereinstimmen *auch Dat* mit; meutern
discor|s, *Gen* ~dis [cor] uneinig, streitend; aufsässig; nicht übereinstimmend, verschieden
discrepantia, ae *f* Unterschied; Widerspruch
discrep|ō ~āvī *u.* ~uī *1* nicht übereinstimmen, uneins sein, abweichen, verschieden sein; *unpers* ~at es besteht ein Widerspruch
discrētim *Adv zu* discretus
⟦**discretio,** ~nis *f spl* Unterscheidungsvermögen, Urteil; Entscheid; Unterschied; *Anrede* vestra ~ Eure Weisheit
discrētus I. *Adj 3* abgesondert, getrennt ⟦*ml* fein, vornehm, erlaucht, höflich **II.** *Part Perf Pass* →discerno
discrēvī →discerno
di|scrībō, ~scrīpsī, ~scrīptus *3* einteilen, anweisen
discrīm|en, ~inis *n* [discerno] Unterschied; Zwischenraum; Entscheidung, Wendepunkt; Gefahr; Probe; Unterscheidungsgabe

discrīminō *1* [discrimen] trennen; unterscheiden
discrīpsī →discribo
discrīptiō, ~nis *f* Einteilung, Verteilung; *auch* = descriptio
discrīptus →discribo
discruciō *1* (zer)martern, quälen
discucurrī →discurro
dis|cumbō, ~cubuī, ~cubitus *3* [cubo] sich niederlegen, Platz nehmen
discup|iō, ~īvī, ~ītus *3* heftig wünschen
dis|currō, ~(cu)currī, ~cursus *3* auseinanderlaufen, hin und her laufen (reiten, fahren); sich verbreiten ⟦*spl* durcheilen
discursātiō, ~nis *f* Durcheinanderlaufen, -fliegen ⟦*ml* Herumbummeln
discursāt|or, ~ōris *m* herumstreifender Soldat
discursus I. *Part Perf Pass* →discurro **II.** *Subst* ūs *m* Umherlaufen, Hin- und Herfahren; Streifzug ⟦*ml* ~ intellectualis Gedankengang, Nachdenken
discus, ī *m* Diskus; Schüssel, Platte ⟦*spl* Tisch (*Lw*); Gong; *ml* Tafel
discussī →discutio
discussiō, ~nis *f* Erschütterung ⟦*spl* Forschung; Prüfung
dis|cutiō, ~cussī, ~cussus *3* [quatio] zerschlagen, -trümmern; zerstreuen; vertreiben; vereiteln ⟦*spl* untersuchen, prüfen; *ml* befragen, erörtern
disdiapasōn *undekl* Doppeloktave
disdō, disdidī *3 altl* verteilen
disertim *Adv* bestimmt, deutlich
disertus *3* wohlgeordnet, deutlich; redegewandt ⟦*spl* gebildet
dis|iciō, ~iēcī, ~iectus *3* [iacio] auseinandertreiben, auseinanderjagen, zerstreuen; zertrümmern, zerstören; vereiteln
disiectus I. *Adj 3* zerstreut, vereinzelt **II.** *Part Perf Pass* →disicio **III.** *Subst* ūs *m* Zerstreuen
disiūnctiō, ~nis *f* Trennung; Verschiedenheit; *Rhetorik* Fehlen des Bindewortes; *Logik* Entgegenstellung
disiūnctus I. *Adj 3* getrennt, entlegen; abweichend, verschieden; *Rhetorik* unverbunden; *Logik* entgegengesetzt **II.** *Part Perf Pass* →disiungo
dis|iungō, ~iūnxī, ~iūnctus *3* losbinden, abschirren; trennen; unterscheiden
⟦**disligo** *1 ml* aufbinden, öffnen
dismarītus, ī *m* Bigamist
dispālēscō *3* weithin sich verbreiten
dispālor *1* zerstreut umherstreifen ⟦*ml* wandernd umherziehen
dis|pandō, ~pandī, ~pānsus *3* ausspannen, ausbreiten
dispār, *Gen* disparis ungleich, verschieden
disparātum, ī *n* Gegensatz
disparil|is, ~e, *Gen* ~is ungleich
disparō *1* [dispar] absondern, trennen

dispart- = dispert-
dispectus I. *Part Perf Pass* →dispicio **II.** *Subst* ūs *m* allseitige Erwägung
dis|pellō, ~pulī, ~pulsus *3* auseinandertreiben, zerstreuen
dispendium, ī *n* Aufwand; Verlust, Nachteil, Schaden
[1]**dis|pendō** –, ~pessus *3* = dispando
[2]**dis|pendō** –, ~pensus auswiegen, austeilen
dispennō = dispando
dispēnsātiō, ~nis *f* Verteilung; Verwaltung; Amt des Schatzmeisters ⟦*spl* Anordnung; ~ divina göttlicher Wille; *ml* Amt; Befreiung *von Dienst od Leistung*
dispēnsāt|or, ~ōris *m* Hausverwalter; Kassierer ⟦*spl* Finanzbeamter
dispēnsō *1* aus-, einteilen; verwalten, wirtschaften ⟦*spl* anordnen; *ml* ausgeben *Dat* für; *als Strafe* zudiktieren
dispensus →[2]dispendo
dispercutiō *3* zerschlagen
disper|dō, ~didī, ~ditus *3* zugrunde richten, verderben
disper|eō, ~iī (*Inf* ~īre) verloren gehen, umkommen
disper|gō, ~sī, ~sus *3* [spargo] aus-, zerstreuen; zersprengen; ausbreiten; bespritzen, bestreuen
dispers|ē *und* **~im** *Adv* zerstreut
dispersiō, ~nis *f* Zerstörung ⟦*spl* Zerstreuung, Diaspora
dispersus I. *Part Perf Pass* →dispergo **II.** *Subst* ūs *m* Verzettelung
dispertī|ō *u.* **~or** *4* [partio] verteilen, aus-, zuteilen; *übertr* zerlegen
dispertītiō, ~nis *f* Zerteilung
dispessus →despendo 1.
di|spiciō, ~spēxī, ~spectus *3* [specio] unterscheiden; wahrnehmen; durchschauen; erwägen; ⟦*spl* genau untersuchen
displicentia, ae *f* Missfallen, Unzufriedenheit
displic|eō, ~uī *2* [placeo] missfallen; sibi ~ere missvergnügt sein
displō|dō, ~sī, ~sus *3* zersprengen
⟦**dispoliatio,** ~nis *f ml* Ausplünderung
[1]**dispoliō** = despolio
[2]**dispoliō** *4* glätten; *iron* verwalken
dis|pōnō, ~posuī, ~positus *3* hier und dort aufstellen, verteilen; einteilen, ordnen; se ~ponere über sich verfügen ⟦*spl* beabsichtigen, beschließen; *ml* wollen, anordnen, festsetzen; überlegen
dispositiō, ~nis *f* **1.** Einteilung, Anordnung, Gliederung **2.** Verarbeitung **3.** ⟦*ml* Regelung, Gebot, Plan; ~ dei Fügung Gottes
disposit|or, ~ōris *m* Ordner, Lenker
dispositus I. *Adj 3* wohlgeordnet ⟦*spl* festgesetzt **II.** *Part Perf Pass* →dispono **III.** *Subst* ūs *m* Anordnung

dispostus = dispositus II.
disposuī →dispono
dispud|et, ~uit *2 unpers* me ~et ich schäme mich sehr *Gen* wegen
dispulī, dispulsus →dispello
⟦**dispunctio,** ~nis *f spl* Prüfung
dispungō *3* prüfen; zuteilen ⟦*spl* beenden
disputābil|is, ~e *Gen* ~is worüber sich sprechen lässt
disputātiō, ~nis *f* Erörterung; Gedankengang; Untersuchung ⟦*ml* öffentliches Streitgespräch
disputāt|or, ~ōris *m* wissenschaftlicher Forscher *od* Denker; Verfechter *einer Meinung* ⟦*ml* Teilnehmer an einem öffentlichen Streitgespräch
disputō *1* genau berechnen; auseinandersetzen, erörtern, wissenschaftlich untersuchen
disquīrō *3* untersuchen
disquīsītiō, ~nis *f* Untersuchung
disrumpo = dirumpo
dissaep|iō, ~sī, ~tus *4* abzäunen, trennen
dissāvior *1* zärtlich küssen
dissec|ō, ~uī, ~tus *1* zerschneiden ⟦*spl* mit Schlitzen versehen
dissēdī →dissideo
dissēminō *1* aussäen; verbreiten
dissēnsī →dissentio
dissēnsiō, ~nis *f* Meinungsverschiedenheit, Uneinigkeit, Streit; Widerspruch
dissēnsus I. *Part Perf Pass* →dissentio **II.** *Subst* ūs *m* = dissensio
dissentāneus *3* [dissentio] nicht übereinstimmend
dis|sentiō, ~sēnsī, ~sēnsus *4* uneinig sein, streiten; nicht übereinstimmen, in Widerspruch stehen
disserēnā|scit, ~vit *3 unpers* [serenus] es wird heiter
[1]**dis|serō** *3* ~sēvī, ~situs in Abständen säen; verteilen
[2]**dis|serō** ~seruī, ~sertus auseinandersetzen, erörtern, darlegen
disserpō *3* sich allmählich verbreiten
dissertātiō, ~nis *f* Erörterung
dissertō *1* [dissero 2.] (oft) auseinandersetzen, besprechen
dissertus, disseruī →[2]dissero
dissēvī →[1]dissero
dissiciō = disicio
⟦**dissidentia,** ae *f ml* Riss
dis|sideō, ~sēdī *2* [sedeo] auseinandergezogen sein, entfernt sein; nicht übereinstimmen a(b) mit; widersprechen a(b) *Dat*
dissīgnātiō, ~nis *f* Ordnung
dissīgnāt|or, ~ōris *m* Anordner, Platzanweiser; Organisator eines Begräbnisses
dissīgnō *1* anordnen; ein-, anrichten
dissil|iō, ~uī *4* [salio] zerspringen; sich trennen
dissimil|is, ~e, *Gen* ~is unähnlich
dissimilitūd|ō, ~inis *f* Unähnlichkeit, Verschiedenheit
dissimulābiliter *Adv* heimlich
dissimulanter *Adv* verstellt, insgeheim
dissimulantia, ae *f* Verstellung, Ironie
dissimulātiō, ~nis *f* Unkenntlichmachen; Verstellung ⟦*ml* gutwilliges Übersehen, Duldung, Toleranz
dissimulāt|or, ~ōris *m* Verleugner, Meister in der Verstellung
dissimulō *1* unkenntlich machen, verbergen; verhehlen, verheimlichen; nicht beachten, vernachlässigen; sich verstellen, heucheln, so tun, als ob nicht ⟦*ml* geschehen lassen, dulden; verleugnen
dissipābil|is, ~e *Gen* ~is zerteilbar
dissipātiō, ~nis *f* Zersplitterung; Zerlegung eines Begriffs *Redefigur*
⟦**dissipatri|x,** ~cis *f spl* Vernichterin; *ml* Verschwenderin
dissipātus *3* **I.** *Adj* zerstreut, unverbunden **II.** *Part Perf Pass zu* dissipo
dissipō *1* zerstreuen; zerstören; verschwenden
dissitus I. *Adj 3* auseinanderliegend, entfernt **II.** *Part Perf Pass* →[1]dissero
dissociābil|is, ~e, *Gen* ~is unvereinbar, ungesellig
dissociātiō, ~nis *f* Trennung
dissociātus I. *Adj 3* ungesellig **II.** *Part Perf Pass zu* dissocio
dissociō *1* trennen, scheiden
dissolūbil|is, ~e, *Gen* ~is auflösbar
dissolūtiō, ~nis *f* Auflösung, Zerfall; Vernichtung, Aufhebung; Widerlegung; Schwäche ⟦*spl* Kraftlosigkeit
⟦**dissolutorie** *Adv ml* bewegungsunfähig, gelähmt
dissolūtum, ī *n* Asyndeton, Satzbau ohne Bindewörter
dissolūtus I. *Adj 3* aufgelöst; *vom Stil* ungebunden; gleichgültig, nachlässig; zügellos **II.** *Part Perf Pass* →dissolvo
dis|solvō, ~solvī, ~solūtus *3* los-, ablösen; zahlen; auflösen, widerlegen
dissonus *3* durcheinandertönend, verworren; nicht übereinstimmend ⟦*spl* abweichend *Dat* von
dissor|s, *Gen* ~tis nicht gemeinsam a *od* ab mit
dis|suādeō, ~suāsī, ~suāsus *2* abraten *Akk* von
dissuāsiō, ~nis *f* Abraten
dissuās|or, ~ōris *m* Abrater, Redner *Gen* gegen
dissuāsus →dissuadeo
dissultō *1* auseinanderspringen, bersten; sich verbreiten; abprallen
dis|suō, ~suī, ~sūtus *3* auftrennen; (langsam) auflösen; öffnen
dissupō *altl* = dissipo

d

distaedet *2 unpers* es macht großen Verdruss *Akk* jmdm. *Gen* etw.
distantia, ae *f* Abstand, Verschiedenheit
disten|dō, ~dī, ~tus *3* ausdehnen, ausstrecken; anfüllen; getrennt halten; teilen, zerstreuen
distennite *altl für* distendite
distentiō, ~nis *f* Ausdehnung, Verzerrung
distentus I. *Adj 3* **1.** [distendo] prall, voll, rundlich ⟦*spl* reichlich **2.** [distineo] vielseitig beschäftigt **II.** *Part Perf Pass* →distendo *u.* distineo
disterminō *1* scheiden, abgrenzen
distich|on *u.* **~um,** ~ī *n* [*gr*] Distichon, Zweizeiler (Hexameter u. Pentameter)
distill- = destill-
distīnctiō, ~nis *f* Scheidung; Unterscheidung, Bestimmung; Unterschied, Verschiedenheit; Pause *in der Rede;* Verzierung, Schmuck ⟦*spl* Zeichensetzung; *ml* Abschnitt
distīnctus I. *Adj 3* mannigfaltig, unterschieden; abwechslungsreich; *von der Rede* wohl abgewogen, klar **II.** *Part Perf Pass* →distinguo **III.** *Subst* ūs *m* bunte Verzierung
dis|tineō, ~tinuī, ~tentus *2* [teneo] auseinanderhalten, trennen; sehr in Anspruch nehmen; verzögern
di|stinguō, ~stīnxī, ~stīnctus *3* bunt verzieren, schmücken; unterscheiden, trennen; genau bezeichnen; *vgl* distinctus
distō *1* entfernt sein, sich unterscheiden; *unpers* distat es ist ein Unterschied
distor|queō, ~sī, ~tus *2* verdrehen, quälen
distortiō, ~nis *f* Verzerrung
distortus I. *Adj 3* verdreht, verrenkt; verwachsen; verschroben **II.** *Part Perf Pass* →distorqueo
distractiō, ~nis *f* Trennung; Zerwürfnis
dis|trahō, ~trāxī, ~tractus *3* auseinanderziehen, zerreißen, trennen, auflösen; nach verschiedenen Richtungen hinzerren, schwankend machen; los-, entreißen; einzeln verkaufen
dis|trahor, ~tractus sum *3* sich auflösen; schwanken; sich entziehen; fama ~trahor in üblen Ruf gebracht werden
distrib|uō, ~uī, ~ūtus *3* verteilen, zuteilen; einteilen
distribūtiō, ~nis *f* Verteilung, Einteilung
distribūtus I. *Adj 3* gut geordnet **II.** *Part Perf Pass* →distribuo
districtus I. *Adj 3* vielfältig in Anspruch genommen ⟦*ml* beeinflusst; = destrictus streng **II.** *Part Perf Pass* →distringo **III.** ⟦*Subst* us *m spl* (Bann-)Bezirk
di|stringō, ~strīnxī, ~strictus *3* auseinanderziehen, auseinanderstrecken; zerstreuen; hin- und herzerren; umgeben, einengen
distruncō *1* zerhauen
distulī →differo
disturbātiō, ~nis *f* Zerstörung
disturbō *1* auseinandertreiben; zerstören; hintertreiben
dītēscō *3* [dives] reich werden
dīthyrambicus *3* dithyrambisch
dīthyrambus, ī *m* [*gr*] Preislied, *bes* auf Dionysos
dītiae, ārum *f* [= divitiae] Reichtum
dītior = divitior *Komp zu* dives
Dītis, ~ *m Nbf zu* Dis
dītissimus = divitissimus *Sup zu* dives
dītō *1* [dives] bereichern
diū *Adv* **1.** [dies] am *od* bei Tage **2.** (*bei Plautus auch* diŭ) lange, seit Langem ⟦*ml* ~ longe seit Langem
⟦**diurnatim** *Adv ml* täglich
diurnum, ī *n* **1.** tägliche Ration **2.** Tagebuch
diurn|us *3* [dies] Tages-, bei Tage, täglich; (acta) ~a Tagesberichte ⟦*ml* = diutinus
[1]**dīus** *Adv* = diu 1.
[2]**dīus** *3* [divus] göttlich
diūtinus *3* lang dauernd
diūtius *Adv* (*poet auch* diŭtius) [*Komp zu* diu 2.] länger
diūtissimē *Adv* (*poet auch* diŭtissimē) [*Sup zu* diu 2.] am längsten
diūturnitā|s, ~tis *f* lange Dauer
diūturnus *3* länger dauernd *od* bestehend
dīva, ae *f* Göttin
Dīvāli|a, ~um *n* Divalien (Fest der diva Angerona)
dīvāl|is, ~e, *Gen* ~is göttlich ⟦*spl* kaiserlich
dīvāricō *1* auseinanderspreizen ⟦*ml* aufreißen; verzerren
dī|vellō, ~vellī (*auch* ~vulsī), ~vulsus *3* auseinanderreißen, zerreißen, trennen
dī|vellor, ~vulsus sum *3* sich losreißen, sich trennen
dī|vēndō, ~vēndidī, ~vēnditus *3* einzeln verkaufen
dīverberō *1* auseinanderschlagen, zerteilen; verprügeln
dīverbium, ī *n* Zwiegespräch (auf der Bühne), Dialog
dīversitā|s, ~tis *f* Verschiedenheit, Unterschied; Widerspruch
dīversor, dīversōrium = devers-
dīvers|us *3* entgegengesetzt, voneinander getrennt; gegenüberliegend; in verschiedene(r) Richtung; zerstreut; jeder für sich; verschieden, abweichend, unähnlich; *Pl* ~i andere, mehrere; uneinig, feindlich; entlegen; e(x) ~o von verschiedenen Seiten, *auch* gegenüber, im Gegenteil; per ~a aus ganz verschiedenen Gründen ⟦*ml* per ~a auseinander
dīverticulum, ī *n* [diverto] Abzweigung
dīvertium = divortium
dī|vertō, ~vertī *3* weggehen, verschieden sein
dīves, *Gen* dīvitis reich *Gen od Abl* an; kostbar, prächtig; fruchtbar

dīvexō *1* auseinanderzerren; misshandeln
Dīviciācus, ī *m* [*kelt*] Diviciacus (Fürst 1. der Häduer 2. der Suessionen zur Zeit Caesars)
dīvidia, ae *f* [divido] Zerwürfnis; Verdruss
dī|vidō, ~vīsī, ~vīsus *3* (ab)trennen, scheiden; (zer)teilen, spalten; ab-, einteilen; aus-, zu-, verteilen; sententiam ~vido getrennt abstimmen lassen
dīvidu|us *3* teilbar; geteilt; luna ~a Halbmond
dīvīnātiō, ~nis *f* Ahnung, Sehergabe, Weissagung; Bestimmung des Anklägers
dīvīnitā|s, ~tis *f* Göttlichkeit, göttliches Wesen, göttliche Weisheit; unübertreffliche Meisterschaft ⟦*spl* tua ~s Deine Majestät (= der Kaiser); Gott(heit); Theologie
dīvīnitus *Adv* durch göttliche Fügung, durch göttliche Eingebung; prophetisch; großartig
dīvīnō *1* weissagen; ahnen, erraten
dīvīnum, ī *n* das Göttliche, Gottesdienst
dīvīn|us I. *Adj 3* [divus] göttlich; res ~ae Gottesdienst; natürliche Dinge; Naturrecht; ahnend, weissagend; begeistert ⟦*spl* litterae ~ae Bibel; disciplina ~a Theologie; *ml* germen ~um Christentum **II.** *Subst* ī *m* Wahrsager ⟦*ml* Gottesmann, Theologe
dīvīsī →divido
dīvīsiō, ~nis *f* Teilung, Verteilung, Einteilung ⟦*ml* (Erb-)Teil
dīvīs|or, ~ōris *m* Verteiler von Äckern *od* Wahlgeldern
dīvīsse = divisisse *Inf Perf Akt zu* divido
dīvīsus I. *Part Perf Pass* →divido **II.** *Subst* ūs *m* Verteilung; divisui sum verteilt werden
⟦**Divite(n)si|s,** ~um *m spl* Einw. von Divitia, *heute* Deutz
Dīvitiācus = Diviciacus
dīvitiae, ārum *f* [dives] Reichtum, Schätze; Fruchtbarkeit
Dīvodūrum, ī *n* Divodurum, *heute* Metz
divom *Nbf Gen Pl* →deus
dīvors- = divers-
dīvortium, ī *n* [diverto] Trennung; Weg-, Flussgabelung; Wasserscheide; Ehescheidung; Bruch
dīvortō = diverto
dīvulgō *1* veröffentlichen, verbreiten; preisgeben
dīvulgor *1* bekannt werden
dīvulsus →divello
dīvum I. *Subst* ī *n* freier Himmel **II. 1.** *Akk Sg* →divus **2.** *Nbf Gen Pl* →deus
dīvus I. *Adj 3* göttlich; *BN eines verstorbenen Kaisers* ⟦*ml* heilig **II.** *Subst* ī *m* Gott
dīxī →^{2}dico
D. M. *Abk* = Dis Manibus den Seelen der Verstorbenen *auf Grabdenkmälern*

dō, dedī, datus *1* **1.** geben, übergeben, überlassen; darbringen, opfern; übertragen; hingeben, preisgeben **2.** hervorbringen, erzeugen, schaffen, machen, veranstalten **3.** bringen, werfen, versetzen; vela in altum ~ in See stechen **4.** angeben, nennen, bezeichnen; anrechnen *Dat* als **5.** gewähren, gestatten, zugestehen, einen Gefallen tun **6.** se dare sich widmen; sich begeben, sich stürzen; sich fügen ⟦*ml* zuerkennen; *beim Inf* lassen; datur man kann; erfüllen; *beim doppelten Akk* ausgeben für
doceō, docuī, doctus *2* [disco] (be)lehren, unterrichten *Abl* in; aufklären, darlegen, instruieren; *Drama* einüben, aufführen ⟦*ml auch Dat* jmdn.
dochmius, ī *m* [*gr*] Dochmius (Versfuß ◡––◡–)
docibil|is, ~e, *Gen* ~is belehrbar; aufnahmefähig
docil|is, ~e, *Gen* ~is gelehrig; leicht begreiflich
docilitā|s, ~tis *f* Gelehrigkeit; Sanftmut
doct|or, ~ōris *m* Lehrer ⟦*spl* Kirchenlehrer; ~or gentium Apostel Paulus; *ml* Universitätslehrer *akademischer Grad*
doctrīna, ae *f* Unterricht, Unterweisung; Gelehrsamkeit, Kenntnisse, Bildung; Lehre, Fach, Wissenschaft ⟦*ml* Belehrung, Aufklärung
⟦**doctrino** *1 ml* unterrichten, ausbilden
doctus I. *Adj 3* gelehrt, gebildet; klug; erfahren *Gen od Abl* in; Graece ~ des Griechischen mächtig **II.** *Part Perf Pass* →doceo **III.** *Subst* doctī, ōrum *m* Gebildete, Kenner
docuī →doceo
documentum, ī *n* [doceo] Lehre, Beispiel, Warnung; Beweis, Probe, Zeugnis ⟦*ml* Urkunde; ~ fidei sacrum Bibel; antiquum ~ Altes Testament
Dōdōna, ae *f* Dodona (Stadt in Epirus mit Eichenhain und Zeusorakel)
Dōdōnaeus *3* dodonisch, von Epirus
Dōdōni|s, *Gen* ~dis (*Akk* ~da) *f* dodonisch
⟦**dodra,** ae *f spl* Getränk aus neun Bestandteilen
dōdran|s, ~tis *m* drei Viertel; *auch* $^3/_4$ Morgen, $^3/_4$ Fuß (= 222 mm) ⟦*spl* $^3/_4$ As
dōdrantāl|is, ~e, *Gen* ~is $^3/_4$ Fuß (= 222 mm) betragend
dōdrantārius *3* um 75 % ermäßigt
dogma, ~tis *n* [*gr*] Lehrsatz ⟦*ml* Glaubenssatz; ~ christianum christliche Lehre; ~, quod die Lehre, dass
⟦**dogmatistes,** ae *m spl* Lehrer des christlichen Glaubens
Dolābella, ae *m* Dolabella (BN der gens Cornelia); *bes* P. Cornelius ~ (Schwiegersohn Ciceros)
dolābra, ae *f* [dolo I.] Hacke

d

⟦**dolatura,** ae *f ml* Schnitz-, Böttchermesser
dolēns I. *Adj Gen* dolentis schmerzlich **II.** *Subst* dolentis *m* Trauernder
doleō, doluī, dolitūrus *2* schmerzen, Schmerz empfinden; trauern, betrübt *od* ärgerlich sein *Akk od Abl* über; dolet mihi, quod es tut mir leid, dass
dōliār|is, ~e, *Gen* ~is Fass-, fassähnlich
dōliolum, ī *n* Fässchen; Blumenkelch
dolitō *1* [doleo] sehr schmerzen
dōlium, ī *n* Fass (aus Ton) ⟦*spl* Fass (aus Holz), Behälter; *übertr* ~ Saturni Hexensabbat
dolō I. *Subst* ~nis *m* [*gr*] **1.** Dolch; Stachel **2.** Vordersegel **II.** *Verb 1* bearbeiten, zurechthauen; durchprügeln
dolōn, ~is *m* = dolō I.
Dolop|es, ~um *m* Doloper (Volk in Thessalien)
Dolopia, ae *f* Land der Doloper
dolor, dolōris *m* Schmerz; Kummer, Betrübnis, Teilnahme; Ärger; *beim Redner* Leidenschaft, Pathos
⟦**dolorosus** *3 ml* an Schmerzen reich
dolōsus *3* trügerisch, arglistig, schlau
doluī →doleo
dolus, ī *m* Betrug, List, Täuschung
D. O. M. *Abk* = Deo Optimo Maximo dem besten höchsten Gott (= Jupiter)
⟦**doma,** ~tis *n* [*gr*] *spl* Haus; *ml* Vogelbauer
domābil|is, ~e, *Gen* ~is zähmbar
domesticātim *Adv* in Privathäusern
domestic|us [domus] **I.** *Adj 3* häuslich, Haus-, Familien-; einheimisch; res ~a Privatsache ⟦*ml* ans Haus gefesselt; familiär, vertraulich; iudicium ~um im Statthalterpalast gefälltes Urteil **II.** *Subst* ~ī *m* Familienmitglied, Hausfreund; *Pl* ~ī Hausgenossen, Hausgesinde
domī [*Lok zu* domus] zu Hause, im Hause; ~ militiaeque im Krieg und Frieden
⟦**domicella,** ae *f ml* **1.** [domus] (Vogel-) Häuschen **2.** [domina] Fräulein; Jungfrau Maria
⟦**domicellus,** i *m ml* Knappe, Junker
domicilium, ī *n* Wohnung, Wohnort; Sitz, Stätte
domina, ae *f* Hausfrau, Gebieterin *auch von Damen des Kaiserhauses;* Herrin, Herrscherin; Geliebte ⟦*ml Titel:* ~ ductrix Frau Herzogin
domin|āns, ~antis **I.** *Part* herrschend **II.** *Subst m* Gebieter
dominātiō, ~nis *f* Gebiet; Herrschaft, Gewaltherrschaft; Einfluss ⟦*ml höfische Anrede:* vestra ~ Eure Herrlichkeit
dominātor, ~ōris *m* Beherrscher
dominātri|x, ~cis *f* Beherrscherin
dominātus, ūs *m* Herrschaft, Dominat
⟦**dominella,** ae *f ml* Herrin, Fräulein
⟦**dominicum,** i *n spl* **1.** sonntäglicher Gottesdienst **2.** Kirche
dominic|us *3* herrschaftlich, des Herrn; kaiserlich ⟦*spl* des Herrn (Christi); cena ~a Abendmahl; (dies) ~us *u.* ~a Sonntag
dominium, ī *n* Herrschaft, Besitz; Festmahl
domin|ō *u.* **~or** *1* herrschen, Herr sein; den Herrn spielen ⟦*spl* herrschen *Gen od Dat* über, gebieten, befehlen
domin|us I. *Adj 3* herrschaftlich, des Herrn **II.** *Subst* ~ī *m* Hausherr; der junge Herr *vom Sohn;* Besitzer, Sklavenhalter, Gebieter; Veranstalter; *Pl* ~i Herr und Frau; ⟦*ml* Grundherr; Gott, Christus; *Titel, z. B.* ~us apostolicus Papst
domiporta, ae *f* Hausträgerin *Schnecke*
domisedus *3* häuslich
Domitiānus *3* des Domitius
Domitius *3 Gent* Domitius (*bes* 1. Cn. ~ Ahenobarbus Allobrogicus, Konsul 122 v. Chr. 2. L. ~ Ahenobarbus, Konsul 54 v. Chr., Anhänger des Pompejus 3. Cn. ~ Ahenobarbus, Vater des Kaisers Nero, Gem. der Agrippina)
domitō *1* bändigen, zähmen
domit|or, ~ōris *m* Bezähmer, Bändiger; Bezwinger
domitrī|x, ~cis *f* Bändigerin; Überwinderin
domitus I. *Part Perf Pass* →[1]domo **II.** *Subst* ūs *m* Zähmung
domna, ae *f* = domina Herrin ⟦*spl* BN der Kaiserin Iulia Domna (170–217)
⟦**domnus,** i *m ml* = dominus; *Anrede* ~ Carolus Herr Karl, ~ papa Herr Papst
[1]**domō,** domuī, domitus *1* zähmen, bändigen; bezwingen, überwältigen
[2]**domō** [domus] von Haus, aus dem Haus
domuī I. *Perf Akt* →domo I. **II. 1.** *Dat Sg zu* domus **2.** = domi
domum nach Hause, ins Haus
domuncula, ae *f* Häuschen
domus, ūs *f* (*Nbf* ~, ī; *Dat/Abl Pl nur* domibus) Haus, Landhaus; Familie, Hauswesen; Partei, Sekte; Heimat ⟦*ml auch m;* ~ dei Gotteshaus, Kirche; Dom
domūsiō, ~nis *f* Hausbedarf
dōnābil|is, ~e, *Gen* ~is wert, beschenkt *od* geschenkt zu werden
dōnārium, ī *n* Opferaltar, Tempel ⟦*spl* Weihgeschenk
dōnātiō, ~nis *f* Schenkung, Gabe
dōnātīvum, ī *n* Geldgeschenk *des Kaisers an die Soldaten*
dōnec *Kon.* bis; solange
dōnicum, dōnique = donec
dōnō *1* (be)schenken, verleihen, gewähren; erlassen; begnadigen; aufgeben *Dat* um ... willen *od* zuliebe, *z. B.* filio dem Sohn zuliebe *od* um des Sohnes willen ⟦*spl* = do, trado geben
dōnum, ī *n* [do] Gabe, Geschenk; Opfergabe, Weihgeschenk

Donūsa, ae *f* Donusa (Insel östlich von Naxos)
dorca|s, ~dis *f* [*gr*] Gazelle
Dōrēs, Dōrum *m* Dorer
Dōricus *3* dorisch
Dōri|s, ~dis *f* **I.** *Adj* dorisch, *poet* sizilisch **II.** *Subst* Doris (1. T. des Okeanos, M. der 50 Nereiden, *poet* Meer 2. Landschaft in Nordgriechenland u. Kleinasien 3. Gem. des älteren Dionysios)
Dōrius *3* = Doricus
dormibit *altl* = dormiet
dormiō *4* schlafen ⟦*spl* tot sein; *ml* sterben, entschlafen
dormītāt|or, ~ōris *m* Faulenzer
dormitō *1* [dormio] schlafen; schläfrig sein, einnicken
dormītōrium, ī *n* Schlafzimmer ⟦*spl* Ruhestätte; *ml* Schlafsaal (im Kloster)
dormītōrius *3* Schlaf-
⟦**dorsiloquium,** i *n ml* (üble) Nachrede
dorsum, ī *n* (*Nbf* dorsus, ī *m*) Rücken; ~ saxeum Steindamm
Dorylaeum, ī *n* Dorylaion (Stadt in Phrygien)
Dorylēns|ēs, ~ium *m* Einw. von Dorylaion
doryphoros, ī *m* [*gr*] Speerträger; Leibwächter
dōs, dōtis *f* [do] Mitgift, Heiratsgut; Gabe
Dossenus, ī *m* [dossum *vl für* dorsum] der Bucklige (pfiffige u. gefräßige Figur des röm. Lustspiels)
dōtāl|is, ~e, *Gen* ~is als Mitgift
dōtātus I. *Adj 3* reichlich ausgestattet **II.** *Part Perf Pass zu* doto
dōtō *1* ausstatten, versehen
drachma, ae *f* Drachme (gr. Silbermünze u. Gewicht von 4,36 g); = Denar ⟦*ml* drachmae, arum Lösegeld
drachuma *altl* = drachma
drachumissō *1* für 1 Drachme arbeiten
dracō, ~nis *m* Drache (*Lw*); Schlange; Sternbild des Drachen ⟦*ml* Schlange, Teufel, Tod, Hölle
Dracō, ~nis *m* Drakon (Gesetzgeber Athens 621 v. Chr.)
dracōnigena, ae *m* von einem Drachen abstammend
Drangae, ārum *m* Bewohner der persischen Provinz Drangiana (*heute* in Afghanistan)
drāpeta, ae *m* [*gr*] entlaufener Sklave
⟦**drappus,** i *m spl* [*kelt*] Tuch
⟦**Dravus,** i *m spl* Drau (Fluss in Pannonien)
Drepanītānus, ī *m* Einw. von Drepanum
Drepanum, ī *n u.* **Drepana,** ōrum *n* Drepanum (Stadt auf Sizilien), *heute* Trapani
droma|s, ~dis *m* Dromedar (*Fw*)
Dromos, ī *m* [*gr* Lauf] Rennbahn (Ebene bei Sparta; Landzunge auf der Krim)
Druentia, ae *m heute* Durance (linker Nebenfluss der Rhone)
Druid|ae, ~ārum *u.* **~ēs,** ~um *m* Druiden (Priester der Kelten)
⟦**drungus,** i *m spl* [*kelt*] Sturmabteilung
druppa, ae *f* Olive
Drūsiānus *3 u.* **Drūsīnus** *3* des Drusus
Drūsus, ī *m* Drusus *BN, bes* **1.** M. Livius ~ (Gegner des C. Gracchus) u. sein Sohn (der 91 v. Chr. ermordet wurde) **2.** Nero Claudius ~ (Stiefsohn des Augustus, Feldherr in Germanien)
Dryad|es, ~um *f* [*gr*] Dryaden, Baumnymphen
Dryop|es, ~um *m* Dryopier (Volksstamm in Thessalien)
drypeti|s, *Gen* ~dis [*gr*] unreif
duam *altl Konj. Präs zu* do = dem
⟦**dubieta|s,** ~tis *f spl* Zweifel
Dūbis, ~ *m* Dubis (linker Nebenfluss der Saône), *heute* Doubs
dubitābil|is, ~e, *Gen* ~is zweifelhaft
dubitanter *Adv* zweifelnd, zögernd
dubitātiō, ~nis *f* Zweifel, Ungewissheit; Bedenken, Zaudern
dubitō *1* **1.** zweifeln de an, bezweifeln **2.** sich bedenken, zögern, zaudern, unschlüssig sein; non ~, quin nicht zweifeln *od* zögern, dass
dubi|um, ~ī *n* Zweifel; sine ~o ohne Zweifel; in ~um vocare in Zweifel ziehen; in ~um devocare aufs Spiel setzen; in ~o esse auf dem Spiel stehen
dubius *3* zweifelnd; schwankend, unentschlossen; unbestimmt, unentschieden; bedenklich, misslich, gefährlich
⟦**ducal|is,** ~e, *Gen* ~is *ml* herzoglich, Herzogs-
ducātus, ūs *m* [dux] Feldherrnwürde ⟦*ml* Herzogtum; Führung, Geleit
ducēnārius *3* 200 enthaltend; mit 200 000 Sesterzen Vermögen *od* Gehalt
dūcēnī, ae, a je zweihundert
ducentesima, ae *f* Abgabe von $^1/_2$%
ducentesimus *3* Zweihundertster
ducentī, ae, a zweihundert
ducentiē(n)s *Adv* zweihundertmal
⟦**ducissa,** ae *f ml* Herzogin
dūcō, dūxī, ductus *3* **1.** führen, leiten; (hin)bringen; *Festzug* veranstalten; mitnehmen; *Truppen* marschieren lassen, kommandieren, an der Spitze stehen; veranlassen, bewegen **2.** ziehen, hinter sich herziehen, herausziehen; an sich ziehen, annehmen; bilden, gestalten, hervorbringen; *Gesicht* verziehen; *geradlinige Bauten* errichten; in die Länge ziehen, ausdehnen; zubringen; einatmen **3.** (be)rechnen, veranschlagen; rationem ~ Rücksicht nehmen *Gen* auf; glauben, meinen, halten für, schätzen, betrachten als ⟦*ml* aufziehen, abrichten
ductim *Adv* in vollen Zügen; (den Weinberg) hegend

d

ductiō, ~nis *f* Ziehen; Führen; Leitung; *med* Abführen
ductitō *1* [ducto] wegführen; heimführen, heiraten; anführen, betrügen
ductō *1* führen, befehligen; heimführen; anführen, täuschen
duct|or, ~ōris *m* (Heer-)Führer
⟦**ductri|x,** ~cis *f spl* Anführerin; *ml* Herzogin
ductus I. *Part Perf Pass* →duco **II.** *Subst* ūs *m* Ziehen, Zug; Zusammenhang; Leitung, Führung, Befehl ⟦*ml* Geleit; Gang; ~ obliquus Umweg
dūdum *Adv* **1.** lange, längst; quam ~ seit wann; iam ~ schon lange **2.** vor Kurzem, vorhin; *auch* jetzt eben, sofort
Duēlius, Duellius = Duilius
duell- *altl* = bell-
duellāt|or, ~ōris *m* Krieger
duellicus *3* Kriegs-
duellum, ī *n altl* Krieg, ⟦*ml* Zweikampf
Duīlius *3 Gent* Duilius, *bes* C. ~ (Sieger in der Seeschlacht von Mylae 260 v. Chr.)
duim, duis *usw altl* = dem, des *usw*
dulcēd|ō, ~inis *f* [dulcis] Süßigkeit; Lieblichkeit, Reiz; Verlangen
dulcēscō *3* süß werden ⟦*spl* süß machen
⟦**dulciam|en,** ~inis *n spl* Süßigkeit, Leckerbissen
dulciculus *3* süß, lieblich
dulcifer *3* süß
dulc|is, ~e, *Gen* ~is süß, lieb(lich), angenehm
⟦**dulcisonus** *3 spl* lieblich tönend
dulcitūd|ō, ~inis *f* = dulcedo
⟦**dulcor,** ~is *m spl* Süße
⟦**dulcoro** *1 spl* versüßen
Dulgubnii, ōrum *m* Dulgubnier (Germanenstamm an der Weser)
dūlicē *Adv* [*gr*] nach Sklavenart
Dūlichia, ae *f* = Dulichium
Dūlichium, ī *n* Dulichium (Insel bei Ithaka)
Dūlichius *3* **1.** von, aus Dulichium **2.** des Odysseus
dum *Kon.* während, solange, bis; *beim Konj.* wenn nur, nur dass ⟦*spl mit Konj.* während; als, da, wenn; *ml* ~ ... ~ *beim Konj.* = sive ... sive; usque ~ *beim Ind* bis
dūmētum, ī *n* [dumus] Dickicht
dummodo *Kon. beim Konj.* wenn nur
dūmōsus *3* [dumus] mit Gestrüpp bewachsen
dumtaxat *Adv* genau genommen, höchstens, nur, lediglich; wenigstens, zum Mindesten; natürlich, nämlich
dūmus, ī *m* Strauch, Gestrüpp
duō, duae, duō (*Gen* duorum *u.* duum; *Dat/Abl* duobus, duabus; *Akk* duos, duas, duo) zwei; die beiden
duodeciē(n)s *Adv* zwölfmal
duodecim zwölf
duodecimus *3* zwölfter
duodēnī, ae, a je zwölf; *poet* zwölf
⟦**duodenn|is,** ~e, *Gen* ~is *spl* zwölfjährig
duodēquadrāgēsimus *3* achtunddreißigster
duodēquadrāgintā achtunddreißig
duodēquīnquāgēsimus *3* achtundvierzigster
duodētrīciēns *Adv* achtundzwanzigmal
duodētrīgintā *undekl* achtundzwanzig
duodēvīcēnī *3* je achtzehn
duodēvīcē(n)simus *3* achtzehnter
duodēvīgintī *undekl* achtzehn
duoetvīcēsimānī, ōrum *m* Soldaten der 22. Legion
duoetvīcēsimus *3* zweiundzwanzigster
duonus *3 altl* = bonus
duovir = duumvir
dupl|ex, *Gen* ~icis doppelt, zweifach; *poet* beide; zweideutig
duplicārius, ī *m* Gefreiter (mit doppeltem Sold)
duplicātiō, ~nis *f* Verdoppelung
duplicō *1* (in zwei Teile) falten, knicken, krümmen; verdoppeln; vergrößern, vermehren; bellum ~ Krieg erneuern
dupliō, ~nis *f* das Doppelte
duplus *3* zweifach, doppelt
dupondiārius *3* zwei As wert
dupondius, ī *m* Zweiasstück; 2 Fuß; Anfänger
dūrābil|is, ~e, *Gen* ~is dauerhaft
dūracinus *3* hartschalig
dūrāmentum, ī *n* Dauerhaftigkeit
dūrēscō, dūruī *3* hart werden, gefrieren
dureta, ae *f* Holzsitz (im Bad)
dūritā|s, ~tis *f* Härte
dūritia, ae *f* Härte; Abhärtung
dūritiēs, ēī *f* = duritia
dūriusculus *3* etwas härter
dūrō *1* **1.** härten, hart machen; kräftigen; trocknen; hart werden, sich verhärten **2.** dauern, fortbestehen; ausdauern, aushalten
Dūrocortorum, ī *n* Durocortorum (Hauptstadt der Remer), *heute* Reims
Durrach- = Dyrr(h)ach-
dūruī →duresco
dūrus *3* hart; steif; herb, rau; abgehärtet, unempfindlich; streng; knausrig; roh, plump, unverschämt; beschwerlich, drückend
duumvirātus, ūs *m* Würde der duumviri
duumvirī, ōrum *m* Duumvirn, Behörde von zwei Männern; ~ perduellionis Untersuchungsrichter bei Hochverratsklage; ~ navales Admirale zur Ausrüstung und Führung von Kriegsschiffen; ~ aedi faciendae Behörde für Bau eines Tempels; ~ sacrorum *od* sacris faciundis Aufsichtsbehörde über die Sibyllinischen

Bücher; ~ (iuri dicundo) Bürgermeister, Gemeindevorsteher *in Munizipien*
dux, ducis *m, f* [duco] Führer(in), Leiter(in), Anführer; Held; Feldherr, Befehlshaber; Fürst, Kaiser ⟦*ml* Herzog, Herzogin; duces die Großen
dūxī →duco
Dȳmae, ārum *f* Dyme (Seestadt auf der Peloponnes)
Dȳmaeus 3 von Dyme; Einw. von Dyme
Dymanti|s, ~dis *f* T. des Dymas (= Hekuba)
Dymās, Dymantis *m* Dymas (V. der Hekuba)
dynamis, ~ *f* [*gr*] Menge
dynāstēs, ae *m* [*gr*] Herrscher, Gebieter, Machthaber
Dyrr(h)achīnus I. *Adj 3* aus Dyrrhachium **II.** *Subst* ī *m* Einw. von Dyrrhachium
Dyrr(h)achium, ī *n* Dyrrhachium (Stadt in Illyrien, vorher Epidamnus genannt), *heute* Durresi

E

ē *Präp beim Abl* = ex
[1]**ea** →is, ea, id
[2]**eā I.** *Adv* auf diesem Wege, dort **II.** *Abl Sg f zu* is
[1]**eadem** →idem, eadem, idem
[2]**eādem I.** *Adv* ebenda, zugleich **II.** *Abl Sg f zu* idem
eampse = ipsam
eāpropter *Adv* deshalb
eāpse = eā ipsā
eātenus *Adv* soweit, insofern
ebenum, ī *n* [*gr*] Ebenholz
ebenus, ī *f* Ebenholzbaum
ēbib|ō, ~ī *3* austrinken; vertrinken
ēbītō *3 altl* ausgehen
ēblandior *4* durch Schmeichelei erlangen
ēblandītus *Part Perf zu* eblandior, *auch Pass* erschmeichelt
Eborācum, ī *n* Eboracum (Hauptstadt der Briganten in Britannien), *heute* York
eboreus *3* aus Elfenbein
ēbrietā|s, ~tis *f* Trunkenheit, Trunksucht ⟦*ml* berauschendes Getränk; sobria ~s spiritus Aufnahme des Hl. Geistes
ēbriolus *3* angetrunken
ēbriōsitā|s, ~tis *f* Trunksucht
ēbriōsus *3* trunksüchtig
ēbrius *3* trunken
ēbulliō *4* hervorsprudeln; prahlen *Akk* mit
ebulum, ī *n* Zwergholunder
ebur, eboris *n* Elfenbein; *poet* Gegenstand aus Elfenbein, *z. B.* Bild, Sessel
eburātus *3* mit Elfenbein verziert
eburneolus *3* = eburn(e)us
eburn(e)us *3* aus Elfenbein; mit Elfenbein verziert; weiß wie Elfenbein
Eburōn|ēs, ~um *m* Eburonen (belgischer Stamm)
Eburovīc|ēs, ~um *m* Eburovicer (kelt. Stamm in der Normandie)
Ebusus, ī *f* (Insel südwestlich der Balearen), *heute* Ibiza
ec = ex
ēcastor *Interj* beim Kastor!
Ecbatana, ōrum *n* Ekbatana (Hauptstadt von Medien, Sommerresidenz der persischen u. parthischen Könige), *heute* Hamadan
ecca, eccam [ecce] da ist sie
ecce *Adv* da, siehe, da ist, da kommt; *beim Akk od Nom, z. B.* ~ me da bin ich; *oft mit* hic, ille, iste *zu einem Wort verbunden, z. B.* eccillum
⟦**eccentr(ic)us** *3 ml* exzentrisch
eccerē *Interj* siehe da!, da haben wirs!
eccillam, eccillum, eccistam = ecce illam, ecce illum, ecce istam
ecclēsia, ae *f* Volksversammlung (bei den Griechen) ⟦*spl* gottesdienstliche Versammlung; *christliche* Gemeinde, Kirche; Kirchenraum
⟦**ecclesiasticus** [*gr*] *spl* **I.** *Adj 3* kirchlich **II.** *Subst* i *m* Kleriker
eccōs, eccum = ecce hos, ecce hunc
ecdicus, ī *m* [*gr*] (Gemeinde-)Anwalt
ecdūrus = edurus
Ecetra, ae *f* Ecetra (Hauptstadt der Volsker)
Ecetrānus, ī *m* Einw. von Ecetra
ecf- *altl* = eff-
echenāi|s, ~dis *f* [*gr*] Saugefisch (der angeblich ein Schiff aufhalten kann)
echidna, ae *f* [*gr*] Schlange
Echidna, ae *f* Echidna (Ungeheuer, halb Schlange, halb Frau)
Echidnēus *3* von Echidna geboren; canis ~ Kerberos
Echīnad|es, ~um *f* Echinaden (Inseln im Ionischen Meer vor Akarnanien)
echīnus, ī *m* **1.** Seeigel **2.** Echinus (Wulst am dorischen Kapitell) **3.** Spülnapf
Echī|ōn, ~onis *m* Echion (1. V. des Thebanerkönigs Pentheus 2. S. des Merkur, Argonaut)
Echīonidēs, ae *m* S. des Echion (= Pentheus)
Echīonius *3* des Echion; *übertr* thebanisch, boiotisch
ēchō, ēchūs *f* [*gr*] Widerhall, Echo; N einer Nymphe
eclidō = elido
eclipsi|s, ~s *f* [*gr*] (*Akk* ~n) Ausbleiben, Finsternis
ecloga, ae *f* [*gr*] (ausgewähltes) Gedicht *od* Kapitel; Hirtenlied
eclogārii, ōrum *m* ausgewählte Stellen

ecquandō *Adv* wann denn?, wohl jemals?
ecquī I. *Adj* ecquae (ecqua), ecquod etwa irgendein, wohl irgendwelcher? **II.** *Adv* irgendwie
ecquid I. *Adv* etwa, wohl **II.** *n Sg* →ecquis
ecquis, ecquid etwa irgendeiner?, etwa jemand?
ecquō *Adv* wohin wohl?
⟦**ecstasis,** ~ *f* [*gr*] *spl* Verzückung
ectypus *3* [*gr*] erhaben (gearbeitet)
eculeus, ī *m* [equus] Pferdchen; Folter
ecus = equus
edācitā|s, ~tis *f* Gefräßigkeit
edāx, *Gen* edācis gefräßig; verzehrend, nagend
ēdentō *1* [dens] zahnlos machen
ēdentulus *3* [dens] zahnlos; *übertr* alt
edepol *Interj* beim Pollux!
edera = hedera
Edessa, ae *f* Edessa (1. Stadt in Mazedonien 2. Stadt in Mesopotamien)
Edessaeus *3* aus Edessa (in Mazedonien)
ēdī →[2]edo
ēdīcō, ēdīxī, ēdictus *3* verkündigen, bekannt machen, verordnen
ēdictiō, ~nis *f* Bekanntmachung, Befehl
ēdictō *1* offen sagen
ēdictum, ī *n* Bekanntmachung, Verordnung, Befehl
ēdictus →edico
ēdidī →[1]edo
ēdidicī →edisco
edim *Konj. Präs zu* [2]edo
ēdīscō, ēdidicī *3* auswendig lernen; gründlich (kennen)lernen
⟦**edisserator,** ~is *m spl* Aufzähler
ēdisser|ō, ~uī, ~tus *3* ausführlich erörtern, vortragen ⟦*ml* aufzählen
⟦**edissertator** *spl* = edisserator
ēdissertō *1* = edissero
ēditīcius *3* vorgeschlagen
ēditiō, ~nis *f* Herausgabe; Bericht, Mitteilung; Vorschlag ⟦*ml* Ausgabe (= Buch, Auflage)
ēditum, ī *n* [[1]edo] Höhe, Anhöhe ⟦*ml* Ausspruch
ēditus I. *Adj 3* hoch, hervorragend; entsprossen **II.** *Part Perf Pass* →[1]edo
ēdīxī →edico
[1]**ēdō,** ēdidī, ēditus *3* herausgeben, von sich geben; se edere sich hinausbegeben; hervorbringen, gebären; verursachen, vollbringen, veranstalten; herausgeben, veröffentlichen, verbreiten; angeben, nennen, aussprechen; bella ~ Kriege besingen; *gerichtlich* bestimmen, vorschlagen; emporheben
[2]**edō,** ēdī, ēsus *3* (*Nbf Präs Ind Sg 2.* ēs, *3.* ēst, *Pl 2.* ēstis; *Konj.* edim, edis *usw; Imperf Konj.* ēssem, ēsses *usw; Imp* ēs, ēste; *Inf* ēsse; *Pass Ind Präs 3. Sg* ēstur) essen, (auf)fressen; zerstören

ēdoc|eō, ~uī, ~tus *2* gründlich belehren, genau zeigen
ēdolō *1* zurechthauen; vollenden
ēdom|ō, ~uī, ~itus *1* völlig bezwingen ⟦*ml* ~o in labores an die Mühen gewöhnen
Ēdōnī, ōrum *m* Edoner (Volk in Thrakien, Dionysosverehrer)
Ēdōni|s, ~dis *f* **I.** *Adj* edonisch; thrakisch **II.** *Subst* Bacchantin
Ēdōnus *3* edonisch; thrakisch
ēdormiō *4 u.* **ēdormīscō** *3* ausschlafen, verschlafen
ēducātiō, ~nis *f* Erziehung; (Auf-)Zucht
ēducāt|or, ~ōris *m* Erzieher
ēducātrī|x, ~cis *f* Erzieherin
[1]**ēducō** *1* aufziehen, erziehen, nähren
[2]**ēdūcō,** ēdūxī, ēductus *3* herausziehen; austrinken; ausbrüten; hinausführen; mitnehmen; se educere sich begeben; *Truppen* ausrücken lassen; *Schiffe* aus dem Hafen führen; *vor Gericht* bringen; *Wasser* ableiten; emporheben, rühmen, bauen, errichten; großziehen; verleben, verbringen ⟦*spl* = [1]educo
edūl|is, ~e, *Gen* ~is essbar
edūlium, ī *n* Speise
ēdūrō *1* abhärten; fortdauern
ēdūrus *3* ziemlich hart
Ēetiōn, ~is *m* Eetion (V. der Andromache)
Ēetiōnēus *3* des Eetion
effarciō = effercio
effascinātiō, ~nis *f* Beschreiung, Verhexung
effascinō *1* bezaubern, beschreien
effātum, ī *n* [effor] Ausspruch; Behauptung
effātus I. *Part Perf* →effor; *auch Pass* bestimmt **II.** *Subst* ūs *m* Rede ⟦*spl* Ausdrucksweise
effēcī →efficio
effectiō, ~nis *f* Ausübung; wirkende Kraft
effect|or, ~ōris *m* Urheber, Schöpfer
effectrī|x, ~cis *f* Urheberin, Schöpferin
effectus I. *Part Perf Pass* →efficio **II.** *Subst* ūs *m* Ausführung, Herstellung, Vollendung; Wirkung ⟦*spl* effectu durch die Tat; *ml* Gewährung, Erfüllung
effēminātus I. *Adj 3* verweichlicht, weibisch **II.** *Part Perf Pass* →effemino
effēminō *1* verweichlichen; zum Weibe machen
efferātus *3* verwildert
efferbuī →effervesco
effer|ciō, ~sī, ~tus *4* [farcio] vollstopfen
efferitā|s, ~tis *f* Wildheit
[1]**efferō,** extulī, ēlātus (*Inf* efferre) hinaustragen, fortschaffen; bestatten; hervorbringen, zum Vorschein kommen; *sprachlich* vorbringen, weitersagen, bekannt machen; über das Ziel hinausführen; fortreißen, hinreißen; erheben, emporheben; stolz *od* hochmütig machen;

laudibus ~ rühmen; se efferre = efferor 1.
²**efferō** *1* [ferus] wild machen
¹**efferor** elatus sum (*Inf* efferrī) sich hinreißen lassen; sich erheben, stolz werden, sich brüsten
²**efferor** *1* verwildern
effersī →effercio
effertus I. *Adj 3* vollgestopft, reich *Abl* an **II.** *Part Perf Pass* →effercio
efferus *3* sehr wild, verwildert
ef|fervēscō, ~ferbuī *3* überkochen, aufwallen, aufbrausen; *übertr* aufflackern ⟦*ml* zunehmen
effervō *3* überkochen; ausschwärmen
effētus *3* (durch Gebären) geschwächt, erschöpft; abgestumpft *Gen* für
efficācia, ae *f* Wirksamkeit; erfolgreiche Tätigkeit ⟦*ml* (geistige) Kraft
efficācitā|s, ~tis *f* Wirksamkeit
efficā|x, *Gen* ~cis wirksam, tätig; erfolgreich; imstande
effici|ēns, *Gen* ~entis bewirkend, wirksam
efficientia, ae *f* Wirksamkeit
ef|ficiō, ~fēcī, ~fectus *3* [facio] hervorbringen; (Truppen) aufbringen; herstellen, schaffen, ausführen; erreichen, bewirken; machen *Akk* zu; folgern, beweisen; efficitur es ergibt sich
⟦**efficior,** effectus sum *3 ml* werden; tantae pravitatis ~ so schlecht werden
effictus →effingo
effigia, ae *f* = effigies
effigiēs, *f* [effingo] Abbild, Bild(nis); leblose Figur, Gestalt; Fantasiebild, Ideal
⟦**effigio** *1 u. 4 spl* formen, gestalten
⟦**effimerus** *3 ml* [*gr* ephemeros] eintägig
ef|fingō, ~fīnxī, ~fictus *3* streichen, streicheln; wegreiben; nachformen, abbilden; darstellen, veranschaulichen ⟦*spl* se effingere sich ausbilden (in + *Akk* zu)
efflāgitātiō, ~nis *f* dringende Aufforderung
efflāgitātus I. *Part Perf Pass zu* efflagito **II.** *Subst* ūs *m* = efflagitatio
efflāgitō *1* dringend verlangen
efflīctim *Adv* [effligo] heftig
efflīctō *1* = effligo
effligō, ~flīxī, ~flīctus *3* totschlagen, umbringen; völlig verderben
efflō *1* aushauchen
efflōr|ēscō, ~uī *3* erblühen
ef|fluō, ~flūxī *3* herausfließen, ausströmen, entströmen; an die Öffentlichkeit kommen; entgleiten, entfallen; verschwinden, vergehen
effluvium, ī *n* [effluo] Ausfluss
efflūxī →effluo
ef|fodiō, ~fōdī, ~fossus *3* ausstechen, ausgraben; umgraben; durchwühlen
ef|for, ~fātus sum *1* aussprechen; weihen, bestimmen
effossus →effodio
effrāctārius, ī *m* Einbrecher
effrāctus →effringo
effrēgī →effringo
effrēnātiō, ~nis *f* Zügellosigkeit
effrēnātus = effrenus
effrēnus *3* [frenum] zügellos, ohne Zaum
ef|fringō, ~frēgī, ~frāctus *3* [frango] aufbrechen, zerbrechen
effūdī →effundo
ef|fugiō, ~fūgī *3 beim Akk* jmdm. entfliehen, entkommen, entgehen, vermeiden ⟦*spl beim Inf* sich scheuen
effugium, ī *n* [effugio] Flucht; Ausweg, Rettungsmöglichkeit
effugō *1* vertreiben, austreiben
ef|fulgeō, ~fulsī *2* hervorleuchten, erglänzen
effultus *3* [fulcio] gestützt, gelagert *Abl* auf
ef|fundō, ~fūdī, ~fūsus *3* ausgießen, ausschütten, vergießen; ausbreiten; entsenden, schleudern; (fort)treiben; loslassen, freien Lauf lassen; von sich geben; aufgeben; zu Boden werfen, hinwerfen; verschwenden ⟦*ml* gebären (= edere); preces ~fundo ein Gebet sprechen
ef|fundor, ~fūsus sum *3* sich ergießen, sich entladen; überströmen, sich ausbreiten, herbeiströmen; sich ganz hingeben
effūsiō, ~nis *f* Erguss; Ausströmen; Verschwendung; Ausgelassenheit, Übermaß
effūsus I. *Adj 3* ausgedehnt, weit; zerstreut; unordentlich, *Haar* aufgelöst; zügellos; verschwenderisch; übertrieben **II.** *Part Perf* →effundo *und* effundor
effūtiō *4* (heraus)schwatzen
effutūtus *3* [futuo] durch Hurerei verbraucht
ēgelidus *3* lau, warm; etwas kühl
egēns, *Gen* egentis *beim Gen* ermangelnd, ohne; bedürftig, arm an; dürftig
egēnus *3* ermangelnd; hilflos; dürftig
egeō, eguī *2 beim Abl od Gen* Mangel haben an; nicht haben, bedürfen, nötig haben; verlangen nach
Ēgeria, ae *f* Egeria (Quellnymphe, Beraterin des Königs Numa)
ē|gerō, ~gessī, ~gestus *3* hinausführen, fortschaffen; von sich geben, entleeren; vertreiben, verbringen
egestā|s, ~tis *f* [egeo] Dürftigkeit, Armut, Mangel *Gen* an
ēgestiō, ~nis *f* Heraus-, Wegschaffen; Hingabe; Entleerung
ēgestus I. *Part Perf Pass* →egero **II.** *Subst* ūs *m* Ausgraben; Entleeren
ēgī →ago
Egnatia = Gnatia
ego (*bei Plautus auch* egō), *verstärkt* **egomet** ich
ēgredior, ēgressus sum *3* [gradior] hinausgehen, herauskommen; ausrücken, aus-

a b c d e egr f g h i j k l m n o p q r s t u v w x y z

steigen; absegeln; hinaufgehen; verlassen; überschreiten; abgehen
ēgregius *3* [e grege] auserlesen, ausgezeichnet; ehrenvoll; ehrenwert
ēgressus I. *Part Perf* →egredior **II.** *Subst* ūs *m* Herausgehen; Ausgang
ēgurgitō *1* heraussprudeln
ehem *Interj* ach, ach so
eheu (*auch* ēheu) *Interj* oh!, ach!, wehe!
eho(dum) *Interj* ha!, he da!, höre du!
[1]**ei I.** *Interj* ach!, wehe! **II.** *Nom Pl zu* is
[2]**eī 1.** *Dat Sg zu* is, ea, id **2.** *Nom Pl zu* is
eia *Interj* **1.** hallo! **2.** also los! **3.** oh!
ēiaculor *1* herausschleudern
ēiciō, ēiēcī, ēiectus *3* [iacio] (hin)auswerfen; linguam ~ Zunge heraustrecken; vertreiben, ausstoßen; *Schiff* landen lassen; verrenken; verwerfen, von der Bühne weisen; se eicere hinauseilen; hervorbrechen
eid. *Abk für* eidus *usw* = Idus
eīdem *Dat Sg und Nom Pl zu* idem
ēiēcī →eicio
ēiectāmentum, ī *n* Auswurf
ēiectiō, ~nis *f* Auswerfen; Verbannung
ēiectō *1* [eicio] auswerfen
ēiectum, ī *n* Vorsprung
ēiectus I. *Adj* 3 schiffbrüchig [[*ml* aussätzig **II.** *Part Perf Pass* →eicio **III.** *Subst* ūs *m* Hervorstoßen
ēierō = eiuro
ēiulātiō, ~nis *f und* **ēiulātus,** ūs *m* Heulen, Wehklagen
ēiulō *1* heulen, wehklagen
ēiūrō *1* abschwören, unter Eid ablehnen; *Amt* vorschriftsmäßig niederlegen; verleugnen, nicht anerkennen
ēius *Gen Sg zu* is, ea, id *u* suus, a, um
ēiusdem *Gen Sg zu* idem, eadem, idem
ēiusdemmodī *Adv* von derselben Art, ebenso beschaffen
ēiusmodī *Adv* von der Art, so beschaffen
ēlābor, ēlāpsus sum *3* herausgleiten, entgleiten; *von Gliedern* verrenkt werden; entschlüpfen, entkommen; *Feuer* emporlodern
ēlabōrātus *3 Part Perf Pass* herausgeputzt, gekünstelt; sorgfältig ausgearbeitet
ēlabōrō *1* sich bemühen, arbeiten; ausarbeiten; bearbeiten; verschaffen
Elaea, ae *f* Elaia (Küstenstadt gegenüber Lesbos)
Elaītēs, ae *m* Einw. von Elaia
ēlāmentābil|is, ~e, *Gen* ~is sehr kläglich
ēlangu|ēscō, ~ī *3* erschlaffen, ermatten
ēlāpsus →elabor
ēlātiō, ~nis *f* **1.** Hinaustragen **2.** Erhebung, Schwung **3.** Überordnung [[*spl* Stolz
ēlātrō *1* herausbellen, -poltern
ēlātus I. *Adj 3* erhaben; stolz, übermütig **II.** *Part Perf* →[1]effero *und* [1]efferor

Elaver, ~is *m* Elaver (linker Nebenfluss der Loire), *heute* Allier
ēlavō = eluo
Elea, ae *f* Elea, *lat* Velia (Stadt in Lukanien, Geburtsort des Parmenides und Zeno)
Eleātēs, ae *m* Eleate (= Zeno)
Eleāticus *3* eleatisch
ēlecebra, ae *f* [elicio] Entlockerin
ēlēctil|is, ~e, *Gen* ~is [eligo] auserlesen
ēlēctiō, ~nis *f* sorgfältige (Aus-)Wahl [[*ml* (Königs-)Wahl *in Aachen*
ēlectō *1* herauslocken
[[**elector,** ~is *m ml* Wähler; Kurfürst
Ēlectra, ae *f* Elektra (1. T. des Atlas, M. des Dardanos 2. T. des Agamemnon)
Ēlectrid|es, ~um *f* Bernsteininseln
ēlectrum, ī *n* [*gr*] **1.** Goldsilberlegierung **2.** Bernstein
[[**electuarium,** i *n spl* Latwerge, Arzneigemisch (zum Abführen)
ēlēctus I. *Adj 3* auserlesen, gewählt [[*spl* erlaucht **II.** *Part Perf Pass* →eligo **III.** [[*Subst* i *m spl* der (von Gott) Auserwählte; electi et sancti Klasse der Manichäer; *ml* gewählter Bischof
[[**eleemosyna,** ae *f* [*gr*] *spl* Barmherzigkeit; Almosen, fromme Gabe
ēleg|āns, *Gen* ~antis wählerisch, geschmackvoll, fein; anständig; geistvoll
ēlegantia, ae *f* wählerische Art; (feiner) Geschmack, Feinheit, Anstand; logische Richtigkeit
elegeia = elegia
elegēum, ī *n* [*gr*] elegisches Gedicht
[1]**elegī,** ōrum *m* [*gr*] elegische Verse
[2]**ēlēgī** →eligo
elegīa, ae *f* [*gr*] Elegie, Klagelied
[[**ele(g)icus** *3 ml* elegisch, traurig
ēlēgō *1* letztwillig vermachen
[[**eleimosyne** = eleemosyna
Eleleïd|es, ~um *f* Bakchantinnen
Eleleūs, ī *m* der Jubelnde (BN des Dionysos)
elementum, ī *n* Grundstoff, Element; Atom; *meist Pl:* Buchstaben, Laute, Alphabet; Anfangsgründe, Kategorien
elenchus, ī *m* [*gr*] **1.** Perle **2.** Verzeichnis, Katalog
Elephantīnē, ēs *f* Elephantine (Nilinsel)
elephantus, ī *m, f* = elephas
eleph|ās, ~antis *m* Elefant; Elfenbein; *med* Elephantiasis
Ēlēus *3* elisch, olympisch
Eleusīn, ~is *f* Eleusis (Stadt in Attika)
Eleusīnius *3* eleusinisch
Eleutheria, ōrum *n* [*gr*] Eleutherien (Fest wegen des Sieges über die Perser)
Eleutherocilic|es, ~um *m* die *von den Römern* freien Kilikier
ēlevō *1* (ab)schwächen, vermindern, mildern; emporheben
Ēlia|s, *Gen* ~dis *f* elisch, olympisch

ēlic|iō, ~uī, ~itus *3* herauslocken, hervorlocken, entlocken; herausbringen, ermitteln; erregen
Ēlicius *3* der im Blitz Niederfahrende (BN des Jupiter)
ēlīdō, ēlīsī, ēlīsus *3* [laedo] herausschlagen, -stoßen, -treiben; zerschlagen, zerschmettern, zerdrücken
ēligō, ēlēgī, ēlēctus *3* [lego] herauslesen, herausholen; auslesen, auswählen ⟦*spl* wählen; *ml* fortius ~ vorziehen
ēlīminō *1* [limen] aus dem Hause treiben; ausplaudern ⟦*ml* vertreiben
ēlīmō *1* (aus)feilen, ausarbeiten
ēlingu|is, ~e, *Gen* ~is stumm, nicht redegewandt
ēlinguō *1* der Zunge berauben
ēliquō *1* klären, ausgießen; herlispeln ⟦*spl* erklären
Ēlis, Ēlidis *f* Elis (Landschaft der Peloponnes)
Elīsa, ae *f* = Dido
ēlīsī →elido
ēlīsio, ~nis *f* Ausstoßen; Drang zum Weinen
Elissa, ae *f* = Dido
ēlīsus →elido
ēlix, ēlicis *m* Abzugsgraben
ēlixus *3* gekocht; ganz nass
ellebor|um *und* **~us** = helleborum
ellum = em illum da ist er
ēlocō *1* verpachten
ēlocūtiō, ~nis *f* Ausdrucksweise, Stil
ēlocūtus →eloquor
ēlogium, ī *n* Ausspruch; Grabschrift; Zusatz im Testament; Schuldregister
⟦**elongo** *1 ml* entfernen, sich entfernen
ēloqu|ēns, *Gen* ~entis redegewandt
ēloquentia, ae *f* Beredsamkeit ⟦*spl* Sprechen, Sprache; *ml* Kunst, lateinisch zu schreiben; Stil; Schriftstellerei
ēloquium, ī *n* Rede, Ausdrucksweise; Beredsamkeit
ēloquor, ēlocūtus sum *3* heraussagen, aussprechen; vortragen, reden
Elōrus *usw* = Helorus *usw*
ēlōtus = elutus →eluo
Elpēn|ōr, ~oris *m* Elpenor (Gefährte des Odysseus)
ēlūceō, ēlūxī *2* hervorleuchten
⟦**elucesco** *3 spl* hervorleuchten
⟦**elucido** *1 spl* ins Licht setzen, ermitteln
ēluctor *1* mit Mühe hervorkommen; mit Mühe überwinden *od* erreichen
ēlūcubr|ō *und* **~or** *1* bei Licht ausarbeiten
ēlūdificor *1* zum Besten haben
ēlūdō, ēlūsī, ēlūsus *3* branden, heraustreten; *beim Fechten, in der Diskussion* ausweichen, parieren; vermeiden, vereiteln, hintertreiben; sein Spiel treiben *Akk* mit, verspotten, täuschen; im Spiel abgewinnen
ēlūgeō, ēlūxī *2* (bis zum Ende der üblichen Zeit) (be)trauern
ēlumb|is, ~e, *Gen* ~is (lenden)lahm; lähmend
ēluō, ēluī (ēlāvī), ēlūtus *3* [lavo] ab-, auswaschen; sich baden; wegspülen, vergeuden; tilgen; entkräften; *vgl* elutus
ēlūsī, ēlūsus →eludo
ēlūtus I. *Adj 3* kraftlos, saftlos **II.** *Part Perf Pass* →eluo
ēluviēs, ēī *f* [eluo] Ausspülung, Ausfluss; Überschwemmung; Schmutzwasser; See; ausgespülte Schlucht; Durchlass; Kanal
ēluviō, ~nis *f* Überschwemmung
ēlūxī →eluceo *und* elugeo
Elymaeus I. *Adj 3* elymäisch **II.** *Subst* ī *m* Einw. von Elymais (persische Landschaft)
Elysius *3* elysisch
Elysium, ī *n* Elysium (Gefilde der Seligen)
em *Interj* (*auch mit* tibi) da hast du!, da siehst du!
emācitā|s, ~tis *f* Kaufsucht
⟦**emanatio,** ~nis *f spl* Ausfließen, Ausströmen
ēmancipātiō, ~nis *f* Entlassung *aus der väterlichen Gewalt;* Abtretung *von Grundstücken*
ēmancipō (*auch* ēmancupō) *1 aus der väterlichen Gewalt* entlassen, für selbstständig erklären, *einem anderen* überlassen; abtreten
ēmānō *1* herausfließen; *übertr* entspringen, hervorgehen; sich verbreiten
ēmasculō *1* entmannen ⟦*ml* verweichlichen
Ēmathia, ae *f* Emathia (Landschaft in Makedonien); *auch* Makedonien, Thessalien
Ēmathi|s, ~dis *f* **I.** *Adj* makedonisch, thessalisch **II.** *Subst* Muse
Ēmathius *3* makedonisch; thessalisch; thrakisch
ēmātūr|ēscō, ~uī *3* ausreifen; sich mildern
emāx, *Gen* emācis kauflustig
emblēma, ~tis *n* [*gr*] eingelegte Arbeit; Mosaik; Reliefplatte
⟦**embolimaeus** *3* [*gr*] *spl* Schalt-
embolium, ī *n* [*gr*] Zwischenspiel
embolum, ī *n* [*gr*] Schiffsschnabel
embolus, ī *m* [*gr*] Kolben
ēmendābil|is, ~e, *Gen* ~is verbesserungsfähig
ēmendātiō, ~nis *f* Verbesserung
ēmendāt|or, ~ōris *m* Verbesserer
ēmendātrī|x, ~cis *f* Verbesserin
ēmendātus I. *Adj 3* fehlerfrei **II.** *Part Perf Pass zu* emendo
ēmendīcō *1* erbetteln
ēmendō *1* [mendum] verbessern, wiedergutmachen ⟦*spl* ausbessern, flicken
⟦**emensio,** ~nis *f spl* Durchlaufen (einer Bahn)

e

ēmēnsus *Part Perf* (*auch Pass*) →emetior
ēment|ior, ~ītus sum *4* erdichten, vorgeben; ementitus *auch Pass* erlogen
ēmentus →eminiscor
ēmercor *1* erkaufen
ēmereō, ēmeruī, ēmeritus *u.* **ēmereor** *2* abdienen; durchaus verdienen; sich verdient machen *Akk* um
ēmer|gō, ~sī, ~sus *3* auftauchen lassen, emporkommen; zum Vorschein kommen; sich herausarbeiten; se emergere = emergor
ēmer|gor, ~sus sum *3* auftauchen, zum Vorschein kommen
ēmeritum, ī *n* Belohnung (für ausgediente Soldaten)
ēmeritus I. *Adj 3* ausgedient, unbrauchbar ⟦*ml* emerita potestas glücklich beendete Regierung **II.** *Part Perf* →emereo *u.* emereor
ēmersī →emergo
ēmersus I. *Part Perf* →emergo *u.* emergor **II.** *Subst* ūs *m* Auftauchen
ēmētior, ēmēnsus sum *4* ausmessen; durchwandern, zurücklegen; verleben; überstehen; zumessen, zukommen lassen; *Part* emensus *oft Pass*
ēmetō *3* abmähen
ēmī →emo
ēmicō, ēmicuī, ēmicātūrus *1* hervorschießen, emporspringen; hervorbrechen; forteilen; hervorleuchten, sich zeigen; sich aufschwingen ⟦*spl* plötzlich erscheinen
ēmigrō *1* ausziehen, auswandern
ēminātiō, ~nis *f* Androhung
ēmin|ēns, *Gen* ~entis **I.** *Adj* hervorragend, hervorstehend, erhaben; ausgezeichnet ⟦*spl* hoch(ragend) **II.** *Part Präs Akt zu* emineo
ēminenti|a 1. ae *f* Hervorragen, Erhöhung; Vorzug ⟦*spl* Höhe; *Titel* Eminenz **2.** ~um *n* Glanzpartien (einer Rede); Größe
ēmineo, ēminuī *2* hervorragen; (stark) hervortreten, in die Augen fallen; sichtbar sein; sich auszeichnen
ēminīscor, ēmentus sum *3* aussinnen
ēminor *1* drohend aussprechen
ēminulus *3* etwas herausragend ⟦*spl* ausgestreckt
ēminus *Adv* von ferne, aus der Ferne; in der Ferne; entfernt; *milit* in Schussweite
ēmīror *1* sich sehr wundern *Akk* über
ēmīsī →emitto
ēmissārium, ī *n* Abzugsgraben
ēmissārius I. ⟦*Adj 3 spl* ~ equus Zuchthengst **II.** *Subst* ī *m* Sendbote; Späher, Spion
ēmissīcius *3* spähend
ēmissiō, ~nis *f* Herauslassen; Werfen ⟦*ml* Gebären
ēmittō, ēmīsī, ēmissus *3* herausschicken, aussenden; ausrücken lassen; herauswerfen; abschießen, schleudern; ausströmen lassen; animam ~ Seele aushauchen; ablaufen lassen; aussprechen; *Schrift* herausgeben; entlassen, loslassen, entschlüpfen lassen; freilassen (*auch mit* manu) ⟦*ml* equos ~ die Pferde laufen lassen; equis emissis in schneller Gangart
emō, ēmī, emptus *3* kaufen
ēmoderor *1* ermäßigen
ēmodulor *1* besingen, feiern
ēmōlior *4* zustande bringen, herausbringen ⟦*ml* sich entfernen
ēmolliō *4* erweichen; mildern; verweichlichen ⟦*ml* nachgiebig, geneigt machen
ēmolument|um, ~ī *n* Vorteil, Nutzen; ~o esse Nutzen bringen ⟦*ml Pl* ~a Einnahmen
ēmoneō *2* dringend ermahnen
ēmorior, ēmortuus sum *3* sterben, vergehen
ēmortuāl|is, ~e, *Gen* ~is Sterbe-
ēmoveō, ēmōvī, ēmōtus *2* hinausschaffen, wegschaffen, entfernen; erschüttern
Empedoclēa, ōrum *n* Lehren des Empedokles
Empedocl|ēs, ~is *m* Empedokles (gr. Philosoph u. Arzt aus Sizilien um 450 v. Chr.)
Empedoclēus *3* empedokleisch
empīricē, ēs *f* [*gr*] empirische Schule der Medizin (die sich nur auf Erfahrung stützt)
empīricī, ōrum *m* [*gr*] Ärzte der empirischen Schule
⟦**emplastrō** *1 spl* zupflastern
emporētica, ae *f* [*gr*] Packpapier
Emporiae, ārum *f* Emporiai (Küstenstadt im Nordosten Spaniens), *heute* Ampurias
Emporitānī, ōrum *m* Einw. von Emporiai
emporium, ī *n* [*gr*] Handelsplatz, Lagerplatz; Markt, Messe
emporos, ī *m* [*gr*] Kaufmann
ēmpticius *3* [emptus] gekauft
ēmptiō, ~nis *f* [emo] Kauf; gekaufte Sache
ēmptitō *1* (auf)kaufen
ēmpt|or, ~ōris *m* Käufer
ēmptus →emo
ēmul|geō, ~sī ~sus *2* ausschöpfen
ēmūnctiō, ~nis *f* Ausschneuzen
ēmūnctus →emungo; emunctae naris mit großem Scharfsinn
ēmundō *1* reinigen
ēmungō, ēmūnxī, ēmūnctus *3* ausschneuzen; prellen *Abl* um
ēmūniō *4* stark befestigen; gangbar machen
ēmunxī →emungo
ēmussitātus *3* vollkommen
ēmūtō *1* ändern

en. = endotercisus *für* intercisus unterbrochen
ēn *Interj* **1.** sieh da!, wohlan!; *auch mit Akk* en causam sieh da, die Ursache **2.** wohl?
ēnārrābil|is, ~e, *Gen* ~is erzählbar
ēnārrātiō, ~nis *f* Aufzählung; Interpretation
ēnārrō *1* (erschöpfend) erzählen, interpretieren
ēnāscor, ēnātus sum *3* hervorwachsen
ēnatō *1* sich schwimmend retten; sich zu helfen wissen; entfliehen
ēnātus →enascor
ēnāvigō *1* herausfahren; durchfahren
encaustus *3* [*gr*] enkaustisch; eingebrannt
Enceladus, ī *m* Enkelados (Gigant, unter dem Ätna begraben)
⟦**encomium,** i *n* [*gr*] *spl* Loblied, Lobrede
encyclios, on [*gr*] umfassend, allseitig
endo *altl Präp beim Akk od Abl* in
endoplōrō *1* = imploro
endotercīsus = intercisus
endromi|s, ~dis *f* [*gr*] wollener Überwurf
Endymiōn, ~is *m* Endymion (schöner Jüngling, von Selene geliebt)
ēnec|ō, ~uī (~āvī), ~tus *1* töten; zu Tode quälen
ēnerv|is, ~e, *Gen* ~is kraftlos, matt
ēnervō *1* entkräften, entnerven
⟦**eneta,** ae *f ml* [*dt*] Ente
Enetī, ōrum *m* = Veneti
Engonasin *m undekl* [*gr*] der Kniende *Sternbild, heute* Herkules
Enguīnus *3* aus Engyon (Stadt auf Sizilien)
ēnicō = eneco
enim I. *Adv* jedenfalls, in der Tat, allerdings **II.** *Kon.* (*meist nachgestellt*) nämlich, denn ⟦*spl* aber
enimvērō ja fürwahr, in der Tat; aber freilich, jedoch
Enipēus, ~ī *u.* ~os *m* Enipeus (1. Nebenfluss des Peneios in Thessalien u. Flussgott 2. Flüsschen am Olymp)
ēnit|eō, ~uī *2* hervorstrahlen; sich im vollen Glanze zeigen
ēnitēscō *3* = eniteo
ēnītor, ēnīxus *u.* ēnīsus sum *3* sich herausarbeiten, sich emporarbeiten; sich anstrengen; hervorbringen, gebären; ersteigen; erreichen
ēnituī →eniteo
ēnīxus I. *Adj 3* angestrengt **II.** *Part Perf* →enitor **III.** *Subst* ūs *m* Geburt
Enna = Henna
Ennius *Gent* Q. ~ (Dichter aus Rudiae in Süditalien, 239–169)
ēnō *1* = enato
ēnōdātē *Adv* deutlich
ēnōdātiō, ~nis *f* Deutung
ēnōd|is, ~e, *Gen* ~is knotenlos, glatt
ēnōdō *1* aufknoten, deuten
⟦**enorm|e,** ~is *n spl* Ungehörigkeit
ēnōrm|is, ~e, *Gen* ~is unregelmäßig; übermäßig, ungeheuer, enorm ⟦*spl* vorschriftswidrig
ēnōt|ēscō, ~uī *3* bekannt werden
ēnōtō *1* bezeichnen, aufzeichnen ⟦*ml* mit Erklärungen versehen
enp- = emp-
ēns, *Gen* entis [von Caesar erfunden] seiend ⟦*ml n* das Seiende
ēnsiculus, ī *m* Schwertchen
ēnsifer *und* **ēnsiger** *3* schwertführend
ensis, ~ *m* Schwert
entheātus *3* [*gr*] begeistert
⟦**entheca,** ae *f* [*gr*] *spl* Reisetasche; Inventar
⟦**entheus** *3* [*gr*] *spl* (gott)begeistert
enthȳmēma, ~tis *n* [*gr*] (logischer) Schluss
ēnūbō, ēnūpsī, ēnūptus *3* wegheiraten *in anderen Stand od Ort*
ēnucleātus I. *Adj 3* klar *vom Stil* **II.** *Part Perf Pass zu* enucleo
ēnucleō *1* entkernen; erklären
ēnumerātiō, ~nis *f* Aufzählung, Schlusszusammenfassung
ēnumerō *1* aufzählen, berechnen
ēnumquam *Interj* etwa jemals?
ēnūntiātiō, ~nis *f* Aussage, Satz
ēnūntiātum, ī *n* = enuntiatio
ēnūntiō *1* aussagen; verraten
ēnūpsī →enubo
ēnūptiō, ~nis *f* Herausheiraten
ēnūptus →enubo
ēnūtriō *4* aufziehen, nähren
¹**eō,** iī, ītum (*Inf* īre) gehen, kommen; marschieren, fahren; (equo) ~ reiten; cubitum ~ schlafen gehen; in sententiam ~ einer Meinung (im Senat) beipflichten; vergehen; andauern; verwandelt werden ⟦*spl* in placitum ~ beschließen
²**eō, I.** *Adv* dahin, dorthin; so weit, so lange; deswegen, deshalb; *beim Komp* desto, umso **II.** *Abl Sg zu* is, id
eōdem I. *Adv* ebendahin; (eben)dazu; ~ loci an derselben Stelle **II.** *Abl Sg zu* idem
eōpse = eo ipso eben deswegen ⟦*ml* von selbst
Ēōs *f* [*gr*] (*nur Nom*) Eos, Morgenröte
Ēōus *u.* **Ēōus I.** *Adj 3* morgendlich, östlich **II.** *Subst* ī *m* Morgenstern; Orient; Orientale; Ross am Sonnenwagen *Sternbild*
Epamīnōndās, ae *m* Epaminondas (Feldherr der Thebaner, 362 v. Chr. gefallen)
Epēus, ī *m* Epeios (Erbauer des Trojanischen Pferdes)
ephēbus, ī *m* [*gr*] Ephebe, Jüngling (von 16–20 Jahren) ⟦*ml* ~ iuvenis (fahrender) Schüler
ephēmeri|s, ~dis *f* [*gr*] Tagebuch
Ephesius I. *Adj 3* von Ephesus **II.** *Subst* ī *m* Einw. von Ephesus

Ephesus, ī *f* Ephesus (gr. Küstenstadt in Kleinasien)
ephippiātus *3* auf einem gesattelten Pferde reitend
ephippium, ī *n* [*gr*] Reitdecke, Sattel
ephorus, ī *m* Ephor, Aufseher (höchster Beamter in Sparta)
Ephorus, ī *m* Ephoros (gr. Geschichtsschreiber im 4. Jh. v. Chr.)
Ephyra, ae *f* Ephyra (1. alter N von Korinth 2. N einer Meernymphe)
Ephyraeus *u.* **Ephyrēius** *3* korinthisch; *auch* von Syrakus
epibata, ae *m* [*gr*] Schiffssoldat
Epicharmus, ī *m* Epicharm (gr. Komödiendichter um 475 v. Chr.)
epichysis, ~ *f* [*gr*] Gefäß zum Eingießen
Epiclērus, ī *f* Erbtochter *Titel einer Menanderkomödie*
epicōpus *3* [*gr*] mit Rudern ausgerüstet
epicrocus *3* [*gr*] dünn (gewebt)
Epicūrus, ī *m* Epikur (gr. Philosoph 341–270)
epicus [*gr*] **I.** *Adj 3* episch **II.** *Subst* ī *m* epischer Dichter
⟦**epicyclus,** i *m* [*gr*] Bei-, Nebenkreis *in der Astronomie*
Epidamnos, ī *f* Epidamnos, *später* Dyrrhachium (Stadt in Illyrien), *heute* Durresi
Epidamniēns|is, ~e, *Gen* ~is *u.* **Epidamnius** *3* von Epidamnos
Epidaphn|a, ~ae *u.* **~ē,** ~ēs *f* Epidaphne (Vorstadt von Antiochia)
Epidaurius I. *Adj 3* epidaurisch **II.** *Subst* ī *m* **1.** Asklepios von Epidauros **2.** Einw. von Epidauros
Epidaurus, ī *f* Epidauros (1. Stadt in Dalmatien, *heute* Dubrovnik 2. Ort südlich von Korinth am Saronischen Meerbusen mit Asklepiosheiligtum, *heute* Epidavros)
Epidicazomeno|s *m* (*Akk* ~n) [*gr*] der sich etw. zusprechen lässt *Komödie des Apollodor*
epidīcticus *3* [*gr*] Prunk-
epidīpni|s, ~dis *f* [*gr*] Nachtisch
Epigoni, ōrum *m* Epigonen (Söhne der Sieben gegen Theben; Titel einer Aischylostragödie)
epigramma, ~tis *n* [*gr*] Aufschrift, Inschrift; Epigramm, Sinngedicht
epilogus, ī *m* [*gr*] Epilog; Schluss einer Rede
Epimenid|ēs, ~is *m* Epimenides (Wundertäter aus Kreta um 600 v. Chr.)
Epimēthi|s, ~dis *f* T. des Epimetheus, Pyrrha
epinīcia, ōrum *n* [*gr*] Siegeslieder; Siegesfest
⟦**epiphania,** ae *f* (*auch* ~, ōrum *n*) [*gr*] *spl* Epiphaniasfest
epiphora, ae *f* [*gr*] Schnupfen, Katarrh
Ēpīrēns|is, ~e, *Gen* ~is von Epirus
Ēpīrōtēs, ae *m* Epirote, Einw. von Epirus
Ēpīrōticus *3* = Epirensis
Ēpīrus, ī *f* Epirus (Landschaft Nordgriechenlands, *heute etwa* Albanien)
episcaenium, ī *n* [*gr*] oberes Stockwerk (des Bühnengebäudes)
⟦**episcopal|is,** ~e, *Gen* ~is *spl* bischöflich
⟦**episcopatus,** us *m spl* Bischofswürde; Bistum, Bischofssitz
⟦**episcopium,** i *n* [*gr*] *spl* Bistum, Bischofssitz
⟦**episcopus,** i *m* [*gr*] *spl* Bischof
epistolium, ī *n* [*gr*] Briefchen
epistula, ae *f* [*gr*] Brief ⟦*ml* (Schüler-)Aufsatz, Niederschrift
⟦**epistular|e,** ~is *n ml* Briefsammlung
epistylium, ī *n* [*gr*] Epistyl, Architrav (Balken über den Säulen)
⟦**epitaphium,** i *n* [*gr*] *spl* Grabschrift
epitaphius, ī *m* [*gr*] Grabrede
epithēca, ae *f* [*gr*] Zugabe
epitoma, ae *f* [*gr*] Auszug
epitonion, ī *n* [*gr*] Hahn (an einer Röhre)
Epitrepontes Schiedsgericht *Komödie des Menander*
epitȳrum, ī *n* [*gr*] zubereitete Oliven
Epīus = Epeus
epōdos, ī *m* [*gr*] Epode (Gedicht mit verschieden langen Versen, von Horaz übernommen)
Epona, ae *f* Epona (kelt. Pferdegöttin)
epop|s, ~is *m* [*gr*] Wiedehopf
Eporedia, ae *f* Eporedia (röm. Stadt bei Turin), *heute* Ivrea
epos *n* (*nur Nom u. Akk*) [*gr*] Epos (Erzählung in Hexametern)
ēpōtō *1* austrinken, leeren; medicamentum ~ Arznei einnehmen
ēpōtus *3* ausgetrunken, verschlungen
epulae, ārum *f* Gerichte, Speisen; Festmahl, Genuss
epulār|is, ~e, *Gen* ~is zum Mahl gehörig, Tisch-
epulātiō, ~nis *f* Festschmaus
epulō, ~nis *m* **1.** Epulone, Ordner des Festmahls (Priester) **2.** Tafelfreund, Zechbruder
epulor *1* essen, speisen; verspeisen
epulum, ī *n* Festessen
Ēpytidēs, ae *m* S. des Epytos
Ēpytus, ī *m* Epytos (1. Trojaner im Gefolge des Aeneas 2. König von Alba Longa)
equa, ae *f* Stute
eques, equitis *m, f* Reiter; Ritter; Pferd ⟦*ml* Ritter; Springer (im Schach)
equest|er I. *Adj* ~ris (*auch m*), ~e, *Gen* ~is Reiter-, Ritter- **II.** *Subst* **1.** ~ris *m* = eques **2.** ~ria, ~rium *n* Sitze der Ritter (im Theater)
equidem *Adv* in der Tat; ich meinerseits
equīl|e, ~is *n* Pferdestall

equīnus *3* Pferde-
equīr(r)ia, ōrum *n* Pferderennen (zu Ehren des Mars am 27. Februar u. 14. März) ⟦*spl* Zirkus
equitābil|is, ~e, *Gen* ~is für die Reiterei tauglich
⟦**equitarius,** i *m ml* Berittener, Reiter
equitātus I. *Adj 3* mit Reiterei vermischt **II.** *Subst* ūs *m* Reiterei; Ritterschaft ⟦*ml* Reiterspiel
equitō *1* reiten; *vom Wind* einherstürmen; durchreiten
equola, ae *f* kleine Stute
equus, ī *m* (*Nbf Gen Pl* equum, equom) Pferd, Hengst
Equus Tuticus, ī *m* Equus Tuticus (Städtchen bei Benevent)
ēr, ēris *m* (*Akk Sg* erim) Igel
era, ae *f* [erus] Herrin; Geliebte
ērādicō *1* mit der Wurzel herausreißen, vernichten
ērādō, ērāsī, ērāsus *3* auskratzen; tilgen
eranus, ī *m* [*gr*] Beitrag, Unterstützung
ērāsi →erado
Erasīnus, ī *m* Erasinos (Fluss in der Argolis)
Erasistratos, ī *m* Erasistratos (gr. Arzt im 3. Jh. v. Chr.)
ērāsus →erado
Eratō, ūs *f* Erato (Muse der Liebeslyrik)
Eratosthen|ēs, ~is *m* Eratosthenes (gr. Mathematiker u. Geograf, ca. 290–205)
erciscō, erctum = hercisco, herctum
Erebus, ī *m* Erebos (Gott der Finsternis); Totenreich ⟦*spl* Hölle
[1]**Erechtēus,** ī *m* Erechtheus (König von Athen)
[2]**Erechthēus** *3* des Erechtheus; athenisch
Erechthīdae, ārum *m* Nachkommen des Erechtheus, Athener
Erechthi|s, ~dis *f* T. des Erechtheus
ērēctus I. *Adj 3* aufrecht, erhaben; gespannt; mutig, hochfahrend ⟦*ml* vultus ~ aufwärtsgerichtetes, nicht zum Boden gewandtes Gesicht **II.** *Part Perf Pass* →erigo
ērēmigō *1* durchrudern
⟦**eremita,** ae *m* [*gr*] *spl* Einsiedler, Eremit
⟦**eremitanus,** i *m ml* Eremit
⟦**eremiticus** *3 spl* Eremiten-
⟦**eremus,** i *f* [*gr*] *spl* Einöde, Wüste; Zurückgezogenheit (der Mönche)
ērēp|ō, ~sī, ~tus *3* hervorkriechen, emporklettern
ēreptiō, ~nis *f* Entreißung, Raub ⟦*ml* Befreiung
ērept|or, ~ōris *m* Räuber
[1]**ēreptus** →eripio
[2]**ērēptus** →erepo
ērēs, ērēdis = heres
Ērētinus *3* eretinisch, aus Eretum
Eretria, ae *f* Eretria (Stadt 1. in Thessalien 2. auf Euböa)
Eretric|us I. *Adj 3* eretrisch, aus Eretria **II.** *Subst* ~ī, ~ōrum *m* Anhänger des Philosophen Menedemus aus Eretria 2.
Eretriēns|is I. *Adj* ~e, *Gen* ~is aus Eretria (gebürtig) **II.** *Subst* ~ēs, ~ium *m* Einw. von Eretria
Ērētum, ī *n* Eretum (Sabinerstadt am Tiber)
ērēxī →erigo
ergā *Präp beim Akk* gegen ⟦*ml* gegenüber
ergastulum, ī *n* [*gr*] Arbeitshaus, Werkstatt (für Sklaven und Schuldner)
ergō (*poet auch* ergo) **I.** *Präp nach Gen* wegen, um ... willen ⟦*ml* obsidis ~ als Geisel **II.** *Adv* deshalb, folglich, also
ericē, ēs *f* [*gr*] Heidekraut
Eric(h)thonius I. *Adj 3* athenisch, trojanisch; des Erichthonios **II.** *Subst* ī *m* Erichthonios (1. König von Athen 2. König von Troja)
ēricius, ī *m* Igel; spanischer Reiter
Ēridanus, ī *m* Eridanos; *poet für* Po
erifuga, ae *m* dem Herrn entlaufen
ērigō, ērēxī, ērēctus *3* aufrichten; errichten, aufführen; hinaufrücken lassen; gespannt machen; ermutigen
Ērigonē, ēs *f* Erigone (T. des Ikaros; als Gestirn Jungfrau an den Himmel versetzt)
Ērigonēius *3* der Erigone; canis ~ Hundsstern
eril|is [erus, era] **I.** *Adj* ~e, *Gen* ~is des Herrn *od* der Hausfrau **II.** *Subst* ~is *m, f* Herr, Herrin
Erillii, ōrum *m* Schüler des (stoischen Philosophen) Herillus (aus Karthago, im 3. Jh. v. Chr.)
Erīn|ȳs, ~yos *f* Erinnye, Rachegöttin; *poet* Verderben
Eriphȳl|a, ~ae *u.* **~ē,** ēs *f* Eriphyle (Gem. des Amphiaraos, vom S. Alkamion getötet)
ēripiō, ēripuī, ēreptus *3* [rapio] heraus-, wegreißen; rauben; retten, befreien
erithacē, ēs *f* [*gr*] Bienenbrot
ērōdō, ērōsī, ērōsus *3* wegnagen, zerfressen; *med* angreifen, ätzen
ērogātiō, ~nis *f* Auszahlung, Ausgabe ⟦*spl* Spenden, Bestreiten
ērogitō *1* ausfragen, ausforschen
ērogō *1* ausgeben; eintreiben; durch Bitten erreichen; spenden
ērōsī, ērōsus →erodo
⟦**erotopaegnia,** ōn *n* [*gr*] *spl* spielerische Liebesgedichte
errābundus *3* umherirrend
⟦**erraneus** *3 ml* irrtümlich, falsch
errāticus *3* umherirrend
errātiō, ~nis *f* Umherirren
errātum, ī *n* Irrtum, Fehler

errātus I. *Part Perf Pass zu* erro II. **II.** *Subst* ūs *m* = erratio
errō I. *Subst* ~nis *m* Landstreicher; ungetreuer Liebhaber ⟦*spl* Entlaufener, Verbrecher **II.** *Verb 1* umherirren; schwanken; sich (ver)irren
⟦**erroneus** *3 spl* umherirrend; irrtümlich
error, errōris *m* Umherirren; Irrfahrt; Ungewissheit; Abirren, Irrtum

ērub|ēscō, ~uī *3* erröten; sich schämen
ērūca, ae *f* **1.** Rauke (*Lw*), Senfkohl **2.** Raupe
ēructō *1* ausrülpsen, ausspeien; von sich geben ⟦*spl* hervorbrechen
ērudiō *4* ausbilden, unterrichten
ēruditiō, ~nis *f* Unterricht; gelehrte Bildung; *Pl* ~nes Kenntnisse
ērudītulus *3* gut geschult
ērudītus I. *Adj 3* gebildet, geschmackvoll **II.** *Part Perf Pass zu* erudio **III.** *Subst* **1.** ī *m* Fachmann ⟦**2.** us *m spl* Unterweisung
ērugō *1* von Runzeln befreien
ērumpō, ērūpī, ēruptus *3* aufbrechen; durchbrechen; se erumpere herausstürzen; *Gefühle* ausschütten; hervorstürzen, einen Ausfall machen; zum Ausbruch *od* ans Licht kommen; übergehen zu ⟦*spl* sich lebhaft äußern
ēruō, ēruī, ērutus *3* [ruo] herausgraben, aufwühlen; aufstöbern; herausreißen, zerstören ⟦*spl* befreien, erretten
ērūpī →erumpo
ēruptiō, ~nis *f* [erumpo] Ausbruch, Ausfall
ēruptus →erumpo
erus, ī *m* (Haus-)Herr ⟦*ml* heidnische Gottheit
ervilia, ae *f* Art Kicher- *od* türkische Erbse
ervum, ī *n* Wicke
Erycīna, ae *f* = Venus
Erycīnus I. *Adj 3* **1.** vom Eryx **2.** der Venus **II.** *Subst* ī *m* Einw. von Eryx
Erycus mons *m* = Eryx 2.
Erymanthi|s, *Gen* ~dis *f* erymanthisch
Erymanthius *3* erymanthisch
Erymanthus, ī *m* Erymanthus (Gebirge u. Fluss in Arkadien)
Erysichth|ōn, ~onis *m* Erysichthon (thessalischer Königssohn)
Erythēa, ae *f* Erythea (Insel in der Bucht von Gades)
Erythēi|s, *Gen* ~dis *f* aus Erythea
Erythrae, ārum *f* Erythrai (Stadt 1. in Boiotien 2. in Kleinasien gegenüber Chios)
Erythraeus *3* **1.** aus Erythrai 2. **2.** vom Erythräischen Meer (Arabisches Meer zwischen Indien, Arabien u. Afrika); *auch* indisch
Erythr|ās, ~ae *m und* **~us,** ~ī *m* Erythros (myth. König)
Eryx, Erycis *m* Eryx (1. S. der Venus 2. nach ihm benannte Stadt u. Berg an der Nordwestküste Siziliens mit Venustempel)
[1]**es** ⟦**I.** *Subst undekl ml* die Eins (beim Würfeln **II.** [sum] **1.** du bist **2.** sei *Imp*
[2]**ēs** [[2]edo] **1.** du isst **2.** iss
esca, ae *f* [[2]edo] Speise, Köder
escāria, ōrum *n* Essgeschirr
escārius *3* Ess-
ēscendō, ēscendī, ēscēnsus *3* hinaufsteigen; ins Innere reisen; besteigen
ēscēnsiō, ~nis *f* Landung
ēscēnsus I. *Part Perf Pass* →escendo **II.** *Subst* ūs *m* Ersteigen
escit *altl* er ist (vorhanden); *auch Fut*
⟦**escula,** ae *f ml* Bissen
esculenta, ōrum *n* Speisen
esculentus *3* essbar; mit Speise gefüllt
escunt *altl* sie sind (vorhanden); *auch Fut*
ēsitō *1* zu essen pflegen
esox, esocis *m* [*gr*] Hecht ⟦*spl* Salm, Lachs
Esquiliae, ārum *f* Esquilin (größter der 7 Hügel Roms)
Esquiliārius, Esquilīnus, Esquilius *3* esquilinisch
[1]**esse** *Inf Präs* →sum
[2]**ēsse** *Inf Präs* →[2]edo
esseda, ae *f* = essedum
essedārius, ī *m* Wagenkämpfer (bei den Kelten); Gladiator
Essēdon|es, ~um *m* Essedonen (skythisches Volk)
essedum, ī *n* [*kelt*] einachsiger Streitwagen; *auch* Reisewagen
essentia, ae *f* Sein, Wesen
⟦**essential|is,** ~e, *Gen* ~is *spl* vorhanden
⟦**essentialiter** *Adv spl* wesentlich
essitō = esito
essū [*Supin zu* [2]edo] zu essen
essuriō = esurio
estur = editur ([2]edo)
Esubiī, ōrum *m* Esubier (kelt. Volk in der Normandie)
ēsuriāl|is, ~e, *Gen* ~is Hunger-
⟦**esuries,** ei *f spl* Hunger
ēsuriō I. *Subst* ~nis *m* Hungerleider **II.** *Verb 4* hungrig sein, begehren
ēsuritiō, ~nis *f* Hungern
ēsus I. *Part Perf Pass* →[2]edo **II.** *Subst* ūs *m* Essen
et und, auch; und zwar, und dabei; *nach Ausdrücken der Gleichheit u. Ähnlichkeit* als, wie; *nach* multi, pauci, unus *dt unübersetzt; Verbindungen* et ... et sowohl ... als auch, ebenso wie, teils ... teils; neque ... et nicht nur nicht ... sondern auch; et ... neque einerseits ... andererseits nicht ⟦*ml* etc. = et cetera
etenim nämlich; und in der Tat
⟦**etenimvero** *ml* gewiss
Eteocl|ēs, ~is *m* Eteokles (S. des Ödipus)
etēsiae, ārum *m* [*gr*] Etesien, Nordwinde (die jährlich im Juli/August wehen)

ēthicus *3* ethisch; res ethica Ethik
ēthologia, ae *f* [*gr*] Charakterbeschreibung
ēthologus, ī *m* [*gr*] Charakterdarsteller; Possenreißer
etiam 1. auch, sogar **2.** noch, noch einmal **3.** *in Antworten* ja, allerdings ⟦*ml* ~ et sogar auch
etiamnum *u.* **etiamnunc** *Adv* (auch jetzt) noch; nochmals; ferner
etiamsī *Kon.* wenn auch, auch wenn
etiamtum *u.* **etiamtunc** *Adv* damals noch
Etrūria, ae *f* Etrurien, *heute* Toskana
Etrūscus I. *Adj 3* etrurisch **II.** *Subst* ī *m* Etrusker
etsī *Kon.* wenn auch, wenngleich; freilich
etymologia, ae *f* [*gr*] Etymologie; Ableitung des ursprünglichen Wortsinns
eu *Interj* [*gr*] schön!, bravo!, herrlich!, wahrlich
Euadnē, ēs *f* Euadne (Gem. des Kapaneus, eines der Sieben gegen Theben)
euān [*gr*] **1.** BN des Bakchos **2.** Jubelruf der Bakchantinnen
Euander *u* **Euandrus,** Euandrī *m* Euander (S. des Hermes, soll am Palatin eine Stadt gebaut haben)
Euandrius *3* des Euander, von Euander
⟦**euangel-** *spl* = evangel-
euāns, *Gen* euantis jauchzend, feiernd
euax *Interj* juchhei!
Euboea, ae *f* Euboia (Insel westlich von Boiotien), *heute* Evia
Euboicus *3* **1.** euboiisch **2.** Euboia gegenüberliegend **3.** kumäisch
⟦**eucharistia,** ae *f* [*gr*] *spl* das heilige Abendmahl; Hostie
Euclīd|ēs, ~is *m* **1.** Eukleides (Freund des Sokrates, Begründer der Philosophenschule von Megara) **2.** Euklid (Mathematiker um 300 v. Chr.)
eudaem|ōn, *Gen* ~onis [*gr*] reich, fruchtbar
Eudoxus, ī *m* Eudoxos (Schüler Platons, Mathematiker)
Euēnīnus *3* vom (Fluss) Euenus
Euēnus, ī *m* Euenus (König u. Fluss in Ätolien)
eugae = *verstärktes* eu
Euganeī, ōrum *m* Euganer (Volksstamm in Oberitalien)
euge, eugepae = *verstärktes* eu
euhān, euhāns = euan, euans
Euhēmerus, ī *m* Euhemeros (gr. Philosoph um 300 v. Chr.)
Eu(h)ia|s, ~dis *f* Bakchantin
Eu(h)ius, ī *m* der Jauchzende (BN des Bakchos)
euhoe = euoe
⟦**eulogia,** ae *f* [*gr*] *ml* Gabe; Abendmahl
Eumen|ēs, ~is *m* Eumenes (1. Feldherr Alexanders des Großen 2. Königsname in Pergamon)
Eumenid|es, ~um *f* [*gr*] Eumeniden, die Wohlgesinnten (N der Erinnyen)
Eumolpidae, ārum *m* Eumolpiden (Priesterfamilie in Athen)
Eumolpus, ī *m* Eumolpus (S. des Poseidon, Stifter der Eleusinischen Mysterien)
eumpse = ipsum
eunūchus, ī *m* [*gr*] Eunuch ⟦*ml* Kämmerer (am byzantinischen Hofe)
euoe juchhei! *Jubelruf der Bakchantinnen*
⟦**euphonicus** *3* [*gr*] *ml* wohlklingend
Euphorbus, ī *m* Euphorbos (Trojaner, dessen Seele Pythagoras angeblich besaß)
Euphoriōn, ~is *m* Euphorion (hellenistischer Dichter im 3. Jh. v. Chr.)
Euphrānor, ~is *m* Euphranor (Bildhauer u. Maler um 400 v. Chr.)
Euphrāt|ēs, ~is *m* **1.** Euphrat **2.** Euphrates (stoischer Philosoph)
Eupoli|s, ~dis *m* Eupolis (Komödiendichter des 5. Jh. v. Chr. in Athen)
Eurīpid|ēs, ~is *m* Euripides (Tragödiendichter in Athen 485–406)
Eurīpidēus *3* euripideisch
eurīpus, ī *m* Meerenge (bes. zwischen Euboia u. Festland); *übertr* Wassergraben, Bassin
euroauster, euroaustrī *m* Südostwind
Eurōmus, ī *f* Euromos (Stadt in Karien)
Eurōpa, ae *f* Europa (1. Königstochter aus Phönizien 2. Erdteil)
Eurōpaeus *3* **1.** der Europa **2.** europäisch
Eurōtās, ae *m* Eurotas (Fluss in Sparta)
eurōus *3* [eurus] (süd)östlich
eurus, ī *m* [*gr*] Südostwind
Euryalus, ī *m* Euryalos (Trojaner)
Eurybiadēs, ae *m* Eurybiades (Spartaner, Flottenkommandant gegen Xerxes)
Eurydicē, ēs *f* Eurydike (Gem. des Orpheus)
Eurymed|ōn, ~ontis *m* Eurymedon (1. S. des Faun 2. Feldherr Athens gegen Sizilien 3. Fluss in Kleinasien)
Eurymidēs, ae *f* S. des Eurymos = Seher Telemos
Eurypylus, ī *m* Eurypylos (1. S. des Herakles, König der Insel Kos 2. Heerführer der Thessalier vor Troja)
Eurysthen|ēs, ~is *m* Eurysthenes (Zwillingsbruder des Prokles, Stammvater spartanischer Könige)
Eurysthēus, ī *m* Eurysteus (König von Mykenai)
Euryti|s, ~dis *f* Tochter des Eurytos (= Iole)
Eurytus, ī *m* Eurytos (König auf Euboia)
euschēmē *Adv* [*gr*] elegant
Euterpē, ēs *f* Euterpe (Muse der Musik)
euthygrammum, ī [*gr*] Lineal, Richtscheit

Euxīnus *3* [*gr* gastlich], *meist* Pontus ~ Schwarzes Meer

⟦**evacuo** *1 spl* leeren; austrinken; *ml* ablegen; zunichtemachen

ēvādō, ēvāsī, ēvāsus *3* herausgehen, hervorgehen; durchschreiten; entkommen, entrinnen; hinaufsteigen, erklimmen; abzielen, sich entwickeln *Nom* zu, werden

ēvagātiō, ~nis *f* Ausbreitung; *Astronomie* Übermaß; *phil* Grenzüberschreitung ⟦*ml* Abschweifung

ēvāgīnō *1* aus der Scheide ziehen

ēvagor *1* sich ausdehnen; überschreiten ⟦*ml* abschweifen

ēval|ēscō, ~uī *3* erstarken, sich steigern; *Perf* ~ui vermögen

ēvalidus *3* voll erstarkt

ēvaluī →evalesco

ēvān|ēscō, ~uī *3* verschwinden, vergehen

⟦**evangelicus** *3 spl* das Evangelium betreffend, dem Evangelium entsprechend

⟦**evangelista,** ae *m* [*gr*] *spl* Evangelist

⟦**evangelium,** i *n* [*gr*] *spl* Evangelium; Evangelienbuch

⟦**evangelizo** *1* [*gr*] *spl* (als) frohe Botschaft verkünden

ēvānidus *3* verschwindend

ēvānuī →evanesco

ēvāsī →evado

ēvāstī = evasisti

ēvāstō *1* ganz verwüsten

ēvāsus →evado

ēvectiō, ~nis *f* Transport; ~ publica Transport mit Mitteln des Staates; Ausfuhr; Aufwärtsfliegen ⟦*spl* ~ Christi Himmelfahrt

ēvehō, ēvēxī, ēvectus *3* herausbringen, herausschaffen; hinführen; erheben; se evehere = evehor

ēvehor, ēvectus sum *3* hinausfahren, hinausreiten; ausgehen; sich verbreiten; überschreiten; sich hinreißen lassen

ēvellō, ēvellī, ēvulsus *3* (her)ausreißen

ēveniō, ēvēni, ēventus *4* hervorkommen; sich ereignen, widerfahren; enden

ēventilō *1* reinigen

ēventum, ī *n* Ereignis; Ausgang, Ergebnis ⟦*spl* Ausbruch

ēventus I. *Part Perf Pass* →evenio **II.** *Subst* ūs *m* Ereignis, Schicksal; Ausgang, Erfolg; Ende

ēverberō *1* aufwühlen; zerschlagen; abschütteln

ēverriculum, ī *n* Kehrbesen; Fangnetz

ēverrō, ēverrī, ēversus *3* ausfegen

ēversiō, ~nis *f* Zerstörung, Zerrüttung ⟦*spl* Störung des Unterrichts, Unfug

ēvers|or, ~ōris *m* Zerstörer ⟦*spl* Störenfried

ēversus *Part Perf Pass* →**1.** everro **2.** everto

ēvertō, ēvertī, ēversus *3* umstürzen, zerstören; verdrängen; verdrehen

ēvestīgātus *3* aufgespürt

ēvēxī →eveho

ēvīcī, ēvictus →evinco

ēvid|ēns, *Gen* ~entis offenbar, einleuchtend; in Erscheinung tretend

ēvidentia, ae *f* Veranschaulichung; Augenschein

ēvigilō *1* wach bleiben; bei Nacht vollenden; erwachen

⟦**evigoro** *1 ml* entkräften

ēvīl|ēscō, ~uī *3* wertlos werden

ēvinciō, ēvīnxī, ēvīnctus *4* umbinden, umwinden, fesseln

ēvincō, ēvīcī, ēvictus *3* völlig besiegen; überreden, durchsetzen; erweisen

ēvīnxī, ēvīnctus →evincio

ēvirō *1* entmannen; entkräften

ēviscerō *1* zerfleischen ⟦*spl* entleeren

ēvītābil|is, ~e, *Gen* ~is vermeidbar

ēvītō *1* **1.** vermeiden, entgehen **2.** *altl* das Leben rauben (*auch mit* vitam)

ēvocātī, ōrum *m* einberufene Veteranen

ēvocātiō, ~nis *f* **1.** das Herausrufen (von Göttern aus der Unterwelt od. aus einer Stadt) **2.** Vorladung (eines Schuldners)

ēvocāt|or, ~ōris *m* Aufwiegler

⟦**evocaturia,** ae *f ml* Einladung

ēvocō *1* herausrufen; hervorlocken, anregen; vorladen; zum Kriegsdienst einberufen; abkommandieren; befördern ⟦*ml* ad coronam ~ krönen

ēvolgō = evulgo

ēvolō *1* herausfliegen, herauseilen; entrinnen; sich emporschwingen ⟦*spl* in den Himmel hinauffliegen

ēvolūtiō, ~nis *f* Aufschlagen (des Buches), Lesen

ēvolvō, ēvolvī, ēvolūtus *3* hervorwälzen, hinwälzen; abwerfen, hinaustreiben, verdrängen; auseinanderwickeln, *Buch* aufrollen; entwickeln, darstellen

ēvom|ō, ~uī, ~itus *3* ausspeien; ausstoßen

ēvortō = everto

ēvulgō *1* veröffentlichen, preisgeben

ēvulsiō, ~nis *f* [evello] Herausreißen

ēvulsus →evello

ex *u.* **ē** *Präp beim Abl* aus, von ... her; *zeitlich* seit, sogleich nach; *übertr* infolge, wegen; zufolge, nach, kraft ⟦*ml* ex quo wenn; ex nomine mit Namen; ex toto (modo) ganz, vollkommen

exa- = auch exsa-

exacerbō *1* erbittern

exāctiō, ~nis *f* [exigo] Vertreibung; Eintreibung, Besteuerung; Prüfung, Steuer ⟦*spl* Vollendung

exāct|or, ~ōris *m* Vertreiber; Steuererheber, Mahner; Aufseher ⟦*ml* einer, der erzwingt

⟦**exactri|x,** ~cis *f* ⟦*spl* Aufseherin; *ml* Befolgerin

exāctus **I.** *Adj 3* genau, pünktlich **II.** *Part Perf Pass* →exigo
ex|acuō, ~acuī, ~acūtus *3* schärfen, spitzen; aufreizen
exadvers|um *u.* **~us** *Adv u. Präp beim Akk* gegenüber
exaedificātiō, ~nis *f* Aufbauen
exaedificō *1* aufbauen, fertig bauen; aus dem Hause werfen
exaequātiō, ~nis *f* Gleichstellung
exaequō *1* gleichmachen; vergelten
exaestuō *1* aufwallen, aufbrausen; sich erhitzen; *übertr* überwallen ⟦*spl* begeistert sein; *ml* voll sein, wimmeln
exaggerātiō, ~nis *f* Häufung, Steigerung; *übertr* Erhebung
exaggerō *1* auffüllen; vergrößern, hervorheben
exagitāt|or, ~ōris *m* Tadler
exagitō *1* aufjagen, verfolgen; erregen; eifrig erörtern, *bes* tadeln
exagmen = examen
exagōga, ae *f* [*gr*] Ausfuhr
exalb|ēscō, ~uī *3* weiß werden, erbleichen
⟦**exalto** *1 spl* heben; erhöhen (*auch* ins Himmelreich); stolz machen
⟦**exaltor** *1 spl* stolz werden
exalūminātus *3* alaunfarbig
exām|en, ~inis *n* [exigo] Schar, Schwarm; Zünglein (Anzeiger) an der Waage; Prüfung ⟦*ml* ~en ultimum Jüngstes Gericht; ~en mortis Todesstunde; Urteil
exāminātiō, ~nis *f* Abwiegen ⟦*spl* Prüfung; Urteil
exāminō *1* abwägen, prüfen
examussim *Adv* genau
⟦**exancillor** *1* sklavisch dienen
exanclō *1* [*gr*] ausschöpfen; erdulden
exanimāl|is, ~e *Gen* ~is entseelt; tödlich
exanimātiō, ~nis *f* Entsetzen; Mutlosigkeit
exanim|is, ~e, *Gen* ~is entseelt; (zu Tode) entsetzt
exanimō *1* außer Atem bringen; töten; außer Fassung bringen
exanimus *3* = exanimis
exantlō = exanclo
⟦**exaperio** *4 spl* öffnen, deuten, übersetzen
exār|dēscō, ~sī, ~surus *3* in Brand geraten; entbrennen; *Preis* steigen
⟦**exareo** *2 ml* verdorren
exār|ēscō, ~uī *3* trocken werden; verschwinden
exarmō *1* entwaffnen, entkräften; abtakeln
exarō *1* umpflügen, durchfurchen; schreiben; ausgraben; ernten, gewinnen
exārsī →exardesco
exāruī →exaresco
exasciō *1* sorgfältig behauen
exasperō *1* rau *od* gefährlich machen; schärfen; aufreizen; *übertr* vergällen
exasperor *1* verrohen, erbittert werden
exauctōrō *1* vom Soldatendienst verabschieden
exaudiō *4* deutlich hören, vernehmen; erhören, hören *Akk* auf
exaugeō *2* bedeutend vergrößern
exaugurātiō, ~nis *f* Aufhebung der Weihe
exagurō *1* die Weihung aufheben; profanieren
exauspicō *1* günstig davonkommen
exballistō *1* [*gr*] erschießen; erstürmen; prellen
exbibō = ebibo
exc- = *auch* exsc-
excaecō *1* blind machen (*auch übertr*); verstopfen
excalceātus **I.** *Part Perf Pass* ohne Schuhe, unbeschuht **II.** *Subst* ī *m* mimischer Schauspieler
excalceō *1* die Schuhe ausziehen *Akk* jmdm. *od* von
excalcio = excalceo
excandēscentia, ae *f* Aufflammen; *übertr* Jähzorn
excand|ēscō, ~uī *3* erglühen, entbrennen
excantō *1* heraus-, wegzaubern; beschwören
excarnificātus *3* zum Henker geworden, entmenscht
excarnificō *1* (zu Tode) martern
excatarissō *1* [*gr*] gründlich abputzen; ausplündern
excavō *1* aushöhlen ⟦*ml* vestitus excavatus ausgeschnittene Kleidung
ex|cēdō, ~cessī, ~cessūrus *3* weggehen, sich entfernen, scheiden; sich ausdehnen; hervorragen; *beim Akk* verlassen, überschreiten ⟦*ml* sensibus ~cedo die Besinnung verlieren; Fehler begehen (in der Rechtsprechung)
excell|ēns, *Gen* ~entis hervorragend; vorzüglich ⟦*ml* ~enter sehr, *z. B.* ~enter bona sehr gut
excellentia, ae *f* Vorzüglichkeit ⟦*spl* hohe persönliche Stellung; *Anrede* Exzellenz; Vollkommenheit; himmlische Herrlichkeit
excell|ō *3* (*auch* ~eō *2*) sich auszeichnen, hervorragen *Dat* vor
excelsitā|s, ~tis *f* Höhe, Erhabenheit
excels|um, ~ī *n* Höhe; hohe Würde ⟦*spl* ~a, ~orum Himmel
excelsus [excello] **I.** *Adj 3* hochragend, erhaben ⟦*spl* laut **II.** ⟦*Subst* i *m spl* Gott
excēpī →excipio
exceptiō, ~nis *f* [excipio] Ausnahme; Einschränkung; Protest (gegen den Kläger) ⟦*spl* Aufnahme; *ml* Empfang
exceptiuncula, ae *f* kleine Einschränkung
exceptō *1* [excipio] herausnehmen; aufnehmen
exceptus →excipio

e

[[**excerebro** *1 spl* betäuben; vor den Kopf schlagen
ex|cernō, ~crēvī, ~crētus *3* aussondern, ausscheiden
excerp|ō, ~sī, ~tus *3* herausnehmen, auslesen; sich einen Auszug machen; hervorheben; weglassen, streichen
excessī →excedo
excessus, ūs *m* Scheiden, Hinscheiden, Tod; Vorsprung; Abschweifung, Fortgehen, Entweichen [[*spl* Übermaß, Überschwang; ~ mentis Verzückung; Ausschreitung, Vergehen, Sünde
excetra, ae *f* Schlange
excīdiō, ~nis *f* Zerstörung
excidium, ī *n* Fall, Untergang
[1]**ex|cidō,** ~cidī *3* [cado] heraus-, herabfallen, entschlüpfen; verlustig gehen, sibi ~cidere Besinnung verlieren
[2]**ex|cīdō,** ~cīdī, ~cīsus *3* [caedo] heraushauen, abschneiden; zerstören, vertilgen; *med* herausschneiden, kastrieren
excieō *2* = excio
excindō = exscindo
ex|ciō, ~cīvī, ~cītus *u.* ~citus *4* heraustreiben; aufrufen, herbeirufen; veranlassen, hervorrufen
ex|cipiō, ~cēpī, ~ceptus *3* herausnehmen; eine Ausnahme machen *Akk* mit; Einwand erheben; fangen, aufnehmen; vernehmen; bevorstehen; fortsetzen [[*spl* excepto mit Ausnahme von; *ml* de fonte ~cipio aus der Taufe heben
excīsiō, ~nis *f* Zerstörung
excīsus →[2]excīdo
[[**excitator,** ~is *m spl* Erwecker
[[**excitatorius** *3 ml* ermahnend, ermunternd
excitātus I. *Adj 3* heftig, stark **II.** *Part Perf Pass zu* excito
excitō *1* heraustreiben, wegrufen; *aus dem Schlafe* wecken; *als Zeugen* aufrufen; aufstehen lassen; antreiben, erregen; erheben, errichten; *Feuer* anfachen
exclāmātiō, ~nis *f* Ausruf, Ausspruch
exclāmō *1* aufschreien, ausrufen
exclū|dō, ~sī, ~sus *3* [claudo] ausschließen, abweisen; hindern *Abl* an; hervorkommen lassen, ausbrüten [[*ml* Teufel austreiben
exclūsiō, ~nis *f* Ausschließung, Abweisung
[[**exclusive** *Adv ml* ausschließlich
exclūsus →excludo
excoctus →excoquo
excōgitātiō, ~nis *f* Ersinnen
excōgitō *1* ausdenken, ersinnen
ex|colō, ~coluī, ~cultus *3* sorgfältig bearbeiten; pflegen, fördern, schmücken; verehren; ausbilden, verfeinern [[*ml* in den Stand setzen ut dass
[[**excommunicatio,** ~nis *f spl* Ausschluss aus der kirchlichen Gemeinschaft; *ml* Kirchenbann
[[**excommunicatus,** i *m ml* Exkommunizierter
[[**excommunico** *1 spl* aus der Kirche ausschließen; *ml* mit dem Kirchenbann belegen, exkommunizieren
exconcinnō *1* gehörig herrichten
[[**exconsul,** ~is *m spl* ehemaliger Konsul
[[**exconsularis,** ~ *m spl* ehemaliger Konsul(ar)
exco|quō, ~xī, ~ctus *3* auskochen, ausdörren, (aus)schmelzen
[[**excorio** *1 spl* abhäuten, schinden
excor|s, *Gen* ~dis töricht
excoxī →excoquo
[[**excrementarius** *3 ml* den Auswurf *od* Abfall bildend
excrēmentum, ī *n* Ausscheidung, Auswurf
excreō = exscreo
ex|crēscō, ~crēvī, ~crētus *3* herauswachsen, emporwachsen
excrētus, excrēvī →**1.** excerno **2.** excresco
excruciābil|is, ~e, *Gen* ~is der Folter wert
excrucio *1* foltern, quälen
excubiae, ārum *f* **1.** Schlafen außer Haus, Seitensprung **2.** Wachen; Wachposten
excubit|or, ~ōris *m* Wächter, Wachposten
excub|ō, ~uī, ~itum *1* im Freien liegen; Wache halten, wachen, besorgt sein [[*ml* (im Kloster) die Vigilien halten
excū|dō, ~dī, ~sus *3* herausschlagen, schmieden; verfertigen; ausbrüten [[*ml* libros ~do Bücher drucken
exculcō *1* heraustreiben; festtreten
excultus →excolo
excūrātus *3* gut besorgt *od* versorgt
ex|currō, ~(cu)currī, ~cursus *3* herauslaufen; hervorbrechen; vorspringen; abschweifen; durchlaufen [[*spl* fama ~currit das Gerücht geht aus; *ml* librum ~curro ein Buch ganz durchlesen
excursiō, ~nis *f* Losstürmen, Ausfall; Ausflug
excurs|or, ~ōris *m* Kundschafter
excursus I. *Part Perf Pass* →excurro **II.** *Subst* ūs *m* Auslaufen, Ausflug, Ausfall; Abschweifung; Fortgang, Entwicklung
excūsābil|is, ~e, *Gen* ~is verzeihlich
excūsātiō, ~nis *f* Entschuldigung; Ablehnung
excūsātus I. *Adj 3* entschuldigt **II.** *Part Perf zu* excuso *und* excusor II.
excūsō *1* [causa] entschuldigen, vorschützen; ablehnen, zurückweisen
excūs|or I. *Subst* ~ōris *m* [excudo] Kupferschmied **II.** *Verb 1* sich entziehen [[*spl* befreit werden *Abl* von
excussus I. *Adj 3* ausgestreckt, straff; gut überlegt **II.** *Part Perf Pass* →excutio
excūsus →excudo
excu|tiō, ~ssī, ~ssus *3* [quatio] (ab)schütteln; herausreißen; ausbreiten; genau untersuchen; fortjagen, abschleudern

exdorsuō *1* [dorsum] entgräten
exe- *auch* = exse-
ex|edō, ~ēdī, ~ēsus *3* ausessen; verzehren; zerfressen; aufreiben; zerstören
exedra, ae *f* [*gr*] halbrunder Anbau, Halle ⟦*ml* Apsis
exedrium, ī *n* [*gr*] Nische mit Sitzplätzen
exefficiō *3* ganz vollenden
exēgī →exigo
exēmī →eximo
exempl|ar, ~āris *n* Vorbild, Muster; Ebenbild; Abschrift ⟦*spl* Beispiel
exemplār|is, ~e, *Gen* ~is abgeschrieben; musterhaft
⟦**exemplo** *1 spl* abschreiben, nachbilden
exemplum, ī *n* [eximo] Beispiel, Probe; Vorbild, Modell; Nachbildung, Abschrift; Wortlaut ⟦*ml* Geschichte; Strafe
⟦**exemptio,** ~nis *f ml* Befreiung von bischöflicher Aufsicht
exēmptus →eximo
⟦**exenium,** i *n* = xenium
exenterō *1* [*gr*] ausweiden; ausleeren; martern
exeō, exiī (exīvī), exitus (*Inf* exīre) hinausgehen, weggehen; überschreiten; ausweichen *Akk* jmdm.; landen; absegeln; austreten aus; ablaufen, vergehen; emporragen; als Ergebnis hervorgehen ⟦*ml* de ordine ~ aus dem Orden austreten
exequiae = exsequiae
exerc|eō, ~uī, ~itus *2* [arceo] üben, treiben, eifrig bewegen; bearbeiten, betreiben, handhaben; beunruhigen, plagen ⟦*ml* auf die Probe stellen
exerciō = exsarcio
exercitātiō, ~nis *f* Übung, Geübtheit; Ausübung
exercitātōrius *3* Übungs-
exercitātus *3* beschäftigt; geübt, erfahren, gebildet; beunruhigt, heimgesucht
exercitium, ī *n* Übung, Beschäftigung,Treiben ⟦*ml* Schulübung *Aufsatz, Gedicht;* Prüfung
exercitō *1* tüchtig üben; ausüben
exercit|or, ~ōris *m* Lehrmeister, Trainer; Unternehmer
exercitus I. *Part Perf Pass* →exerceo **II.** *Subst* ūs *m* Heer; Schar; Übung
exest = exedit
exēsus →exedo
exf- *auch* = eff-
exfafillō *1* aus dem Gewand hervorstrecken
exhaeresimus *3* [*gr*] herausnehmbar, Schalt-
exhālātiō, ~nis *f* Ausdünstung
exhālō *1* aushauchen; ausdünsten
exhau|riō, ~sī, ~stus *4* (her)ausschöpfen; wegbringen, ablegen; durchkosten, zu Ende bringen; leeren; erschöpfen
exhedr- = exedr-
exhērēdō *1* enterben
exhērē|s, *Gen* ~dis enterbt
exhib|eō, ~uī, ~itus *2* zeigen, darbieten; auftreten lassen; erweisen; verursachen; herbringen, herschaffen; vitam ~eo das Leben hinbringen *od* erhalten ⟦*ml* hominium ~eo Lehnseid leisten; terram ~eo Grund und Boden verleihen
⟦**exhibitio,** ~nis *f spl* Leistung; Stellung; Unterhalt
⟦**exhilaresco** *3 ml* heiter *od* munter werden
exhilarō *1* aufheitern
⟦**exhinc** *Adv spl* seither
exhodium = exodium
exhorr|ēscō, ~uī *3* sich entsetzen *Akk* vor
⟦**exhortam|en,** ~inis *n ml* Mahnung
exhortātiō, ~nis *f* Aufmunterung
exhortor *1* aufmuntern, anfeuern
exiccō = exsicco
exicō = exseco
exigō, exēgī, exāctus *3* [ago] hinaustreiben, verjagen, vertilgen; *von Pflanzen* treiben; *Waffen* hindurchbohren; verkaufen; *Gelder od Leistungen* eintreiben, verlangen; erfragen; ausführen, vollenden; verleben; verhandeln, beraten; abmessen, genau prüfen ⟦*ml* erheben; befördern
⟦**exigor,** exactus sum *3 spl von Pflanzen* treiben
exiguitā|s, ~tis *f* Kleinheit, Kürze ⟦*ml* mea ~s meine Wenigkeit
exiguus *3* [exigo] knapp, klein, gering, unbedeutend
exiī →exeo
exiliō = exsilio
exīl|is, ~e, *Gen* ~is klein, mager, ärmlich; *Stil* trocken, dürftig
exīlitā|s, ~tis *f* Kleinheit, Dürre, Dürftigkeit; *Rede* Trockenheit
exilium = exsilium
exim = exinde
eximius *3* [eximo] **1.** ausgenommen **2.** ausnehmend, außerordentlich
ex|imō, ~ēmī, ~ēmptus *3* herausnehmen; frei machen; beseitigen ⟦*ml* entrücken; milites exempti freie Ritter
exin = exinde
exinānio *4* ausleeren
exinānitiō, ~nis *f* Entleerung ⟦*spl* finanzielle Erschöpfung
exinde *Adv* von da, hierauf, dann; dementsprechend, daraus, davon; von jetzt ab, seitdem
exinterō = exentero
exīstimātiō, ~nis *f* Ansicht, Urteil, Meinung; Ruf, Ansehen, Kredit
exīstimāt|or, ~ōris *m* Beurteiler, Kritiker
exīstimō *1* [aestimo] meinen, glauben; entscheiden, (be)urteilen; halten *Akk* für; schätzen
existō = exsisto
exīstum- = existim-

e

exitiā(bi)l|is, ~e, *Gen* ~is verderblich
exitiō, ~nis *f* Herauskommen
exitiōsus *3* verderblich
exitium, ī *n* [exeo] schlimmer Ausgang, Verderben, Untergang
exitus I. *Part Perf Pass* →exeo **II.** *Subst* ūs *m* Ausgang; Auszug, Auswanderung; Schluss, (Lebens-)Ende; Ergebnis, Erfolg ⟦*ml* ~ salutis seliges Ende
exlecebra = elecebra
exlē|x, *Gen* ~gis an kein Gesetz gebunden
exobsecrō *1* inständig bitten
exoculō *1* der Augen berauben
exodium, ī *n* [*gr*] Ende; Nachspiel (eines Bühnenstückes)
exolē|scō, ~vī, ~tus *3* verkümmern; (ver)schwinden, in Vergessenheit geraten; veralten
exolētus I. *Adj 3* veraltet; erwachsen; verbuhlt **II.** *Part Perf Pass* →exolesco **III.** *Subst* ī *m* Liebling
exolō *altl* = exsulo
exonerō *1* entlasten, entladen, fortschaffen; se exonerare münden *von Flüssen* ⟦*ml auch* exeneror münden
exopinissō *3* [opinio] meinen
exoptābil|is, ~e, *Gen* ~is wünschenswert
exoptātus *3* erwünscht
exoptō *1* herbeiwünschen, ersehnen; auswählen
exōrābil|is, ~e, *Gen* ~is nachgiebig
exōrābulum, ī *n* Bitte
⟦**exoratio,** ~nis *f ml* (Für-)Bitte
exōrāt|or, ~ōris *m* erfolgreicher Bittsteller ⟦*spl* Fürsprecher vor Gott
exorbeō = exsorbeo
⟦**exorbito** *1 spl* abweichen
⟦**exorcizo** *1 spl* (abwehrend) beschwören; (von bösen Geistern) befreien
⟦**exorcismus,** i *m* [*gr*] *spl* Beschwörung der bösen Geister
ex|ōrdior, ~ōrsus sum *4* anzetteln, anfangen
exōrdium, ī *n* Anfang
ex|orior, ~ortus sum *4* hervorkommen; sich erheben; aufgehen; entstehen
⟦**exormiston,** i *n spl* Muräne *essbarer Fisch*
exōrnātiō, ~nis *f* Schmuck; Prunkrede
exōrnāt|or, ~ōris *m* Ausschmücker
exōrnātulus *3* fein geschmückt
exōrnō *1* ausrüsten; ausschmücken, verherrlichen
exōrō *1* durch Bitten bewegen; erflehen
exors = exsors
exōrsa, ōrum *n* Beginnen, Einleitung
exōrsus I. *Part Perf* →exordior **II.** *Subst* ūs *m* Anfang
exortus I. *Part Perf* →exorior **II.** *Subst* ūs *m* Ursprung; Aufgang
exōsculor *1* abküssen, *übertr* mit Lob überschütten
exossō *1* ausgräten ⟦*spl* bis auf die Knochen verzehren; *ml* des Haltes berauben
exōstr|a, ~ae [gr] fahrbare Brücke, *bes im Theater;* in ~a auf offener Bühne, vor aller Augen
ēxōs|us [odi] sehr hassend ⟦*spl* verhasst; *ml* ~um habeo hassen
exōtericus *3* [*gr*] äußerlich
exōticum, ī *n* ausländisches Gewand
exōtic|us *3* [*gr*] ausländisch; Graecia ~a Großgriechenland
expall|ēscō, ~uī *3* erblassen; erschrecken *Akk* vor
expalliātus *3* des Mantels beraubt
expallidus *3* sehr bleich
expalp|ō *und* **~or** *1* (er)schmeicheln
ex|pandō, ~pandī, ~passus *3* ausbreiten, weit öffnen; darlegen
expatrō *1* vertun, vergeuden
⟦**expavefacio** *3 spl* scheu machen
expaveō *2* Angst haben *Akk* vor
expavēscō, expāvī *3* sich entsetzen *Akk* vor
expectorō *1* aus der Brust verscheuchen
expecūliātus *3* des Vermögens beraubt
expediō *4* losmachen, losbinden; loslassen; befreien; bereit machen, fertig machen; erledigen, durchführen; darlegen; *meist unpers* vorteilhaft sein
expedītiō, ~nis *f* Feldzug; Durchführung ⟦*ml* ~ fidelium Kreuzzug
expedītus I. *Adj. 3* frei, ungehindert; ohne Gepäck, kampfbereit ⟦*ml* ~ in ludis gewandt im Würfelspiel **II.** *Part Perf Pass zu* expedio
ex|pellō, ~pulī, ~pulsus *3* hinausstoßen, verjagen; beseitigen; berauben; verbannen
ex|pendō, ~pendī, ~pēnsus *3* **1.** erwägen, prüfen **2.** abwiegen **3.** auszahlen, ausgeben; expensum fero als ausgezahlt verbuchen *Dat* für **4.** büßen, leiden
⟦**expensa,** ae *f spl* Aufwand; Ausgaben, Kosten
expēnsus →expendo
expergē|faciō, ~fēcī, ~factus *3* aufwecken; hervorlocken
ex|pergīscor, ~perrēctus sum *3* erwachen
expergītus *3* erwacht; wachsam
experi|ēns I. *Adj. Gen* ~entis wagemutig, unternehmend ⟦*spl* erfahren, sich bewährend; deutlich, klar **II.** *Part Präs zu* experior
experientia, ae *f* Erfahrung; Versuch
experīmentum, ī *n* Versuch; Beweis; Erfahrung
exper|ior, ~tus sum *4* versuchen, erproben; aufs Spiel setzen; erfahren, kennenlernen
experrēctus →expergiscor
exper|s, *Gen* ~tis [pars] *beim Gen od Abl* unbeteiligt an; frei von, ohne
expertus I. *Adj 3* erfahren; erprobt **II.** *Part Perf* →experior
expetendus *3* erstrebenswert

expetessō *3* sehr begehren
expetibil|is, ~e, *Gen* ~is erstrebbar
expet|ō, ~īvī, ~ītus *3* aufsuchen; verlangen, fordern; jmdm. widerfahren (*auch* in + *Akk*), treffen; aetatem ~o Fortleben erreichen
expiātiō, ~nis *f* Sühne
expictus →expingo
expīlātiō, ~nis *f* Ausplünderung
expīlāt|or, ~ōris *m* Plünderer
[1]**expīlō** *1* ausplündern
[2]**expīlō** *1* ausrupfen
ex|pingō, ~pīnxī, ~pictus *3* bemalen, ausmalen *auch übertr*
expīnsō *3* ausmahlen
expīnxī →expingo
expiō *1* entsühnen, reinigen; büßen; abwenden; versöhnen
expīrō = exspiro
expiscor *1* [piscis] erforschen
explānātiō, ~nis *f* [explano] Auslegung, Deutung; deutliche Aussprache ⟦*spl* Erklärung, Kommentar
explānāt|or, ~ōris *m* Erklärer
explānātus I. *Adj 3* glatt; deutlich **II.** *Part Perf Pass zu* explano
explānō *1* [planus] erklären, deuten, auslegen; deutlich aussprechen
explēmentum, ī *n* Mittel zum Ausfüllen
ex|pleō, ~plēvī, ~plētus *2* füllen; vollständig betragen; erfüllen; vervollständigen; vollenden
explētiō, ~nis *f* Vervollständigung
explētus I. *Adj 3* vollkommen **II.** *Part Perf Pass* →expleo
explicābil|is, ~e, *Gen* ~is erklärbar
explicātiō, ~nis *f* Entwicklung, Erklärung, Deutung; Aufrollen
explicāt|or, ~ōris *m* Erklärer
explicātrī|x, ~cis *f* Erklärerin
explicātus I. *Adj 3* geordnet, deutlich, klar **II.** *Part Perf Pass zu* explico **III.** *Subst* ūs *m* Erörterung
⟦**explicit liber** *spl* das Buch ist zu Ende
explicitus I. *Adj 3* leicht auszuführen **II.** *Part Perf Pass* →explico
explic|ō *1* (*auch* ~uī, ~itus) beschreiben, erörtern, erklären; auseinanderfalten, ausbreiten; entwickeln; entwirren, in Ordnung bringen, ausführen; heraushelfen, befreien ⟦*ml* ~o bursas Geldbeutel aufmachen *od* ausleeren; *Pass* ~or sich entwickeln
explō|dō, ~sī, ~sus *3* ausklatschen, auspfeifen, ablehnen; forttreiben
explōrātiō, ~nis *f* Erkundung
explōrāt|or, ~ōris *m* Kundschafter; *Pl* ~ores Spähtrupp(s); Vorreiter
explōrātōrius *3* Kundschafter-
explōrātus I. *Adj 3* ermittelt, sicher **II.** *Part Perf Pass zu* exploro
explōrō *1* erkunden, prüfen
explōsī →explodo
explōsiō, ~nis *f* Skandal
explōsus →explodo
expoliō *4* glätten; tünchen, bemalen; ausarbeiten; ausbilden
expolītiō, ~nis *f* Bemalen; *Rede* Ausschmücken
ex|pōnō, ~posuī, ~positus *3* aussetzen; an Land setzen, ausladen; preisgeben; zur Schau stellen; darlegen ⟦*ml* gladium ~pono das Schwert zücken; einsetzen, verpfänden; ad locandum ~pono Land vergeben
expopōscī →exposco
expor|rigō, ~rēxī, ~rēctus *3* (*auch* exporgo) ausstrecken, ausbreiten; frontem ~rigo die Stirn glätten
exportātiō, ~nis *f* Ausfuhr; Verbannung
exportō *1* fortschaffen; ausführen; verbannen
ex|pōscō, ~popōscī *3* fordern, erbitten; Auslieferung verlangen *Akk* von
expositīcius *3* ausgesetzt
expositiō, ~nis *f* Aussetzung; Ausleerung; Erklärung, Darlegung ⟦*spl* Auslegung
⟦**expositor,** ~is *m spl* Erklärer, Kommentator
expositus I. *Adj 3* offen daliegend; zugänglich; allen verständlich; alltäglich **II.** *Part Perf Pass* →expono
expostulātiō, ~nis *f* Forderung; Beschwerde
expostulō *1* verlangen; sich beschweren *Akk* über
expōtus = epotus
exposuī →expono
expressī →exprimo
expressiō, ~nis *f* Auspressen; *Pl* ~nes Bodensenkungen; Leiste; bergauf gehende Wasserleitung; anschauliche Darlegung
expressus I. *Adj 3* deutlich; *Aussprache* herausgepresst; ausgeprägt, körperhaft **II.** *Part Perf Pass* →exprimo **III.** *Subst* ūs *m* bergauf gehende Wasserleitung
ex|primō, ~pressī, ~pressus *3* auspressen; deutlich aussprechen; erpressen; ausdrücken, abbilden; emporheben ⟦*ml* schaffen, machen; signum crucis ~primo Kreuz schlagen; anschaffen; befehlen *mit Akk + Gerdv;* wiedergeben, aussprechen
exprobrātiō, ~nis *f* Vorwerfen
exprobrāt|or, ~ōris *m* Tadler
exprobrō *1* [probrum] vorwerfen; höhnen ⟦*ml* strafen, richten
ex|prōmō, ~prōmpsī, ~prōmptus *3* hervorholen; *Eigenschaft* zeigen; darlegen
exprōmptus I. *Adj 3* gleich bei der Hand **II.** *Part Perf Pass* →expromo
expudōrātus *3* schamlos
expūgnābil|is, ~e, *Gen* ~is einnehmbar; widerlegbar

expūgnātiō, ~nis *f* Eroberung
expūgnāt|or, ~ōris *m* Bezwinger
expūgnā|x, *Gen* ~cis bezwingend
expūgnō *1* erobern, bezwingen; erzwingen, erpressen
expulī →expello
expulsiō, ~nis *f* Vertreibung
expuls|or, ~ōris *m* Vertreiber
expulsus →expello
expultrī|x, ~cis *f* Vertreiberin
ex|pungō, ~pūnxī, ~pūnctus *3* (aus)streichen; aus dem Wege räumen; prüfend durchgehen
expuō = exspuo
expūrgātiō, ~nis *f* Rechtfertigung
expūrgō *1* reinigen; rechtfertigen, entschuldigen
expūrigātiō, expūrigō *altl* = expurgatio, expurgo
expūtēscō *3* verfaulen
exputō *1* **1.** ausputzen **2.** überdenken; ergründen
exquaerō *altl* = exquiro
Exquiliae = Esquiliae
ex|quīrō, ~quīsīvī, ~quīsītus *3* aussuchen, auswählen; untersuchen, erforschen; erfragen, erbitten ⟦*spl* aufsuchen
exquīsīt|or, ~ōris *m* Erforscher
exquīsītus I. *Adj 3* ausgesucht, ausgezeichnet; sorgfältig **II.** *Part Perf Pass* →exquiro
exquīsīvī →exquiro
exrādīcitus *Adv* mit der Wurzel
exsacrificō *1* ein Sühneopfer darbringen
exsaeviō *4* austoben
exsangu|is, ~e, *Gen* ~is blutlos, leblos, bleich; entkräftet
exsaniō *1* [sanies] (von Eiter) reinigen
exsarciō *4* ausflicken; ersetzen
exsatiō *1* völlig sättigen; befriedigen
exsaturābil|is, ~e, *Gen* ~is *mit Negation* unersättlich
exsaturō *1* völlig sättigen
exscalpō *3* ausmeißeln, ausschnitzen
exscen- = escen-
ex|scindō, ~scidī, ~scissus *3* ausreißen, zerstören
exscreō *1* sich räuspern
ex|scrībō, ~scrīpsī, ~scrīptus *3* abschreiben, aufschreiben; abzeichnen
exsculp|ō, ~sī, ~tus *3* [scalpo] ausmeißeln, herausschnitzen; *durch Fragen* herauspressen ⟦*ml* ermitteln
exsec|ō, ~uī, ~tus *1* herausschneiden, abschneiden; sezieren; entmannen
exsecrābil|is, ~e, *Gen* ~is fluchwürdig; Fluch-
exsecrātiō, ~nis *f* Verfluchung ⟦*ml* Kirchenbann
exsecrō *u.* **exsecror** *1* [sacer] verfluchen, verwünschen
exsectiō, ~nis *f* [exseco] Ausschneiden, Abschneiden
exsectus, exsecuī →exseco
exsecūtiō, ~nis *f* [exsequor] Ausführung; Verwaltung; Erörterung ⟦*ml* ~ gladii tätige Führung, Ausübung der weltlichen Gewalt
exsecūt|or, ~ōris *m* Vollstrecker, Rächer
exsecūtus →exsequor
exsequiae, ārum *f* Leichenbegängnis, Begräbnis
exsequiāl|is, ~e, *Gen* ~is Begräbnis-
ex|sequor, ~secūtus sum *3* **1.** folgen; zum Grabe geleiten; Anhänger sein *Akk* von **2.** verfolgen; rächen, strafen; geltend machen **3.** nachgehen, erstreben; erörtern **4.** (Schlimmes) erdulden
exserciō = exsarcio
exser|ō, ~uī, ~tus *3* herausnehmen; heraus-, hervorstrecken, entblößen; zeigen ⟦*ml* zücken, entfalten
exsertē *Adv* kräftig
exsertō *1* [exsero] wiederholt hervorstrecken
exsertus →exsero
exsībilō *1* auszischen; hervorzischen
exsiccō *1* austrocknen; austrinken
exsīgnō *1* aufzeichnen
exsil|iō, ~uī *4* [salio] herausspringen, aufspringen; entstehen; sich emporschwingen; *Herz* klopfen ⟦*spl Perf* exsilii
⟦**exsilior** *1 ml* in die Verbannung gehen, verbannt sein
exsilium, ī *n* [exsul] Verbannung, Elend; Zufluchtsort ⟦*ml* Ausland, Fremde
⟦**exsinuo** *1 spl* entfalten
ex|sistō, ~stitī *3* heraustreten, hervorkommen; entstehen, erscheinen, sich zeigen ⟦*spl* = esse; vorhanden sein, sich befinden; *ml als Kopula umschreibend, z. B.* susceptor ~sistit der Herbergsvater bewirtet
exsolātum *altl* = *Supin zu* exsulo
exsolūtiō, ~nis *f* Loslösung; Bezahlung
exsol|vō, ~vī, ~ūtus *3* befreien, erlösen; (los)lösen *Abl* aus; auflösen; bezahlen, leisten ⟦*ml* vocem ~vo Stimme verlieren; einlösen, zurückkaufen
exsomn|is, ~e, *Gen* ~is schlaflos
exson|ō, ~uī *1* tönen
exsorb|eō, ~uī *2* ausschlürfen; verschlingen; verwinden; entkräften
exsor|s, *Gen* ~tis unteilhaftig, ausgeschlossen *Gen* von; außerordentlich
exspatior *1* die Bahn verlassen; sich ausbreiten; abschweifen
exspectātiō, ~nis *f* Erwartung, Spannung, Sehnsucht
exspectātus I. *Adj 3* erwartet, willkommen, ersehnt **II.** *Part Perf Pass zu* exspecto
exspectō *1* erwarten, (ab)warten; erhoffen, ersehnen; befürchten ⟦*ml mit Inf* wollen

exsper|gō, ~sī, ~sus *3* [spargo] bespritzen; zerstreuen
exspēs (*nur Nom*) ohne Hoffnung *Gen* auf
exspīrātiō, ~nis *f* Ausdünstung
exspīrō *1* herausblasen; erlöschen; vergehen; animam ~ den Geist aufgeben
exsplend|ēscō, ~uī *3* hervorleuchten; sich hervortun
exspoliō *1* berauben *Abl* einer Sache ⟦*spl* Kleidung ausziehen
exsprētus *3* [sperno] verschmäht
ex|spuō, ~spuī, ~spūtus *3* ausspeien
⟦**exstasis,** ~ *f* [*gr*] *spl* Verzückung
exsternō *1* heftig erschrecken, außer Fassung bringen
exstīllēscō *3* austropfen
exstīllō *1* triefen; zerfließen
exstimulāt|or, ~ōris *m* Aufhetzer, Rädelsführer
exstimulō *1* aufstacheln
exstīnctiō, ~nis *f* [exstinguo] Vernichtung
exstīnct|or, ~ōris *m* Auslöscher, Unterdrücker
exstin|guō, ~xī, ~ctus *3* (aus)löschen; (aus)tilgen; unterdrücken; umbringen
exstirpō *1* [stirps] mit der Wurzel ausrotten
exstitī →exsisto
exstō *1* (*ohne Perf*) herausragen, sich zeigen, vorhanden sein ⟦*spl* = sum *Kopula*
exstrūctio, ~nis *f* Bau
ex|struō, ~strūxī, ~strūctus *3* aufschichten, beladen; aufbauen
exsūctus →exsugo
exsūcus *3* saftlos
exsūdō *1* ausschwitzen; im Schweiße des Angesichts durchführen ⟦*spl übertr* schwinden
⟦**exsufflo** *1 ml* Teufel austreiben
exsū|gō, ~xī, ~ctus *3* aussaugen
exsul, *Gen* ~is *m f* verbannt *Abl* aus; beraubt; ohne *Gen* etw. ⟦*ml* fahrend
exsulō *1* verbannt sein ⟦*ml* vertrieben sein, fern sein; eine Auslandsreise machen
exsultābundus *3* frohlockend
exsult|āns I. *Adj Gen* ~antis ausgelassen, maßlos **II.** *Part Präs Akt zu* exsulto
exsultātiō, ~nis *f* Ausgelassenheit
exsultim *Adv* [exsilio] in ausgelassenen Sprüngen
exsultō *1* [salto] aufspringen; frohlocken, übermütig sein ⟦*ml* stolz einherreiten
exsuperābil|is, ~e, *Gen* ~is zu bewältigen
exsuper|āns I. *Adj Gen* ~antis hervorragend, vorzüglich **II.** *Part Präs Akt zu* exsupero
exsuperantia, ae *f* Hervorragen, Vorzüglichkeit
exsuperō *1* emporragen, hervorragen; übersteigen, überwinden
exsurdō *1* taub machen; abstumpfen
exsur|gō, ~rēxī, ~rēctum *3* sich aufrichten, sich erheben; sich erholen
exsuscitō *1* anfachen, aufwecken; erregen
exsustuli →extollo
exsūxī →exsugo
exta, ōrum *n* Eingeweide; Opferschmaus ⟦*ml* ~ vervecum Schafsdärme *Saiten*
extāb|ēscō, ~uī *3* hinsiechen; allmählich verschwinden
extār|is, ~e, *Gen* ~is [exta] zum Kochen der Eingeweide dienend
extemplō *Adv* sogleich
extemporāl|is, ~e, *Gen* ~s aus dem Stegreif
extemporālitā|s, ~tis *f* Fähigkeit, aus dem Stegreif zu sprechen ⟦*ml* Flüchtigkeit (eines Briefes)
extempulō *altl* = extemplo
exten|dō, ~dī, ~tus (*od* extēnsus) *3* ausspannen, ausstrecken, ausdehnen, vergrößern
extentō *1* [extendo] ausspannen, ausdehnen
extentus I. *Adj 3* ausgedehnt, weitläufig; fern **II.** *Part Perf Pass* →extendo
extenuātiō, ~nis *f* Verkleinerung
extenuātus I. *Adj 3* gering **II.** *Part Perf Pass zu* extenuo
extenuō *1* [tenuis] verdünnen, zerkleinern; lang dehnen; vermindern ⟦*spl* abschwächen
exter = exterus
exterebrō *1* herausbohren; *übertr* ermitteln
exter|geō, ~sī, ~sus *2* abwischen
exter|ior, ~ius, *Gen* ~iōris *Komp* äußerer, weiter draußen; comes ~ior der zur Linken gehende Begleiter; ⟦*ml* ~ius *Adv* weiter außen
exterior|a, ~um *n* Außendinge, Äußerlichkeiten
exterminō *1* des Landes verweisen; *übertr* entfernen
externō = exsterno
externus *3* [exterus] äußerlich, ausländisch
ex|terō, ~trīvī, ~trītus *3 Feuer* durch Reiben hervorbringen; abnutzen, zertreten; ausdreschen
exterr|eō, ~uī, ~itus *2* in Schrecken setzen; einschüchtern
extersī →extergeo
extersus I. *Part Perf Pass* →extergeo **II.** *Subst* ūs *m* Auswischen
exterus *3* auswärtig, ausländisch
extexō *3* prellen
extillō = exstillo
extim|ēscō, ~uī *3* Angst bekommen, (sich) fürchten
⟦**extimo** *1 ml* [existimo, aestimo] meinen, einsehen
extimulō = exstimulo

extimus *3* der Äußerste, Letzte
extinguō = exstinguo
extisp|ex, ~icis *m* [exta, specio] Eingeweideschauer
extō = exsto
ex|tollō, ~tulī (*auch* ~sustulī) *3* aufheben, erheben; rühmen; verschieben ⟦*ml* ~tollor übermütig werden
extor|queō, ~sī, ~tus *2* herauswinden; herausdrehen; entreißen, abnötigen; foltern
extorr|is, ~e, *Gen* ~is [ex, terra] landflüchtig ⟦*ml* canis ~is herumstreichender Hund
extorsī →extorqueo
extort|or, ~ōris *m* Erpresser
extortus →extorqueo
extrā **I.** *Präp beim Akk* außer, über ... hinaus; mit Ausnahme von, ohne **II.** *Adv* außerhalb ⟦*ml* ab ~ von außen
ex|trahō, ~trāxī, ~tractus *3* herausziehen, herausführen, herausschleppen; hinausziehen, unnütz hinbringen ⟦*ml* ausziehen, ablegen; dentes ~traho die Zähne zeigen; tempus ~traho Zeit hinbringen
extrāneus **I.** *Adj 3* äußerlich; nicht zum Wesen gehörig; *jur.* nicht verwandt ⟦*spl* widersprechend **II.** *Subst* ī *m* Fremder, Ausländer
extrāōrdinārius *3* außerordentlich
extrārius *3* äußerlich; auswärtig
extrāxī →extraho
extrēmitā|s, ~tis *f* das Äußerste; Rand; Oberfläche ⟦*ml* Schluss des Heereszuges
extrēmum, ī *n* das Ende, der äußerste Teil ⟦*ml Pl* extrema, orum die letzten Augenblicke, Tod
extrēm|us **I.** *Adj 3* der äußerste; der letzte, höchste, geringste, schlimmste ⟦*ml* efflo ~um den letzten Atemzug tun; dies ~us der Jüngste Tag **II.** *Subst* ~ī, ~ōrum *m* die Letzten, die Nachhut
extricō *1* [tricae] herauswinden; *Geld* auftreiben; fertigbringen ⟦*spl* verjagen
extrīnsecus *Adv* (von) außen; außerdem
extrītus, extrīvī →extero
extrū|dō, ~sī, ~sus *3* heraus-, fortstoßen
extūberō *1* [2tuber] emporwölben
extudī →extundo
extulī →effero *und* extollo
extumeō *2* aufschwellen
extumus = extimus
⟦**extunc** *Adv spl* darauf; seitdem
ex|tundō, ~tudī, ~tūsus *3* heraustreiben; herausbilden; *schlagend* bearbeiten; mit Mühe durchsetzen; zerschlagen
exturbō *1* herausjagen, vertreiben
extūsus →extundo
exūberō *1* überströmen; *übertr* reichlich entstehen; Überfluss haben *Abl* an
⟦**exubiae** = exuviae
exūdō = exsudo
exul = exsul
exulcerātiō, ~nis *f* Vereiterung; *übertr* neuer Schmerz
exulcerō *1* [ulcus] wund machen; verschlimmern; erbittern
exulō, exultō = exsulo, exsulto
exululātus *Part Perf Pass zu* exululo; *bes* heulend; durch Heulen gerufen
exululō *1* aufheulen
exundātiō, ~nis *f* Überschwemmung
exundō *1* überfließen, ausströmen
exunguor *3* durch Salben sein Geld vertun
exuō, exuī, exūtus *3* ausziehen, abziehen, ablegen; *übertr* aufgeben; befreien; berauben
exuperō = exsupero
exurgeō *2* ausquetschen
ex|ūrō, ~ussī, ~ustus *3* ausbrennen, verbrennen; versengen; in Glut setzen; durch Feuer sühnen; vernichten
exurrēxī = exsurrexi →exsurgo
exussī →exuro
exustiō, ~nis *f* [exuro] Brand
exustus →exuro
exuviae, ārum *f* [exuo] abgelegte *od* abgezogene Haut; abgelegte Kleidung; abgenommene Rüstung, Beute ⟦*ml* ~ martyris Reliquien
exuvium, ī *n* [exuo] Beute

F

F (f) *Abk für* filius; fecit; fidelis; felix
Fab. *Abk für* Fabia (tribu) aus der Fabischen Tribus
faba, ae *f* Bohne
fabāl|is, ~e, *Gen* ~is Bohnen-
Fabāria, ae *f* Bohneninsel, *heute* Borkum
Fabar|is, ~is *m* (*Akk* ~im, *Abl* ~i) Fabaris (Nebenfluss des Tiber), *heute* Farfa
[1]**fābella,** ae *f* [fabula] kleine Erzählung; Fabel, Märchen; kleines Schauspiel
[2]⟦**fabella,** ae *f ml* (kleine) Bohne
faber **I.** *Adj* fabra, fabrum geschickt, kunstfertig **II.** *Subst* fabrī *m* (*Nbf Gen Pl* fabrum) Handwerker, Künstler; *Pl* fabri Pioniertruppe; praefectus fabrum Obermeister
Fabiānus **I.** *Adj 3* des Fabius **II.** *Subst* **1.** ī *m* Fabianus (BN des Philosophen Papirius) **2.** Fabiānī, ōrum Leute aus der Fabischen Tribus
Fabius *3 Gent* Fabius (*bes* 1. Q. ~ Pictor, Geschichtsschreiber zur Zeit des 2. Punischen Krieges 2. Q. ~ Maximus Cunctator, röm. Feldherr gegen Hannibal 3. Q. ~ Maximus Allobrogicus, besiegte die Allobroger 121 v. Chr.)
Fabrāteria, ae *f* Fabrateria (Stadt der Volsker), *heute* Falvatera

Fabrāternus I. *Adj 3* aus Fabrateria II. *Subst* ī *m* Einw. von Fabrateria
fabrē|faciō, ~fēcī, ~factus *3* (kunstvoll) verfertigen ⟦*spl* bauen; *ml* schmieden; gestalten *Akk* zu
fabrica, ae *f* [faber] Werkstätte; Kunst, Handwerk; Kunstgriff, List ⟦*ml* Bauwerk; Bauhütte, Baufonds; Schmiede
fabricātiō, ~nis *f* Anfertigung; Kunstgriff
fabricāt|or, ~ōris *m* Hersteller, Bildner ⟦*spl* ~or mundi Schöpfer, Gott
Fabriciānus *3* des Fabricius
Fabricius *3 Gent* Fabricius; fabrizisch
fabric|ō *und* **~or** *1* verfertigen; ersinnen
fabrīl|is, ~e, *Gen* ~is Handwerker-
[1]**fābula,** ae *f* [for] Gerede, Gespräch, Geschwätz; Erzählung, Geschichte, Sage; (Tier-)Fabel; Schauspiel
[2]**fabula,** ae *f* [faba] kleine Bohne
fābulār|is, ~e, *Gen* ~is sagenhaft
fābulāt|or, ~ōris *m* Erzähler ⟦*ml* Erfinder *od* Erzähler von Lügengeschichten
fābulor *1* plaudern, reden ⟦*spl* erzählen
fābulōsus *3* sagenreich; unglaublich
fabulus, ī *m* = [2]fabula
fac- →fax
facess|ō, ~īvī, ~ītus 3 bereiten; ausführen; sich entfernen
facēta, ōrum *n* Witze
facētiae, ārum *f* Scherz, Witz; Spottreden
facētus *3* fein, angenehm; witzig, pfiffig
faciēs, ēī [facio] Gestalt, Gesicht; Aussehen, Erscheinung ⟦*ml* facie ad faciem von Angesicht zu Angesicht; ~ domorum Häuserfront; facie prima auf den ersten Blick
facile *Adv* leicht, mühelos, leichtfertig; gern; unstreitig ⟦*ml* vielleicht
facilin = facilene
facil|is, ~e, *Gen* ~is [facio] leicht (zu tun *od* zu behandeln); beweglich, gewandt, rasch bereit, verfügbar; freundlich, gefällig; leichtfertig; ex ~i aus dem Vollen ⟦*ml* empfänglich ad für; de ~i leicht
facilitā|s, ~tis *f* Leichtigkeit, Beweglichkeit; Gewandtheit; Bereitschaft; Gefälligkeit; Leichtfertigkeit
facinorōsus *3* (*auch* facinerōsus) verbrecherisch
facin|us, ~oris *n* [facio] Handlung, Tat; Verbrechen; Verbrecher
faciō, fēcī, factus *3* (*Pass* →fio) tun, handeln, machen, schaffen, herstellen, verarbeiten; ausführen, ausüben; *mit doppeltem Akk* machen zu, darstellen als; *mit Akk u. Gen* zum Eigentum jmds. machen; *mit Gen* achten, schätzen, *z. B.* nihili für nichts; *mit Dat* nützen, zu etw. dienen, passen; *mit AcI* annehmen, voraussetzen; sich stellen, als ob; bewirken *meist mit* ut + *Konj.* ⟦*ml* privilegium ~ Privileg verleihen *od* einräumen; quid facit wie geht es ihm?
facteon *scherzhaft* = faciendum
factiō, ~nis *f* Handeln; Anhang, Partei, Sekte; Gruppe, Gesellschaft; Parteiung, Machenschaften
factiōsus *3* zu politischen Umtrieben geneigt; einflussreich
factitō *1* gewöhnlich tun
factius *Komp n zu* factus wirklicher
fact|or, ~ōris *m* Macher, Urheber; Ölpresser, Weinkelterer; der den Ball schlägt ⟦*ml* Schöpfer
factum, ī *n* (*Nbf Gen Pl* factum) Tat, Handlung, Werk; Vorfall; Handlungsweise
⟦**factura,** ae *f ml* Bau(art)
factus I. *Adj 3* verarbeitet, kunstvoll, kunstgerecht; gebildet II. *Part Perf* →facio *und* fio
facula, ae *f* [fax] Kienspan, Fackel
facultā|s, ~tis *f* [facilis] Möglichkeit, Gelegenheit; Fähigkeit, Gewandtheit; Vermögen, Mittel ⟦*ml* ~tes, ~tum Rechte; (bewegliche) Habe; Streitkräfte
⟦**faculto** *1 ml* Gelegenheit geben
fācundia, ae *f* Rede(fertigkeit), Beredsamkeit
fācunditā|s, ~tis *f* = facundia
fācundus *3* [for] redegewandt
faeceus *3* aus Hefe, unsauber
faecula, ae *f* [faex] Weinsteinsalz
faeculentus *3* voll Bodensatz; unflätig
faen- = fēn-
Faesulae, ae *f* Faesulae (Stadt in Etrurien), *heute* Fiesole
Faesulānus I. *Adj 3* faesulanisch II. *Subst* ī *m* Einw. von Faesulae
faet- = foet-
faex, faecis *f* (Wein-)Hefe; Weinsteinsalz; Bodensatz; *übertr* Abschaum, Auswurf
fāgin(e)us *3* [fagus] Buchen-
fāgus, ī *f* Buche
⟦**faida,** ae *f* [*dt*] *spl* Fehde, Feindschaft
⟦**faidus,** i *m* [*dt*] *spl* Schadenersatz, Buße
fala, ae *f* Belagerungsturm; Holzsäule
falārica, ae *f* (iberische) Wurflanze; Brandpfeil
falcārius, ī *m* [falx] Sichelmacher
falcātus *3* mit Sicheln versehen; sichelförmig
Falcidiānus *3* des Falcidius
Falcidius *3 Gent* Falcidius; Falcidia lex Gesetz zur Sicherung eines Viertels vom Erbe als Pflichtteil
falci|fer *und* **~ger** *3* (die) Sichel führend
⟦**falco,** ~nis *m spl* [*dt*] Falke
⟦**falconarius,** i *ml* Falkner
faler- *auch* = phaler-
Falerii, ōrum *m* Falerii (Stadt in Südetrurien)
Falernum, ī *n* **1.** Falernerwein **2.** Landgut im Falernergebiet

Falernus *3* falernisch (vom ager Falernus in Kampanien)
Faliscī, ōrum *m* Falisker (Völkerschaft in Südetrurien)
Faliscum, ī *n* Gebiet von Falerii
Faliscus *3* faliskisch
fallāci|a, ~ae *f* (*Nbf Abl Sg* ~e) Täuschung, Betrügerei
fallāciloquus *3* betrügerisch redend
fallāciōsus *3* ränkevoll, betrügerisch
fallā|x, *Gen* ~cis [fallo] (be)trügerisch ⟦*ml* non ~x verbum Wort Gottes
fallō, fefellī, falsus (fefellitus) *3* täuschen, betrügen; *eine Leistung* nicht erfüllen; enttäuschen; unwirksam *od* unkenntlich machen; vertreiben; verborgen bleiben *Akk* vor; *unpers* me fallit es entgeht mir
falsārius, ī *m* Fälscher
falsidicus *3* lügenhaft
falsificus *3* betrügerisch handelnd
falsiiūrius *3* falsch schwörend
falsiloquus *3* lügnerisch
falsimōnia, ae *f* Betrügerei
falsipar|ēns, *Gen* ~entis der einen erdichteten Vater hat (von Herakles, dem angeblichen S. des Amphitryon)
⟦**falsita|s,** ~tis *f spl* Verkehrtheit
falsō *Adv zu* falsus I.
falsum, ī *n* Irrtum; Lüge
falsus I. *Adj 3* sicher irrend, falsch, irrig, nichtig; unwahr, gefälscht; heuchlerisch **II.** *Part Perf Pass* →fallo
falx, falcis *f* Sichel, Sense; Gartenmesser; Reißhaken; Krummsäbel
fāma, ae *f* [for] Gerücht, Sage; öffentliche Meinung; Volksstimme; (guter *od* schlechter) Ruf; famam facio Kenntnis verbreiten
famēlicus [fames] **I.** *Adj 3* hungrig **II.** *Subst* ī *m* Hungerleider
⟦**famen,** faminis *n spl* Wort, Rede
famēs, famis *f* Hunger, Hungersnot; Armut
fāmiferātiō, ~nis *f* Geschwätz
fāmigerāt|or, ~ōris *m* Schwätzer
famili|a, ~ae *f* (*altl Gen* ~as) [famulus] (alle) Angehörigen des Hauses; Familie; Sklaven; Vermögen; Truppe, Bande; Sekte ⟦*ml* Klostergemeinschaft
familiār|is I. *Adj* ~e, *Gen* ~is zum Hause gehörig; zur Familie *od* zu den Sklaven gehörig; bekannt, vertraut; vertraulich; res ~is Hauswesen, Vermögen ⟦*ml* entsprechend; ~iter novisse zuverlässig wissen **II.** *Subst* ~is *m* Hausgenosse; Sklave; ~issimus guter Freund
familiāritā|s, ~tis *f* Freundschaft, vertrauter Umgang
fāmōsus *3* berühmt; berüchtigt; ehrenrührig
famul = famulus
famula, ae *f* Dienerin
⟦**famulam|en,** ~inis *n ml* Bedienung
famulār|is, ~e, *Gen* ~is Sklaven-
famulātus I. *Part Perf zu* famulor **II.** *Subst* ūs *m* Knechtschaft, Gefolgschaft ⟦*ml* Heeresfolge; Dienst
⟦**famulentus** *3 ml* hungrig
⟦**famulicium,** i *n ml* Gefolgschaft
famulitiō, ~nis *f* Dienerschaft
⟦**famulo** *1 spl* knechten
famulor *1* dienstbar sein ⟦*spl übertr* dienen ad zu
famulus, ī *m* Sklave, Diener
fānāticus *3* [fanor] begeistert, verzückt, besessen
fandum, ī *n* Recht
fandus *3* [for] rechtmäßig
Fanniānus *3* des Fannius
Fannius *3 Gent* Fannius
fānor *1* umherrasen
fānum, ī *n* Heiligtum, Tempel ⟦*ml christliche* Kirche, Gotteshaus
Fānum, ī *n* Fanum (Fortunae) (Küstenstadt in Umbrien), *heute* Fano
far, farris *n* Spelzweizen; Opfermehl, (geriebenes) Brot
farciō, farsī, fartus *4* vollstopfen, mästen
faretra = pharetra
Farfarus = Fabaris
farferus, ī *m* Huflattich
farīna, ae *f* [far] Mehl, Pulver
⟦**farinarius,** i *m ml* Müller
⟦**farinula,** ae *f spl* Mehl
farrāg|ō, ~inis *f* [far] Mischfutter; Allerlei
farreus *3* [far] aus Spelzweizen
fars, fartis *f* (*Nbf Nom Sg* fartis) [farcio] (Wurst-)Füllung
farsī →farcio
fart|or, ōris *m* [farcio] Geflügelmäster
fartum, ī *n* = fartus II.
fartus I. *Part Perf Pass* →farcio **II.** *Subst* ūs *m* Füllung, Inneres
fās *n* (*nur Nom/Akk Sg*) [for] göttliches Recht, Pflicht; Brauch; Schicksal, Verhängnis
fasc|ēs, ~ium *m* Rutenbündel (mit Beil); amtliche Gewalt; hohe Ehrenstelle; Last ⟦*spl* Abzeichen
fascia, ae *f* [fascis] Binde; Streifen; Bandage; Busenbinde; Windel
fasciculus, ī *m* Bündel, Päckchen; (Blumen-)Strauß
fascinō *1* [fascinum] behexen
fascinum, ī *n* [*gr*] männliches Glied; Zauber
fasciō *1* (mit Binden) umwickeln
fasciola, ae *f* Binde ⟦*ml* Gamasche
fascis, ~ *m* Bündel, Paket; *vgl* fasces
fasēlus = phaselus
fassus →fateor
fāstī, ōrum *m* (*Akk auch* fastus) Verzeichnis der Gerichtstage; Kalender; Konsullisten (*auch* ~ consulares)

fastīdi|ēns, *Gen* ~entis widerwillig ⟦*ml* wählerisch
fastīdiō *4* verschmähen, zurückweisen; etwas auszusetzen haben; vornehm tun
fastidior *4* ablehnen ⟦*ml* langweilig werden
fastīdiōsus *3* überdrüssig, widerwillig; wählerisch, verwöhnt; hochmütig
fastīdium, ī *n* Überdruss, Widerwille; verwöhnter Geschmack; Pedanterie; Hochmut
fastīgātus I. *Adj 3* abgedacht, schräg ⟦*spl* arundine ~ mit Rohr gedeckt, aus Rohr errichtet **II.** *Part Perf Pass zu* fastigo
⟦**fastigiatus** *3 spl* mit Giebel
fastīgium, ī *n* Höhe, Spitze, höchste Linie; Giebel(dach, -feld); Abdachung; Gipfel, Würde; Hauptpunkt
fastīgō *1* giebelförmig zuspitzen
fastōsus *3* gefühlskalt, spröde; prächtig
[1]**fāstus** *3* [fas] Gerichts-; →fasti
[2]**fastus,** ūs *m* Hochmut; stolze Verachtung
Fāta, ōrum *n* Schicksalsgöttinnen, Parzen
fātāl|is, ~e, *Gen* ~is Schicksals-; vom Schicksal bestimmt; verhängnisvoll, verderblich
⟦**fatatus** *3 ml* vom Schicksal bestimmt, veranlagt
fateor, fassus sum *2* gestehen, bekennen; zu erkennen geben
fāticanus *u.* **fāticinus** *3* schicksalverkündend
fātidicus *3* weissagend
fātifer *3* todbringend
fatīgātiō, ~nis *f* Ermüdung ⟦*spl* Anstrengung, Bemühung; Notlage
fatīgō *1* zermürben, ermüden; zusetzen *Akk* jmdm.; quälen, nicht zur Ruhe kommen lassen ⟦*spl* se fatigare sich bemühen *Akk* nach
fātiloqua, ae *f* Weissagerin
fatīsc|ō *und* **~or** *3* zerfallen; ermatten
fatua, ae *f* Närrin
Fātua, ae *f* = Fauna
fatuitā|s, ~tis *f* Albernheit
fātum, ī *n* Götterspruch, Weissagung; Schicksal, Weltordnung; Bestimmung; Verhängnis; Untergang, Tod ⟦*ml* fata vulnerum Todesstreich
[1]**fatuor** *1* [fatuus] albern schwatzen
[2]**fātuor** *1* [Fatuus] begeistert sein
Fātus, ī *m* [fatum] Schicksalsgott
fatuus *3* albern, einfältig
Fātuus, ī *m* = Faunus
fauc|ēs, ~ium *f* Schlund, Kehle; Engpass, Schlucht; enger Eingang, Meer- *od* Landenge; Mündung
Fauna, ae *f* Fauna (T. *od* Gem. des Faunus)
Faunigena, ae *m* der von Faunus Abstammende (1. Faunussohn Latinus 2. Einw. von Latium)
Faunus, ī *m* Faunus (Enkel des Saturnus, V. von Latinus, König von Latium; *später* Feld- u. Waldgott) ⟦*ml* Waldgeist, Waldschrat
Faustitā|s, ~tis *f* Faustitas, Göttin der Fruchtbarkeit
Faustulus, ī *m* Faustulus (Hirt, der Romulus und Remus fand und erzog)
faustus *3* [favor] günstig, glücklich, gesegnet
Faustus *3* Faustus (BN)
faut|or, ~ōris *m* [faveo] Gönner, Förderer; Beifallklatscher, Anhänger
fautrī|x, ~cis *f* Gönnerin
fautum →faveo
faux, faucis *f* = fauces
favea, ae *f* Lieblingssklavin
faveō, fāvī, fautum *2* begünstigen, fördern *Dat* jmdn.; wohlwollen; (linguis) ~ schweigen; Beifall spenden; wünschen ⟦*ml* huldigen; feiern *Dat* jmdn.
favilla, ae *f* (glühende) Asche; *übertr* Anfang
favitor = fautor
Favōnius, ī *m* Westwind, Vorbote des Frühlings, Föhn (*Lw*)
favor, favōris *m* Gunst, Begünstigung; andächtige Stille; Beifall
favōrābil|is, ~e, *Gen* ~is beliebt; empfehlend ⟦*ml Adv* ~iter freundlich
favus, ī *m* Honig(scheibe, -wabe)
fax, facis *f* Kienspan, Fackeln; Urheber; Licht, Flamme; Qual
faxim, faxō = fecerim, fecero
FC *Abk für* faciundum curavit (er) ließ machen
febricitō *1* fiebern
febrīcula, ae *f* leichtes Fieber
febrīculōsus *3* fieberkrank
⟦**febrio** *4 spl* Fieber haben
febris, ~ *f* Fieber (*Lw*), Fieberanfall
februa, ōrum *n* Sühnemittel, Sühnefest
februārius I. *Adj 3* des Februar **II.** *Subst* ī *m* Februar
fēcī →facio
fēcunditā|s, ~tis *f* Fruchtbarkeit
fēcundō *1* befruchten ⟦*ml* züchten
fēcundus *3* fruchtbar, ergiebig; befruchtend; reich an, voll *Gen od Abl* von, üppig
fefellī →fallo
fel, fellis *n* Galle (*urv*); Gift; Bitterkeit, Zorn
fēlēs *und* **fēlis,** fēlis *f* Katze; Marder
felicātus = filicatus
Fēlīciō, ~nis *m* Glücksmännchen
fēlīcitā|s, ~tis *f* Glück, Segen, Gedeihen; Fruchtbarkeit
fēlis →feles
fēlī|x, *Gen* ~cis [fecundus] glücklich, beglückt; fruchtbar; günstig
fellō *1* saugen
Felsina, ae *f* Felsina (*alter N von* Bononia), *heute* Bologna

fēmella, ae *f* [femina] (herumspazierendes) Dämchen
femen, feminis *n* = femur
femina, ae *f* Frau, Weib
feminālˈia, ~ium *n* [femur] Binden um die Oberschenkel ⟦*ml* Unterhose
fēmineus *3* weiblich; weibisch
fēminīnus *3* weiblich; weibisch
⟦**femoralˈia,** ~ium *n ml* Hose
femur, femoris *u.* feminis *n* Oberschenkel
fēnebrˈis, ~e, *Gen* ~is [fenus] Zinsen-
fēnerātiō, ~nis *f* Ausleihen gegen Zinsen, Wucher
fēnerātō *Adv* mit Wucherzinsen
fēnerātˈor, ~ōris *m* Geldleiher, Wucherer
fēnerātōrius *3* wucher-
fēnerˈō *u.* **~or** *1* gegen Zinsen leihen; Zinsen bringen
fenestra, ae *f* Fenster (*Lw*); Luke; Schießscharte
fenestrātus *3* mit Fenstern versehen
fēneus *3* aus Heu; Stroh-; nichtig
fēniculārius *3* Fenchel-; ~ campus Fenchelfeld (in Spanien), *übertr* Spanien
fēniculum, ī *n* Fenchel (*Lw*)
fēnīlˈia, ium *n* Heuboden
Fennī, ōrum *m* Fennen (unbekanntes Volk im heutigen Finnland)
fēnum, ī *n* Heu ⟦*spl* Gras
fēnus, fēnoris *n* Zinsen; Zins bringendes Kapital; Schulden; *übertr* Gewinn
fēnusculum, ī *n* ganz nette Zinsen
fera, ae *f* wildes Tier, Wild
ferācius *Komp Adv* fruchtbarer
fērālˈia, ~ium *n* Totenfest; Leichen(bestattung)
[1]**fērālˈis,** ~e, *Gen* ~is Toten-, Leichen-; tödlich, verderblich
[2]⟦**feralˈis,** ~e, *Gen* ~is [ferus] *spl* tierisch, unmenschlich
⟦**feraminˈa,** ~um *n ml* Wild
⟦**ferarium,** i *n ml* Wildgehege
ferāˈx, *Gen* ~cis [fero] fruchtbar
ferbuī →ferveo
ferculum, ī *n* [fero] Tragbahre; Gang, Gericht ⟦*spl übertr* Speise; ~ corporis Leib Christi; ~ vitae das (erste) Abendmahl
ferē *Adv* beinahe, ungefähr, etwa; meistens, in der Regel; non ~ kaum
ferentārius, ī *m* leicht Bewaffneter
Ferentīna, ae *f* die in Ferentinum heimische Göttin
Ferentīnāˈs, *Gen* ~tis ferentinatisch, von Ferentinum
Ferentīnum, ī *n* Ferentinum (1. Stadt der Herniker in Latium 2. Stadt in Etrurien = Ferentium)
Ferentīnus *3* ferentinatisch, von Ferentinum
Ferentium, ī *n* Ferentium (Stadt in Etrurien)
Feretrius, ī *m* Beutespender (BN des Jupiter)
feretrum, ī *n* [fero] Bahre, Traggestell
fēriae, ārum *f* Feiertage; freie Tage ⟦*spl* feria, ae *f* Wochentag, *z. B.* tertia feria Dienstag (*eigentlich* 3. Feiertag)
⟦**ferialˈis,** ~e, *Gen* ~is *ml* festlich, feiertäglich
⟦**feriatio,** ~nis *f ml* (kultisches) Fest
fēriātus *3* feiernd, müßig; dies ~ Feiertag
fericulˈum *und* **~us** = ferculum
ferīnˈus *3* [ferus] von wilden Tieren; (caro) ~a Wildbret
feriō *4* schlagen, treffen; töten, schlachten; berühren, stoßen *Akk* an; prellen *Abl* um
⟦**ferita,** ae *f ml* Schlag
feritāˈs, ~tis *f* Wildheit
fermē *Adv* [*Sup zu* fere] = fere; non ~ eben nicht, gerade nicht; selten
fermentō *1* gären lassen
fermentum, ī *n* [ferveo] Sauerteig; Malz; Trank (aus gegorenem Getreide); Gärung; Bodengare; Wut ⟦*spl* Hefe; *übertr* Antrieb
ferō, tulī (*altl* tetulī), lātus (*Inf* ferre) **1.** tragen; ertragen, erdulden; aegre ~ sich ärgern; verbreiten, überall erzählen, bezeichnen; ferunt man erzählt; rühmen, preisen; davontragen, mitnehmen; erhalten, gewinnen, ernten **2.** bringen, überbringen; entrichten, melden; legem ~ Gesetz beantragen; verlangen; gestatten; hervorbringen, erzeugen, schaffen; (ver)buchen **3.** in Bewegung setzen, fortreißen, treiben **4.** se ferre sich benehmen; sich auf den Weg machen, sich rasch bewegen, dahineilen; prae se ferre zur Schau tragen ⟦*ml* verbo ~, quod ausstreuen, dass; *mit Akk u. Part* ertragen, dass; *mit Inf* es über sich gewinnen
feror, lātus sum (*Inf* ferrī) sich tragen lassen; herumgehen, in aller Munde sein; sich rasch bewegen, eilen, stürzen
ferōcia, ae *f* trotziger Mut; Wildheit; Unbändigkeit
⟦**ferocio** *4 spl* toben, wüten
ferōcitāˈs, ~tis *f* Trotz, Wildheit; Unerschrockenheit
Fērōnia, ae *f* Feronia (altitalische Göttin, Beschützerin der Freigelassenen)
ferōˈx, *Gen* ~cis wild, trotzig; unerschrocken
ferrāmentum, ī *n* Eisengerät
ferrāria, ae *f* Eisengrube, -bergwerk
⟦**ferraricius** *3 ml* Eisen-
ferrārius I. *Adj 3* Eisen- **II.** *Subst* ī *m* Schmied
ferrātilˈis, ~e, *Gen* ~is mit Eisen versehen, gefesselt
ferrātˈus I. *Adj 3* mit Eisen versehen; eisern **II.** *Subst* ~ī, ~ōrum *m* Gepanzerte
ferreus *3* eisern, hart

ferricrepīnus *3* eisenklirrend *vom Gefängnis*
ferriterium, ī *n* Eisenreibwerk *vom ergastulum*
ferriterus, ī *m* [tero] Eisenreiber *gefesselter Sklave*
ferritrībā|x, ~cis *m* = ferriterus
ferrūgineus *3* dunkelfarbig; dunkelgrau, -braun, -blau
ferrūg|ō, ~inis *f* Rost; dunkle Farbe
ferrum, ī *n* Eisen; eisernes Werkzeug; eiserne Waffe ⟦*ml* ~ ignitum Ofen
ferrūminō *1* verbinden; löten, schweißen
fertil|is, ~e, *Gen* ~is fruchtbar; befruchtend
fertilitā|s, ~tis *f* Fruchtbarkeit
⟦**ferto,** ~nis *m ml* Münze von 1/4 Mark
fertum, ī *n* Opferkuchen
ferula, ae *f* Pfriemenkraut (Stängel als Stab od. Rohrstock verwendet) ⟦*spl* Rute
ferūm- = ferrum-
ferus I. *Adj 3* wild, ungezähmt, nicht veredelt; unkultiviert; grausam, hart **II.** *Subst* ī *m* der Wilde; wildes Tier
fervēfaciō *3* erhitzen, kochen, sieden
ferv|ēns I. *Adj Gen* ~entis kochend, hitzig ⟦*ml* eifrig **II.** *Part Präs Akt zu* ferveo
ferveō, ferbuī *2* kochen, sieden, brausen; hin und her wogen, schwärmen, wimmeln ⟦*ml* strahlen; *mit Inf* darauf brennen
fervēscō *3* zu sieden beginnen
⟦**ferveus** *3 ml* glühend; erfüllt *Abl* von
fervidus *3* siedend, wallend; feurig
fervō *3* = ferveo
ferv|or, ~ōris *m* Siedehitze; Feuer, Leidenschaft
Fescenni|a, ~ae *f u.* **~um,** ~ī *n* Fescennia (Stadt in Etrurien)
Fescennīn|us *3* aus Fescennia; ausgelassen; ~i versus (derbe) Spott- *od* Schmähverse
fessus *3* ermattet, ermüdet; mürbe, morsch
festīnābundus *3* eilig
festīnanter *Adv* eilends
festīnātiō, ~nis *f* Hast, Eile ⟦*ml Pl* ~nes eilige Fälle
festīnātō *Adv* eilig
⟦**festinatus** *3 ml* (zu) rasch
festīnō *1* eilen, sich sputen; beschleunigen ⟦*spl* ~, ut hastig betreiben, dass
festīnus *3* eilfertig, eilend
fēstīvitā|s, ~tis *f* Vergnügen *auch Kosename;* Festgenuss; Laune, Anmut; Witz, Geist ⟦*spl* Festlichkeit, (kirchliches) Fest
fēstīvus *3* festlich; heiter, fröhlich; hübsch, nett
festūca, ae *f* **1.** Grashalm; Stab *Symbol bei Freilassung u. Besitzergreifung* ⟦*spl übertr* Splitter **2.** Ramme, Stampfer
festūcula, ae *f* Ramme
fēstum, ī *n* Fest (*Lw*), Festtag
fēstus *3* festlich
fēta, ae *f* Muttertier
fēteō = foeteo
fētiāl|is I. *Adj* ~e, *Gen* ~is fetialisch, der Fetialen **II.** *Subst* ~is *m* Kriegsherold; *meist Pl* ~es Fetialen (röm. Priesterschaft mit völkerrechtlichen Aufgaben)
fētidus = foetidus
fētō *1* brüten, hecken ⟦*spl* befruchten; *ml* fetor voll sein
fētūra, ae *f* Fortpflanzung; Nachwuchs ⟦*ml* Geschöpf
fētus I. *Adj 3* fruchtbar, trächtig, ergiebig; voll *Abl* von **II.** *Subst* ūs *m* Fortpflanzung, Trächtigkeit; Leibesfrucht; Junges; Fruchtbarkeit; Spross, Frucht, Ertrag
⟦**feudal|is,** ~e, *Gen* ~is *ml* zu Lehen gegeben
⟦**feudum,** i *n* [*dt*] *ml* Lehen
F. I. *Abk für* fieri iussit (er) ließ machen
fiber, fibrī *m* Biber
fibra, ae *f* Faser; Lappen (an den Eingeweiden); Eingeweide ⟦*ml* Wurzel; Stimmbänder; laxis fibris mit heller Stimme
Fībrēnus, ī *m* Fibrenus (Nebenfluss des Liris), *heute* Fibreno
fībula, ae *f* (Sicherheits-)Nadel, Schnalle, Spange, Brosche, Klammer; Fibel (*Lw*); Bolzen, Keil, Riegel
fīcēdula, ae *f* Feigenschnepfe *Delikatesse*
fīcēdulēns|ēs, ~ium *m* Feinschmecker *Komödienwitz*
fictīcius *3* unecht; erdichtet
fictil|e, ~is *n* Tongefäß
fictil|is, ~e, *Gen* ~is tönern ⟦*spl* erdichtet
fictiō, ~nis *f* Bildung, Gestaltung; Fiktion
fict|or, ~ōris *m* [fingo] Gestalter; Bildhauer; Schöpfer
fictrī|x, ~cis *f* Gestalterin
fictum, ī *n* Einfall; Trug
fictūra, ae *f* Formung; Bildung
fictus I. *Adj 3* erdichtet, falsch **II.** *Part Perf Pass* →fingo **III.** *Subst* ī *m* Heuchler
fīcula, ae *f* kleine Feige
Fīculea, ae *f* Ficulea (Stadt der Sabiner)
⟦**ficulnea,** ae *f spl* Feigenbaum
fīculnus *3* vom Feigenbaum
fīcus, ī *u.* ūs *f* (*m*) Feige (*Lw*); Feigenbaum; Feigwarze
fidēlia, ae *f* Topf, Gefäß
fidēl|is I. *Adj* ~e, *Gen* ~is treu, zuverlässig; aufrichtig; sicher ⟦*ml* einer, der den Treueid geleistet hat; gläubig, christlich **II.** *Subst* ~ēs, ~ium Getreue, Vertraute ⟦*ml* Gläubige
fidēlitā|s, ~tis *f* Zuverlässigkeit, Treue ⟦*ml* Treueid
Fīdēnae, ārum *u.* **Fidēna,** ae *f* Fidenae (Stadt der Sabiner)

Fīdēnā|s I. *Adj Gen* ~tis von Fidenae II. *Subst* ~tēs, ~tium *m* Einw. von Fidenae
fīdēns I. *Adj Gen* fīdentis zuversichtlich; dreist ⟦*ml* glaubensstark II. *Part Präs Akt zu* fido
fīdentia, ae *f* Selbstvertrauen, Zuversicht
[1]**fidēs,** eī *f* **1.** Treue; fidem colo *od* servo *od* praesto Treue bewahren; mala ~ Untreue; fide(i) committo (durch testamentarische Verfügung) zur Verwaltung anvertrauen **2.** Zuverlässigkeit, Gewissenhaftigkeit; cum fide *od* bona fide ehrlich, gewissenhaft; (ex) bona fide nach bestem Gewissen **3.** Schutz, Hilfe, Sicherheit; in fidem se conferre *od* permittere sich unter den Schutz stellen; publica ~ freies Geleit **4.** Zusage, Versprechen, Bürgschaft; fidem do sein Wort geben **5.** Vertrauen, Glauben, Kredit; fidem facio Glauben erwecken; fidem habeo Glauben schenken *od* finden **6.** Beglaubigung, Bestätigung; Erfüllung ⟦*spl* Glaube; Glaubensbekenntnis; *ml* sacramento fidem facio eidlich geloben; ~ publica Garantie des Staates; Schuldverschreibung
[2]**fidēs,** fidis *f* Saite; Leier, Laute (*meist Pl*); Lautenspiel, Lied; Leier *Sternbild*
fidī →findo
fidic|en, ~inis *m* Lautenspieler; Dichter
fidicina, ae *f* Lautenspielerin
fidicinius *3* des Lautenspielers
fidicula, ae *f* (*meist Pl*) Laute; Folterwerkzeug
Fidius, ī *m meist* Dius ~ der die Treue beschützende Gott; per Dium Fidium beim Gott der Treue; me Dius ~ so wahr mir Gott helfe, wahrhaftig
fīdō, fīsus sum *3* trauen, vertrauen *Abl* auf; glauben *Acl* dass; sich getrauen *Inf* zu
fīdūcia, ae *f* **1.** Zutrauen, Zuversicht, Zuverlässigkeit; Mut **2.** Verpfändung des Eigentums, Eigentumsübertragung; Unterpfand
⟦**fiducial|is,** ~e, *Gen* ~is *spl* zuversichtlich
fīdūciārius *3* auf Treu und Glauben anvertraut; kommissarisch anvertraut
fīdus *3* zuverlässig, gewissenhaft, treu; sicher
fierī →fio
figlīnus *3* [figulus] des Töpfers
⟦**figmentum,** i *n spl* Erdichtung, Wahn; Gestalt
fīgō, fīxī, fīxus *3* durchstechen, durchbohren; anheften, einschlagen; aere ~ gravieren; hineindrücken; *übertr* fest einprägen; oculos ~ die Augen heften ⟦*spl* castra ~ Lager anlegen; *ml übertr* citra (ultra) medium se figere sich unter (über) der Mitte halten
figor, fīxus sum *3* anhaften ⟦*ml* dastehen, säumen
figulār|is, ~e, *Gen* ~is Töpfer-
figulīnus = figlinus
figulus, ī *m* [fingo] Töpfer
Figulus *3* Figulus (röm. BN)
figūra, ae *f* [fingo] Gebilde, Gestalt, Form; Schönheit; Bildung, Gestaltung; Erscheinung; Figur; Beschaffenheit; kunstvoller Ausdruck; Anspielung
figūrātiō, ~nis *f* äußere Gestalt; Vorstellung ⟦*spl* Darstellung
figūrō *1* gestalten, bilden; sich vorstellen ⟦*spl* versinnbildlichen; *in der Rede* ausschmücken; *ml* schmücken
fīlī: mī ~ *Vok zu* filius mein Sohn
fīlia, ae (*Dat/Abl Pl auch* filiabus) Tochter
⟦**filial|is,** ~e, *Gen* ~is *spl* kindlich, Sohnes-
filicātus *3* [filix] mit Farnkrautmuster verziert
fīliola, ae *f* Töchterchen
fīliolus, ī *m* Söhnchen
fīlius, ī *m* Sohn; *Pl* filii Kinder ⟦*spl* Schüler; *ml* ~ mulieris = Mensch
fili|x, ~cis *f* Farnkraut; Unkraut; Nichtsnutz
⟦**fillo,** ~nis *m ml* Spitzbube
⟦**filo** *1 spl* spinnen
⟦**filtrum,** i *n ml* Matratze; Gerät zum Filtern
fīlum, ī *n* Faden; *auch* Docht; Saite; Faser, Lebensfaden; Gewebe; Binde; Form, Art, Gepräge
fimbria, ae *f* Troddel, Franse; Gekräusel (der Locken) ⟦*ml* Besatz, Verbrämung
Fimbria, ae *m* Fimbria (röm. BN)
fimbriātus *3* mit Fransen
fim|um, ī *n und* **~us,** ī *m* Mist, Dünger; Schmutz
⟦**final|is,** ~e, *Gen* ~is *ml* endgültig
findō, fidī, fissus *3* spalten; durchströmen, -segeln, -fliegen
findor, fissus sum *3* bersten, zerplatzen; sich spalten
fīne **1.** *Abl Sg zu* finis **2.** = fini I.
fīnes, fīnium *m* Gebiet
fingō, fīnxī, fictus *3* bilden, formen, gestalten; frisieren, zurechtmachen; ausbilden, machen *Akk* zu; sich vorstellen; ersinnen, erdichten; (fälschlich) vorgeben; streicheln ⟦*spl übertr* schaffen (von Gott)
fīnī I. *Präp mit Gen* (*altl auch Abl*) bis zu II. *Dat/Abl Sg zu* finis
fīni|ēns, ~entis I. *Part Präs Akt zu* finio II. *Subst m* Horizont
fīniō *4* begrenzen, abgrenzen; einschränken; festsetzen; definieren, bestimmen; beenden, abschließen; enden; sterben
fīnis, ~ *m* (*auch f*) (*Abl Sg* fine *u.* finī) Grenze; *übertr* Schranke; Ende, Abschluss, Tod, Untergang; das Höchste, Äußerste, Ideal; Zweck ⟦*spl* in finem immerfort; *ml* Ende der Welt
fīnītē *Adv* mäßig

fīnitimus I. *Adj 3* benachbart; nahestehend, verwandt, ähnlich **II.** *Subst* ī *m* (Grenz-)Nachbar
fīnit|or, ~ōris *m* Feldmesser
fīnītus I. *Adj 3* bestimmt; beschränkt ⟦*ml* benachbart **II.** *Part Perf Pass zu* finio
⟦**finso** *1 ml* zwitschern
fīnxī →fingo
fīō, factus sum (*Inf* fierī) werden, entstehen; geschehen; gemacht *od* bewirkt werden; ernannt werden *Nom* zu; geopfert werden; certior ~ benachrichtigt werden; geschätzt werden *Gen, z. B.* magni hoch
fīrmām|en, ~inis *n* Stütze
fīrmāmentum, ī *n* Befestigungsmittel, Stütze; Hauptbeweis ⟦*spl* Himmelsgewölbe
fīrmāt|or, ~ōris *m* Befestiger
fīrmitā|s, ~tis *f* Festigkeit, Stärke ⟦*ml* Sicherheit; Gültigkeit
fīrmiter *Adv zu* firmus
fīrmitūd|ō, ~inis *f* = firmitas
fīrmō *1* festmachen; stärken; sichern; ermutigen; bekräftigen, versichern, beweisen; fest behaupten *AcI* dass ⟦*ml* bestätigen; pactum ~ (Friedens-)Vertrag schließen
Fīrmānus *3* aus Firmum
Fīrmum, ī *n* Firmum (Stadt nahe der Adria), *heute* Fermo
fīrmus *3* stark, fest, kräftig; standhaft, zuverlässig
fiscāl|is, ~e *Gen* ~is zur Staatskasse gehörig
⟦**fiscalus,** i *m ml* Höriger, Zinsbauer
fiscella, ae *f* Körbchen
fiscina, ae *f* [fiscus] Korb
fiscus, ī *m* Korb; (Staats-)Kasse; kaiserliche Kasse; Steuer ⟦*spl* Kron-, Staatsgut; *ml* Eigentum
fissil|is, ~e, *Gen* ~is spaltbar; gespalten
fissiō, ~nis *f* [findo] Spalten, Zerschlagen
fissum, ī *n* Spalt, Einschnitt
fissus →findo(r)
fistūca = festuca 2.
fistula, ae *f* Röhre; Rohrpfeife; Stampfer; Geschwür, Fistel; *med* Katheder
fistulāt|or, ~ōris *m* Pfeifer
fistulātus *3* mit Röhren; hohl
fistulōsus *3* mit Röhren; porös
fisus →fido
fitilla, ae *f* Opferkuchen, Brei
fīxī →figo
fīxus I. *Adj 3* fest, unabänderlich **II.** *Part Perf* →figo *und* figor
FL *Abk für* Flavius; Flavia tribu; flamen
flābellifera, ae *f* Fächerträgerin
flābellum, ī *n* Fächer, Wedel ⟦*ml* Blasebalg
flābil|is, ~e, *Gen* ~is luftförmig ⟦*spl* geistig
flābra, ōrum *n* [flo] das Blasen, Wehen
flacceō *2* matt *od* mutlos sein ⟦*spl* schlaff sein
flaccēscō *3* welken, ermatten
flaccus *3* schlapp; mit Schlappohren
Flaccus, ī *m* Flaccus (röm. BN)
flagellō *1* schlagen
flagellum, ī *n* [flagrum] Peitsche; Wurfriemen; junger Trieb; Fangarm (des Polypen) ⟦*spl* Dreschflegel
flāgitātiō, ~nis *f* Forderung
flāgitāt|or, ~ōris *m* Mahner
flāgitiōsus *3* schändlich, schmachvoll
flāgitium, ī *n* [flagito] Schande, Schimpf; Schandtat; schändliche Behauptung; Bösewicht
flāgitō *1* ungestüm verlangen, dringend fordern *Akk* von jmdm.; gerichtlich belangen; sich vergreifen wollen *Akk* an ⟦*ml* im Gebet erflehen
flagr|āns I. *Adj Gen* ~antis brennend, flammend, glühend vor Leidenschaft; heftig **II.** *Part Präs Akt zu* flagro
flagrantia, ae *f* Glut ⟦*ml* Begeisterung
flagritrība, ae *m* Peitschenabnutzer, Verprügelter
flagrō *1* [fulgeo] flackern, brennen, lodern; entbrannt *od* begeistert sein, glühen; geplagt werden; →flagrans
flagrum, ī *n* Peitsche, Knute
flāmen, flāminis **1.** *n* [flo] das Wehen *od* Blasen des Windes; Ton (der Flöte) **2.** *m* Flamen (Priester eines bestimmten Gottes in Rom, auch für Kaiser) ⟦*spl* Priester
Flāminiānus *3* des Flaminius
flāminica, ae *f* Gattin eines Flamen, *bes* des flamen Dialis (des Jupiter)
Flāminīnus, ī *m* Flamininus (röm. BN)
flāminium, ī *n* Amt des Flamen
Flāminius *3* Flaminius *Gent, bes* C. ~ (fiel als Konsul 217 v. Chr., Erbauer der Via Flaminia)
flamma, ae *f* Flamme (*Lw*); Feuer; Glanz; Heftigkeit; Glut *auch übertr;* ~ Iovis Blitz
flamm(e)ārius, ī *m* Verfertiger von Brautschleiern
flammeum, ī *n* (feuerroter) Brautschleier
flammeus *3* feurig; glänzend
flammi|fer *u.* **~ger** *3* Flammen *od* Blitze tragend; flammend, feurig
⟦**flammivomus** *3 spl* Flammen speiend, flammend
flammō *1* brennen, lodern; anzünden, entflammen *auch übertr*
flammula, ae *f* Flämmchen; kleine Fahne
flāmōnium = flaminium
⟦**flasco,** ~nis *m spl* [*dt*] Flasche
flātūra, ae *f* Schmelzen, Guss (des Metalls)
flātus I. *Part Perf Pass zu* flo **II.** *Subst* ūs *m* das Blasen; Hauch; Schnauben; Blähung; Aufgeblasenheit
flāv|ēns, *Gen* ~entis [*Part Präs Akt zu* flaveo] goldgelb, blond
flāveō *2* [flavus] goldgelb sein ⟦*ml* von heller Farbe sein

flāvēscō *3* gelb werden; sich blond färben
Flāviālis, ~ *m* Priester der gens Flavia
Flāviānus *3* des Flavius
⟦**flavicoman|s,** *Gen* ~tis *spl* blond gelockt
Flāvīnius *3* von Flavina (Stadt in Etrurien)
Flāvius *3* Flavius *Gent, bes* des Fimbria u. der Kaiser Vespasian, Titus, Domitian
flāvus *3* goldgelb, blond ⟦*ml* color ~ helle Hautfarbe
flēbil|is, ~e, *Gen* ~is beweinenswert; klagend, kläglich

f

flectō, flexī, flexus *3* beugen, biegen; in eine andere Richtung wenden *od* lenken; (se) flectere sich wenden, abbiegen; umwandeln, umstimmen; abbringen; herumsegeln
flēmin|a, ~um *n* Krampfadern
fleō, flēvī, flētus *2* weinen; träufeln; beweinen; weinend vorbringen *od* bitten
flētus I. *Part Perf Pass* →fleo **II.** *Subst* ūs *m* Weinen, Wehklagen, *poet* Träne(n)
Flevō, ~nis *m* Flevosee (Binnensee im Gebiet der Friesen), *heute* Ijsselsee
Flēvum castellum Kastell (der Friesen) am Flevosee
flexanimus *3* herzrührend; gerührt
flexī →flecto
flexi(bi)l|is, ~e, *Gen* ~is biegsam, geschmeidig; unbeständig
flexiloquus *3* zweideutig redend
flexiō, ~nis *f* [flecto] Biegung; ~ in cantu Koloratur
flexip|ēs, *Gen* ~edis krummstämmig
⟦**flexum,** i *n spl* Welle, *z. B.* collium der Hügel
flexuōsus *3* voll Krümmungen
flexūra, ae *f* Biegung, Krümmung; Flexion
flexus I. *Adj 3* gebogen, gekrümmt; sonus ~ wechselnder Ton **II.** *Part Perf Pass* →flecto **III.** *Subst* ūs *m* Biegung, Windung; Umweg; Wendepunkt; ~ vocis Modulierung der Stimme
flīctus, ūs *m* [fligo] Zusammenstoß, Anprall
flīgō *3* schlagen, anschlagen, niederschlagen
flō *1* blasen; (mit dem Blasebalg) schmelzen, gießen
floccus, ī *m* Flocke, Faser
Flōra, ae *f* [flos] Flora (Göttin der Blumen)
Flōrāli|a, ~um *u.* ~ōrum *n* Fest der Flora (am 28. April)
Flōrāl|is, ~e, *Gen* ~is der Flora; am Fest der Flora
⟦**Floreacum,** i *n ml* Floreacum, *heute* Fleury
flōr|ēns I. *Adj Gen* ~entis blühend; schmuckreich; mächtig, angesehen **II.** *Part Präs Akt zu* floreo
Flōrentīnī, ōrum *m* Einw. von Florentia, *heute* Florenz
⟦**florenus,** i *m ml* Goldmünze; (aureus) ~ Gulden
flōr|eō, ~uī *2* [flos] blühen; angesehen sein; prangen, glänzen; sich auszeichnen
flōrēscō *3* aufblühen, erblühen
flōreus *3* aus *od* mit Blumen
flōridulus *3* lieblich blühend
flōridus *3* blühend; blumig; aus Blumen
⟦**floriger** *3 spl* Blüten tragend
flōrilegus *3* Honig sammelnd
flōrus *3* blühend, glänzend
flōs, flōris *m* Blume, Blüte; Blütensaft, Blütenstaub; Jugendfülle, -kraft; (Bart-) Flaum; Schmuck
flōsculus, ī *m* kleine Blume, Blüte; Zierde; Sentenz
flūctifragus *3* wellenbrechend
flūctuātiō, ~nis *f* unruhige Bewegung; schwankende Stimmung
flūctu|ō *u.* **~or** *1* Wellen schlagen, wogen; *übertr* aufbrausen; auf den Wellen treiben; schwanken, unsicher sein
flūctuōsus *3* wogend; wellenförmig gezeichnet
flūctus, ūs *m* Woge, Welle, Flut; fluctus civiles bewegte Politik
fluēns I. *Adj Gen* fluentis zerfließend, schlaff; gleichmäßig dahinfließend; einförmig ⟦*ml vom Lauf* dahingleitend, schleichend **II.** *Part Präs Akt zu* fluo
fluentisonus *3* wogenumbraust
fluentum, ī *n* Strömung
fluidus *3* [fluo] fließend; wallend; schlaff; erschlaffend
fluitō *1* fließen; schlaff herabhängen; auf dem Wasser treiben; *übertr* schwanken
flūm|en, ~inis *n* Fluss, Strom; Strömung, Flut
Flūmentāna porta *f* Flusstor (in Rom am Tiber)
flūmineus *3* Fluss-
fluō, flūxī *3* fließen, strömen; entstehen; vergehen; *übertr* sich ausbreiten; vorwärtsgehen; *von der Rede* gleichmäßig hinfließen ⟦*ml* dauern bis
⟦**fluor,** ~is *m spl* Strömung, Gewässer; *med* Diarrhöe
fluviāl|is, ~e, *Gen* ~is Fluss-
fluviātil|is, ~e, *Gen* ~is im *od* am Flusse lebend
fluvidus = fluidus
fluvitō *1* = fluito
fluvius, ī *m* Fluss, Strom
flūxī →fluo
⟦**fluxibil|is,** ~e, *Gen* ~is *spl* flüssig; *ml* schwankend
flūxus I. *Adj 3* fließend, herabgleitend; schwankend, haltlos; zerfallend **II.** *Subst* ūs *m* Fließen
fōcāl|e, ~is *n* [faux] Halstuch
⟦**focaria,** ae *f ml* Köchin; Haushälterin
⟦**focarius,** i *m ml* Salzsieder

fōcilō *u.* **fōculō** *1* warme Umschläge machen; wiederbeleben
fōculum, ī *n* Gefäß *od* Mittel zum Wärmen
foculus, ī *m* (Opfer-)Herd
focus, ī *m* Feuerstätte, Herd; Altar; Haus und Hof
fōdī →fodio
fodicō *1* [fodio] stoßen, quälen
fodīna, ae *f* Grube, Bergwerk
fodiō, fōdī, fossus *3* graben, ausgraben, umgraben; begraben; stechen, durchbohren; ausstechen ⟦*ml* cor sibi fodere sich zergrämen
fodīrī *Nbf Inf Präs Pass zu* fodio
foederātus I. *Adj 3* verbündet **II.** *Part Perf Pass* →foedero **II.** *Subst* foederātī, ōrum *m* Verbündete
foederō *1* [[2]foedus] verbünden ⟦*spl* durch ein Bündnis herstellen
foedifragus *3* bundbrüchig, untreu
foeditā|s, ~tis *f* [[1]foedus] Hässlichkeit, Abscheulichkeit
foedō *1* [[1]foedus] verunstalten, entstellen, beflecken; verwüsten, zerstören; herabsetzen
[1]**foedus** *3* hässlich, scheußlich; verderblich; unanständig
[2]**foedus,** foederis *n* Bündnis, Vertrag; Verbindung; *übertr* Bestimmung, Gesetz
⟦**foenum** *ml* = fenum
foeteō *2* stinken
foetidus *3* stinkend ⟦*spl* ekelhaft
foet|or, ~ōris *m* Gestank
foliātus *3* Blätter tragend; aus wohlriechenden Blättern gemacht
folium, ī *n* Blatt *einer Pflanze* ⟦*ml eines Buches,* Seite
folliculus, ī *m* Ledersack, (Leder-)Schlauch; Lederball; Hülse *bei Körnern*
follis, ~ *m* lederner Schlauch; Blasebalg; Lederball; Geldsack ⟦*spl* kleine Münze
follītus *3* mit einem Geldsack
fōmentum, ī *n* (*meist Pl*) warmer Umschlag, *auch* Verband; Linderungsmittel ⟦*spl* Brennmaterial, Zunder
fōmes, fōmitis *m* [foveo] Brennstoff
fōns, fontis *m* Quelle; *übertr* Ursache; Wasser, *auch* Quellgott ⟦*spl* Taufe
fontānus *3* Quell-
Fontēiānus *3* des Fonteius
Fontēius *3* Fonteius *Gent*
fonticulus, ī *m* kleine Quelle
Fontīnāli|a, ~um *n* Fest des Quellgottes
Fontīnālis porta Quellentor (in Rom)
for, fātus sum *1* sagen, sprechen, verkünden; besingen; weissagen
forābil|is, ~e, *Gen* ~is durchbohrbar, verwundbar
forām|en, ~inis *n* [foro] Loch, Öffnung
forās *Adv* vor die Tür, hinaus; in die Öffentlichkeit; *vl* = [1]foris
forc|eps, ~ipis *m f* Zange
fordicīdia, ōrum *n* Opferung einer trächtigen Kuh (Fest der Göttin Tellus)
fordus *3* [fero] trächtig
fore *Inf Fut zu* sum
forem = essem *od* fuissem
forēns|ia, ~ium *n* Prunkgewänder
forēns|is [forum] **I.** *Adj* ~e, *Gen* ~is Markt-, öffentlich; gerichtlich **II.** *Subst* ~is *m* Rechtsanwalt
Forentum, ī *n* Forentum (Stadt in Apulien), *heute* Forenzo
⟦**forestarius,** i *m ml* Förster; Forstbewohner
⟦**forestis,** ~ *f* (*Abl Pl* ~) *spl* Forst (*Lw*)
forf|ex, ~icis *m f* Schere, Zange; Hebeklaue
forica, ae *f* öffentlicher Abort
forinsecus *Adv* von außen her; hinaus
[1]**forīs** *Adv* draußen; auswärts; von außen her ⟦*spl* nach außen
[2]**foris,** ~ *f* Tür, Türflügel; *Pl* fores (Flügel-)Tür; Eingang
⟦**forisfacio** *3 spl* übel tun
fōrma, ae *f* Form, Gestalt; Antlitz, Ahnenmaske; Schönheit; Gebilde, Gepräge; Vorstellung, Idee, Plan; Ausdrucksweise; Zustand, Beschaffenheit; Bild, Abbild, Grundriss; Modellform *als Leisten, Stempel usw;* Münze; ~ ferarum Tierkreis ⟦*spl* Wortlaut, amtliche Anweisung; (moralische) Vorschrift; *ml* Schein; Geschöpf
fōrmāceus paries Blendmauer aus Ziegeln (Leerform für Beton)
fōrmāl|is, ~e, *Gen* ~is an eine Form gebunden; förmlich
⟦**formaticus,** i *m spl* Käse
fōrmātiō, ~nis *f* Gestaltung; Erschaffung
fōrmāt|or, ~ōris *m* Gestalter
Formiae, ārum *f* Formiae (Hafenstadt in Latium), *heute* Formia
Formiānum, ī *n* Landgut bei Formiae
Formiānus *3* von Formiae
formīca, ae *f* Ameise
formīcīnus *3* Ameisen-
formīdābil|is, ~e, *Gen* ~is furchtbar, grausig
formīdātus *3* gefürchtet *Dat* von
formī|dō I. *Subst* ~dinis *f* Grausen, Furcht; Ehrfurcht; Schreckbild, Vogelscheuche **II.** *Verb 1* sich grausen, sich fürchten *Akk* vor
formīdolōsus (*auch* formīdulōsus) *3* furchtbar, grausig; ängstlich, scheu *Gen* vor
fōrmō *1* formen, einrichten, ordnen; geistig bilden, anleiten; hervorbringen, schaffen; abfassen *vom Autor*
fōrmōsitā|s, ~tis *f* Schönheit
fōrmōsus *3* [forma] wohlgestaltet, schön
fōrmula, ae *f* Form; Regel, Vorschrift, Maßstab; *bes* Steuersatz, Prozessformel;

Verfahren; Vertrag; refero in ~m durch Vertrag aufnehmen *Gen* unter [[*ml* Art, Verhalten; Glaubensformel
Fornācāl|ia, ~ium *n* Fest der Ofengöttin
fornācāl|is, ~e, *Gen* ~is (Back-)Ofen-
fornācula, ae *f* Ofen; *übertr* Anstifter
fornā|x, ~cis *f* Ofen; Feuerschlund
Fornā|x, ~cis *f* Göttin der Trockenöfen
fornicātiō, ~nis *f* **1.** Bogen [[**2.** *spl* Hurerei, Sinnlichkeit
[[**fornicator,** ~is *m spl* liederlicher Mensch, Hurer
fornicātus *3* gewölbt
forni|x, ~cis *m* Wölbung, Bogen; Triumphbogen; Kellergewölbe; Bordell; *Pl* ~ces Gewölbe
forō *1* (durch)bohren
forp|ex, ~icis *f* Feuerzange
fors I. *Subst f* (*nur Nom u. Abl* forte) Zufall; ~ fuat es gehe glücklich aus! **II.** *Adv* vielleicht
Fors, Fortis *f* Schicksalsgöttin
forsan, forsit *und* **forsitan** *Adv* vielleicht
fortass|e *u.* **~is** *Adv* vielleicht; *bei Zahlen* ungefähr, etwa
forte I. *Adv* **1.** zufällig, gerade; *nach si, nisi, ne, num* vielleicht, etwa; *vgl* fors **2.** sehr **II.** *Nom/Akk Sg n zu* fortis
fort|ia 1. ~ium *n* Heldentaten [[**2.** ~ae *f ml* Tapferkeit
forticulus *3* recht standhaft [[*spl* stark
fort|is, ~e, *Gen* ~is stark, kräftig, rüstig; dauerhaft; tapfer, unerschrocken, tatkräftig
fortiter *Adv* stark, eifrig, mutig; sehr
fortitūd|ō, ~inis *f* Tapferkeit, Unerschrockenheit, Tatkraft; Stärke [[*ml* Kern (des Heeres); Befehlsgewalt
fortuīta, ōrum *n* Zufälligkeiten, Geschenke des Zufalls
fortuītō *Adv* zufällig
fortuīt|us *3* zufällig; oratio ~a Rede aus dem Stegreif
fortūna, ae *f* [fero] Zufall, Schicksal; Glück; Unglück; Lebensstellung, Los, Umstände; Vermögen (*meist Pl*) [[*ml Gen Sg* privatae fortunae Privatmann, noch nicht regierend
Fortuna, ae *f* Schicksalsgöttin, Fortuna
fortunātus I. *Adj 3* beglückt, glücklich; begütert, vermögend **II.** *Part Perf Pass zu* fortuno
[[**fortunium,** ī *n ml* glückliches Ereignis
fortūnō *1* glücklich machen, segnen
Forulī, ōrum *m* Foruli (Stadt der Sabiner), *heute* Cività Tommasa
forulī, ōrum *m* Bücherregal
forum, ī *n* Marktplatz, Markt; Handelsplatz, Marktflecken, Kreisstadt; Gerichtssitzung; öffentliches Leben, Geschäftsleben; foro utor sich in Zeit u. Umstände hineinfinden
Forum, ī *n mit BN* Forum, Ort des ... (N von Städten)
forus, ī *m* (*meist Pl*) Gang (zwischen 2 Reihen); Sitzreihe; Bienenwabe; Spielbrett
Fōsī, ōrum *m* Foser (germ. Volk an der Fuse, Nachbarn der Cherusker)
fossa, ae *f* [fodio] Graben, Grube, Kanal; Furche [[*ml* Tagebau, Bergwerk; Grab
[[**fossatum,** i *n spl* (Befestigungs-)Graben
fossil|is, ~e, *Gen* ~is ausgegraben
fossiō, ~nis *f* Umgraben, Ausgraben; Grube [[*ml* Bergwerk
foss|or, ~ōris *m* Landmann; Winzer; Bergmann; ungebildeter Mensch
fossūra, ae *f* das *und* der Graben
fossus →fodio
fōtus I. *Part Perf Pass* →foveo [[**II.** *Subst* ūs *m spl* das Wärmen
fovea, ae *f* Grube, (unterirdischer) Gang; Falle
foveō, fōvī, fōtus *2* (er)wärmen; pflegen; nicht verlassen; begünstigen, unterstützen; bellum ~ Krieg in die Länge ziehen [[*ml* sich erquicken *Abl* an
FR *Abk für* frumentum; frumentarius
frāctār|ia, ~ae *f u.* **~ius,** ~ī *m* Haue (des Bergmanns)
frāctūra, ae *f med* Knochenbruch [[*spl* Zerbrechen
frāctus I. *Adj 3* schwach, matt **II.** *Part Perf Pass* →frango
[[**fragantia** = fragrantia
fragil|is, ~e, *Gen* ~is [frango] zerbrechlich; hinfällig; vergänglich; knatternd, knackend
fragilitā|s, ~tis *f* Zerbrechlichkeit; Hinfälligkeit
fragl- = fragr-
fragm|en, ~inis *u.* **~entum,** ~ī *n* Bruchstück; Splitter; Späne [[*spl* Brechen; ~en linguae Stammeln
frag|or, ~ōris *m* [frango] Zerbrechen, Bersten; Krachen, Prasseln, Beifall
fragōsus *3* brüchig, zerbrechlich; tosend
fragrantia, ae *f* Duft
fragrō *1* stark riechen *Abl* von *od* nach [[*spl Akk* von *od* nach
frāgum, ī *n* Erdbeere
framea, ae *f* [*dt*] Speer (der Germanen)
Francī, ōrum *m* Franken
[[**Francia,** ae *f spl* Gebiet der Franken
frangō, frēgī, frāctus *3* brechen, zerbrechen, zertrümmern, verletzen; kürzen; mahlen, schroten; schwächen, überwinden, beugen, erschüttern
frāt|er, ~ris *m* Bruder; *Pl* ~res *auch* Geschwister; Vetter; Neffe; Schwager; lieber Freund; *Ehrenname* Bundesgenosse; ~res gemini Kastor u. Pollux [[*spl* Klosterbruder, Mönch; *ml* ~res minores Minoriten, Franziskaner
frāterculus, ī *m* Brüderchen

frāternitā|s, ~tis *f* Brüderschaft; Brüderlichkeit
frāternus *3* des Bruders, brüderlich; verwandtschaftlich; innig befreundet; freundlich
frātricīda, ae *m* Brudermörder
fraudātiō, ~nis *f* Betrügerei
fraudāt|or, ~ōris *m* Betrüger
fraudō *1* [fraus] betrügen, übervorteilen; bringen *Abl* um, vorenthalten *Akk* jmdm. *Abl* etw.; unterschlagen
fraudulenter *Adv* betrügerisch
fraudulentia, ae *f* Betrügerei; Niederträchtigkeit
fraudulentus *3* betrügerisch
frau|s, ~dis *f* Betrug, Tücke, Täuschung, Hinterlist; Irrtum; Schaden, Nachteil; Verbrechen, Frevel
frausus sum ich habe ausgeheckt
fraxineus *3* aus Eschenholz
fraxinus I. *Adj 3* = fraxineus **II.** *Subst* ī *f* Esche; Eschenspeer
Fregellae, ārum *f* Fregellae (Volskerstadt)
Fregellānus I. *Adj 3* von Fregellae **II.** *Subst* ī *m* Einw. von Fregellae
Fregēnae, ārum *f* Fregenae (Etruskerstadt)
frēgī →frango
fremebundus *3* rauschend, schnaubend
fremidus *3* lärmend, tobend
fremitus, ūs *m* Brummen, Brüllen, Getöse; Murren
fremō, fremuī *3* brummen, knurren, brüllen; murren, murmeln, untereinander äußern; lärmen; laut verlangen
frem|or, ~ōris *m* Murren
frendō, –, frēsus (fressus) *3* knirschen; schroten
frenēticus = phreneticus
frēnō *1* zäumen; lenken; zügeln, bändigen
Frentānī, ōrum *m* Frentaner (Samnitenvolk an der Adria)
frēnum, ī *n* (*Pl auch* freni) Zaum, Zügel, Gebiss; Band
frequ|ēns, *Gen* ~entis zahlreich; viel besucht, volkreich; oft anwesend; häufig, wiederholt; ~ens senatus beschlussfähiger Senat, die Mehrheit des Senats
frequentātiō, ~nis *f* Häufung, häufiger Gebrauch; Zusammenfassung ⟦*ml* Besuch
frequentia, ae *f* Menge, Masse; zahlreicher Besuch
frequentō *1* zahlreich versammeln; hinströmen; besetzen, bevölkern, beleben; oft besuchen; oft tun, wiederholen, oft erwähnen ⟦*ml* lieber ausüben
fressus, frēsus →frendo
fretēns|is, ~e, *Gen* ~is an der Meerenge
fretum, ī *n* Meerenge, *bes* Meerenge von Sizilien; Meer, Brandung, Strömung
[1]**fretus,** ūs *m* = fretum
[2]**frētus** *3* bauend, vertrauend *Abl od Dat* auf
fricātiō, ~nis *f* Abreibung
fricō, fricuī, frictus *u.* fricātus *1* reiben, abreiben, scheuern, frottieren
frictiō, ~nis *f* Reiben, Frottieren
[1]**frictus** →frico
[2]**frīctus** →frigo
frīgēfactō *1* kühlen
frīgeō *2* frieren; starr *od* kalt sein; erstarrt *od* untätig sein, stocken; kaltlassen, keinen Eindruck machen
frīgerō *1* kühlen
frīgēscō *3* erkalten, erstarren
frīgida 1. ae *f* kaltes Wasser **2.** ōrum *n* →frigidum
frīgidārius *3* abkühlend
⟦**frigidita|s,** ~tis *f spl* Kälte
frīgidiusculus *3* frostig
frīgidulus *3* etwas kalt *od* matt
frīgidum, ī *n* das Kalte; *Pl* frigida kalte Gegenden
frīgidus *3* kalt, kühl, frostig; *übertr* ohne Feuer, matt, albern
frīgō, frīxī, frīctus *3* rösten, dörren
⟦**frigoreus** *3 ml* kalt, kühl
frīg|us, ~oris *n* Kälte, Kühle, Winterkälte; Schauer des Todes *od* der Furcht; Ungnade
friguttiō *4* zwitschern; stottern
Friniāt|ēs, ~um *m* Friniater (ligurischer Stamm bei Bologna)
friō *1* zerbröckeln, zerreiben
Frīsiī, ōrum *m* Friesen (germ. Volk an der Nordsee)
Frīsius *3* der Friesen
frit *undekl n* oberstes Korn der Ähre; Körnchen
fritillus, ī *m* Würfelbecher
frīvolus *3* wertlos, abgeschmackt; leichtfertig, anmaßend
frīxī →frigo
⟦**frixur(i)a,** ae *f* [frigo] *spl* Tiegel
frondāt|or, ~ōris *m* der das (Wein-)Laub stutzt, Winzer
frondea, ae *f* Kranz
frondeō *2* belaubt sein, grünen
frondēscō *3* sich belauben
frondeus *3* belaubt, Laub-
frondifer *3* Laub *od* Bäume tragend; belaubt
frondōsus *3* laubreich
frōns 1. frondis *f* (*auch Pl*) Laub, Laubwerk; Laubdach; Kranz **2.** frontis *f* Stirn; Vorderseite, Front; a (in) fronte vorn
frontāl|ia, ~ium *n* Stirnschmuck (der Pferde) ⟦*spl* Vorderseite
Frontīnus, ī *m* Frontin(us) (röm. BN); *bes* S. Iulius ~ (Schriftsteller 40–103, *Beispiele für Kriegslist, Feldmesskunst*)
frontō, ~nis *m* der Breitstirnige
⟦**fructa,** orum *n ml* Erzeugnisse des Gutes
frūctifer *3* fruchttragend

⟦**fructifico** *1 spl* Früchte tragen
frūctuārius *3* fruchttragend
frūctuōsus *3* fruchtbar, einträglich
frūctus **I.** *Part Perf* →fruor **II.** *Subst* ūs *m* Nutzung, Genuss, Vorteil, Ertrag; ~ pecuniae Zinsen; Feldfrucht
frūgāl|is, ~e, *Gen* ~is [frux] vorteilhaft; sparsam
frūgālitā|s, ~tis *f* **1.** Vorrat an Früchten **2.** Nüchternheit, Besonnenheit ⟦*spl* Einfachheit
frūgī [*erstarrter Dat zu* frux] wacker, besonnen

f

Frūgī BN des L. Calpurnius Piso
frūgifer *3* fruchtbar
frūgifer|ēns, *Gen* ~entis fruchtbar
frūgilegus *3* Früchte sammelnd
fruitus →fruor
frūmentāri|us **I.** *Adj 3* Getreide-; quaestus ~us Getreidehandel; res ~a Verpflegung **II.** *Subst* ~ī *m* Getreidehändler ⟦*spl* Geheimpolizist
frūmentātiō, ~nis *f* Getreideversorgung
frūmentāt|or, ~ōris *m* Getreidelieferant; Getreideholer
frūmentor *1* Getreide holen
frūmentum, ī *n* Getreide, *bes* Weizen; Getreideart; Getreidekorn
frūniscor *3* [fruor] genießen (*auch Abl* etw.)
fruor, frūctus (fruitus) sum *3* brauchen, genießen *Abl* etw.; *jur* Nutzungsrecht haben; = utor gebrauchen
frūstatim *Adv* stückweise
frūstillātim *Adv* stückchenweise
frūstrā *Adv* [fraus] vergeblich, erfolglos; ohne Zweck, blindlings; irrig, getäuscht; ~ habeo täuschen, *auch* nicht beachten
frūstrātiō, ~nis *f* Täuschung; Nichterfüllung
frūstrātus **I.** *Part Perf zu* frustro(r) **II.** *Subst* ūs *m* Täuschung
frūstr|ō *u.* **~or** *1* täuschen, hinhalten, foppen; vereiteln ⟦*spl* betrügen *Abl* um
frūstulentus *3* [frustum] voller (Fleisch-) Stückchen
frūstum, ī *n* Stückchen, Brocken
frutectum, ī *n* Gesträuch, Gebüsch
frut|ex, ~icis *m* Strauch; Strunk; *übertr* Dummkopf; Baumstumpf
fruticētum, ī *n* Gesträuch
frutic|ō *u.* **~or** *1* Zweige treiben, ausschlagen
fruticōsus *3* voll Gebüsch; voll junger Zweige
frūx, frūgis *f* Feld-, Baumfrucht; Nutzen, Tüchtigkeit; →frugi
fū *Interj* pfui!
fuam *Konj. Präs* →fuo
fūcātus **I.** *Adj 3* gefärbt, geschminkt **II.** *Part Perf Pass zu* fuco
Fūcinus lacus Fuciner See (in den Abruzzen Mittelitaliens), *heute* Lago di Celano
fūcō *1* färben, schminken
fūcōsus *3* geschminkt, falsch
fūcus, ī *m* **1.** roter Farbstoff; Purpur; Schminke; rötliches Bienenharz; Falschheit ⟦*spl* Schimmer **2.** Drohne
fūdī →²fundo
fūfae *Interj* pfui!
Fūfius *3* Fufius *Gent*
fuga, ae *f* Flucht; ~m do fliehen, entfliehen lassen; freiwillige Verbannung, Verbannungsort; Schnelligkeit, rascher Lauf; Scheu *Gen* vor
fugā|x, *Gen* ~cis fliehend; flüchtig; scheu
fūgī →fugio
fugi|ēns, *Gen* ~entis fliehend *Gen* vor
fugiō, fūgī, fugitūrus *3* fliehen *Akk* vor, entschwinden; zu entgehen suchen, meiden; ablehnen, entfliehen; entkommen; me fugit es entgeht mir, ich vergesse
fugit|āns, *Gen* ~antis fliehend, scheu
fugitīvus **I.** *Adj 3* flüchtig, entlaufen **II.** *Subst* ī *m* Ausreißer
fugitō *1* eilig fliehen, meiden
fugit|or, ~ōris *m* Ausreißer
fugō *1* in die Flucht schlagen; verjagen
fui →sum
fulcīm|en, ~inis *n* [fulcio] Stütze
fulciō, fulsī, fultus *4* stützen; aufrecht halten ⟦*ml* belasten, drücken
fulcipedia, ae *f* hohe Absätze tragend; eingebildetes Weib
fulcrum, ī *n* [fulcio] Stütze; Bettgestell, Bett
fulgeō, fulsī *2* blitzen; glänzen, strahlen; sich hervortun
⟦**fulgesco** *3 spl* (auf)leuchten
fulgetrum, ī *n* [fulgeo] Blitz, Wetterleuchten
fulgidus *3* leuchtend ⟦*spl übertr* strahlend
fulgō *3* = fulgeo
fulg|or, ~ōris *m* Blitz; Glanz
fulgur, ~is *n* Blitzschein, Blitzschlag; Glanz
fulgurāl|is, ~e, *Gen* ~is Blitze betreffend
fulgurātiō, ~nis *f* Wetterleuchten
fulgurāt|or, ~ōris *m* Blitzdeuter
fulgurātus *3* vom Blitz getroffen
fulgurītus *3* vom Blitz getroffen
fulgurō *1* blitzen, strahlen
fulica, ae *f* Bless-, Wasserhuhn
fūlīg|ō, ~inis *f* Ruß; schwarze Schminke
fuli|x, ~cis *f* = fulica
fullō, ~nis *m* Walker
fullōnia, ae *f* Walkerei
fullōnius *3* des Walkers
fulm|en, ~inis *n* [fulgeo] Blitz(schlag); *auch Ehrenname*
fulmenta, ae *f* [fulgeo] Absatz *am Schuh*
fulminātrī|x, ~cis *f* die Blitzschleuderin (BN einer Legion)
fulmineus *3* Blitz-; mörderisch
fulmin|ō *1* blitzen ⟦*spl unpers* wetterleuchten; *Pass* ~or vom Blitz getroffen werden
fulsī →fulcio *und* fulgeo

fultūra, ae *f* Stütze; Stärkung
fultus →fulcio
Fulviaster, Fulviastrī *m* Nachahmer eines Fulvius (im Lügen)
Fulvius *3* Fulvius *Gent*
fulvus *3* rötlich gelb, graugelb, blond
fūmeus *3* rauchig, im Rauch aufbewahrt ⟦*spl* nichtig
fūmidus *3* rauchig, qualmend
fūmifer *3* rauchend, dampfend
fūmificō *1* räuchern
fūmificus *3* rauchend
fūmō *1* rauchen, dampfen
fūmōsus *3* voll Rauch, verräuchert
fūmus, ī *m* Rauch, Dampf, Dunst
fūnāl|e, ~is *n* Wachsfackel, Kerze; Standleuchter ⟦*spl* Strick (an der Schleuder)
fūnāl|is, ~e, *Gen* ~is **1.** aus einem Strick gemacht **2.** an der Leine gehend
fūnambulus, ī *m* Seiltänzer
fūnctiō, ~nis *f* [fungor] Verrichtung ⟦*spl* Leistung, Zahlung
fūnctus →fungor; functī, ōrum *m* die Toten
funda, ae *f* Schleuder; trichterförmiges Netz; kleiner Geldbeutel
fundām|en, ~inis *n und* **~entum,** ~entī *n* [[1]fundo] *meist Pl* Grund(lage)
fundāt|or, ~ōris *m* Gründer, Stifter
fundātus **I.** *Adj 3* fest begründet **II.** *Part Perf Pass zu* [1]fundo
Fundānus *3* von Fundi
Fundī, ōrum *m* Fundi (Stadt in Latium), *heute* Fondi
⟦**fundibularius,** i *m spl* Schleuderer
⟦**fundibulum,** i *n spl* Schleuder; Trichter
funditō *1* schleudern; ausströmen lassen
fundit|or, ~ōris *m* Schleuderer
funditus *Adv* von Grund aus, gänzlich
[1]**fundō** *1* [fundus] den Grund legen *Akk* für; (be)gründen; festigen, sichern
[2]**fundō,** fūdī, fūsus *3* gießen, ausgießen, vergießen; ausschütten; schmelzen; befeuchten; *übertr* ausströmen lassen, hervorbringen; zerstreuen, in die Flucht jagen; ausbreiten; hinstrecken ⟦*spl* orationem ~ ein Gebet sprechen
fundor, fūsus sum *3* [*vgl* [2]fundo] sich ausbreiten, sich ausdehnen, sich lagern
fundus, ī *m* Boden, Grund; fundo von Grund aus; ~ fio genehmigen *Gen* etw.; Grundstück, Landgut ⟦*ml* Lehen
fūnebr|is, ~e, *Gen* ~is Leichen-; todbringend; sacra ~ia Menschenopfer
fūnereus *3* [funus] Leichen-; todbringend
fūnerō *1* feierlich bestatten; töten
fūnestō *1* entehren, beflecken
fūnestus *3* [funus] Trauer-; verderblich, unselig
fungīnus *3* [fungus] Pilz-
fungor, fūnctus sum *3 Abl, auch Akk* etw. verrichten, verwalten, vollbringen, leisten; überstehen; fato ~ sterben
fungus, ī *m* Pilz; Schwamm; Dummkopf; Schnuppe (am Docht)
fūniculus, ī *m* (*f*) Strick, Schnur ⟦*spl* Anteil; Pfad
fūnis, ~ *m* (*f*) Seil, Strick; funem duco vorn am Seil gehen, herrschen
fūnus, fūneris *n* feierliches Begräbnis; Leiche; Mord, Tod; Untergang
fuō *nur Konj.* fuam, fuas *usw* = sim, sis *usw*
fūr, fūris *m, f* Dieb, Diebin; Raubbiene
fūrātrīna, ae *f* Diebstahl
fūrā|x, *Gen* ~cis diebisch
furca, ae *f* (zweizinkige) Gabel; gabelförmiger Stützbalken; Halsblock (für Sträflinge); Tragholz
furcifer, ī *m* Träger des Halsblocks, Galgenstrick
furcilla, ae *f* (Heu-) Gabel
furcillō *1* mit der Heugabel angreifen
furcula, ae *f* gabelförmige Stütze; Engpass (*meist Pl*)
furēns, *Gen* furentis **I.** *Adj* rasend **II.** *Part Präs Akt zu* furo
furfur, ~is *m* Hülse, Kleie *meist Pl;* Hautschuppe
furia, ae *f* [furo] Raserei; Liebeswahnsinn
Furiae, ārum *f* Furien, Rachegöttinnen
furiālis, ~e, *Gen* ~is rasend; der Rachegeister; in Wut versetzend
Fūriānī, ōrum *m* Soldaten des Furius
furibundus *3* [furo] wütend; begeistert
Fūrīna, ae *f* Furina (röm. Göttin)
fūrīnus *3* [fur] Diebs-
furiō **1.** *1* in Raserei versetzen **2.** ⟦*4 spl* rasend sein
furiōsus *3* [furia] wütend, rasend
Fūrius *3* Furius *Gent* (*bes* 1. M. ~ Camillus, Sieger über die Gallier 390 v. Chr. 2. M. ~ Bibaculus, Dichter, Freund des Horaz)
furnāceus *3* gebacken
furnus, ī *m* (Back-)Ofen; Backhaus
furō *3* einherstürmen; wüten, rasen; vernarrt sein *Abl* in
[1]**furor,** furōris *m* [furo] Wut, Raserei; Brunst; Verzückung, Begeisterung
[2]**fūror** *1* [fur] stehlen, erschleichen ⟦*spl auch Akt* furo
⟦**furreo** *2* [*dt*] *ml* (unter)füttern
Furrin- = Furin-
fūrtificus *3* diebisch
fūrtim *Adv* verstohlen, heimlich
fūrtīvus *3* gestohlen; verstohlen, heimlich
fūrtum, ī *n* [fur] Diebstahl, Unterschlagung; *Pl* furta gestohlenes Gut; Heimlichkeit; Hinterlist; Kriegslist
fūrunculus, ī *m* [fur] **1.** Spitzbube **2.** wilder Trieb (der Rebe) **3.** *med* Furunkel
furvus *3* kohlschwarz; dunkel, finster
fuscina, ae *f* Dreizack; Harpune

fuscō *1* verdunkeln, schwärzen; *Körper* bräunen
fuscus *3* dunkel, grau, schwarz; *Mensch* braun; *Stimme* heiser
fūsil|is, ~e, *Gen* ~is [fundo] gegossen; flüssig
fūsiō, ~nis *f* Guss, Ausguss; Ausfluss
fūstibalus, ī *m* Schleudermaschine *Geschütz*
fūsticulus, ī *m* [fustis] Holzstückchen, Scheit
⟦**fustigo** *1 spl* prügeln
fūstis, ~ *m* Knüppel, Stock
fūstitudīnus *3* [tundo] Prügel-
fūstuārium, ī *n* Totprügeln (als Strafe)
fūsus I. *Adj 3* herabfließend, wallend; ausgebreitet; *Stil* breit; hingestreckt **II.** *Part Perf Pass* →²fundo **III.** *Subst* ī *m* Spindel
fūtile *Adv* vergeblich
fūtil|is, ~e, *Gen* ~is (*auch* futtilis) unsicher, durchlässig; unzuverlässig, nichtig
fūtilitā|s, ~tis *f* Nichtigkeit; leeres Gerede
futuō, futuī, futūtus *3* beschlafen; huren *Akk* mit
futūr|um, ~ī *n* Zukunft; *Pl* ~a, ~ōrum bevorstehende Ereignisse
futūrus *3* künftig; *Part Fut* →sum
fututiō, ~nis *f* Geschlechtsverkehr
fy *Interj* pfui!

G

G *Abk für* **1.** Gallica *od* Gemina *bei Legionen* **2.** Gaius (*statt* C)
Gabalī, ōrum *m* Gabaler (kelt. Volk in Aquitanien)
Gabiī, ōrum *m* Gabii (Stadt in Latium)
Gabīniānus I. *Adj 3* des Gabinius **II.** *Subst* ī *m* Gabinianus (Redner in Gallien unter Vespasian)
Gabīnius *3* **1.** *Gent* Gabinius, *bes* A. ~ (Volkstribun 67 v. Chr.) **2.** aus Gabii
Gabīnus *3* aus Gabii; ~ cinctus gabinische Gürtung der Toga (bei feierlichen Anlässen)
Gādēs, Gādium *f* Gades (phönizische Niederlassung in Spanien), *heute* Cadiz
Gādītānus I. *Adj 3* aus Gades **II.** *Subst* ī *m* Einw. von Gades
gaesum, ī *n* [*kelt*] Wurfspieß
Gaetūlī, ōrum *m* Gaetuler (Volk in Nordafrika)
Gaetūlicus, ī *m* Besieger der Gaetuler (BN des Cn. Cornelius Lentulus)
Gaetūlus *3* gaetulisch; *poet* afrikanisch
Gāiānus *3* des Gaius
Gāius, ī *m* Gaius **1.** röm. Vorname (*Abk* C.; *Vok* Gāī); ~ – Gaia *formelhaft für* Ehemann u. Ehefrau **2.** röm. Jurist im 2. Jh. n. Chr.
Galaesus, ī *m* Galaesus (Fluss bei Tarent)
Galatae, ārum *m* Galater (kelt. Volk in Kleinasien)
Galatia, ae *f* Galatien (Land der Galater)
galba, ae **1.** *f* Raupe (eines Spinners), Eschenbohrer **2.** *m* [*kelt*] Schmerbauch
Galba, ae *m* Galba (BN der gens Sulpicia, *bes* Kaiser im Jahre 69 n. Chr.)
galbaneus *3* aus Galban
galbanum, ī *n* Galban, Harz *zum Räuchern und Kitten*
galbeum, ī *n mit Heilmitteln getränkte* Wollbinde; Schmuck- *od* Ehrenbinde
Galbiānī, ōrum *m* Anhänger des Kaisers Galba
galbinus *3* grüngelb
galea, ae *f* **1.** Lederhelm **2.** ⟦*ml* Galeere
galeō *1* mit einem Helm bedecken
Galeōtae, ārum *m* Galeoten (Wahrsager in Sizilien)
galēriculum, ī *n* kleine Perücke
galērītus *3* mit einer Fellkappe bedeckt
galēr|um, ~ī *n und* **~us,** ~ī *m* Pelzkappe
Galilaeī, ōrum *m* Galiläer (Einw. in Palästina)
galla, ae *f* **1.** Gallapfel **2.** saurer Wein
Galla, ae *f* **1.** Gallierin **2.** Priester der Kybele
Gallaecia, ae *f* Galicien (Landschaft in Nordwestspanien)
Gallī, ōrum *m* Gallier, Kelten
Gallia, ae *f* Gallien; *bes* **1.** ~ cisalpina *od* citerior diesseitiges Gallien, Oberitalien **2.** ~ transalpina, *später* Narbonensis Südgallien **3.** (tres) Galliae die drei gallischen Provinzen (Aquitania, Lugdunensis, Belgica; *seit 16 n. Chr.*)
gallica, ae *f* (solea) gallische Sandale
Gallicānus *3* aus *od* in der Provinz Gallia (Teil Umbriens)
gallicinium, ī *n* Zeit des Hahnenschreis
⟦**gallicula,** ae *f ml* Mütze
Gallicus *3* **1.** gallisch; ager ~ gallisches Gebiet (Teil Umbriens) **2.** von den (Kybele-) Priestern
⟦**galliger,** i *m ml* Hahnenträger *vom Fuchs*
gallīna, ae *f* Huhn; ad ~s Hühnerhof (Gut bei Rom)
gallīnāceus *3* Hühner-; ~ gallus Haushahn
gallīnāri|us I. *Adj 3* Hühner-; silva ~a Hühnerwald (in Kampanien) **II.** *Subst* ~ī *m* Hühnerwärter
Gallograeci, Gallograecia = Galatae, Galatia
gallus, ī *m* (Haus-)Hahn
Gallus, ī *m* **1.** Gallier **2.** Gallus (Fluss in Phrygien) **3.** Kybelepriester, Kastrat **4.** Gallus (BN des Dichters C. Cornelius z. Z. Vergils)
Gamala, ae *f* Gamala (Bergfestung in Palästina)
⟦**gamba,** ae *f spl* Bein, Schenkel

gamēliōn, ~is *m* Gamelion (siebenter Monat des attischen Kalenders, ab 15. Januar)
Gamphasant|es, ~um *m* Gamphasanten (Volk in Innerafrika)
gānea, ae *f* Kneipe, Bordell; Schlemmerei
gāneō, ~nis *m* Schlemmer, Wüstling
gāneum, ī *n* = ganea
gangaba, ae *m* [*pers*] Lastträger
Gangarid|ae, ~ārum *u.* **~es,** ~um *m* Gangariden (Volk am Ganges)
Gang|ēs, ~is *m* Ganges
Gangēt|icus *3 u.* **~is,** ~idis *f* vom Ganges; indisch
ganniō *4* kläffen
gannītus, ūs *m* Gekläff
ganta, ae *f* [*dt*] Eidergans
Ganymēd|ēs, ~is *u.* ~ī *m* Ganymed (S. des trojanischen Königs Tros, von Zeus geraubt, seitdem Mundschenk der Götter)
Garamant|es, ~um *m* Garamanten (Volk in Afrika)
Garamanti|s, ~dis *f* der Garamanten; afrikanisch
⟦**garcifer,** i *m ml* Küchenjunge
⟦**garcio,** ~nis *m ml* Knappe, Diener
Gargānus I. *Adj 3* des Garganus **II.** *Subst* ī *m* Garganus (Vorgebirge in Apulien)
Gargaphiē, ēs *f* Gargaphia (Tal u. Quelle in Boiotien)
Gargara, ōrum *n* Gargara (Spitze des kleinasiatischen Ida mit Stadt)
Gargēttius, ī *m* der aus dem attischen Bezirk Gargettos = Epikur
⟦**Garibaldus,** i *m spl* Garibaldus (Befehlshaber in Aguntum um 600 n. Chr.)
garriō *4* plaudern; plappern
⟦**garritus,** us *m spl* Gezwitscher
garrulitā|s, ~tis *f* Geschwätzigkeit
garrulus I. *Adj 3* geschwätzig **II.** *Subst* ī *m* Schwätzer
garum, ī *n* [*gr*] Fischextrakt *Delikatesse*
Garumna, ae *f heute* Garonne
Garumnī, ōrum *m* Anwohner der Garonne
⟦**gastaldius,** i *m* [*lombardisch*] *ml* königlicher Gutsverwalter
⟦**gastrimargia,** ae *f* [*gr*] *spl* Völlerei
gastrum, ī *n* [*gr*] bauchiges Gefäß
gaudendus I. *Adj 3* erfreulich **II.** *Gerdv zu* gaudeo
gaudeō, gāvīsus sum *2* sich freuen, froh sein *Abl* über; sich erfreuen, besitzen, genießen
gaudibundus *3* sich freuend
gaudimōnium, ī *n* Freude
⟦**gaudiosus** *3 ml* voll Freude
gaudium, ī *n* Freude, Genuss; Wonne
gaulus, ī *m* [*gr*] Trinkgefäß
Gaurus, ī *m* Gaurus (Gebirge in Kampanien)
gausapātus *3* mit Mantel bekleidet; zottig
gausap|e, ~is *n u.* **~um,** ~ī *n* dicker Stoff; Friesmantel ⟦*ml* Tischtuch
gavia, ae *f* Möwe
gāvīsus →gaudeo
gaza, ae *f* [*gr/pers*] Schatz (*bes* der pers. Könige); Vorrat
Gaza, ae *f* Gaza (Stadt in Palästina)
Gebbanītae, ārum *m* Gebbaniten (Volk in Südarabien)
Gebenna = Cebenna
Gedrōs(i)ī, ōrum *m* Einw. von Gedrosien (*heute etwa* Belutschistan)
⟦**gehenna,** ae *f* [*hebr*] *spl* Hölle
Gela, ae *f* Gela (Stadt auf Sizilien)
Gelduba, ae *f* Gelduba (Ort der Ubier am Rhein)
Gelēns|ēs, ~ium *m* Einw. von Gela
gelida, ae *f* kaltes Wasser
gelidus *3* eiskalt, kühl; tödlich
gelō *1* gefrieren machen
Gelōnī, ōrum *m* Gelonen (Skythen am Dnjepr)
Gelōus *3* von Gela
gelu, ūs *n* Kälte, Frost
gemebundus *3* [gemo] seufzend
gemellipara, ae *f* Zwillingsmutter
gemellus *3* Zwillings-; ganz ähnlich
geminātiō, ~nis *f* Verdoppelung
geminō *1* verdoppeln; wiederholen; paaren
geminus *3* Zwillings-; sehr ähnlich; doppelt, beide; zweigestaltig ⟦*ml Pl* gemini zwei
Geminus, ī *m* Geminus (BN der gens Servilia)
gemitus I. *Part Perf Pass* →gemo **II.** *Subst* ūs *m* Seufzen, Stöhnen; Schmerz *Gen* über
gemma, ae *f* Knospe; Edelstein, Perle; Gegenstand mit Edelsteinen; Siegelring
gemmātus *3* edelsteinbesetzt
gemmeus *3* aus Edelsteinen
gemmifer *3* perlenreich
gemmō *1* Knospen treiben; von Edelsteinen strahlen
gemmōsus *3* edelsteinbesetzt
⟦**gemmula,** ae *f spl* Knospe
gemō, gemuī, gemitus *3* seufzen, stöhnen; betrauern
Gemōniae, ārum *f* Treppe am Kapitol
gena, ae *f* (*meist Pl*) Wange; *poet* Auge(nhöhle)
Genaun|ī, ~ōrum *m u.* **~ēs,** ~ium *m* Genaunen (Volk am Inn)
Genava, ae *f* Genf
⟦**genealogia,** ae *f* [*gr*] *spl* Geschlecht, Sippe; *ml* Dynastie
geneālogus, ī *m* [*gr*] Verfasser von Stammbäumen
gener, ī *m* Schwiegersohn; Schwager
⟦**general|e,** ~is *n ml* Hochschule
generāl|is, ~e, *Gen* ~is [genus] Gattungs-;

allgemein ⟦*ml* conventus ~is Volksthing; colloquium ~e Hauptversammlung
generātim *Adv* nach Gattungen *od* Stämmen; im Allgemeinen
⟦**generatio,** ~nis *f spl* Zeugungskraft; Generation, Sippe, Familie; Menschheit
generāt|or, ~ōris *m* Erzeuger, Schöpfer
generātus I. *Adj 3* abstammend **II.** *Part Perf Pass zu* genero
generō *1* [genus] erzeugen, erschaffen
generōsitā|s, ~tis *f* edle Art
generōsus *3* [genus] edel; ahnenreich; edelmütig, hochherzig, vortrefflich
genesis, ~ *f* [*gr*] Schöpfung; Stand der Gestirne bei der Geburt, Horoskop
⟦**genethliacus,** i *m* [*gr*] *spl* Astrologe, der das Geburtshoroskop stellt
genetīvus I. *Adj 3* angeboren **II.** *Subst* ī *m* Genitiv
genetrī|x, ~cis *f* Mutter; Erzeugerin
geniāl|is, ~e, *Gen* ~is [genius] hochzeitlich, ehelich; fröhlich, festlich
⟦**genicium,** i *n spl* = gynaeceum
geniculātus *3* knotig
geniculus, ī *m* [genu] Knie *auch bei Wasserleitung*
genista, ae *f* Ginster (*Lw*)
genitābil|is, ~e, *Gen* ~is befruchtend
genitāl|ia, ~ium *n* Genitalien, Geschlechtsteile
genitāl|is, ~e, *Gen* ~is zeugend, befruchtend; dies ~is Geburtstag; BN der Diana ⟦*spl* solum ~e Heimat
genitīvus = genetivus
genit|or, ~ōris *m* [gigno] Erzeuger, Vater; Schöpfer, Urheber
genitrīx = genetrix
genitūra, ae *f* [figno] Stellung der Gestirne bei der Geburt, Horoskop ⟦*ml* Nachkommenschaft
genitus →gigno
genius, ī *m* [gigno] Schutzgeist (des Mannes); Gönner *eines Parasiten* ⟦*spl* ~ populi Romani Schutzgott des röm. Volkes
genō *3* [= gigno] erzeugen
gēns, gentis *f* [gigno] Völkerschaft, Volksstamm; Geschlecht, Sippe, Spross; Barbaren, Ausländer; Bevölkerung, Gemeinde; Landschaft; Gattung; ~ humana Menschengeschlecht; ubi gentium wo in der Welt? ⟦*spl* ~ *u. Pl* gentes Leute, Heiden
genticus *3* national
gentīlici|us *3* Geschlechts-; nomen ~um Familienname
gentīl|is, ~e, *Gen* ~is [gens] zur Sippe gehörig; national, für ein Volk charakteristisch ⟦*spl* heidnisch; libri ~es Bücher der antiken Schriftsteller; *Subst* ~es, ~ium *m* Heiden
gentīlitā|s, ~tis *f* Sippenverwandtschaft ⟦*spl* Volk; Heidentum
genū, ūs *n* Knie (*urv*)
Genua, ae *f* Genua (Hafenstadt in Ligurien), *heute* Genova
genuāl|ia, ~ium *n* Kniebänder
⟦**genuflecto** *3 spl* die Knie beugen
genuī →gigno
genuīnus *3* **1.** [gigno] angeboren, natürlich **2.** [gena] Backen-
genus, generis *n* Geschlecht, Abkunft, Familie; Nachkomme(nschaft); Stamm, Volk; Gattung, Art, Rasse; Art und Weise
Genūsus, ī *m* Genusus (Fluss zur Adria in Illyrien)
⟦**geodesia,** ae *f* [*gr*] *ml* Erdvermessung
geōgraphia, ae *f* [*gr*] Erdbeschreibung
geōmetrēs, ae *m* [*gr*] Feldmesser; Mathematiker
geōmetria, ae *f* [*gr*] Feldmesskunst, Geometrie
geōmetrica [*gr*] **1.** ōrum *n* Geometrie ⟦**2.** ae *f spl* Geometrie
geōmetricus *3* [*gr*] zur Feldmesskunst gehörig ⟦*spl* geometrisch
geōrgica, ōrum *n* Landwirtschaft
geōrgicus *3* [*gr*] vom Landbau
Geraesticus portus *m* Hafen der Stadt Teos (in Kleinasien)
Geraestus, ī *f* Geraistos (Stadt u. Vorgebirge auf Euboia), *heute* Karistos
Gergovia, ae *f* Gergovia (Stadt der Averner in Gallien)
Germalus, ī *m* Germalus (Vorsprung am Palatin)
Germānī, ōrum *m* Germanen
Germāni|a, ~ae *f* Germanien; *Pl* ~ae Provinzen Ober- und Niedergermanien
Germāniciānus *3* = Germanicus 1.
Germānicus *3* **1.** germanisch **2.** Germanicus (BN röm. Feldherrn)
germānitā|s, ~tis *f* geschwisterliches Verhältnis
⟦**germanitus** *Adv spl* echt, aufrichtig
germānus I. *Adj 3* [germen] leiblich, echt; wahr, leibhaftig **II.** *Subst* ī *m* leiblicher Bruder
Germānus *3* = Germanicus 1.
germ|en, ~inis *n* Keim, Spross, Knospe ⟦*spl* Sprießen
germinō *1* sprossen; wachsen; hervorsprießen lassen
gerō, gessī, gestus *3* tragen, mit sich führen; hervorbringen; zur Schau tragen, vorstellen, haben; se gerere sich betragen; ausführen, besorgen, *bes* kämpfen; *Krieg, Amt* führen; *Zeit* verleben
Gerōnium, ī *n* Geronium (Stadt an der Grenze von Apulien u. Samnium)
geronticōs *Adv* [*gr*] nach Greisenart
⟦**gerra** *ml* = guerra
gerrae, ārum *f* Possen
gerrō, ~nis *m* Possenreißer

gerula, ae *f* Trägerin; Biene
gerulifigulus, ī *m* Helfershelfer
gerulus I. *Adj 3* tragend **II.** *Subst* ī *m* Träger ⟦*spl* Bote
gerūsia, ae *f* [*gr*] Altersheim
Gēry|ōn, ~onis *od* **~onēs,** ~onae *m* Geryon(es) (dreileibiger Riese auf einer Insel bei Gades)
Gēryonāceus *3* des Geryon
Gesoriăcum, ī *n* Gesoriacum (Hafen am Ärmelkanal), *heute* Boulogne
gessī →gero
gesta, ōrum *n* [gero] Ereignisse, (Kriegs-)Taten
gestām|en, ~inis *n* Bürde, Last; Trage, Bahre; Anhängsel, Amulett ⟦*ml* Führung *des Szepters*
gestātiō, ~nis *f* Tragen; Ausfahrt; Promenade
gestāt|or, ~ōris *m* Träger; Reisender
gestātōrius *3* zum Tragen dienend
gesticulātiō, ~nis *f* ausdrucksvolle Bewegung
gesticulor *1* Gebärden machen
gestiō I. *Subst* ~nis *f* [gero] Ausführung **II.** *Verb 4* [gestus] gestikulieren; heftig verlangen, wünschen; sich unbändig freuen, übermütig sein
gestitō *1* zu tragen pflegen
gestō *1* [gero] tragen; (Neuigkeiten) verbreiten ⟦*ml* personam ~ eine Rolle spielen, auftreten *Gen* als
gest|or I. *Subst* ~ōris *m* Neuigkeitskrämer **II.** *Verb 1* sich tragen lassen, reiten, fahren
gestus I. *Part Perf Pass* →gero; res gesta Ereignis, (Kriegs-)Tat **II.** *Subst* ūs *m* (Körper-)Haltung; Geste (*Lw*); Gebärde *der Schauspieler, Redner*
Getae, ārum *m* Geten (thrakisches Volk)
Geticus *3* getisch; *poet* thrakisch
gibba, ae *f* Höcker
gibber, gibbera, gibberum höckerig
gibb(er)ōsus *3* bucklig
gibbus I. *Adj 3* gewölbt **II.** *Subst* ī *m* Buckel, Rundung
⟦**giga,** ae *f* [*dt*] *ml* Geige
Gigantēus *3* gigantisch, der Giganten
Gigās, Gigantis *m, meist Pl* Gigant|ēs, ~um Gigant(en), götterfeindliches Riesengeschlecht
gīgnent|ia, ~ium *n* Pflanzenwuchs; Geschöpfe
gīgnō, genuī, genitus *3* [geno] zeugen, gebären, hervorbringen
gilvus *3* blassgelb *von Pferden*
gingiliphus, ī *m* Gelächter
gingīva, ae *f* Zahnfleisch
gipperōsus = gibberosus
⟦**gir-** = gyr-
gizēria, ōrum *n* Hühnerklein
glabellus *3* [glaber] ziemlich glatt
glaber, glabra, glabrum glatt (*urv*), kahl
Glabriō, ~nis *m* Glabrio (BN des Acilius)
glaciāl|is, ~e, *Gen* ~is [glacies] eisig
glaciēs, ēī *f* (*auch Pl*) Eis; Kälte
glaciō *1* zu Eis machen; zu Eis werden
gladiāt|or, ~ōris *m* Gladiator, Fechter; Bandit; *Pl* ~ores Gladiatorenspiele
gladiātōrium, ī *n* Handgeld (für Freie als Gladiatoren)
gladiātōrius *3* Gladiatoren-
gladiātūra, ae *f* Gladiatorenkampf
gladius, ī *m* (zweischneidiges) Schwert; *Pl* gladii Gewalttaten
glaeb- = gleb-
glaesārius *3* Bernstein liefernd
glaesum, ī *n* [*dt*] Bernstein
glandārius *3* Eichel-
glandifer, glandifera, glandiferum Eicheln tragend
glandiōnidēs, ae *m* = glandium
glandium, ī *n* [glans] Drüsenstück vom Schwein *Delikatesse*
glandulae, ārum *f* Drüsen
glāns, glandis *f* Eichel; *auch* Kastanie, Dattel, Walnuss; Schleuderkugel
glārea, ae *f* Kies
glāreōsus *3* voller Kies
Glaucia, ae *m* Glaucia (BN des C. Servilius, ermordet 100 v. Chr.)
glaucōma, ~tis *n* [*gr*] (Augen-)Star; blauer Dunst ⟦*ml* ~ somni »Schlaf« im Auge
glaucus *3* [*gr*] bläulich grau, *auch* grünlich
Glaucus, ī *m* Glaukos (1. wahrsagender Meergott 2. Korinther, der von seinen Rossen zerrissen wird 3. Held vor Troja)
glēba, ae *f* (Erd-)Scholle; Acker; Stück
glēbula, ae *f* Klümpchen
glīs, glīris *m* Siebenschläfer, Haselmaus
glīscō *3* allmählich wachsen *od* in Brand geraten
globō *1* runden, versammeln
globor *1* sich runden; sich versammeln
globōsus *3* kugelförmig, rund
globulus, ī *m* Kügelchen, Kloß
globus, ī *m* Ball, Kugel, Klumpen; Himmelssphäre; (Sturm-)Haufe, Schar
glomerō *1* zu einem Knäuel *od* einer Kugel zusammenfügen; zusammendrängen
glomeror *1* sich zusammenballen; sich drängen
glom|us, ~eris *n* Knäuel
glōria, ae *f* Ruhm, Berühmtheit; Prahlerei, Ehrgeiz; Prunk, Schmuck; *Pl* gloriae Ruhmestaten; Gelegenheiten zum Ruhm
glōriātiō, ~nis *f* Ruhmredigkeit, Prahlerei
⟦**glorificatio,** ~nis *f spl* Verherrlichung
⟦**glorifico** *1 spl* preisen
glōriola, ae *f* ein bisschen Ruhm
glōrior *1* sich rühmen *Abl* (*auch* de, in) wegen
glōriōsus *3* ruhmvoll; ruhmredig, prahlerisch; ruhmsüchtig

⟦**glos,** gloris *f spl* Schwägerin
⟦**glos(s)a,** ae *f* [*gr*] *ml* Erläuterung, Kommentar
⟦**glosso** *1 ml* mit Erläuterungen versehen
⟦**glossula,** ae *f spl* Worterklärung
glūbō *3* abschälen; berauben
⟦**glus,** glutis *f spl* Leim
glūt|en, ~inis *n* Leim, Bienenharz
glūtināmentum, ī *n* zusammengeleimte Stelle
glūtināt|or, ~ōris *m* Buchbinder
glūtinō *1* (zusammen)leimen
glūtinor *1 med* sich schließen, fest verheilen
glūtinum, ī *n* Leim, Kleister
gluttiō *4* verschlucken, verschlingen
Gnaeus, ī Gnaeus (röm. Vorname), *Abk* Cn.
Gnaivos *altl* = Gnaeus
⟦**gnanus** *ml* = nanus Zwerg
gnārur|is, ~e, *Gen* ~is kundig
gnārus *3* kundig; bekannt
Gnathō, ~nis *m* Gnatho (N eines Schmarotzers); Schmarotzer
Gnathōnicī, ōrum *m* Schüler des Gnatho
Gnātia, ae *f* Gnatia (Hafenstadt in Apulien), *auch* Egnatia
gnāt-, gnāv- *altl* = nat-, nav-
gnōmōn, ~is *m* [*gr*] Zeiger (an der Sonnenuhr)
gnōmonicē, ēs *f* [*gr*] Herstellung von Sonnenuhren
gnōscō = nosco
Gnōsia|s, ~dis *f* **I.** *Adj* von Knossos; *poet* kretisch **II.** *Subst* Kreterin; Ariadne
Gnōsi|s, ~dis *f* = Gnosias
Gnōsius *3* von Knossos; kretisch
Gnōsus, ī *f* Knossos (Stadt auf Kreta)
gnōvī *altl* = novi (→nosco)
gōbius, ī *m* Gründling *Fisch*
Golgī, ōrum *m* Golgoi (Bezirk der Venus auf Zypern)
Gomphī, ōrum *m* Gomphoi (Stadt in Thessalien)
Gonn|ī, ~ōrum *u.* **~us,** ~ī *m* Gonnoi (Stadt in Thessalien)
Gordium, ī *n* Gordion (Hauptstadt Phrygiens)
Gordius, ī *m* Gordios (König von Phrygien)
Gordiūtīchos *n* Gordiutichos (Ort in Karien)
Gordyaeī, ōrum *m* (*auch* Cordueni) Kurden
Gordyēna, ae *f* (*auch* Corduena), *heute* Kurdistan
Gorgiās, ae *m* Gorgias (1. gr. Sophist im 5. Jh. v. Chr. 2. Rhetoriklehrer Ciceros)
Gorg|ō, ~onis *od* ~ūs *f* (*meist Pl*) Gorgo (geflügelte u. schlangenhaarige Ungeheuer, drei Töchter des Phorkys)
Gorgobina, ae *f* Gorgobina (Stadt der nach Gallien ausgewanderten kelt. Bojer)
Gorgoneus *3* gorgonisch, medusisch; ~ equus Pegasus
Gortȳni(ac)us *3* aus Gortyn (auf Kreta); kretisch
gōrȳtus = corytus
gossypin|us, ~ī *f u.* **~um,** ~ī *n* Baumwollstaude
⟦**Gothi,** orum *m spl* Goten
⟦**Gothicus** *3 spl* gotisch
Gotīnī, ōrum *m* Gotiner (Volksstamm an der March)
Gotōn|ēs, ~um *m* Goten
grabātulus, ī *m* kleine Liege
grabātus, ī *m* Feldbett ⟦*spl* Bahre, Totenbett
Gracchus, ī *m* Gracchus (BN der gens Sempronia)
gracilip|ēs, *Gen* ~edis schlankfüßig
gracil|is, ~e, *Gen* ~is (*Nbf altl f* ~a) schlank, dünn; dürftig, ärmlich; *Stil* schlicht ⟦*spl Stimme* schwach
gracilitā|s, ~tis *f* Schlankheit; *Rede* Einfachheit
graculus, ī *m* Dohle
gradārius *3* im Schritt gehend
gradātim *Adv* [gradus] schrittweise; stufenweise
gradātiō, ~nis *f* Steigerung *in der Rede*
gradātus *3* abgestuft
gradior, gressus sum *3* schreiten, gehen ⟦*ml* itinera ~ reisen
Grādīvus *3* der in den Kampf Schreitende (BN des Mars)
gradus, ūs *m* [gradior] Schritt; plenus ~ Eilmarsch; gradum refero zurückgehen; Stellung, Standpunkt; Treppenstufe, Leitersprosse; Grad (*Lw*), Rang ⟦*ml* ~ coniugalis Ehestand; *Pl* Kanzel
Graecānicus *3* von den Griechen stammend
Graecī, ōrum *m* Griechen
Graecia, ae *f* Griechenland; magna *od* maior ~ Großgriechenland, Unteritalien
⟦**Graecismus,** ī *m ml* Gebrauch der griechischen Sprache
graecissō *1* griechische Art nachahmen; griechisch sprechen
graecor *1* nach griechischer Art leben
Graecostasis, ~ *f* »Griechenstand« (Halle am röm. Forum)
Graeculiō, ~nis *m* = Graeculus II.
Graeculus I. *Adj 3* griechisch; *meist ironisch* kleinlich, erbärmlich, unzuverlässig **II.** *Subst* ī *m* geistloser Grieche
Graecus *3* griechisch
⟦**grafio,** ~nis *m* [*dt*] *ml* Graf
Grā(i)ī, ōrum *m* Griechen
Grāiocelī, ōrum *m* Grajokeler (kelt. Volksstamm am Mont Cenis)

Grāiugen|a, ~ae *m* (*Nbf Gen Pl* ~um) Grieche von Geburt
Grāius *3* **1.** griechisch **2.** mons ~ kleiner St. Bernhard; saltus ~ *od* Alpes Graiae Alpen südlich des kleinen St. Bernhard
grallāt|or, ~ōris *m* Stelzenläufer
grama = gramia
grām|en, ~inis *n* Gras, Rasen; Kraut
gramia, ae *f* Augenübel
grāmineus *3* aus Gras; grasbedeckt; aus Rohr
⟦**grammat|a,** ~um *n* [*gr*] *spl* Buchstaben
grammatic|a, ~ae (*auch* **~ē,** ~ēs) *f u.* **~a,** ~ōrum *n* Sprachkunde, Philologie ⟦*spl* Literatur(unterricht) und Grammatik; Grammatiklehrbuch
grammaticus [*gr*] **I.** *Adj 3* sprachwissenschaftlich ⟦*spl* grammatisch-literarisch **II.** *Subst* ī *m* Sprachkundiger, Lehrer ⟦*spl* Literaturlehrer
grammicus *3* Linien-, geometrisch
Grampius *falsch für* Graupius
grānārium, ī *n* [granum] Kornspeicher
grānātim *Adv* Korn für Korn
grandaevus *3* hochbejahrt
grandēscō *3* groß werden
grandiculus *3* ziemlich groß
grandifer, grandifera, grandiferum sehr einträglich
grandiloquus *3* erhaben redend; großsprecherisch, laut
grandin|ō *1* **1.** *unpers* ~at es hagelt ⟦**2.** *spl* durch Hagel vernichten
grandiō *4* vergrößern; *altl* groß werden
grand|is, ~e, *Gen* ~is bedeutend, groß; erwachsen, bejahrt (*auch mit* natu); erhaben, feierlich ⟦*spl* ~es Erwachsene; *ml* ~es Schläge, Hagel
grandiscāpius *3* großstämmig
granditā|s, ~tis *f* Erhabenheit
granditer *Adv zu* grandis ⟦*ml* sehr
grand|ō, ~inis *f* Hagel
⟦**grangium,** ī *n ml* Getreidespeicher
Grānīcus, ī *m* Granikos (Fluss in Kleinasien)
grānifer, granifera, graniferum Körner tragend
grānum, ī *n* Korn; Kern; Beere
graphiārius *3* Schreibgriffel-
graphicē, ēs *f* [*gr*] Zeichenkunst
graphicus *3* gemalt; fein; Ideal-
graphi|s, ~dis *f* [*gr*] Griffel (*Lw*)
graphium, ī *n* Schreibgriffel
grassāt|or, ~ōris *m* Wegelagerer, Bummler ⟦*spl* Feind, Peiniger
grassātūra, ae *f* nächtliches Herumschwärmen; Wegelagerei
grassor *1* [gradior] schreiten; einhergehen; vorgehen; losgehen, wüten; herumtoben
⟦**gratanter** *Adv spl* mit Freuden, gern; unentgeltlich
grātēs *Pl f* (*Akk* ~, *Abl* gratibus) Dank, Dankfest
[1]**grātia,** ae *f* **1.** Beliebtheit, Ansehen, Einfluss; freundschaftliches Verhältnis; redeo in ~m sich aussöhnen; cum gratia gutwillig **2.** Dank; Gefälligkeit, Nachsicht; gratias ago Dank sagen; gratiam habeo Dank wissen; gratiam refero Dank abstatten **3.** Anmut, Liebenswürdigkeit ⟦*spl* deo gratias Gott sei Dank; göttliche Gnade; dei gratia von Gottes Gnaden; ad gratiam zugunsten; *ml* Lohn *Gen* für
[2]**grātiā** *Präp mit vorgestelltem Gen* (*auch Abl eines Pron*) um ... willen, wegen, aus Rücksicht auf
Grātiae, ārum *f* die drei Grazien, Göttinnen der Anmut
Grātidia, ae *f* Gratidia (Großmutter Ciceros)
Grātidiānus *3* des Gratidius
Grātidius *3* Gratidius (*Gent* einer Familie aus Arpinum)
grātificātiō, ~nis *f* Gefälligkeit; Landzuweisung
grātificor *1* sich gefällig erweisen; opfern ⟦*spl* deo ~ Gott danken; *ml* auxilium ~ Hilfe leisten; sich erkenntlich zeigen *Akk* jmdm.
grātiīs 1. = gratis **2.** *Dat/Abl Pl zu* gratia
⟦**gratiola,** ae *f ml* Gnade
⟦**gratiose** *Adv ml* freundlich
grātiōsus I. *Adj 3* beliebt, begünstigt; gefällig **II.** *Subst* ī *m* Günstling
grātīs *Adv* unentgeltlich ⟦*ml* gern
grātor *1* Gunst bezeigen, Glück wünschen; danken
grātuītō *Adv* unentgeltlich, ohne Vorteil
grātuīt|us *3* unentgeltlich, uneigennützig; nutzlos; unbegründet ⟦*spl* dei electio ~a Gnadenwahl; *ml* freiwillig
grātulābundus *3* Glück wünschend ⟦*spl* gern
grātulātiō, ~nis *f* Glückwunsch; Danksagung, -fest
⟦**gratulatorie** *Adv spl* Glück wünschend
grātulor *1* Glück wünschen; danken ⟦*spl* sich freuen
⟦**gratum,** i *ml* Dank; sine grato wider Willen
grātus *3* lieb, wert, willkommen; dankbar; gefällig, anmutig
Graupius mōns *m* Graupiusgebirge (in Schottland)
⟦**gravam|en,** ~inis *n spl* Beschwerlichkeit; drückende Last
grāvastellus = ravistellus
gravāt|ē *und* **~im** *Adv* ungern
gravēdinōsus *3* verschnupft
gravēd|ō, ~inis *f* [gravis] Gliederschwere; Stockschnupfen
gravēscō *3* schwer *od* schlimm werden; trächtig werden

graviditā|s, ~tis *f* Schwangerschaft
[1]**gravīdō** = gravedo
[2]**gravidō** *1* befruchten; schwängern
gravidus *3* [gravis] schwanger; trächtig; voll, beladen, reich ⟦*ml* morbus ~ schwere Krankheit
grav|is, ~e, *Gen* ~is schwer; gewaltig, hart; ehrwürdig, ernst, gesetzt; lästig, schädlich; *Geruch* abstoßend; beschwert, schwanger, schwer krank; gedrückt, gebeugt; *Klang* dumpf; graviter fero lästig empfinden, sich ärgern *Akk* über
Graviscae, ārum *f* Graviscae (Ort in Etrurien)
g
gravitā|s, ~tis *f* [gravis] Schwere; Bedeutung, Würde; sittlicher Ernst; Schädlichkeit; Beschwertsein, Schwangerschaft; Schwerfälligkeit, Mattigkeit; ~s mentis Schwermut
gravitūd|ō, ~inis *f* Beschwerde, Leiden
gravō *1* beladen, beschweren; belästigen, drücken; erschweren, verschlimmern ⟦*spl* herabdrücken; belasten
gravor *1* Schwierigkeiten machen; sich weigern, verweigern, ungern ertragen
gregāl|is I. *Adj* ~e, *Gen* ~is gewöhnlich, gemein **II.** *Subst* ~ēs, ~ium *m* Kameraden; Spießgesellen
gregārius *3* zur Herde gehörig; ohne Rang ⟦*spl* gewöhnlich
gregātim *Adv* scharenweise
⟦**grego(r)** *1 spl* sich versammeln
gremium, ī *n* Schoß; Innerstes ⟦*spl* Bündel
gress|us I. *Part Perf* →gradior **II.** *Subst* ūs *m* Schritt, Gang; ~um recipio zurückgehen; ~um comprimo stillstehen
grex, gregis *m* Herde, Rudel; Schar, Menge; Schauspielertruppe, Sekte
⟦**griseus** (grisius) *3* [*dt*] *ml* grau
grōma, ae *f* Groma (Visierinstrument des Feldmessers)
grossus ⟦**I.** *Adj 3 spl* dick, grob; denarius ~ Groschen **II.** *Subst* ī *m, f* (nicht reifende) Feige
Grudii, ōrum *m* Grudier (Volk in Ostflandern)
gruis = grus
grūmulus, ī *m* Häufchen
grūmus, ī *m* Erdhaufen
grundītus, ūs *m* Grunzen
⟦**grun(n)itus,** us *m spl* = grunditus
grūs (*und* **gruis**), gruis *m, f* Kranich
gryllus, ī *m* [*gr*] Grille (*Lw*)
Grȳnēus *3* aus Grynion; apollinisch
Grȳnium, ī *n* Grynion (Stadt in Phrygien mit Apollokult)
⟦**Gryphiswalda,** ae *f ml* Greifswald
grȳps, grypis *m* [*gr*] Greif (*Lw*) ⟦*spl Gen Sg* gryphis; *ml* grypis ungula Jagdhorn
⟦**Gualtarius** *ml* = Waltharius
gubernāc(u)l|um, ~ī *n* [guberno] Steuerruder; *Pl* ~a Leitung
gubernātiō, ~nis *f* Steuern; Lenkung
gubernāt|or, ~ōris *m* Steuermann; Lenker
gubernātrī|x, ~cis *f* Lenkerin
Guberni = Cugerni
gubernō *1* steuern, lenken
⟦**Guelferbitum,** i *n ml* Wolfenbüttel
⟦**guerra,** ae *f* [*germ*] *ml* Krieg; Fehde
gula, ae *f* Kehle (*urv*), Schlund ⟦*ml* ~ Cerberi Höllenschlund
⟦**gulatus** *3 ml* gezipfelt
gulōsus *3* gefräßig
gumia, ae *f* Schlemmer
gummi(s) = cummi(s)
⟦**gunnatus** *3 ml* mit Überwurf
gurg|es, ~itis *m* Strudel, Wirbel; Abgrund, Schlund; tiefes Gewässer, Meer
⟦**gurgitulus,** i *m ml* Meer
gurguliō, ~nis *m* Gurgel (*Lw*), Kehle
gurgustium, ī *n* Hütte, Bude
gūrus = gyrus
gustātiō, ~nis *f* Vorspeise ⟦*spl* Geschmackssinn
gustātōrium, ī *n* Essgeschirr
gustātus I. *Part Perf Pass zu* gusto **II.** *Subst* ūs *m* Geschmackssinn; Geschmack(sempfindung)
gustō *1* kosten (*urv*), genießen, schmecken
gustus, ūs *m* das Kosten, Schmecken; Kostprobe; Geschmack
Gutones = Gotones
gutta, ae *f* Tropfen; (tropfenförmige) Flecke; ein bisschen
guttātim *Adv* tröpfchenweise
guttula, ae *f* Tröpfchen
guttur, ~is *n* (*auch m*) Gurgel, Kehle
guttus (*auch* **gūtus**), ī *m* enghalsiger Krug
Gyaros, ī *f u.* **Gyara,** ōrum *n* Gyaros (öde Kykladeninsel südlich von Andros)
Gyās *u.* **Gyēs,** ae *m* Gyas (1. hundertarmiger Riese 2. Gefährte des Aeneas)
Gȳgēs, Gȳgis *od* Gȳgae *m* Gyges (König von Lydien, gestorben 652 v. Chr.)
Gylippus, ī *m* Gylippos (spartanischer Feldherr, 414 v. Chr. in Syrakus)
gymnasiarchus, ī *m* [*gr*] Leiter eines Gymnasiums; Festleiter
gymnasium, ī *n* Gymnasium, Sportstätte; Treffpunkt der Philosophen u. Rhetoren ⟦*spl* Bildungsstätte
gymnasticus *3* [*gr*] sportlich, Sport-
gymnicus *3* [*gr*] sportlich, Sport-
gynaec|ēum *u.* **~ium,** ī *n* [*gr*] Frauenwohnung (im Innern des griechischen Hauses) ⟦*spl* genicium Arbeitsraum der Frauen (am kaiserlichen Hofe)
gynaecōnīti|s, ~dis *f* = gynaeceum
Gynd|ēs, ~is *m* Gyndes (Nebenfluss des Tigris), *heute* Kerah
gypsō *1* vergipsen, mit Gips bestreichen
gypsum, ī *n* [*gr*] Gips (*Lw*); Gipsbüste

⟦**gyro** *1 spl* einen Kreis machen; umstellen; *ml* zusammentreiben; die Runde machen *Akk* bei; (um)wenden
⟦**gyrovagus** *3 ml* umherschweifend, fahrend, wander-
Gyrtōn, ~is *u.* **~ē,** ~ēs *f* Gyrton (Stadt in Thessalien)
gyrus, ī *m* [*gr*] Kreis, Kreisbahn, Windung; gyros do Pferde im Kreis laufen lassen; gyrum carpo im Kreis laufen ⟦*spl* ~ siderum Kreislauf der Sterne; Tageskreis (der Sonne); aeternus ~ Ewigkeit; in girum im Kreise; per girum ringsum
Gyth|ēum *u.* **~ium,** ī *n* Gythion (Hafen südlich von Sparta), *heute* Githion

H

H *Abk für* hic *u. Kasus;* hīc; habet; hastata (cohors); heres; honor; hora
habēn|a, ~ae *u.* **~ae,** ~ārum *f* [habeo] Zügel; Riemen (der Schleuder); Peitschenschnur; *übertr* Lenkung
habeō, habuī, habitus *2* haben, halten; (fest)halten, behalten; *Scheidungsformel* res tuas tibi habe behalte deine Sachen für dich; besitzen, beherrschen; *Rede* halten; veranstalten; behandeln; *mit doppeltem Akk* jmdn. halten für; se habere sich befinden, sich verhalten; in einem Zustand halten; tragen, handhaben; (be)wohnen; wissen; sic habeto sei gewiss; *mit Inf* können; *mit Gerdv* müssen; verursachen; ~, quod (cur) Grund haben zu ⟦*spl* das Recht haben *Inf* zu; es halten mit; habet, habetur er ist; *ml* entnehmen ab aus; commode habeor es geht mir gut
habil|is, ~e, *Gen* ~is handlich, leicht zu lenken; bequem; geeignet ad *od Dat* für
habilitā|s, ~tis *f* geschickte Anlage
habitābil|is, ~e, *Gen* ~is bewohnbar
habitāculum, ī *n* Wohnung ⟦*ml* Aufenthaltsort
habitātiō, ~nis *f* Wohnen; Wohnung; Miete
habitāt|or, ~ōris *m* Bewohner
⟦**habitatri|x,** ~cis *f spl* Bewohnerin
habitō *1* [habeo] bewohnen; beschäftigt sein; zu Hause sein
habitūd|ō ~inis *f* Haltung, Äußeres
habituriō *4* haben wollen
habitus I. *Adj 3* (irgendwie) beschaffen; wohlbeleibt **II.** *Part Perf Pass* →habeo **III.** *Subst* ūs *m* Haltung, Aussehen; Tracht, Kleidung; Zustand, Beschaffenheit ⟦*spl* Handhabung; Gewand; Lebensführung; habitum commuto ins Kloster eintreten; Gewohnheit
habrodiaetus, ī *m* [*gr*] weichlich Lebender, Verwöhnter
habrotonum = abrotonum
habsi|s, ~dis *f* [*gr*] Bogen ⟦*spl* Chorkapelle; *ml* Rad (der Fortuna)
hāc I. *Adv* auf diesem Wege, hier **II.** *Abl Sg f* zu [1]hic
hāctenus *Adv* bis dahin, bis hierher, so weit; bis zu dem Grade ⟦*ml* usque ad diem ~ bis auf den heutigen Tag
Hadria, ae **1.** *f* Hadria (1. Stadt nahe der Adria in Picenum, *heute* Atri 2. Stadt an der Pomündung, *heute* Adria). **2.** *m* Adriatisches Meer
Hadriacus *3* adriatisch
Hadriānus I. *Adj 3* von Hadria 1. **II.** *Subst* ī *m* Hadrian (BN des Kaisers P. Aelius ~, 117–138)
Hadriāticum, ī *n* Adriatisches Meer
Hadriāticus *3* adriatisch
Hadrūmētum = Adrumetum
haec 1. *Nom Sg f* **2.** *Nom/Akk Pl n zu* [1]hic
haece = haec
haedilia, ae *f* [haedus] Zicklein
haedillus, ī *m* [haedus] Böckchen
haedīnus *3* von jungen Böcken
Haeduī, ōrum *m* Häduer (kelt. Volk an Loire und Saône)
haedus, ī *m* junger Bock; *Pl* haedi Böckchen (zwei Sterne im Fuhrmann)
Haemonia, ae *f* Thessalien
Haemoni|s, ~dis *f* Thessalierin
Haemonius *3* thessalisch; *auch* Zauber-, thrakisch
Haemus, ī *m* Balkan
haereō, haesī, haesurus *2* hängen *Dat* an; haften, kleben, festsitzen; hängen bleiben, stocken
⟦**haeresiarcha,** ae *m spl* Gründer *od* Leiter einer ketzerischen Sekte
haeres|is, ~is *od* ~eos *f* [*gr*] (*Sg Akk* ~im, *Abl* ~ī) philosophische Schule, Lehre ⟦*spl* Ketzerei, ketzerische Sekte; Handwerk
⟦**haereticus** *3 spl* ketzerisch
haesī →haereo
haesitābundus *3* verlegen
haesitantia, ae *f* Steckenbleiben
haesitātiō, ~nis *f* Stocken; Unentschlossenheit
haesitāt|or, ~ōris *m* Unentschlossener
haesitō *1* [haereo] festhängen, feststecken, stecken bleiben, stocken, stottern; verlegen sein
hāgētēr, ~is *m* [*gr*] Wegweiser
hahae, hahahae *Interj* haha!
⟦**Halae,** arum *f ml* (Saxonum) Halle/Saale
Halaesa, ae *f* Halesa (Stadt auf Sizilien)
Halaesīnus *3* von Halesa
halcyōn = alcyon
Halē|s, ~tis *m* Hales (Fluss in Lukanien), *heute* Alento
Haliacmōn, ~is *m* Haliakmon (Fluss in Mazedonien), *heute* Aliakmon
haliaeetos, ī *m* Seeadler

Haliartiī, ōrum *m* Einw. von Haliartos
Haliartus, ī *f* Haliartos (Stadt in Boiotien), *heute* Aliartos
halica = alica
Halicarnā(s)s|ēnsēs, ~ēnsium *u.* **~ii,** ōrum *m* Einw. von Halikarnassos
Halicarnassus, ī *f* Halikarnassos (Hauptstadt von Karien)
Halicarnās(s)eus *3* aus Halikarnassos
Halicyae, ārum *f* Halikyai (Stadt auf Sizilien), *heute* Salemi
Halicyēns|is, ~e, *Gen* ~is aus Halikyai
hālitus, ūs *m* Hauch, Dunst
hallē|c *und* [1]**~x** = allec
[2]**hall|ex,** ~icis *m* große Zehe; ~ex viri Däumling
halluc- = haluc-
hālō *1* wehen, (aus)hauchen; duften
hālophanta, ae *m übertr* Halunke
halōs|is *f* [*gr*] (*Akk Sg* ~in) Eroberung
haltēr, ~is *m* [*gr*] Hantel (zur Erhöhung der Wucht beim Sprung)
⟦**halucinatio,** ~nis *f spl* Gedankenlosigkeit
hālūcinor *1* faseln, träumen
Haluntl|ium, ~īnus = Aluntium, Aluntinus
Haly|s, ~os *m* Halys (Fluss in Kleinasien)
hama, ae *f* [*gr*] Feuereimer
hamadrya|s, ~dis *f* [*gr*] Baumnymphe
hāmātil|is, ~e, *Gen* ~is mit Angelhaken
hāmāt|us *3* hakenförmig, gekrümmt; mit Widerhaken ⟦*ml* lorica ~a Ring-, Kettenhemd
Hamilcar, ~is *m* Hamilkar (karthagischer PN), *bes* ~ Barcas Hamilkar Barkas (V. Hannibals)
hāmiōta, ae *m* Angler
Hammōn, ~is *m* Ammon (ägyptisch-lybischer Gott), *bei den Römern* Iuppiter ~
Hammōnii, ōrum *m* Einw. der Oase Siwah (mit Haupttheiligtum des Ammon)
hammonitrum, ī *n* Mischung von Sand u. Soda
hāmulus, ī *m* Häkchen
hāmus, ī *m* [*gr*] Haken; krummer Schwertgriff; Kralle; Angel
hanc *Akk Sg f zu* [1]hic
Hannibal, ~is *m* Hannibal (karthagischer PN), *bes* Feldherr im 2. Punischen Krieg
Hannō, ~nis *m* Hanno (karthagischer PN)
hapalopsi|s, ~dis *f* [*gr*] (erdichteter) Gewürzname
haphē, ēs *f* [*gr*] feiner Sand
hapsis = habsis
hara, ae *f* (Schweine-)Stall
harēna, ae *f* Sand; Schlamm; *Pl* harenae Sandmassen, -körner; Sandfläche; Strand; Kampfplatz
harēnāria, ae *f* Sandgrube
harēnōsus *3* sandig
hariola, ae *f* Wahrsagerin
hariolātiō, ~nis *f* Wahrsagung
hariolor *1* wahrsagen, vermuten
hariolus, ī *m* Wahrsager
harispex = haruspex
Harmodius, ī *m* Harmodios (Tyrannenmörder, *vgl* Aristogiton)
harmonia, ae *f* [*gr*] Einklang, Harmonie
⟦**harpa,** ae *f* [*dt*] *spl* Harfe
harpagō [*gr*] **I.** *Subst* ~nis *m* Räuber; Wall- *od* Enterhaken **II.** *Verb 1* rauben
⟦**harpator,** ~is *m ml* Harfenspieler
harpē, ēs *f* Sichelschwert
Harpocrat|ēs, ~is *m* Harpokrates (ägyptischer Gott der Sonne u. des Schweigens)
Harpȳia, ae *f* Harpye (raubvogelähnlicher Todesdämon)
Harud|ēs, ~um *m* Haruden (germ. Volk aus Jütland am Neckar)
hārunc = hārum (*Gen Pl f zu* [1]hic)
harundifer, harundifera, harundiferum Schilf tragend
harundinētum, ī *n* Rohrpflanzung; Röhricht
harundineus *3* aus Rohr
harundinōsus *3* schilfreich
harund|ō, ~inis *f* (Schilf-)Rohr, Bambusrohr; Leimrute; Angelrute; Pfeilschaft; Rohrpfeife; Besenstiel; Schreibrohr
harusp|ex, ~icis *m* Opferschauer
haruspica, ae *f* Opferschauerin
haruspicīna, ae *f* Opferschau
haruspicīnus *3* zur Opferschau gehörig
haruspicium, ī *n* Opferschau
Hasdrubal, ~is *m* Hasdrubal (karthagischer PN, *bes* Br. Hannibals)
⟦**hashardus,** i *m* [*arabisch*] *ml* Glücksspiel
hasta, ae *f* Speer; Stange, Schaft, Stab; Versteigerung; Haarpfeil
hastātus I. *Adj 3* speerbewaffnet **II.** *Subst* ī *m* Hastat (Soldat der ersten Kampfreihe); primus ~ 1. der erste Manipel (Kompanie) der Hastaten 2. Zenturio des ersten Manipels der Hastaten
hastīlārius, ī *m* Schaftmacher
hastīl|e, ~is *n* (Holz-)Schaft, Stange; Speer; Ast
⟦**hastiludium,** i *n ml* Turnier
hastula, ae *f* Splitter
hau = au *od* haud
haud (*auch* hau) *Adv* nicht
haudquāquam *Adv* keineswegs
⟦**Haunia,** ae *f ml* Kopenhagen
hauriō, hausī, haustus *4* (*Part Fut auch* hausūrus) (heraus)schöpfen; vergießen; trinken, kosten, verzehren, verprassen; aussaugen; empfinden; (auf)sammeln; erfassen, erkennen; in die Tiefe ziehen; verwunden, töten
haurior, haustus sum *4* versinken
hauscio = haud scio
hausī →haurio
haustus I. *Part Perf* →haurio *u.* haurior **II.** *Subst* ūs *m* Schöpfen, Trinken; Schluck, Handvoll; Einatmen

haut = haud
havē = ave
H. C. *Abk für* Hispania citerior
h. c. neulateinische *Abk für* honoris causa ehrenhalber
Heautontīmōrūmenos, i *m* [*gr*] »Selbstquäler« (Komödie des Terenz)
hebdoma|s, ~dis [*gr*] Anzahl von sieben, *bes* 7. Tag ⟦*spl auch* ~da, ~dae (*Nbf Abl Pl* ~tibus) Woche
Hēbē, ēs [*gr*] Hebe (Göttin der Jugend)
hebenus = ebenus
hebeō *2* [hebes] stumpf *od* matt sein
hebe|s, *Gen* ~tis stumpf; schwach; stumpfsinnig, schwerfällig
hebēscō *3* stumpf *od* matt werden
hebetātiō, ~nis *f* Abstumpfung
hebetō *1* [hebes] stumpf machen
⟦**hebetud|o,** ~inis *f spl* Gefühllosigkeit
Hebraeus *3* hebräisch, jüdisch
Hebrus, ī *m* Hebrus (Fluss in Thrakien), *heute* Mariza
hec *altl* = [1]hic
Hecatē, ēs *od* ae *f* Hekate (alte gr. Göttin mit vielen Funktionen, *bes* Jagd, Wege, Zauberei)
Hecatēbeletēs [*gr*] Fernschütze (BN Apollos)
Hecatēi|s, *Gen* ~dis *f* der Hekate; Zauber-
Hecatēius *3* der Hekate; Zauber-
Hecatompylos, ī *f* [*gr* hunderttorig] Hekatompylos (Hauptstadt der Parther)
Hector, ~is *m* Hektor (Tapferster der Trojaner)
Hectoreus *3* des Hektor; *poet* trojanisch; römisch
Hecuba, ae *f* Hekuba (Gem. des Priamos)
Hecyra, ae *f* [*gr*] »Schwiegermutter« (Komödie des Terenz)
hedera, ae *f* Efeu
hederiger, hederigera, hederigerum Efeu tragend
hederōsus *3* reich an Efeu
hēdychrum, ī *n* Parfüm
hei = [1]ei I.
heia = eia
heic = [2]hīc
heiul- = ēiul-
Helen|a, ~ae *od* **~ē,** ~ēs *f* Helena (Gem. des Menelaos)
Helenus, ī *m* Helenos (S. des Priamos)
Hēliad|es, ~um *f* Töchter des Helios; lacrimae ~um Bernstein
helica, ae *f* [*gr*] Gewinde, Schraubengang
Helicē, ēs *f* [*gr*] **1.** der Große Bär *Sternbild;* Norden **2.** Helike (Küstenstadt in Achaia, 373 v. Chr. vernichtet)
Helicōn, ~is *m* Helikon (Berg in Böotien)
Helicōniad|es, ~um *f* Musen
Helicōnius *3* des Helikon
hēliocamīnus, ī *m* [*gr*] Raum an der Südseite (für Sonnenbad im Winter)
Hēliopolis, ~ *f* Heliopolis (Stadt in Unterägypten)
Hēlios, ī (*Gen auch* ū) *m* [*gr*] Sonnengott
hēliotropium, ī *n* [*gr*] **1.** Heliotrop, Sonnenwende *Pflanzengattung* **2.** Bandjaspis
Hella|s, ~dis *und* ~dos *f* Griechenland
Hellē, ēs *f* Helle (auf der Flucht vor der Stiefmutter Ino im Hellespont = Meer der Helle ertrunken)
helleborōsus *3* wahnsinnig
hellebor|us, ~ī *m u.* **~um,** ~ī *n* Nieswurz (antikes Mittel gegen Wahnsinn)
Hellēspontus, ī *m* Hellespont, *heute* Dardanellen (Meerenge und beiderseitige Küste; →Helle)
Hellēspontiacus *3* vom *od* am Hellespont
Hellēspontius I. *Adj 3* hellespontisch **II.** *Subst* ī *m* Anwohner des Hellespont
helluātiō, ~nis *f* Schwelgerei
helluō, ~nis *m* Schwelger
helluor *1* schwelgen
helop|s, ~is *m* [*gr*] Stör
Helōrīni, ōrum *m* Einw. von Helorus
Helōrius *3* von Helorus
Helōrus, ī *f* Helorus (Stadt auf Sizilien)
Hēlōtes = Hilotae
helvella, ae *f* [helvus] Suppengrün
Helvēticus = Helvetius
Helvētiī, ōrum *m* Helvetier (kelt. Volk in der heutigen Schweiz)
Helvētius *3* helvetisch
helvolus *3* blassrot, gelblich
helvus *3* honiggelb, gelbgrün
hem *Interj* hm!, ei!, o!
hēmerodromos, ī *m* [*gr*] Eilbote
hēmicyclium, ī *n* [*gr*] Halbkreis; halbkreisförmige Bank; Sonnenuhr
hemīna, ae *f* [*gr*] Becher; *als Hohlmaß* 0,274 l
hēmitonium, ī *n* [*gr*] halber Ton *in der Musik*
hendecasyllabī, ōrum *m* [*gr*] elfsilbige Verse
Henetī = Veneti
Hēniochī, ōrum *m* [*gr* Lenker] Heniocher (Reitervolk am Kaukasus)
Hēniochus I. *Adj 3* der Heniocher **II.** *Subst* ī *m* Fuhrmann *Sternbild*
Henna, ae *f* Henna (Stadt inmitten Siziliens), *heute* Enna
Henn|aeus *3 u.* **~ēnsis,** ~ēnse, *Gen* ~ēnsis von Henna
hēpatia, ōrum *n* [*gr*] Leber
hēpatiārius *3* Leber-
Hēphaestia, ae *f* Hephaistia (Stadt auf Lemnos)
[1]**Hēphaestiōn,** ~is *m* Hephaistion (Feldherr u. Freund Alexanders des Großen)
[2]**Hēphaestion,** ī *n* Hephaistion (vulkanische Gegend in Lykien)
hēptēris, ~ *f* [*gr*] Schiff mit 7 Ruderreihen
hera = era

Hēracl|ēa *u.* **~īa,** ae *f* Herakleia (Städtename), *bes* **1.** in Lukanien **2.** in Bithynien (~ea Pontica), *heute* Eregli **3.** auf Sizilien (~ea Minoa) **4.** in Thessalien bei den Thermopylen **5.** bei der Struma, *heute* Melnik *in Bulgarien*
Hēracleēns|is, ~e, *Gen* ~is von Herakleia
Hēracleōtēs, ae *m* Einw. von Herakleia
Hēraclīdēs, ae *m* Herakleides (Philosoph aus Heraclea 2., Schüler Platons)
Hēraclītus, ī *m* Heraklit (gr. Philosoph um 500 v. Chr.)
Hēraea 1. ae *f* Heraia (Stadt in Arkadien) **2.** ōrum *n* Herafest
herba, ae *f* Halm, Gras, Rasen, (junge) Saat, Kraut (*auch* Unkraut), Pflanze; Zauberkraut ⟦*ml* Weide
herbānus *3* grasfressend
⟦**Herbepolis,** ~ *f ml* Würzburg
herbēscō *3* Halme treiben
herbeus *3* gelbgrün
herbidus *3* grasreich; grasartig
herbifer, herbifera, herbiferum wiesenreich
herbigradus *3* übers Gras wandelnd
Herbita, ae *f* Herbita (Stadt im Innern Siziliens)
Herbitēns|is, ~e, *Gen* ~is von Herbita
herbōsus *3* pflanzenreich
herbula, ae *f* kleines Kraut, Pflänzchen
hercīscō *3* die Erbschaft teilen
Hercle [*Vok zu* Hercules] beim Herakles!; wahrhaftig!
herctum, ī *n* Erbschaft
Herculānēns|is, ~e, *Gen* ~is von Herculaneum
Herculāneum, ī *n* Herculaneum (Stadt, 79 n. Chr. vom Vesuv verschüttet)
Herculāneus *3* **1.** von Herculaneum **2.** des Herakles; von Herakles abstammend; sehr groß
Hercul|ēs, ~is *m* (*Vok* ~e; *Nbf Gen Sg* ~ī) Herkules, *gr* Herakles; me hercules = Hercle
Hercule|us *3* des Herakles; gens ~a die Fabier; arbor ~a Pappel
Hercȳn|ia (silva) *und* saltus **~ius** Herzynischer Wald (Mittelgebirge von der Donauquelle bis zu den Karpaten)
Herdōnia, ae *f* Herdonia (Stadt in Apulien), *heute* Ordona
here = heri
⟦**herediolum,** i *n spl* kleines Erbgut
⟦**hereditarium,** i *n spl* Erbsünde
hērēditārius *3* die Erbschaft betreffend; erblich; geerbt
hērēditā|s, ~tis *f* [heres] Erbschaft ⟦*ml* die (vererbten) liegenden Güter
⟦**heredito** *1 spl* vererben
hērēdium, ī *n* Erbgut
Herenniānus *3* des Herennius
Herenni|us *3 Gent* Herennius (*bes* 1. ~us Senecio, Freund des jüngeren Plinius 2. Auctor ad ~um Verfasser einer dem ~us gewidmeten Rhetorik)
hērē|s, ~dis *m f* Erbe; ~s ex asse Haupterbe, ~s ex dodrante Dreiviertelerbe, ~s secundus Nacherbe; Nachfolger, Gewinner; Besitzer, Herr
herī *Adv* gestern
herifuga = erifuga
herīlis = erilis
Hērilliī, ōrum *m* Anhänger des Herillus
Hērillus, ī *m* Herillus (Stoiker aus Karthago im 3. Jh. v. Chr.)
Hermae, ārum *m* [*gr*] Hermen, Pfeiler mit (Hermes-)Kopf
hermaeum, ī *n* [*gr*] Gartensaal
Hermagorās, ae *m* Hermagoras (gr. Rhetor 1. im 2. Jh. v. Chr. 2. im 1. Jh. n. Chr.)
Hermaphrodītus, ī *m* Hermaphrodit (S. des Hermes u. der Aphrodite); Zwitter
Hermarchus, ī *m* Hermarchos (Nachfolger Epikurs)
Hermathēna, ae *f* Doppelbüste von Hermes und Athena (auf einer Basis)
Hermēracl|ēs, ~is *m* Doppelbüste von Hermes und Herakles (auf einer Basis)
Herminon|ēs, ~um *m* Herminonen (germ. Völkergruppe von Elbe bis Main)
Hermionē, ēs *f* Hermione **1.** T. von Menelaos u. Helena **2.** Stadt in der Argolis, *heute* Ermioni
Hermionicus *3* von Hermione
Hermundurī, ōrum *m* Hermunduren (Germanen in Thüringen und Franken)
Hermus, ī *m* Hermos (Hauptfluss Lydiens)
Hernicī, ōrum *m* Herniker (Volk in Latium)
Hernicus *3* der Herniker
Hērō, Hērūs *f* Hero (Geliebte Leanders)
Hērōd|ēs, ~is *m* Herodes **1.** N jüdischer Regenten **2.** Herodes Atticus, 101–178, Redner, Freund des Mark Aurel
Hērōdicus, ī *m* Herodikos (gr. Arzt um 420 v. Chr.)
Hērodotus, ī *m* Herodot (gr. Geschichtsschreiber, 484–425)
hērōicus *3* [*gr*] Helden- ⟦*spl* episch; versus ~ Hexameter
hērōinē, ēs *f* [*gr*] Halbgöttin, Frauengestalt der myth. Zeit
hērōi|s, ~dis *f* = heroine
Hērophilos, ī *m* Herophilos (Arzt in Alexandria um 300 v. Chr.)
hērō|s, ~is *m* [*gr*] Halbgott, Held
hērōus I. *Adj* 3 **1.** heroisch **2.** episch, hexametrisch **II.** *Subst* ī *m* Hexameter, epischer Vers
Hersilia, ae *f* Hersilia (Gem. des Romulus)
Hertha = Nerthus
herus = erus
Hēsiod|ēus *und* **~ius** *3* des Hesiod

Hēsiodus, ī *m* Hesiod (epischer Dichter um 700 v. Chr.)
Hēsionē, ēs *u.* ae *f* Hesione (Schw. des Priamos, Gem. des Telamon)
Hesperia, ae *f* Land im Westen (Italien *od* Spanien)
Hesperid|es, ~um *f* Hesperiden, Töchter der Nacht
Hesperi|s, ~dis *f* abendlich; westlich, italisch
Hesperius *3* westlich
Hesperus, ī *m* [*gr*] Abendstern
hesternus *3* [heri] gestrig
hetaeria, ae *f* [*gr*] (religiöse *od* politische) Vereinigung
hetaericē, ēs *f* [*gr*] Elitereiterei (der Mazedonen)
heu *Interj* heda!, höre!
heuretēs, ae *m* [*gr*] Erfinder
heus *Interj* heda!, höre!
hexameter, hexametrī *m* [*gr*] Hexameter
hexapylon, ī *n* [*gr*] Tor mit 6 Durchgängen (in Syrakus)
hexēris, ~ *f* [*gr*] Schiff mit 6 Ruderreihen
H. H. *Abk für* heredes
hiātus, ūs *m* [hio] Öffnung, Schlund; Hiat (Zusammentreffen von 2 Vokalen); Mundaufreißen, Schnappen; Rachen ⟦*ml* Loch *im Mantel*
Hibēr, ~is *und* ~ī *m* Iberer, Spanier
Hibērī, ōrum *m* Einw. von Hiberia 2.
Hibēria, ae *f* **1.** Land der Iberer, Spanien **2.** Hiberien (Landschaft am Kaukasus), *heute* Georgien, Grusinien
hīberna, ōrum *n* Winter; Winterlager
hībernāculum, ī *n* Winterwohnung, Winterquartier
Hibernia, ae *f* Irland
hībernō *1* überwintern, im Winterquartier liegen
hībernum, ī *n* Sturm; Winterzeit
hībernus *3* [hiems] winterlich, Winter-; stürmisch
hibiscum, ī *n* [*gr*] Eibisch (*Lw*) *Viehfutter*
hibrida, ae *m, f* = hybrida
hibus *altl Dat/Abl Pl zu* [1]hic
[1]**hic,** haec, hoc (*Gen Sg* huius; *Dat Sg* huic; *Akk Sg m* hunc, *f* hanc; *Nom/Akk Pl n* haec) dieser, diese, dieses; gegenwärtig, anwesend, hiesig; jetzig; in Rede stehend, unser; der eben Erwähnte, der Folgende; hoc est das heißt; hoc + *Gen dt Ergänzung eines passenden Begriffs, z. B.* hoc terrae dieses Stück Land (*od* dieses Land) ⟦*spl* haec vita das irdische Leben; *ml* haec et haec dieses und jenes, alles Mögliche; hoc est nämlich, wie folgt
[2]**hīc I.** *Adv* hier, auf dieser Stelle; jetzt, da ⟦*spl* hier auf Erden **II.** *poet* = [1]hic
hīce = [1]hic
hīcine *fragend* dieser (+ *Umstellung von Subjekt und Prädikat*)
hiemāl|is, ~e, *Gen* ~is winterlich
⟦**hiematus** *3 ml* winterlich
hiemō *1* überwintern; stürmisch sein; abkühlen, gefrieren lassen
hiemps = hiems
Hiempsal, ~is *m* Hiempsal (numidischer PN)
hiem|s, ~is *f* Winter; Winterkälte; Sturm, Unwetter
hierāticus *3* [*gr*] heilig
Hiericū|s, ~ntis *f* Jericho
Hierocaesarēa, ae *f* Hierocaesarea (Stadt in Lydien)
Hierocaesariēns|ēs, ~ium *m* Einw. von Hierocaesarea
⟦**hierofanta,** ae *m* [*gr*] *spl* Priester
Hierō(n), Hierōnis *m* Hieron (Herrscher von Syrakus im 5. und 3. Jh. v. Chr.)
hieronīcae, ārum *m* [*gr*] Sieger in den heiligen Spielen
Hierōnicus *3* des Hieron
Hierōnymus, ī *m* Hieronymus (1. Enkel Hierons von Syrakus, 214 v. Chr. ermordet 2. Übersetzer der Vulgata um 400 v. Chr.)
Hierosolyma, ōrum *n* Jerusalem
Hierosolymārius *3* Held von Jerusalem (BN des Pompeius)
hietō *1* [hio] gaffen; aufreißen
⟦**hilaresco** *3 spl* heiter sein
hilar|is, ~e, *Gen* ~is = hilarus
hilarit|ās, ~ātis *u.* **~ūdo,** ~ūdinis *f* Heiterkeit
hilarō *1* aufheitern
hilarulus *3* heiter, fidel
hilarus *3* [*gr*] heiter
hīlla, ae *f* Darm; Würstchen
Hīlōtae, ārum *m* Heloten, Staatssklaven der Spartaner
hīlum, ī *n* Fäserchen
Hilur- = Illyr-
Himella, ae *f* Himella (Bach im Sabinerland)
Hīmera, ae **1.** *m* Himera (Flüsse in Sizilien) **2.** *f* Himera (Stadt an der Nordküste Siziliens)
Himilcō, ~nis *m* Himilco (karthagischer PN)
hinc *Adv* von hier, von da; von jetzt an; hernach, hierauf; daher; ~ ... ~ von (auf) der einen Seite ..., von (auf) der anderen Seite
hinnītus, ūs *m* Wiehern
hinnuleus, ī *m* [*gr*] Hirschkalb
hinnus, ī *m* Maulesel ⟦*ml* Hirsch
hiō *1* klaffen, offen stehen; den Mund auftun; carmen ~ Gedicht vortragen; gierig schnappen; gierig sein
hipp- *und* **Hipp-** [*gr*] Pferd-
hippagōg|oe *Nom Pl* (*Akk Pl* ~ūs) Transportschiffe für Reiterei
Hipparchus, ī *m* Hipparchos (gr. PN, *bes*

a b c d e f g h Hip i j k l m n o p q r s t u v w x y z

gr. Mathematiker und Astronom um 190–125)
Hippiās, ae *m* Hippias (gr. PN, *bes* 1. S. des Peisistratos 2. Sophist z. Z. des Sokrates)
Hippō, ~nis *m* Hippo *Ortsname;* **1.** ~ regius in Nordafrika, *heute* Bône **2.** ~ diarrhytus in Nordafrika, *heute* Bizerta **3.** in Spanien, *heute* Yetes (bei Toledo) **4.** in Bruttium, *später u. heute* Vibo Valentia
hippocampus, ī *m* Seepferdchen
hippocentaurus, ī *m* Hippokentaur (Fabelwesen, halb Mensch, halb Pferd)
Hippocrat|ēs, ~is *m* Hippokrates (gr. Arzt 459–377)
Hippocrēnē, ēs *f* Musenquelle am Helikon
Hippodamē, ēs *f* Hippodame (*myth FN, bes* 1. T. des Oinomaos in Elis 2. Gem. des Peirithoos)
hippodromos, ī *m* Rennbahn; Fahrweg
Hippolytē, ēs *f* Hippolyte (*myth FN, bes* 1. Königin der Amazonen 2. Gem. des thessalischen Königs Akastos)
Hippolytus, ī *m* Hippolytos (S. des Theseus)
hippoman|es, ~is *n* Brunstschleim (der Stuten)
Hippōnactēi, ōrum *m* Hinkiamben
Hippōna|x, ~ctis *m* Hipponax (gr. Dichter von Spottliedern im 6. Jh. v. Chr.)
Hippōnēns|is, ~e, *Gen* ~is von Hippo
hippopēra, ae *f* Packsattel
Hippopod|es, ~um *m* »Pferdefüßler« (myth. Volk im Norden)
hippopotamus, ī *m* Flusspferd
Hippotadēs, ae *m* Nachkomme des Hippotes, BN des Aeolus 2.
hippotoxota, ae *m* berittener Bogenschütze
hīra, ae *f* Leerdarm
⟦**hircaritia,** ae *f ml* Bockherde, Bockhaltung
hircīna, ae *f* Achselhöhle
hircīnus *3* vom Bock, Bocks-
hircōsus *3* wie ein Bock stinkend
hirculus, ī *m* Böckchen
hircuōsus *3* bockartig
hircus, ī *m* Bock; Bocksgestank
hirnea, ae *f* Kanne; Backform
hirp|ex, ~icis *m* Egge
Hirpīnī, ōrum *m* Hirpiner (Stamm im südlichen Samnium)
Hirpīnus *3* der Hirpiner
hirpus, ī *m* Wolf
hirquīnus = hircinus
hirsūtus *3* struppig
hirta, ōrum *n* Gestrüpp
Hirtiānus *und* **Hirtīnus** *3* des Hirtius
Hirtius *3 Gent;* Hirtius, *bes* A. ~ (Freund Caesars u. Ciceros)
hirtus *3* struppig, rau
hirūd|ō, ~inis *f* Blutegel
hirundinīnus *3* Schwalben-
hirund|ō, inis *f* Schwalbe
hīsce *altl* = hī (*Nom Pl m zu* [1]hic)
hīscō *3* [hio] sich öffnen; den Mund auftun
Hispaliēns|ēs, ~ium *m* Einw. von Hispalis
Hispalis, ~ *f* Hispalis (Stadt in Spanien), *heute* Sevilla
Hispānī, ōrum *m* Einw. von Spanien
Hispānia, ae *f* Spanien; ~ citerior Ostteil von Spanien, ~ ulterior südlicher u. westlicher Teil von Spanien
Hispānicus *3* spanisch
Hispāniēns|is, ~e, *Gen* ~is spanisch; in Spanien sich aufhaltend *od* vorgefallen
Hispānus *3* spanisch
Hispellāt|ēs, ~ium *m* Einw. von Hispellum in Umbrien
hispidus *3* rau, struppig
Hister, Histrī *m* untere Donau
historia, ae *f* [*gr*] Erforschung, Erkenntnis, Wissen; Erzählung, Geschichte; Geschichtswerk ⟦*ml Pl* tragicae historiae Tragödien(stoffe)
⟦**historial|is,** ~e, *Gen* ~is *spl* geschichtlich
historicus I. *Adj 3* geschichtlich **II.** *Subst* ī *m* Geschichtsforscher
⟦**historiographus,** i *m* [*gr*] *spl* Geschichtsschreiber
Histrī I. *Subst* ōrum *m* Einw. von Istrien **II.** *Gen Sg zu* Hister
Histria, ae *f* **1.** Halbinsel Istrien (im Norden der Adria) **2.** Histria (Stadt südlich vom Donaudelta)
Histriānī = Histri I.
Histricus *3* istrisch
histricus *3* Theater-
histriō, ~nis *m* [*etr*] Schauspieler ⟦*ml* fahrender Spielmann
histriōnāl|is, ~e, *Gen* ~is Schauspieler-
histriōnia, ae *f* Schauspielkunst
hiulcō *1* spalten
hiulcus *3* [hio] klaffend; gierig
HNS *Abk für* heredem non sequitur (er, sie, es) geht nicht auf den Erben über
⟦**hoba,** ae *f* [*dt*] *ml* Hufe
[1]**hōc I.** *Adv* **1.** = huc hierher, dahin **2.** *beim Komp* umso, desto; darum, deshalb **II.** *Abl Sg m, n zu* [1]hic
[2]**hoc** *n Sg zu* [1]hic
hōce = [2]hoc
hodiē [hoc die] *Adv* heute; ~ quoque, hodieque noch heute
hodiernus *3* heutig; in hodiernum bis heute
holitor = olitor
⟦**holocaustum,** i *n* [*gr*] *spl* (Brand-)Opfer
holus = olus
⟦**homagium,** i *n* [homo] *ml* Lehnseid, Lehnspflicht
Homēricus *3* homerisch
Homērista, ae *m* [*gr*] einer, der Homers Gedichte vorträgt, Rhapsode

h

Homēromastī|x, ~gis *m* [*gr*] »Homergeißel« (BN des Zoilos)
homērōnida, ae *m* Nachahmer Homers
Homērius *3* homerisch
Homērus, ī *m* Homer (Dichter von Ilias u. Odyssee)
homicīda, ae *m, f* [caedo] einer (eine), der (die) Männer mordet, Mörder(in)
homicīdium, ī *n* Totschlag ⟦*ml* hohe Gerichtsbarkeit
⟦**homilia,** ae *f* [*gr*] *spl* Predigt
⟦**hominium,** i *n ml* Lehnsmannschaft; Lehnseid; Lehnsdienst; Ergebenheit; Gefolgschaft
homō, hominis *m, f* (*Akk Sg poet* homonem) Mensch, Mann, er; ~ novus Politiker ohne berühmte Ahnen, Neuling ⟦*spl* dei homines menschliche Götter; ~ deus Gottesmensch = Christus; hominem praedico Menschliches predigen *od* preisen; ~ dei Mann Gottes (der Fromme, Heilige); *ml* Mann, Kerl; Lehnsmann, Untergebener; Schachfigur
⟦**homocentrus** *3* [*gr*] *ml* konzentrisch
Homolē, ēs *f* Homole (Berg im Ossagebirge in Thessalien)
homotonos, on [*gr*] gleich tönend; gleichmäßig gespannt
homullus, ī *m* Menschlein, Schwächling
homunc|iō, ~iōnis *u.* **~ulus,** ī *m* = homullus
honc *alt* = hunc (*Akk Sg m zu* [1]hic)
honestāmentum, ī *n* Zierde
honestā|s, ~tis *f* Ehre, Ansehen; Ehrenhaftigkeit, Anstand; Schönheit; *Pl* ~tes Auszeichnungen
honestō *1* ehren, zieren
honestus *3* angesehen; anständig; sittlich gut; schön
honor, honōris *m* Ehre, Ehrung; Ehrenstelle, Ehrenamt; Ansehen; Schönheit; kultische Verehrung, Lied u. Opfer; Ehrengabe, Lohn; honore praefandus mit Erlaubnis zu sagen, man verzeihe den Ausdruck ⟦*ml* Recht, Besitz, Lehen
honōrābil|is, ~e, *Gen* ~is ehrenvoll ⟦*spl* angesehen, ehrwürdig
honōrārium, ī *n* Ehrengeschenk
honōrāri|us *3* ehrenhalber geschenkt, Ehren- ⟦*ml* summa ~a (Aufnahme-)Gebühr
honōrātus I. *Adj 3* angesehen, ehrenvoll ⟦**II.** *Subst* i *m spl* Person von Rang, Vornehmer
⟦**honorificentia,** ae *f spl* Ehre
honōrificus *3* ehrenvoll, Ehren bringend
honōrō *1* ehren; verherrlichen
honōrus *3* ehrenvoll, ansehnlich
honōs = honor
hoplītēs, ae *m u.* **hoplomachos,** ī *m* [*gr*] Schwerbewaffneter
hōra, ae *f* [*gr*] Stunde; Zeit, Jahreszeit; *Pl* horae Uhr ⟦*spl* canonicae horae die (7) Gebetszeiten, *bes* die abendliche; *ml* ab hora ad horam nur einmal am Tage
Hōra, ae *f* Hora (N der vergöttlichten Hersilia)
Hōrae, ārum *f* die Horen, Göttinnen der Jahreszeiten
hōraeus *3* mariniert; reif *Honig*
⟦**horarius** liber *ml* Brevier
Horātius *3 Gent* Horatius (*bes* 1. die drei Horatier, Besieger der Curiatier 2. ~ Cocles 3. Q. ~ Flaccus Horaz, röm. Dichter 65–8)
hordeāceus *3* Gersten-
hordeārius ī *m* Gerstenbrotesser *Spottname für untüchtige Gladiatoren*
hordēia, ae *f* Gerstenfisch *Komödienwitz*
hordeum, ī *n* Gerste (*urv*)
⟦**hordiolus,** i *m spl* Gerstenkorn (am Augenlid)
hōri(ol)a, ae *f* Fischerkahn
hornō [hornus] *Adv* heuer
hornōtinus *u.* **hornus** *3* heurig, von diesem Jahre
⟦**horologicus** *3* [*gr*] *ml* Zeitmessinstrument, Uhr
hōrologium, ī *n* [*gr*] Uhr
hōroscopos, on [*gr*] die Stunde anzeigend
horrendus *3* schrecklich; ehrfürchtige Schauer erregend
horr|eō, ~uī *2* (empor)starren; sich entsetzen *Akk* vor
horr|ēscō, ~uī *3* sich sträuben, sich entsetzen *Akk* vor
horreum, ī *n* Scheune, Speicher, Lager
horribil|is, ~e, *Gen* ~is entsetzlich; erstaunlich
⟦**horridicus** *3 ml* entsetzlich
horridulus *3* starrend; schmucklos
horridus *3* schrecklich; ungebildet, abstoßend; schlicht; starrend, rau
horrifer, horrifera, horriferum zum Erstarren bringend; schrecklich
horrificō *1* rau machen; in Schrecken setzen
horrificus *3* entsetzlich
horrisonus *3* schaurig tönend
horr|or, ~ōris *m* Schauder, Entsetzen; Schüttelfrost
horruī →horreo *und* horresco
horsum *Adv* hierher
hortām|en, ~inis *n* Aufmunterung, Mahnung
hortāmentum, ī *n* = hortamen
hortātiō, ~nis *f* = hortamen
hortāt|or, ~ōris *m* Aufmunterer, Anfeuerer *Gen* zu; Rudermeister
⟦**hortatorius** *3 spl* ermahnend
hortātus I. *Part Perf zu* hortor **II.** *Subst* ūs *m* Aufmunterung, Mahnung
Hortēnsiānus *3* des Hortensius
hortēnsius *3* im Garten wachsend

Hortēnsius *3 Gent, bes* Q. ~ Hortalus (Redner und Rivale Ciceros)
Hortīnus *3* von Horta (Ort in Etrurien), *heute* Orte
hortor *1* ermuntern, ermahnen; veranlassen
hortulānus, ī *m* Gärtner
hortul|us, ~ī *m* Gärtchen; *Pl* ~i Park
hortus, ī *m* Garten (*urv*); *Pl* horti Parkanlagen; Gemüse
hosp|es, ~itis *m* Gastfreund; Gast; Wirt; Fremdling
hospita, ae *f* Gastfreundin; Wirtin; Fremde
⟦**hospital|e,** ~is *n ml* Hospital, Kranken- *od* Armenhaus
hospitāl|is, ~e, *Gen* ~is gastfreundlich, des Gastfreundes
hospitālitā|s, ~tis *f* Gastlichkeit ⟦*spl* Aufenthalt in der Fremde; *ml* gastliche Aufnahme *in Klöstern*
hospitium, ī *n* Gastfreundschaft; Herberge ⟦*ml* Hospiz, Krankenhaus; Gasthaus; Wohnung
hospitor *1* als Gast einkehren ⟦*ml* jmdn. als Gast auf- *od* heimsuchen
hospitus *3* gastlich; *vgl* hospita
hostia, ae *f* Opfer(tier), Opferschaf ⟦*spl* Hostie, Messopfer
⟦**hostiatim** *ml* = ostiatim
hostiātus *3* mit Opfertieren versehen
hosticus *3* feindlich; fremd
hostificus *3* feindlich
Hostīlia, ae *f* Hostilia (Stadt am Po), *heute* Ostiglia
hostīl|is, ~e, *Gen* ~is feindlich
Hostīlius →Tullus
hostīmentum, ī *n* Vergeltung
hostiō *4* vergelten
hostis, ~ *m, f* (Staats-)Feind; Fremdling ⟦*spl* Kriegsheer, Feldzug; der böse Feind, Teufel
HS *Abk für* **1.** hic situs est hier liegt begraben **2.** sestertius
HSS *Abk für* hic siti sunt hier liegen begraben
⟦**huba** *ml* = hoba
hūc *Adv* hierher, hierzu
hūcine hierhin?
hui *Interj der Verwunderung* ei!, hui!
huic *Dat Sg zu* [1]hic, haec, hoc
huius *Gen Sg zu* [1]hic, haec, hoc
hūius(ce)modī *Adv* derartig
hum- = *auch* um-
hūmānitā|s, ~tis *f* Menschlichkeit, menschliche Natur; Menschenfreundlichkeit; Bildung; Benehmen ⟦*spl* menschliches Dasein, *bes von Christus;* menschliche Nahrung u. Notdurft
hūmānit|er *u.* **~us** *Adv zu* humanus ⟦*ml* ~er nach menschlichem Ermessen
⟦**humanor** *1 spl* Mensch werden
hūmānus *3* menschlich; menschenfreundlich; gebildet, kultiviert ⟦*spl* irdisch; *ml* humanistisch
humātiō, ~nis *f* Beerdigung
hūmectō, hūmeō, humerus, hūmēscō = umecto, umeo *usw*
humī [*Lok*] auf der Erde, auf die Erde
hūmidus = umidus
hūmifer = umifer
⟦**humiliatio,** ~nis *f spl* Erniedrigung
⟦**humilio** *1 spl* erniedrigen, demütigen; unterwerfen
humil|is, ~e, *Gen* ~is [humus] niedrig; einfach; unbedeutend; demütig; niedergeschlagen
humilitā|s, ~tis *f* Niedrigkeit; Niedergeschlagenheit; Unterwürfigkeit ⟦*spl* Menschwerdung *Christi;* ~s mentis Demut
⟦**humirepus** *3 ml* auf dem Boden kriechend
⟦**humitenus** = humotenus
humō [humus] **I.** *Verb 1* beerdigen **II.** [*Abl*] von der Erde
⟦**humotenus** *Adv ml* bis zum Boden
humum I. *Adv* zu Boden **II.** *Akk Sg zu* humus
humus, ī *f* (*m*) Erde, Boden; *poet* Land
hunc *Akk Sg m zu* [1]hic
⟦**Hun(n)i,** orum *m spl* Hunnen; Awaren
⟦**hutica,** ae *f* [*dt*] *ml* Sänfte; Truhe
Hyacinthia, ōrum *n* Hyakinthosfest (in Sparta)
hyacinthinus *3* Hyazinthen-
Hyacinthus, ī *m* Hyakinthos (schöner Jüngling der gr. Sage)
hyacinthus, ī *m* Hyazinthe (*in der Antike* Schwertlilie *od* Rittersporn)
Hyad|es, ~um *f* Hyaden, Töchter des Atlas; Siebengestirn (dessen Aufgang im Mai Regen brachte)
hyaena, ae *f* Hyäne
hyalopyrrichum, ī *n* roter Bernstein
hyalus, ī *m* (grünliches) Glas ⟦*spl* Trinkglas; glasgrüne Farbe *des Wassers*
Hyampol|is, ~is *f* (*Akk* ~im, *Abl* ~ī) Hyampolis (Stadt in Mittelgriechenland)
Hyant|es, ~um *m* Hyanter (altes Volk in Boiotien)
Hyantēus *3* hyanteisch; boiotisch
Hyantius *3* = Hyanteus
Hyas, Hyantis *m* Hyas (S. des Atlas)
Hybla, ae *f* Hybla (1. Berg auf Sizilien 2. drei Städte auf Sizilien)
Hyblaeus *3* von Hybla 1.
Hyblēns|ēs, ~ium *m* Einw. von Hybla 2.
hybrida, ae *m* Mischling
Hydasp|ēs, ~is *m* Hydaspes (Nebenfluss des Indus), *heute* Dschilam
hydra, ae *f* Schlange; Hydra (Ungeheuer der gr. Sage), *bes* ~ Lernaea (vielköpfige) Lernäische Schlange (im See Lerna bei

Argos, von Herakles besiegt); Schlange *Sternbild*
hydraulēs, ae *m* Orgelspieler
hydraulia, ae *f* = hydraulus
hydraulicus *3* mit Wasser betrieben
hydraulus, ī *m* Orgel
hydreuma, ~tis *n* Brunnen
hydria, ae *f* (Wasser-)Krug
hydrochous, ī *m* Wassermann *Sternbild*
hydromellum, ī *n* Met
hydrōpicus *3* wassersüchtig
hydrōp|s, ~is *m* Wassersucht
hydrus, ī *m* Schlange
Hydrū|s, ~ntis *f od* **~ntum,** ī *n* Hydruntum (Stadt in Calabria), *heute* Otranto (in Apulien)
Hȳlaeus I. *Adj 3* des Hylaios **II.** *Subst* ī *m* Hylaios (Kentaur)
Hylās, ae *m* Hylas (Liebling des Herakles)
Hyllus, ī *m* Hyllos (S. des Herakles u. der Deianeira)
Hymēn, Hymenis *u.* **Hymenaeus,** ī *m* Gott der Hochzeit; Hochzeitslied
Hymēttius *3* vom Hymettos
Hymēttus, ī *m* Hymettos (Berg bei Athen)
[[**hymnus,** i *m spl* Festlied; geistliches Lied
[[**hyopa,** ae *m ml* Schweinsgesicht
Hypaepa, ōrum *n* Hypaipa (Stadt in Lydien)
Hypaepēnī, ōrum *m* Einw. von Hypaipa
hypaethros, ī *f* Hypäthraltempel (Tempel ohne Dach)
Hypanis, ~ *m* Hypanis (Fluss in Sarmatia), *heute* Bug
Hypasis, ~ *m* Hypasis (Nebenfluss des Indus), *heute* Satledsch
Hypata, ae *f* Hypata (Stadt in Thessalien)
Hypataeus *3* von Hypata
hyperbaton, ī *n* Trennung (von zusammengehörigen Wörtern) *rhet Figur*
Hyperboreī, ōrum *m* Hyperboreer (in der gr. Sage glückliches Volk im Norden)
Hyperborēus *3* der Hyperboreer; nördlich
Hyperīd|ēs, ~is *m* Hypereides (Redner in Athen im 4. Jh. v. Chr.)
Hyperī|ōn, ~onis *m* Hyperion (V. von Helios, Selene u. Eos); *auch* Sonnengott (= Helios)
Hyperioni|s I. *Subst* ~dis *f* T. des Hyperion (= Eos) **II.** *Gen zu* Hyperion
Hypermēstra, ae *f* Hypermestra (jüngste der Danaiden)
hypocausis, ~ *f* Hypokaustenheizung
hypocaustum, ī *n* (mit Hypokausten) beheizter Raum
[[**hypocrisis,** ~ *f spl* Vortrag; Heuchelei
hypocrit|ēs, ae *m* Mime [[*spl* ~a Heuchler
hypodidascalus, ī *m* Unterrichtshelfer
hypogaeum, ī *n* unterirdisches Grabgewölbe
hypographum, ī *n* Entwurf
hypomnēma, ~tis *n* Notiz; Materialsammlung
hypothēca, ae *f* Unterweisung; Pfand, Hypothek, Sicherheit
Hypsipylē, ēs *f* Hypsipyle (*myth* Königin von Lemnos)
Hypsipylēus *3* der Hypsipyle
Hyrcānī, ōrum *m* Hyrkaner (Einw. von Hyrkania)
Hyrcānia, ae *f* Hyrkanien (Landschaft zwischen Parthern und Kaspischem Meer)
Hyrcān(i)us *3* der Hyrkaner
Hyriē, ēs *f* Hyrie (See u. Ort in Boiotien)
[1]**Hyriēus** ī *m* Hyrieus (V. des Orion)
[2]**Hyriēus** *3* des Hyrieus
Hyrtacidēs, ae *m* Sohn des Hyrtakos (= Nisos)
hysop|um, ī *n und* **~us,** ī *f* Ysop
Hystasp|ēs, ~is *m* Hystaspes (V. des Perserkönigs Dareios)
hystericus *3* hysterisch

I

I *Abk für* in, infra, ipse, Isis; *als Zahlzeichen* 1
Iacchus, ī *m* Iakchos (BN für Dionysos); *übertr* Wein
iaceō, iacuī *2* [iacio] liegen; ruhen, krank sein, besiegt *od* tot daliegen; niedrig sein, tief liegen; hoffnungslos sein, darniederliegen; zu Gebote stehen
iaciō, iēcī, iactus *3* werfen; wegwerfen, schleudern; äußern; errichten
iact|āns, *Gen* ~antis **I.** *Adj* prahlend; erhaben **II.** *Part Präs Akt zu* iacto
iactantia, ae *f* Prahlerei *Gen* mit
iactātiō, ~nis *f* Erschütterung; heftige Gesten; Wankelmut; Prahlerei
iactāt|or, ~ōris *m* Prahler
iactātus I. *Part Perf Pass zu* iacto **II.** *Subst* ūs *m* Schütteln
iactitō *1* erschüttern; laut äußern [[*spl* sich rühmen
iactō *1* (hin u. her) werfen, schütteln; laut äußern, prahlen *Akk* mit; sich betätigen; wegwerfen; se iactare sich brüsten
iactūra, ae *f* Abwerfen; Verlust; Geldopfer
iactus I. *Part Perf Pass* →iacio **II.** Subst ūs *m* Wurf
iaculābil|is, ~e, *Gen* ~is zu werfen, Wurf-
iaculātiō, ~nis *f* (Speer-)Wurf
iaculāt|or, ~ōris *m* Wurfschütze, Schleuderer
iaculātrī|x, ~cis *f* Schützin
iaculor *1* werfen; zu erjagen suchen
iaculum, ī *n* Spieß, Geschoss, Wurfnetz
iaculus I. *Adj 3* Wurf- **II.** *Subst* ī *m* Schlange
Iādertīnī, ōrum *m* Einw. von Jadera (Stadt in Illyrien)
iāientāculum = ientaculum

iāiūnus = ieiunus
Iālysius *3* von Ialysos; von Rhodos
Iālysus, ī Ialysos (1. *f* Stadt auf Rhodos 2. *m* ihr myth. Begründer)
iam *Adv* schon, nun(mehr); gleich; non ~ nicht mehr; ~ ... ~ bald ... bald
iambēus *3* iambisch
iambus, ī *m* Iambus (*Metrik* ◡ –); iambisches Gedicht, Spottgedicht *auch Pl*
⟦**iamdictus** *3 ml* bereits erwähnt
iamdūdum *Adv* schon lange
Iānāl|is, ~e, *Gen* ~is des Janus
Iānicul|um, ~ī *n od* **~us mons** *m* Ianiculum (Hügel Roms am rechten Tiberufer)
Iānigena, ae *f* Janustochter
iānit|or, ~ōris *m* Pförtner ⟦*spl* Küster
iānitrī|x, ~cis *f* Pförtnerin
iānua, ae *f* [Ianus] Haustür; Eingang
Iānuārius *3* des Janus; ~ (mensis) Januar
Iānus, ī *m* Janus (Gott der Türen u. Durchgänge); Stadttor; Durchgang, Passage
Iapetus, ī *m* Iapetos (Titan)
Iapetīonidēs, ae *m* S. des Iapetos (= Prometheus, Epimetheus *od* Atlas)
Iāpydia, ae *f* Japydien (Landschaft im Nordwesten von Illyrien)
Iāpygia, ae *f* Japygien (Landschaft in Calabria, *heute* in Apulien)
Iāpy|s I. *Adj Gen* ~dis in Japydien entspringend **II.** *Subst* ~dis *m* Japyde (Einw. von Japydien)
Iāpy|x, ~gis *m* **1.** Einw. von Japygien **2.** Japyx (S. des Daidalos, Landesheros in Japygien) **3.** Nordwestwind
Iarb|a *u.* **~ās,** ae *m* Jarba (*myth* König, Freier der Dido)
Iardani|s, ~dis *f* Tochter des Iardanos (= Omphale)
Iasi|s, ~dis *f* T. des Ias(i)os (= Atalanta)
Iāsō(n), Iāsonis *m* Jason (1. Held der Argonautensage 2. Tyrann zu Pherai in Thessalien)
Iāsonius *3* des Jason
iaspi|s, ~dis *f* Jaspis *Edelstein*
iaspius *3* aus Jaspis
Iassēns|ēs, ~ium *m* Einw. von Iassos
Iassus, ī *f* Iassos (Stadt in Karien)
iātralīptēs, ae *m* [*gr*] Masseur
iātralīpticē, ēs *f* [*gr*] Kunst des Masseurs
iātronīcēs, ae *m* [*gr*] Besieger der Ärzte
Iazyg|es, ~um *m* Jazygen (sarmatisches Volk an der Donau)
Iazy|x, *Gen* ~gis der Jazygen
ībam *1. Pers Sg Ind Imperf Akt zu* [1]eo
Ibēr, Ibēres = Hiber, Hiberes
ibi *u.* **ibī** *Adv* dort; damals, dann; *übertr* darin, dabei
ibīdem *Adv* an derselben Stelle; bei derselben Gelegenheit
ībis I. *Subst* ~ *u.* ībidis *f* Ibis **II.** *2. Pers Sg Fut I Akt zu* [1]eo
ibrida = hybrida
ībus *altl Dat/Abl Pl zu* [1]is
Ībycus, ī *m* Ibykos (gr. Lyriker im 6. Jh. v. Chr.)
Īcaria, ae *f* Ikaria (Insel westlich von Samos)
Īcariōti|s, ~dis *f* **I.** *Adj* der Penelope **II.** *Subst* Tochter des Ikarios (= Penelope)
Īcarius I. *Adj 3* des Ikarios; canis ~ Hundsstern **II.** *Subst* ī *m* Ikarios (V. der Penelope)
Īcarus, ī *m* Ikaros (1. S. des Daidalos 2. Athener, als Arkturus *od* Bootes unter die Sterne versetzt)
īcas, īcadis *f* [*gr*] der 20. jeden Monats (Epikur zur Ehren gefeiert)
Icelos, ī *m* Ikelos (Traumgott, Br. des Morpheus)
Icenī, ōrum *m* Ikener (Volk an der Ostküste Britanniens)
ichneum|ōn, ~onis *m* Ichneumon, Pharaonsratte
īc(i)ō, īcī, ictus *3* treffen, schlagen, stoßen; foedus ~ Bündnis schließen
īcōn, ~is *f* [*gr*] Bild, Gleichnis
īconicus *3* naturgetreu
īconismus, ī *m* Charakteristik
Iconium, ī *n* Ikonion (Stadt in Kleinasien), *heute* Konia
ictus I. *Part Perf Pass* →ico **II.** *Subst* ūs *m* Stich, Stoß, Schlag, Wurf; ictu primo mit einem Male ⟦*spl* ~ oculi Augenblick
id →is
Īda *u.* **Īdē,** ae *f* Ida (Gebirge 1. auf Kreta, Geburtsort des Zeus 2. bei Troja, Kultstätte der Kybele)
Īdaeus *3* von Ida; *übertr* römisch
Īdalia, ae *f* Gegend bei Idalion
Īdaliē, ēs *f* Aphrodite (vom Vorgebirge Idalion)
Īdalium, ī *n* Idalion (Vorgebirge u. Stadt im Osten Zyperns mit Aphroditetempel)
Īdalius *3* von Idalion; *poet* zyprisch
idcircō *Adv* deshalb
idea, ae *f* [*gr*] Urbild, Idee
īdem, eadem, idem (*Gen Sg* eiusdem, *Dat Sg* eīdem) [*is-dem] derselbe, dieselbe, dasselbe; der Nämliche; *bei neuem Prädikat* zugleich, andererseits ⟦*ml* dieser
identidem *Adv* mehrmals, wiederholt
ideō *Adv* deswegen; ideoque deshalb *im Nachsatz*
Īdib. *Abk für* Idibus *zu* Idus
⟦**idioma,** ~tis *n* [*gr*] *spl* (einheimische) Sprechweise, Sprachzweig
idiōta, ae *m* Laie, Stümper
Idistavisō »Elfenwiese« (Ebene am rechten Weserufer, Sieg des Germanicus 16 n. Chr.)
Idmōn, Idmonis *m* Idmon (V. der Arachne)
Idmonius *3* des Idmon
⟦**ido(lo)latres,** ae *m* [*gr*] *spl* Götzendiener
⟦**ido(lo)latria,** ae *f* [*gr*] *spl* Götzendienst

īdōlum, ī *n* [*gr*] Abbild, Gespenst ⟦*spl* Götzenbild, Götze
Īdomeneūs, ī *m* Idomeneus (S. des Deukalion, Anführer der Kreter vor Troja)
⟦**idoneita|s,** ~tis *f spl* Eignung
idōneus *3* geeignet, tauglich; zahlungsfähig; glaubwürdig; triftig
īdos *undekl n* [*gr*] Gestalt, Bild
Idūmaeus *3* von Idumäa (Landschaft in Palästina), von Palästina
īdūs, Iduum *f* Iden, Monatsmitte *der 15. im März, Mai, Juli, Oktober, sonst der 13.; Zahl- u. Kündigungstag* ⟦*spl* sexto iduum = ante diem VI. idus
īdyllium, ī *n* [*gr*] Hirtengedicht ⟦*spl* Kurzgedicht
i.e. *Abk für* id est das ist, das bedeutet
iēcī →iacio
iecur, iecoris (*und* iocineris) *n* Leber
iecusculum, ī *n* kleine Leber
iēiūniōsus *3* hungrig
iēiūnitā|s, ~tis *f* Nüchternheit
iēiūnium, ī *n* Fasten; Magerkeit ⟦*spl* Fasten *als christl. Bußübung; ml* 40-tägiges Fasten
⟦**ieiuno** *1 spl* fasten
iēiūnus *3* nüchtern, hungrig; mager, dürftig; verlangend *Gen od Abl* nach
iēntāculum, ī *n* Frühstück
iēntō *1* frühstücken
Igilium, ī *n* Igilium (Insel an der etruskischen Küste), *heute* Giglio
igitur *Kon.* also, folglich
ignārus *3* unkundig, unerfahren *Gen* in; unbekannt
ignāvia, ae *f* Trägheit; Feigheit
ignāvus *3* träg; feige ⟦*spl* fad
ignēscō *3* sich entzünden; entbrennen
igneus *3* feurig; leuchtend
igniāria, ōrum *n* Zündstoffe
⟦**ignicomus** *3 spl* mit feurigen Strahlen
⟦**ignicremus** *3 ml* brennend
igniculus, ī *m* Feuerchen, Funke
ignifer, ignifera, igniferum feurig
ignigena, ae *m* der Feuergeborene (BN des Bakchos)
ignip|ēs, *Gen* ~edis feuerfüßig (sehr schnell)
ignipot|ēns, *Gen* ~entis Beherrscher des Feuers
ignis, ~ *m* (*Abl Sg auch* ignī) Feuer *auch übertr* ⟦*spl* ~ aeternus *od* perpes Hölle
⟦**ignitus** *3 spl* feurig, leuchtend, heiß
ignōbil|is, ~e, *Gen* ~is unbekannt, unbedeutend; niedrig ⟦*spl* unansehnlich
ignōbilitā|s, ~tis *f* Ruhmlosigkeit; niedere Herkunft
ignōminia, ae *f* Entehrung; Schande
ignōminiōsus *3* ehrlos
ignōrābil|is, ~e, *Gen* ~is unbekannt
ignōrantia, ae *f* Unkenntnis, Unwissenheit
ignōrātiō, ~nis *f* = ignorantia
ignōrō *1* nicht kennen, nicht wissen; verleugnen; non ~ genau wissen
ignōsc|ēns, *Gen* ~entis versöhnlich
ignō|scō, ~vī, ~tus *3* verzeihen; begnadigen
ignōtus I. *Adj 3* unbekannt; von niedriger Herkunft; unkundig **II.** *Part Perf Pass* →ignosco
Iguvīnāt|ēs, ~ium = Iguvini
Iguvīnī, ōrum *m* Einw. von Iguvium
Iguvium, ī *n* Iguvium (Stadt in Umbrien), *heute* Gubbio
iī 1. →[1]eo **2.** *Nom Pl m zu* [1]is
Ilerda, ae *f* Ilerda (befestigte Stadt in Spanien), *heute* Lerida
Ilergēt|ēs, ~um *m* Ilergeten (Volksstamm im nordöstlichen Spanien)
īleum, ī *n* [ilia] Scham
īlex, īlicis *f* Steineiche
Īlia, ae *f* **1.** Trojanerin **2.** Rea Silvia
īlia, īlium *n* [*gr*] Weichen; Eingeweide
Īliacus *3* trojanisch
Īliadēs, ae *m* **1.** Trojaner **2.** S. der Ilia (Romulus und Remus)
Īlia|s, ~dis *f.* **1.** Trojanerin **2.** Ilias (Homers)
īlicet *Adv* weg damit!, da ist nichts zu machen!, es ist zu spät!; sogleich
īlicētum, ī *n* [ilex] Steineichenwald
īlicō *Adv* auf der Stelle, sofort
Īliēns|ēs, ~ium *m* **1.** Ilienser (Volk auf Sardinien) **2.** Trojaner
Īliēns|is, ~e, *Gen* ~is trojanisch
īlīgnus *3* [ilex] von der Steineiche, Eichen-
Īlion *und* **Īlium,** ī *n,* **Īlios,** ī *f* Troja
Ilīsos, ī *m* Ilissos (Bach bei Athen)
Īlīthyia, ae *f* [*gr*] Eileithyia, Geburtsgöttin
īlium = ileum
Īlium →Ilion
⟦**ill.** *spl Abk für* illustrissimus *od* ille
illā I. *Adv* dort, dorthin **II.** *Abl Sg f zu* ille
illabefactus *3* unerschüttert; unerschütterlich
il|lābor, ~lāpsus sum *3* einstürzen; eindringen ⟦*spl* sich ergießen *Dat* in, auftauchen vor; *übertr* hereinbrechen, anbrechen
illabōrātus *3* unbearbeitet; mühelos
illabōrō *1* sich abmühen *Dat* bei
illāc *Adv* dort
illacessītus *3* unangefochten
illacrimābil|is, ~e, *Gen* ~is unbeweint; erbarmungslos
illacrim|ō *und* **~or** 1 weinen *Dat* über
illaec = illa (*Nom Sg u Pl f zu* ille)
illaesus *3* unverletzt
illaetābil|is, ~e, *Gen* ~is unerfreulich
illāpsus I. *Part Perf* →illabor **II.** *Subst* ūs *m* Eindringen
illaqueō *1* verstricken
illātus →infero
illaudātus *3* ruhmlos; fluchwürdig
illautus = illutus

ille, illa, illud (*Gen Sg* illīus, *poet* illius; *Dat Sg* illī) jener, jene, jenes; der Erwähnte, Bekannte *od* Berüchtigte; er, sie, es; *teilweise Wiedergabe durch Adv, z. B.* illa urbs die Stadt dort, illi consules die Konsuln damals, *od durch bestimmten Artikel od bleibt unübersetzt* ⟦*ml* vita illa das jenseitige, selige Leben
illecebra, ae *f* [illicio] Lockung, Reiz
illecebrōsus *3* verführerisch
¹**illectus I.** *Part Perf Pass* →illicio **II.** *Subst* ūs *m* Lockung
²**illēctus** *3* ungelesen
illepidus *3* geschmacklos
illēvī →illino
illex, illicis *m f* [illicio] Lockvogel, Verführer(in)
illēxe = illexisse
illēxī →illicio

i

illī I. *Adv* dort, dabei **II.** *Dat Sg u. Nom Pl m zu* ille
illībātus *3* [libo] unvermindert ⟦*spl* rein, unbefleckt
illīberāl|is, ~e, *Gen* ~is unedel, gemein
illīberālitā|s, ~tis *f* Knauserei; Unfreundlichkeit
¹**illic** = ille
²**illīc** *Adv* dort
il|liciō, ~lēxī, ~lectus *3* anlocken, verführen
illicitāt|or, ~ōris *m* Scheinkäufer (der den Auktionspreis in die Höhe treibt)
illicitus *3* unerlaubt ⟦*spl* = ¹illectus I.
illicō = ilico
illī|dō, ~sī, ~sus *3* [laedo] hineinstoßen, anschlagen; zerschmettern
illigō *1* anbinden, fesseln, hemmen
illim *Adv* von da
illīm|is, ~e, *Gen* ~is schlammfrei
illinc *Adv* [illim-ce] von dort, auf jener Seite
il|linō, ~lēvī, ~litus *3* aufstreichen, bestreichen; überziehen
illiquefactus *3* geschmolzen, in Gang gebracht
illīsce *altl* = illi (*Nom Pl m zu* ille)
illīsī, illīsus →illido
illiterātus I. *Adj 3* ungebildet; unwissenschaftlich **II.** ⟦*ml Subst* i *m* Laie (als Richter)
illitus →illino
¹**illō(c)** *Adv* dorthin ⟦*ml auch* dort
²**illoc** = illud (*zu* ille)
illocābil|is, ~e, *Gen* ~is nicht unterzubringen
illōtus *3* = illutus
¹**illūc** *Adv* dorthin
²**illuc** *altl* = illud (*zu* ille)
illūceō *2* leuchten *Dat* auf; erhellen
illū|cēscō, ~xī *3* zu leuchten anfangen; *altl* bescheinen; ~cescit es wird Tag
illū|dō, ~sī, ~sus *3* spielen *Dat* auf *od* mit; chartis ~do zu Papier bringen; verspotten; misshandeln ⟦*ml* im Spiel betrügen *Dat* jmdn.
illūminātē *Adv* klar
⟦**illuminatio,** ~nis *f spl* Erleuchtung
illūminō *1* erleuchten, hell machen; Glanz verleihen, schmücken ⟦*ml* bescheinen
⟦**illuminor** *1 ml* sich schmücken
illūn|is, ~e, *Gen* ~is ohne Mondschein
illūsī →illudo
illūsiō, ~nis *f* Verspottung ⟦*spl* Täuschung
⟦**illustrator,** ~is *m spl* Erleuchter, Verherrlicher
illūstr|is, ~e, *Gen* ~is [illustro] hell, klar; glänzend, berühmt
illūstrō *1* erleuchten, klarmachen; verherrlichen ⟦*spl* leuchten
illūsus →illudo
illūtil|is, ~e, *Gen* ~is [lavo] nicht herauswaschbar
illūtus *3* [lavo] ungewaschen
illuviēs, ēī *f* [lavo] Unsauberkeit, Schmutz; Überschwemmung
illūxī →illucesco
Illyria, ae *f* Illyrien (Landschaft an der Ostküste der Adria)
Illyricum, ī *n* = Illyria
Illyricus *3* illyrisch
Illyriī, ōrum *m* Illyrer
Illyri|s, *Gen* ~dis *f* illyrisch
Illyrius *3* illyrisch
Īlōtae, ārum = Hilotae
Īlus, ī *m* Ilos (1. König von Troja, S. des Tros 2. = Iulus, BN des Ascanius)
Ilva, ae *f* Ilva (Insel westlich von Etrurien), *heute* Elba
IM *Abk für* immunis
Imachara, ae *f* Imachara (Stadt im Osten Siziliens)
Imacharēns|is, ~e, *Gen* ~is von Imachara
imāginārius *3* Bilder-; erdichtet, scheinbar ⟦*spl* eingebildet, fantastisch
imāginātiō, ~nis *f* Einbildung
imāginor *1* sich einbilden
imāginōsus *3* fantastisch
imāg|ō, ~inis *f* Bild, Ahnenbild, Schattenbild, Traumbild; Aussehen; Echo; Gebilde, Form
imāguncula, ae *f* Bildchen
Imāvus, ī *m* Imavus (Gebirge im Norden Indiens)
imbēcill|is, ~e, *Gen* ~is = imbecillus
imbēcillitā|s, ~tis *f* Schwäche
imbēcillus *3* haltlos, schwach
imbell|is, ~e, *Gen* ~is unkriegerisch, friedlich
imber, imbris *m* Regen, (Regen-)Wasser; Unwetter; Tränenstrom
imberb|is, ~e, *Gen* ~is *u.* **~us** *3* [barba] ohne Bart, bartlos
imbib|ō, ~ī *3* einsaugen; *übertr* in sich aufnehmen; sich vornehmen
imbītō *3* hineingehen

imbr|ex, ~icis *f* [imber] hohler Dachziegel; Beifallklatschen (mit hohlen Händen)
imbricus *3 und* **imbrifer** *3* Regen bringend
Imbrius *3* von Imbros
Imbros *u.* **Imbrus,** ī *f* Imbros (Insel nordöstlich von Lemnos), *heute* Imroz
im|buō, ~buī, ~būtus *3* befeuchten; erfüllen, bekannt machen; beginnen
imitābil|is, ~e, *Gen* ~is (leicht) nachzuahmen
imitām|en, ~inis *n* Nachahmung
imitāmentum, ī = imitamen
imitātiō, ~nis *f* Nachahmung
imitāt|or, ~ōris *m* Nachahmer
imitātrī|x, ~cis *f* Nachahmerin
imit|or *u.* **~ō** *1* nachahmen, nachmachen; ähnlich sein
⟦**immaculatus** *3 spl* fleckenlos, rein
immad|ēscō, ~uī *3* nass werden
immān|is, ~e, *Gen* ~is ungeheuer; schrecklich, unmenschlich
immānitā|s, ~tis *f* Ungeheuerlichkeit; Rohheit; ungeheure Körpergröße ⟦*spl* Riesenbau
immānsuētus *3* ungezähmt, wild
⟦**immarcescibil|is,** ~e, *Gen* ~is *spl* unverwelklich
immātūritā|s, ~tis *f* Unreife; Voreiligkeit
immātūrus *3* unreif; zu früh
⟦**immediate** *Adv ml* unmittelbar
immedicābil|is, ~e, *Gen* ~is unheilbar
immemor, *Gen* ~is uneingedenk, ohne zu denken *Gen* an
immemorābil|is, ~e, *Gen* ~is zu verschweigen; schweigsam
immemorātus *3* unerwähnt; unbekannt
immendābil|is, ~e, *Gen* ~is unverbesserlich
immēnsitā|s, ~tis *f* Unermesslichkeit
immēnsum I. *Subst* ī *n* unermesslicher Raum **II.** *Adv* ins Unendliche
immēnsus *3* [metior] unermesslich
immer|ēns, *Gen* ~entis unschuldig
immer|gō, ~sī, ~sus *3* versenken *auch Dat/Abl* in
immeritō *Adv* unverdienterweise
immeritus *3* unschuldig; unverdient
immersābil|is, ~e, *Gen* ~is unversenkbar
immersī, immersus →immergo
immētātus *3* unvermessen
immigrō *1* einwandern, einziehen
immin|ēns, ~entis *n* (bedrohliche) Zukunft *od* Nähe *meist Pl*
immineō *2* [mons] emporragen *Dat* über; drohen, bevorstehen; lauern *Dat* auf
immin|uō, ~uī, ~ūtus *3* vermindern; entkräften
imminūtiō, ~nis *f* Verminderung
im|misceō, ~miscuī, ~mīxtus *2* (ein)mischen *Dat* in; verbinden, verknüpfen
immiserābil|is, ~e, *Gen* ~is ohne Erbarmen
immisericor|s, *Gen* ~dis unbarmherzig
immīsī →immitto
immissārium, ī *n* Verteiler (für die 3 Hauptwasserleitungen)
immissiō, ~nis *f* Wachsenlassen
immissus I. *Adj 3* lang herabhängend **II.** *Part Perf Pass* →immitto
immit|is, ~e, *Gen* ~is herb, streng, wild
im|mittō, ~mīsī, ~missus *3* hineinschicken; vorrücken lassen; einfügen, einlassen; verursachen; hineinwerfen; wachsen lassen
immo (*auch* immō) *Adv* **1.** im Gegenteil, keineswegs **2.** gewiss; ja sogar
immōbil|is, ~e, *Gen* ~is unbeweglich, untätig; unerschütterlich
immōbilitā|s, ~tis *f* Unbeweglichkeit
⟦**immoderantia,** ae *f spl* Unmäßigkeit
immoderātiō, ~nis *f* Maßlosigkeit
immoderātus *3* unermesslich; maßlos
immodestia, ae *f* Unbescheidenheit; *milit* Disziplinlosigkeit
immodestus *3* zügellos
immodicus *3* maßlos
immodulātus *3* unmelodisch
immoenis = immunis
immolātiō, ~nis *f* Opferung
immolāt|or, ~ōris *m* Opferer
immōlītus *3* hineingebaut
immolō *1* [mola] opfern
im|morior, ~mortuus sum *3* sterben *Dat* in, über *od* bei; sich abrackern *Dat* bei
immoror *1* verweilen *Dat* bei
immorsus *3* gebissen; gereizt
immortāl|is, ~e, *Gen* ~is unsterblich
immortālitā|s, ~tis *f* Unsterblichkeit; unsterblicher Ruhm; höchstes Glück
immōtus *3* unbewegt, unerschütterlich
immūgiō *4* brüllen; dröhnend hallen
immulgeō *2* hineinträufeln
immunditia, ae *f* Unreinlichkeit ⟦*spl übertr* Unreinheit; Unanständigkeit
immundus *3* unrein; ekelhaft ⟦*spl* sündhaft
immūniō *4* hineinbauen
immūn|is, ~e, *Gen* ~is frei *Gen od Abl* von *Steuern, Abgaben;* nichts leistend
immūnitā|s, ~tis *f* Abgabenfreiheit ⟦*ml* Steuererlass; Privileg
immūnītus *3* unbefestigt
immurmurō *1* hineinmurmeln, zumurmeln
immūtābil|is, ~e, *Gen* ~is **1.** [immuto] verändert **2.** unveränderlich
immūtābilitās, ~tis *f* Unveränderlichkeit
immūtātiō, ~nis *f* Veränderung, Vertauschung
immūtātus *3* **1.** [*Part Perf Pass zu* immuto] verändert **2.** unverändert
immūt|ēscō, ~uī *3* verstummen
immūtō *1* verändern, vertauschen; *rhet* übertragen gebrauchen ⟦*spl* in poenam ~ entgelten lassen *Gen* jmdm.
Imp. *Abk für* imperator *und* imperium

impācātus *3* ohne Frieden; nicht unterworfen; unruhig ⟦*ml* in Unfrieden
impāctus →impingo
impaenitendus *3* nicht zu bereuen
impār, *Gen* imparis ungleich, unterlegen; nicht ebenbürtig ⟦*spl* ungerade *Zahl*
imparātus *3* unvorbereitet
impartiō = impertio
impāstus *3* ungefüttert, hungrig
impati|ēns, *Gen* ~entis unfähig zu ertragen *Gen* etw., nicht mächtig, nicht gewachsen *Gen* jmdm.; unbeherrscht; leidenschaftslos ⟦*ml* unzufrieden *Gen* mit
impatienter *Adv* ungeduldig
impatientia, ae *f* Schwäche, Unfähigkeit; Leidenschaftslosigkeit
impavidus *3* unerschrocken
impedīment|um, ~ī *n* Hindernis; *Pl* ~a, ~ōrum Gepäck; Tross
impediō *4* (ver)hindern, versperren; verwickeln; verwirren; umwinden
impedītiō, ~nis *f* Hemmung
impedītus *3* **I.** *Adj* schwerfällig, schwierig; *milit* schwer bepackt, nicht schlagfertig **II.** *Part Perf Pass zu* impedio
impēgī →impingo
im|pellō, ~pulī, ~pulsus *3* anstoßen, antreiben; verleiten; niederwerfen
impendeō *2* überhängen *Dat od Akk* über; drohen
impendiō *Adv* bei Weitem ⟦*spl* sehr
impendiōsus *3* verschwenderisch
impendium, ī *n* Aufwand; Verlust; Zinsen
im|pendō, ~pendī, ~pēnsus *3* aufwenden, opfern; hinwenden ⟦*ml* zuwenden, geben, erweisen; iura ~pendo Rechte ausüben
impenetrābil|is, ~e, *Gen* ~is undurchdringlich; unüberwindlich
impēns|a, ae *f* [impendo] Aufwand, Kosten ⟦*ml Pl* ~ae Bedürfnisse (der Tafel), Erfordernisse
impēnsē *Adv* mit großem Aufwand, heftig; sehr
impēnsus I. *Adj 3* teuer; nachdrücklich, reichlich **II.** *Part Perf Pass* →impendo
imperāt|or, ~ōris *m* Oberfeldherr; siegreicher Feldherr *Ehrentitel;* Kaiser; Vorgesetzter ⟦*ml* ~or Romanorum deutscher Kaiser; ~or parvulus Prinz
imperātōrius *3* Feldherrn-; kaiserlich ⟦*ml auch* vom deutschen Kaiser
imperātrī|x, ~cis *f* Gebieterin ⟦*ml* Kaiserin, Gem. des dt. Kaisers
imperātum, ī *n* Befehl
imperceptus *3* unerkannt; unbegreiflich
imperco *3* [parco] schonen *Dat* jmdn.; sich schonen
impercussus *3* ohne anzustoßen, geräuschlos
imperditus *3* nicht getötet, noch verschont *Dat* von
imperfectus *3* unvollkommen, unvollendet
imperfossus *3* nicht durchbohrt
⟦**imperial|is,** ~e, *Gen* ~is *spl* Kaiser-, Reichs-
imperiōsus *3* gebietend, mächtig; herrisch
imperītia, ae *f* Unerfahrenheit
imperitō *1* befehlen; beherrschen *Dat* jmdn.
imperītus *3* unkundig
imperium, ī *n* [impero] Befehl; Macht; militärische Amtsgewalt, Oberbefehl; Herrschaft, Hoheit; Herrschaftsgebiet, Reich ⟦*ml* das dt. Kaisertum; Regierung(szeit) des Kaisers; *rhet* Kaiser; *Anrede:* sanctissimum ~ tuum Heiligste Majestät
imperiūrātus *3* bei dem man keinen Meineid schwört *od* zu schwören wagt
⟦**impermeabil|is,** ~e, *Gen* ~is *spl* unüberschreitbar
impermissus *3* unerlaubt
imperō *1* befehlen; abverlangen, zu liefern befehlen; beherrschen *Dat* jmdn., überlegen sein ⟦*ml* Kaiser sein
imperpetuus *3* unbeständig
imperspicuus *3* undurchschaubar
⟦**impertaesus** *3 ml* unverdrossen
imperterritus *3* unerschrocken
imperti|ō *und* **~or** *4* [partio] zuteilen; bedenken *Abl* mit
imperturbātus *3* ungestört, ruhig
impervius *3* unwegsam
impete *Abl Sg* = impetu
impetibil|is, ~e, *Gen* ~is [patior] unerträglich
impetīg|ō, ~inis *f* Räude, Schorf
impetō *3* angreifen; beschuldigen
impetrābil|is, ~e, *Gen* ~is leicht erreichend; erreichbar
impetrātiō, ~nis *f* Vergünstigung
impetriō *4* ein günstiges Vorzeichen zu erlangen suchen *Akk* für
impetrō *1* [patro] verwirklichen; erreichen, bewirken
⟦**impetuose** *Adv spl* heftig
impetus, ūs *m* [peto] (*Nbf Abl Sg* impete) *milit* Angriff, Überfall; Ungestüm, Verlangen; rascher Entschluss; Schwung
impexus *3* [pecto] ungekämmt, wild aussehend; rau
impietā|s, ~tis *f* Gottlosigkeit, Pflichtvergessenheit; Majestätsbeleidigung
impiger, impigra, impigrum unverdrossen
⟦**impignero** *1 ml* verpfänden
impigritā|s, ~tis *f* Unverdrossenheit, Rüstigkeit
im|pingō, ~pēgī, ~pāctus *3* [pango] hineinstoßen, -schlagen; aufnötigen ⟦*spl* stoßen in *Akk* auf, *übertr* verfallen auf
impiō *1* (mit Schuld) beflecken
impius *3* gottlos, gewissenlos ⟦*spl* lieblos
implācābil|is, ~e, *Gen* ~is unversöhnlich
implācātus *3* unversöhnlich; unersättlich

implacidus *3* unsanft, wild

im|plectō, –, ~plexus *3* hineinflechten, verflechten

impleō *2* anfüllen, erfüllen; vollzählig machen ⟦*spl* vollenden

⟦**impletio,** ~nis *f spl* Auffüllung, Erfüllung; *ml* ~ itinerum Verbesserung der Wege

implexus I. *Part Perf Pass zu* implecto **II.** *Subst* ūs *m* Verknüpfung

implicātiō, ~nis *f* Verflechtung; Verwirrung

implicātus I. *Adj 3* verwickelt ⟦*ml* darin enthalten **II.** *Part Perf* →implico(r)

impliciscor *3* sich verwirren

implicitē *Adv* verwickelt ⟦*ml* mit eingeschlossen

implicitō *1* verwickeln

im|plicō *1* (*auch* ~plicuī, ~plicitus) einwickeln, verstricken; herumwickeln; verknüpfen; verwirren ⟦*spl* se ~plicare sich einlassen *Dat* auf

implicor *1* hineingeraten; sich anschließen

implōrātiō, ~nis *f* Anrufung

implōrō *1* anrufen, erflehen

implūm|is, ~e, *Gen* ~is ohne Federn, kahl

implu|ō, ~ī *3* (hinein)regnen *Dat* auf

impluviātus *3* glänzend; blaugrau

impluvium, ī *n* [impluo] Regenbehälter (im Innenhof); Hof; Dachöffnung

impolītus *3* ungeglättet, schmucklos; ungebildet; unvollendet

impollūtus *3* unbefleckt

im|pōno, ~posuī, ~positus (*u.* ~postus) *3* (hin)einsetzen, aufsetzen, auf(er)legen, beigeben; an Bord schaffen; hinters Licht führen, vormachen; zufügen; Eindruck machen, imponieren

⟦**importabilis,** ~e, *Gen* ~is *spl* unerträglich

importō *1* einführen, importieren; herbeiführen

importūnitā|s, ~tis *f* ungünstige Lage; Rücksichtslosigkeit ⟦*spl* Drängen

importūnus *3* ungünstig, beschwerlich; rücksichtslos

importuōsus *3* ohne Hafen

impo|s, *Gen* ~tis [potis] nicht Herr *Gen* über

⟦**impositio,** ~nis *f spl* Auftürmen, Auflegen; Benennung

impositus →impono

imposīvī *altl* = imposui

impossibil|is, ~e, *Gen* ~is unmöglich

⟦**impossibilita|s,** ~tis *f ml* Unmöglichkeit

⟦**impostor,** ~is *m spl* Betrüger

⟦**impostura,** ae *f spl* Betrügerei

impostus I. *Part Perf Pass* →impono ⟦**II.** *Subst* us *m ml* Betrug

imposuī →impono

⟦**impotabil|is,** ~e, *Gen* ~is *ml* nicht trinkbar

impot|ēns, *Gen* ~entis ohnmächtig, nicht Herr *Gen* über; maßlos

impotentia, ae *f* Ohnmacht; Zügellosigkeit

⟦**impraemeditate** *Adv spl* unversehens

impraesentiārum *Adv* zurzeit, vorläufig

imprānsus *3* nüchtern

⟦**imprecam|en,** ~inis *n ml* Verwünschung

imprecātiō, ~nis *f* Verwünschung ⟦*spl* Herbeiwünschen *Gen* von

imprecor *1* wünschen, Schlimmes wünschen ⟦*spl* prospera ~ Glück wünschen; *ml* fluchen

⟦**impresse** *Adv spl* nachdrücklich

impressī →imprimo

impressiō, ~nis *f* [imprimo] Eindruck; feindlicher Überfall ⟦*spl* Eindrücken, Abdruck

impressus →imprimo

imprīmīs *Adv* [in primis] vor allem, vorzüglich, ganz besonders

im|primō, ~pressī, ~pressus *3* [premo] (hin)eindrücken, aufdrücken, einprägen; bezeichnen ⟦*ml* litteras ~primo (Buchstaben) schreiben; libros ~primo Bücher drucken

improbābil|is, ~e, *Gen* ~is verwerflich, zu verwerfen

improbātiō, ~nis *f* Missbilligung

improbātus I. *Adj 3* verworfen **II.** *Part Perf Pass zu* improbo

improbitā|s, ~tis *f* Unredlichkeit; Frechheit

improbō *1* verwerfen, missbilligen

improbus I. *Adj 3* schlecht; unredlich, boshaft; dreist, maßlos **II.** *Subst* ī *m* Bösewicht

imprōcērus *3* unansehnlich

imprōdictus *3* nicht verschoben

improfessus *3* nicht (an)gemeldet

imprōmptus *3* nicht schlagfertig

⟦**improperanter** *Adv spl* ohne Eile

improperātus *3* langsam

improperō *1* [probrum] vorwerfen

improprius *3* uneigentlich, unpassend

imprōsperus *3* unglücklich, ungünstig

imprōtēctus *3* unverteidigt

imprōvidus *3* nicht ahnend *Gen* etw., unvorsichtig

imprōvīsō *Adv* (*gew* ex *od* de ~) unvermutet

imprōvīsus *3* unvorhergesehen

imprūd|ēns, *Gen* ~entis nicht wissend, unbesorgt; unklug; unerfahren *Gen* in

imprūdentia, ae *f* Unvorsichtigkeit, Unkenntnis, Unklugheit

impūb|ēs, *Gen* ~eris *und* **~is,** ~e, *Gen* ~is nicht erwachsen, jugendlich, keusch

impud|ēns, *Gen* ~entis unverschämt, schamlos

impudentia, ae *f* Schamlosigkeit, Unverschämtheit

impudīcitia, ae *f* Unkeuschheit, Unzucht

impudīcus *3* unzüchtig, schamlos

impūgnātiō, ~nis *f* Bestürmung

⟦**impugnator,** ~is *m spl* Bekämpfer
impūgnō *1* angreifen, bekämpfen
impulī →impello
impulsiō, ~nis *f* Anstoß, Trieb
impuls|or, ~ōris *m* Antreiber
impulsus I. *Part Perf Pass* →impello **II.** *Subst* ūs *m* Stoß, Anregung; Einfluss
impūne *Adv* [poena] ungestraft, ohne Gefahr
impūnitā|s, ~tis *f* Straflosigkeit, Zügellosigkeit
impūnītus *3* straflos; zügellos
impūrātus I. *Adj 3* schmutzig, schuftig **II.** *Subst* ī *m* Schuft
impūrit|ās, ~ātis *u.* **~ia,** ~ae *f* Unflätigkeit, Verworfenheit
impūrus *3* schmutzig, gemein
imputātus I. *Adj 3* unbeschnitten **II.** *Part Perf Pass zu* imputo
imputō *1* zuschreiben, (sich) anrechnen
⟦**imputribil|is,** ~e, *Gen* ~is [puter] *spl* unverwest; unverweslich
īmulus *3* allerunterster
īmum, ī *n* unteres Ende, Tiefe; Schluss; ad ~ bis zuletzt; schließlich ⟦*ml* Erde
īmus *3* unterster, niedrigster, tiefster; letzter ⟦*spl* = intimus
in *Präp* **1.** *beim Akk* in, an, auf + *Akk,* nach, für; gegen; gemäß, unter ⟦*spl statt bloßem Akk z. B.* in dominum velle zum *od* als Herrn wollen **2.** *beim Abl* in, an, auf *mit Dat;* bei, innerhalb, während; trotz ⟦*spl* in multis in mancher Hinsicht; *statt Gen, z. B.* in auro = auri; tres libri in disputatione ac dialogo 3 Bücher enthaltend Streitgespräch u. Dialog; *statt bloßem Abl, z. B.* in utilitatibus prodesse durch Dienste nützen
inaccensus *3* nicht angezündet ⟦*spl* nicht entflammt
⟦**inaccessibil|is,** ~e, *Gen* ~is *spl* unbetretbar
inaccessus *3* unzugänglich
inacēscō *3* sauer *od* zuwider werden
Īnachidēs, ae *m* Nachkomme des Inachos
Īnachi|s, ~dis *f* **I.** des Inachos **II.** *Subst* Nachkomme des Inachos (1. = Io 2. Einw. von Argos)
Īnachius *3* **1.** des Inachos **2.** argivisch, griechisch
Īnachus, ī *m* Inachos (Fluss, Flussgott u. König in Argos)
ināctus →inigo
inads-, inadt- = inass-, inatt-
inadustus *3* unversengt
inaedificō *1* aufbauen, anbauen; zubauen
inaequābil|is, ~e, *Gen* ~is ungleich(mäßig)
inaequāl|is, ~e, *Gen* ~is uneben, ungleich; veränderlich
inaequālitā|s, ~tis *f* Ungleichheit
inaequātus *3* ungleich
inaequō *1* gleich (hoch) machen
inaequus *3* = iniquus
inaestimābil|is, ~e, *Gen* ~is unberechenbar; unschätzbar; wertlos
inaestuō *1* aufbrausen
inagitātus *3* unbewegt
inalgēscō *3* erkalten
inalpīnus I. *Adj 3* Alpen- **II.** *Subst* ī *m* Alpenbewohner
inamābil|is, ~e, *Gen* ~is unfreundlich; verhasst
inamārēscō *3* bitter werden; den Reiz verlieren
inambitiōsus *3* anspruchslos
inambulātiō, ~nis *f* Auf-und-ab-Gehen; Hin-und-her-Schaukeln
inambulō *1* umhergehen
⟦**inambustus** *3 ml* unverbrannt
inamoenus *3* reizlos
inān|e, ~is *n* leerer Raum; Luftraum; Nichtigkeit
ināniae, ārum *f* Leerheiten
inānilogista, ae *m* Phrasendrescher
inanimāl|is, ~e, *Gen* ~is unbelebt
inānīmentum, ī *n* Leere
inanimus *3* unbelebt
ināniō *4* leeren ⟦*spl* entkräften
inān|is, ~e, *Gen* ~is **1.** leer *Gen od Abl* an, von; ohne; hohl; hungrig; arm **2.** unnütz, ungültig **3.** eitel, eingebildet; *vgl* inane
inānitā|s, ~tis *f* Leere; Nichtigkeit
⟦**inaquosus** *3 spl* wasserarm
inarātus *3* ungepflügt
inār|dēscō, ~sī *3* in Brand geraten, erglühen
inār|ēscō, ~uī *3* eintrocknen
Īnarimē, ēs *f* = Aenaria
inārsī →inardesco
ināruī →inaresco
⟦**inaspicuus** *3 spl* unsichtbar
inassuētus *3* ungewohnt
inattenuātus *3* ungeschwächt
inaudā|x, *Gen* ~cis verzagt
inaudiō *4* munkeln hören
inaudītus I. *Adj 3* (noch) nicht gehört, unbekannt, neu, unerhört; ohne Verhör **II.** *Part Perf Pass zu* inaudio
inaugurātō *Abl* nach Befragung des Vogelflugs
inaugurō *1* die Vorzeichen des Vogelflugs befragen; einweihen, ins Amt einführen
inaur|ēs, ~ium *f* Ohrringe
inaurō *1* vergolden
inauspicātus *3* ohne Befragung der Vorzeichen (angenommen); unglücklich; unverhofft
inausus *3* [audeo] ungewagt, unversucht *Dat* von
inb- = imb-
⟦**inbeneficio** *1 ml* belehnen
incaeduus *3* [caedo] nicht gefällt
incal|ēscō, ~uī *3* heiß werden, erglühen
incal|faciō, ~fēcī, ~factus *3* erwärmen

incallidus *3* unklug, weltfremd
incaluī →incalesco
incand|ēscō, ~uī *3* weiß glänzen; erglühen
incān|ēscō, ~uī *3* grau *od* weiß werden
⟦**incantatri|x,** ~cis *f ml* Hexe
incantō *1* (Zauberspruch) hersagen; durch Zauberspruch weihen; bezaubern
incānuī →incanesco
incānus *3* ergraut
⟦**incapa|x,** *Gen* ~cis *spl* unfähig *Gen* zu
⟦**incarcero** *1 spl* einkerkern
⟦**incarnatio,** ~nis *f spl* Menschwerdung
⟦**incarnatus** *3 spl* Mensch geworden
incassum [cassus] erfolglos
incastīgātus *3* ungestraft
incautus *3* unvorsichtig, sorglos; ungeschützt; unvermutet
in|cēdō, ~cessī, ~cessus *3* hingehen, einherschreiten; marschieren, vorrücken, betreten; befallen, hereinbrechen; sich verbreiten
incele|ber, ~bris, ~bre, *Gen* ~bris unbekannt
incelebrātus *3* nicht veröffentlicht; unerwähnt
incēnātus *3* ohne Essen, hungrig
incendiārius, ī *m* Brandstifter
incendium, ī *n* [incendo] Brand, Brandstiftung, Feuer; *übertr* Verderben
in|cendō, ~cendī, ~cēnsus *3* [candor] anzünden, entzünden, erleuchten; aufregen, erregen, steigern
incēnō *1* darin speisen
incēnsiō, ~nis *f* Brand ⟦*spl* ~ lunae Mondaufgang
⟦**incensum,** ī *n spl* Räucherwerk, Weihrauch
incēnsus I. *Adj 3* **1.** feurig, erbittert **2.** ungeschätzt **II.** *Part Perf Pass* →incendo
incent|or, ~ōris *m* [incino] Vorsänger; Anstifter
incēpī →incipio
inceptiō, ~nis *f* Beginnen
inceptō *1* anfangen; sich in Streit einlassen
incept|or, ~ōris *m* Beginner
inceptum, ī *n* Beginn; Unternehmen
inceptus I. *Part Perf Pass* →incipio **II.** *Subst* ūs *m* = inceptum
incernō *3* darauf sieben, darauf streuen
incērō *1* mit Wachs überziehen
incertō I. *Verb 1* unsicher machen **II.** *Adv zu* incertus
incertus *3* unsicher, ungewiss, ratlos
⟦**incessabil|is,** ~e, *Gen* ~is *spl* unablässig
⟦**incessan|s,** *Gen* ~tis *spl* unablässig
incessī →incedo *u* incesso
incess|ō, ~īvī *und* ~ī *3* [incedo] angreifen
incessus I. *Part Perf Pass* →incedo **II.** *Subst* ūs *m* Einherschreiten, Gang(art); Vordringen; Zugang
incestō *1* beflecken, schänden
incestum, ī *n* Unzucht; Blutschande
incestus I. *Adj 3* [castus] unrein, unzüchtig **II.** *Subst* ūs *m* = incestum
incho- = incoh-
⟦**incidenter** *Adv ml* bei Gelegenheit
[1]**incid|ō,** ~ī *3* [cado] hineinfallen, fallen *Dat* in *od* auf, befallen; überfallen; stoßen auf, geraten in; sich ereignen
[2]**incī|dō,** ~dī, ~sus *3* [caedo] ein-, beschneiden, abschneiden; unterbrechen, vernichten; sezieren
incīl|e, ~is *n* [[2]incido] Abzugsgraben
incīlō *1* schelten, tadeln
in|cingō, ~cīnxī, ~cīnctus *3* umgürten, umgeben
incinō *3* [cano] anstimmen
in|cipiō, ~cēpī, ~ceptus *3* [capio] beginnen, unternehmen
incipissō *3* eifrig beginnen
incīs|ē *und* **~im** *Adv* kurz gegliedert
incīsiō, ~nis *f* [incīdo] Einschnitt, Abschnitt (einer Periode) ⟦*spl* Kapiteleinteilung
incīsum, ī *n rhet* Einschnitt
incīsūra, ae *f* [incīdo] Schnitt
incīsus →[2]incido
incitāmentum, ī *n* Anreiz; Anstifter
incitātiō, ~nis *f* Anregung, Schwung
incitātus I. *Adj 3* beschleunigt, unruhig **II.** *Part Perf Pass zu* incito
incitō *1* antreiben; begeistern, aufwiegeln; vergrößern
incit|us *3* **1.** unbeweglich, schachmatt; ruiniert; ad ~as (*od* ~os, ~a) schachmatt, in die größte Verlegenheit **2.** schnell
incīvīl|is, ~e, *Gen* ~is unhöflich; tyrannisch
inclāmitō *1* anschreien
inclāmō *1* rufen; anrufen, zurufen *auch Akk* jmdm.
inclār|ēscō, ~uī *3* berühmt werden
inclēm|ēns, *Gen* ~entis unbarmherzig, streng
inclēmentia, ae *f* unerbittliche Strenge ⟦*spl* ~ hiemis Härte des Winters
inclīnābil|is, ~e, *Gen* ~is sich leicht neigend
inclīnātiō, ~nis *f* Beugung, Wechsel; Zuneigung
inclīnātus I. *Adj 3* geneigt, sinkend; zugeneigt **II.** *Part Perf Pass zu* inclino(r)
inclīn|is, ~e, *Gen* ~is geneigt ⟦*spl* sich bückend
inclīnō *1* neigen; *milit* zum Wanken bringen; lenken; sich zuneigen, beeinträchtigen ⟦*spl* sich verneigen *Dat* vor
inclīnor *1* sich neigen, ins Wanken kommen; geneigt sein; sich zum Schlechten wenden
inclītus *3* = inclutus
inclū|dō, ~sī, ~sus *3* [claudo] einschließen, einfügen; verschließen; beendigen
⟦**inclu|dor,** ~sus sum *3 ml* Klausner werden

⟦**inclusa,** ae *f ml* Klausnerin, Nonne
inclūsiō, ~nis *f* Einschließung
⟦**inclusive** *Adv ml* einschließlich
inclūsus →includo
inclutus *3* berühmt
incoāctus *3* ungezwungen
incoctus I. *Adj 3* **1.** eingekocht; gefärbt **2.** ungekocht **II.** *Part Perf Pass* →incoquo
incōgitābil|is, ~e, *Gen* ~is gedankenlos ⟦*spl* unbegreiflich
incōgit|āns, *Gen* ~antis unüberlegt
incōgitantia, ae *f* Unüberlegtheit
incōgitātus *3* unüberlegt, ungewollt; undenkbar
incōgitō *1* ausdenken
incōgnitus *3* unbekannt; nicht (als Eigentum) anerkannt; ununtersucht ⟦*ml* incognitis iudico ohne Untersuchung urteilen
⟦**incohatio,** ~nis *f spl* Anfang
incohibil|is, ~e, *Gen* ~is [cohibeo] unhandlich
incohō *1* anfangen, den Grund legen; zu schildern versuchen
incola, ae *m* Einwohner; Bewohner; Ansässiger (Nichtbürger); *auch Adj* einheimisch
⟦**incolatus,** us *m spl* Aufenthalt
in|colō, ~coluī, ~cultus *3* bewohnen; wohnen
incolum|is, ~e, *Gen* ~is unversehrt
incolumitā|s, ~tis *f* Unversehrtheit, Sicherheit
⟦**incombustus** *3 ml* unverbrannt
incomitātus *3* unbegleitet
incomitiō *1* [comitium] an den Pranger stellen
incommendātus *3* preisgegeben
incommodesticus *3* lästig
incommoditā|s, ~tis *f* Nachteil; Unhöflichkeit
incommodō *1* lästig sein
incommodum, ī *n* Unbequemlichkeit; Nachteil; *milit* Niederlage
incommodus *3* unbequem, unangenehm; unfreundlich
incommūtābil|is, ~e, *Gen* ~is unveränderlich
incomparābil|is, ~e, *Gen* ~is unvergleichlich
incompertus *3* (noch) nicht ermittelt
incompositus *3* ungeordnet, kunstlos
incomprehēnsibil|is, ~e, *Gen* ~is unfassbar; maßlos
incōmptus *3* ungepflegt, schmucklos
inconcessus *3* unerlaubt; unmöglich
inconciliō *1* in Unannehmlichkeiten versetzen; betrügerisch an sich bringen
inconcinnus *3* unharmonisch, ungeschickt
inconcussus *3* unerschüttert
[1]**inconditus** *3* [condo] ungeordnet; schlicht
[2]**inconditus** [condio] *ml* ungewürzt
⟦**inconexus** *3 spl* unzusammenhängend
incongru|ēns, *Gen* ~entis nicht folgerichtig; ungereimt
incōnsīderantia, ae *f* Unbesonnenheit
⟦**inconsideratio,** ~nis *f spl* Mangel an Überlegung
incōnsīderātus *3* unbesonnen
incōnsōlābil|is, ~e, *Gen* ~is durch keinen Trost heilbar
⟦**inconsolatus** *3 ml* ungetröstet
incōnst|āns, *Gen* ~antis unbeständig, nicht folgerichtig
incōnstantia, ae *f* Unbeständigkeit
incōnsultus I. *Adj 3* nicht befragt; ratlos; unüberlegt **II.** *Subst* ūs *m* Nichtbefragung; inconsultu meo ohne mich zu befragen
incōnsūmptus *3* unverbraucht, ewig
⟦**inconsutil|is,** ~e, *Gen* ~is *spl* nicht zusammengenäht, aus einem Stück
incontāminātus *3* unvermischt, (stil)rein
incontentus *3* ungespannt *Saite*
incontin|ēns, *Gen* ~entis eigennützig ⟦*ml* zügellos
incontinentia, ae *f* Eigennutz, Begehrlichkeit
⟦**incontrectabil|is,** ~e, *Gen* ~is *spl* nicht greifbar
inconveni|ēns, *Gen* ~entis nicht übereinstimmend
⟦**inconvulsus** *3 spl* unzerrissen; unverändert; *ml* unveränderlich
in|coquō, ~coxī, ~coctus *3* kochen, einkochen; färben; überziehen *Akk* mit *Metall*
incōram I. *Präp beim Gen* vor Augen jmds. **II.** *Adv* vor aller Augen
incorōnātus *3* unbekränzt
incorporāl|is, ~e, *Gen* ~is unkörperlich
⟦**incorporatus** *3 spl* Leib geworden
⟦**incorporeus** *3 spl* unkörperlich
incorrēctus *3* unverbessert
⟦**incorrigibil|is,** ~e, *Gen* ~is *spl* unverbesserlich
⟦**incorrupti(bi)l|is,** ~e, *Gen* ~is *spl* unvergänglich
⟦**incorruptibiliter** *Adv spl* für immer
⟦**incorruptio,** ~nis *f spl* Unvergänglichkeit; Reinheit
incorruptus *3* unversehrt; unverfälscht; unbescholten; unbestechlich
incoxī →incoquo
incrēbr|ēscō, ~uī *3* häufig werden, zunehmen, sich verbreiten
incrēbrō *1* [creber] häufig tun
incrēbruī →increbresco
incrēdibil|is, ~e, *Gen* ~is unglaublich; unglaubwürdig
⟦**incredulita|s,** ~tis *f spl* Unglaube
incrēdulus *3* ungläubig
incrēmentum, ī *n* [incresco] Wachstum, Zuwachs; *übertr* Same; Sprössling
⟦**increpatio,** ~nis *f spl* Scheltwort, Tadel
increpitō *1* laut rufen; schelten, vorwerfen

increp|ō, ~uī (~āvī), ~itus (~ātus) *1* erschallen; ertönen lassen; durch Lärm betäuben; schelten, tadeln; antreiben
in|crēscō, ~crēvī *3* daran wachsen; anwachsen; zunehmen
incrētus *3* [incerno] vermischt
incrēvī →incresco
incruen(tā)tus *3* unblutig
incrustō *1* [crusta] **1.** beschmutzen **2.** mit Marmor *od* Stuck verkleiden
incubitō *1* bebrüten
incubitum →incumbo *und* incubo
incubō I. *Verb 1* (*auch* incubuī, incubitum) *mit Dat* liegen (*auch Akk*) auf *od* in; (im Tempel) schlafen von *od* auf; etw. bewachen; brüten über **II.** *Subst* ~nis *m* Alb(druck); Schatzwächter
incubuī →incumbo *und* incubo
incū|do, –, ~sus *3* schmieden, bearbeiten
⟦**inculcatio,** ~nis *f spl* Einprägen
inculcō *1* [calco] hineinstampfen, -pressen; einschieben; aufdrängen; einprägen ⟦*ml* terrorem ~ Schrecken einjagen
⟦**inculpabiliter** *Adv spl* ohne sich schuldig zu machen
inculpātus *3* unbescholten
⟦**inculpo** *1 spl* beschuldigen
incultus I. *Adj 3* unbebaut, ungepflegt; ungebildet **II.** *Part Perf Pass* →incolo **III.** *Subst* ūs *m* Verwahrlosung; Mangel an Bildung
in|cumbō, ~cubuī, ~cubitum *3* [cubo] sich legen, sich werfen (*auch Dat* an *od* auf); schwer lasten ⟦*spl als Aufgabe* zukommen; *ml* officio incumbit es gehört zur Pflicht
incūnābula, ōrum *n* Windeln; Geburtsort, Ursprung
⟦**incunctanter** *Adv spl* ohne Zaudern
incūnctātus *3* ungesäumt
incūrātus *3* ungeheilt
incūria, ae *f* [cura] Gleichgültigkeit; Leichtsinn
incūriōsus *3* gleichgültig; vernachlässigt
in|currō, ~(cu)currī, ~cursus *3* anrennen in *Akk* (*auch Dat*) gegen, einfallen; geraten (*auch bloßer Akk*) in; treffen; reichen bis, fallen in *Akk* auf *zeitlich*
incursiō, ~nis *f* Andrang; Angriff
incurs(it)ō *1* anrennen in *Akk* gegen; begegnen
incursus I. *Part Perf Pass* →incurro **II.** *Subst* ūs *m* Andrang, Angriff; Plan
incurv|ēscō *und* **~iscō** *3* sich krümmen
incurvō *1* krümmen; beugen
incurvus *3* krumm
incū|s, ~dis *f* [incudo] Amboss
incūsātiō, ~nis *f* Beschuldigung
incūsō *1* [causa] beschuldigen
incussī →incutio
incussus I. *Part Perf Pass* →incutio **II.** *Subst* ūs *m* Anschlagen
incūstodītus *3* unbewacht, nicht beobachtet; nicht geheim; unvorsichtig
incūsus I. *Adj 3* bearbeitet **II.** *Part Perf Pass* →incudo
⟦**incutesco** *3 ml* Haut bekommen, ausreifen
in|cutiō, ~cussī, ~cussus *3* [quatio] hineinstoßen, schleudern; einflößen
indāgātiō, ~nis *f* Aufspüren
indāgāt|or, ~ōris *m* Aufspürer, Erforscher
indāgātrī|x, ~cis *f* Erforscherin
indāg|ō I. *Subst* ~inis *f* Treibjagd, Umzingelung ⟦*spl* Forschen **II.** *Verb 1* aufspüren
indaudiō *4* = inaudio
inde *Adv* von dort; daraus; von da an, hierauf; ~ ab von ... an; infolgedessen ⟦*ml* ab ~ von dort
indēbitus *3* nicht gebührend ⟦*spl* nicht geschuldet, unverdient
indec|ēns, *Gen* ~entis unschicklich, unanständig
indecentia, ae *f* Unschicklichkeit
indeceō *2* **1.** übel anstehen *Akk* jmdm. **2.** gut stehen
indēclīnābil|is, ~e, *Gen* ~is unbeugsam, unveränderlich
indēclīnātus *3* unbeugsam, fest
indecor|is, ~e, *Gen* ~is [decus] unrühmlich
indecorō *1* schänden
indecōrus *3* unschicklich; unschön
indēfēnsus *3* unverteidigt
indēfessus *3* [defetiscor] unermüdet ⟦*spl* unermüdlich
⟦**indeficien|s,** *Gen* ~tis *spl* unablässig, unaufhörlich
indēflētus *3* unbeweint
indēiectus *3* nicht eingestürzt
indēlēbil|is, ~e, *Gen* ~is unvertilgbar
indēlībātus *3* unvermindert
indemnātus *3* [damno] ohne Verurteilung
indemn|is, ~e, *Gen* ~is [damnum] ohne Verlust
⟦**indemnita|s,** ~tis *f spl* Vermeidung von Verlust
indēplōrātus *3* unbeweint
indēprāvātus *3* unverdorben
indēprēnsus *3* unbegreiflich
indeptus →indipiscor
indēsertus *3* unvergänglich
⟦**indesinenter** *Adv spl* unablässig
indēstrictus *3* ungestreift, unverletzt
indētōnsus *3* ungeschoren
indēvītātus *3* unvermeidbar
index, indicis *m, f* [indīco] Angeber, Verräter; Kennzeichen; Verzeichnis, Katalog; Inhaltsangabe; Titel, Aufschrift; Zeigefinger; Prüfstein
Indī, ōrum *m* Inder (*auch* Äthiopier, Araber)
India, ae *f* Indien
indicāt|iō, ~iōnis *f u.* **~ūra,** ~ūrae *f* Preis(angabe)

indīcente *Abl* [[2]indico] me ~ ohne mein Geheiß
indicium, ī *n* [index] Anzeige; Erlaubnis *od* Lohn für Aussage; Anzeichen
indicīva, ae *f* [[1]indico] Lohn für Angabe *od* Aussage
[1]**indicō** *1* anzeigen, verraten; abschätzen
[2]**in|dīcō,** ~dīxī, ~dictus *3* ansagen, ankündigen; auferlegen; beordern
⟦**indictio,** ~nis *f spl* Ankündigung; Auferlegen *einer Leistung, bes Steuer;* Steuerperiode *von 15 Jahren; ml* Indiktion, Jahresangabe *innerhalb der Steuerperiode, vgl im Anhang »Römischer Kalender«*
indictus I. *Adj 3* noch nicht gesagt *od* besungen; indicta causa ohne Verteidigung **II.** *Part Perf Pass* →[2]indico
Indicum, ī *n* Indigo; ~ nigrum Tusche
Indicus *3* indisch
indidem *Adv* ebendaher
indidī →indo
indiffer|ēns, *Gen* ~entis gleichgültig, indifferent; *phil* weder gut noch schlecht ⟦*spl Adv* ~enter unterschiedslos; *phil* im Sinne der Indifferenz
indigena, ae *m, f* [indu, gigno] **I.** *Adj* einheimisch **II.** *Subst* Einheimischer
indigentia, ae *f* Bedürftigkeit; Habsucht
indig|eō, ~uī *2* [indu, egeo] Mangel haben *Gen od Abl* an, bedürfen
⟦**indigeries,** ei *f spl* Verdauungsstörung
[1]**indig|es,** *Gen* ~etis einheimisch, einheimischer Gott
[2]**indig|es,** *Gen* ~is [indigeo] bedürftig
indīgestus *3* [digero] ungeordnet
indīgnābundus *3* voll Unwillen
indīgn|āns, *Gen* ~antis unwillig, zornig
indīgnātiō, ~nis *f* Entrüstung; Erregung des Unwillens ⟦*spl* Krankheit, Entzündung
indīgnātiuncula, ae *f* Anflug von Entrüstung
indīgnē *Adv* schmachvoll; mit Unwillen
indīgnitā|s, ~tis *f* unwürdiges Verhalten; Niederträchtigkeit; Entrüstung
indīgnor *1* missbilligen, entrüstet sein ⟦*spl med* sich entzünden
indīgnus *3* unwürdig, nicht verdienend *Gen od Abl* etw.; unangemessen; empörend
indigus *3* [indigeo] bedürftig
indīlig|ēns, *Gen* ~entis nachlässig
indīligentia, ae *f* Nachlässigkeit; Vernachlässigung
in|dipīscor, ~deptus sum *3* erlangen, erreichen
indīreptus *3* [diripio] nicht ausgeplündert
⟦**indisciplinatus** *3 spl* zuchtlos
indiscrētus *3* [discerno] ungetrennt, nicht unterschieden, gleichgültig ⟦*spl* verworren, unbesonnen
⟦**indiscussus** *3 spl* unerörtert
indisertus *3* wortarm
indispositus *3* ungeordnet ⟦*spl* unvorbereitet
⟦**indisputabil|is,** ~e, *Gen* ~is *spl* unbestreitbar
indissolūbil|is, ~e, *Gen* ~is unauflöslich
indistīnctus *3* ungeordnet, unklar
inditus →indo
indīviduum, ī *n* Atom ⟦*ml* Einzelding
indīviduus *3* unteilbar; unzertrennlich
indīvīsus *3* ungeteilt
indīxī →[2]indico
in|dō, ~didī, ~ditus *3* hineinsetzen, hineinlegen (*auch Dat* in); (an)legen, (an)setzen, (bei)geben, bauen (*auch Dat* auf); *Namen* beilegen ⟦*ml* auferlegen
indocil|is, ~e, *Gen* ~is schwer lernend *Gen od Dat* etw., ungeschult; nicht lehrbar; unbekannt; einfach
indoctus *3* ungebildet, ungeschickt *Gen* in; kunstlos
indolentia, ae *f* [dolens] Freisein von Schmerz, Unempfindlichkeit
indol|ēs, ~is *f* Anlage, Begabung; Nachkommenschaft
indol|ēscō, ~uī *3* schmerzlich empfinden
indomābil|is, ~e, *Gen* ~is unbezähmbar
indomitus *3* ungebändigt; unbezwinglich
indormiō *4* schlafen *Dat* auf *od* bei; verschlafen *Dat od* in *Abl* etw.
indōtātus *3* ohne Aussteuer; ohne Schmuck
indu *altl Präp beim Akk und Abl* in
⟦**indubitanter** *Adv spl* ohne Zweifel
indubitātus *3* unbezweifelt
indubitō *1* zweifeln *Dat* an
indubius *3* unzweifelhaft
in|dūcō, ~dūxī, ~ductus *3* **1.** hineinführen; *Wasser* hineinleiten; auftreten lassen; vor Gericht bringen; neu einführen **2.** veranlassen, verleiten; täuschen; *bes* (in) animum ~duco sich entschließen; die Überzeugung gewinnen; den Geist richten auf **3.** darüberziehen, anziehen; überziehen, bedecken; *auf der Wachstafel* ausstreichen; tilgen, aufheben **4.** buchen, verrechnen
inductiō, ~nis *f* Hineinführen; Auftretenlassen; Verleitung *Gen* zu; (induktiver) Beweis; Überziehen, Bedecken
inductus →induco
indūcula, ae *f* Unterkleid
indugredior *altl* = ingredior
indulg|ēns, *Gen* ~entis nachsichtig, gütig
indulgentia, ae *f* Nachsicht, Güte; Zärtlichkeit ⟦*spl* Erlass *von Steuern,* Ablass; *ml* Lösung vom Bann
⟦**indulgentiarius** *3 ml* Ablass-
indul|geō, ~sī, ~tus *2* nachsichtig sein *Dat* gegen, begünstigen *Dat* jmdn. *od* etw.; sich widmen; bewilligen, geben ⟦*ml* erlassen *doppelter Akk* jmdm. etw.

⟦**indultor,** ~is *m spl* Begünstiger, Spender
⟦**indultum,** i *n spl* Gnade
indūmentum, ī *n* Kleidung, Hülle
induō, induī, indūtus *3* anziehen, bekleiden *auch* (in) *Akk* mit; versehen; sich aneignen; beginnen; verschaffen; se induere = induor
induor, indūtus sum *3* sich bekleiden *auch Akk* mit; hineingeraten, sich verwickeln
indupedio *altl* = impedio
induperātor *altl* = imperator
indūr|ēscō, ~uī *3* hart *od* fest werden; treu bleiben
indūrō *1* hart machen, stählen; hart werden, erstarken
Indus I. *Adj 3* indisch **II.** *Subst* ī *m* Indus (Fluss 1. in Indien 2. in Karien); *vgl* Indi
indūsiārius, ī *m* Hersteller von Obertuniken
indūsiātus *3* mit einer Obertunika bekleidet
indūsium, ī *n* Obertunika (über subucula gezogen)
industria, ae *f* [industrius] Fleiß, Unternehmungsgeist; (de *od* ex) industria absichtlich
industri|or, *Gen* ~ōris *Komp m zu* industrius
⟦**industriosus** *3 spl* arbeitsam
industrius *3* [in(du)struo] fleißig
indūtiae, ārum *f* Waffenstillstand; Ruhe ⟦*spl* Frist; *ml* Gerichtsverhandlung
⟦**indutio** *1 ml* verabreden
indūtus I. *Part Perf* →induo *u.* induor **II.** *Subst* ūs *m* Kleidung
induviae, ārum *f* = indutus II.
inebriō *1* trunken machen; tränken
inebrior *1* trunken werden, nass werden
inedia, ae *f* Hungern
inēditus *3* noch nicht herausgegeben
ineffābil|is, ~e, *Gen* ~is unaussprechlich ⟦*spl* nicht aufzuzählen
⟦**ineffabiliter** *Adv spl* nicht auszudrücken; wunderbar
inefficā|x, *Gen* ~cis unwirksam, schwach
inēgī →inigo
inēlabōrātus *3* kunstlos
inēleg|āns, *Gen* ~antis geschmacklos
inēluctābil|is, ~e, *Gen* ~is unabwendbar, nicht zu überwinden
inēmorior *3* hinsterben *Dat* bei
inēmptus *3* [emo] nicht gekauft; selbst erzeugt
inēnarrābil|is, ~e, *Gen* ~is unbeschreiblich
inēnōdābil|is, ~e, *Gen* ~is unentwirrbar, unerklärlich
ineō, iniī, initus (*Inf* inīre) betreten; beginnen; *Amt* antreten; *Vertrag* abschließen; *Entschluss* fassen; begatten; rationem ~ berechnen, überlegen
ineptia, ae *f* (*gew Pl*) Albernheit, Unsinn
ineptiō *4* faseln, Unsinn reden
⟦**ineptiola,** ae *f spl* anspruchsloser Einfall
ineptus *3* unpassend, töricht
inequitābil|is, ~e, *Gen* ~is für Reiterei untauglich
inequitō *1* dahinreiten *Dat* (*auch Akk*) über; ⟦*spl* verhöhnen *Dat* jmdn.
inerm|is, ~e, *Gen* ~is *u.* **~us** *3* [arma] unbewaffnet; ohne Heer; nicht gerüstet, unkriegerisch
inerr|āns, *Gen* ~antis **I.** *Adj* nicht herumirrend; stella ~ans Fixstern **II.** *Part Präs Akt zu* inerro
inerrō *1* herumirren *Dat* in *od* an ⟦*spl* sich verirren zu, versehentlich stoßen auf
iner|s, *Gen* ~tis [ars] ungeschickt, träge; schlaff machend; zaghaft
inertia, ae *f* Ungeschicklichkeit; Trägheit; Feigheit
inērudītus *3* ungebildet
inescō *1* ködern, anlocken; anfüllen
ineuschēmē *Adv* [gr] ohne Anstand
inēvītābil|is, ~e, *Gen* ~is unvermeidlich
inexcītus *3* nicht aufgeregt, ruhig
inexcūsābil|is, ~e, *Gen* ~is ohne Entschuldigung, keine Ausflüchte zulassend
inexercitātus *3* ungeübt; unbeschäftigt
⟦**inexesus** *3 spl* sich nicht verzehrend
inexhaustus *3* unerschöpft; unerschöpflich
inexōrābil|is, ~e, *Gen* ~is unerbittlich
⟦**inexpedibil|is,** ~e, *Gen* ~is *spl* unumgänglich
inexperrēctus *3* [expergiscor] unerweckbar
inexpertus *3* unerfahren *Gen od Dat* in; unerprobt
inexpiābil|is, ~e, *Gen* ~is unversöhnlich; durch keine Sühne tilgbar
inexplēbil|is, ~e, *Gen* ~is unersättlich
inexplētus *3* ungesättigt; unersättlich ⟦*spl* unvollendet
inexplicābil|is, ~e, *Gen* ~is unauflöslich; unausführbar; unerklärlich
inexplōrāt|us *3* ununtersucht; *Abl* ~o ohne vorherige Untersuchung
inexpūgnābil|is, ~e, *Gen* ~is uneinnehmbar, unüberwindlich
inexspectātus *3* unerwartet
inexstīnctus *3* nicht ausgelöscht
⟦**inexstinguibil|is,** ~e, *Gen* ~is *spl* nicht auszulöschen
inexsuperābil|is, ~e, *Gen* ~is unübersteigbar; unüberwindlich; unübertrefflich
⟦**inextimabil|is,** ~e, *Gen* ~is *spl* unschätzbar
inextrīcābil|is, ~e, *Gen* ~is unentwirrbar
īnfabrē *Adv* ungeschickt
īnfabricātus *3* unbearbeitet, roh
īnfacētiae, ārum *f* Albernheiten
īnfacētus *3* plump, albern
īnfācundus *3* ungewandt im Reden
īnfāmia, ae *f* übler Ruf, Schande

īnfām|is, ~e, *Gen* ~is berüchtigt, schändlich
īnfāmō *1* in üblen Ruf bringen
īnfandus *3* unsagbar; grässlich
īnfāns, *Gen* īnfantis [for] **I.** *Adj* stumm; lallend; kindlich, kindisch; ohne Rednergabe **II.** *Subst m, f* kleines Kind; ab infante von Kindheit an ⟦*ml m* Prinz; Page
īnfantia, ae *f* Kindheit; Mangel an Rednergabe
īnfantīl|is, ~e, *Gen* ~is kindlich; noch klein
⟦**infantula,** ae *f spl* kleines Mädchen
⟦**infantulus,** i *m spl* Knabe
īnfarciō = infercio
īnfatīgābil|is, ~e, *Gen* ~is unermüdlich
īnfatuō *1* betören ⟦*ml* zunichtemachen
⟦**infatuor** *1 spl* dumm *od* unbrauchbar werden
infaustus *3* unglücklich; unheilvoll
īnfēcī →inficio
īnfect|or, ~ōris *m* [inficio] Färber; *auch attributiv* Färbe-
īnfect|us I. *Adj 3* ungetan, unvollendet, unbearbeitet; unausführbar; ~a re unverrichteter Sache **II.** *Part Perf Pass* →inficio
īnfēcunditā|s, ~tis *f* Unfruchtbarkeit
īnfēcundus *3* unfruchtbar
īnfēlīcitā|s, ~tis *f* Unfruchtbarkeit; Unglück
īnfēlīcō *1* unglücklich machen
īnfēlī|x, *Gen* ~cis unglücklich, unheilvoll; unfruchtbar
īnfēnsō *1* beunruhigen, zürnen
īnfēnsus *3* feindselig, erbittert
īnfer = inferus
īnferbuī →infervesco
īnferciō *4* [farcio] hineinstopfen
īnferī, ōrum *u.* um *m* die Toten, Welt der Toten ⟦*spl* Hölle
īnferiae, ārum *f* Totenopfer
īnferiāl|is, ~e, *Gen* ~is Bestattungs-
īnfer|ior, ~ius, *Gen* ~iōris unterer, niedriger; später, jünger; *übertr* geringer, schwächer ⟦*spl* ~iores Hölle; *auch* ~ior = interior
īnferius I. *Adj 3* [infero] gespendet **II. 1.** *n Sg* →inferior **2.** *Komp zu* infra tiefer, weiter unten
īnferna, ōrum *n* **1.** Unterleib **2.** Totenreich ⟦*spl* Hölle
⟦**infernal|is,** ~e, *Gen* ~is *spl* höllisch
īnfernī, ōrum *m* die im Totenreich ⟦*spl* Hölle
īnfernus *3* unten befindlich; unterirdisch ⟦*spl* Hölle
īnferō, intulī, illātus (*Inf* īnferre) hineintragen, hineinbringen *auch Dat* in; legen *auch Dat* an *od* auf; *Rechnungen* eintragen; *in der Rede* vorbringen; zufügen; bellum ~ Krieg anfangen *Dat* mit; bellum ~ Krieg verlegen in *Akk* nach; signa ~ angreifen *Dat od* in *Akk* jmdn.; erregen; folgern; se inferre = inferor
īnferor, illātus sum (*Inf* īnferrī) eilen, stürmen, sich begeben
⟦**infertil|is,** ~e, *Gen* ~is *ml* unfruchtbar
īnferus *3* (*Komp* →inferior) unten befindlich; der Totenwelt; (mare) inferum Tyrrhenisches Meer
īnfervēscō, īnferbuī *3* zu sieden beginnen, aufbrausen
⟦**infestatio,** ~nis *f spl* Anfeindung, Überfall; Feindschaft, Angriff; Beunruhigung
īnfēstō *1* angreifen, beunruhigen
īnfēstus *3* feindselig; (feindlich) andringend; kampfbereit, Angriffs-; unsicher, gefährdet; konvex
īnficētus = infacetus
īn|ficiō, ~fēcī, ~fectus *3* [facio] färben, vermischen; vertraut machen; belasten; vergiften, verderben, anstecken
īnfidēl|is, ~e, *Gen* ~is treulos ⟦*spl* heidnisch, ungläubig
īnfidēlitā|s, ~tis *f* Unzuverlässigkeit ⟦*spl* Unglaube, Ungläubigkeit
īnfidī →infindo
īnfīdus *3* unzuverlässig
īn|fīgō, ~fīxī, ~fīxus *3* festmachen; hineinstoßen; einprägen; infixum est es ist fester Vorsatz
īnfimātis, ~ *m* einer aus der untersten Volksklasse
īnfimus *3* unterster, niedrigster; unterster Teil
īn|findō, ~fidī, ~fissus *3* durchschneiden; sulcos ~findo Furchen ziehen *auch übertr*
īnfīn|itās, ~itātis *u.* **~itiō,** ~itiōnis *f* Unendlichkeit, Weltall
īnfīnītus *3* unendlich, unbestimmt
īnfīō, *nur 3. Sg* infit (er, sie, es) beginnt
⟦**infirmaria,** ae *f ml* Krankenhaus
īnfīrmātiō, ~nis *f* Entkräftung; Widerlegung
īnfīrmitā|s, ~tis *f* Schwäche, Krankheit; Wankelmut
īnfirmō *1* entkräften, schwächen
⟦**infirmor** *1 spl* krank sein
īnfirmus *3* schwach, krank; mutlos
īnfissus →infindo
īnfit →infio
īnfitiae *nur* infitias [1]eo ableugnen
īnfitiāl|is, ~e, *Gen* ~is ablehnend
īnfitiātiō, ~nis *f* Leugnen
īnfitiāt|or, ~ōris *m* Ableugner
īnfitior *1* leugnen
īnfīxī, īnfīxus →infigo
īnflammātiō, ~nis *f* Brand, Feuer; *med* Entzündung
īnflammō *1* entflammen; *med* entzünden
īnflātiō, ~nis *f* Anschwellen, Wölbung; Blähung, Entzündung ⟦*spl* Hochmut, Stolz

īnflātus **I.** *Adj 3* aufgeblasen, geschwollen; zornig; schwülstig **II.** *Part Perf Pass zu* inflo **III.** *Subst* ūs *m* Hineinblasen; Eingebung

in|flectō, ~flexī, ~flexus *3* biegen; verändern; umstimmen

inflētus *3* unbeweint

inflexī →inflecto

inflexibil|is, ~e, *Gen* ~is unbeugsam

inflexiō, ~nis *f* = inflexus II.

inflexus **I.** *Part Perf Pass* →inflecto **II.** *Subst* ūs *m* Beugung, Krümmung; Umbildung

infli|gō, ~xī, ~ctus *3* darauf schlagen, stoßen, schleudern *Dat* gegen; zufügen

īnflō *1* einblasen, aufblasen; *Instrumente* blasen; anschwellen lassen; stolz machen, ermutigen

in|fluō, ~flūxī *3* hineinströmen (*auch Akk* in); eindringen ⟦*spl* münden

īn|fodiō, ~fōdī, ~fossus *3* eingraben

īnfōrmātiō, ~nis *f* Vorstellung, Erläuterung ⟦*spl* Unterweisung, Anweisung

īnfōrm|is, ~e, *Gen* ~is ungeformt, unförmig, hässlich; körperlos

īnfōrmō *1* bilden; sich vorstellen; unterrichten

inforō *1* anbohren; *Komödienwitz* auf das Forum bringen

infortūnātus *3* unglücklich

īnfortūnium, ī *n* Unglück; Prügel

infossus →infodio

infrā **I.** *Präp beim Akk* unter(halb); später als; geringer als ⟦*spl für* intra innerhalb, in; während, binnen; ~ se bei sich **II.** *Adv* (*Komp* →inferius) unten

īnfrāctiō, ~nis *f* Kleinmut

infrāctus **I.** *Adj 3* gebrochen; umgebogen; mutlos; abgehackt **II.** *Part Perf Pass* →infringo

infragil|is, ~e, *Gen* ~is ungeschwächt

infrēgī →infringo

infrem|ō, ~uī *3* grunzen; toben

īnfrēnātus **I.** *Adj 3* ungezäumt ⟦*spl* ungebändigt **II.** *Part Perf Pass zu* infreno

infrendeō *2* [frendo] knirschen

īnfrēn|is, ~e, *Gen* ~is *u.* **~us** *3* ohne Zaum ⟦*spl* ungebändigt

īnfrēnō *1* (auf)zäumen

infrequ|ēns, *Gen* ~entis nicht zahlreich; wenig besucht *od* bevölkert; selten (anwesend)

infrequentia, ae *f* nicht beschlussfähige Anzahl; Einsamkeit

in|fringō, ~frēgī, ~frāctus *3* [frango] zerbrechen, abbrechen; entmutigen; zerschlagen *Dat* an ⟦*ml* ictus ~fringo Schläge versetzen

infriō *1* hineinstreuen; einreiben

īnfr|ōns, *Gen* ~ondis unbelaubt; baumlos

īnfrūctuōsus *3* unfruchtbar; erfolglos

īnfrūnītus *3* geschmacklos, albern

īnfūcātus *3* [fuco] **1.** geschminkt ⟦**2.** *spl* ungeschminkt

infūdī →infundo

īnfula, ae *f* (Kopf-)Binde (Zeichen für Unantastbarkeit der Priester u. Schutzflehenden); *übertr* Ehrenzeichen, unantastbarer Schmuck

īnfulātus *3* mit Binde(n) geschmückt ⟦*ml* mit Mitra u. Infuln; ~ stola planetaque im Ornat

īnful|ciō, ~sī, ~tus *4* hineinstopfen

⟦**infulo** *1 ml* schmücken

īnfulsī, īnfultus →infulcio

in|fundō, ~fūdī, ~fūsus *3* hineingießen, hineinschütten, hineinfüllen; ausbreiten ⟦*spl* befeuchten; *ml* se infundere sich hinbegeben

īn|fundor, ~fūsus sum *3* hineinströmen, eindringen, sich ausbreiten; sich schmiegen *Dat* an

īnfuscō *1* dunkel machen; entstellen, verderben

⟦**infusio,** ~nis *f spl* Hineingießen; Übergießen; Hineinfließen

īnfūsus →infundo *und* infundor

Ingaevon|ēs, ~um (*auch* Inguaeonēs) *m* Ingaevonen (Germanenstamm an der Nordsee)

Ingaunī, ōrum *m* Ingauner (ligurischer Stamm bei Genua)

ingemēscō = ingemisco

ingeminō *1* **1.** verdoppeln, vergrößern **2.** sich wiederholen, sich steigern ⟦*spl* wiederholt sagen

ingem|īscō, ~uī *3* **1.** seufzen (in) *Abl* über *od* bei **2.** bedauern

ingemō *3* = ingemisco

ingemuī →ingemisco

ingenerātus *3 Part Perf Pass zu* ingenero; *bes* angeboren

ingenerō *1* einpflanzen; schaffen

⟦**ingeniarius,** i *m ml* Festungsbaumeister; Geschützkommandant

⟦**ingeniator,** ~is *m ml* = ingeniarius

ingeniātus *3* von Natur geartet

⟦**ingenierius,** i *m ml* = ingeniarius

⟦**ingeniolum,** i *n spl* kleines Talent

ingeniōsus *3* begabt, fähig

ingenitus **I.** *Adj 3* **1.** angeboren ⟦**2.** *spl* ungeboren; *ml* zu früh *od* künstlich zur Welt gebracht **II.** *Part Perf Pass* →ingigno

ingenium, ī *n* [ingigno] Natur, Sinnesart, Charakter; Begabung, Genie; kluger Einfall; Beschaffenheit ⟦*ml* Art und Weise, Verhalten; Kunst, Trick; Geschütz

ingēns, *Gen* ingentis ungeheuer, gewaltig

[1]**ingenuī** →ingigno

[2]⟦**ingenui,** orum *m ml* Geschlechter *in dt Städten*

ingenuitā|s, ~tis *f* freie Geburt; Aufrichtigkeit

ingenuus *3* [ingigno] einheimisch; angeboren; frei geboren, edel; verzärtelt
in|gerō, ~gessī, ~gestus *3* hineintragen, -bringen, -werfen; zurufen; aufdrängen ⟦*ml* se ingerere sich einmischen, sich aufdrängen; se peregrinationi ingerere sich auf Pilgerfahrt begeben; mitteilen
in|gīgnō, ~genuī, ~genitus *3* einpflanzen
inglōrius *3* ruhmlos *Gen* in
⟦**ingluttio** *4 spl* in sich schlürfen
ingluviēs, ēī *f* Kropf; Schlund; Gefräßigkeit
⟦**ingrandino** *1 ml* verprügeln
ingrātificus *3* undankbar
ingrāt(i)īs *Adv* wider Willen
⟦**ingratitud|o,** ~inis *f spl* Undankbarkeit, Missfallen
ingrātus *3* unangenehm; ungedankt; undankbar; unnütz ⟦*spl* widerwillig, ungefällig, zuwider
ingravēscō *3* schwer *od* lästig werden; (sich) verschlimmern
ingravō *1* schwer *od* schlimm machen; verstärken; lästig fallen ⟦*spl* verhärten; querelam ~ nachdrückliche Beschwerde führen
in|gredior, ~gressus sum *3* [gradior] einhergehen, hineingehen; betreten; angreifen; beginnen ⟦*ml* lectum ~gredior zu Bett gehen; herantreten, eintreten; *auch Pass*
ingressiō, ~nis *f* = ingressus II.
ingressus I. *Part Perf* →ingredior **II.** *Subst* ūs *m* Gang; Einzug, Einfall; Anfang
ingru|ō, ~ī *3* hereinstürzen
Inguaeonēs = Ingaevones
ingu|en, ~inis *n* Weichen, Leistengegend; Unterleib; Geschwulst in der Leistengegend; Geschlechtsteile
ingurgitō *1* hineinstürzen; se ingurgitare sich stürzen, *bes* übermäßig essen u. trinken ⟦*ml* ingurgitatus berauscht
ingustātus *3* noch nie gekostet
inhabil|is, ~e, *Gen* ~is unhandlich, untauglich
inhabitābil|is, ~e, *Gen* ~is unbewohnbar
inhabitō *1* bewohnen
inhae|reō, ~sī *2* festhängen, festsitzen *Dat* an
inhae|rēscō, ~sī, ~surus *3* hängen bleiben
inhaesī →inhaereo *und* inhaeresco
inhālō *1* zuhauchen ⟦*spl* duften
inhib|eō, ~uī, ~itus *2* [habeo] hemmen, hindern; ausüben; verhängen; navem ~eo rückwärtsrudern ⟦*ml* verbieten ne dass
inhibitiō, ~nis *f* Hemmen; ~ remigum Rückwärtsrudern
inhiō *1* lechzen *Dat od Akk* nach; erstaunt anstarren *Dat* etw.
inhonestō *1* entehren
inhonestus *3* ehrlos, hässlich, schändlich
inhonōrātus *3* ohne Amt; unbelohnt
inhonōrus *3* ohne Ansehen; unansehnlich
inhorreō *2* starren
inhorr|ēscō, ~uī *3* erstarren, aufwogen; erbeben, sich entsetzen
inhortor *1* mahnen
inhospitāl|is, ~e, *Gen* ~is ungastlich
inhospitālitā|s, ~tis *f* Ungastlichkeit
inhospitus *3* unwirtlich
inhūmānitā|s, ~tis *f* Unmenschlichkeit, Rücksichtslosigkeit; Knauserei
inhūmānus *3* unmenschlich, rücksichtslos; ungebildet; göttlich
inhumātus *3* unbeerdigt
inibī *Adv* darin, dabei; ~ sum nahe daran sein
in|iciō, ~iēcī, ~iectus *3* [iacio] hineinwerfen, hineinbringen, hineinlegen; einflößen, verursachen; einfließen lassen, äußern; werfen, legen *Dat* auf *od* an; anlegen; manum inicio Hand legen *Dat* an, *bes* vor Gericht laden, Einhalt gebieten, Besitz ergreifen *Dat* von
iniectiō, ~nis *f* **1.** Darauflegen **2.** Eingeben; Einwurf; *med* Einspritzung, Klistier
iniectus I. *Part Perf Pass* →inicio **II.** *Subst* ūs *m* Hineinwerfen; Daraufwerfen
in|igō, ~ēgī, āctus *3* hineintreiben, antreiben
inii →ineo
inimīca, ae *f* Feindin
inimīcitia, ae *f* Feindschaft, Abneigung (*gew Pl*)
inimīcō *1* entzweien
inimīcus [amicus] **I.** *Adj 3* feindlich; unbeliebt, verhasst; verderblich **II.** *Subst* ī *m* (persönlicher) Feind ⟦*spl* Teufel; *ml* (Kriegs-)Feind
inimitābil|is, ~e, *Gen* ~is unnachahmlich
inīquitā|s, ~tis *f* Unebenheit; Ungunst, Schwierigkeit; Ungleichheit; Ungerechtigkeit ⟦*ml* ~tes, ~tum Sünden
inīquus *3* [aequus] uneben; ungünstig, gefährlich, übermäßig; feindlich, ungnädig; missmutig; ungleich, unbillig, ungerecht
inīre →ineo
initia, ōrum *n* **1.** Anfangsgründe **2.** Elemente **3.** Regierungsauftrag **4.** Auspizien **5.** geheimer Gottesdienst; Weihe; Geräte des Gottesdienstes
initiāl|is, ~e, *Gen* ~is anfänglich
initiāmenta, ōrum *n* Einweihung
initiātiō, ~nis *f* Gottesdienst (für Geweihte)
initiō *1* [initium] einweihen *Abl* in ⟦*spl* anfangen; taufen; *ml* reden
initium, ī *n* [ineo] Anfang; Prinzip; *vgl* initia
initus I. *Part Perf Pass* →ineo **II.** *Subst* ūs *m* Herankommen; Begattung
iniūcunditā|s, ~tis *f* Unannehmlichkeit

iniūcundus *3* unangenehm; unfreundlich
iniūdicātus *3* unentschieden
in|iungō, ~iūnxī, ~iūnctus *3* hineinfügen, anfügen; zufügen; auferlegen
iniūrātus *3* unvereidigt
⟦**iniure** *Adv ml* mit Unrecht
iniūria, ae *f* Unrecht, Gewalttätigkeit; Beleidigung, Verletzung; Schaden; widerrechtlicher Besitz, Raub; Strafe, Rache
⟦**iniuri|o** *und* **~or** *1 spl* Unrecht tun
iniūriōsus *3* ungerecht, widerrechtlich; schmachvoll
iniūr(i)us [[1]ius] **I.** *Adj 3* ungerecht, ohne Recht **II.** *Subst* ī *m* Unrechttuer
iniussū *Abl m* ohne Befehl
iniussus *3* von selbst
iniūstitia, ae *f* Ungerechtigkeit
iniūstus *3* ungerecht, unangemessen; drückend
inl- = ill-
inm- = imm-
innābil|is, ~e, *Gen* ~is [no] undurchschwimmbar, nicht flüssig
⟦**innascibil|is,** ~e, *Gen* ~is *spl* nicht entstanden, ewig
in|nāscor, ~nātus sum *3* geboren werden; wachsen, entstehen *Dat* auf *od* in
innatō *1* hineinschwimmen, -strömen; schwimmen *auch Dat od Akk* auf *od* in
innātus I. *Adj 3* **1.** angewachsen; angeboren, natürlich **2.** ⟦*spl* ungeboren **II.** *Part Perf* →innascor
innāvigābil|is, ~e, *Gen* ~is nicht schiffbar
innāvigō *1* hineinsegeln
in|nectō, ~nexuī, ~nexus *3* umschlingen, umbinden; verbinden, verknüpfen
in|nītor, ~nīxus (~nīsus) sum *3* sich stützen *Abl od Dat* auf, beruhen *Abl* auf
innō *1* hineinschwimmen; schwimmen *Dat od Akk* in *od* auf
innoc|ēns, *Gen* ~entis unschuldig; unschädlich, harmlos, uneigennützig ⟦*ml* innocentum dies Fest der Unschuldigen Kindlein
innocentia, ae *f* Uneigennützigkeit, Rechtschaffenheit; Unschuld(ige), Unschädlichkeit
innocuus *3* [noceo] unschuldig, rechtschaffen *Gen* an, in; unbeschädigt, unangefochten; unschädlich
⟦**innodo** *1 spl* (ver)knüpfen, zuschnüren; *ml* innodatus verstrickt
innōt|ēscō, ~uī *3* bekannt werden ⟦*spl* klar werden; bekannt machen
innovō *1* erneuern
innoxius *3* unschuldig *Gen* an, harmlos, unschädlich; unverschuldet; unbeschädigt, unangefochten
in|nūbō, ~nūpsī, ~nūptum *3* einheiraten
innubus *3* [nubo] unvermählt
innul- = hinnul-
innumerābil|is, ~e, *Gen* ~is unzählig
innumerābilitā|s, ~tis *f* zahllose Menge
innumerus *3* zahllos
in|nuō, ~nuī *3* zuwinken, einen Wink geben ⟦*ml* anerkennen
innūpsī →innubo
innūptus *3* unvermählt; unglücklich
innūtriō *4* aufziehen *Dat* bei
innūtrior *4* aufwachsen *Dat* auf, bei, in; sich nähren *Dat* an
Īnō, Īnōnis *f* (*auch Gen* Īnūs; *Dat, Akk, Abl* ~) Ino (T. des Kadmos, Königin von Theben)
inoblītus *3* nicht vergessend ⟦*ml* nicht vergessen
⟦**inoboedientia,** ae *f spl* Ungehorsam
inobrutus *3* nicht überschüttet
inobsequ|ēns, *Gen* ~entis ungehorsam
inobservābil|is, ~e, *Gen* ~is unmerklich
inobservantia, ae *f* Unordnung; Unachtsamkeit
inobservātus *3* nicht beobachtet
inoffēnsus *3* ohne Anstoß; ungehindert
inofficiōsus *3* pflichtwidrig; ungefällig
inol|ēscō, ~ēvī, ~itus *3* hineinwachsen *Dat* in ⟦*spl* einpflanzen; *übertr* sich einbürgern, einreißen
inōminātus *3* unselig, Unglücks-
inopia, ae *f* Mittellosigkeit, Mangel, Not, Armut, Dürftigkeit; Hilflosigkeit
inopīn|āns, *Gen* ~antis nichts ahnend, wider Erwarten
inopīn(āt)us *3* unvermutet, nichts ahnend
inopiōsus *3* sehr bedürftig
inop|s, *Gen* ~is mittellos, arm, bedürftig; gedanken-, wortarm, ratlos; dürftig; machtlos, ohnmächtig
inōrātus *3* nicht vorgetragen
inōrdinātus *3* ungeordnet
inōrnātus *3* ungeschmückt, schmucklos; ungepriesen
Īnōus *3* der Ino
inp- = imp-
inqu|am (*Präs* ~is, ~it, ~imus, ~itis, ~iunt; *Fut* ~iet ⟦*spl Part Präs* ~iens) sagen, sprechen; *bes eingeschoben* ~it sagt er, sagte er, *auch* sagt man
inquiē|s *Gen* ~tis **I.** *Adj* unruhig **II.** *Subst f* Unruhe
inquiētātiō, ~nis *f* Beunruhigung
inquiētō *1* beunruhigen, erschweren
⟦**inquietud|o,** ~inis *f spl* Unruhe, Störung; Sucht *Gen* nach
inquiētus *3* unruhig
inquilinus, ī *m* Mieter, Insasse; Mitbewohner; ~ Romae nicht in Rom geboren ⟦*ml* numina inquilina von anderen Völkern übernommene Gottheiten
inquināmentum, ī *n* Unsauberkeit
inquinātus *3* verunreinigt; inkorrekt
inquinō *1* verunreinigen, beschmutzen
inquī|rō, ~sīvī, ~sītus *3* [quaero] suchen, aufsuchen, untersuchen, nachforschen;

Beweismittel suchen, intrigieren ⟦*spl* verhören

inquīsītiō, ~nis *f* Aufsuchen; Untersuchung; Suchen von Beweismitteln; Ausspionieren; *Pl* ~nes Tätigkeit von Spionen

inquīsīt|or, ~ōris *m* Häscher; Erforscher, *bes* Untersuchungsrichter

⟦**inquisitum,** i *n spl* Frage

inquīsītus I. *Adj 3* ununtersucht **II.** *Part Perf Pass* →inquiro

inquīsīvī →inquiro

inquit →inquam

inr- = irr-

īnsalū|ber, ~bris (*auch m*), ~bre, *Gen* ~bris ungesund

īnsalūtātus *3* ungegrüßt, ohne Abschied

īnsānābil|is, ~e, *Gen* ~is unheilbar; unverbesserlich

īnsānia, ae *f* Tollheit, Torheit, Wahnsinn

īnsāniō *4* [insanus] rasen; toll *od* außer sich sein, unsinnig handeln

īnsānitā|s, ~tis *f* Krankheit

īnsānum *Adv* riesig, sehr

īnsānus *3* verrückt, toll, wahnsinnig, rasend; maßlos, riesig; zum Wahnsinn treibend

īnsatiābil|is, ~e, *Gen* ~is unersättlich; keinen Überdruss bringend

īnsatietā|s, ~tis *f* Unersättlichkeit

īnsaturābil|is, ~e, *Gen* ~is unersättlich

in|scendō, ~scendī, ~scēnsus *3* [scando] hineinsteigen, hinaufsteigen, besteigen

īnscēnsiō, ~nis *f* Einsteigen, Besteigen

īnsci|ēns, *Gen* ~entis nicht wissend, ohne Wissen, *auch Abl abs, z. B.* cunctis ~entibus ohne Wissen von allen; ungeschickt

īnscientia, ae *f* Unwissenheit, Unkenntnis, Unverstand

īnscītia, ae *f* [inscitus] Ungeschick, Unverstand; Unkenntnis

īnscītus *3* ungeschickt, unverständig

īnscius *3* [scio] unwissend, unkundig; ohne es zu wissen

in|scrībō, ~scrīpsī, ~scrīptus *3* darauf schreiben (*Dat od* in *Abl* auf etw.), zuschreiben; verantwortlich machen *Dat* für; mit der An- *od* Aufschrift versehen *Dat* an, betiteln, bezeichnen

īnscrīptiō, ~nis *f* Daraufschreiben; Aufschrift, Überschrift, Titel, Inschrift; Epigramm; Anklageschrift ⟦*ml* Anschrift *des Briefes*

īnscrīptus I. *Adj 3* ungeschrieben; nicht im Gesetzbuch verzeichnet **II.** *Part Perf Pass* →inscribo

īnsculp|ō, ~sī, ~tus *3* [scalpo] einschnitzen, einschneiden; *übertr* einprägen

īnsec|ō 1. ~uī, ~tus *1* (hin)einschneiden, zerschneiden **2.** *3 altl* ansagen, nennen

īnsectātiō, ~nis *f* Verfolgung; Verhöhnung, Spottrede

īnsectāt|or, ~ōris *m* Verfolger

īnsector *1* [insequor] verfolgen, bedrängen ⟦*ml* folgen *Akk* jmdm.

īnsectus →inseco 1.

⟦**insecutor,** ~is *m spl* Bedränger, Verfolger

īnsecūtus →insequor

īnsēdī →insideo *und* insido

īnsegestus *3* [seges] ungesät

īnsēminō *1* einsäen, einpflanzen, befruchten

īnsen|ēscō, ~uī *3* altern *Dat* in *od* bei

⟦**insensatus** *3 spl* unvernünftig, gefühllos

⟦**insensibil|ia,** ~ium *n spl* leblose Natur

⟦**insensibil|is,** ~e, *Gen* ~is *spl* ohne Sinne; nicht wahrnehmbar

īnsenui →insenesco

īnsēparābil|is, ~e, *Gen* ~is untrennbar

īnsepultus *3* unbestattet, ohne richtiges Begräbnis

īn|sequor, ~secūtus sum *3* verfolgen, folgen *Akk* jmdm.; zusetzen, tadeln; sich daranmachen; erreichen, ereilen

¹**īn|serō,** ~sēvī, ~situs *3* einpflanzen, einpfropfen *auch übertr*

²**īn|serō,** ~seruī, ~sertus *3* einfügen, hineinbringen, hineinstecken *auch Dat* in; versetzen *Dat* unter ⟦*spl* festmachen; *ml se* ~serere sich entgegenwerfen

īnsertō *1* hineinstecken *Dat* in

īnsertus, īnseruī →²insero

īnserviō 4 *mit Dat* (*Akk*) dienstbar sein, zu Willen sein; sich richten nach; eifrig betreiben, fördern *Dat* etw.

īnsessus →insideo *und* insido

īnsēvī →¹insero

īnsībilō *1* hineinsausen *Dat* in

īn|sideō, ~sēdī, ~sessus *2* [sedeo] **1.** *mit Dat* sitzen in *od* auf, haften an **2.** *mit Akk* besetzt halten, bewohnen

īnsidiae, ārum *f* [insideo] Hinterhalt; Nachstellung, Hinterlist, Trug, Anschlag; (ex) insidiis hinterlistigerweise

īnsidiāt|or, ~ōris *m* Soldat im Hinterhalt; Wegelagerer; Erbschleicher

īnsidior *1* [insidiae] im Hinterhalt liegen; auflauern, nachstellen ⟦*ml übertr* lauern *Dat* auf

īnsidiōsus *3* hinterlistig, heimtückisch, gefährlich; gefährdet ⟦*ml* peinlich, genau

īn|sīdō, ~sēdī, ~sessus *3* **1.** sich setzen, sich niederlassen, sich festsetzen *auch Dat* auf *od* in **2.** besetzen

īnsīgn|e, ~is *n* [insignis] Zeichen, Kennzeichen, Abzeichen, Ehrenzeichen; Zierrat, Prachtstück

īnsīgniō *4* [signum] auszeichnen, bezeichnen, kenntlich machen

īnsīgn|is, ~e, *Gen* ~is [insignio] kenntlich, auffallend; hervorstechend, ausgezeichnet; gebrandmarkt; *vgl* insigne

īnsīgnītus I. *Adj 3* kenntlich, deutlich; auf-

fallend, außerordentlich; unerhört **II.** *Part Perf Pass zu* insignio
⟦**insignium,** i *n spl* Zeichen, Merkmal
⟦**insigno** *1 spl* = insignio
īnsiliō *4* [salio] springen *Akk* auf *od* in
īnsimul *Adv* zugleich, zusammen
īnsimulātiō, ~nis *f* Beschuldigung, Anklage
īnsimulō *1* beschuldigen, verdächtigen
īnsincērus *3* unrein, verdorben
īnsinuātiō, ~nis *f* Empfehlung (bei Redebeginn) ⟦*spl* Bekanntmachung
īnsinuō *1* hineinstecken, eindringen lassen; se insinuare = insinuor ⟦*spl* mitteilen; offenbaren
īnsinuor *1* eindringen, sich eindrängen; Freundschaft gewinnen *Dat* jmds.
īnsipi|ēns, *Gen* ~entis [sapiens] unverständig
īnsipientia, ae *f* Unverstand
īn|sistō, ~stitī *3* hintreten, sich hinstellen; betreten; beginnen; nachsetzen, bedrängen *Dat* jmdn.; eifrig betreiben, verfolgen; sich hingeben; stehen bleiben, innehalten, verharren ⟦*spl* eintreten pro für
īnsitīcius *3* [insitus] aufgepfropft; importiert
īnsitiō, ~nis *f* Pfropfen; Zeit des Pfropfens
īnsitīvus *3* [insitus] gepfropft; importiert, fremd; unecht ⟦*ml* angeboren
īnsit|or, ~ōris *m* Pfropfer
īnsitus I. *Adj 3* eingepflanzt, angeboren, eingewurzelt ⟦*spl* begabt *Akk* mit **II.** *Part Perf Pass* →¹insero
īnsociābil|is, ~e, *Gen* ~is unvereinbar, unverträglich *Dat* mit
īnsōlābiliter *Adv* untröstlich
īnsol|ēns, *Gen* ~entis ungewohnt, nicht vertraut *Gen* mit; ungewöhnlich, auffallend, übertrieben; verschwenderisch; übermütig, dreist
īnsolentia, ae *f* fehlende Erfahrung *Gen* mit; Ungewöhnlichkeit, Neuheit; Unmäßigkeit; Übermut, Rücksichtslosigkeit ⟦*ml jur* Ungebühr
īnsolēscō *3* [insolens] übermütig werden
īnsolidus *3* schwach, kraftlos
īnsolitus *3* nicht gewohnt, nicht vertraut *Gen* mit; ungewöhnlich, fremd, auffallend
īnsolūbil|is, ~e, *Gen* ~is unauflösbar; nicht zurückzahlbar; unzerstörbar
īnsomnia, ae *f* [insomnis] Schlaflosigkeit
īnsomn|is, ~e, *Gen* ~is [somnus] schlaflos
īnsomnium, ī *n* **1.** [somnus] Traum(bild) **2.** [insomnis] Schlaflosigkeit
īnson|ō, ~uī *1* ertönen, erschallen, rauschen, knallen, blasen; anstimmen
īnsōns, *Gen* īnsontis unschuldig *Gen od Abl* an; unschädlich
īnsōpītus *3 und* **īnsop|or,** *Gen* ~ōris stets wach
īnspeciōsus *3* hässlich
īnspectiō, ~nis *f* Durchsicht; Blick *Gen* in, Einsicht *Gen* in; Besichtigung; Überlegung
⟦**inspectivus** *3 spl* zuschauend; theoretisch
īnspectō *1* mit ansehen
īnspect|or, ~ōris *m* Betrachter
īnspectus I. *Part Perf Pass* →inspicio **II.** *Subst* ūs *m* Betrachtung
īnspēr|āns, *Gen* ~antis nicht hoffend; wider Erwarten
īnspērānter *Adv* unverhofft
īnspērātus *3* unverhofft, unerwartet
īnsper|gō, ~sī, ~sus *3* [spargo] darauf streuen
īn|spiciō, ~spexī, ~spectus *3* [specio] hineinschauen, hinsehen, lesen; besichtigen, untersuchen, mustern
īnspīcō *1* [spica] zuspitzen
⟦**inspiratio,** ~nis *f spl* Einhauchen; Eingebung
īnspīrō *1* blasen *Dat* auf *od* in; (hin)einblasen; einflößen, eingeben, begeistern
īnspoliātus *3* nicht geraubt
īn|spuō, ~spuī, ~spūtus *3* hineinspucken, ausspucken
īnspurcō *1* beschmutzen
īnsputō *1* = inspuo
īnstabil|is, ~e, *Gen* ~is nicht fest stehend, schwankend; unstet, unbeständig; unbetretbar
īnst|āns, *Gen* ~antis drängend, drohend, bevorstehend; gegenwärtig ⟦*spl* emsig; *ml* hoch; sofort; (in) ~anti im Augenblick
īnstantia 1. ae *f* Beharrlichkeit, Eindringlichkeit; Gegenwart ⟦*spl* Drängen; *ml* (gerichtliche) Instanz; Bedürfnis *Gen* nach **2.** instantium *n* gegenwärtige Lage
īnstar *n undekl* so (groß, schwer, viel, wert, beschaffen) *Gen* wie; anstatt ⟦*ml* ad ~ entsprechend *Gen* jmdm.; Abschrift
īnstaurātiō, ~nis *f* Erneuerung
īnstaurātīvus *3* erneuert
īnstaurō *1* aufstellen; veranstalten; erneuern, wiederholen ⟦*spl* se instaurare sich erholen; *ml* sich rüsten *Dat* zu
īn|sternō, ~strāvī, ~strātus *3* hinbreiten; überdecken, bedecken
īnstīgātiō, ~nis *f* Anreiz ⟦*spl* Aufwiegelung; Einfluss
īnstīgāt|or, ~ōris *m* Antreiber
īnstīgātrī|x, ~cis *f* Aufwieglerin
īnstīgō *1* [stinguo] anstacheln, anreizen, aufwiegeln
īnstillō *1* darauf träufeln, einflößen
īnstimulāt|or, ~ōris *m* Anstifter
īnstimulō *1* anstacheln
īnstīnct|or, ~ōris *m* Anstifter
īnstīnctus I. *Part Perf Pass* →instinguo **II.** *Subst* ūs *m* Anreiz, Antrieb
īn|stinguō, ~stīnxī, ~stīnctus *3* anreizen, antreiben
īnstipulor *1* vereinbaren

īnstita, ae *f* Besatz, Falbel (an der Frauentunika); Matrone; Binde
īnstitī →insisto *und* insto
īnstitiō, ~nis *f* Stillstand
īnstit|or, ~ōris *m* (unselbstständiger) Krämer, Hausierer; Kellner ⟦*ml* Kaufmann
īnstitōrium, ī *n* Verkaufsstand
īnstit|uō, ~uī, ~ūtus *3* [statuo] **1.** hineinstellen, hineinbringen, hinsetzen **2.** errichten, anlegen, aufstellen, *milit* formieren **3.** einrichten, veranstalten; einführen; anordnen; einsetzen **4.** unterweisen, unterrichten, ausbilden **5.** festsetzen, beschließen; beginnen, sich vornehmen ⟦**6.** *spl* schaffen
īnstitūtiō, ~nis *f* Einrichtung, Anordnung; Unterricht, Methode ⟦*spl* Schöpfung, Weltordnung; *ml* Klosterregel
⟦**institutor,** ~is *m spl* Gründer, Schöpfer, Lehrer
īnstitūtum, ī *n* Einrichtung, Sitte, Brauch; Vorhaben, Absicht; Verordnung; Grundsatz
īn|stō, ~stitī, ~statūrus *1* stehen, stehen bleiben *auch Abl* auf; eindringen *Dat od Akk* auf, bedrängen; nachdrängen; betreiben, darauf bestehen, verlangen; bevorstehen; *vgl* instans
īnstrātus I. *Adj 3* unbedeckt **II.** *Part Perf Pass* →insterno
īnstrāvī →insterno
īnstrēnuus *3* untüchtig, lässig, feig
īnstrepō *3* ächzen, knirschen
īn|stringō, ~strīnxī, ~strictus *3* umwickeln, einfassen; anreizen
īnstrūctiō, ~nis *f* Errichtung, Aufstellung ⟦*spl* Unterweisung; *ml* Ausrüstung (von Schiffen)
īnstrūct|or, ~ōris *m* Zubereiter, Ordner
īnstrūctus I. *Adj 3* versehen, ausgerüstet; unterrichtet **II.** *Part Perf Pass* →instruo **III.** *Subst* ūs *m* Ausstattung
īnstrūmentum, ī *n* Gerät, Werkzeug(e), Handwerkszeug; Reisegeräte; Hausgeräte, Inventar (eines Landgutes); Kleidung; Beweismittel; Hilfsmittel; Vorrat ⟦*ml* ~ musicum Musikinstrument
īn|struō, ~strūxī, ~strūctus *3* hineinbauen; erbauen, aufstellen, beschaffen; einrichten, ausrüsten; unterrichten ⟦*ml* verrichten; anraten
īnsuāsum, ī *n* dunkler Fleck; dunkles Muster
īnsuāv|is, ~e, *Gen* ~is reizlos, unangenehm
Īnsu|ber, ~bris, ~bre, *Gen* ~bris insubrisch
Īnsubr|ēs, ~(i)um *m* Insubrer (Keltenstamm bei Mailand)
īnsūdō *1* in Schweiß kommen *Dat* bei ⟦*ml* sich plagen, sich abmühen
īnsuēfactus *3* gewöhnt, abgerichtet
īnsuē|scō, ~vī, ~tus *3* sich *od* jmdn. gewöhnen *Dat* an
īnsuētus I. *Adj 3* nicht gewöhnt *Gen, Dat od* ad an; ungewöhnlich **II.** *Part Perf Pass* →insuesco
īnsula, ae *f* Insel (*Lw*); Mietshaus, Häuserblock
īnsulānus, ī *m* Inselbewohner
īnsuliō = insilio
īnsulsitā|s, ~tis *f* Geschmacklosigkeit
īnsulsus *3* [salsus] ungesalzen; geschmacklos, fade
īnsultātiō, ~nis *f* Verhöhnung
īnsultō *1* [insilio] *mit Dat* hineinspringen in, springen an, herumspringen auf; verhöhnen, verspotten, spotten über
īnsultūra, ae *f* Aufspringen
īnsum (*Inf* inesse) sein (in *Abl od Dat*) in, an, auf; sich befinden; innewohnen, beruhen
īnsūm|ō, ~psī, ~ptus *3* verwenden; *med* schwächen
īn|suō, ~suī, ~sūtus *3* einnähen; *auch* einsticken
insuper I. *Präp mit Akk* oben auf, über **II.** *Adv* obendrauf, von oben her; obendrein ⟦**III.** *ml Kon.* darauf
īnsuperābil|is, ~e, *Gen* ~is unübersteigbar, ungangbar; unüberwindlich
īn|surgō, ~surrēxī, ~surrēctus *3* sich aufrichten, sich erheben, aufstehen
īnsusurrō *1* einflüstern, zuflüstern
intāb|ēscō, ~uī *3* schmelzen, vergehen
intāctus *3* [tango] unberührt
intāminātus *3* unbefleckt
intēctus I. *Adj 3* unbedeckt; offenherzig **II.** *Part Perf Pass* →intego
integellus *3* [integer] unverdorben
integer, integra, integrum [tango] **1.** unberührt, unversehrt, ungeschwächt, unangetastet; *jur* unentschieden **2.** frisch, gesund, keusch; de, ab *od* ex integro von Neuem **3.** unbeeinflusst, unverdorben, unbefangen; est mihi integrum ich habe freie Hand ⟦**4.** *spl* ganz; *ml Adv* integre *u.* ex integro vollständig
integimentum = integumentum
in|tegō, ~tēxī, ~tēctus *3* bedecken
integrāscō *3* sich erneuern
integrātiō, ~nis *f* Erneuerung
integritā|s, ~tis *f* Unversehrtheit; Reinheit, Redlichkeit ⟦*ml* Vollständigkeit, Vollkommenheit; sub ~te ganz
integrō *1* [integer] wiederherstellen, erneuern ⟦*spl* zu einem Ganzen vereinigen
integumentum, ī *n* [intego] Decke, Hülle; Schutz
⟦**intellectual|is,** ~e, *Gen* ~is *spl* gedacht, vorgestellt, geistig
intellēctus I. *Part Perf Pass* →intellego **II.** *Subst* ūs *m* Erkenntnis, Einsicht; Sinn, Begriff ⟦*ml* Kenntnis

intelleg|ēns, *Gen* ~entis **I.** *Adj* einsichtsvoll, verständig, kundig **II.** *Subst m* Sachkundiger, Kenner
intellegentia, ae *f* Einsicht, Verständnis, Kenntnis; Erkenntnisvermögen, Verstand; Begriff ⟦*ml* Vernunft *als Weltprinzip*
intellegibil|is, ~e, *Gen* ~is begreiflich ⟦*spl* einsichtig, verständig
intel|legō, ~lēxī, ~lēctus *3* wahrnehmen, merken, ersehen; einsehen, erkennen, verstehen; sich denken, sich vorstellen
Intemelii, ōrum *m* Intemelier (Ligurerstamm östlich von Nizza)
Intemelium, ī *n* Intemelium (Hauptort der Intemelier), *heute* Ventimiglia
intemerātus *3* unbefleckt, unangetastet, rein
intemper|āns, *Gen* ~antis maßlos, unbesonnen
intemperantia, ae *f* Unmäßigkeit, Zügellosigkeit; Ungeduld
intemperātus *3* unmäßig, übertrieben
intemperiae, ārum *f* stürmisches Wetter; Unruhe, Tollheit
intemperiēs, ēī *f* ungünstiges Wetter (*zu heiß, zu kalt*); Launenhaftigkeit, Zügellosigkeit, Tollheit ⟦*ml* übermäßige Wärme
intempestīvus *3* ungelegen, zur unpassenden Zeit; unreif
intempest|us *3* [tempus] ungünstig, ungesund; nox ~a tiefe *od* unheimliche Nacht
intemptātus *3* unberührt; unerprobt
inten|dō, ~dī, ~tus *3* spannen, bespannen; anstrengen, steigern; ausstrecken, richten, wenden; *Geschosse* abschießen; legen *Dat* an *od* um; *Geist, Aufmerksamkeit* richten *auch Dat* auf *od* gegen, beabsichtigen; behaupten ⟦*ml* benedictionem ~do Segen erteilen; *Geldwert* erhöhen; ~do super Aufsicht führen, achtgeben auf; beachten
intēnsiō, ~nis *f* Anspannung
intentātus I. *Part Perf Pass zu* intento **II.** = intemptatus
intentiō, ~nis *f* Anspannung, Anstrengung; Aufmerksamkeit; Absicht; Anklage ⟦*ml* Spannung, Zwietracht; Beobachtung; Streben
intentō *1* drohend ausstrecken, richten *auch Dat* gegen; androhen; sich beschäftigen *Dat* mit
intentus I. *Adj 3* (an)gespannt; aufmerksam, wachsam; eifrig bedacht *Dat u. Abl* auf, beschäftigt mit; eifrig; *milit* kampfbereit **II.** *Part Perf Pass* →intendo **III.** *Subst* ūs *m* Ausstrecken, Ausdehnung
intepeō *2* warm, lau sein
intep|ēscō, ~uī *3* lau werden
inter *Präp beim Akk* zwischen, unter, inmitten; *zeitl* während; ~ se (unter)einander, gegenseitig
interaestuō *1* an Krämpfen leiden
interāmenta, ōrum *n* [intra] Holzwerk im Schiffsinnern
Interamna, ae *f* Interamna (*Stadtname* 1. im südlichen Umbrien, *heute* Terni 2. der Volsker in Latium 3. ~ Praetuttiorum in Picenum)
Interamnānus *3 Adj* aus Interamna 2.
Interamnā|s, *Gen* ~tis aus Interamna 2.
Interamnāt|es, ~ium *m* Einw. von Interamna 1. *und* 2.
interānea, ōrum *n* Eingeweide
interārēscō *3* versiegen, vertrocknen
interbibō *3* austrinken
interbītō *3* untergehen
⟦**interbland|ior** *4 spl* gute Worte finden; sibi ~iri sich einreden
intercalār|is, ~e, *Gen* ~is *und* **~ius** *3* eingeschaltet, Schalt-
intercalō *1* (Tag *od* Monat) einschalten; aufschieben
intercapēd|ō, ~inis *f* Unterbrechung ⟦*ml* Abstand
inter|cēdō, ~cessī, ~cessus *3* dazwischentreten; dazwischenliegen; Einspruch erheben *Dat* gegen; vermittelnd eintreten; *Geld* verschaffen; bestehen, herrschen
intercēpī →intercipio
interceptiō, ~nis *f* Wegnahme
intercept|or, ~ōris *m* einer, der unterschlägt *Gen* etw.
interceptus →intercipio
intercessī →intercedo
intercessiō, ~nis *f* Dazwischentreten; *polit* Einspruch; Vermittlung ⟦*ml* ~ sacri nominis Anwendung des heiligen Namens
intercess|or, ~ōris *m* Verhinderer *durch politischen Einspruch;* Vermittler
intercessus →intercedo
¹**inter|cīdō,** ~cīdī, ~cīsus *3* [caedo] mitten durchschneiden, -graben, -stechen
²**inter|cidō,** ~cidī *3* [cado] dazwischenfallen; zugrunde gehen; (memoria) ~cido entfallen, vergessen werden
intercinō *3* [cano] dazwischensingen
inter|cipiō, ~cēpī, ~ceptus *3* [capio] abfangen, auffangen, wegnehmen, den Weg verlegen; entreißen, wegraffen, töten; unterbrechen ⟦*ml* unschädlich machen
intercīsē *Adv* mit Unterbrechung
⟦**intercisio,** ~nis *f spl* Trennung
intercīsus →¹intercido
⟦**interclamo** *1 spl* dazwischenschreien
inter|clūdō, ~clūsī, ~clūsus *3* [claudo] versperren, abschneiden; hemmen
interclūsiō, ~nis *f* Hemmung
intercolumnium, ī *n* [columna] Säulenabstand
intercur|rō, ~rī, ~sus *3* dazwischentreten, dazwischen sein; dazukommen; in der Zwischenzeit hineilen; zurücklegen
intercursō *1* öfter dazwischenlaufen

intercursus I. *Part Perf Pass* →intercurro **II.** *Subst* ūs *m* schnelles Dazwischenkommen
intercu|s, *Gen* ~tis zwischen Haut u. Fleisch; aqua ~s Wassersucht
inter|dīcō, ~dīxī, ~dictus *3* untersagen, verbieten *auch Abl* etw.; ein Verbot aussprechen de wegen; aqua et igni ~dico ächten, verbannen *Dat* jmdn.; vorläufig verfügen, befehlen
interdictiō, ~nis *f* Verbot
interdictum, ī *n* Verbot; vorläufige Verfügung; Einspruch
interdictus →interdico
interdiū (*auch* ~s) *Adv* bei Tage, den Tag über
interdīxī →interdico
interductus, ūs *m* schriftliches Trennungszeichen; Interpunktion
interduim *altl Konj. Präs zu* interdo dafür geben
interdum *Adv* manchmal, bisweilen, mitunter ⟦*spl* = interea in diesem Dasein; *ml* trotzdem
intereā *Adv* inzwischen, unterdessen; indes, jedoch ⟦*ml* unter anderem, einmal
interēmī →interimo
interemō = interimo
interempt|or, ~ōris *m* Mörder
interēmptus →interimo
inter|eō, ~iī, ~itus (*Inf* ~īre) untergehen, umkommen; weggehen, verschwinden
interequitō *1* dazwischenreiten
interest →intersum
interfātiō, ~nis *f* [for] Dazwischenreden; Unterbrechung *der Rede*
interfātus →interfor
interfēcī →interficio
interfectiō, ~nis *f* Ermordung
interfect|or, ~ōris *m* Mörder
interfectrī|x, ~cis *f* Mörderin
inter|ficiō, ~fēcī, ~fectus *3* niedermachen, vernichten, töten; berauben *Abl* einer Sache
inter|fīō (*Inf* ~fierī) zugrunde gehen, umkommen
interfluō *3* dazwischen fließen
inter|for, ~fātus sum *1* dazwischenreden, unterbrechen
interfuī →intersum
interfūsus *3* dazwischen fließend; maculis ~ gefleckt
intergerīvus, ī *m* [gero] Zwischenwand
⟦**intergressus,** us *m spl* Dazwischentreten; Zwischenbemerkung
interiaceō *2* dazwischenliegen *Dat od Akk* zwischen
interibī *Adv* unterdessen
inter|iciō, ~iēcī, ~iectus *3* [iacio] dazwischenwerfen, -stellen, -setzen, einfügen
interiectus I. *Part Perf Pass* →intericio; dazwischenliegend, -stehend *od* -befindlich **II.** *Subst* ūs *m* Dazwischentreten; Zwischenzeit
interiī →intereo
interim *Adv* inzwischen, unterdessen; vorerst; jedoch; bisweilen
inter|imō, ~ēmī, ~ēmptus *3* [emo] aus dem Wege räumen, vernichten
inter|ior, ~ius, *Gen* ~iōris *Komp* innen befindlich, innerer; näher; eng(er), tiefer gehend; geheim
interitiō, ~nis *f* Untergang
interitus I. *Part Perf Pass* →intereo; untergegangen, umgekommen **II.** *Subst* ūs *m* Untergang
inter|iungō, ~iūnxī, ~iūnctus *3* untereinander verbinden; ausspannen, *Zugtiere* rasten lassen
inter|lābor, ~lāpsus sum *3* dazwischengleiten, -fließen
interlegō *3* hier und da abbrechen, pflücken
inter|linō, ~lēvī, ~litus *3* dazwischenstreichen, bestreichen; *Schrift* fälschen
inter|loquor, ~locutus sum *3* dazwischenreden; *jur* einen Einwurf machen
inter|lūceō, ~lūxī *2* dazwischen hervorscheinen; durchsichtig *od* lückenhaft sein; sich zeigen; interlucet es ist ein deutlicher Unterschied
interlū|cescit, ~xit *3* es wird zwischendurch hell
⟦**interludo** *3 spl* sich dazwischen bewegen *von Fischen*
interlūnium, ī *n* [luna] Zeit des Neumondes
interluō *3* [lavo] fließen *Akk* zwischen, bespülen
interlūxī →interluceo; *vgl* interlucescit
intermēnstruus *3* zwischen 2 Monaten, Neumonds-
intermicō *1* hindurchscheinen *Dat od Akk* durch, hervorschimmern
⟦**interminabil|is,** ~e, *Gen* ~is *spl* ohne Ende
⟦**interminatio,** ~nis *f spl* Androhung
interminātus *3* **I.** *Adj* [termino] unbegrenzt **II.** *Part Perf zu* interminor; untersagt, verboten
interminor *1* drohend verbieten; androhen
⟦**interminus** *3 spl* unendlich, unbegrenzt, ewig
inter|misceō, ~miscuī, ~mixtus *2* mischen *Dat* unter, vermischen *Abl* mit
intermīsī →intermitto
intermissiō, ~nis *f* Nachlassen, Unterbrechung
intermissus *Part Perf Pass* →intermitto; dazwischenliegend, inzwischen eingetreten
inter|mittō, ~mīsī, ~missus *3* dazwischenlegen; frei *od* offen lassen; vorübergehen lassen; unterbrechen, aussetzen, einstellen; aufhören, *Part* ~mittens mit Unter-

brechungen ⟦*ml* auslassen *vom Schriftsteller*
intermorior *3* absterben; in Ohnmacht fallen
intermortuus *3* ohnmächtig; ausgestorben
intermundia, ōrum *n* [mundus II.] Räume zwischen den Welten
intermūrāl|is, ~e, *Gen* ~is zwischen den Mauern
internātus *3* gewachsen *Dat* zwischen
interneciō, ~nis *f* Vernichtung, Ausrottung
internecīvus *3* mörderisch
internecō *1* hinmorden, vernichten
internectō *3* verknüpfen, durchschlingen
internic- = internec-
interniteō *2* an einzelnen Stellen hervorleuchten, hindurchschimmern
internōdium, ī *n* [nodus] Stück zwischen 2 Gelenken; Glied
inter|nōscō, ~nōvī *3* voneinander unterscheiden
internūntia, ae *f* Unterhändlerin, Botin
internūntiō *1* unterhandeln
internuntius, ī *m* Unterhändler, Vermittler
internus *3* innerer, im Innern, einheimisch
in|terō, ~trīvī, ~trītus *3* einbrocken
interōscitō *1* dazwischen gähnen
interpellātiō, ~nis *f* Unterbrechung, Störung ⟦*spl jur* Klage
interpellāt|or, ~ōris *m* Unterbrecher, Störer
interpellō *1* in die Rede fallen, einwenden; unterbrechen, stören; hindern ⟦*ml* als Vermittler anrufen; Fürsprecher(in) sein
interpolātiō, ~nis *f* Umgestaltung
interpol|is, ~e, *Gen* ~is übermalt, aufgefrischt
interpolō *1* übermalen, auffrischen; abändern, fälschen
inter|pōnō, ~posuī, ~positus *3* dazwischensetzen, -legen, -stellen; einschieben, dazwischen verstreichen lassen, einlegen; hinzuziehen; se ~ponere sich einmischen, entgegentreten; *als Pfand* einsetzen, geltend machen; unterschieben, fälschen ⟦*ml* ~ponor teilnehmen
interpositiō, ~nis *f* Dazwischensetzen, Einschiebung, Parenthese
interpositus I. *Part Perf Pass* →interpono **II.** *Subst* ūs *m* Dazwischenkommen
interposuī →interpono
interpre|s, ~tis *m, f* Vermittler, Unterhändler; Erklärer, Deuter; Dolmetscher, Übersetzer
interpressī, interpressus →interprimo
interpretātiō, ~nis *f* Auslegung, Übersetzung
interpretor *1* [interpres] den Vermittler abgeben; erklären, deuten; begreifen, schließen *Akk* auf; übersetzen ⟦*ml* wegen Verkaufs angegangen werden
inter|primō, ~pressī, ~pressus *3* [premo] zudrücken ⟦*spl* verheimlichen
interpūnctiō, ~nis *f* Abgrenzung *od* Trennung durch Punkte
inter|pungō, ~pūnxī, ~pūnctus *3* (durch Punkte) abteilen
inter|quiēscō, ~quiēvī *3* dazwischen ruhen, eine Pause machen
interrā|dō, ~sī, ~sus *3* **1.** mit durchbrochener Arbeit versehen **2.** ausputzen
interrēgnum, ī *n* Zwischenregierung *zur Königszeit;* provisorische Regierung ohne Konsuln
interrē|x, ~gis *m* Reichsverweser *nach dem Tode des Königs od dem Abgang der Konsuln*
interritus *3* unerschrocken
interrogātiō, ~nis *f* Befragung, Frage, Verhör; Schlussfolgerung
interrogātiuncula, ae *f* kurze Frage, Schlussfolgerung
interrogātum, ī *n* Frage
interrogō *1* fragen, befragen; verhören; belangen, anklagen
inter|rumpō, ~rūpī, ~ruptus *3* auseinanderreißen, zerbrechen, trennen; unterbrechen, stören
interruptē *Adv* mit Unterbrechung
intersaep|iō, ~sī, ~tus *4* absperren, abschneiden
inter|scindō, ~scidī, ~scissus *3* auseinanderreißen, trennen
inter|scrībō, ~scrīpsī, ~scrīptus *3* ergänzen
intersecō *1* durchschneiden
[1]**inter|serō** *3* [[1]sero] dazwischenfügen
[2]**inter|serō,** ~sēvī, ~situs *3* [[2]sero] dazwischenpflanzen, -säen
⟦**intersignum,** i *n ml* Anzeichen, Beweis
inter|sistō, ~stitī *3* innehalten, stocken
intersitus I. *Adj 3* dazwischenliegend **II.** *Part Perf Pass* →[2]intersero
interspersus *3* hier und da bestreut
interspīrātiō, ~nis *f* Atemholen, Atempause
interstīnctus *3* hier und da (wie mit Punkten) besetzt
interstitī →intersisto
⟦**interstitium,** i *n spl* Dazwischenliegen; *ml* Zwischenraum
⟦**interstratus** *3 spl* dazwischengelegt
interstringō *3* zuschnüren
inter|sum, ~fuī (*Inf* ~esse) dazwischen sein, sich dazwischen befinden; teilnehmen *Dat* an, beiwohnen; *bes* interest **1.** es besteht ein Unterschied **2.** es liegt im Interesse, es liegt daran *Gen* jmdm. (*aber Abl* mea, tua mir, dir *usw*)
intertex|ō, ~uī, ~tus *3* einweben, verzieren
inter|trahō, ~trāxī, ~tractus *3* entziehen
intertrīmentum, ī *n* [tero] Schwund *durch Abnutzung od Bearbeitung;* Einbuße, Verlust, Schaden; Unterschlagung

interturbō *1* Verwirrung anrichten
interutrāsque *Adv* zwischen beiden
intervall|um, ~ī *n* [vallus] Zwischenraum, Entfernung; Zwischenzeit, Frist, Pause; Unterschied; Intervall ⟦*ml* ~o temporis nach einiger Zeit
inter|vellō, ~vellī *u.* ~vulsī, ~vulsus *3* dazwischen herausreißen; hier und da rupfen; auslichten
inter|veniō, ~vēnī, ~ventum *4* dazwischenkommen *Dat* während *od* bei; unterbrechen, durchkreuzen, hindern *Dat* etw.; vermitteln; zuteilwerden
⟦**interventio,** ~nis *f ml* Dazwischentreten, Vermittlung, Fürsprache
intervent|or, ~ōris *m* störender Besucher ⟦*spl* Vermittler
⟦**interventri|x,** ~cis *f spl* Mittlerin, Fürsprecherin
interventus, ūs *m* Dazwischenkommen; Vermittlung, Beistand
inter|vertō, ~vertī, ~versus *3* unterschlagen, entwenden, vergeuden; prellen *Abl* um ⟦*spl übertr* umkehren, zunichtemachen
inter|vīsō, ~vīsī, ~vīsus *3* von Zeit zu Zeit nachsehen; besuchen
intervolitō *1* dazwischen herumfliegen
intervortō = interverto
intervulsī, intervulsus →intervello
intestābil|is, ~e, *Gen* ~is [testor] zeugnisunfähig; ehrlos
intestātus *3* ohne Testament; nicht durch Zeugen überführt
intestīnārius *3* eingelegte Arbeiten (Intarsien) anfertigend
intestīnum, ī *n* Darm, Leibesinneres
intestīn|us *3* [intus] inwendig, innerlich, im Innern, einheimisch, in der Familie; opus ~um eingelegte Arbeit
intēxī →intego
intex|ō, ~uī, ~tus *3* hineinweben, -flechten, -fügen; umwinden; durchwirken
⟦**inthronizo** *1 spl* ~ episcopum Bischof einsetzen; *ml* ~ sponsum trauen
intibum, ī *n* Zichorie, Endivie (*Lw*)
⟦**intimatio,** ~nis *f ml* Anzeige
⟦**intimo** *1 spl* hineinfügen; mitteilen
intimus I. *Adj 3* innerster; in die Tiefe dringend, wirksam; geheimster, vertrautester, engster **II.** *Subst* ī *m* vertrauter Freund
in|ting(u)ō, ~tīnxī, ~tīnctus *3* eintauchen, benetzen
intolerābil|is, ~e, *Gen* ~is unerträglich; unwiderstehlich
intolerandus *3* nicht zu ertragen
intoler|āns, *Gen* ~antis unfähig zu ertragen *Gen* etw., unduldsam *Gen* gegen; unerträglich
intolerantia, ae *f* Unerträglichkeit, Maßlosigkeit
inton|ō, ~uī *1* donnern; donnernd rufen
intonor *1* donnernd hereinbrechen *Dat* auf
intōnsus *3* mit langem Haar *od* Bart, ungeschoren, lockig; *poet* belaubt, waldig
intor|queō, ~sī, ~tus *2* (ein)drehen, flechten; schwingen, schleudern; *übertr* verdrehen
⟦**intoxico** *1* [*gr*] *ml* vergiften
intrā I. *Präp beim Akk* innerhalb, in ... hinein; binnen, während; beschränkt auf **II.** *Adv* inwendig; im Binnenlande
intrābil|is, ~e, *Gen* ~is [1intro] zugänglich
intractābil|is, ~e, *Gen* ~is nicht zu behandeln; rau, spröde
intractātus *3* unbehandelt, unausgeführt
intrācursus *3* [transcurro] (noch) nicht durchlaufen
in|trahō, ~trāxī, ~tractus *3* herbeiziehen, -schleppen
intrem|īscō, ~uī *3* = intremo
intremō *3* erzittern, erbeben
⟦**intremulus** *3 spl* **1.** zitternd **2.** nicht zitternd
intrepidus *3* unerschrocken; ruhig
intribuō *3* besteuern
intrīcō *1* [tricae] in Verlegenheit bringen
intrīnsecus *Adv* im Innern; einwärts ⟦*spl* innerlich, seelisch
intrītus I. *Adj 3* nicht abgerieben; ungeschwächt **II.** *Part Perf Pass* →intero
intrīvī →intero
[1]**intrō** *1* eindringen, eintreten, betreten; anwandeln ⟦*spl* intrat es wird klar
[2]**intrō** *Adv* hinein
intrōcēdō *3* eintreten
intrō|currō, ~currī, ~cursum *3* hineinlaufen
intrō|dūcō, ~dūxī, ~ductus *3* (hin)einführen; anführen, behaupten
intrōductiō, ~nis *f* Einführen
intrōductus, intrōdūxī →introduco
intro|eō, ~iī, ~itus (*Inf* ~īre) hineingehen, eintreten, betreten
intrō|ferō, ~tulī (*Inf* ~ferre) *3* hineintragen
intrō|gredior, ~gressus sum *3* [gradior] hineingehen, betreten
introiī, introīre →introeo
introitus I. *Part Perf Pass* →introeo **II.** *Subst* ūs *m* Eingang; Einzug, Eintritt, Einlaufen *von Schiffen;* Anfang, Einleitung; Zugang ⟦*ml* Eintrittsgeld
intrō|mittō, ~mīsī, ~missus *3* hineinschicken, einlassen ⟦*ml* se ~mittere sich einfallen lassen
intrōrs|um *u.* **~us** *Adv* [introversum] nach innen zu, hinein; inwendig, drinnen
intrō|rumpō, ~rūpī, ~ruptum *3* einbrechen, eindringen
intrōspectō *1* hineinschauen
intrō|spiciō, ~spēxī, ~spectus *3* [specio] hineinsehen, betrachten

intrōs(s)um = introrsum
intrōtulī →introfero
intrōvocō *1* hineinrufen
⟦**intrusio,** ~nis *f ml* Eindrängen, Aufdrängen *eines Bewerbers*
intubum = intibum
⟦**intueo** *2 spl* = intueor
intueor, intuitus sum *2* hineinschauen, anschauen; erwägen, berücksichtigen
⟦**intuitus,** us *m spl* Ansehen, Blick; Hinsicht, Rücksicht
intulī →infero
intum|ēscō, ~uī *3* anschwellen, wachsen; sich überheben; zornig werden
intumulātus *3* unbegraben
intuor *3* = intueor
inturbidus *3* ungestört; friedfertig
intus *Adv* innen, im Innern, darin, inwendig; *auch* von *od* nach innen
intūtus *3* unbefestigt, unverwahrt; unsicher
inula, ae *f* Alant *Heilpflanze*
inuleus = hinnuleus
inultus *3* ungerächt; ungestraft
inumbrō *1* beschatten, verdunkeln
inundātiō, ~nis *f* Überschwemmung
inundō *1* überschwemmen, überfluten; überfließen
inundor *1* erfüllt sein mit
in|ung(u)ō, ~ūnxī, ~ūnctus *3* (ein)salben, bestreichen ⟦*ml* regem ~unguo zum König salben; letzte Ölung geben
inurbānus *3* unfein; ungefällig; witzlos
in|urg(u)eō, ~ursī *2* eindringen; hineindrängen
in|ūrō, ~ussī, ~ustus *3* einbrennen; kennzeichnen, brandmarken; aufdrücken, zufügen; (an)brennen, versengen
inursī →inurgeo
inūsitātus *3* ungebräuchlich, ungewöhnlich
inussī, inustus →inuro
inūtilis, ~e, *Gen* ~is unnütz, unbrauchbar; schädlich
inūtilitā|s, ~tis *f* Unbrauchbarkeit; Schädlichkeit
Inuus, ī *m* Befruchter (BN des Faunus); Castrum Inui Wohnort des Faunus (Hirtenstation an der Küste von Latium)
⟦**invadabil|is,** ~e, *Gen* ~is *ml* undurchschreitbar
in|vādō, ~vāsī, ~vāsus *3* hineingehen, eindringen; losgehen (in) *Akk* auf, angreifen (in) *Akk* jmdn.; hineinbrechen *Dat od* (in) *Akk* über, befallen ⟦*spl* anfallen, überfallen *Akk* jmdn.
inval|ēscō, ~uī *3* erstarken
invalidus *3* schwach
invaluī →invalesco
invāsī →invado
⟦**invasio,** ~nis *f spl* Angriff; Vergewaltigung; *ml* Aufstand
⟦**invasor,** ~is *m spl* Eindringling
⟦**invasorius** *3 ml* räuberisch
invāsus →invado
invecticius *3* [inveho] eingeführt; künstlich
invectiō, ~nis *f* [inveho] Einfuhr; Fahrt in die Stadt *auf dem Fluss* ⟦*spl* Strafrede
in|vehō, ~vēxī, ~vectus *3* (hin)einführen, hineinbringen, hineintragen; se invehere = invehor
in|vehor, ~vectus sum *3* hineinfahren, hineinreiten, eindringen; angreifen; schelten in *Akk* jmdn.
invēndibil|is, ~e, *Gen* ~is unverkäuflich
in|veniō, ~vēnī, ~ventus *4* finden, entdecken; erfinden; gewinnen
in|venior, ~ventus sum *4* sich finden; sich erweisen *Nom* als; erscheinen
inventiō, ~nis *f* Erfinden, Erfindung(sgabe) ⟦*ml* ~ crucis Fest der Kreuzesauffindung
invent|or, ~ōris *m* Erfinder, Urheber
inventrī|x, ~cis *f* Erfinderin
invent|um, ~ī *n* Erfindung; *Pl* ~a, ~ōrum **1.** Lehren **2.** das Erworbene
inventus →invenio
invenustus *3* unglücklich in der Liebe; ohne Anmut
inverēcundus *3* schamlos, unverschämt
invergō *3* spenden; darauf gießen *Dat* auf
inversiō, ~nis *f* Verdrehung des Wortsinns; Ironie; Allegorie; Umstellung *der Wörter*
in|vertō, ~vertī, ~versus *3* umdrehen, umwenden, umkehren; verdrehen, verschlechtern; umgestalten
invesperāscit *3 unpers* es wird Abend
investīgātiō, ~nis *f* Erforschung
investīgāt|or, ~ōris *m* Aufspürer ⟦*ml* canis ~or Spürhund
investīgō *1* aufspüren, ausfindig machen
⟦**investio** *4 spl* ausstatten; bekleiden; *ml übertr* belehnen
invest|is, ~e, *Gen* ~is unbekleidet; unbehaart, ohne Bart; jugendlich
⟦**investitura,** ae *f ml* Einkleidung, Einsetzung
inveterā|scō, ~vī *3* alt werden, sich einbürgern; *übertr* sich festsetzen
inveterātiō, ~nis *f* Einwurzelung; alter Fehler
inveterāvī *Perf Akt* →inveterasco *u.* invetero
inveterō *1* [vetus] alt machen
inveteror *1* alt werden, sich festsetzen
invēxī →inveho
invicem *Adv* [vicis] abwechselnd, wechselweise; gegenseitig, auf beiden Seiten; umgekehrt, andererseits ⟦*spl* miteinander; ab ~ dagegen; ad ~ aneinander, anstatt; in ~ gegeneinander
invictus *3* unbesiegt; unbesiegbar
invidentia, ae *f* Beneiden, Missgunst

in|videō, ~vīdī, vīsum *2 beim Dat* jmdn. beneiden; missgünstig blicken, eifersüchtig sein auf; *vgl* invisus
invidia, ae *f* Neid, Missgunst, Hass, Gehässigkeit, üble Nachrede ⟦*spl* Missgeschick
invidiōsus *3* neidisch; beneidet, verhasst; Neid erregend
invidus I. *Adj 3* neidisch, voll Neid ⟦**II.** *Subst* i *m spl* Teufel
invigilō *1 beim Dat* wachen bei; bedacht sein auf
⟦**invincibil|is,** ~e, *Gen* ~is *spl* unbesiegbar
inviolābil|is, ~e, *Gen* ~is unverletzlich
⟦**inviolabiliter** *Adv spl* unumstößlich; *übertr* unverletzt
inviolātus *3* unverletzt; unverletzlich
⟦**invisceror** *1 spl* in die Seele dringen
invīsibil|is, ~e, *Gen* ~is unsichtbar
invīsitātus *3* nicht gesehen, ungewöhnlich
in|vīsō, ~vīsī *3* hinsehen (ad) *Akk* nach, besuchen; erblicken; beaufsichtigen
invīsus *3* **1.** verhasst; feindlich gesinnt **2.** unsichtbar; noch nicht gesehen
invītāmentum, ī *n* Lockmittel, Reiz
invītātiō, ~nis *f* Einladung, Aufforderung
invītāt|or, ~oris *m* Einlader
invītātus I. *Part Perf Pass zu* invito **II.** *Subst* ūs *m* Einladung
invītō *1* einladen, bewirten; auffordern, reizen, locken; se invitare sich gütlich tun
invīt|us *3* wider Willen, ungern; *Abl* ~o, ~a, ~is gegen den Willen *Abl* von; unabsichtlich
invius *3* unwegsam, unzugänglich
invocātiō, ~nis *f* Anrufung
invocātus I. *Adj 3* ungerufen, ohne Einladung **II.** *Part Perf Pass zu* invoco
invocō *1* (an)rufen; nennen
involātus, ūs *m* Flug
involgō *1* unter die Leute bringen
involitō *1* [involo] flattern *Dat* über
involō *1* **1.** hineinfliegen, losfahren (ad) *Akk* auf **2.** erbeuten, stehlen
involūcr|e, ~is *n* Frisiermantel
involūcrum, ī *n* Hülle, Decke
involūtus I. *Adj 3* eingehüllt, schwer verständlich **II.** *Part Perf Pass* →involvo
in|volvō, ~volvī, ~volūtus *3* (darauf) rollen, wälzen; einwickeln, einhüllen, darumwickeln; se ~volvere sich hüllen, sich vergraben, sich verstricken
involvolus, ī *f* [involvo] Wickelraupe
invulnerātus *3* unverwundet
iō *Interj* hallo!, hoch!; o!, ah!
Iō, Iōnis *od* Iūs *f* Io (Geliebte des Zeus, in eine Kuh verwandelt)
⟦**iocal|ia,** ~ium *n ml* Kostbarkeiten
Iocastē, ēs *f* Iokaste (M. u. Gem. des Ödipus)
iocātiō, ~nis *f* Scherz
⟦**iocator,** ~is *m ml* Spaßmacher, Spielmann
iocineris *Gen Sg zu* iecur
iocor *1* scherzen; spöttisch vorbringen
iocōsus *3* scherzhaft, lustig
⟦**ioculanter** *Adv spl* im Scherz, lustig
ioculār|is, ~e, *Gen* ~is *u.* **~ius** *3* spaßhaft, kurzweilig
ioculāt|or, ~ōris *m* Spaßmacher ⟦*ml* Spielmann, Gaukler
⟦**ioculatri|x,** ~cis *f ml* Gauklerin
ioculō *1* scherzen
⟦**ioculor** *1 ml* foppen, zum Besten haben
ioculus, ī *m* kleiner Scherz
iōcund- = iucund-
iocur = iecur
iocus, ī *m* [*Nom/Akk Pl auch* ioca) Scherz, Spaß, Spiel ⟦*ml* iocum do Spaß machen; ~ belli ritterliches Spiel
Iocus, ī *m* Gott des Scherzes
Iolāus, ī *m* Iolaos (Gefährte des Herakles)
Iōlciacus *3* von Iolkos
Iōlcus, ī *f* Iolkos (Seestadt in Thessalien)
Iolē, ēs *f* Iole (T. des Eurytos)
Iōnes, Iōnum *m* Ionier
Iōnia, ae *f* Ionien (Land an der kleinasiatischen Küste)
Iōniacus, Iōnicus, Iōnius *3* ionisch
⟦**iosum** [deorsum] *Adv ml* abwärts
iōta *n undekl* Iota (gr. Buchstabe)
Iovis 1. *altl Nom* = Iuppiter **2.** *Gen Sg* →Iuppiter
Īphigenīa, ae *f* Iphigenie (T. des Agamemnon)
ipse, ipsa, ipsum (*Gen Sg* ipsīus, *Dat Sg* ipsī) *Pron* [*ispse] selbst, er persönlich, er leibhaftig; eigen; *hervorhebend* gerade, unmittelbar; ~ per se aus eigenem Antrieb; et ~ auch, gleichfalls; = is, ille, hic; Herr, Herrin ⟦*spl* = *bestimmter Artikel; ml* = idem; *Verstärkung des Relativpron ohne dt Übersetzung*
ipsī 1. *Dat Sg zu* ipse **2.** *Nom Pl m zu* ipse
ipsi(ssu)mus, ~a *Sup* er, sie = der Herr, die Herrin
ipsīus (*auch* ipsius) *Gen Sg zu* ipse
ipsus, ipsud *altl* = ipse, ipsum
īra, ae *f* Zorn, Erbitterung, Wut
īrācundia, ae *f* Jähzorn; Zornesausbruch
īrācundus *3* [ira] jähzornig, aufbrausend
īrāscor *3* [ira] zürnen; zornig sein
īrātus *3* [ira] zornig, aufgebracht
īre *Inf Präs Akt* →[1]eo
⟦**iricolor,** *Gen* ~is *spl* schillernd
Īris, Īridis *f* (*Akk* Īrim *u.* Īrin, *Abl auch* Īrī, *Vok* Īrī) [*gr*] Iris (Göttin des Regenbogens u. Götterbotin) ⟦*spl* farbiger Ring
īris, ~ *m* (*Akk Sg* īrim) Igel; = ēr, ēris
īrōnīa, ae *f* [*gr*] versteckter Spott, Tadel, Ironie
⟦**ironicus** *3 spl* spöttisch
irp- = hirp-
irquus = hircus

⟦**irradiatio,** ~nis *f spl* Bestrahlung
⟦**irradio** *1 ml* (be)strahlen
irrāsus *3* [rado] ungeschoren
irrationābil|ia, ~ium *n* Tierwelt
irrationā(bi)l|is, ~e, *Gen* ~is unvernünftig; mechanisch
irrau|cēscō, ~sī *3* [raucus] heiser werden
⟦**irrecuperabil|is,** ~e, *Gen* ~is *spl* unwiederbringlich
irreligātus *3* nicht festgebunden
irreligiōsus *3* gottlos, unehrerbietig
irremeābil|is, ~e, *Gen* ~is [remeo] keine Rückkehr gewährend
irremediābil|is, ~e, *Gen* ~is [remedium] unheilbar; unversöhnlich
⟦**irremissus** *3 spl* nicht nachlassend, ungelockert
⟦**irremuneratus** *3 spl* unbeschenkt
irreparābil|is, ~e, *Gen* ~is unwiederbringlich, unersetzlich ⟦*spl* ~iter *Adv* nicht wiederherstellbar
irrepertus *3* nicht gefunden, unentdeckt
irrēp|ō, ~sī *3* hineinschleichen *auch Dat* in; sich einschleichen, einnisten *auch Dat* in
⟦**irreprehensibiliter** *Adv spl* untadelig
irreprehēnsus *3* untadelig
irrēpsī →irrepo
⟦**irrequie|s,** *Gen* ~tis *spl* ruhelos
irrequiētus *3* unruhig, rastlos
irresectus *3* unbeschnitten
irresolūtus *3* unaufgelöst, unauflöslich
irrētiō *4* [rete] im Netze fangen, verstricken; mit einem Netz überziehen
irretortus *3* nicht zurückgewendet
irrever|ēns, *Gen* ~entis unehrerbietig, gleichgültig *Gen* gegen
irreverentia, ae *f* Unehrerbietigkeit, unverschämtes Wesen; Gleichgültigkeit
⟦**irreverential|is,** ~e, *Gen* ~is *ml* unehrerbietig
irrevocābil|is, ~e, *Gen* ~is unwiderruflich; unveränderlich; unversöhnlich
irrevocātus *3* nicht zurückgerufen, nicht aufgefordert; unerbittlich
ir|rīdeō, ~rīsī, ~rīsus *2* lachen, spotten; verlachen, verspotten
irrīdiculē *Adv* ohne Witz
irrīdiculum, ī *n* Spott
irrigātiō, ~nis *f* Bewässerung
irrigō *1* bewässern; hinleiten, ausgießen; *übertr* erquicken, erfüllen
irriguus *3* [rigo] bewässernd; bewässert, befeuchtet
irrīsī →irrideo
irrīsiō, ~nis *f* = irrisus II.
irrīs|or, ~ōris *m* Spötter, Verhöhner
irrīsus I. *Part Perf Pass* →irrideo **II.** *Subst* ūs *m* Verspottung, Verhöhnung
irrītābil|is, ~e, *Gen* ~is reizbar
irrītām|en, ~inis *n* = irritamentum
irrītāmentum, ī *n* Reizmittel
irrītātiō, ~nis *f* Verlockung, Reiz
[1]**irrītō** *1* reizen, erzürnen; erregen, provozieren
[2]⟦**irrito** *1 spl* ungültig machen
irritus *3* [ratus] ungültig, unwirksam, nutzlos, erfolglos, ohne Erfolg *Gen* in
irrogātiō, ~nis *f* Auferlegen, Zuerkennen
irrogō *1* beim Volk beantragen *Dat* gegen; auferlegen ⟦*spl übertr* zufügen
irrōrō *1* betauen, benetzen; herabträufeln *Dat* auf; tropfen
⟦**irroto** *1 spl* drehend schleudern
irrūctō *1* (hinein)rülpsen
ir|rumpō, ~rūpī, ~ruptus *3* hineinbrechen, eindringen, hineinstürzen; stören, verletzen
ir|ruō, ~ruī *3* [ruo] hineinstürzen, hineinrennen, eindringen, losstürmen
irrūpī →irrumpo
irruptiō, ~nis *f* Einfall, Einbruch
irruptus I. *Adj 3* unzerbrochen, unzerreißbar **II.** *Part Perf Pass* →irrumpo
Īrus, ī *m* Iros (Bettler im Palast des Odysseus); *übertr* armer Mann
[1]**is,** ea, id *Pron* (*Gen Sg* eius, *Dat Sg* ei, eī; *weiter Stamm* e-; *Nbf Nom Pl* iī, *Dat/Abl Pl* iīs, īs) **1.** dieser, diese, dieses **2.** *bei folgendem Relativpron* derjenige, diejenige, dasjenige **3.** er, sie, es **4.** so beschaffen **5.** id est das heißt, das bedeutet; id temporis zu dieser Zeit ⟦*spl* in id ipsum zugleich **6.** *vgl* eius
[2]**īs 1.** *zu* [1]eo du gehst **2.** *Nbf Dat Pl zu* [1]is
Isauri, ōrum *m* Isaurier, Einw. von Isaurien
Isauria, ae *f* Isaurien (Landschaft in Kleinasien)
Isaur(ic)us *3* isaurisch
īselasticum, ī *n* [*gr*] kaiserliches Geschenk für den einziehenden Sieger
īselasticus *3* [*gr*] den Einzug des Siegers darstellend
Īsēum, ī *n* Isistempel
Īsiacus *3* der Isis
Īsis, ~ *od* Īsidis *f* Isis (ägyptische Göttin, Gem. des Osiris)
Ismarius *3* von Ismaros; thrakisch
Ismar|us, ~i *m u.* **~a,** ~ōrum *n* Ismaros (Berg u. Stadt in Thrakien)
Ismēni|s, ~dis *f* Thebanerin
Ismēnius *3* thebanisch
Ismēnus, ī *m* Ismenos (Fluss bei Theben)
Isocrat|ēs, ~is *m* Isokrates (athenischer Redner 436–338)
Isocrat|ēus *od* **~īus I.** *Adj 3* des Isokrates **II.** *Subst* ~ī *m* Schüler des Isokrates
isox, isocis *m* [*gr*] Flussfisch (Salm?, *vgl* esox)
Issa, ae *f* Issa (Insel an der dalmatinischen Küste), *heute* Vis (Lissa)
Issaicus *3 u.* **Issēns|is,** ~e, *Gen* ~is von Issa
Issus, ī *f* Issos (Seestadt in Kilikien)
istāc *Adv* [[1]istic] da, auf diesem Wege

istāctenus *Adv* bis dorthin

istaec = ista *zu* iste

Istaevon|ēs, ~um *m* (*auch* Istuaeones) Istaewonen (westgerm. Völkergruppe)

iste, ista, istud *Pron* (*Gen Sg* istīus *u.* istius, *Dat Sg* istī) dieser, diese, dieses; jener, jene, jenes; dein, euer; *oft verächtlich* ein derartiger ⟦*spl Nom Sg f auch* istaec; *ml* ista vita das irdische Leben

ister *etruskisch für* ludio

Ister = Hister

Isthmia, ōrum *n* Isthmien, Festspiele auf dem Isthmos von Korinth

Isthmius *3* isthmisch

Isthmus, ī *m* Landenge, *bes* die von Korinth

istī I. *Adv* dort **II.** *Dat Sg od Nom Pl m zu* iste

[1]**istic,** istaec, istoc (istuc) *Pron* = iste

[2]**istīc** *Adv* dort, da, dabei

istim *Adv* [iste] von da, von dort

istīmodī = istiusmodi

istinc *Adv* von dort, von da; von dem da

istīus →iste

istīusmodī *Adv* von der Art, so beschaffen

[1]**istō(c) I.** *Adv* dorthin; deshalb **II.** *Abl Sg zu* [1]istic; *beim Komp* umso

[2]**istoc** →[1]istic

istōrsum *Adv* [isto, vorsum] dorthin

Istrī, Istria = Histri, Histria

Istuaeon|ēs, ~um *m* = Istaevones

[1]**istūc** *Adv* dahin, dorthin

[2]**istuc** →[1]istic

ita *Adv* **1.** so, auf diese Weise; ut ... ~ wie ... so, zwar ... aber, sowohl ... als auch **2.** *Antwort* ja **3.** unter solchen Umständen, infolgedessen **4.** (nur) unter der Bedingung **5.** so sehr, dermaßen; non (haud) ~ nicht eben, nicht sonderlich **6.** quid ~? wozu?, warum denn? **7.** *bei Beteuerungen* so wahr (ich wünsche, dass), so gewiss (*Folgendes* ut *bleibt unübersetzt*)

Italī, ōrum *m* Italer, (antike) Bewohner von Italien

Italia, ae *f* Italien

Italica, ae *f* Italica (1. Stadt in Spanien 2. N für Corfinium)

Italicēns|is I. *Adj* ~e, *Gen* ~is von Italica 1. **II.** *Subst* ~is *m* Einw. von Italica 1.

Italicus *3* italisch, in *od* aus Italien

Itali|s, ~dis *f* **I.** *Adj* italisch **II.** *Subst poet* Italerin

Italius *u.* **Italus** *3* italisch, in *od* aus Italien; *auch* römisch

itaque I. *Adv* und so **II.** *Kon.* demnach, also, daher

item *Adv* ebenso, auf gleiche Weise; ebenfalls, auch

iter, itineris *n* [ire] Marsch, Fahrt, Gang, Reise; Weg, Straße, Bahn; freier Durchgang; Verfahren, Methode ⟦*ml* = agmen; Heimgang, Tod

iterātiō, ~nis *f* Wiederholung

iterātō *Adv* abermals

iterō *1* **1.** [iterum] zum zweiten Mal tun *od* vornehmen, wiederholen ⟦**2.** [iter] *ml* reisen

iterum *Adv* zum zweiten Male, wiederum; semel atque ~ mehrmals; andererseits, dagegen

Ithac|a, ~ae *od* **~ē,** ~ēs *f* Ithaka (Insel des Odysseus im Ionischen Meer)

Ithacēns|is, ~e, *Gen* ~is *u.* **Ithacus** *3* von Ithaka

itidem *Adv* [ita] ebenso

itiner = iter

⟦**itinerarium,** i *n spl* Reiseweg, Reisebericht; Straßenkarte

⟦**itiner|o** *und* **~or** *1 spl* reisen

itiō, ~nis *f* Gehen, Gang

Itius portus Hafen der Moriner (in Gallien), *heute* Boulogne

itō *1* [ire] gehen

Itōn|us, ~ī *m und* **~ē,** ~ēs *f* Itonos *od* Itone (Stadt in Boiotien mit Athenatempel)

Itūraeī, ōrum *m* Ituräer (Stamm in Palästina)

Itūraeus *3* der Ituräer

itus, ūs *m* Gehen, Gang; ~ (et) reditus Abreise und Rückkehr

Itylus, ī *m* = Itys

Itys, Ityos *m* (*Dat/Abl* Ity) Itys (S. des Tereus und der Prokne)

iuba, ae *f* Mähne, Kamm *bei Tieren;* Helmbusch

Iuba, ae *m* Juba (König von Numidien)

iubar, ~is *n* Licht, Glanz; leuchtender Himmelskörper

iubātus *3* [iuba] mit Mähne, mit Kamm

iubeō, iussī, iussus *2* auffordern, befehlen; lassen; *med* verordnen; beschließen, genehmigen, anordnen

⟦**iubilaeum,** i *n spl* Jubelzeit; annus iubilei heiliges Jahr, Jubeljahr

⟦**iubilatio,** ~nis *f spl* Jubel

iūbilō *1* schreiend lärmen ⟦*spl* singen, jubilieren

iūbilum, ī *n* Jubeln ⟦*spl* Geschrei, Zuruf

⟦**iubilus,** ī *m spl* Jubelschrei, -lied *auch von Vogelstimmen*

iūcunditā|s, ~tis *f* Annehmlichkeit, Liebenswürdigkeit, Freundlichkeit

⟦**iucundor** *1 spl* sich vergnügen

⟦**iucundulus** *3 ml* heiter, erfreulich

iūcundus *3* [iuvo] erfreulich, angenehm, liebenswürdig; beliebt ⟦*spl* scherzhaft

Iūdaea, ae *f* Judäa; Palästina

Iūdaeus, ī *m* Jude

Iūdaicus *3* jüdisch

iūdex, iūdicis *m* [ius, dico] Richter; Beurteiler ⟦*ml* Verwalter, Amtmann; offizielle Persönlichkeit

iūdicātiō, ~nis *f* richterliche Untersuchung; Urteil ⟦*spl* Kritik

iūdicātum, ī *n* Urteilsspruch; zugesprochene Summe
iūdicātus I. *Part Perf Pass zu* iudico **II.** *Subst* ūs *m* Richteramt
iūdiciāl|is, ~e, *Gen* ~is gerichtlich, Gerichts-, amtlich
iūdiciārius *3* = iudicialis
iūdicium, ī *n* [iudex] **1.** Urteil, Gericht(sverhandlung), gerichtliche Untersuchung; ~ exerceo Untersuchung leiten; Rechtsstreit; Gerichtsort, Gerichtshof **2.** Entscheidung, Urteilskraft, Einsicht, Meinung; iudicio absichtlich ⟦**3.** *ml* minora iudicia niedere Gerichtsbarkeit; das Jüngste Gericht; = iustitia; ~ dei *od* divinum Gottesurteil
iūdicō *1* [iudex] Richter sein; aburteilen; zusprechen; entscheiden, urteilen, meinen; *beim doppelten Akk* jmdn. halten *od* erklären für; schätzen, beurteilen
iuerint = iuverint *zu* iuvo
iugāl|ēs, ~ium *m* Gespann
iugāl|is, ~e, *Gen* ~is am Joch zusammengespannt; ehelich ⟦*spl Subst* ~is *m, f* Gatte, Gattin
Iugārius vicus Straße der Juno Juga (beim Kapitol)
iugātiō, ~nis *f* Anbinden der Weinranken; Querlatten des Spaliers
iūgerum, ī *n* (*Gen Pl* ~; *Dat/Abl Pl* iūgeribus) [iugum] Morgen (240 × 120 Fuß = 25,233 Ar) ⟦*ml* = iugum
iūgis, iūge, *Gen* iūgis [iungo] zusammengespannt; dauernd (fließend), beständig ⟦*spl* iugiter *Adv* immer, sofort; *ml* ewig
⟦**iugita|s,** ~tis *f spl* Beständigkeit, Dauer
iūgl|āns, ~andis *f* Walnuss
iugō *1* [iugum] verknüpfen; vermählen
iugōsus *3* gebirgig
Iugulae, ārum *f* [iungo] Sterngürtel des Orion
iugulātiō, ~nis *f* Ermorden
iugulō *1* [iugulum] die Kehle durchschneiden, abschlachten; ermorden; vernichten
iugul|um, ī *n u.* **~us,** ī *m* [iungo] Schlüsselbein; Kehle; *übertr* Hauptpunkt
iugum, ī *n* **1.** Joch (*urv*); Gespann, Paar; Morgen (= iugerum) **2.** *übertr* Sklavenjoch, Ehe(joch); gemeinsame Anstrengung *od* Bande **3.** Querlatte, -balken, *bes* Joch aus Lanzen (zur Demütigung der Besiegten); Waage (*auch* an der Deichsel *u. Sternbild*); Webebaum; Ruderbank; Tragholz; Bergrücken, Gebirgszug
iugumentō *1* durch Querbalken verbinden
Iugurtha, ae *m* Jugurtha (König von Numidien, Gegner Roms, 105 v. Chr. hingerichtet)
Iugurthīnus *3* des Jugurtha
Iūlēus *3* **1.** des Julus **2.** des Julius Caesar **3.** des Augustus **4.** des Juli
Iūlia, ae *f* Julia (*bes* 1. T. Caesars 2. T. u. Enkelin des Augustus)
Iūliānus I. *Adj 3* von Julius Caesar **II.** *Subst* ī *m* **1.** Julianus (röm. BN) **2.** Anhänger des Julius Caesar
Iūlius *3* **1.** *Gent* Julius, *bes* C. ~ Caesar *u. sein Adoptivsohn* Octavius (Augustus) **2.** von (einem) Julius, (einem) Julius zu Ehren **3.** (mensis) ~ Juli; des Juli
Iūlus, ī *m* Julus (1. Sohn des Aeneas = Ascanius 2. *poet* = Caesar 3. röm. Vorname)
iūmentum, ī *n* [iungo] Zugtier, Lasttier, Saumtier; Ochse, Pferd, Esel, Maultier, Kamel ⟦*ml bes* Stute
iunceus *3* [iuncus] Binsen-
iuncōsus *3* voller Binsen
iūnctim *Adv* vereint, beisammen; hintereinander
iūnctiō, ~nis *f* Verbindung
iūnctūra, ae *f* Verbindung; *bes* Band, Fuge, Gelenk, Naht
iūnctus I. *Adj 3* zusammengefügt, vereinigt, verbunden; nahegelegen **II.** *Part Perf Pass* →iungo
iuncus, ī *m* Binse
iungō, iūnxī, iūnctus *3* [iugum] verbinden, vereinigen; anspannen, bespannen; vermählen; (Brücke) schlagen
iūni|or, ~ōris *m, f Komp* ein Jüngerer, eine Jüngere; *Pl* ~ores junge Mannschaft; die jungen Leute
iūniperus, ī *f* Wacholder
Iūnius *3* **1.** *Gent* Junius (→Brutus) **2.** von (einem) Junius **3.** (mensis) ~ Juni; des Juni
Iūnō, ~nis *f* Juno, *gr* Hera (Gem. Jupiters); ~ inferna *od* Averna Proserpina
Iūnōnāl|is, ~e, *Gen* ~is der Juno; des Juni
Iūnōnicola, ae *m* Verehrer der Juno
Iūnōnigena, ae *m* S. der Juno, Vulkan(us)
Iūnōni|us *3* der Juno, der Juno geweiht; *bes* ales ~a Pfau; custos ~us Argus; mensis ~us Juni
iūnxī →iungo
Iuppiter, Iovis *m* Jupiter, *gr* Zeus; Himmel, Wetter; Planet Jupiter; sub Iove unter freiem Himmel ⟦*spl* Iovis dies der 5. Tag der Woche
Iūra, ae *m* (Schweizer) Jura
⟦**iuramentum,** i *n spl* Eid
⟦**iuratio,** ~nis *f spl* Eid, Vereidigung
iūrāt|or, ~ōris *m* (vereidigter) Schätzer
iūrātus I. *Adj 3* vereidigt ⟦*spl* ordo ~ Senat **II.** *Part Perf Pass zu* iuro **III.** *Subst* ī *m* Geschworener
iūrecōnsultus (iūriscōnsultus) *u.* **iūreperītus** (iūrisperītus) *3* rechtskundig
iūreus *3* [[2]ius] aus Brühe
iūrgium, ī *n* [iurgo] Zank, Streit; Prozess
iūrgō *1* [iure ago] streiten, zanken; schelten; prozessieren

iūridiciāl|is, ~e, *Gen* ~is gerichtlich
iūridicus I. *Adj 3* Recht sprechend II. *Subst* ī *m* Richter; Gerichtsbehörde
iūrigō *1 altl* = iurgo
iūriscōnsultus →iureconsultus
iūrisdictiō, ~nis *f* Rechtsprechung, Zivilgerichtsbarkeit; Gerichtsbezirk
iūrisperītus →iureperitus
⟦**iurista,** ae *m ml* Jurist
iūrō *1* (*Perf Akt auch* iuratus sum) [[1]ius] schwören, Eid ablegen; mit einem Schwur anrufen; sich durch Eid distanzieren *Akk* von
[1]**iūs,** iūris *n* Recht; Rechtsanspruch, Vorrecht; rechtliche Gewalt *od* Macht, Gericht; sui iuris esse sein eigener Herr sein; *Pl* iura Rechtsbestimmungen, Rechtseinrichtungen, Rechtsbescheide ⟦*spl* ~ poli, ~ fori himmlisches u. irdisches Recht; in iure sum abhängig sein
[2]**iūs,** iūris *n* Brühe, Suppe, Soße
⟦**iuscellum,** i *n spl* Brühe, Soße
iūs iūrandum, iūris iūrandi *n* Eid, Schwur
iussī →iubeo
⟦**iussio,** ~nis *f spl* Befehl, Anordnung
iussō *altl Fut zu* iubeo
iussū *Abl* auf Befehl
iussum, ī *n* Befehl; Volksbeschluss; *med* Verordnung
iussus →iubeo
iūsta, ōrum *n* das Gebührende, das rechtlich Zustehende; Feierlichkeiten
⟦**iustificatio,** ~nis *f spl* Rechtfertigung
⟦**iustifico** *1 spl* rechtfertigen
iūstificus *3* recht tuend
iūstitia, ae *f* [iustus] Gerechtigkeit(sgefühl); Göttin der Gerechtigkeit ⟦*ml* Recht
iūstitium, ī *n* [sisto] Einstellung der Gerichtstätigkeit; Stillstand; öffentliche Trauer
iūstus *3* [[1]ius] gerecht, rechtschaffen, recht-, gesetzmäßig; begründet, verdient; richtig, regelmäßig, gehörig
⟦**iusum** *spl* = iosum
Iūturna, ae *f* Juturna (Quellnymphe); lacus Iuturnae See der Juturna (beim Vestatempel in Rom)
iūtus →iuvo
⟦**iuvam|en,** ~inis *n spl* Hilfe
iuvenāl|is, ~e, *Gen* ~is Jugend-, jugendlich
iuvenca, ae *f* junges Mädchen; junge Kuh
⟦**iuvencula,** ae *f spl* junges Mädchen
⟦**iuvenculus,** i *m spl* Jüngling
iuvencus I. *Adj 3* jung II. *Subst* ī *m* Jüngling; junger Stier
iuvenēscō *3* zum Jüngling werden, heranwachsen; sich verjüngen
iuvenīl|is, ~e, *Gen* ~is jugendlich
iuven|is I. *Adj* ~e, *Gen* ~is jung (*urv*) II. *Subst* ~is *m, f* junger Mann, Jüngling; junge Frau
iuvenī|x, ~cis *f* junge Kuh
iuvenor *1* jugendlich tändeln, sich zieren ⟦*ml* jung werden
iuventa, ae *f* [iuvenis] Jugend, Jünglingsalter, Jugendkraft; Göttin der Jugend
iuventā|s, ~tis *f* [iuvenis] Jugend, jugendlicher Mut; Göttin der Jugend = Hebe
iuventū|s, ~tis *f* [iuvenis] Jugend, junge Leute, junge Mannschaft
iūvō, iūvī, iūtus *1* unterstützen, fördern; erfreuen, gefallen; iuvat es macht Freude, es nützt *Akk* jmdm.
iuxtā [iungo] I. *Präp beim Akk* neben, nächst; nahe an; *zeitlich* gegen; *übertr* gemäß II. *Adv* nahe dabei; ebenso (sehr *od* wenig), gleich
iūxtim *Adv* daneben
Ixīōn, Ixīonis *m* Ixion (Lapithenkönig, zur Strafe im Totenreich an feuriges Flügelrad gebunden)
Ixīonidēs, ae *m* Nachkomme des Ixion (Peirithoos; Kentaur)
Ixīonius *3* des Ixion, wie Ixion

K

K *Abk für* Kaeso (→Caeso); Kalendae
Kaesō = Caeso
⟦**kaganus** *ml* = cacanus
Kal. *Abk für* Kalendae
Kalend|ae, ~ārum *f* der erste Tag des Monats; ~is Ianuariis zu Neujahr
Karthago = Carthago
⟦**katholicus** *ml* = catholicus

L

L *Zahlzeichen* 50
L. *Abk für* Lucius; libra Pfund
⟦**labarum,** i *n spl* Fahne
labāscō *3* ins Wanken kommen
labea, ae *f* Lippe
Labeāt|ēs, ~ium *m* Labeater (Volk in Illyrien)
Labeāti|s, *Gen* ~dis *f* labeatisch
lābēcula, ae *f* [labes] Fleckchen
labe|faciō, ~fēcī, ~factus *3* wankend machen, erschüttern, *Siegel* erbrechen; zugrunde richten
labefactō *1* wankend machen, erschüttern; dem Verderben nahe bringen
labefactus, labefēcī →labefacio
labe|fīō (*Inf* ~fierī) *Pass zu* labefacio; wanken, schwanken, schmelzen
⟦**labellulum,** i *n ml* kleine Lippe
[1]**labellum,** ī *n* [[1]labrum] (zarte) Lippe
[2]**lābellum,** ī *n* [[2]labrum] kleines (Opfer)-Becken

Laberius *3 Gent* Laberius, *bes* D. ~ (Ritter und Mimendichter z. Z. Caesars)
lābēs, lābis *f* [¹labor] Einsinken, Fall, Sturz; Verderben, Unheil; seelisches Gebrechen; Schmutzfleck, Schandfleck; ~ terrena der verderbliche Einfluss des (feuchten) Bodens
Lābīcānus *3* von Labicum
Labīc|ī, ~ōrum *m u.* **~um,** ~ī *n* Labicum (Stadt vor den Albanerbergen)
lābidus *3* [¹labor] schlüpfrig
Labiēnānus *3* des Labienus
Labiēnus, ī *m* Labienus (BN des T. Attius, Legat Caesars, später dessen Gegner)
lābil|is, ~e, *Gen* ~is [¹labor] schlüpfrig; vergänglich
labium, ī *n* [¹labrum] Lippe (*urv*)
labō *1* wanken, schwanken
¹**lābor,** lāpsus sum *3* dahingleiten; herabgleiten, sinken, verfallen, geraten in; entgleiten, entschlüpfen; ausgleiten, straucheln; fehlen, sich vergehen, sich irren
²**labor,** labōris *m* (*Nom Sg auch* labōs) Anstrengung, Mühe, Arbeit; Beschwerde, Not, Last; Ausdauer bei Arbeit, Arbeitskraft; Arbeitsertrag
laborātiō, ~nis *f* Arbeit ⟦*ml* Ertrag
⟦**laboratus,** us *m ml* Arbeit
labōrifer, laborifera, laboriferum arbeitsam; Arbeit bringend
labōriōsus *3* mühsam, beschwerlich; geplagt; arbeitsam
labōrō *1* [²labor] arbeiten, sich anstrengen, sich abmühen; bedrückt werden, leiden ex, a *Abl* an; (mühsam) verfertigen, bearbeiten
labōs *altl* →²labor
¹**labrum,** ī *n* Lippe; Rand
²**lābrum,** ī *n* Badewanne, Becken, Kessel
labrusca, ae *f* wilder Wein
Labyrinthēus *3* labyrinthisch
Labyrinthus, ī *m* [*gr*] Labyrinth (Gebäude mit vielen Irrgängen *od* Zimmern)
lac, lactis *n* Milch; *übertr* Saft
Lacaena, ae *f* **I.** *Adj* spartanisch **II.** *Subst* Spartanerin
laccus, ī *m* [*gr*] Zisterne
Lacedaem|ōn, ~onis *f* Sparta
Lacedaemonius I. *Adj 3* spartanisch; aus *od* in Sparta **II.** *Subst* ī *m* Spartaner
lacer, lacera, lacerum zerrissen, zerfleischt, zertrümmert *Abl od Akk* an, in; *poet* zerfleischend ⟦*ml übertr* schmerzzerrissen
⟦**lacerabil|is,** ~e, *Gen* ~is *spl* anfällig *Dat* für
lacerātiō, ~nis *f* Zerfleischung ⟦*spl* Verschleuderung
lacerna, ae *f* Überwurf, Mantel, Anorak
lacerō *1* [lacer] zerfetzen, zerfleischen, zertrümmern; zerrütten, verschleudern, misshandeln; herunterreißen, verunglimpfen
lacerta, ae *f* **1.** Eidechse **2.** Stachelmakrele, Stöcker
lacertōsus *3* muskulös; handfest
lacertus, ī *m* **1.** Muskel, (Ober-)Arm; Kraft (*gew Pl*) **2.** Eidechse **3.** Stachelmakrele, Stöcker
lacess|ō, ~īvī, ~ītus *3* [²lacto] reizen, herausfordern; angreifen, anklagen; etw. erregen, veranlassen; proelio ~o zum Kampf herausfordern
Lacētāni, ōrum *m* Lacetaner (Volk in Nordostspanien)
Lacētānia, ae *f* Lacetanien (Land in Nordostspanien)
Lachesis, ~ *f* [*gr*] Lachesis (die eine der drei Parzen, die das Lebenslos zuteilte)
lacinia, ae *f* Zipfel (am Kleide), Lappen ⟦*ml* Leine, Fessel
Lacīnium, ī *n* Lacinium (Vorgebirge in Südwestitalien mit Junotempel)
Lacīnius *3* lacinisch, vom Vorgebirge Lacinium
Lacō, ~nis *m* Lakonier, Lazedämonier (Spartaner)
Lacōnica, ae *f* Lakonien (Landschaft auf der Peloponnes, in der Lazedämon = Sparta lag)
lacōnicum, ī *n* Schwitzbad
Lacōnicus *3* lakonisch, lazedämonisch
Lacōni|s, ~dis *f* lakonisch, spartanisch
lacrima, ae *f* [*altl* dacruma Zähre (*urv*)] Träne
lacrimābil|is, ~e, *Gen* ~is beweinenswert, kläglich
lacrimābundus *3* in Tränen ausbrechend
⟦**lacrimatio,** ~nis *f spl* das Weinen
lacrimō *1* weinen, beweinen
lacrimōsus *3* voll Tränen, weinend; weinerlich, kläglich; Tränen erregend
lacrimula, ae *f* Tränchen
lacrum- = lacrim-
lact|āns, *Gen* ~antis **I.** *Adj* Milch gebend; saugend **II.** *Part Präs Akt zu* ¹lacto
lact|ēns, *Gen* ~entis [*lacteo] saugend; saftig
lacteolus *3* [lacteus] milchweiß
lact|ēs, ~ium *f* [lac] Milch (*auch* aus den Samendrüsen der männlichen Fische); Kalbsmilch (Drüse bei Kälbern)
lact|ēscō *3* [lac] zu Milch werden; sich mit Milch füllen
lacteus *3* [lac] milchig; milchreich
lacticulōsus *3* saugend; »Grünschnabel«
¹**lactō** *1* Milch geben, säugen, stillen
²**lactō** [*altl* lacio] *1* locken (*urv*), verführen
lactūca, ae *f* Lattich (*Lw*), Kopfsalat
lactūcula, ae *f* zarter Salat
lacūna, ae *f* [lacus] **1.** Vertiefung, Loch, Lücke, Grübchen **2.** Lache (*urv*); Weiher

3. Abgrund ⟦*ml* Höhle (vom Magen des Fuchses)
lacūn|ar, ~āris *n* [lacuna] getäfelte Zimmerdecke
lacūnō *1* [lacuna] mit getäfelter Arbeit schmücken, täfeln
lacūnōsus *3* vertieft; lückenhaft
lacus, ūs *m* **1.** See, Teich, Weiher; Flussbett **2.** Bassin; Brunnen **3.** Kübel; Wanne; Trog ⟦*spl* Grube; *ml* Pfuhl
Lācȳd|ēs, ~is *m* Lakydes (Philosoph aus Kyrene, um 250 v. Chr.)
laecasīn dīco [*gr*] ich pfeife *Dat* auf
laedō, laesī, laesus *3* **1.** verletzen, beschädigen **2.** beleidigen, kränken, betrüben **3.** stoßen, treffen
Laeliānus *3* lälianisch, des Laelius
Laelius 3 *Gent* Laelius (am bekanntesten Gajus ~ um 150 v. Chr., Freund des jüngeren Scipio, Titelgestalt von Ciceros Buch De amicitia; Decimus ~ um 50 v. Chr., Flottenkommandant des Pompejus)
laena, ae *f* wollener Mantel
Lāert|ēs, ~ae *m* Laërtes (V. des Odysseus)
Lāertiad|ēs, ~ae *m* Laërtiades, S. des Laërtes (Odysseus)
Lāertius *3* laërtisch, des Laërtes
laesi →laedo
laesiō, ~nis *f* Verletzung
Laestrȳgon|es, ~um *m* Lästrygonen (der Sage nach Menschen fressende Riesen an der südlichen Küste Latiums)
Laestrȳgonius *3* lästrygonisch, der Lästrygonen
laesus →laedo
laetābil|is, ~e, *Gen* ~is erfreulich
⟦**laetabundus** *3 spl* ausgelassen, fröhlich
laetātiō, ~nis *f* Jubel
laetificō *1* **1.** erfreuen **2.** fruchtbar machen, düngen ⟦*ml* mit Freuden zubringen
laetificus *3* erfreulich
laetitia, ae *f* **1.** (laute) Freude, Fröhlichkeit; Sinnenlust **2.** Anmut **3.** Fruchtbarkeit, üppiger Wuchs
laetō *1* = laetifico
laetor 1 sich freuen, fröhlich sein; seine Freude zeigen *Abl od* de über
laetus *3* **1.** freudig, fröhlich, vergnügt **2.** froh machend, erfreulich **3.** fruchtbar, üppig, blühend, herrlich
laeva, ae *f* die Linke
laevum *Adv* links
laevus *3* **1.** links, zur Linken **2.** linkisch, ungeschickt, unpassend, verkehrt **3.** abgeneigt
laganum, ī *n* [*gr*] Ölpfannkuchen, in Öl gebackene Plinse
lagēl|os, ~ī *f* [*gr*] »Hasenwein« (aus bräunlichen Trauben
lagoena, ae *f* [*gr*] Flasche, Krug
lagōi|s, ~dis *f* [*gr*] Schneehuhn
lagōna, lagūna = lagoena
laguncula, ae *f* Fläschchen ⟦*ml* Fässchen, Gefäß
Lāiad|ēs, ~ae *m* Lajades (S. des thebanischen Königs Laios = Ödipus)
⟦**laica,** ae *f spl* weltliche Frau (die kein Ordensgelübde abgelegt hat)
⟦**laical|is,** ~e, *Gen* ~is *spl* weltlich
⟦**laicus** *spl* **I.** *Adj 3* weltlich **II.** *Subst* i *m* Laie (*Lw*)
Lāius, ī *m* Laios (König von Theben, V. des Ödipus)
lalia, ae *f* [*gr*] Geschwätz
lāma, ae *f* Lache; Sumpf
lamberō *1* [lambo] belecken
lambō *3* (be)lecken
lāmella, ae *f* [lamina] (Metall-)Blättchen
lāmellula, ae *f* **1.** Blättchen **2.** Geld(stückchen)
lāmenta, ōrum *n* Wehklagen
lāmentābil|is, ~e, *Gen* ~is beklagenswert
lāmentārius *3* Klagen erregend
lāmentātiō, ~nis *f* Wehklagen
lāmentor *1* laut wehklagen, (be)jammern ⟦*ml* vor Gericht Klage führen
Lamia, ae Lamia (1. *f* Stadt in Thessalien 2. *m* röm. BN der älischen Familie 3. *f* Kinder fressendes Ungeheuer, mit dem man die Kinder schreckte)
Lamiān|us *3* lamianisch; horti ~i Parkanlagen der lamianischen Villa (auf dem Esquilin)
lām(i)na, ae *f* (Metall-)Platte; Blech; Blatt (z. B. der Säge)
lampa|s, ~dis *f* [*gr*] Leuchte, Fackel
Lampsacēnī, ōrum *m* Lampsakener (Einw. von Lampsakos)
Lampsac|um, ~ī *n od* **~us,** ~ī *f* Lampsakos (Stadt am Hellespont)
lamptēr, ~is *m* [*gr*] Leuchter
Lamus, ī *m* Lamos (König der Lästrygonen, Erbauer der Stadt Formiae)
lāna, ae *f* Wolle (*urv*), Baumwolle; lanae, ārum *f* Wollstoffe
lānārius, ī *m* Wollarbeiter
lānātus *3* Wolle tragend
lancea, ae *f* Lanze (*Lw*); Wurfspieß
⟦**lancearius,** i *m spl* Lanzenträger
⟦**lanceola,** ae *f spl* Lanze
⟦**lancifer,** i *m ml* Lanzenträger
lancinō *1* [lacer] zerfleischen
lancula, ae *f* [lanx] Waagschale
lāneus *3* wollen, aus Wolle
Langobardī, ōrum *m* Langobarden (germ. Volksstamm)
languē|faciō, ~fēcī, ~factus *3* beruhigen
⟦**languena,** ae *f* [lag(o)ena] *ml* Fass von 100 Litern
langu|eō, ~ī *2* schlaff sein, matt sein, unlustig sein ⟦*ml* krank sein
langu|ēscō, ~ī *3* erschlaffen; matt werden, schwach werden, milde werden

languidulus *3* recht matt ⟦*ml* sanft, zärtlich
languidus *3* schlaff, matt, träge, lässig, mild
⟦**languificus** *3 spl* erschlaffend
langu|or, ~ōris *m* Schlaffheit, Mattigkeit, Ermattung, Trägheit; Lauheit
laniātus, ūs *m* Zerfleischung
laniēna, ae *f* [lanius] Fleischerei
lānificium, ī *n* Wollarbeit
lānificus *3* Wolle verarbeitend ⟦*ml Subst* i *m* Wollweber
lāniger, lanigera, lanigerum Wolle tragend; wollen
laniō I. *Subst* ~nis *m* Fleischer **II.** *Verb 1* zerfleischen, zerreißen
laniōn(i)us *3* Fleischer-
lanista, ae *m* Fechtmeister, Besitzer einer Gladiatorenschule; Führer von Fechterbanden; Bandenführer, Aufwiegler
lanisticius *3* Fechtmeister-
lānitium, ī *n* [lana] Wollertrag
lanius, ī *m* [lanio I.] Fleischer; Henker
lanterna, ae *f* Laterne (*Lw*), Lampe
lanternārius, ī *m* Fackelträger
⟦**lantgravius,** i *m* [*dt*] *ml* Landgraf
lānūg|ō, ~inis *f* [lana] (Woll-)Härchen, Wolle
Lānuvīnus *3* lanuvinisch, aus Lanuvium
Lānuvium, ī *n* Lanuvium (Stadt in Latium), *heute* Cività Lavigna
lanx, lancis *f* Schüssel, Schale; ~ aequa Waagschale ⟦*spl* (Getreide-)Maß
Lāoco|ōn, ~ontis *m* Laokoon (Poseidonpriester in Troja)
Lāodamīa, ae *f* Laodamia (Gem. des Protesilaos, der im Trojanischen Krieg von Hektor getötet wurde)
Lāodicēa, ae *f* Laodike(i)a (Stadt in Syrien)
Lāodicēnī, ōrum *m* Laodikener, Einw. von Laodikea
Lāodicēns|is, ~e, *Gen* ~is laodikensisch, aus Laodikea
Lāomed|ōn, ~ontis (*Akk* ~onta) *m* Laomedon (König von Troja, V. des Priamos)
Lāomedont|ēus *u.* **~īus** *3* laomedontisch, des Laomedon
Lāomedontiad|ēs, ~ae *m* Laomedontiades, S. des Laomedon, Priamos; *Pl* ~ae Trojaner
Lāomedontius = Lāomedontēus
lapathus, ī *m, f* [*gr*] Sauerampfer
lapicīda, ae *m* [caedo] Steinmetz
lapicīdīnae, ārum *f* Steinbrüche
lapidārius I. *Adj 3* Stein- **II.** *Subst* ī *m* Steinmetz
lapidātiō, ~nis *f* Werfen mit Steinen, Steinigen
lapidāt|or, ~ōris *m* Steinschleuderer; Steiniger
lapideus *3* steinern, Stein-
lapidō *1* [lapis] mit Steinen werfen, steinigen; *unpers* lapidat es regnet Steine
lapidōsus *3* steinig
lapillus, ī *m* [lapis] Steinchen
lapi|s, ~dis *m* Stein; Meilen-, Grenz-, Grabstein; Steintisch, -bild; steinerner Tritt; *als Schimpfwort* Klotz ⟦*ml* ~s sectus Haustein
Lapithae, ārum *m* Lapithen (thessalisches Bergvolk)
Lapith|aeus *3 u.* **~ēius** *3* lapithisch, der Lapithen
lappa, ae *f* Klette
lāpsiō, ~nis *f* Neigung zum Fall(en)
lāpsō *1* [[1]labor] ausgleiten; wanken
lāpsus I. *Part Perf* →[1]labor **II.** *Subst* ūs *m* Gleiten; Fall, Sturz; Fehltritt, Versehen ⟦*spl* Sündenfall, Sünde
laque|ar, ~āris *n* getäfelte Zimmerdecke
⟦**laquearium,** i *n spl* = laquear
laqueātus *3* [laquear] getäfelt
⟦**laqueo** *1 ml* fesseln
laqueus, ī *m* Schlinge, (Fall-)Strick; Fessel
Lār, Laris *m* der Lar, *meist Pl* **Larēs,** Lar(i)um Laren (Schutzgottheiten der Felder, des Hauses, der Wege); *übertr* Haus, Wohnung, Herd
⟦**lardatus** *3 ml* mit Speck gekocht
lārdum = laridum
Lārentāli|a, ~um *n* die Larentalien, Fest zu Ehren der Acca Larent(i)a (der Sage nach Frau des Hirten Faustulus, soll als Amme Romulus u. Remus aufgezogen haben)
largificus *3* reichlich
largifluus *3* reichlich fließend ⟦*ml* freigebig
largiloquus *3* geschwätzig
largior *4* [largus] (reichlich) schenken, spenden; gewähren ⟦*ml* leihen, weggeben
largitā|s, ~tis *f* Freigebigkeit ⟦*spl* Reichhaltigkeit
largiter *Adv zu* largus
largītiō, ~nis *f* reichliches Schenken, Spenden; Freigebigkeit ⟦*ml* Gnade
largīt|or, ~ōris *m* freigebiger Spender
largus *3* freigebig, reichlich; ~ opum reich an Macht *od* Einfluss
lāridum, ī *n* Pökelfleisch; Speck
larifuga, ae *m* (heimatflüchtiger) Herumtreiber
Lārīnā|s, *Gen* ~tis larinatisch, aus Larinum
Lārīnum, ī *n* Larinum (Stadt in Samnium)
Lārīsa = Larissa
Lārīsaeī, ōrum *m* Einw. von Larissa
Lārīsaeus *3* aus Larissa
Lāris(s)a, ae *f* Larissa (Stadt in Thessalien und N der Burg Argos)
Lārissēns|is, ~e, *Gen* ~is = Larisaeus
Lārius I. *Adj 3* vom Comer See **II.** *Subst* ī *m* Comer See
lari|x, ~cis *m f* Lärche (*Lw*)
Lars, Lartis *m* [*etr*] Herr, Fürst
Lārtius = Laertius
lārua = larva

lāruātus *3* [larua] behext
lārva, ae *f* **1.** Gespenst **2.** Maske, Larve ⟦*ml* Kobold, Schrat
lārvāl|is, ~e, *Gen* ~is gespensterartig
lasanum, ī *n* [*gr*] Nachtstuhl, -geschirr; (Koch-)Geschirr
lāsar- = laser-
lascīvia, ae *f* Ausgelassenheit, Fröhlichkeit, Mutwille; Zügellosigkeit
lascīvibundus *3* ausgelassen, fröhlich
lascīviō *4* [lascivus] ausgelassen *od* übermütig *od* lustig sein; sich gehen lassen
lascīvus *3* ausgelassen, fröhlich, mutwillig; zügellos; unzüchtig
lāser, ~is *n* Saft aus der Pflanze Laserpizium
lāserpīcifer, lāserpīcifera, lāserpīciferum Laserpizium hervorbringend
lāserpīcium, ī *n* Laserpizium (Pflanze, Wolfsmilchart)
lassēscō *3* [lassus] müde werden
lassitūd|ō, ~inis *f* Ermattung, Ermüdung
lassō *1* müde machen, jmdn. ermüden
lassulus *3* recht matt
lassus *3* matt, müde, erschöpft, lasch (*urv*)
latac|ē, *Akk* ~ēn *f* ein Zauberkraut
latebra, ae *f* [lateo] Schlupfwinkel, Versteck, Zuflucht; Ausflucht, Hintertür, Entschuldigung
latebricola, ae *m* Besucher von Kneipen der Halbwelt *od* Bordellen
latebrōsus *3* voller Schlupfwinkel, lichtscheu ⟦*spl* duckmäuserisch
latēns, *Gen* latentis **I.** *Adj* verborgen, heimlich **II.** *Part Präs Akt zu* lateo
lateō, latuī *2* verborgen sein, sich versteckt halten; geborgen sein
later, ~is *m* Ziegel(stein)
later- *auch* →²latus
⟦**lateraliter** *Adv spl* seitwärts
laterculus, ī *m* [later] Ziegelstein; Plinse
⟦**latereus** *ml* →latericius
latericium, ī *n* Ziegelwerk, aus Ziegeln errichtetes Bauwerk
lateric|ius *3* Ziegel- ⟦*ml auch* ~eus
Laterium, ī *n* Laterium (Landgut des Q. Cicero bei Arpinum)
lāterna = lanterna
⟦**laternifer,** i *m ml* Laternenträger
latēscō *3* sich verbergen
latex, laticis *m* [*gr*] Flüssigkeit, Nass
Latiāl|is, ~e, *Gen* ~is latinisch, aus Latium ⟦*spl* eloquentia ~is der lat. Stil
⟦**latialiter** *Adv ml* heimlich
Latiāris = Latialis
latibulum, ī *n* [lateo] Schlupfwinkel, Versteck
lāticlāvius *3* [clavus] mit breitem Purpurstreifen versehen *od* besetzt, senatorisch, patrizisch
lātifundium, ī *n* [fundus] großes Landgut, großer Landbesitz
Latīnae, ārum *f* die Latinen, das jährliche latinische Bundesfest
Latīnē *Adv* latinisch, lateinisch; ~ loqui (elegant) lat. sprechen *od* etw. geradeheraus, offen, derb u. deutlich sagen; ~ transfero ins Lateinische übertragen
Latīnī, ōrum *m* die Latiner
Latīniēns|is I. *Adj* ~e, *Gen* ~is latinisch; ager ~is Gemeinde der Latiner dicht bei Rom **II.** *Subst* ~ēs, ~ium *m Pl* die Latiner
Latīnitā|s, ~tis *f* **1.** das reine Latein, der reine lat. Ausdruck **2.** latinisches Recht
Latīnum, ī *n* Latein
Latīnus [Latium] **I.** *Adj 3* latinisch, lateinisch **II.** *Subst* ī *m* Latinus (myth. König von Latium)
lātiō, ~nis *f* (Ein-)Bringen; ~ suffragii Stimmrecht
latitō *1* [lateo] versteckt sein, sich verborgen halten
lātitūd|ō, ~inis *f* Breite, Größe; ~o verborum breite Sprechweise, Fülle des Ausdrucks
Latium, ī *n* **1.** Latium (Landschaft in Mittelitalien, Urzelle des röm. Reiches) **2.** latinisches Recht
Latius *3* latinisch, zu Latium gehörig
Latmius *3* latmisch, des Latmos
Latmus, ī *m* Latmos (Berg in Karien, Kleinasien)
Lātō, Latūs *f* Lato, *lat* Latona (M. des Apollo und der Diana)
Lātōnius *3* latonisch, der Lato
Lātōi|s *f* **I.** *Adj Gen* ~dis *od* ~dos latonisch, der Lato **II.** *Subst* ~dis *od* ~dos *f* T. der Lato, = Diana (Artemis)
Lātō(i)us *3* lato(n)isch, der Lato
lātomiae = lautumiae
Lātōna, ae *f* = Lato
Lātōnigena, ae *m f* Kind (S. *od* T.) der Lato(na)
Latōnus *3* lato(n)isch, der Lato(na)
lātor, latōris *m* Antragsteller ⟦*spl* ~ legis Gesetzgeber; *ml* Überbringer
lātrāt|or, ~ōris *m* Beller, *poet* Hund; Schreihals
lātrātus, ūs *m* Gebell
⟦**latria,** ae *f* [*gr*] *spl* Gottesdienst
lātrīna, ae *f* [*lavatrina] Abortgrube, Kloake; öffentliche Bedürfnisanstalt
¹**lātrō** *1* bellen; anbellen
²**latrō,** ~nis *m* [*gr*] Straßenräuber, Wegelagerer; Freibeuter; Söldner; *übertr Bez für einen besonderen Stein im Brettspiel*
latrōcinium, ī *n* [²latro] Räuberei, Straßen-, Seeraub, Raubzug; Räuberbande; Spitzbüberei
latrōcinor *1* [²latro] Straßen- *od* Seeraub treiben; als Söldner dienen ⟦*ml* umherstreifen

latrunculus, ī *m* [[2]latro] Straßenräuber; *übertr Bez für einen besonderen Stein im Brettspiel*
latui →lateo
lātūra, ae *f* Tragen
[1]**lātus I.** *Adj 3* breit, weit, groß; weitläufig, ausführlich **II.** *Part Perf Pass* →fero
[2]**latus,** lateris *n* Seite (*bes* des Körpers); *poet* Brust; *milit* Seite, Flanke; latera, laterum *n* Brust, Körper
latusculum, ī *n* [[2]latus] Körperchen
laudābil|is, ~e, *Gen* ~is lobenswert, anerkennenswert
⟦**laudamentum,** i *n ml* Gelöbnis
Lāudamia = Laodamia
laudātiō, ~nis *f* Belobigung, Lobrede; lobendes Zeugnis (vor Gericht); Dankschreiben (von Provinzbewohnern) ⟦*ml* Zustimmung
laudāt|or, ~ōris *m* [laudo] Lobredner; *jur* Entlastungszeuge
laudātrī|x, ~cis *f* Lobrednerin
laudātus I. *Adj 3* gepriesen, vortrefflich **II.** *Part Perf Pass zu* laudo
laud|ēs, ~um *f* Lobsprüche; Verdienst; Vorzug ⟦*ml* Stundengebete
laudicēni, ōrum *m* [laus, cena] Mahlzeitlober, *Wortspiel mit* Laodiceni
laudō *1* [laus] **1.** loben, preisen, rühmen; eine Leichenrede halten **2.** anrufen, anführen, zitieren ⟦*ml* se laudare sich rühmen; geloben; (eine Tagung) ansagen
⟦**laudor** *1 ml* sich rühmen
⟦**laudula,** ae *f* [alauda] *ml* Lerche
Lāumedōn- = Laomedon-
laurea, ae *f* [laureus] Lorbeerbaum, -kranz
laureāt|us *3* lorbeerbekränzt; (litterae) ~ae Siegesnachricht
Laur|ēns, *Gen* ~entis laurent(in)isch, von Laurentum; *Pl* ~entes *m* Laurentiner, Einw. von Laurentum (Stadt bei Ostia)
Laurentīnus *3* = Laurens
Laurent|ius *3* = Laurens
Laurentum, ī *n* Laurentum (Stadt in Latium, bei Ostia)
laureola, ae *f* Lorbeerkranz; Triumph, Sieg(esfest)
laurētum, ī *n* Lorbeerhain
laureus *3* Lorbeer-
lauriger, laurigera, laurigerum lorbeerbekränzt
laurus, ī (ūs) *f* Lorbeer(baum); Lorbeerzweig, -kranz
laus, laudis *f* Lob, Ruhm; *Pl* →laudes
Laus Pompei, *Gen* Laudis Pompei Laus Pompeji (Stadt in Oberitalien zu Ehren von Pompejus Strabo um 90 v. Chr. gegründet), *heute* Lodi
lautia, ōrum *n* Bewirtung
lautiti|a, ~ae *f* [lautus] Pracht, Wohlleben; *Pl* ~ae Genüsse
lautumiae, ārum *f* [*gr*] Steinbruch
lautus [lavo] **I.** *Adj 3* sauber; vornehm, fein, stattlich **II.** *Part Perf* →lavo *u.* lavor
lavācrum, ī *n* [lavo] Bad ⟦*spl* Seebad; heiliges Bad, Taufe
lavātiō, ~nis *f* Baden, Waschen, Bad; Badewasser; Badegeschirr
Laverna, ae *f* Laverna (Schutzgöttin der Diebe)
Lavīc- = Lab-
Lāvīnia, ae *f* Lavinia (T. des Latinus)
Lāvīnium, ī *n* Lavinium (Ortschaft in Latium, nach Lavinia benannt)
Lāvīn(i)us *3* lavinisch, latinisch, aus Lavinium
lavō, lāvī, lavātus *u.* lautus *1* (*poet auch 3*) waschen; baden; benetzen; abwaschen, wegspülen
lavor, lautus sum *1* sich waschen, (sich) baden
laxāmentum, ī *n* Erleichterung, Erholung; Erweiterung, Spielraum
laxitā|s, ~tis *f* Schlaffheit; Weite, Geräumigkeit
laxō *1* [laxus] lockern, lösen, erweitern; erleichtern, befreien; nachlassen ⟦*ml* pelles ~ Felle ausbreiten
laxor *l* nachlassen
laxus *3* [langueo] schlaff, locker; ausgedehnt, weit, geräumig, lang
lea, ae *f* [leo] [*gr*] Löwin
leaena, ae *f* [*gr*] Löwin
Lēander, Lēandrī *m* Leander (Geliebter der Hero)
Lēandros, Lēandrus = Leander
Lebadia, ae *f* Lebadia (Stadt in Boiotien), *heute* Livadia
Lebedus, ī *f* Lebedos (Stadt in Ionien)
lebē|s, ~tis *m* [*gr*] (metallener) Kessel, Becken
⟦**leccator,** ~is *m* [*dt*] *ml* Schmarotzer; Schwätzer
⟦**leccatri|x,** ~cis *f* [*dt*] *ml* Schmarotzerin; Schwätzerin
Lechaeum, ī *n* Lechaion (Hafen von Korinth)
⟦**lectarium,** i *n ml* Bettstelle, -decke
lectīca, ae *f* [lectus] Sänfte, Trage
lectīcārius, ī *m* Sänftenträger
⟦**lectico** *1* (= lectito) *ml* vorlesen
lectīcula, ae *f* kleine Sänfte, Bahre; Ruhebett
lēctiō, ~nis *f* [[1]lego] **1.** Auswahl, Auswählen, Auslesen, Sichtung **2.** (Vor-)Lesen, Lektüre ⟦*ml* Vorlesen aus der Bibel, Perikope
lectisterniāt|or, ~ōris *m* Tisch-, Tafeldecker
lectisternium, ī *n* [lectus, sterno] Göttermahl, -schmaus
lēctitō *1* [[1]lego] eifrig lesen; vorlesen
lēctiuncula, ae *f* [lectio] angenehme Lektüre

lēct|or, ~ōris *m* Leser, Vorleser ⟦*ml* Lektor *kirchliche Würde; akademische Würde*
lectulus, ī *m* (Ruhe-)Bett, Speisesofa; Leichenbett
[1]**lēctus I.** *Adj 3* auserlesen, ausgesucht **II.** *Part Perf Pass* →[1]lego
[2]**lectus,** ī, *auch* ūs *m* Lager (*urv*), (Ruhe-)Bett; Leichenbett
⟦**lecythus,** i *m* [*gr*] *spl* Gefäß, Krug
Lēda, ae *f* Leda (M. von Kastor u. Pollux, Helena u. Klytaimestra)
Lēdaeus *3* ledäisch, der Leda
[1]**leg.** *Abk für* legio
[2]**lēg.** *Abk für* legatus
lēgāl|is, ~e, *Gen* ~is gesetzmäßig, rechtmäßig, vorgeschrieben
⟦**legatarius,** i *m ml* Gesandter
lēgātiō, ~nis *f* [[2]lego] Gesandtschaft; Gesandtenamt, -auftrag, -bericht; Legatenstelle
lēgāt|or, ~ōris *m* [[2]lego] Erblasser (der ein Erbe hinterlässt)
lēgātōrius *3* aufgetragen
lēgātum, ī *n* Vermächtnis
lēgātus I. *Part Perf Pass zu* [2]lego **II.** *Subst* ī *m* Gesandter; Unterfeldherr, Legat; (kaiserlicher) Statthalter, Provinzgouverneur; Beigeordneter ⟦*ml* Abgesandter des Papstes, Legat; Vorsitzender des geistlichen Gerichts
⟦**legenda,** ae *f ml* Heiligenerzählung, Legende; kirchliche Lesung
legēns, legentis *m meist Pl* legentes Leser
lēgifer, lēgifera, lēgiferum gesetzgebend
legiō, ~nis *f* [[1]lego] Legion (größte röm. Truppeneinheit, 4200 bis 6000 Mann Fußvolk und 300 Reiter)
legiōnārii, ōrum *m* Legionssoldaten, -truppen
legiōnārius *3* zur Legion gehörig
lēgirupa, ae *m* Gesetzbrecher, Gesetzesverletzer
lēgirupiō, ~nis *f* Gesetzesverletzung
⟦**legista,** ae *m ml* Rechtskundiger
lēgitima, ōrum *n* gesetzliche Formen ⟦*spl* Gebote; *ml* Abgaben
lēgitimus *3* [lex] gesetz-, rechtmäßig; zutreffend, richtig ⟦*spl* geregelt
legiuncula, ae *f* armselige Legion
[1]**legō,** lēgī, lēctus *3* **1.** lesen, vor-, verlesen **2.** lesen (sammeln), auslesen, auswählen **3.** lichten; einziehen, reffen; mustern *auch übertr* **4.** der Reihe nach durchgehen; *einen Weg* zurücklegen, durchmessen **5.** *übertr* streifen; aufnehmen, auffangen, wahrnehmen; ⟦*ml* professionem ~ (Ordens-)Gelübde ablegen; Vorlesung halten
[2]**lēgō** *1* [lex] **1.** festsetzen, bestimmen, hinterlassen **2.** entsenden; zum Unterfeldherrn (Legaten) ernennen

lēgulēius, ī *m* Paragrafenklauber, »Paragrafenreiter«
legulus, ī *m* Olivensammler
legūm|en, ~inis *n* Hülsenfrucht; *bes* Bohne, Erbse
leib- = lib-
Leleg|es, ~um (*Akk* ~as) *m* Leleger (vorgriechisches Volk in Kleinasien u. Griechenland)
Lelegēi|s, ~dis = *f zu* Lelegeius
Lelegēius *3* lelegeisch, lelegisch, der Leleger; megarisch, von Megara
Leman(n)us, ī *m* (lacus) Genfer See
lembus, ī (ūs) *m* [*gr*] Jacht, Kutter, Nachen; leichtes Kriegsschiff
lēmma, ~tis *n* [*gr*] Thema, Überschrift; Stoff (eines Schriftwerkes); Epigramm
Lēmnia|s, ~dis = *f zu* Lemnius
Lēmnicola, ae *m* Bewohner der Insel Lemnos; *übertr* Gott Vulkan
Lēmniēns|is, ~e, *Gen* ~is = Lemnius
lēmniscātus *3* mit Bändern geschmückt
lēmniscus, ī *m* [*gr*] farbige Schleife *Ehrenzeichen*
Lēmni|us *3* lemnisch, von Lemnos; *Pl* ~i die Lemnier, Einw. von Lemnos
Lēmn|os *u.* **~us,** ī *f* Lemnos (Insel im Ägäischen Meer)
Lemōnia tribus *f* die lemonische Tribus (ländlicher röm. Bezirk, nach dem außerhalb der Porta Capena an der Via Latina gelegenen Ort Lemonium benannt)
Lemōnum, ī *n* Lemonum (Hauptort der Piktonen im westlichen Gallien), *heute* Poitiers
Lemovic|ēs, ~um *m* Lemovicer (kelt. Volksstamm westlich der Auvergne)
Lemur|ēs, ~um *m* Lemuren (Geister der Toten)
Lemūria, ōrum *n* Fest zur Versöhnung der Toten
lēna, ae *f* Kupplerin
Lēnaeus *3* [*gr*] Lenaeus (*gr* Lenaios, BN des Bacchus, *gr* Bakchos *od* Dionysos)
lēnīm|en, ~inis *n* Linderung(smittel), Besänftigung
lēnīmentum, ī *n* = lenimen
lēniō *4* lindern, besänftigen
lēn|is, ~e, *Gen* ~is sanft, mild, gelinde, weich
lēnitā|s, ~tis *f* Milde, Sanftmut, Weichheit; Blässe
lēnitūd|ō, ~inis *f* Milde
lēnō, ~nis *m* Kuppler
lēnōcinium, ī *n* Kuppelei, Kupplerlohn; Lockung; Täuschung; künstlicher Aufputz
lēnōcinor *1* locken; fördern *Dat* etw.
lēnōnius *3* Kuppler-
lēns, lentis *f* Linse (*urv*)
lentēscō *3* geschmeidig, zäh werden ⟦*spl* sich mildern

lentīg|ō, ~inis *f* [lens] Sommersprosse(n)
lentiscifer *3* Mastixbäume tragend, mit Mastixbäumen bepflanzt
lentiscus, ī *f* Mastixbaum, Mastix *besondere Harzart*
lentitūd|ō, ~inis *f* Langsamkeit; Phlegma
lentō *1* biegen
Lentulitā|s, ~tis *f* Zugehörigkeit zur Familie der Lentuli
lentulus *3* etw. zäh; etw. langsam; säumig
Lentulus, ī *m* Lentulus (BN der gens Cornelia; *davon scherzhaft* Lentulitas)
lentus *3* langsam, träge; gelassen, geduldig; gleichgültig, lau, spröde; biegsam, geschmeidig; zäh, klebrig
lēnullus, ī *m* [leno] Kuppler
lēnunculus, ī *m* **1.** [leno] Kuppler **2.** Boot, Barke
leō, leōnis *m* [*gr*] Löwe (*Lw*) ⟦*ml Pl* leones hervorragende Krieger (Gardisten) am byzantinischen Hof = custodes
Leōcori|on, ~ī *n* Leokorion (Tempel im Kerameikos zu Athen)
Leōnid|ās (~a, ~ēs), ~ae *m* Leonidas (1. König von Sparta, gefallen 480 v. Chr. 2. Feldherr Alexanders des Großen, um 340 v. Chr.)
Leōnid|ēs, ~ae *m* Leonides (1. Lehrer des jüngeren Cicero zu Athen, 44 v. Chr. 2. →Leonidas)
leōnīnus *3* Löwen- ⟦*ml* Leoninus (gereimter Hexameter, angeblich nach einem Dichter Leon)
Leonnātus, ī *m* Leonnatos (Feldherr Alexanders des Großen, gefallen 322 v. Chr.)
Leontīnī, ōrum *m* Leontinoi (gr. Stadt auf Sizilien), *heute* Lentini
Leontīnus *3* leontinisch, aus Leontinoi
⟦**leopardus,** ī *m* [*gr*] *spl* Leopard
Lepcis = Leptis
Lepcītāni = Leptitani
lepidus *3* [lepor] niedlich
Lepontiī, ōrum *m* Lepontier (Alpenvolk am St. Gotthard)
leporis →lepus: **lepōris** →lepos
lepō|s (lepor) ~ris *m* Feinheit, Anmut; Witz
⟦**lepra,** ae *f* [*gr*] *spl* Aussatz
⟦**leprosus** *3 spl* aussätzig
Leptin|ēs, ~is *m* Leptines (athenischer Staatsmann, Zeitgenosse des Demosthenes, um 350 v. Chr.)
Leptis, ~ *f* Leptis (Name zweier Städte in Afrika)
Leptitānī, ōrum *m* Leptitaner, Einw. von Leptis
lepus, leporis *m* Hase
lepusculus, ī *m* Häslein
Lern|a, ~ae *f* Lerna (See u. Stadt bei Argos)
Lernaeus *3* lernäisch, aus Lerna
Lernē, ēs *f* = Lerna
Lesbiacus *3* = Lesbius
Lesbia|s, ~dis *f* Lesbierin
Lesbi|s, ~dis = *f zu* Lesbius
Lesbius *3* lesbisch, von Lesbos
Lesb|os *u.* **~us,** ~ī *f* Lesbos (Insel im Ägäischen Meer)
Lesbōus *3* = Lesbius
lessus (*nur Akk* lessum) *m* Totenklage
lētāl|is, ~e, *Gen* ~is tödlich
⟦**letania,** ae *f* [*gr*] *spl* Litanei, Gottesdienst; ~ maior Bittwoche
lēthargicus, ī *m* [*gr*] Schlafsüchtiger
lēthargus, ī *m* [*gr*] Schlafsucht
Lēthaeus *3* lethäisch, zum Lethefluss *und damit* zum Totenreich gehörig, des Letheflusses, des Totenreiches
lētifer, lētifera, lētiferum tödlich
Lētō, Lētōis = Lato(is)
lētō *1* töten
Leucadius *3* leukadisch, von Leukas
Leuca|s, ~dis (*Akk* ~da) *f* Leukas *od* Leukadia (1. Insel im Ionischen Meer mit gleichnamiger Hauptstadt 2. *auch* = Leucatas)
leucaspi|s, *Gen* ~dis *f* [*gr*] weiß beschildet, mit einem weißen Schild
Leucāt|ās, ~ae *m* Vorgebirge der Insel Leukas
Leucātēs = Leucatas
Leucī, ōrum *m* Leuker, Leukonier (kelt. Volk in der Gegend von Toul)
Leucippi|s, ~dis *f* die Leukippide, T. des Königs Leukippos von Messene
Leucippus, ī *m* Leukippos (1. König in Messene 2. gr. Philosoph im 5. Jh. v. Chr.)
Leuconicus *3* leukonisch, der Leukonier
Leucopetra, ae *f* Vorgebirge Leukopetra (bei Rhegium in Süditalien)
Leucophrȳna, ae *f* Leukophryne (BN der Diana bei den Magnesiern in Karien)
Leucosyrī, ōrum *m* Leukosyrer (alter Name der Kappadokier am Taurus u. am Schwarzen Meer, zum Unterschied zu den mehr gebräunten Syrern)
Leucothea, ae *f* Leukothea (die zur Meergöttin gewordene Ino)
Leucotheē, ēs *f* = Leucothea
Leuctra, ōrum *n* Leuktra (Ortschaft in Boiotien, bekannt durch den Sieg der Thebaner über die Spartaner 371 v. Chr.)
Leuctricus *3* leuktrisch, von Leuktra
leuga, ae *f* kelt. Meile (2,25 km)
leuva, ae *f* = leuga
levām|en, ~inis *n* Linderungsmittel
levāmentum, ī *n* = levamen
levātiō, ~nis *f* Erleichterung; Verminderung
[1]**lēvī** →lino
[2]**levī** *Dat/Abl Sg zu* levis
leviculus *3* ziemlich eitel
levidēns|is, ~e, *Gen* ~is dünn gewebt; *übertr* geringfügig

a b c d e f g h i j k l lev m n o p q r s t u v w x y z

levifidus *3* von geringer Glaubwürdigkeit
[1]**lēvigō** *1* glätten; pulverisieren
[2]⟦**levigo** *1 spl* erleichtern
⟦**levio** *1 ml* erleichtern, befreien
[1]**lēvis,** lēve, *Gen* lēvis glatt; ohne Bart jugendlich
[2]**levis,** leve, *Gen* levis leicht (*urv*); rasch; unbedeutend, schwach, geringfügig; leichtfertig, wankelmütig; gleichgültig
levisomnus *3* leichten Schlaf habend, mit leichtem Schlaf
⟦**levita,** ae *m* [hebr] *spl* Diakon, Priester
[1]**lēvitā|s,** ~tis *f* Glätte
[2]**levitā|s,** ~tis *f* Leichtigkeit; Nichtigkeit; Leichtfertigkeit; Wankelmut
[1]**lēvō** *1* [[1]levis] glätten
[2]**levō** *1* [[2]levis] erleichtern, lindern; mindern; entlasten, befreien; (er)heben, aufrichten, stützen ⟦*ml* de fonte ~ aus der Taufe heben; *ein Gebäude* errichten
lēvor, lēvōris *m* die Glätte
lēx, lēgis *f* Gesetz; Gesetzesantrag, -vorschlag; Bestimmung, Bedingung, Vertrag; Regel; Vorschrift; *zitiert mit Adj:* ~ agraria Ackergesetz; *mit Gent:* leges Liciniae Sestiae die Gesetze des Licinius u. Sestius, *meist mit folgendem* de *Abl* über ⟦*spl* ~ vetus Altes Testament (~ nova Neues Testament)
lexis, ~ *und* lexeos *f* [*gr*] Wort
Lēxovii, ōrum *m* Lexovier (Volk an der Seinemündung)
lībām|en, ~ inis *n* [libo] Opfer(guss)
lībāmentum, ī *n* = libamen
[1]**Libanus,** ī *m* der Libanon (Gebirge im südlichen Syrien)
[2]⟦**libanus,** i *m* [*gr*] *spl* Weihrauch
lībārius, ī *m* [libum] Kuchenbäcker
lībātiō, ~nis *f* Trankopfer
lībella, ae *f* [libra] **1.** kleine Münze, *etwa* Kreuzer, Heller, Pfennig; ad ~m auf den Pfennig, genau **2.** = as, das Ganze **3.** Wasserwaage
⟦**libellaticus,** i *m spl* ein Christ, der die Bescheinigung, röm. Gottheiten geopfert zu haben, besaß
libellus, ī *m* Büchlein; kurzes Schriftstück, Bittschrift, Eingabe; Klageschrift; Einladungsschreiben; Bekanntmachung; Verzeichnis ⟦*spl* Bescheinigung →libellaticus
libēns, *Gen* libentis [libet] gern, mit Freuden; vergnügt
libentia, ae *f* Fröhlichkeit
Libentīna, ae *f* Libentina (röm. Göttin, von Cicero der Venus gleichgesetzt)
[1]**liber,** librī *m* Buch, Register, Abhandlung; Schreiben, Verfügung; Bast ⟦*spl* libri divini Heilige Schrift, Bibel
[2]**līber,** lībera, līberum frei, ungehindert, ungebunden, unbeschränkt; freimütig, unbefangen; zügellos, ausschweifend ⟦*ml* unbeteiligt
Līber, ī *m* Liber (altitalischer Gott der Fruchtbarkeit, später dem gr. Bakchos *od* Dionysos gleichgestellt); *übertr* Wein
Lībera, ae *f* [Liber] Libera (italische Fruchtbarkeitsgöttin, gleichgesetzt mit Proserpina)
Līberāli|a, ~um *n* [Liber] Liberalien, Fest zu Ehren des Liber (am 17. März)
līberāl|is, ~e, *Gen* ~is freigebig, großzügig, edel, gütig; vornehm, gediegen, anständig ⟦*ml* artes ~es, disciplinae ~es, studia ~ia die 7 freien (= einem freien Mann anstehenden) Künste
līberālitā|s, ~tis *f* Freigebigkeit; Freundlichkeit; Geschenk
līberātiō, ~nis *f* Befreiung; Freispruch vor Gericht
līberāt|or, ~ōris *m* Befreier
līberī, ōrum *m* [[2]liber] Kinder, Söhne, Enkel, Urenkel, Nachkommen; *auch* mein Sohn
līberō *1* befreien, frei machen, freilassen; freisprechen
līberta, ae *f* eine Freigelassene
lībertā|s, ~tis *f* Freiheit; Freimut; Zügellosigkeit
lībertīnus I. *Adj 3* freigelassen **II.** *Subst* ī *m* Freigelassener
⟦**liberto** *1 ml* freilassen
lībertus, ī *m* Freigelassener
libet, libuit *od* libitum est *2* es beliebt (*urv*), es gefällt
Lībēthrid|es, ~um *f* Libethriden (BN der Musen nach einer heiligen Quellgrotte im Libethriongebirge in Boiotien)
libidinor *1* Unzucht treiben
libīdinōsus *3* genusssüchtig, ausschweifend; willkürlich
libīd|ō, ~inis *f* Begierde, Verlangen; Willkür, Laune
libita, ōrum *n* Belieben
Libitīna, ae *f* Libitina, Leichengöttin; Leichenbestattung
libitīnārius, ī *m* Leichenbestatter
libitum I. *Akk zu* libitus **II.** →libet
⟦**libitus,** us *m spl* Verlangen; *ml* Gutdünken
lībō *1* spenden, weihen; ein wenig wegnehmen; kosten, genießen
lībra, ae *f* Waage (auch als Sternbild); röm. Pfund (327,45 g); libra et aere in rechtsgültiger Weise ⟦*ml* karolingisches Silberpfund
lībrāl|is, ~e, *Gen* ~is ein Pfund (327,45 g) schwer
lībrāmentum, ī *n* Gewicht; waagerechte Fläche, gerade Linie; Höhenlage, Gefälle
librāriolum, ī *n* armseliger Bücherschrank
librāriolus, ī *m* Bücherabschreiber; armseliger Schreiber
librārium, ī *n* Bücherschrank, Bücherkasten

[1]**librārius** I. *Adj 3* Bücher- II. *Subst* ī *m* Schreiber; Buchhändler; Rechnungsführer

[2]**librārius** *3* ein Pfund (327,45 g) schwer

lībrātiō, ~nis *f* waagerechte Fläche ⟦*ml* ausgeglichenes Wesen, ausgeglichene Haltung

lībrāt|or, ~ōris *m* Fachmann für Nivellieren; *milit* Steinwerfer

lībrātus *3* [libro] wuchtig

lībril|is, ~e, *Gen* ~is einpfündig, ein Pfund schwer (327,45 g)

lībri|pēns, ~pendis *m* [libra *u.* pendo] Waagehalter, Vermittler beim symbolischen Kauf; Auszahler des Solds

lībrit|or, ~ōris *m* [libro] Wurfschütze, Schleuderer

lībrō *1* im Gleichgewicht (schwebend er)halten; waagerecht machen; das Gefälle berechnen; nivellieren; schwingen, schleudern

lībum, ī *n* (Opfer-)Kuchen, Fladen

Liburn(ic)a, ae *f* Liburne (nach Liburner Art gebautes Kriegsschiff)

Liburnī, ōrum *m* Liburner (Seeräubervolk in Illyrien)

Liburnicus *3* liburnisch, von den Liburnern

Libya, ae *f* Libyen, *auch* = Nordafrika

Liby(c)us I. *Adj 3* libysch, aus Libyen; (nord)afrikanisch II. *Subst* ī *m* der Libyer

Libyē, ~s *f* = Libya

Liby|es, ~um *m* Libyer (Volk in Nordafrika)

Libyphoenīc|es, ~um *m* Libyphönizier, die in Libyen siedelnden Phönizier

Liby|s, ~os *m* (ein) Libyer

Libyssa I. *Adj f* libysch, aus Libyen II. *Subst* ae *f* **1.** die Libyerin **2.** Libyssa (Stadt in Bithynien, berühmt durch das Grabmal Hannibals)

Libystīnus *3* = Liby(c)us

Libysti|s, *Gen* ~dis = *f zu* Liby(c)us

Libyus *3* = Liby(c)us

licēns, *Gen* licentis I. *Adj* frei, ungebunden, zügellos II. *Part Präs Akt zu* liceo

licentia I. *Subst* ae *f* Freiheit, Erlaubnis; Willkür, Gesetzlosigkeit ⟦*spl* ~m dare Urlaub geben; *ml* entlassen II. *n Pl zu* licens

⟦**licentiatus** *ml* I. *Adj 3* mit Erlaubnis II. *Part Perf Pass zu* licentio III. *Subst* i *m* Lizentiat (akademischer Titel)

⟦**licentio** *1 ml* Erlaubnis geben; entlassen; verjagen

licentiōsus *3* erlaubt, gestattet; ausgelassen, mutwillig

liceō, licuī *2* zum Verkauf stehen, ausgeboten werden; *vgl* licet

liceor, licitus sum *2 auf etw.* bieten, (v)ersteigern

licet I. *Verb* licuit *2* es ist erlaubt, man darf; es ist möglich II. *Kon. beim Indik od Konj.* wenn auch, meinetwegen ⟦III. *Adv spl* vielleicht

Licinius *3 Gent* Licinius (1. C. ~ Stolo, Volkstribun 376 v. Chr. 2. L. ~ Crassus, Redner, 140–91 v. Chr. 3. M. ~ Crassus Dives, der Triumvir 60 v. Chr. 4. L. ~ Lucullus, Feldherr im Kriege gegen Mithridates, 151–56 v. Chr. 5. L. ~ Murena, 63 v. Chr. von Cicero verteidigt)

⟦**licisca,** ae *m ml* Hund, Hündin

licitātiō, ~nis *f* Bieten (bei Versteigerungen)

licitāt|or, ~ōris *m* der Bieter (bei Versteigerungen)

licitor *1* [liceo] um die Wette auf etw. bieten

⟦**licitor** *1 ml* **1.** um die Wette auf etw. bieten **2.** überboten werden *auch übertr*

licitus I. *Adj 3* [licet] erlaubt II. *Part Perf* →liceor

līcium, ī *n* (Quer-)Faden; Schurz

lict|or, ~ōris *m* Liktor (Amtsdiener hoher Behörden)

licuī **1.** →liceo, licet **2.** →liqueo **3.** →liquesco

liēn, ~is *m* Milz

liēnōsus *3* milzkrank

ligām|en, ~inis *n* [ligo II.] Band, Binde, Verband

ligāmentum, ī *n* = ligamen

Ligārius *3 Gent* Ligarius (Q. ~ Anhänger des Pompejus, von Cicero verteidigt)

Liger, ~is (*Akk auch* ~im, *Abl auch* ~ī) *m* Liger (Fluss in Gallien), *heute* Loire

⟦**lignarium,** i *n ml* Bauholz

līgnārius, ī *m* Holzhändler

līgnātiō, ~nis *f* Holzholen

līgnāt|or, ~ōris *m* Holzfäller, -hacker, -holer

līgneolus *3* von feiner Holzarbeit

līgneus *3* hölzern

līgnor *1* Holz holen

līgnum, ī *n* Holz; Schaft; Gesetzestafel; Holzpuppe ⟦*ml* Schandpfahl, Galgen, Kreuz

ligō I. *Subst* ~nis *m* Hacke II. *Verb 1* (ver)binden, umbinden; umschlingen, vereinigen

[1]**ligula,** ae *f* **1.** Löffel (*urv*) **2.** = lingula

[2]**līgula,** ae *m altl Schimpfwort unbekannter Bedeutung*

Ligur = Ligus

Ligur|ēs, ~um *m* Ligurer (Volk im westlichen Oberitalien)

Liguria, ae *f* Ligurien (Landschaft in Oberitalien)

ligurriō (ligūriō) *4* [lingo] (be)lecken; lüstern sein *Akk* nach

ligurrītiō (ligūrītiō), ~nis *f* Leckerhaftigkeit, Lüsternheit (nach Essen)

Ligu|s I. *Adj Gen* ~ris ligurisch, aus Ligurien II. *Subst* ~ris *m, f* Ligurer, Ligurerin

Ligusticus *3* ligurisch, aus Ligurien

Ligustinus *3* = Ligusticus

ligustrum, ī *n* **1.** Liguster **2.** Hartriegel *Pflanzengattung,* Rainweide **3.** eine andere unbekannte Pflanze
⟦**lilio** *1 ml* weiß machen
līlium, ī *n* Lilie; *milit* lilienförmige (Art der) Verschanzung, (eine Art von) Fallgruben
Lilybaeum, ī *n* Lilybaeum (1. Vorgebirge im Westen Siziliens 2. Stadt, *heute* Marsala)
Lilybēius *3* lilybäisch, aus Lilybaeum, vom Vorgebirge Lilybaeum
Lilybītānus *3* = Lilybeius
līma, ae *f* Feile; *übertr* künstlerische Ausarbeitung
līmātulus *3* = limatus I.
līmātus I. *Adj 3* wohlgefeilt, abgeschliffen, verfeinert, fein **II.** *Part Perf Pass zu* limo *1*
līmā|x, ~cis *m, f* [limus II. 2.] Schnecke; *übertr* Strichmädchen
limbolārius, ī *m* [limbus] Besatzmacher (fertigt Besatz, Bordüren, Streifen für Kleidung an)
limbus, ī *m* Besatz (an Kleidung), Saum
līmen, līminis *n* Schwelle, (oberer) Türbalken, Eingang; Anfang; Wohnung
līmes, līmitis *m* der Limes, Grenzbefestigung, Grenzwall, (Reichs-)Grenze; Grenzweg; Schneise
⟦**limigenus** *3 spl* schlammentsprossen
līmō *1* [lima] feilen, glätten; wegnehmen, vermindern; gründlich untersuchen; se limare sich beschränken; →limatus
līmōsus *3* [limus II. 2.] schlammig
limpidus *3* klar, durchsichtig
līmulus *3* [limus I.] etw. schielend
līmus I. *Adj 3* schief, schielend **II.** *Subst* ī *m* **1.** (schräg mit Purpur besetzter) Schurz (der Opferdiener) **2.** Schlamm
līnāment|um, ī *n* [linum] Leinwandfaser; *Pl* ~a Scharpie (zum Verbinden von Wunden)
līnārius, ī *m* Leinwandhändler, Weber
līnctus →lingo
Lind|os *u.* **~us,** ~ī *f* Lindos (Stadt auf Rhodos)
līnea, ae *f* [lineus] (Richt-)Schnur, Lot; Linie (*Fw*), Strich; Grenze
⟦**linea,** ae *f ml* Chorhemd, Albe
līneāment|um, ~ī *n* Linie; (Feder-)Zeichnung; *übertr Pl* ~a Grundzüge, Umrisse; Gesichtszüge
līneō *1* (nach dem Lote) richten ⟦*ml* Initialen zeichnen
līneola, ae *f* kleine Linie, kleiner Strich
līneus *3* [linum] leinen, linnen, aus Lein(en), aus Flachs
lingō, līnxī, līnctus *3* (be)lecken (*urv*)
Lingon|ēs, ~um *m* Lingonen (kelt. Volk in der Gegend des heutigen Langres)
Lingonus, ī *m* (ein) Lingone
lingua, ae *f* **1.** Zunge (*urv*), Sprache, Redegabe; Landzunge **2.** kurzes Hebelende; Zünglein (an der Waage)
linguārium, ī *n* Strafe für Schwatzhaftigkeit, Zungengeld
lingula, ae *f* Landzunge; kurzes Hebelende ⟦*ml* (Gewand-)Zipfel
lingulāca, ae *f* **1.** Schwätzer **2.** Scholle, Seezunge **3.** Hahnenfuß *Pflanze*
lingulātus *3* mit einer Zunge versehen
linguōs|us *3* geschwätzig ⟦*spl* ars ~a Redekunst
līniāmentum = lineamentum
līniger, līnigera, līnigerum in leinenem Gewande
līnius *3* = lineus
linō, lēvī *od* līvī, litus *3* beschmieren, bestreichen; ausstreichen
Linos = Linus
linquō, līquī *3* zurück-, ver-, übrig lassen, überlassen; unterlassen; ~or animo ohnmächtig werden
⟦**linteam|en,** ~inis *n spl* Leinenkleid, -tuch
linteātus *3* in Leinwand gekleidet
linteō, ~nis *m* Leinweber
linteolum, ī *n* leinenes Tüchlein
linter, lintris (*m*) *f* Kahn; Trog, Mulde
Linternum = Liternum
linteum, ī *n* Leinwand, Segel
linteus *3* [linum] leinen, Leinwand-
lintriculus, ī *m* [linter] kleiner, elender Kahn
līnum, ī *n* Lein(en) (*Lw*), Leinwand; Flachs; Schnur, Netz ⟦*spl* Docht
Linus (Linos), ī *m* [*gr*] Linos (1. *myth* S. des Apollon u. der Muse Terpsichore, ausgezeichneter Sänger, Lehrer des Orpheus 2. gr. Klagelied)
⟦**linx** = lynx
līnxī →lingo
Lipara, ae *f* Lipara (größte Äolische Insel nördlich von Sizilien mit gleichnamiger Stadt)
Liparaeus *3* = Liparensis
Liparē, ēs *f* [*gr*] = Lipara
Liparēns|is, ~e, *Gen* ~is liparensisch, von Lipara; *Pl* ~es Einw. von Lipara
lippiō *4* [lippus] augenkrank sein
lippitūd|ō, ~inis *f* Augenentzündung
lippus *3* augenkrank, triefäugig
⟦**Lipsia,** ae *f ml* Leipzig
liquam|en, ~inis *n* Flüssigkeit, Getränk
⟦**liquaster,** liquastri *m ml* Schwätzer
lique|faciō, ~fēcī, ~factus *3* flüssig machen, schmelzen; entkräften
liquefīō *Pass zu* liquefacio
⟦**liquenti|a,** ~um *n spl* ruhiges Wasser
liqueō, licuī (*od* liquī) *3* flüssig sein; klar *od* deutlich sein; non liquet (*Abk* N. L. auf den Stimmtäfelchen der Richter) »die Sache ist nicht klar«
liquēscō, licuī *3* flüssig werden, schmelzen; klar werden

[1]**līquī** →linquo
[2]**liquī** →liqueo
liquidiusculus *3* milder, sanfter
liquidō *Adv* bestimmt, ausdrücklich ⟦*ml* deutlich
liquid|us *3* flüssig; klar, rein ⟦*spl* consonantes ~ae die Buchstaben l, m, n, r; *ml* ad ~um absolvi ins Nichts zerrinnen
liquō *1* flüssig machen; klären
[1]**līquor** *3* fließen, rinnen, schmelzen
[2]**liqu|or,** ~ōtis *m* Flüssigkeit ⟦*ml* Tunke
līra, ae *f* Furche
Līris, ~ *m* Liris (Fluss in Latium), *heute* Garigliano
līs, lītis *f* [*altl* stlis] Zank, (Rechts-)Streit; Streitsache; Streitsumme
Lissus, ī *f* Lissos (Stadt in Dalmatien), *heute* Lesch (in Albanien)
līt- →līs
⟦**litabil|is,** ~e, *Gen* ~is *spl* zum Opfern tauglich
Litāna (silva), ae *f* der Litanische Wald (in Gallia Cisalpina, wo die Römer 216 v. Chr. von den Galliern geschlagen wurden), *heute* Silva di Luge
litātiō, ~nis *f* [lito] Opfer mit günstigen Vorzeichen
lītera = littera
Līternīnum, ī *n* das Literninum (ein Landgut bei Liternum)
Līternum, ī *n* Liternum (Stadt in Kampanien am Flusse Liternus)
Līternus I. *Adj 3* liternisch; aus Liternum; des Liternus **II.** *Subst* ī *m* Liternus (Fluss in Kampanien)
lithostrōtum, ī *n* [*gr*] Mosaikfußboden
litic|en, ~inis *m* [lituus *u* cano] Trompeter
lītigāt|or, ~ōris *m* Prozessführer
lītigiōsu|s *3* streitsüchtig, zänkisch; umstritten, strittig; forum ~m prozessreiches Forum
lītigium, ī *n* Streit
lītigō *1* [lis *und* ago] streiten
litō *1* **1.** mit günstigen Vorzeichen opfern; gute Vorzeichen geben, einen glücklichen Ausgang versprechen **2.** rächen, sühnen
lītorāl|is, ~e, *Gen* ~is Ufer-
lītoreus *3* Ufer-
lītoris →lītus
⟦**littea,** ae *f ml* Band
littera, ae *f* Buchstabe; Schreiben, Brief, Urkunde ⟦*ml* Heilige Schrift, Bibel
litterae, ārum *f* Brief, Schreiben; Schrifttum; Wissenschaft, wissenschaftliche Studien ⟦*ml auch* humanistische Wissenschaft
⟦**litteral|is,** ~e, *Gen* ~is *ml* buchstäblich
litterārius *3* nur zum Lesen u. Schreiben gehörig, Elementar-
litterātē *Adv* mit deutlichen Buchstaben; wörtlich; im wissenschaftlichen Sinne
litterāt|or, ~ōris *m* Lehrer des Elementarwissens, Elementarlehrer, Grammatiker
⟦**litteratorius** *3 spl* grammatisch
litterātūra, ae *f* Buchstabenschrift; das Geschriebene; das Alphabet; sprachliche Bildung ⟦*ml* Schrifttum, Literatur, Brief
litterātus *3* mit Buchstaben bezeichnet; gebrandmarkt; gelehrt, gebildet
litterul|a, ae *f* (kleiner) Buchstabe; *Pl* ~ae Briefchen; ein wenig Literaturkenntnis, einige wissenschaftliche Studien
litūra, ae *f* [lino] Korrektur, Verbesserung, verbesserte (Schrift-)Stelle; Tränenfleck (durch Tränen unleserlich gemachte Textstelle)
⟦**liturarius,** i *m spl* Entwurfheft
[1]**litus** →lino
[2]**lītus,** lītoris *n* (Meeres-)Ufer, Strand
lituus, ī *m* Visierstab des Augurs; Signalhorn ⟦*ml* Krummstab des Bischofs
⟦**liveo,** ~nis *f ml* = livio
līveō 2 bläulich sein; *übertr* neidisch sein
līvī →lino
Līvia, ae *f* Livia (1. ~ Drusilla zuerst mit Tib. Claudius Nero verheiratet, M. des Tiberius u. Drusus, dann Gem. des Augustus 2. *auch* Livilla, Schw. des Germanicus)
Līviānus *3* livianisch, des Livius
līvidus *3* [liveo] bläulich; neidisch
Livilla →Livia 2.
⟦**livio,** ~nis *f ml* Schmutz, Sünde
Līvius *3 Gent* Livius (1. M. ~ Drusus →Drusus 2. M. ~ Salinator, Besieger Hasdrubals am Metaurus 207 v. Chr. 3. ~ Andronicus 284–204 v. Chr., der erste Dichter zu Rom, Freigelassener von ~ Salinator 4. T. ~ aus Patavium, *heute* Padua, 59 v. Chr.–17 n. Chr., der bedeutendste röm. Historiker)
līvor, ~ōris *m* [liveo] blauer Fleck; blasser Neid
lixa, ae *m* **1.** Marketender; *Pl* lixae Tross **2.** Gerichtsdiener ⟦*ml* Aufwärter, Diener
loca (*selten* loci), ōrum *n* Gegend, Gelände ⟦*spl* ausgedehnte Landbesitzungen; *ml* Räumlichkeiten
⟦**local|is,** ~e, *Gen* ~is *ml* räumlich begrenzt
locātiō, ~nis *f* **1.** Stellung, Anordnung **2.** Verpachtung; Pachtvertrag ⟦*ml* Vergabe von Ländereien
locāt|or, ~ōris *m* Verpachter, Vermieter
locātum, ī *n* Verpachtung, Vermietung
locellus, ī *m* Kästchen ⟦*ml* Schrankfach; Sarg
locitō *1* verpachten
locō *1* **1.** stellen, legen **2.** verpachten, unterbringen, Geld ausleihen; se locare Zinsen bringen
Locrēns|ēs, ~ium *m* = Locri 2. und 3.

Locrī, ōrum *m* **1.** Lokri (von gr. Siedlern gegründete Stadt in Unteritalien) **2.** Lokrer (Volksstamm in Mittelgriechenland) **3.** Einw. von Lokri (mit dem BN Epizephyrii, die westlichen Lokrer in Unteritalien, zum Unterschied zu 2.)
Locri|s, ~dis *f* Lokris (Landschaft in Mittelgriechenland)
loculāmentum, ī *n* Gehäuse; Bücherbrett
locul|us, ~ī *m* Plätzchen, kleiner Platz; Sarg; *Pl* ~i Kästchen, Schulmappe ⟦*spl* Wahlurne; *ml* Börse
locuntur = loquuntur
locuplē|s, *Gen* ~tis wohlhabend, begütert; gut ausgestattet, zuverlässig
locuplētō *1* bereichern, reichlich ausstatten
locus, ī *m* (*Abl oft ohne* in) Ort, Platz, Stätte, Stelle (*Pl* →loca); Stellung, Herkunft, Rang; Lage, Zustand, Zeitpunkt; Veranlassung, Möglichkeit; Buchabschnitt, Satz (*Pl* loci); (in) loco bei guter Gelegenheit; (in) loco *Gen* anstelle von, für, als ⟦*ml* Stelle, Lehrstuhl; Beweisgrund; loco auf der Stelle, sofort
lōcusta, ae *f* Heuschrecke; ~ marina Languste
Lōcusta, ae *f* Lokusta (Giftmischerin z. Z. des Kaisers Nero)
locūtiō, ~nis *f* [loquor] Sprechen, Sprache, Rede
Locūtius →Aius
locūtus →loquor
lodex = lodix
lōdīcula, ae *f* [lodix] kleine Decke
lōdi|x (lodex), ~cis *f* Decke
loedus [*altl*] = ludus
logēum (logium), ī *n* [*gr*] Archiv
[1]**logica,** ōrum *n* [*gr*] Logik, Denklehre
[2]⟦**logic|a,** ~ae *u.* **~e,** ~es *f ml* Logik, Denklehre
⟦**logicus** *spl* **I.** *Adj 3* logisch **II.** *Subst* i *m* Gelehrter, Philosoph
logium = logeum
⟦**logotheta,** ae *m* [*gr*] *ml* byzantinischer Kanzler, *auch* Generalpostmeister
logus, ī *m* [*gr*] Wort; *meist Pl* logi (leere) Worte, Witze; logi Aesopei Fabeln des Aisopos
lolium, ī *n* Lolch, Schwindelhafer (Gräserart mit giftigem Samen)
Lolliānus *3* lollianisch, des Lollius
lollīg|ō, ~inis *f* Blackfisch, Tintenfisch(art)
lollīguncula, ae *f* = lolligo
Lollius *3 Gent* Lollius (M. ~, Freund des Horaz u. Günstling des Augustus, 16 v. Chr. von den Germanen geschlagen)
lōmentum, ī *n* [lavo] kosmetisches Waschmittel ⟦*ml* Bad
Londinium, ī *n* Londinium (Stadt in Britannien), *heute* London
longaevus *3* hochbetagt ⟦*ml* langlebig
longē *Adv* bei Weitem; von Weitem, fernhin, weit lange ⟦*ml* a *u.* de ~ von Weitem
⟦**longibarb|us** *ml* **I.** *Adj 3* langbärtig **II.** *Subst Pl* ~i *m* Langobarden
longinquitā|s, ~tis *f* Länge, Entfernung; Langwierigkeit
longinquus *3* lang, weit entfernt; langwierig
Longīnus *3* Longinus (BN der gens Cassia)
longitūd|ō, ~inis *f* Länge
longiusculus *3* ziemlich lang
⟦**longo** *1 spl* verlängern
Longobardī = Langobardi
Longula, ae *f* Longula (Stadt der Volsker)
longulē *Adv* (etw.) weit
longulus *3* ziemlich lang
longurius, ī *m* [longus] Ruderstange; (lange) Stange, Latte
longus *3* lang (*urv*), entlegen, sich weit erstreckend; lange dauernd; →longe
lopa|s, ~dis *f* [*gr*] Napfschnecke (wegen der Saugnäpfe, mit denen sie sich unter Wasser an Gestein festsaugt)
loquācitā|s, ~tis *f* Geschwätzigkeit
loquā|x, *Gen* ~cis geschwätzig
loquēla *u* **loquella,** ae *f* Sprechen; Wort; Sprache
loquentia, ae *f* Redefertigkeit
loquitor *1* sprechen
loquor, locūtus sum *3* sprechen, reden, besprechen; nennen ⟦*ml auch Dat* mit *od* zu jmdm. sprechen *od* reden
lora, ae *f* Tresterwein (von den ausgepressten Rückständen der Kelter)
lōrāmentum, ī *n* Riemen
lōrārius, ī *m* Sklavenaufseher
lōrētum, ī *n* = lauretum
lōreus *3* aus Riemen (bestehend)
lōrīca, ae *f* (Riemen-)Panzer; Brustwehr (auf Mauern)
lōrīcō *1* panzern
lōrīcula, ae *f* kleine Brustwehr
lōripl|ēs, *Gen* ~edis [lorum *u.* pes] lahmend, humpelnd
lōrum, ī *n* Lederriemen, (lederne) Zügel, Lederpeitsche; Lederkapsel; Gürtel
lōtium, ī *n* Urin
lōtos *u* **lōtus,** ī *m f* **1.** Lotosbaum; Frucht vom Lotosbaum; Flöte (aus dem Holz des Lotosbaumes) **2.** Klee(art)
⟦**lotri|x,** ~cis *f ml* Wäscherin
lōtus *3* **1.** = lautus **2.** = lotos
⟦**Lowania,** ae *f ml* Löwen (Stadt in Belgien)
⟦**Lowanium,** i *n ml* = Lowania
Lua, ae *f* Lua (altröm. Göttin, der zu Ehren erbeutete Waffen verbrannt wurden)
lube-, lubi- = lib-
lūbricus *3* glatt, schlüpfrig (*urv*), unsicher, gefährlich; betrügerisch
Lūca, ae *f* Luca (Stadt in Etrurien), *heute* Lucca

Lūca bos, Lucae bovis *f* Elefant (von den Römern zum ersten Mal in Lukanien gesehen)
Lūcāni, ōrum *m* Lukan(i)er (Volk in Unteritalien)
Lūcānia, ae *f* Lukanien (Landschaft in Unteritalien)
lūcānica, ae *f* Lukanerwurst, geräucherte Wurst
Lūcānicus *3* lukanisch, aus Lukanien
Lūcān|us I. *Adj 3* lukanisch, aus Lukanien **II.** *Subst* ~ī *Pl* Lukan(i)er, Einw. Lukaniens
lucār, ~is *n* [lucus] Forststeuer (Pachtertrag aus Tempelland, diente zur Bezahlung der Schauspieler)
lūcāri|a, ~um *n* [lucus] Hainfest
lucellum, ī *n* [lucrum] kleiner Gewinn
Lūcēns|is, ~e, *Gen* ~is lucensisch, aus Luca
lūceō, lūxī *2* [lux] (hervor)leuchten (*urv*), hell sein; deutlich sein
Lūcerēs, ~um *m* Luceres (Angehörige einer der drei ältesten röm. Tribus)
Lūceria, ae *f* Luceria (Stadt in Apulien), *heute* Lucera
Lūcerīn|us I. *Adj 3* lucerinisch, aus Luceria **II.** *Subst* ~ī, ~ōrum *m* Einw. von Luceria, Luceriner
lucern|a, ~ae *f* [luceo] Lampe, Leuchte; *Pl* ~ae Lichterglanz
lūcēscō, lūxī *3* anfangen zu leuchten; *unpers* lucescit es wird Tag, es wird hell
lūcī [lux] **1.** *Lok* am (hellen) Tag **2.** *Dat Sg zu* lux **3.** *auch Abl Sg* = luce
⟦**lucido** *1 spl* erleuchten, aufklären
lūcidus *3* hell, leuchtend; deutlich, klar
lūcifer I. *Adj 3* Licht bringend **II.** *Subst* ī *m* Morgenstern; Tag
lūcifuga, ae *m* lichtscheu; *von dem, der aus Nacht Tag macht, etwa* Nachtschwärmer
lūcifugus *3* lichtscheu
Lūcīliānus *3* des Lucilius
Lūcīlius *3 Gent* Lucilius (1. Q. ~ Balbus, Anhänger der stoischen Philosophie, um 150 v. Chr. 2. C. ~, röm. Satiriker, 180–102 v. Chr.)
Lūcīna, ae *f* Lucina (italische Göttin der Geburt, gleichgesetzt mit Juno *od* Diana)
lūcīscō = lucesco *3*
Lūcius, ī *m* Lucius (röm. Vorname), *Abk* L.
⟦**lucius,** i *m spl* Hecht
Lucmōn = Lucumo
lucrātīvus *3* [lucror] gewinnbringend
Lucrētia, ae *f* Lucretia (Gem. des Tarquinius Collatinus, von Sextus Tarquinius vergewaltigt, daraufhin Selbstmord)
Lucrētilis, ~ *m* Lukretilis (Berg im Sabinerlande, nahe bei der Villa des Horaz)
Lucrētius *3 Gent* Lucretius (1. Sp. ~ Tricipitinus, V. der Lucretia 2. T. ~ Carus, *dt* Lukrez, ca. 97–55 v. Chr., Verf. des Lehrgedichtes De rerum natura)
lucrifer, lucrifera, lucriferum gewinnbringend
lucrificābil|is, ~e, *Gen* ~is gewinnbringend
lucrifuga, ae *m* den Gewinn fliehend
Lucrīnēns|is, ~e, *Gen* ~is lukrinensisch, vom Lukrinersee
Lucrīnus I. *Adj 3* = Lucrinensis **II.** *Subst* ī *m mit u. ohne* lacus Lukrinersee (bei Neapel)
⟦**lucriosus** *3 ml* gewinnsüchtig
lucror *1* gewinnen, Nutzen ziehen
lucrōsus *3* gewinnreich, vorteilhaft
lucr|um, ~ī *n* Gewinn, Vorteil; ~i facio etw. gewinnen, wiedergutmachen; Gewinnsucht; Reichtum
lucta, ae *f* [luctor] Ringkampf
luctām|en, ~inis *n* Anstrengung ⟦*spl* Kampf
luctātiō, ~nis *f* Ringkampf; Wortstreit
luctāt|or, ~ōris *m* Ringer
lūctificus *3* traurig
lūctisonus *3* traurig klingend
luctō *1* ringen, kämpfen
luctor *1* = lucto
lūctuōsus *3* jammervoll, traurig
lūct|us, ~ūs *m* [lugeo] Trauer; *Pl* ~us Trauerfälle *od* Äußerungen der Trauer
lūcubrātiō, ~nis *f* Nachtarbeit
⟦**lucubratiuncula,** ae *f spl* ein bisschen Nachtarbeit
lūcubrātōrius *3* des Nachtarbeiters
lūcubrō *1* [lux] bei Licht (nachts) arbeiten, etw. ausarbeiten
lūculentus *3* lichtvoll, recht hell; erfreulich, schön, tüchtig
Lūcullēus *3* von Lukullus *od* zu Lukullus gehörig
Lūculliānus *3* des Lukullus; Anhänger des Lukullus
Lūcullus, ī *m* Lucullus (röm. BN →Licinius 4.; Typus des verschwenderischen Reichen)
lūculus, ī *m* [lucus] kleiner Hain, Wäldchen
Lucum|o, ~ōnis *m* [etr] Lukumo(n) (Titel der etr. Adeligen, die zugleich Priester waren)
lūcus, ī *m* Hain, Wald
lūcusta, ae *f* = locusta
lūdibrium, ī *n* [ludo] Gespött, Hohn; Spiel(zeug)
lūdibundus *3* [ludo] lustig; mühelos
lūdicer, lūdicra, lūdicrum unterhaltsam, schauspielerisch
lūdicrum, ī *n* Spielerei, Belustigung, Unterhaltung, Schauspiel ⟦*spl* Scherz; *ml* Trost; Dichterwettstreit
lūdicrus *3* = ludicer
lūdificābil|is ~e, *Gen* ~is veralbernd, neckend
lūdificātiō, ~nis *f* Necken, Foppen
lūdificāt|or, ~ōris *m* Fopper; einer, der jmdn. zum Besten hat *od* veralbert

lūdificātus I. *Part Perf Pass zu* ludifico **II.** *Subst* ūs *m* Gespött
lūdificō *1* [ludus *und* facio] necken
lūdificor *1* foppen; hintertreiben
lūdiō, ~nis *m* [ludus] Schauspieler, Tänzer
lūdium, ī *n* = Lydium
lūdius, ī *m* = ludio
lūdō, lūsī, lūsus *3* spielen, tanzen; *übertr* spielend darstellen, ausführen; scherzen, tändeln; hintergehen; verspotten; vertun
lūdus, ī *m* [ludo] Spiel; Volksbelustigung (Theater, Zirkus), Scherz, Spaß; Schule (für Anfänger); Fechterkaserne
luēs, luis *f* [lutum] Seuche, Pest; Verderben
Lugdūnēns|is, ~e, *Gen* ~is lugdunensisch, aus Lugdunum 1.
Lugdūnum, ī *n* Lugdunum (1. röm. Hauptstadt Galliens, *heute* Lyon 2. ~ Batavorum, *heute* Leyden)
lūgeō, lūxī *2* (be)trauern
lūgubri|a, ~um *n* [lugeo] Trauerkleider
lūgubr|is, ~e, *Gen* ~is [lugeo] Trauer-, trauernd, traurig, unheilvoll
Lugudunum, ī *n* = Lugdunum 1.
lumbifragium, ī *n* Lendenbruch
lumbrīcus, ī *m* Regenwurm
lumbus, ī *m* Lende (*urv*)
lūmen, lūminis *n* [luceo] **1.** Licht, Leuchte; Tageslicht, Auge(nlicht), Leben(slicht); Lichtschacht, Fenster; lichte Weite **2.** Vorbild, Zierde, Klarheit **3.** Rettung; ~ adimo des Lebens berauben, das Lebenslicht ausblasen, töten ⟦*ml* ecclesiae lumina Kirchenväter
⟦**luminar,** ~is *n spl* Licht, Kerze
lūmināri|a, ~um *n* Fensterläden
lūminō *1* erleuchten
lūminōsus *3* hell; hervorstechend
lumpa = lympha
lūna, ae *f* [luceo] Mond; *Pl* lunae Mondviertel; Monat
Lūna, ae *f* Luna (1. Mondgöttin 2. Stadt im nordwestlichen Etrurien, *heute* La Spezia)
lūnār|is, ~e, *Gen* ~is Mond- ⟦*ml Subst* ~is *m* Mondbewohner
Lūnēns|is, ~e, *Gen* ~is lunensisch, aus, von Luna 2.; ara ~is Altar aus carrarischem Marmor; *Pl* ~es Einw. von Luna, Lunenser
lūnō *1* halbmond-, sichelförmig krümmen
lunter = linter
lūnula, ae *f* Möndchen, halbmondförmiges Amulett *Anhänger;* halbmondförmiger Verschluss (aus Silber *od* Elfenbein) am Schuh eines Senators
luō, luī *3* **1.** [-luo lösen (*urv*)] büßen, sühnen; bezahlen **2.** [lavo] *urspr nur in Zusammensetzungen:* waschen
lupa, ae *f* Wölfin; Dirne, Prostituierte
lupān|ar, ~āris *n* Bordell
lupāta, ōrum *n* Stachelzaum, Stachelgebiss (am Zaum für Pferde)
lupātria, ae *f* Luder
lupātus *3* mit Wolfszähnen, mit (Wolfszähnen ähnlichen) Stacheln (versehen)
⟦**lupellus,** i *m ml* Wolf
Luperc|al, ~ālis *n* dem Lupercus geheiligte Grotte (am Palatinischen Berge)
Lupercāli|a, ~um *n* Luperkalien(fest) (zu Ehren des Hirtengottes Lupercus am 15. Februar)
Lupercāl|is, ~e, *Gen* ~is luperkalisch, des Lupercus
Luperc|us, ~ī *m* Lupercus (altrömischer Herdengott, dem gr. Pan gleichgesetzt); *Pl* ~i Priester des Lupercus
Lupia, ae *f* Lupia (Fluss in Westfalen), *heute* Lippe
lupīllus, ī *m* [lupinus] kleine Wolfsbohne, Lupine
⟦**lupilulo** *1 ml* krächzen
lupīnum, ī *n* Lupine, Wolfsbohne; Spielgeld
lupīnus I. *Adj 3* Wolfs- **II.** *Subst* ī *m* = lupinum
lupula, ae *f* Wölfin; Hexe
lupus, ī *m* Wolf (*urv*); Seebarsch; (Raub-, Feuer-)Haken; Stachelgebiss (am Zaum für Pferde)
lurcō, ~nis *m* Schlemmer
lūridus *3* fahl, leichenblass; Leichenblässe hervorrufend
lūror, lūrōris *m* Leichenblässe
luscinia, ae *f* Nachtigall
lusciniola, ae *f* = luscinia
luscinius, ī *m* Nachtigall
luscītiōsus *3* kurzsichtig, schwachsichtig
luscus *3* einäugig
lūsī →ludo
lūsiō, ~nis *f* Spiel
Lūsītania, ae *f* Lusitanien (etwa das Gebiet Portugals u. Westspaniens)
Lūsītān|us I. *Adj 3* lusitanisch, aus Lusitanien **II.** *Subst Pl* ~i *m* Lusitanier, Einw. Lusitaniens
lūsitō *1* spielen
lūsor, lūsōris *m* Spieler
lūsōri|us *3* Spiel-, nichtig, ungültig; navis ~a Prunkschiff, Luxusjacht, leichtes Kriegsschiff
lustra, ae *f* [[1]lustrum] Bordell
lūstrāl|is, ~e, *Gen* ~is [[2]lustrum] sühnend, zur Versöhnung der Götter; alle 5 Jahre (stattfindend), fünfjährlich
lūstrātiō, ~nis *f* Sühnopfer; Musterung *auch milit;* Wanderung
lūstricus *3* reinigend, Reinigungs-; dies ~ Tag der (röm.) Namensgebung (an dem ein röm. Kind nach einem Reinigungsopfer seinen Namen erhielt)
⟦**lustrivagus** *3* [[1]lustrum] *spl* in der Wildnis umherstreifend

[1]**lūstrō** *1* [luceo] beleuchten, erhellen
[2]**lūstrō** *1* [[2]lustrum] sühnen, weihen, reinigen; mustern *auch milit,* betrachten; bereisen; durchleben
lustror *1* [[1]lustrum] huren
[1]**lustrum,** ī *n* [lutum] Morast; Wildlager; Bordell
[2]**lūstrum,** ī *n* Sühnopfer; Sühneperiode; Jahrfünft; Steuer-, Pacht-, Finanzperiode
lūsus I. *Part Perf Pass* →ludo **II.** *Subst* ūs *m* [ludo] Spiel
Lutātius *3 Gent* Lutatius (1. C. ~ Catulus, Sieger über die Karthager 241 v. Chr. 2. Q. ~ Catulus kämpfte gegen die Kimbern 102 v. Chr.)
Lutecia, ae *f* Lutecia (Ort der Parisii), *heute* Paris
lūteolus *3* gelblich
Lutetia, ae *f* = Lutecia
[1]**luteus** *3* [[1]lutum] aus Kot; nichtswürdig
[2]**lūteus** *3* [[2]lutum] gold-, safrangelb, gelb
lutitō *1* [[1]lutum] besudeln, beschmutzen
lutōsus *3* [[1]lutum] schmutzig, schlammig
lutra, ae *f* Fischotter
⟦**lutrinus** *3 ml* Otter-
lutulentus *3* [[1]lutum] schmutzig, kotig; hässlich
[1]**lutum,** ī *n* [[1]lustrum] Kot, Schmutz, Lehm, Ton; Torf
[2]**lūtum,** ī *n* Gilbkraut, Färberwau (Pflanze mit gelbem Farbstoff)
lūx, lūcis *f* [luceo] Helligkeit; (Tages-) Licht (*urv*); Leben; Tag; Vorbild, Zierde, Klarheit; Öffentlichkeit; Rettung
lūxī 1. →luceo, lucesco **2.** →lugeo
luxō *1* [luxus I.] verrenken
luxor *1* [luxus II.] schwelgen
luxuria, ae *f* [luxus II.] Üppigkeit, Schwelgerei, Ausschweifung; Zügellosigkeit; üppiges Wachstum
luxuriēs, ēī *f* = luxuria
luxuriō *1* ausgelassen sein, ausschweifen; üppig wachsen, strotzen
luxurior *1* = luxurio
luxuriōsus *3* schwelgerisch, üppig, übermütig, ausschweifend; üppig wachsend, strotzend
luxus I. *Adj 3* [luctor] verrenkt **II.** *Subst* ūs *m* Üppigkeit, Prunk, Luxus, Ausschweifung, Sittenlosigkeit
ly- *deutet auf gr Herkunft*
Lyaeus, ī *m* Lyaios (BN des Bakchos)
Lycaeus I. *Adj 3* lykäisch, vom Lykaion **II.** *Subst* ī *m* Lykaion (Berg in Arkadien an der messenischen Grenze, dem Zeus und Pan heilig)
Lycambēs, ae *m* Lykambes (ein Parier, von Archilochos durch Spottverse in den Tod getrieben)
Lycā|ōn, ~onis *m* Lykaon (*myth* König in Arkadien, für seinen Frevel in einen Wolf verwandelt)
lycā|ōn, ~onis *m* Jagdleopard
Lycāonia, ae *f* Lykaonien (Landschaft in Kleinasien)
Lycāonius *3* **1.** lykaonisch; aus Lykaonien **2.** des Lykaon
Lycēum, ī *n* Lyceum, *gr* Lykeion (Gymnasium zu Athen, Lehrstätte des Aristoteles)
lychnobius *3* bei Lampenlicht lebend
lychnūchus, ī *m* Leuchter
lychnus, ī *m* Lampe
Lycia, ae *f* Lykien (Landschaft im Süden Kleinasiens)
Lycium = Lyceum
Lyci|us I. *Adj 3* lykisch, aus Lykien **II.** *Subst* ~i *Pl* Lykier, Einw. Lykiens
Lycomēd|ēs, ~is *m* Lykomedes (*myth* König auf der Insel Skyros)
Lyctius *3* aus Lyktos (Stadt auf der Insel Kreta); = kretisch
Lycūrgēus *3* streng wie Lykurgos
Lycūrgus, ī *m* Lykurgos (1. Gesetzgeber Spartas, angeblich um 800 v. Chr. 2. athenischer Staatsmann, gestorben um 325 v. Chr.)
Lycus, ī *m* Lykos (Name mehrerer Flüsse Kleinasiens)
Lȳdī, ōrum *m* Lyder (Einw. Lydiens im westlichen Kleinasien, ließen sich unter Tyrrhenus in Italien nieder, *daher auch* = Etrusker)
Lȳdia, ae *f* Lydien (Landschaft im westlichen Kleinasien)
⟦**Lȳdium,** ī *n ml* lydische Tonart
Lȳdius *3* lydisch, etruskisch ⟦*ml* **I.** *Adj 3* in lydischer (Kirchen-)Tonart **II.** *Subst* i *m* Spielmannslied
Lȳdum, ī *n* = Lydium
Lȳdus = Lydius
Lygmōn = Lucumo
lymph|a, ~ae *f poet* Quellwasser; *Pl* ~ae Quellnymphen ⟦*ml* Taufwasser
lymphāticus *3* wild erregt; wahnsinnig; besinnungslos
lymphātio, ~nis *f* Wahnsinn, Irresein (-reden); *Pl* ~nes Anfälle von Irresein
lymphātus = lymphaticus
Lyncestae, ārum *m* Lynkesten (Volk in Makedonien)
Lyncestēs, ae *m Sg zu* Lyncestae
Lyncestius *3* lynkestisch, der Lynkesten
Lync|ēus, ~eī *m* Lynkeus (Argonaut, berühmt durch sein scharfes, luchsartiges Sehvermögen)
Lyncēus 3 lynkeisch, des Lynkeus; scharf sehend
Lyncīdēs, ae *m* Nachkomme des Lynkeus, Lynkide (Perseus)
Lyncus, ī Lynkos (1. *m myth* König der Skythen, in einen Luchs verwandelt 2. *f* Hauptstadt der Lynkesten)
lynx, lyncis *m f* Luchs (*urv*)

a b c d e f g h i j k l lyn m n o p q r s t u v w x y z

lyra, ae *f* Lyra, Laute, Leier (*Lw*)
⟦**lyrator,** ~is *m ml* Lautenspieler
lyric|us I. *Adj 3* lyrisch, Lauten- **II.** *Subst* ~a *n Pl* lyrische Gedichte ⟦*ml Subst* ~i *m* Lautenspieler
lyristēs, ae *m* Lautenspieler
Lyrnēs|is, *Gen* ~idis = *f zu* Lyrnesius
Lyrnēsius *3* lyrnesisch, aus Lyrnesos
Lyrnēssus, ī *f* = Lyrnesus
Lyrnēsus, ī *f* Lyrnesos (Stadt in der Troas)
Lysander, Lysandrī *m* Lysander (*gr* Lysandros, spartanischer Feldherr, eroberte 404 v. Chr. Athen)
Lȳsiās, ae *m* Lysias (Redner zu Athen 445–380)
Lȳsimachīa, ae *f* Lysimach(e)ia (Stadt in Thrakien, von Lysimachos gegründet)
Lȳsimachīēns|ēs, ~ium *m* Einw. von Lysimach(e)ia
Lȳsimachus, ī *m* Lysimachos (Feldherr Alexanders des Großen, gefallen 281 v. Chr.)
Lȳsippus, ī *m* Lysippos (Erzgießer z. Z. Alexanders des Großen)
Lȳsi|s, ~dis (*Akk* ~m) *m* Lysis (1. pythagoreischer Philosoph aus Tarent 2. Fluss in Vorderasien)

m

M

M. *Abk für* Marcus (röm. Vorname); *in Ciceros Tuskulanen für* magister (Lehrer)
M'. *Abk für* Manius (röm. Vorname)
M *Zahlzeichen für* mille tausend
Macarēi|s, ~dis (*Akk* ~da) *f* T. des Makareus 2. (= Issa)
Macar|eūs, ~eī *od* ~eos *m* Makareus (1. gr. myth. PN 2. S. des Aiolos)
macci|s, ~dis *f* »Maccis« *scherzhafter Gewürzname*
Maced|ō, ~onis *m* Makedone, Mazedonier
Macedonia, ae *f* Mazedonien
Macedonicus *3* mazedonisch, in *od* aus Mazedonien; *bes* »der Mazedonier« (BN des Q. Caecilius Metellus, der Mazedonien zur röm. Provinz machte)
Macedoniēns|is, ~e, *Gen* ~is mazedonisch, aus Mazedonien
Macedonius *3* = Macedonicus
macellārius, ī *m* Fleischhändler
macellum, ī *n* Fleisch-, Fisch-, Gemüsemarkt
maceō *2* mager sein
macer, macra, macrum mager (*urv*)
Macer, Macrī *m* Macer (BN einer röm. gens: 1. C. Licinius ~, Geschichtsschreiber u. Redner, Volkstribun 73 v. Chr. 2. Aemilius ~ aus Verona, Freund des Vergil und Ovid)
⟦**maceratio,** ~nis *f spl* Mürbemachen; Abtötung; Qual
māceria, ae *f* [macero] (Lehm-)Mauer
mācerō *1* mürbe machen; aufreiben, schwächen; walken; einweichen
macēscō *3* mager werden
machaera, ae *f* [*gr*] Schwert
machaerophorus, ī *m* [*gr*] Schwertträger; Söldner
Machā|ōn, ~onis *m* Machaon (Arzt der Griechen vor Troja)
Machāonius *3* des Machaon
māchina, ae *f* Winde; (Belagerungs-)Maschine; *übertr* Kunstgriff; Gerüst zur Aufstellung verkäuflicher Sklaven; Kunstwerk ⟦*spl* Weltenbau
māchināment|um, ~ī *n* Maschine, Werkzeug ⟦*spl Pl* ~a Machenschaften
māchinātiō, ~nis *f* Triebwerk, Maschine; Fertigkeit, Kniff ⟦*spl Pl* ~nes Machenschaften
māchināt|or, ~ōris *m* Baumeister; Maschinist; Anstifter
māchinō *1* kunstvoll bauen, ersinnen ⟦*ml* auflauern
māchinor *1* = machino
māchinōsus *3* mit künstlichen Vorrichtungen
maciēs, ēī *f* [maceo] Magerkeit
⟦**macilentia,** ae *f ml* Magerkeit
macilentus *3* abgemagert
Macra, ae *f* Macra (Fluss in Italien zwischen Ligurien u. Etrurien), *heute* Magra
macrēscō *3* abmagern
macriculus *3* schmächtig
macritūd|ō, ~inis *f* Magerkeit
Macrobiī, ōrum *m* Makrobier (langlebige, sagenhafte Völkerschaft in Afrika)
⟦**Macrobius,** i *m spl* Macrobius (röm. Schriftsteller im 5. Jh. n. Chr.)
Macrochīr, ~os *m* Makrocheir = »Langhand« (gr. BN des Königs Artaxerxes I. von Persien um 450 v. Chr.)
macrocollum, ī *n* [*gr*] Papier von großem Format
mactātus I. *Part Perf Pass zu* macto **II.** *Subst* ūs *m* [macto] Opfern, Schlachten
macte *Vok* Glück, Heil, Ehre dir; bravo *Abl* wegen
mactō *1* verherrlichen; beschenken (*auch ironisch*); ausstatten; opfern, weihen, schlachten; erlegen, vernichten
macula, ae *f* Flecken, Schandfleck, Makel, Fehler; Masche
maculō *1* beflecken, besudeln
maculōsus *3* befleckt, voller Flecken, gefleckt
made|faciō, ~fēcī, ~factus *3* nass machen, tränken
madefactō *1* befeuchten
madefīō *Pass zu* madefacio

madeō, maduī *2* nass sein, triefen; weich sein; *übertr* voll sein, Überfluss haben
madēscō, maduī *3* nass werden, weich werden
madidō *1* anfeuchten, feucht machen
madidus *3* feucht; weich gekocht; ~ vino betrunken
mador, madōris *m* Feuchtigkeit
madulsa, ae *f* Trunkenheit, Rausch
Maeander, Maeandrī *m* Mäander, *gr* Maiandros (Fluss in Ionien mit vielen Krümmungen); *übertr* Windung; Umweg; Falbel; verschlungenes Stickereiornament
Maeandratus *3* mäandrisch, gewunden (wie der Mäander)
Maeandrius *3* = Maeandratus
Maeandr|os (~us), ~ī *m* = Maeander
Maecēnā|s, ~tis *m* [*etr*] Maecenas (BN des C. Cilnius ~s, Freund des Augustus, Horaz und Vergil, gestorben 8 v. Chr.)
Maecēnātiānus *3* des Maecenas
Maedī, ōrum *m* Mäder (thrakisches Volk)
Maedica, ae *f* Gebiet der Mäder (in Thrakien)
Maeliānus *3* mälianisch, Anhänger des Maelius
Maelius *3 Gent* Maelius (am bekanntesten Spurius ~, als Umstürzler 439 v. Chr. getötet)
maena, ae *f* Sardelle, Anchovis (wurde wie Hering eingesalzen)
Maenala, ōrum *n* das Mainalongebirge (in Arkadien)
Maenali|s, ~*Gen* ~dis = *f zu* Maenalius
Maenalius *3* mänalisch, *poet* = arkadisch, vom Mainalon(gebirge)
Maenalus, ī *m* = Maenala
Maena|s, ~dis *f* [*gr*] Mänade, Bakchantin; Rasende, Verzückte; Seherin; Priesterin der Kybele
Maeniāna, ōrum *n* Erker, Balkon, Vorbau (nach dem Konsul C. Maenius benannt)
Maeniānus *3* mänianisch, des Maenius
Maenius *3 Gent* Maenius (C. ~, Konsul 338 v. Chr., siegte über die Stadt Antium in Latium, weshalb ihm auf dem Forum in Rom eine Ehrensäule, die columna Maenia, errichtet wurde)
Maeon|es, ~um *m* Mäonier, *gr* Maionier (Volk in Lydien), *übertr* Etrusker
Maeonia, ae *f* Mäonien (Landschaft in Lydien), *auch* = Lydien
Maeonidēs, ae *m* Lyder; *übertr* Homer
Maeoni|s, ~dis *f* Lyderin (= Arachne *od* Omphale)
Maeonius *3* mäonisch, lydisch; *auch* homerisch; *übertr* etruskisch
Maeōticus *3* mäotisch, vom mäotischen See (Asowschen Meer)
Maeōtidae, ārum *m* die Anwohner des mäotischen Sees (Asowschen Meeres)
Maeōti|s I. *Adj Gen* ~dis (*Akk Pl* ~das) maiotisch, vom maiotischen See **II.** *Subst* ~dis *u.* ~dos (*Akk* ~da) *f* **1.** maiotische See, *heute* Asowsches Meer **2.** *übertr* Amazone
Maeōtius *3* = Maeoticus
maer|eō, ~uī *2* (be)trauern
maer|or, ~ōris *m* Trauer
⟦**maestifico** *1 ml* traurig stimmen
maestitia, ae *f* Traurigkeit
maestitūd|ō, ~inis *f* Traurigkeit
maestus *3* [maereo] betrübt, traurig; Trauer kündend
maga, ae *f* Zauberin
māgālia = mapalia
Magāri|a, ~um *n* Magaria (Vorstadt Karthagos)
mage = magis
magicē, ēs *f* [*gr*] Zauberei
magicus *3* magisch, Zauber-
magis *Adv* mehr (*urv*), *dem Grade nach* eher, in höherem Grade
magister, magistrī *m* Lehrer; Aufseher; Meister (*Lw*), Ratgeber; Vorsteher, Anführer; ~ equitum Reiteroberst (Rang u. Amt des Gehilfen u. Stellvertreters des Diktators) ⟦*ml* ~ civium Bürgermeister; ~ operis Baumeister; ~ rusticorum (Bauern-)Vogt; ~ mensae regiae Truchsess; Hofbeamter; primus ~ Elementarlehrer; Magister (akademischer Titel)
magisterium, ī *n* Aufsicht, Leitung; Unterricht ⟦*ml* Lehramt, Magisterwürde
magistra, ae *f* Lehrerin, Leiterin
magistrātus, ūs *m* Beamter; Amt, Behörde; obrigkeitliche Würde
⟦**magistro** *1 ml* Magister werden
magmentārium, ī *n* Aufbewahrungsraum für Opferbeigaben
magmentum, ī *n* Opferzusatz, Opferbeigabe
⟦**mag. mil.** *ml* = magister militum (byzantinischer Titel)
⟦**magnali|a,** ~um *n spl* große Taten
māgnanim|is, ~e, *Gen* ~is = magnanimus
māgnanimitā|s, ~tis *f* Großmut, Hochherzigkeit; hoher Mut
māgnanimus *3* tapfer; langmütig; edel
magnē|s, ~tis *m* Magnet
Magnē|s I. *Adj Gen* ~tis magnesisch, aus Magnesia **II.** *Subst* ~tis *m* ein Magnesier
Magnēsia, ae *f* Magnesia (1. Stadt in Karien 2. Stadt in Lydien, *heute* Manissa 3. Landschaft in Thessalien)
Magnēssa, ae *f* Magnesierin
Magnētarchēs, ae *m* Magnetarch, Oberbeamter der Magnesier in Thessalien
Magnēti|s *Gen* ~dis = *f zu* Magnes I.
māgnidicus *3* großsprecherisch
māgnificentia, ae *f* Großartigkeit, Pracht; Hochherzigkeit; Großtuerei ⟦*spl Anrede:* Magnifizenz
māgnificō *1* hoch schätzen

māgnificus *3* großartig, prächtig; hochherzig; hochfahrend
māgniloquentia, ae *f* erhabene, pathetische Sprache; Großsprecherei
māgniloquus *3* prahlend
māgnitūd|ō, ~inis *f* Größe ⟦*spl Anrede* (Euer) Herrlichkeit
māgnō opere = magnopere
māgnopere (*Sup* maximopere *od* maximo opere) *Adv* sehr, überaus, dringend
māgnus *3* (*Komp* →maior, maius; *Sup* →maximus) groß, bedeutend; hoch (von Wert u. Preis), teuer ⟦*spl* magni in hohem Maße
Magnus, ī *m* BN der Große ⟦*spl u. ml ebenso*
Magō, ~nis *m* Mago (karthagischer PN)
magūdaris, ~ *f* Stängel *od* Same vom laserpicium
magus I. *Adj 3* magisch, Zauber- **II.** *Subst* ī *m* Magier, Zauberer, persischer Priester ⟦*ml Pl* magi die Heiligen Drei Könige
Māia, ae *f* Maja, *gr* Maia *od* Maias; (1. T. des Atlas, M. des Merkur; *mit ihr identifiziert* 2. altrömische Göttin des Wachstums in der Natur, der am 1. Mai geopfert wurde)
māiālis, ~ *m* kastriertes Schwein
māiestā|s, ~tis *f* Größe, Hoheit, Würde; Majestätsbeleidigung
māior I. *Adj* māius, *Gen* maiōris (*Komp zu* magnus) größer, bedeutender; höher (von Wert u. Preis), teurer; älter **II.** *Subst Pl* maiōrēs, maiōrum Vorfahren, Ahnen, ältere Leute ⟦*spl* ~ domus Hausmeier (oberste Hof- u. Staatsbeamte im Frankenreich); ~ villae Meier (*Lw*), Verwalter, Vogt; *ml* ecclesia ~ Hauptkirche, Dom
⟦**maiorita|s,** ~tis *f ml* (geistliche) Erhöhung
Māius I. *Adj 3* der Maja; des Mai **II.** *Subst* ī *m* Mai
māius →maior
māiusculus *3* etwas größer, älter
[1]**māla 1.** ae *f* Kinnlade; Wange *meist Pl* **2.** *Nom/Akk Pl zu* [1]malum
[2]**mala 1.** *Nom Sg f u. Nom/Akk Pl n zu* [2]malus **2.** *Nom/Akk Pl zu* [2]malum
Malaca, ae *f* Malaka (Stadt in Spanien), *heute* Malaga
malacia, ae *f* [*gr*] Windstille
malacissō *1* = malaxo
malacus *3* [*gr*] weich; geschmeidig; üppig
malaxō *1* geschmeidig machen
⟦**maldrum,** i *n* [*dt*] *ml* Malter (veraltetes Getreidehohlmaß)
male *Adv* schlimm, schlecht, nicht recht
Malēa, ae *f* Male(i)a (Vorgebirge Lakoniens)
Maleae, ārum *f* = Malea
maledicā|x, *Gen* ~cis schmähend, lästernd
maledīc|ēns I. *Adj, Gen* ~entis = maledicax **II.** *Part Präs Akt zu* maledico
maledīcō, ~dīxī, ~dictus *3* lästern, schmähen, schimpfen *Dat, auch Akk* auf
maledictiō, ~nis *f* Schmähung
maledictum, ī *n* Schimpfwort, Verwünschung, Fluch
⟦**maledictus** *3 spl* verflucht
maledicus *3* lästernd, schmähend
male|faciō, ~fēcī, ~factus *3* Böses zufügen
malefact|or, ~ōris *m* Übeltäter
malefactum, ī *n* Übeltat; Gewalttätigkeit; Betrug
maleficium, ī *n* = malefactum
maleficus *3* boshaft; schädlich ⟦*spl Subst* i *m* Zauberer
malefīdus, male fīdus *3* treulos
malefīō *Pass zu* malefacio
malesuādus *3* verführerisch, übel ratend
Maleventum, ī *n* Maleventum (uralte Stadt in Samnium, von den Römern in Beneventum umbenannt)
malevol|ēns, *Gen* ~entis missgünstig, übelwollend, neidisch
malevolentia, ae *f* Missgunst, Schadenfreude
malevolus *3* missgünstig, gehässig
malficium = maleficium
Māliacus sinus *m* Bucht von Maliakos (an der Südküste Thessaliens)
Māliēns|is, ~e, *Gen* ~is maliensisch, der Malienser
Māli|ēs, ~eōn *m* Malier *od* Malienser (Volksstamm im Süden Thessaliens)
mālifer, mālifera, māliferum apfelreich
malific- = malefic-
⟦**maliger,** maligera, maligerum [[2]malum *u.* gero] *ml* Verderben bringend
malīgnitā|s, ~tis *f* Bosheit, Missgunst; Kargheit; Knauserei
⟦**malign|o** *1 spl* böswillig sein; *Part Präs Akt* ~ans böser Geist
malīgn|us *3* böswillig, missgünstig, spröde; schädlich, gefährlich; knauserig ⟦*ml* spiritus ~us Teufel; *Subst* ~a *n Pl* schadhafte Stellen
malitia, ae *f* Bosheit
malitiōsus *3* boshaft, arglistig, hinterhältig
Mālius *3* = Maliensis
malivolus = malevolus
mālle →malo
malleāt|or, ~ōris *m* Hämmerer
malleolus, ī *m* Hämmerchen; Setzling; Brandpfeil
malleus, ī *m* Hammer, Klöppel, Schlegel
⟦**mallo** *1* [*dt*] *spl* vor Gericht ziehen
⟦**mallum,** i *n* [*dt*] *ml* Gerichtsverhandlung
mālō, māluī (*Inf* mālle) [magis volo] lieber wollen, vorziehen; mehr gewogen sein *Dat* jmdm.
mālobathron, ī *n* [*gr/indisch*] Malobathron, Blatt *od* wohlriechendes Öl vom Zimtbaum
[1]**mālum,** ī *n* Apfel; Quitte; Zitrone

[2]**malum,** ī *n* [malus] Übel; Fehler, Gebrechen, Krankheit; Leid, Unheil, Schaden; *Akk ~ als Ausdruck des Ärgers eingeschoben:* zum Henker!, in aller Welt!
[1]**mālus,** ī *m* Mast(baum); Eckbalken
[2]**mālus,** ī *f* Apfelbaum; ~ Assyria *od* Medica Zitronenbaum
[3]**malus** *3* (*Komp* →peior; *Sup* →pessimus) schlecht, gering, schlimm, schädlich; *ernsthaft u. scherzhaft* übel, böse
malva, ae *f* Malve
Mām. *Abk für* Māmercus, ī *m* [*osk*] Mamercus (1. Vorname 2. italischer Bandenführer um 340 v. Chr.)
Māmertīna, ae *f* →Mamertinus
Māmertīn|us I. *Adj 3* mamertinisch, aus Messana; (civitas) ~a Messana (Stadt in Sizilien) **II.** *Subst* ~ī *Pl* Marssöhne (kampanische Söldner, Begründer der Stadt Messana)
mamilla, ae *f* Brust
mamma, ae *f* Brust; Euter; *übertr* Mutter
mammeātus *3* vollbusig, vollbrüstig
mammicula, ae *f* Brüstchen
⟦**mammona,** ae *m* [*gr/sem*] *spl* Reichtum
Māmurra, ae *m* Mamurra (praefectus fabrum unter Caesar in Gallien, Typus des reichen Schlemmers)
Māmur(r)ius, ī *m* Mamurius Veturius (*myth* Kunstschmied z. Z. des Königs Numa)
⟦**manam|en,** ~inis *n spl* Strömung
manc|eps, ~ipis (*altl* ~upis) *m* [manus *u.* capio] Aufkäufer von staatlichem (Land-)Besitz; Pächter öffentlicher Abgaben; Unternehmer öffentlicher Bauten; Bürge
mancipātiō, ~nis *f* feierliche Übereignung
mancipi|um, ~ī *n* [manceps] Kauf; Eigentumsrecht, Besitz; Sklave ⟦*ml* ~a *Pl* Hörige, Gesinde
mancipō *1* [manceps] verkaufen ⟦*spl* bestimmen *Dat* für etw.
mancup- = mancip-
mancus *3* gebrechlich, kraftlos
mandatela, ae *f* [*altl*] Schutz ⟦*ml* Botschaft
mandāt|or, ~ōris *m* Auftraggeber
mandātum, ī *n* (Geschäfts-)Auftrag, Befehl ⟦*ml* Fußwaschung und Spende
mandātus I. *Part Perf Pass zu* mando *1* **II.** *Subst* ūs *m* Auftrag
⟦**mandibula,** ae *f spl* Kinnbacken
[1]**mandō** [manum do] *1* übergeben, anvertrauen; auftragen, befehlen ⟦*ml* schicken ad nach; wünschen
[2]**mandō,** mandī, mānsus *3* kauen, beißen, verzehren
mandra, ae *f* [*gr*] Saumtierzug; *im Brettspiel* geschlossene Reihe
mandragorās, ae *m* [*gr*] Alraun (betäubende Pflanze)
⟦**mandrogeront|es,** ~um *m ml* Wahrsager
Mandubiī, ōrum *m* Mandubier (Volk in Gallien mit der Hauptstadt Alesia)
mandūcō *1* [manducus] kauen, essen ⟦*spl allg* essen
mandūcus, ī *m* [[2]mando] Vielfraß (Maske, Person in der Komödie)
māne I. *Subst n undekl* (*Abl* ā manē *u.* mānī) Morgen **II.** *Adv* früh(zeitig), am Morgen, morgens
maneō, mānsī, mānsus *2* bleiben; fortbestehen, dauern; verharren; sicher beschieden sein; erwarten ⟦*spl* sich aufhalten, wohnen; gerichtlich (vor)laden
mānēs, mānium m [manus *altl* gut] Manen, Götter des Totenreiches; Seelen der Toten (*auch* Seele eines Toten); Leiche; →D. M.
mangō, ~nis *m* Sklavenhändler; betrügerischer Händler
mangōnicus *3* des Sklavenhändlers
mangōnicō *1* [mango] *zum Verkauf* aufputzen
mānī = mane
manibiae = manubiae
manica, ae *f* [manus] Ärmel; Handschuh; Handfessel
manicātus *3* mit Ärmeln
manicula, ae *f* Händchen; Arm *am Pfeilgeschütz;* Griff *am Pflug*
maniculus, ī *m* Handvoll, = manipulus
manifēstārius *3* bei der Tat ertappt; augenscheinlich
⟦**manifestatio,** ~nis *f spl* Offenbarung
manifēstō *1* offenbaren, sichtbar machen
manifēst|us *3* ertappt *Gen* bei; überführt; handgreiflich, offenbar, augenscheinlich ⟦*spl* in ~o in der Öffentlichkeit
Mānīliānus *3* des Manilius, manilianisch
Mānīli|us *3 Gent* Manilius (1. M. ~us, Konsul 148 v. Chr., Autorität im Rechtswesen 2. C. ~us, Volkstribun 66 v. Chr., verschaffte Pompejus durch seinen Antrag, lex ~a, den Oberbefehl gegen Mithridates 3. A. ~us, Verf. eines astronomischen Lehrgedichtes, z. Z. des Kaisers Tiberius)
manipl- = manipul-
manipretium = manupretium
manipulār|is I. *Adj* ~e, *Gen* ~is Manipel- **II.** *Subst* ~is m Soldat, »Gemeiner«
manipulārius *3* = manipularis
manipulātim *Adv* manipelweise; haufenweise
manipulus, ī *m* [manus] Manipel (ca. 150 Mann, der dritte Teil einer Kohorte), Schar; Bündel, Handvoll
Mānius, ī *m* Manius (röm. Vorname), *Abk* M'.
Mānliānum, ī *n* das Manlianum (Landgut Ciceros)
Mānliānus *3* des Manlius, manlianisch; *sprichw* streng

Mānlius *3 Gent* Manlius (bes. M. ~ Capitolinus, Retter des Kapitols 387 v. Chr.)
⟦**manna** *undekl* [*hebr*] *spl* Manna
mannulus, ī *m* Pferdchen, Pony
mannus, ī *m* kleines Pferd, Pony
Mannus, ī *m* Mannus (nach germ. Sage S. des Tuisto, der erste Mensch)
mānō *1* fließen, strömen; ausströmen lassen; entspringen, herrühren ex *od* a von; sich verbreiten
mānsi →maneo
mānsiō, ~nis *f* Aufenthalt; Nachtlager, Herberge ⟦*spl* Wohnung, Gebäude; Rast(stätte)
⟦**mansionilis,** ~ *f ml* Vorwerk
mānsitō *1* beständig wohnen
⟦**mansiuncula,** ae *f spl* Gemach
⟦**mansor,** ~is *m spl* Bewohner; Gast
mānstrūca = mastruca
⟦**mansuarius,** i *m ml* Fronbauer
mānsuē|faciō, ~fēcī, ~factus *3* zähmen; gesittet machen; besänftigen
mānsuēfīō *Pass zu* mansuefacio
mānsuē|s, *Gen* ~tis [manus] = mansuetus
mānsuē|scō, ~vī, ~tus *3* zähmen; zahm *od* milde werden
mānsuētūd|ō, ~inis *f* Sanftmut, Milde, Zahmheit; *Titel* ~o tua Euer Gnaden
mānsuētus I. *Adj 3* zahm; friedlich **II.** *Part Perf Pass* →mansuesco
[1]**mānsus 1.** →[2]mando **2.** →maneo
[2]⟦**mansus,** i *m ml* Stück Land, Hufe
mantēl|e, ~is *n* [manus *u.* tergo] Handtuch; Tischtuch
mantellum, ī *n* Hülle, Decke
mantica, ae *f* Quersack (vom Fußgänger quer über die Schulter getragen); Mantelsack (den der Reiter hinter sich auf dem Pferd befestigte)
Mantinēa, ae *f* Mantineia (Stadt in Arkadien, Sieg der Thebaner über die Spartaner 362 v. Chr.)
mantisa, ae *f* Zugabe, Zukost
mantiscinor *1 doppelsinnig:* **1.** für Zukost sorgen **2.** prophezeien
mantissa = mantisa
mantō *1* [maneo] (er)warten
Mantō, ūs *f* Manto (1. T. des thebanischen Sehers Tiresias, eine Seherin 2. weissagende italische Nymphe)
Mantua, ae *f* Mantua (Stadt in Oberitalien, angeblich nach Manto 2. benannt)
⟦**manual|e,** ~is *n spl* Handbuch; *ml* Handfessel
manuāl|is, ~e, *Gen* ~is [manus] handlich, Hand- ⟦*spl* zur Hand gehörig
manubiae, ārum *f* (Kriegs-)Beute, Beuteertrag, Raub
manubiāl|is, ~e, *Gen* ~is aus dem Erlös der Beute (stammend), Beute-
manubiārius *3* (als Beuteanteil) einem allein gehörig
manubrium, ī *n* Griff, Stiel
manuciolus, ī *m* Bündelchen
⟦**manu|duco,** ~duxi, ~ductus *3 ml* an der Hand führen
manuf- = manif-
manuleārius, ī *m* Schneider langärmeliger Kleidungsstücke
manuleātus *3* mit langen Ärmeln
manūmissiō, ~nis *f* Freilassung (eines Sklaven); Straferlass
manū|mittō, ~mīsī, ~missus *3* [*Abl* manu *u.* mitto] freilassen
manupl- = manipul-
manupretium, ī *n* Arbeitslohn
manus, ūs *f* **1.** Hand; *auch* Arm, Tatze, Rüssel des Elefanten; Enterhaken **2.** Schar, Haufe **3.** (bewaffnete) Hand *od* Faust; *jur* Macht, Gewalt **4.** Tätigkeit, Praxis; *Würfelspiel* Wurf; Handschrift; in manibus esse vorliegen, allg. bekannt sein ⟦*ml* die zum Schwur erhobene Hand, Eid(esleistung), *daher* quarta manu durch eigenen Eid und den dreier Zeugen; Urkunde
⟦**manuscriptum,** i *n ml* Buch
mapāli|a, ~um *n* Nomadenhütten; *sprichw* wüstes Durcheinander
mappa, ae *f* (Mund-)Tuch, Serviette; Signaltuch, Startflagge ⟦*ml* ~ mundi Weltkarte
Maracanda, ōrum *n* Marakanda (Hauptstadt von Sogdiana), *heute* Samarkand
Marathēnus *3* aus Marathos, Marathener
Marathōn, ~is *m* (*f*) Marathon (Ortschaft an der Ostküste von Attika, bekannt durch den Sieg des Miltiades über die Perser 490 v. Chr.)
Marathōnius *3* aus *od* bei Marathon
marathos, ī *m* [*gr*] Fenchel
Marathos, ī *f* Marathos (Stadt in Phoinikien)
marathr|um, ī *n* (*Akk Pl auch* ~os) Fenchel
⟦**marca,** ae *f* [*dt*] *ml* Mark, Pfund (Silber *od* Gold)
Marcellia, ōrum *n* Fest zu Ehren des Marcellus
⟦**Marcelliānus** *3* des Marcellus
⟦**Marcellinus** *spl* Marcellinus (BN →Ammianus)
Marcellus, ī *m* Marcellus (röm. BN →Claudius 5.)
marceō *2* welk, kraftlos sein
marcēscō *3* welken; träge werden
⟦**marcha** *und* **marchia,** ae *f* [*dt*] *ml* Mark (Grenzgebiet)
⟦**marchio,** ~nis *m ml* Markgraf
Marciānus I. *Adj 3* des Marcius **II.** *Subst* ī *m* Markianos (Geograf aus Herakleia in Bithynien um 410 n. Chr.)
marcidus *3* [marceo] welk, schlaff
Mārcius *3* [Marcus] *Gent* Marcius (am bekanntesten Ancus ~, der vierte röm. König)

Marcoman(n)ī, ōrum *m* Markomannen (suebischer Germanenstamm, bekämpft von Mark Aurel)
marc|or, ~ōris *m* Schlaffheit
marculus, ī *m* Hämmerchen
Mārcus, ī *m* [Mars] Marcus (röm. Vorname), *Abk* M.
Mardī, ōrum *m* Marder (Volk am Kaspischen Meer)
Mardonius, ī *m* Mardonios (pers. Feldherr, 479 v. Chr. in der Schlacht bei Plataiai von den Griechen besiegt)
mare, maris (*Abl Sg* marī) *n* Meer (*urv*)
Marea, ae *f* Mareasee (in Unterägypten bei Alexandria)
Mareōticum, ī *n* mareotischer Wein
Mareōticus *3* mareotisch
Mareōti|s *Gen* ~dis *od* ~dos = *f zu* Mareoticus; palus ~s der mareotische See
⟦**mar(e)scalcus,** i *m* [*dt*] *ml* Marschall
margarīta, ae *f* [*gr*] Perle
margarītum, ī *n* [*gr*] Perle
marginō *1* [margo] einfassen
marg|ō, ~inis *m, f* Rand; Grenzland, Küste
⟦**Maria,** ae *f* [*hebr*] Maria (*spl* FN, unter anderen die Mutter Jesu; *ml kirchlich* Muttergottes)
Mari(ān)us I. *3 Adj* marianisch, des Marius **II.** *Subst* ī *m* Anhänger des Marius, Marianer
Marīca, ae *f* Marika (altitalische Nymphe, verehrt im Gebiet der Stadt Minturnae)
marīnus *3* Meer-; überseeisch
marisca, ae *f* Mariske (eine Feigenart); *auch* Kerze
marīta, ae *f* Ehefrau, Gattin
marītāl|is, ~e, *Gen* ~is Ehe-, ehelich
maritima, ōrum *n* Küstengegenden
maritimus, *altl* maritumus *3* See-, Küsten-
marītō *1* verheiraten, vermählen; befruchten; verbinden
maritum- = maritim-
marīt|us I. *Adj 3* verheiratet, ehelich, Ehe-; *übertr* verbunden, angebunden; arbores ~ae Bäume, an die Weinstöcke angebunden sind **II.** *Subst* ~ī *m* Ehemann, Gemahl, Gatte; Freier
Marius *3 Gent* Marius (am bekanntesten C. ~, Besieger Jugurthas und der Kimbern, Führer der Popularen, gestorben 86 v. Chr.)
Marmaridēs, ae *m* aus Mamarika (in Nordafrika) gebürtig
marmor, ~is *n* Marmor; *Pl* ~a Marmorplatten; *poet* (*auch Pl*) glänzende Meeresfläche
marmorārius, ī *m* Marmorarbeiter
marmorātus *3* = marmoreus
marmoreus *3* aus Marmor; schimmernd
Marō, Marōnis *m* Maro (BN des Dichters P. Vergilius)
Maroboduus, ī *m* Marbod (König der Markomannen, Gegner des Arminius)
Marōnēa, ae *f* Maroneia (Stadt in Thrakien)
Marōnēus *3* maronëisch, aus Maroneia
Marōnīa, ae *f* = Maronea
Marōnitae, ārum *m* Einw. von Maroneia
Marpēs(s)ius *3* **1.** aus Marpessos (Ortschaft in Phrygien am Berge Ida, Sitz der erythräischen Sibylle) **2.** vom Marpessos (Berg auf der Insel Paros, Fundort des parischen Marmors)
marra, ae *f* [*sem*] Hacke, eiserner Haken
Marrūcīn|ī, ~ōrum *m* Marrukiner (samnitisches Volk am Adriatischen Meer); ager ~us Gebiet der Marrukiner
Marruvius *3* marruvisch, aus Marruvium (alte Hauptstadt der Marser)
Mārs, Mārtis *m* Mars (Frühlings- u. Kriegsgott, V. des Romulus); *übertr* Krieg, Kampf; Kriegsglück; Mut; stella Martis der Planet Mars; suo Marte auf eigene Faust ⟦*spl* dies Martis Dienstag
Mārsī, ōrum *m* Marser (Völkerschaft 1. in Latium 2. Germanien)
Mārsicus *3* marsisch, der Marser (1.)
marsuppium, ī *n* [*gr*] Geldbeutel
Mārsus I. *Adj 3* marsisch, der Marser **II.** *Subst* ī *m* Marsus (BN des Dichters Domitius ~, z. Z. des Augustus)
Marsyās (Marsya), ae *m* Marsyas (1. phrygischer Satyr, Meister im Flötenspiel 2. Nebenfluss des Mäander in Phrygien)
Mārtiāl|is I. *Adj* ~e, *Gen* ~is **1.** zum Mars gehörig, martialisch **2.** zur legio Martia gehörig, martisch **II.** *Subst* ~is *m* Martialis, *dt* Martial (BN des M. Valerius ~is aus Bilbilis in Spanien, röm. Epigrammdichter, ca. 40–98 n. Chr.) ⟦*ml* kriegerisch
Mārticola, ae *m* Verehrer des Mars
Mārtigena, ae *m* S. des Mars
martiolus, ī *m* Hämmerchen
Mārti|us *3* zum Mars gehörig, martisch; *übertr* kriegerisch; Idus ~ae die Iden des März (15. März); ~us mensis März
⟦**martyr,** ~is *m* [*gr*] *spl* (Glaubens-, Blut-) Zeuge; *ml auch f*
⟦**martyrium,** i *n spl* Martyrium, Blutzeugenschaft; Märtyrergrab
⟦**martyrizo** *1 spl* martern, zum Märtyrer machen
⟦**martyrus,** i *ml* = martyr
Marus, ī *m* Marus (Nebenfluss der Donau), *heute* March od. Morava (in Tschechien)
mās, maris **I.** *Adj* männlich, mannhaft **II.** *Subst m* Mann, Männchen
Masaesylī, ōrum *m* Masäsyler (Volk in Westnumidien)
masculīnus *3* männlich
masculus I. *Adj 3* männlich; mannhaft, kräftig; massiv **II.** *Subst* ī *m* Mann

Masinissa, ae *m* Masinissa (König von Numidien, Großvater Jugurthas)
māssa, ae *f* [*gr*] Teig, Klumpen, Masse; Chaos ⟦*spl* Haufen
Massagetae, ārum *m* Massageten (Skythenvolk am Kaspischen Meer)
⟦**massaricium,** i *n ml* Hausrat
Massic|um, ~ī *n* massischer Wein; *Pl* ~a Gegend um den Massikus
Massicus I. *Adj 3* massisch, vom Massicus **II.** *Subst* ī *m* Massikus (Berg in Kampanien nahe Latium), *heute* Monte Massico
Massilia, ae *f* Massilia (Handelsstadt in Gallia Narbonensis), *heute* Marseille
Massiliēns|is I. *Adj* ~e, *Gen* ~is massiliensisch, aus Massilia **II.** *Subst* ~ēs, ~ium *Pl* Einw. von Massilia
Massīva, ae *m* Massiva (Neffe *u.* Enkel des Masinissa)
Massȳlī, ōrum *m* Massyl(i)er (Völkerschaft in Ostnumidien)
⟦**mastico** *1* [*gr*] *spl* kauen, vorkauen
mastigia, ae *m* [*gr*] Schlingel, Schurke (Figur in der Komödie, die immer Schläge bekommt *od* verdient)
mast|īx, ~icis *f* Harz vom Mastixbaum
māstrūca, ae *f* Schafpelz
māstrūcātus *3* mit einem Schafpelz bekleidet

m

matara, ae *f* [*kelt*] Wurfspieß, Lanze (der Gallier)
mataris, ~ *f* = matara
matella, ae *f* (Nacht-)Topf
matelliō, ~nis *m* Topf, Geschirr
māter, mātris *f* Mutter (*urv*), *poet u. kult von Göttinnen;* Amme; Muttertier; Mutterstamm *od* -stock ⟦*ml* ~ prima Eva; ~ misericordiae Maria
mātercula, ae *f* Mütterchen
māteria, ae *f* Stoff, Materie; *bes* Bau-, Nutzholz; Quelle, Ursache; Befähigung; Anlage
⟦**material|is,** ~e, *Gen* ~is *spl* stofflich; weltlich
⟦**materiam|en,** ~inis *n spl* Holz, Baustoff
māteriārius, ī *m* Holzhändler, Zimmermann
māteriēs, ēī *f* = materia
māteriō *1* aus Holz bauen
māterior *1* Holz fällen
māternus *3* mütterlich, der Mutter
mātertera, ae *f* Schw. der Mutter, Tante
⟦**mathemat|a,** ~um *n* [*gr*] *ml* Mathematik
mathēmatica, ae *f* Mathematik, Astrologie
mathēmaticē, ēs *f* = mathematica
mathēmaticus, ī *m* Mathematiker, Astrologe
Matīnus I. *Adj 3* matinisch, des Matinus, zum Matinus gehörig **II.** *Subst* ī *m* Matinus (Berg in Apulien am Fuße des Garganus, bekannt durch seinen vorzüglichen Honig)
Matīscō, ~nis *f* Matisko (Stadt der Häduer am Arar), *heute* Mâcon
Mātrāli|a, ~um *n* Fest der röm. Frauen (am 11. Juni zu Ehren der Mater Matuta)
mātricīda, ae *m* [caedo] Muttermörder
mātricīdium, ī *n* Muttermord
mātrimōni|um, ī *n* Ehe; *Pl* ~a Ehefrauen
mātrīmus *3* mit lebender Mutter
⟦**Matritens|is,** ~e, *Gen* ~is *ml* aus Madrid
⟦**Matritum,** i *n ml* Madrid
mātri|x, ~cis *f* [mater] Mutterstamm (von Bäumen); Muttertier ⟦*spl* Verzeichnis, Matrikel
mātrōna, ae *f* ehrbare verheiratete Frau, Gattin ⟦*spl* ältere Frau, Haushälterin
Mātrona, ae *f* Matrona (Fluss in Gallien), *heute* Marne
mātrōnāl|is, ~e, *Gen* ~is einer Matrone zukommend, Frauen-
mattea, ae *f* [*gr*] leckeres Fleischgericht, Leckerbissen
Mattiacī, ōrum *m* Mattiaker, Einw. von Mattium (Stamm der Chatten zwischen Taunus, Rhein, Main)
Mattium, ī *n* Mattium (Hauptort der Chatten nördlich der Eder)
⟦**Mattium,** i *n ml* Marburg
mattus = matus
matula, ae *f* (Nacht-)Topf
mātūrātē *Adv* eilig
mātūr|ēscō, ~uī *3* reif werden, zur (körperlichen, geistigen) Reife gelangen, reifen, erstarken
mātūritā|s, ~tis *f* Reife; Beschleunigung
mātūrō *1* reif machen; rechtzeitig verrichten, beschleunigen; *ohne Akk* eilen, sich beeilen
mātūrrimus *Nbf Sup* →maturus
mātūruī →maturesco
mātūrus *3* (*Sup* mātūrissimus *u.* mātūrrimus) reif, zeitig, früh; rasch
matus *3* vom Wein betrunken
⟦**matutinae,** arum *f spl* Frühmesse
⟦**matutinal|is,** ~e, *Gen* ~is *spl* Morgen-
mātūtīn|us *3* morgendlich, früh, Morgen-, Früh- ⟦*spl* oratio ~a Früh-, Morgengebet
Maurētānia, ae *f* Mauretanien (Königreich im Nordwesten Afrikas, in der Kaiserzeit in die zwei Provinzen ~ Tingitana und ~ Caesariensis geteilt)
Mauritānia = Mauretania
Maur|us I. *Adj 3* maurisch, mauretanisch **II.** *Subst Pl* ~ī Mauren, Einw. Mauretaniens
Maurūsius *3* maurisch, mauretanisch
Mausōlēum, ī *n* Mausoleum, Grabmal des Mausolos
Mausōlus, ī *m* Mausolos (Herrscher von Halikarnassos in Karien, um 350 v. Chr.)
māvīs *2. Pers Sg Ind Präs Akt zu* mālō
māvolō = mālō
māvult *3. Pers Sg Ind Präs Akt zu* mālō

Māvor- = Mār-
maxilla, ae *f* [māla] Kinnlade, Kinnbacken
maximē *Adv* am meisten, überaus; besonders, vorzüglich; *in Antworten:* jawohl, sehr gern
maximopere *od* **maximo opere** (*Sup zu* magnopere) sehr, überaus, äußerst, dringend
maximus *Sup zu* magnus
Maximus, ī *m* Maximus (BN der Große, der Allerhöchste)
maxum- = maxim-
māzonomus, ī *m* [*gr*] Servierschüssel
mē *Akk und Abl zu* ego
meābil|is, ~e, *Gen* ~is [meo] gangbar; durchdringend
meātus, ūs *m* [meo] Gang, Lauf
mēcastor *Interj* bei Kastor!
⟦**mechanica,** ae *f spl* Mechanik
mēchanicus ⟦**I.** *Adj 3 spl* mechanisch **II.** *Subst* i *m* Mechaniker ⟦*ml* Handwerker
mēd *altl Akk und Abl Sg von* ego
Med. *Abk* = Meditrīnālia
⟦**meda,** ae *f ml* Heilmittel
meddi|x, ~cis *m* = medix
Mēdēa, ae *f* Medea (T. des Königs von Kolchis, Zauberin der gr. Sage); *übertr* Zauberin
medēla, ae *f* Heilung, Heilmittel
medeor *2 Dat* (*selten Akk*) heilen; abhelfen
Mēdī, ōrum *m* Meder (Völkerschaft in Asien); *poet auch* Perser, Parther, Assyrer
Mēdia, ae *f* Medien (Landschaft in Asien)
mediānus *3* in der Mitte befindlich ⟦*spl* dominica (die) medianae quadragesimae Sonntag Mittfasten (Lätare)
mediastīnus, ī *m* (*altl* mediastrinus) Sklave ohne erlernten Beruf
⟦**mediator,** ~is *m spl* Mittler; ~ dei et hominum = Christus
Mēdica, ae *f* aus Medien stammende Kleeart, Luzerne
medicābil|is, ~e, *Gen* ~is heilbar
medicām|en, ~inis *n* Heilmittel, Arznei, Salbe, Pflaster; Zaubermittel; Gift; Färbesaft; Schminke ⟦*spl* würzige Zutaten
medicāmentum, ī *n* = medicamen
medicātus **I.** *Adj 3* heilkräftig; durch Zauber verursacht, zauberkräftig **II.** *Part Perf zu* medico *u.* medicor **III.** *Subst* ūs *m* Zaubermittel
medicīna, ae *f* Heilkunde, Heilmittel, Heilung; Sprechzimmer des Arztes
medicō *1* (mit Kräutersäften, mit Heilkräften) kräftigen, verbessern; vermischen; vergiften; färben ⟦*spl* heilen
medicor *1 meist Dat, auch Akk* heilen, (ab)helfen
Mēdicus *3* = Medus
medicus **I.** *Adj 3* heilsam, heilend **II.** *Subst* ī *m* Arzt
medietā|s, ~tis *f* Mitte ⟦*spl* Hälfte
medimnum, ī *n* gr. Scheffel = 6 modii = 52,5 l
medimnus, ī *m* = medimnum
mediocr|is, ~e, *Gen* ~is mittelmäßig, nicht sehr groß, unbedeutend; gemäßigt
mediocritā|s, ~tis *f* (Mittel-)Mäßigkeit; Maß, Bescheidenheit
Mediolānium = Mediolanum
Mediolānum, ī *n* Mediolanum (Stadt in Oberitalien), *heute* Mailand
Mediomatricī, ōrum *m* Mediomatriker (Volk in Gallien, in der Gegend von Metz)
⟦**medior** *1 spl* halb vorbei sein; *ml* vermitteln
medioximus *3* der mittelste
medipontus, ī *m* Gurt, Riemen
meditābundus *3* eifrig sinnend *Akk* auf
meditāmenta, ōrum *n* Vor-, Denkübungen
meditātiō, ~nis *f* Nachdenken, Studieren, Vorbereitung; ~nis usus Ausübung ⟦*ml* in ~ne esse beabsichtigen; Studium
meditātus **I.** *Adj 3* überlegt **II.** *Part Perf zu* meditor
mediterrāne|us **I.** *Adj 3* binnenländisch, im Innern ⟦*spl* mare ~um Mittelmeer **II.** *Subst n Pl* ~a Binnenland, das Innere
meditor *1* nachdenken, sinnen (ad) *Akk* auf, sich vorbereiten ⟦*spl auch Akt* medito
Meditrīna, ae *f* [medeor?] Meditrina (altrömische Göttin)
Meditrīnāli|a, ~um *n* Fest zu Ehren der Göttin Meditrina
meditullium, ī *n* [medius *u.* tellus] Binnenland; Mitte
medium, ī *n* Mitte, innerer Raum, Mittelpunkt; Öffentlichkeit, das tägliche Leben
medius *3* der mittlere (*urv*), in der Mitte stehend, dazwischenliegend; vermittelnd; neutral; indifferent; *auch von der Mitte eines Ganzen:* mitten auf *od* in, in der Mitte von; media nocte um Mitternacht; *dem Wert nach:* mittelmäßig, unbedeutend ⟦*spl* halb
mēdius Fidius = me Dius Fidius →Fidius
medix tūticus [*osk*] *Bez für* das samnitische Bundesoberhaupt, der oberste Beamte
⟦**medo,** ~nis *m* [*dt*] *spl* = medus
medull|a, ~ae *f* das Mark (im tierischen Körper u. in Pflanzen); *Pl* ~ae das Innerste; ~ae lini Docht
Medullia, ae *f* Medullia (Städtchen in Latium in der Nähe von Tibur)
medullitus *Adv* innig
medullula, ae *f* zartes Mark
Mēdus **I.** *Adj 3* medisch, *poet auch* persisch, assyrisch **II.** *Subst* ī *m* Medus (1. Nebenfluss des Araxes in Persien 2. S. der Medea in der Tragödie des Pacuvius)
⟦**medus,** i *m* [*dt*] *spl* Met

Medūsa, ae *f* Medusa (die furchterregendste der Gorgonen, T. des Phorkys, M. des Pegasos)
Medūsaeus *3* der Medusa
mefītis, ~ *f* [*osk*] schädliche Ausdünstung (der Erde)
Megaera, ae *f* Megaira (eine der Furien, die Zürnende)
Megalēnsia = Megalesia
Megalē polis (*Akk* Megalēn polin) = Megalopolis
Megalēsi|a, ~um *n* [*gr*] Fest zu Ehren der Göttin Kybele (vom 4.–10. April)
[[**Megalesiac|us** *3 spl* beim Fest (der Kybele); mater ~a Kybele
megalographia, ae *f* [*gr*] Historienmalerei
Megalopolis, ~ *f* Megalopolis (Stadt in Arkadien, Geburtsort des Polybios)
Megalopolītae, ārum *m* Einw. von Megalopolis
Megalopolītānī, ōrum *m* = Megalopolitae
Megara, ae *f* = Megara, ōrum *n*
Megara, ōrum *n* Megara (1. Hauptstadt in der Landschaft Megaris 2. Stadt an der Ostküste Siziliens, auch Hybla genannt)
Megarēa, ōrum *n* Gefilde *od* Umgebung von Megara
Megarēns|ēs, ~ium *m* Einw. von Megara
Megareos *Gen Sg zu* Megarēus
Megarēs (*Abl* Megaribus) = Megarenses
[1]**Megar|ēus,** ~eī *od* ~eos *m* Einw. von Megara
[2]**Megarēus** *3* aus Megara, megarëisch
Megaricus *3* = Megarēus
Megari|s, ~dis *f* Megaris (1. Landschaft in Mittelgriechenland 2. = Megara 2.)
Megarus *3* aus *od* bei Megara, megarisch
megistān|es, ~um (*Akk* ~as) *m* [*gr*] die Würdenträger
mehercule(s) = Hercle: beim Hercules; wahrhaftig!
meille *altl* = mille
mēiō *3* pissen
mel, mellis *n* Honig
Mēla = Mella
Melamp|ūs, ~odis *m* Melampus (*myth* Weissager und Arzt)
melancholicus *3* [*gr*] schwermütig
Melanippa, ae *f* Melanippe (FN der gr. Heldensage)
Melanippē, ēs *f* = Melanippa
Melanippus, ī *m* Melanippos (Held der thebanischen Sage)
melanthium, ī *n* [*gr*] Schwarzkümmel
Melanthius, ī *m* Melanthios (Ziegenhirt des Odysseus)
Melās, Melanis *u.* ae (*Akk* Melana *u.* Melan) *m* [*gr*] Melas (N mehrerer Flüsse)
melculum, ī *n* [mel] Honig; Honiglämmchen *Kosewort*
Meldī, ōrum *m* Melden (kelt. Volk im Seine- und Marnegebiet)
melē →melos
Meleager, Meleagrī *m* Meleagros (*myth* Besieger des kalydonischen Ebers)
Meleagros = Meleager
Melētēus *3* vom Fluss Meles (in Ionien, wo Homer geboren sein sollte); *poet* homerisch
Melētīnus *3* = Meleteus
Meliboea, ae *f* Meliboia (Stadt in der thessalischen Landschaft Magnesia, berühmt durch die Purpurzubereitung)
melica, ae *f* Lied
Melicerta, ae *m* Melikertes (PN der gr. Sage)
melicus I. *Adj 3* lyrisch [[*spl* dorisch **II.** *Subst* ī *m* lyrischer Dichter
melilōtos, ī *m* [*gr*] süßer Steinklee
melimēlum, ī *n* süße Apfelart; in Honig eingemachte Quitte
mēlīna, ae *f* [meles Marder] Sack aus Marder- *od* Dachsfell
mēlīnum, ī *n* [*gr*] [Melos] weiße Schminke, melisches Weiß
meli|or, ~us, *Gen* ~ōris (*Komp zu* bonus) besser, zweckmäßiger, tüchtiger
[[**melioro** *1 spl* verbessern
[[**melioror** *1 ml* Besserung spüren
melisphyllum, ī *n* [*gr*] Melisse (als Bienenweide)
melissolphyllum = melisphyllum
Melissus, ī *m* Melissos (1. Philosoph u. Staatsmann aus Samos um 450 v. Chr. 2. C. ~, Freigelassener des Maecenas)
Melita, ae *f* Melita (Insel mit gleichnamiger Stadt zwischen Sizilien u. Afrika), *heute* Malta
Melitē, ~s *f* Melitē (Insel vor Dalmatien), *heute* Mljet
Melitēnē, ~s *f* Melitene (Stadt in Kappadokien)
Melitēns|is I. *Adj* ~e, *Gen* ~is melitensisch, maltesisch, auf *od* von der Insel Melita **II.** *Subst n Pl* ~ia, ~ium Decken, Teppiche aus Malta
Mēlius *3* **1.** von Melos (Milo) **2.** = Maelius
melius I. *Adj* →melior **II.** *Adv* (*Komp zu* bene)
meliusculus *3* etwas besser
Mella, ae *m* Mella (Fluss in Oberitalien bei Brescia)
mella, ae *f* Honigtrank
melleus *3* honigartig, -süß
mellifer, mellifera, melliferum Honig tragend *od* bringend
[[**mellifluus** *3 spl* honigsüß
mellīg|ō, ~inis *f* Bienenharz
mellilla, ae *f* Honigtränkchen
mellīna, ae *f* **1.** Honigtrank **2.** = melina
mellītus *3* mit Honig versüßt, (honig)süß; *übertr* allerliebst
[[**melodia,** ae *f* [*gr*] *spl* Lied, Weise
[[**melodus** *3 spl* melodisch, wohlklingend

m

Mēlos, ī *f* Melos (Insel im Ägäischen Meer), *heute* Milos (*italienisch* Milo)
melos *n* (*Dat Sg* melō, *Nom Pl* melē) [*gr*] Gesang
Melpomenē, ~s *f* Melpomene (Muse der tragischen und lyrischen Dichtkunst)
membrāna, ae *f* (dünne) Haut; *bes* Pergament
membrānula, ae *f* Häutchen; Pergament
membrātim *Adv* gliedweise; *übertr* abschnitt-, stückweise, nach und nach, einzeln
membr|um, ~ī *n* Glied; *Pl* ~a Körper; *übertr* Glied *als Teil eines Ganzen*
mementō!, ~te! *Imp zu* memini 1.
mēmet *verstärktes* me
meminī (*Inf* meminisse) [moneo] **1.** sich erinnern *Gen od Akk* an; daran denken *Inf* **2.** erwähnen [[*spl Inf auch:* meminere
Memmiadēs, ae *m* einer aus dem Geschlecht des Memmius
Memmiānus *3* des Memmius
Memmius *3 Gent* Memmius (1. C. ~, Volkstribun 111 v. Chr., trieb zum Kriege gegen Jugurtha 2. C. ~, ihm widmete Lukrez sein Lehrgedicht De rerum natura, Prätor 58 v. Chr., 57 als Proprätor in Bithynien, in seiner Begleitung befand sich der Dichter Catull)
Memnoid|es, ~um *f* (aves) die aus der Asche des Memnon aufgestiegenen Vögel
Memn|ōn, ~onis *m* Memnon (König der Äthiopier, fiel als Bundesgenosse der Trojaner)
memor, *Gen* ~is sich erinnernd, eingedenk; dankbar
memorābil|is, ~e, *Gen* ~is denkwürdig, gepriesen; mit Worten wiederzugeben
memorandus *3* erwähnenswert
memorāt|or, ~ōris *m* Erzähler
memorātus **I.** *Adj 3* denkwürdig [[*ml* oben genannt **II.** *Part Perf Pass zu* memoro
memordī →mordeo
memori|a, ~ae *f* Gedächtnis; Andenken, Erinnerung; Zeit; Ereignis; Erzählung, Nachricht [[*spl* bonae ~ae guten Angedenkens; *ml* in ~as exeo auf die Nachwelt kommen
[[**memorial|e,** ~is *n spl* Gedenken *Gen* an
memoriāl|is, ~e, *Gen* ~is zum Andenken gehörig, Denk-; libellus ~is Tagebuch
memoriola, ae *f* schwaches Gedächtnis
memoriter *Adv* auswendig, (wort)getreu
memorō *1* in Erinnerung bringen, erinnern, erwähnen; berichten, besingen [[*ml* auswendig lernen
[[**memoror** *1 spl* sich erinnern, gedenken *Gen* an
Memphi|s, ~dis *f* Memphis (Stadt in Mittelägypten)
Memphitēs, ae *m Adj* memphitisch, memphisch; bos ~ Apis
Memphīticus *3* aus Memphis, memphitisch; *poet* ägyptisch
Memphīti|s, *Gen* ~dis = *f zu* Memphitēs
mēna = maena
Menaen|us **I.** *Adj 3* aus Menae (Stadt in Sizilien) **II.** *Subst Pl* ~ī Einw. von Menae
Menander, Menandrī *m* Menandros (Dichter der neueren gr. Komödie, 342–290 v. Chr.)
Menandrēus *3* des Menandros
Menapiī, ōrum *m* Menapier (kelt. Volk zwischen Maas u. Schelde)
menda, ae *f* = mendum
mendāciloquus *3* lügenhaft
[[**mendaciter** *Adv spl* fälschlich
mendācium, ī *n* Lüge, Täuschung; Erfindung
mendāciunculum, ī *n* kleine Unwahrheit
mendā|x **I.** *Adj Gen* ~cis [mendum] lügenhaft; betrügerisch, nachgemacht **II.** *Subst* ~cis *m* Lügner
mendīcābulum, ī *n* [mendico] Bettlergestalt
mendīcitā|s, ~tis *f* [mendicus] Bettelarmut, Bettelstab
mendīcō *1* (er)betteln, betteln gehen [[*ml* fratres mendicantes Bettelmönche
mendīcor *1* = mendico
mendīculus *3* bettlerisch, Bettler-
mendīcus [mendum] **I.** *Adj 3* bettelarm, ärmlich **II.** *Subst* ī *m* Bettler
mendōs|us *3* [mendum] fehlerhaft; Fehler machend; falsch [[*ml* lügnerisch; cantilena ~a Lügenmärchen
mendum, ī *n* Fehler, Versehen; Gebrechen
Menecl|ēs, ~is *m* Menekles (Rhetor aus Alabanda in Karien, den auch Cicero gehört hat)
Meneclīus *3* des Menekles
Menedēmus, ī *m* Menedemos (1. Philosoph aus Eretria, Schüler Platons 2. Rhetor in Athen um 94 v. Chr. 3. kynischer Philosoph aus Lampsakos 4. Gastfreund Caesars aus Makedonien)
Menelāus, ī *m* Menelaos (König von Sparta, Br. Agamemnons, Gem. der Helena)
Menelāēus *3* des Menelaos
Menēniānus *3* des Menenius
Menēnius *3 Gent* Menenius (~ Agrippa bewog die Plebejer zur Rückkehr nach Rom)
Mēnin|x, ~gis *f* Meninx (Insel in der Kleinen Syrte)
Menippus, ī *m* Menippos (1. kynischer Philosoph um 270 v. Chr. 2. gr. Redner, Ciceros Lehrer und Begleiter in Asien)
Mēnix = Meninx
Menoecēus, ī *m* Menoikeus (S. des thebanischen Königs Kreon)
Menoetiadēs, ae *m* S. des Menoitios, Patroklos

mēns, mentis *f* Verstand; Gesinnung; Vorstellung, Absicht, Ansicht ⟦*ml* improvida mente unvorhergesehen
mēnsa, ae *f* [metior] Tisch; Essen, Mahlzeit
⟦**mensal|e,** ~is *n spl* Tischtuch
mēnsārius, ī *m* Geldwechsler; Finanzfachmann
mēnsiō, ~nis *f* das Messen
mēnsis, ~ *m* Monat; *med* Menstruation
mēns|or, ~ōris *m* Feldmesser; Baumeister
mēnstruāl|is, ~e, *Gen* ~is monatlich
mēnstruum, ī *n* Lebensmittel für einen Monat ⟦*spl* Monat
mēnstruus *3* monatlich; einen Monat dauernd
mēnsula, ae *f* kleiner Tisch, Tischchen
mēnsūra, ae *f* Maß; Messung; Größe, Länge; Verhältnis
⟦**mensuratus** *3 spl* abgemessen, entsprechend
mēnsus →metior
menta, ae *f* = mentha
mentha, ae *f* (Krause-)Minze (*Lw*) (eine Art Pfefferminze)
mentiō, ~nis *f* Erwähnung, Erinnerung
ment|ior, ~ītus sum *4* lügen, täuschen; erdichten
mentītus **I.** *Adj 3* nachgemacht, falsch, erlogen **II.** *Part Perf* →mentior
Mentor, ~is *m* [*gr*] PN Mentor (1. Freund des Odysseus 2. berühmtester gr. Silberschmied im 4. Jh. v. Chr.); *übertr* Trinkgefäß
Mentoreus *3* des Mentor
mentum, ī *n* [mons] Kinn; Kinnbart
meō *1* gehen, wandeln; sich bewegen
meōpte *verstärktes* meo (*Dat od Abl zu* meus)
mephītis = mefitis
mēpte *verstärktes* me
merāclus *3* = meraculus
merāculus *3* ziemlich unvermischt, rein
merācus *3* unvermischt, rein
mercābil|is, ~e, *Gen* ~is käuflich
⟦**mercal|is,** ~e, *Gen* ~is *ml* käuflich; Handel treibend
⟦**mercantia,** ae *f ml* Handel
mercāt|or, ~ōris *m* Kaufmann; Aufkäufer
mercātōrius *3* kaufmännisch, Handels-
⟦**mercatum** *ml* **1.** i *n* Markt(flecken) **2.** ~ duco →mercor
mercātūra, ae *f* Handel
mercātus [mercor] **I.** *Part Perf* (*auch Pass*) *zu* mercor **II.** *Subst* ūs *m* Handel, Markt (*Lw*)
mercēdula, ae *f* [merces] armseliger Lohn *od* Pachtertrag
mercēnnārius [merces] **I.** *Adj 3* gemietet, bezahlt **II.** *Subst* ī *m* Tagelöhner
mercē|s, ~dis *f* [merx] Lohn, Sold; Preis; Zins; Einkünfte
mercimōnium, ī *n* Ware
mercis *Nom Sg f* = merx
mercor *1* erhandeln, erkaufen ⟦*ml* mercatum duco zu Markte bringen
Mercuriāl|is **I.** *Adj* ~e, *Gen* ~is des Merkur **II.** *Subst Pl* ~es, ~ium *m* die Kaufmannszunft in Rom
Mercuri|us, ~ī *m* Mercurius, *dt* Merkur (S. des Jupiter u. der Maja; Gott des Handels, der List u. der Wege, Begleiter in das Totenreich, Götterbote, dem gr. Hermes gleichgestellt) ⟦*spl* der 4. Tag der Woche: ~i dies
merda, ae *f* Kot, Unrat
merenda, ae *f* Zwischenmahlzeit (am Nachmittag), Vesperbrot, Jause
mereō, meruī *2* = mereor
mereor, meritus sum *2* **1.** verdienen, erwerben **2.** würdig sein *Akk* einer Sache; *in üblem Sinne* sich zuziehen 3. stipendia ~ als Soldat dienen **4.** bene *od* optime ~ de sich verdient machen um ⟦*spl* dürfen *Inf*
meretōd *altl* = meritō II.
meretrīcium, ī *n* [meretrix] das Gewerbe einer Prostituierten
meretrīcius *3* (von) einer Prostituierten
⟦**meretrico** *1 ml* huren, Hurerei treiben
meretrīcula, ae *f* elende kleine Hure *od* niedliche Dirne
meretrī|x, ~cis *f* [mereo] Prostituierte, käufliche Dirne
mergae, ārum *f* zweizinkige *od* -zackige Getreidegabel
merg|es, ~itis *f* Garbe
mergō, mersī, mersus *3* jmdn. *od* etw. eintauchen *od* versenken *od* verbergen; (hinein)stürzen; *Pass* mergor versinken
mergor →mergo
mergus, ī *m* [mergo] Taucher *Wasservogel*
merīdiānus **I.** *Adj 3* Mittags-; südlich **II.** *Subst* ī *m* Süden
merīdiātiō, ~nis *f* Mittagsruhe
merīdiēs, ēī *m* [medius, dies] Mittag; Süden
merīdiō *1* Mittagsruhe halten
merīdior *1* = meridio
Mēriones, ae *m* Meriones (Wagenlenker des Idomeneus vor Troja)
meritō **I.** *Verb 1* verdienen **II.** *Adv* nach Verdienst, mit Recht
meritōrium, ī *n* [mereo] **1.** (für kurze Zeit vermietetes) Zimmer ⟦**2.** *spl* Bordell
meritōrius *3* [mereo] gemietet; was Geld einbringt; Miet-, Lohn-
meritum, ī *n* **1.** Lohn, Ent- *od* Belohnung **2.** Verdienst (um jmdn.) **3.** Verschulden, Schuld **4.** Wichtigkeit
meritus **I.** *Adj 3* verdient, gebührend **II.** *Part Perf* →mereor der etw. verdient hat
Merō, ~nis *m* Mero (Spottname, auch des Kaisers Tib. Nero) →merobibus

merobibus *3* [merum *u.* bibo] unvermischten Wein trinkend; *Abk* Mero Trinker, Säufer
Meroē, ēs *f* Meroe (Landschaft in Äthiopien)
Meroi|s, *Gen* ~dis *Adj f* aus Meroe; (herba ~s eine Salbeiart)
Meropē, ēs *f* Merope (T. des Atlas u. der Pleione, Gem. des Sisyphos)
merop|s, ~is *f* Bienenfresser *Vogel*
Merop|s, ~is *m* Merops (1. äthiopischer König, Gem. der Klymene 2. ein Trojaner)
mers *altl* = merx
mersī →mergo
mersō *1* [mergo] (ein)tauchen (*mit Akk*)
mersus →mergo
merula, ae *f* Amsel; *übertr* Meeramsel (ein Fisch)
meruleus *3* wie eine Amsel gefärbt
merum, ī *n poet* Wein (nicht mit Wasser vermischt)
merus *3* unvermischt; echt, rein, lauter; nur
merx, mercis *f* Ware, Kram; Sache, Ding ⟦*spl* Gewinn
Mesēmbriacus *3* zu Mesembria (*heute* Nessebar) gehörig, aus Mesembria
Mēsia silva, ae *f* Mesischer Wald (bewaldete Hügel am rechten Tiberufer, westlich von Rom)
mesochorus, ī *m* [*gr*] Chorführer; *übertr* Anführer der Beifallklatscher
mesolabium, ī *n* [*gr*] Mesolabion (mathematisches Gerät zur Auffindung der zwei mittleren Proportionalen)
Mesopotamia, ae *f* [*gr*] Mesopotamien, das »Zwischenstromland« (zwischen Euphrat und Tigris)
Messāla = Messalla
Messālla, ae *m* Messalla (BN einer gens Valeria; *bes* M. Valerius ~ Corvinus, jüngerer Zeitgenosse Ciceros, Gönner des Tibull, gewandter Redner)
Messāna, ae *f* Messana (Stadt in Sizilien), *heute* Messina
Messāpii, ōrum *m* Messapier (Volk in Calabria, *heute* südliches Apulien)
Messāpius *3* apulisch, kalabrisch
Messāpus, ī *m* Messapos (etr. König)
Messēna, ae *f* Messene (Hauptstadt von Messenien in der Peloponnes)
Messēnē, ēs *f* = Messena
Messēnius *3* **1.** aus Messana **2.** aus Messene
Messia silva = Mesia silva
mess|is, ~is *f* [meto] Ernte ⟦*ml* potum de ~e Bier
mess|or, ~ōris *m* [meto] Schnitter
messōrius *3* Schnitter-
messus →[1]meto
mēta, ae *f* Kegel; Wendepunkt; Ziel; Pyramide; Spitzsäule (im Zirkus, wo man wenden musste)
Metabus, ī *m* Metabus (König der Volsker)
metallum, ī *n* Metall; Grube, Bergwerk (*oft Pl*) ⟦*ml* Gestein, Mineral
metamorphōsēs, eōn *f* [*gr*] Verwandlungen ⟦*ml* Seelenwanderung
Metapontīni, ōrum *m* Einw. von Metapontion
Metapontum, ī *n* Metapontion (gr. Stadt in Lukanien)
mētāt|or, ~ōris *m* [metor] Ab-, Vermesser
Metaurus, ī *m* Metaurus (Fluss in Umbrien, berühmt durch Hasdrubals Niederlage u. Tod 207 v. Chr.); *auch Adj* Metaurum flumen des Metaurus Flut; *heute* Metauro
Metellīnus *3* des Metellus
Metellus *3* Metellus (BN →Caecilius)
⟦**methodicus** *3 spl* methodisch, auf bestimmten Grundsätzen beruhend
methodium, ī *n* Kunststück
methodus, ī *f* [*gr*] wissenschaftliches Verfahren, Weg, Methode
Mēthymna, ae *f* Methymna (Stadt auf der Insel Lesbos, Geburtsort des Dichters Arion)
Mēthymnaeus *3* aus Methymna
Mēthymnia|s, *Gen* ~dis = *f zu* Methymnaeus
⟦**meticulosus** *3 ml* Furcht einflößend
mētior, mēnsus sum *4* (aus-, ab)messen, zuteilen; durchwandern, *eine Wegstrecke* zurücklegen; ermessen ⟦*spl Fut* metibor
Metius = Mettius
[1]**metō,** (messem fēcī), messus *3* mähen (*urv*), ernten
[2]**mētō** *1 poet* = metor
Metō, ~nis *m* Meton (gr. Astronom, der einen Zyklus von 19 Jahren schuf)
⟦**metoche,** es *f* [*gr*] *spl* Partizip
Metōn = Meto
metōposcopus, ī *m* [*gr*] Phrenologe, Stirnschauer (der Charakter u. Schicksal nach der Stirn bestimmen will)
mētor *1* [meta] abmessen
metrēta, ae *f* [*gr*] Metretes (Maß für Flüssigkeiten, 39 l fassend; Raummaß für Schiffe); Gefäß, Tonne
⟦**metricus** *3 spl* metrisch, vom Vers
Metrodorus, ī *m* Metrodoros (gr. N, *auch* eines Epikurschülers)
⟦**metropoleus** *ml* **I.** *Adj 3* erzbischöflich **II.** *Subst* i *m* Erzbischof
Mētropolis, ~ *f* Metropolis (Stadt in Thessalien)
⟦**metropol|is,** ~eos (*Akk Sg* ~im, *Abl Sg* ~ī) *f spl* Provinzialhauptstadt, Sitz eines Erzbischofs
Mētropolītae, ārum *m* Einw. von Metropolis
Mētropolītānus *3* aus Metropolis

⟦**metropolitanus** *spl* **I.** *Adj 3* Erzbischofs- **II.** *Subst* i *m* Erzbischof
⟦**metropoliticus** *3 spl* Erzbischofs-
⟦**metrum,** i *n spl* Maß, Vers(maß)
Mettius, ī *m* Mettius (PN eines sabinischen Geschlechts u. Bez. des obersten Beamten der Sabiner)
metūculōsus *3* [metus] furchtsam; furchtbar
metu|ēns, *Gen* ~entis **I.** *Adj* fürchtend, besorgt *Gen* um **II.** *Part Präs Akt zu* metuo
mētula, ae *f* [meta] kleine Pyramide
metuō, metuī, metūtus *3* sich fürchten, (be)fürchten (ne dass)
metus, ūs *m* **1.** Furcht; Besorgnis; *Pl* metus Befürchtungen **2.** furchterregender Gegenstand; bedenklicher Zustand 3. Ehrfurcht
meum, ī *n* meine Habe *od* Angelegenheit (*oft Pl* mea, orum)
meus *3* (*Vok m* mi *u.* meus) *Poss* mein (*urv*) (eigen); von mir getan *od* erlitten
⟦**mezanus,** i *m ml* paduanische Münzart
Mezentius, ī *m* Mezentius (König von Caere)
mī 1. = mihi *Dat zu* ego **2.** *Vok zu* meus
mīca, ae *f* Körnchen, Krümel, Bisschen; *scherzhaft für* kleines Zimmer *od* Haus
micō, micuī *1* zucken, zittern; *vom Licht* schimmern; ~ digitis mit den Fingern schnellen (ein Spiel)
mictum →mingo
Midās, ae *m* Midas (*myth* König von Phrygien)
⟦**migalinus** *3* [*gr* mygale Spitzmaus] *ml* aus kleinen Fellen verfertigt
migdilix *Adj* doppelsprachig
⟦**migma,** ~tis *n* [*gr*] *spl* Mischtrank (*od* Tunke?)
migrātiō, ~nis *f* Wanderung; übertragener Gebrauch eines Wortes ⟦*spl christlich* Tod
migrō *1* auswandern, wegziehen, übersiedeln; fortschaffen; ius ~ Recht u. Gesetz übertreten; sich verändern ⟦*ml* einziehen; sterben
mihī *Dat zu* ego
mihīmet *verstärktes* mihi
Mīlaniōn, ~is *m* Meilanion (Gem. der Atalante)
mīle = mille
mīlēs, mīlitis *m* Soldat, Krieger; *auch* Offizier; Heer; Stein *im Brettspiel; poet f* Begleiterin ⟦*ml* Vasall, Ritter; Läufer (beim Schachspiel)
Mīlēsia, ae *f* erotische Novelle (aus Milet)
Mīlēsius *3* aus Milet, milesisch
Mīlēti|s I. *Adj f, Gen* ~dis milesisch; urbs ~s Tomi **II.** *Subst* ~dis (*Akk Sg* ~da) *f* T. des Miletos = Byblis
Mīlētus, ī **1.** *m* Miletos (*myth* Erbauer Milets) **2.** *f* Milet(os) (Stadt in Karien, Geburtsort des Thales)
mīli|a, ~um *n* tausend, Tausende *Gen* (von)
⟦**miliar|e,** ~is *n ml* Meile (*Lw*)
⟦**miliarium,** i *n ml* Meile
mīliārius *3* = milliarius
mīlitār|is I. *Adj* ~e, *Gen* ~is Kriegs-, Heeres-; res ~is Kriegswesen; aetas ~is kriegsdienstfähiges Alter (17.–46. Jahr) **II.** *Subst Pl* ~es *m* Soldaten ⟦*ml* Ritter-, ritterlich
mīlitārius *3* Soldaten-
mīliti|a, ~ae *f* Kriegs- *od* Felddienst; Feldzug; Miliz, Soldaten; Dienst; *Lok* ~ae im Felde, im Krieg; *Pl* ~ae die verschiedenen Arten des Kriegsdienstes ⟦**1.** *spl aufs christliche Leben übertr* Ordens- u. Klosterleben; Christenpflicht; die streitende Kirche; die himmlischen Heerscharen **2.** *ml* Rittertum, -schaft, -dienst, -würde, -schar, ritterliches Gefolge; Ritterschlag
mīlit|ō *1* Kriegsdienst leisten; dienen; *Part Präs* ~antes *m* Soldaten ⟦*ml* Lehnsmann *od* Ritter sein, Dienst tun; trachten *Dat* nach
milium, ī *n* Hirse
mīlle *undekl* **I.** *Adj* tausend; *auch* sehr viele **II.** *Subst n* (*Pl* →milia) ein Tausend *Gen* (von)
⟦**millenarius** *3 spl* tausend (zählend)
mīllēsimus *3* der Tausendste
mīllia = milia
mīlliārium, ī *n* Meilenstein (der 1 000 Schritte anzeigte); schlankes Gefäß; ~ aureum die »goldene Meilensäule« (von Augustus auf dem Forum errichtet); röm. Meile (ca. 1,5 km)
mīlliārius *3* ein Tausend enthaltend
mīlliē(n)s *Adv* tausendmal
mīlliēs *Adv* = millie(n)s
Milō, ~nis *m* **1.** Milon (Athlet aus Kroton) **2.** Milo (BN →Annius)
Milōniānus *3* des Milo
Miltiad|ēs, ~is *m* Miltiades, (Feldherr der Athener, Sieger in der Schlacht bei Marathon 490 v. Chr. über die Perser)
miltus, ī *f* [*gr*] Rötel, rote Farbe, Rot
miluina, ae *f* →miluinus II.
miluīn|ūs I. *Adj 3* [miluus] Falken-, Weihen- **II.** *Subst* ~a, ~ae *f* (fames) Heißhunger
miluus, ī *m* Weihe *Vogel,* Gabelweihe, Taubenfalke; Meerweihe *Raubfisch;* N eines Gestirns
mīlva, ae *f* Weihe *Vogel*
milvīnus *3* = miluinus
mīlvus, ī *m* = miluus
Milya|s, ~dis (*Akk* ~da) *f* Milyas (Landschaft in Kleinasien)
mīma, ae *f* [mimus] (Mimen-)Schauspielerin, (Bühnen-)Tänzerin
Mimalloni|s, ~dis *f* Bakchantin
mīmārius, ī *m* = mimus

Mimās, Mimantis (*Akk* Mimanta) *m* Mimas (1. Vorgebirge in Ionien 2. Gigant)
mīmiambī, ōrum *m* [*gr*] Mimiamben, Alltagsszenen im iambischen Versmaß
⟦**mimicum,** i *n ml* Mimenspiel
mīmicus *3* mimisch, komödiantenhaft, possenhaft, Schein-
Mimnermus, ī *m* Mimnermos (gr. Dichter aus Kolophon, um 600 v. Chr.)
mīmula, ae *f* Nachwuchstalent (im Schauspiel)
mīmus, ī *m* [*gr*] Possenschauspieler; Possenspiel; Mimus ⟦*ml* fahrender Gaukler, Spielmann
mina, ae *f* Mine (Verrechnungseinheit im Werte von 436,6 g Silber *od* Gold)
mināciae, ārum *f* Drohungen
minae, ārum *f* **1.** Zinnen **2.** Drohungen; Gewissensbisse
minanter *Adv* drohend
minātiō, ~nis *f* Drohung
minā|x, *Gen* ~cis **1.** empor-, überragend **2.** drohend, frech
Mincius, ī *m* Mincius (Fluss in Oberitalien), *heute* Mincio
minctus →mingo
mineō *2* ragen
⟦**minera,** ae *f ml* Erzgang, Ader
Minerv|a, ae *f* Minerva (T. Jupiters, Göttin der Weisheit u. der Künste, der gr. Athene gleichgestellt); *übertr* Wollarbeit (Spinnen, Weben) *od* Ölbaum; ~ae arx Burg, Sitz der Minerva (Stadt in Calabria); ~ae promunturium (N eines Vorgebirges in Kampanien)
Minervium, ī *n* Minervium (1. Tempel der Minerva 2. Stadt in Calabria)
⟦**Minervius,** i *m spl* Minervius (PN z. Z. des Ausonius)
mingō, mi(n)xī, mi(n)ctum *3* pissen
miniātulus *3* [minium] rot
⟦**miniatura,** ae *f ml* Buchmalerei
miniātus *3* mit Zinnober gefärbt, zinnoberrot
minimē *Adv* am wenigsten; gar nicht; nein
minimus *3 Sup zu* parvus
minister, ministrī *m* [minor] Diener, Gehilfe; ~ fulminis Träger des Blitzes (Adler Jupiters); ~ legum Vollstrecker der Gesetze ⟦*ml* nicht graduierter Student
⟦**ministeriall|is** *spl* **I.** *Adj* ~e, *Gen* ~is dienstlich; zum Diener u. Dienst gehörig (beim Kaiser) **II.** *Subst* ~is *m* Diener, Beamter; *ml* Hofmann, Ministeriale (Unfreier ritterlichen Standes)
ministerium, ī *n* Dienst, Verrichtung; Dienerschaft ⟦*spl* Amtsbezirk; (Mess-) Dienst; (Altar-)Gerät; *ml* Bischofsamt
ministra, ae *f* Dienerin, Gehilfin
ministrāt|or, ~ōris *m* Diener, Aufwärter; Ratgeber ⟦*spl* ~or poculorum Mundschenk
ministrātrī|x, ~cis *f* Gehilfin
ministrō *1* bedienen, aufwarten *bes* bei Tische; verschaffen, hergeben ⟦*ml* bei der Messe dienen, Ministrant sein
minitābundus *3* drohend
minitō *1* = minitor
minitor *1* (an)drohen ⟦*ml* bevorstehen
minium, ī *n* Zinnober, Mennige
⟦**mino** *1 spl* treiben, führen
[1]**minor** *Adj* minus, *Gen* minōris *Komp zu* parvus ⟦*ml* spiritualis ~ niederer Geistlicher; fratres ~es Minoritenbrüder, Franziskaner; ad minus mindestens
[2]**minor** *1* **1.** [minae 1.] emporragen **2.** [minae 2.] drohen, an-, bedrohen; *auch:* prahlend versprechen
⟦**minoro** *1 spl* verkleinern, verringern; erniedrigen
Mīnōi|s **I.** *Adj, Gen* ~dis = *f zu* Mino(i)us **II.** *Subst* ~dis *f* T. (= Ariadne) *od* Gem. des Minos 2.
Mino(i)us *3* des Minos
Mīnō|s, ~is *m* Minos (1. König u. Gesetzgeber auf Kreta, nach seinem Tode Richter im Totenreich 2. Enkel des Vorigen, erbaute das Labyrinth)
Mīnōtaurus, ī *m* Minotaurus (Menschen fressendes Ungeheuer im Labyrinth des Minos)
Minous *3* = Minoius
Minturnae, ārum *f* Minturnae (Stadt in Latium)
Minturnēns|is, ~e, *Gen* ~is aus Minturnae; *Pl* ~es, ~ium *m* Einw. von Minturnae
Minucius *3 Gent* Minucius (1. Q. ~ Rufus, 217 v. Chr. magister equitum 2. ⟦M. ~ Felix, *spl* christlicher Schriftsteller um 200 n. Chr.)
minum- = minim-
minuō, minuī, minūtus *3* vermindern; klein machen, zerkleinern; schwächen, schmälern, untergraben; *Pass und ohne Akk* abnehmen; ⟦*ml* zur Ader lassen
minus **I.** *Adj* **1.** *3* kahlbäuchig **2.** *n* Sg →minor **II.** *Adv* weniger, nicht sonderlich
minusculus *3* etwas klein
minūtātim *Adv* stück-, schrittweise
minūtia, ae *f* Kleinheit, Unbedeutendheit ⟦*ml auch* ~, orum *n* Kleinigkeit
⟦**minutim** *Adv ml* stückweise im Kleinhandel
⟦**minutio,** ~nis *f spl* Verminderung; ~ capitis Beschränkung (Verlust) der bürgerlichen Rechte
⟦**minutor,** ~is *m ml* Bader, Aderlasser
minūtulus *3* ganz klein
minūtus **I.** *Adj 3* [minus] klein, winzig; unbedeutend, kleinlich; niedrig **II.** *Part Perf Pass* →minuo
Minyae, ārum *m* Nachkommen des Minyas (des Königs von Orchomenos); *poet* Argonauten

Minyēia|s, ~dis *f* T. des Minyas
Minyēi|s, ~dis (*Akk Pl* ~das) *f* = Minyeias
Minyēius *3* des Minyas
minxī →mingo
mīrābili|a, ~um *n* wunderliche Meinungen [[*spl* Wunder
mīrābil|is, ~e, *Gen* ~is wunderbar, sonderbar, erstaunlich
mīrābundus *3* verwundert
[[**miraculosus** *3 ml* wunderbar
mīrāculum, ī *n* Wunder; wunderliche Ansicht; Sehenswürdigkeit
mirandus *3* erstaunlich, wunderbar
mīrātiō, ~nis *f* Verwunderung
mīrāt|or, ~ōris *m* Bewunderer
mīrātrī|x, ~cis *f* Bewunderin
[[**mirica,** ae *f ml* Heideland
mīrificus *3* bewundernswert, wunderbar, sonderbar
mīrimodīs *Adv* auf erstaunliche Art
mirmillō, ~nis *m* = murmillo
mīror *1* sich wundern, staunen *abs od Akk* über (etw. *od* jmdn.); bewundern, anstaunen, verehren; se mirari sich selbst gefallen
mīrus *3* wunderbar, sonderbar; bewundernswert, außerordentlich
Mīsargyridēs, ae *m* [*gr*] Misargyrides »Geldverächter« (N eines Wucherers in der Komödie)
miscellāneus *3* allerlei, gemischt
miscellus *3* [misceo] gemischt
misceō, miscuī, mixtus *2* **1.** (ver)mischen (*urv*); vereinigen; *übertr freundlich* dexteras ~ die Rechte einander geben, *feindlich* manus ~ kämpfen **2.** durch Mischen zubereiten; *übertr* hervorrufen, erzeugen, anstiften **3.** durcheinanderbringen, verwirren, aufrühren
misceor, mixtus sum *2* sich vermischen, sich scharen, sich vereinigen; verwandelt werden *Abl* in
misellus *3* [miser] unglücklich; erbärmlich, arm *bedauernd*
Mīsēna, ōrum *n* = Misenum
Mīsēnēns|is, ~e, *Gen* ~is aus Misenum
Mīsēnum, ī *n* Misenum (Vorgebirge u. Stadt in Kampanien; Flottenstation)
Mīsēnus, ī *m* = Misenum
miser, misera, miserum elend, unglücklich, kläglich, erbärmlich; ~um habeo *Akk* jmdn. plagen; miserum! wie kläglich!, wie schmerzvoll!; me miserum! ich Unglücklicher!; krank
miserābil|is, ~e, *Gen* ~is beklagenswert, kläglich; klagend
miserandus *3* beklagenswert, jämmerlich
miserātiō, ~nis *f* Mitleid, Bedauern; Jammern; rührselige *od* ergreifende Darstellung [[*spl* (göttliche) Barmherzigkeit
miser|ēo, ~uī, ~itus (*selten* ~tus) *2* = misereor; miseret *unpers* es jammert *Akk* jmdn., *Gen* jmdn. *od* etw.; me miseret tui du dauerst mich, tust mir leid
miser|eor, ~itus (*selten* ~tus) sum *2* sich erbarmen *Gen* (*auch Dat*) jmds., Mitleid haben (mit); miseretur (*unpers*) = miseret →misereo
miserēscō *3* sich erbarmen; *auch unpers* = miseret
miseria, ae *f* Unglück, Elend; Beschwerde; Angst
misericordia, ae *f* Mitleid, Barmherzigkeit *Gen auch* mit; ~m habeo Mitleid erregen, verdienen
[[**misericorditer** *Adv spl* mitleidig
misericor|s, *Gen* ~dis mitleidig
miseriter *Adv* kläglich
miseror *1* beklagen, Mitleid äußern *Akk* mit
mīsī →mitto
[[**missa,** ae *f* [mitto] *spl* Messe (*Fw*)
[[**missal|e,** ~is (*Abl Sg* ~i) *n ml* Messbuch
[[**missal|is,** ~e, *Gen* ~is *ml* Mess-
missīcius *3* [mitto] aus dem Heeresdienst entlassen
missiculō *1* oft schicken
missil|e, ~is, (*Abl Sg* ~ī) *n* [mitto] (Wurf-) Geschoss
missil|is, ~e, *Gen* ~is Wurf-, zum Werfen bestimmt *od* geeignet
missiō, ~nis *f* **1.** Freilassung *eines Gefangenen* **2.** Dienstentlassung, Abschied; Urlaub **3.** Gnade *für Gladiatoren* **4.** ~ sanguinis Aderlass **5.** ~ ludi Ende eines Spieles **6.** ~ legatorum Entsendung *od* Schicken von Gesandten
missitō *1* oft schicken
missus I. *Part Perf Pass* →mitto **II.** *Subst* ūs *m* Sendung, Auftrag; Wurf, Schuss; Programmnummer, Auftreten *bei Spielen*
mīte *auch Adv zu* mitis
mitella, ae *f* [mitra] Kopfbinde (die oft Teilnehmer bei Gastmählern tragen); *med* Tragetuch (für verletzten Arm)
mitellīta cēna, ae *f* Mahlzeit, bei der die Teilnehmer Kopfbinden tragen
mītēscō *3* [mitis] mild *od* reif werden; gemildert *od* zahm werden; nachlassen
Mithrās, ae *m* Mithras (pers. Lichtgott)
Mithrēs, ae *m* = Mithras
Mithridāt|ēs, ~is *m* [*pers*] Mithridates (N, z. B. eines Königs von Pontos 111–64 v. Chr., Gegner Roms)
Mithridātēus *3* des Mithridates
Mithridāticus *3* des Mithridates
mītificō *1* zähmen; verdauen
mītigātiō, ~nis *f* Besänftigung
mītigō *1* [mitis] mild *od* weich *od* reif machen; mildern, besänftigen, abbringen *Akk* von
mitis, mīte, *Gen* mītis weich, mild; sanft
mitra, ae *f* [*gr*] Kopfbinde, Turban [[*ml* Kopfbedeckung, Bischofsmütze *od* -hut

mitrātus *3* mitra-, turbantragend
mittō, mīsī, missus *3* **1.** schicken, senden **2.** loslassen, entlassen; gehen lassen; freigeben; aufgeben; *in der Rede* übergehen; sagen lassen, melden **3.** werfen, schleudern, (*urv* schmeißen); librum ~ *auch* ein Buch widmen; sub iugum ~ unterjochen; vocem ~ die Stimme erheben ⟦*spl* setzen, legen; manus ~ Hand anlegen; *ml* aditus mittit ad der Weg führt zu, nach, in
mītulus, ī *m* [*gr*] ›Mies‹muschel *essbare Muschelart*
Mītylēn|ae, ~ārum *od* **~ē,** ~ēs *f* = Mytilenae
mixcix *spielerisches Schall- und Reimwort zum Ausdruck der Geringschätzung* Niete, Reinfall
mīxerit = minxerit →mingo
mīxī = minxi →mingo
mixtūra, ae *f* Mischung; Vereinigung
mixtus →misceo
Mnem|ōn, ~onis *m* [*gr*] Mnemon (mit gutem Gedächtnis, BN Artaxerxes' II.)
Mnēmonid|es, ~um *f* Musen, Töchter der Mnemosyne
Mnēmosynē, ēs *f* Mnemosyne (M. der Musen)
mnēmosynum, ī *n* Andenken, Souvenir
mōbil|is, ~e, *Gen* ~is [moveo] beweglich; erregbar; unbeständig
mōbilitā|s, ~tis *f* Beweglichkeit; Gewandtheit; Unbeständigkeit
moderābil|is, ~e, *Gen* ~is gemäßigt
moderām|en, ~inis *n* Lenkung; Mittel zum Lenken, Steuerruder; Regierung
moderātim *Adv* gemäßigt, allmählich
moderātiō, ~nis *f* Mäßigung, Selbstbeherrschung, Schonung; rechtes Maß *od* Verhältnis; Regelung, Leitung
moderāt|or, ~ōris *m* Lenker, Leiter; Mäßiger; Helfer
moderātri|x, ~cis *f* Lenkerin, Leiterin; Mäßigerin; Helferin
moderātus I. *Adj 3* gemäßigt, mäßig; besonnen **II.** *Part Perf zu* modero(r)
⟦**modernita|s,** ~tis *f spl* Jetztzeit, Aktualität
⟦**modernus** [modo] *spl* **I.** *Adj 3* neu, jetzig **II.** *Subst* i *m* Zeitgenosse
moderō *1* = moderor
moderor *1* mäßigen, zügeln (*Dat, auch Akk*); lenken, regieren; *ein Saiteninstrument* schlagen *od* spielen ⟦*ml die Harfe* stimmen
modestia, ae *f* Mäßigung, Besonnenheit; Bescheidenheit; Gehorsam; Sittsamkeit
modestus *3* besonnen; bescheiden; sittsam, sanft; gehorsam
modiāl|is, ~e, *Gen* ~is einen Scheffel (*Maß* = 8,75 l) fassend
⟦**modicellus** *3 ml* klein, wenig
modicu|s *3* [modus] angemessen, passend; unbedeutend, geringfügig; besonnen, gemäßigt; anspruchslos, bescheiden ⟦*spl* wenig, von geringem Umfang; ~m *Adv* etwas, ein wenig; post ~m nach kurzer Zeit
modificātiō, ~nis *f* richtige Abmessung
modificō *1* gehörig abmessen; umformen
⟦**modificus** *3 spl* angemessen
modiolus, ī *m* Radbüchse *od* -buchse, Zylinder (für Kolben); Schöpfgefäß am Wasserrad
modius, ī (*Gen Pl meist* modium) *m* Scheffel (*Getreidemaß* = 8,75 l)
modo (*poet auch* modō) *Adv* [modus] nur, bloß; non ~ ... sed etiam nicht nur ... sondern auch; non ~ (*nach* ne ... quidem) geschweige denn; ~ *Imp* doch, nur; ~ *Konj.*, si ~, dum ~ wenn nur; *zeitl Gegenwart* jetzt (eben); *Vergangenheit* kürzlich, eben erst; *Zukunft* sogleich; aliquo ~, quodam ~, ~ *Gen* →modus ⟦*spl* a ~ (amodo) von nun an
⟦**modulam|en,** ~inis *n spl* Melodie
modulātiō, ~nis *f* Takt, Rhythmus ⟦*ml* Gesang (der Vögel)
modulāt|or, ~ōris *m* Tonsetzer (rhythmischer Musik), Rhythmiker
modulātus I. *Adj 3* taktmäßig, melodisch **II.** *Part Perf zu* modulor
modulor 1 nach dem Takt abmessen; melodisch singen, taktmäßig spielen; einrichten ⟦*ml auch Akt* modulo
modulus, ī *m* Maß, Maßstab ⟦*spl* Weise, Lied
modus, ī *m* Art, Weise; Maß (*urv*), Maßstab; Größe; Grenze; Mäßigung; Vorschrift; (poetische) Form; Melodie; aliquo modo einigermaßen; quodam modo gewissermaßen; modo (in, ad modum) nach Art *Gen* von ⟦*ml* in Strophen gefasster Gesang; Inhalt; magnum in modum sehr
moecha, ae *f* Ehebrecherin, Geliebte, Dirne
moechissō *1* huren *Akk* mit
moechor *1* Ehebruch treiben ⟦*spl* verführen *Akk* jmdn.
moechus, ī *m* [*gr*] Ehebrecher; Liebhaber, Hausfreund
moeni|a, ~um *n* **1.** Ringmauer(n); Burg; Stadt **2.** *altl* = munia
moeniō *4* = munio
Moenis, ~ *m* = Moenus
Moenus, ī *m* Main (Nebenfluss des Rheins)
moen|us, ~eris *n* = munus
moerus, ī *m altl* = murus
Moesī, ōrum *m* Möser (Volk im heutigen Bulgarien und Serbien)
Moesia, ae *f* Mösien (das Gebiet des heutigen Bulgariens und Serbiens)

Moesiacus *3* aus Mösien, der Möser
Mogontiācum, ī *n* Mogontiacum (an der Mündung des Mains in den Rhein), *heute* Mainz
mola, ae *f* [molo] Mühlstein, *Pl* molae *auch* Mühle; das Gemahlene, Opferschrot
molāris, ~ *m* Mühlstein; Felsblock; (dens) Backenzahn
⟦**molar|is,** ~e, *Gen* ~is *ml* Mühlen-
⟦**molendinum,** i *n spl* Mühle
mōlēs, mōlis *f* Masse; *bes* Steinmasse, Damm, Fels; Riesenbau *od* -maschine; Heeresmasse; Last, Schwere; *übertr* Bedeutung; Anstrengung, Mühe; Not ⟦*ml* ~ Hadriani Grabmal Hadrians, Engelsburg; das irdische Leben, »Welt«
molestia, ae *f* Beschwerde, Unannehmlichkeit, Ärger; *rhet* Künstelei
⟦**molestio** *1 spl* = molesto
molestō *1* belästigen, bedrängen
molest|us *3* [moles] beschwerlich, unangenehm; *rhet* gekünstelt; ~e ferre *AcI* (quod, si) ungern ertragen, bedauern, dass
mōlīm|en, ~inis *n* [molior] Anstrengung, Gewalt, Beschwerlichkeit; gewaltiger Bau
mōlīmentum, ī *n* = molimen
⟦**molina,** ae *f spl* Mühle (*Lw*)
molior *4* [moles] bewältigen, mühsam bewegen; umwerfen; schaffen, unternehmen; beginnen, erregen; betreiben, beabsichtigen (*ut; Inf*); *ohne Akk* sich mühsam fortbewegen, sich abmühen; aufbrechen; sich rühren; fidem ~ Kredit untergraben
mōlītiō, ~nis *f* Beseitigung; Zurüstung, Zurichten ⟦*ml* Unternehmen
mōlīt|or, ~ōris *m* [molior] Erbauer, Unternehmer
mōlītri|x, ~cis *f* Veranstalterin
mollēscō *3* weich werden
mollicellus *3* zart
molliculus *3* weich, zart; zärtlich
mollīmentum, ī *n* Linderungsmittel
molliō *4* [mollis] weich, geschmeidig machen, schmelzen, auflockern; verweichlichen; besänftigen, bändigen; mildern; veredeln *Früchte*
mollip|ēs, *Gen* ~edis mit schleppendem Gang *od* Schritt, schleppfüßig
moll|is, ~e, *Gen* ~is weich, locker, biegsam, zart; schlaff; mild, angenehm; sanft, nachgiebig; zartfühlend, zärtlich; schwach, weichlich; furchtsam
mollitia, ae *f* Geschmeidigkeit; Zärtlichkeit; Schwäche, Weichlichkeit; Üppigkeit
mollitiēs, ēī *f* = mollitia
mollitūd|ō, ~inis *f* Weichheit
molō, moluī, molitus *3* mahlen (*urv*)
Molō, ~nis *m* [*gr*] Molon (BN *od* Vatersname des Rhetors Apollonios, 1. Jh. v. Chr.)
molocinārius, ī *m* Verkäufer von Stoffen aus Malvenfasern, Stoffverkäufer
Molorchēus *3* des Molorchos
Molorchus, ī *m* Molorchos (Winzer bei Nemea in der Heraklessage)
Molossicus = Molossus I.
Molossi|s, ~dis *f* Molossis (Land der Molosser in Epirus)
Moloss|us I. *Adj 3* aus Molossis **II.** *Subst* ~ī *m* Molosserhund; *Pl* ~i Molosser (Völkerschaft in Epirus)
mōly, ~os *n* [*gr*] Moly (Kraut gegen Verzauberung)
⟦**momentaneus** *3 ml* von kurzer Dauer
mōment|um, ~ī *n* [moveo] Bewegung(skraft); Bewegungsdauer, Umlauf; Gewicht, Ausschlag, Entscheidung; Geltung, Bedeutung; ~o *Abl* im Augenblick ⟦*ml* per ~a von Zeit zu Zeit
momordī →mordeo
Mona, ae *f* Mona (Insel zwischen Irland u. England), *heute* Anglesey *od* Man
⟦**monac(h)a,** ae *f* [*gr*] *spl* Nonne
⟦**monac(h)al|is,** ~e, *Gen* ~is *spl* Mönchs-, mönchisch
⟦**monachatus,** us *m spl* Mönchsstand, Mönchtum
⟦**monac(h)icus** *3* = monac(h)alis
⟦**monac(h)il|is,** ~e, *Gen* ~is = monac(h)alis
⟦**Monac(h)um,** i *n ml* München (Stadt in Bayern)
⟦**monac(h)us,** i *m* [*gr*] *spl* Mönch
Monaes|ēs, ~is *m* Monaeses (Feldherr der Parther)
⟦**monarchia,** ae *f* [*gr*] *spl* Alleinherrschaft, Monarchie
⟦**monasterial|is,** ~e, *Gen* ~is *spl* klösterlich
⟦**monasterium,** i *n* [*gr*] *spl* Kloster; Münster (*Lw*), Dom
⟦**Monasterium,** i *n ml* Münster (Stadt in Westfalen)
⟦**monasticus** *3 spl* klösterlich, mönchisch
monēdula, ae *f* Dohle *Vogel*
moneō, monuī, monitus *2* mahnen (*urv*), ermahnen, auffordern, warnen (ne dass); erinnern de an, *AcI* daran, dass; vorhersagen; zurechtweisen, strafen
monēris, ~ *f* Schiff mit nur einer Reihe von Ruderern
monērula, ae *f* = monedula
Monēta, ae *f* Moneta (1. BN der kapitolinischen Juno 2. Mutter der Musen)
monēta, ae *f* [Moneta] Münzstätte, Prägestelle der röm. Münzen (im Tempel der Juno Moneta, die deshalb auch Göttin des Geldes war); gemünztes Geld, Münze (*Lw*)
monētālis, ~ *m* Münzmeister
⟦**moneto** *1 ml* ausmünzen

⟦**monialis,** ~ *f ml* Nonne
⟦**Monica,** ae *f spl* Monika (FN, Mutter des Augustinus)
monil|e, ~is *n* Halsband
monimentum, ī *n* = monumentum
monita, ōrum *n* [moneo] Erinnerungen, Ermahnungen; Prophezeiungen
monitiō, ~nis *f* Erinnerung, Warnung
monit|or, ~ōris *m* Mahner, Warner; *oft* Berater, Rechtskundiger ⟦*spl* Vorbeter
[**monitri|x,** ~cis *f spl* Mahnerin
monitus I. *Part Perf Pass* →moneo **II.** *Subst* ūs *m* Ermahnung; Wille (der Götter)
monobibl|os, ~on [*gr*] aus einem Buche bestehend
monochrōmat|os, ~on [*gr*] einfarbig
Monoec|us, ~ī *m* [*gr*] Monoikos (allein hausend, BN des Herakles); portus ~i Hafenort des Monoikos (in Ligurien), *heute* Monaco
monogrammus *3* [*gr*] nur im Umriss gezeichnet, skizziert, *bedauernd von Unterernährten* »Haut und Knochen«, *spöttisch von unwirksamen Göttern* »Schattengötter«
⟦**monomachia,** ae *f* [*gr*] *spl* Einzelkampf, Zweikampf
monopodium, ī *n* [*gr*] einfüßiger Tisch, Konsolentisch
monopōlium, ī *n* [*gr*] Monopol, Recht des Alleinhandels, Alleinverkauf
[**monosyllabum,** i *n* [*gr*] *spl* einsilbiges Wort
[**monosyllabus** *3* [*gr*] *spl* einsilbig
monotropus *3* [*gr*] ganz für sich
monoxylus *3* [*gr*] aus einem Stamm bestehend ⟦*ml Subst* i *m* Einbaum (Boot aus einem ausgehöhlten Baumstamm)
mōns, montis *m* [mineo] Berg, Gebirge; Fels, Gestein; Berggott
mōnstrābil|is, ~e, *Gen* ~is bemerkenswert
mōnstrātiō, ~nis *f* Zeigen
mōnstrāt|or, ~ōris *m* (Reise-)Führer; Lehrer; Erfinder
mōnstrātus I. *Adj 3* auffallend; angesehen *Dat* bei **II.** *Part Perf Pass zu* monstro
mōnstrifer, monstrifera, monstriferum Ungeheuer hervorbringend
mōnstrificus *3* wunderbar
mōnstrō *1* zeigen; hinweisen *Akk* auf; vorschreiben, belehren; angeben, anklagen
mōnstrōsus *3* = monstruosus
mōnstrum, ī *n* [monstro] Ungeheuer, Scheusal; Ungeheuerlichkeit; Weisung der Götter (durch Wunderzeichen) ⟦*ml* Gespenst
mōnstruōsus *3* widernatürlich; abenteuerlich; seltsam
montāna, ōrum *n* Gebirgsgegend(en)
montān|us *3* **I.** *Adj* auf Bergen hausend, Berg-; gebirgig **II.** *Subst Pl* ~ī, ~ōrum *m* Bergbewohner
Montānus, ī *m* Montanus (röm. BN)
monticola, ae *m, f* Bergbewohner(in)
⟦**monticulus,** i *m spl* kleiner Berg
montivagus *3* Berge durchschweifend
montōsus *3* = montuosus
montuōsus *3* gebirgig
monument|um, ī *n* [moneo] Denkmal, Andenken; Erkennungszeichen; Bildsäule; Grabmal, Familienbegräbnis *od* -gruft; *Pl* ~a Urkunden, Akten
Mopsopia, ae *f* Mopsopia (alter Name für Attika)
Mopsopi|us *3* aus Mopsopia, *übertr* attisch, athenisch; *poet* urbs ~a Athen
Mopsūhestia, ae *f* [*gr*] Mopsuhestia (Stadt in Kilikien, gegründet vom Seher Mopsos)
Mopsus, ī *m* [*gr*] Mopsos (myth. N eines Sehers)
¹**mora,** ae *f* **1.** Verzug, Verzögerung, Aufschub, Aufenthalt; *rhet* Pause; res habet ~m die Angelegenheit wird verzögert; esse in ~, quominus verhindern, dass; inter ~s unterdessen **2.** More (Abteilung des spartanischen Heeres)
²**mōra,** ae *f* Närrin
mōrāl|is, ~e, *Gen* ~is [mos] sittlich, die Sitten betreffend
morāt|or, ~ōris *m* [moror] Verzögerer, Bummler, Nachzügler; Lückenbüßer
¹**morātus I.** *Adj 3* [mos] geartet **II.** *Part Perf zu* ¹moror
²⟦**moratus** *3 ml* Maulbeer-
morbidus *3* krank; ungesund
morbōsus *3* krank; versessen in *Akk* auf
Morbōvia, ae *f* Morbovien (Krankheits-, Pestland); abire ~m *Redensart:* sich verziehen, zum Geier *od* zum Henker gehen
morbus, ī *m* Krankheit; Sucht, Leidenschaft; ~ caeli ungesunde Luft
mordā|x, *Gen* ~cis [mordeo] beißend, bissig
mordeō, momordī (memordī), morsus *2* beißen; etw. fassen, greifen; sticheln, jmdn. kränken; verletzen
mord|ex, ~icis *m* Zahn
mordicus *Adv* beißend, mit den Zähnen
mōrēs, mōrum *m Pl zu* mos
morētum, ī *n* Kräuterkloß (aus Quark u. Kräutern)
moribundus *3* [morior] im Sterben liegend, dem Tod verfallen; ungesund
mōrigerō *1* = morigeror
mōrigeror *1* willfahren, zu Willen sein; sich schicken *Dat* in
mōrigerus *3* willfährig, gehorsam
Morinī, ōrum *m* Moriner (Volk an der Schelde)
mōriō, ~nis *m* [morus I.] Narr
morior, mortuus sum *3* sterben; sterblich verliebt sein
mōris →mos

moritūrus *3* für den Tod bestimmt
mōrologus *3* [*gr*] närrisch redend
[1]**moror** *1* [[1]mora 1.] sich (länger) aufhalten, säumen; jmdn. aufhalten, behelligen, hindern; non ~ *Inf* ich bin bereit, zu
[2]**mōror** *1* [morus I.] ein Narr sein
mōrōsitā|s, ~tis *f* Eigensinn
mōrōsus *3* [mos] eigenwillig, hartnäckig; verdrießlich ⟦*ml* sittsam
Morphēus, eī *m* [*gr*] Morpheus, Gott der Träume
Mors, Mortis *f* Todesgöttin
mors, mortis *f* Tod; Leiche; (Mord-)Blut; *Pl* mortes Todesfälle (Todesarten)
morsa, ōrum *n* [mordeo] Bisschen, Stückchen
morsiuncula, ae *f* sanftes Beißen (bes. beim Küssen)
⟦**morsor,** ~is *m ml* Beißer, *auch* bissiges Pferd
morsus I. *Part Perf Pass* →mordeo **II.** *Subst* ūs *m* Biss, Beißen; bissiger Angriff; Schmerz, Verdruss
mortāl|is 1. *Adj* ~e, *Gen* ~is [mors] sterblich, vergänglich; irdisch, menschlich **II.** *Subst* ~is *m* Mensch; *Pl* ~ia, ~ium *n* Menschliches, Irdisches ⟦*spl* tödlich; *ml* peccatum ~e Todsünde
mortālitā|s, ~tis *f* Sterblichkeit, Vergänglichkeit; menschliche Schwäche; *übertr* Menschen
mortārium, ī *n* Mörser (*Lw*); Mörtel (*Lw*)
morticīnus *3* abgestorben, tot; *Schimpfwort* Aas
mortifer, mortifera, mortiferum todbringend, tödlich
⟦**mortificatio,** ~nis *f spl* Abtötung
⟦**mortifico** *1 spl* abtöten, martern
mortuāli|a, ~um *n* Totenklage
morturiō *4* [morior] gern sterben wollen
mortuus I. *Adj 3* tot **II.** *Part Perf* →morior **III.** *Subst* ī *m Toter*
mōrum 1. ī *n* Maulbeere (*Lw*); Brombeere **2.** *Gen Pl zu* mos
mōrus I. *Adj 3* närrisch, albern **II.** *Subst* **1.** ī *m* Narr **2.** ī *f* Maulbeerbaum
mōs, mōris *m* (gute) Sitte, Brauch; guter Wille, Gehorsam; Art, Beschaffenheit; Denkart, Betragen; Gesetz, Regel; *Pl* mores Charakter, Lebenswandel; morem gero gehorchen; supra (praeter) morem ungewöhnlich
Mosa, ae *f* Mosa (Fluss in Gallia Belgica), *heute* Maas
⟦**Moscovia,** ae *f ml* Moskau
Mosella, ae *f* Mosella (Fluss in Gallia Belgica), *heute* Mosel
Mōstellāria, ae *f* [monstrum] Mostellaria (Titel einer Komödie des Plautus), Gespensterkomödie
Mostēnī, ōrum *m* Einw. von Mostena (Stadt in Lydien)
mōtiō, ~nis *f* [moveo] Bewegung; Erregung
mōtiuncula, ae *f* leichter Fieberanfall
mōtō *1* [moveo] hin u. her bewegen
mōtus I. *Part Perf Pass* →moveo **II.** *Subst* ūs *m* Bewegung; Tanz, Schwenkung; *med* Störung; *polit* Aufstand; geistige Tätigkeit, Regung; Stimmung; Erregung, Leidenschaft; ~ terrae Erdbeben
moveō, mōvī, mōtus *2* bewegen; schütteln, *ein Saiteninstrument* schlagen; schwingen; verändern; *ohne Akk* erbeben; einwirken, Eindruck machen; bestimmen; rühren, erschüttern; anstiften, verursachen; holen, herbeischaffen; fortschaffen; verdrängen de *od Abl* von; se movere sich entfernen; animo ~ planen; *milit* signa ~ abmarschieren, castra ~ das Lager verlegen, aufbrechen, ab- *od* weiterziehen; senatu, tribu ~ aus dem Senat, der Tribus ausstoßen
moveor, mōtus sum *2* sich bewegen, sich entfernen, abmarschieren; unruhig werden
mox *Adv zur Bez der Zukunft;* bald, nächstens; *von der Vergangenheit aus* (bald) darauf, später; sogleich; ~ ut sobald als
Mōys|ēs, ~is (*Akk* ~en) *m* Moses
⟦**m. p.** *ml* = manu propria eigenhändig
mucc- = muc-
Mūcia 1. ōrum *n* Fest zu Ehren des Q. Mucius (→Mucius 3.) **2.** ae *f* Mucia (Gem. des Cn. Pompejus, später von ihm geschieden)
Mūciānus *3* des Mucius
mūcidus *3* [mucus] rotzig, schleimig; schimmlig
Mūcius *3 Gent* Mucius (1. C. ~ Scaevola, versuchte Porsenna zu töten 2. Q. ~ Scaevola, berühmter Rechtsgelehrter, Konsul 117 v. Chr. 3. Q. ~ Scaevola, um 98 v. Chr. Statthalter in der Provinz Asien, zur Erinnerung an seine gerechte Verwaltung feierten die Asiaten das Fest Mucia)
mūcrō, ~nis *m* Spitze *bes von Waffen,* Schwert, Dolch; Schärfe, Schneide
mūcus, ī *m* Schleim, Rotz
mūgil, ~is *m* Meeräsche *Fisch*
mūginor *1* zaudern; nachdenken
mūgiō *4* muhen, brüllen (von Rindern); dröhnen
mūgītus, ūs *m* Brüllen (der Rinder); Dröhnen
mūla, ae *f* Mauleselin
mulceō, mulsī, mulsus *2* streichen, streicheln; ergötzen; besänftigen, lindern
Mulciber, ~is *und* ~ī *m* Mulciber (BN des Gottes Vulcanus); *übertr* Feuer
mulcō *1* prügeln, misshandeln; *übertr* fertig werden *Akk* mit
⟦**mulctō** *1 ml* verprügeln
mulctra, ae *f* = mulctrum

m

⟦**mulctral|e,** ~is *n spl* Melkgefäß, Melkfass
mulctrāria, ōrum *n* = mulctrum
mulctrum, ī *n* [mulgeo] Melkkübel, Melkfass; Milch
mulgeō, mulsī, mulctus *2* melken (*urv*)
muliebri|a, ~um *n* weibliche Scham
muliebr|is, ~e, *Gen* ~is weiblich, Weiber-, Frauen-; weibisch
muliebriter *Adv* nach Frauenart
mulier, ~is *f* Weib; (Ehe-)Frau; Memme
mulierārius I. *Adj 3* Weiber-, Frauen-, von einem Weibe gedungen **II.** *Subst* ī *m* Schürzenjäger, Weiberheld
muliercula, ae *f* Weiblein, Weibchen; Weibsbild, Dirne
mulierōsitā|s, ~tis *f* Tollheit nach Weibern
mulierōsus *3* weibertoll, weibersüchtig
mūliō, ~nis *m* [mulus] Maultierverleiher, Maultiertreiber; *auch* Mücke
mūliōnicus *3* = mulionius
mūliōnius *3* des Maultiertreibers
mullus, ī *m* Meer- *od* Seebarbe, Rotbart *Fisch*
mulsī 1. →mulceo **2.** →mulgeo
mulsipot|ēns, *Gen* ~entis *m* Herr des Metes
mulsum, ī *n* Honigwein, (Wein-)Met
mulsus I. *Adj 3* [mel] mit Honig; (honig)süß **II.** *Part Perf Pass* →mulceo
multa, ae *f* Strafe, Buße; ~m peto Strafe beantragen; *vgl* multus
multātīcius *3* [multa] Straf-
multātiō, ~nis *f* [multo] Bestrafung durch Einbuße *Gen* an (bonorum)
multibibus *3* stark trinkend, trunksüchtig
multicavus *3* porös ⟦*ml* voluminös; unersättlich
multifāriam *Adv* an vielen Stellen
multifidus *3* [findo] in viele Teile gespalten, vielfach gegliedert
multifōrm|is, ~e, *Gen* ~is vielgestaltig
multiforus *3* mit vielen Löchern
multigener, ~is, ~e, *Gen* ~is vielfältig, vielartig
multiiug|is, ~e, *Gen* ~is = multiiugus
multiiugus *3* vielspännig; mannigfach
multiloquium, ī *n* Geschwätzigkeit
multiloquus *3* geschwätzig
multimodīs *Adv* vielfach
⟦**multimodus** *3 spl* vielfältig
multinōdus *3* verknotet, verschlungen
multipl|ex, *Gen* ~icis **I.** *Adj* reich gegliedert, reichhaltig, vielfältig, zahlreich; vielseitig, kompliziert **II.** *Subst* ~ex *n* Vielfaches, vielmal so groß
multiplicābil|is, ~e, *Gen* ~is vielfältig, vielfach gewunden
multipliciter *Adv* häufig
multiplicō *1* vervielfältigen, vergrößern
multipot|ēns, *Gen* ~entis sehr mächtig
multisonus *3* wortreich
multitūd|ō, ~inis *f* Menge, große Anzahl; *auch* Menschenmenge
multivagus *3* unstet, ruhelos
⟦**multivira,** ae *f spl* Witwe *od* geschiedene (Ehe-)Frau vieler Männer
multivolus *3* begehrlich
multō I. *Abl* um vieles, bei Weitem, viel **II.** *Verb 1* [multa] strafen, mit Buße belegen
multum, ī *n* viel *Gen* (von); eine große Menge
mult|us *3* (*Komp* →plus, plures; *Sup* →plurimus) viel, zahlreich, reichlich, groß; tief (nox, pax); reich; übereifrig; lästig; *auch* weit; *bei Verben* sehr, oft; ~o die spät am Tage; multo (*Abl*) um vieles, viel; ~i Menge; ~a viele Worte, vielerlei
Muluccha, ae *m* Muluccha (Fluss in Nordafrika)
mūlus, ī *m* Maultier (*Lw*); Packesel; *übertr* Dummkopf
Mulviānus *3* des Mulvius
Mulvius *3 Gent* Mulvius; pons ~ Mulvische Brücke (alte Tiberbrücke), *heute* Ponte Molle
Mummia, ae *f* Mummia (Urenkelin des Mummius, Gem. des Kaisers Galba)
Mummius *3 Gent* Mummius (L. ~ Achaicus, Eroberer Korinths 146 v. Chr.)
Mūnātius *3 Gent* Munatius (am bekanntesten drei Brüder 1. L. ~ Plancus, Legat Caesars 2. Cn. ~ Plancus Prätor 43 v. Chr. *u.* Offizier 3. T. ~ Plancus Bursa, Volkstribun 52 v. Chr. und Heerführer)
Munda, ae *f* Munda (Stadt im südlichen Spanien)
mundānus, ī *m* Weltbürger ⟦*spl Adj 3* weltlich, kosmisch; *ml* diesseitig
⟦**mundatio,** ~nis *f spl* Reinigung; *ml* Taufe
Mundēns|is, ~e, *Gen* ~is aus Munda; *Pl* ~ēs *m* Einw. von Munda
⟦**mundial|is,** ~e, *Gen* ~is *spl* irdisch, weltlich
munditer *Adv zu* mundus I.
munditia, ae *f* [mundus I.] Sauberkeit; Zierlichkeit, Eleganz; Putzsucht; feine Bildung ⟦*ml* sittliche Reinheit, Lauterkeit
munditiēs, ēī *f* = munditia
mundō *1* (mundus I.] reinigen
mundulus *3* [mundus I.] sauber; galant
mundus I. *Adj 3* sauber; fein, zierlich, elegant ⟦*ml* rein **II.** *Subst* ī *m* Welt, Weltall; Erde, Erdball, Erdkreis; Menschheit; Himmel; Putz der Frauen, Putzgerät; Gerät
mūnerārius, ī *m* Veranstalter von Gladiatorenspielen
mūnerigerulus, ī *m* Geschenkebringer, Schenkender
mūner|ō *u.* **~or** *1* [munus] beschenken; schenken

mūni|a, ~um *n* Pflichten, (Amts-)Geschäfte ⟦*spl Dat auch* ~is
mūnic|eps, ~ipis *m* Bürger einer Landstadt, Kleinstädter; Mitbürger
mūnicipāl|is I. *Adj* ~e, *Gen* ~is einer Landstadt, kleinstädtisch **II.** *Subst* ~is *m* Kleinstädter
mūnicipātim *Adv* nach Landstädten, munizipienweise
mūnicipium, ī *n* Landstadt, Kleinstadt
mūnificentia, ae *f* Freigebigkeit; Milde
mūnificenti|or, ~us, *Gen* ~ōris →munificus
mūnificentissimus →munificus
mūnific|us *3* [munus] (*Komp* ~entior, *Sup* ~entissimus) freigebig, menschenfreundlich
mūnīm|en, ~inis *n* = munimentum
mūnīmentum, ī *n* Befestigung, Schutzwehr; Brandmauer; Schutz, Stütze
muniō *4* [moenia] befestigen; sichern, schützen; mauern, (er)bauen
mūnis, mūne, *Gen* munis [munia] dienstbereit
mūnitiō, ~nis *f* Befestigung, Bau; Festungswerk, Schanze
mūnitō *1* [munio] bauen, bahnen
mūnīt|or, ~ōris *m* [munio] Erbauer, Befestiger, Festungsingenieur; Schanzarbeiter
mūnitus I. *Adj 3* befestigt, geschützt **II.** *Part Perf Pass zu* munio
mūnus, mūneris *n* [munia] Verpflichtung, Aufgabe; Amt; Arbeit; Geschäft; Kriegsdienst; Gefälligkeit; Geschenk; Opfer; Theaterbau, *übertr* Prachtbau (der Welt); ~ edo Festspiel, Gladiatorenspiel veranstalten; ~ praebeo (in einem Fechterspiel) als Gladiator kämpfen, auftreten ⟦*ml* Kostbarkeit
mūnusculum, ī *n* kleines Geschenk
Mūnychia, ae *f* Munychia (Hafen von Athen)
Mūnychius *3* aus Munychia, athenisch
mūraena, ae *f* = murena
mūrāl|is, ~e, *Gen* ~is [murus] Mauer- ⟦*ml* pictura ~is Fresko(gemälde), Fresken
Murcia, ae *f* Murcia (altrömische Göttin = Venus)
Murci|us *3* der Murcia; metae ~ae der Murcia geweihte (Wende-)Säulen (im Circus Maximus, bei dem ihr Heiligtum lag)
⟦**murco** *1 ml* zertrümmern
⟦**murcus** *3 spl* verstümmelt
mūrēna, ae *f* Muräne *Seefisch;* schwarze Holzader
Mūrēna, ae *m* Murena (BN →Licinius 5.)
mūrex, mūricis *m* Purpurschnecke (essbare Meerschnecke mit stachliger Schale); Purpurfarbe, Purpur; (mit Spitzen versehene) Fußangel, Fußeisen; Felsriff
muria, ae *f* Salzbrühe, -lake
muriāticus *3* in Salzlake eingelegt, gepökelt
mūricīdus *3* albern; schlapp
mūrīnus *3* [mus] Mäuse-, Marder-
mūris →mus
murmillō, ~nis *m* Gladiator
murmur, ~is *n* Gemurmel, Geflüster; Brummen, Dröhnen
murmurātiō, ~nis *f* Murren
murmurillum, ī *n* Gemurmel
murmurō *1* murmeln, murren; summen
murobatharius, ī *m* [*gr*] Salbenhändler
murra, ae *f* **1.** Flussspat, Achat (aus dem kostbare Gefäße gefertigt wurden) **2.** [*gr*] Myrrhenbaum; Myrrhensaft
murreus *3* **1.** aus Flussspat **2.** mit Myrrhen gesalbt, parfümiert; myrrhenfarbig (= gelblich)
murrina 1. ae *f* Myrrhenwein **2.** ōrum *n* Geschirr aus Mosaikglas
murrinus *3* **1.** aus Flussspat **2.** mit Myrrhen gewürzt
murtētum, ī *n* Myrtengebüsch, -hain
murteus *3* von Myrten, Myrten-; kastanienbraun
Murtius *3* = Murcius
murtum, ī *n* Myrtenbeere
murt|us, ī *f* [*gr*] Myrte; *Pl* ~i Myrtengebüsch
mūrus, ī *m* [moenia] Mauer (*Lw*)
mūs, mūris *m* Maus (*urv*); *auch* Marder, Zobel
Mūs [mus] Mus (BN des Geschlechts der Decii)
Mūsa 1. ae *f* Muse (eine der Göttinnen der schönen Künste); Lied, Gesang **2.** ae *m* Musa (BN →Antonius 6.)
⟦**musac** *ml undekl* Opferstock, Schatzkasten
Mūsaeus I. *Adj 3* der Muse, musisch **II.** *Subst* ī *m* Musaios (N mehrerer gr. Dichter)
musca, ae *f* Fliege; *übertr* zudringlicher Mensch
mūscipula, ae *f* [mus *u.* capio] Mausefalle ⟦*ml* Katze
mūscipulum, ī *n* = muscipula
muscōsus *3* bemoost
mūsculōsus *3* muskulös
mūsculus, ī *m* Mäuschen; *auch* Miesmuschel (*Lw*); Muskel (*Fw*); *milit* Minierhütte (mit einem Schutzdach versehene Kriegs-, Belagerungsmaschine)
muscus, ī *m* Moos (*urv*)
mūsēum, ī *n* Musensitz, Bibliothek, Akademie, Museum
mūsica, ae *f u* ōrum *n* [*gr*] Musik
mūsicē, ēs *f* = musica
mūsic|us I. *Adj 3* Musik-; herrlich, fein, elegant; ars ~a Dichtkunst **II.** *Subst* ~ī *m* Musikverständiger, Musiker
⟦**musito** *1 ml* = mussito

mūsīum, ī *n* = museum
Mūsōnius, *3 Gent* Musonius (*bes* C. ~ Rufus, stoischer Philosoph, von Nero verbannt)
mussitātiō, ~nis *f* Murren, Knurren
mussitō *1* murmeln; schweigend dulden
mussō *1* murmeln, leise sprechen; summen; verlegen schweigen; erwägen ⟦*ml* brummen, nörgeln
mustāceum, ī *n* [mustax Lorbeerart] Lorbeerkuchen, Hochzeitskuchen
musta|x, ~cis *f* Lorbeer(art)
mūstēla, ae *f* Wiesel; Neunauge *Seefisch*
mūstēlīnus *3* Wiesel-
mūstella, ae *f* = mustela
musteus *3* Most-, (süß) wie Most; frisch
mustulentus *3* mostreich
must|um, ~ī *n* Most (*Lw*) (*oft Pl* ~a); Weinlese
Musulāmii, ōrum *m* Musulamier (Volk in Ostnumidien)
⟦**Musulmani,** orum *m ml* Türken, Sarazenen
mūta, ae *f* Muta (Konsonanten g, c, k; b, p; d, t)
⟦**muta,** ae *f* [*dt* Maut] *ml* Steuer, Zoll
mūtābil|is, ~e, *Gen* ~is veränderlich, wandelbar, launisch
mūtābilitā|s, ~tis *f* Veränderlichkeit
mūtātiō, ~nis *f* Veränderung; Wechsel, Austausch; ~ rerum Staatsumwälzung, Umsturz
mūtātus I. *Adj 3* verändert, verdorben, verschlechtert **II.** *Part Perf zu* muto(r)
mutilō *1* stutzen, verstümmeln; verkleinern
Mutilum castrum *n* Kastell der Bojer (in Oberitalien)
mutilus *3* verstümmelt; abgehackt
Mutina, ae *f* Mutina (Stadt in Oberitalien), *heute* Modena
Mutinēns|is, ~e, *Gen* ~is aus *od* bei Mutina
mūtiō *4* = muttio
mūtitātiō, ~nis *f* Abwechslung
mūtō I. *Verb 1* [moveo] (ver)tauschen, wechseln; verändern (*auch* sich ändern); (geistig) umstimmen, wandeln; von der Stelle bewegen; vertreiben; übersetzen; pugnam ~ kehrtmachen; vestem ~ *auch* Trauer(kleidung) anlegen; fidem ~ sein Wort brechen cum gegenüber **II.** *Subst* ~nis *m* = mutto
mūtor, mūtātus sum *1* sich ändern; sich entfernen
muttiō *4* mucken, mucksen ⟦*spl* winseln
muttītiō, ~nis *f* Mucksen
muttō, ~nis *m* das männliche Glied
mūtuātiō, ~nis *f* Borgen, Anleihe
mūtuitor *1* [mutuor] gern borgen wollen
mutulus, ī *m* Kragstein *stützender Mauervorsprung*
mūtuō 1. *Adv zu* mutuus **2.** →mutuor **3.** →mutuum
mūtu|or *u.* **~ō** *1* [mutuus] borgen, entlehnen
mūtus *3* stumm; still; ars muta bildende Kunst *od* Medizin
Mutusca, ae *f* →Trebula
mūtuum, ī *n* Gegenseitigkeit; Darlehen; mutuo (*Dat*) auf Borg
mūtuus *3* geborgt; wechsel-, gegenseitig
Mutycē, ēs *f* Mutuka (Stadt auf Sizilien), *heute* Modica
Mutycēns|is, ~e, *Gen* ~is aus Mutuka
Mycalē, ēs *f* Mykale (Vorgebirge Ioniens gegenüber der Insel Samos)
Mycēna, ae *f* = Mycenae
Mycēnae, ārum *f* Mykenai (Stadt Agamemnons bei Argos)
Mycēnaeus *3* aus Mykenai
Mycēnēns|ēs, ~ium *m* Einw. von Mykenai
Mycēni|s I. *Adj, Gen* ~dis = *f zu* Mycenaeus **II.** *Subst* ~s, ~dis (*Akk* ~da) *f* Iphigenie (T. Agamemnons)
Myconius *3* von Mykonos
Myconos, ī *f* Mykonos (Insel im Ägäischen Meer)
Mygdonidēs, ae *m* S. des (phrygischen Königs) Mygdon = Koroibos
Mylae, ārum *f* Mylai (1. Kastell an der Nordküste Siziliens 2. Stadt in Thessalien)
Mylās = Melas
Mylasa, ōrum *n* Mylasa (Stadt in Karien)
Mylasēnī, ōrum *m* Einw. von Mylasa
Mylasēns|ēs, ium *m* Einw. von Mylasa
Mylas|ēus, ~eī (*Nom Pl* ~īs) ein Einw. von Mylasa
Mylas|īs, ~ium *m* Einw. von Mylasa
Mylasius *3* aus Mylasa
Myndiī, ōrum *m* Einw. von Myndos
Myndus, ī *f* Myndos (Hafenstadt in Karien)
Myonnēsus, ī *f* Myonnesos (Stadt an der Bucht von Ephesos, auf dem Vorgebirge Makria)
myoparō, ~nis *m* [*gr*] Kaperschiff
myrīca, ae *f* Tamariske
Myrīna, ae *f* Myrina (Stadt in Mysien)
Myrmēcidēs, ae *m* Myrmekides (PN, berühmter Elfenbeinschnitzer)
Myrmidon|es, ~um *m* Myrmidonen (Volk des Achilleus in Thessalien)
myrmillō, ~nis *m* = murmillo
Myrō, ~nis *m* Myron (Bronzegießer im 5. Jh. v. Chr.)
myrobatharius, ī *m* = murobatharius
myrobrechīs, *Akk Pl m* salböltriefend
myropōla, ae *m* Salben- *od* Parfümhändler
myropōlium, ī *n* Salben-, Parfümerieladen
myrothēcium, ī *n* Salbenschränkchen
myrrha, ae *f* = murra 2.
Myrrha, ae *f* Myrrha (FN: in einen Myrrhenbaum verwandelt, →Cinyras)
myrrheus *3* = murreus 2.
myrrhinus *3* = murrinus 2.

myrtētum, ī *n* = murtetum
myrteus *3* = murteus
Myrtōum mare *n* Myrtoisches Meer (Teil des Ägäischen Meeres zwischen Kreta u. Euboia)
myrtum, ī *n* = murtum
myrtus, ī *f* = murtus
Mӯs, Myos *m* Mys (PN eines gr. Künstlers in erhabener Metallarbeit z. Z. des Pheidias)
Myscelus, ī *m* Myskelos (*myth* Gründer der Stadt Kroton)
Mӯsī, ōrum *m* Myser (Volk im Nordwesten Kleinasiens)
Mӯsia, ae *f* Mysien (Landschaft in Kleinasien)
Mӯsus *3* aus Mysien
mystagōgus, ī *m* [*gr*] (Fremden-)Führer an heiligen Stätten, Mystagoge
mystēria, ōrum *n* [*gr*] Geheimlehre, -dienst (bes. von Eleusis) ⟦*spl* ~ divina Feier; *ml* Messe, Abendmahl
mystēs, ae *m* [*gr*] Eingeweihter
mystic|us *3* [*gr*] zum Geheimkult, zu den Mysterien gehörig ⟦*ml Adv* ~e geheimnisvoll, mystisch (Art der Bibelerklärung)
Mytilēnae, ārum *f* Mytilene (Hauptstadt von Lesbos)
Mytilēnae|us *3* aus Mytilene; *Pl* ~i Einw. von Mytilene
Mytilēne, ēs *f* = Mytilenae
Mytilēnēns|is, ~e, *Gen* ~is aus Mytilene
Myūs, Myūntis *f* Myus (Stadt in Karien)
myxa, ae *f* [*gr*] Docht (der Öllampe)

N

N. *Abk für* **1.** Numerius (röm. Vorname) **2.** nepos **3.** Nonae
Nabalia, ae *f* Nabalia (ein Rheinarm)
Nabataeī, ōrum *m* Nabatäer (Araberstamm östlich der Sinaihalbinsel)
Nabataeus *3* der Nabatäer, nabatäisch; *poet* arabisch, morgenländisch
Nabi|s, ~dis *m* Nabis (König von Sparta um 200 v. Chr.)
nablium, ī *n* Nablium (orientalisches Saiteninstrument)
nactus →nanciscor
nae *Adv* = ne I. 2.
naenia, ae *f* = nenia
Naeviānus *3* des Naevius
Naevi|us *3 Gent* Naevius (röm. Dichter, gestorben 201 v. Chr.); porta ~a das Nävische Tor (im Süden Roms)
naevus, ī *m* Muttermal, Mal, Zeichen
Nahanarvalī, ōrum *m* Nahanarvalen (germ. Volksstamm an der Weichsel)
Nāia|s, ~dis *f* [*gr*] (Wasser-)Nymphe, Najade; Wasser
Nāicus *3* der Najaden
Nāis, Nāidis *od* Nāidos *f* = Naias
nam *Kon.* denn, nämlich; ja wahrhaftig; *oft nach Fragewörtern wie* quisnam wer denn? ⟦*ml* und zwar, aber, ferner
Namnet|ēs, ~um *m* Namneten (kelt. Volk an der Loiremündung)
nanciscor, na(n)ctus sum *3* zufällig erreichen, erlangen, vorfinden
Nantuat|ēs, ~ium *m* Nantuaten (kelt. Volk südlich des Genfer Sees)
nānus, ī *m* [*gr*] Zwerg
Napaeae, ārum *f* Talnymphen, Nymphen der Bergtäler
Napata, ōrum *n* Napata (Stadt am Nil)
⟦**nappa,** ae *f* [*dt*] *ml* Pokal, Becher
nāpus, ī *m* [*gr*] Kohlrübe; *Pl* napi Rübenfelder; (*Nbf Abl Pl* napibus)
Nār, Nāris *m* Nar (linker Nebenfluss des Tiber), *heute* Nera
Narbō, ~nis *m* Narbo (Stadt in der röm. Provinz Gallia Narbonensis), *heute* Narbonne
Narbōnēns|is, ~e, *Gen* ~is narbonensisch, aus Narbo
narcissus, ī *m, f* [*gr*] Narzisse
Narcissus, ī *m* Narcissus (PN, 1. *myth* schöner Jüngling 2. Freigelassener des Kaisers Claudius)
nardum, ī *n* = nardus
nardus, ī *f* Narde (wohlriechende Pflanze); Nardenöl
nāris, ~ *f* Nasenloch; *gew Pl* nares Nase (*urv*)
Naristī, ōrum *m* Narister (suebischer Volksstamm in der Oberpfalz)
Narnia, ae *f* Narnia (Stadt in Umbrien)
Narniēns|e, ~is *n* Villa *od* Landgut bei Narnia
Narniēns|is, ~e, *Gen* ~is aus Narnia
nārrābil|is, ~e, *Gen* ~is erzählbar
nārrātiō, ~nis *f* Erzählung, Erzählen
nārrātiuncula, ae *f* kurze Erzählung, Geschichtchen, Anekdote
nārrāt|or, ~ōris *m* Erzähler
nārrātus I. *Part Perf Pass zu* narro **II.** *Subst* ūs *m* Erzählung
nārrō *1* [(g)narus)] erzählen, berichten; sagen, sprechen *Akk* von
narthēcium, ī *n* [*gr*] Salbenbüchse, Schminkkästchen
nārus *3* [gnarus] kundig
Nārycia, ae *f* Lokri Epizephyrii (Stadt in Bruttium)
Nārycius *3* aus Naryx (Stadt in Lokrien), lokrisch; der Lokrer; heros ~ der Kleine Aiax
Nasamōn|es, ~um *m* Nasamonen (Volk in Nordafrika)
Nasamōniacus *3* der Nasamonen

nascenti|a **I.** *n Pl Part Präs zu* nascor **II.** *Subst* **1.** ae *f* Geburt(sstunde) **2.** ⟦ ~a, ~um *n spl* Wesen; Organismen, Gewächse; ~a leguminum frisches Gemüse; *ml* Horoskop
nāscor, nātus sum *3* [*altl* gnascor zu gigno] geboren werden, erzeugt werden; entstehen, entspringen, wachsen, werden, sich zeigen; nascitur ex hoc, ut daraus folgt, dass; →natus ⟦*ml auch* nasco
Nāsīca, ae *m* Nasica (BN der Familie der Scipionen, →Cornelius 1. d)
Nāsidiānus *3* des Nasidius
Nāsidius *3 Gent* Nasidius (1. L. ~, röm. Ritter, 1. Jh. v. Chr. 2. Q. ~, S. von 1., beide Anhänger des Pompejus)
Nāsō, ~nis *m* Naso (BN →Ovidius)
Nāsos, ī *f* [*gr*] Nasos (Stadtteil von Syrakus)
nassa, ae *f* Fischreuse, Schlinge, Falle
nassiterna, ae *f* Gießkanne
nasturcium, ī *n* Kresse
nāsum, ī *n* = nasus
nāsus, ī *m* Nase (*urv*); naso suspendeo die Nase rümpfen, spotten *Akk* über
nāsūtus *3* [nasus] großnasig, mit einer Spürnase; naseweis
nāta, ae *f* Tochter
nātālicia, ae *f* Geburtstagsschmaus
nātālicius *3* Geburts-, Geburtstags-
nātāl|is **I.** *Adj* ~e, *Gen* ~is Geburts- **II.** *Subst* ~is *m* Geburtstag, -ort; *auch* Geburtsgott, -genius; *Pl* ~es, ~ium *m* Herkunft, Geburt, Stand; Iuno ~is Beschützerin der Geburt ⟦*spl* Tag des Amtsantritts; *ml* Geburts-, Gedächtnistag, ~is domini Weihnachten
natant|ēs, ~ium *m* Fische
natātiō, ~nis *f* Schwimmen, Schwimmübung
natāt|or, ~ōris *m* Schwimmer
natātus, ūs *m* Schwimmen
nātiō, ~nis *f* [nascor) Volksstamm, Volk, Nation; Gattung, Art, Abstammung; Geburt; Sippschaft *oft ironisch*
natis, ~ *f* Gesäßbacke; *Pl* nates Gesäß
⟦**nativita|s,** ~tis *f spl* Geburt; Entstehung; Natur, ursprüngliches Wesen
nātīv|us *3* geboren; angeboren, natürlich; verba ~a Grundwörter
natō *1* [no] schwimmen, beschwimmen; wallen; wogen, nass sein; schwanken; fliegen (avis)
natrī|x, ~cis *m, f* (Wasser-)Schlange; Natter (*urv*)
nātūra, ae *f* Natur (auch als Umwelt); natürliche Beschaffenheit, Herkunft; Eigenschaft, Gestalt, Charakter; Wesen, Grundstoff, Element; Weltall, Weltordnung, Kraft, Schöpfung; *Abl* ~ von Geburt (*Ggs* Adoption); Geschlechtsteil
nātūrāl|is, ~e, *Gen* ~is leiblich; natürlich, angeboren; die Natur betreffend ⟦*spl* außerehelich
nātus **I.** *Adj 3* geboren, geschaffen, geeignet *Dat,* ad, in für; tres annos ~ drei Jahre alt; pro nata re nach Beschaffenheit der Sache **II.** *Part Perf* →nascor **III.** *Subst.* **1.** ī *m* Sohn, *Pl* nati *m* Kinder; **2.** ūs *m* Geburt, Alter; maiores natu ältere Leute
nauarchus, ī *m* [*gr*] Kapitän
nauclēricus *3* eines Schiffsherrn
nauclērus, ī *m* [*gr*] Schiffsherr, Reeder
nauc|um, ~ī *n* etwas Geringes; *nur:* non ~i sum nichts wert sein; non ~i habeo (für) nichts achten
naufragium, ī *n* [navis *u.* frango] Schiffbruch; Zusammenbruch, Verfall; Trümmer
naufrag|ō *1* Schiffbruch leiden ⟦*spl auch* ~or; *ml übertr* vinum ~at der Wein verdirbt
naufragus *3* [navis *u.* frango] schiffbrüchig; zugrunde gerichtet, verarmt, verzweifelt; Schiffe zertrümmernd
Naulochus, ī *f* Naulochos (Ortschaft an der Küste Siziliens)
naulum, ī *n* [*gr*] Fahrgeld, Frachtgeld
naumachia, ae *f* [*gr*] Seegefecht *Schauspiel,* Naumachie; Ort des Seegefechts *gew ein Bassin*
naumachiārii, ōrum *m* Kämpfer in einer Naumachie
Naupactōus *3* aus Naupaktos
Naupactus, ī *f* Naupaktos (Hafenstadt an der Nordseite der Bucht von Korinth)
Naupliadēs, ae *m* S. des Nauplios, Palamedes
nauplium, ī *n* muschelförmiger Schmuck
Nauplius, ī *m* Nauplios (König von Euboia)
Nauportus, ī *f* Nauportus (Stadt in Pannonien nordöstlich von Triest)
nausea, ae *f* [*gr*] Seekrankheit; Übelkeit, Ekel
nauseābundus *3* seekrank, an verdorbenem Magen leidend
nauseō *1* seekrank sein, sich erbrechen, Ekel bekommen
nauseola, ae *f* kleine Übelkeit, Unwohlsein
nausi- = nause-
⟦**nausum,** ī *n spl* kelt. Schiff
nauta, ae *m* [*gr*] Seemann, Matrose, Schiffer; Charon; Schiffsherr, Reeder, Kaufmann
Nautaca, ōrum *n* Nautaka (Stadt im Nordosten Persiens)
⟦**nautal|is,** ~e, *Gen* ~is *spl* Schiffs-
nautea, ae *f* [*gr*] Seekrankheit
nautic|us **I.** *Adj 3* Schiffs-, zum Schiff gehörig; pinus ~a Schiff; **II.** *Subst Pl* ~ī *m* Seeleute, Matrosen

nautilus, ī *m* Nautilus *Schaltier, Muschelart*
Nāva, ae *f* Nava (Nebenfluss des Rheins), *heute* Nahe
nāvāl|e, ~is (*Abl Sg* ~ī) *n* Hafen, Werft; *Pl* ~ia Werft, Docks; Takelwerk
nāvāl|is, ~e, *Gen* ~is Schiffs-, See-; socii ~es Matrosen
nāvē *Adv zu* navus
nāvicula, ae *f* Kahn, Schiffchen
nāviculāria, ae *f* Frachtschifffahrt; Reederei
nāviculārius I. *Adj 3* Schiffs- **II.** *Subst* ī *m* Reeder, Frachtschiffer
nāvifragus *3* Schiffe zertrümmernd; schiffbrüchig
nāvigābil|is, ~e, *Gen* ~is schiffbar
nāvigātiō, ~nis *f* Schifffahrt, Seereise; Fahrgelegenheit
nāviger, navigera, navigerum schiffbar
nāvigiolum, ī *n* kleines Fahrzeug, Boot
nāvigium, ī *n* Schiff, (Wasser-)Fahrzeug
nāvigō *1* [navis *u.* ago] zur See fahren, segeln, befahren, schiffen; in See stechen
nāvis, ~ (*Abl Sg oft* navī) *f* Schiff; ~ longa Kriegsschiff; ~ constrata Schiff mit Verdeck; ~ praetoria Admiralsschiff ⟦*ml* Kirchenschiff
nāvita, ae *m* = nauta
nāvitā|s, ~tis *f* [navus] Eifer, Emsigkeit
nāviter *Adv zu* navus
nāvō *1* eifrig betreiben, besorgen
nāvus *3* emsig, tatkräftig, unverdrossen
Naxius *3* aus *od* von Naxos
Naxos, ī *f* Naxos (Insel im Ägäischen Meer)
nē I. *Adv* **1.** *Verneinungspartikel* ne ... quidem nicht einmal, auch nicht, selbst nicht; *ferner in Verboten, Wunschsätzen, Beteuerungen, Einräumungs- u. Folgesätzen; auch* →-ne **2.** wahrhaftig, ja, in der Tat **II.** *Kon. mit Konj.* dass nicht, nicht zu; damit nicht, um nicht zu; *nach Ausdruck des Fürchtens, Hinderns, Verbietens* dass, ~ non dass nicht
-ne [*urspr* = ne I. 1.] *dem betonten Wort angehängt* **1.** *Satzfrage, im Dt Umstellung von Prädikat u. Subjekt, z. B.* esne bist du **2.** *im indirekten Fragesatz* ob, ob etwa, ob vielleicht **3.** *in Doppelfrage allein stehend* (ob) ... oder
Neāpolis, ~ *f* [*gr*] 1. Neapel (Stadt am Vesuv) **2.** Neapolis, Neustadt (Stadtteil von Syrakus)
Neāpolītānum, ī *n* Neapolitanum, Villa od Landgut bei Neapel (*z. B.* des Lucullus *od* Atticus)
Neāpolītān|us *3* aus Neapel; *Pl* ~i *m* Einw. von Neapel
nebula, ae *f* Dunst, Nebel (*urv*), Rauchwolke
nebulō, ~nis *m* Taugenichts, Windbeutel
nebulōsus *3* dunstig, nebelig
⟦**nebulum,** i *n ml* = nebula
nec = neque
⟦**necator,** ~is *m spl* Mörder
necdum = nequedum
necessāriō *Adv zu* necessarius
necessārius *3* notwendig, unvermeidlich, dringend, unentbehrlich; notdürftig; eng verbunden; verwandt, befreundet
necesse est es ist unvermeidlich, notwendig, unentbehrlich, man muss; necesse habeo nötig haben
necessitā|s, ~tis *f* Notwendigkeit, Zwang, Verhängnis (*auch* Göttin); Not, Mangel; Verwandtschaft, Freundschaft, enge Verbindung *Gen* mit jmdm.; *Pl* ~tes dringende Bedürfnisse, nötige Ausgaben, Lasten ⟦*ml* Geldmangel
necessitūd|ō, ~inis *f* Notwendigkeit; Notlage, Not; Verwandtschaft, Freundschaft, Schutzverhältnis; *auch Pl* ~ines Verwandte, Freunde ⟦*ml* ~o cognationis Blutsverwandtschaft
necessum est = necesse est
necessus *3* unvermeidlich, notwendig, unentbehrlich; →necesse
necne *Kon.* oder nicht *im 2. Teil einer Doppelfrage*
necō *1* [nex] töten, vernichten
necopīn|āns *od* **nec opīnāns,** *Gen* ~antis nichts ahnend
necopīnātō *Adv zu* necopinatus
necopīnātus *3* unvermutet
necopīnus *3* unvermutet; ahnungslos
nectar, ~is *n* [*gr*] Nektar (Göttertrank, -salbe); *alles Süße,* z. B. Honig, Wein, Milch ⟦*spl* auch ~e
nectareus *3* Nektar-; süß (wie Nektar)
nectō, nex(u)ī, nexus *3* (an)binden, (ver)knüpfen (*auch übertr*), flechten
nēcubī *Kon. mit Konj.* damit nicht irgendwo
necullus *Pron* nicht einer, keiner
nēcunde *Kon. mit Konj.* damit nicht irgendwoher
necuter *Pron* keiner von beiden
nēdum I. *Kon. mit Konj.* um nicht zu reden von (davon, dass), geschweige denn, dass **II.** *Adv* **1.** *nach Verneinung* noch viel weniger **2.** *nach Bejahung* noch viel mehr, umso mehr
nefaciō *3* nicht tun
nefandus *3* [for] = nefarius
nefārius *3* gottlos, ruchlos, unheilvoll, abscheulich
nefās (nur *Nom u. Akk Sg*) *n* Frevel, Sünde, Unrecht; heu ~! schändlich!, unerhört!, Scheusal!
nefāstus *3* unerlaubt, verboten; unheilvoll, frevelhaft
negantia I. *n Pl Part Präs Akt zu* nego **II.** *Subst* ae *f* Verneinung
negātiō, ~nis *f* Verneinung, Leugnung

negitō *1* leugnen
neglēctiō, ~nis *f* Vernachlässigung, Gleichgültigkeit *Gen auch* gegen
neglēctus I. *Adj 3* vernachlässigt, nicht beachtet ⟦*ml* lässig **II.** *Part Perf Pass* →neglego **III.** *Subst* ūs *m* Vernachlässigung
negleg|ēns, *Gen* ~entis **I.** *Adj* nachlässig, unachtsam, gleichgültig; leichtsinnig, verschwenderisch **II.** *Part Präs Akt zu* neglego
neglegentia I. *n Pl Part Präs Akt zu* neglego **II.** *Subst* ae *f* Nachlässigkeit, Sorgloskeit; Geringschätzung, Gleichgültigkeit *Gen auch* gegen
neg|legō, ~lēxī (~lēgī), ~lēctus *3* vernachlässigen, versäumen; gering schätzen, nicht achten; nicht bestrafen, hingehen lassen
negō *1* verneinen, leugnen; Nein sagen, versagen, verweigern
negōtiāl|is, ~e, *Gen* ~is geschäftlich
negōtiātiō, ~nis *f* Großhandel, Bank-, Handelsgeschäft
negōtiāt|or, ~ōris *m* Großhändler, Kaufmann, Bankier
negōtiolum, ī *n* unbedeutendes Geschäft, wenige Aufträge, geringer Auftragseingang
negōtior *1* Bankgeschäfte im Großen (be)treiben; Handel treiben
negōtiōs|us I. *Adj 3* geschäftig; dies ~us Werktag **II.** *Subst Pl* ~i *m* Geschäftsleute
negōtium, ī *n* [otium] Tätigkeit, Beschäftigung, Geschäft, Unternehmung; Staatsdienst, (Staats-)Angelegenheit; Sache, Vorgang; *auch als Pl* Mühe, Unrast; Schwierigkeit, Unannehmlichkeit, Verlegenheit, Prozess ⟦*ml* ~ evangelicum Sache des Evangeliums; ~ est *Gen* jmd. bringt ein Opfer; ~ incidit es ergab sich die Notwendigkeit, es tat not
nei *altl* = ni *od* ne I.
Nēleus, ī *m* Neleus (V. Nestors)
Nēlē(i)us *3* des Neleus
Nēlīdēs, ae *m* S. des Neleus, Nestor
Nemausēns|ēs, ~ium *m* Einw. von Nemausus (Stadt in Gallia Narbonensis), *heute* Nîmes
Nemea 1. ae *f* Nemea (Ortschaft in der Argolis) **2.** ōrum *n* Kampfspiele bei Nemea
Nemeaeus *3* aus Nemea
Nemes|is, ~eos (*Akk* ~im) *f* Nemesis (1. gr. Göttin der Vergeltung, Schicksalsgöttin 2. Geliebte des Tibullus)
Nemet|ēs, ~um *m* Nemeter (germ. Volk am Mittelrhein)
Nemetocenna, ae *f* Nemetocenna *od* Nemetacum (Hauptstadt der Atrebaten in Gallia Belgica), *heute* Arras
nēmō *m* (*auch f*) (*flektiert gew* nūllīus, nēmini, nēminem, nūllō) [ne I. *u.* homo] **I.** *Adj* kein **II.** *Subst* niemand; non ~ mancher; ~ non jedermann
nemorāl|is, ~e, *Gen* ~is [nemus] Wald-
Nemorēns|is, ~e, *Gen* ~is zum Hain der Diana (bei Aricia) gehörig; lacus ~is Nemisee
nemoricultrī|x, ~cis *f* Waldbewohnerin
nemorivagus *3* im Walde umherschweifend
nemorōs|us [nemus] waldreich; silva ~a dichter Wald
nempe *Adv* freilich, allerdings, natürlich *oft ironisch*
nemus, nemoris *n* Hain, Wald, Park; Baumpflanzung; *auch* (mit Bäumen bepflanzter) Innenhof des Hauses
nēnia, ae *f* [*gr*] Totenklage, Trauerlied, Lied; Zauberformel; Ende
neō, nēvī, nētus *2* spinnen, weben
Neocl|ēs, ~is *u.* ī *m* Neokles (V. des Themistokles)
Neoclīdēs, ae *m* S. des Neokles, Themistokles
Neontīchos *n* Neonteichos (1. Kastell an der Propontis 2. Stadt in Lydien)
⟦**neophytus,** i *m* [*gr*] *spl* Neubekehrter
Neoptolemus, ī *m* Neoptolemos (gr. PN, S. des Achilleus, sonst auch Pyrrhos genannt)
⟦**neotericus,** i *m spl* Neuerer, Anhänger des Modernen
nepa, ae *f* Krebs; Skorpion *auch Sternbild*
Nepesīn|us *3* aus Nepete; *Pl* ~i Einw. von Nepete
Nepete *n undekl* Nepete (Ort in Südetrurien), *heute* Nepi
Nephelēi|s, ~dos *f* T. der Nephele, Helle
nepō|s, ~tis *m* Enkel; Neffe (*urv*); *auch* junger Verschwender ⟦*ml* Verwandter
Nepō|s, ~tis *m* Nepos (BN; Cornelius ~, Historiker z. Z. Ciceros)
nepōtātus, ūs *m* Schwelgerei
nepōtor *1* verschwenden
nepōtulus, ī *m* Enkelchen
neptis, ~ *f* [nepos] Enkelin ⟦*spl* Nichte (*urv*); *ml* Verwandte
Neptūnāli|a, ~um *n* Fest zu Ehren des Gottes Neptun, Neptunsfest
Neptūnius *3* des Neptunus; heros ~ Theseus (*myth* S. des Neptun); dux ~ von Neptun erwählter Führer (selbst gewählter BN des Sextus Pompejus)
Neptūnus, ī *m* Neptunus, *dt* Neptun (Gott des fließenden Wassers); Meer
nēquam *undekl* **I.** *Adj* nichts wert; nichtsnutzig, leichtfertig **II.** *Subst* Taugenichts
nēquāquam *Adv* in keiner Weise, gar nicht
neque *u. Nbf* **nec** *Kon. u. Adv* und nicht, aber nicht, (und) auch nicht; (durchaus) nicht; ~ ... ~ (und) weder ... noch; ~ ... et (-que) einerseits nicht ... anderseits; et ... ~ einerseits ... anderseits nicht; nec non und auch; ~ enim denn nicht ⟦*ml* nec nicht einmal

nequedum *Adv* und *od* auch noch nicht
nequ|ēō, ~īvī *u.* ~iī (*Inf* ~īre) [neque, [1]eo] nicht können, nicht imstande sein
nēquior (*Komp zu* nequam) schlimmer
nēquīquam *Adv* umsonst, erfolglos; zwecklos
nēquissimus *3* (*Sup zu* nequam) ganz nichtsnutzig
nēquiter *Adv zu* nequam
nēquitia, ae *f* Wertlosigkeit; Nichtsnutzigkeit; Leichtfertigkeit
nēquitiēs, ēī *f* = nequitia
Nēr(ē)īnē, ēs *f* Thetis
Nērēi|s, ~dis *f* T. des Nereus, Meernymphe
Nērēius *3* des Nereus
Nerētum, ī *n* Neretum (Stadt in Calabria), *heute* Nardo (in Apulien)
Nērēus, ~os *u.* ī *m* Nereus (Meergott)
Neri|ō, ~ēnis *f* Nerio *od* Neriene (Gem. u. Kultgenossin des Mars)
Nēritius I. *Adj 3* aus *od* von Neritos **II.** *Subst* ī *m* Odysseus
Nēritos, ī *f* Neritos (Insel bei Ithaka)
Nerō, ~nis *m* Nero (BN →Claudius 3.; am bekanntesten C. Claudius ~, röm. Kaiser 54–68 n. Chr.)
Nerōnēus *3* des Nero, neronisch
Nerōniānus *3* = Neroneus
Nerōnius *3* = Neroneus
Neropolis, ~ *f* Neropolis, Nerostadt (Rom)
Nerthus, ī *f* Nerthus (germ. Göttin = Mutter Erde)
Nerulōnēns|is, ~e, *Gen* ~is aus Nerulum
Nerulum, ī *n* Nerulum (Stadt in Lukanien)
Nerva, ae *m* Nerva (BN →Cocceius)
nervia, ōrum *n* = nervi →nervus
Nervii, ōrum *m* Nervier (Volk in Gallia Belgica)
nervōsus *3* sehnig, muskulös, nervig; kraftvoll, kernig
nervulus, ī *m* = nervus
nerv|us, ~ī *m* Sehne, Muskel; *auch* Bogensehne, Saite, Riemen, Fessel, Lederbezug; männliches Glied; *übertr* Nerv; *Pl* ~i Stärke, Triebfeder; Nachdruck
Nesactium, ī *n* Nesactium (Stadt der Istrier)
nesapius *3* unwissend
nesciō *4* nicht wissen; nicht kennen; *mit Inf* nicht verstehen, nicht können; ~ quis ich weiß nicht, wer; irgendeiner; *ebenso* ~ quo pacto *od* quomodo irgendwie, leider, sozusagen ⟦*ml* ~ quasi vielleicht
nescius *3* [scio] unwissend, unkundig; unfähig; unbekannt, unbemerkt, unbewusst
Nēsi|s, ~dis *f* Nesis (kleine gr. Insel am Kap Misenum)
Nessēus *3* des Nessos
Nessus, ī *m* Nessos (1. Fluss in Thrakien 2. Kentaur)

Nestor, ~is *m* Nestor (greiser Ratgeber u. kluger Redner der Griechen vor Troja, König von Pylos)
⟦**neta,** ae *f spl* unterste Saite, letzter Ton
Nētīnī, ōrum *m* Einw. von Neton
Nētum, ī *n* Neton (Stadt in Sizilien), *heute* Noto
nētus →neo
neu →neve
⟦**neuma,** ae *f* [*gr*] *ml* Melodie; Note, Neume
⟦**neumatizo** *1 ml* mit Neumen (Noten) versehen
Neurī, ōrum *m* Neurer (Volk in Skythien)
Neuricus *3* der Neurer
neuter, neutra, neutrum (*Gen* neutrius, *Dat* neutri) *Pron* keiner von beiden; *phil* gleichgültig, weder gut noch böse; *gramm* neutrum, sächlich; *Pl* neutri keine von beiden Parteien ⟦*ml* Kastrat
neutiquam *Adv* keineswegs
⟦**neutrim** *ml* auf keiner Seite
neutrō *Adv* nach keiner Seite hin
neutrubi *Adv* an keiner von beiden Stellen
nēve *u.* **neu** *Kon. im Aufforderungssatz zum Anschluss des 2. Gliedes* oder nicht, und nicht; ~ ... ~ weder ... noch, ut ~ ... ~ damit weder ... noch
nēvī →neo
nevīs = non vis (*2. Pers Sg Ind Präs zu* nolo)
nevolt = non vult (*3. Pers Sg Ind Präs zu* nolo)
nex, necis *f* [neco] Tod; Mord; Blut des Erschlagenen
nexī →necto
nexil|is, ~e, *Gen* ~is [necto] zusammengeknüpft, -gebunden
nexuī →necto
nexum, ī *n* [necto] Darlehensvertrag, Schuldverpflichtung
nexus I. *Part Perf Pass* →necto; *Pl* nexi mit dem Leben haftende Schuldner **II.** *Subst* ūs *m* Zusammenknüpfen, Verschlingung; Verbindung, Band; *auch* = nexum
nī *Kon.* wenn nicht
-nī *Adv* nicht; quidni warum nicht; *altl* = ne I.
Nīcaea, ae *f* Nicaea, *gr* Nikaia (N mehrerer Städte: 1. in Bithynien, Konzil 325 n. Chr. 2. in Lokris 3. in Indien 4. in Ligurien, *heute* Nizza)
Nīcaeēns|ēs, ~ium *m* Einw. von Nicaea
Nīcaeus *3* [*gr*] Siegbringer (BN Jupiters)
nīcātor, ~is *m* [*gr*] Sieger (BN des Seleukos); *Pl* ~es Leibwache des Perseus 2.
nīcētērium, ī *n* [*gr*] Siegespreis
Nīcia, ae *m* = Nicias
Nīciās, ae *m* Nikias (1. athenischer Staatsmann u. Feldherr, 413 v. Chr. in syrakusanischer Gefangenschaft hingerichtet 2. Grammatiker z. Z. Ciceros)

n

Nīcomēd|ēs, ~is *m* Nikomedes (N mehrerer Könige in Bithynien)
Nīcomēdia, ae *f* Nikomedeia (Hauptstadt Bithyniens)
Nīcomēdiēns|is, I. *Adj* ~e, *Gen* ~is aus Nikomedeia **II.** *Subst* ~ēs, ~īum *m* Einw. von Nikomedeia
Nīcopolis, ~ *f* Nikopolis (Stadt 1. in Epeiros 2. in Thrakien 3. ~ ad Istrum in Mösien)
nict|ō *u.* **~or** *1* [coniveo] mit den Augen zwinkern; zucken
nīdāmentum, ī *n* [nidus] Baustoff zum Nest
nīdificō *1* nisten
nīdor, nīdōris *m* Duft; Dampf, Dunst
nīdulus, ī *m* Nestchen
nīdus, ī *m* Nest (*urv*); junge Vögel im Nest; Wohnsitz
nigellus *3* schwärzlich
niger, nigra, nigrum schwarz, dunkelfarbig, düster; traurig, schrecklich, unheilvoll; boshaft, böse; hora nigra Todesstunde; ignes nigri Scheiterhaufen ⟦*ml* ordo ~ Benediktinerorden
Nigidius *3 Gent* Nigidius (P. ~ Figulus, vielseitiger Gelehrter z. Z. Ciceros)
nigr|āns, *Gen* ~antis schwarz, dunkel
⟦**nigred|o,** ~inis *f spl* Schwärze, dunkle Farbe
nigr|ēscō, ~uī *3* schwarz, dunkelfarbig werden
nigric|āns, *Gen* ~antis schwärzlich, dunkel
⟦**nigrid|ō,** inis *f spl* = nigredo
nigritia, ae *f* schwarze Farbe
⟦**nigromantia,** ae *f ml* sogenannte Schwarze Kunst, Totenbeschwörung, *eigentlich* necromantia [*gr*]
⟦**nigromanticus** *3 ml* Zauber-
nigr|or, ~ōris *m* Schwärze, schwarze Farbe; Finsternis
nihil I. *n undekl Pron* [*ne-hilum] nichts; non ~ manches; ~ non alles Mögliche; ~ nisi nur; ~ minus nichts weniger; ~ sane gar nicht; ~ est, quod *Konj.* es ist kein Grund vorhanden, dass; ~ ad nichts im Vergleich mit; ~ est es hilft nichts **II.** *Adv* (*als Akk*) keineswegs; aus keinem Grunde; umsonst, vergeblich
nihildum noch nichts
⟦**nihili,** orum *m ml* die »Nullen« (personifiziert)
⟦**nihilo** *1 ml* zunichtemachen
nihilominus →nihilum
nihil|um I. *Subst* ~ī *n* [nihil] nichts; *Gen* ~ī für nichts; homo ~i nichtswürdiger Mensch; ad ~um venire zunichtewerden; *Abl* ~o *bei Komp* um nichts, ~o minus *od* nihilominus nichtsdestoweniger, trotzdem; pro ~o putare als nichts erachten **II.** *Adv* (*als Akk*) in keiner Hinsicht, keineswegs
nīl = nihil
Nīliacus *3* des Nils; *poet* ägyptisch
nīlum, ī *n* = nihilum
Nīlus, ī *m* Nil (Fluss in Ägypten)
nimbātus *3* in Nebel gehüllt
nimbifer, nimbifera, nimbiferum Unwetter bringend
nimbōsus *3* voller Regenwolken, in Wolken gehüllt; stürmisch
nimbus, ī *m* (Gewitter-)Wolke; Regenguss; Sturm; Gewölk, Nebelhülle (der Göttererscheinung); Schar, Menge; Parfümfläschchen ⟦*ml* Dunstmassen
nimietā|s, ~tis *f* [nimius] Übermaß
nimiō *Adv* (zu) sehr; überaus; ~ minus gar zu wenig
nīmīrum *Adv* allerdings, freilich; *ironisch* natürlich
nimis *Adv* (all)zu sehr, überaus, zu ⟦*ml* sehr
nimium I. *Subst n* Zuviel, zu viel (*Ggs* parum) **II.** *Adv* = nimio; zu früh
nimius *3* sehr groß, zu groß, übermäßig
ningit = ninguit
ninguit, nīnxit *3* [nix] es schneit
ninnium, *Bedeutung unklar* Gebühr, Urkunde, Person, *überhaupt* etw., wodurch man das attische Bürgerrecht erlangen konnte
Ninnius *3 Gent* Ninnius (L. ~ Quadratus, Gegner des Clodius)
Ninos = Ninus
Ninus, ī **1.** *f* Ninive (Hauptstadt Assyriens) **2.** *m* Ninos (König von Assyrien, Gem. der Semiramis)
nīnxit →ninguit
Ninya, ae *m* Ninyas (S. des Ninos u. der Semiramis)
Nioba, ae *f* Niobe (gr. myth. FN; T. des Tantalos)
Niobē, ēs *f* = Nioba
Niobēus *3* der Niobe
Niphātēs, ae *m* [*gr* Schneeberg] Niphates (Gebirge *od* Fluss in Armenien)
niptra, ōrum *n* [*gr*] Fußwaschung, Waschwasser (auch Titel einer Tragödie des Pacuvius)
Nīrēus, ī (*Akk meist* Nirea) *m* Nireus (nächst Achilleus der schönste Held vor Troja)
Nīsaeus *3* des Nisos
Nīsēi|s, ~dis *f* T. des Nisos 1., Skylla
Nīsēius *3* = Nisaeus
nisi *Kon.* wenn nicht; *Umgangssprache* aber; *nach Verneinung:* außer; non ... ~ (~ ... non) nur; ~ si außer wenn; ~ quod außer (nur) dass leider; ~ forte *od* vero wenn nicht etwa, es müsste denn sein, dass
Nīsia|s, ~dis *f* megarisch
Nisibis, ~ *f* Nisibis (Stadt in Mesopotamien)

nīsus I. *Part Perf* →¹nitor **II.** *Subst* ūs *m* Anspannung, Anstemmen des Körpers; Schwung; Flug, Emporklettern
Nīsus, ī *m* Nisos (1. König in Megara 2. Trojaner, Begleiter des Aineias, bildet mit Euryalos ein treues Freundespaar)
nītēdula, ae *f* Haselmaus
¹**nītēns** *Part Präs zu* ¹nitor
²**nitēns,** *Gen* nitentis glänzend; prächtig, schön
⟦**nitentia,** ae *f ml* Glanz
niteō, nituī *2* glänzen, gleißen; strahlen; wohlgenährt sein; reichlich vorhanden sein
nitēscō, nituī *3* erglänzen; gedeihen
nitidiusculus *3* etwas glänzender
nitidus *3* glänzend, blinkend; schmuck, sauber; wohlgenährt; üppig
Nitiobrog|ēs, ~um *m* Nitiobroger (Volk in Aquitanien)
¹**nītor,** nīxus *od* nīsus sum *3* sich stützen, sich stemmen, sich emporarbeiten, sich vorwärts- *od* aufwärtsbewegen, drängen; *übertr* sich stützen, beruhen, bauen (in) *Abl* auf; streben, trachten nach, sich bemühen ⟦*ml* trachten *Dat* nach
²**nitor,** nitōris *m* [niteo] Glanz, Schimmer, Schönheit; Wohlgenährtheit
nitrum, ī *n* Salpeter, Soda, Natron (*Lw*)
nituī →niteo *u.* nitesco
nivāl|is, ~e, *Gen* ~is Schnee-, schneeig, schneeweiß; kalt
nivātus *3* [nix] mit Schnee gekühlt
nīve oder wenn nicht
niveus *3* [nix] Schnee-, schneebedeckt, schneeweiß; eiskalt
nivōsus *3* [nix] schneereich
nix, nivis *f* Schnee (*urv*), Schneemassen; kaltes Klima
Nixī, ōrum *m* Gottheiten der Geburtshilfe
nīxor *1* [¹nitor] sich stemmen
nīxus = nisus
nō *1* schwimmen; *auch* segeln, fließen, fliegen
nōbil|is, ~e, *Gen* ~is [nosco] adlig, zum Amtsadel gehörig, vornehm; berühmt, gefeiert; edel; berüchtigt; erkennbar, kenntlich, bekannt; *Pl* ~es die Vornehmen, Adel ⟦*spl Adv* nobiliter rühmlich
⟦**nobilista,** ae *m ml* Edelmann
nōbilitās, ~tis *f* (Amts-)Adel; Vornehmheit, Vortrefflichkeit, Berühmtheit ⟦*ml höfische Anrede* Euer Hochwohlgeboren, Hoheit
nōbilitō *1* bekannt *od* berühmt *od* berüchtigt machen
nōbīs *Dat/Abl zu* nos
nocēns, *Gen* nocentis **I.** *Adj* schädlich; schuldig, strafbar **II.** *Part Präs Akt zu* noceo **III.** *Subst m* Übeltäter
noceō, nocuī, nocitus *2* schaden, hinderlich sein; noxam ~ sich vergehen, eine böse Tat begehen *alte Formel;* schädigen

n

⟦**nocimentum,** i *n ml* Schaden
nocīvus *3* schädlich, schlimm
⟦**nocticolor,** *Gen* ~is *spl* nachtfarben, dunkel
Noctifer, ī *m* Abendstern
noctilūca, ae *f* Mond; Laterne
noctivagus *3* bei Nacht umherschweifend
noctū *Adv* nachts
noctua, ae *f* Nachteule, Käuzchen
noctuābundus *3* nachts reisend
noctuīnus *3* vom Käuzchen
⟦**nocturnum,** i *n ml* Nokturn (liturgisches Nachtgebet)
nocturnus I. *Adj 3* nächtlich, Nacht- **II.** *Subst* ī *m* Abendstern
noctūvigilus *3* bei Nacht wachend
nocuus *3* schädlich
nōdō *1* [nodus] knoten, binden, knüpfen
nōdōsus *3* knotig; *übertr* gerissen
nōdus, ī *m* Knoten, Schlinge; Gelenk; Knorren im Holz; Knospe; Verwicklung (auch im Drama); Schwierigkeit ⟦*ml* ~ sacramenti Geheimnis
noenu(m) *altl* [ne, oenus] nicht
Nōla, ae *f* Nola (Stadt in Kampanien)
⟦**nola,** ae *f spl* Schelle, Glöckchen
Nōlānus I. *Adj 3* aus Nola **II.** *Subst* ī *m* Einw. von Nola
nōlle →nolo
nōlō, nōluī, (*Inf* nōlle) [*nevolo] nicht wollen (*auch* nicht wohlwollen); nōlī(te) *mit Inf* [*als Verbot*] nicht *mit Imp, z. B.* noli tangere berühre nicht
Nomad|es, ~um *m* [*gr*] Hirtenvölker, Nomaden; *bes* Numider
nōmen, nōminis *n* Name (*urv*), Benennung; Wort, Titel, Veranlassung, Vorwand; Ruf, Ruhm, Würde; Schuldner, Schuld(forderung); *zur Umschreibung einer Person od eines Volkes* ~ vestrum ihr; ~ populi Romani das röm. Volk; nomine namens, *auch:* wegen, um ... willen, unter dem Namen, als; meo nomine in meinem Namen, für meine Person; ~ deferro anklagen; nomina facio Geld verleihen; ~ do Unterschrift leisten, sich (freiwillig) melden ⟦*ml* ~ do sich anmelden (zur Taufe); Grund; *jur* Rechtstitel; hoc nomine in diesem Sinne; nomine tenus dem Namen nach; ~ *Gen* Bedeutung von
nōmenclātiō, ~nis *f* [¹calo] Benennung mit Namen
nōmenclāt|or, ~ōris *m* Namennenner (Sklave, der seinem Herren, wenn er ausging, den Namen der ihm begegnenden Personen nennen musste)
nōmenclātūra, ae *f* Namenverzeichnis
Nōmentān|us I. *Adj 3* aus Nomentum **II.** *Subst* ~ī, ~ōrum *m* Einw. von Nomentum
Nōmentum, ī *n* Nomentum (Stadt nordöstlich von Rom), *heute* Mentana

nōminātim *Adv* namentlich, ausdrücklich ⟦*spl* mit Namen
nōminātiō, ~nis *f* Vorschlag zu einem Amte; (Be-)Nennung
nōminātīvus I. *Adj 3* zur Nennung gehörig **II.** *Subst* ī *m* Nominativ
⟦**nominatus** *3 spl* berühmt
nōminitō *1* benennen
nōminō *1* (be-, er)nennen, bezeichnen, namentlich erwähnen; rühmen, zu einem Amt vorschlagen; *jur* angeben, anklagen
nōminor *1* heißen; nur mit Namen bekannt sein
nomisma, ~tis *n* [*gr*] Münze ⟦*spl* Prägung
nomo|s (*Akk* ~n) *m* [*gr*] Weise, Lied
nomus, ī *m* [*gr*] Bezirk
Nōn. *Abk von* Nonae
nōn *Adv* [noenum] nicht (*bisw bei Imp u Konj. statt* ne); *als Antwort* nein (*urv*) ⟦*ml* ~ ... verum etiam nicht nur ... sondern auch
nōna, ae *f* 9. Stunde = 15 Uhr (Essenszeit)
Nōnacria, ae *f* **1.** Nonakris (Stadt u. Landschaft in Arkadien, wo der Styx entsprang) **2.** Atalante (FN)
Nōnacrīnus *3* = Nonacrius
Nōnacris, ~ *f* = Nonacria 1.
Nōnacrius *3* von Nonacria 1.
Nōnae, ārum *f* Nonen (9. Tag vor den Idus: 7. Tag im März, Mai, Juli, Oktober, sonst 5. Tag
⟦**nonagenarius** *3 spl* neunzigjährig
nōnāgēsimus *3* neunzigster
nōnāgiēs *Adv* neunzigmal
nōnāgintā neunzig
nōnānus *3* (von) der 9. Legion
nōndum *Adv* noch nicht
nōngentī, ae, a neunhundert
nōnne nicht? *mit Umstellung von Prädikat und Subjekt; in indir Frg* ob nicht
nōnnēmō *Pron* mancher
nōnnihil I. *Pron* manches **II.** *Adv* einigermaßen
nōnnūllus *od* **nōn nūllus** →nullus
nōnnunquam *od* **nōn numquam** *Adv* manchmal
nōnus *3* neunter
nōnus decimus *3* neunzehnter
Nōrba, ae *f* Norba (Stadt in Latium)
Nōrbān|us I. *Adj 3* aus Norba **II.** *Subst* ~ī, ~ōrum *m* Einw. von Norba
Nōrēns|ēs, ~ium *m* Einw. von Nora (Stadt auf Sardinien)
Nōricum, ī *n* Noricum (Land der Noriker, dann röm. Provinz)
Nōric|us I. *Adj 3* norisch, der Noriker **II.** *Subst* ~ī, ~ōrum *m* Noriker (Volk vom Inn bis Pannonien)
⟦**Norimberga,** ae *f ml* Nürnberg
nōrma, ae *f* Regel, Vorschrift, Norm; Winkelmaß, rechter Winkel
nōrmāl|is, ~e, *Gen* ~is rechtwinklig
⟦**normula,** ae *f spl* Regel, Richtschnur
Nortia, ae *f* Nortia (etr. Schicksalsgöttin)
nōs *Personalpron* wir; *auch* ich (*Gen* nostri unser, von uns, zu uns, an uns, für uns *u. zum Ausdruck des Teilverhältnisses* nostrum von uns; *Dat/Abl* nobis; *Akk* ~)
nōscitābundus *3* genau untersuchend
nōscitō *1* [nosco] erkennen, bemerken; untersuchen
nōscō, nōvī, nōtus *3* kennenlernen, erkennen, erfahren, wahrnehmen; anerkennen; prüfen, *jur* untersuchen; *Perf Akt* kennen (*urv*), wissen ⟦*ml* noscitur = constat; pro nosse nach Kenntnis
nōsmet *verstärktes* nos
noster, nostra, nostrum (*Gen Pl auch* nostrum) *Poss* unser (*urv*), *auch* = mein; amor ~ unsere *u.* die uns erwiesene Liebe; *Pl* nostri, orum *m* die Unsrigen (Landsleute, Soldaten, die Römer) ⟦*ml* nostri numerus = noster numerus
nostra, ōrum *n* unser Eigentum *od* Vermögen; meine Schriften ⟦*spl* unser Land
nostrā|s, *Gen* ~tis [noster] **I.** *Adj* inländisch, heimisch **II.** *Subst m* unser Landsmann; *Pl* ~tes = nostri ⟦*ml Subst Pl* ~tes *m* Hörige; unsere Klosterleute
⟦**nostratim** *Adv ml* in unserer Sprache
nostrī →noster
nostrum →noster *und* nos
nota, ae *f* Zeichen, Merkmal; Note, Schriftzeichen; Marke, Sorte, Art; Brandmal; Rüge durch den Zensor; *Pl* notae Brief, Schrift; notae verborum Kurzschrift
notābil|is, ~e, *Gen* ~is [noto] bemerkenswert; bemerkbar, kenntlich
notārius, ī *m* Stenograf, Sekretär ⟦*ml* Schreiber (des dt. Kaisers)
notātiō, ~nis *f* Kennzeichnung; Etymologie; Bestimmung; Rüge; Beobachtung, Beachtung
notātus I. *Adj 3* gekennzeichnet **II.** *Part Perf Pass zu* noto
nōtēscō, nōtuī *3* bekannt werden
nothus *3* [*gr*] unehelich; unecht, fremd
nōtificō *1* bekannt machen ⟦*ml* melden, bemerken
nōtiō, ~nis *f* [nosco] Kenntnisnahme, Kennenlernen, Untersuchung; Kenntnis, Vorstellung; Begriff
nōtitia, ae *f* Kenntnis, Wissen; Bekanntsein, Bekanntschaft, *auch* der Bekannte; Begriff, Vorstellung ⟦*ml* in ~ est = notum est
notitiēs, ēī *f* = notitia
notō *1* kennzeichnen, be-, auszeichnen; rügen, notieren; konstatieren; wahrnehmen
nōtor, nōtōris *m* [nosco] Bürge

⟦**notorius** *3 spl* anzeigend; *ml* allgemein bekannt
notuī →notesco
⟦**notula,** ae *f spl* kurze Bemerkung
[1]**nōtus I.** *Adj 3* [nosco] bekannt *Gen* mit, vertraut; berühmt; berüchtigt **II.** *Part Perf Pass* →nosco **III.** *Subst* ī *m* Bekannter
[2]**notus,** ī *m* [*gr*] (stürmischer) Südwind
novācula, ae *f* Schermesser (auch für Rasur und Haarschnitt)
Novaesium, ī *n* Novaesium (Stadt am Rhein), *heute* Neuss
novāl|is I. *Adj* ~e, *Gen* ~is brach, unbearbeitet, unbestellt **II.** *Subst* ~is *f od* ~e *n* Brachland, Acker
novāt|or, ~ōris *m* Erneuerer
novātri|x, ~cis *f* Erneuerin
⟦**novatus,** us *m spl* Erneuerung
novellō *1* neue Weinberge anlegen ⟦*ml vom Gärtner* bearbeiten
novellus *3* neu, jung
novem neun (*urv*)
Novemb|er I. *Adj* ~ris, ~re, *Gen* ~ris des November, November- **II.** *Subst* ~ris *m* November
novendiāl|e, ~is *n* Totenmahl
novendiāl|is, ~e, *Gen* ~nis neuntägig; am neunten Tage; cena ~is Totenmahl
novēnī, ae, a je neun
⟦**novennium,** i *n ml* Jahrneunt
novēnsilēs divī neue (übernommene) Götter
noverca, ae *f* [novus] Stiefmutter
novercāl|is, ~e, *Gen* ~is stiefmütterlich; feindselig
⟦**novercor** *1 spl* stiefmütterlich behandeln *Dat* jmdn.
nōvī →nosco
novīcius [novus] **I.** *Adj 3* neu, jung **II.** *Subst* ī *m* Neuling ⟦*ml* Novize (Mönch auf Probezeit)
noviē(n)s *Adv* neunmal
Noviodūnum, ī *n* Noviodunum (N mehrerer kelt. Städte, bei den Biturigen, Häduern und Suessionen)
Noviomagus, ī *f* Noviomagus (kelt. Ortsname), *heute* **1.** Speyer **2.** Neumagen
novissimē *Adv* →novus
novitā|s, ~tis *f* Neuheit, Ungewöhnlichkeit; neu erworbener Rang ⟦*spl* Neuigkeit, neue Nachricht; neue Richtung; *ml Pl* ~tes neue Werke
⟦**noviter** *spl Adv zu* novus
novō *1* neu machen, erneuern; erfinden, aufbringen; verändern, verwandeln
Novōcōmēns|ēs, ~ium *m* Novocomenser, Einw. von Novum Comum, →Comum
novum, ī *n* Neuigkeit
Novumcōmum = Novum Comum, →Comum
novus *3* neu (*urv*), frisch, jung; unerhört, ungewöhnlich; unerfahren; unbekannt; homo ~ Emporkömmling; res novae Umsturz, Neuerungen; tabulae novae Streichung der Schulden, neue Schuldbücher; novae (tabernae) (Geld-)Wechslerbuden auf dem Forum; *Sup* novissimus äußerster, letzter, höchster, ärgster; agmen novissimum Nachhut; *Adv* novissime vor Kurzem, zuletzt; endlich
nox I. *Subst* noctis *f* Nacht (*urv*), Finsternis; *übertr* Schlaf, Tod; Unverständlichkeit; Blindheit; prima nocte nach Einbruch der Nacht *od* in der 1. Nachtwache; (de) multa nocte tief in der Nacht; media nocte um Mitternacht; ad multam noctem bis tief in die Nacht; profunda ~ Totenreich **II.** *Adv* bei Nacht
Nox, Noctis *f* Göttin der Nacht
noxa, ae *f* [noceo] Schuld, Verbrechen; Schaden; Strafe; noxae (*Dat*) dedo zur Bestrafung übergeben, ausliefern
noxia, ae *f* Schaden; Vergehen, Verbrechen; Schuld
⟦**noxial|is,** ~e, *Gen* ~is *spl* = noxius
noxiōsus *3* schädlich; beschädigt
⟦**noxium,** i *n ml* Schaden; Unkraut
noxi|us *3* schädlich; schuldig, sträflich; *Pl* ~i *m* Verbrecher
nūbēcula, ae *f* Wölkchen
nūbēs, nūbis *f* Wolke, Hülle
nūbifer, nubifera, nubiferum Wolken tragend *od* bringend
nūbigena, ae *m* Wolkensohn (BN der Kentauren)
nūbil|is, ~e, *Gen* ~is heiratsfähig, mannbar
⟦**nubilosus** *3 spl* umwölkt; düster
nūbil|um, ~ī *n* Gewölk; *Pl* ~a wolkige Tage, bewölkter Himmel
nūbilus *3* wolkig; finster, düster
nūbō, nūpsī, nūptum *3 von der Frau;* sich vermählen, heiraten *Dat* jmdn. ⟦*ml* sedeo nuptum (*Supin*) sich zum Hochzeitsmahl setzen
nūbs, nūbis *f* = nubes
Nūceria, ae *f* Nuceria (Stadt in Kampanien), *heute* Nocera
Nūcerīn|us *3* aus Nuceria; *Pl* ~i *m* Einw. von Nuceria
⟦**nucerinus** *3 ml* aus Nussbaumholz
nūcifrangibulum, ī *n* Nussknacker *scherzhaft für Zahn*
nucleus, ī *m* [nux] (Nuss-)Kern
nuculeus, ī *m* = nucleus
⟦**nudita|s,** ~tis *f spl* Nacktheit, Blöße
nudiūs [nunc *u.* dies] *mit Ordnungszahl* es ist jetzt der (soundsovielte) Tag, *z. B.* ~ tertius es ist jetzt der 3. Tag, vorgestern
nudō *1* entblößen, enthüllen; berauben; messes ~ Getreide ausdreschen; castra ~ das Lager unverteidigt lassen ⟦*ml* erfinden, entdecken

nūdus 3 unbekleidet, nackt (*urv*), ungeschützt, beraubt, bloß, kahl, ohne (ab) *Abl od Gen* etw.; schmucklos
nūgae, ārum *f* Albernheiten, Spielereien; *von Personen* Taugenichts
nūgāt|or, ~ōris *m* Schwätzer, Wichtigtuer, Angeber
nūgātōrius *3* nichtig, unnütz, wertlos
nūgā|x, *Gen* ~cis Possen treibend, possierlich, spaßig
Nūgiepiloquidēs, ae *m* unnützer Schwätzer *Komödienwitz*
nūgigerulus, ī *m* Faxenmacher, Spaßvogel, Possenreißer
nūgivendus, ī *m* Kitsch-, Souvenirhändler, Trödler
nūgō, ~nis *m* Schwätzer, Maulheld, Angeber
nūgor *1* Possen treiben, Faxen machen, schwatzen, angeben
⟦**nullatenus** *spl Adv* keineswegs, durchaus nicht
⟦**nulligenus** *3 ml* keinerlei
nūllum, ī *n* nichts
nūll|us I. *Adj 3* (*Gen* ~īus *od* ~ī; *Dat* ~ī *auch* ~ō, *f* ~ae) kein; unbedeutend, nichtig (eine Null); vergangen, tot; *statt* non: gar nicht; ~us non jeder; non ~us ziemlich groß; non ~i *od* nonnulli einige **II.** *Subst* ~i *m* keiner, niemand
nūllusdum *3* noch keiner
num 1. *in direkter Frage:* etwa?, denn?, doch nicht? (*verneinende Antwort wird erwartet*) **2.** *in indir Frg:* ob
Num. *Abk für* Numerius
Numa →Pompilius ⟦*spl* mensis Numae Februar
Numantia, ae *f* Numantia (Stadt im nordöstlichen Spanien)
Numantin|us *3* aus Numantia; *Pl* ~i *m* Einw. von Numantia
numella, ae *f* Halseisen *Fessel*
nūmen, nūminis *n* [nuo] einer Gottheit Wink *od* Wille *od* Macht; Gottheit, Gott *auch als Titel des Kaisers,* Göttlichkeit, Majestät; ~ do Beistand leisten, leihen
numerābil|is, ~e, *Gen* ~is zählbar; klein
numerātiō, ~nis *f* Bar-, Auszahlung
numerātus I. *Adj 3* bar, hingezählt **II.** *Part Perf Pass zu* numero I.
Numerius, ī *m* Numerius (röm. VN), *Abk* N. *und* Num.
numerō I. *Verb 1* [numerus] zählen, aufzählen, rechnen; hinzählen, bezahlen; zählen in *Abl od* inter zu, ansehen als **II.** *Adv* rechtzeitig; zu früh
⟦**numerosita|s,** ~tis *spl* große Menge; *ml* Zahl
numerōsus *3* zahlreich, vielseitig; rhythmisch, taktmäßig
numer|us, ~ī *m* Zahl; Anzahl, Vorrat, Menge; Abteilung, Reihe, Ordnung, Verzeichnis; Stand, Rang; Bestandteil, Glied; Takt *auch übertr*, Rhythmus; *Pl* ~i *auch* Mathematik, Würfel; ad ~um vollzählig; in ~o habeo *od* duco zählen *Gen* zu; ~i graves heroische Verse, Hexameter; ~i impares elegische Verse, Distichen ⟦*spl* ~us Truppenabteilung; *ml* ~us fixus Preis
Numīcius, ī *m* = Numicus
Numīcus, ī *m* Numicus (Fluss in Latium)
Numida, ae *m* [Nomades] ein Numid(i)er (Angehöriger eines Volkes in Nordafrika, etwa im heutigen Algerien), Nomade
Numidia, ae *f* Numidien (Land der Numider, etwa das heutige Algerien)
Numidica, ae *f* afrikanisches Perlhuhn
Numidicus *3* **1.** numidisch, aus Numidien **2.** Numidicus (BN des Q. Caecilius Metellus, des Siegers über den Numiderkönig Jugurtha)
⟦**numisma,** ~tis *n* [*gr*] *ml* Münze
Numistrō, ~nis *f* Numistro (Stadt in Lukanien)
Numit|or, ~ōris *m* Numitor (Großvater von Romulus u. Remus, König von Alba)
nummārius *3* Geld-; mit Geld bestochen
nummāt|us *3* mit Geld versehen ⟦*spl* meritum ~um reicher Gewinn
Nummōsexpalpōnidēs, ae *m* Gelderschmeichler *Komödienwitz*
nummulāriolus, ī *m Dim zu* nummularius
nummulārius, ī *m* Geldmakler, Wechsler
nummulus, ī *m* kleine Münze, »Pfennig«
numm|us, ~ī *m* [*gr*] (*Nbf Gen Pl* nummum) Münze, Geldstück, -kurs; *auch* = sestertius; *Pl* ~i Geld; in ~is in bar
numnam = num
numne = num
numquam *Adv* nie(mals); non ~ manchmal, zuweilen; ~ non immer
Numquamēripidēs →Quodsemelarripides
numquis(nam) jemand? →[1]quis 2.
nunc *Adv* jetzt, nun (*urv*), nun aber *bisw von Vergangenheit od Zukunft;* ~ ... ~ bald ... bald ⟦*ml* ex ~ von jetzt an; pro ~ für jetzt
nunciam *Adv* jetzt gleich
nuncine *Adv* jetzt?
nuncubi *Adv* irgendwo?
nūncupātiō, ~nis *f* feierliches Aussprechen *von Gelübden, Vertragsformeln;* Ernennung zum Erben; Benennung
nūncupō *1* [nomen *u.* capio] feierlich aussprechen, erklären; benennen
nūndinae, ārum *f* Markttag, Wochenmarkt (an jedem 9. Tag); Markt; Handel, Verkauf
nūndināl|is, ~e, *Gen* ~is nur alle 9 Tage gemietet
nūndinātiō, ~nis *f* Handel, Feilschen ⟦*ml* ~ sacerdotiorum Schachereien mit *od*

Verkauf von kirchlichen Ämtern *od* Pfründen
nūndinor *1* handeln, feilschen; *übertr* verkehren; verkaufen; erhandeln ⟦*ml* zu Markte tragen
nūndinum, ī *n* Zeitraum von 8 Tagen, *gew* trinum ~ *od* trinundinum Zeit von 3 Markttagen, 17 *od* 24 Tage (zählt man die Markttage selbst doppelt, als Anfang und Ende eines nundinums), gesetzliche Frist
nunquam = numquam
nūntia, ae *f* Botin, Verkünderin
nūntiātiō, ~nis *f* Meldung, Verkündigung, Anzeige
nūntiō *1* melden, verkünden, anzeigen; salutem ~ grüßen; nuntiato auf die Nachricht
nūntium, ī *n* Nachricht, Anzeige
nūntius I. *Adj 3* meldend, verkündend, anzeigend **II.** *Subst* ī *m* Bote; Botschaft, Nachricht; Befehl
nūper *Adv* [novus *u.* ¹paro 1.] neulich, vor Kurzem; in letzter Zeit
nūperrimē *Sup zu* nuper neulich, unlängst, vor Kurzem
nūperus *3* neu gekauft *od* gefangen
nūpsī →nubo
nūpta I. *Part Perf Pass* →nubo; ~ cum verheiratet mit **II.** *Subst* ae *f* Braut, (Ehe-) Frau
nūptiae, ārum *f* [nubo] Hochzeit, Vermählung; Geschlechtsverkehr
nūptiāl|is, ~e, *Gen* ~is Hochzeits-, Ehe-
Nursia, ae *f* Nursia (Stadt im Sabinerland), *heute* Norcia
Nursīnī, ōrum *m* Einw. von Nursia
nurus, ūs *f* Schwiegertochter; junge Frau
nusquam *Adv* nirgends; in keinem Falle, zu nichts
nūtātiō, ~nis *f* Schwankung, Schwanken; *übertr* Verfall
nūtō *1* [*vgl* abnuo] (zu)nicken; schwanken, wanken; unzuverlässig sein
nūtrīcātus, ūs *m* Säugen
nūtrīcius, ī *m* Erzieher
nūtrīc|ō *u.* **~or** *1* säugen, ernähren, aufziehen
nūtrīcula, ae *f* Amme
nūtrīm|en, ~inis *n* Nahrung ⟦*spl* Fürsorge
nūtrīment|um, ī *n* Nahrung, *meist Pl* ~a; *übertr* Erziehung, Aufziehen; ~um ignis Brennstoff
nūtriō *4* säugen, ernähren, aufziehen; pflegen, hegen, fördern
nūtrīt|or, ~ōris *m* Erzieher
⟦**nutritura,** ae *f ml* Erziehung
nūtrī|x, ~cis *f* [nutrio] Amme, Ernährerin; *Pl* ~ces Brüste
nūtus, ūs *m* [*vgl* abnuo] Nicken, Winken; *übertr* Wink, Wille; Herabsinken, Schwerkraft ⟦*spl* divino nutu nach Gottes Ratschluss
nux, nucis *f* Nuss (*urv*), Nussbaum; *auch* Mandel(baum); *Pl* nuces Nussspiel ⟦*ml* Inbegriff, Kern
Nyctēi|s, ~dis *f* T. des Nykteus, Antiope 1.
Nyctelius *3* nächtlich, Nyktelios (BN des Bakchos)
Nycteūs, ī *m* Nykteus (König in Boiotien)
Nyctimenē, ēs *f* Nyktimene (Lesbierin, in eine Eule verwandelt)
Nympha, ae *f* [*gr*] Nymphe (weibliche Gottheit)
nympha, ae *f* [*gr*] junge (Ehe-)Frau, Braut
nymphaeum, ī *n* (den Nymphen geweihte) Brunnenanlage
Nymphaeum, ī *n* Nymphaion (1. Vorgebirge u. Hafen in Illyrien 2. Vorgebirge der Halbinsel Chalkidike)
nymphē, ēs *f* = nympha
Nȳsa, ae *f* = Nys(s)a
Nȳsaeus *3* aus Nysa, *poet* = bakchisch, des Bakchos
Nȳsēi|s, *Gen* ~dis = *f zu* Nysaeus
Nȳseūs, ~ī *od* ~os *m* Nyseus (BN des Bakchos), *poet* = Bakchos
Nȳsia|s, *Gen* ~dis = *f zu* Nysaeus
Nȳsigena, ae *m, f* in Nysa geboren
Nȳs(s)a, ae *f* Nysa (1. T. eines Königs Nikomedes 2. Stadt in Karien 3. Stadt u. Berg in Indien 4. Stadt in Aithiopien)

O

ō *Interj* o!, ach! *meist Akk od Gen; dt Nom, bei feierlicher Anrufung, Ausruf der Freude, des Bedauerns (oft unübersetzt)*
Ōariōn, ~is *m* = Orion
Oaxēs, Oaxis *m* Oaxes (Fluss auf Kreta)
ob *Präp Akk* entgegen, vor *lokal;* wegen *kausal;* für *zur Bez des Gegenwertes bei Kauf und Verkauf*
obaerātus [aes(alienum)] **I.** *Adj 3* verschuldet **II.** *Subst* ī *m* Schuldner
obambulō *1* umhergehen, -wandeln; entgegengehen, auf und ab gehen
obarmō *1* rüsten, bewaffnen
obarō *1* umpflügen
⟦**obaudio** *4 ml* überhören
obba, ae *f* Weingefäß
obbrūtēscō *3* den Verstand verlieren, stumpf *od* geistlos werden
obc- = occ-
ob|dō, ~didī, ~ditus *3* legen *Dat* vor; (ver)schließen
obdormī|scō, ~vī *3* einschlafen ⟦*ml* zur ewigen Ruhe eingehen, entschlafen
ob|dūcō, ~dūxī, ~ductus *3* entgegenziehen, -führen, vorziehen; vorschieben (*auch übertr*); überziehen, umgeben, bedecken; einziehen, trinken ⟦*spl übertr* abstumpfen

ob|dūcor, ~ductus *3* sich überziehen, sich bedecken, sich umgeben
obductiō, ~nis *f* Verhüllung
obductō *1* herführen
obductus *Part Perf Pass* →obduco(r); *bes* umwölkt; vernarbt; bedeckt
ob|dūrēscō, ~dūruī *3* hart werden *auch übertr*
obdūrō *1* ausharren, aushalten
obdūruī →obduresco
obdūxī →obduco
⟦**obed-** *ml* = oboed-
obeliscus, ī *m* [*gr*] Obelisk
⟦**obelus,** i *m* [*gr*] *spl* Strich, kritisches Zeichen der Unechtheit *im Text*
ob|eō, ~iī (~ īvī), ~itus (*Inf* ~īre) entgegengehen; herangehen, besuchen; untergehen *auch von Gestirnen,* zugrunde gehen, *auch:* sterben (*mit u. ohne* mortem, diem); gehen, *Akk* an etw., verrichten; mustern; umgeben, umfließen; diem obeo Termin einhalten ⟦*ml in der Rede* eingehen auf
obequitō *1* heranreiten ⟦*spl* entlangreiten *Dat od Akk* an, abreiten
oberrō *1* hin und her irren; fehlgreifen
obēsita|s, ~tis *f* Wohlbeleibtheit
obesse →obsum
obēsus *3* [[2]edo] fett, feist; geschwollen; ungebildet
obex, obicis *m, f* [obicio] Querbalken, Riegel; Damm, Wall; Hindernis, Barrikade
obf- = off-
obfui →obsum
obg- = ogg-
obhaereō *2 ohne Akk* festhängen, feststecken, festsitzen
ob|haerēscō, ~haesī *3* stecken, hängen bleiben; ans Herz wachsen
ob|iaceō, ~iacuī *2* davor- *od* gegenüberliegen ⟦*ml* infamiae ~iaceo der Schande anheimgefallen sein
ob|iciō, ~iēcī, ~iectus *3* entgegenwerfen, -stellen; *im Gespräch* entgegnen, vorbringen; hinwerfen, preisgeben, ausliefern; *zum Schutz* vorhalten, vorlegen, legen *Dat* an *od* auf; beibringen, einflößen, verursachen; *übertr* zum Vorwurf machen ⟦*ml* darstellen als
ob|icior, ~iectus *3 auch* sich entgegenwerfen, -stellen
obiectātiō, ~nis *f* Vorwurf
obiectō *1* [obicio] entgegen-, vorwerfen; *übertr* aussetzen, preisgeben
obiectum, ī *n* Vorwurf ⟦*ml* Einwurf
obiectus I. *Adj 3* vorgelagert **II.** *Part Perf Pass* →obicio **III.** *Subst* ūs *m* Entgegenstehen, -stellen, -setzen; Vorgelagertsein
obiex, obicis *m, f* = obex
obiī →obeo
obīrāscor *3* ergrimmen *Dat* über
obīrātus *3* ergrimmt
obīre →obeo
obiter *Adv* nebenbei, gelegentlich; darüber hin
obit|us I. *Part Perf Pass* →obeo **II.** *Subst* ūs *m* Besuch; Tod; Untergang ⟦*ml Abl auch* ~o
obiūrgātiō, ~nis *f* Tadel
obiūrgāt|or, ~ōris *m* Tadler
obiūrgātōrius *3* tadelnd
obiūrgitō *1* tüchtig schelten, heftige Vorwürfe machen
obiūrgō *1* (*altl* obiurigo) schelten, Vorwürfe machen; strafen
obīvī →obeo
ob|languēscō, ~languī *3* ermatten
⟦**oblaticus** *3 ml* zum Sakrament gehörig; panis ~ Hostie
oblātiō, ~nis *f* [offero] Darreichen ⟦*spl* Gabe, Opfergabe; Anzeige, Anklage; Anerbieten (Darbringung des Sohnes für das Kloster); ~ sacra Messopfer
oblātrātrī|x, ~cis *f* kläffende Hündin
oblātrō *1* an-, entgegenbellen; schelten *Dat* jmdn.
oblātus →offero
⟦**oblectabil|is,** ~e, *Gen* ~is *spl* unterhaltsam
oblectām|en, ~inis *n* Unterhaltung, Zeitvertreib
oblectāmentum, ī *n* = oblectamen
oblectātiō, ~nis *f* = oblectamen
oblectō *1* [*vgl* delecto] ergötzen, belustigen; *Zeit* angenehm verbringen
oblēnīm|en, ~inis *n* Beruhigungsmittel
oblēvī →oblino
oblīcus *3* = obliquus
ob|līdō, ~līsī, ~līsus *3* [laedo] zu-, erdrücken
obligātiō, ~nis *f* Verpflichtung, Gebundensein ⟦*ml* ~ peccati Erbsünde
obligātus I. *Adj 3* verpflichtet **II.** *Part Perf Pass zu* obligo
obligō *1* an-, zu-, verbinden; verpflichten, verpfänden
oblīmō *1* [limus II. 2] mit Schlamm überziehen, verschlammen, zuschlammen; *übertr* verschlemmen, verprassen
ob|linō, ~lēvī, ~litus *3* bestreichen, beflecken; erfüllen
oblīquitā|s, ~tis *f* Winkel, Ecke, Schräge ⟦*ml* Unechtheit
oblīquō *1* seitwärts, *od* schräg *od* schief richten, schräg stellen
obliquus *3* schräg, schief, Seiten-; versteckt; *gramm* indirekt *od* abhängig
oblīscor *3* = obliviscor
oblīsī, oblīsus →oblido
ob|litēscō, ~lituī *3* [latesco] sich verbergen
oblitterātiō, ~nis *f* Vergessen
oblit(t)erō *1* in Vergessenheit bringen, vergessen machen, aus dem Gedächtnis löschen

oblituī →oblitesco
[1]**oblitus** →oblino
[2]**oblītus** →obliviscor
oblīviō, ~nis *f* [obliviscor] Vergessen; Vergesslichkeit
oblīviōsus *3* vergesslich; sorgenstillend
oblī|vīscor, ~tus sum *3* vergessen *Gen od Akk* etw. *poet u.* ⟦*spl* ~tus *auch* (*Pass*) vergessen
oblīvium, ī *n* = oblivio
oblocō *1* vermieten, verdingen
oblocūt|or, ~ōris *m* Widersprecher, Protestierer
oblocūtus →obloquor
oblongus *3* länglich
⟦**obloquium,** i *n spl* Widerspruch
ob|loquor, ~locūtus sum *3* widersprechen; *poet* dazu singen, spielen
obluctor *1* ankämpfen *Dat* gegen
oblūdiō *1* [ludus] scherzen
obmōlior *4* vorwälzen; verstopfen
obmurmurō *1* dazu murmeln; murren *Dat* über
ob|mūtēscō, ~mūtuī *3* verstummen
obnātus *3* angewachsen
ob|nītor, ~nīxus sum *3* sich entgegenstemmen, sich widersetzen *Dat* gegen
obnīxus I. *Adj 3* standhaft, fest ⟦*spl Adv* obnixe inständig **II.** *Part Perf* →obnitor
obnoxiōsus *3* abhängig
obnoxi|us *3* [noxa] schuldig, haftpflichtig; unterworfen, ausgesetzt, verpflichtet; unterwürfig; ~um est es ist bedenklich, gefährlich
⟦**obnubilo** *1 spl* umwölken, verhüllen
obnūbilus *3* umwölkt
ob|nūbō, ~nūpsī *3* [nubes] verhüllen, verdecken
obnūntiātiō, ~nis *f* Warnung
obnūntiō *1* böse Vorzeichen *od* Schlimmes melden; warnen *Dat* jmdn. *od* vor
oboedi|ēns, *Gen* ~entis **I.** *Adj* gehorsam **II.** *Part Präs Akt zu* oboedio
oboedientia I. *n Pl Part Präs Akt zu* oboedio **II.** *Subst* ae *f* Gehorsam *Gen* gegenüber ⟦*ml* Gehorsam *Dat* gegen; Anhang; (abhängiges) Gebiet
oboediō *4* [audio] gehorchen, Gehör schenken
⟦**obolarius** *3 ml* wohlfeil, armselig, billig
ob|oleō, ~oluī *2* riechen *Akk* nach
obolus, ī *m* Obolos (gr. Münze von geringem Wert)
ob|orior, ~ortus sum *4* sich zeigen, entstehen *Dat* vor, über ⟦*ml ohne Akk* beginnen
ob|rēpō, ~rēpsī *3 mit Dat* heranschleichen an, überraschen jmdn.
obrēptō *1* = obrepo
ob|rigēscō, ~riguī *3* erstarren ⟦*ml* entgegenstarren
⟦**obrisum,** i *n* = obrussa
obrōdō *3* annagen
obrogātiō, ~nis *f* Änderungsvorschlag, Gegenantrag
obrogō *1* widersprechen, Aufhebung beantragen *Dat* von
ob|ruō, ~ruī, ~rutus *3* [ruo] überschütten, be-, vergraben, bedecken, erdrücken; vergessen machen
obrussa, ae *f* [gr] Feuerprobe (des Goldes); Feingold ⟦*spl auch* obryzum *n*
ob|saepiō, ~saepsī, ~saeptus *4* unzugänglich machen, einzäunen
obsaturor *1* satt werden
obscaen- = obscen-
obscaevō *1* nichts Gutes ankündigen, ungünstige Anzeichen geben
obscēna, ōrum *n* Schamteil(e), Schamglied(er); Kot; unanständige Handlungen *od* Worte
obscēnitā|s, ~tis *f* Unanständigkeit
obscēnus *3* scheußlich; unanständig; Unheil verkündend ⟦*ml übertr* finster
obscūrātiō, ~nis *f* Dunkelheit, Verfinsterung; Unbemerktbleiben; Unbekanntheit
obscūritā|s ~tis *f* Dunkelheit; *übertr* Unverständlichkeit; Bedeutungslosigkeit
obscūrō *1* verdunkeln, verbergen, vergessen machen; zurückdrängen
obscūrum, ī *n* Dunkel
obscūrus *3* dunkel; versteckt; unklar, unbekannt
obsecrātiō, ~nis *f* Flehen, Beschwören; Buß- und Bittgang; Beteuerung
obsecrō *1* [sacro] beschwören, inständig bitten
obsecundō *1* nachgeben, zu Willen sein; begünstigen
obsecūtus →obsequor
obsēdī →**1.** obsideo **2.** obsido
obsequēla, ae *f* Nachgiebigkeit, Willfährigkeit ⟦*ml* ad ~m zur Verfügung
obsequ|ēns, *Gen* ~entis **I.** *Adj* nachgiebig, gnädig ⟦*ml Sup* ~entissimus ganz gehorsam **II.** *Part Präs zu* obsequor
obsequentia I. *n Pl Part Präs zu* obsequor **II.** *Subst* ae *f* Nachgiebigkeit
obsequiōsus *3* nachgiebig
obsequium, ī *n* Nachgiebigkeit, Entgegenkommen; Gehorsam *Gen* gegen; Beischlaf ⟦*spl* Dienst; *ml* Lehnspflicht; Abgabe
ob|sequor, ~secūtus sum *3* gehorchen, Folge leisten
[1]**ob|serō 1.** *1* [sera] verriegeln
[2]**ob|serō,** ~sēvī, ~situs *3* (be)säen, (be)pflanzen
observantia I. *n Pl Part Präs Akt zu* observo **II.** *Subst* ae *f* Hochachtung; Beobachtung, Befolgung ⟦*spl* Kulthandlung
observātiō, ~nis *f* Beobachtung, Wahrnehmung; Gewissenhaftigkeit; Hoch-

O

achtung; *med* Kur ⟦*spl* Kult, Gottesdienst
observāt|or, ~ōris *m* Beobachter (Wahrer)
observitō *1* eifrig beobachten
observō *1* beobachten, beachten; hoch achten ⟦*ml* veranstalten, abhalten
obses, obsidis *m, f* [sedeo] Geisel, Bürge
obsessiō, ~nis *f* [obsideo] Einschließung, Belagerung
obsess|or, ~ōris *m, f* Bewohner; Belagerer
obsessus I. *Part Perf Pass* →**1.** obsideo **2.** obsido **II.** ⟦*ml Adj 3* erfüllt von, besessen
obsēvī →[2]obsero
obsiānus *3* Obsidian-
⟦**obsidatus,** us *m* [obses] *spl* (Geiselschaft) »als Geisel«
ob|sideō, ~sēdī, ~sessus *2* [sedeo] belagern; besetzt halten; sitzen *Akk* vor, auf; bewohnen; lauern *Akk* auf
⟦**obsideor** *2 ml* bedrückt werden; *Part Perf Pass* →obsessus
obsidiāl|is, ~e, *Gen* ~is Belagerungs-
obsidiō, ~nis *f* [obsideo] Belagerung; *übertr* Bedrängnis; Gefangenschaft
obsidium, ī *n* **1.** [obsideo] Belagerung, Blockade **2.** [obses] Geiselhaft, als Geisel
ob|sīdō, ~sēdī, ~sessus *3* besetzen
obsīgnāt|or, ~ōris *m* Bestätiger, Beglaubiger (durch Siegel)
obsīgnō *1* versiegeln; mit einem Siegel versehen
obsipō *1* [*vgl* dissipo] ins Gesicht spritzen
ob|sistō, ~stitī *3* sich entgegenstellen, sich widersetzen
obsitus I. *Adj 3* [[2]obsero] besät, bedeckt **II.** *Part Perf Pass* →[2]obsero
obsole|fiō, ~factus sum (*Inf* ~fierī) = obsolesco
ob|solēscō, ~solēvī, ~solētus *3* [soleo] sich abnutzen, an Ansehen *od* Wert verlieren, veralten
obsolētus I. *Adj 3* abgenutzt, veraltet; alltäglich, gemein **II.** *Part Perf Pass* →obsolesco
obsōnāt|or, ~ōris *m* Lebensmitteleinkäufer
obsōnātus I. *Part Perf Pass zu* obsono **II.** *Subst* ūs *m* Lebensmitteleinkauf
obsōnium, ī *n* Lebensmittel
[1]**obsōn|ō** *od* **~or** *1* Lebensmittel einkaufen
[2]**obsonō** *1* dreinreden
ob|sorbeō, ~sorbuī *2* begierig einschlürfen
obstāculum, ī *n* Hindernis
obstanti|a I. *n Pl Part Präs Akt zu* obsto **II.** *Subst* **1.** ~ae *f* Widerstand **2.** ~um *n* [obsto] Hindernisse, Hemmnisse
obstetrī|x, ~cis *f* [obsto] Hebamme
obstinātiō, ~nis *f* Beharrlichkeit, Starrsinn
obstinātus I. *Adj 3* entschlossen, hartnäckig **II.** *Part Perf Pass zu* obstino
obstinō *1* [*vgl* destino] fest beschließen
obstipēscō = obstupesco
obstipus *3* [stipo] seitwärts- *od* rückwärtsgeneigt, (vorwärts)gebeugt, gesenkt
obstita, ōrum *n* vom Blitz getroffene Gegenstände, Entweihtes
obstitī →**1.** obsisto **2.** obsto
ob|stō, ~stitī, ~statūrus *1* im Wege stehen; hinderlich sein
obstrāgulum, ī *n* Schuhriemen
obstrep|ō, ~uī *3* lärmen *Dat* an, gegen; übertönen, überschreien, stören *Akk* etw.
obstrigillō *1* [obstringo] hindern
ob|stringō, ~strīnxī, ~strictus *3* zuschnüren, zuziehen; vorbinden; verpflichten; verstricken
obstrūctiō, ~nis *f* Einschließung, (Ab-)Sperrung
obstrūdō = obtrudo
ob|struō, ~strūxī, ~strūctus *3* vorbauen, versperren, verstopfen
⟦**obstrusus** *3 ml* [obstrudo] gedrängt, eng
obstupĕ|faciō, ~fēcī, ~factus *3* betäuben, in Erstaunen setzen
ob|stupēscō, ~stupuī *3* erstarren, staunen, stutzen
obstupidus *3* betäubt, erstarrt
⟦**obstuppo** *1 ml* verstopfen (*Lw*)
ob|sum, ~fuī (*Inf* ~esse) hinderlich sein, schaden
ob|suō, ~suī, ~sūtus *3* an-, zunähen
ob|surdēscō, ~surduī *3* taub werden
obtaedēscit *3* es ekelt an
ob|tegō, ~tēxī, ~tēctus *3* bedecken; schützen; verbergen
obtemperātiō, ~nis *f* Gehorsam
obtemperō *1* gehorchen
ob|tendō, ~tendī, ~tentus *3* vorziehen, davor ziehen; verhüllen; bevorzugen; vorschützen; *Pass auch* sich hinziehen, erstrecken
obtent|us I. *Part Perf Pass* →**1.** obtendo **2.** obtineo **II.** *Subst* ~ūs *m* Vorziehen; Deckmantel ⟦*spl* ~ui esse hinderlich sein; *ml* **1.** [obtendo] Schutz **2.** [obtineo] Festhalten
ob|terō, ~trīvī, ~trītus *3* zermalmen, zertreten, vernichten
obtestātiō, ~nis *f* Beschwörung, inständiges Bitten
obtestor *1* zum Zeugen anrufen; beteuern; anflehen, beschwören
obtēxī →obtego
ob|texō, ~texuī, ~textus *3* überweben, bedecken
obticeō *2* [taceo] schweigen
ob|ticēscō, ~ticuī *3* verstummen
obtigī →obtingo
ob|tineō, ~tinuī, ~tentus *2* [teneo] in Besitz haben, innehaben; festhalten, besetzt halten; (sich) behaupten; ~tineo pro gelten für ⟦*ml* erreichen (ut, dass)

ob|tingō, ~tigī *3* [tango] widerfahren, zustoßen, zuteilwerden
ob|torpēscō, ~torpuī *3* erstarren
ob|torqueō, ~torsī, ~tortus *2* herumdrehen
obtrectātiō, ~nis *f* Missgunst, Neid; Tadel
obtrectāt|or, ~ōris *m* Neider
obtrectō *1* [tracto] herabsetzen, verkleinern *Dat od Akk* etw.
obtrītus, obtrīvī →obtero
ob|trūdō, ~trūsī, ~trūsus *3* hin(ein)drängen; aufdrängen, *Kleider* einfassen
obtruncō *1* niedermetzeln
obtudī →obtundo
obtueor *2* hin-, ansehen
obtulī →offero
ob|tundō, ~tudī, ~tūsus *3* zerschlagen; stumpf machen; belästigen, schwächen
obtundor *3* heiser werden
obtūnsus = obtusus
obtuor *3* = obtueor
obturbō *1* verwirren, stören; überschreien
obtūrō *1* verstopfen
obtūsus I. *Adj 3* [obtundo] stumpf II. *Part Perf Pass* →obtundo
obtūtus, ūs *m* [obtueor] Betrachtung, Blick
⟦**obumbratio,** ~nis *f spl* Überschattung, Dunkel; Schatten, Spur
obumbrō *1* über-, beschatten, verdecken, verdunkeln
obuncus *3* einwärtsgekrümmt, gebogen
obustus *3* [uro] angebrannt; (durch Brennen) gehärtet; *übertr* angegriffen
obvāgiō *4* wimmern
obvallō *1* verschanzen
ob|veniō, ~vēnī, ~ventum *4* sich einfinden, sich einstellen *Dat* bei; zuteilwerden, widerfahren
obversor *1* sich einstellen, sich zeigen *Dat* bei, vor; *übertr* vorschweben
ob|vertō, ~vertī, ~versus *3* zuwenden
obviam *Adv* entgegen
obvigilō *1* wachsam sein
⟦**obvio** *1 spl* entgegentreten, widersprechen; *ml* entgegenkommen
obviu|s *3* [obviam] entgegenkommend, -tretend, entgegen; im Wege liegend; ausgesetzt ⟦*spl* ~m habeo *Akk* jmdn. antreffen, jmdm. begegnen
ob|volvō, ~volvī, ~volūtus *3* verhüllen
occaecō *1* blenden, verdunkeln, verdecken
occallātus *3* [callum] dickhäutig, abgestumpft
occall|ēscō, ~uī *3* [calleo] dickhäutig werden; sich verhärten
occan|ō, ~uī *3* dazu, dazwischenblasen; *vgl* occino
⟦**occansio,** ~nis *f ml* = occasio Vorwand
occāsiō, ~nis *f* [2occido] Gelegenheit; Anlass ⟦*ml* Grund; Vorwand; Untergang *Tod;* ~ne aufgrund, wegen, kraft

occāsiuncula, ae *f* hübsche Gelegenheit
occāsus I. *Part Perf Pass* →2occido II. *Subst* ūs *m* Untergang (der Gestirne), Verderben, Ende ⟦*ml* ~ anni Herbst
occātiō, ~nis *f* Eggen
occāt|or, ~ōris *m* Egger
occavus, ī *m* [*gr*] Armband
occecinī →occino
oc|cēdō, ~cessī, ~cessum *3* entgegengehen
occentō *1* [canto] an-, besingen, ein Ständchen bringen, ein Spott- *od* Hochzeitslied anstimmen
occēpī →occipio
occeptō *1* [occipio] anfangen
occeptus →occipio
occid|ēns, ~entis I. *Part Präs Akt* →occido II. *Subst m* Westen, Abendland
occidentāl|is, ~e, *Gen* ~is westlich
occīdiō, ~nis *f* Niedermetzelung, Vernichtung
1**oc|cīdō,** ~cīdī, ~cīsus *3* [caedo] niederhauen, erschlagen, umbringen, ermorden
2**oc|cidō,** ~cidī, ~cāsus *3* [cado] untergehen; (nieder)fallen; zugrunde gehen
occiduus *3* untergehend, westlich
occillō *1* [occo] zerschlagen
oc|cinō, ~cinuī *u.* ~cecinī *3* [cano] entgegensingen, -krächzen, anschreien; (Stimme) ertönen lassen
oc|cipiō, ~cēpī, ~ceptus *3* [capio] anfangen
occipitium, ī *n* [caput] Hinterkopf
occīsiō, ~nis *f* [1occido] Totschlag ⟦*ml* oves ~nis Schlachtschafe
occīsissumus *3* [occisus] ganz verloren
occīs|or, ~ōris *m* [1occido] Totschläger, Mörder
occīsus →occido
occlāmitō *1* laut schreien
oc|clūdō, ~clūsī, ~clūsus *3* [claudo] ver-, einschließen
occlūsus I. *Adj 3* verschlossen II. *Part Perf Pass* →occludo
occō *1* eggen (*urv*)
occubitum →occumbo
occubō *1* Wache stehen; (tot) daliegen
occubuī →occumbo *und zu* occubo
occulcō *1* [calco] niedertreten
oc|culō, ~culuī, ~cultus *3* [celo] verbergen
occultātiō, ~nis *f* Verbergen; Verheimlichung
occultāt|or, ~ōris *m* Verberger; ~or locus Versteck
occultō *1* [occulo] verbergen
occult|um, ~ī *n* Versteck; Geheimnis ⟦*ml Pl* ~a verborgene Taten
occultus I. *Adj 3* [occulo] verborgen; homo ~ verschlossener Mensch II. *Part Perf Pass* →occulo
oc|cumbō, ~cubuī, ~cubitum *3* [cubo] fallen, niedersinken, unterliegen ⟦*spl* untergehen (von Gestirnen)

O

occupātiō, ~nis *f* Besetzung; Beschäftigung; Inanspruchnahme
occupātus I. *Adj 3* beansprucht, beschäftigt **II.** *Part Perf Pass zu* occupo
occupiō = occipio
occupō *1* [capio] in Besitz nehmen, besetzen, mit Beschlag belegen; überfallen; vorwegnehmen; zuvorkommen *Akk* jmdm.; schnell *od* zuerst tun
oc|currō, ~(cu)currī, ~cursus *3* entgegengehen, begegnen; entgegensehen; geraten *Dat* in; entgegenarbeiten, hindern; vorbeugen; *rhet* erwidern; *übertr* einfallen
occursātiō, ~nis *f* freundliches Entgegenkommen, Glückwunsch
⟦**occursator,** is *m spl* Aufdringlicher
occursiō, ~nis *f* Versuchung, Anfechtung ⟦*spl* Begegnung, Besuch
occursō *1* [occurro] entgegen-, herantreten *Dat* an, überrennen *Akk* jmdn., entgegenwirken
occursus I. *Part Perf Pass* →occurro **II.** *Subst* ūs *m* Entgegen-, Herantreten; Anstoßen
Ōceanicus *3* des Okeanos, des Ozeans, des Weltmeeres
Ōceanīti|s, ~dos *f* T. des Okeanos
Ōceanus, ī *m* [*gr*] Okeanos (Gott des Weltmeeres), Ozean
ocellātī, ōrum *m* mit Punkten versehene Spielsteine
ocellus, ī *m* Äuglein; Augenstern
Ocelum, ī *n* Ocelum (Stadt in Oberitalien), *heute* Avigliana
Ọchus, ī *m* Ochos (1. Fluss in Baktrien 2. pers. Königsname)
ōcior, ōcius, *Gen* ōciōris *Adj Komp* schneller
ōcissimē →ociter
ōciter *Adv* (*Komp* ōcius, *Sup* ōcissimē) schnell
ōcius *Komp* **1.** →ocior **2.** →ociter
oclope(c)ta = octopeda
ocrea, ae *f* [*gr*] Beinschiene (zum Schutz der Unterschenkel eines schwer bewaffneten Fußsoldaten)
ocreātus *3* mit Beinschienen ausgerüstet
Ocrēsia, ae *f* Ocresia (M. des Servius Tullius)
Ocriculān|us *3* aus Ocriculum; *Pl* ~i *m* Einw. von Ocriculum
Ocriculum, ī *n* Ocriculum (Stadt in Umbrien), *heute* Otricoli
octagōnon, ī *n* [*gr*] Achteck
octagōn|os, ~on achteckig
octaphorum, ī *n* [*gr*] von 8 Männern getragene Sänfte
octaphorus *3* [*gr*] von 8 Männern getragen
octastȳl|os, ~on, *Gen* ~ī [*gr*] achtsäulig, mit 8 Säulen
octāv|a, ~ae *f* achte Stunde ⟦*spl* Achtel (12,5% als Abgabe); *ml* (*auch Pl* ~ae, ~arum) Oktave (8-tägiges kirchliches Fest *od* dessen letzter Tag)
Octāviānus →Octavius
Octāvius *3 Gent* Octavius (am bekanntesten C. ~, der nachherige Kaiser Augustus, als Adoptivsohn Caesars C. Iulius Caesar Octavianus)
octāvum I. *Subst* ī *n* achtfacher Ertrag **II.** *Adv* zum achten Mal
octāvus I. *Adj 3* achter **II.** *Subst* ī *m* achter Meilenstein
octiē(n)s *Adv* achtmal
octingentēsimus *3* achthundertster
octingentī, ae, a achthundert
octip|ēs, *Gen* ~edis achtfüßig
octipl- = octupl-
octō *undekl* acht (*urv*)
Octōb|er I. *Adj* ~ris, ~re, *Gen* ~is des Oktober **II.** *Subst* ~ris *m* Oktober
octōdecim *undekl* achtzehn
Octodūrus, ī *m* Octodurus (Stadt der Veragrer im Wallis), *heute* Martigny
octōgēnārius *3* achtzigjährig; 80 Zoll breit
octōgēnī, ae, a je achtzig
octōgē(n)simus *3* achtzigster
Octogēsa, ae *f* Octogesa (Stadt am Ebro)
octōgiē(n)s achtzigmal
octōgintā *undekl* achtzig
octōiug|is, ~e, *Gen* ~is achtspännig
octōnārius *3* achtzöllig; achtgliedrig
octōnī, ae, a (je) acht
octōnus *3* = octoni
octōpeda, ae *m* »Achtfuß« *Seefisch*
octōphoros = octaphorus
octuplicātus *3* verachtfacht
octuplus *3* achtfach
octussibus [octo assibus] für acht As
⟦**ocular|is,** ~e, *Gen* ~is *spl* Augen-
oculāt|us *3* sehend; sichtbar ⟦*ml* ~a fide als Augenzeuge; *übertr* weitsichtig
oculeus *3* voller Augen
oculissimus *3* sehr lieb (wie ein Augapfel)
ocul|us, ~ī *m* Auge (*urv*), *Pl* ~i *auch* Augenlicht; *botanisch* Knospe; *zoologisch* Punkt, Fleck ⟦*ml übertr* Gesichtspunkt
⟦**oda,** ae *f* [*gr*] *spl* Ode, Lied, Weise
ōdarium, ī *n* Gesang, Lied
ōdēum = ²odium
ōdī, (*Nbf Perf Akt* ōdīvī *od* ōsus sum; *Inf* ōdisse) [odium] hassen ⟦*spl* odio ich hasse
odiōs(ic)us *3* widerwärtig, verhasst
ōdisse →odi
¹**odium,** ī *n* [odi] Hass; Abneigung; Widerwärtigkeit
²**ōdīum,** ī *n* [*gr*] Konzerthaus
odīvī →odi
odor, odōris *m* Duft, Geruch, Dunst; *Pl* ~es Räucherwerk; Parfüm
odōrāmentum, ī *n* Räucherwerk
odōrātiō, ~nis *f* Geruchswahrnehmung, Riechen

odōrātus I. *Adj 3* duftend II. *Part Perf zu* odoro(r) III. *Subst* ūs *m* Geruch(ssinn)
odōrifer, odōrifera, odōriferum wohlriechend; Wohlgerüche erzeugend
odōrō *1* mit Wohlgeruch erfüllen
odōror *1* riechen *Akk* an, etw. wittern; *übertr* oberflächlich (er)forschen
odōrus *3* wohlriechend; witternd
odōs = odor
Odrusae, ārum *m* Odrusen (thrakisches Volk)
Odrusius *3* der Odrusen
Odrysae, ārum *m* = Odrusae
Odyssē|a, ~ae *f* Odyssee (Epos Homers); ~ae portus (N einer Bucht an der Südspitze Siziliens »Hafen der Odyssee«, »Odysseus' Hafen«)
Odyssia, ae *f* = Odyssea
Oeāgrius *3* des Oiagros, *poet* thrakisch
Oeāgrus, ī *m* Oiagros (König in Thrakien, V. des Orpheus)
Oebalidēs, ae *m* S. des Oibalos; *poet* Spartaner
Oebali|s, ~dis *f* **1.** spartanisch **2.** sabinisch
Oebalius *3* des Oibalos, *auch* tarentinisch, sabinisch
Oebalus, ī *m* Oibalos (*myth* König in Sparta, V. des Tyndareus)
Oechalia, ae *f* Oichalia (Stadt auf Euboia)
Oechali|s, ~dis *f* Frau aus Oichalia
Oeclīdēs, ae *m* S. des Oikleus = Amphiaraus
oeconomia, ae *f* [*gr*] Einteilung, Disposition (der Rede); Ökonomie
oeconomicus *3* verwaltungs-, haushalts-, wirtschaftlich, ökonomisch
⟦**oeconomus,** i *m spl* Verwalter; Landwirt
Oedipodīonius *3* des Oidipus
Oedip|ūs, ~odis *m* Oidipus (tragische Sagengestalt, S. des Laios u. der Iokaste, König in Theben)
Oeēns|ēs, ~ium *m* Einw. von Öa (in Nordafrika)
Oene(i)us *3* des Oineus
Oene͡us, ī *u.* ~os *m* Oineus (*myth* König in Ätolien)
Oenīdēs, ae *m* Nachkomme des Oineus = Meleager *od* Diomedes
⟦**Oenipon|s,** ~tis *f ml* Innsbruck
Oenomāus, ī *m* Oinomaos (*myth* König von Pisa in Elis)
oenophorum, ī *n* [*gr*] Weinkorb
Oenopia, ae *f* Oinopia (*myth* N für Aigina)
Oenopiōn ~is *m* Oinopion (*myth* König auf Chios)
Oenopius *3* aus *od* von Oinopia (Aigina)
oenopōlium, ī *n* [*gr*] Weinschenke
Oenōtr(i)us *3 poet* italisch, römisch
Oenū|s, ~ntis *m* Oinus (Fluss bei Sparta)
oenus *3 altl* = unus
oestrus, ī *m* [*gr*] Pferdebremse *Stechfliege;* Raserei
oesus *altl* = usus
oesypum, ī *n* [*gr*] Lanolin *Hautcreme*
Oeta, ae *f* Oita (Gebirge im südlichen Thessalien)
Oetaeus *3* des Oita(gebirges)
Oetē, ēs *f* = Oeta
offa, ae *f* Bissen; Kloß; (formlose) Masse
offātim *Adv* [offa] stückweise
offēcī, offectus →officio
offendiculum, ī *n* Anstoß, Hindernis, Ärgernis
of|fendō, ~fendī, ~fēnsus *3* verletzen, (an)stoßen; beleidigen, kränken; stoßen *Akk* an *od* auf, antreffen; *Pass* ~fendor *auch:* Anstoß nehmen
offēnsa, ae *f* [offendo] Anprall, *übertr* Anstoß; Anfall; Ärgernis, *übertr* gespanntes Verhältnis ⟦*ml* Beleidigung; in ~m venio in Streit geraten *Dat* mit
offēnsāt|or, ~ōris *m* Stotterer (beim Vortrag), Stümper
offēnsiō, ~nis *f* Stolpern; *übertr* Anstoß, Ärgernis; Abneigung, Ungunst; *milit* Schlappe, Niederlage; *körperlich* Anfall, Unpässlichkeit ⟦*ml* Gedränge, Schwierigkeit
offēnsiuncula, ae *f* leichter Verdruss
offēnsō *1* anstoßen; stocken (beim Vortrag), stammeln
offēns|or, ~ōris *m* Beleidiger ⟦*ml* Feind (Teufel)
offēnsus I. *Adj 3* verletzt, aufgebracht; anstößig; verhasst II. *Part Perf Pass* →offendo
⟦**offerendum,** ī *n spl* Opfergabe
offerō, obtulī, oblātus (*Inf* offerre) anbieten; preisgeben; zeigen, erweisen; se offerre = offeror ⟦*ml* gerichtlich vorführen
offeror, oblātus sum (*Inf* offerrī) sich zeigen, entgegentreten
offerumentae, ārum *f* Geschenke; Schläge
⟦**official|is** I. *Adj* ~e, *Gen* ~is *spl* amtsgemäß; die Pflicht betreffend II. *Subst* ~is *m* Beamter, Diener
officīna, ae *f* Werkstätte, *auch* Hühnerhof; Herstellung ⟦*ml* Handwerk; Wirtschaftsgebäude
of|ficiō, ~fēcī, ~fectus *3* [facio] hindern, absperren *Dat od Akk* jmdn., etw.
officiōsus *3* dienstfertig, gefällig, zuvorkommend
officium, ī *n* [*vgl* opifex] Pflicht; Amt; Geschäft, Dienst; Dienstfertigkeit, Höflichkeitsbezeigung; »offizielle« Feier ⟦*ml* ~ divinum Gottesdienst; ~ altaris Liturgie
of|figō, ~fīxī, ~fīxus *3* befestigen
offirmātus I. *Adj 3* hartnäckig II. *Part Perf Pass zu* offīrmo

offirmō *1* festmachen; *ohne Akk* festbleiben ⟦*spl milit* sichern
offixi →offigo
offixus →offigo
of|flectō *3* (um)lenken
offōcō *1* [fauces] ersticken
offrēnātus *3* aufgezäumt; überlistet
offūci|a, ~ae *f* [fucus 1.] Schminke; *Pl* ~ae Blendwerk
offūdī →offundo
offula, ae *f* kleiner Kloß, Bissen
of|fulgeō, ~fulsī *2* entgegenleuchten
of|fundō, ~fūdī, ~fūsus *3* übergießen *auch übertr;* überschütten *Abl* mit
of|fundor, ~fūsus sum *3* sich ergießen, sich verbreiten *Dat über;* hinstürzen
⟦**offusco** *1 spl* verdunkeln; *übertr* herabwürdigen
ogganniō *4* vorbelfern, (vor)schimpfen
oggerō *3* entgegen-, darbringen, darbieten
Ōgyg|ēs, ~is *m* Ogyges (sagenhafter König Thebens)
Ōgygius *3* thebanisch
ōh! *Interj* o!, ach!; **ohē iam satis** halt!; **oho** oho!
oiei! *Schmerzensschrei* o weh!
Oileūs, ~ī *u.* ~os *m* Oileus (König in Lokris)
Oiliadēs, ae *m* S. des Oileus, Aias (Aiax 1.)
oinos *altl* = unus
Olbiēns|is, ~e, *Gen* ~is aus Olbia (Stadt auf Sardinien)
olea, ae *f* = oliva
oleāginus *3* vom Ölbaum, Öl-
oleārius I. *Adj 3* Öl- **II.** *Subst* ī *m* Ölhändler
Ōlearos, ī *f* Olearos (Kykladeninsel westlich von Paros), *heute* Antiparos
oleaster, oleastrī *m* wilder Ölbaum
oleitā|s, ~tis *f* Olivenernte
oleō, oluī *2* [*vgl* odor] riechen *Akk* nach
oleris →olus
olētum, ī *n* **1.** [olea] Olivenpflanzung, Öl(baum)pflanzung **2.** [oleo] Kot
oleum, ī *n* Öl (*Lw*)*;* Ölkrug
ol|faciō, ~fēcī, ~factus *3* [oleo] (be)riechen, wittern
olfactō *1* = olfacio
olfactus I. *Part Perf Pass* →olfacio **II.** *Subst* ūs *m* Geruch(ssinn)
Ōliaros, ī *f* = Olearos
olidus *3* [oleo] stinkend
ōlim *Adv* einst, ehemals, seit Langem; dann *hinweisend;* künftig; bisweilen
⟦**Olisipo,** ~nis *f ml* Lissabon
olit|or, ~ōris *m* Gemüsegärtner
olitōrius *3* Gemüse-, Gemüsehändler-
olīva, ae *f* Ölbaum; Olive; Ölzweig
olivētum, ī *n* Olivenpflanzung, Ölbaumpflanzung
olīvifer, olīvifera, olīviferum Oliven tragend
olivitā|s, ~tis *f* Olivenernte, -lese
ōlivō *1* Oliven ernten
olīvum, ī *n* = oleum
[1]**ōlla** ae *f* Topf
[2]**olla** (*Akk n Pl*) *altl* = illa
ollī (*Dat Sg od Nom Pl*)*,* **ollīs, ollōs** *altl* = illi, illis, illos
⟦**ollicula,** ae *f spl* kleines Gefäß
olō *3 altl* = oleo
olor, olōris *m* Schwan
olōrīnus *3* Schwanen-, vom Schwan
oluī →oleo
olus, oleris *n* Kohl, Gemüse
olusculum, ī *n* = olus
Olympēnī, ōrum *m* Einw. von Olympos (in Lykien)
Olympia 1. ae *f* Olympia (dem Zeus heiliger Bezirk in Elis) **2.** ōrum *n* olympische Spiele
Olympiacus *3* olympisch
Olympia|s, ~dis *f* **1.** Olympiade (Zeitraum von 4 Jahren zwischen den olympischen Spielen seit 776 v. Chr.) **2.** Olympias (Gem. Philipps von Makedonien, M. Alexanders des Großen)
Olympicus *3* olympisch
Olympionīcēs, ae *m* olympischer Sieger
Olympius *3* olympisch
Olympus 1. ī *m* Olympos (*dt* Olymp, Berg an der makedonisch-thessalischen Grenze, Göttersitz), *poet* Himmel ⟦*ml christlicher* Himmel **2.** ī *f* Olympos (Stadt in Lykien)
Olynthiī, ōrum *m* Einw. von Olynthos
Olynthus, ī *f* Olynthos (Stadt auf der Chalkidike)
O. M. *Abk für* Optimus Maximus (Jupiter)
omāsum, ī *n* Rinderkaldaunen
ōmen, ōminis *n* Vorzeichen, Vorbedeutung; Wunsch; Bedingung; feierlicher Brauch, Hochzeit
ōmentum, ī *n* Eingeweide; Fett; Haut (im Körperinnern)
⟦**ominaliter** *Adv ml* von böser Vorbedeutung
ōminātor, ~ōris *m* Weissager
ōminor *1* [omen] weissagen
ōminōsus *3* von böser Vorbedeutung
omīsī →omitto
omissus I. *Adj 3* [omitto] nachlässig **II.** *Part Perf Pass* →omitto
omittō, omīsī, omissus *3* unterlassen, loslassen, aufgeben; übergehen
⟦**omnifarius** *3 spl* von jeder Art
omnigen|a, ~ae (*Gen Pl* ~um) *m, f* jeden Ursprungs
omnigenus ⟦**I.** *Adj 3 spl* alles erzeugend **II.** *Akk* allerlei
omnimodīs *Adv* auf jede Weise, beständig, gänzlich
⟦**omnimodus** *3 spl* gänzlich; von jeder Art
omnīnō *Adv* [omnis] durchaus, überhaupt, allerdings, im Ganzen

a b c d e f g h i j k l m n o omn p q r s t u v w x y z

omnipar|ēns, *Gen* ~entis alles erzeugend; ~ens terra Allmutter Erde
omnipot|ēns, *Gen* ~entis allmächtig ⟦*spl kirchlich Attribut Gottes*
omnis, omne, *Gen* omnis ganz; jeder; *Pl* omnes *m, f* alle, omnia alles
omnivagus *3* überall umherschweifend
omnivolus *3* [[3]volo] alles begehrend
omphacium, ī *n* [*gr*] Saft unreifer Früchte
Omphalē, ēs *f* Omphale (Königin in Lydien, der Herakles diente)
onager, onagrī *m* [*gr*] Wildesel; *milit* schweres Feldgeschütz, Wurfmaschine
onagrus, ī *m* = onager
Onchēsmītēs, ae *m* Onchesmites (ein vom Hafen Onchesmos in Epiros nach Italien wehender Wind)
Onchēstius *3* aus Onchestos (in Boiotien)
Onchēstus 1. ī *m* Onchestos (Fluss in Thessalien) **2.** ī *f* Onchestos (Ortschaft in Boiotien)
onerāria, ae *f* [onus] Fracht-, Lastschiff
onerārius *3* [onus] Last tragend, Fracht-
oneris →onus
onerō *1* [onus] beladen, belasten; vergrößern; hineinladen ⟦*spl übertr* jmdn. plagen
onerōsus *3* [onus] schwer
onus, oneris *n* Last
onustus *3* [onus] beladen, belastet
onyx, onychis *m, f* [*gr*] Onyx (Halbedelstein); Salben- *od* Schminkbüchschen aus Onyx

O

opācitā|s, ~tis *f* Schatten
opācō *1* beschatten, Schatten spenden
opācus *3* schattig, dunkel; beschattend
Opāli|a, ~um *n* Fest der Ops
opella, ae *f* [opera] kleine Arbeit, kleine Mühe
oper|a, ~ae *f* [opus] Arbeit, Tätigkeit, Mühe, Bemühung, Dienst(leistung); *Pl* ~ae Arbeiter, Helfershelfer; ~am do Mühe verwenden *Dat* auf, sich widmen, gefällig sein bei; ut (ne) sich Mühe geben, dass (nicht); ~ae pretium est es ist der Mühe wert, es lohnt sich; Zeit, Lust, Muße
operāria, ae *f* Tagelöhnerin
operārius 1. *Adj 3* Arbeits- **II.** *Subst m* Tagelöhner ⟦*ml* Handwerker
operātiō, ~nis *f* Wirken; Betätigung
⟦**operator,** ~is *m spl* Verfertiger, Hersteller
operculum, ī *n* [operio] Deckel
operīmentum, ī *n* Decke, Deckel
oper|iō, ~uī, ~tus *4* bedecken, verhüllen; verschließen
operor *1* [opus, opera] arbeiten; sich widmen; *kult* opfern (*Lw*) ⟦*spl* sich betätigen, *auch* tun, verfertigen, (mit)wirken; *ml* Gutes tun
operōsus *3* sich betätigend; mühevoll
opertōrium, ī *n* Deckbett, Decke
⟦**opertum,** i *n spl* Geheimnis
opertus I. *Adj 3* verhüllt, verschlossen, verborgen **II.** *Part Perf Pass* →operio
operuī →operio
opēs, opum *f* →ops
Ophiūsius *3* (*Adj zu* Ophiusa, *poet* = Kypros) zyprisch
ophthalmiās, ae *m* = opthalmias
Opicōnsīva, ōrum *n* Fest der Ops u. des Consus (am 25. August)
Opicus I. *Adj 3* oskisch; *übertr* bäurisch **II.** *Subst* ī *m* Osker
opifer, opifera, opiferum Hilfe leistend
opif|ex, ~icis *m, f* [opus *u.* facio] Handwerker; Verfertiger(in)
opificīna, ae *f* = officina
opificium, ī *n* (Hand-)Werk; Wirken
ōpiliō, ~nis *m* [ovis] Schafhirt
Opīmiānus *3* des Opimius
opīmitā|s, ~tis *f* Herrlichkeit ⟦*spl* Beleibtheit; Reichtum
Opīmius *3 Gent* Opimius (L. ~, 121 v. Chr. Konsul, Gegner des C. Gracchus)
⟦**opimo** *1 spl* reich machen
opīmus *3* fett, reich, stattlich; ansehnlich
opīnābil|is, ~e, *Gen* ~is mutmaßlich, vermutlich ⟦*spl* wünschenswert, angenehm
opīnātio, ~nis *f* Vermutung
opīnāt|or, ~ōris *m* Anhänger der Wahrscheinlichkeit
opīnātus I. *Adj 3 phil* eingebildet, scheinbar **II.** *Part Perf zu* opino(r) **III.** *Subst* ūs *m* Vermutung
opiniō, ~nis *f* Meinung; Erwartung; Einbildung; Ruf; Gerücht; praeter ~nem wider Erwarten
opīn|ō *u.* **~or** *1* meinen; vermuten, wähnen
opiparus *3* [ops *und* par(i)o] prächtig
Ōpis, Ōpidis *f* Opis (Nymphe, Begleiterin der Diana)
opisthographus *3* [*gr*] auf der Rückseite beschrieben
Opitergium, ī *n* Opitergium (venetianische Stadt), *heute* Oderzo
opitulor *1* [ops *und* tuli] helfen
opium, ī *n* [*gr*] Mohnsaft, Opium
opobalsamētum, ī *n* Balsampflanzung
opobalsamum, ī *n* [*gr*] Balsam
oport|et, ~uit *2* [*obvortet, verto] es ist nötig, man muss; es gehört sich
oportūnus *3* = opportunus
oppectō *3* kämmen; abnagen
oppēdō *3* verhöhnen *Dat* jmdn.
oppēgī →oppingo
op|perior, ~per(ī)tus sum *4* (er-, ab)warten
oppessulātus *3* verriegelt
op|petō, ~petīvī, ~petītus *3* erleiden; *abs* sterben
⟦**oppidaneus,** i *m ml* Bürger
oppidānus I. *Adj 3* (klein)städtisch **II.** *Subst* ī *m* Städter

oppidātim *Adv* städteweise, in allen Städten
oppidō *Adv* völlig, sehr; jawohl
oppidulum, ī *n* Städtchen
oppidum, ī n (Land-)Stadt
oppignerō *1* als Pfand nehmen *od* geben
oppilō *1* [[2]pilo] verrammeln, verschließen ⟦*spl* zum Schweigen bringen
op|pingō, ~pēgī *3* [pango] aufdrücken
op|pleō, ~plēvī, ~plētus *2* anfüllen
opplōrō *1* etw. vorweinen
op|pōnō, ~posuī (~posīvī), ~positus *3* entgegenstellen, -setzen, -halten *auch übertr*; verpfänden
opportūnitā|s, ~tis *f* günstige Lage *od* Zeit *od* Gelegenheit; ~s mortis schöner Tod
opportūnus *3* [importunus] geeignet, günstig; ausgesetzt
oppositus I. *Part Perf Pass* →oppono **II.** *Subst* ūs *m* [oppono] Entgegenstellen
opposivī →oppono
opposuī →oppono
oppressī →opprimo
oppressiō, ~nis *f* [opprimo] Unterdrückung; Überrumpelung
oppressiuncula, ae *f* Befühlen
op|primō, ~pressī, ~pressus *3* [premo] nieder-, unterdrücken; bedrängen; überfallen, überwältigen; überraschen
opprobrāmentum, ī *n* Schimpf
opprobrium, ī *n* [opprobro] Vorwurf, Schande
opprobrō *1* [probrum] schimpfend vorwerfen
oppūgnātiō, ~nis *f* (Sturm-)Angriff, Bestürmung; Belagerungsmethode
oppūgnāt|or, ~ōris *m* Angreifer
oppūgnātōrius *3* Angriffs-
oppūgnō *1* angreifen, bestürmen *auch übertr*
ops, opis *f* [opus, opera] Kraft, Macht, Hilfe; *Pl* opes, opum Reichtum; *milit* Streitkräfte ⟦*ml* opes Land-, Gutsbesitz
Ops, Opis *f* Ops (Göttin des Erntesegens)
ops- = obs-
opt- *auch* = obt-
optābil|is, ~e, *Gen* ~is wünschenswert
optātiō, ~nis *f* Wunsch
optātō *Adv* nach Wunsch
optātum, ī *n* Wunsch
optātus I. *Adj 3* erwünscht **II.** *Part Perf Pass zu* opto
opthalmiās, ae *m* [*gr*] Neunauge (aalähnlicher Fisch)
optica, ae *f* [*gr*] Optik
opticē, ēs *f* = optica
obtigō *3* = obtego
optimā|s, *Gen* ~tis [optimus] vornehm
optimāt|ēs, ~(i)um *m* [optimus] Aristokraten, Adel, Optimaten
optimē *Adv* (*Sup zu* bene) sehr gut, bestens
optimus *3* (*Sup zu* bonus) bester, sehr gut, vornehmster, tüchtigster, rechtschaffenster
optiō, ~nis **1.** *m* [optio 2.] (gewählter) Gehilfe, Stellvertreter **2.** *f* [opto] Wahl ⟦*ml* Gewährung; ~nem do überlassen *Gen Gerund* etw.
optīvus *3* [opto] erwählt, erkoren; beliebt
optō *1* wünschen; wählen ⟦*ml* ~ *Akk* jmds. Hilfe wünschen
optumē = optime
optumus = optimus
opul|ēns, *Gen* ~entis [ops] reich
opulentia, ae *f* Reichtum, Macht
opulentitā|s, ~tis *f* Pracht
opulentō *1* bereichern
opulentus *3* reich; mächtig
Opūntius *3* aus Opus
opus, operis *n* [ops, opera] Arbeit, Tätigkeit, Schanzarbeit, Tat; Mühe; *fertiges* (Bau-, Schanz-, Kunst-, Literatur-) Werk; ~ est es ist nötig; mihi ~ est ich brauche *Abl* (*selten Gen*) *od Nom* etw., jmdn.; quaecumque ~ sunt alles, was nötig ist ⟦*ml* Beruf; Bedarf; ~ dei Gottesdienst; ~ habeo nötig haben
Opūs, Opūntis *f* Opus (Stadt im nordöstlichen Lokris)
opusculum, ī *n* kleines Werk
ōra, ae *f* **1.** Küste, Saum, Rand, Ende; (Himmels-)Gegend **2.** Seil **3.** *Pl zu* [1]os
ōrāc(u)lum, ī *n* [oro] Orakel ⟦*ml christlich* Verheißung
⟦**oram|en,** ~inis *n ml* Gebet
ōrārius *3* Küsten-
ōrātiō, ~nis *f* Rede(gabe, -weise); Erörterung; kaiserlicher Erlass; Äußerung ⟦*spl* Gebet
ōrātiuncula, ae *f* kleine, nette Rede
ōrāt|or, ~ōris *m* Redner; Unterhändler; Bittsteller ⟦*ml* Beter, Mönch; Gelehrter
ōrātōria, ae *f* Rhetorik, Redekunst
⟦**oratoriolum,** i n *ml* Hauskapelle (häuslicher Andachtsraum)
⟦**oratorium,** i *n spl* Bethaus, Kapelle, Kirche
ōrātōrius *3* rednerisch, von Rednern
ōrātrī|x, ~cis *f* Bittstellerin; Unterhändlerin
ōrātum, ī *n* Bitte
ōrāt|us I. *Part Perf Pass zu* oro **II.** *Subst* ūs *m* Bitten; *Abl* ~ū auf Bitten
orbāt|or, ~ōris *m poet für* qui orbat der beraubt
orbiculātus *3* kreis-, kugelrund
orbiculus, ī *m* kleine Scheibe, Rolle
Orbilius *3 Gent* Orbilius (L. ~ Pupillus, Grammatiker und Lehrer des Horaz)
orbis, ~ (*Abl Sg auch* orbī) *m* Kreis(linie, -fläche, -ring); Scheibe; Mahlstein; Wölbung; Himmel(ssphäre); ~ terrae Erde; ~ terrarum Erdkreis, Welt

orbita, ae *f* (Wagen-)Geleise; Kreislauf, Bahn ⟦*ml med* Augenhöhle
orbitā|s, ~tis *f* Kinderlosigkeit; Witwentum, Verwaistsein ⟦*ml* Todesfall
orbō *1* [orbus] jmdn. *Abl* der Eltern *od* der Kinder berauben
Orbōna, ae *f* [orbus] Orbona (Göttin, von kinderlosen Eheleuten angerufen, die [wieder] Kinder wünschen)
orbus *3* verwaist, kinderlos, verwitwet, beraubt *Gen od Abl* jmds. *od* von; ohne, leer *Gen od Abl* von
orca, ae *f* Tonne
Orcad|es, ~um *f* Orkneyinseln (bei Schottland)
orcha|s, ~dis *f* eiförmige Olive
orchēstra, ae *f* [*gr*] Orchestra (Sitzplatz der Senatoren im röm. Theater, im gr. Theater Platz des Chores) ⟦*spl* Bühne
orchīt|is, ~is = orchas
Orchomenii, ōrum *m* Einw. von Orchomenos 1.
Orchomenos, ī *f* Orchomenos (Stadt 1. in Boiotien 2. in Arkadien)
Orchomenus, ī *f* = Orchomenos
orcīnus *3* [Orcus] durch Testament bestimmt *auch spöttisch*
Orcus, ī *m* Orcus (1. Totenreich 2. Gott des Totenreichs 3. Tod)
ōrdinārius *3* ordnungsgemäß ⟦*ml Subst* i *m* ~ loci zuständiger Bischof
ōrdinātim *Adv* reihenweise
ōrdinātiō, ~nis *f* Ordnung; Verfügung; Amtsbesetzung ⟦*ml* Absicht; Einsetzung zum Bischof, Bischofsweihe
⟦**ordinator,** ~is *m spl* Ordner, Einrichter
ōrdinātus I. *Adj 3* geordnet **II.** *Part Perf Pass zu* ordino
ōrdinō *1* in Reih u. Glied aufstellen; ordnen (*Lw*) ⟦*ml* anordnen, befehlen; gründen; militem ~ zum Ritter schlagen; clericum ~ zum Priester weihen
ōrdior, ōrsus sum *4* beginnen
ōrdō, ōrdinis *m* Reihe, Ordnung; Stand, Klasse; Zenturie, Zenturio(nenstelle) ⟦*ml kirchlich* Stand, Mönchsstand, -orden; ~ Sanctae Mariae Deutschritterorden; Gemeinschaft; göttliche Weltordnung
Ordovīc|ēs, ~um *m* Ordoviker (Volk im nördlichen Wales)
Orēa|s, ~dis (*Akk Sg* ~da) *f* [*gr*] Oreade, Bergnymphe
Orestae, ārum *m* Oresten (Volk im westlichen Makedonien)
Orest|ēs, ~ae *od* ~is *m* Orestes, *dt* Orest (S. Agamemnons und Klytaimestras)
Orestē|us *3* des Orestes; dea ~a Diana
Ōrētāni, ōrum *m* Oretaner (Volk in Südspanien)
⟦**orfanus,** i *m* = orphanus

organum, ī *n* Werkzeug; Gerät; (Wasser-)Orgel (*Fw*), Musikinstrument ⟦*spl* Kirchenorgel
orgia, ōrum *n* [*gr*] (ausgelassenes, wildes) Dionysosfest; *übertr* Geheimnisse
orīchalcum, ī *n* [*gr*] Messing; *altl* aurichalcum Gold
Ōricīni, ōrum *m* Einw. von Orikos
Ōricius *3* aus Orikos
Ōricos, ī *f* Orikos (Hafen in Epeiros)
ōricul- = auricul-
Ōricum, ī *n* = Oricos
oriēns, *Gen* orientis **I.** *Part Präs zu* orior **II.** *Subst m* [orior] aufgehende Sonne; Osten, Orient, Morgenland
orientāl|is, ~e, *Gen* ~is morgenländisch, orientalisch
ōrificium, ī *n* [¹os *u.* facio] Mündung, Deckel
orīgināl|is, ~e, *Gen* ~is ursprünglich, von Anfang an ⟦*ml* peccatum ~e Erbsünde
orīg|ō, ~inis *f* [orior] Ursprung, Herkunft; Mutterstadt; Sippe; *Pl* ~ines, ~inum (Catos) Urgeschichte (Italiens)
Ōriōn, ~is (*Nbf Gen* Orionis *u.* Orīonis, *Akk:* ~a) *m* Orion (1. Jäger, von Diana getötet 2. Sternbild)
orior, ortus sum (*Part Fut* oritūrus) *4* sich erheben, aufgehen; entstehen; abstammen
Ōrīthyia, ae *f* Oreithyia (1. T. des athenischen Königs Erechtheus 2. Königin der Amazonen)
oritūrus →orior
oriundus *3* [orior] abstammend
ōrnāmentum, ī *n* Schmuck; Ausstattung, Ausrüstung; Auszeichnung
ōrnātri|x, ~cis *f* Friseuse *Sklavin*
ōrnātus I. *Adj 3* geschmückt; ausgerüstet; geehrt **II.** *Part Perf Pass zu* orno **III.** *Subst* ūs *m* Ausstattung, Ausrüstung, *auch* Kleidung; Schmuck
ōrnō *1* ausrüsten, schmücken; auszeichnen, fördern
ōrnus, ī *f* Bergesche (*urv*)
ōrō *1* bitten, beten; reden, vortragen
Oroanda, ōrum *n* Oroanda (Stadt in Pisidien)
Oroandēns|ēs, ~ium *m* Einw. von Oroanda
Oroandicus *3* aus Oroanda
Oront|ēs, ~is *u.* ~ī *m* Orontes (1. Fluss in Syrien 2. pers. PN)
Orontēus *3* des Orontes; syrisch
⟦**orphanus,** i *m* [*gr*] *spl* Waise
Orphe͡us, ~ī *u.* ~ōs (*Akk* ~a) *m* Orpheus (*myth* thrakischer Sänger)
Orphēus *3* des Orpheus
Orphicus *3* des Orpheus, orphisch
ōrsa, ōrum *n* [ordior] Beginn; Rede
ōrsus I. *Part Perf* →ordior **II.** *Subst* ūs *m* Anfang, Beginnen *auch am Gewebe*

⟦**orthodoxus** *3* [*gr*] *spl* rechtgläubig; katholisch
orthogōnius *3* [*gr*] rechtwinklig
orthographia, ae *f* [*gr*] Rechtschreibung
Ortōna, ae *f* Ortona (Stadt in Latium)
ortulānus, ī *m* = hortulanus
ortus I. *Part Perf* →orior **II.** *Subst* ūs *m* [orior] Aufgang, Ursprung
⟦**ortus** *ml* **1.** us *m* Geburtstag **2.** i *m* = hortus
Ortygia, ae *f* Ortygia (1. Stadtteil von Syrakus 2. Hain bei Ephesos 3. = Insel Delos)
Ortygiē, ēs *f* = Ortygia
Ortygi|us *3* aus *od* von Ortygia 3., ortygisch; dea ~a Diana
oryza, ae *f* Reis(körner) (*Lw*)
[1]**ōs,** ōris *n* Mund; Mündung, Eingang; Gesicht, Miene; Kopf; Gegenwart ⟦*spl auch* ossum; ~ gladii Schärfe des Schwertes; suo ore durch sein persönliches Gebot, selbstständig
[2]**os,** ossis *n* (*Pl auch* ossua, um) Knochen; *Pl* ossa, ossum Gebeine
⟦**osanna** *ml* Hosianna; Palmsonntag
ossu|a, ~um *n* →[2]os
⟦**ossum** *spl* →[1]os
Osca, ae *f* Osca (Stadt südlich der Pyrenäen), *heute* Huesca
ōscen, ōscinis *m, f* Weissagevogel
Oscēns|is, ~e, *Gen* ~is aus Osca
Oscī, ōrum *m* Osker (Volk in Kampanien)
ōscillum, ī *n* [osculum] Wachsbild des Bakchos; Schaukel *bes beim Bakchosdienst* ⟦*ml* = osculum Küsschen
ōscit|āns, *Gen* ~antis **I.** *Adj* schläfrig **II.** *Part Präs zu* oscito(r)
ōscitātiō, ~nis *f* Gähnen
ōscit|ō *u.* **~or** [[1]os] gähnen; (Mund) öffnen
ōsculābundus *3* küssend
ōsculātiō, ~nis *f* Küssen
ōsculor *1* küssen
ōsculum, ī *n* [[1]os] Kuss; Mündchen, Mäulchen
Oscus *3* oskisch; *vgl* Osci
Osī, ōrum *m* Osen (germ. Volk zwischen Oder und Weichsel)
Osīri|s, ~s *u.* ~dis (*Akk* ~m) *m* Osiris (Hauptgott Ägyptens)
Osismī, ōrum *m* Osismier (kelt. Volk in der Bretagne)
ōsor, ōsōris *m* [odi] Hasser
Ossa, ae *f* Ossa (1. Gebirge in Thessalien 2. Personifikation des Gerüchtes, röm. Fama)
ossa *Pl zu* [2]os
Ossaeus *3* vom Ossa 1.
osseus *3* [[2]os] knochig
⟦**ossiclum,** i *n* [ossuculum] *spl* Knöchelchen, Steinchen *eines Legespiels*
ossifraga, ae *m* [[2]os, frango] Seeadler, Beinbrecher
ossuculum, ī *n* [[2]os] Knöchelchen
⟦**ossum,** i *n spl* = [1]os
os|tendō, ~tendī, ~tentus *u.* ~tēnsus *3* zeigen, sehen lassen; entgegenstrecken; in Aussicht stellen, vortäuschen
ostēnsiō, ~nis *f* Zeigen ⟦*ml* Offenbarung, Erweis
ostēnsus →ostendo
ostentātiō, ~nis *f* Zeigen; Prahlerei, Heuchelei
ostentāt|or, ~ōris *m* Prahler, Angeber; Heuchler, der zur Schau stellt
ostentō *1* [ostendo] (prahlend) zeigen, hinhalten; in Aussicht stellen ⟦*ml* terrorem ~ Furcht, Schrecken einflößen
ostentum, ī *n* [ostendo] Wunder(zeichen); Scheusal
ostent|us I. *Part Perf Pass* →ostendo **II.** *Subst* ~ūs *m* [ostendo] Zeigen; *Dat Sg* ~ui zur Schau, zum Beweis, zum Schein
ōsteum, ī *n* = ostium
Ōstia, ae *f u.* ōrum *n* [ostium] Ostia (Hafenstadt Roms an der Mündung des Tiber)
ōstiārium, ī *n* Türsteuer
ōstiārius, ī *m* Pförtner
ōstiātim *Adv* von Tür zu Tür, von Haus zu Haus
Ōstiēnsis, e *Adj* aus *od* von Ostia
ōstiolum, ī *n* kleine Tür, Pforte
ostium, ī *n* [[1]os] Mündung; Tür
ostrea, ae *f* Auster (*Lw*), Muschel
ostreārius *3* Austern-
ostreātus *3* wie mit Austern besetzt
ostreum, ī *n* = ostrea
ostria, ae *f* = ostrea
ostrifer, ostrifera, ostriferum austernreich
ostrīnus *3* [ostrum] purpurfarben
⟦**Ostrogothi,** orum *m spl* Ostgoten
ostrum, ī *n* Purpur(gewand)
ōsus →odi
Othō, ~nis *m* Otho (BN 1. M. Salvius ~ 69 n. Chr., röm. Kaiser 2. →Roscius 3.)
Othōniānus *3* des Otho
Othryadēs, ae *m* Othryades (1. S. des Berggottes Othrys 2. spartanischer Feldherr, um 540 v. Chr.)
Othry|s, ~os (*Akk* ~n *u.* ~m) *m* Othrys (Gebirge in Thessalien)
ōtiolum, ī *n* ein wenig Freizeit, ein bisschen Muße
ōtior *1* müßig sein
ōtiōsus *3* müßig, rastend, ohne Amtsgeschäfte; wissenschaftlich tätig; friedlich; *vom Stil* weitläufig ⟦*ml* zurückgezogen, beschaulich, unnötig
ōtium, ī *n* Muße, Ruhe von (Amts-)Geschäften; Friede
ovātiō, ~nis *f* der kleine Triumph (Einzug des siegreichen Feldherrn nur zu Pferde *od* zu Fuß, nicht auf einem Wagen)
Ovidius, ī *m Gent* Ovidius, *dt* Ovid (am bekanntesten P. ~ Naso, röm. Dichter, 43 v. Chr.–17 n. Chr.)

ovil|e, ~is *n* (Schaf-)Stall; (eingezäunter) Abstimmungsraum auf dem Marsfelde ⟦*ml* Herde
ovillus *3* Schaf-
⟦**oviparus** *3 spl* Eier legend
ovis, ~ *f* Schaf; Schafwolle
ovō *1* frohlocken; triumphieren
ōvum, ī *n* Ei (*urv*)
⟦**Oxonia,** ae *f ml* Oxford
⟦**Oxoniens|is,** ~e, *Gen* ~is *ml* aus *od* von Oxford
Oxus, ī *m* Oxos (Fluss in Asien), *heute* Amu-Darja
oxycominum, ī *n* [*gr*] in Essig eingelegte Olive
oxygarum, ī *n* [*gr*] Fischsoße

P

P. *Abk für* Publius (röm. Vorname)
pābulātiō, ~nis *f* Futterholen
pābulāt|or, ~ōris *m* Futterholer
pābulor *1* Futter holen; füttern
pābulum, ī *n* [pasco] Futter; Nährboden
pācāl|is, ~e, *Gen* ~is [pax] Friedens-
pācāt|or, ~ōris *m* Friedensbringer
pācātum, ī *n* Freundesland, befriedetes u. unterworfenes Gebiet
pācātus I. *Adj 3* friedlich *Dat* gegen **II.** *Part Perf Pass zu* [1]paco
Pachȳnos, ī *f* Pachynos (südliches Vorgebirge Siziliens)
Pachȳnum, ī *n* = Pachynos
Pacidēiānus, ī *m* Pacideianus (berühmter Gladiator in Rom)
pācifer, pācifera, pāciferum Frieden bringend
pācificātiō, ~nis *f* Friedensstiftung, -vermittlung
pācificāt|or, ~ōris *m* Friedensstifter, -vermittler
pācificātōrius *3* Frieden vermittelnd
pācific|ō *u.* ~**or** *1* Frieden schließen; *Akk* jmdn. besänftigen ⟦*ml* se ~are sich versöhnen
pācificus *3* Frieden stiftend, schließend ⟦*spl* friedfertig; gütlich; friedlich, sanft
paciscor, pactus sum *3* [pax, pango] übereinkommen; sich ausbedingen, (ein)tauschen ⟦*ml* morte ~ sich zum Tode verpflichten
[1]**pācō** *1* [pax] befrieden, unterwerfen; *poet* urbar machen
[2]**pacō** *altl* = pango
Pacorus, ī *m* Pacorus (Partherprinz, Gegner Roms, gestorben 38 v. Chr.)
pacta, ae *f* [paciscor] Braut
[1]**pactiō,** ~nis *f* [paciscor] Übereinkunft, Vertrag; Versprechen
[2]**pāctiō,** ~nis *f* [pango] Fügung
Pactōli|s, *Gen* ~dis *f* des Paktolos
Pactōlus, ī *m* Paktolos (Gold führender Fluss bei Sardes)
pact|or, ~ōris *m* [paciscor] Vermittler
pact|um, ~ī *n* [paciscor] Übereinkunft, Vertrag; *Abl* ~o auf *die u. die* Art u. Weise ⟦*ml* placitum et ~um Friede u. Versöhnung
[1]**pactus I.** *Adj 3* [paciscor] verabredet **II.** *Part Perf* →paciscor
[2]**pāctus** →pango
Pactyē, ēs *f* Paktye (Ort in Thrakien)
Pācuviānus *3* des Pacuvius
Pācuvius, ī *m* Pacuvius (M. ~, röm. Tragödiendichter, ca. 220–130 v. Chr.)
Padaeī, ōrum *m* Padäer (Nomadenvolk in Hinterindien)
Padus, ī *m* Po (Fluss in Oberitalien)
Padūsa, ae *f* Padusa (südliche Pomündung)
Paeān, ~is *m* Paian (gr. Heilgott, BN Apollons)
paeān, ~is *m* Lob- *od* Siegesgesang; Siegesruf; *in Päanen vorherrschender* Versfuß
⟦**paedagoga,** ae *f spl* Lehrerin
paedagōgium, ī *n* Erziehungs- und Bildungsstätte für Jungen, *bes aus dem Adel* ⟦*ml* Schule *bes zur Ausbildung von Geistlichen*
paedagōgus, ī *m* Erzieher ⟦*spl* Lehrer *Gen* in, für
⟦**paedeia,** ae *f* [*gr*] *ml* Bildung, Erziehung
paedic- = pedic-
paed|or, ~ōris *m* Schmutz
paegniārius *3* [*gr*] zum Scherz fechtend
pael|ex, ~icis *f* [*gr*] Konkubine, Mätresse
paelicātus, ūs *m* Konkubinat, wilde Ehe
Paelignī, ōrum *m* Päligner (Völkerschaft in Mittelitalien)
Paelign|us *3* der Päligner; anus ~a Zauberin
Paemanī, ōrum *m* Pämanen (Volk in Belgien)
paene *Adv* beinahe, fast, sozusagen
paenīnsula, ae *f* Halbinsel
paenissumē (*Sup zu* paene) ganz und gar
paenitendus *3* verwerflich
⟦**paeniten|s,** *Gen* ~tis *ml* **I.** *Adj* büßend **II.** *Subst m* Büßer **III.** *Adv* ~ter mit Reue, zum Schaden
paenitentia, ae *f* Reue ⟦*ml christlich* Buße
paenit|eō, ~uī, ~ūrus *2* missbilligen; *unpers* ~et me ich bin unzufrieden *Gen* mit *od* über; ich bereue *Gen* etw.
paenitūd|ō, ~inis *f* Reue, Verdruss
paenituī, paenitūrus →paeniteo
⟦**paenitus** = penitus
paenula, ae *f* [*gr*] (rundes, geschlossenes) Obergewand, Reisemantel, Hülle; Deckel
paenulātus *3* im Reisemantel
⟦**paenultima,** ae *f spl* vorletzte Silbe

⟦**paenultimus** *3 spl* vorletzter
[1]**Paeōn,** ~is *m* = Paean
[2]**Paeōn,** Paeonis *m* Einw. von Paeonien
paeōn, ~is *m* = paean
Paeonia, ae *f* Paionia (Landschaft in Makedonien)
Paeoni|s, ~dis *f* Päonierin
Paeōnius *3* des Paian (gr. Heilgott, BN Apollons)
Paestān|us *3* aus Paestum; *Pl* ~i *m* Einw. von Paestum
Paestum, ī *n* Paestum (gr. Paiston, gr. Stadt in Lukanien), *heute* Pesto
paetulus *3* (verliebt) blinzelnd, schielend
paetus *3* = paetulus
Paetus *3* Paetus (BN →Thrasea)
⟦**paganicus** *3 spl* heidnisch
pāgānus I. *Adj 3* ländlich ⟦*spl* heidnisch **II.** *Subst* ī *m* Bauer; Spießbürger [*spl* Heide
Pagasaeus *3* aus Pagasai
Pagasē, ēs *f* Pagasai (Seestadt in Thessalien)
pāgātim *Adv* gau-, distrikt-, dorfweise ⟦*ml* in Dörfern, Weilern
pāgella, ae *f* [pagina] Blatt, Seite
⟦**pagensis,** ~ *m ml* Bauer, Landmann
pāgin|a, ae *f* Blatt (Papier), Seite, Urkunde; Schreiben; Dichtung; Verzeichnis ⟦*spl* (*auch Pl* ~ae, ~arum) (Heilige) Schrift
pāginula, ae *f Dim* = pagina
⟦**pago** *1 ml* bezahlen
pāgus, ī *m* Dorf; Distrikt, Gau, Kanton
pāla, ae *f* Spaten; Fassung *des Steines am Ring*
Palaem|ōn, ~onis (*Akk* ~ona) *m* **1.** Palaimon (gr. Meergott) **2.** Remmius ~on (Grammatiker z. Z. des Tiberius)
Palaepharsālus, ī *f* Palaiapharsalos, Alt-Pharsalos (Stadt in Thessalien)
Palaepolis, ~ *f* Palaiapolis (Schwesterstadt von Neapel)
Palaepolītānī, ōrum *m* Einw. von Palaiapolis
Palaestē, es *f* Palaiste (Hafenort in Epeiros)
Palaestīna, ae *f* Palästina
Palaestīnē, ēs *f* = Palaestina
Palaestīnus *3* aus Palästina
palaestra, ae *f* [*gr*] Schule *od* Übungsstätte für Ringer, Sportstätte, Palästra; Ringkunst; (Rede-)Kunst, Übung, Schule
palaestricus I. *Adj 3* in der Ringerschule üblich **II.** *Subst* ī *m* Lehrer in der Palästra
palaestrīta, ae *m* Ringer
palaestrō *1* sich in der Palästra üben
Palaetyros, ī *f* Alttyros (auf dem Festland)
palam [planus, palma 1.] **1.** *Präp beim Abl* in Gegenwart von **II.** *Adv* öffentlich, offen
Palamēd|es, ~is *m* Palamedes (*myth* Erfinder, von Odysseus getötet)
Pălātīnus *3* palatinisch; kaiserlich ⟦*ml* **I.** *Adj 3* zur kaiserlichen Pfalz gehörig, fürstlich; comes ~ Pfalzgraf **II.** *Subst* i *m* Höfling
Pălātium, ī *n* Palatium (südliche Haupterhebung des mons Palatinus in Rom; *oft* der ganze palatinische Hügel); Palast (weil auf dem Palatium die röm. Kaiser ihren Wohnsitz hatten) ⟦*spl* kaiserlicher Hof; *ml* Pfalz
palātum, ī *n* Gaumen; ~ caeli Wölbung des Himmels
palātus I. *Part Perf zu* palor **II.** *Subst* ī *m* = palatum
palea, ae *f* Spreu
pale|ar, ~āris *n* Wamme der Rinder (Hautlappen unterhalb des Halses)
Palēs, Palis *f* Pales (altitalische Hirtengöttin)
Palīli|a, ~um *n* Fest der Pales, Palilien *od* Parilien (am 21. April, zugleich als Geburtstag Roms gefeiert)
Palīl|is, ~e, *Gen* ~is der Pales
⟦**palestr-** = palaestr-
Palīcī, ōrum *m* Paliken (Zwillingssöhne des Zeus, in Sizilien verehrt)
palimpsēstus, ī *m* [*gr*] (nach Abkratzen der älteren Schrift) neu beschriebenes Pergament, Palimpsest
Palinūrus, ī *m* Palinuros (Vorgebirge in Lukanien, nach dem Steuermann des Aeneas benannt)
pālitor *1* [palor] umherschweifen
paliūrus, ī *m* [*gr*] Christdorn, Stechpalme
palla, ae *f* Obergewand (der röm. Damen); Vorhang ⟦*ml* Reichsmantel
pallaca, ae *f* [*gr*] Konkubine, Mätresse
Palladium, ī *n* Bild der Pallas Athene (in Troja, später in Rom), Palladion (*auch allg* Statue der bewaffneten Schutzgottheit einer Stadt)
Palladius I. *Adj 3* der Pallas Athene **II.** *Subst* ī *m* Palladius (röm. Schriftsteller im 4. Jh. n. Chr.)
Pallantēum, ī *n* Pallanteum, *gr* Pallanteon, (1. uralte Stadt in Arkadien, westlich von Tegea 2. Stadt an der Stelle des späteren Rom)
Pallantēus *3* des Pallas (= [2]Pallas)
Pallantia|s, ~dis *f* Pallantias (T. des Titanen Pallas), Morgen(röte), Aurora
Pallanti|s, ~dos *f* Pallantias
Pallantius *3* = Pallanteus
[1]**Palla|s,** ~dis *u.* ~dos *f* Pallas (BN der Athene); arbor ~dis Ölbaum; ars ~dis Wollarbeit; ales ~dis (Nacht-)Eule
[2]**Pall|ās,** ~antis *m* Pallas (1. S. des Pandion u. V. der Mondgöttin Selene 2. Br. des Aigeus von Athen, von Theseus erschlagen 3. (Ur-)Großvater sowie S. des Euandros 4. Freigelassener des Kaisers Claudius)

a b c d e f g h i j k l m n o p Pal q r s t u v w x y z

Pallēnē, ēs *f* Pallene (westliche Halbinsel der Chalkidike)
Pallēnēns|is, ~e, *Gen* ~is von der Pallene
pall|ēns, *Gen* ~entis **I.** *Adj* blass, gelblich, *auch* blass machend **II.** *Part Präs Akt zu* palleo
pall|ēo, ~uī *2* blass *od* fahl (*urv*) *od* krank sein; sich fürchten *Akk* vor, *Dat* um, für
pall|ēscō, ~uī *3* erblassen; gelb werden; verliebt sein
palliāta, ae *f* (fabula) Palliata (röm. Komödie nach gr. Vorbild, in der die Hauptpersonen ein gr. Gewand trugen)
palliātus *3* im gr. Gewand *od* Mantel; bedeckt
pallidulus *3* ziemlich bleich
pallidus *3* [palleo] bleich, blass, *auch* blass machend; verliebt; unscheinbar, hässlich
⟦**pallio** *1 ml* verdecken, bemänteln
palliolātim *Adv* mit dem Mantel
palliolātus *3* mit der Kapuze
palliolum, ī *n* Mäntelchen, gr. Mantel (*bes* der Philosophen); Kapuze
pallium, ī *n* [palla] gr. Mantel *od* Obergewand; Decke, Tuch ⟦*ml übertr* Deckmantel; Pallium (Schulterbinde) des Bischofs; ~ obtineo Bischof werden
pall|or, ~ōris *m* [palleo] Blässe; Furcht; Unscheinbarkeit
palluī →**1.** palleo **2.** pallesco
pallula, ae *f* Mäntelchen
palma, ae *f* **1.** [*gr*] (flache) Hand; Ruderblatt; äußerster Zweig **2.** [*gr*] Palme; Dattel; Palmzweig; Siegespreis **3.** Schild = parma ⟦*ml* dominica in palmis Palmsonntag
palmār|is, ~e, *Gen* ~is [palma] eines Preises würdig; illa statua ~is jene Statue, der höchste Ehrenpreis
palmārium, ī *n* [palma] Meisterstück, Hauptwerk
palmātus *3* mit Palmzweigmuster bestickt
palm|es, ~itis *m* [palma] Zweig; Rebschössling; Rebe
palmētum, ī *n* Palmenwald
palmifer, palmifera, palmiferum Palmen (*auch* Datteln) tragend, palmenreich
palmiger, palmigera, palmigerum Palmzweige tragend
palmōsus *3* reich an Palmen
palmula, ae *f* [palma] Handfläche; Ruderblatt; Palme, Palmzweig; Dattel
palmus, ī *m* [palma] Spanne (= 74 mm), Handbreite
pālor *1* sich zerstreuen, einzeln umherschweifen
palpātiō, ~nis *f* Schmeicheln, Zärtlichkeit
palpāt|or, ~ōris *m* Schmeichler
palpebra, ae *f* [palpo] Augenlid
palpitātiō, ~nis *f* Zucken
palpit|ō *1* [palpo] zucken; ~at cor das Herz klopft

palpō I. *Verb 1* streicheln; *Dat* jmdm. schmeicheln **II.** *Subst* ~nis *m* Schmeichler
palpor *1* = palpo I.
palpum, ī *n* Streicheln
palūdāmentum, ī *n* Kriegs-, Feldherrnmantel ⟦*ml* Fürstenmantel
palūdātus *3* im Feldherrn-, Kriegsmantel
palūdōsus *3* [²palus] sumpfig
⟦**palumba,** ae *f spl* Holz- *od* Ringeltaube
palumb|ēs, ~is *m, f* Holz- *od* Ringeltaube
palumbus, ī *m* = palumbes
¹**pālus,** ī *m* Pfahl (*Lw*)
²**palus,** palūdis *f* Sumpf
palūs|ter, ~tris, ~tre, *Gen* ~tris sumpfig, Sumpf-, des Sumpfes
pammach(i)um, ī *n* [*gr*] Allkampf (bei dem alle Schläge und Griffe erlaubt waren)
Pamphȳlia, ae *f* Pamphylien (Landschaft im südlichen Kleinasien)
Pamphȳli|us *3* aus Pamphylien; *Pl* ~i *m* Einw. von Pamphylien
pampineus *3* aus Weinlaub
pampinus, ī *m* (*f*) Weinlaub, -ranke
Pān, Pānos *u.* Pānis (*Akk* Pāna) *m* Pan (arkadischer Wald- u. Hirtengott)
panacēa, ae *f* [*gr*] (erdichtetes) Allheilkraut, Panacee
Panaetius, ī *m* Panaitios (stoischer Philosoph im 2. Jh. v. Chr., Freund des jüngeren Scipio)
Panaetōlicus *3* aus ganz Ätolien
Panaetōlium, ī *n* Panaitolion (Bundestag der Ätolier)
pānārium, ī *n* [panis] Brot-, Speisekorb
Panathēnāicus, ī *m* Festrede des Isokrates am Panathenäenfeste
Panchaeus *3* von Panchaia
Panchāia, ae *f* Panchaia (*myth* Insel an der Ostküste Arabiens)
Panchāius *3* = Panchaeus
panchrēstus *3* [*gr*] zu allem nützlich
pancratiastēs, ae *m* Pankratiast (Wettkämpfer im Pankration)
pancraticē *Adv* nach Art der Pankratiasten
pancration, ī *n* [*gr*] Pankration (Verbindung von Ringen und Boxen, alle Schläge und Griffe waren erlaubt)
pancratium, ī *n* = pancration
Pandāteria, ae *f* Pandateria (Insel vor der kampanischen Küste, unter den röm. Kaisern Verbannungsort)
pandi →²pando
pandiculor *1* [pando] sich recken
Pandī|ōn, ~onis *m* Pandion (*myth* König von Athen)
Pandīonius *3* des Pandion
¹**pand|ō** *1* [pandus] krümmen, biegen
²**pand|ō,** pandī, passus (*auch* pānsus) *3* ausbreiten; (er)öffnen; *Pass* ~or *auch* sich öffnen
pandus *3* gekrümmt

p

pāne, pānis *n* = panis
Panēgyricus, ī *m* Festrede (des Isokrates auf Athen), Lobrede
Pangaea, ōrum *n* Pangaion (Gebirge in Makedonien)
pangō, pepigī (pānxī), pāctus *3* [pax] festmachen, (zusammen)fügen (*urv*); verabreden; (be)pflanzen; dichten; foedus ~ Bündnis, Vertrag schließen ⟦*ml* anstimmen, singen; darlegen
Panhormus, ī *f* Panormos (N mehrerer Hafenstädte, darunter 1. Stadt auf Sizilien, *heute* Palermo 2. Hafen bei Ephesos)
Panhormītān|us *3* aus Panormos 1.; *Pl* ~i *m* Einw. von Panormos
Pānicī, ōrum *m Komödienwitz* Brotkrieger *od* Einw. von Pana (in Samnium)
pāniculus, ī *m* [panus Büschel] Rohrbüschel
pānicum, ī *n* Hirse
pānificium, ī *n* [panis] Backwerk, Opferkuchen
⟦**panigum,** i *n ml* = panicum
pānis, ~ *m* Brot ⟦*ml* ~ missi (*Gen*) Botenbrot; ~ angelicus Himmelsbrot, Manna, Brot des Abendmahls
Pāniscus, ī *m* kleiner Pan (dem Pan nachgebildete Feldgottheit)
panniculus, ī *m* kleines Tuch
Pannonia, ae *f* Pannonien (Landschaft zwischen Dakien und Illyrien)
Pannonicus *3* aus Pannonien
Pannonii, ōrum *m* Pannonier, Einw. Pannoniens
pannōsus *3* zerlumpt ⟦*ml Subst* i *m* Lump
⟦**pannucea,** orum *n spl* Lumpen
pannuc|eus *und* **~ius** *3* zerlumpt
⟦**pannulus,** i *m spl* Fetzen, Lumpen
pann|us, ~ī *m* Lappen, Lumpen, Tuch ⟦*ml* Decke (Wandverkleidung); *Pl* ~i *m* Windeln
Panopē, ēs *f* Panope (1. Stadt in Phokis 2. Meernymphe)
Panopēa, ae *f* Panope *od* Panopeia (Meernymphe)
Panormus, ī *f* = Panhormus
pānsa, ae *m* [^{2}pando] Plattfuß; *übertr von einem Menschen*
Pansa, ae *m* Pansa (BN des C. Vibius ~, Consul designatus 43, starb verwundet als Cäsarianer 43 v. Chr.)
pānsus →pando
Pantagi|ās *u.* **~ēs,** ~ae *m* Pantagias (Flüsschen an der Ostküste Siziliens)
pant|ex, ~icis *m* Wanst; *Pl* ~ices, ~icum *m* Gedärme
panthēra, ae *f* [*gr*] Panther
panthērīnus *3* Panther-; gefleckt
Panthoidēs, ae *m* S. des Panthoos, Euphorbos, (wiedergeboren als Pythagoras)
Panthūs, ī *m* Panthoos *Trojaner*
Pantolabus, ī *m* [*gr*] Allesraffer, Schnapphahn *Spitzname eines Geschäftstüchtigen*
pantomīmus, ī *m* [*gr*] Pantomime (1. Schauspieler, der nur durch Gesten u. Tanz eine Szene darstellt, Bühnentänzer 2. das auf diese Weise dargebotene Stück)
pantopōlium, ī *n* [*gr*] Warenhaus
pānxī →pango
⟦**papa,** ae *m spl* Oberhaupt; Bischof; *ml* Papst (*Fw*)
papae! *Interj des Staunens u. Beifalls* ei ei!
⟦**papal|is,** ~e, *Gen* ~is *ml* päpstlich
⟦**papatus,** us *m ml* päpstliche Gewalt, Papsttum
papāver, ~is *n* (*m*) Mohn
papāvereus *3* Mohn-
Paphius *3* aus Paphos, zyprisch
Paphlag|ō, ~onis *m* Einw. Paphlagoniens, Paphlagonier
Paphlagonia, ae *f* Paphlagonien (Landschaft an der Nordküste Kleinasiens)
Paphos 1. ī *m* Paphos (S. des Pygmalion, Gründer der gleichnamigen Stadt) **2.** ī *f* Paphos (Stadt auf Zypern)
pāpiliō, ~nis *m* Schmetterling; Zelt
papilla, ae *f* Brustwarze; Brust
Papīriānu|s *3* des Papirius; ius ~m alte Rechtssammlung des Papirius
Papīrius *3 Gent* Papirius (1. C. ~ Carbo, Politiker z. Z. der Gracchen, Konsul 120 v. Chr. 2. L. ~ Cursor, röm. Feldherr der Samniterkriege, 4. Jh. v. Chr.)
⟦**papista,** ae *m ml* Anhänger des Papstes
⟦**papisticus** *3 ml* päpstlich
Papius *3 Gent* Papius (1. C. ~, 65 v. Chr. Volkstribun; lex Papia de peregrinis exterminandis Gesetz über die Ausweisung von Nichtbürgern aus Rom 2. M. ~ Mutilus, 9 n. Chr. Konsul; lex Papia Poppaea de maritandis ordinibus Gesetz, verbot das ehelose Leben, belegte dieses sowie Kinderlosigkeit mit Steuern)
⟦**papo** = pappo
pappō *1* essen, pappen; verschlingen
papula, ae *f* Hitzebläschen, Blatter ⟦*ml* (Pest-)Blatter
papȳrifer *3* Papyrus hervorbringend
papȳr|um, ~ī *n u.* **~us,** ī *m* Papyrusstaude; Papier (*Fw*)
pār, *Gen* paris **I.** *Adj* gleich; gerade (von Zahlen); entsprechend, angemessen; paria facio cum *Abl* quitt werden mit jmdm., jmdm. gleichstellen **II.** *Subst m, f* Genosse, Genossin; *m* Gegner (im Kampf); *n* Paar (*Fw*)
parābil|is, ~e, *Gen* ~is leicht zu gewinnen
parabola, ae *f* [*gr*] Gleichnis
⟦**paracl|etus** *u.* **~itus,** ~i *m* [*gr*] *spl* Beistand, Tröster, Heiliger Geist

⟦**paraclisis,** ~ *f* [*gr*] *ml* Tröstung
⟦**paradisus,** i *m* [*pers-gr*] *spl* Baum- u. Tiergarten, Park; *ml* Paradies, *auch* Himmelreich
paradoxa, ōrum *n* [*gr*] Paradoxa (scheinbar widersinnige Sätze)
Paraetacae, ārum *m* Bewohner der Paraitakene (Gebirgslandschaft in Medien)
Paraetacēnē, ēs *f* Paraitakene (Gebirgslandschaft in Medien)
Paraetonium, ī *n* Paraitonion (befestigte Hafenstadt westlich von Alexandria)
⟦**parakinumenos,** i *m ml* Hausmarschall *byzantinisches Amt*
Paralus, ī *m* [*gr* Strand] Paralos (*myth* Erfinder des Kriegsschiffes)
paralysis, ~ *f* [*gr*] Schlaganfall, Lähmung, Paralyse
paralyticus *3* Lähmungs-, Gicht-, paralytisch
⟦**paranymphus,** i *m spl* Brautführer; *ml* Diener
Parapam-, Parapan- = Paropam-
⟦**paraphonista,** ae *m* [*gr*] *ml* Vorsänger
paraphrasis, ~ *f* [*gr*] Umschreibung ⟦*ml* Kommentar
parārius, ī *m* [[2]paro] Vermittler
⟦**parasceue,** es *f spl* = paraskune
parasīta, ae *f* Gast; Schmarotzerin
parasītaster, parasītastrī *m* = parasitus
parasītātiō, ~nis *f* Schmarotzen
parasīticus *3* Schmarotzer-, parasitär
parasītor *1* schmarotzen
parasītus, ī *m* [*gr*] Gast, Tischgenosse; Schmarotzer
⟦**paraskeue,** es *f* [*gr*] *spl* Zurüstung (zum Sabbat); *ml* dies ~s Karfreitag
parātiō, ~nis *f* Vorbereitung; Erwerbung
paratragoedō *1* mit Pathos wie in der Tragödiendichtung reden
⟦**paratur|a,** ~ae *f spl* (*bes Pl* ~ae, ~arum) kirchliche Gewänder
parātus I. *Adj 3* bereit; bequem; wohlgerüstet **II.** *Part Perf Pass zu* paro **III.** *Subst* ūs *m* Zurüstung, Vor-, Zubereitung; Kleidung
Parca, ae *f* Parze, Schicksalsgöttin, *gr* Moira
parceprōmus *3* [parcus, promo] sparsam, knickerig, geizig
parciloquium, ī *n* Verschwiegenheit
parcimōnia, ae *f* = parsimonia
parcitā|s, ~tis *f* Sparsamkeit; Seltenheit ⟦*spl* Schonung, Geiz; *ml* ~s caeli Ungunst des Himmels
parcō, pepercī (parsī), parsūrus *3 mit Dat od Akk* jmdn. schonen, etw. sparen; *Inf* unterlassen ⟦*spl auch* de jmdn.
parcus *3* [parco] sparsam, zurückhaltend
pardalis, ~ *f* [*gr*] Panther(weibchen)
pardus, ī *m* [*gr*] *männlicher* Panther, ~ discolor Leopard

[1]**pārēns,** *Gen* pārentis [pareo] **I.** *Adj* untertan **II.** *Part Präs Akt zu* pareo
[2]**parēns,** parentis [pario] *m* Vater, *f* Mutter; *Pl* parentes *m* Eltern, Verwandte, Vorfahren ⟦*spl* **I.** *Adj* stammverwandt **II.** *Subst Pl* parentēs *m* Verwandte u. Bekannte
parentāli|a, ~um *n* Totenfeier für die Eltern (und Verwandte), Parentalien
parentāl|is, ~e, *Gen* ~is elterlich, Eltern-; zur Totenfeier (der Eltern) gehörig
⟦**parentatio,** ~nis *f spl* Totenfeier, -opfer
⟦**parentela,** ae *f spl* Verwandtschaft, Heirat
parenticīda, ae *m* Vatermörder
parentō *1* (Eltern, Angehörigen) ein Totenopfer bringen; jmdm. Genugtuung verschaffen
pāreō, pāruī, pāritūrus *2* erscheinen, sichtbar werden, *übertr* sich zeigen; gehorchen, dienen; *unpers* paret es ist klar, es steht fest
parergon, ī *n* [*gr*] Beiwerk
Pariānus *3* aus Parion; →Parium
⟦**parientia,** ae *f spl* Gehorsam
pari|ēs, ~etis *m* Wand
parietārius *3* Wand-
parietinae, ārum *f* [paries] Ruinen
Parīlia = Palilia
paril|is, ~e, *Gen* ~is [par] gleich ⟦*ml Pl* ~es (numeri) ebenso viel
pariō, peperī, partus (paritūrus) *3* [[1]paro] gebären; hervorbringen; verursachen; (sich ver)schaffen, gewinnen; ova ~ Eier legen
Pari|s, ~dis *m* Paris (S. des trojanischen Königs Priamos)
Parīsiī, ōrum *m* Parisier (Völkerschaft um das heutige Paris)
pariter *Adv* ebenso; gleichzeitig
parito *1* vorbereiten
paritūrus →**1.** pareo **2.** pario
Parium, ī *n* Parion (Hafenstadt am Hellespont)
Parius *3* von Paros
Parma, ae *f* Parma (Stadt in Oberitalien)
parma, ae *f* kleiner Rundschild ⟦*spl* Ventil
parmāt|us *3* mit dem Rundschild ausgerüstet; *Pl* ~i *m* Schildträger
Parmenid|ēs, ~is *m* Parmenides (gr. Philosoph um 500 v. Chr.)
Parmeni|ō(n), ~ōnis *m* Parmenion (Feldherr Alexanders des Großen)
Parmēns|is I. *Adj* ~e, *Gen* ~is von *od* aus Parma **II.** *Subst* ~is *m* Einw. von Parma
parmula, ae *f* kleiner Rundschild
parmulārius, ī *m* Anhänger der mit der parma kämpfenden Gladiatoren
Parnāsi|s, ~dis = *f zu* Parnasius
Parnāsius *3* vom Parnassos; *poet* delphisch, apollinisch

Parnās(s)us, ī *m* Parnassos (Berg bei Delphi)
[1]**parō** *1* vorbereiten, rüsten, sich rüsten; sich verschaffen, erwerben; *mit Inf* sich anschicken
[2]**parō** *1* [par] gleichschätzen; übereinkommen
[3]**parō** ~nis *m* (kleines) Boot, Barke
⟦**parochia,** ae *f* [*gr*] *spl* Kirchspiel; bischöflicher Sprengel; *ml* Pfarrei (*Lw*), Pfarrkirche
⟦**parochianus** *ml* **I.** *Adj 3* Pfarr- **II.** *Subst* i *m* Pfarrkind
parochus, ī *m* Gastwirt (an einer Haltestelle der röm. Reichspost, der Staatsbeamte beherbergte)
⟦**paroecia,** ae *f ml* = parochia
parōnychium, ī *n* [*gr*] *med* Nietnagel (Geschwürbildung am Finger), Umlauf, Paronychie
Paropamisadae, ārum *m* Bewohner des Paropanisos
Paropamisus, ī *m* Paropanisos (Gebirge Asiens), *heute* Hindukusch
paropsi|s, *~dis f* [*gr*] kleine Schüssel
Paros, ī *f* Paros (Insel im Ägäischen Meer)
parra, ae *f* Unglücksvogel, Schleiereule
Parrhasi|s, I. *Adj, Gen* ~dis = *f zu* Parrhasius, *poet* arkadisch; Arctos *od* ursa ~s = ursa maior *od* Kallisto (T. des arkadischen Königs Lykaion), *als Gestirn* = der Bär, das Siebengestirn **II.** *Subst* ~dis *f* Kallisto
Parrhasius I. *Adj 3* aus Parrhasia (in Arkadien), *poet* arkadisch **II.** *Subst* ī *m* Parrhasius (gr. Maler um 400 v. Chr.)
parricīda, ae *m f* [caedo] Vater-, Verwandtenmörder; Hochverräter
parricīdāl|is, ~e, *Gen* ~is mörderisch
parricīdium, ī *n* Verwandtenmord; Hochverrat
pars, partis *f* Teil, Anteil; Aufgabe; Seite, Richtung; Hinsicht; Geschlechtsteil; *oft Pl* partes, partium Partei ⟦*ml* in partem beiseite; *Pl* partes = regio
Parsagada = Pasargadae
parsī →parco
parsimōnia, ae *f* [parco] Sparsamkeit
parsūrus →parco
Parthā|ōn, ~onis *m* Parthaon *od* Porthaon (V. des Oineus)
Parthāonius *3* des Parthaon *od* Porthaon
parthenicē, ēs *f* [*gr*] Jungfernkraut
Parthenius I. *Adj 3* des Parthenios II. 1. **II.** *Subst* ī *m* Parthenios (1. Gebirge zwischen Argolis u. Arkadien 2. Fluss in Paphlagonien 3. gr. Elegiendichter um 75 v. Chr.)
Parthenopaeus, ī *m* Parthenopaios (einer der Sieben vor Theben)
Parthenopē, ēs *f* Parthenope (alter N Neapels)
Parthenopēius *3* aus Parthenope, *poet* neapolitanisch
Parthī, ōrum *m* Parther (Volk südöstlich vom Kaspischen Meer)
Parthia, ae *f* Parthien, Land der Parther ⟦*ml* Ungarn
Parthicus *3* = Parthus
Parthīnī, ōrum m Parthiner (illyrisches Volk)
Parthus *3* parthisch, aus Parthien
Parthyaeī, ōrum *m* = Parthi
Parthyēnē, ēs *f* = Parthia
partiārius I. *Adj 3* geteilt **II.** *Subst* ī *m* Pächter
partic|eps, *Gen* ~ipis [pars *u.* capio] **I.** *Adj* beteiligt, teilhaftig **II.** *Subst m* Teilnehmer, Kamerad
⟦**participatio,** ~nis *f spl* Beteiligung
particip|ō *1* teilnehmen lassen; etw. teilen; mitteilen ⟦*ml* verkehren *Dat* mit; *Dep* ~or sich abgeben mit, teilhaftig werden
particula, ae *f* Teilchen; ein bisschen
particulātim *Adv* stückweise
partim *Adv* [pars] zum Teil; teils; einige ⟦*ml* in Stücken
[1]**parti|ō** *und* **~or** *4* [pars] (ver)teilen; ~o cum *Abl* jmdm. mitteilen; mit jmdm. teilen
[2]**parti|ō,** ~ōnis *f* [pario] Gebären
partītē *Adv* mit gehöriger Einteilung
partītiō, ~nis *f* (Ver-)Teilung
partitūd|ō, ~inis *f* [pario] Gebären
partum, ī *n* [pario] Erwerb; Vorrat
parturiō *4* [pario] schwanger gehen *Akk* mit; gebären, kreißen
partus I. *Part Perf Pass* →pario **II.** *Subst* ūs *m* Geburt; Leibesfrucht, Kind; Ursprung ⟦*ml* post partum virginis nach Christi Geburt
pāruī →pareo
parum [parvus] *Adv* zu wenig, nicht genug ⟦*ml* wenig, etwas
parumloquium, ī *n* Wortkargheit
parumper *Adv* auf kurze Zeit ⟦*ml* etwas
⟦**parvipendus** *3* = parvipensus
⟦**parvi|pensus** *u.* ~pensus *3 ml* gering bewertet, unbedeutend
parvitā|s, ~tis *f* Kleinheit; *höfisch* nostra ~s meine Wenigkeit = ich
parvolus *3* = parvulus
parvul|us *3* sehr klein; sehr (zu) jung; a ~o von frühester Kindheit an
parv|us *3* (*Komp* →minor, minus; *Sup* →minimus) klein, gering; jung; unbedeutend ⟦*ml Pl* ~i = pauci
Pasargadae, ārum **1.** *m* Pasargaden (edelster pers. Stamm, zu dem auch die Familie der Achaimeniden gehörte) **2.** *f* Pasargadai *Hauptstadt Persiens*
pasceolus, ī *m* [*gr*] Geldsäckchen
⟦**pascha,** ae *f u.* ~tis *n spl* [*hebr-gr*] Passah-, Osterfest; Osterlamm

⟦**paschal|is,** ~e, *Gen* ~is *spl* Oster-, österlich
pāscō, pāvī, pāstus *3* zur Weide führen, weiden, füttern (*urv*), nähren; vom Vieh abweiden lassen; fressen, (ab)weiden
pāscor, pāstus sum *3* fressen, weiden, abweiden
pāscuum, ī *n* Weide
pāscuus *3* zur Weide dienend
Pāsiphaa, ae *f* = Pasiphaë
Pāsiphaē, ēs *f* Pasiphaë (M. des Minotaurus)
Pāsiphaēius *3* der Pasiphaë
Pāsitheē, ēs *f* Pasithea (1. eine der drei Grazien 2. T. des Nereus)
Pasitigris, ~ *m* Pasitigris (Fluss in Persien)
⟦**passagium,** i *n ml* Durchgang, Überfahrt
passer, ~is *m* **1.** Sperling; ~ marinus Strauß **2.** Plattfisch, Steinbutt *Seefisch*
passerculus, ī *m* Spätzchen
passim *Adv* [pando] weit und breit, allenthalben; durcheinander
⟦**passio,** ~nis *f spl* Leiden, Martyrium; *ml* Passionszeit
⟦**passivum,** i *n ml* Passiv, Leideform des Verbs
passivus *3* **1.** [pando] zerstreut **2.** ⟦*ml* [patior] leidend
passum, ī *n* [passus I.] Rosinenwein, Trockenlese
passus I. *Adj 3* [²pando] ausgebreitet; geronnen; getrocknet **II.** *Part Perf* →**1.** ²pando **2.** patior **III.** *Subst* ūs *m* [²pando] Schritt; *milit* Doppelschritt (1,5 m); mille ~ = 1 röm. Meile, 1,5 km
⟦**pasta,** ae *f* [*gr*] *spl* Brotteig; *med* Tablette
pāstillus, ī *m* Pastille (zum Kauen für angenehmen Mundgeruch)
pastinō *1* umgraben, bearbeiten
pastinum, ī *n* Hacke
pāstiō, ~nis *f* [pasco] Weide(platz); Fütterung
pāst|or, ~ōris *m* [pasco] Hirte, Wärter ⟦*spl* Seelenhirt; *ml* Pfarrer; Papst
pāstōrāl|is, ~e, *Gen* ~is Hirten- ⟦*ml* seelsorgerisch, geistlich, bischöflich
pāstōricius *3* = pastoralis
pāstōrius *3* = pastoralis
pāstus [pasco] **I.** *Adj 3* gefüttert, mit Verpflegung **II.** *Part Perf Pass* →pasco **III.** *Subst* ūs *m* Fütterung; Futter, Nahrung; Weide ⟦*ml* Genuss (des Leibes Christi), Abendmahl
patagiārius, ī *m* Bortenwirker
patagiātus *3* mit Borte besetzt
patagium, ī *n* Borte
Patalia gens *f* Einw. von Pat(t)ala (Stadt am Indus)
Patara, ōrum *n* Patara (Stadt in Lykien)
Patarānī, ōrum *m* Einw. von Patara
Patare͡ius, ~ī *u.* ~os *m* Einw. von Patara; Apollon
Patarēus *3* aus Patara
pataracinum, ī *n* [patera] Trinkschale
Patavīn|us *3* aus Padua; *Pl* ~i *m* Einw. von Padua
Patavium, ī *n* Patavium, *heute* Padua (*italienisch* Padova)
patĕ|faciō, ~fēcī, ~factus *3* öffnen, enthüllen ⟦*ml AcI* nachweisen, dass
patefactiō, ~nis *f* Öffnung
patĕfēcī →patefacio
patĕ|fīō, ~factus sum (*Inf* ~fierī) *Pass zu* patefacio
patella, ae *f* [patera] (Opfer-)Schale
patellārius *3* mit Opferschüsseln verehrt
patēns, *Gen* patentis **I.** *Adj* offen, frei **II.** *Part Präs Akt zu* pateo
pateō, patuī *2* sich erstrecken; offen stehen; offenbar sein
pater, patris *m* Vater (*urv*); *Pl* patres, patrum Eltern, Ahnen; Senatoren, Patrizier; ~ patriae (*Abk* P.P.) Vater des Vaterlandes *Ehrentitel;* patres conscripti →conscribo ⟦*spl* Lehrer; *ml* geistlicher Würdenträger, Abt; patres veteres Kirchenväter; Pater noster Vaterunser
patera, ae *f* (Opfer-)Schale
⟦**paternita|s,** ~tis *f spl* väterliche Gesinnung; *ml Anrede an einen hohen Geistlichen* Väterlichkeit
paternus *3* väterlich, des Vaters; vaterländisch
patēscō, patuī *3* sich erstrecken; sich öffnen; offenbar werden
patibil|is, ~e, *Gen* ~is [patior] erträglich; empfindsam
patibulātus *3* an das Marterholz gebunden *od* genagelt
patibulum, ī *n* Marterholz ⟦*spl* Kreuz Christi
pati|ēns, *Gen* ~entis **I.** *Adj* erduldend; *poet* hart, geduldig **II.** *Part Präs zu* patior
patientia I. *Subst* ae *f* Erdulden; Ausdauer; Geduld; Schlaffheit, Gleichgültigkeit **II.** *Nom/Akk n Pl zu* patiens
patina, ae *f* [*gr*] Pfanne (*Lw*); Platte (auf der serviert wird)
patinārius I. *Adj 3* Pfannen- **II.** *Subst* ī *m* Fresser
patior, passus sum *3* dulden, erdulden; zulassen ⟦*ml abs* den Märtyrertod erleiden
Patrae, ārum *f* Patrai (Stadt in Achaia), *heute* Patras
patrāt|or, ~ōris *m* Vollstrecker
patrātus [patro] pater ~ *m* Wortführer der Fetialen
Patrēns|is, ~e, *Gen* ~is aus Patrai; *Pl* ~es, ~ium *m* Einw. von Patrai
patria, ae *f* Vaterland, -stadt, Heimat; Verwaltungs-, Gutsbezirk
⟦**patriarcha,** ae *m* [*gr*] *spl* Stamm-, Erzvater, Patriarch (kirchlicher Würdenträger)

⟦**patriarchal|is,** ~e, *Gen* ~is *spl* Patriarchen-
⟦**patriarchatus,** us *m ml* Patriarchat, Amt und Amtsbezirk des Patriarchen
patricia, ae *f* Patrizierin
patriciātus, ūs *m* Patrizierstand
patricida, ae *m* Vatermörder
patriciē *Adv* vornehm
patricius [pater] **I.** *Adj 3* patrizisch, dem herrschenden röm. Stand angehörig **II.** *Subst* ī *m* Patrizier ⟦*spl u. ml* Patrizier *Ehrentitel; byzantinisches Amt;* Stellvertreter
Patricol|ēs, ~is *m altl für* Patroclus
patrimōnium, ī *n* (vom Vater ererbtes) Vermögen ⟦*ml* ~ Petri Grundbesitz der Kirche; Kirchenstaat
patrīmus *3* mit lebendem Vater
⟦**patrinus,** ī *m ml* Taufpate
⟦**patrio** *1 ml* heimkehren
patrissō *1* [*gr*] in die Art des Vaters schlagen, der Wesensart des Vaters gleichen
patrītus *3* väterlich
patrius *3* väterlich; vaterländisch, heimatlich; ererbt
⟦**patrizo** *1 spl* = patrisso
patrō *1* vollbringen ⟦*ml* verfertigen
patrōcinium, ī *n* [patrocinor] Schutz, Verteidigung (vor Gericht)
patrōcinor *1* [patronus] beschützen *Dat* jmdn., (vor Gericht) verteidigen
Patroclus, ī *m* Patroklos (Freund des Achilleus)
patrōna, ae *f* (Schutz-)Herrin
patrōnus, ī *m* [pater] Schutzherr, Verteidiger (vor Gericht), Patron ⟦*ml* Schutzheiliger
patruēl|is I. *Adj* ~e, *Gen* is [patruus] von des Vaters Bruder *od* Schwester stammend, Vettern-, von Vettern **II.** *Subst* ~is *m* Vetter
patruus [pater] **I.** *Adj 3* onkelhaft; des Onkels **II.** *Subst* ī *m* Onkel, Oheim; strenger Sittenrichter
patuī →**1.** pateo **2.** patesco
Patulcius, ī *m* [pateo] Patulcius (1. BN des Janus, Öffner 2. Schuldner Ciceros)
patulus *3* [pateo] offen; weit ausgebreitet
pauciloquium, ī *n* Wortkargheit
⟦**paucior|es,** ~um *m ml* Minderheit
paucitā|s, ~tis *f* geringe Zahl
paucul|us *3* sehr wenig; *Pl* ~i, ~ae, ~a ein paar
pauc|us I. *Adj 3* gering; *Pl* ~i, ~ae, ~a wenige **II.** *Subst Pl* ~ī, ~ōrum *m* die Aristokratie; Optimaten
paul(l)ātim *Adv* [paulus] allmählich, einer nach dem anderen
paul(l)isper *Adv* [paulus] ein Weilchen
paul(l)ulātim *Adv* = paulatim
paul(l)ulum I. *Subst* ī *n* Kleinigkeit **II.** *Adv* ein wenig
paul(l)ulus *3* klein
paul(l)|um I. *Subst* ī *n* Kleinigkeit, ein Weniges; ~o (Abl) *beim Komp* etwas, *z. B.* ~o melior etwas besser; ~o post bald darauf, kurz danach **II.** *Adv* ein wenig
paul(l)us *3* gering
Paul(l)us, ī *m* Paulus (BN →Aemilius) ⟦*spl N des Apostels*
pauper, *Gen* ~is arm, ärmlich ⟦*ml* politisch rechtlos
pauperculus *3* ärmlich
pauperiēs, ēī *f* Armut
pauperō *1* arm machen, jmdn. berauben *Abl* einer Sache
paupertā|s, ~tis *f* Armut
pausa, ae *f* [*gr*] Pause (*Fw*), Ende
⟦**pausana,** ae *f ml* Waffenstillstand
Pausaniās, ae *m* [*gr*] Pausanias (PN 1. Sieger bei Plataiai 479 v. Chr. 2. Mörder des Königs Philipp II. von Makedonien)
pausārius, ī *m* [pausa] Rudermeister *der beim Rudern mit dem Hammer den Takt schlägt*
⟦**pausatio,** ~nis *f spl* Innehalten, Aufenthalt
pausia, ae *f* saftige Olive
Pausiacus *3* des Pausias (gr. Maler um 350 v. Chr.)
pausill- = pauxill-
⟦**pauso** *1 spl* verweilen lassen; schlafen, ruhen
pauxillātim *Adv* allmählich
pauxillisper *Adv* ein Weilchen
pauxillulum = pauxillum
pauxillulus = pauxillus
pauxillum I. *Subst* ī *n* Kleinigkeit **II.** *Adv* ein wenig
pauxillus *3* wenig, klein
⟦**pava,** ae *f spl* Pfau(henne)
pavefactus *3* erschreckt
paveō, pāvī *2* zittern, sich ängstigen *Akk* (*auch Abl*) vor
pavēscō *3* = paveo
pāvī →**1.** pasco **2.** paveo
pavidus *3* [paveo] ängstlich, schüchtern; (er)schreckend
pavīmentātus *3* mit Estrich versehen
pavīmentum, ī *n* [pavio] Estrich(boden)
paviō *4* stampfen
pavitō *1* [paveo] zittern, sich ängstigen ⟦*ml* fürchten
pāvō, ~nis *m* Pfau (*Lw*) ⟦*spl auch* pavus, i *m u.* pava, ae *f*
pāvōnīnus *3* vom Pfau, Pfauen-; *übertr* bunt
pavor (*altl* **pavōs),** pavōris *m* [paveo] Angst, Furcht, Aufregung
pāvus, ī *m* Pfau
[1]**pāx,** pācis *f* [paciscor] Friede; *politische* Ruhe, freundliches Verhalten; *kult* Gnade (der Götter); pace tua mit deinem Einvernehmen ⟦*ml* pacem do et accipio

gegenseitig Urfehde geloben; pax de Ruhe vor; Geduld

[2]**pax** *Interj* ab!, basta!

paxillus, ī *m* [[1]palus] Pfahl, Pflock

⟦**paximacium,** i *n ml* Schiffszwieback

P.C. *Abk für* patres conscripti →conscribo

⟦**peccam|en,** ~inis n *spl* Sünde

⟦**peccarius,** i *m ml* Becher (*Lw*)

⟦**peccator,** ~is *m spl* Sünder

⟦**peccatri|x,** ~cis *f spl* Sünderin

peccatum, ī *n* Vergehen, Versehen, Verbrechen ⟦*spl christlich* Sünde; ~ committo eine Sünde begehen

peccatus, ūs *m* = peccatum

peccō *1* straucheln; einen Fehler begehen, verkehrt handeln, sündigen

⟦**pecia,** ae *f ml* Stück, Teil (Stoff, Land, Papier)

pecoris →pecus

pecorōsus *3* [pecus] reich an Vieh

pect|en, ~inis *m* [pecto] Kamm; Weberkamm; Kiel, Stäbchen zum Schlagen der Laute; Rechen, Harke; Kammmuschel

pectinātim *Adv* kammartig

⟦**pectinus,** i *f ml* Weberkamm, -distel

pectō, pexī, pexus *3* kämmen

pectoris →pectus

pectorōsus *3* vollbusig

pect|us, ~oris *n* Brust; Sinn, Verstand, Geist; Gefühl, Seele

pecu (*Dat/Abl Sg* pecū, *Pl* pecua) *n* [pecus] Vieh (*urv*)

pecuāria 1. ae *f* Viehzucht **2.** ōrum *n* Viehherden

pecuārius I. *Adj 3* Vieh- **II.** *Subst* ī *m* Viehzüchter

pecuīnus *3* viehisch, tierisch

pecūlāt|or, ~ōris *m* [*vgl* depeculor] Veruntreuer öffentlicher Gelder, Verbrecher am Staatseigentum

pecūlātus, ūs *m* Unterschlagung

pecūliār|is, ~e, *Gen* ~is eigen, eigentümlich; außerordentlich

pecūliātus *3* begütert, vermögend

pecūliō *1* mit Eigentum beschenken

pecūliōsus *3* begütert

pecūlium, ī *n* [pecu] Eigenbesitz, Eigenvermögen *der Frau, der Kinder, des Sklaven;* Sparpfennig

pecūnia, ae *f* [pecu] Geld(summe); Vermögen; magna ~ viel Geld

pecūniārius *3* Geld-

pecūniōsus *3* reich

pecus 1. pecoris *n* [pecu] Vieh, *bes* Kleinvieh **2.** pecudis *f* [pecu] ein Stück Vieh; *bes* Schaf

pedāl|is, ~e, *Gen* ~is [pes] einen Fuß lang *od* breit

Pedān|us *3* aus Pedum; *Pl* ~i, ~orum *m* Einw. von Pedum

pedāriī, ōrum *m* (senatores) Senatoren zweiten Ranges *die noch kein kurulisches Amt bekleidet haben,* Mitläufer bei der Abstimmung *die noch kein eigenes Votum ablegen durften, nur dem anderer beipflichten*

pedātus [pes] **I.** *Adj 3* zu Fuß **II.** *Subst* ūs (*nur Abl* ū) *m* taktischer Angriff, (An-)Sturm

pedes, peditis *m* [pes] Fußsoldat; Fußvolk; Fußgänger; einfacher Bürger ⟦*ml* Bauer (im Schachspiel)

pedest|er, ~ris, ~re, *Gen* ~ ris [pedes] zu Fuß, Fuß-; zu Lande; einfach, gewöhnlich; in Prosa, prosaisch

pedetemptim *Adv* Schritt für Schritt, bedächtig

⟦**pedetemptivus** *3 ml* vorsichtig

pedetentim *Adv* = pedetemptim

pedica, ae *f* [*vgl* expedio] Fußfessel, Schlinge

pēdīcāt|or, ~ōris *m* Knabenschänder

pēdīcō *1* (einen Knaben) schänden

pediculus, ī *m* kleiner Fuß; Läuschen

⟦**pedinus,** i *m ml* Bauer (im Schachspiel)

[1]**pēdis,** ~ *m, f* Laus

[2]**pedis** *Gen Sg* →pes

pedisequa, ae *f* Dienerin

pedisequus I. *Adj 3* auf dem Fuße folgend **II.** *Subst* ī *m* Diener

peditastellus, ī *m* gewöhnlicher Fußsoldat

peditātus, ūs *m* [pedes] Fußvolk

pēditum, ī *n* [pedo] Furz

Pedō, ~nis *m* Pedo (BN →Albinovanus)

[1]**pēdō,** pepēdī, pēditus *3* furzen (*urv*)

[2]**pedō** *1* [pes] durch Pfähle stützen ⟦*ml* gehen

peduclum, ī *n* [pedis] Läuschen

pedum, ī *n* Hirtenstab

Pedum, ī *n* Pedum (Stadt in Latium)

Pēgaseus *3* des Pegasos

Pēgasi|s, *Gen* ~dis *f* des Pegasos, der Musen; *Pl* ~des, ~dum die Musen

Pēgasus, ī *m* Pegasos (*myth* Musenpferd, Flügelross →Gorgo *und* Hippocrene)

pēgī →pango

pēgma, ~tis *n* [*gr*] Bücherbrett; Theatermaschine

pēierātiuncula, ae *f* Meineid

pēierō *1* [iuro] falsch schwören, meineidig sein

pēior, pēius *Komp* zu malus

pēius 1. →peior **2.** *Komp zu* male

⟦**peioro** *1 spl* (sich) verschlechtern

pēiūrium, ī *n* = periurium

peiūrō *1* = peiero

pēiūrus *3* = periurus

pelagē *Pl zu* pelagus, ī *n*

pelagium, ī *n* Purpurfarbe

pelagius *3* zur See, See-

Pelagon|es, ~um *m* Pelagonen (Volk im nördlichen Makedonien)

Pelagonia, ae *f* Pelagonia (Landschaft u. Stadt im Norden Makedoniens)

pelag|us, ~ī (*Nom/Akk Pl* ~ē) *n* [*gr*] Meer
Pelasgi, ōrum *m* Pelasger (Ureinwohner Griechenlands); Griechen
Pelasgia|s, *Gen* ~dis = *f zu* Pelasgus
Pelasgi|s, *Gen* ~dis = *f zu* Pelasgus
Pelasgus *3* der Pelasger, *poet* griechisch
Pelethronius *3* aus der thessalischen Landschaft Pelethronion
Peleus, ī *m* Peleus (König in Thessalien)
pēlex, pēlicis *f* = paelex
Pēliacus *3* des Pelion
Peliad|es, ~um *f* Töchter des Pelias
[1]**Peliās,** ae *m* Pelias (*myth* König in Iolkos in Thessalien)
[2]**Pēlia|s,** *Gen* ~dis = *f zu* Peliacus
⟦**pelicanus,** i *m spl* Pelikan
pēlicātus, ūs *m* = paelicatus
Pēlīdēs, ae *m* S. des Peleus, Achilleus
Pēli|on, ~ī n (**~os** *od* **~us,** ~ī *m*) Pelion (Berg in Thessalien)
Pella, ae *f* Pella (Stadt in Makedonien)
pellācia, ae *f* Lockung
Pellaeus *3* aus Pella; *auch* makedonisch, alexandrinisch, ägyptisch
pellā|x, *Gen* ~cis [pellicio] verführerisch, ränkevoll
Pellē, ēs *f* = Pella
pellecebrae, ārum *f* [pellicio] Verlockungen
pellēctiō, ~nis *f* Durchlesen
pellectus →pellicio
pellegō = perlego
Pellēnē, ēs *f* Pellene (Stadt in Achaia)
pel|liciō, ~lēxī, ~lectus *3* [*vgl* [2]lacto] an-, verlocken, an sich ziehen, für sich einnehmen
⟦**pellicium,** i *n spl* Pelz(werk)
⟦**pellicius** *3 spl* aus Fellen
pellicula, ae *f* Fellchen; ~m curo sich gütlich tun
pelliō, ~nis *m* [pellis] Kürschner
pellis, ~ *f* Haut, Fell (*urv*), Pelz; Zelt; Schuh ⟦*ml* Trommel-, Paukenfell
pellītus *3* mit Fellen bedeckt
pellō, pepulī, pulsus *3* vertreiben, zurückdrängen, in Bewegung setzen, verjagen, besiegen, schlagen; stoßen, klopfen, schlagen; Eindruck machen, rühren, treffen
pellūceō *2* = perluceo
Pelopēia|s, *Gen* ~dis *f* peloponnesisch, des Pelops
Pelopēi|s, *Gen* ~dis *f* = Pelopeias
Pelopē(i)us *3* des Pelops
Pelopidae, ārum *m* Nachkommen des myth. Pelops
Peloponnēsiacus *3* peloponnesisch
Peloponnēsi|us *3* peloponnesisch; *Pl* ~i, ~orum *m* Bewohner der Peloponnes
Peloponnēsus, ī *f* Peloponnesos (*dt* Peloponnes, südliche Halbinsel Griechenlands, Pelopsinsel)
Pelop|s, ~is *m* Pelops (S. des phrygischen Königs Tantalos, V. des Atreus u. Thyestes)
pelōri|s, ~dis *f* [*gr*] Riesenmuschel
Pelōri|s, ~dis *f* = Peloros
Pelōros, ī *m* Peloros (Nordostspitze Siziliens)
pelta, ae *f* gr. kleiner Schild
peltastae, ārum *m* gr. Krieger mit leichtem Schild, Peltasten
peltātus *3* mit dem kleinen gr. Schild ausgerüstet
pēluis, ~ *f* = pelvis
Pēlūsiacus *3* aus Pelusium, pelusisch
Pēlūsium, ī *n* Pelusion (gr.-ägyptische Stadt im Nildelta)
Pēlūsius *3* = Pelusiacus
pēlvis, ~ *f* Becken, Schüssel ⟦*ml* Bütte, Kübel
⟦**pena,** ae *f spl* = poena
⟦**penal|is,** ~e, *Gen* ~is *spl* = poenalis
penārius *3* [penus] Vorrats-
penāt|ēs, ~ium *m* [penes] Penaten (Hausgötter, Schutzgottheiten der Familie u. des Staates); Wohnung, Haus
penātiger, penātigera, penātigerum die Penaten tragend
pendeō, pependī *2* [pendo] (herab)hängen, *ohne Akk* wiegen; (zum Verkauf) aushängen, *übertr* gelten; *übertr* hängen (in, ex, de) *Abl* an, abhängen von, beruhen (ex, in) *Abl* auf; schweben; unerledigt bleiben; unentschlossen *od* ungewiss sein
pendō, pependī, pēnsus *3* (ab)wägen; (be)zahlen; büßen, leiden; beurteilen, schätzen, achten; *ohne Akk* wiegen, schwer sein
pendulus *3* [pendeo] hängend, schwebend; ungewiss
Pēnēi|s, *Gen* ~dis = *f zu* Peneius; nympha ~s Daphne
Pēnēius *3* des Peneios
Pēnelopa, ae *f* Penelope (Gem. des Odysseus)
Pēnelopē, ēs *f* = Penelopa
Pēnelopēus *3* der Penelope
Pēnēos, ī *m* = Peneus
penes *Präp beim Akk* bei jmdm., im Besitz, in der Gewalt; aufseiten jmds. ⟦*ml* gemäß
Penestae, ārum *m* Penesten (illyrischer Volksstamm)
Penestia, ae *f* Land der Penesten
penetrābil|is, ~e, *Gen* ~is [penetro] durchdringend; durchdringbar; erreichbar
⟦**penetral,** ~is *n spl* Inneres *übertr*
penetrāl|e, ~is *n* (*gew Pl* ~ia, ~ium) Inneres *bes des Hauses;* Hauskapelle *Andachtsraum;* Heiligtum
penetrāl|is, ~e, *Gen* ~is [penetro] innerlich, inwendig; einheimisch

penetrō *1* [penitus] tief eindringen *Akk* in *od* betreten; *übertr* ergreifen, auf jmdn. Eindruck machen; (hin)eindringen, durchdringen; pedem ~ den Fuß hineinsetzen; se penetrare sich begeben ⟦*ml* (geistig) eindringen *Akk* in
Pēnēus, ī *m* Peneios (thessalischer Fluss u. Flussgott)
pēnicillus, ī *m* Pinsel (*Lw*)
pēniculus, ī *m* [*Dim zu* penis] Bürste; Schwamm ⟦*ml* Stäbchen, Taktstock
Pēniculus, ī *m* Peniculus (PN eines Parasiten)
pēnis, ~ *m* Schwanz; das männliche Glied
penitē *Adv* tief innen
penitus [penes] **I.** *altl Adj 3* inwendig **II.** *Adv* innen, von innen, tief hinein; tief, gründlich; innig ⟦*ml* überhaupt, durchaus
penna, ae *f* = pinna
pennātus *3* = pinnatus
Pennīnus *3* = Poeninus
pennipot|ēns, ~entis *f* = pinnipotens
pennula, ae *f* = pinnula
⟦**pensabil|is,** ~e, *Gen* ~is [penso] *spl* ersetzbar
pēnsil|is, ~e, *Gen* ~is [pendeo] (herab)hängend, schwebend
pēnsiō, ~nis *f* Zahlung, fällige Rate; Mietzins
pēnsitō *1* (be)zahlen; reiflich erwägen
pēnsō *1* [pendo] (gegeneinander ab)wägen; gleichsetzen; bezahlen; erwägen, beurteilen ⟦*ml* entschädigen pro für; *mit AcI* der Meinung sein, dass
pēnsum, ī *n* [pendo] Pensum, Aufgabe; (den Sklavinnen als Tagespensum) zugeteilte Wollarbeit, Wolle
pēns|us [pendo] **I.** *Adj 3* wichtig; non (nihil) ~i habeo für unwichtig halten; non ~i esse unwichtig sein **II.** *Part Perf Pass* →pendo ⟦*ml* nihil ~i habeo ratlos *od* hoffnungslos sein
pentathlus, ī *m* [*gr*] Sportler = Sieger im Fünfkampf
⟦**pentecoste,** es *f* (*m*) *ml* 50. Tag nach Ostern, Pfingsten (*Lw*)
Pentelicus *3* vom Pentelikon (Berg in Attika, berühmt durch seine Marmorbrüche), pentelisch
pentēri|s, ~dis *f* [*gr*] Pentere (Schiff mit 5 Reihen von Ruderern)
penthemimer|es, ~is *f* [*gr*] Penthemimeres (nach 5 Halbversen, die Hauptzäsur des Hexameters)
Penthesilēa, ae *f* Penthesileia *Amazonenkönigin*
Penthe͡us, ~ī *u.* ~os *m* Pentheus (*myth* König in Theben)
Penthēus *3* des Pentheus
Penthiacum, ī *n* Gehacktes (Fleisch, wie Pentheus zerrissen)
Pentrī, ōrum *m* Pentrer (samnitisches Volk)
pēnūria, ae *f* Mangel *Gen* an ⟦*ml* Not
penus, penoris *n* [*auch:* ūs *u.* ī *m, f*) Mundvorrat
Peparēthus, ī *f* Peparethos (Insel an der thessalischen Küste)
pepēdī →[1]pedo
pependī →**1.** pendeo **2.** pendo
pepercī →parco
peperī →pario
pepigī →pango
peplum, ī *n* Peplos (wollenes, gewebtes Hauptkleidungsstück der gr. Frau), Frauenobergewand ⟦*ml* Kopftuch
pepulī →pello
per I. *Präp beim Akk; örtl:* durch, hindurch, über ... hin *Weg;* ringsherum um *od* an, umher in *od* bei, über ... hin, längs ... hin, auf ... hin *Ausdehnung, Verbreitung; zeitl* hindurch, während, lang; *übertr* in, unter, mit; per iniuriam zu Unrecht *Art u Weise; kausal* wegen, aus, infolge; bei, um ... willen *Schwur;* ~ deos bei den Göttern; ~ me von mir aus, *abgeschwächt* meinetwegen; durch *Vermittlung;* für, zu *Verteilung;* ~ participes an die Teilnehmer ⟦*ml* ~ singulos einzeln; ~ se selbst; ~ visum sichtbar; ~ hoc darum; ~ tres vices dreimal; *statt* pro **II.** *poet getrennte Vorsilbe* sehr, ganz
pēra, ae *f* [*gr*] Ranzen, Tornister
perabsurdus *3* ganz ungereimt, ganz widersinnig
peraccommodātus *3* sehr bequem
per|ācer, ~ācris, ~ācre, *Gen,* ~ācris sehr scharf, sehr heftig, sehr hart
peracerbus *3* sehr herb; sehr empfindlich
per|acēscō, ~acuī *3* sehr sauer, sehr verdrießlich werden
perāctiō, ~nis *f* Beendigung; Schlussakt
perāctus →perago
peracuī →peracesco
peracūtus *3* sehr scharf(sinnig)
peradulēsc|ēns, *Gen* ~entis sehr jung
peradulēscentulus *3* blutjung
Peraea, ae *f* Peraia (N mehrerer jenseits eines Gewässers gelegener Landstriche); ~ Rhodiorum die von den Rhodiern besetzte Südküste Kariens
peraequē *Adv* völlig gleich, ohne Unterschied
peragitō *1* beunruhigen
per|agō, ~ēgī, ~āctus *3* dauernd (an)treiben; durchbohren, durchwühlen; erwägen; durch-, ausführen, vollenden; durch-, verleben; *eine Rolle* durchspielen; eingehend verhandeln, vortragen ⟦*ml* abschließen; ~ago, ut dahin bringen, dass
peragrātiō, ~nis *f* Durchwanderung
peragrō *1* [ager] durchwandern, -reisen, -ziehen; sich verbreiten

peralbus *3* schneeweiß
peram|āns, *Gen* ~antis sehr gewogen, sehr zugetan *Gen* jmdm.
perambulō *1* durchwandern; umhergehen, besuchen
peramoenus *3* sehr angenehm
peramplus *3* sehr umfangreich, sehr groß, sehr weit
perangustus *3* sehr eng, sehr schmal
perannō *1* ein Jahr am Leben sein
perantīquus *3* sehr alt
perappositus *3* sehr passend
perarduus *3* sehr schwierig
perargūtus *3* sehr scharfsinnig
perarmātus *3* wohlbewaffnet, gut (aus)gerüstet
perarō *1* durchpflügen; schreiben
perattentus *3* sehr aufmerksam
pērātus *3* [pera] mit Ranzen *od* Tornister versehen
perauriō *4* [auris] durchs Ohr aufnehmen (*scherzhaft für* perhaurio)
perbacchor *1* durchschwärmen
perbāsiō *1* der Reihe nach abküssen
perbeātus *3* sehr glücklich
perbellē *Adv* sehr hübsch
perbene *Adv* sehr gut
perbenevolus *3* sehr wohlwollend
perbenīgnē *Adv* sehr gütig
Perbibesia, ae *f* Saufland *Ulkwort*
per|bibō, ~bibī *3* ganz einsaugen; *übertr* ganz in sich aufnehmen
perbītō *3* hin-, zugrunde gehen
perblandus *3* sehr einnehmend, sehr charmant
perbonus *3* sehr gut
perbrev|is, ~e, *Gen* ~is sehr kurz
perca, ae *f* Barsch
percale|faciō, ~fēcī, ~factus *3* durchhitzen, durchglühen
percale|fīō (*inf* ~fierī) *Pass zu* percalefacio
per|calēscō, ~caluī *3* durch und durch heiß werden
per|callēscō, ~calluī *3* ganz gefühllos werden; gehörig gewitzigt werden
percaluī →percalesco
percandē|faciō, ~fēcī, ~factus *3* durch und durch erhitzen
percandidus *3* sehr hell, sehr rein
percārus *3* sehr teuer, sehr kostspielig, sehr wert, sehr lieb
percautus *3* sehr vorsichtig
percelebrō *1* rings verbreiten, in Umlauf setzen
perceler, ~is, ~e, *Gen* ~is sehr schnell
per|cellō, ~culī, ~culsus *3* nieder-, zu Boden werfen, zerschmettern; schlagen, stoßen, treffen; erschüttern, mutlos machen
percēns|eō, ~uī *2* genau mustern; berechnen, herzählen; durchreisen
percēpī →percipio
percepta, ōrum *n* Lehr-, Grundsätze
perceptiō, ~nis *f* Einsammeln; Auffassen, Begreifen
perceptus →percipio
⟦**percerte** *Adv ml* ganz sicher
per|cīdō, ~cīdī, ~cīsus *3* [caedo] zerschlagen
percieō *2* in Bewegung setzen; heftig erregen
per|cipiō, ~cēpī, ~ceptus *3* [capio] ergreifen, bekommen, genießen; wahrnehmen, empfinden; auffassen, begreifen, erlernen
percīsus →percido
percitus *3* [percieo] erregt; reizbar
percīvil|is, ~e, *Gen* ~is sehr leutselig
percoctus →percoquo
percōg|nōscō, ~nōvī, ~nitus *3* völlig (genau) kennenlernen
percolap(h)ō *1* verprügeln
percōlātiō, ~nis *f* Durchseihen; Klärbecken
[1]**percōlō** *1* durchseihen, filtern
[2]**per|colō,** ~coluī, ~cultus *3* vollenden; sehr schmücken; sehr ehren
percōm|is, ~e, *Gen* ~is sehr freundlich
percommodus *3* sehr bequem, passend
percōnor *1* versuchen
percontātiō, ~nis *f* Frage, Erkundigung
percontāt|or, ~ōris *m* Ausfrager, Aushorcher
percont|ō *u.* **~or** *1* [contus] sich erkundigen *Akk* (ab *od* ex) bei jmdm. *Akk* (*od* de) nach
percontumā|x, *Gen* ~cis sehr trotzig, sehr hartnäckig
percōpiōsus *3* sehr wortreich
per|coquō, ~coxī, ~coctus *3* gar kochen *od* backen; erhitzen; reif machen; verbrennen, schwärzen
per|crēb(r)ēscō, ~crēb(r)uī *3* sehr häufig werden, überhandnehmen, allgemein bekannt *od* ruchbar werden
per|crepō, ~crepuī *1* laut schallen, laut erschallen
percruciō *1* sehr quälen
percucurrī →percurro
perculī, perculsus →percello
percunctor *1 volkstümlich für* percontor
percupidus *3* sehr geneigt *Gen* jmdm.
percupiō *3* sehr wünschen
percūriōsus *3* sehr neugierig
percūrō *1* ausheilen
per|currō, ~(cu)currī, ~cursus *3* durcheilen, -laufen; flüchtig erwähnen
percursātiō, ~nis *f* Durchreise
percursiō, ~nis *f* Darüberhineilen, Durchlaufen
percursō *1* durchstreifen; umherstreifen
⟦**percursor,** ~is *m ml* Durchgänger *Pferd*
percursus →percurro
percussī →percutio

percussiō, ~nis *f* Schlagen, Schnippen (mit den Fingern); Takt
percuss|or, ~ōris *m* Mörder, Bandit
percussus I. *Part Perf Pass* →percutio **II.** *Subst* ūs *m* Schlagen, Schlag, Stoß; Beleidigung
per|cutiō, ~cussī, ~cussus *3* [quatio] schlagen, stoßen, verwunden, treffen; durchbohren, töten; *übertr* erschüttern, rühren; pennas ~cutio die Flügel schwingen; nummos ~cutio Münzen prägen; *kult* foedus ~cutio Bündnis schließen ⟦*ml* abschütteln de von
perdecōrus *3* sehr fein *vom Stil*
per|depsō, ~depsuī *3* durchkneten
Perdicc|a *od* **~ās,** ~ae *m* Perdikkas (1. makedonischer Königsname 2. Feldherr Alexanders des Großen, nach dessen Tode Reichsverweser, 321 v. Chr. ermordet)
perdidī →perdo
perdidicī →perdisco
perdifficil|is, ~e, *Gen* ~is sehr schwierig
perdīgnus *3* sehr würdig, sehr wert
perdīlig|ēns, *Gen* ~entis sehr sorgfältig, sehr pünktlich
per|dīscō, ~didicī *3* gründlich lernen, auswendig lernen; auslernen; *Perf* ~didici *mit Inf* genau verstehen
perdisertē *Adv* sehr beredt, sehr redegewandt
⟦**perditio,** ~nis *f spl* Verderben; Verlust
perdit|or, ~ōris *m* Verderber, Zerstörer
perditus I. *Adj 3* verloren, hoffnungslos; verrucht, ganz verkommen, grundverdorben; unsinnig, maßlos **II.** *Part Perf Pass* →perdo **III.** *Subst* ūs *m* Verlust
perdiū *Adv* sehr lange
perdius *3* [dies] den ganzen Tag hindurch
perdiuturnus *3* sehr lange dauernd, sehr langwierig
perdīv|es, *Gen* ~itis sehr reich
perdī|x, ~cis *m f Art der Feld- u. sonstigen Wildhühner* Reb-, Stein-, Schnee-, Birkhuhn
per|dō, ~didī, ~ditus *3* zugrunde richten, zerstören, verderben; verlieren; vergeuden ⟦*ml* umbringen
per|doceō, ~docuī, ~doctus *2* vollständig lehren, vollständig unterrichten
perdoctus I. *Adj 3* sehr gelehrt, sehr geschickt **II.** *Part Perf Pass* →perdoceo
perdocuī →perdoceo
per|doleō, ~doluī, ~dolitus *2* tief *od* sehr schmerzen
per|dolēscō, ~doluī *3* sehr schmerzlich empfinden
perdolitus →perdoleo
perdoluī →**1.** perdoleo **2.** perdolesco
per|domō, ~domuī, ~domitus *1* völlig bezähmen, völlig unterjochen
perdormīscō *3* durchschlafen
per|dūcō, ~dūxī, ~ductus *3* hin(durch)-führen, -bringen, -leiten, fortsetzen (studia, orationem); veranlassen, bewegen, verführen; überziehen, salben; murum ~duco eine Mauer ziehen
perductō *1* herumführen; verkuppeln
perduct|or, ~ōris *m* Kuppler; Fremdenführer
perductus →perduco
perdūdum *Adv* vor sehr langer Zeit
perduelliō, ~nis *f* Hochverrat; Landesverrat
perduellis, ~ *m* (Landes-)Feind
perduim *Konj. Präs Akt zu* perdo
perdūrō *1* aus-, fortdauern, aushalten
perdūxī →perduco
Peredia, ae *f* [peredo] *Ulkwort* Fressland
per|edō, ~ēdī, ~ēsus *3* verzehren, fressen; aufreiben
perēgī →perago
peregrē *Adv* [ager] im Ausland, in der Fremde; in die *od* aus der Fremde
peregrī = peregre
peregrīnābundus *3* auf Auslandsreise
peregrīnātiō, ~nis *f* Reisen *od* Aufenthalt im Auslande ⟦*spl* Pilgerfahrt, -schaft
peregrīnāt|or, ~ōris *m* Freund des Reisens
peregrīnitā|s, ~tis *f* ausländische *od* fremde Sitte; Fremdstaatlichkeit, Status eines Nichtbürgers
peregrīnor *1* in der Fremde umherreisen, -wandern; fremd sein ⟦*spl übertr* als Fremdling weilen; *ml* auf der Pilgerfahrt sein
peregrīnus [peregre] **I.** *Adj 3* fremd, ausländisch; für Fremde geltend; unwissend; praetor ~ Gerichtsherr in Prozessen zwischen Ausländern *od* Ausländern mit Römern **II.** *Subst* ī *m* Fremder, Nichtbürger ⟦*ml* Pilger, Kreuzfahrer
perēleg|āns, *Gen* ~antis sehr fein, sehr geschmackvoll
perēloqu|ēns, *Gen* ~entis sehr redegewandt
perēmī →perimo
peremn|is, ~e, *Gen* ~is [amnis] beim Flussübergang
perempt|or, ~ōris *m* [perimo] Mörder
peremptōrius *3* tödlich
perēmptus →perimo
perendiē *Adv* übermorgen
perendin|us *3* übernächster (Tag); ~o die übermorgen
Perenna, ae *f* Perenna (N →Anna)
perenn|is, ~e, *Gen* ~is [annus] das Jahr hindurch dauernd; dauernd, dauerhaft, beständig
perenniservus, ī *m* ewiger Sklave
perennitā|s, ~tis *f* lange Dauer, Beständigkeit
⟦**perenniter** *Adv spl* ewig
perennitō *1* dauernd erhalten

perennō *1* lange dauern, dauerhaft sein
per|eō, ~iī, ~itūrus (*Inf* ~īre) umkommen, zugrunde gehen; verloren gehen, verschwinden; erlöschen
perequitō *1* umherreiten, -fahren; reiten *Akk* durch
pererrō *1* durchirren, -streifen
perērudītus *3* sehr unterrichtet, sehr gebildet
perēsus →peredo
perexcelsus *3* sehr emporragend
perexiguus *3* sehr klein, sehr wenig, sehr gering
perexpedītus *3* sehr leicht zu bewerkstelligen
perfabricō *1* überlisten
perfacētus *3* sehr witzig
perfacile *Adv* sehr gern
perfacil|is, ~e, *Gen* ~is sehr leicht; sehr gefällig
perfācundus *3* sehr redegewandt, sehr gesprächig
perfamiliār|is I. *Adj* ~e, *Gen* ~is sehr vertraut **II.** *Subst* ~is *m* sehr vertrauter Freund
perfēcī →perficio
perfectiō, ~nis *f* Vollendung, Vollkommenheit ⟦*spl* sittliche Vollkommenheit *christlich*
perfect|or, ~ōris *m* Vollender
perfectum, ī *n gramm* Vergangenheitsform, Perfekt
perfectus I. *Adj 3* vollendet, vollkommen, volljährig ⟦*ml* sittlich vollkommen **II.** *Part Perf Pass* →perficio
perfer|ēns, *Gen* ~entis **I.** *Adj* geduldig *Gen* bei **II.** *Part Präs Akt zu* perfero
per|ferō, ~tulī, ~lātus (*Inf* ~ferre) ertragen; überbringen; melden, berichten; hin-, ans Ziel tragen; durch-, vollführen
per|ficiō, ~fēcī, ~fectus *3* vollenden, beendigen; ausführen, bewirken; durchleben
perfidēl|is, ~e, *Gen* ~is ganz zuverlässig
perfidia, ae *f* Treulosigkeit, Unredlichkeit ⟦*ml* Unglauben, Heidentum
perfidiōsus *3* treulos, unredlich, falsch
perfidus [per fidem] **I.** *Adj 3* treulos, unredlich, falsch, unzuverlässig **II.** ⟦*ml Subst* i *m* Ungläubiger
⟦**perfinio** *4 ml* beenden
perflābil|is, ~e, *Gen* ~is [perflo] luftig
perflāgitiōsus *3* sehr lasterhaft
perflātus I. *Part Perf Pass zu* perflo **II.** *Subst* ūs *m* Luftzug
perflō *1* durchwehen ⟦*ml mit Akk* hindurchblasen; tubam ~ ins Horn stoßen
per|fluō, ~flūxī, ~flūxum *3* durchfließen; auslaufen; *übertr* überfließen *Abl* von
per|fodiō, ~fōdī, ~fossus *3* durchstechen, durchbohren; hindurchgraben
perforō *1* durchbohren, -löchern
perfortiter *Adv* sehr brav
perfoss|or, ~ōris *m* Einbrecher
perfossus →perfodio
perfrāctus →perfringo
perfrēgī →perfringo
perfremō *3* laut einherrauschen
perfrequ|ēns, *Gen* ~entis sehr besucht, sehr volkreich
per|fricō, ~fricuī, ~fric(ā)tus *1* tüchtig reiben, frottieren, kratzen
perfrīgēfaciō *3* [frigeo] eiskalt machen
perfrīgidus *3* sehr kalt, zu kalt, eiskalt
per|fringō, ~frēgī, ~frāctus *3* [frango] durch-, zerbrechen, zerschmettern, durchhauen, durchschlagen; vereiteln, umstürzen; domus ~fringo in Häuser einbrechen
per|fruor, ~frūctus sum *3* ganz genießen, ganz auskosten *Abl* etw. ⟦*ml auch mit Akk* sich erfreuen, haben
perfūdī →perfundo
perfuga, ae *m* Überläufer, (Schutz suchender) Flüchtling
per|fugiō, ~fūgī *3* Zuflucht nehmen ad *od* in zu; überlaufen (zum Feinde)
perfugium, ī *n* Zuflucht; Ausflucht
perfūnctiō, ~nis *f* Verwaltung; Überstehen (von Strapazen)
perfūnctus →perfungor
per|fundō, ~fūdī, ~fūsus *3* übergießen, überschütten, ganz bedecken; *übertr* durchströmen, erfüllen
per|fundor, ~fūsus sum *3* sich überschütten, sich abspülen, sich baden
per|fungor, ~fūnctus sum *3 mit Abl* verwalten, verrichten; genießen; überstehen *Strapazen;* ~functus *auch* überstanden
perfurō *3* fort-, weiterwüten
perfūsōrius *3* irreführend; oberflächlich, nicht gründlich
perfūsus →perfundo *u.* perfundor
Pergama, ōrum *n* **1.** (Burg von) Troja **2.** Pergamos (Stadt auf Kreta), *heute* Perama
⟦**pergamenum,** i *n ml* Pergament
Pergamēn|us *3* pergamenisch, aus Pergamon; charta ~a Pergament
Pergameus *3* trojanisch, *auch* römisch; pergamenisch
Pergamum, ī *n* Pergamon (Hauptstadt des pergamenischen Reiches), *heute* Bergama
Pergamus, ī *f* = Pergamum
pergaudeō *2* sich sehr freuen
per|gnōscō, ~gnōvī *3* genau kennenlernen
pergō, perrēxī, perrēctus *3* [rego] fortsetzen, fortfahren (etw. zu tun); sich aufmachen, sich anschicken; *mit Inf* weiter, *z. B.* perge dicere sprich weiter
pergraecor *1* (auf gr. Art) tüchtig zechen
pergrand|is, ~e, *Gen* ~is sehr groß
pergraphicus *3* [*gr*] sycophanta richtiger Denunziant

pergrātus *3* sehr angenehm
pergrav|is, ~e, *Gen.* ~is sehr schwer, sehr wichtig
pergula, ae *f* Vorbau, Laube (als Teil des Hauses), *je nach Verwendung* Laden, Atelier, Sternwarte, Schulstube, Kneipe, Bordell; Pergola
per|hauriō, ~hausī *4* ganz verschlingen
per|hibeō, ~hibuī, ~hibitus *2* [habeo] darbieten; beilegen; sagen, nennen, vorbringen ⟦*spl* perhibetur = dicitur *mit NcI* man sagt, dass
perhīlum, ī *n* sehr wenig
perhonōrificus *3* sehr ehrenvoll; sehr ehrerbietig
per|horrēscō, ~horruī *3* erschauern, erzittern, sich heftig entsetzen *Akk* vor; *mit Inf* sich scheuen; aequor ~horrescit das Meer schäumt hoch auf
perhorridus *3* undurchdringlich, ganz starrend
perhorruī →perhorresco
perhūmānus *3* sehr freundlich, sehr höflich
periboēt|os, ~on, *Gen* ~ī [*gr*] (weit) berühmt
Pericl|ēs, ~is *u.* ~ī *m* Perikles (athenischer Staatsmann, gestorben 429 v. Chr.)
perīclitābundus *3* prüfend
perīclitātiō, ~nis *f* Versuch
perīclitor *1* [periculum] versuchen; wagen, riskieren; angeklagt werden
perīclum, ī *n* = periculum
perīculōsus *3* gefährlich; gefährdet
perīculum, ī *n* [perior] Gefahr; Versuch, Probe; Entwurf; Anklage, Prozess; ~ est, ne es ist zu befürchten, dass
peridōneus *3* sehr geeignet
perier- = peier-
⟦**perigo** *3 ml* = perago
periī →pereo
Perillēus *3* des Perillos
Perillus, ī *m* Perillos (*myth* Erzgießer in Athen)
perillūstr|is, ~e, *Gen* ~is sehr deutlich; sehr angesehen
perimbēcillus *3* sehr schwach
Perimēdē, ēs *f* Perimede (berühmte Zauberin)
Perimēdēus *3* Hexen-
per|imō, ~ēmī, ~ēmptus *3* [emo] (weg)nehmen; vernichten; töten; vereiteln
perincertus *3* sehr ungewiss
perincommodus *3* sehr ungelegen, sehr unbequem
perinde *Adv* ebenso; ~ ac *od* ut ebenso wie; haud ~ nicht genügend, nicht sonderlich
perindīgnē *Adv* sehr unwillig
perindulg|ēns, *Gen* ~entis sehr nachsichtig
perinfām|is, ~e, *Gen* ~is sehr verrufen
perīnfirmus *3* sehr schwach
peringeniōsus *3* sehr scharfsinnig, sehr witzig
perinīquus *3* sehr unbillig, sehr unangemessen; sehr unwillig, sehr ungehalten
periniūrius *3* sehr ungerecht
perīnsīgn|is, ~e, *Gen* ~is sehr auffallend
Perinthia, ae *f Komödientitel* Perinthia (das Mädchen aus Perinthos)
Perinthius *3* aus Perinthos
Perinthus, ī *f* Perinthos (Stadt in Thrakien)
perinvalidus *3* sehr schwach
perinvītus *3* sehr ungern
periodus, ī *f* Periode, Satzgefüge
perior, perītus sum *4* (*nur Perf belegt*) erfahren (*urv*)
Peripatēticus I. *Adj 3* zum Peripatos *Wandelhalle, Lehrstätte des Aristoteles* gehörig, peripatetisch, aristotelisch **II.** *Subst* ī *m* Peripatetiker, Philosoph der aristotelischen Richtung
peripetasma, ~tis *n* Teppich
periphorētos, on, *Gen* ī herumgetragen
periphras|is, ~is, (*Akk* ~in) *f* Umschreibung
peripteros, on, *Gen* ī mit einer Säulenreihe umgeben
perīrātus *3* sehr zornig
perīre →pereo
periscelī|s, ~dis *f* kostbares Band, Kettchen *od* Spange *als Schmuck von Frauen um die Knöchel – zugleich auch zur Befestigung der Sandalen – od unmittelbar über dem Knie um die Oberschenkel getragen*
peristas|is, ~is (*Akk* ~im) *f* Gegenstand der Rede
peristrōma, ~tis *n* Decke, Teppich
peristȳl(i)um, ī *n* Peristyl *mit Säulen umgebener Hofraum*
Pērithous, ī *m* = Pirithous
perītia, ae *f* Erfahrung, Kenntnis
perītūrus →pereo
perītus [*altl* perior] **I.** *Adj 3* erfahren, sachkundig *Gen* in, verständig ⟦*ml mit Adv* Graece ~ des Griechischen kundig **II.** *Part Perf* →perior **III.** *Subst* ī *m* Praktiker, Kenner
periūcundus *3* sehr angenehm
periūriōsus *3* meineidig
periūrium, ī *n* Meineid
periūrō *1* = peiero
periūrus *3* meineidig
per|lābor, ~lāpsus sum *3* hingleiten, -gelangen, durchschlüpfen, durchdringen (bis)
perlaetus *3* sehr freudig
perlāpsus →perlabor
perlātē *Adv* sehr weit, sehr umfangreich
per|lateō, ~latuī *2* immer verborgen bleiben
perlātus →perfero
perlecebrae, ārum *f* = pellecebrae
perlēctiō, ~nis *f* = pellectio

perlēctus →perlego
per|legō, ~lēgī, ~lēctus *3* genau betrachten, genau durchmustern; durch-, vorlesen
perlepidē *Adv* sehr fein
perlev|is, ~e, *Gen* ~is sehr leicht, sehr gering
perlib|ēns, *Gen* ~entis sehr gern
perlīberāl|is, ~e, *Gen* ~is sehr gut erzogen; sehr gütig
perlibet *2* es beliebt sehr, man möchte gern
perlībrātiō, ~nis *f* Nivellierung
perliciō *3* = pellicio
perlitō *1* (unter günstigen Vorzeichen) opfern *Abl* (mit) etw.
perlonginquus *3* sehr langwierig, sehr weit
perlongus *3* sehr lang, sehr langwierig, sehr weit
perlub- = perlib-
per|lūceō, ~lūxī *2* durchscheinen, -schimmern, hervorleuchten; durchsichtig sein
perlūcidulus *3* durchsichtig
perlūcidus *3* hervorleuchtend; durchsichtig
perlūctuōsus *3* sehr traurig
per|luō, ~luī, ~lūtus *3* abspülen
per|luor, ~lūtus sum *3* sich baden
⟦**perlustrium, i** *n ml* Tageshelle
perlustrō *1* mustern, genau betrachten; durchstreifen
perlūtus →perluo
perlūxī →perluceo
permade|faciō, ~fēcī *3* durchweichen, durchnässen
per|madēscō, ~maduī *3* ganz nass werden, triefen; erschlaffen
⟦**permagnificus** *3 spl* sehr prächtig
permāgnus *3* sehr groß
permale *Adv* sehr unglücklich
permānāscō *3* hinfließen; zu Ohren kommen
per|maneō, ~mānsī, ~mānsūrus *2* verbleiben, aus-, verharren, fortdauern
permānō *1* hin(durch)fließen; durch-, ein-, hindringen
permānsī →permaneo
permānsiō, ~nis *f* Verbleiben, Verharren
permānsūrus →permaneo
permarceō *2* ganz welk *od* verblasst sein
permarīnus *3* über die See gleitend
per|matūrēscō, ~matūruī *3* ganz reif werden
⟦**permeabil|is, ~e,** *Gen* ~is *spl* passierbar, gangbar, überschreitbar
permediocr|is, ~e, *Gen* ~is sehr (mittel)mäßig
permeditātus *3* gut vorbereitet
permēnsus →permetior
permeō *1* durchwandern; durch-, eindringen, (hin)gelangen
Permēssus, ī *m* Permessos (Fluss in Boiotien, dessen den Musen heilige Quelle auf dem Helikon entspringt)
per|mētior, ~mēnsus sum *4* (~ mēnsus *auch Pass*) ausmessen; bereisen, durchwandern, *auch übertr*
per|mingō, ~mīnxī *3* bepissen; vergewaltigen, schänden
permīrus *3* sehr wunderbar; sehr seltsam
per|misceō, ~miscuī, ~mixtus 2 vermischen, vereinen; verwirren, in Unordnung bringen
permīsī →permitto
permissiō, ~nis *f* Erlaubnis; Anheimstellen, Überlassen; Übergabe ⟦*ml* Fügung, Schickung
permissum, ī *n* Erlaubnis
permissus I. *Part Perf Pass* →permitto **II.** *Subst* ūs *m* Erlaubnis, Vollmacht
permitiēs, ēī *f* Verderben
per|mittō, ~mīsī, ~missus *3* erlauben (*auch mit AcI*); freistellen, (zu)lassen; überlassen, übergeben; loslassen, schleudern, fliegen lassen; ~mittitur, ~missum est es ist erlaubt, man darf
permixtē *Adv* vermischt, vermengt
permixtim *Adv* = permixte
permixtiō, ~nis *f* Vermischung; Verwirrung; ~terrae Durcheinander unter den Elementen der Erde
permixtus →permisceo
permodestus *3* sehr bescheiden, sehr gefügig
permodicus *3* sehr mäßig, sehr klein
permolest|us *3* sehr lästig; ~e fero es ärgert mich
per|molō, ~moluī *3* zermahlen; beschlafen
permōtiō, ~nis *f* Erregung
permōtus →permoveo
per|moveō, ~mōvī, ~mōtus *2* erregen; aufregen, beunruhigen; veranlassen *oft im Part Perf Pass;* stark bewegen
per|mulceō, ~mulsī, ~mulsus *2* streicheln, liebkosen; (glatt) streichen; schmeicheln, ergötzen; beruhigen, lindern
permultus *3* sehr viel
permūniō *4* fertig bauen, befestigen
permūtātiō, ~nis *f* Veränderung, Wechsel; Tausch; Zahlung, Umsatz
permūtō *1* völlig verändern, wechseln; ver-, eintauschen; Geld auf Wechsel nehmen cum von *od* Geld anweisen; captivos ~ Gefangene austauschen
perna, ae *f* Hüfte; Schinken
pernecessārius *3* sehr notwendig, dringend; eng befreundet
pernecesse est es ist unumgänglich nötig
pernegō *1* hartnäckig leugnen; rundweg abschlagen
perniciābil|is, ~e, *Gen* ~is verderblich, schädlich
pernici|ēs, ~ēī (*Nbf: Gen* ~ī, *Dat* ~ēī *u.* ~ē) *f* [nex] Verderben, Unglück, Vernichtung, Untergang
perniciōsus *3* verderblich, schädlich

pernīcitā|s, ~tis *f* Schnelligkeit
[1]**per|niger,** ~nigra, ~nigrum ganz schwarz
[2]⟦**perniger,** ~i *m ml* Schinkenträger
pernimium *Adv* gar zu viel
pernī|x, *Gen* ~cis behende, hurtig
pernōbil|is, ~e, *Gen* ~is sehr bekannt
pernocte →pernox
pernoctō *1* [nox] übernachten ⟦*ml* über Nacht aufschieben
pernōnidēs, ae *m* [perna] vom Schinken Stammender *Komödienwitz*
per|nōscō, ~nōvī *3* genau kennenlernen; genau prüfen; *Perf* gründlich kennen
per|nōtēscō, ~nōtuī *3* überall bekannt werden
pernōtus *3* sehr bekannt
pernōvī →pernosco
per|nox, (*Abl* ~nocte) die Nacht hindurch (scheinend); luna ~nocte bei nächtlichem Mondschein
pernumerō *1* auszahlen; aufzählen
pērō, ~nis *m* Fellstiefel
perobscūrus *3 übertr* sehr finster, sehr dunkel
perodiōsus *3* sehr unangenehm, sehr verhasst
perofficiōsē *Adv* sehr gefällig
peroleō *2* stinken
peropportūnus *3* sehr gelegen
peroptātō *Adv* sehr erwünscht
peropus (*undekl*) **est** es ist sehr nötig
perōrātiō, ~nis *f* Schluss(rede), Epilog
perōrnātus I. *Adj 3* schmuckreich, sehr schön *von der Rede* **II.** *Part Perf Pass zu* perorno
perōrnō *1* sehr zieren; ~ senatum beständig eine Zierde des Senats sein
perōrō *1* (Vortrag) beenden; Schlussrede halten; (vollständig) erörtern
perōsus *3* [odi] sehr hassend ⟦*spl* verhasst
perpācō *1* ganz zur Ruhe bringen
perparcē *Adv* sehr sparsam, knapp
perparvulus *3* überaus klein
perparvus *3* = perparvulus
perpāstus *3* wohlgenährt
perpaucī *3* sehr wenige
perpauculī *3* = perpauci
perpaulum, ī *n* ein klein wenig, sehr wenig
perpauper, *Gen* ~is sehr arm
perpauxillum *Adv* ein bisschen
perpavefaciō *3* sehr erschrecken
per|pellō, ~pulī, ~pulsus *3* antreiben, bewegen, mit aller Gewalt durchsetzen; tiefen Eindruck machen *Akk* auf
perpendiculum, ī *n* [perpendo] Bleilot, Richtschnur; ad ~ senkrecht, schnurgerade
per|pendō, ~pendī, ~pēnsus *3* genau abwägen, genau untersuchen ⟦*ml* auskosten
perperam *Adv* fälschlich, verkehrt
perpe|s, *Gen* ~tis [peto] ununterbrochen ⟦*ml* ewig
perpessīcius *3* geduldig
perpessiō, ~nis *f* Erdulden; Ausdauer
perpessus →perpetior
⟦**perpetim** *Adv ml* dauernd, ewig
per|petior, ~pessus sum *3* [patior] erdulden; hinnehmen; *mit Inf* sich überwinden zu, sich verstehen zu
perpetītus *3* fortlebend in als
perpetrō *1* [patro] durchsetzen, zustande bringen; beendigen; vollziehen
perpetuāl|is, ~e, *Gen* ~is allgemein ⟦*ml* immer während, ewig
⟦**perpetualiter** *Adv spl* auf immer
perpetuārius *3* beständig unterwegs
perpetuitā|s, ~tis *f* Fortdauer, Stetigkeit; Zusammenhang ⟦*ml* ~s vitae ewiges Leben
perpetuō I. *Verb 1* ununterbrochen fortdauern lassen **II.** *Adv zu* perpetuus
perpetuu|s *3* [perpes] zusammenhängend; ununterbrochen, (be)ständig; allgemein(gültig); in ~m für immer
perplaceō *2* sehr gefallen
perplexābil|is, ~e, *Gen* ~is verwirrend
perplexē *Adv* verworren, undeutlich
perplexim *Adv* = perplexe
⟦**perplexita|s,** ~tis *f spl* Verworrenheit, Verzwicktheit
perplexor *1* Verwirrung stiften
perplexus *3* [perplecto verflechten] verschlungen; verworren, unverständlich, dunkel ⟦*ml* schwierig
perpluō *3* durchregnen; Regen durchlassen; *übertr* sich ergießen
⟦**perplur|es,** ~a, *Gen* ~ium *spl* sehr viele
perpoliō *4* gehörig glätten; verfeinern; abputzen
perpolītus I. *Adj 3* gebildet, kunstvoll **II.** *Part Perf Pass zu* perpolio
perpopulor *1* (perpopulatus *auch Pass*) völlig ausplündern, völlig verwüsten
perpōtātiō, ~nis *f* Trinkgelage
perpōtō *1* durchzechen; austrinken
per|primō, ~pressī, ~pressus *3* weiter drücken (cubilia); *übertr Tränen* hervorpressen; *einem Mädchen* tüchtig zusetzen
perproperē *Adv* sehr eilig
perpropinquus I. *Adj 3* sehr nahe **II.** *Subst* ī *m* naher Verwandter
perprosperus *3* sehr glücklich
perprūrīscō *3* brünstig werden
perpūgnā|x, *Gen* ~cis sehr streitsüchtig
per|pulcher, ~pulchra, ~pulchrum sehr schön
perpulī, perpulsus →perpello
perpūrigō *1 altl* = perpurgo
perpūrgō *1* ganz (be)reinigen; gründlich widerlegen
perpusillus *3* sehr klein, sehr wenig
perputō *1* auseinandersetzen
perquam *Adv* gar sehr, überaus

per|quīrō, ~quīsīvī, ~quīsītus *3* [quaero] sich genau erkundigen *Akk* nach, durchforschen ⟦*ml* caedem ~quiro das Blut fordern de von
perquīsītē *Adv* vielseitig, gründlich
perquīsīt|or, ~ōris *m* Besucher, Erforscher
perquīsītus, perquīsīvī →perquiro
perrārus *3* sehr selten
perreconditus *3* sehr verborgen
perrēctus →pergo
per|rēpō, ~rēpsī *3* = perrepto
perrēptō *1* hindurchkriechen *Akk* durch, hinkriechen *Akk* über
perrēxī →pergo
Perrhaebī, ōrum *m* Perrhäber (thessalischer Volksstamm)
Perrhaebia, ae *f* Land der Perrhäber
Perrhaebus *3* aus Perrhäbien, *poet* thessalisch
perrīdiculus *3* sehr lächerlich
perrogātiō, ~nis *f* Durchführung der Abstimmung
perrogō *1* der Reihe nach fragen *Akk* nach
per|rumpō, ~rūpī, ~ruptus *3* (hin)durchbrechen, -dringen; unwirksam machen; überwinden
Persa 1. ae *m* Perser, *poet* Parther; Persa (Sklavenname) **2.** ae *f* Persa *Nymphe*
persaepe *Adv* sehr oft
persalsus *3* sehr witzig
persalūtātiō, ~nis *f* allseitiges Grüßen
persalūtō *1* allseitig begrüßen
persānctē *Adv* sehr heilig
persānō *1* völlig heilen
persapi|ēns, *Gen* ~entis sehr weise
perscienter *Adv* sehr klug
per|scindō, ~scidī, ~scissus *3* zerreißen
perscītus *3* sehr hübsch, fein
per|scrībō, ~scrīpsī, ~scrīptus *3* ausführlich (auf)schreiben; protokollieren; Geld anweisen, bezahlen; ganz ausschreiben *nicht mit Zahlen od Abk*
perscrīptiō, ~nis *f* amtliche Aufzeichnung, Sitzungsbericht, Protokoll; Eintragung; Zahlungsanweisung
perscrīpt|or, ~ōris *m* Buchhalter
perscrīptus →perscribo
perscrūt|ō *und* **~or** *1* durchsuchen; erforschen
per|secō, ~secuī, ~sectus *1* durchschneiden, sezieren; genau erforschen
persector *1* eifrig verfolgen; erforschen
persectus →perseco
persecūtiō, ~nis *f* Verfolgung, Klage(recht) ⟦*spl* Christenverfolgung
⟦**persecutor,** ~is *m spl* Verfolger
persecūtus →persequor
per|sedeō, ~sēdī, ~sessum *2* ununterbrochen sitzen
persēdī →**1.** persedeo **2.** persido
persēgn|is, ~e, *Gen* ~is sehr schlaff, sehr lässig
Persēi|s, ~dis *f* **I.** *Adj* der Hekate **II.** *Subst* Perseïs (1. Hekate, T. des Titanen Perses 2. Stadt in Makedonien 3. »Lied von Perseus«)
Persē(i)us *3* des Perseus
per|sentiō, ~sēnsī, ~sēnsus *4* tief empfinden, deutlich wahrnehmen
persentīscō *3* deutlich merken
Persephonē, ēs *f* = Proserpina
Persepolis, ~ *f* Persepolis (Hauptstadt Persiens)
⟦**persequa|x,** *Gen* ~cis *ml* streng
per|sequor, ~secūtus sum *3* beharrlich folgen, verfolgen; *übertr* eifrig betreiben; durchforschen; einholen, erreichen; durchführen, vollziehen; nachahmen, sich bekennen *Akk* zu; erzählen, (be)schreiben
⟦**persero** *Adv ml* sehr spät
⟦**per|serpo,** ~serpsi, ~serptum *ml* kriechen *Akk* über, beschleichen
Persēs, ae *m* **1.** = Persa **2.** = Perseus 2.
persessum →**1.** persedeo **2.** persido
Perseus, ī *m* Perseus (1. S. des Zeus u. der Danaë, Sagenheld 2. makedonischer König, 168 v. Chr. bei Pydna von den Römern geschlagen)
persevēr|āns, *Gen* ~antis **I.** *Adj* beharrlich **II.** *Part Präs Akt zu* persevero
persevērantia, ae *f* Beharrlichkeit, Ausdauer; Langwierigkeit
persevērō *1* [severus] beharren; beharrlich fortsetzen, fortfahren; andauern ⟦*spl mit Prädikatsnomen* bleiben
persevērus *3* sehr streng
Persia, ae *f* Persien
Persica, ōrum *n* persische Geschichte
⟦**persicum,** i *n ml* Pfirsich (*Lw*)
Persicus *3* **1.** persisch **2.** des Perseus
⟦**persicus,** i *f ml* Pfirsichbaum
persideō *2* = persedeo
per|sīdō, ~sēdī, ~sessum *3* sich festsetzen
persīgnō *1* genau aufzeichnen
persimil|is, ~e, *Gen* ~is sehr ähnlich
Persi|s I. *Adj, Gen* ~dis = *f zu* Persicus **II.** *Subst* ~dis *u* ~dos (*Akk auch* ~da) *f* Persien; die Landschaft Persis
per|sistō, ~stitī *3* stehen bleiben, verharren ⟦*ml* bestehen *Dat* auf
persōlia, ae *f* kleine Maske; Fratze
persōl|us (*Gen Sg* ~īus, *Dat Sg* ~ī) *3* ganz allein
per|solvō, ~solvī, ~solūtus *3* zahlen, abtragen, erfüllen; auflösen, deutlich erklären
persōna, ae *f* Maske; Rolle *des Schauspielers;* Persönlichkeit, Eigenart, Rang; juristische Person ⟦*ml in ~ Gen* betreffs jmds.; Ansehen der Person; Wuchs, Gestalt
persōnāl|is, ~e, *Gen* ~is persönlich
⟦**personaliter** *Adv spl* persönlich, für seine Person

[1]**persōnātus** *3* maskiert
[2]⟦**personatus** *ml* **I.** *Adj 3* vollfrei **II.** *Subst* us *m* Gestalt
per|sonō, ~sonuī *1* durchtönen, mit Getöse erfüllen; weit, laut tönen; spielen *Abl* auf; schreien ⟦*ml* tubam ~sono Tuba blasen
perspargō *3* = perspergo
⟦**perspatior** *1 ml* dahinspazieren
perspectō *1* sich genau ansehen
perspectus I. *Adj 3* bewährt; klar **II.** *Part Perf Pass* →perspicio
perspeculor *1* genau erforschen
per|spergō, ~spersī, ~spersus *3* [spargo] besprengen, bestreuen
perspēxī →perspicio
⟦**perspicacius** *3 ml* scharfsinnig
perspicā|x, *Gen* ~cis scharf blickend, scharfsinnig, einsichtsvoll
perspicientia, ae *f* Einsicht, Erkenntnis
per|spiciō, ~spēxī, ~spectus *3* [specio] durchschauen, genau erkennen; genau betrachten; hindurchsehen
perspicuitā|s, ~tis *f* Deutlichkeit; Durchsichtigkeit, Klarheit
perspicuus *3* durchsichtig; deutlich, klar
perspissō *Adv* sehr langsam
per|sternō, ~strāvī, ~strātus *3* ganz pflastern
perstimulō *1* dauernd reizen
perstātūrus →persto
perstitī →**1.** persisto **2.** persto
per|stō, ~stitī, ~stātūrus *1* fest stehen bleiben; fortdauern, beharren in *Abl* bei ⟦*ml* auf Zahlung drängen
perstrātus, perstrāvī →persterno
per|strepō, ~strepuī *3* sehr lärmen; laut erschallen ⟦*ml* concentibus ~strepo preisen *Akk* jmdn., etw.
per|stringō, ~strīnxī, ~strictus *3* streifen; (unangenehm) berühren; tadeln; aciem gladii ~stringo Schneide des Schwertes abstumpfen
perstudiōsus *3* sehr eifrig *Gen* bei
per|suādeō, ~suāsī, ~suāsus *2* ut überreden, *AcI* überzeugen *Dat* (*selten Akk*) jmdn.; mihi ~suasi, mihi ~suasum est, ~suasum habeo ich bin überzeugt; tibi ~suade! sei überzeugt! ⟦*ml* persuadi = persuaderi
persuāsiō, ~nis *f* Überredung, Überzeugung; Wahn
persuāstrī|x, ~cis *f* [persuadeo] Überrederin
persuāsus I. *Part Perf Pass* →persuadeo **II.** *Subst* ūs *m* Überredung
persubtīl|is, ~e, *Gen* ~is sehr fein
persultō *1* [salto] umherspringen; durchstreifen
per|taedet, ~taesum est *2* jmdn. beseelt großer Widerwille *Gen* gegen; jmd. (*Akk*) ist sehr überdrüssig
pertaesus *3* sehr überdrüssig *Gen od Akk* jmds., einer Sache
per|tegō, ~tēxī, ~tēctus *3* ganz bedecken
pertemptō *1* genau prüfen; durchzucken, ergreifen ⟦*ml mit Inf* versuchen
per|tendō, ~tendī, ~tēnsus *od* ~tentus *3* hineilen; durchsetzen; beharren
pertēnsus →pertendo
pertentō *1* = pertempto
pertentus →pertendo
pertenu|is, ~e, *Gen* ~is sehr dünn, sehr schwach
perterebrō *1* durchbohren
per|tergeō, ~tersī, ~tersus *2* abwischen; leicht berühren
perterrēfac|iō, –, ~tus *3* in heftigen Schrecken versetzen, heftig erschrecken
per|terreō, ~terruī, ~territus *2* heftig erschrecken
perterricrepus *3* schrecklich tönend
perterritus →perterreo
perterruī →perterreo
pertersī, pertersus →pertergeo
per|texō, ~texuī, ~textus *3* zu Ende weben; vollenden
pertica, ae *f* Stange, Messlatte
pertime|faciō, ~fēcī, ~factus *3* einschüchtern
per|timēscō, ~timuī *3* in größte Furcht geraten, Angst u. Bange werden *Akk* vor
pertinācia, ae *f* Beharrlichkeit, Hartnäckigkeit
pertinā|x, *Gen* ~cis [tenax] festhaltend; beharrlich, hartnäckig
per|tineō, ~tinui *2* [teneo] *mit* ad sich erstrecken bis zu, sich ausdehnen; sich beziehen auf, jmdn. betreffen, jmdn. angehen; gehören zu; abzielen auf; dienen zu
pertingō *3* [tango] sich ausdehnen ⟦*ml* gelangen
pertractātē *Adv* abgedroschen
pertractātiō, ~nis *f* Beschäftigung *Gen* mit
pertractō *1* überall betasten; bearbeiten; untersuchen
pertractus →pertraho
per|trahō, ~trāxī, ~tractus *3* (hin)schleppen; hinlocken
pertrālūcidus *3* durchsichtig
⟦**pertrans|eo** (*Inf* ~īre; *auch* pertransio *4*) *spl* durch-, überschreiten; durchdringen; durchwandern
pertrāxī →pertraho
pertrectō *1* = pertracto
pertricōsus *3* sehr verwickelt
pertrīst|is, ~e, *Gen* ~is sehr traurig, mürrisch
pertudī →pertundo
pertulī →perfero
pertumultuōsē *Adv* sehr beunruhigend, in großer Aufregung
per|tundō, ~tudī, ~tūsus *3* durchstoßen, -bohren, -löchern

perturbātiō, ~nis *f* Verwirrung, Unordnung, Störung; Gemütserregung
perturbātrī|x, ~cis *f* Verwirrerin
perturbātus I. *Adj 3* verwirrt, verworren; bestürzt **II.** *Part Perf Pass zu* perturbo
perturbō *1* beunruhigen, ganz verwirren, stören
perturp|is, ~e, *Gen* ~is sehr unanständig
pertūsus →pertundo
pērula, ae *f* Ränzchen, kleiner Tornister
per|ungō, ~ūnxī, ~ūnctus *3* ganz einreiben
perurbānus *3* fein gebildet, sehr witzig; überhöflich
per|urgeō, ~ursī *2* stark bedrängen, hart zusetzen
per|ūrō, ~ussī, ~ustus *3* ganz verbrennen, einäschern; entbrennen; gefrieren lassen; quälen
perursī →perurgeo
Perusia, ae *f* Perusia (Stadt in Etrurien), *heute* Perugia
Perusīnum, ī *n* Perusinum, Landgut bei Perusia
Perusīn|us *3* aus Perusia; *Pl* ~i Einw. von Perusia
perussī, perustus →peruro
perūtil|is, ~e, *Gen* ~is sehr nützlich
per|vādō, ~vāsī, ~vāsum *3* hindurchgehen, durchdringen; hingelangen
pervagātus I. *Adj 3* weitverbreitet, sehr bekannt **II.** *Part Perf zu* pervagor
pervagor *1* durch-, umherstreifen; sich verbreiten, sich ausdehnen, ausgedehnt werden
pervagus *3* überall umherschweifend
pervariē *Adv* sehr mannigfaltig
pervāsī →pervado
⟦**pervasio,** ~nis *f ml* feindlicher Einfall
⟦**pervasor,** ~is *m ml* Eindringling
pervāstō *1* völlig verwüsten
pervāsum →pervado
pervectus →perveho *und* pervehor
per|vehō, ~vēxī, ~vectus *3* hindurchführen, -fahren; hinführen, -bringen
per|vehor, ~vectus sum *3* befahren, durchfahren, hinkommen
pervelle →²pervolo
per|vellō, ~vellī *3* kräftig zupfen, rupfen, aufrütteln; *übertr* durchhecheln
per|veniō, ~vēnī, ~ventum *4* gelangen, erreichen, hinkommen; geraten in *od* ad in *od* zu; zufallen ⟦*ml* ~venio circum etw. umspannen
pervēnor *1* durchjagen
⟦**perventio,** ~nis *f spl* Hingelangen, Besuch
perventum →pervenio
perversitā|s, ~tis *f* Verkehrtheit, Torheit
perversus I. *Adj 3* verkehrt; schlecht; böse ⟦*ml* schurkisch, höllisch **II.** *Part Perf Pass* →perverto
per|vertō, ~vertī, ~versus *3* umstürzen, -werfen, -kehren; verderben
pervesperī *Adv* sehr spät abends
pervestīgātiō, ~nis *f* Forschung; Aufspüren
pervestīgō *1* auf die Spur kommen, aufspüren, erforschen
pervet|us, *Gen* ~eris sehr alt
pervetustus *3* = pervetus
pervēxī →perveho
pervicācia, ae *f* Beharrlichkeit, Hartnäckigkeit
pervicā|x, *Gen* ~cis [vinco] beharrlich, hartnäckig
pervīcī, pervictus →pervinco
per|videō, ~vīdī, ~vīsus *2* überschauen, gründlich betrachten, mustern, genau sehen
per|vigeō, ~viguī *2* sehr kräftig sein, im vollen Besitz sein *Abl* von
pervigil, *Gen* ~is immer wachsam ⟦*ml Subst m* Wächter
pervigilātiō, ~nis *f* Nachtwache, Wachbleiben; *kult* nächtliche Feier
pervigilia, ae *f* = pervigilatio
pervigilium ī *n* = pervigilatio
pervigilō *1* wach bleiben, durchwachen
pervīl|is, ~e, *Gen* ~is sehr wohlfeil, sehr preisgünstig, sehr billig
per|vincō, ~vīcī, ~victus *3* völlig besiegen, übertreffen, einen vollen Sieg davontragen; jmdn. mit Mühe überreden, etw. durchsetzen, als unumstößlich erweisen
pervīsus →pervideo
pevium, ī *n* Durchgang
pervius *3* gangbar, zugänglich, offen
per|vīvō, ~vīxī *3* fortleben
pervolg- = pervulg-
pervolitō *1* = ¹pervolo
¹**pervol|ō** *1* durchfliegen, -eilen; hinfliegen
²**pervol|ō,** ~uī (*Inf* pervelle) gern wollen, sehr wünschen
pervolūtō *1* immer wieder aufschlagen, genau studieren
pervolūtus →pervolvo *und* pervolvor
per|volvō, ~volvī, ~volūtus *3* wälzen; aufrollen, lesen
per|volvor, ~volūtus sum *3* sich wälzen; sich beschäftigen, sich genau bekannt machen in *Abl* mit
pervors-, pervort- = pervers-, pervert-
pervulgātus I. *Adj 3* sehr gewöhnlich; sehr bekannt **II.** *Part Perf Pass zu* pervulgo
pervulg|ō *1* veröffentlichen, bekannt machen; häufig betreten, durchlaufen; se ~are sich preisgeben
pēs, pedis *m* Fuß (*urv*); *als Längenmaß* ca. 30 cm; Versfuß, -maß, Strophe; Schote des Segels; aequis pedibus vor dem Wind (segeln); pedem facio die Schote (Segelleine) bedienen, mit halbem Wind segeln
⟦**pessimo** *1 ml* verschlechtern

pessimus *3 Sup zu* ³malus
Pessinūntius *3* aus Pessinus
Pessinū|s, ~ntis *f (m)* Pessinus (Stadt in Kleinasien)
pessulu|s, ~ī *m* Riegel; ~m obdo Riegel vorschieben
pessum *Adv* zu Boden, hinab, zugrunde
pessum|dō, ~dedī *1* versenken, zugrunde richten
pestifer, pestifera, pestiferum pestbringend; unheilvoll, verderblich
pestil|ēns, *Gen* ~entis [pestis] verpestet, ungesund; verderblich
pestilentia I. *Adj n Pl zu* pestilens **II.** *Subst* ae *f* Seuche, Pest; ungesunde Luft *od* Witterung *od* Gegend
pestis, ~ *f* Seuche, Pest (*Fw*); Verderben, Unheil ⟦*ml* Qual, Leiden
petasātus *3* mit dem Reisehut, reisefertig
petasus, ī *m [gr]* Reisehut
petauristārius, ī *m* Akrobat
petaurum, ī *n* Gerät des Akrobaten, Federbrett
Petēlia, ae *f* Petelia (Stadt in Bruttium) *heute* Strongoli
petessō *3* [peto] eifrig trachten *od* streben *Akk* nach
petiī →peto
petītiō, ~nis *f* Angriff, Angriffsweise; Bitte; Bewerbung; Anspruch, Klage, Forderungsrecht
petīt|or, ~ōris *m* (Amts-)Bewerber; Kläger
petītūriō *4* sich bewerben wollen
petītus I. *Part Perf Pass* →peto **II.** *Subst* ūs *m* Verlangen
petō, petīvī *od* petiī, petītus *3* zu erreichen suchen, aufsuchen; sich wenden *Akk* an; angreifen, bedrohen; bitten *Akk* um ab jmdn., ut (ne) begehren; erstreben, sich bewerben *Akk* um; herbei-, hervorholen (*auch übertr*) ⟦*ml* bitten *AcI* dass *od Akk auch* um etw.
petor(r)itum, ī *n [kelt]* vierrädriger (offener) Wagen ⟦*spl* petoritum
petra, ae *f [gr]* Fels
Petra 1. ae *m* Petra (BN eines röm. Ritters) **2.** ae *f* Petra (N mehrerer Städte)
Petrēiānus *3* des Petreius
Petrēius, ī *m Gent* Petreius (M. ~ besiegte Catilina bei Faesulae, später Legat des Pompeius, von Caesar in Spanien u. 46 v. Chr. bei Thapsos besiegt)
Petriānus *3* des Petra 1.
Petrīnī, ōrum *m* Einw. von Petra in Sizilien
Petrīnum, ī *n* Petrinum (Landgut bei Sinuessa in Kampanien)
petrō, ~nis *m* alter Hammel
Petrōnius, ī *m Gent* Petronius (P. ~ Arbiter, Verf. eines satirischen Romans »Satyrica«, von Nero zum Selbstmord veranlasst 66 n. Chr.)
⟦**Petropolis,** ~ *f ml* Sankt Petersburg
petrōtos, on, *Gen* ī *[gr]* versteinert
⟦**Petrus,** i *m* Petrus (*spl* N des Apostels; *ml* christlicher Vorname)
petul|āns, *Gen* ~antis [peto] mutwillig, leichtfertig, frech, schamlos
petulantia I. *Adj n Pl zu* petulans **II.** *Subst* ae *f* Mutwille, Leichtfertigkeit, Frechheit, Schamlosigkeit
petulcus *3* [peto] (mit den Hörnern) stoßend
Peucetius *3* von, aus Peucetia (Landschaft in Apulien)
pexī, pexus →pecto
Phaeāc|es, ~um *m* Phäaken (Volk der Sage auf der Insel Scheria)
Phaeācia, ae *f* Land der Phäaken
Phaeāci|s, ~dis *f* Phaeakis (Gedicht vom Aufenthalt des Odysseus bei den Phäaken)
Phaeāc(i)us *3* der Phäaken
phaecasia, ae *f [gr]* weißer Schuh
Phaedōn, ~is *m* Phaidon (Schüler des Sokrates, Titelgestalt der Schrift Platons von der Unsterblichkeit der Seele)
Phaedra, ae *f* Phaidra (Gem. des Theseus)
Phaedrus, ī *m* Phaidros (1. Epikureer zu Athen, Lehrer Ciceros 2. Schüler des Sokrates; Titel eines Dialogs Platons 3. röm. Fabeldichter z. Z. des Kaisers Augustus)
⟦**phaenomenum,** i *n [gr] spl* Himmelserscheinung
Phaestia|s, *Gen* ~dis **I.** *Adj* = *f zu* Phaestius **II.** *Subst f* Einwohnerin von Phaistos
Phaestius *3* aus Phaistos
Phaestum, ī *n* Phaistos (Stadt auf Kreta)
Phaët|ō(n), ~ontis *m* Phaëton (der Sonnengott, *gew* dessen S.)
Phaëtontēus *3* des Phaëton
Phaëtontiad|es, ~um *f* Schwestern des Phaëton
Phaëtonti|s, *Gen* ~dis = *f zu* Phaetonteus; volucris ~s Schwan; gutta ~s Bernstein
phalanga, ae *f [gr]* Walze, Rolle
phalangītae, ārum *m [gr]* Soldaten der Phalanx
Phalanthīnus *3* des Phalanthos
Phalanthus, ī *m* Phalanthos (Spartaner, Gründer Tarents)
phalan|x, ~gis *f* (eng geschlossene) Gefechtsordnung, Front, Schar
phalārica, ae *f* = falarica
Phalari|s, ~dis *m* Phalaris (Tyrann in Agrigent um 570 v. Chr.)
phalerae, ārum *f [gr]* Brustschmuck (für Menschen bes. als milit. Auszeichnung, für Pferde auch Stirnschmuck)
phalerātus *3* mit Brustschmuck geziert; prunkvoll, üppig; schön klingend
Phalēre͡|us, ~ī *u.* ~os *u.* **Phalērēus,** ī *m* Einw. von Phaleron, aus Phaleron

Phalērum, ī *n* Phaleron (Hafen von Athen)
Phanae, ārum *f* Phanai (Südspitze von Chios)
Phanaeus *3* von Phanai
phantasia, ae *f* [*gr*] Einbildung
phantasma, ~tis *n* [*gr*] Gespenst ⟦*spl* Luftgebilde, Hirngespinst, Traumbild
Phantasus, ī *m* Phantasos (gr. Traumgott)
Phāōn, ~is *m* Phaon (von Sappho geliebter Jüngling)
pharetra, ae *f* [*gr*] Köcher
pharetrātus *3* köchertragend, mit dem Köcher
⟦**phariseo** *1 ml* trennen
⟦**phariseus** *3 spl* getrennt, abgesondert
Pharītae, ārum *m* Einw. von Pharos
Pharius *3* von Pharos, *auch* ägyptisch
pharmacopōla, ae *m* [*gr*] Quacksalber
Pharmacūs(s)a, ae *f* Pharmakussa (Insel bei Kreta)
Pharnabazus, ī *m* Pharnabazos (pers. Satrap um 400 v. Chr.)
Pharnac|ēs, ~is *m* Pharnakes (N pontischer Könige)
Pharos, ī *m*, *f* Pharos (Insel bei Alexandria mit dem gleichnamigen Leuchtturm)
Pharsālia, ae *f* = Pharsalus
Pharsāli(c)us *3* aus Pharsalos
Pharsālus, ī *f* Pharsalos (Stadt in Thessalien, Sieg Caesars über Pompeius 48 v. Chr.)
Pharus, ī *m* = Pharos
Phasēli|s, ~dis *f* Phaselis (Hafenstadt Lykiens)
Phasēlītae, (ār)um *m* Einw. von Phaselis
phasēlus, ī *m* Schwertbohne (essbar); Boot, Schiff
phāsiānus, ī *m* [Phasis] Fasan
Phāsiacus *3* des Phasis, *poet* kolchisch
Phāsia|s, *Gen* ~dis **I.** *Adj* = *f zu* Phasiacus **II.** *Subst f* Medea
Phāsi|s, ~dis *u.* ~dos *m* Phasis (Fluss in Kolchis), *heute* Rioni
phasma, ~tis *n* Gespenst, Phasma (gr. Komödientitel)
Phēgēius *3 des* Phegeus
Phegēus, ī *m* Phegeus (*myth* König in Arkadien)
Phēgi|s, ~dis *f* T. des Phegeus
phellos, ī *m* [*gr*] Kork
Phēnē, ēs *f* Phene (Gem. des Lapithen Periphas)
Pheneātae, ārum *m* Einw. von Pheneos
Pheneus, ī *f* Pheneos (Stadt in Arkadien)
phengītēs, ae *f* [*gr*] Glimmer
Pherae, ārum *f* Pherai (Stadt 1. in Thessalien 2. in Messenien)
Pherae|us *3* aus Pherai; *Pl* ~i Einw. von Pherai
Pherecȳd|ēs, ~is *m* Pherekydes (gr. Philosoph um 550 v. Chr.)
Pherecȳdēus *3* des Pherekydes
Pherētiadēs, ae *m* S. des Pheres, Admet
phiala, ae *f* [*gr*] Trinkschale
Phīdiacus *3* des Pheidias
Phīdiās, ae *m* Phidias, *gr* Pheidias (Bildhauer in Athen um 440 v. Chr.)
Philaen|ī, ~ōrum *u.* ~on *m* die Philaeni (2 Brüder aus Karthago; ~ōn arae die Arae Philaenon (Hafen an der Großen Syrte, hier ließen sich die Philaeni aus Vaterlandsliebe lebendig begraben)
Philēm|ō(n), ~onis *m* Philemon (1. bildet mit Baucis das berühmte myth. Ehepaar 2. gr. Lustspieldichter, Zeitgenosse des Menander)
Philētaeus *3* des Philetas
Philētās, ae *m* Philetas (gr. Elegiker, Vorbild des Propertius)
Philippēns|is, ~e, *Gen* ~is bei Philippi
Philippēus *3* des Philipp(os); nummus ~ »Philippdor« (von Philipp II. geprägte Goldmünze); sanguis ~ Verwandtschaft mit den makedonischen Königen
Philippī, ōrum *m* Philippi, *gr* Philippoi (Stadt in Makedonien, Niederlage der Caesarmörder 42 v. Chr.)
Philippic|us *3* philippisch, des Philipp(os); orationes ~ae Reden (des Demosthenes) gegen Philipp
Philippopol|is, ~eos (*Akk* ~im *u.* ~in, *Abl* ~ī) *f* Philippopolis (Stadt in Thrakien), *heute* Plovdiv
Philippus, ī *m* Philipp(os) (1. PN bes. makedonischer Könige; Philipp II., Gründer der makedonischen Großmacht, 360–336 v. Chr., V. Alexanders des Großen 2. »Philippos«, Philippdor (von Philipp II. geprägte Goldmünze)
Philistus, ī *m* Philistos (gr. Historiker, gestorben 357 v. Chr.)
Philitas, ae *m* = Philetas
philitia, ōrum *n* Gemeinschaftsmahle (öffentliche Mahlzeiten aller Bürger bei den Spartanern)
Philō, ~nis *m* Philon (gr. Philosoph um 90 v. Chr.)
Philoctēta, ae *m* = Philoctetes
Philoctētēs, ae *m* Philoktetes (Gefährte des Herakles u. Held des trojanischen Sagenkreises)
Philodēmus, ī *m* Philodemos (epikureischer Philosoph u. Dichter z. Z. Ciceros)
Philolāus, ī *m* Philolaos (Pythagoreer, um 430 v. Chr.)
philologia, ae *f* wissenschaftliches Streben, wissenschaftliche Studien; Interpretation
philologus [*gr*] **I.** *Adj 3* gelehrt, wissenschaftlich **II.** *Subst* ī *m* Gelehrter, Interpret
Philomēla, ae *f* Philomela (Schw. der Prokne, in eine Nachtigall verwandelt)

Philomēliēns|ēs, ~ium *m* Einw. von Philomelion
Philomēlium, ī *n* Philomelion (Ortschaft in Phrygien)
⟦**philomena,** ae *f ml* Nachtigall (= Philomela)
Philopoem|ēn, ~enis *m* Philopoimen (Feldherr des achäischen Bundes, gestorben 183 v. Chr.)
philosopha, ae *f* Philosophin
philosophia, ae *f* [*gr*] Philosophie
⟦**philosophicus** *3 spl* philosophisch
philosophor *1* philosophieren
philosophus [*gr*] **I.** *Adj 3* philosophisch **II.** *Subst* ī *m* Philosoph ⟦*ml* Gelehrter
philotechnus *3* [*gr*] künstlerisch
philtrum, ī *n* [*gr*] Liebestrank
Philus, ī *m* [*gr*] Philus (BN der gens Furia, L. Furius ~, Freund des jüngeren Scipio)
philyra, ae *f* [*gr*] Linde; Lindenbast (zu Kranzbändern verwendet)
Philyra, ae *f* Philyra (M. des Philyrides, in eine Linde verwandelt)
Philyrēius *3* des Chiron; heros ~ Chiron
Philyridēs, ae *m* S. der Philyra, Chiron
phīmus, ī *m* [*gr*] Würfelbecher
Phīnē(i)us *3* des Phineus
Phīne͡us, ~ī *od* ~os *m* Phineus (*myth* König in Thrakien)
Phintiās, ae *m* Phintias (Pythagoreer, Freund des Damon)
Phlegeth|ōn, ~ontis *m* [*gr*] Phlegethon (Fluss im Totenreich, in dem Feuer statt Wasser fließt)
Phlegethōnti|s, *Gen* ~dis *f* des Phlegethon
Phlegraeus *3* phlegräisch, beim sagenhaften Phlegra (lokalisiert östlich von Cumae, auch bei Pharsalos und Philippi)
Phlegyae, ārum *m* Phlegyer (räuberisches Volk in Thessalien)
Phlegyās, ae *m* Phlegyas (Lapithenkönig)
Phlīāsius *3* aus Phlius
Phlīūntius *3* = Phliasius
Phlīū|s, ~ntis (*Akk* ~nta) *f* Phlius (Stadt in der nördlichen Peloponnes)
phōca, ae *f* [*gr*] Seehund, Robbe
Phōcaea, ae *f* Phokaia (Stadt in Ionien)
Phōcaeēns|ēs, ~ium *m* Einw. von Phokaia
Phōcaeī, ōrum *m* = Phocaeenses
Phōcaicus *3* **1.** aus Phokaia **2.** aus Phokis
Phōcēns|ēs, ~ium *m* Einw. von Phokis, Phokier
[1]**Phōce͡us,** ~os *m* Phokier, Einw. von Phokis
[2]**Phōcēus** *3* aus Phokis
Phōcii, ōrum *m* = Phocenses
Phōciōn, ~is *m* Phokion (athenischer Staatsmann, gestorben 317 v. Chr.)
Phōci|s, ~dis *u.* ~dos *f* Phokis (Landschaft in Mittelgriechenland)
Phoeba|s, ~dis *f* Phoibas (Priesterin des Phoebus)
Phoebē, ēs *f* Phoibe (1. die röm. Diana als Mondgöttin; *übertr* Mondnacht. 2. gr. PN)
Phoebē(i)us *3* des Phoebus, des Apollon
Phoebigena, ae *m* S. des Phoebus
phoebus *3* leuchtend, rein
Phoebus, ī *m* Phoebus, *gr* Phoibos (der Strahlende, BN des Apollon als Sonnengott); Sonne
phoen- *auch* = poen-
Phoenīca, ae *f* Phönizien (schmaler Landstrich Syriens am Mittelmeer)
Phoenīcē, es *f* = Phoenica
Phoenīc|es, ~um *m* Phönizier
phoenīcopterus, ī *m* [*gr* rot geflügelt] Flamingo
Phoenīssa I. *Adj f* phönizisch **II.** *Subst* ae *f* Phönizierin, *bes* Dido
Phoenī|x, ~cis *m* Phoenix (Freund des Achilleus)
phoenī|x, ~cis *m* [*gr*] Phoenix (*myth* Vogel, der aus seiner Asche immer neu ersteht)
phōnascus, ī *m* [*gr*] Stimmbildner, Vortrags-, Gesangslehrer
Phorci|s, ~dos, (*Akk Pl* ~das) *f* T. des Phorkys
Phorcus, ī *m* Phorkys (*myth* Meergreis, V. der Gorgonen und der Graien)
Phorcȳni|s, ~dis, (*Akk Sg* ~da) *f* T. des Phorkys, *bes* Medusa
Phorōni|s, ~dis *f* Schw. des Argiverkönigs Phoroneus, Io
Phra(h)āt|ēs, ~ae *u.* ~is, (*Akk Sg* ~en) *m* Phrahates (parthischer Königsname)
phrasis, ~ *f* [*gr*] Ausdrucksweise, Stil
phrenēsis, ~ *f* [*gr*] Wahnsinn
phrenēticus *3* geisteskrank
Phrixēus *3* des Phrixos
Phrixus, ī *m* Phrixos (floh mit seiner Schw. Helle auf dem Widder mit dem goldenen Vlies nach Kolchis)
Phryg|es, ~um *m* [Phryx] Phrygier; *poet* Trojaner
Phrygia, ae *f* Phrygien (Landschaft in Kleinasien)
phrygiō, ~nis *m* [Phryx] Tuch-, Goldsticker
phrygiōnius *3* gestickt
Phrygius *3* phrygisch, aus Phrygien, *poet* trojanisch, *auch* asiatisch
Phry|x, ~gis *m* **1.** Phrygier, *bes* Aeneas **2.** Phryx (Fluss in Lydien)
phth- = pth-
Phthīa, ae *f* Phthia (Stadt in Thessalien, Heimat Achills)
Phthi|ās, ~adis *f* Frau aus Phthia, Phthierin
Phthīōthēs, ae *m* Einw. von Phthia
Phthīōticus *3* aus Phthia
Phthīōti|s, ~dis *f* Phthiotis (Landschaft Thessaliens zwischen dem Malischen u. Pagasäischen Meerbusen)

p

phthisicus *3* schwindsüchtig
phthisis, ~ *f* [*gr*] Schwindsucht
phȳ! *Interj* pfui!
phylaca, ae *f* [*gr*] Gefängnis
Phylacē, ēs *f* Phylake (Stadt 1. in Epirus 2. in Thessalien)
Phylacēi|s, *Gen* ~dis = *f zu* Phylaceius
Phylacēius *3* aus Phylake
Phylacidēs, ae *m* Enkel des Phylakos, Protesilaos
phȳlarchus, ī *m* [gr] Fürst
Phȳlē, ēs *f* Phyle (Grenzkastell in Attika gegen Boiotien)
Phyllēus *3* aus Phyllos (in Thessalien), *poet* thessalisch
physica ae *f u.* ōrum *n* Physik, Natur-, Weltlehre ⟦*ml* ae *f* weltliche Philosophie
physicus I. *Adj 3* die Natur betreffend, physisch, physikalisch **II.** *Subst* ī *m* Physiker, *phil* Naturforscher
physiognōm|ōn, ~onis *m* [*gr*] Physiognom, Mienen- und Charakterforscher
physiologia, ae *f* [*gr*] Physiologie, Naturkunde, Naturkenntnis
⟦**physiologicus** *3 spl* naturwissenschaftlich
piābil|is, ~e, *Gen* ~is sühnbar
piāculār|is, ~e, *Gen* ~is (ent)sühnend ⟦*ml* Sühne erfordernd
piāculum, ī *n* [pio] Sühnopfer, -gebet; Sühne, Strafe; Vergehen, Schuld ⟦*ml* Sünde
piām|en, ~inis *n* [pio] Sühnmittel, -opfer, Sühnung
pic- →pix
pīca, ae *f* [picus] Elster (Sinnbild der Schwatzhaftigkeit)
picāria, ae *f* [pix] Pechhütte, Teerofen
picea, ae *f* [pix] Kiefer, Zwergföhre; Fichte (*urv*)
Picēns, *Gen* Picentis = Picenus
Picēnum, ī *n* Picenum (italische Landschaft an der Adria)
Picēnus *3* aus Picenum
piceus *3* [pix] aus Pech; pechschwarz
picō *1* [pix] verpichen, mit Pech bestreichen, teeren
Picton|ēs, ~um *m* Piktonen (kelt. Volk)
pict|or, ~ōris *m* Maler
pictūra, ae *f* Malerei; Gemälde; *rhet* Ausmalung
pictūrātus *3* gestickt
⟦**picturo** *1 ml* malen, sticken
pictus I. *Adj 3* bemalt, bunt (gewirkt); scheinbar, leer, unbegründet **II.** *Part Perf Pass* →pingo
pīcus, ī *m* Specht (*urv*)*;* Vogel Greif (Weissagevogel)
Pīcus, ī *m* Picus (latinischer Weissagegott)
Pīeria, ae *f* **1.** Pieria (makedonische Landschaft) **2.** = Pieris
Pīeri|s, ~dis *f* T. des Pieros, Muse
Pīerius *3* der Musen
Pīer|os *u.* **~us,** ī *m* Pieros (*myth* König in Makedonien, V. von 9 in Elstern verwandelten Töchtern *od* der 9 Musen)
pietā|s, ~tis *f* Pflichtgefühl, Frömmigkeit; Anhänglichkeit, verehrende Liebe; Milde, Gnade ⟦*ml* Güte; vestra ~s *ehrfürchtige Anrede* Euer Gnaden
pietāticultrī|x, *Gen* ~cis *f* fromm
piger, pigra, pigrum [piget] träge, langsam, faul; verdrossen
piget, piguit *2 unpers* es verdrießt *Akk* jmdn. *Gen* etw., es tut leid *Akk* jmdm. *Gen* (um) etw., jmdn., es erregt Unlust; es reut
pīgmentārius, ī *m* Farben-, Kosmetikhändler
⟦**pigmentatus** *3 spl* gefärbt, geschminkt; *ml* gewürzt; einbalsamiert
pīgmentum, ī *n* [pingo] Farbe, Schminke; *in einer Rede* Schmuck ⟦*ml* Gewürz
pīgnerāt|or, ~ōris *m* Pfandnehmer, Pfandleiher
pīgnerō *1* [pignus] (durch Pfand) verpflichten; verpfänden
pīgneror *1* [pignus] als Pfand nehmen, pfänden; beanspruchen; sich verpflichten ad zu
pīgn|us, ~ōris *u.* ~eris *n* (Unter-)Pfand; Bürgschaft, Beweismittel, Geisel, Bürge; *übertr* Kinder, Familie ⟦*ml* Zeugnis des Martyriums, Reliquie
pigritia, ae *f* [piger] Verdrossenheit, Trägheit, Schwäche
pigritiēs, ēī *f* = pigritia
⟦**pigritor** *1 spl* sich verdrießen lassen
pigror *1* [piger] säumen
[1]**pīla,** ae *f* **1.** Pfeiler, Brückenpfeiler; steinerner Unterbau **2.** [pinso] Mörser
[2]**pila,** ae *f* (Spiel-)Ball; Kugel; Erdball ⟦*ml* (= pilula) Pille
pīlānus, ī *m* [pilum 1.] Wurfspießträger, Triarier
pilārius, ī *m* Jongleur
pīlātus *3* [pilum 1.] mit Wurfspießen bewaffnet
pile- = pille-
pīlentum, ī *n* [*kelt*] Prachtwagen, Karosse
pilicrepus, ī *m* [[2]pila, crepo] Ballspieler
pilleātus *3* mit der Filzmütze
pilleolus, ī *m* Käppchen
pilleum, ī *n* Hut, Filz (*urv*), -mütze (des freien Römers)
pilleus, ī *m* = pilleum
[1]**pilō** *1* [[1]pilus] rupfen, Haare entfernen ⟦*spl* plündern
[2]**pīlō** *1* zusammendrücken
pilōsus *3* [[1]pilus] behaart
⟦**piltrum,** i *n ml* Filzstück, *vgl* filtrum
⟦**pilula,** ae *f spl* Ball, Ballspiel; Kügelchen, Pille
pīlum, ī *n* **1.** (röm.) Wurfspieß **2.** [pinso] Mörserkeule

Pīlumnus, ī *m* Pilumnus (altitalischer Ehegott)
[1]**pilus,** ī *m* ein Haar; *übertr* Kleinigkeit
[2]**pīlus,** ī *m* Manipel der Triarier; *übertr* primus ~ Centurio des 1. Manipels der Triarier
Pimplē|is *und* **~us** = Piple|is *und* ~us
pīna, ae *f* [*gr*] Steckmuschel
pinacothēca, ae *f* [*gr*] Bildersaal
Pīnariī, ōrum *m Gent* die Pinarier (Heraklespriester)
pīnaster, pīnastri *m, f* Strandkiefer
[[**pincerna,** ae *m* [*gr*] *spl* Schenk, Mundschenk
Pindaricus *3* des Pindar
Pindarus, ī *m* Pindaros (*dt* Pindar, gr. Lyriker, gestorben 442 v. Chr.)
Pindenissītae, ārum *m* Einw. von Pindenissos
Pindenissus, ī *f* Pindenissos (Stadt in Kilikien)
Pindus, ī *m* Pindos (nordgriechisches Gebirge)
pīnētum, ī *n* [pinus] Fichtenwald
pīneus *3* Fichten-
pingō, pīxī, pictus *3* (be)malen; sticken, bunt durchwirken; (aus)schmücken
pinguēscō *3* fett *od* gedüngt werden
pingu|is, ~e, *Gen* ~is dick, fett; fruchtbar; plump, schwerfällig, geistlos; schwülstig; behaglich
pīnifer, pīnifera, pīniferum Fichten tragend
pīniger, pīnigera, pīnigerum = pinifer
pinn|a, ~ae *f* (Schwung-)Feder, *Pl* ~ae Flügel, Flosse; Pfeil; Zahnstocher; Mauerzinne; Schaufel am Wasserrad
[[**pinnaculum,** i *n spl* kleiner Flügel; Giebel; Turm
pinnātus *3* = pinniger
pinniger, pinnigera, pinnigerum gefiedert, geflügelt
pinnip|ēs, *Gen* ~edis mit Flügeln an den Füßen
pinnipot|ēns, ~entis *f* Vogel
pinnirapus *3* Federn (Helmschmuck) raubend
pinnul|a, ~ae *f* Federchen; *Pl* ~ae Flügelchen
pīnotērēs, ae *m* Muschelwächter (kleinste Krebsart)
pīnsitō *1* [pinso] stampfen
pīnsō, pīns(u)ī, pistus (*auch:* pinsitus *u.* pinsus) *3* (zer)stampfen [[*ml* backen
pīnus, ūs *od* ī *f* Föhre, Kiefer, Fichte; Pinie; Schiff; Fichtenkranz; Kienspan, -fackel
pīnxī →pingo
piō *1* [pius] fromm verehren, fromm verrichten; besänftigen, (ent)sühnen
piper, ~is *n* Pfeffer (*Lw*)
piperātus *3* gepfeffert
pīpiō *1* piepen
Piplēa, ae *f* Muse
Piplēi|s, ~dis *f* Muse
Piplēus *3* den Musen heilig, Musen-; ~ mons Berg bei Pimpla (in Thessalien, später auch in Boiotien am Helikon lokalisiert), Sitz der Musen
pīpulum, ī *n* Lärmen, Schimpfen
Pīraea, ōrum *n* = Piraeus
Pīraeēus, ī *m* = Piraeus
Pīraeus I. *Adj 3* piräisch **II.** *Subst* ī *m* Piräus, *gr* Peiraieus (Hafen von Athen)
pīrāta, ae *m* [*gr*] Seeräuber, Pirat
[[**piraterium,** i *n ml* Beutefahrt
pīrātica, ae *f* Seeräuberei
pīrāticus *3* Seeräuber-
[[**piratium,** i *n spl* Birnenwein
Pīrēnē, ēs *f* Peirene (den Musen heilige Quelle in der Burg von Korinth)
Pīrēni|s, *Gen* ~dis der Peirene; ~s Ephyre Korinth
Pīrithous, ī *m* Peirithoos (Lapithenkönig, Freund des Theseus)
pirum, ī *n* Birne (*Lw*)
pirus, ī *f* Birnbaum
Pīrūstae, ārum *m* Pirusten (illyrischer Volksstamm)
Pīsa, ae *f* Pisa (Stadt in Elis)
[[**pisa,** ae *f spl* Erbse, Bohne
Pīsae, ārum *f* Pisae (Stadt in Etrurien), *heute* Pisa
Pīsaeus *3* aus Pisa
Pīsān|us *3* von, aus Pisa; *Pl* ~i *m* Einw. von Pisa (Pisae)
pīsātiō, ~nis *f* Feststampfen
Pīsaurēns|is, ~e, *Gen* ~is aus Pisaurum
Pīsaurum, ī *n* Pisaurum (Stadt in Umbrien), *heute* Pesaro
piscārius *3* Fisch-
piscāt|or, ~ōris *m* Fischer, Fischhändler [[*ml* anulus ~oris Siegelring des Papstes (als Nachfolger des Apostels Petrus)
piscātōrius *3* Fischer-
piscātus I. *Part Perf zu* piscor **II.** *Subst* ūs *m* [piscor] Fischfang; Fische
pisciculus, ī *m* Fischlein
piscīna, ae *f* [piscis] Fischteich; Wasserbehälter, Badebassin
piscīnārius, ī *m* Fischteichbesitzer
piscis, ~ *m* Fisch (*urv*)
piscor *1* fischen
piscōsus *3* fischreich
pisculentus *3* = piscosus
Pisida, ae *m* Bewohner von Pisidia, Pisidier
Pisidia, ae *f* Pisidien (Landschaft in Kleinasien)
Pīsistratidae, ārum *m* Söhne des Peisistratos
Pīsistratus, ī *m* Peisistratos (Herrscher in Athen 560–528/7 v. Chr.)

pisō *1* = pinso
Pīsō, Pīsōnis *m Gent* Piso (→Calpurnius)
Pīsōniānus *3* des Piso
⟦**pistatio,** ~nis *f ml* das Backen
pistillum, ī *n* **1.** [[1]pilum 2.] Mörserkeule; **2.** ⟦*ml* kleiner Kuchen
⟦**pisto** *1 ml* backen
pist|or, ~ōris *m* [pinso] Müller, *auch* Bäcker
Pist|or, ~ōris *m* Pistor (BN Jupiters)
Pistōrēns|ēs, ~ium *m* [pistor *u.* Pistorium] »Bäckersdörfer« (Wortspiel zwischen Bäcker und Mannschaft aus Pistorium)
Pistōriēns|is, ~e, *Gen* ~is aus Pistorium
Pistōrium, ī *n* Pistorium, *auch* Pistoria (Stadt in Etrurien), *heute* Pistoia
pistōrius *3* Bäcker-, Back-
pistrilla, ae *f* kleine Stampfmühle
pistrīna, ae *f* = pistrinum
pistrīnēns|is, ~e, *Gen* ~is Mühlen-
pistrīnum, ī *n* [pistor] (Stampf-)Mühle; Bäckerei
pistris, ~ *f und* **pistrī|x,** ~cis *f* = pristis
pistus →pinso
pisum, ī *n* Erbse
pithēcium, ī *n* [*gr*] Äffchen
Pithēcūsae, ārum *f* Pithekusai (Insel bei Cumae, »Affeninsel«, auch Aenaria), *heute* Ischia und Procida
pittacium, ī *n* [*gr*] Lederstückchen, Etikette, Zettel
Pittacus, ī *m* Pittakos (Philosoph u. Staatsmann in Mytilene um 600 v. Chr.)
Pitthē(i)us *3* des Pittheus
Pitthēi|s, ~dis *f* T. des Pittheus, Aithra, M. des Theseus
Pitthe͡us, ~ī *und* ~os *m* Pittheus (König in Troizen, V. der Aithra, der M. des Theseus)
pītuīta, ae *f* Schleim; Schnupfen
pītuītōsus *3* verschleimt, katarrhalisch
pius *3* fromm, gottesfürchtig; liebevoll, pflichtgetreu; gottgefällig, rechtmäßig
pix, picis *f* Pech (*urv*), Teer
plācābil|is, ~e, *Gen* ~is versöhnlich, mild; besänftigend, beruhigend
plācābilitā|s, ~tis *f* Versöhnlichkeit
plācām|en, ~inis *n* Besänftigungsmittel
plācāmentum, ī *n* = placamen
plācātiō, ~nis *f* Besänftigung
plācātus I. *Adj 3* besänftigt, versöhnt; versöhnlich, sanft **II.** *Part Perf Pass zu* placo
placenta, ae *f* Kuchen
Placentia, ae *f* Placentia (Stadt in Oberitalien), *heute* Piacenza
Placentīnus I. *Adj 3* aus Placentia **II.** *Subst* ī *m* Einw. von Placentia (Wortwitz u. Anspielung auf placenta Kuchenkontingent)
⟦**placentula,** ae *f ml* kleines Gebäck
plac|eō, ~uī (*poet* ~itus sum), *unpers* **placet,** ~uit (~itum est) *2* [placo] gefallen, gefällig sein; mihi ~et ich stimme, bin dafür, behaupte; senatui ~et der Senat beschließt, verfügt; ~itum est man beschloss
placiditā|s, ~tis *f* Sanftmut
placidulē *Adv* recht sanft
placidus *3* [placeo] sanft, still, freundlich, gütig
placitō *1* [placeo] sehr gefallen ⟦*ml* beraten
placitum I. *Part Perf Pass* →placeo **II.** *Subst* ī *n* Meinung, Verordnung; Lehre ⟦*ml* Plan, Beschluss, Entschluss; Beschlussfassung, Gerichtsverhandlung, Beratung
placitus *3* angenehm, beliebt; beschlossen
plācō *1* [placeo] beruhigen, besänftigen, versöhnen
placūsia, ae *f eine Art* Schaltier
[1]**plāga,** ae *f* [*gr*] Schlag, Hieb, Stoß; Unfall, Schaden, Schlappe, Wunde
[2]**plaga,** ae *f* **1.** (Jagd-)Netz (zum Fangen von Wild); *übertr* Schlinge, Garn, Fallstrick; Teppich, Decke **2.** Fläche, Gegend, Himmelsstrich ⟦*spl* Hesperiae plagae das weström. Reich
plagiārius, ī *m* Menschenräuber, Seelenverkäufer
plāgiger, plāgigera, plāgigerum *u.* **plāgigerulus** *3* der Schläge bekommt
plāgipatida, ae *m* = plagiger
plāgōsus *3* der gern Schläge austeilt, schlaglustig; wundenbedeckt
plagula, ae *f* [[2]plaga] Blatt (Papier); Decke, Teppich, Vorhang; (vordere od. hintere) Bahn (der Toga)
Plānāsia, ae *f* Planasia (Insel bei Elba, zur Kaiserzeit Verbannungsort), *heute* Pianosa
Plancius *3 Gent* Plancius (1. Cn. ~, Freund Ciceros u. Pompejaner 2. M. ~ Varus, Beamter unter Vespasian)
plānctus I. *Part Perf* →plango *u.* plangor **II.** *Subst* ūs *m* Wehklagen ⟦*ml* Klagelied
Plancus, ī *m* Plancus (BN →Munatius)
plānē *Adv* deutlich; ganz, durchaus; *in Antworten* gewiss, ja
⟦**planeta,** ae *f ml* Messgewand
⟦**planetes,** ae *m spl* Planet
plangō, plānxī, plānctus *3* (laut) schlagen; laut u. mit Gebärden betrauern, wehklagen; *ohne Akk* branden, tosen, ertönen
plang|or I. *Dep 3* plānctus sum wehklagen **II.** *Subst* ~ōris *m* Schlagen, Klatschen; Wehklagen
plāniloquus *3* offen heraussprechend
plānip|ēs, *Gen* ~edis barfuß
plānitā|s, ~tis *f* Deutlichkeit
plānitia, ae *f* = planities
plānitiēs, ēī *f* [planus] Ebene, Fläche
⟦**plano** *1 spl* ebnen
planta, ae *f* **1.** Setzling, Propfreis, Pflanze (*Lw*) **2.** Fuß(sohle)
plantār|e, ~is *n* [planta 1.] Setzling, Absenker, Pfropfreis

plantārium, ī *n* [planta 1.] Baumschule
[1]**plānus** *3* flach, eben, glatt; deutlich, klar; schlicht
[2]**planus,** ī *m* [*gr*] Landstreicher, Gaukler; Hofnarr
plānxī →plango
plasma, ~tis *n* [*gr*] Gebilde, Geschöpf; Modulation der Stimme
plastēs, ae *m* [*gr*] Bildner, Former, Plastiker
Plataeae, ārum *f* Plataia(i) (Stadt in Boiotien, Athens Bundesgenosse; 479 v. Chr. Sieg der Griechen über die Perser)
Plataeēns|ēs, ~ium *m* Einw. von Plataia(i)
platalea, ae *f* Pelikan *od ein anderer* Wasservogel
platanōn, ~is *m* Platanenwäldchen
platanus, ī *f* [*gr*] Platane
platea, ae *f* [*gr*] Straße, Gasse ⟦*spl* platēa
Platō, ~nis *m* Platon (gr. Philosoph 427–347 v. Chr.)
⟦**platocervus,** i *m ml* Damhirsch
Platōnicus *3* des Platon
⟦**platonicus** *3* [*gr*] *ml* breit(schultrig)
plau|dō, ~sī, ~sus *3* klatschen, schlagen; Beifall klatschen ⟦*spl* Missfallen äußern (mit den Füßen), verhöhnen in Akk jmdn.; triumpho ~do = triumpho
plaumoratum, ī *n* [*kelt*] Räderpflug
plausī →plaudo
plausibil|is, ~e, *Gen* ~is Beifall verdienend, plausibel
plaus|or, ~ōris *m* Beifallklatscher, Beifallspender
plaustrum, ī *n* (Last-)Wagen, *auch als Gestirn*
plausus I. *Part Perf Pass* →plaudo **II.** *Subst* ūs *m* Klatschen; Beifall(klatschen)
Plautiānus *3* des Plautius
Plautīnus *3* des Plautus, plautinisch
Plautius *3 Gent* Plautius (lex Plautia Papiria, 89 v. Chr. beantragt von M. ~ Silvanus u. Cn. Papirius, über die Erlangung des Bürgerrechts)
Plautus, ī *m* Plautus (BN des T. Maccius, röm. Komödiendichter, ca. 254–184 v. Chr.)
⟦**plebanus,** i *m ml* Pfarrer
plēbēcula, ae *f* Pöbel ⟦*ml* Schar, Gemeinde
plēbēia, ae *f* Plebejerin
plēbēius [plebes] **I.** *Adj 3* zur Plebs gehörig, plebejisch, bürgerlich; gemein, niedrig, gering **II.** *Subst* ī *m* Plebejer
plēb|ēs, ~(e)ī *f* = plebs
plēbicola, ae *m* [plebs *u.* [2]colo] Volksfreund
plēbiscitum, ī *n* [plebs *u.* scitum] Volksbeschluss
⟦**plebium,** i *n ml* Pflicht, Verantwortung, Obhut
plēb|s, ~is *f* (nicht adliger) Bürgerstand (im alten Rom); Volk, Menge, der große Haufe, Plebs ⟦*ml Pl* ~es die Gläubigen; beata ~s Schar der Seligen; Kriegsvolk
plectil|is, ~e, *Gen* ~is [plecto] geflochten
plectō, plex(u)ī, plexus *3* flechten (*urv*) ⟦*spl* capite ~ mit dem Tode bestrafen, enthaupten
plector *3* geprügelt werden; büßen, leiden
plēctrum, ī n [*gr*] (Schlag-)Stäbchen (mit dem man die Saiten des Instruments anschlägt); Zither; Lied
Plēia|s, ~dis *f* eine Pleiade
Plēiad|es, ~um *f* Pleiaden (die 7 Töchter des Atlas, als Siebengestirn an den Himmel versetzt)
Plēionē, ēs *f* Pleione (M. der Pleiaden)
Plēmyrium, ī *n* Plemyrion (Vorgebirge bei Syrakus)
⟦**plenarius** *3 spl* voll, vollständig
⟦**pleniter** [plenus] *spl Adv* = plene
plēnitūd|ō, ~inis *f* Dicke, Fülle; Gesamthöhe, -dauer; Vollständigkeit
plēnus *3* [pleo] voll (*urv*), reichlich versehen, *oft mit Gen od Abl* (mit, von); schwanger, trächtig; beleibt; satt, überdrüssig; vollständig, vollzählig, ganz; ad plenum völlig; ~ negotiis vollauf beschäftigt; ~ annis bejahrt, betagt
plēps = plebs
plēr|īque, ~aeque, ~aque die meisten, meistenteils, größte Teil, Mehrzahl; sehr viele; *auch Sg* ~usque, ~aque, ~umque zum größten Teil
plēr|umque I. *Subst* ~īque *n* der größte Teil, meiste **II.** *Adv* meistens, gewöhnlich; oft
plēr|usque, ~aque, ~umque →plerique
Pleumoxii, ōrum *m* Pleumoxier (Volk in Gallia Belgica)
⟦**pleurisi|s,** ~dis *f spl* = pleuritis
pleurīti|s, ~dis *f* Seitenstechen; Rippenfellentzündung
Pleurōn, ~is *f* Pleuron (Stadt in Ätolien)
Pleurōnius *3* aus Pleuron
plex(u)ī, plexus →plecto
Plīa|s, ~dis *f* = Pleias
plicātrī|x, ~cis *f* Plissiererin (legt die Kleider in Falten, plissiert)
plic|ō, ~āvī *u.* ~uī, ~(ā)tus *u.* ~itus *1* zusammenfalten, -wickeln
Plīniānus *3* des Plinius
Plīnius *3 Gent* Plinius (1. C. ~ Secundus der Ältere, Verf. der Naturalis historia, gestorben 79 n. Chr. als Admiral beim Vesuvausbruch 2. C. ~ Caecilius Scaurus, sein Neffe, hinterließ Epistulae, darunter Briefwechsel mit Trajan)
plōdō [*altl*] = plaudo
ploer|ēs, ~a, *Gen* ~ium [*altl*] = plures
plōrātillus, ī *m* [ploratus] Heulerei
⟦**ploratorium,** i *n ml* Wehklagen
plōrō *1* laut wehklagen, heulen, (be)weinen
plōs|or, ~ōris *m* [*altl*] = plausor

plōstellum, ī *n* [plostrum] Wägelchen
plōstrum, ī *n* = plaustrum
Plōtius *3* = Plautius
plovēbat = pluebat = pluvebat *Imperf zu* pluit
ploxenum, ī *n* [*kelt*] Wagenkasten
pluit (pluvit), *Perf* plu(v)it *3 unpers* es regnet *Abl* etw.; *übertr* reichlich fallen, regnen lassen ⟦*ml mit Akk* regnen, spenden
plūma, ae *f* Flaum (*Lw*), Flaumfeder, Gefieder; (Daunen-)Pfühl, Kopfkissen; Bartflaum ⟦*ml* (Kleider-)Futter
plūmārius I. *Adj 3* in Flaumfedermuster **II.** *Subst* ī *m* Brokatwirker
⟦**plumatia,** ae *f ml* Federkissen
plūmātil|e, ~is (*Abl Sg* ~ī) *n* [pluma] flaumfederartig gewirktes Kleid
⟦**plumatium,** i *n ml* Federkissen
plūmātus *3* befiedert, mit Schuppen, Schuppen-
⟦**plumbaricius** *3 ml* Blei-
plumbāta, ae *f* (glans) Bleikugel
plumbeus *3* bleiern; dumm, lästig
plumbō *1* (mit Blei) verlöten
plumbum, ī *n* Blei (*urv*); Siegel; Bleiröhre, -kugel, -stift
plūmeus *3* Flaumfeder-
plūmiger, plūmigera, plūmigerum gefiedert
plūmip|ēs, *Gen* ~edis an den Füßen gefiedert
plūmōsus *3* befiedert
plūra →plus
⟦**pluralita|s,** ~tis *f spl* Mehr-, Vielheit
plūr|ēs, ~a, *Gen* ~ium →plus
⟦**pluries** *Adv ml* mehr-, vielfach
plūrifāriam *Adv* [bifariam] an vielen Stellen
plūrim|um (*Sup zu* multum) **I.** *Subst* ~ī *n* das meiste; sehr viel *Gen* (an); ~um posse sehr viel vermögen; ~i esse sehr viel wert sein, sehr teuer sein; quam ~um möglichst viel **II.** *Adv* sehr (viel), am meisten, größtenteils
plūrim|us *3* (*Sup zu* multus) der meiste, sehr viel; *Pl* ~i, ~ae, ~a sehr viele, die meisten; quam ~i möglichst viele; ~us in Iunonis honorem eifrig bedacht auf die kultische Verehrung der Iuno
plūs (*Komp zu* multum) **I.** *Adj n, Gen* plūris mehr, *meist Pl* plur|es, ~a, *Gen* ~ium, *auch* mehrere **II.** *Subst* plūris *n* mehr *Gen* (an, von); *Gen* pluris teurer, höher *Wert; Pl* plur|es, ~a, *Gen* ~ium Mehrzahl, große Masse, *übertr* die Toten; *auch* mehrere **III.** *Adv* mehr, in größerer Anzahl quam (*od Abl*) als; *aber* ~ mille mehr als 1000; ~ tertia pars mehr als ein Drittel
plūsculus *3* ein wenig mehr
plūsscius *3* mehr wissend
pluteum, ī *n* = pluteus
pluteus, ī *m milit* Schirm-, Schutzwand (der Belagerer); Brustwehr (der Verteidiger); Lehne des Speisesofas, Speisesofa; Lesepult ⟦*spl* Bücherpult
Plūtō|(n), ~nis *m* Pluton (gr. Gott des Totenreiches)
Plūtōni(c)|us *3* des Pluton, plutonisch; domus ~a Grab
Plūtus, ī *m* Plutos (gr. Gott des Reichtums)
pluvia, ae *f* [pluvius] Regen
pluviāl|is, ~e, *Gen* ~is Regen-; Regen bringend
pluvit →pluit
pluvius *3* [pluit] regnend, Regen-
P. M. *Abk für* pontifex maximus →pontifex
⟦**pneuma,** ~tis *n* [*gr*] *ml* Wehen; der heilige Geist
pōcillāt|or, ~ōris *m* Mundschenk ⟦*ml* Zechgenosse
pōcillum, ī *n* [poculum] Becherchen
pōc(u)lum, ī *n* [poto] (*altl* poclum); Becher Trunk; Trinken; Giftbecher ⟦*ml* Leidenskelch
podager, podagrī *m* Gichtkranker
podagra, ae *f* [*gr*] Fußgicht
podagricus *und* **podagrōsus** *3* gichtkrank
pōdex, pōdicis *m* Hintern
podium, ī *n* [*gr*] Täfelung; vorspringender Ehrenplatz, Balkon, Loge(nplatz)
Poeantiadēs, ae *m* S. des Poias, Philoktetes
Poeantius *3* des Poias; Philoktetes
Poeās, Poeantis *m* Poias (V. des Philoktetes)
poecilē, ēs *f* (*auch:* stoa ~) bunte (mit Wandgemälden geschmückte) Halle (am Markt zu Athen)
poēma, ~tis *n* [*gr*] Gedicht ⟦*spl Abl Pl* poematis
poēmatium, ī *n* [*gr*] Gedichtchen
poena, ae *f* Strafe, Buße, Entschädigung; Rache, Bestrafung; Qual, Pein (*Lw*)
Poena, ae *f* Straf-, Rachegöttin
poenāl|is, ~e, *Gen* ~is zur Strafe gehörig, Straf- ⟦*spl* qualvoll; strafwürdig, sträflich
Poenī, ōrum *m* [*vgl* Phoenica] Punier, Karthager
Poenic(e)us *3* phönizisch, punisch; purpurgefärbt, -rot
Poenīnus *3* penninisch; (mons) ~ Großer St. Bernhard
poeni|ō *und* **~or** *4* = puni|o *und* ~or
poenitentia, ae *f* = paenitentia
poeniteō *2* = paeniteo
Poenulus, ī *m* = Poenus; *Titel einer Komödie des Plautus*
Poenus I. *Adj 3* phönizisch, punisch **II.** *Subst* ī *m* = der Punier, Karthager
poēsis, ~ *f* [*gr*] Dichtung, Poesie
poēta, ae *m* Dichter, Poet
poētica, ae *f* Dichtkunst
poeticē, ēs *f* = poetica

poēticlus *3* dichterisch, poetisch; ~is numeris in Versen ⟦*ml* chorus ~us Musenchor
⟦**poet|o** *und* ~**or** *1 ml* dichten
poētria, ae *f* Dichterin ⟦*ml* Poesie, Dichtkunst
⟦**poio** *4 ml* dichten
pol! *Interj* beim Pollux!, wahrhaftig!
⟦**poledrus,** i *m ml* Fohlen, Pferd
Polemō|(n), ~nis *m* Polemon (gr. Philosoph um 300 v. Chr.)
Polemōnēus *3* des Polemon
polenta, ae *f* Gerstengraupen
polentācius und **polentārius** *3* Gerstengraupen- (*altl* pōlent-)
⟦**poliandrum,** i *n ml* Friedhof
poliō *4* glätten, polieren; verzieren, auslegen; tünchen, bemalen; ausarbeiten, künstlerisch gestalten
Pōliō, ~nis *m* = Pollio, ~nis *m*
Poliorcētēs, ae *m* Poliorketes, der Städtebelagerer (BN des Makedonenkönigs Demetrius, gestorben 283 v. Chr.)
Polītēs, ae *m* Polites (S. des Königs Priamos, von Pyrrhos getötet)
Polītia, ae *f* [*gr*] Staat, Staatsverfassung (Titel einer Schrift Platons)
polīticus *3* politisch, staatswissenschaftlich
polītiō, ~nis *f* Bestellung brachliegenden Geländes, Kultivierung
polītūra, ae *f* Polierung, Glättung
polītus I. *Adj 3* bemalt; gebildet, kunstvoll **II.** *Part Perf Pass zu* polio
poll|en, ~inis *n* [palea] Staubmehl, sehr feines Mehl
poll|ēns, *Gen* ~entis **I.** *Adj* mächtig, stark **II.** *Part Präs Akt zu* polleo
pollentia I. *Adj n Pl zu* pollens **II.** *Part Präs Akt n Pl zu* polleo **III.** *Subst* ae *f* Macht, Stärke
Pollentia, ae *f* Pollentia (1. Stadt in Ligurien 2. Göttin der Macht)
Pollentīnus *3* aus Pollentia
polleō *2* vermögen, stark sein; Einfluss haben
poll|ex, ~icis *m* Daumen; große Zehe; Knorren am Baum; ~ice utroque mit doppeltem Beifall
pollic|eor, ~itus sum *2* [*por-liceor] versprechen; dar-, anbieten; *poet* ~itus *Pass* versprochen
pollicitātiō, ~nis *f* Verheißung, Versprechen
pollicitor *1* versprechen
pollicitus →polliceor
pollināriu|s *3* [pollen] Staubmehl-; cribrum ~m Staubmehlsieb
pollīnct|or, ~ōris *m* Leichenwäscher
pollīnctus →pollingo
pol|lingō, ~līnxī, ~līnctus *3 Leichen* abwaschen und salben
Polliō, ~nis *m* Pollio (BN →Asinius)
pol|lūceō, ~lūxī, ~lūctus *2* [por-, luxus II.] als Mahlzeit vorsetzen; bewirten, bedienen; als Opfer darbringen
Pollūcēs, is *m* = Pollux
pollūcibiliter *Adv* [polluceo] reichlich
pollūctūra, ae *f* [polluceo] prächtiges Mahl
pollūctus →polluceo
pol|luō, ~luī, ~lūtus *3* [por-, ¹lutum] verunreinigen, besudeln, beflecken, entehren
pollūtus I. *Adj 3* unkeusch, sünd-, lasterhaft **II.** *Part Perf Pass* →polluo
Pollū|x, ~cis *m* Pollux (1. der eine der göttlichen Zwillingsbrüder, →Castor 2. Iulius ~ Polydeukes, seit 178 n. Chr. Professor für Sophistik in Athen)
pollūxī →polluceo
polus, ī *m* Pol, Himmel
Polybius, ī *m* Polybios (gr. Historiker, gestorben 120 v. Chr.)
Polyclētus, ī *m* Polyklet, *gr* Polykleitos (gr. Bildhauer um 440 v. Chr.)
Polyclītus, ī *m* = Polycletus
Polycrat|ēs, ~is *m* Polykrates (Tyrann von Samos, gestorben 522 v. Chr.)
Polydam|ās, ~antis *m* Polydamas (1. Freund des Hektor 2. ein Athlet)
Polydōrēus *3* des Polydoros
Polydōrus, ī *m* Polydoros (S. des Priamos)
Polygnōtus, ī *m* Polygnotos (gr. Maler u. Bildhauer in Athen im 5. Jh. v. Chr.)
Polymachaeroplāgidēs, ae *m* Polymachairoplagides, »Sohn des Vielschwerthiebschlägers« (komische Imitation eines Heroennamens)
polymitus *3* mit vielen Fäden; bunt gewebt
Polyperch|ōn, ~ontis *m* Polyperchon (Feldherr Alexanders des Großen)
polyphagus, ī *m* Vielfraß
Polyphēmus, ī *m* Polyphemos (einäugiger Kyklop, S. des Poseidon)
polyplūsius *3* sehr reich
polypsēphus *3* reich an (Edel-)Steinen
pōlypus, ī *m* (Meer-)Polyp
Polyxena, ae *f* Polyxene (T. des Priamos)
Polyxenius *3* der Polyxene
pōmārium, ī *n* Obstgarten
pōmārius I. *Adj 3* Obst- **II.** *Subst* ī *m* Obsthändler ⟦*ml* Apfelbaum
⟦**pomatium,** i *n ml* Obstwein
pōmerīdiānus *3* = postmeridianus
pōmērium, ī *n* [post *u.* murus] Stadtgrenze (von Rom), das Pomerium (unbebauter Raum vor und hinter der Stadtmauer)
Pōmetia, ae *f* Pometia (Stadt der Volsker)
Pōmetiī, ōrum *m* = Pometia
Pometīnus *3* aus Pometia
pōmifer, pōmifera, pōmiferum, Obst tragend, obstreich
Pōmōna, ae *f* [pomum] Pomona (Göttin des Obstes)
pōmōsus *3* [pomum] obstreich

p

pompa, ae *f* [*gr*] Festzug; Aufzug, Zug; Pracht, Prunk ⟦*ml* cum ~ dico salbungsvoll sprechen
⟦**pompaticus** *3 spl* prächtig; prunkhaft
Pompēiānus *3* **1.** aus Pompeji, pompejanisch **2.** des Pompejus
Pompēiī, ōrum *m* Pompeji (Stadt in Kampanien, 79 n. Chr. vom Vesuv verschüttet)
Pompēius *3 Gent* Pompejus (1. Cn. ~ Magnus der Triumvir, 106–48 v. Chr. 2. Cn. ~ Strabo, V. des vorigen 3. Sextus ~, S. von 1., 36 v. Chr. von den zweiten Triumvirn besiegt, →Neptunus)
Pompilius *3 Gent* Pompilius (Numa ~, der 2. röm. König)
Pompōnius *3 Gent* Pomponius (→Atticus)
Pomptīnum, ī *n* die pontinische (Sumpf-) Landschaft (in Latium)
Pomptīnus *3* **1.** pontinisch; ager ~ = Pomptinum **2.** *Gent* Pomptinus (C. ~, Prätor 63 v. Chr.)
pōmum, ī *n* Obstfrucht, -baum; *Pl* poma, orum Obst
pōmus, ī *f* Obstbaum
ponder|a, ~um *n Pl zu* pondus
ponderō *1* [pondus] (ab)wiegen; *übertr* (ab)wägen, beurteilen ⟦*ml ohne Akk* wiegen, schwer sein
ponderōsus *3* schwer; gewichtig
pondō [*pondus, i *m*] *Abl* an Gewicht, dem Gewicht nach; *Subst undekl* Pfund (*Lw*) (327,45 g)
pond|us, ~eris *n* [pendo] Gewicht, *auch übertr;* Masse, Last; Schwere; Bedeutung, Wert; Nachdruck; *Pl* ~era (Tritt-) Steine (zum Überqueren der Straße)
pondusculum, ī *n* kleines Gewicht
pōne [*postne] **I.** *Präp beim Akk* hinter **II.** *Adv* hinten ⟦*ml* hinterher
pōnō, posuī, positus *3* (*Nbf* posīvī, postus) (hin)setzen, -legen, -stellen; *übertr* (Kapital) anlegen; *beim Spiel* (ein)setzen; beisetzen, bestatten; weihen; verwenden in *Abl* auf; diem ~ Tag zubringen mit; rechnen, zählen in *Abl* zu; (in) loco ~ achten *Gen* als; *mit doppeltem Akk* halten für; nieder-, festlegen, errichten, aufstellen, castra ~ befestigtes Lager aufschlagen; schaffen; anführen, äußern; fort-, ab-, niederlegen; aufgeben, ablegen; spem ~ verzichten auf; *ohne Akk* sich legen (von Stürmen), sich beruhigen lassen; beigeben, einsetzen (als); nomen ~ Namen beilegen, geben; (in einen Zustand, an einen Ort) versetzen; certamina ~ Wettkämpfe an-, festsetzen; ius ~ Recht, Verordnung einführen; genu ~ niederknien; calculum ~ Berechnung anstellen
pōns, pontis *m* Brücke; Steg; Schiffsdeck; *milit* Sturmbrücke
Pont. Max. *Abk für* pontifex maximus (→pontifex)
Ponti|a, ~ae *f* Pontia (1. Insel vor der Küste Latiums; *Pl* ~ae die Pontinische Inselgruppe, *deren größte Pontia ist* 2. BN der Thetis, der Aphrodite u. der Nereiden)
Pontiānī, ōrum *m* Einw. von Pontia
ponticulus, ī *m* kleine Brücke; Steg
Pontic|us I. *Adj 3* pontisch, von Pontos; mare ~m das Schwarze Meer; triumphum ~m Sieg über Mithridates **II.** *Subst* ī *m* Ponticus (röm. Dichter u. Freund des Ovid)
pontif|ex, ~icis *m* (Ober-) Priester, Pontifex; *Pl* ~ices das oberste Priesterkollegium; ~ex maximus Hohepriester, Pontifex maximus ⟦*christlich spl* Bischof; *ml* Papst; ~ex maximus Erzbischof
pontificāl|is, ~e, *Gen* ~is oberpriesterlich, pontifikalisch ⟦*ml* bischöflich, päpstlich; officium ~e Priesteramt
pontificātus, ūs *m* Priesterwürde, Oberpriestertum ⟦*ml* Würde des Erzbischofs, Papstwürde
pontificius *3* oberpriesterlich ⟦*ml* **I.** *Adj 3* päpstlich **II.** *Subst* i *m* Anhänger des Papstes
Pontius *3 Gent* Pontius (C. ~ Anführer der Samniter bei Caudium ⟦*spl* ~ Pilatus, Statthalter in Judäa 26–36 n. Chr.)
pontō, ~nis *m* [pons] Transportschiff, Ponton
pontus, ī *m* (hohes) Meer; Woge; Flut
Pontus, ī *m* **1.** das Schwarze Meer **2.** Pontos (Landschaft u. Königreich südlich des Schwarzen Meeres)
popa, ae *m* Opferdiener; *übertr* ~ venter Fettwanst
popanum, ī *n* [*gr*] Opferkuchen
popellus, ī *m* [populus] Völkchen; Pöbel
Popil(l)ius *3 Gent* Popilius (C. ~ nahm Cicero fest und enthauptete ihn)
popīn|a, ae *f* Garküche, Kneipe; Speisen aus der Garküche; *Pl* ~ae Besäufnis
popīnāl|is, ~e, *Gen* ~is Garküchen-, Kneipen-
popīnō, ~nis *m* [popina] Fresser, Schlemmer
popl|es, ~itis *m* Knie(kehle)
Poplicola, ae *m* Poplicola, Volksfreund (BN →Valerius)
poplifugia, ae *f* Gedenkfest »Flucht des Volkes« (vor den Latinern)
poplus, ī *m* = [1]populus
poposcī →posco
Poppaea, ae *f* Poppaea (Gem. Neros)
Poppaeus *3 Gent* Poppaeus (lex Papia Poppaea →Papius)
poppysma, ~tis *n* = poppysmus
poppysmus, ī *m* [*gr*] Zungenschnalzen
populābil|is, ~e, *Gen* ~is verwüstbar

populābundus *3* plündernd
populār|is **I.** *Adj* ~e, *Gen* ~is zum Volke gehörig, Volks-; populär, volkstümlich, einheimisch; *polit* das Volk vertretend, homo ~is Mann des Volkes, aufrührerisch (im Sinne der Optimaten) **II.** *Subst* ~is *m, f* Landsmann; Gefährte, Genosse, Teilnehmer; *Pl* ~es, ~ium *m* Volkspartei, Demokraten, Popularen; ~ia, ~ium *n* Volkssitze (Plätze im Theater) ⟦*ml Pl* ~es *m* gemeines Kriegsvolk
populāritā|s, ~tis *f* (Streben nach) Popularität; Zugehörigkeit zum gleichen Volk ⟦*spl* Bevölkerung
populātiō, ~nis *f* Plünderung, Verwüstung
populāt|or, ~ōris *m* Plünderer
populātrī|x, ~cis *f* Verwüsterin
pōpulētum, ī *n* Pappelhain
pōpuleus *3* [[2]populus] Pappel-
pōpulifer, pōpulifera, pōpuliferum, Pappeln tragend
populiscītum, ī *n* Volksbeschluss
pōpuln(e)us *3* aus Pappelholz
popul|ō *und* **~or** *1* verwüsten, plündern
Populōnia, ae *f* Populonia (1. Stadt in Etrurien 2. BN der Iuno, die Verwüstung abwendet)
Populōniēns|ēs, ~ium *m* Einw. von Populonia
Populōnii, ōrum *m* = Populonia 1.
populor →populo
⟦**populosita|s,** ~tis *f spl* Bevölkerung; Menge
populōsus *3* volk-, zahlreich
[1]**popul|us,** ~ī *m* Volk, Bevölkerung; Gemeinde, Staat, Gau; Menge, Haufe, große Masse; *poet auch* Straße; Staatskasse ⟦*spl* (christliche) Gemeinde; *Pl* ~i Leute; *ml* ~us Christianus Christenheit
[2]**pōpulus,** ī *f* Pappel (*Lw*)
porca, ae *f* Sau, Schwein
⟦**porcaritia,** ae *f ml* Schweineherde
⟦**porcarius,** i *m ml* Schweinehirt
porcella, ae *f* = porcellus
porcellus, ī *m* [porcus] Ferkel
porcilia, ae *f* [porca] Jungsau
porciliār|is, ~e, *Gen* ~is von einer Jungsau
porcīna, ae *f* Schweinefleisch
porcīnārius, ī *m* Wurst- *od* Schweinefleischhändler
porcīnus *3* vom Schwein, Schweine-
Porcius *3 Gent* Porcius (→Cato)
porcula, ae *f* Ferkel (*Lw*)
porculus, ī *m* Ferkel (*Lw*)
porcus, ī *m* Schwein
porgō *3* = [2]porrigo
poriciō *3* = porricio
⟦**porniogenitus** *3* [*gr-lat*] *ml* aus sittenlosen Verhältnissen stammend
porphyrēticus *3* [*gr*] purpurrot
⟦**porphyrogenitus** *3 ml* in Purpur geboren, von kaiserlicher Herkunft
porrēctiō, ~nis *f* Ausstrecken; gerade Linie
porrēct|um, ~ī *n* [[2]porrigo] Gerade ⟦*ml Pl* ~a Ebene
[1]**porrēctus** [[2]porrigo] **I.** *Adj 3* ausgedehnt, glatt, flach; gerade **II.** *Part Perf Pass* →porrigo
[2]**porrectus** →porricio
porrēxī →porrigo
por|riciō, –, ~rectus *3* [*por-iacio] opfern; *sprichw* inter caesa et porrecta zwischen Schlachtung u. Opferung, in letzter Minute
[1]**porrīg|ō,** ~inis *f* Grind, Schorf
[2]**por|rigō,** ~rēxī, ~rēctus *3* [rego] ausstrecken, zu Boden strecken; darreichen, spenden; ausdehnen
por|rigor, ~rēctus sum *3* sich hinziehen, sich ausstrecken
porrō *Adv* vorwärts; in die *od* in der Ferne (*urv*); weiter, ferner(hin); andererseits; nun aber
porr|um, ~ī *n u.* **~us,** ~ī *m* Schnittlauch, Porree
Porsen(n)a, ae *m* Porsenna (König von Etrurien)
porta, ae *f* [portus] Tor, Pforte (*Lw*); Eingang
⟦**portabil|is,** ~e, *Gen* ~is *spl* erträglich
⟦**port(an)arius,** i *m spl* Pförtner
⟦**portarius,** i *m spl* Pförtner
portātiō, ~nis *f* Herbeischaffen, Transport
por|tendō, ~tendī, ~tentus *3* ankündigen, prophezeien
por|tendor, ~tentus sum *3* bevorstehen, sich ankündigen
portentificus *3* Scheusale zeugend, unnatürlich
portentōsus *3* grauenhaft, missgestaltet
portentum, ī *n* erschreckendes Wunder(zeichen), Vor-, Anzeichen; Missgestalt, -geburt, Ungeheuer; abenteuerliche Erfindung
portentuōsus *3* = portentosus
Porthāōn, ~is *m* = Parthaon
porthme͡us, (*Akk* ~a) *m* [*gr*] Fährmann (Charon)
porticula, ae *f* kleine Halle
porticlus, ūs *f* (Säulen-)Halle; (Philosophie der) Stoa; *Pl* ~ūs *milit* geschützter Laufgang
portiō, ~nis *f* [pars] (An-)Teil; Verhältnis, Proportion; ~ habetur es kommt an *Gen* auf; pro ~ne nach Verhältnis, Maßgabe
portisculus, ī *m* Taktammer (des Rudermeisters)
portit|or, ~ōris *m* **1.** [porto] Fährmann (*urv*) ⟦*spl* Träger, Überbringer **2.** [portus] Zolleinnehmer, Zöllner
portō *1* tragen, fortschaffen, führen, fahren; (über)bringen
portōrium, ī *n* [portitor 2.] (Hafen-, Brücken-, Weg-)Zoll

portula, ae *f* Pforte, Nebentür
Portūnāli|a, ~um *n* Fest zu Ehren des Hafengottes Portunus (am 17. August), Portunalien
Portūnus, ī *m* Portunus (röm. Hafengott)
portuōsus *3* hafenreich
portus, ūs *m* Hafen, Zuflucht; Mündung ⟦*ml* Fähre
pōsca, ae *f* [poto] Limonade, Mischgetränk (aus Wasser, Essig und Eiern)
poscō, poposcī *3* verlangen, fordern ab (*od Akk*) von, *mit doppeltem Akk* jmdn. als; wissen wollen; vorladen; auf-, herausfordern
pōsia, ae *f* bes. saftige Olive(nart)
Posidōnius, ī *m* Poseidonios (gr. Philosoph, Stoiker, ca. 135–51 v. Chr.)
positiō, ~nis *f* Stellung, Lage, Position; Aufgabe, Thema
posit|or, ~ōris *m* Erbauer
positūra, ae *f* Lage
positus I. *Adj 3* stehend, liegend, gelegen; positum esse beruhen in *Abl* auf ⟦*ml Ersatz für Part Präs von esse* befindlich **II.** *Part Perf Pass* →pono **III.** *Subst* ūs *m* Stellung, Lage; Frisur
posīvī →pono
posm-, posqu- = postm-, postqu-
posse →possum
possēdī →**1.** possideo **2.** possido
possessiō, ~nis *f* Besitz; Besitztum, Grundstück; Besitzergreifung
possessiuncula, ae *f* kleine Besitzung, kleines Grundstück
possess|or, ~ōris *m* (Grund-) Besitzer; Be-, Angeklagter
possessus →**1.** possideo **2.** possido
possibil|e, ~is *n* das Mögliche; *rhet* Fall des Ratgebens
⟦**possibil|is,** ~e, *Gen* ~is *spl* möglich
⟦**possibilita|s,** ~tis *f spl* Möglichkeit, Macht
pos|sideō, ~sēdī, ~sessus *2* [*possedeo] besitzen, im Besitz haben, innehaben; besetzt halten
pos|sīdō, ~sēdī, ~sessus *3* in Besitz nehmen, sich bemächtigen
possum, potuī (*Inf* posse) [potis sum] können, vermögen; verstehen; Einfluss haben, gelten; qui potest? wie ist es möglich? ⟦*ml* fabula potest die Fabel bedeutet; *Inf* posse *Subst* Vermögen, Macht; cum (pro) posse mit, nach Vermögen
post I. *Präp beim Akk, räuml* hinter; *im Range* nächst; *zeitl* nach ⟦*ml* um **II.** *Adv* später, nachher, zuletzt, hinten
⟦**postabba|s,** ~tis *m ml* Nachfolger eines Abtes
poste *Adv* = post II.
posteā *Adv* später, in der Folge; quid ~? was weiter?
posteāquam *Kon.* = postquam ⟦*ml auch* = postea
posteri|or, ~us, *Gen* ~ōris (*Komp zu* posterus) letzterer, hinterer, späterer; schlechter, geringer
⟦**posterior|a,** ~um *n spl* Kehrseite, Rücken
posteritā|s, ~tis *f* Zukunft; Nachwelt
posterius *Adv* später, danach
posteru|s *3* [post] (*Komp* →posterior; *Sup* →postremus) (nach)folgend, spät; in ~m für die Zukunft, für den folgenden Tag
post|ferō (*Inf* ~ferre) hintansetzen
postgeniti, ōrum *m* Nachkommen
post|habeō, ~habuī, ~habitus *2* hintansetzen
posthāc *Adv* von nun an, künftig; nachher
postibī *Adv* hierauf, danach
postīculum, ī *n* Hinterhaus
postīcum, ī *n* Hintertür; Hintergebäude, -seite
postīcus *3* [post] hinten (befindlich), Hinter-
postid *und* **postideā** *Adv* nachher
postilēna, ae *f* [post] Schwanzriemen (am Pferdegeschirr)
postiliō, ~nis *f* [postulo] Forderung
postillā(c) *Adv* nachher
post|is, ~is *m* (Tür-)Pfosten (*Lw*), Pfeiler; *Pl* ~es, ~ium Tür, Pforte
postlīmini|um, ~ī *n* [post limen] Heimkehrrecht; *Abl* ~o *als Adv* zurück, wieder *Gen* nach ⟦*ml* Grenzort
postmerīdiānus *3* Nachmittags-
postmod|ō *u.* **~um** *Adv* bald darauf, späterhin
postmoerium, ī *n* = pomerium
postpart|or, ~ōris *m* der Erbe
post|pōnō, ~posuī, ~positus *3* hintansetzen, -stellen, nachstellen
postprīncipia, ōrum *n* Fortgang *übertr,* weiterer Verlauf
postputō *1* hintansetzen
postquam *Kon.* nachdem, als, *erzählend meist mit Perf* ~ cognovit nachdem, als er erfahren hatte (*dt also Plpf*); *getrennt* post diem quartum quam est in Britanniam ventum 4 Tage nachdem man nach Britannien gekommen war; *mit Abl des Maßes* septimo et quinquagesimo die post, quam ... 57 Tage, nachdem ...; *bisw auch im Nebensinne von* da, weil, obwohl
postrēmō *Adv* zuletzt, schließlich; kurz, überhaupt
postrēmum *Adv* zum letzten Mal
postrēmus *3* (*Sup zu* posterus) hinterster, letzter; geringster, schlechtester
postrīdiē *Adv* [posterus dies] am Tage *Akk* (*Gen*) nach, am folgenden Tage, Tags darauf quam als, nachdem
postrīduō *Adv* = postridie
post|scrībō, ~scrīpsī, ~scrīptus *3* hinzuschreiben

postulāticius *3* verlangt, erbeten
postulātiō, ~nis *f* Forderung, Verlangen; Beschwerde, Klage; Klagegesuch an den Prätor
postulāt|or, ~ōris *m* Kläger
postulātum, ī *n* Forderung
postulātus I. *Part Perf Pass zu* postulo **II.** *Subst* (*nur Abl* ū) *m* Klage, Beschwerde
postulō *1* [posco] verlangen, (er)fordern; beanspruchen; *jur* beantragen, jmdn. belangen
postuma, ae *f* Nachkömmling
Postumiānus *3* des Postumius
Postumius *3 Gent* Postumius (z. B. A. ~ Tubertus, Diktator 431 v. Chr., ließ seinen S. enthaupten, weil er gegen seinen Befehl gegen den Feind kämpfte)
postumus [post] **I.** *Adj 3* spät, zuletzt geboren, letzter ⟦*spl* (nach des Vaters Tode) nachgeboren, nach dem Tode **II.** *Subst* ī *m* Nachkömmling
Postumus, ī *m* Postumus (BN)
postus, posuī →pono
⟦**potaculum,** i *n spl* Trinkgelage
⟦**potaticus** *3 ml* Trinker-, Säufer-
pōtātiō, ~nis *f* Trinkgelage, Trinken, Zechen
pōtāt|or, ~ōris *m* Trinker
pote = **1.** potest **2.** es ist möglich
potēns, *Gen* potentis **I.** *Adj* mächtig (einer Sache), fähig *Gen* zu, beherrschend, einflussreich, wirksam; herrschend *Gen* über; ~ sui sich selbst beherrschend, genügsam; ~ mei sum ich bin unabhängig, mein eigener Herr; parvo ~ bei Wenigem reich, glücklich ⟦*spl* berechtigt *Gen* zu **II.** *Subst m* Herr *Gen* über; *Pl* potentes Machthaber, die Vermögenden
potentātus, ūs *m* [potens] Macht (im Staate) ⟦*spl* Kraft, Stellung
potentia I. *Adj n Pl zu* potens **II.** *Subst* ae *f* Kraft, Wirksamkeit; polit. Macht, Einfluss
Potentia, ae *f* Potentia (Stadt in Picenum)
⟦**potential|is,** ~e, *Gen* ~is *spl* möglich; kräftig; *ml* wunderbar
potērium, ī *n* [*gr*] Becher
potesse = posse →possum
potestā|s, ~tis *f* [potis] Macht, Kraft, Gewalt; polit. Macht, Herrschaft; Amtsgewalt, Amt; Machthaber, Behörde, Statthalter; Vollmacht, Erlaubnis, Gelegenheit, Möglichkeit; facere sui ~tem sich zur Verfügung *od* zum Kampf stellen; bei sich zulassen, vor sich lassen *Dat* jmdn.; ~tem facio Gelegenheit geben *Gen* zu ⟦*ml* göttliche Kraft, Gottheit; *höfische Anrede* vestra ~s Eure Göttlichkeit, Hoheit, Euer Gnaden
pōticius, ī *m* [poto] eben entwöhntes Kind, Baby

⟦**poticula,** ae *f ml* Fläschchen
potin = potisne →potis
[1]**pōtiō,** ~nis *f* [poto] Getränk, (Gift-, Liebes-, Heil-)Trank ⟦*ml* Abführmittel
[2]**potiō** *4* [potis] in jmds. Gewalt bringen; *vgl* potior I.
pōtiōnātus *3* [[1]potio] der einen Liebestrank bekommen hat
⟦**potiono** *1 spl* trinken
[1]**poti|or,** potītus sum *4* (*Nbf der 3. Konjugation* potĭtur, poteretur, poteremur) [potis] sich bemächtigen *Abl* (*Akk, Gen*) einer Sache, Herr werden, erlangen, erobern; besitzen, haben *Abl* etw.; rerum ~or sich der Herrschaft bemächtigen; summam imperii ~or die höchste Gewalt haben; *vgl* [2]potio
[2]**poti|or,** *Adj* ~us, *Gen* ~ōris (*Komp zu* potis) vorzüglicher, wichtiger
potis *undekl* mächtig, *gew* ~ sum ich kann; potin' (es *od* est)? (*aus* potisne) ist es möglich?; ~ (est) = pote es kann sein, ist möglich
potissimum *Adv* vornehmlich, hauptsächlich
potissimus *3* (*Sup zu* potis) vorzüglichst, hauptsächlichst, wichtigst
potissit = potis sit
pōtitō *1* [poto] tüchtig trinken
pōtiuncula, ae *f* kleiner Schluck, Tränkchen
potius *Adv* [potis] vielmehr, eher, lieber ⟦*ml* quin ~ ja sogar
pōtō, pōtāvī, pō(tā)tus *1* trinken, zechen ⟦*ml* tränken
pōtor, pōtōris *m* [poto] Trinker, Zecher
pōtōrium, ī *n* Becher
pōtrī|x, ~cis *f* Trinkerin
potuī →possum
pōtulenta, ōrum *n* Getränk
pōtulentus *3* [potus] trinkbar; betrunken
pōtus [poto] **I.** *Adj 3* (aus)getrunken; angetrunken, berauscht **II.** *Part Perf Pass* →poto **III.** *Subst* ūs *m* Trinken, Trunk; Getränk
prae I. *Präp beim Abl* vor; verglichen mit, gegenüber; *zur Angabe des* (*urspr hindernden*) *Grundes:* vor, wegen; ~ se ferre an den Tag legen, zur Schau tragen; ~ manu bei der Hand, zur Hand ⟦*ml* habeo ~ manibus in den Händen haben, halten **II.** *Adv übertr* im Vergleich ut (praeut, quam) mit; *räuml* voran, voraus ⟦*ml zeitl* = antea
praeacūtus *3* sehr scharf, vorn zugespitzt
praealtus *3* sehr hoch *od* sehr tief
⟦**praeambulus,** i *m spl* Vorläufer
⟦**praebenda,** ae *f spl* Pfründe (*Lw*)
praeb|eō, ~uī, ~itus *2* [prae, habeo] darreichen, gewähren, hinhalten; preisgeben; verursachen; se ~ere sich zeigen *Akk* als

p

prae|bibō, ~bibī *3* zutrinken
praebitiō, ~nis *f* Lieferung
praebit|or, ~ōris *m* Lieferant
praecalidus *3* sehr heiß
praecalvus *3* sehr kahl
praecantri|x, ~cis *f* Zauberin
praecānus *3* vor der Zeit grau
⟦**praecator,** ~is *m ml* Lehrer, Schulmeister
prae|caveō, ~cāvī, ~cautus *2 ohne Akk* Vorkehrungen treffen; sorgen *Dat* für; *mit Akk* verhüten
praececinī →praecino
prae|cedō, ~cessī *3* vorangehen, übertreffen *Akk* (*Dat*) jmdn. *Abl* an
praeceler, ~is, ~e, *Gen* ~is sehr schnell
praecelerō *1* überholen, vorauseilen *Akk* jmdm.
praecell|ēns, *Gen* ~entis hervorragend, vortrefflich, ausgezeichnet ⟦*ml Sup* ~entissimus *Anrede für Würdenträger* Hoheit, Exzellenz
praecelleō *2* = praecello
praecellō *3* sich auszeichnen; überragen *Dat* (*Akk*) jmdn.
praecelsus *3* sehr hoch ⟦*spl übertr* hoch, erhaben
praecentiō, ~nis *f* [praecino] Musik beim Opfer
praecentō *1* [praecino] vorsingen, vorsprechen
praecēpī →praecipio
prae|ceps, *Gen* ~cipitis [caput] **I.** *Adj* kopfüber, sich überstürzend; sich neigend, abschüssig; gefährlich; ~cipitem do in Gefahr bringen ⟦*ml* schnell, rasch bereit ad zu **II.** *Subst n* Tiefe, Abgrund, Gefahr **III.** *Adv* jählings, in die Tiefe
praeceptiō, ~nis *f* Vorwegnahme; *phil* Vorbegriff, Vorstellung; Unterweisung, Lehre ⟦*spl* Vorschrift, Anordnung
praeceptīvus *3* vorschreibend
praecept|or, ~ōris *m* Lehrer
praeceptrī|x, ~cis *f* Lehrerin
praecept|um, ~ī *n* Vorschrift, Befehl; Lehre, Regel ⟦*ml* disciplina ~orum Sittenlehre
praeceptus →praecipio
prae|cerpō, ~cerpsī, ~cerptus *3* vor der Zeit (ab)pflücken; vorwegnehmen
⟦**praecessor,** ~is *m ml* Vorgänger
praecīdāneus *3* als Voropfer geschlachtet
prae|cīdō, ~cīdī, ~cīsus *3* [caedo] ab-, zerschneiden; *übertr* vor-, abschlagen, abbrechen, abkürzen, beendigen
praecinctūra, ae *f* Umgürtung
praecīnctus I. *Part Perf Pass* →praecingo **II.** ⟦*Subst us m ml* Kleidung; ~ bellicus Rüstung
prae|cingō, ~cīnxī, ~cīnctus *3* (um)gürten, umgeben
prae|cingor, ~cīnctus sum *3* sich gürten
prae|cinō, ~cinuī *u.* ~cecinī *3* [cano] *auf einem Instrument* vorspielen; (feierlich) vorsprechen; vorhersagen
praecīnxī →praecingo
praecipes *Nom Sg* = praeceps
prae|cipiō, ~cēpī, ~ceptus *3* [capio] voraus-, vorwegnehmen, vorgreifen; vorausahnen; vorschreiben, lehren, unterrichten; pecuniam mutuam ~cipio im Voraus borgen; iter ~cipio früher reisen
praecipitanter *Adv* Hals über Kopf
praecipitātiō, ~nis *f* Herabstürzen ⟦*ml* Hast
praecipitium, ī *n* Abgrund ⟦*spl* Herabstürzen (als Strafe); Sturz
praecipitō *1* [praeceps] (sich) kopfüber herabstürzen; beschleunigen, mit sich fortreißen; *mit Akk* ins Verderben stürzen
praecipitor *1* sich herabstürzen; dem Ende entgegengehen
praecipuē *Adv* vorzugsweise
praecipu|um, ~ī *n* Wichtigstes; Vorausgeerbtes; *Pl* ~a *auch* = proegmena
praecipuus *3* [praecipio] besonders, eigentümlich; außerordentlich
praecīsē *Adv* abgekürzt, kurzweg
praecīs|us [praecido] **I.** *Adj 3* abschüssig; abgebrochen **II.** *Part Perf Pass* →praecido **III.** *Subst Pl* ~ī, ~ōrum *m* Kastraten
praeclār|us I. *Adj 3* sehr hell, sehr deutlich; glänzend, ausgezeichnet; berüchtigt; ~um est es ist sehr ehrenvoll **II.** *Subst* ~a, ~ōrum *n* Kostbarkeiten
prae|clūdō, ~clūsī, ~clūsus *3* [claudo] verschließen, versperren
praecō, ~nis *m* [praedicare] Herold, Ausrufer ⟦*ml* Scherge, Fronbote
praecōgitō *1* vorher überlegen
prae|cōgnōscō, ~cognitus *3* vorher erkennen, erfahren; geistig vorbilden
prae|colō, ~coluī, ~cultus *3* vorher bearbeiten, vorbilden; vorschnell anerkennen
praecompositus *3* vorher zurechtgelegt, vorher einstudiert
praecōnium, ī *n* Heroldsdienst; Veröffentlichung; Verherrlichung ⟦*spl* Verkündigung
praecōnius *3* Herolds-
⟦**praeconor** *1 spl* verkündigen, preisen
praecōn|sūmō, ~sūmpsī, ~sūmptus vorher verzehren *od* aufreiben
praecontrectō *1* vorher betasten
praecoqu|is, ~e, *Gen* ~is *u.* **~us** *3* [coquo] zeitig reif; zu früh
praecordia, ōrum *n* Zwerchfell; Eingeweide; Leib; Brust(höhle); Herz (als Sitz der Empfindungen)
⟦**praecordial|is,** ~e, *Gen* ~is *ml* herzlich
praecor|rumpō, ~rūpī, ~ruptus *3* vorher bestechen
praecucurrī →praecurro
praecultus →praecolo

a b c d e f g h i j k l m n o p pra q r s t u v w x y z

praecupidus *3* voller Vorliebe *Gen* für
praecurrenti|a I. *n Pl Part Präs Akt zu* praecurro **II.** *Subst* ~um *n* das Vorhergehende
prae|currō, ~(cu)currī, ~cursus *3* vorauseilen, -laufen *Akk* (*Dat*) jmdm.; *übertr* zuvorkommen; übertreffen *Akk* jmdn. *Abl* an
praecursāt|or, ~ōris *m* Vorreiter, -läufer ⟦*spl Pl* ~ores *m* Vortrab, Vorhut
praecursiō, ~nis *f* Vorher-, Vorausgehen; Vorbereitung, Anlass; *übertr* ~ pugnae Vorkampf, Geplänkel; sine ~ne visorum ohne dass Erscheinungen vorausgegangen sind
praecurs|or, ~ōris *m* Vorausläufer (als Diener u. *milit* als Kundschafter); *Pl* ~ores, ~orum *m* Vortrupp, Vorhut ⟦*ml* Spürhund
praecursōrius I. *Adj 3* vorauseilend **II.** *Subst* ī *m* Vorbote
praecursus →praecurro
prae|cutiō, ~cussī, ~cussus *3* [quatio] taedas ~cutio (dem Hochzeitszug voran) Fackeln schwingen
praeda, ae *f* Beute, Plünderung; Vorteil
praedābundus *3* auf Beute ausgehend
praedamnō *1* vorher verurteilen; schon im Voraus aufgeben
praedātiō, ~nis *f* Plündern
praedāt|or, ~ōris *m* Plünderer; Erbeuter; Habgieriger
praedātōrius *3* Beute machend
praedātus I. *Part Perf zu* praedo *u.* praedor **II.** *Subst* ūs *m* Plündern
⟦**praedecessor,** ~is *m spl* (Amts-)Vorgänger
praedēlassō *1* abschwächen
⟦**praedestinatio,** ~nis *f spl* Vorherbestimmung, Prädestination (christlich)
praedēstinō *1* sich zum Ziel setzen ⟦*spl* vorausbestimmen
praediāt|or, ~ōris *m* [praedium] Aufkäufer von Landbesitz
praediātōrius *3* die Grundstückspfändung betreffend
praedicābil|is, ~e, *Gen* ~is rühmenswert
praedicātiō, ~nis *f* öffentliche Bekanntmachung; Rühmen, Reden ⟦*spl* Predigt; Offenbarung, Prophezeiung
praedicāt|or, ~ōris *m* Lobredner, Ausrufer ⟦*spl* Verkündiger, Prediger; *ml* fratres ~ores Predigermönche (Dominikaner)
⟦**praedicatorius** *3 ml* Prediger-
[1]**praedicō** *1* öffentlich bekannt machen, ausrufen; öffentlich aussagen; preisen, rühmen ⟦*spl* predigen (*Lw*)
[2]**prae|dīcō,** ~dīxī, ~dictus *3* vorhersagen, prophezeien; festsetzen; vorschreiben, befehlen
praedictiō, ~nis *f* Weissagung, Prophezeiung
⟦**praedictor,** ~is *m ml* Weissager
praedictum, ī *n* Weissagung; Verabredung; Befehl
praedictus *Part Perf Pass* →[2]praedico ⟦*ml Adj 3* = supra dictus oben, vorher erwähnt
⟦**praedilectus** *3 ml* sehr geliebt
praediolum, ī *n* Landgütchen, kleiner Landbesitz
prae|dīscō, ~didicī *3* vorher lernen
praeditus *3* begabt, versehen *Abl* mit
praedium, ī *n* Landgut, Grundstück
praedīv|es, *Gen* ~itis sehr reich
praedīvīnō *1* vorausahnen
praedīvitis →praedives
praedīxī →[2]praedico
praedō I. *Subst* ~nis *m* Plünderer, Räuber **II.** *Verb 1* rauben
prae|doceō, ~docuī, ~doctus *2* vorher unterrichten ⟦*spl* hindeuten *Akk* auf
praedor *1* (aus)plündern; entreißen; erbeuten; sich bereichern
prae|dūcō, ~dūxī, ~ductus *3* vorüberführen; fossam ~duco einen Graben ziehen *Dat* vor, entlang
praedulc|is, ~e, *Gen* ~is sehr angenehm
praedūrō *1* vorher hart machen
praedūrus *3* sehr hart, abgehärtet, sehr stark
praedūxī →praeduco
⟦**praeelectus** *3 spl* auserwählt
⟦**praeeminen|s,** *Gen* ~tis *spl* hervorragend
⟦**praeeminentia** *spl* **I.** *n Pl Adj zu* praeeminens **II.** *Subst* ae *f* Vorzug, Vortrefflichkeit
prae|eō, ~iī (*Inf* ~īre) vorangehen *Dat* (*Akk*) jmdm.; etw. vorsprechen, vorspielen; vorschreiben; famam ~eo einem Gerücht zuvorkommen ⟦*ml* übertreffen
praef. *Abk für* praefectus II.
praefātiō, ~nis *f* [praefor] Vorwort, Eingangsformel
praefātus *Part Perf* →praefor ⟦*spl Adj 3* (zuvor) erwähnt
praefēcī →praeficio
praefectūra, ae *f* Statthalteramt, staatliche Aufsicht *Gen* über; Befehlshaberstelle, Kommando *Gen* über; Verwaltungsbezirk, Präfektur
praefectus I. *Part Perf Pass* →praeficio **II.** *Subst* ī *m* (ernannter) Leiter, Vorgesetzter, Aufseher *Gen* (*Dat*) über, von, Präfekt; *bes* ~ urbi Gouverneur der Hauptstadt (Rom); ~ Aegypti Statthalter in Ägypten; ~ alae Befehlshaber der Reiterei; ~ classi(s) Admiral; ~ fabrum Kommandeur der Pioniereinheiten, Oberingenieur; ~ praetorio Kommandant der Leibwache; ~ gymnasii Vorsteher des Gymnasions; ~ moribus Aufseher über die Sitten ⟦*ml* Graf; ~ aulae, palatii Hausmeier

p

prae|ferō, ~tulī, ~lātus (*Inf* ~ferre) vorantragen; vorn an sich tragen, zeigen, offenbaren; vorziehen; vorschützen; vorwegnehmen; vorbeitragen; se ~ferre sich hervortun *Dat* vor *od* = praeferor
prae|feror, ~lātus sum (*Inf* ~ferrī) vorwärtsstürmen; vorbeieilen; sich hervortun *Dat* vor
praeferō|x, *Gen* ~cis sehr wild, ungestüm
praeferrātus *3* vorn mit Eisen beschlagen
praefervidus *3* sehr heiß, glühend
praefestīnō *1* sich übereilen; vorbeieilen *Akk* an
praefica, ae *f* [facio] Klageweib
prae|ficiō, ~fēcī, ~fectus *3* [facio] an die Spitze stellen *Dat* von, jmdn. setzen (als Aufseher, Befehlshaber) *Dat* über etw., beauftragen *Dat* mit (der Leitung) ⟦*ml* legem ~ficio Bescheid erteilen, Spruch fällen
praefīd|ēns, *Gen* ~entis zu sehr vertrauend
prae|figō, ~fīxī, ~fīxus *3* vorn anheften; vorn versehen *Abl* mit, durchbohren ⟦*ml* curiam ~figo Reichstag, Hoffest (im Voraus) ansetzen
⟦**praefiguro** *1 ml* darstellen; bedeuten
praefīniō *4* vorher festsetzen, vorschreiben
praefīnītō *Adv* nach Vorschrift
praefiscin|ē *u.* ~ī *Adv* [fascino] unberufen
praefīxī, praefīxus →praefigo
praeflōrō *1* der Blüte berauben
praefluō *3* vorbeifließen *Abl* (*Akk*) an
praefōcō *1* [fauces] erwürgen
prae|fodiō, ~fōdī, ~fossus *3* einen Graben ziehen *Akk* vor; vorher vergraben
prae|for, ~fātus sum *1* zuvor sagen, vorausschicken; vorhersagen ⟦*spl* = dico
praefossus →praefodio
praefrāctus I. *Adj 3* [praefringo] schroff; streng **II.** *Part Perf Pass* →praefringo
⟦**praefragil|is,** ~e, *Gen* ~is *ml* sehr zerbrechlich; schwach, zart
praefrēgī →praefringo
praefrīgidus *3* sehr kalt
prae|fringō, ~frēgī, ~frāctus *3* [frango] vorn abbrechen; *vgl* praefractus
praefuī →praesum
prae|fulciō, ~fulsī, ~fultus *4* stützen; *übertr* als Stütze gebrauchen, belasten; ~fulcio, ut darauf hinarbeiten, dass
prae|fulgeō, ~fulsī *2* hell leuchten, schimmern; sich auszeichnen
praefulsī →**1.** praefulcio **2.** praefulgeo
praefultus →praefulcio
praegelidus *3* sehr kalt
praegestiō *4* sich von Herzen freuen
praegn|āns, *Gen* ~antis [(g)nascor] schwanger, trächtig
praegnā|s, *Gen* ~tis = praegnans
praegnātiō, ~nis *f* Schwangerschaft
praegracil|is, ~e, *Gen* ~is sehr hager
praegrand|is, ~e, *Gen* ~is überaus groß
praegrav|is, ~e, *Gen* ~is sehr schwer(fällig), sehr lästig
praegravō *1* sehr schwer machen; *übertr* bedrücken, niederhalten; *ohne Akk* überwiegen
prae|gredior, ~gressus sum *3* [gradior] vorangehen; entlanggehen *Akk* an; nuntios ~gredior den Boten zuvorkommen
praegressiō, ~nis *f* Vor(her)gehen
praegressus I. *Part Perf* →praegredior **II.** *Subst* ūs *m* = praegressio
praegustāt|or, ~ōris *m* Vorkoster
praegustō *1* vorher kosten ⟦*ml* genießen; *übertr* einen Vorgeschmack haben; orationem ~ Bemerkung vorausschicken
praehibeō *2* = praebeo
praeiaceō *2* liegen *Akk* (*Dat*) vor
praeiī, praeīre →praeeo
praeiūdicātum, ī *n* Vorentscheidung
praeiūdicium, ī *n* Vorentscheidung; maßgebendes Beispiel; der durch Vorentscheid entstehende Nachteil
praeiūdicō *1* vorläufig entscheiden
prae|iuvō, ~iūvī *1* vorher unterstützen
prae|lābor, ~lāpsus sum *3* vorbei-, voran-, entlanggleiten, *je nach dem Subj* -schwimmen, -fahren, -fliegen *Akk* an
praelambō *3* vorher belecken
⟦**praelātiō,** ~nis *f spl* Vorziehen; *ml* Bevormundung; geistliche Würde
⟦**praelatura,** ae *f ml* geistliches Amt, Prälatur
praelātus *Part Perf Pass* →praefero ⟦*ml Subst* i *m* geistlicher Würdenträger, Prälat
praelautus *3* Pracht liebend
praelēctiō, ~nis *f* Vorlesen
[1]**prae|legō,** ~lēgī, ~lēctus *3* vorlesen; vorbeisegeln *Akk* an ⟦*ml* Vorlesung halten de über
[2]**praelēgō** *1* im Voraus vermachen
praelībō *1* vorher spenden ⟦*spl übertr* vorausschicken
praeligō *1* vorn an-, zubinden; umbinden
praelocūtus →praeloquor
praelongō *1* verlängern
praelongus *3* sehr lang
⟦**praeloquium,** i *n ml* Vorrede, Vorwort
prae|loquor, ~locūtus sum *3* das Wort wegnehmen; ein Vorwort vorausschicken
prae|lūceō, ~lūxī *2* voran-, vorausleuchten; übertreffen *Dat* jmdn., etw.
⟦**praelucidus** *3 ml* voranleuchtend
⟦**praeludium,** i *n ml* Vorspiel *auch übertr*
praelum, ī *n* = prelum
praelūsiō, ~nis *f* Vorspiel
praelūstr|is, ~e, *Gen* ~is [praeluceo] sehr glänzend
praelūxī →praeluceo
praemandō *1* im Voraus empfehlen; steckbrieflich verfolgen lassen

praemātūrus *3* frühzeitig, frühreif; voreilig
praemedicātus *3* vorher mit Zaubermitteln versehen
praemeditātiō, ~nis *f* Vorherbedenken
prae|meditātus I. *Adj 3* vorher bedacht ⟦*ml* überlegt, bedächtig **II.** *Part Perf zu* ~meditor
praemeditor *1* vorher bedenken
⟦**praememoro** *1 ml* eingedenk sein
praemercor *1* vorher kaufen
praemetuō *3* vorher fürchten
praemineō *2* hervorragen; übertreffen
praeministrō *1* aufwarten
praeminor *1* im Voraus androhen
praemior *1* sich Belohnung ausbedingen
praemīsī →praemitto
praemissa, ōrum *n* Erstlinge
prae|mittō, ~mīsī, ~missus *3* vorausschicken
praemi|um, ~ī *n* [prae, emo] Gewinn, Belohnung, Preis; Vorteil, Vorrecht, Vorzug; Beute; Pl ~a *auch* Gaben, Schätze
praemolestia, ae *f* Furcht vor künftigem Ärger
praemōlior *4* vorbereiten
praemoll|is, ~e, *Gen* ~is weich ⟦*ml* sehr angenehm
prae|moneō, ~monuī, ~monitus *2* vorher mahnen, warnen; vorhersagen
praemonitus I. *Part Perf Pass* →praemoneo **II.** *Subst* ūs *m* Weissagung, Warnung
praemōnstrāt|or, ~ōris *m* Anleiter, Wegweiser
praemōnstrō *1* vorher angeben, anleiten; weissagen
prae|morior, ~mortuus sum *3* frühzeitig *od* vorher sterben; absterben
praemūniō *4* vorn befestigen; vorher sichern, feststellen; vorsorgen; sermoni ~ der Rede vorausschicken
praemūnītiō, ~nis *f rhet* Verwahrung
praenarrō *1* zuvor erzählen
praenatō *1* vorbei-, voranschwimmen; vorbeifließen *Akk* an
praenāvigō *1* vorübersegeln *Akk* an
Praenest|e, ~is *n (f)* Praeneste (Stadt in Latium), *heute* Palestrina
Praenestīn|us *3* aus Praeneste; *Pl* ~i *m* Einw. von Praeneste
prae|niteō, ~nituī *2* hervorleuchten; überstrahlen *Dat* jmdn.
praenōbil|is, ~e, *Gen* ~is sehr bekannt
praenōm|en, ~inis *n* Vorname; Titel
praenōminō *1* mit einem Vornamen benennen, einen Vornamen, einen Titel geben ⟦*ml* vorher erwähnen
prae|nōscō, ~nōvī *3* vorher kennenlernen
praenōtiō, ~nis *f* angeborener Begriff; ~ deorum (die den Menschen innewohnende) Vorstellung von den Göttern
praenotō *1* vorn bezeichnen
praenōvī →praenosco
praenūbilus *3* sehr finster
praenūntia, ae *f* Vorbotin
praenūntiō *1* vorher ankündigen
praenūntium, ī *n* Vor-, Anzeichen
praenūntius I. *Adj 3* vorher verkündigend, prophezeiend, (vorher) ankündigend *Gen* etw. **II.** *Subst* ī *m* Vorbote
praeoccupātiō, ~nis *f* rechtzeitige Besetzung
praeoccupō *1* vorher einnehmen *auch übertr,* besetzen; zuvorkommen *Akk* jmdm., überraschen
praeolit mihi *altl* ich wittere
praeoptō *1* lieber wählen, vorziehen ⟦*ml* wünschen
⟦**praeordino** *1 spl* im Voraus bestimmen
praepandō *3* ausbreiten, öffnen
praeparātiō, ~nis *f* Vorbereitung ⟦*ml* Einrichtung
praeparō *1* vorbereiten, instand setzen
⟦**praeparvus** *3 spl* sehr klein
praepedīmentum, ī *n* Hindernis
praepediō *4* (vorn) anbinden; hemmen, hindern; equos ~ Pferde an den Vorderbeinen fesseln, koppeln
prae|pendeō, ~pendī *2* vorn herabhängen
⟦**praependo** *3 ml übertr* vorziehen
prae|pes, *Gen* ~petis [peto] **I.** *Adj* ausholend, vorausfliegend; schnell fliegend; *als Vorzeichen:* bedeutsam, Glück verkündend; ~petibus pennis mit ausgebreiteten Flügeln **II.** *Subst m, f* Vogel; ~pes Iovis Adler Jupiters; ~pes Medusaeus = Pegasus
praepilātus *3* [[2]pila] vorn mit einem Knauf versehen ⟦*spl* [[1]pilum] mit einer Spitze versehen
praepingu|is, ~e, *Gen* ~is sehr fett; *übertr* zu stark
praepolleō *2* das Übergewicht *od* die Oberhand haben, sehr viel vermögen
praeponderō *1* überwiegen, das Übergewicht haben, sich neigen, *übertr* überwiegen, den Vorzug haben
prae|pōnō, ~posuī, ~positus *3* voransetzen; vorziehen; mit der Führung *Dat* (*Abl*) von betrauen, als Aufseher einsetzen *Dat* über
praeportō *1* vorher-, vorantragen
praeposita, ōrum *n* = proegmena
praepositiō, ~nis *f* [praepono] Voranstellen; leitende Stellung, Vorzug; *gramm* Voranstellung, Präposition (Verhältniswort) ⟦*ml* These
⟦**praepositura,** ae *f spl* kirchlicher Amtsbezirk, Propstei
praepositus I. *Part Perf Pass* →praepono **II.** *Subst* ī *m* Vorgesetzter, Statthalter ⟦*ml* Schulze; Propst; ~ mensae Truchsess, ~ camerae Kammerherr
praeposīvī *altl* = praeposui

praeposterus *3* in verkehrter (Reihen-) Folge, verkehrt (handelnd); unangebracht; zuwider
praeposuī →praepono
praepot|ēns, *Gen* ~entis sehr mächtig
praeproperus *3* (vor)eilig
⟦**prae|pulcher,** ~pulchra, ~pulchrum *spl* sehr schön
praepūtium, ī *n* Vorhaut
praequam *Adv* damit verglichen, wie
prae|queror, ~questus sum *3* vorher klagen
praeradiō *1* überstrahlen ⟦*ml* übertreffen *Dat* jmdn.
praerapidus *3* reißend; hitzig, übereilt
praereptus →praeripio
prae|rigēscō, ~riguī *3* (vorn) erstarren, erfrieren *Akk* (an)
prae|ripiō, ~ripuī, ~reptus *3* [rapio] (vorher) entreißen; vereiteln; unversehens rauben
prae|rōdō, rōsī, ~rōsus *3* vorn abbeißen
praerogātīva, ae *f* zuerst wählende Zenturie; Vorwahl; günstige Vorentscheidung, Rang; Vorgeschmack, Merkmal ⟦*spl* Vorrecht
praerogātīvus *3* zuerst abstimmend
praerōsī, praerōsus →praerodo
prae|rumpō, ~rūpī, ~ruptus *3* (vorn) abreißen
praeruptus I. *Adj 3* schroff, steil; abstoßend, unzugänglich **II.** *Part Perf Pass* →praerumpo
prae|s, ~dis *m* [prae, vas] Bürge; Vermögen des Bürgen
praesaep|e, ~is *n* [saepes] Krippe; Hürde (von Flechtwerk eingeschlossene Weidefläche); Stall; Bienenkorb; *verächtlich* = Tisch; liederliches Haus
prae|saepiō, ~saepsī, ~saeptus *4* (vorn) versperren
praesaepis, ~ *f* = praesaepe
⟦**praesaepium,** i *n spl* Krippe; Stall
praesāgi|ō *u.* **~or** *4* ahnen; vorhersagen
praesāgītiō, ~nis *f* Ahnen, Weissagungskraft
praesāgium, ī *n* Weissagung, Vor-, Anzeichen
praesāgus *3* ahnend, Zukunft kündend
⟦**praescientia,** ae *f spl* Vorherwissen
praesciō *4* vorher wissen
prae|scīscō, ~scīvī *3* vorher erforschen, erfahren
praescītum, ī *n* Vorherwissen
praescius *3* vorher wissend *Gen* etw.
praescīvī →**1.** praescio **2.** praescisco
prae|scrībō, ~scrīpsī, ~scrīptus *3* vornhin schreiben, vorn vermerken; vorläufig schreiben, entwerfen; vorschreiben, verordnen; auctoritates ~scriptae zur Beglaubigung vorgesetzte Namen (der anwesenden Senatoren)
praescrīptiō, ~nis *f* Überschrift, Einleitung; Einwendung; Vorschrift, Verordnung
praescrīptum, ī *n* Vorschrift, Verordnung; vorgeschriebenes Gebiet
praescrīptus →praescribo
prae|secō, ~secuī, ~sectus *1* (vorn) abschneiden
praesēdī →praesideo
praesegm|en, ~inis *n* [praeseco] Schnipsel, Abfall
praes|ēns, *Gen* ~entis anwesend, gegenwärtig, persönlich, sofortig; wirksam, kräftig; entschlossen; beistehend; me ~ente in meiner Gegenwart; in re ~enti an Ort und Stelle; in rem ~entem venio sich an Ort und Stelle begeben ⟦*spl* ad ~ens esse anwesend sein; *gramm* Präsens (Gegenwart); *ml* irdisch
praesēnsī →praesentio
praesēnsiō, ~nis *f* Vorgefühl, Ahnung
praesēnsus →praesentio
praesentāneus *3* schnell wirkend
praesentārius *3* gegenwärtig, schnell wirkend
praesenti|a I. *n Pl Adj zu* praesens **II.** *Subst* **I.** ae *f* Gegenwart, Anwesenheit; Entschlossenheit; Wirkung, Eindruck ⟦*ml* ad, ante ~m zu, vor *Gen* jmdm. **2.** ~um *n* gegenwärtige Lage, Verhältnisse ⟦*spl* das vorliegende Schreiben
prae|sentiō, ~sēnsī, ~sēnsus *4* vorausahnen
praesentis →praesens
praesent|ō *1* zeigen ⟦*spl* überreichen; *jur* vorführen; *Pass* ~or *auch* sich einstellen
praesēp- = praesaep-
praesertim *Adv* [[1]sero 1.] zumal, besonders
praeserviō *4* vorzugsweise dienen
praes|es, *Gen* ~idis [praesideo] **I.** *Adj* beschützend *Gen* etw. **II.** *Subst m, f* Beschützer(in); Leiter, Statthalter
praesevērus *3* sehr streng
prae|sideō, ~sēdī *2* [sedeo] schützen *Dat* (*Akk*) etw., jmdn.; Vorsitz führen *Dat* in, leiten, befehligen *Dat* (*Akk*) jmdn.
praesidiārius *3* zum Schutze dienend
praesidis →praeses
praesidi|um, ~ī *n* Schutz, Hilfe; Hilfsmittel; Besatzung; Stützpunkt, Verschanzung; ~o decedo desertieren
praesīgnificō *1* vorher anzeigen, prophezeien
praesīgn|is, ~e, *Gen* ~is vor andern ausgezeichnet
praesīgnō *1* im Voraus bezeichnen
prae|sonō, ~sonuī *1* vorher ertönen
praestābil|is, ~e, *Gen* ~is vorzüglich, vortrefflich
praest|āns, *Gen* ~antis **I.** *Adj* = praestabilis **II.** *Part Präs Akt zu* praesto I.

praestantia I. *n Pl zu* praestans II. **II.** *Subst* ae *f* Vortrefflichkeit; Vorzug *Gen* vor
⟦**prae|statur,** ~stitum est *1 ml* es ist vorteilhaft
praesternō *3* (vor)streuen; den Weg ebnen
praest|es, ~itis *m* [sto] Beschützer
praestīgiae, ārum *f* [praestringo] Blendwerk, Ränke, Intrigen
praestīgiāt|or, ~ōris *m* Gaukler, Taschenspieler
praestīgiātrī|x, ~cis *f* Gauklerin
⟦**praestigium,** i *n spl* Blendwerk, Ränke, Intrige
praestinō *1* kaufen
praestitis →praestes
⟦**praestitum** →praestatur
prae|stituō, ~stituī, ~stitūtus *3* vorher bestimmen, vorschreiben
prae|stō I. *Verb* ~stitī, ~stitus *1* übertreffen; (sich) verbürgen *Akk* für; (gewähr)leisten, (er)halten; beweisen; ~stat es ist besser; se ~stare sich (vorteilhaft) zeigen, erweisen *Akk* als ⟦*spl* Genüge tun *Akk* jmdm.; *ml* sorgen *Dat* für; leihen *Akk* etw. **II.** *Adv* zugegen, anwesend; förderlich
praestōlor *1* warten *Dat* (*Akk*) auf
praestrictus →praestringo
praestrīg- = praestig-
prae|stringō, ~strīnxī, ~strictus *3* streifen; zuschnüren; blenden, verdunkeln *auch übertr*
prae|struō, ~strūxī, ~strūctus *3* verrammeln, unzugänglich machen; *übertr* als Schutz vor sich aufbauen; vorbereiten
⟦**praestus** *3 ml* zugegen, anwesend; förderlich
praesul, ~is *m* [salio] *kult* Vortänzer ⟦*ml* hoher Geistlicher (Bischof, Papst); *übertr* (Be-)Schützer
⟦**praesular|is,** ~e, *Gen* ~is *ml* zu einem hohen Geistlichen gehörig, bischöflich
praesultāt|or, ~ōris *m* = praesul
praesultō *1* voranspringen
⟦**praesultor,** ~is *m spl* = praesul
prae|sum, ~fuī (*Inf* ~esse) an der Spitze stehen *Dat* von, leiten, befehligen *Dat* jmdn.; schützen *Dat* etw.
prae|sūmō, ~sūmpsī, ~sūmptus *3* vorwegnehmen; ahnen, erwarten ⟦*spl* wagen, sich vermessen; hoffen de auf; berauben *Abl* einer Sache; *ml* halten *Akk* für
praesūmptiō, ~nis *f* Vorgenuss; Erwartung; Hartnäckigkeit; *rhet* vorherige Beantwortung ⟦*spl* Anmaßung
⟦**praesumptive** *Adv ml* vermessen
⟦**praesumptor,** ~is *m spl* anmaßender Mensch
⟦**praesumptuosus** *3 spl* vermessen, anmaßend
praesūmptus →praesumo
prae|suō, ~suī, ~sūtus *3* versehen *Abl* mit
⟦**praesuppono** *3 ml* zugrunde legen
⟦**praetaxo** *1 ml* vorher abschätzen
praetemptō *1* vorher untersuchen; zuerst versuchen, testen
prae|tendō, ~tendī, ~tentus *3* entgegenhalten; zum Schutz vorspannen; vorschützen; vorziehen; beanspruchen; coniugis taedas ~tendo Anspruch auf eine rechtmäßige Ehe erheben
prae|tendor, ~tentus sum *3* sich erstrecken *Dat* vor
⟦**praetensus** *3 ml* anspruchsvoll
praetentō = praetempto
praetentus →praetendo *und* praetendor
⟦**praetenu|is,** ~e, *Gen* ~is *spl* sehr dürftig
praeter I. *Präp beim Akk* an ... vorbei; über ... hinaus, gegen; mehr als; abgesehen von, außer **II.** *Adv* darüber hinaus; ausgenommen; ~quam mehr als
praeteragō *3* vorbeitreiben
praeterbitō *3* vorbeigehen *Akk* an
praeterdūcō *3* vorbeiführen
praetereā *Adv* außerdem; fernerhin; weiter
praeter|eō, ~iī (~ īvī), ~itus (*Inf* ~īre) vorbeigehen, überholen; *zeitl* vergehen; übergehen, aus-, unterlassen; entgehen, unbekannt sein *Akk* jmdm.; modum ~eo das Maß überschreiten ⟦*spl* übertreffen
praeterequitō *1* vorbeireiten
praeter|feror, ~lātus sum (*Inf* ~ferri) vorbeieilen *Akk* an
praeterfluō *3* vorbeifließen *Akk* an
praeter|gredior, ~gressus sum *3* vorbeigehen, -ziehen *Akk* an, vor
praeterhāc *Adv* fernerhin
praeter|ii, ~īvī, ~īre →praetereo
praeteritus I. *Adj 3* vergangen **II.** *Part Perf Pass* →praetereo
praeter|lābor, ~lāpsus sum *3* vorbeigleiten, vorbeifließen *Akk* an
praeterlātus →praeterferor
praeterluō *3* vorüberfließen
praetermeō *1* vorbeigehen
praetermīsī →praetermitto
praetermissiō, ~nis *f* Weg-, Unterlassen
praeter|mittō, ~mīsī, ~missus *3* vorbeigehen lassen, unterlassen; übergehen
praeternāvigō *1* vorbeisegeln *Akk* an
praeterō *3* abreiben, durchfeilen
praeterquam *Adv* ausgenommen
⟦**praeterquod** *Adv ml* es sei denn; ausgenommen, dass
praetervectiō, ~nis *f* Vorbeifahrt
praeter|vehor, ~vectus sum *3* vorbeifahren *Akk* an
praetervol(it)ō *1* vorbeifliegen, -eilen
prae|texō, ~texuī, ~textus *3* verbrämen, umsäumen; beschönigen; vorschützen
praetexta, ae *f* mit Purpurstreifen besetzte Toga (Amtstracht der kurulischen Beamten u. Priester, auch der Söhne bis zum

17. Lebensjahr, in Rom); (fabula) ~ Tragödie, die röm. Stoffe behandelt, Praetexta
praetextātus *3* mit Purpur verbrämter Toga bekleidet; zweideutig, unzüchtig
praetextum, ī *n* Schmuck, Zierde; Vorwand
praetextus, I. *Part Perf Pass* →praetexo **II.** *Subst* ūs *m* = praetextum
praetimeō *2* vorher, im Voraus fürchten
praetīnctus *3* vorher benetzt, eingetaucht
⟦**praetitulo** *1 spl* einen Titel geben; *ml* bedeuten
prae|tondeō, ~totondī *2* vorn abscheren
praet|or, ~ōris *m* [praeire] Prätor (zweithöchstes röm. Staatsamt mit polit., milit., richterlicher Funktion, →peregrinus *und* urbanus); Feldherr, Gerichtsherr, Statthalter, Bürgermeister
praetōriān|us *3* prätorisch; zur kaiserlichen Leibwache gehörig; *Pl* ~i *m* Prätorianer
praetōrium, ī *n* Feldherrnzelt; Kriegsrat; Amts-, Dienstwohnung; Herrenhaus, Palast; kaiserliche Leibwache ⟦*ml* Rathaus
praetōrius I. *Adj 3* Feldherrn-, Prätor-, prätorisch **II.** *Subst* ī *m* gewesener Prätor; Mann von prätorischem Rang
prae|torqueō, ~torsī, ~tortus *2* umdrehen
praetotondī →praetondeo
praetractō *1* vorher behandeln
praetrepidō *1* vor Erwartung zittern
praetrepidus *3* sehr ängstlich
praetruncō *1* (vorn) abhauen
praetulī →praefero
praetūra, ae *f* Amt des Prätors, Richter-, Feldherrnamt; Statthalterschaft, Prätur
praeumbrō *1* verdunkeln
praeustus *3* vorn angebrannt
praeut damit verglichen, wie
prae|valeō, ~valuī *2* mehr gelten ⟦*ml* gelten, können
prae|valēscō, ~valuī *3* den Vorrang erhalten
praevalidus *3* besonders stark; übermächtig
praevallō *1* verschanzen
praevaluī →**1.** praevaleo **2.** praevalesco
praevāricātiō, ~nis *f* Pflichtverletzung, *bes* des Anwalts
praevāricāt|or, ~ōris *m* ungetreuer Sachwalter, pflichtvergessener Anwalt
⟦**praevaricatri|x,** ~cis *f spl* Sünderin, Übertreterin
praevāricor *1* den geraden Weg der Pflicht verlassen, es als Anwalt mit der Gegenpartei halten
prae|vehor, ~vectus sum *3* voraus-, vorbeieilen
praevēlō|x, *Gen* ~cis sehr schnell
prae|veniō, ~vēnī, ~ventus *4* zuvorkommen *Akk* jmdm., vereiteln; morte ~ventus durch den Tod verhindert
praeverrō *3* vorher abfegen
prae|vertō, ~vertī, ~versus *3* vorziehen; sich einer Sache zuerst zuwenden; zuvorkommen *Akk* (*Dat*) jmdm., überholen
prae|vertor, ~versus sum *3* = praeverto
prae|videō, ~vīdī, ~vīsus *2* vorher sehen
⟦**praevignus** *3 ml* voreingenommen
⟦**praevilegium,** i *n ml* = privilegium
praevīsus →praevideo
praevitiō *1* vorher zugrunde richten, verderben
praevius *3* vorausgehend ⟦*ml* vorig
praevolō *1* voranfliegen
praevort|ō *und* **~or** *1* = praeverto(r)
prāgmaticus [*gr*] **I.** *Adj 3* erfahren, praktisch **II.** *Subst* ī *m* Rechtskundiger, Praktiker
prandeō, prandī, prānsus *2* frühstücken
prandium, ī *n* Frühstück; Nahrung
prāns|or, ~ōris *m* Frühstücksgast
prānsus I. *Adj 3* der gefrühstückt hat; *milit* curatus et ~ (ab)marschbereit **II.** *Part Perf Pass* →prandeo
prasinātus *3* (lauch)grün gekleidet
prasiniānus *3* Anhänger der »Grünen« (die durch grüne Kleidung gekennzeichnete Mannschaft bei den Wagenrennen im Zirkus)
prasin|us *3* [*gr*] lauchgrün; factio ~a die grün gekleidete Partei (bei den Wagenrennen); agitator ~us Rennfahrer der grünen Partei
prātēns|is, ~e, *Gen* ~is Wiesen-
prātulum, ī *n* kleine Wiese
prāt|um, ~ī *n* Wiese; *Pl* ~a Gras; Fläche, *poet* Neptunia ~a Meer
prāvitā|s, ~tis *f* Verzerrung, Entstellung, krummer Wuchs; Verkehrtheit; Schlechtigkeit
prāvus *3* verdreht, verkehrt, verschroben, krumm; schlecht, schlimm
prāxi|s (*Akk* ~m) *f* [*gr*] Verfahren; Verwendung ⟦*ml* Amt
Prāxitel|ēs, ~is *u.* ~ī *m* Praxiteles (athenischer Bildhauer um 400 v. Chr.)
Prāxitelīus *3* des Praxiteles
⟦**precam|en,** ~inis *n spl* Bitte, Gebet
precāriō *Adv* auf Bitten; auf Widerruf, nur geduldet
precārius *3* durch Bitten erlangt; auf Widerruf gewährt, unsicher, vorübergehend ⟦*ml* in Lehnsabhängigkeit; notdürftig
precātiō, ~nis *f* Gebet
⟦**precatiuncula,** ae *f ml* kurzes Gebet
precāt|or, ~ōris *m* Bittsteller
⟦**precatus,** us *m spl* Bitte, Gebet
prec|ēs, ~um *f* Bitte; Verwünschung, Fluch ⟦*ml* ~em do anbeten
preciae, ārum *f Name einer Weintraubenart*

precor *1* (er)bitten, beten; (an)wünschen; verwünschen ⟦*ml* bitten *Akk* (*AcI*) um
⟦**precula,** ae *f ml* Rosenkranz(perle)
prehlendō, ~endī, ~ēnsus *3* ergreifen; (ein)nehmen, erreichen, besetzen; ertappen *Gen* bei, verhaften; wahrnehmen ⟦*ml* quietem ~endo Ruhe finden
prehēnsō *1* fassen, ergreifen; sich um ein Amt bewerben
prehēnsus →prehendo
prēlum, ī *n* [premo] Presse, Kelter; (Wäsche-)Mangel
premō, pressī, pressus *3* drücken, pressen; bedrängen; belasten; niederhalten, unterdrücken; herabsetzen, verachten; aufhalten, hemmen, festhalten; hineindrücken; bedecken; bespringen, beschlafen, schänden
prēn|dō, ~dī, ~sus *3* = prehendo
prēnsātiō, ~nis *f* Bewerbung (um ein Amt)
prēnsō *1* = prehenso
⟦**prensor,** ~is *m ml* Fänger
prēnsus →prendo
⟦**presbyter,** presbyteri *m* [*gr*] *spl* Ältester; Priester (*Lw*)
⟦**presbyterium,** i *n ml* Priesteramt
pressī →premo
pressiō, ~nis *f* [premo] Unterlage des Hebels; Hebel
pressō *1* [premo] drücken, pressen
pressūra, ae *f* Druck ⟦*spl* Bedrängnis, Not; *ml* Wehe (der Gebärenden)
pressus I. *Adj 3* gedrängt, kurz, knapp; gedämpft; zurückhaltend, zögernd ⟦*ml* gedrängt voll *Abl* von; fest **II.** *Part Perf Pass* →premo **III.** *Subst* ūs *m* Druck; ~oris Wohllaut der Aussprache
pretiōsus *3* kostbar, kostspielig
pretium, ī *n* Preis (*Lw*), Wert; Geld; Lohn; (operae) ~ est es ist der Mühe wert
prex, precis *f Sg von* preces
Priamēi|s, ~dis *f* T. des Priamos, Cassandra
Priamēius *3* des Priamos
Priamidēs, ae *m* S. des Priamos
Priamus, ī *m* Priamos (1. König von Troja 2. dessen Enkel, S. des Polites)
Priāp|us (~os), ~ī *m* Priapos (Gott der Gärten, Sinnbild der Zeugungskraft)
prīdem *Adv* längst; ehemals, sonst; *selten* vor Kurzem
prīdiānus *3* gestrig, vom Vortage
prīdiē *Adv* tags vorher; am Tage *Akk* (*od Gen od* quam) vor
Priēnē, ēs *f* Priene (Küstenstadt in Kleinasien)
Prilius lacus Priliussee (kleiner See in Etrurien)
prīmaevus *3* jugendlich
prīmānī, ōrum *m* Soldaten der ersten Legion
prīmārius *3* ausgezeichnet; erster ⟦*spl* lapis ~ Grundstein
⟦**prima|s,** ~tis *m spl* Erster, Oberster; geistlicher Fürst, Primas
prīmātus, ūs *m* Vorrang, erste Stelle, Primat
prīmē *Adv* vorzüglich
⟦**primicerius,** i *m spl* Anführer; ~ cantorum Vorsänger
Prīmigenia, ae *f* Primigenia (BN der Fortuna als Beschützerin vom Tage der Geburt an)
prīmipīlāris, ~ *m* Centurio des ersten Manipels der Triarier ⟦*ml* Anführer
prīmipīlus, ī *m* [²pilus] Centurio des ersten Manipels der Triarier
prīmitiae, ārum *f* Erstlinge, erste Ergebnisse, erste Ausbeute
prīmitīvus *3* das Erste seiner Art; Ur-
prīmitus *Adv* zum ersten Mal, zuerst ⟦*ml* in erster Linie; ~ quam *mit Konj.* = priusquam
prīmō *Adv* anfangs, zuerst ⟦*ml* ~ ut sobald als
⟦**primogenita,** orum *n spl* Erstgeburt
⟦**primogenitus** *3 spl* erstgeboren
prīmōrdium, ī *n* [primus *u.* ordior] Anfang, Ursprung; Regierungsantritt
prīmōr|is, ~e, *Gen* ~is vorderster, vornehmster ⟦*ml Pl* ~es Vorfahren; Würdenträger
prīmulum *Adv* erst, zuerst
prīmulus *3* erster
prīmum *Adv* zum ersten Mal, (zu)erst; erstens; quam ~ sobald als möglich ⟦*ml* ~ atque ehe
prīm|us *3* vorderster, erster; vornehmster, haupt-; ursprünglich; *oft den ersten Teil* (*Spitze, Rand, Anfang*) *von etw. bezeichnend,* ~us quisque der allererste; ~a nocte bei Anbruch der Nacht; ~ae, ~arum Hauptrolle, erster Preis
prīnc|eps, Gen ~ipis [primus *u.* capio] **I.** *Adj* erster, vornehmster, Haupt- **II.** *Subst m* Führer, Fürst; röm. Kaiser; Anstifter, Urheber; Vorkämpfer; *Pl* ~ipes die Vornehmen; *milit* die schwer Bewaffneten des zweiten Gliedes (Treffens), Principes ⟦*ml* ~eps mundi, tenebrarum Satan; ~eps academiae Professor
prīncipāl|is, ~e, *Gen* ~is vornehmster, Haupt-; kaiserlich
⟦**principaliter** *Adv ml* dem Ursprung nach, in erster Linie
prīncipātus, ūs *m* Vorrang, höchste Machtstellung; kaiserliche Regierung, Prinzipat; *phil* Grundkraft, leitendes Prinzip; Ursprung ⟦*ml* Adel, Fürstlichkeit; ~ sacerdotii (Erz-) Bischofswürde
prīncipi|um, ~ī *n* Anfang, Ursprung; Grundstoff, -lage; *Pl* ~a *milit* vorderste Linie; Hauptquartier ⟦*ml* Prinzip
⟦**principor** *1 spl* herrschen
prior, prius, *Gen* priōris **I.** *Adj* der vordere, erste; eher, früher; vortrefflicher

II. *Subst Pl* priōrēs *m* Vorfahren ⟦*ml* ~is *m* Prior (eines Klosters)
⟦**prior|a,** ~um *n ml* Vergangenheit
⟦**prioratus,** us *m ml* Würde des Priors
prīscus *3* alt, altertümlich; streng
prista, ae *m* [*gr*] Holzsäger
prīstinus *3* früher, vormalig; vorig, gestrig
pristis, ~ *f* [*gr*] Walfisch; schnelles Kriegsschiff; Pristis (Schiffsname)
prius I. *Adj* →prior **II.** *Adv* eher, früher; ehemals, einst; ~ quam **1.** eher, lieber als **2.** = priusquam
priusquam *Kon.* bevor; *auch getrennt* →prius
prīvātim *Adv* als Privatmann, für seine Person, zu Hause; besonders
prīvātiō, ~nis *f* Befreiung *Gen* von ⟦*spl* Beraubung
prīvāt|um, ~ī *n* Privatbesitz; in ~o zu Hause; ex ~o aus dem Hause; in ~um zum Privatgebrauch
prīvātus I. *Adj 3* nicht staatlich, persönlich, eigen, privat; gewöhnlich ⟦*ml* dies ~ Werktag **II.** *Part Perf Pass zu* privo **III.** *Subst* ī *m* Privatmann, Untertan ⟦*ml* einfacher Soldat, Krieger
Prīvernā|s, *Gen* ~tis aus Privernum; in ~te auf dem Gut in Privernum; *Pl* ~tes, ~tum *m* Einw. von Privernum
Prīvernum, ī *n* Privernum (Stadt in Latium), *heute* Piperno
prīvīgna, ae *f* Stieftochter
prīvīgn|us I. *Adj 3* Stief- **II.** *Subst* ~ī *m* Stiefsohn; *Pl* ~i Stiefkinder
prīvilēgium, ī *n* Ausnahmegesetz, Vorrecht, Privileg
prīvō *1* berauben *Abl* einer Sache; befreien *Abl* von
prīvus *3* einzeln; eigen(tümlich); befreit *Gen* von
prō I. *Präp beim Abl, räuml* vor (*urv*); vorn in, an, auf; *übertr* entsprechend, gemäß; für (*urv*), zugunsten; anstatt, wie, als; ~ consule als Prokonsul; ~ praetore als Proprätor ⟦*ml* mitto ~ schicken nach; um ... willen, wegen, über **II.** *Interj des Bedauerns* oh!, ach!
⟦**proabba|s,** ~tis *m ml* Stellvertreter des Abtes
proāgorus, ī *m* [*gr*] der höchste Beamte (in Städten Siziliens), Proagoros
proauct|or, ~ōris *m* Stammvater
proavia, ae *f* Urgroßmutter
proavītus *3* von den Vorfahren ererbt
proavus, ī *m* Urgroßvater; Vorfahre
probābil|is, ~e, *Gen* ~is annehmbar, glaubhaft
probābilitā|s, ~tis *f* Wahrscheinlichkeit
probātiō, ~nis *f* Billigung; Beweis(führung); Prüfung
probāt|or, ~ōris *m* einer, der billigt *Gen* etw.
probātus I. *Adj 3* bewährt, angenehm **II.** *Part Perf Pass zu* probo
prōbet = prohibet
probitā|s, ~tis *f* Rechtschaffenheit, Bescheidenheit ⟦*ml Pl* ~tes Heldentaten
probō *1* anerkennen, gutheißen, billigen; beifallswert erscheinen lassen, annehmbar *od* glaubhaft machen, beweisen; prüfen (*Lw*), besichtigen; ausgeben, gelten lassen wollen pro für, als; memorem se probare sich dankbar erweisen *Dat* jmdm.
probosci|s, ~dis *f* [*gr*] Rüssel
probrōsus *3* schändlich, lasterhaft, zum Ehebruch geneigt
probrum, ī *n* Vorwurf, Schmähung, Schande; Schandtat, *bes* Ehebruch
probus *3* vortrefflich, tüchtig, rechtschaffen, bescheiden
proc. *Abk für* proconsul
Proca, ae *m* = Procas
procācitā|s, ~tis *f* Frechheit
Procās, ae *m* Procas (König von Alba, V. des Numitor u. Amulius)
procā|x, *Gen* ~cis [proco] dreist fordernd, zudringlich, frech
prō|cēdō, ~cessī, ~cessum *3* vorwärtsgehen, vorrücken, sich in Bewegung setzen; herausgehen; hervortreten, sich zeigen; hervorgehen; sich fortreißen lassen; *von der Zeit* vorrücken, fortdauern; vorankommen, Fortschritte machen; vonstattengehen, glücken ⟦*spl* sich ereignen
procella, ae *f* Sturm(wind); Ansturm
procellō *3* vorstürzen
procellōsus *3* stürmisch
procer|ēs, ~um *m* die Vornehmen, Aristokraten; Vorkämpfer
prōcēritā|s, ~tis *f* hoher Wuchs, Schlankheit; *übertr* Länge
prōcērus *3* schlank (gewachsen), gestreckt; lang
prōcessī →procedo
prōcessiō, ~nis *f* Vorrücken ⟦*spl* feierlicher Umzug, Prozession; Kirchgang
prōcessum →procedo
prōcessus, ūs *m* Fortschreiten, Fortschritt, Erfolg, Beförderung; *med* Fortsatz
Prochyta, ae *f* Prochyte (Insel an der Küste Kampaniens), *heute* Procida
Prochytē, ēs *f* = Prochyta
prō|cidō, ~cidī *3* niederfallen
⟦**procinctual|is,** ~e, *Gen* ~is *spl* zur Kampfbereitschaft gehörig
prōcinct|us, ūs *m* [procingo] Gürten; in ~u in Kampfbereitschaft ⟦*ml* Gurt, Wehrgehänge; Rüstung; (schlagkräftiges) Heer
prōclāmātiō, ~nis *f* Ausrufen ⟦*spl* Beschwerde
prōclāmāt|or, ~ōris *m* Schreier
prōclāmō *1* laut rufen ⟦*spl* Beschwerde führen

Procl|ēs, ~is *od* ~ī *m* Prokles (Br. des Eurysthenes, König von Sparta)
prōclīnō *1* vorwärtsbeugen, -neigen; einer Entscheidung zuführen
prōclīv|is, ~e, *Gen* ~is abschüssig, jäh; *übertr* geneigt; ausführbar
prōclīvitā|s, ~tis *f* Abhang; Neigung
prōclīvus *3* = proclivis
Procnē, ēs *f* Prokne (die in eine Schwalbe verwandelte Schw. der Philomele); Schwalbe
proc|ō *u.* **~or** *1* [procus] fordern ⟦*ml* (ein Mädchen) zu gewinnen suchen, umwerben
procoetōn, ~is *m* [*gr*] Vorzimmer
prōcōnsul, ~is *m* Prokonsul (ehemaliger Konsul), Statthalter (einer Provinz)
prōcōnsulār|is I. *Adj* ~e, *Gen* ~is prokonsularisch **II.** *Subst* ~is *m* Prokonsul
prōcōnsulātus, ūs *m* Amt *od* Würde eines Prokonsuls, Prokonsulat
procor →proco
Procos. *Abk für* proconsul
prōcrāstinātiō, ~nis *f* Vertagung
prōcrāstinō *1* vertagen, aufschieben
prōcreātiō, ~nis *f* Zeugung
prōcreāt|or, ~ōris *m* Erzeuger; *Pl* ~ores Eltern
prōcreātrī|x, ~cis *f* Mutter
prōcreō *1* zeugen; hervorbringen
Procri|s, ~dis *f* Prokris (T. des attischen Königs Erechtheus)
Procrūstēs, ae *m* Prokrustes (Räuber in der Theseussage)
prōcubitum →procumbo
prō|cubō, ~cubuī *1* hingestreckt daliegen
prōcubuī 1. procumbo **2.** procubo
prōcucurrī →procurro
prō|cūdō, ~cūdī, ~cūsus *3* schmieden; hervorbringen
procul *Adv* fern, in *od* aus der Ferne, in die Ferne; abseits; ~ (ab) *Abl* fern von; ~ erro sehr irren
prōculcō *1* [calco] niedertreten
prō|cumbō, ~cubuī, ~cubitum *3* [cubo] sich vorneigen; niederfallen; in Verfall geraten
prōcūrātiō, ~nis *f* Besorgung, Verwaltung; *bes* Amt eines kaiserlichen Statthalters; Sühnung
prōcūrātiuncula, ae *f* Pöstchen als Prokurator
prōcūrāt|or, ~ōris *m* Verwalter, Geschäftsführer, Oberverwalter der kaiserlichen Einkünfte ⟦*spl* Statthalter
prōcūrātrī|x, ~cis *f* Pflegerin, Aufseherin
prōcūrō *1* besorgen, pflegen, verwalten; kaiserlicher Prokurator sein; sühnen ⟦*ml* (geschehen) lassen
prō|currō, ~(cu)currī, ~cursum *3* (her)vorlaufen; vorrücken; vorragen
prōcursātiō, ~nis *f* Vorlaufen, Vorsprengen, schneller herausfordernder Angriff *leicht bewaffneter Soldaten*
prōcursātōr|ēs, ~um *m* bewegliche, leicht bewaffnete Vortruppen, Plänkler
prōcursō *1* vorlaufen, vorsprengen *gegen den Feind,* den Feind beunruhigen (durch kurze Überfälle)
prōcursum →procurro
prōcursus, ūs *m* Ansturm
prōcurvus *3* gekrümmt
procus, ī *m* **1.** [precor] Freier, Bewerber **2.** *altl* Handwerker; centuria fabrum et procum Handwerkerzenturie, Pionierkompanie
prōcūsus →procudo
procyōn, ~is *m* [*gr*] der Kleine Hund (Sternbild)
prōdeambulō *1* sich vor dem Hause ergehen
⟦**prodecessor,** ~is *m spl* Vorvorgänger
prodēgī →prodigo
prōd|eō, ~iī, ~itum (*Inf* ~īre) hervorgehen, vorrücken, sich zeigen; vorragen; werden *Nom* (zu)
prōdesse →prosum
prō|dīcō, ~dīxī, ~dictus *3* (eine Frist) verschieben
Prodicius *3 des* Prodikos
Prodicus, ī *m* Prodikos (gr. Sophist aus Keos z. Z. des Sokrates)
prōdidī →prodo
prōdigentia, ae *f* Verschwendung
prōdigiāl|is, ~e, *Gen* ~is Wunder tuend; unnatürlich ⟦*ml* signum ~e Wunderzeichen
prōdigiōsus *3* ungeheuerlich
prōdigium, ī *n* Vorzeichen, Wunder; Ungeheuerlichkeit, Ungeheuer
prōd|igō, ~ēgī *3* [ago] verschwenden; treiben ⟦*spl Part Perf Pass* prodactus
prōdigus *3* verschwenderisch *Gen* mit, reich *Gen* an
prōdiī, prōdīre →prodeo
prōditiō, ~nis *f* Verrat
prōdit|or, ~ōris *m* Verräter ⟦*ml* der Teufel
prōditum →prodeo
prōditus →prodo
prōdīxī →prodico
prō|dō, ~didī, ~ditus *3* verraten, preisgeben, bekannt machen, ernennen; hervorbringen; hinausschieben; hinterlassen, überliefern
prōdoceō *2* öffentlich lehren
prodromus, ī *m* [*gr*] Vorläufer, Kurier; Nordnordostwind (dem Aufgang des Hundssterns vorausgehend)
prō|dūcō, ~dūxī, ~ductus *3* vorführen; weiterführen; hinziehen, ausdehnen, aufhalten; hervorlocken, hervorbringen; großziehen; fördern, auszeichnen ⟦*spl* (eine Silbe) dehnen; vertagen
prōducta, ōrum *n* = proegmena

prōductiō, ~nis *f* Verlängerung; Dehnung (einer Silbe)
prōductō *1* hinziehen *zeitl;* aufhalten *Dat* jmdn., etw.
prōductus I. *Adj 3* ausgedehnt, lang **II.** *Part Perf Pass* →produco
prōdūxī →produco
proēgmena, ōrum *n* [*gr*] bevorzugte Dinge *phil*
proeliār|is, ~e, *Gen* ~is Kampf-
proeliāt|or, ~ōris *m* Krieger, Streiter
proeli|ō *u.* **~or** *1* kämpfen, streiten, fechten, *auch übertr*
proelium, ī *n* Gefecht, Kampf
Proetid|ēs, ~um *f* T. des Proitos
Proetus, ī *m* Proitos (König in Tiryns)
⟦**profanatio,** ~nis *f spl* Entweihung
profānō *1* **1.** [profanus] entheiligen, entweihen; zu alltäglichem Gebrauch verwenden **2.** [pro, fanum] weihen, opfern
profānus *3* ungeweiht, unheilig; *kult* uneingeweiht; gottlos, schändlich; von übler Vorbedeutung ⟦*ml* heidnisch; nicht eingeweiht *Gen* in
profātus I. *Part Perf* →profor **II.** *Subst* ūs *m* Aussprechen
prōfēcī →proficio
profectiō, ~nis *f* [proficiscor] (Ab-) Reise, Aufbruch; Herkunft
profectō *Adv* [factum] tatsächlich, sicher(lich)
[1]**profectus** →proficiscor
[2]**prōfectus I.** *Part Perf Pass* →proficio **II.** *Subst* ūs *m* [proficio] Fortschritt, Erfolg, Vorteil, Nutzen
prō|ferō, ~tulī, ~lātus (*Inf* ~ferre) hervorholen; veröffentlichen, erwähnen; vorrücken; sich erheben, ausdehnen, sich erstrecken, aufschieben, vertagen; res ~fero Ferien machen ⟦*ml* ertönen lassen, anstimmen
professiō, ~nis *f* [profiteor] öffentliche Erklärung; Ausübung (eines Gewerbes) ⟦*ml* (Mönchs-)Gelübde, ~nem lego (Mönchs-)Gelübde ablegen; Beruf
profess|or, ~ōris *m* staatlich besoldeter Lehrer
professōrius *3* schulmeisterlich
professus I. *Adj 3* bekannt, offenkundig **II.** *Part Perf* →profiteor
profēstus *3* nicht festlich
prō|ficiō, ~fēcī, ~fectus *3* Fortschritte machen, vorwärtskommen; beitragen, nützen
pro|ficīscor, ~fectus sum *3* aufbrechen, abreisen, -marschieren, -segeln; weitergehen ad zu; ausgehen ab *od* ex von
⟦**proficuum,** i *n spl* Vorteil
⟦**proficuus** *3 spl* nützlich, zuträglich
pro|fiteor, ~fessus sum *2* offen bekennen, angeben, anmelden; sich melden; verheißen, zusagen; Lehrer sein ⟦*ml* (Ordens-) Gelübde ablegen
prōflām|en, ~inis *m* stellvertretender Priester
prōflīgāt|or, ~ōris *m* Verschwender
prōflīgātus I. *Adj 3* ruchlos, schändlich; *zeitl* weit vorgerückt **II.** *Part Perf Pass zu* profligo
prōflīgō *1* niederschlagen, in die Flucht jagen; zugrunde richten; erledigen, fast vollenden ⟦*ml* verbrauchen, verschwenden, reichlich spenden
prōflō *1* hervorblasen
prōflu|ēns, *Gen* ~entis **I.** *Adj* hervorströmend, fließend **II.** *Part Präs Akt zu* profluo **III.** *Subst f* fließendes Wasser
prōfluentia I. *n Pl Part Präs Akt zu* profluo **II.** *Subst* ae *f* (Rede-)Strom
prō|fluō, ~flūxī *3* hervor-, fortfließen
⟦**profluus** *3 ml* hervorströmend
prōfluvium, ī *n* Hervorfließen ⟦*ml* (Wort-) Schwall
prōflūxī →profluo
pro|for, ~fātus sum *1* heraussagen, sprechen; vorhersagen
profūdī →profundo
pro|fugiō, ~fūgī *3* sich flüchten, meiden
⟦**profugium,** i *n ml* Zufluchtsort, Schlupfwinkel
profugus I. *Adj 3* flüchtig, heimatlos **II.** *Subst* ī *m* Flüchtling, Heimatloser, Verbannter ⟦*spl* Abtrünniger (Christ)
prōfuī →prosum
⟦**profundita|s,** ~tis *f spl* Tiefe, Unermesslichkeit
pro|fundō 1. ~fūdī, ~fūsus *3* hervorströmen lassen; sich ergießen; vergießen, opfern; vergeuden **2.** ⟦*ml 1* eindrücken, versenken, *auch übertr*
profundum, ī *n* Abgrund; Meer
profundus *3* tief, bodenlos, unermesslich
profūsiō, ~nis *f* Opferspende; Verschwendung; *med* (ausgedehnter) Erguss; ~ alvi Durchfall
profūsus I. *Adj 3* unmäßig, ausgelassen, verschwenderisch **II.** *Part Perf Pass* →profundo
prōfutūrus →prosum
prō|gener, ~generī *m* Ehemann der Enkelin
prōgenerō *1* zeugen
prōgeniēs, ēī *f* Abstammung, Nachkommenschaft; Abkömmling
prōgenit|or, ~ōris *m* Stammvater
prō|gignō, ~genuī, ~genitus *3* hervorbringen, gebären
prōgnāriter *Adv* klipp und klar
prōgnātus *3* geboren, entsprossen, abstammend
Prognē, ēs *f* = Procne
prognōstica, ōrum *n* [*gr*] »Prognostica«, »Wetterzeichen« (Schrift des Aratos, um 270 v. Chr.)

[[**programma,** ~tis *n* [*gr*] *spl* Bekanntmachung, öffentlicher Aushang *od* Anschlag
prō|gredior, ~gressus sum *3* vorwärtsgehen, vorrücken; öffentlich erscheinen; *übertr* fortschreiten, sich versteigen
prōgressiō, ~nis *f* Fortschritt; Steigerung
prōgressus I. *Part Perf* →progredior **II.** *Subst* ūs *m* Fortschreiten; Vorrücken; Entwicklung, Fortschritt
progymnastēs, ae *m* [*gr*] Trainer, Vorturner
proh! *Interj* = pro II.
pro|hibeō, ~hibuī, ~hibitus *2* [habeo] fernhalten *Abl* von, (ver)hindern *Inf* (ne, quin, quominus, ut) (dass); schützen, bewahren (ab) *Abl* vor
prohibitiō, ~nis *f* Verbot
prohinc *Adv* = proinde
prohoemium, ī *n* = prooemium
prō|iciō, ~iēcī, ~iectus *3* vorwerfen, (hin)werfen; ausstrecken; wegwerfen; verschmähen, preisgeben; herauswerfen, -jagen, fortjagen; jmdn. hinhalten; se ~icere sich erniedrigen in *Akk* zu
prō|icior, ~iectus sum *3* herausragen, vorspringen *übertr*
prōiectīcius *3* ausgesetzt
prōiectiō, ~nis *f* Ausstrecken
prōiectūra, ae *f* Vorsprung
proiectus I. *Adj 3* herausragend, vorstehend; außerordentlich; ausgestreckt; *übertr* geneigt zu; verachtet; niedergeschlagen **II.** *Part Perf* →proicio(r) **III.** *Subst* ūs (*nur Abl* ū) *m* Hinwerfen; Ausstrecken
proin = proinde
proinde *Adv* daher *vor Aufforderungen;* ebenso wie; geradeso [[*ml* darauf
prō|lābor, ~lāpsus sum *3* vorwärts-, entgleiten; herabfallen; einstürzen; in etw. verfallen; *übertr* straucheln, in Verfall geraten
[[**prolambo** *3 ml* küssen
prōlāpsiō, ~nis *f* Ausgleiten
prōlāpsus →prolabor
prōlātiō, ~nis *f* Erwähnung; Erweiterung; Verschiebung, Vertagung [[*spl* Aussprache (der Wörter); Mundart
prōlātō *1* erweitern; aufschieben, verschleppen
prōlātus →profero
prōlectō *1* [prolicio] verlocken
prōl|ēs, ~is *f* [alo] Sprössling, Nachkomme; Nachwuchs; junge Mannschaft
prōlētārius I. *Adj 3 polit* zur untersten (Vermögens-)Klasse gehörig (nur wegen des Nachwuchses zählend), besitzlos; sermo ~ gemeine Redeweise **II.** *Subst* ī *m* Bürger der untersten Vermögensklasse, Besitzloser
prōliciō *3* [²lacto] hervorlocken
[[**prolixita|s,** ~tis *f spl* Ausdehnung
prōlixus *3* lang(wallend); sich weit ausbreitend, reichlich; freigebig; günstig [[*spl* langdauernd; weitläufig
prōlocūtus →proloquor
prologus, ī *m* [*gr*] Prolog(sprecher)
[[**prolongo** *1 spl* verlängern
prō|loquor, ~locūtus sum *3* (her)aussagen, sich äußern, aussprechen; weissagen
prōlubium, ī *n* Lust; Vergnügen
prō|lūdō, ~lūsī, ~lūsum *3* Vorspiel *od* Vorübung machen; einleiten
prō|luō, ~luī, ~lūtus *3* hervor-, wegspülen; benetzen, tränken
prōlūsī →proludo
prōlūsiō, ~nis *f* Vorspiel, Probe
prōlūsus →proludo
prōlūtus →proluo
prōluviēs, ēī *f* Überschwemmung; (hervorgeschwemmter) Unrat
[[**proluvium,** i *n ml* Vergießen
prōmagis|ter, ~trī *m* stellvertretender Vorsitzender
prōmercāl|is, ~e, *Gen* ~is verkäuflich
prō|mereō, ~meruī *2* verdienen [[*ml* gewinnen
prō|mereor, ~meritus sum *2* sich verdient machen de (in *Akk*) um
prōmeritum, ī *n* Verdienst; Schuld
[1]**Promēthe|us,** ī *u.* ~os, (*Akk* ~a) *m* Prometheus (Titan, Erschaffer der Menschen)
[2]**Promēthēus** *3* des Prometheus
Promēthiadēs, ae *m* = Promethides
Promēthīdēs, ae *m* S. des Prometheus, Deukalion
prōmin|ēns, *Gen* ~entis **I.** *Part Präs Akt zu* promineo **II.** *Subst n* Vorsprung
prōmineō *2* hervorragen; sich erstrecken
prōminulus *3* hervorragend
prōmiscam *Adv* gemeinsam, ohne Unterschied
prōmisc(u)us *3* gemischt, nicht gesondert, gemeinschaftlich; gewöhnlich [[*ml* hier und da
prōmīsī →promitto
prōmissiō, ~nis *f* Versprechung, Versprechen [[*spl* göttliche Verheißung
prōmiss|or, ~ōris *m* einer, der viel verspricht, Prahler [[*spl* Bürge
prōmissum, ī *n* Versprechen, Versprechung, Zusage
prōmissus I. *Adj 3* herabhängend; verheißungsvoll **II.** *Part Perf Pass* →promitto
prō|mittō, ~mīsī, ~missus *3* versprechen, zusagen; vorhersagen; wachsen lassen
prōmō, prōmpsī, prōmptus *3* [pro *u.* emo] hervorholen, vorführen, darlegen [[*ml* melodiam ~ Lied, Weise singen
prōmoneō *2* im Voraus warnen
prōmont- = promunt-
prōmōta, ōrum *n* = proegmena

p

⟦**promotio,** ~nis *f spl* Förderung, Beförderung (im Rang); *ml* Ausbreitung; Erhebung
prō|moveō, ~mōvī, ~mōtus *2* hervorrücken, holen, vorrücken lassen; erweitern; *zeitl* verschieben; (be)fördern; offenbaren; *ohne Akk* vorrücken; castra ~moveo Lager verlegen, vorrücken
prōmpsī →promo
prōmptō *1* [promo] herausgeben
⟦**promptuarium,** i *n spl* Vorratskammer
prōmptuārius *3* Vorrats-
prōmptus [promo] **I.** *Adj 3* bereit(willig); entschlossen, geneigt; leicht, geeignet; offen(kundig) **II.** *Part Perf Pass* →promo **III.** *Subst* ūs *m nur* in promptu zur Hand; leicht; offenkundig
prōmtārius *3* = promptuarius
prōmulgātiō, ~nis *f* Bekanntmachung
prōmulgō *1* durch Anschlag öffentlich bekannt machen
prōmulsidār|e, ~is *n* kaltes Buffet (mit den Vorspeisen), Tafelaufsatz
prōmulsi|s, ~dis *f* Vorspeise, Vorgericht
prōmunturium, ī *n* [promineo] Vorgebirge; Bergvorsprung
prōmus, ī *m* [promo] Aufseher (über die Vorratskammer)
prōmūtuus *3* geliehen, vorgestreckt, vorschussweise
pronāos, ī *m* [*gr*] Tempelvorhalle
pronepō|s, ~tis *m* Urenkel
proneptis, ~ *f* Urenkelin
Pronoea, ae *f* [*gr*] Pronoia (BN der Athene), Vorsehung
prōnōm|en, ~inis *n gramm* Fürwort, Pronomen; vorangestellte Anrede
prōnuba, ae *f* Brautjungfer
prōnūntiātiō, ~nis *f* Bekanntmachung, Vortrag, Ausspruch; Satz; Richterspruch ⟦*ml phonetisch* Aussprache
prōnūntiāt|or, ~ōris *m* Erzähler
prōnūntiātum, ī *n* Grundsatz
prōnūntiō *1* ankündigen, verkündigen; vortragen; Urteil fällen; *phonetisch* aussprechen
prōnūper *Adv* erst kürzlich
prōnurus, ūs *f* Ehefrau des Enkels
prōnus *3* [pro] abschüssig; nach vorn geneigt, geneigt *auch übertr;* mühelos
prooemior *1* Rede einleiten
prooemium, ī *n* [*gr*] Vorrede, Vorwort; Einleitung
prōpāgātiō, ~nis *f* Fortpflanzung; Erweiterung, Verlängerung
prōpāgāt|or, ~ōris *m* Verlängerer; ~or provinciae Verlängerer des Oberbefehls in der Provinz ⟦*ml* Verbreiter; Erhalter
prōpāg|ō **I.** *Verb 1* [pango] (durch Absenker) fortpflanzen, pfropfen (*Lw*); erweitern, verlängern **II.** *Subst* ~inis *f* Ableger, Sprössling; Kind, Nachkommenschaft, Geschlecht; *Pl* ~ines Stammbäume
prōpalam *Adv* öffentlich
⟦**propalo** *1 spl* offenbaren, mitteilen
prōpatulus *3* offen; öffentlich
prope **I.** *Präp beim Akk* (*Dat, Abl mit u. ohne* ab) *räuml* nahe, bei, nahe an; *zeitl* sogleich nach; *übertr* beinahe wie **II.** *Adv* (*Komp* propius, *Sup* proximē) nahe, in der, in die Nähe *abs; zeitl* nahe, proxime kurz vorher, nächstens; *übertr* annähernd, beinahe
propediem *Adv* nächstens
prō|pellō, ~pulī, ~pulsus *3* vorwärtsstoßen, -werfen, herab-, umstoßen; verleiten; vertreiben, abwehren
propemodum (*altl* propemodo) *Adv* beinahe
prō|pendeō, ~pendī, ~pēnsus *2* herabhängen, *übertr* sich hinneigen; überwiegen
prōpēnsiō, ~nis *f* (geistige) Neigung
prōpēnsus **I.** *Adj 3* gewichtig; *übertr* geneigt, nahekommend **II.** *Part Perf Pass* →propendeo
properanter *Adv* eilends
properantia **I.** *n Pl Part Präs Akt zu* propero **II.** *Subst* ae *f* Eile
properātiō, ~nis *f* Eile
properātō *Adv* eilends
properip|ēs, *Gen* ~edis mit eilendem Fuß, schnellfüßig
properiter *Adv* schnell
properō *1* eilen, sich beeilen, beschleunigen, eilends tun; sich bemühen; properato opus est es ist Eile nötig
Propertius, ī *m* Propertius (*dt* Properz; Sextus Aurelius ~, röm. Elegiker, etwa 49–15 v. Chr.)
properus *3* eilend, eilfertig ⟦*spl* übereilig *Gen* bei
prōpexus *3* nach vorn gekämmt, herabhängend
propheta, ae *m* [*gr*] Weissager ⟦*spl* Prophet
⟦**prophetia,** ae *f spl* Weissagung, Prophetie, Verkündigung
⟦**propheticus** *3 spl* weissagerisch, prophetisch
⟦**prophetizo** *1 spl* vorhersagen, prophezeien
prōpīlō *1* abschießen
propīn *undekl* [*gr*] Vortrunk, Aperitif
propīnātiō, ~nis *f* Zutrunk
propincus *3* = propinquus
propīnō *1* [*gr*] zutrinken; weitergeben, preisgeben; zu trinken geben ⟦*ml* etw. reichen
propinquitā|s, ~tis *f* Nähe; Verwandtschaft
propinquō *1* sich nähern *Dat* (*Akk*) jmdm., einer Sache; beschleunigen

a b c d e f g h i j k l m n o p pro q r s t u v w x y z

propinqu|us *3* [prope] benachbart; nahe bevorstehend; verwandt; *Pl* ~i Verwandten; in, ex ~o in, aus der Nähe
⟦**propio** *1* [prope] *spl* sich nähern
propi|or, ~us, *Gen* ~ōris [prope] näher, *auch zeitl* später; vertrauter, verwandter; ähnlicher, passender; *vgl* proximus
⟦**propitiatio,** ~nis *f spl* Versöhnung
⟦**propitiatorium,** i *n spl* Versöhnungsmittel
propitiō *1* versöhnen
propitius *3* [peto] wohlgesinnt, gewogen, gnädig
propius →propior
propnīgēum, ī *n* [*gr*] Heizraum
Prōpoetid|es, ~um (*Akk* ~as) *f* Propoetiden (Mädchen aus Amathus auf Zypern, laut Sage in Steine verwandelt)
propōla, ae *m* [*gr*] Krämer
prōpolluō *3* noch mehr beflecken
prō|pōnō, ~posuī, ~positus *3* öffentlich auf-, ausstellen; vor-, darlegen; zum Grundsatz haben; vorher angeben; in Aussicht stellen; (sich) vor Augen halten; sich vornehmen, vorschlagen
Propontiacus *3* des Marmarameeres, der Propontis
Proponti|s, ~dis *u.* ~dos *f* das Marmarameer, die Propontis
prōportiō, ~nis *f* Verhältnis, Proportion
prōpositiō, ~nis *f* Vorstellung (gedanklich), Thema, Gegenstand; Vordersatz (in der Logik), These ⟦*spl* Vorschlag; Abschnitt
prōpositum, ī *n* Ziel, Vorsatz; Thema, Vordersatz (in der Logik)
prōpositus I. *Adj 3* ausgesetzt; zugänglich; drohend **II.** *Part Perf Pass* →propono
prōposuī →propono
propr. *Abk für* propraetor
prōpraet|or, ~ōris *m* Proprätor (ehemaliger Prätor), Statthalter (einer Provinz); Feldherr
propriē *Adv* besonders; individuell, im eigentlichen Sinne, passend ⟦*ml* in der Landessprache
proprietārius *3* dem Besitzer zukommend
proprietā|s, ~tis *f* Eigentümlichkeit; Besitz(recht); ~s verborum eigentliche Bedeutung der Wörter ⟦*ml* ~s sermonis Originalsprache
proprium ī *n* Eigentum
proprius *3* eigentümlich; jmdm. gehörig; wesentlich; zukommend, passend; dauernd, beständig ⟦*ml* (vir) ~ Lehnsmann, Höriger; = *Poss*
propter [prope] **I.** *Präp beim Akk* nahe bei; *übertr* aufgrund von, wegen ⟦*ml auch beim Abl* wegen **II.** *Adv* in der Nähe
propterea *Adv* deswegen
propterv us = protervus
prōpudiōsus *3* schamlos
prōpudium, ī *n* Schandtat; Scheusal, schändlicher Mensch
prōpūgnāculum, ī *n* Schutz(wehr)
prōpūgnātiō, ~nis *f* Verteidigung
prōpūgnāt|or, ~ōris *m* Verteidiger; Vorkämpfer
prōpūgnātrī|x, ~cis *f* Verteidigerin; Vorkämpferin
prōpūgnō *1* zum Kampf vorgehen, kämpfen; verteidigen *Akk* (*Dat*) etw., jmdn.
prōpulī →propello
prōpulsātiō, ~nis *f* Abwehr
prōpulsō *1* [propello] abwehren, vertreiben
prōpulsus →propello
propylaea, ōrum *n* Propyläen (Vorhallen, z. B. am westlichen Aufgang zur Burg von Athen)
prōquam *altl* = prout
prōra, ae *f* [*gr*] (Schiffs-)Bug; Schiff
prō|rēpō, ~rēpsī *3* hervor-, fortkriechen
prōreptus →proripio
prōrēta, ae *m* [*gr*] Oberbootsmann
prō|ripiō, ~ripuī, ~reptus *3* fortreißen; se ~ripere (hervor)stürzen, fortstürzen, -laufen, entrinnen; pedes ~ripio hervorspringen
prōrītō *1* anlocken, anreizen
prōrogātiō, ~nis *f* Verlängerung, Aufschub
prōrogō *1* verlängern; verschieben ⟦*spl* zufügen; vorher auszahlen
prōrsum *Adv* = prorsus II.
prōrsus [proversus] **I.** *Adj 3* prosaisch (*Lw*) **II.** *Adv* vorwärts (*urv*), geradezu; ganz und gar, durchaus; mit einem Wort
prō|rumpō, ~rūpī, ~ruptus *3 mit Akk* hervorbrechen lassen; *ohne Akk* hervorstürzen, zum Ausbruch kommen; sich hinreißen lassen
prō|ruō, ~ruī, ~rutus *3* [ruo] hervorstürzen; einstürzen; niederreißen
prōrūpī, prōruptus →prorumpo
⟦**prosa,** ae *f spl* Prosa
⟦**prosaicus** *3* [prorsus I.] *spl* prosaisch
prōsāpia, ae *f* Geschlecht, Familie, Sippe
prōsatus I. *Adj 3* [²prosero] entsprossen **II.** *Part Perf Pass* →²prosero
prosbiter, ī *m* = presbyter
proscaenium, ī *n* [*gr*] (Vordergrund der) Bühne; bevorzugter Sitzplatz vor der Bühne, Proszenium(sloge)
proscēnium, ī *n* = proscaenium
⟦**proscholus,** i *m* [*gr*] *spl* stellvertretender Lehrer, (Hilfs-)Lehrer
prōscidī →proscindo
prō|scindō, ~scidī, ~scissus *3* aufreißen; pflügen; (mit Worten) herunterreißen, beschimpfen ⟦*ml* verdammen
prō|scribō, ~scrīpsī, ~scrīptus *3 polit* ächten; öffentlich bekannt machen, ankündigen; konfiszieren

prōscrīptiō, ~nis *f* Ächtung, Proskription; Ausschreibung (zum Verkauf)
prōscrīpturiō *4* ächten wollen
prō|secō, ~secuī, ~sectus *1* abschneiden; den Erdboden aufbrechen, pflügen
prōsecta, ōrum *n* Eingeweide; zum Opfer bestimmte Teile
prōsectus I. *Part Perf Pass* →proseco **II.** *Subst* ūs (*nur Abl* ū) *m* Zerschneiden, Hieb
⟦**prosecutio,** ~nis *f ml* Aufeinanderfolge
prōsecūtus →prosequor
prōseda, ae *f* Prostituierte, Dirne
prōsēminō *1* aussäen; fortpflanzen
prō|sequor, ~secūtus sum *3* begleiten, geleiten; verfolgen; *übertr* weiterbehandeln, fortfahren; beschreiben ⟦*ml* behandeln; unctione ~sequor weihen; leges ~sequor Gesetze zur Ausführung bringen
[1]**prō|serō,** ~seruī *3* hervorstrecken
[2]**prō|serō,** ~sēvī, ~satus *3* hervorbringen
prōsēvī →[2]prosero
Prōserpina, ae *f* Proserpina, *gr* Persephone (T. der Ceres, Gem. des Pluto, Königin des Totenreiches)
prōserpō *3* vorwärtskriechen
proseucha, ae *f* [*gr*] jüdisches Bethaus
prōsicō *1* = proseco
prō|siliō, ~siluī *4* hervor-, aufspringen; hervordringen, forteilen
prōsocer, ī *m* Großvater der Ehefrau
prōspectō *1* hinausschauen *Akk* auf, beobachten; hoffen, erwarten; bevorstehen *Akk* jmdm.
prōspectus I. *Part Perf Pass* →prospicio **II.** *Subst* ūs *m* Aussicht, Gesichtskreis, Anblick
prōspeculor *1* ausschauen; erkunden
prosper, prospera, prosperum →prosperus
prospera, ōrum *n* Erfolg(e) ⟦*ml* ~ salutis Heilsgüter
prosperitā|s, ~tis *f* Gedeihen, Glück ⟦*spl Pl* ~tes Glücksgüter
prosperō *1* zustattenkommen *Akk* einer Sache; gewähren
prosperus *3* erwünscht, günstig
prōspēxī →prospicio
prōspicientia I. *Part Präs Akt n Pl zu* prospicio **II.** *Subst* ae *f* Vorsorge
prō|spiciō, ~spēxī, ~spectus *3* hinausschauen, von fern erblicken; *übertr* vorhersehen, vorsorgen *Dat* für, besorgen; malo ~spicio einem Unheil vorbeugen
prō|sternō, ~strāvī, ~strātus *3* niederwerfen, -schlagen, vernichten ⟦*ml* dem Erdboden gleichmachen
prōstibil|is [prosto] **I.** *Adj* ~e, *Gen* ~is sich für Geld anbietend, käuflich **II.** *Subst* ~is *f* Prostituierte, Dirne
prōstibulum, ī *n* Prostituierte, Dirne
prōstitī →prosto
prō|stituō, ~stituī, ~stitūtus *3* preisgeben
prō|stō, ~stitī *1* hervor-, davorstehen, sich anbieten; liber ~stat ein Buch liegt zum Verkauf aus
prōstrātus, prōstrāvī →prosterno
prostȳl|os, ~on, *Gen* ~ī *m* [*gr*] mit Säulen an der Vorderseite
prōsubigō *3* vor sich aufwühlen
prō|sum I. *Verb* ~fuī, ~futūrus (*Inf* prōdesse) nützen, nützlich sein, *von Heilmitteln* anschlagen **II.** *Adv* = prorsus
prōsus *Adv* = prorsus
Prōtagorās, ae *m* Protagoras (gr. Philosoph, Sophist, Freund des Perikles, verlässt, von der Anklage der Gottlosigkeit bedroht, Athen)
prōtēctiō, ~nis *f* Verteidigung ⟦*ml* Schutz
prōtēct|or, ~ōris *m* Leibwächter
prō|tegō, ~tēxī, ~tēctus *3* (vorn) bedecken, schützen; verbergen
prōtēlō *1* fortjagen; aufschieben
prōtēl|um, ~ī *n* [protendo] (Zug-)Seil; Gespann Ochsen; Fortgang; quasi ~o in einem Zuge
prō|tendō, ~tendī, ~tentus *3* ausstrecken ⟦*spl übertr* ausdehnen, verlängern
prō|tendor, ~tentus sum *3* sich ausdehnen, sich erstrecken
⟦**protensus** *3 ml* sich erstreckend
prōtentus →protendo *und* protendor
prōtenus *Adv* = protinus
⟦**proteraria,** ae *f ml* Ölmühle
prō|terō, ~trīvī, ~trītus *3* zertreten, zerreiben; misshandeln, vernichten; vertreiben
prōterreō *2* fortscheuchen
⟦**protervia,** ae *f spl* Frechheit
protervitā|s, ~tis *f* Dreistigkeit, Frechheit
protervus *3* dreist, frech, ungestüm
Prōtesilāēus *3* des Protesilaos
Prōtesilāus, ī *m* Protesilaos (fiel als erster Grieche vor Troja)
⟦**protestor** *1 spl* bezeugen; Zeugnis ablegen
Protе͡us, ~ī *und* ~os (*Akk* ~a) *m* Proteus (weissagender Meergott)
prōtēxī →protego
prothȳmē *Adv* [*gr*] gern
prothȳmia, ae *f* Geneigtheit, Zuneigung
prōtinam *Adv* vorwärts
prōtinus *Adv* [tenus II.] *räuml* vorwärts, weiter fort, in einem Zuge; zusammenhängend; *zeitl* fernerhin; sogleich; von vornherein, von Anfang an
⟦**proto a secretis** *ml* = protosecretarius
Prōtogen|ēs, ~is *m* Protogenes (gr. Maler u. Bildhauer aus Kleinasien um 300 v. Chr.)
prōtollō *3* hervorstrecken; hinausschieben; weihen
⟦**protoplastus,** i *m* [*gr*] *spl* der zuerst Erschaffene (Adam)

prōtoprāxia, ae (*Akk* ~n) *f* Vorrecht bei Geltendmachung von (Schuld-)Forderungen
⟦**protosecretarius,** i *m ml* Leiter, Chef der Geheimkanzlei
⟦**protovestiarius,** i *m ml* Obergarderobenmeister (in Byzanz)
prō|trahō, ~trāxī, ~tractus *3* vorwärtsziehen, ausdehnen; veranlassen; ans Licht bringen
⟦**pro|trahor,** ~tractus sum *3 spl* sich in die Länge ziehen; *ml* sich verbreiten (*örtl*)
⟦**protrepticus** *3 spl* ermahnend
prōtrītus, prōtrīvī →protero
prō|trūdō, ~trūsī, ~trūsus *3* fortstoßen; *zeitl* hinausschieben
⟦**protubero** *1 spl* darüber hinausstehen, hervorquellen
prōtulī →profero
prōturbō *1* fort-, vertreiben; *übertr* umwerfen; ausstoßen
prout *Kon.* je nachdem, so wie; *poet auch:* prō͡ut
⟦**provector,** ~is *m ml* Förderer
prōvectus I. *Part Perf* →proveho *u.* provehor **II.** ⟦*spl Subst* us *m* Zunahme, Wachstum; Vorteil
prō|vehō, ~vēxī, ~vectus *3* fortführen, emporheben, hinreißen
prō|vehor, ~vectus sum *3* abfahren, vorrücken; sich hinreißen lassen; aufsteigen
prō|veniō, ~vēnī, ~ventum *4* hervorkommen, auftreten; palam ~venio bekannt werden ⟦*ml* sich ereignen, geschehen
prōventus, ūs *m* Geburt, Entwicklung; Wuchs, Ernte, Ertrag, Menge; Ergebnis ⟦*ml allg* Verlauf
prōverbium, ī *n* Sprichwort
prōvēxī →proveho
prōvid|ēns, *Gen* ~entis **I.** *Adj* vorsichtig; vorausschauend **II.** *Part Präs Akt zu* provideo
prōvidentia I. *Adj n Pl zu* providens **II.** *Part Präs Akt n Pl zu* provideo **III.** *Subst* ae *f* Voraussicht, Fürsorge; Vorsehung
prō|videō, ~vīdī, ~vīsus *2* Vorkehrungen treffen, sorgen *Akk* (*Dat,* de) für, besorgen; vorhersehen; vor sich sehen; ~viso mit Vorbedacht ⟦*ml* versorgen *Abl* mit
prōvidus *3* vorhersehend, vorsichtig, sorgend
prōvincia, ae *f* röm. Provinz, Statthalterschaft; Wirkungskreis, Aufgabe ⟦*ml* Gebiet; Aufenthaltsort
prōvinciāl|is, ~e, *Gen* ~is Provinz-; *Pl* ~es *m* Leute aus der Provinz ⟦*ml Subst* ~is *m* Landsmann
prōvinciātim *Adv* nach Provinzen
prōvīsiō, ~nis *f* Vorsicht; Fürsorge
prōvīso *3* nachsehen; sehen, ausschauen *ad* nach
prōvīs|or, ~ōris *m* der vorhersieht; der Vorsorge trifft ⟦*ml* Sachwalter; ~or navis Kapitän
prōvīsus I. *Part Perf Pass* →provideo **II.** *Subst* ūs (*nur Abl* ū) *m* Vorsichhinsehen; Vorsorge
prō|vīvō, ~vīxī *3* fortleben
prōvocātiō, ~nis *f* Berufung *jur, bes* ~ ad populum Berufung beim Volk ⟦*ml* Herausforderung (zum Zweikampf)
prōvocāt|or, ~ōris *m* Herausforderer
prōvocō *1* herausrufen, auffordern, reizen, erregen; wetteifern; *jur* Berufung einlegen
prōvolō *1* hervorfliegen; hervorstürzen
prō|volvō, ~volvī, ~volūtus *3* vorwärtswälzen; se ~volvere sich niederwerfen; sich erniedrigen ⟦*ml* stilo ~voluto ausführlich
prōvolūtus →provolvo
prōvorsus = prorsus
prōvulgō *1* öffentlich bekannt machen
proximē *Adv* kurz vorher, nächstens
proximi|or, ~us, *Gen* ~ōris = propior
proximitā|s, ~tis *f* Nachbarschaft; Verwandtschaft
proximō I. *Verb 1* sich nähern **II.** *Adv* ganz kürzlich
proximum, ī *n* Nähe
proxim|us *3 zeitl* Nächster, Folgender *od* (Nächstvergangener) Letzter; sehr nahe kommend; *moralisch* treu; *Pl* ~i *m* Nachbarn; Verwandte; Umgebung
proxum- = proxim-
prūd|ēns, *Gen* ~entis [providens] klug, wissentlich; vorsichtig, vorsorglich, erfahren; verständig
prūdentia I. *n Pl Adj zu* prudens **II.** *Subst* ae *f* Klugheit, Erfahrung, Einsicht; Vorherwissen ⟦*ml höfische Anrede, etwa* allerklügste Durchlaucht
pruīn|a, ~ae *f* Reif; *Pl* ~ae Schnee, Winter ⟦*ml* Kühlung
pruīnōsus *3* bereift
prūna, ae *f* glühende Kohle, Glut
prūniceus *3* von einem Pflaumenbaum
prūnum, ī *n* Pflaume
prūnus, ī *f* Pflaumenbaum
prūriō *4* jucken; lüstern sein
Prūsa, ae *f* Prusa (Stadt im westlichen Bithynien)
Prūsēns|ēs, ~ium *m* Einw. von Prusa
Prūsi|a (~ās), ~ae *m* Prusias (König von Bithynien)
prytan|ēum (~ium), ~ī *n* [*gr*] Rathaus, Stadthaus
prytanis, ~ *m* Oberbeamter (in gr. Städten), Prytane
psall|ō, ~ī *3* Zither spielen, zur Zither singen ⟦*spl* Psalm singen, jubeln; *bes vom Kirchengesang*
⟦**psalmigraphus,** i *m ml* Psalmendichter

p

⟦**psalmodia,** ae *f spl* Psalmensingen
⟦**psalmus,** i *m spl* biblischer Psalm
psaltērium, ī *n* Saitenspiel (zitherartiges Instrument) ⟦*ml kirchliches* Psalmenbuch, Psalter
psaltēs, ae *m* Zitherspieler ⟦*ml* Sänger *kirchlich;* Psalmist
⟦**psalto** *1 ml Psalmen* aufsagen
psaltria, ae *f* Zitherspielerin
⟦**psaltrium,** i *n ml* Zither
Psecas|s, ~dis *f* Psekas (1. N der Sklavin, die ihre Herrin frisiert = Friseuse 2. N einer Nymphe)
pseliūmenē (*Akk* ~n) *f* Armbandträgerin (Statue des Praxiteles)
psēphisma, ~tis *n* Volksbeschluss
pseudo- *gr Vorsilbe* falsch, unecht
Pseudocatō, ~nis *m* eine Art Cato, falscher (unechter) Cato
Pseudodamasippus, ī *m* Ersatz für Damasippus, falscher (unechter) Damasippus
pseudodipter|os, ~on, *Gen* ~ī scheinbar mit zwei Säulenreihen
Pseudolus, ī *m* Pseudolus (Lügenmaul, N des Sklaven in der gleichnamigen Komödie des Plautus)
pseudomenos, ī *m* »Lügner« (N eines Trugschlusses)
⟦**pseudomonachus,** i *m spl* falscher Mönch
Pseudophilippus, ī *m* der falsche Philippos
pseudothyrum, ī *n* Nebenausgang, Hintertür
⟦**pseudoviator,** ~īs *m ml* falscher Pilger
psilocitharistēs, ae *m* der nur Zither spielt (ohne dazu zu singen)
psithius *3* Rosinen-
psittacus, ī *m* Sittich (*Lw*), Papagei
Psōphī|s, ~dis (*Akk* ~da) *f* Psophis (Stadt im Nordwesten Arkadiens)
Psophode|ēs, ~is *m* Psophodees (der Schreckhafte, Komödie des Menander)
psychomantium, ī *n* Totenorakel
Psyllī, ōrum *m* Psyller (Volk an der Großen Syrte; *auch* Leute, die Schlangenbiss durch Aussaugen des Giftes heilten)
Pteleum, ī *n* Pteleon (Stadt in Thessalien, gegenüber Euboia)
Pthia, ae *f usw* = Phthia *usw*
pthisicus *3* schwindsüchtig
pthisis, ~ *f* [*gr*] Schwindsucht
pthois, ~ *m* [*gr*] runder Kuchen
ptisana, ae *f* Gerstengrütze; aus Gerste hergestellter Trank
ptisanārium, ī *n* Aufguss von Gerste; (Reis-)Auflauf
Ptolomaeum, ī *n* Grabmal der Ptolomäer
Ptolomaeus (Ptolemaeus) I. *Adj 3* des Ptolomaeus, ptolomäisch, *poet* = ägyptisch **II.** *Subst* ī *m* Ptolomaeus, *gr* Ptolemaios, (1. Feldherr Alexanders, Diadoche, König von Ägypten 2. N seiner Nachfolger)
Ptolomāi|s, ~dis *u.* ~dos *f* Ptolomaïs (Stadt in Ägypten)
pūbēns, *Gen* pūbentis strotzend
pūbertā|s, ~tis *f* Mannbarkeit, Manneskraft; Barthaar
pūbēs I. *Adj, Gen* pūberis mannbar, männlich, erwachsen; saftig; *Pl* puberes *m* waffenfähige Mannschaft **II.** *Subst* pūbis *f* Bart-, Schamhaare; (junge) Mannschaft
pūbēscō *3* mannbar werden; heranwachsen; sich bekleiden, überziehen; molli ~ veste sich mit dem weichen Haar der Mannbarkeit bekleiden
pūblica, ae *f* Prostituierte, Dirne
pūblicānus I. *Adj 3 des* Steuerpächters ⟦*ml* amtlich **II.** *Subst* ī *m* Steuerpächter
pūblicātiō, ~nis *f* Einziehung (des Vermögens in die Staatskasse)
pūblicē *Adv* von Staats wegen; öffentlich, allgemein, offiziell
Pūbliciānus *3* des Publicius
pūblicitus *Adv* = publice
Pūblicius *3 Gent* Publicius
pūblicō *1* für den Staat beschlagnahmen; (zum allgemeinen Gebrauch) her(aus)-, preisgeben ⟦*ml* verkündigen
Pūblicola, ae *m* = Poplicola
pūblicum, ī *n* Staatsgebiet, Staatskasse, Staatseinkünfte; Gemeinwesen; Öffentlichkeit
pūblicus I. *Adj 3* öffentlich, Volks-; politisch, staatlich, amtlich; allgemein, gewöhnlich; *bes* **res publica** Gemeinwesen, Staat(sverwaltung), Politik; Freistaat **II.** *Subst* ī *m* Staatssklave ⟦*ml* gewöhnlicher Kerl
Pūblilia, ae *f* →Publilius
Pūblilius *3 Gent* Publilius (1. P. ~ Syrus, Mimendichter im 1. Jh. v. Chr. 2. Publilia, Ciceros zweite Frau)
⟦**pudenda,** orum *n spl* Schamteile
pudendus *3* schimpflich, schändlich; Scham-
pudēns, *Gen* pudentis schamhaft, sittsam; von Ehrgefühl; schüchtern
pudeō *2* sich schämen; mit Scham erfüllen; *unpers* **pudet,** puduit *u.* puditum est es erfüllt *Akk* jmdn. mit Scham, er schämt sich *Gen* einer Sache *od* vor; pudet deorum hominumque es ist eine Schande vor Göttern und Menschen
⟦**pudescit** *spl unpers* = pudet
pudibundus *3* schamhaft; schimpflich
pudīcitia, ae *f* Schamhaftigkeit, Keuschheit
pudīcus *3* sittsam, ehrbar
pudor, pudōris *m* Scham, Ehrgefühl; Ehrfurcht, Zartgefühl, Takt; Scheu
puella, ae *f* Mädchen, Tochter, junge Frau; Geliebte
puellār|is, ~e, *Gen* ~is mädchenhaft, jugendlich, jungfräulich
puellula, ae *f* kleines Mädchen

puellus, ī *m* Knäblein
puer, ī *m* Kind, Sohn, *bes* Knabe, Junge; Diener, Sklave; Junggeselle; a ~o *od* ~is von Kindheit an ⟦*ml* junger Mann
puera, ae *f* Mädchen
puerāscō *3* in das Knabenalter eintreten ⟦*spl* wieder jung werden
puerīl|is, ~e, *Gen* ~is kindlich, knaben-, jungenhaft; Kinder-, Jungen-; kindisch
⟦**puerinus** *ml* **I.** *Adj 3* knabenhaft **II.** *Subst* i *m* Knäblein
pueritia, ae *f* Kindheit, Knabenalter (gew. bis zum 17. Jahr)
⟦**puerities,** ei *f spl* = pueritia
puerpera, ae *f* [pario] Wöchnerin, Gebärende, Entbindende
puerperium, ī *n* Wochenbett
puerperus *3* Entbindung fördernd
puertia, ae *f* = pueritia
puerulus, ī *m* Bürschchen
pūga, ae *f* [*gr*] Steiß, Hintern
pugil, ~is *m* Faustkämpfer ⟦*ml* Fechter
pugilātōrius *3* vom Faustkämpfer gebraucht
pugilātus, ūs *m* Faustkampf
pugilicē *Adv* nach Art der Faustkämpfer
pugillār|ēs, ~ium *m* (**~ia,** ~ium *n*) Schreibtäfelchen
pugillār|is, ~e, *Gen* ~is faustgroß
pugillāt- = pugilat-
pugillus, ī *m* Handvoll ⟦*ml* Hand
pūgiō, ~nis *m* [pungo] Dolch
pūgiunculus, ī *m* kleiner Dolch, Stilett
pūgna, ae *f* Schlacht, Kampf; Schlägerei; Kampflinie; listiger Streich
pūgnācitā|s, ~tis *f* Streitlust
pūgnāculum, ī *n* Schanze, Bollwerk *auch übertr*
pūgnāt|or, ~ōris *m* Kämpfer
pūgnātorius *3* Fechter-
pūgnā|x, *Gen* ~cis streitbar
pūgneus *3* Faust-
pūgnō *1* [pugnus] kämpfen; *übertr* im Streit liegen, sich widersprechen; streben, sich bemühen
pūgnus, ī *m* Faust; Handvoll
⟦**pulbetum,** i *n ml* = pulpitum Pult, Lehrstuhl
pulc(h)ellus *3* hübsch
pulc(h)er, pulchra, pulchrum schön, herrlich, köstlich; glücklich
pulc(h)ritūd|ō, ~inis *f* Schönheit, Vortrefflichkeit
pūlēium, ī *n* Polei (*Lw*), Flöhkraut (wohlriechende Pflanze)
pūlex, pūlicis *m* Floh (*Lw*)
pullārius, ī *m* Wärter der heiligen Hühner
pullāt|us *3* schwarz gekleidet *Trauer- u. Arbeitstracht; Pl* ~i *m* Leute in Arbeitskitteln
pullulō *1* hervorsprossen; sich ausbreiten; *mit Akk* hervorbringen
pullum, ī *n* dunkle Farbe, schwarzer Streifen
pull|us I. *Adj 3* dunkelfarbig ⟦*ml* vestis ~a Benediktinerkutte **II.** *Subst* ~ī *m* das Junge *meist von Vögeln;* junger Trieb; ~us equinus Fohlen (*urv*)*; auch Kosewort* Hühnchen, Püppchen
pulmentārium, ī *n* Zukost (zum Brot)
pulmentum, ī *n* [pulpa] Fleischspeise, -mahlzeit, -portion
pulmō, ~nis *m* Lunge; *Pl* ~nes Lungenflügel, -lappen
pulmōneus *3* Lungen-
pulpa, ae *f* Fleisch
pulpām|en, ~inis *n* Fleischspeise, -mahlzeit; Zukost
pulpāmentum, ī *n* = pulpamen
pulpitum, ī *n* Podium, Bühne; Lehrstuhl, Pult (*Fw*)
puls, pultis *f* dicker Brei
pulsātiō, ~nis *f* Schlagen, Klopfen
pulsō *1* [pello] (heftig *od* öfter) schlagen, stoßen, klopfen; in Bewegung setzen, erregen, erschüttern; vertreiben ⟦*ml* läuten; verklagen; signum ~ das Kreuz schlagen
pulsus I. *Part Perf Pass* →pello **II.** *Subst* ūs *m* [pello] Stoß, Schlag(en), Stampfen; Anregung ⟦*spl* Sonnenwende; *ml* Läuten ecclesiae zur Kirche
⟦**pulta,** ae *f* [puls] *ml* Brei
pultārius, ī *m* (Brei-)Topf
pultātiō, ~nis *f* Klopfen
pultiphagōnidēs, ae *m* [*lat-gr*] = pultiphagus
pultiphagus, ī *m* [*lat-gr*] Breiesser (= Römer)
pulto *1* [pello] (an)klopfen, schlagen
⟦**pultrellus,** i *m ml* Fohlen
pulvereus *3* Staub-, staubig
pulverulentus *3* staubreich; mit Mühe verbunden
pulvīllus, ī *m* kleines Polster, Kissen
pulvīn|ar, ~āris *n* Polstersitz; Göttermahl
pulvīnār|is, ~e, *Gen* ~is Schlafzimmer-
pulvīnārium, ī *n* Polster, Pfühl (*Lw*) (*bes* für Götter); Ankerplatz
pulvīnus, ī *m* Kissen; Gartenbeet, Rabatte
pulv|is, ~eris *m, f* Staub; Erde; Kampf(platz)
pulvisculus, ī *m* Stäubchen
pūmex, pūmicis *m, f* Bimsstein (*Lw*), *poet* Klippe, Gestein
pūmiceus *3* aus Bimsstein; *übertr* trocken
pūmicō *1* mit Bimsstein glätten
pūmiliō, ~nis *m, f* Zwerg
pūmilus, ī *m* Zwerg
⟦**punctatus** *3 ml* gefleckt; equus ~ Schecke
pūnctim *Adv* stichweise, stechend (fechten)
pūnctulum, ī *n* kleiner Stich
pūnctum, ī *n* Stich; Punkt, Auge (auf dem Würfel); Stimme (bei der Wahl); Stück-

chen; Augenblick; kurzer Abschnitt (in der Rede) ⟦*spl* runder Fleck
pungō, pupugī, pūnctus *3* stechen, kränken
Pūnicānus *3* auf punische Art gemacht
Pūniceus *3* = Poenic(e)us
Pūnic|us *3* = Poenic(e)us; (pomum) ~um Granatapfel
pūni|ō *und* **~or** *4* (be)strafen, rächen
pūnītiō, ~nis *f* Bestrafung
pūnīt|or, ~ōris *m* Rächer, Bestrafer
Pūp. *Abk für* Pūpīniā (tribu) aus der pupinischen Tribus
pūpa, ae *f* Mädchen; Puppe
pūpilla, ae *f* Waise, Mündel; Pupille
pūpillār|is, ~e, *Gen* ~is Waisen-, Mündel-, unmündig
pūpillus **I.** *Adj 3* verwaist, elternlos **II.** *Subst* ī *m* Waise, Mündel; Pupille
Pūpīnia, ae *f* das pupinische Gebiet (unfruchtbare Gegend in Latium u. N der Tribus →Pup.)
Pūpīniēns|is, ~e, *Gen* ~is pupinisch; ager ~is = Pupinia
puppis, ~ *f* Achterdeck; *poet* Schiff
pupugī →pungo
pūpula, ae *f* Püppchen; Pupille, Auge
pūp(ul)us, ī *m* Bübchen
pūre|faciō, ~fēcī, ~factus *3* reinigen
pūrgām|en, ~inis *n* Kehricht, Unrat; Sühnemittel
pūrgāmentum, ī *n* Schmutz, Unrat; *übertr von Menschen* Gesindel, Abschaum
pūrgātiō, ~nis *f* Reinigung, *med* Entleeren; Rechtfertigung
⟦**purgatorium,** i *n spl* Reinigungs-, Fegefeuer
⟦**purgatorius** *3 spl* reinigend
pūrgitō *1* reinigen
pūrgō *1* [purus] reinigen; rechtfertigen, entschuldigen; sühnen; berichtigen, beseitigen; *med* abführen
pūrificātiō, ~nis *f kult* Reinigung
⟦**purificator,** ~is *m ml* Reiniger
pūrificō *1* reinigen, entsühnen
pūrigō *1* = purgo
⟦**purita|s,** ~tis *f spl* Reinheit, Lauterkeit
pūriter *Adv zu* purus
purporissātus *3* = purpurissatus
purpura, ae *f* [*gr*] Purpur(schnecke); Purpurgewand, -decke; hohes Amt, Herrschaft ⟦*ml übertr* Blut (Christi)
purpurāscō *3* sich purpurn färben
purpurātus **I.** *Adj 3* purpurgekleidet **II.** *Part Perf Pass zu* purpuro **III.** *Subst* ī *m* Höfling
purpureus *3* purpurrot; purpurbekleidet; glänzend
purpurissātus *3* rot geschminkt
purpurissum, ī *n* Purpurfarbe
purpurō *1* purpurn färben ⟦*spl* mit Purpur schmücken
pūrulentus *3* [pus] eitrig
pūru|s *3* rein *Gen* (*Abl*) von, lauter, rechtschaffen; ohne Zutaten, unverziert; unbebaut; unentweiht, *rhet* fehlerlos, schlicht; *jur* vorbehaltlos; sulphur ~m reinigender Schwefel
pūs, pūris *n* Eiter
⟦**pusillanim|is,** ~e, *Gen* ~is *spl* kleinmütig, schüchtern
⟦**pusillanimita|s,** ~tis *f spl* Kleinmut, Schüchternheit
pusillum, ī *n* ein bisschen
pusillus *3* winzig, schwach ⟦*ml Subst* i *m* Jüngling
pūsiō, ~nis *m* kleiner Junge
⟦**pusiolus,** i *m ml* = pusio
pussula *u.* **pustula,** ae *f* Hautbläschen, Pustel
⟦**pustella,** ae *f ml* = pussula
pustulātus *3* mit Bläschen versehen; *von Silber* geläutert, rein
puta [*Imp von* puto 1.] zum Beispiel
putām|en, ~inis *n* **1.** Schale, Hülse **2.** Beschneiden (der Bäume)
putātiō, ~nis *f* **1.** Beschneiden der Bäume ⟦**2.** *spl* Rechnung; Meinung
putāt|or, ~ōris *m* Gärtner, der Bäume u. Rebstöcke beschneidet
pute|al, ~ālis *n* Brunneneinfassung; (oben offener) kleiner Tempel; Blitzmal
puteāl|is, ~e, *Gen* ~is Brunnen-
puteārius, ī *m* Brunnenbauer
pūteō, pūtuī *2* moderig *od* ranzig riechen
Puteolānum, ī *n* Puteolanum (Landgut Ciceros bei Puteoli)
Puteolān|us *3* aus Puteoli; *Pl* ~i *m* Einw. von Puteoli
Puteolī, ōrum *m* Puteoli (Stadt in Kampanien), *heute* Pozzuoli
puter (putris), putris, putre, *Gen* putris verwest, faul (*urv*), morsch, mürbe; locker; welk; oculi putres schmachtende, wonnetrunkene Augen
pūtēscō, pūtuī *3* moderig werden, einen widerlichen Geruch annehmen
puteus, ī *m* Grube; *bes* Brunnenschacht; Luftschacht
pūtidiusculus *3* etwas zudringlicher (quam als)
pūtidus *3* faul, moderig; widerlich; *rhet* geziert, überladen
putillus, ī *m* Knäblein
pūtīscō *3* = putesco
putō *1* **1.** [imputo] meinen, glauben, vermuten; *mit doppeltem Akk* halten für; abrechnen, berechnen, schätzen; erwägen, bedenken; magni ~ hoch achten, schätzen ⟦*ml* etw. erwarten de von **2.** (Bäume) beschneiden; reinigen
putor *1 mit doppeltem Nom* gelten als
putrē|faciō, ~fēcī, ~factus *3* in Fäulnis übergehen lassen; mürbe machen

a b c d e f g h i j k l m n o p put q r s t u v w x y z

putrēscō *3* vermodern; mürbe werden
putridus *3* faul, schlaff
putr|is, ~e, *Gen* ~is →puter
pūtuī →puteo *und* putesco
putus I. *Adj 3* sauber, rein, blank, echt **II.** *Subst* ī *m* Knabe
pyct|a *u.* **~ēs,** ~ae *m* Faustkämpfer, Boxer
Pydna, ae *f* Pydna (Stadt in Makedonien, 168 v. Chr. Sieg der Römer über König Perseus von Makedonien)
Pydnaeī, ōrum *m* Pydnäer, Einw. von Pydna
pyelus, ī *f* [*gr*] Badewanne
Pygmaeī, ōrum *m* Pygmäen (sagenhaftes Zwergenvolk)
Pygmaeus *3* pygmäisch, *übertr* zwergenhaft
Pygmaliōn, ~ is (*Nbf Akk* ~a) *m* Pygmalion (1. *myth* König von Tyrus, 2. König von Zypern und Bildhauer)
⟦**pygme,** es *f spl* Faustkampf
Pylad|ēs, ae (*Nbf Gen* ~is) *m* Pylades (Freund des Orestes)
Pyladēus *3* des Pylades
pylae, ārum *f* Pass (durchs Gebirge)
Pylae, ārum *f* = Thermopylae
Pylāicus *3* von Thermopylai
Pylius I. *Adj 3* pylisch, von Pylos; des Nestor **II.** *Subst* ī *m* Pylier (*oft* = Nestor)
Pylos *u.* **Pylus,** ī *f* Pylos (**1.** N von Städten auf der Peloponnes **2.** die Burg Nestors)
pyra, ae *f* [*gr*] Scheiterhaufen
⟦**pyralis,** ~ *f ml* Ofen
pȳrami|s, ~dis *f* Pyramide; pyramidenförmiger Grenzstein ⟦*spl* Rosenknospe; *ml* dreieckiges Tuch
Pȳramus, ī *m* Pyramus (1. Geliebter der Thisbe 2. Fluss in Kleinasien)
pyrat- = pirat-
Pȳrēnaeus *3* pyrenäisch, Pyrenäen-
Pȳrēnē, ēs *f* die Pyrenäen
pyrethrum, ī *n* [*gr*] Bertramwurz (Arzneipflanze)
⟦**pyretium,** i *n ml* Barett (*Lw*)
Pyrgēns|is, ~e, *Gen* ~is von Pyrgi, pyrgisch
Pyrgī, ōrum *m* Pyrgi (Hafenstadt in Etrurien)
Pyriphlegeth|ōn, ~ontis *m* Pyriphlegethon (der Feuerstrom in der Totenwelt)
pyrītēs, ae *m* Feuerstein; Schwefelkies
pyrōpus, ī *m* Goldbronze
Pyrra, ae *f* = Pyrrha
Pyrrha, ae *f* Pyrrha (1. Gem. Deukalions, 2. Stadt auf Lesbos)
Pyrrhēum, ī *n* das Pyrrheum (Königsburg des Pyrrhus 2.)
Pyrrhia|s, ~dis *f* aus Pyrrha 2.
Pyrrhidae, ārum *m* Pyrrhusenkel (Bez. für die Einw. von Epirus)
Pyrrhō, ~nis *m* Pyrrhon von Elis (Philosoph, Begründer des Skeptizismus, etwa 360–270 v. Chr.)
Pyrrhōnēī, ōrum *m* Anhänger des Pyrrhon, Skeptiker
pyrrhopoecil|os I. *Adj m, f,* ~on *n* rötlich **II.** *Subst* ~ī *m* Syenit, rotbunter Granit
Pyrrhus, ī *m* Pyrrhus, *gr* Pyrrhos (1. Sohn Achills 2. König in Epirus, 319–272 v. Chr.)
pyrricha, ae *f* Pyrricha (dorischer Waffentanz)
Pȳthagorās, ae *m* Pythagoras (Mathematiker u. Philosoph aus Samos, im 6. Jh. v. Chr.)
Pȳthagorēa, ōrum *n* die Lehre des Pythagoras, pythagoräische Lehrsätze (*bes* phil. u. ethischer Art)
Pȳthagorēus I. *Adj 3* pythagoreisch, des Pythagoras **II.** *Subst* ī *m* Pythagoreer, Anhänger des Pythagoras
pȳthaulēs, ae *m* Flötenspieler
Pȳtheās, ae *m* Pytheas (aus Massilia, Seefahrer u. Geograf, 4. Jh. v. Chr.)
Pȳthia 1. ae *f* Pythia (Priesterin des Apollon zu Delphi), **2.** ōrum *n* die Pythischen Spiele (zu Ehren Apollons in Delphi)
Pȳthi|cus *und* **~us** *3* pythisch, delphisch
Pȳth|ō, ~ūs *f* Pytho (ältester N für Delphi)
Pȳthōn, ~is *m* Python (Drache bei Delphi, von Apollon getötet)
pȳtissō *1* Wein beim Kosten aus dem Munde spritzen
pyxidātus *3* büchsenförmig
pyxi|s, ~dis *f* Büchse, *übertr* Stampfeisen (im Mörser)

Q

Q. *Abk für* →Quintus *od* →quaestor *od* →Quirites *od* →-que; **Q. (B.) F. F. S.** *Abk für* quod (bonum) felix faustumque sit; **q. p.** = quamprimum
[1]**qua** →quis; →qui I. 3.
[2]**quā 1.** *Adv* auf welchem Wege?, wo?, wie?, wohin?; auf welchem Wege, wo, insofern; irgendwie, -wo **2.** *Abl Sg f zu* quis *u.* qui
quācumque (= quacunque) *Adv* überall, wo; wie auch immer
quādamtenus *Adv* bis zu einem gewissen Punkt; einigermaßen
Quadī, ōrum *m* Quaden (Suebenstamm, in den ersten Jh. n. Chr. nördlich der Donau im jetzigen Mähren u. der Slowakei)
quadra, ae *f* = quadrum
quadrāgēn|ī, ~ae, ~a (*Gen* ~um) je vierzig
quadrāgēsima, ae *f der* Vierzigste (als Abgabe) ⟦*spl auch* ~orum *n* die 40-tägige Fastenzeit; medio quadragesimae zu Mittfasten
⟦**quadragesimal|is,** ~e, *Gen* ~is *ml* 40-fach, 40-tägig

quadrāgēsimus *3* der vierzigste
quadrāgiē(n)s *Adv* vierzigmal; ~ (sestertium) vier Millionen Sesterzen
quadrāgintā *undekl* vierzig
⟦**quadrangulus** *3 ml* viereckig
quadr|āns, *Gen* ~antis **I.** *Part Präs Akt zu* quadro **II.** *Subst n* Viertel (vom zwölfteiligen Ganzen); Viertelas (Münze, Eintrittsgeld in öffentlichen Bädern)
quadrant|al, ~ālis *n* Hohlmaß von 26,26 l = amphora; Würfel
quadrantāl|is, ~e, *Gen* ~is ein Viertel enthaltend (vom zwölfteiligen Ganzen)
quadrantārius *3* [quadrans] ein Viertelas betragend, für ein Viertelas käuflich; auf ein Viertel ermäßigt
⟦**quadratura,** ae *f spl* Quadratur, Viereck
quadrātum, ī *n* Viereck, Quadrat
quadrāt|us *3* [quadro] viereckig; wohlgefügt; littera ~a Großbuchstabe ⟦*ml* rusticus ~us vierschrötiger Bauer
quadri- = *auch* quadru-
⟦**quadriduanus** *3 spl* von *od* seit vier Tagen
quadrīduum, ī *n* Zeitraum von vier Tagen, vier Tage
quadriennium, ī *n* [annus] Zeitraum von vier Jahren, vier Jahre
quadrifāriam *Adv* in vier Teile; vierfach
quadrifidus *3* vierfach gespalten
⟦**quadrifinius** *3 ml* nach vier Seiten hin angrenzend
quadrīgae, ārum *f* [iugum] Viergespann, vierspänniger Wagen ⟦*ml* Fuhren, Ladungen
quadrīgāl|is, ~e, *Gen* ~is aus einem Viergespann
quadrīgārius I. *Adj* zum Lenker eines Viergespanns gehörig **II.** *Subst* ī *m* Wagenlenker, Rennfahrer
Quadrīgārius *m* Quadrigarius (BN der gens Claudia)
quadrīgātus *3* mit einem Viergespann (als Prägung) versehen; Silberdenar
quadrīgulae, ārum *f* kleines Viergespann
quadriiug|is, ~e, *Gen* ~is *u.* **~us** *3* vierspännig
quadrilībr|is, ~e, *Gen* ~is [lībra] vierpfündig
quadrimēstr|is, ~e, *Gen* ~is [mensis] viermonatig
quadrīm(ul)us *3* vierjährig
quadringēnārius *3* aus je vierhundert bestehend
quadringēnī, ae, a je vierhundert
quadringentēsimus *3* der vierhundertste
quadringentī, ae, a vierhundert
quadringentiē(n)s *Adv* vierhundertmal
quadri|partītus (*u.* **~pertītus)** *3* in vier Teile geteilt, vierfach
quadrirēm|is, ~e, *Gen* ~is [rēmus] **I.** *Adj* mit vier Ruderreihen **II.** *Subst* ~is *f* Schiff mit vier Ruderreihen
quadrivium, ī *n* [via] Wegekreuzung ⟦*spl* Quadrivium (Ausbildungsstufe mit vier Fächern, meist Arithmetik, Astronomie, Musik, Geometrie)
quadrō *1* viereckig machen, vollständig machen; viereckig sein; passen, sich schicken; zutreffen
quadrum, ī *n* Viereck, (gekreuzte) Kerblinien (zum Vierteln des Brotes), Brot, (Viertel-)Stück des Brotes; Platte *Säulenunterlage,* Quaderstein; *übertr* ordentliche Form
quadruped|āns *Gen* ~antis **I.** *Adj* galoppierend **II.** *Subst m, f* Rennpferd
quadrup|ēs, *Gen* ~edis **I.** *Adj* vierfüßig **II.** *Subst m, f* Pferd, Vierfüßler
quadruplāt|or, ~ōris *m* bestechlicher Richter; (gewerbsmäßiger) Denunziant (der ein Viertel als Prämie erhält)
quadrupl|ex, *Gen* ~icis **I.** vierfältig, -fach **II.** *Subst n* das Vierfache
quadruplicō *1* vervierfachen
quadruplum, ī *n* das Vierfache (als Strafe)
quadruplus *3* vierfach
quadrup(u)lor *1* denunzieren, anzeigen
quadrus *3* viereckig
quae *Nom Sg/Pl f od Nom/Akk Pl n zu* qui
quaeque →quisque
quaeritō *1* [quaero] eifrig suchen; genau wissen wollen; verdienen
quae|rō, ~sīvī (*u.* ~siī), ~sītus *3* **1.** suchen; trachten *Akk* nach, sich verschaffen, erwerben; sich bemühen (etw. zu tun); begehren **2.** fragen (a *od* ex *od* de jmdn.), forschen *Akk* nach; wissenschaftlich *od* gerichtlich untersuchen
quaesītiō, ~nis *f* das Suchen; Untersuchung
quaesīt|or, ~ōris *m* Untersuchungsrichter
quaesīt|um, ~ī *n* Frage; *Pl* ~a, ~orum gesammelte Schätze
quaesītus I. *Adj 3* gesucht, affektiert; ausgesucht, außerordentlich **II.** *Part Perf Pass* →quaero
quaesiī →quaero
quaesīvī →quaero
quaes(s)ō *3* [quaero] *altl* suchen; *poet* fragen; bitten
quaesticulus, ī *m* [quaestus] kleiner Gewinn
quaestiō, ~nis *f* [quaero] das Suchen *altl;* Befragung, Frage; Untersuchung; Folter (bei Sklaven); Gegenstand der Untersuchung; Gerichtshof, *bes* ~nes perpetuae ständige Gerichtshöfe (für bestimmte Verbrechen) ⟦*ml* Rechtsstreit, Streit(frage)
⟦**quaestiono(r)** *1 spl* fragen, verhören
quaestiuncula, ae *f* kleine Frage, Untersuchung
quaest|or, ~ōris *m* Quästor (unterster der hohen röm. Staatsbeamten, z. Z. der Re-

publik Finanzbeamter, in der Kaiserzeit Geheimsekretär) ⟦*ml* Ablassverkäufer
quaestōrium, ī *n* Zelt *od* Amtsgebäude des Quästors
quaestōrius I. *Adj 3* quästorisch, zum Quästor gehörig, im Range eines Quästors **II.** *Subst* ī *m* ehemaliger Quästor
⟦**quaestuarius,** i *m spl* Gewerbetreibender; *ml* kirchlicher Kassierer u. Almosenverwalter
quaestuōsus *3* einträglich; gewinnsüchtig; sich bereichernd
quaestūra, ae *f* Quästur, Amt (*auch* Kasse) des Quästors ⟦*ml* Lohn, Lehen
quaestus, ūs *m* (*Nbf Gen Sg* quaestī) [quaero] Erwerb, Gewinn, Zinsen; Gewerbe ⟦*ml* Beruf, Tätigkeit; ~ salis Salzhandel
quālibet *Adv* auf jede Weise; überall
quāl|is, ~e, *Gen* ~is **1.** wie (beschaffen)?, was für ein? **2.** (*oft korrespondierend mit* talis) (so) wie **3.** (irgend)wie (beschaffen)
quālis|cumque (*u.* **~cunque**), quālecumque wie immer beschaffen; von jeder Art; jeder ohne Unterschied
quālis|libet (*u.* **~lubet**), quālelibet von beliebiger Beschaffenheit
quālisnam, quālenam wie beschaffen?
quālitā|s, ~tis *f* Beschaffenheit, Eigenschaft
quāliter *Adv* wie, gleichwie, sowie ⟦*ml Kon. mit Konj.* damit
quālitercumque *u.* **quālitercunque** *Adv* wie auch immer
quālubet = qualibet
qual(l)us, ī *m* geflochtener Korb
quam I. *Adv* wie?, wie sehr? (*auch beim Ausruf*); wie (*oft in Verbindung mit* tam so wie); als (*bei Vergleichen*); *~ mit Sup* möglichst *dt mit Positiv* ~ maximis itineribus in möglichst großen Märschen; pridie ~ einen Tag, bevor; postridie ~ einen Tag, nachdem **II.** *Pron Akk Sg f zu* qui
quamdiū I. *Adv* wie lange? **II.** *Kon.* so lange (als)
quamdūdum *Adv* wie lange schon?, seit wann?
quamlibet *u.* **quamlubet** *Adv* wie (sehr) es beliebt, beliebig; so sehr auch, wenn auch noch so
quamobrem *Adv* warum?; weshalb, und deshalb
quamprīmum *Adv* möglichst bald; *Abk* q. p.
quamquam *Kon.* obgleich, obwohl; *im Hauptsatz* indessen, freilich
⟦**quamsi** *ml* = quasi
⟦**quamtumvis** *ml* = quantumvis
quamvīs I. *Adv* beliebig, in jeder Weise, noch so(sehr); ~ pauci wenn auch in noch so geringer Zahl **II.** *Kon.* (*meist mit Konj.*) wie sehr auch, obgleich

quānam *Adv* auf welchem Wege denn?, wie denn?
quandō I. *Adv* wann?; *nach* si, nisi, ne, num je(mals), einmal **II.** *Kon.* als, (dann) wenn, immer wenn; weil
quandōcumque *Adv* wann nur, immer wenn; irgendwann einmal
quandōque I. *Adv* irgendwann einmal **II.** *Kon.* wenn einmal ⟦*ml* manchmal
quandoquidem (*auch* quandōquidem) *Kon.* da nun einmal
quanquam = quamquam
quantī *Adv* [quantus] wie teuer(?), wie hoch(?)
quantillus *3* wie klein(?)
quantitā|s, ~tis *f* Größe, Anzahl, Menge ⟦*ml* Quantität (der Silben)
quantō *Adv* [quantus] (um) wie viel (?); ~ ... tanto je ... desto
⟦**quantocius** *Adv spl* so schnell als möglich, schleunigst
quantopere (= quantō opere) *Adv* in wie hohem Grade, wie sehr; tantopere ... ~ so sehr ... wie
quantulumque [*n zu* quantuluscumque] so wenig auch *Gen* (an)
quantulus *3* wie klein, wie wenig
quantuluscumque *3* wie klein auch immer; beliebig klein
quantum I. *Subst* ī *n* wie viel, so viel *Gen* (an) **II.** *Adv* inwieweit(?); irgendwie, ganz ⟦*spl* in ~ soweit; ~ ... tantum zwar ... aber
quantumlibet *n* noch so sehr
quantumvīs I. *Adv* gar sehr **II.** *Kon.* (*meist mit Konj.*) wenn auch noch so sehr; obgleich
quantus *3* wie groß?, wie viel?, wie lange?, *auch* wie klein? *auch im Ausruf;* tantus ... ~ so groß, wie; →quanti, quanto, quantum ⟦*spl Nom Pl* quanti = quot
quantuscumque *3* wie groß (wie viel) auch immer; beliebig groß (viel)
quantuslibet *3* beliebig groß
quantusquantus *3* = quantuscumque
quantusvīs *3* beliebig groß (viel)
quāpropter *Adv* warum? weshalb?; weshalb; *als Satzanschluss* deswegen
quāquā *Adv* überall, wo(hin); überall
quāque = usquequaque
quāre *Adv* wodurch?, warum?; wodurch; *anknüpfend* daher
quārtadecumānī, ōrum *m* die Vierzehner (Soldaten der 14. Legion)
quārtāna, ae *f* Wechselfieber
quārtānī, ōrum *m* die Vierer, Soldaten der 4. Legion
quārtānus *3* am 4. Tage wiederkehrend
quārtārius, ī *m* Viertel (*meist vom* sextarius = 0,131 l)
quart|ō *und* **~um** *Adv* zum vierten Male
quārtus *3* der vierte
quārtusdecimus *3* der vierzehnte

quasi [quam si] **I.** *Kon.* gleichwie; *in vergleichenden Bedingungssätzen* als ob; *kausal* weil angeblich **II.** *Adv im Vergleich* gleichwie, gewissermaßen, gleichsam; *bei Zahlen* fast, beinahe ⟦*ml bei Zahlen* etwa, ungefähr; *pleonastisch* ~ pro muris wie Mauern

quasill|um, ~ī *n u.* **~us** ~ī *m* [qualus] Wollkörbchen (der Spinnerin)

quassātiō, ~nis *f* heftiges Schütteln; Erschütterung

quassō *1* [quatio] schütteln, erschüttern, beschädigen; plagen; hin und her wackeln; rasseln

quassus I. *Adj* zitternd **II.** *Part Perf Pass* →quatio **III.** *Subst* ūs *m* Erschütterung

quate|faciō, ~fēcī *3* wankend machen, erschüttern

quātenus *Adv* so weit (wie); inwieweit; so lange wie; weil ⟦*spl* dass, damit

quater *Adv* viermal

quaternī, ae, a je vier

⟦**quaternio,** ~nis *f spl* die Vier; Abteilung von vier Mann; Quartbogen; *ml* Handschriftenband

⟦**quatinus** *spl* = quatenus

quatiō, –, quassus *3* schütteln, erschüttern, beschädigen, plagen; *übertr* in Aufregung versetzen; *eine Lanze* schwingen, *Pferde* treiben ⟦*ml Handpauke* schlagen

quatri- = quadri-

quat(t)uor *undekl* vier

quattuordecim *undekl* vierzehn; sedeo in ~ (ordinibus in einer der ersten 14 Reihen sitzen, die im Theater den Rittern vorbehalten waren, *daher*) Ritter sein

quattuorvirātus, ūs *m* Amt der quattuorviri

quattuorvirī, ōrum *m* Viererkollegium (in Rom Behörde der Straßenaufsicht, in anderen röm. Städten oberste Verwaltung)

-que (*angehängt*) und (*im Dt vorgestellt, z. B.* populusque und das Volk); *nach* multi, pauci, unus *dt unübersetzt, z. B.* multa ingentesque insulae viele große Inseln; -que ... -que sowohl ... als auch; teils ... teils; *bes* und auch, und überhaupt, und daher ⟦*ml wie* et *gestellt z. B.* sociosque sequaces Verbündete und (ihr) Gefolge

quei *altl* = qui *Nom Sg m*

quem *Akk Sg m zu* qui *und* quis

quemadmodum *Adv* auf welche Weise, wie; so wie

queō, quīvī *od* quiī, quitus (*Inf* quīre; *Konjugation wie* [1]eo) können, fähig sein (*Pass-Formen* bei *Inf Pass dt Aktiv*)

quercētum, ī *n* Eichenwald

querceus *3* von Eichen, Eichen-

quercus, ūs *f* Eiche; Eichenkranz

querēla, ae *f* [queror] Klage, Wehklage; Beschwerde; Unpässlichkeit

queribundus *3* [queror] klagend

querimōnia, ae *f* [queror] Klage, Beschwerde

queritor *1* heftig klagen

quern(e)us *3* [quercus] Eichen-

queror, questus sum *3* (be)klagen, jammern; sich beklagen, sich beschweren *Dat od* cum bei; gerichtlich klagen

querquētulānus *3* mit einem Eichenhain bedeckt, Eichen-; mons ~ = mons Caelius (einer der 7 Hügel Roms)

querquētum = quercetum

querulus *3* (weh)klagend; sich beklagend

quest|iō, ~iōnis *f u.* **~us,** ~ūs *m* Klage

questus I. *Part Perf* →queror **II.** *Subst* ūs *m* →questio

quī I. quae, quod (*Gen Sg* cuius, *Nbf* quoius; *Dat Sg* cui, *Nbf* quoi; *Akk Sg* quem; *Nbf Abl Sg* quī; *Dat/Abl Pl* quibus, *Nbf quīs*) **1.** *Interr* welcher, welche, welches (*auch als Subst statt* [1]quis, quid) **2.** *Relativpron* der, die, das; welcher, welche, welches; wer, was; *auch* so viel als, wie viel, *bes* quod so viel *Gen* (von) *od* (an), *z. B.* quod frumenti so viel (an) Getreide; *nach Punkt od Semikolon auch* dieser, diese, dieses **3.** *unbestimmtes Pron* (*Nom Sg f meist* qua; *Nom/Akk Pl n meist* qua; *nach* si, nisi, ne, num, quo, quanto, cum, ubi) irgendeiner, irgendeine, irgendein; irgendwer, irgendwas **II.** *Adv* wie?, warum?, auf welche Weise?, womit?; auf irgendeine Weise, irgendwie; wenn doch, z. B. qui illum di perduint wenn doch die Götter ihn vernichteten! **III.** *Nom Pl m u. Nbf Abl Sg zu* qui I.

quia *Kon.* weil ⟦*ml zeitl* seit, *kausal* denn; nomen ~ proprium als der eigentliche Name

quianam *Adv* weshalb denn?

quibus *Dat/Abl Pl zu* qui *u.* quis; quibuscum = cum quibus

quicquid →quisquis

quīcum = quocum, quacum = cum quo *od* qua

quīcumque, quaecumque, quodcumque wer auch immer; jeder, der; *n* alles, was; ein beliebiger, jeder; *n* alles ⟦*ml* manch

quid I. *Adv* was?, wozu?, warum? **II.** *n Sg* →[1]quis ⟦*ml* quid est, quod ...? wie kommt es, dass ...?

quīdam, quaedam, quiddam [*od* quoddam) *Pron* ein (gewisser); *oft* ungefähr, eine Art von, gewissermaßen; (homines) quidam einige, etliche, manche (Leute)

quidem *Adv* sicherlich, gewiss, (*auch zur Hervorhebung des vorhergehenden Wortes;* jedenfalls, wenigstens, freilich; quidem ... sed zwar ... aber; et quidem und zwar, nun aber, und in der Tat; ne ... quidem nicht einmal

quidnam →quisnam

a b c d e f g h i j k l m n o p q qui r s t u v w x y z

quidnī warum nicht? ~ non warum in aller Welt? ⟦*ml* nämlich
quidque →quisque
quidquid *Adv* in demselben Maße, wie; *vgl* quisquis
quiē|s, ~tis *f* [quiesco] Ruhe, Rast, Erholung; Schlaf, Todesschlaf; Friede; Zurückgezogenheit
quiēscō, quiēvī *3* ausruhen, schlafen; sich ruhig verhalten, schweigen; Frieden haben; etwas ruhen lassen ⟦*ml* ~ in domino entschlafen
quiētus [quies] ruhend, schlafend; ruhig, still, friedlich; bedächtig, gelassen, untätig
quiēvī →quiesco
quiī →queo
quīlibet (= quilubet), **quaelibet, quidlibet** *u.* **quodlibet** *Pron* jeder beliebige, der erste Beste ⟦*ml* jeder; *Pl* alle ohne Unterschied
quīn I. *Pron nach verneintem übergeordnetem Satz* = qui non, quae non *od* quod non der nicht, die nicht *od* das nicht; *auch* ohne dass, *z. B.* nulla fuit civitas, quin Caesari pareret es gab keine Stadt, die nicht Caesar gehorchte **II.** *Kon.* **1.** *nach verneinten Ausdrücken des Zweifelns, Hinderns, Widerstehens* dass **2.** *nach anderen verneinten Verben* dass nicht, *auch* ohne dass, ohne zu **III.** *Adv* **1.** warum nicht **2.** gewiss, ja; ~ etiam ja sogar ⟦*ml* non ..., quin potius *beim Konj.* so wenig ..., dass
quīnam = quisnam
quīnārius I. *Adj 3* je fünf enthaltend **II.** *Subst* ī *m* ein halber Denar
quīnavicēnāria lex Gesetz, das Verträge vor dem 25. Lebensjahr verbietet
Quīnctīlius *3* (*Vok* Quinctili) *Gent* Quinctilius →Varus
Quīnctiānus *3* quinctianisch, des Quinctius
Quīnctius *3* (*Vok* Quincti) *Gent* Quinctius (1. L. ~ Cincinnatus, röm. Feldherr, Konsul 460 v. Chr., Diktator 458 v. Chr. 2. T. ~ Flamininus, ca. 227–174, Feldherr gegen Philipp V. von Makedonien 3. P. ~ ein röm. Bürger, den Cicero 81 v. Chr. in einem Prozess verteidigte
quīncūn|x, ~cis *m* fünf Zwölftel; *bes* **1.** Münze = 5 unciae **2.** Hohlmaß = $^5/_{12}$ des sextarius **3.** $^5/_{12}$ Pfund; die Fünf (des Würfels), *daher* Anordnung auf Lücke, schräge Reihe
quīndeciē(n)s *Adv* fünfzehnmal
quīndecim *undekl* fünfzehn; primi ~ die ersten Fünfzehn (des 600 Mitglieder starken Senats von Massilia)
quīndecimvirāl|is, ~e das Fünfzehnerkollegium betreffend
quīndecimvirī, ōrum *m* das Fünfzehnerkollegium (angesehenes Priesterkollegium, Hüter der Sibyllinischen Bücher)
quīndēnī = quinideni
quīngēnārius *3* aus (je) fünfhundert bestehend
quīngēnī, ae, a je fünfhundert
quīngentēsimus *3* der fünfhundertste
quīngentī, ae, a fünfhundert
quīngentiēs *Adv* fünfhundertmal
quīnī, ae, a, *Gen* quīnum je fünf
quīnīdēnī, ae, a je fünfzehn
quīnīvīcēnī, ae, a je fünfundzwanzig
quīnquāgēnārius *3* aus fünfzig bestehend; fünfzigjährig
quīnquāgēnī, ae, a je fünfzig
quīnquāgēsiēs *Adv* fünfzigmal
quīnquāgēsima, ae *f* der fünfzigste Teil (als Abgabe) ⟦*spl* der 50. Tag nach Ostern = Pfingsten; *ml* der 50. Tag vor Ostern = der Sonntag Estomihi
quīnquāgēsimus *3* der fünfzigste
quīnquāgiēs *Adv* fünfzigmal
quīnquāgintā *undekl* fünfzig
quīnquatr|ūs, ~uum *f u.* **~ia,** ~ium (*Nbf Gen* ~orum) *n* die Quinquatren (Feste zu Ehren der Minerva, fünf Tage nach den Iden des März, 19.–23. März, sowie am 13. Juni)
quīnque *undekl* fünf
quīnquennāl|is, ~e, *Gen* ~is alle vier Jahre stattfindend; fünf Jahre dauernd
quīnquenn|is, ~e, *Gen* ~is [annus] fünf Jahre alt; alle vier Jahre gefeiert
quīnquennium, ī *n* Zeitraum von fünf Jahren, fünf Jahre
quīnque|partītus (~pertītus) *3* fünfteilig
quīnquerēm|is, ~e, *Gen* ~is **I.** *Adj* mit fünf Ruderreihen **II.** *Subst* ~is *f* Schiff mit fünf Ruderreihen
quīnqueresmos = quinqueremis
quīnquevirātus, ūs *m* das Fünferkollegium
quīnquevirī, ōrum *m* die Mitglieder eines Fünferkollegiums
quīnquiē(n)s *Adv* fünfmal
⟦**quinquigenus** *3 spl* von fünferlei Art
quīnquiplicō *1* verfünffachen
quīntadecimānī, ōrum *m* die Fünfzehner (Soldaten der 15. Legion)
quīntāna, ae *f* Querweg (im Lager zwischen dem 5. u. 6. Manipel, zugleich Markt- und Handelsplatz)
quīntānī, ōrum *m* die Fünfer, Soldaten der 5. Legion
Quīntiānus = Quinctianus
Quīntiliānus, ī *m* Quintilian(us) (BN des M. Fabius ~, Rhetor in Rom, etwa 35–96 n. Chr.)
Quīntīlis, ~ *m* Quintilis (der 5. Monat des alten röm. Kalenders, zu Ehren Cäsars Iulius genannt)
quīntō *und* **quīntum** *Adv* zum fünften Mal
quīntus *3* der fünfte

q

Quīntus, ī *m* Quintus (röm. Vorname); *Abk* Q
quīntusdecimus *3* der fünfzehnte
quippe *Adv* natürlich, freilich; ~ qui der ja, da er ja
quippiam **I.** *Adv* etwas **II.** →quispiam
quippinī *Adv* warum denn nicht?, selbstverständlich
quiquī *altl* (*Abl Sg zu* quisquis) wie auch immer
Quir. *Abk für* Quirites
Quirīna, ae *f* (N der röm.) Tribus Quirina
Quirīnāl|is, **I.** *Adj* ~e, *Gen* ~is quirinisch, zum Quirinus (Romulus) gehörig; **II.** *Subst.* **1.** ~is *m* Quirinal (einer der sieben Hügel Roms); **2.** ~ia, ~ium *n* Quirinalien (Fest des Quirinus, 17. Februar)
Quirīnus, ī *m* [Quiris] Quirinus (*urspr* wohl Beiname des Mars, *dann* des vergöttlichten Romulus, *auch* des Janus, des Augustus, des Antonius)
Quirī|s, ~tis *m* Quirite (vollberechtigter röm. Bürger), *meist Pl* ~tes, ~ium *m* Quiriten (ehrenvolle Anrede der röm. Bürger im Frieden, in der Volksversammlung); ius ~tium das röm. Vollbürgerrecht
quirītāt|iō, ~iōnis *f u.* **~us,** ūs *m* Hilferuf
quirītō *1* laut rufen
[1]**quis,** quid **1.** *Interr* wer?, was?, welcher, welche, welches?, was für einer, -e, -es?; *vgl* quid **2.** *unbestimmtes Pron* (*meist nach* si, nisi, ne, num, quo, quanto, cum, ubi) (irgend)jemand, (irgend)etwas
[2]**quīs** = quibus *Dat/Abl Pl zu* qui
quisnam, quidnam wer (denn)?, was (denn)?
quispiam, quaepiam, quidpiam (quippiam) *u.* **quodpiam** *unbest Pron* irgendjemand, irgendetwas
quisquam, quicquam *unbest Pron* irgendjemand, irgendetwas; irgendein
quisque *m u. f,* **quaeque** *f,* **quidque** *u.* **quodque** *n* jeder, jede, jedes; unus ~ jeder Einzelne; suum cuique jedem das Seine; quinto quoque anno alle vier Jahre; doctissimus ~ jeder Gelehrte; *altl* wer (was) auch immer; jeder, der, *n* alles, was
quisquilia, ōrum *n* Lappalien
quisquiliae, ārum (wertloser) Abfall; Abschaum
quisquis, quicquid (quidquid) *u.* **quodquod** **1.** wer auch immer; jeder, der; *n* alles, was; *auch mit Gen, z. B.* deorum quidquid alle Götter, die **2.** jeder Beliebige, der erste Beste
quitus, quīvī →queo
quīvīs, quaevīs, quidvīs *u.* **quodvīs** jeder Beliebige
quō **I.** *Adv u. Kon.* **1.** wohin? (*auch* wo?); wie weit?; wozu? **2.** wohin, wodurch, weswegen; *auch* (und) dadurch, (und) dorthin, infolgedessen **3.** *beim Komp* um wie viel; quo ... eo je ... desto **4.** *beim Konj.* damit dadurch; *vor Komp* damit desto, damit umso; non ~ nicht als ob **5.** irgendwohin, irgendwie **II.** *Abl Sg m, n zu* qui *u.* quis
quoad **I.** *Kon.* solange (als); bis, bis dass **II.** *Adv* so weit (als); bis wann; ~ longissime so weit als möglich **III.** *Präp mit Akk* hinsichtlich
⟦**quoadusque** *spl Kon. mit Konj.* bis
quōcircā *Adv* weshalb; *anknüpfend* daher
quōcumque *Adv* wohin nur; wohin es auch sei
quod **I.** *Nom/Akk Sg n* →qui I. **II.** *Adv u. Kon.* **1.** dass, weil; *auch* was das anbetrifft, dass; darum, dass *od* weil; nisi quod außer dass, davon abgesehen, dass; non quod nicht als ob; eo maior quod umso größer als; (non) habeo *od* est, quod *mit Konj.* es ist (kein) Grund vorhanden, dass **2.** warum, worüber; soviel, soweit; *nach Punkt od Semikolon* und deshalb **3.** *vor Konj.* also, nun, *z. B.* quod si wenn also **4.** wenn auch; seitdem, dass **5.** *umgangssprachlich u. ml* dass *statt* ut *od AcI*
quōdammodo *Adv* gewissermaßen
quodquod →quisquis
quodque →quisque
Quodsemelarripidēs Numquamēripidēs Herr Waserhatrücktemichtraus (Witzname aus der Komödie)
quodsī *Kon.* wenn (aber), und wenn
quoī *Nbf Dat Sg zu* quī I.
quōiās = cūiās
quoius = 1. cūius *3* 2. →qui I.
quoīvīs = cuīvīs *Dat Sg zu* quivis
quōlibet *Adv* wohin es beliebt
quom = cum II.
quōminus *Kon. nach Ausdrücken des Verhinderns* dass; per me stat *od* fit, ~ ich bin schuld daran, dass nicht
quōmodo *Adv* auf welche Weise(?), wie(?) ⟦*ml Konj.* dass *Aussage*
quōmodocumque *Adv* auf welche Art auch; auf irgendeine Weise
⟦**quomodolibet** *spl Adv* wie auch immer
quōmodonam *Adv* wie denn?
quōnam *Adv* wohin denn?
quondam *Adv* (früher) einmal, einstmals; (später) einmal, dereinst; manchmal
quoniam *Kon.* da ja, weil; als nun, nachdem; nachdem (so) ⟦*ml* dass *Aussage*
quōpiam *und* **quōquam** *Adv* irgendwohin
[1]**quoque** *Kon.* (*nachgest*) auch, sogar ⟦*spl auch vorangestellt; ml* und
[2]**quōque** **I.** *Abl Sg zu* quisque **II.** (= et quo) *Adv* und wohin
quōqueversus (quōquōversu) *Adv* nach allen Seiten *od* Richtungen hin, überallhin

[1]**quōquō** *Adv* wohin nur immer, überallhin
[2]**quoquō** = coquō
quōr = cūr
quōrsum, quōrsus *Adv* [quoversum] wohin?, wozu?, wieso?
quot *undekl* wie viele?; so viele, wie; wie viele
quotannīs *Adv* jährlich, alle Jahre
quotcalendīs *Adv* an jedem Monatsersten; allmonatlich
quotcumque *undekl* so viele auch; alle, welche
quotēnī, ae, a wie viele jedes Mal
quot|idiānus, ~idie *Adv* = cot(t)-
quotiē(n)s *Adv* wie oft?, wievielmal?; so oft (wie)
quotiē(n)scumque *Adv* so oft nur; jedes Mal, wenn
quotquot *undekl* so viele auch
quotumus *3 u.* **quotus** *3* der wievielte?; ~ quisque wie wenige
quotuscumque *3* der wievielte nur immer; wenn auch nur der geringste
quoūsque *Adv* bis wann?, wie lange?, wie weit?
quōvīs *Adv* überallhin
quum = cum II.

R

R *Abk für* **1.** res **2.** Romanus **3.** Rufus ⟦**4.** *ml* reverendissimus
rabidus *3* [rabo II.] wütend, toll; begeistert
rabiēs, ēī *f* Tollheit, Wahnsinn; Wut, Ungestüm; Besessenheit
rabiō *3* = rabo II.
rabiōsulus *3* ziemlich toll
rabiōsus *3* wütend, toll
Rabīriānus *3* des Rabirius
Rabīrius *3 Gent* **1.** C. ~ (röm. Ritter, 63 v. Chr. von Cicero verteidigt) **2.** C. ~ Postumus (Adoptivsohn von 1., 54 v. Chr. von Cicero verteidigt) **3.** C. ~ (epischer Dichter z. Z. des Augustus)
rabō I. *Subst* ~nis *m* = arrabo **II.** *Verb 3* toll sein, wüten
rabula, ae *m* Plärrer, Schwätzer
racēmifer, racēmifera, racēmiferum Beeren tragend, mit Beeren *od* Trauben bekränzt
racēmus, ī *m* Beere, *bes* Weinbeere; Beerensaft (Most, Wein)
Racilia, ae *f* Racilia (Gem. des Cincinnatus)
Racilius *3 Gent* L. Racilius (Volkstribun z. Z. Ciceros)
radiātus *3* strahlend
rādīcēscō *3* Wurzel schlagen
rādīcitus *Adv* mit der Wurzel; von Grund aus
rādīcula, ae *f* Würzelchen
radi|ō *u.* **~or** *1* strahlen
radiōsus *3* strahlend
radius, ī *m* Stab; (Rad-)Speiche; Halbmesser, Radius; (Licht-)Strahl; Weberschiffchen; längliche Olive
rādī|x, ~cis *f* Wurzel, Rettich; Ursprung, Quelle
rādō, rāsī, rāsus *3* (zer)kratzen, schaben, scheren, rasieren; glätten; hobeln; (aus)streichen; vorbeistreichen, vorbeisegeln; überfliegen, flüchtig lesen; bespülen ⟦*ml* wie einen Mönch scheren
raeda, ae *f* [*kelt*] zweiachsiger Reisewagen
raedārius, ī *m* Kutscher
Raetī, ōrum *m* Räter (kelt. Volk zwischen Donau, Oberrhein, Inn)
Raetia, ae *f* Rätien (Land der Räter, röm. Provinz seit 15 v. Chr.)
Raet|icus, ~ius *u.* **~us** *3* rätisch
rāllus *3* dünn, abgewetzt
rāmāli|a, ~um *n* [ramus] Geäst, Reisig
rāment|um, ~ī *n u.* **~a,** ~ae *f* [rado] Splitter, Span; ein kleines Stückchen
rāmeus *3* aus Ästen
rāmit|ēs, ~um *m* Lungengefäße
Ramnēns|ēs, ~ium = Ramnes
Ramn|ēs, ~ium *m* Ramner (Angehörige einer der drei ältesten patrizischen röm. Tribus); Ritter(schaft), Ritterzenturie
rāmōsus *3* astreich; verzweigt
rāmulus, ī *m* Ästchen, Zweiglein
rāmus, ī *m* Ast, Zweig; Keule (des Herkules); *Pl* i, orum Baum, Baumfrüchte ⟦*ml* Arm des Kreuzes
rāna, ae *f* Frosch; Kröte; Seeteufel *Fisch*
ranc|ēns, *Gen* ~entis *u.* **~idus** *3* ranzig, stinkend
⟦**rancor,** ~is *m spl* ranziger Geschmack *od* Geruch; Hass, Groll
rānunculus, ī *m* **1.** Fröschlein **2.** Hahnenfuß *Pflanze*
rāpa, ae *f* Rübe
rapācidēs, ae *m* Räuber, S. des Rapax *Komödienwitz*
rapacitā|s, ~tis *f* Raubsucht, Raublust
rapā|x, ~cis **1.** raffend, reißend; fähig, sich anzueignen *Gen* etw.; BN der 21. Legion: die Stürmische; **2.** räuberisch, raublustig
raphanus, ī *m* [*gr*] Rettich
rāpicius *3* Rüben-
rapiditā|s, ~tis *f* reißende Schnelligkeit
rapidus *3* reißend schnell; raubgierig; *übertr* verzehrend
[1]**rapīna,** ae *f* Raub, Beute
[2]**rāpīna,** ae *f* [rapum] Rübe
rapiō, rapuī, raptus *3* fort-, weg-, ab-, heraus-, ausreißen, an sich reißen, ergreifen; fortschleppen, rauben, entführen; *eine Bewegung* schnell ausführen; se rapere sich rasch davonmachen
rapsit = rapuerit (*Fut II*)

rapsō *1* = rapto
raptim *Adv* eilig, hastig
raptiō, ~nis *f* Entführung ⟦*ml* Entrückung
raptō *1* fortreißen, fortzerren; rauben, plündern
rapt|or, ~ōris *m* **I.** *Adj* räuberisch **II.** *Subst* Räuber, Entführer
⟦**raptri|x,** *Gen* ~cis *f spl* räuberisch
raptus I. *3 Part Perf Pass* →rapio **II.** *Subst* ūs *m* Raub, Entführung; Abreißen
rāpulum, ī *n* Rübchen
rāpum, ī *n* Rübe, Wurzelknolle
rarenter *Adv altl* selten
rārēscō *3* [rarus] selten werden, locker *od* dünn werden
rāritā|s, ~tis *f* Seltenheit, geringe Zahl, Besonderheit; Lockerheit, geringe Dichte, Porosität
rārō *Adv* selten
rārus *3* selten, einzigartig, vorzüglich; wenig; locker, weit zerstreut, gelichtet, auseinandergezogen, weitmaschig, dünn
rāsī →rado
rāsil|is, ~e, *Gen* ~is [rado] geglättet
rāsitō *1* [rado] barbieren, rasieren
⟦**rasor,** ~is *m ml* Barbier, Schaber
⟦**rasorium,** i *n ml* Schermesser
⟦**rasta,** ae *f* [*germ*] *spl* Meile = 4,5 km
rāstellus, ī *m* kleine Hacke
rāstrum, ī *n u.* **rāster,** rāstrī, *m* [rado] (zwei- *od* mehrzinkige) Hacke
rāsus →rado
⟦**ratihabitatio,** ~nis *f spl* Bestätigung, Genehmigung
ratiō, ~nis *f* [reor] Rechnung, Berechnung; Verzeichnis; Berücksichtigung; Vorteil, Interesse; Überlegung; Grundsatz, Denkart; Maßstab, Maßregel; Verfahren, Art und Weise; Verhältnis, Ordnung, Einrichtung; Vernunft; vernünftiger Grund, Begründung, Beweis; Wissenschaft, Theorie, Lehre, System, Lebensanschauung; ~nem facio *od* reddo abrechnen; ~nem habeo Rücksicht nehmen; ⟦*spl* ~nem deduco Bericht erstatten; *Abl* ratione wegen; *ml* Weise, Lied
ratiōcinātiō, ~nis *f* vernünftige Überlegung, Erwägung, Schlussfolgerung; Theorie
ratiōcinātīvus *3* schlussfolgernd
ratiōcinmāt|or, ~ōris *m* Buchhalter, Berechner
ratiōcinium, ī *n* Rechnungsführung, Rechenschaft
ratiōcinor *1* rechnen, berechnen; überlegen, folgern ⟦*ml* mit Gründen streiten, diskutieren
ratiōnābil|is, ~e, *Gen* ~is vernünftig, zweckmäßig
ratiōnāl|is, ~e, *Gen* ~is vernünftig, vernunftgemäß; theoretisch
ratiōnārium, ī *n* übersichtliches Verzeichnis
ratis, ~ *f* (*Nbf Akk Sg* ratim, *Abl Sg* ratī) Floß, Fähre; Floßbrücke; *poet* Schiff
⟦**Ratisbona,** ae *f ml* Regensburg
ratiuncula, ae *f* kleine Rechnung; schwacher Grund, spitzfindiger Schluss
ratus *3* **I.** *Adj* berechnet, bestimmt, sicher; gültig, rechtskräftig; pro rata (parte) verhältnismäßig **II.** *Part Perf* →reor
⟦**raucellus** *3 ml* rau, heiser
raucisonus *3* dumpf, rau tönend
⟦**raucosus** *3 ml* rau, heiser
raucus *3* rau, heiser; dumpf tönend, tosend; knarrend, schnarrend
Raudius *3* raudisch, *davon* Raudius campus die raudische Ebene (bei Vercellae in Oberitalien)
raudus = rudus 3.
raudusculum, ī *n* ein Stückchen Erz; kleiner Geldbetrag
Raur|acī *u.* **~icī,** ~ōrum *m* die Rauraker (Rauriker, Keltenstamm am linken Rheinufer bei Basel)
Ravenna, ae *f* Ravenna (Stadt in Oberitalien)
Ravennā|s, *Gen* ~tis ravennatisch, aus Ravenna
raviō *4* sich heiser reden
ravis, ~ *f* (*Akk Sg* ravim) Heiserkeit
rāvistellus, ī *m* Graukopf
rāvus *3* grau, gelblich
Rēa, ae *f FN* Rea Silvia (M. von Romulus u. Remus)
rea, ae *f* Angeklagte
⟦**reaedifico** *1 spl* wieder aufbauen
⟦**realiter** *Adv ml* ordentlich, tüchtig
reāpse *Adv* wirklich
⟦**reascen|do,** ~di, ~sus *3 ml* wieder aufrichten
Reāte (*nur Nom Akk Abl* ~) *n* Reate (sabinische Stadt), *heute* Rieti
Reātīnus *3* reatinisch, aus Reate
reātus, ūs *m* [reus] Anklagestand, das Angeklagtsein ⟦*spl* Schuld; *ml* Sünde
rebellātiō, ~nis *f* Aufstand
rebellātri|x, *Gen* ~cis *f* aufrührerisch
rebelliō, ~nis *f* Aufstand; Wiederaufnahme des Krieges
rebell|is, ~e, *Gen* ~is aufständisch; den Kriegszustand wieder aufnehmend
rebellō *1* sich auflehnen; den Kampf erneuern, den Kriegszustand wieder aufleben lassen; wieder hervorbrechen ⟦*spl* sich auflehnen *Dat* gegen
⟦**rebibo** *3 ml* noch einmal trinken
rebītō *3 altl* zurückkehren
reboō *1* [*gr*] widerhallen ⟦*ml auch* reboor
rebulliō *4* hervorsprudeln
recalcitrō *1* zurückstoßen, nach hinten ausschlagen ⟦*spl* entgegenhandeln, sich widersetzen

recal(e)|faciō, ~fēcī, ~factus *3* wieder warm machen
recaleō *2* wieder warm sein
recal|ēscō, ~uī *3* wieder warm werden
recalfaciō →recalefacio
recalvus *3* mit hoher kahler Stirn
recand|ēscō, ~uī *3* weiß erglänzen; wieder erglühen
recantō *1* widerrufen; wegrufen, wegzaubern; widerhallen
recāsūrus →[1]recido
reccidō *3 poet* = [1]recido
re|cēdō, ~cessī, ~cessum *3* zurückweichen, zurückgehen; entschwinden, sich auflösen; ~cedo ab *od* e von etw. abweichen, von etw. abgehen, etw. aufgeben ⟦*ml* sterben
recellō *3* zurückschnellen
recēns I. *Adj, Gen* recentis frisch, neu, jung; ~ a *od* ex *od Abl* sogleich nach, unmittelbar nach *od* von, eben erst aus **II.** *Adv* eben erst, neuerdings, kürzlich
re|cēnseō, ~cēnsuī, ~cēnsus *u.* ~cēnsitus *2* mustern, prüfen, genau betrachten, rezensieren; in Gedanken durchgehen, überdenken; aufzählen
recēnsiō, ~nis *f* Musterung (der Bürger)
recēnsus I. *Part Perf Pass* →recenseo **II.** *Subst* ūs *m* Musterung
recentissimē *Adv* neuerlich
recēpī →recipio
⟦**receptabil|is,** ~e, *Gen* ~is *spl* aufnahmefähig *Gen* für
receptāculum, ī *n* Behälter; Lager, Magazin, Speicher; Abzugsgraben; Zuflucht, Schlupfwinkel
receptiō, ~nis *f* Aufnahme
receptō *1* (wieder) aufnehmen; zurücknehmen; zurückziehen
recept|or, ~ōris *m* **1.** Wiedereroberer **2.** Hehler; occultator et ~or locus Schlupfwinkel und Versteck
receptri|x, ~cis *f* Hehlerin
receptum, ī *n* Verpflichtung
receptus I. *Adj 3* allgemein angenommen, gewöhnlich **II.** *Part Perf Pass* →recipio **III.** *Subst* ūs *m* Zurücknahme; Rückzug; Zuflucht
recessī →recedo
recessim *Adv* rückwärts
recessus I. *Adj 3* zurückgezogen, entfernt **II.** *Subst* ūs *m* Zurückgehen, Rückgang, Rückzug; Heimkehr; Vertiefung, Einbuchtung, Höhle; abgeschiedener Winkel, Versteck; Abgeschiedenheit, Zurückgezogenheit; Hintergrund (eines Gemäldes) ⟦*ml* Scheiden, Tod; Ferne
rechamus, ī *m* Kloben, Halterung für Rollen (am Flaschenzug)
recharmidō *1* den Namen Charmides (*Name einer Komödienfigur*) wieder ablegen
⟦**recidivo** *1 ml* wieder krank werden
recidīvus *3* wiederkehrend, neu erstehend
[1]**re|cidō,** ~(c)cidī, ~cāsūrus *3* [cado] zurückfallen; kommen ad *od* in (*Akk*) zu etw., geraten in etw.
[2]**re|cīdō,** ~cīdī, ~cīsus *3* [caedo] zurückschneiden, abschneiden, verschneiden, herausschneiden; pontem ~cido eine Brücke abbrechen; *übertr* einschränken
re|cingō, ~cinxī, ~cinctus *3* aufgürten, losbinden, lösen
re|cingor, ~cinctus sum *3* sich ausziehen, ablegen ⟦*spl* sich erneut gürten (wieder zum Militärdienst einberufen werden)
re|cinō *3* **1.** widerhallen **2.** widerhallen lassen **3.** widerrufen
recinxī →recingo
reciper- = recuper-
re|cipiō, ~cēpī, ~ceptus *3* [capio] aufnehmen, zurücknehmen, zurückholen, wieder bekommen, erwerben; zurückbehalten, sich vorbehalten, übernehmen, versprechen; se recipere **1.** *milit* sich zurückziehen **2.** *übertr* sich erholen; nomen ~cipio eine Klage annehmen *Gen* gegen ⟦*ml* allgemein annehmen; scriptura recepta die (als verbindlich anerkannte) Heilige Schrift; auffassen
reciprocātiō, ~nis *f* Zurückgehen, Zurückkehren (auf demselben Wege)
reciprocō *1* hin und her bewegen, umwenden, umkehren; animam ~ Atem holen, ein- und ausatmen ⟦*ml* erwidern, wiederholen
reciprocus *3* auf demselben Wege zurückkehrend, sich entsprechend
recīsus I. *Adj 3* kurz **II.** *Part Perf Pass* →[2]recīdo
recitātiō, ~nis *f* Vorlesen, Vorlesung
recitāt|or, ~ōris *m* Vorleser
recitō *1* vorlesen, vortragen ⟦*ml* berichten
reclāmātiō, ~nis *f* ablehnender Zuruf ⟦*ml* Einspruch, Widerruf
reclāmitō *1* (laut) widersprechen
reclāmō *1* (durch lauten Zuruf) widersprechen, einwenden, eine (gegenteilige) Forderung erheben; laut rufen
reclīn|is, ~e, *Gen* ~is zurückgelehnt
reclīnō *1* zurücklehnen, anlehnen; erquicken
re|clūdō, ~clūsī, ~clūsus *3* [claudo] **1.** (wieder) aufschließen, öffnen; enthüllen **2.** verschließen ⟦*ml* se recludere sich zurückziehen, sich einschließen
⟦**reclusa,** ae *f ml* Klausnerin, Einsiedlerin
reclūsī →recludo
reclūsus →recludo
recoctus I. *Adj 3* schlau, abgefeimt, ausgekocht **II.** *Part Perf Pass* →recoquo
⟦**recogitatio,** ~nis *f spl* erneutes Überlegen, Wiedererinnerung
recōgitō *1* (wieder) überlegen

r

recōgnitiō, ~nis *f* Besichtigung, Musterung
recōg|nōscō, ~nōvī, ~nitus *3* wiedererkennen; sich erinnern *Akk* an; (erneut prüfend) mustern ⟦*ml* anerkennen; zuerkennen; *mit AcI* erfahren, erkennen
recol|ligō, ~lēgī, ~lēctus *3* wieder sammeln, zusammenlesen, wieder aufnehmen; animum ~ligo versöhnen *Gen* jmdn.
re|colō, ~coluī, ~cultus *3* **1.** wieder bearbeiten **2.** wieder besuchen **3.** erneuern **4.** nochmals überdenken, sich erinnern *Akk* an ⟦*ml* immer wieder feiern; in commune recolitur es wird immer wieder erzählt
recommentor *1* sich besinnen *Akk* auf
recomminīscor *3* sich erinnern
⟦**recompensatio,** ~nis *f spl* Wiedervergeltung, Erwiderung
reconciliātiō, ~nis *f* (Wieder-)Versöhnung, Wiederherstellung
reconciliāt|or, ~ōris *m* Versöhner, Wiederhersteller
reconciliō *1* wiedervereinigen, versöhnen *Dat* mit, wiedergewinnen ⟦*ml* wieder einsetzen
reconcinnō *1* wieder ausbessern
recondidī →recondo
reconditus I. *Adj 3* verborgen, versteckt, entlegen; geheim; abstrakt **II.** *Part Perf Pass* →recondo
recon|dō, ~didī, ~ditus *3* verwahren; verbergen, verstecken
re|coquō, ~coxī, ~coctus *3* noch einmal kochen; umschmelzen; *vgl* recoctus
recordātiō, ~nis *f* Erinnerung ⟦*ml* felicis *od* sanctae ~nis seligen Angedenkens
recordor 1 [cor] sich erinnern *Gen, Akk od* de an; bedenken
recor|rigō, ~rēxī *3* wieder geraderichten, verbessern
recoxī →recoquo
recrēmentum, ī *n* Abfall, Unrat ⟦*ml* Unkraut
recreō *1* neu schaffen; wiederherstellen, kräftigen
recrepō *1* widerhallen
recrē|scō, ~vī *3* wieder wachsen
recrūd|ēscō, ~uī *3 von Wunden* wieder aufbrechen, wieder schlimmer werden; sich erneuern
rēctā *Adv* geradewegs
rēctē *Adv* gerade(aus); richtig, recht; gut
⟦**rectilineum,** i *spl* Geradheit
⟦**rectilineus** *3 spl* geradlinig
rēctiō, ~nis *f* Lenkung, Leitung
⟦**rectitud|o,** ~inis *f spl* Richtigkeit (des Handelns)
rēct|or, ~ōris *m* Lenker, Leiter; Befehlshaber, Statthalter ⟦*ml* ~or magnificus Rektor (einer Universität)
rēctūra, ae *f* gerade Richtung
rēctus I. *Adj 3* gerade, in gerader Richtung; aufrecht; richtig, recht, rechtschaffen; schlicht, einfach; puella recta ein schlankes Mädchen; recta (cena) eine regelmäßige Mahlzeit; recta montium steile Bergeshöhen **II.** *Part Perf Pass* →rego
re|cubō, ~cubuī *1* (zurückgelehnt *od* auf dem Rücken) liegen ⟦*ml* begraben liegen
recubui →**1.** recubo **2.** recumbo
rēcula, ae *f* [res] geringe Habe
recultus →recolo
re|cumbō ~cubuī *3* sich niederlegen, Platz nehmen; herabsinken, niedersinken; zurücksinken; sich anlehnen
recuperātiō, ~nis *f* Wiedergewinnung, Wiedererwerbung
recuperāt|or, ~ōris *m* **1.** Wiedereroberer **2.** Richter (bei einem bes. für Entschädigungsklagen zuständigen Gericht)
recuperātōrius *3* Richter-
recuperō *1* [recipio] sich wieder verschaffen, wiedererlangen, wiederbekommen ⟦*ml* wiedergutmachen
recūrō *1* wieder heilen; sorgfältig behandeln
re|currō, ~currī, ~cursum *3* zurücklaufen, -eilen, -kehren; zurückkommen ad auf, seine Zuflucht nehmen
recursō *1* zurücklaufen, zurückkehren
recursus, ūs *m* Rückkehr; Rücklauf; ~ maris Ebbe
recurvō *1* zurückbeugen
recurvus *3* rückwärtsgebogen, in sich zurücklaufend ⟦*ml* ~cursus Umweg
recūsātiō, ~nis *f* Weigerung, Einspruch, Ablehnung
recūsō *1* [causa] Einspruch erheben, zurückweisen, ablehnen, sich weigern
re|cutiō, ~cussī, ~cussus *3* [quatio] erschüttern; aufschrecken
rēda = raeda
redāctus →redigo
redambulō *1* zurückkommen
redamō *1* Liebe erwidern
⟦**redaperio** *4 ml* öffnen
redarg|uō, ~uī *3* widerlegen ⟦*ml* beschuldigen einer Sache, tadeln super *od* de wegen
⟦**redargutio,** ~nis *f spl* Widerlegung
rēdārius = raedarius
redauspicō *1* nochmals Vorzeichen (auspicia) einholen, zurückkehren
reddō, reddidī, redditus *3* [do] zurückgeben; wiedergeben; se reddere zurückkehren ad *od Dat* zu; nachbilden, nachahmen; erwidern; übertragen, übersetzen; gratiam ~ Dank abstatten, beneficium ~ eine Wohltat vergelten; herausgeben, abliefern; poenas ~ büßen; ius ~ Recht sprechen; berichten, mitteilen; *doppelter*

Akk jmdn. zu etw. machen ⟦*ml* spiritum ~ sterben
red|dor, ~ditus *3* zurückkehren *Dat* zu ⟦*ml* sensui ~dor wieder zu sich kommen
reddūcō = reduco
reddūx = redux
redēgī →redigo
redēmī →redimo
redēmptiō, ~nis *f* [redimo] Loskauf; Bestechung; Pachtung ⟦*ml* Einlösung, Erlösung; ~ veniarum Ablasskauf
redēmptō *1* loskaufen
redēmpt|or, ~ōris *m* Unternehmer, Pächter ⟦*spl* Erlöser
redēmptūra, ae *f* Pacht, Übernahme gegen Entgelt
redēmptus →redimo
redeō, rediī, reditum (*Inf* redīre) zurückkehren, wiederkommen; ~ ad zurückgehen, sich beschränken auf, übergehen an *od* zu; ad se redire zu sich kommen, sich fassen; ~ in gratiam sich wieder vertragen; pecunia redit Geld kommt herein; ~ ad inceptum auf sein Vorhaben zurückkommen
redeunt- →rediens
red|hibeō, ~hibuī, ~hibitus *2* [habeo] zurückgeben, zurücknehmen
⟦**redico** *3 spl* wieder sagen
red|iēns, *Gen* ~euntis *Part Präs Akt zu* redeo
red|igō, ~ēgī, ~āctus *3* [ago] zurückführen, -bringen, -treiben; ~igo in gratiam versöhnen; ~igo in potestatem unterwerfen; ~igo ad irritum vereiteln; in einen anderen Zustand versetzen, machen *Akk* zu etw.; pecuniam ~igo Geld eintreiben; einliefern; pretium ~igo den Preis herabsetzen, beschränken
redimīculum, ī *n* Band, Kette
redimiō *4* umwinden, bekränzen
red|imō, ~ēmī, ~ēmptus *3* [emo] loskaufen, zurückkaufen, erkaufen; pachten; wiedergutmachen ⟦*ml* einlösen, erlösen; ausgleichen
redintegrō *1* wiederherstellen, erneuern
redipīscor *3* [apiscor] wieder bekommen
redīre →redeo
reditiō, ~nis *f* [redeo] Rückkehr
reditus, ūs *m* Rückkehr, Rückkunft; ~ in gratiam Versöhnung; Einkommen, Einkünfte
redivīvum, ī *n* wiederverwendetes Baumaterial
redivīvus *3* [reduvia] wieder benutzt, wiederverwendet; wieder lebendig geworden ⟦*spl* [*von* vivus *abgeleitet*] auferstanden, Auferstehungs-; neu
⟦**re|doceo,** ~docui, ~doctus *2 ml* lehren, wieder lehren
⟦**redole|ns,** Gen ~ntis *spl* duftend
red|oleō, ~oluī *2* riechen *Akk od Abl* nach ⟦*ml* matrem ~oleo wie eine Mutter sein
redomitus *3* wieder bezwungen
redōnō *1* wieder schenken; vergessen, verzeihen *Dat* jmdm. (zuliebe)
redormiō *4* wieder einschlafen
re|dūcō, ~dūxī, ~ductus *3* zurückführen, zurückbringen, wieder einführen; in einen Zustand bringen; zurückziehen, einschränken, in gratiam ~duco versöhnen; aures ~duco die Ohren einziehen
reducta, ōrum *n phil* das zu Meidende
reductiō, ~nis *f* Zurückführung
reduct|or, ~ōris *m* Zurückführer, Wiederhersteller
reductus I. *Adj 3* zurückgezogen, entlegen **II.** *Part Perf Pass* →reduco
redulcerō *1* wieder zum Eitern bringen; erneuern
reduncus *3* zurückgebogen, gekrümmt
redundanter *Adv* (zu) wortreich
redundantia I. *n Pl Part Präs Akt zu* redundo **II.** *Subst* ae *f* **1.** Brandung **2.** Überfülle (des Ausdrucks)
redundātus *3* überströmend
redundō *1* überströmen, überfließen; im Überfluss vorhanden sein, Überfluss haben *Abl* an
reduvia, ae *f* Niednagel, Nagelsplitter; *übertr* Kleinigkeit, Nebensächlichkeit
redū|x, *Gen* ~cis [reduco] zurückführend; zurückkommend
redūxī →reduco
refēcī →reficio
refectiō, ~nis *f* [reficio] Wiederherstellung; Erholung, Erfrischung ⟦*ml* Mahlzeit
refect|or, ~ōris *m* Wiederhersteller
⟦**refectorarius,** i *m ml* Leiter der Klosterwirtschaft
⟦**refectorium,** i *n ml* Speisesaal (im Kloster)
refectus →reficio
re|fellō, ~fellī *3* [fallo] widerlegen
re|ferciō, ~fersī, ~fertus *4* [farcio] vollstopfen, anfüllen, anhäufen
referiō *4* wieder schlagen, zurückschlagen, zurückwerfen
re|ferō, rettulī, relātus (*Inf* ~ferre; *Präs Ind Akt* ~fers, ~fert, ~fertis; *Imp* ~fer, ~ferte) zurücktragen, zurückbringen, zurückgeben; erneuern, wiederherstellen; zurückführen, beziehen ad auf; berichten; ins Gedächtnis zurückrufen; nachahmen; erwidern; castra ~fero das Lager nach hinten verlegen; consulatum ~fero das Konsulat übertragen; legem ~fero ein Gesetz erneut vorschlagen, beantragen; oculos ~fero die Augen richten ad auf; pedem ~fero = se referre zurückkehren, sich zurückziehen; par pari ~fero Gleiches mit Gleichem vergelten;

ad senatum ~fero an den Senat einen Antrag stellen; in numerum ~fero zu etw. zählen, rechnen; registrieren; in melius ~fero zum Besseren wenden; rationes ~fero Rechenschaft ablegen, abrechnen

refersī →refercio

rē|fert, rettulit (*Inf* ~ferre) es liegt daran, es kommt darauf an; mea, tua *usw, auch Gen od Dat* jmdm. ist daran gelegen parvi wenig, pluris mehr, nihil nichts

refertus I. *Adj 3* vollgestopft, gedrängt voll **II.** *Part Perf Pass* →refercio

referv|eō *2 u.* **~ēscō** *3* aufwallen, aufbrausen, aufkochen

re|ficiō, ~fēcī, ~fectus *3* [facio] wiederherstellen, ausbessern, reparieren; wieder machen, noch einmal machen; wieder wählen; erfrischen, wiederbeleben; ersetzen, *Geld* herauswirtschaften ⟦*ml* speisen; reficior essen

re|figō, ~fīxī, ~fīxus *3* **1.** losmachen, abnehmen, abreißen; *Gesetze* abschaffen **2.** wieder befestigen

refingō *3* wieder formen

refīxī →refigo

refīxus →refigo

reflāgitō *1* zurückfordern

reflātus I. *Part Perf Pass zu* reflo **II.** *Subst* ūs *m* Gegenwind

re|flectō, ~flexī, ~flexus *3* zurückbiegen; umwenden, umkehren; animum ~flecto umstimmen, besänftigen ⟦*ml* iter ~flecto zurückkehren

reflexus I. *Part Perf Pass* →reflecto ⟦**II.** *Adj 3 ml* krumm **III.** *Subst* ūs *spl* Krümmung; Bucht

reflō *1* entgegenwehen, entgegenblasen; aufblasen

reflōr|ēscō, ~uī *3* wieder erblühen

re|fluō, ~flūxī *3* **1.** zurückfließen, abfließen *Abl* von **2.** überfließen

refluus *3* zurückfließend, zurückflutend

reflūxī →refluo

⟦**refluxio,** ~nis *f ml* Zurückströmen

⟦**refocillo** *1 spl* wieder erwärmen, erquicken

refōrmātiō, ~nis *f* Erneuerung, Umgestaltung

refōrmāt|or, ~ōris *m* Erneuerer, Verbesserer

refōrmīdātiō, ~nis *f* Furcht

refōrmīdō *1* zurückschrecken *Akk* vor, scheuen

refōrmō *1* umgestalten, umbilden, verwandeln; erneuern, verbessern ⟦*ml* bekehren ad zu

re|foveō, ~fōvī, ~fōtus *2* wieder erwärmen; wiederbeleben; pflegen

refrāctāriolus *3* etwas halsstarrig, stur, ungelenkig

refrāctārius *3* halsstarrig, stur, ungelenkig

refrāctus →refringo

refrāgor *1* widerstreben, hinderlich sein

⟦**refrango** *3 ml* hemmen

refrēgī →refringo

refrēnō *1* zügeln, bändigen

re|fricō, ~fricuī, ~fricātūrus *1* wieder aufreißen, erneuern; *ohne Akk* wieder ausbrechen

refrīgerātiō, ~nis *f* Abkühlung; Linderung

⟦**refrigerium,** i *n spl* Abkühlung; Erquickung; Trost

refrīgerō *1* [frigus] abkühlen, kühl behandeln; lindern

refrīg|ēscō, ~frīxī *3* erkalten, ermatten, nachlassen, außer Gebrauch kommen

re|fringō, ~frēgī, ~frāctus *3* [frango] **1.** aufbrechen, zerbrechen **2.** *Strahlen* zurückwerfen

refrīxī →refrigesco

refūdī →refundo

re|fugiō, ~fūgī, ~fugitūrus *3* zurückweichen; flüchten, fliehen *Akk* vor; meiden

refugium, ī *n* Zuflucht

refugus *3* zurückweichend, fliehend

re|fulgeō, ~fulsī *2* zurückstrahlen; erstrahlen

re|fundō, ~fūdī, ~fūsus *3* zurückgießen, zurückströmen lassen ⟦*spl* zurückweisen

refundor, refūsus sum *3* zurückströmen; hervorströmen

refūtātiō, ~nis *f* Widerlegung

refūtō *1* zurückweisen, widerlegen; zurückdrängen

⟦**regal|e,** ~is *n ml* Königsgut, Königsrecht; *Pl* ~ia, ~ium Einkünfte des Königs; Reichskleinodien

rēgāliolus, ī *m* Zaunkönig *Singvogel*

rēgāl|is I. *Adj* ~is, ~e, *Gen* ~is Königs-, königlich, einem König zukommend, eines Königs würdig; tyrannisch **II.** *Subst* ~ēs, ~ium *m* Prinzen

regelō *1* [gelus] auftauen, aufwärmen

regener|ō *1* wieder erzeugen, wieder hervorbringen, fortpflanzen ⟦*spl* ~or wiedergeboren werden

re|gerō, ~gessī, ~gestus *3* zurückbringen; ~gero culpam die Schuld schieben in *Akk* auf jmdn.

regesta, ōrum *n* Register, Verzeichnis

regestus →regerō

Rēgia, ae *f* Regia (Amtshaus des Pontifex Maximus)

rēgia, ae *f* **1.** Königshof, Königsburg, Königszelt; Hofstaat; königliche Familie **2.** (= basilica) Halle, Säulenhalle **3.** Zelle der Bienenkönigin

Regiēns|ēs ~ium *m* Einw. von Regium 1.

rēgificus *3* königlich, prachtvoll

rēgifugium, ī *n* Fest der Königsflucht (24. Februar)

Rēgill|ēnsis, ~ēnse, *Gen* ~ensis *u.* **~ānus** *3* von Regillus, aus Regillus

a b c d e f g h i j k l m n o p q r Reg s t u v w x y z

Rēgillī, ōrum *m* = Regillus 1.
Rēgillus, ī *m* **1.** Regillus (Stadt im Sabinerland) **2.** Regillus *BN;* ~ lacus *u.* Regilli lacus Regiller See (in Mittelitalien, genaue Lokalisierung nicht möglich)
rēgill|us *3* königlich, prächtig; ~a tunica Festkleid
regim|en, ~inis *n* [rego] Lenkung, Leitung, Verwaltung; Steuerruder
rēgina, ae *f* Königin, Herrscherin; Königstochter
Regina castra →castra
Rēgīnus *3* aus Regium 2.
regiō, ~nis *f* [rego] Richtung; Grenzlinie, Grenze; Gegend; Stadtviertel, e ~ne in gerader Richtung, gerade gegenüber
Rēgion = Regium 2.
regiōnātim *Adv* nach Bezirken
⟦**regiro** *1 ml* zurückdrehen; umdrehen
⟦**Regismontium,** i *n ml* Königsberg, *heute* Kaliningrad
⟦**registrum,** i *n ml* Register, Vorschriftensammlung
Rēgium, ī *n* Regium (1. Stadt in Oberitalien, *heute* Reggio nell'Emilia 2. Stadt an der Meerenge von Sizilien, *heute* Reggio di Calabria)
rēgi|us I. *Adj 3* Königs-, königlich, prächtig; tyrannisch; morbus ~us Gelbsucht **II.** *Subst* **1.** ī *m* Königssohn **2.** ~ī, ōrum *m* Hofleute, königliche Truppen ⟦*ml* urbs regia Konstantinopel
reglūtinō *1* wieder auflösen ⟦*spl* wieder zusammenfügen
rēgnāt|or, ~ōris *m* Herrscher
rēgnātrī|x, ~cis *f* **I.** *Adj* herrschend, Herrscher- **II.** *Subst* Herrscherin
rēgnō *1* König sein, herrschen, gebieten; beherrschen ⟦*ml* herrschen *Gen* über; herrschen, vorherrschen
rēgnum, ī *n* Königsherrschaft, Königsgewalt; Gewaltherrschaft, Tyrannei; Königreich, Reich, Gebiet
regō, rēxī, rēctus *3* lenken, leiten, regieren; bestimmen, regeln ⟦*ml* ~ causam eine Sache führen
⟦**regratior** *1 ml* danken
re|gredior, ~gressus sum *3* zurückgehen
regressiō, ~nis *f* Rückkehr; Wiederholung *eines Wortes u. Ä.*
regressus I. *Part Perf* →regredior **II.** *Subst* ūs *m* Rückkehr; Zuflucht; Rückzug
rēgula, ae *f* Regel, Richtschnur, Maßstab; Stab, Leiste, Lineal ⟦*spl* Lehre, Ordensregel
⟦**regular|is,** ~e, *Gen* ~is *spl* der Regel entsprechend, ordnungsgemäß; *ml* nach der Ordensregel (lebend)
⟦**regulo** *1 spl* einrichten, ordnen, schulen
rēgulus, ī *m* König (eines kleinen Landes), Fürst, Häuptling; Prinz
Rēgulus, ī *m* Regulus (BN 1. des M. Atilius, Konsul von 246 v. Chr., berühmt durch seine Opferbereitschaft 2. des L. Livineius, des Legaten Cäsars in Afrika)
regustō *1* wieder kosten, wieder genießen
⟦**re|habeo,** ~habui, ~habitus *2 ml* wieder haben
rē|iciō, ~iēcī, ~iectus *3* zurückwerfen, zurücktreiben, zurückschlagen; zurückweisen; wegwerfen, fortstoßen; verweisen ad *od* in auf *od* an; aufschieben, verschieben
rēiculus *3* [reicio] unbrauchbar, nutzlos
rēiēcī →reicio
rēiecta, ōrum = reiectanea, orum
reiectānea, ōrum *n phil* das Verwerfliche
rēiectiō, ~nis *f* Zurückweisung
rēiectus →reicio
⟦**reimpendium,** i *n ml* Entgelt
⟦**rein|duo,** ~dui, ~dutus *3 ml ein Gewand* wieder anlegen
re|lābōr, ~lāpsus sum *3* zurückgleiten, zurücksinken; zurückkommen in *Akk* auf ⟦*ml* rückfällig werden
relangu|ēsco, ~ī *3* erschlaffen, ermatten
relāpsus →relabor
relāta, ōrum *n* Bericht, das Berichtete
relātio, ~nis *f* Bericht, Berichterstattung, Vortrag, Antrag; *jur* Ablehnung; *rhet* Wiederholung; *phil u. gramm* Beziehung, Verhältnis ⟦*ml* amtliches Schreiben
relāt|or, ~ōris *m* Berichterstatter
relātus I. *Part Perf Pass* →refero **II.** *Subst* ūs *m* Vortrag
relaxātiō, ~nis *f* Entspannung, Erholung
relaxō *1* lockern, entspannen, öffnen, erweitern; *ohne Akk* nachlassen ⟦*ml* erlassen, entbinden a von
relēctus →[2]relego
relēgātiō, ~nis *f* Verweisung, Verbannung
[1]**relēgō** *1* fortschicken, verweisen, verbannen; zurückweisen
[2]**re|legō,** ~lēgī, ~lēctus *3* wieder sammeln; wieder lesen; *einen Weg* nochmals zurücklegen, *eine Gegend* nochmals besuchen; *kult* verehren
⟦**relevatio,** ~nis *f spl* Erleichterung
relēvī →relino
relevō *1* erleichtern, lindern; befreien *Abl* von; aufrichten, stützen
⟦**relicta,** ae *f ml* Witwe
relictiō, ~nis *f* böswilliges Verlassen, Im-Stich-Lassen
relictus →relinquo
relicuus = reliquus
⟦**re|lido,** ~lisi, ~lisus *3 spl* zurückweisen
religātiō, ~nis *f* Anbinden
religiō, ~nis *f* [[2]relego] Verpflichtung; Gewissenhaftigkeit; Bedenken, Scheu; Gottesdienst, Religion, Kultus, Verehrung; Heiligkeit, Heiligtum; Frömmigkeit, Glaube; Aberglaube; Fluch ⟦*ml* geistli-

ches *od* mönchisches Leben; ~nis habitus Mönchsgewand
religiōsus *3* **1.** gewissenhaft **2.** fromm, gottesfürchtig **3.** heilig **4.** abergläubisch, ängstlich **5.** von böser Vorbedeutung, bedenklich ⟦*spl* geistlich, von geistlichem Stand; *ml* klösterlich; *auch Subst* i *m* Mönch
religō 1. *1* anbinden, festbinden; losbinden **2.** *3* = ²relego
re|linō, ~lēvī *3* entsiegeln, öffnen, herausnehmen
re|linquō, ~līquī, ~lictus *3* zurücklassen, verlassen, übrig lassen; im Stich lassen; aufgeben; vermeiden; überlassen; übergehen; relinquitur, ut es ist noch übrig, dass ⟦*ml* mundum ~linquo die Welt verlassen = ins Kloster gehen
reliqua *Adv undekl* übrigens; →reliquus *3*
reliquiae, ārum *f* Überbleibsel, Trümmer, Reste ⟦*spl* kirchliche Reliquien; *ml übertr* ~ Evae Evas Erbteil
reliquum, ī *n* Rest, Rückstand
reliquus *3* zurückgelassen, übrig gelassen; reliquum est, ut es bleibt noch übrig, dass; rückständig; künftig
rell- = rel-
re|lūceō, ~lūxī 2 zurückstrahlen ⟦*ml übertr* wieder erleuchten; *unpers* relucet es ist klar
re|lūcēscō, ~lūxī *3* wieder erstrahlen
reluctor *1* sich heftig widersetzen
relūxī →**1.** reluceo **2.** relucesco
remacr|ēscō, ~uī *3* wieder mager werden
remaledīcō *3* wieder schimpfen
remandō 1. *3* wiederkäuen **2.** ⟦*1 spl* zurückmelden
re|maneō, ~mānsī *2* zurückbleiben, bleiben ⟦*ml* non remanet, ut es bleibt nicht aus, dass
remānsiō, ~nis *f* Zurückbleiben, weiterer Aufenthalt
remedium, ī *n* [medeor] Heilmittel, Gegenmittel
remelig|ō, ~inis *f* **1.** Verzögerung **2.** *spöttisch von Personen* Trödelliese
⟦**rememoro(r)** *1 spl* wieder erwähnen; *ml* beichten
remēnsus →remetior; *auch Pass*
remeō *1* zurückkommen
⟦**remetio** *4 spl* = remetior
re|mētior, ~mēnsus sum *4* wieder messen; durchmessen, durchwandern; zurückgehen, wiederholen
rēmex, rēmigis *m* [rēmus *u.* ago] Ruderer, Ruderknecht(e)
Rēmī, ōrum *m* die Remer (belgisches Volk beim heutigen Reims)
rēmigātiō, ~nis *f* Rudern
rēmigium, ī *n* [remex] (die) Ruder; ~ alarum Flügel; die Ruderer, Rudermannschaft; Rudern
rēmigō *1* rudern
remigrō *1* zurückwandern, zurückkehren
reminīscor *3* sich erinnern, sich besinnen *Gen od Akk* auf; ausdenken
⟦**remipe|s,** *Gen* ~dis *spl* mit den Füßen rudernd; *poet* mit Rudern sich fortbewegend
re|misceō, ~miscuī, ~mīxtus *2* vermischen
remīsī →remitto
remissiō, ~nis *f* Zurückschicken; Herablassen; Nachlassen, Lockern; Erlassen; Gelassenheit; Erholung ⟦*ml* Zurückweisung; Vergebung der Sünden; Versäumnis
remissus I. *Adj 3* abgespannt; nachlässig, schlaff; gelassen, ruhig, mild; heiter **II.** *Part Perf Pass* →remitto
re|mittō, ~mīsī, ~missus *3* zurückschicken, zurückgeben, zurückbringen; von sich geben, hervorbringen, verursachen; sinken lassen, loslassen, lockern, abschwächen, vermindern, nachlassen; erlassen, verzichten *Akk* auf, aufgeben; nachgeben, zugestehen; erfrischen ⟦*ml* Sünden vergeben
remīxtus →remisceo
remōlior *4* zurückstoßen; wieder in Bewegung setzen
remollēsco *3* weich werden, sich erweichen lassen; verweichlicht werden
remolliō *4* weich machen, verweichlichen; *übertr* umstimmen
remora, ae *f* Verzögerung; Hindernis; *daher* »Hemmfisch« (die Schiffe hemmendes Fabeltier)
remorām|en, ~inis *n* Hemmnis; Warnung
re|mordeō, ~mordī, ~morsus *2* beunruhigen, quälen ⟦*ml* widersprechen
remoror *1* sich aufhalten, säumen, verweilen; aufhalten, hindern a an
remorsus →remordeo
remōtiō, ~nis *f* Beseitigung, Ablehnung
remōtus I. *Adj 3* entfernt, entlegen; abgeneigt, abweichend **II.** *Part Perf Pass* →removeo
re|moveō, ~mōvī, ~mōtus *2* zurückbewegen, entfernen; se ~movere sich zurückziehen
remugiō *4* zurückbrüllen; zurückschallen, dröhnen
re|mulceō, ~mulsī, ~mulsus *2* streicheln, besänftigen, ergötzen; caudam ~mulceo den Schwanz einziehen
remulcum, ī *n* Schlepptau
remulsī, remulsus →remulceo
Remulus, ī *m PN* Remulus
remūnerātiō, ~nis *f* Vergeltung, Erwiderung ⟦*ml* Gabe, Lohn
⟦**remunerator,** ~is *m spl* Vergelter
remūner|ō *u* **~or** *1* vergelten; belohnen; bestrafen
Remūria, ōrum *n* = Lemuria

remurmurō *1* entgegenmurmeln, entgegenrauschen
rēmus, ī *m* Ruder, Riemen (*Lw*)
Remus, ī *m* Remus (Bruder des Romulus)
renarrō *1* wiedererzählen
re|nāscor, ~nātus sum *3* wiedergeboren werden, wieder entstehen, wieder wachsen
renāvigō *1* mit dem Schiffe zurückfahren
reneō *2 Gewebe od Fäden* auflösen
rēnēs, rēn(i)um *m* Nieren ⟦*spl übertr* Lenden, Seite
renīdeō *2* strahlen; lächeln
re|nītor, ~nīsus sum *3* sich widersetzen
[1]**renō** *1* zurückschwimmen; wieder emportauchen
[2]**rēnō,** rēnōnis *m* Pelz, Tierfell
renōdō *1* entknoten
renovām|en, ~inis *n* neue Gestalt
renovātiō, ~nis *f* Erneuerung; Zinseszins
renovō *1* erneuern, wieder neu machen, wiederherstellen; erfrischen, sich erholen (lassen)
renumerō *1* zurückzahlen
renūntiātiō, ~nis *f* Verkündigung, Bericht
renūntiō *1* berichten, melden; öffentlich bekannt machen; aufsagen, aufkündigen
renūntius, ī *m* Berichterstatter; Zuträger; Laufbursche
re|nuō, ~nuī *3* verneinen, ablehnen
Rēnus = Rhenus
renūtus, ūs *m* Ablehnung
reor, ratus sum *2* meinen, glauben; berechnen
repāgulum, ī *n* [pango] Torbalken, Torriegel, Schranke
repandus *3* gekrümmt, gebogen
reparābil|is, ~e, *Gen* ~is ersetzbar, wiederherstellbar; sich wiederherstellend
⟦**reparatio,** ~nis *f spl* Wiederherstellung, Erneuerung; Gewinn
reparcō *3* sparen, sparsam sein *Dat* mit
reparō *1* wieder erwerben; wieder herstellen; ersetzen; eintauschen ⟦*ml* sühnen, wiedergutmachen
repastinātiō, ~nis *f* (wiederholtes) Behacken *od* Umgraben
repastinō *1* wiederholt bearbeiten (behacken, umgraben)
repat|ēscō, ~uī *3* sich wieder ausbreiten
⟦**repatrio** *1 spl* in die Heimat zurückkehren
repellō, reppulī, repulsus *3* zurückstoßen, zurücktreiben, vertreiben, abweisen, abwehren, entfernen
re|pendō, ~pendī, ~pēnsus *3* vergelten, erwidern; bezahlen, erkaufen
[1]**rēpēns,** *Gen* rēpentis *Part Präs Akt zu* repo
[2]**repēns I.** *Adj Gen* repentis unvermutet, plötzlich; neu, frisch **II.** *Adv* = repente
repēnsō *1* aufwiegen, vergelten
repēnsus →rependo
repente *Adv* plötzlich ⟦*ml* schnell

r

repentīnō *Adv* unvermutet, plötzlich; neu, frisch
repentīnus *3* unvermutet, plötzlich; neu, frisch ⟦*ml* aus dem Stegreif
repercō = reparco
repercussī →repercutio
repercussiō, ~nis *f* Reflex, Widerschein
repercussus I. *Part Perf Pass* →repercutio; zurückprallend; widerhallend; zurückstrahlend **II.** *Subst* ūs *m* Rückschlag; Gegendruck; Widerschein
reper|cutiō, ~cussī, ~cussus *3* zurückstoßen, zurückschlagen; wiedergeben
reperiō, repperī, repertus *4* [pario] wiederfinden, finden, auffinden; ermitteln
repert|or, ~ōris *m* Erfinder, Urheber
repertus I. *Part Perf Pass* →reperio **II.** *Adj 3* künstlich erfunden
repetentia I. *Part Präs Akt n Pl zu* repeto **II.** *Subst* ae *f* Rückerinnerung
repetītiō, ~nis *f* Wiederholung; Rückforderung
repetīt|or, ~ōris *m* Zurückforderer ⟦*spl* Wiederholer
re|petō, ~petīvī *u.* ~petiī, ~petītus *3* zurückholen, zurückhaben wollen; wiederholen; (wieder) angreifen, (wieder) losgehen *Akk* auf *od* gegen; wiederkehren, zurückkehren; hervorholen; herleiten; wiedererlangen; poenas ~peto eine Strafe vollziehen; rationem ~peto Rechenschaft fordern
repetundae, ārum *f* (res *od* pecuniae) Ersatz, Schadenersatzleistung (für gesetzwidrig angeeignete, erpresste Gegenstände od. Gelder); Schadenersatzklage
re|pleō, ~plēvī, ~plētus *2* wieder füllen, ergänzen; füllen, sättigen; *mit einer Krankheit* anstecken
replicātiō, ~nis *f* Kreislauf ⟦*spl* Wiederholung
replicō *1* entfalten, aufrollen; zurückbiegen; zusammenfalten; zurückstrahlen; überdenken, überlegen ⟦*spl* erwidern
replumbō *1* von Blei befreien
rēpō, rēpsī *3* kriechen
re|pōnō, ~posuī *u altl* ~posīvī, ~positus *u. altl* ~postus *3* zurücklegen, zurückstellen, aufbewahren; verbergen; wegstellen, abstellen, hinlegen; wiederherstellen; zurückgeben, ersetzen; setzen in *Abl* auf; rechnen in *Abl* unter, zählen in *Abl* zu ⟦*ml* in beneficio ~pono zu Lehen nehmen
reportō *1* zurücktragen, zurückbringen; berichten; victoriam ~ den Sieg davontragen a über
reposcō *3* zurückfordern, *als sein Recht* verlangen
repositōrium, ī *n* [repono] Tablett; Tafelaufsatz ⟦*ml* Fach, Schrank; Bücherkiste
⟦**repositorius** *3 ml* Bibliotheks-

repositus →repono
reposivī *altl* →repono
repost|or, ~ōris *m* Wiederhersteller
repostus I. *Adj 3* entlegen **II.** *altl Part Perf Pass* →repono
reposuī →repono
repōtia, ōrum *n* Hochzeitsnachfeier
repperī →reperio
⟦**repperio** *ml* = reperio
reppulī →repello
repraesentātiō, ~nis *f* (vergegenwärtigende) Darstellung; Abbild; Barzahlung
repraesentō *1* vor Augen stellen, darbieten, vergegenwärtigen; beweisen; vorführen; vollziehen, ausführen; anwenden; liefern; bar zahlen
re|prehendō, ~prehendī, ~prehēnsus *3* festhalten, zurückhalten, aufhalten; tadeln; *rhet* widerlegen
reprehēnsiō, ~nis *f* **1.** Tadel; Fehler **2.** *rhet* Widerlegung **3.** das Anhalten, Auf-der-Stelle-Treten (einer Rede, eines Gedankens)
reprehēnsō *1* eifrig zurückhalten
reprehēnsor, ~ōris *m* Tadler
reprehēnsus →reprehendo
reprēndō = reprehendo
repressī →reprimo
repress|or, ~ōris *m* Unterdrücker
repressus →reprimo
re|primō, ~pressī, ~pressus *3* zurückdrücken, unterdrücken; beschränken, dämpfen, beschwichtigen
⟦**reprobo** *1 spl* verwerfen; *ml* tadeln
⟦**reprobus** *3 spl* schlecht, verworfen
reprōmīsī →repromitto
reprōmissiō, ~nis *f* Gegenversprechen ⟦*spl* Verheißung; terra ~nis das Gelobte Land
reprō|mittō, ~mīsī, ~missus *3* ein Gegenversprechen geben
rēpsī →repo
⟦**reptil|e,** *Gen* ~is *n spl* kriechendes, niederes Tier, *auch* Fisch
rēptō *1* kriechen, schleichen; schlendern, langsam gehen
repudiātiō, ~nis *f* Zurückweisung
repudiō *1* zurückweisen, verschmähen; verstoßen
repudiōsus *3* verwerflich
repudium, ī *n* Verstoßung (der Frau = Ehescheidung vonseiten des Mannes)
repuerāscō *3* wieder zum Kind werden, kindisch werden
repūgnanter *Adv* widerstrebend
repūgnant|ia I. *Part Präs Akt Nom/Akk n Pl zu* repugno **II. 1.** ~iae *f* Widerstreit, Widerspruch **2.** ~ium *n* Widersprüche
repūgnō *1* Widerstand leisten, widerstreben, widersprechen
repulsa, ae *f* [repello] Abweisung, Ablehnung (bei Bewerbung um ein Amt)
repulsus I. *Adj 3* entfernt **II.** *Part Perf Pass* →repello **III.** *Subst* ūs *m* Zurückstoßen, Zurückwerfen; *poet* Widerhall
repungō *3* wieder stechen
repūrgō *1* wieder reinigen; entfernen, wegschaffen
reputātiō, ~nis *f* Betrachtung
reputō *1* berechnen; erwägen ⟦*ml* halten *Akk* für
requiē|s, ~tis *f* (*Nbf Gen Sg* requiēī *u.* requiē, *Akk Sg* requiem, *Abl Sg* requiē) Ruhe, Erholung
re|quiēscō, ~quiēvī *3* ruhen, sich ausruhen, sich erholen; sich beruhigen ex von *od* nach, in *Abl* bei
requiētus *3* ausgeruht
requiēvi →requiesco
requīritō *1* fragen *Akk* nach
re|quīrō, ~quīsīvī, ~quīsītus *3* [quaero] suchen, aufsuchen, forschen *Akk od* de nach, untersuchen; vermissen; fordern, verlangen ⟦*ml* einfordern
requīsīta, ōrum *n* **1.** verlangter Ausdruck **2.** ~ naturae Notdurft
requīsīvī →requiro
rēs, reī *f* Sache, Ding, Angelegenheit; Besitz, Habe, Vorteil, Interesse; Lage, Zustand, Verhältnis; Ereignis, Tatsache, Tat; Geschäft, Rechtssache, Prozess; *bes* nulla re durch nichts; qua in re dabei; quam ob rem deswegen; pro re nata nach Lage der Dinge; re vera in Wirklichkeit, tatsächlich; ~ publica Staat; ~ rustica Landwirtschaft; ~ novae Umsturz; ~ secundae Glück; ~ adversae Unglück; ~ urbanae Ereignisse in der Stadt (Rom); ~ gestae Taten; scriptor rerum Geschichtsschreiber; natura rerum Wesen der Welt; capitis res est es geht um Kopf und Kragen
resacrō *1* entsühnen
resaeviō *4* von Neuem wüten
⟦**resalio** *4 ml* = resilio
resalūtātiō, ~nis *f* Gegengruß
resalūtō *1* wieder grüßen
resān|ēscō, ~uī *3* genesen
re|sarciō, ~sarsī, ~sartus *4* wieder ausbessern; ersetzen
re|scindō, ~scīdī, ~scissus *3* wieder aufreißen, wieder einreißen; zugänglich machen, öffnen; ungültig machen, aufheben
resciī →rescisco
⟦**re|scio,** ~scivi, ~scitus *4 spl* erkennen; aufspüren; *ml* erfahren
re|scīscō, ~scīvī *od* ~sciī, ~scītus *3* erkunden, Kunde erhalten *Akk* von
rescissus →rescindo
rescītus →**1.** ⟦rescio **2.** rescisco
rescīvī →**1.** ⟦rescio **2.** rescisco
re|scrībō, ~scrīpsī, ~scrīptus *3* zurückschreiben, wieder schreiben; schreiben *Dat* dagegen, antworten; legiones

~scribo Legionen neu aufstellen; ad equum ~scribo zu den Reitern *od* in den Ritterstand versetzen; reliqua ~scribo eine Restsumme gutschreiben *od* mit einer Restsumme belasten *Dat* jmdn. ⟦*ml* übersetzen

rescriptum, ī *n* kaiserlicher Erlass, Bescheid ⟦*ml* Schriftstück, Abschrift

re|secō, ~secuī, ~sectus *1* beschneiden, abschneiden

resecrō *1* [sacro] **1.** wiederholt beschwören **2.** eine Bitte zurücknehmen

resectus, resecuī →reseco

resēdī →**1.** resideo **2.** resido

resegmin|a, ~um *n* Abfälle, Schnitzel

resēminō *1* wieder erzeugen

re|sequor, ~secūtus sum *3* antworten *Akk* jmdm. *Abl* auf etw.

[1]**reserō** *1* entriegeln, aufschließen, öffnen ⟦*ml* mitteilen

[2]**re|serō,** ~sēvī *3* wieder säen, besäen, bepflanzen

reservō *1* erhalten, aufbewahren

reses, *Gen* residis zurückgeblieben; träg

resēvī →[2]resero

⟦**resibilo** *1 spl* gehässig erwidern

re|sideō, ~sēdī, ~sessus *2* sitzen, sitzenbleiben, zurückbleiben, übrig bleiben; *Fest* feiern

re|sīdō, ~sēdī, ~sessum *3* sich setzen, rasten; sich beruhigen, nachlassen, sinken, sich niedersenken ⟦*ml* sich zurechtsetzen, sich anschicken ad zu

residuus *3* noch übrig, übrig geblieben, vorhanden; rückständig; widerrechtlich zurückbehalten; träge, untätig

⟦**resignatio,** ~nis *f ml* Verzicht; Auslieferung

resīgnō *1* entsiegeln, öffnen; ungültig machen; zurückzahlen, -geben; verzichten *Akk* auf, entsagen

re|siliō, ~siluī *4* zurückspringen, sich zusammenziehen; sich frei machen

resīmus *3* aufwärtsgebogen, aufgestülpt

rēsīna, ae *f* Harz

re|sipiō *3* schmecken *Akk* nach; *übertr* erkennen lassen

resip|īscō, ~uī *u.* ~iī *u.* ~īvī *3* wieder zu Verstand kommen, wieder Mut bekommen ⟦*ml* abstehen *Abl* von

re|sistō, ~stitī *3* sich widersetzen, Widerstand leisten; stehen bleiben, haltmachen, stillstehen; stocken; wieder festen Fuß fassen

resolūtiō, ~nis *f* Auflösung; *med* Schwäche, Lähmung ⟦*ml* Tod; Entschließung

re|solvō, ~solvī, ~solūtus *3* auflösen, losbinden, lösen; öffnen; bezahlen; beseitigen, entkräften

resonābil|is, ~e, *Gen* ~is widerhallend

resonō *1* widerhallen, ertönen; ertönen lassen

resonus *3* widerhallend

resorbeō *2* (wieder) einschlürfen; *übertr* anhalten

Rēsp. *Abk für* res publica

respectō *1* sich umsehen *Akk* nach, zurücksehen; Rücksicht nehmen *Akk* auf; warten, erwarten

respectus I. *Part Perf Pass* →respicio **II.** *Subst* ūs *m* das Zurückblicken; Rücksicht, Berücksichtigung; Zuflucht ⟦*ml* respectum ago eingehend betrachten

re|spergō, ~spersī, ~spersus *3* bespritzen, besprengen; beflecken

respersiō, ~nis *f* Bespritzen, Besprengen

respersus →respergo

re|spiciō, ~spēxī, ~spectus *3* zurückblicken, sich umsehen (ad) *Akk* nach; berücksichtigen, überdenken; erwarten; angehen, betreffen

respīrām|en, ~inis *n* Luftröhre

respīrātiō, ~nis *f* Aufatmen, Atemholen; Ruhepause; Ausdünstung ⟦*ml* Erholung

respīrātus, ūs *m* = respiratio

respīrō *1* aufatmen, sich erholen; ausatmen, aushauchen; nachlassen, zur Ruhe kommen

re|splendeō, ~splenduī *2* strahlen, widerstrahlen

re|spondeō, ~spondī, ~spōnsus *2* antworten; Bescheid erteilen de wegen; *bei Aufruf* sich melden; erwidern; entsprechen, gewachsen sein; bezahlen ⟦*ml* offenbaren, prophezeien

respōnsiō, ~nis *f* Antwort

respōnsitō *1* ein Rechtsgutachten erteilen

⟦**responsiv|us I.** *Adj 3 spl* Antwort- **II.** *Subst* ~um, ~ī *n ml* Antwort

respōnsō *1* antworten; einen Widerhall geben; widersprechen, ablehnen *Dat* etw.

respōns|or, ~ōris *m* (Be-)Antworter

⟦**responsorium,** i *n ml* Wechselgesang

respōnsum, ī *n* Antwort; Rechtsbescheid, Rechtsauskunft, Rechtsgutachten; Orakel

respōnsus →respondeo

respublica = res publica

re|spuō, ~spuī *3* ausspeien, von sich geben; zurückweisen, nicht hören wollen

restāgnātiō, ~nis *f* sich stauendes Hochwasser, Überschwemmung; ~ alvi Aufstoßen des Magens

restāgnō *1* sich anstauen, überfließen; unter Wasser stehen ⟦*ml* angefüllt sein, voll sein

restaurātiō, ~nis *f* Wiederherstellung

⟦**restauratri|x,** ~cis *f spl* Wiederherstellerin

restaurō *1* wiederherstellen, erneuern

resticula, ae *f* dünnes Seil

restīnctiō, ~nis *f* Löschen

re|stinguō, ~stīnxī, ~stīnctus *3* löschen, auslöschen; unterdrücken

restiō, ~nis *m* [restis] Seiler

restipulātiō, ~nis *f* Gegenverpflichtung, beiderseitige Verpflichtung
restipulor *1* sich als Gegenleistung versprechen lassen
restis, ~ *f* Seil, Strick; Blatt (von Lauch *od* Zwiebelgewächs)
restitī →**1.** resisto **2.** resto
restitō *1* [resto] zurückbleiben, zaudern
re|stituō, ~stituī, ~stitūtus *3* wieder hinstellen, wieder aufrichten; wiederherstellen, wiedergutmachen; zurückgeben, zurückbringen; wieder einsetzen
restitūtiō, ~nis *f* Wiederherstellung; Wiedereinsetzung, Begnadigung
restitūt|or, ~ōris *m* Wiederhersteller
re|stō, ~stitī *1* **1.** zurückbleiben, übrig bleiben; restat es ist noch übrig; quod restat in alle Zukunft **2.** widerstehen, standhalten
restrictus I. *Adj 3* straff, streng; karg, genügsam **II.** *Part Perf Pass* →restringo
re|stringō, ~strinxī, ~strictus *3* **1.** fesseln, nach hinten binden; beschränken; zurückziehen **2.** lösen, aufbinden, öffnen; labella ~stringo die Lippen öffnen; dentes ~stringo die Zähne fletschen ⟦*ml übertr* loslösen
resūdō *1* Feuchtigkeit ausschwitzen
resultō *1* [salto] zurückprallen, widerhallen; widerstreben
re|sūmō, ~sūmpsī, ~sūmptus *3* wieder ergreifen, wieder erlangen; erneuern
re|suō, –, ~sūtus *3* auftrennen
resupīnō *1* rückwärtsbeugen; auf den Rücken werfen, auf den Rücken legen; umwerfen
resupīnor *1* sich auf den Rücken legen, auf den Rücken fallen
resupīnus *3* zurückgebogen, zurückgelehnt; rücklings; träge, nachlässig, bequem, sorglos
re|surgō, ~surrēxī, ~surrēctus *3* wieder aufstehen, sich wieder erheben ⟦*spl* auferstehen
⟦**resurrectio,** ~nis *f spl* Auferstehung
resurrēctus →resurgo
resurrēxī →resurgo
resuscitō *1* wieder erregen ⟦*spl* wieder zum Leben erwecken
⟦**retalio** *1 spl* wieder vergelten
retardātiō, ~nis *f* Verzögerung, Verlangsamung
retardō *1* verzögern, verlangsamen, aufhalten; *ohne Akk* zurückbleiben, säumen
retaxō *1* einen Vorwurf (Tadel) mit einem Gegenvorwurf beantworten
rēte, rētis *n* Netz
re|tegō, ~tēxī, ~tēctus *3* **1.** aufdecken, öffnen; erhellen, offenbaren **2.** ⟦*spl* wieder bedecken
retemptō *1* wieder versuchen, wieder anfassen
re|tendō, ~tendī, ~tentus *u.* ~tēnsus *3* entspannen
retentiō, ~nis *f* Zurückhalten
retentō *1* **1.** = retempto **2.** [retineo] anhalten, festhalten, zurückhalten
retentus →**1.** retendo **2.** retineo
re|terō, ~trīvī, ~trītus *3* abreiben
retēxī →retego
re|texō, ~texuī, ~textus *3* **1.** wieder auflösen, auftrennen; ungültig machen, rückgängig machen **2.** erneuern, wiederholen ⟦*ml* darlegen, sagen
rētiārius, ī *m* [rete] Retiarius (Gladiator mit Netz und Dreizack)
⟦**retiator,** ~is *m ml* Netzmacher
reticentia I. *Part Präs Akt Nom/Akk n Pl zu* reticeo **II.** *Subst* ae *f* Stillschweigen, Verschweigen; *rhet* Verstummen (Abbrechen der Rede mitten im Satz)
re|ticeō, ~ticuī *2* schweigen, nicht antworten; verschweigen
rēticul|um, ~ī *n u.* **~us,** ~ī *m* kleines Netz (Tragnetz, Haarnetz)
Retina, ae *f* Retina (Ort am Vesuv), *heute* Resina
retināculum, ī *n* Leine, Seil, Band; Haken ⟦*ml* ~ vasis Fassreifen
retin|ēns, *Gen* ~entis **I.** *Part Präs Akt zu* retineo **II.** *Adj* festhaltend *Gen* an
re|tineō, ~tinuī, ~tentus *2* [teneo] zurückhalten, festhalten, behalten, bewahren
retinniō *1* widerklingen
rētiolum, ī *n* kleines Netz
rētis →rete
retonō *1* widerhallen
re|torqueō, ~torsī, ~tortus *2* zurückdrehen, zurückwenden, umwenden, umdrehen ⟦*ml* veritatem ~torqueo die Wahrheit entstellen
retorridus *3* **1.** verbrannt; dürr **2.** *übertr* ausgekocht, schlau
retorsī →retorqueo
retortus I. *Part Perf Pass* →retorqueo **II.** ⟦*Adj 3 spl* verkrüppelt
retractātus I. *Adj* umgearbeitet, verbessert **II.** *Part Perf Pass zu* retracto
retractātiō, ~nis *f* Weigerung ⟦*spl* Umarbeitung, Neubearbeitung
retractō *1* **1.** erneut bearbeiten *od* behandeln *od* überdenken **2.** zurückziehen, widerrufen
retractus I. *Part Perf Pass* →retraho **II.** *Adj 3* entfernt, versteckt ⟦*ml* erstarrt, starr geworden
re|trahō, ~trāxī, ~tractus *3* zurückziehen, zurückbringen; zurückhalten; retten a vor; beziehen ad auf; in odium ~traho verhasst machen *Gen* bei
retrectō = retracto
re|tribuō, ~tribuī, ~tribūtus *3* wiedererstatten, zukommen lassen ⟦*spl* vergelten

⟦**retributio,** ~nis *f spl* Rückerstattung; Vergeltung
⟦**retributor,** ~is *m spl* Vergelter
retrītus, retrīvī →retero
retrō I. *Präp mit Akk* hinter **II.** *Adv* zurück, rückwärts ⟦*spl* wieder; vergangen
retro|agō, ~ēgī, ~āctus *3* umkehren, umwenden, ändern ⟦*ml Pass* ~agor ablaufen
retrō|cēdō, ~cessī *3* zurückweichen
retroēgī →retroago
retrō|gradior, ~gressus sum *3* zurückgehen
retrōgradus *3* zurückgehend, rückwärtsgehend
retrōgressus →retrogradior
retrōpendulus *3* nach hinten hängend
retrōrsum = retrorsus II.
retrōrsus I. *Adj 3* rückwärtsgewandt **II.** *Adv* rückwärts, zurück
retrōversus = retrorsus I.
re|trūdō, ~trūsī, ~trūsus *3* zurückstoßen
retrūsus I. *Adj 3* versteckt **II.** *Part Perf Pass* →retrudo
rettūdī →retundo
rettulī →refero
re|tundō, ~tūdī *u.* ~ttūdī, ~tū(n)sus *3* zurückstoßen, zurückweisen; abstumpfen, stumpf machen, wirkungslos machen
retū(n)sus I. *Adj 3* abgestumpft **II.** *Part Perf Pass* →retundo
Reudignī, ōrum *m* Reudigner (Germanenstamm in Südholstein)
reunct|or, ~ōris *m* Arzthelfer (zum Salben und Einreiben der Patienten)
reus I. *Adj 3* verantwortlich *Gen* für, verpflichtet *Gen* zu ⟦*ml* schuldig, sträflich **II.** *Subst* ī *m* Angeklagter; reum facio *od* ago anklagen; Schuldner; *Pl* rei, orum *m* beide Seiten *od* Parteien (vor Gericht)
reval|ēscō, ~uī *3* wieder gesunden, sich wieder erholen; wieder zur Geltung kommen
revectus →reveho *und* revehor
re|vehō, ~vēxī, ~vectus *3* zurückschaffen, zurückbringen
re|vehor, ~vectus sum *3* zurückkehren, -fahren, -reiten, -segeln
⟦**revelatio,** ~nis *f spl* Enthüllung, Offenbarung
re|vellō, ~vellī *u.* ~vulsī, ~vulsus *3* weg-, ab-, auf-, herausreißen; signa ~vello (die Fahnen aus der Erde reißen =) aufbrechen; tilgen, vernichten
revēlō *1* enthüllen ⟦*spl* entdecken, offenbaren
re|veniō, ~vēnī *4* zurückkommen
rēvērā *Adv* tatsächlich
reverberō *1* zurückschlagen, abprallen lassen *Abl* an *od* von ⟦*ml* zurückweisen
reverendus I. *Adj 3* ehrwürdig ⟦**II.** *Subst* i *m spl* Ehrwürden *Titel*
rever|ēns, *Gen* ~entis ehrerbietig; sittsam
reverentia, ae *f* Ehrfurcht, Achtung ⟦*ml* Andacht; ~ vestra Euer Hochwürden (als Anrede)
re|vereor, ~veritus sum *2* scheuen, fürchten; verehren
reverrō *3* wieder auseinanderkehren
reversiō, ~nis *f* Umkehr, Wiederkehr, Rückkehr
re|vertor, ~vertī (*Part Perf* ~versus) *3* zurückkehren, umkehren; in gratiam ~vertor sich wieder versöhnen *Gen* mit
⟦**revestio** *4 spl* wieder bekleiden
revēxī →reveho
revīcī, revictus →revinco
revīlēscō *3* an Wert verlieren
re|vinciō, ~vīnxī, ~vīnctus *4* **1.** festbinden, anbinden, fesseln; umwinden **2.** losbinden
re|vincō, ~vīcī, ~victus *3* bewältigen, überwältigen; überführen, widerlegen
revīnctus, revīnxī →revincio
re|vireō, ~viruī *2* wieder grünen
revir|ēscō, ~uī *3* wieder grün werden, wieder aufblühen; sich erneuern
revīsī →reviso
revīsitō *1* wiederholt besuchen
re|vīsō, ~vīsī *3* wieder aufsuchen
reviv|īscō *u.* **~ēscō,** revīxī *3* wieder aufleben
revocābil|is, ~e, *Gen* ~is zurückrufbar, widerrufbar
revocām|en, ~inis *n* Warnruf
revocātiō, ~nis *f* Rückberufung; Abberufung; Zurücknahme ⟦*ml* Widerruf
revocō *1* zurückrufen, nochmals rufen, wieder einladen; abberufen, zurückziehen; zurückhalten, beschränken; widerrufen; zurückbringen; wiederherstellen, erneuern; sich berufen *Akk* auf, sich beziehen *Akk* auf, zurückführen *Akk* auf
revolō *1* zurückfliegen, zurückeilen
revolūbil|is, ~e, *Gen* ~is zurückrollbar, abwendbar, umkehrbar
⟦**revolutio,** ~nis *f spl* Zurückwälzen, Rückkehr; *neulateinisch* Umdrehung, Umwälzung
re|volvō, ~volvī, ~volūtus *3* zurückrollen, zurückwälzen, zurückführen ad auf, wiederholen; *Buch* aufrollen, durchlesen; wieder überdenken, wieder erzählen; se revolvere = revolvor
re|volvor, ~volūtus sum *3* zurückkehren, zurückkommen ad auf
re|vomō, ~vomuī, ~vomitus *3* wieder von sich geben, ausspeien
revor- = rever-
revulsī →revello
revulsiō, ~nis *f* Abreißen, Losreißen
revulsus →revello
rēx, rēgis *m* König, Herrscher, Herr, Despot, Gewaltherrscher; *Pl auch* königliche

r

Familie, Dynastie; ~ sacrorum Opferkönig (Priesteramt während der röm. Republik); ~ pueritiae Erzieher ⟦*spl* ~ regum Gott; ~ perennis = Christus
rēxī →rego
Rhadamanthus, ī *m* Rhadamanthys (Richter in der Totenwelt)
Rhae- = Rae-
Rhamnū|s, ntis *f* Rhamnus (Ort in Attika)
Rhamnūsia, ae *f* Göttin von Rhamnus (= Nemesis)
Rhamnūsi|s, ~dis *f* Göttin von Rhamnus (= Nemesis)
Rhamnūsius *3* rhamnusisch, von Rhamnus
Rhamsēs (*Akk* Rhamsēn) *m* Ramses (N ägyptischer Könige)
rhapsōdia, ae *f* Heldenlied, *bes* Ilias; Rhapsodie (als epische Dichtung)
[1]**Rhēa** = Rea
[2]**Rhea,** ae *f* Rhea, *gr auch* Rheia (Mutter des Zeus, mit Kybele gleichgesetzt)
Rhēnus, ī *m* [*kelt*] **1.** Rhein; *poet* Germane(n) **2.** Rhenus (Fluss in Oberitalien), *heute* Reno
Rhēsus, ī *m* Rhesus, *gr* Rhesos (*myth* Thrakerkönig)
rhētor, ~is *m* Rhetor, Lehrer der Redekunst, Redner
rhētoric|a, ae *f u.* a, ōrum *n* Redekunst, Rhetorik
rhētoricē, ēs *f* = rhetorica, ae *f*
rhētoricōterus, ī *m* ein besserer Redner
rhētoricus *3* rhetorisch, rednerisch
rheuma, ~tis *n* [*gr*] Katarrh, Rheuma ⟦*spl* Fließen, Strömung
rhīnocerō|s, ~tis *m* Nashorn
Rhīnocolūra, ae *f* Rhinocolura (Stadt an der ägyptisch-syrischen Grenze), *heute* El-Arish
Rhion *u.* **Rhium,** ī *n* Rhion (Vorgebirge im Norden der Peloponnes)
Rhīpaeus = Riphaeus
Rhīz|ōn, ~onis *f* Rhizon (Stadt in Illyrien), *heute* Risan
Rhīzonītae, ārum *m* Einw. von Rhizon
rhō *n undekl* Rho (gr. Buchstabe = r)
Rhoda, ae *f* Rhoda (Stadt an der Nordostküste Spaniens), *heute* Rosas
Rhodanus, ī *m* Rhône (Fluss in Frankreich)
Rhodiēns|is, ~e, *Gen* ~is **I.** *Adj* rhodisch, von Rhodos **II.** *Subst* ~ēs, ~ium *m* Einw. von Rhodos
Rhodi|us **I.** *Adj 3* rhodisch, von Rhodos **II.** *Subst* ~ī *m* Einw. von Rhodos
Rhodopē, ēs *f* **1.** Rhodope (thrakische Nymphe, *verwandelt in*) **2.** ein Gebirge in Thrakien, die Rhodopen; *poet* Thrakien
Rhodopēius *3* rhodopisch, der Rhodope, *poet* thrakisch
Rhod|us *u.* **~os,** ~ī *f* Rhodos (Insel u. Stadt)
Rhoetēum, ī *n* Rhoiteion (Stadt *od* Vorgebirge im nordwestlichen Kleinasien), *poet* das Meer bei Rhoiteion
Rhoetē(i)us *3* **1.** rhoiteisch, von Rhoiteion, *daher poet* **2.** trojanisch; römisch
Rhoetus, ī *m* Rhoetus, *gr* Rhoitos (1. Kentaur 2. Gigant)
rhombus, ī *m* **1.** Rhombus (geometrische Figur) **2.** Zauberrad, Zauberkreisel **3.** Butt *Plattfisch*
rhonchus, ī *m* Schnarchen, Schnarren, Quaken
Rhoxolani = Roxolani
rhythmicus **I.** *Adj 3* rhythmisch **II.** *Subst* ī *m* Rhythmiker, Lehrer des Rhythmus
rythmus, ī *m* [*gr*] Rhythmus, ⟦*ml* Weise, Lied
⟦**ribaldus,** i *m ml* Landstreicher
rīca, ae *f* Kopftuch
rīciniātus *3* mit einem Umschlagtuch bekleidet
rīcinium, ī *n* (mantelartiges) Umschlagtuch (der Frauen)
ricinus, ī *m* **1.** Zecke *od* Holzbock (Insektenart) **2.** *f* Ricinus (Wunderbaum, weil schnell wachsend)
rict|us, ~ūs *m u.* **~um,** ~ī *n* Öffnung, offener Mund, Rachen
rīdeō, rīsī, rīsus *2* lachen; lächeln; belachen, auslachen; *übertr* glänzen, strahlen
rīdibundus *3* lachend
rīdicl(e)us = ridiculus
rīdiculāria, ōrum *n* Possen
rīdiculōsus *3* spaßig
rīdiculum, ī *n* Spaß, Scherz, Witz ⟦*spl* Lächerlichkeit; *ml* Spielmannsschwank
rīdiculus **I.** *Adj 3* lächerlich, verächtlich; spaßhaft **II.** *Subst* ī *m* Spaßmacher
riēnes = renes
rigeō, riguī *2* starr sein, steif sein; (vor Kälte) starren; strotzen
rigēscō, riguī *3* erstarren, steif werden; sich sträuben
rigidō *1* steif machen, hart machen
rigidus *3* starr, steif (gefroren); gesträubt; fest, streng; abgehärtet, wild
rigō *1* bewässern, benetzen; *eine Flüssigkeit* leiten, führen
Rigodūlum, ī *n* Rigodulum (Stadt an der Mosel), *heute* Riol
rigor, rigōris *m* Starrheit, Kälte; Starrkrampf; Härte, Rauheit
riguī →**1.** rigeo **2.** rigesco
riguus *3* bewässernd; bewässert
rīma, ae *f* Ritze, Riss, Spalt; ~ ignea Blitz; ~m ago einen Riss bekommen
⟦**rimatus** *3 ml* zerschlissen
rīmor *1* zerspalten, aufreißen; durchwühlen; durchforschen, erforschen
rīmōsus *3* voller Risse, leck, durchlässig
rīmula, ae *f* kleine Ritze, kleine Spalte ⟦*ml* Furche

ringor *3* die Zähne fletschen; murren
rīpa, ae *f* Ufer; *Pl* rīpae, ārum *f* Ufergegend, Uferstrecke ⟦*ml* Rand
Rīp(h)aeus *3* nördlich, stürmisch, kalt; Rip(h)aei montes die Rip(h)äischen Berge (sagenhaftes Gebirge am Nordrand der Erde)
rīpula, ae *f* liebliches Ufer
riscus, ī *m* [*gr*] Koffer
rīsī →rideo
⟦**rīsibil|is,** ~e, *Gen* ~is *spl* lächerlich; lachend
rīsiō, ~nis *f* Lachen, Gelächter
rīsor, rīsōris *m* Lacher, Spötter
rīsus I. *Part Perf Pass* →rideo **II.** *Subst* ūs *m* Lachen; Spott; Gegenstand des Gelächters
rīte *Adv* nach rechtem (Religions-)Brauch, feierlich; in herkömmlicher Weise; mit Recht, gehörig; in glücklicher Weise
rītuāl|is, ~e, *Gen* ~is die heiligen Bräuche betreffend
rītus, ūs *m* heiliger Brauch, Feierlichkeit, Satzung; Brauch, Sitte; ritu nach Art *Gen* von, wie
rīvāl|is I. *Adj* ~e, *Gen* ~is am *od* im Wasser lebend **II.** *Subst* ~is *m* **1.** Nachbar (am selben Wasserlauf) **2.** Nebenbuhler
rīvālitā|s, ~tis *f* Eifersucht
rīvulus, ī *m* Bächlein; Kanal
rīvus, ī *m* Bach, Kanal, Wassergraben, Wasserlauf, Fluss, Strom
rīxa, ae *f* Zank, Streit
rīxor *1* zanken, streiten
Rōbigāl|ia, ~ium *n* die Robigalien, Fest des Robigus (am 25. April)
rōbīginōsus *3* verrostet
rōbīg|ō, ~inis *f* Rost; Fäulnis; Brand *Getreidekrankheit*
Rōbīgus, ī *m* Robigus (Gottheit, die den »Brand« des Getreides verhinderte)
rōbor = robur
rōboreus *3* eichen, von Eiche
rōborō *1* stärken ⟦*ml* vollziehen, bekräftigen
rōbur, rōboris *n* **1.** Eichenholz, Kernholz **2.** Kraft, Stärke, Festigkeit **3.** Kerntruppen, Elitetruppen **4.** Verlies (im röm. Staatsgefängnis) **5.** *Bez einer bes* Weizen(sorte)
rōbust(e)us I. *Adj 3* eichen; kräftig **II.** *Subst* ī *m* Erwachsener
⟦**roc(ch)us,** ī *m* [*pers*] *ml* Turm (im Schachspiel)
⟦**roccus,** i *m* [*dt*] *ml* leinenes Gewand
rōdō, rōsī, rōsus *3* benagen; verächtlich machen, verleumden
rogāl|is, ~e, *Gen* ~is des Scheiterhaufens, Scheiterhaufen-
rogātiō, ~nis *f* Bitte; Frage, Anfrage; Gesetzesvorschlag
rogātiuncula, ae *f* kurze Frage; kleine Anfrage; kurzer Gesetzesvorschlag
rogāt|or, ~ōris *m* **1.** Antragsteller **2.** Beamter für das Sammeln der Stimmen (bei Abstimmungen)
rogātus I. *Part Perf Pass zu* rogo **II.** *Subst* ūs *m* das Bitten
rogitātiō, ~nis *f* Gesetzesvorschlag
rogitō *1* eindringlich fragen ⟦*ml* inständig bitten
rogō *1* bitten ab *od Akk* jmdn. *Akk* um; fragen de *od Akk* nach; holen; einladen; beantragen, zur Wahl vorschlagen
rogus, ī *m* Scheiterhaufen; *poet* Grab
Rōma, ae *f* Rom; *adverbial* Romā aus Rom, Romae in Rom, Romam nach Rom
Rōmānus I. *Adj 3* römisch **II.** *Subst* ī *m* Römer
romphaea [*gr*] = rumpia
Rōmul(e)us = Romulus I.
Rōmulidae, ārum *m* Nachkommen des Romulus; *poet* Römer
Rōmulus I. *Adj 3* des Romulus; *poet* römisch **II.** ī *m* Romulus (Gründer Roms)
ronchus = rhonchus
rōr- →ros
rōrārii, ōrum *m* Schleuderer, leicht bewaffnete Soldaten
rōridus *3* betaut
rōrifer, rōrifera, rōriferum Tau bringend
rōrō *1* tauen (*als Niederschlag*), tropfen; feucht sein; betauen, befeuchten; tropfen lassen
rōs, rōris *m* Tau; *Pl* rores Tautropfen; Nass, Flüssigkeit; ~ marinus *u.* marinum *u.* ~ maris Rosmarin *Blume*
rosa, ae *f* Rose, Rosenstrauch, Rosenkranz ⟦*ml* ~ aurea Goldene Rose (päpstlicher Orden)
rosāceum, ī *n* Rosenöl
rosāc|eus *u.* **~ius** *3* aus Rosen, Rosen-
rosārium, ī *n* Rosenhecke, -garten
rosārius *3* aus Rosen, Rosen-
rōscidus *3* betaut; tropfend, Tau bringend
Rōsciānus *3* des Roscius 2.
Rōscius *3 Gent* Roscius (1. Sextus ~ aus Ameria, von Cicero verteidigt 80 v. Chr. 2. Quintus ~ Gallus, Schauspieler, von Cicero verteidigt 76 v. Chr. 3. Lucius ~ Otho, Volkstribun 67 v. Chr.)
Rōsea, ae *f* Rosea (Gegend bei Reate)
rosētum, ī *n* Rosenhecke, -garten
roseus *3* aus Rosen; rosig, rosenfarbig; *übertr* jugendlich, schön
Rōseus *3* roseisch, von Rosea
rōsī →rodo
Rōsia = Rosea
rōsidus *3* = roscidus
rosmarīnus →ros
rōstrātus *3* mit einer gekrümmten Spitze (Schnabel), mit Schiffsschnäbeln geziert ⟦*ml* calcei rostrati Schnabelschuhe

r

rōstrum, ī *n* Schnabel, Rüssel; Schiffsschnabel, *übertr* Bug, Vorderteil des Schiffes; *Pl* rostra, orum (mit Schiffsschnäbeln gezierte) Rednerbühne (auf dem röm. Forum)
⟦**rosula,** ae *f ml* Röschen
rōsus →rodo
rota, ae *f* **1.** Rad; Wagen; Kreis, Kreisbahn **2.** ⟦*ml* Rotta (mittelalterl. Saiteninstrument)
⟦**rotal|is,** ~e, *Gen* ~is *spl* mit Rädern versehen; *ml* poena ~is Strafe des Räderns
⟦**rotator,** ~is *m ml* Rottaspieler
rotō *1* herumdrehen, herumschleudern; rollen; sich im Kreise drehen
rotor *1* sich drehen
⟦**rotta** = rota 2.
rotula, ae *f* Rädchen
rotundātiō, ~nis *f* Rundung
rotunditā|s, ~tis *f* runde Gestalt ⟦*ml* runde Münze
rotundō *1* runden, abrunden, rund machen
rotundus *3* rund, abgerundet
Rōxanē, ēs *f* Roxane (Gem. Alexanders des Großen)
Rōxolānī, ōrum *m* Roxolanen (skythisches Volk)
rube|faciō, ~fēcī, ~factus *3* röten
rubellus *3* rötlich
rubeō, rubuī *2* rot sein; erröten
ruber, rubra, rubrum rot
rubēscō, rubuī *3* rot werden
rubēta, ae *f* Kröte
rubētum, ī *n* Brombeerstrauch
rubeus *3* Brombeer-
Rubi ōrum *m* Rubi (Stadt in Apulien), *heute* Ruvo
Rubicō, ~nis *m* Rubikon (Grenzflüsschen zwischen Umbrien u. Gallia cisalpina)
rubicundus *3* rot; gelb, reif
rubidus *3* dunkelrot
rūbīgō = robigo
Rūbīgus = Robigus
rubor, rubōris *m* Röte, rote Farbe; Scham, Schamröte; Schande
rubrīca, ae *f* **1.** rote Erde (z. B. Rötel, Ocker, roter Ton) **2.** (rot geschriebener) Titel von Gesetzen
rubrīcātus *3* mit roter Tinte geschrieben, rot gemalt, rot gestrichen
rubuī →**1.** rubeo **2.** rubesco
rubus, ī *m (f)* Brombeerstrauch; Brombeere ⟦*spl* Dornstrauch
rūct|ō *und* **~or** *1* aufstoßen, rülpsen
rūctus, ūs *m* Rülpsen
rudēns, *Gen* rudentis **I.** *Part Präs Akt zu* rudo **II.** *Subst m (f)* Schiffstau, Tau
rūder- →rudus
Rudiae, ārum *f* Rudiae (Stadt in Calabria, Geburtsort des Ennius, *heute* Apulien)
rudiārius, ī *m* ausgedienter Gladiator
rudīmentum, ī *n* Anfang, erster Versuch, Vorübung
Rudīnus I. *Adj 3* rudinisch, aus Rudiae **II.** *Subst* ī *m* Einw. von Rudiae, Rudiner
rudis I. *Adj* rude, *Gen* ~ unbearbeitet, roh; kunstlos, unerfahren **II.** *Subst* ~ *f* **1.** Fechterstab (Übungsstab des Gladiators *od* Auszeichnung bei seiner Entlassung, *daher*) Befreiung, Entlassung **2.** Quirl, Kochlöffel
rudō, rudīvī *3* brüllen, laut ächzen
rūdus, rūderis *n* **1.** Schutt, Gesteinstrümmer **2.** Mörtel, Putzmörtel, Fußbodenmasse **3.** (*auch* raudus) Erzstück, kleine kupferne Münze
⟦**rufinus** *3 ml* rot
⟦**Rufinus,** ī *m* Rufinus (*spl* BN)
rūfulī, ōrum *m* (vom Feldherrn ernannte hohe Offiziere, mit Purpurstreifen am Gewand) Militärtribunen
rūf(ul)us *3* rot; rothaarig
Rufus *3* Rufus (BN)
rūga, ae *f* Runzel, Falte ⟦*ml* nares in rugam contrahere die Nase rümpfen
Rugiī, ōrum *m* Rugier (germ. Volk an der Ostsee)
⟦**rugio** *4 spl* brüllen
⟦**rugitus,** ūs *m spl* das Brüllen
rūgō *1* Falten werfen; in Falten legen
rūgōsus *3* runzlig, faltig
ruīna, ae *f* Sturz, Einsturz, Unglück, Untergang, Trümmer; *übertr* Verderber
ruīnōsus *3* baufällig; eingestürzt
⟦**ruito** *1 ml* stürzen, eilen
⟦**rumbus,** i *m ml* Stör (*od* Steinbutt?)
rumex, rumicis *m f* Sauerampfer
rūmiferō *1* öffentlich rühmen
Rūmīna, ae *f* Rumina (Göttin der Säugenden)
Rūmīnāl|is, ~e, *Gen* ~is ruminalisch, der Rumina
rūminātiō, ~nis *f* Wiederkäuen
rūmin|ō *u.* **~or** *1* wiederkäuen ⟦*spl* wiederholen; kosten
Rūmīnus *3* ruminisch, der Rumina
rūmor, rūmōris *m* Gerücht, Gerede, Ruf, Nachrede; Geräusch, Murmeln, Beifall ⟦*spl* Nachricht
rumpia, ae *f* (langes, zweischneidiges) Schwert
rumpō, rūpī, ruptus *3* brechen, zerbrechen, durchbrechen, zerreißen; unterbrechen, stören; hervorbrechen lassen
rūmusculus, ī *m* Geschwätz, Gerede
runcinō *1* hobeln
runcō *1* jäten
⟦**runcor,** ~is *m ml* Schnarchen
ruō, ruī, rutus *3* (ruitūrus) **1.** *ohne Akk* stürzen, herabstürzen; stürmen **2.** niederwerfen; aufwühlen, umstürzen; anhäufen, zusammenraffen

rūpēs, rūpis, *f* Fels, Abhang, Klippe; Schlucht
rūpī →rumpo
Rupilius *3 Gent* Rupilius
rupt|or, ~ōris *m* Verletzer
ruptūra, ae *f* Riss, Beschädigung
ruptus →rumpo
rūr- →rus
⟦**rural|is,** ~e, *Gen* ~is *spl* ländlich, bäuerlich
rūrestr|is, ~e, *Gen* ~is ländlich
rūricola, ae **I.** *Adj m, f* ländlich, das Feld bebauend **II.** *Subst m* **1.** Bauer, Landmann **2.** Ackerstier
rūrigenae, ārum *m* Landleute
rūrō *1* auf dem Lande leben
rūrsus *u.* **rūrsum** *Adv* rückwärts; zurück, wieder; andererseits
rūs, rūris *n* Land (im Unterschied zur Stadt), Landgut, Landleben, bäurisches Wesen; ~ aufs Land; rure *u.* ruri 1. auf dem Lande 2. vom Lande ⟦rura, rurum *n ml* Gelände
Ruscinō, ~nis *f* Ruscino (Stadt in Südgallien), *heute* Roussillon
rūscus, ī *m u.* **rūscum,** ī *n* Mäusedorn *Art Feldspargel*
Rusellānus *3* aus Rusellae (Stadt in Etrurien)
ruspor *1* durchsuchen, untersuchen
rūssātus *3* rot, rot gefärbt
russ(e)us *3* rot
rūssum = rursus
rūssus **1.** = russeus **2.** = rursus
⟦**rustical|is,** ~e, *Gen* ~is *spl* bäurisch, grob
rūsticānus **I.** *Adj 3* ländlich, Land- **II.** *Subst* ī *m* Bauer
rūsticātiō, ~nis *f* Aufenthalt auf dem Land; Landwirtschaft
rūsticitā|s, ~tis *f* (ländliche) Einfachheit, Schlichtheit; Schüchternheit; bäurisches Wesen, Ungeschicklichkeit ⟦*spl* Landwirtschaft; Landleute
rūsticor *1* sich auf dem Lande aufhalten; Landwirtschaft treiben
rūsticulus **I.** *Adj 3* ländlich, schlicht; bäurisch, grob ⟦*ml* ungebildet **II.** *Subst* ī *m* Bauer, Landmann
rūsticus **I.** *Adj 3* Land-; ländlich, schlicht; unbeholfen, grob **II.** *Subst* ī *m* Bauer; Pächter; grober Bauer
⟦**rustifica,** ae *f ml* Bäuerin
rūsum, rūsus = rursus
rūta, ae *f* Raute (Pflanze, ein bitteres Kraut)
rutābulum, ī *n* Feuerhaken, Ofenkrücke, Schürhaken
Rutēnī, ōrum *m* Rutener (kelt. Volk in Südgallien)
rutilō *1* rötlich *od* wie Gold schimmern; rot färben ⟦*spl* funkeln
rutilus *3* rötlich, goldgelb
rutrum, ī *n* Schaufel; (Maurer-)Kelle
rūtula, ae *f* Raute *Pflanze*
Rutulus **I.** *Adj 3* rutulisch **II.** *Subst* ī *m* Rutuler (Angehöriger eines Volkes in Latium), *poet auch* Römer
rutus *3 Part Perf Pass* →ruo; ruta et caesa *jur* Hausgerät, Mobiliar
rythm- = rhythm-

S

S. *Abk für* **1.** →Sextus **2.** →Spurius **3.** senatus →S.C., →S.P.Q.R. **4.** salutem →S.(D.)(P.) **5.** →S.V.B.E.E.(Q.)V. **6.** ⟦*ml* sacer *od* sanctus
Sabaea, ae *f* Saba (Landschaft im Südwesten der arabischen Halbinsel), Arabien
Sabaeus **I.** *Adj 3* sabäisch, arabisch, von Saba **II.** *Subst* ī *m* Sabäer, Einw. von Saba
Sābātīnus *3* sabatinisch, von Sabate (Ort und See in Südetrurien)
⟦**sabatum** = sabbata; ~ sanctum Karsamstag (Sonnabend vor Ostern)
Sabāzia, ōrum *n* die Sabazia (Fest zu Ehren des Dionysos Sabazios)
Sabāzius, ī *m* **1.** Sabazios (phrygisch-thrakischer Gott, dem Dionysos *od* Bakchos ähnlich), *daher* **2.** BN *des Dionysos/Bakchos od des Jupiter*
sabbata, ōrum *n* [*hebr*] Sabbat; Ruhetag, Feiertag
⟦**sabbatismus,** ī *m* [*gr*] *spl* Sabbatruhe, Sabbatfeier
⟦**sabbatizo** *1* [*gr*] *spl* Sabbat feiern
Sabellī, ōrum *m* Sabeller (1. = Sabiner 2. Bez. für die kleineren mittelitalischen Völkerschaften)
Sabell|icus *und* **~us** *3* sabellisch; sabinisch
Sabīna, ae *f* **1.** Sabina (FN) **2.** Sabinerin
Sabīnum, ī *n* **1.** das Sabinum (Villa des Horaz im Sabinerland) **2.** Sabinerwein
Sabīnus **I.** *Adj 3* sabinisch, Sabiner-; herba Sabina Wacholder **II.** *Subst* ī *m* **1.** Sabinus (Stammvater der Sabiner) **2.** Sabiner (Angehöriger eines Volkes in Mittelitalien, den Latinern benachbart) **3.** Sabinus (röm. BN)
Sabis, ~ *m* Sabis (Fluss in Gallien), *heute* Sambre
Sābratēns|is, ~e, *Gen* ~is aus Sabratha (Stadt in Nordafrika bei Tripolis)
Sabrina, ae *f* Sabrina (Fluss in Britannien), *heute* Severn
sabulōsus *3* sandig, sandreich
sabulum, ī *n* Sand, Kies
saburra, ae *f* Sandlast, Schiffsballast
saburrō *1* (mit Ballast) beladen
Sacae, ārum *m* Saken (Skythenstamm östlich des Kaspischen Meeres)

sacal *undekl n* [*ägyptisch*] Bernstein, Kopal (bernsteinähnliches Harz)
⟦**saccellum,** ī *n spl* Säckchen
saccharum *u.* **saccharon,** ī *n* Zucker, Saft vom Zuckerrohr ⟦*ml* sacchara, ae *f*
saccipērium, ī *n* [*gr*] Umhängetasche
saccō I. *Subst* ~nis *m übertr* Geldsack, Geldmann (jemand, der das Geld scheffelt) **II.** *Verb 1* durchseihen
sacculus, ī *m* Säckchen, Beutelchen; Geldbeutel; Filtersäckchen
saccus, ī *m* [*gr*] Sack *Getreidesack, Geldsack, Bettelsack, Filtersack* ⟦*spl* (grobes, ärmliches) Gewand
sacellum, ī *n* Kapelle, kleines Heiligtum
sacer, sacra, sacrum **1.** heilig, geweiht, ehrwürdig **2.** verflucht, abscheulich; →sacrum
sacerdō|s, ~tis *m, f* Priester(in) ⟦*spl* summus ~s Bischof
sacerdōtāl|is, ~e, *Gen* ~is priesterlich ⟦*spl christlich* geistlich
sacerdōtium, ī *n* Priesteramt, Priestertum ⟦*ml* kirchliche Gewalt
sācōma, ~tis *n* Mustergewicht (zum Überprüfen von Waage und Gewichten), Kontrollgewicht, Gegengewicht
⟦**sacramenta|lis,** ~le, *Gen* ~lis *u.* **~rius** *3 ml* zum Sakrament gehörig
sacrāmentum, ī *n* **1.** (Soldaten-, Dienst-) Eid, (Kriegs-)Dienst; Verpflichtung **2.** *jur* (eine Art) Kaution (von beiden Prozessparteien erbracht, der Verliereranteil fiel an den Staat) **3.** ⟦*spl christlich* religiöses Geheimnis, Sakrament
sacrārium, ī *n* **1.** Kapelle, Tempel, Kultraum **2.** Aufbewahrungsort für Kultgegenstände **3.** ⟦*spl* kaiserliches Gemach
sacrātus *3* heilig, geheiligt, zum Gott erhoben
sacrēs *altl* = sacri *Nom Pl m*
sacricola, ae *m* (Opfer-)Priester
sacrifer, sacrifera, sacriferum Heiligtümer tragend
sacrificāl|is, ~e, *Gen* ~is Opfer-
sacrificātiō, ~nis *f* Opferung, Opferhandlung
sacrificium, ī *n* Opfer ⟦*ml* Messopfer
sacrific|ō *1* als Opfer darbringen *Akk od Abl* etw. ⟦*spl auch* ~or *1, daher* sacrificati »Opferer« (Christen, die in Verfolgungen aus Furcht heidnische Opfer darbrachten); *ml* die Messe zelebrieren
sacrificulus, ī *m* Opferer, Opferpriester; rex ~ »Opferkönig« (ein Priester, der die einst vom König vollzogenen Opfer ausführte)
sacrificus *3* opfernd; Opfer-
sacrilegium, ī *n* Tempelraub, Religionsfrevel
sacrilegus I. *Adj 3* tempelräuberisch, frevlerisch, gottlos **II.** *Subst* ī *m* Tempelräuber, -schänder
Sacriportus, ūs *m* Sacriportus (1. Stadt bei Praeneste 2. Stadt am Golf von Tarent)
sacrō *1* weihen; zum Gott erheben, unsterblich machen
sacrōsānctus *3* unverletzlich
sacruficō *1* = sacrifico
sacrum, ī *n* Heiligtum; Kultgegenstand, Kultgerät, Kulthandlung, Opfer; Kultgeheimnis, Geheimnis, Mysterium ⟦*ml Pl* sacra *n* Theologie; sacra regis königliches Schreiben
saec(u)lār|is, ~e, *Gen* ~is **I.** *Adj* Jahrhundert-, Säkular- ⟦*spl* weltlich, zur Welt gehörig, irdisch gesinnt; *ml* sacerdos ~is Weltgeistlicher (im Unterschied zum Ordensgeistlichen) **II.** *Subst m ml* Laie
saec(u)lum, ī *n* Menschenalter ($33^1/_3$ Jahre), Generation; Zeitalter; Jahrhundert; Zeit, Zeitgeist, Mode des Tages; ⟦*spl* Zeitlichkeit, irdisches Leben, Welt; *ml* in saecula saeculorum in alle Ewigkeit; Heidentum
saepe *Adv* (*Komp* saepius, *Sup* saepissime) oft
saepe-numerō = saepe
saep|ēs, ~is *f* Zaun
saepia = sepia
saepiculē *Adv* ziemlich oft
saepimentum, ī *n* Umzäunung, Einfriedung
saepiō, saepsī, saeptus *4* umzäunen, einzäunen ⟦*ml* velis ~ mit Tüchern verhängen
saepius *Adv* (*Komp zu* saepe) öfter
saepsī →saepio
saepta, ōrum *n* die Saepta (auf dem campus Martius in Rom, ursprünglich durch hölzerne Schranken gegliederter Platz für Volksversammlungen, unter Cäsar u. Augustus prunkvoll ausgestaltet)
saeptum, ī *n* Umzäunung, Einfriedung, Gehege; ~ transversum *med* Zwerchfell
saeptus *3* →saepio
saeta, ae *f* Borste, starkes Haar; Angelschnur
Saetab|is, ~is *f* (*Akk* ~im) Saetabis (Stadt in Ostspanien), *heute* Jativa
Saetabus *3* aus Saetabis
⟦**saetifer,** saetifera, saetiferum *ml* = saetiger
saetiger, saetigera, saetigerum **I.** *Adj* borstig **II.** *Subst* ī *m* Eber
saetōsus *3* borstig
saevidicus *3* im Zorne gesagt
saeviō *4* wüten, toben; grausam sein
saeviter *Adv zu* saevus
saevitia, ae *f* Wut, Wildheit, Grausamkeit, (grausame) Strenge, Härte
saevitūd|ō, ~inis *f* = saevitia
saevus *3* wütend, wild, schrecklich, grausam; streng

a b c d e f g h i j k l m n o p q r s sae t u v w x y z

⟦**safranum,** ī *n ml* Safran *Farb- u. Gewürzpflanze*
saga, ae *f* Wahrsagerin
sagācitā|s, ~tis *f* Spürsinn, Scharfsinn, Schlauheit
Sagalassēnus *3* aus Sagalassus
Sagalassus, ī *f* Sagalassus (Stadt im südwestlichen Kleinasien)
Sagar|is, ~is *m* Sagaris (1. Fluss in Kleinasien 2. Gefährte des Äneas)
Sagarīt|is, *Gen* ~idis *f* von Sagaris, sagaritisch
sagātus *3* **1.** mit einem Mantel (sagum) bekleidet **2.** aus dichter Wolle gemacht
sagā|x, *Gen* ~cis mit scharfen Sinnen; scharfsinnig
sagēna, ae *f* Schleppnetz
sagīna, ae *f* Mast, Fütterung, Futter, Nahrung, Speise, Ernährung; Kraftfutter; Mastvieh
sagīnō *1* mästen, füttern
sāgiō *4* spüren, wittern, wahrnehmen
sagitta, ae *f* Pfeil
sagittārius, ī *m* **1.** Bogenschütze **2.** Schütze *Sternbild*
sagittātus **I.** *Adj 3* mit Pfeilen versehen, mit Pfeilen bewaffnet **II.** *Part Perf Pass zu* sagitto; von Pfeilen getroffen
sagittifer, sagittifera, sagittiferum Pfeile tragend, mit Pfeilen bewaffnet
sagittipot|ēns, *Gen* ~entis **I.** *Adj* pfeilgewaltig **II.** *Subst m* Schütze *Sternbild*
sagittō *1* mit Pfeilen schießen; *vgl* sagittatus
⟦**sagma,** ~tis *n [gr] spl* Packsattel
sagm|en, ~inis *n* (als heilig geltende Pflanze, wohl eine Grassorte, *daher*) sagmina, ~inum *n* Grasbüschel (aus Halmen und Wurzelballen)
Sagra, ae *m, f* Sagra (Fluss in Süditalien), *heute* Sarriano
sagulātus *3* mit dem Mantel (sagulum) bekleidet
sag(ul)um, ī *n [kelt]* Umhang, Mantel, Reisemantel, Soldatenmantel
Saguntī|nus *u.* **~us** **I.** *Adj 3* saguntisch, aus Sagunt **II.** *Subst* ~nī *u.* ~ī, ~ōrum *m* Saguntiner, Einw. von Sagunt
Sagunt|um, ~ī *n u.* **~os,** ~ī *f* Sagunt (Stadt im östlichen Spanien), *heute* Sagunto
sagus *3* wahrsagend
Saītae, ārum *m* Saïten (Einw. von Saïs, Stadt im Nildelta)
Saīticus *3* saïtisch, aus Saïs
sāl, salis *m, n* **1.** Salz; Salzwasser, Meer **2.** Verstand, Klugheit; Geschmack; Witz (Esprit)
Salacia, ae *f* Salacia (Meeresgöttin)
salacō, ~nis *m [gr]* Prahler
Salamīnius *3* aus Salamis
Salamī|s, ~nis *u.* **~na,** ~nae *f* Salamis (1. Insel u. Stadt bei Athen 2. Stadt auf Zypern)

⟦**salandria,** ae *f [gr] ml* Schnellboot
Salapia, ae *f* Salapia (Stadt in Süditalien)
Salapīnī *u.* **Salapītānī,** ōrum *m* Einw. von Salapia
salaputtium, ī *n* Knirps
Salāria, ae *f* = via salaria Salzstraße (alter Handelsweg von Rom nach Reate)
salārium, ī *n* Salzration, Sold, Gehalt
salārius *3* Salz-
salā|x, *Gen* ~cis geil; geil machend
salebra, ae *f* holperige Stelle, Unebenheit, Schwierigkeit
salebrōsus *3* uneben, holperig
Salernitānus *3* salernitanisch, aus Salernum
Salernum, ī *n* Salernum (Stadt in Kampanien), *heute* Salerno
Saliāris = Salius
saliātus, ūs *m* Amt der Salier (→Salius)
salictārius **I.** *Adj 3* Weiden-; **II.** *Subst* ī *m* Aufseher über die Weidenpflanzungen
salictum, ī *n* Weidengebüsch, Weidenpflanzung
salient|ēs, ~ium *m* Springbrunnen
salifodīna, ae *f* Salzgrube
salīgnus *3* Weiden-, vom Weidenbaum, aus Weidenholz *od* -ruten
Saliī, ōrum *m* die Salier (ein Priesterkollegium für den Marskult)
salīllum, ī *n* Salzfässchen
salīnae, ārum *f* Salzgrube, Salzlager, Saline
⟦**salinarius,** ī *m ml* Salzsieder
salīnum, ī *n* Salzfass
saliō **1.** saluī *4* springen; bespringen ⟦*ml Perf auch* salivi; **2.** = sallio
⟦**Salisburgum,** ī *n ml* Salzburg
Salisubsilus *3* der springende *od* tanzende (Marspriester)
⟦**salito** *1 spl* = salto
saliunca, ae *f* wilde Narde, (wohlriechende, wild wachsende Pflanze)
Salius *3 u.* **Saliār|is,** ~e, *Gen* ~is salisch; Saliarem in modum epulor nach Art der Salier gut und reichlich schmausen
salīva, ae *f* Speichel; Appetit, Geschmack
sali|x, ~cis *f* Weide *Baum*
Sallentīnī, ōrum *m* Sallentiner (Volk in Süditalien)
Sallentīnus *3* sallentinisch, der Sallentiner
sall(i)ō *3 (4)* einsalzen
Sallustiānus **I.** *Adj 3* des Sallust(ius), sallustisch **II.** *Subst* ī *m* Sallustianer, Nachahmer des Sallust 2.; Sallustianus (BN)
Sallustius, ī *m Gent* Sallust(ius) **1.** Cn. ~ (Freund Ciceros) **2.** C. ~ Crispus (Geschichtsschreiber, 86–35) **3.** C. ~ Crispus (Großneffe von 2., Ratgeber des Augustus)
Salluviī, ōrum *m* Salluvier (Volk in Oberitalien)
Sallyēs, um *m* = Salluviī

S

Salmacid|ēs, ae *m* Weichling (durch ein Bad in der Quelle Salmakis)
Salmaci|s, ~dis *f* Salmakis (eine Quelle in Kleinasien, deren Wasser verweichlichte)
salmō, ~nis *m* Lachs, Salm
Salmōn|eūs, ~eī *u.* ~eos *m* Salmoneus (*myth* König in Elis)
Salmōni|s, ~dis *f* Tyro (T. des Salmoneus)
Salōn|a, ~ae *u.* **~ae,** ~ārum *f* Salona (Stadt in Dalmatien), *heute* Solin (bei Split in Kroatien)
Salpīnātēs = Sappinates
sal.(plur.) *Abk für* salutem (plurimam) →S.(D.)(P.)
salsāmentārius, ī *m* Salzfischhändler
salsāmentum, ī *n* Fischlake; Salzfisch; Salzfleisch
Salsipot|ens, *Gen* ~entis Beherrscher der Meerflut (BN des Neptun)
salsitūd|ō, ~inis *f* Salzgehalt
salsug|ō, ~inis *f* Salzwasser
salsūra, ae *f* Salzlake
salsus *3* salzig, gesalzen; witzig, geistvoll, geistreich
saltātiō, ~nis *f* Tanz
saltāt|or, ~ōris *m* Tänzer, Pantomime
saltātōrius *3* Tanz-
saltātrī|x, ~cis *f* Tänzerin
saltātus I. *Part Perf Pass zu* salto **II.** *Subst* ūs *m* Tanz, Tanzen
saltem *u.* **saltim** *Adv* wenigstens; schließlich
⟦**saltito** *1 spl* tanzen
saltō *1* tanzen, tanzend *od* pantomimisch darstellen ⟦*ml* springen; zappeln
saltuārius, ī *m* Waldaufseher, Waldhüter
saltuōsus *3* gebirgig; waldreich
saltus, ūs *m* **1.** Sprung ⟦*ml* Etappe (auf einem Weg) **2.** waldige und gebirgige Gegend, Wald, Gebirge; Pass (durch das Gebirge); Weide(fläche)
salū|ber (~bris), ~bris, ~bre, *Gen* ~bris heilsam, gesund, dienlich; gut, tauglich
salūbritā|s, ~tis *f* Gesundheit; Heilkraft
salum, ī *n* unruhiger Seegang; (offenes) Meer
salū|s, ~tis *f* Gesundheit, Wohl; Rettung, Sicherheit; Gruß; ~tem dico grüßen *Dat* jmdn. ⟦*ml* Heilmittel
Sālustius = Sallustius
salūtār|is, ~e, *Gen* ~is gesund, heilend, heilkräftig, rettend, zuträglich; wohlbehalten ⟦*ml* gnadenreich
salūtātiō, ~nis *f* Begrüßung; Besuch
salūtāt|or, ~ōris *m* Besucher
salūtifer, salūtifera, salūtiferum Gesundheit *od* Glück *od* Rettung bringend
salūtigerulus *3* Grüße überbringend ⟦*ml* Heil bringend
salūtō *1* grüßen, begrüßen; Besuche machen, Besuche empfangen ⟦*ml* virginem ~ das Ave Maria beten; *im Brief* grüßen
⟦**salvatio,** ~nis *f spl* Errettung
⟦**salvator,** ~is *m spl* Erlöser, Heiland
salveō *2* sich wohl befinden; salve(te) sei(d) gegrüßt!
⟦**salvifico** *1 spl* retten
⟦**salvo** *1 spl* erlösen, erretten
salvus *3* gesund, wohlbehalten; salvo, salvis ohne Verletzung *Abl* von ⟦*ml* salvus Caesaris conductus freies kaiserliches Geleit
sambūca, ae *f* Sambuca (1. Saiteninstrument, wohl eine Art Harfe 2. Sturmbrücke *Belagerungsmaschine*)
sambūcistria, ae *f* Harfenspielerin
Samaeī, ōrum *m* Einw. von Same
Samē, Samēs *f* Same (Insel mit Stadt an Westküste Griechenlands), *heute* Kefalonia
Samēramis = Semiramis
Samiī, ōrum *m* Samier, Einw. von Samos
Sami(ol)us *3* samisch, von Samos
Samnī|s, *Gen* ~tis **I.** *Adj* samnitisch **II.** *Subst m* Samnite(r) (Angehöriger einer mittelitalischen Völkerschaft)
Samnīticus *3* samnitisch
Samnium, ī *n* Samnium (mittelitalisches Bergland)
Samos *u.* **Samus,** ī *f* Samos (1. Insel an der Westküste Kleinasiens 2. = Same)
Samothrac|a, ae *u.* **~ē,** ~ēs *u.* **~ia,** ae *f* Samothrake (Insel im Norden des Ägäischen Meeres), *heute* Samothrake
Samothrāc|es, ~um *m* Samothraker (Einw. von Samothrake)
sampsa, ae *f* (durch Quetschen u. Salzen für die Ölgewinnung mürbe gemachtes) Olivenfleisch
Sampsiceramus, ī *m* Sampsiceramus (1. Fürst von Emesa, *heute* Homs in Syrien 2. BN des Pompeius)
Samus, ī *f* = Samos
sānābil|is, ~e, *Gen* ~is heilbar
sānātiō, ~nis *f* Heilung
sānciō, sānxī, sānc(i)tus *4* heiligen, unverbrüchlich festsetzen, bestätigen; *als strafbar* verbieten
⟦**sancta,** ae *f ml* die christliche Heilige
⟦**sanctificatio,** ~nis *f spl* Heiligung, Heiligsprechung
⟦**sanctifico** *1 spl* heiligen; *ml* heiligsprechen
sānctimōnia, ae *f* Ehrwürdigkeit, Tugend, Untadligkeit
⟦**sanctimonial|is,** ~e, *Gen* ~is *spl* **I.** *Adj* heilig, fromm **II.** *Subst f* Nonne
⟦**sanctimonium,** i *n ml* Heiligtum
[1]**sānctiō,** ~nis *f* Strafbestimmung; Vorbehalt, Klausel ⟦*ml* Satzung, Verfügung, Urkunde
[2]⟦**sanctio,** sanxi, sanctus *4 ml* festsetzen, verordnen
sānctitā|s, ~tis *f* Unverletzlichkeit, Unantastbarkeit; Frömmigkeit, untadeliger

Lebenswandel ⟦*spl* ~s vestra Eure Heiligkeit (Anrede an den Papst *od* einen Bischof)
sānctitūd|ō, ~inis *f* Unverletzlichkeit
sānct|or, ~ōris *m* Verordner *von Gesetzen*
sanctuārium, ī *n* Geheimarchiv ⟦*spl* Heiligtum; Reliquie
sānctus I. *Adj 3* unverletzlich, heilig, göttlich, gottgefällig, tugendhaft, untadelig **II.** *Part Perf Pass* →sancio *u.* sanctio **III.** ⟦*Subst* i *m ml* der christliche Heilige
Sancus, ī (*Nbf Gen Sg* ūs) *m* Sancus (altitalische Gottheit Semo Sancus Dius Fidius, Gott der Schwüre u. Eide, Blitz- u. Himmelsgott, BN Jupiters)
sandaliārius *3* Sandalen-; (vicus) ~ Schustergasse, Sandalenmachergasse (in Rom); Apollo Sandaliarius Apollo-Statue in der Schustergasse
sandaligerula, ae *f* Sandalenträgerin (Dienerin, welche der Herrin die Sandalen nachtrug)
sandalium, ī *n* [*gr*] Sandale
sandapila, ae *f* Totenbahre (für arme Leute)
sandaraca, ae *f* [*gr*] **1.** Mennige *roter Farbstoff* **2.** Bienenbrot *Pflanze*
sandy|x *u.* **sandi|x,** ~cis *f* Sandyx (1. Pflanze 2. Mineral mit rotem Farbstoff)
sānē *Adv* **1.** *bestätigend* in der Tat, allerdings **2.** *einschränkend* immerhin, meinetwegen **3.** *steigernd* ganz, durchaus, vollkommen
sānēscō *3* gesunden, gesund werden
⟦**Sangallens|is,** ~e, *Gen* ~is *ml* aus dem Kloster St. Gallen (in der Nähe des Bodensees)
Sangarius = Sagaris
sangu|en, ~inis *n* = sanguis
sanguin- →sanguis
sanguinārius *3* Blut-; herba sanguinaria Knöterich (Pflanze mit blutstillender Wirkung); blutgierig, blutdürstig
sanguineus *3* Blut(s)-, blutig, blutrot, blutgierig
sanguinō *1* **1.** bluten **2.** blutig sein **3.** blutrot sein **4.** blutgierig sein, bluten lassen
sanguin|olentus *u.* **~ulentus** *3* blutig, bluttriefend
sangu|is *u.* **~īs,** ~inis *m* Blut; Lebenskraft; Verwandtschaft, Nachkomme, Nachkommenschaft; Blutvergießen
Sangus = Sancus
saniēs, ēī *f* Wundnässe, (eitrige, übelriechende) Blutflüssigkeit; Geifer, Gift; Saft
санniō, ~nis *m* Possenreißer, Spaßmacher, Hanswurst
sānitā|s, ~tis *f* Gesundheit, Heilung; gesunder Menschenverstand, Vernünftigkeit, Besonnenheit, rechter Sinn; Richtigkeit
sānō *1* heilen; wiedergutmachen, wieder zur Vernunft bringen
Sanquāl|is, ~e, *Gen* ~is des Sancus, dem Sancus geweiht
Santonī, ōrum *u.* **Santon|ēs,** ~um *m* die Santonen (Volk im westlichen Gallien)
Santonicus *3* santonisch, der Santonen
sānus *3* gesund; vernünftig, besonnen; *vgl* sane
sānxī →sancio *und* ²sanctio
sapa, ae *f* (durch Kochen) eingedickter Most, Sirup
Sapaeī, ōrum *m* Sapäer (thrakisches Volk)
⟦**saphyrinus** *3 spl* saphirfarben, blau
⟦**saphyrus,** i *m* [*gr*] *spl* Saphir
sapidus *3* schmackhaft
sapi|ēns, *Gen* ~entis verständig, klug, weise
sapientia, ae *f* Verstand, Klugheit; Weisheit; Philosophie
sapientipot|ēns, *Gen* ~entis mächtig durch Weisheit
sapiō, sapiī *3* **1.** schmecken *Akk* nach; riechen *Akk* nach **2.** vernünftig sein ⟦*spl Perfekt auch* sapui
saplūtus *3* [*gr*] steinreich
sāpō, ~nis *m* [*germ*] Haarfärbemittel (aus Talg und Holzasche)
⟦**saponarius,** i *m ml* Seifensieder
sapor, sapōris *m* Geschmack (1. Wohlgeschmack, Leckerei 2. Urteilsvermögen); Geruch, Wohlgeruch; Ton, Redeweise
sapōrātus *3* schmackhaft gemacht
⟦**saporus** *3 spl* wohlschmeckend
Sapphicus *3* sapphisch
Sapphō, ūs *f* Sappho (Dichterin aus Lesbos, etwa 600 v. Chr.)
Sappīnā|s, ~tis **I.** *Adj* sappinatisch, aus Sappinum **II.** *Subst m* Einw. von Sappinum (Stadt in Mittelitalien)
Sarāpis = Serapis
sarcina, ae *f* Last, Gepäck; Bürde ⟦*spl* freiwillige Last; *ml* Kasteiung, Bußübung
sarcinārius *3* Gepäck-
sarcināt|or, ~ōris *m* Flickschneider
sarcinula, ae *f* kleines Bündel, leichtes Gepäck
sarciō, sarsī, sartus *4* flicken, ausbessern; wiederherstellen; wiedergutmachen, ersetzen
sarculum, ī *n* (Garten-)Hacke
sarda, ae *f* Sardelle ⟦*ml* Hering
Sardanapālus, ī *m* Sardanapal(us), Assurbanipal (assyrischer König, 668–627, galt als Muster des grausamen, prunkliebenden Wüstlings)
Sard|ēs *u.* **~īs,** ~ium *f* Sardes (Hauptstadt von Lydien in Westkleinasien)
Sardiānus I. *Adj 3* sardianisch, aus Sardes **II.** *Subst* ī *m* Einw. von Sardes
Sardinia, ae *f* Sardinien (Insel im Mittelmeer)

Sardiniēns|is, ~e, *Gen* ~is sardinisch, von Sardinien
Sard|onius *3 und* **~ōus** *3* = Sardus I.
Sardus I. *Adj 3* sardisch, von Sardinien **II.** *Subst* ī *m* Sarde, Einw. von Sardinien
sariō *4* = sarrio
sarīs(s)a, ae *f* Sarisse (etwa 6 m lange makedonische Lanze); *daher übertr* Makedone
sarīsophorus, ī *m* Sarissophor (schwer bewaffneter makedonischer Krieger mit Sarisse)
Sarmatae, ārum *m* Sarmaten (1. Nomadenvolk nördlich des Schwarzen Meeres 2. Sammelbezeichnung für Einw. von Sarmatia)
Sarmati|a, ~ae *f u.* **~ca,** ~cōrum *n* Sarmatien (Osteuropa jenseits von Weichsel u. Karpaten, nördlich des Schwarzen Meeres)
Sarmaticus *3* sarmatisch
Sarmati|s, *Gen* ~dis *f* sarmatisch
sarm|en, ~inis *n* = sarmentum
sarmentum, ī *n* (dünner) Zweig, Reis, Rebe; Reisig
Sarpēd|ōn, ~onis *m* Sarpedon (S. des Zeus, König von Lykien, im Trojanischen Krieg von Patroklos getötet)
Sarpēdonius *3* des Sarpedon
Sarra, ae *f* Sarra (= Tyrus, Stadt in Phönizien), *heute* Sur (im Libanon)
sarrapi|s, ~dis *f* pers. Tunika
sarriō *4* hacken, jäten
sarsī →sarcio
sartāg|o, ~inis *f* Tiegel, Pfanne ⟦*spl übertr* Hexenkessel
sart|or, ~ōris *m* Landarbeiter, Gärtner, Sklave (der Pflanzen hackt) ⟦*spl* Flickschneider
sartus *3 Part Perf Pass* →sarcio; sartus (et) tectus in gutem (baulichem) Zustand
sat = satis
sata, ōrum *n* Saat(en)
satagō *3 seinen Gläubiger* bezahlen; sehr beschäftigt sein *Gen* mit, sehr in Anspruch genommen sein *Gen* von; in Schwierigkeiten sein; sich bemühen ⟦*spl* sich kümmern
⟦**satan** *undekl u.* **satanas,** ae *m* ⟦*hebr-gr*⟧ *spl* Satan, Widersacher, Teufel
satell|es, ~itis *m f* Begleiter, Leibwächter; Helfer, Spießgeselle
satiā|s, ~tis *f* = satietas
Satīcula, ae *f* Saticula (Stadt nahe der samnisch-kampanischen Grenze)
Satīculānus I. *Adj 3* saticulanisch, aus Saticula **II.** *Subst* ī *m* Saticulaner, Einw. von Saticula
Satīculus, ī *m* = Saticulanus II.
satietā|s, ~tis *f* ausreichende Menge *Gen* von, Sättigung *Gen* mit, Überfluss *Gen* an; Übersättigung, Überdruss, Ekel
satillum, ī *n* das bisschen (ein wenig)
satin = satisne wirklich?, genug?
satiō I. *Subst* ~nis *f* Säen, Pflanzen; Saatfeld **II.** *Verb 1* sättigen; *übertr* befriedigen, übersättigen
satir- = satur-
satis *undekl* genug, genügend, ausreichend, ziemlich; ~ habere sich begnügen, ~ superque mehr als genug ⟦*ml* sehr
satisdatiō, ~nis *f* Bürgschaft, Haftung, Gewährleistung
satis|dō, ~dedī, ~datus *1* Sicherheit geben, Bürgschaft leisten *Gen* für
satis|faciō, ~fēcī, ~factus *3* Genüge tun, Genugtuung leisten; befriedigen *Dat* jmdn, zufriedenstellen *Dat* jmdn; sich rechtfertigen *Dat* gegenüber jmdm, sich entschuldigen *Dat* bei
satisfactiō, ~nis *f* Genugtuung; Rechtfertigung, Entschuldigung; Strafe; Befriedigung *einer Forderung* ⟦*ml* Buße
satisfēcī →satisfacio
satis|fiō (*Inf* ~fierī) *Pass zu* satisfacio
satius *undekl Komp zu* satis besser, lieber
sator, satōris *m* Säer, Pflanzer; *poet* Vater, Erzeuger, Urheber
satrapa, ae *m* = satrapes
satrap|ēa, ae *u.* **~ia,** ae *f* Satrapie (Verwaltungsbereich des Perserreiches)
satrap|ēs, ~is *m* Satrap (pers. Statthalter) ⟦*ml* Fürst
Satricānī, ōrum *m* Einw. von Satricum
Satricum, ī *n* Satricum (Stadt im Volskerland)
satur *3* satt, gesättigt, befriedigt; voll; fruchtbar; wohlhabend
satura, ae *f* **1.** mit verschiedenen Früchten gefüllte Opferschüssel **2.** Allerlei, buntes Durcheinander; per saturam durcheinander, ohne ordentliche Form **3.** Satire, satirische Dichtung ⟦*ml* Tadel
Saturēiānus *3* satureianisch = tarentinisch, aus der Gegend von Tarent
saturicus *3* satirisch
saturitā|s, ~tis *f* Sättigung, Überfluss
Saturnālia, ōrum *n* Saturnalien (das Fest des Saturnus Ende Dezember)
Saturnālicius *3* Saturnalien-, zum Saturnusfest gehörig
Saturnāl|is, ~e, *Gen* ~is saturnalisch
Saturnia, ae *f* Saturnia (1. Bez. für die Göttin Juno 2. Bez. der ältesten mythischen Stadt auf dem mons Capitolinus in Rom)
Saturnius I. *Adj 3* saturnisch, dem Saturnus heilig, nach Saturnus genannt, von Saturnus stammend **II.** *Subst* ī *m* **1.** Jupiter **2.** Pluto
Saturnus, ī *m* Saturnus (altitalischer Gott, *gr* Kronos)
saturō *1* sättigen, füllen, *übertr* befriedigen, *auch* überdrüssig machen

satus I. *Part Perf Pass* →[2]sero **II.** *Subst* ūs *m* Säen, Pflanzen; Zeugung, Saat
satyricus *3* satyrhaft, satyrähnlich
satyriscus, ī *m* [*gr*] kleiner Satyr
satyrus, ī *m* Satyr (Begleiter des Bacchus); satyrorum scriptor Verfasser von Satyrspielen; *naturwissenschaftlich* Menschenaffe
saucapti|s, ~dis *f* Saucaptis (Name eines Fantasiegewürzes, Komödienwitz)
sauciātiō, ~nis *f* Verwundung
sauciō *1* verwunden; pflügen
saucius *3* verwundet, verletzt, angegriffen; angetrunken
Sauroctonos, ī *m* [*gr*] Eidechsentöter (BN des Apollon)
Saurom- = Sarm-
sāviātiō, ~nis *f* das Küssen
sāviolum, ī *n* Küsschen
sāvior *1* küssen
sāvium, ī *n* Mund; Kuss
Sāvō, ~nis *f* Savo (1. Stadt bei Genua, *heute* Savona 2. Fluss in Kampanien, *heute* Savone)
Savus, ī *m* Save (Nebenfluss der Donau)
Saxa rubra, Saxōrum rubrōrum *n* Saxa rubra (Ort in Etrurien)
saxātil|is, ~e, *Gen* ~is Felsen-; bei den Felsen sich aufhaltend
saxētum, ī *n* felsige Gegend
saxeus *3* felsig, steinern
saxificus *3* versteinernd
saxifragus *3* Felsen *od* Steine zerbrechend; herba saxifraga Steinbrech
saxōsus *3* steinig, felsig, an Felsen *od* Steinen reich
saxulum, ī *n* kleiner Fels
saxum, ī *n* Stein, Steinblock, Fels; ~ rubrum roter Sandstein; steinernes Opfermesser
Saxum, ī *n* **1.** der heilige Fels auf dem Aventin **2.** der tarpejische Fels in Rom
S.C. *und* **s.c.** *Abk für* senatūs consultum
scabellum, ī *n* Fußbank; Fußklapper (ein Rhythmusinstrument, von Flötenspielern benutzt)
scaber, scabra, scabrum rau, schäbig; räudig; unrasiert, ungepflegt
scabiēs, ēī *f* Rauheit; Schäbigkeit, Unsauberkeit; Krätze, Ausschlag; (Juck-)Reiz
scabillum = scabellum
⟦**scabinus,** i *m* [*dt*] *ml* Schöffe, *bes* Beisitzer beim Femegericht
scabiōsus *3* räudig, aussätzig; rau; verdorben, schlecht
scabō, scābī *3* schaben, kratzen
scabritia, ae *f* Rauigkeit; Krätze
⟦**scabrosus** *3 ml* rau
⟦**scacarium,** i *n* [*pers*] *ml* Schachbrett, Schachspiel
scaena, ae *f* [*gr*] Bühne, Schauplatz, Theater; *übertr* Öffentlichkeit; (Schau-)Gepränge, Maskerade
scaenicus I. *Adj 3* Bühnen-, Theater- **II.** *Subst* ī *m* Schauspieler
Scaeus *3* Skäisch, *gr* Skaiisch (Bez. eines Tores von Troja)
scaeva, ae *f* Vorzeichen
Scaevola, ae *m* Scaevola (BN des →Mucius)
scaevus *3* [*gr*] links; linkisch; ungünstig; unglücklich ⟦*ml* unselig
⟦**scafa** *ml* = scapha
scālae, ārum *f* Stiege, Treppe, Leiter
Scaldis, ~ *m* die Schelde (Fluss in Belgien)
scalmus, ī *m* [*gr*] Dolle (am Ruderboot)
scalpellum, ī *n* Skalpell, Lanzette, chirurgisches Messer
scalper, scalprī *m* = scalprum
scalpō, scalpsī, scalptus *3* scharren, kratzen, ritzen, schnitzen
scalprum, ī *n* Messer; Meißel; Ahle ⟦*ml* Schnitzmesser
scalptūra, ae *f* Schnitzen, Schneiden, Gravieren; Schnitzerei, Gravur
scalpurriō *4* kratzen
scalpsi, scalptus →scalpo
Scamander, Scamandrī *m* Skamander (Fluss bei Troja), *heute* Menderes Su
scambus *3* krummbeinig
scammōnia, ae *f* Purgierwinde, Scammonie *Heilpflanze, Abführmittel*
scamnum, ī *n* Schemel, Bank, Sitz
⟦**scandalizo** *1 spl* Ärgernis geben, verletzen, kränken; verführen
⟦**scandalum,** i *n* [*gr*] *spl* Ärgernis, Anstoß, Zwietracht; Verführung
scandō, scandī, scānsus *3* steigen, emporsteigen; ersteigen
scandula, ae *f* (Dach-)Schindel
scānsus →scando
scapha, ae *f* [*gr*] Kahn, Boot ⟦*ml* Napf
scaphium, ī *n* Becken, beckenförmiges Gefäß; Trinkschale; Nachtgeschirr
scaphula, ae *f* kleines Boot
Scaptiēns|ēs, ~ium *m* Leute aus der skaptischen Tribus
Scaptius I. *Adj 3* scaptisch, von Scaptia (Stadt in Latium) **II.** Scaptius *PN*
scapulae, ārum *f* Schulterblätter; *übertr* Rücken
scāpus, ī *m* Schaft, Stamm, Stängel, Stab, Balken
scarabaeus, ī *m* [*gr*] Skarabäus (1. Mistkäfer 2. Amulett in Form eines Käfers)
scarīfō *1* [*gr*] aufritzen, aufschlitzen; aufstochern
⟦**scario,** ~nis *m* [*dt*] *ml* Hauptmann; Anführer einer Schar; Scherge
scarus, ī *m* [*gr*] Papageifisch *Delikatesse*
scatebra, ae *f* sprudelndes Wasser
scateō *2* sprudeln; hervorkommen; wimmeln
scatō *3 altl* = scateo

S

scatūr|ex, ~igis *m* Quellwasser
scatūrīg|o, ~inis *f* = scaturex
scatūriō *4* = scateo
scaurus *3* klumpfüßig
Scaurus, ī *m* Scaurus (BN)
scaz|ōn, ~ontis *m* [gr] Hinkjambus, Choliambus, (Vers, in dem nach fünf Jamben ⏑– ein Trochäus –⏑ od. Spondeus – – folgt)
scelerātus *3* durch Frevel entweiht, geschändet; frevelhaft, verrucht, schändlich; unheilvoll, verderblich
scelerō *1* durch Frevel beflecken
scelerōsus *3* frevelhaft, gottlos
scelerus *3* scheußlich, abscheulich
scelestus I. *Adj 3* frevelhaft, verbrecherisch; unglücklich **II.** *Subst* ī *m* Schurke, Verbrecher
scelotyrbē, ēs *f* [*gr*] *med* Lähmung des Beins
scel|us, ~eris *n* Ruchlosigkeit, Verbrechen, Untat; *übertr* Verbrecher, Schurke
⟦**scema** *ml* = schema
scēna, ae *f* = scaena
Scēpsius *3* aus Skepsis (Stadt im Nordwesten Kleinasiens)
scēptrifer, scēptrifera, scēptriferum zeptertragend
scēptrum, ī *n* [*gr*] Zepter, Herrscherstab; *poet* Herrschaft
scēptūchus, ī *m* [*gr*] (hoher orientalischer) Würdenträger (der ein sceptrum als Rangzeichen trägt)
⟦**schaprunum,** i *n ml* kurzer Mantel
scheda, ae *f* = scida
schedium, ī *n* ein aus dem Stegreif gefertigtes Gedicht
⟦**schedula,** ae *f spl* ein Blättchen Papier, Zettel
schema, ~tis *n u.* ae *f* [*gr*] Haltung *des Körpers,* Stellung; Kleidung; äußere Erscheinung, Figur; Skizze, Zeichnung; Redewendung
schida = scida
schidia, ae *f* [*gr*] Holzspan
⟦**schisma,** ~tis *n* [*gr*] *spl* (Kirchen-)Spaltung, Schisma, Glaubensspaltung; Riss, Zwiespalt
Schoenēi|s, ~dis *f* Atalante, T. des Schoineus (*myth* König von Boiotien)
Schoenēius I. *Adj 3* schoineisch, des Schoineus **II.** *Subst* Schoeneia, ae *f* = Schoeneis
schoeniculus *3* mit (billiger) Binsensalbe gesalbt *od* parfümiert
schoenobatēs, ae *m* [*gr*] Seiltänzer
schoenus, ī *m* [*gr*] **1.** Binse **2.** (daraus gefertigte billige) Binsensalbe **3.** Schoinos (ein ägyptisches od. persisches Wegemaß unterschiedlicher Länge)
schola, ae *f* [*gr*] Muße, Ruhe von der Arbeit; wissenschaftliche Untersuchung, Vorlesung; Schule; wissenschaftliche *od* philosophische Richtung ⟦*spl* Kollegium; kaiserliche Garde; *ml* Lehrerstelle; Hochschule; Gemeinschaft; Gesinde
⟦**scholar|is I.** *Adj* ~is, ~e, *Gen* ~is *spl* zur Schule *od* zum Kollegium *od* zur Garde gehörig; gelehrt **II.** *Subst* ~is *m ml* Scholar, Student
scholastica, ōrum *n* Übungen, Vorträge in der Rhetorenschule
⟦**scholasticulus,** i *m spl* Schülerlein
scholasticus I. *Adj 3* Schul- ⟦*ml* scholastisch **II.** *Subst* ī *m* **1.** Schüler **2.** Lehrer, *bes* Lehrer der Redekunst, *daher* Rhetor **3.** Gelehrter ⟦*ml* Gebildeter, Leiter einer Schule
⟦**scholastria,** ae *f ml* Amt des Schulmeisters
Sciathus, ī *f* Skiathos (Insel nördlich von Euboia)
scibam *Nbf Impf,* **scibo** *Nbf Fut zu* scio
scicidī *altl* = scidī
scida, ae *f* Blatt, Zettel, Streifen Papier
scidī →scindo
sciēns, *Gen* scientis **I.** *Adj* wissentlich; kundig **II.** *Part Präs Akt zu* scio
scientia, ae *f* Wissen, Wissenschaft, Kenntnis
⟦**scientiola,** ae *f spl* ein bisschen Wissen, geringe Kenntnis
sciī →scio
scīlicet *unpers* es ist klar, es versteht sich, natürlich, freilich, selbstverständlich
scilla, ae *f* **1.** Meerzwiebel *Pflanze* **2.** Krabbe
scin' = scisne weißt du?
scindō, scidī, scissus *3* zerteilen, trennen, zerreißen, spalten, durchbrechen, (wieder) aufreißen ⟦*ml* pflügen; →scissus
scintilla, ae *f* Funke
⟦**scintillan|s,** *Gen* ~tis *spl* funkelnd
scintillō *1* Funken sprühen, flackern ⟦*spl poet* glimmen
scintillula, ae *f* Fünkchen
sciō, scīvī *u.* sciī, scītus *4* wissen, verstehen; kennen; sich verstehen (de) *Abl* auf
⟦**sciolus** *3 ml* kundig, gescheit
sciothēricon, ī *n* [*gr*] Sonnenuhr
Scīpiad|ēs *u.* **~as,** ~ae *m* (*Gen Pl* ~um) Scipiade, Nachkomme des Scipio
scīpiō, ~nis *m* Stab
Scīpiō, ~nis *m* Scipio *BN* →Cornelius
Scīrōn, ~is *m* Skiron (*myth* Räuber in Attika, von Theseus getötet)
scirpea, ae *f* (aus Binsen geflochtener) Wagenkorb
scirpeus *3* aus Binsen, Binsen-
scirpiculus I. *Adj 3* Binsen- **II.** *Subst* ī *m* Binsenkorb, (Fisch-)Reuse
scirpus, ī *m* Binse, Schilf
scīscitāt|or, ~ōris *m* Ausfrager, Untersucher

scīscitō *altl* = sciscitor
scīscitor *1* sich erkundigen, befragen, wissen wollen; untersuchen, nachforschen
scīscō, scīvī, scītus *3* zu erfahren suchen, wissen wollen; erfahren; entscheiden, beschließen, stimmen *Akk* für
⟦**scisma** *ml* = schisma
scissil|is, ~e, *Gen* ~is spaltbar; faserig, zerrissen ⟦*ml* lapis ~is Schieferplatte
sciss|or, ~ōris *m* Vorschneider (Sklave, der bei Tisch die Portionen mundgerecht schneidet)
scissūra, ae *f* Spaltung, Teilung; Spalte ⟦*spl* Zwietracht
scissus I. *Adj 3* zerrissen, rissig, runzlig ⟦*ml* abgespalten, losgetrennt **II.** *Part Perf Pass* →scindo
scītāmenta, ōrum *n* Leckerbissen
scītor *1* wissen wollen, *auch* ex von, befragen
scītulus *3* allerliebst
scītum, ī *n* Beschluss, Entscheidung; *phil* Lehrsatz
scītus I. *Adj 3* gescheit, klug, erfahren *Gen* in; hübsch; passend **II.** *Part Perf Pass* →scio *u.* scisco **III.** *Subst* ūs *m* Beschluss
sciūrus, ī *m* [*gr*] Eichhörnchen
⟦**scius** *3 spl* wissend, kundig
scīvī →scio *u.* scisco
⟦**sclava,** ae *f ml* Sklavin, Kriegsgefangene
⟦**sclavinia,** ae *f ml* Pilgermantel
⟦**sclavus,** i *m ml* Sklave
scobis, ~ *f* Späne (vom Feilen, Bohren, Sägen u. Ä.)
Scodra, ae *f* Scodra (Stadt in Illyrien), *heute* Shkoder (in Albanien)
Scodrēns|ēs, ~ium *m* Einw. von Scodra
⟦**scola** *spl* = schola
⟦**scola|x,** ~cis *f spl* Wachsfackel
scolopendra, ae *f* [*gr*] Skolopender (Tausendfüßer *ein Gliedertier*)
scomber, scombrī *m* [*gr*] Makrele
scōpae, ārum *f* [*gr*] Reiser, (dünne) Zweige; Reisigbesen, Rutenbesen
Scopās, ae *m* Skopas (gr. Bildhauer, 4. Jh. v. Chr.)
⟦**scopo** *1 spl* ausfegen
scopulōsus *3* klippenreich
scopulus, ī *m* [*gr*] **1.** Felsen, Klippe **2.** Ziel
scopus, ī *m* [*gr*] Ziel, Blickpunkt
scordalia, ae *f* Zänkerei
scordalus, ī *m* [*gr*] Zankteufel
Scordiscī, ōrum *m* Skordisker (Keltenstamm am Zusammenfluss von Save u. Donau)
Scordus, ī *m* Skordus (Gebirgszug auf der Balkanhalbinsel), *heute* Schar Planina
scorpiō, ~nis *m* [*gr*] Skorpion (1. Insekt 2. Tierkreiszeichen 3. Fischart 4. Geschütz)
scortāt|or, ~ōris *m* Hurer, Schürzenjäger
scortātus, ūs *m* Hurerei; Flanieren
scortea 1. ae *f* Pelz **2.** ōrum *n* Lederzeug
scorteus *3* ledern, aus Leder gefertigt
scortillum, ī *n* Flittchen
scortor *1* huren
scortum, ī *n* **1.** *altl* Fell **2.** Hure, Dirne
screāt|or, ~ōris *m* Räusperer
screātus, ūs *m* das Räuspern
screō *1* sich räuspern
scrība, ae *m* Schreiber, Sachbearbeiter, Sekretär ⟦*ml übertr* Schriftgelehrter
scriblīta, ae *f* Käsekuchen
scrībō, scrīpsī, scrīptus *3* schreiben, aufschreiben, verfassen, beschreiben, bezeichnen; kennzeichnen, zeichnen; *Soldaten* ausheben; *zum Erben* einsetzen; ernennen *Akk* zu; *Geld* anweisen
Scrībōnius *3 Gent* Scribonius
⟦**scriniolum,** i *n spl* Schränkchen, kleiner Schrein, Kästchen
scrīnium, ī *n* **1.** zylinderförmige Kapsel, Behälter ⟦*ml* (Kirchen-)Schrein; Kasten **2.** ⟦*spl* Abteilung (der kaiserlichen Hofkanzlei)
scrīpsī →scribo
scrīptiō, ~nis *f* Schreiben, schriftliche Darstellung, schriftlicher Ausdruck
scrīptitō *1* (oft) schreiben
scrīpt|or, ~ōris *m* Verfasser, Autor, Schriftsteller; Schreiber
⟦**scriptorium,** i *n ml* Schreibstube, Büro
scrīptum, ī *n* Schrift, Buch; Konzept; Schriftzeichen, Buchstabe; Linie (auf dem Spielbrett)
scrīptūra, ae *f* **1.** Schrift, Schriftstück, Schriftwerk, schriftliche Darstellung, schriftlich fixierte Bestimmung **2.** Weidegeld ⟦*ml* ~ sacra *od* sancta *od* divina die Heilige Schrift, die Bibel
scrīptus I. *Part Perf Pass* →scribo) **II.** *Subst* ūs *m* Schreiberdienst
scrīpulum, ī *n* Scripulum (sehr kleines Maß od. Gewicht; z. B. 1. = 1,137 g 2. = 8,76 m² 3. *astronomisch* = Bogenminute)
⟦**scroba,** ae *f ml* Eisengrube
scrobis, ~ *m, f* Grube, Grab, Loch
scrōfa, ae *f* Mutterschwein, (Zucht-)Sau
scrōfipāscus, ī *m* Schweinezüchter
scrūpeus *3* schroff; steil; rau
scrūpōsus *3* rau; steinig
scrūpulōsus *3* steinig; *übertr* vorsichtig; genau ⟦scrupulose *Adv ml* sorgfältig, genau
scrūpulus, ī *m* **1.** Bedenken, Zweifel, Skrupel **2.** ein spitzes Steinchen
scrūpus, ī *m* = scrupulus
scrūta, ōrum *n* Gerümpel
scrūtāt|or, ~ōris *m* Durchsucher, Sucher, Untersucher
scrūtor *1* durchsuchen, untersuchen, durchstöbern
sculpō, sculpsī, sculptus *3* meißeln; schnitzen

S

sculpōneae, ārum *f* Holzschuhe
sculpsī →sculpo
sculptil|is, ~e, *Gen* ~is geschnitzt; gemeißelt
sculpt|or, ~ōris *m* Bildhauer, Schnitzer; Goldschmied, Juwelier
sculptūra, ae *f* Bildhauerei; Skulptur, Schnitzerei; Goldschmiedearbeit
sculptus →sculpo
⟦**scultetia,** ae *f ml* das Amt des Schultheißen
⟦**scultetus,** i *m* [*dt*] ml Schultheiß, Schulze (Gemeinde- od. Ortsvorsteher)
⟦**scura,** ae *f* [*dt*] *ml* Scheuer, Speicher
scurra, ae *m* Spaßmacher, Possenreißer; witziger Plauderer; Schmeichler, Parasit, eleganter Nichtstuer ⟦*spl auch* Soldat der kaiserlichen Garde; *ml* Spielmann
⟦**scurril|ia,** ~ium *n ml* Possen, Späße
scurrīl|is, ~e, *Gen* ~is possenhaft, (übertrieben) lustig
scurrīlitā|s, ~tis *f* Possenreißerei
scurror *1* schmeicheln
scūtāl|e, ~is *n* Schwungriemen der Steinschleuder; Lederstreifen der scytala
scūtārius I. *Adj 3* Schild- **II.** *Subst* ī *m* **1.** Schildmacher **2.** ⟦*spl* Scutarier (mit schwerem Schild ausgerüsteter Soldat)
scūtātus *3* mit einem Langschild ausgerüstet
scutella, ae *f* Schüssel, Schale
scutica, ae *f* Riemenpeitsche
⟦**scutifer,** i *m ml* Schildträger, Knappe
scūtigerulus, ī *m* Schildträger, Waffenträger
scutra, ae *f* flache Schüssel, Schale
scutula, ae *f* **1.** Walze, Rundholz **2.** = scutra **3.** rautenförmige Figur, Rhombus
scūtulum, ī *n* kleiner Langschild, Schildchen
scūtum, ī *n* (länglich viereckiger) Schild (des röm. Legionärs)
Scylacēum, ī *n* Scylaceum (gr. Stadt in Süditalien), *heute* Squillace
Scylacēus *3* von Scylaceum
Scylla, ae *f* Scylla, *gr* Skylla (1. Meerungeheuer 2. gefährlicher Felsen im Meer an der Straße von Messina 3. T. des Nisus, Königs von Megara, in den Vogel Ciris verwandelt)
Scyllaeon *u.* **Scyllaeum,** ī *n* der skylläische Felsen (1. = Scylla 2. Kap an der Ostspitze der Peloponnes)
Scyllaeus *3* skylläisch, der Skylla
scymnus, ī *m* [*gr*] Tierjunges
scyphus, ī *m* [*gr*] Becher
Scȳrēi|s, ~dis *f* = Scyrias
Scȳrēticus *3* skyrisch, von Skyros
Scȳriā|s, ~dis **I.** *Adj f* skyrisch, von Skyros **II.** *Subst f* Skyrierin (= Deidamia)
Scȳrius *3* skyrisch, von Skyros
Scȳros = Scyrus
Scȳrus, ī *f* Skyros (Insel im Ägäischen Meer)
scytala, ae *u.* **scytalē,** ēs *f* Skytale (amtlicher Geheimbrief im antiken Sparta)
Scytha, ae *m und* **Scythēs,** ae *m* Skythe
Scythia, ae *f* Skythien (Bez. für 1. Gebiet nördlich des Schwarzen Meeres 2. Osteuropa u. weiter östlich anschließende Gebiete)
Scythicus *3* skythisch
Scythi|s, ~dis *f und* **~ssa,** ae *f* Skythin
Scytholatrōnia, ae *f* Skytholatronien (Land der Söldner aus Skythien, *Komödienwitz*)
S.(D.)(P.) *Abk für* salutem (dicit) (plurimam) grüßt (vielmals) *Dat* jmdn. *Grußformel in Briefen*
sē I. *Präp mit Abl altl* ohne **II.** *Akk od Abl des Reflexivpronomens*
Sēbēthi|s, ~dis *f* sebethisch, des Sebethos
Sēbēthos, ī *m* Sebethos (Fluss in Kampanien), *heute* Sebeto
sēbum, ī *n* Talg
⟦**secabili|s,** ~e, *Gen* ~is *spl* teilbar, zertrennbar, zerschneidbar
sē|cēdō, ~cessī, ~cessum *3* fortgehen, sich entfernen, sich trennen
sē|cernō, ~crēvī, ~crētus *3* absondern, ausscheiden, trennen
secespita, ae *f* Opfermesser
sēcessī →secedo
sēcessiō, ~nis *f* Absonderung, Trennung
sēcessus, ūs *m* Trennung, Abschied; Abgeschiedenheit, Zurückgezogenheit, Einsamkeit, abgelegener Ort der Erholung ⟦*spl* Abort
secius [*Komp zu* secus III.] *Adv* anders; *nach Negation* weniger, weniger gut
sē|clūdo, ~clūsī, ~clūsus *3* abschließen, einsperren, absondern, trennen, verbergen
sēclum = saeculum
secō, secuī, sectus *1* (*Part Fut Akt* secaturus) **1.** schneiden, abschneiden, durchschneiden, zerteilen, trennen; operieren, kastrieren; schnitzen; verletzen, beschädigen **2.** *eine Strecke* durchlaufen, durcheilen; spem ~ eine Hoffnung verfolgen ⟦*ml* niedersäbeln
⟦**secretarium,** i *n spl* abgesonderter, geheimer, einsamer Raum *od* Ort; Sakristei
⟦**secretim** *Adv spl* geheim
sēcrētiō, ~nis *f* Absonderung, Trennung
sēcrētō *Adv* geheim, heimlich
sēcrētum, ī *n* Abgeschiedenheit, Einsamkeit, einsamer Ort; Geheimnis, Heimlichkeit ⟦*ml* Frauengemach, Kemenate
sēcrētus I. *Adj 3* abgesondert, getrennt, entlegen, einsam; geheim **II.** *Part Perf Pass* →secerno
sēcrēvī →secerno

secta, ae *f* Lehre, Programm, Richtung; (phil. od. jur.) Schule; (polit.) Partei; (religiöse) Sekte; (Räuber-)Bande ⟦*ml* Orden; Ketzerei
sectārius *3* kastriert; vervex ~ Leithammel (*Wortspiel zu* sector II.)
sectāt|or, ~ōris *m* Anhänger, Schüler, Begleiter; ~or domi Freund des Hauses; *Pl* ~ores, ~orum Gefolge, Anhang
sectil|is, ~e, *Gen* ~is geschnitten, Mosaik-; schneidbar
sectiō, ~nis *f* Schneiden; Sezieren, Operieren, Operation; Einteilung; (die gesamte) Versteigerungs- *od* Beutemasse; Zerstückelung; Verkauf *od* Erwerb
sect|or I. *Subst* ~ōris *m* **1.** Abschneider **2.** Auktionator; Käufer (*bes* von Ländereien einer sectio) **3.** ⟦*spl* Abschnitt **II.** *Verb 1 mit Akk* begleiten; nachlaufen, nachjagen; gern besuchen ⟦*ml* erstreben
sectrī|x, ~cis *f* Käuferin (*bes* von Ländereien einer sectio)
sectūra, ae *f* **1.** Schnitt **2.** (Platz zum Schneiden, Hauen, Graben:) Holzschneideplatz, Steinbruch, Erzgrube
sectus →seco
sēcubitus, ūs *m* Alleinschlafen
sē|cubō, ~cubuī *1* allein schlafen
secuī →seco
sēcul- = saecul-
sēcum = cum se
secundānī, ōrum *m* die Zweier, Soldaten der 2. Legion
secundārius *3* zweitrangig, zweiter Wahl
secundō I. *Verb 1* begünstigen **II.** *Adv* zweitens ⟦*spl* zum zweiten Male
secundum I. *Subst* ī *n* Glück **II.** *Präp mit Akk räuml* dicht hinter; entlang an, längs; *zeitl* sogleich nach; *übertr* gemäß, zugunsten **III.** *Adv* nach, hinterher; zum zweiten Male **IV.** *Nom Sg n, Akk Sg m, n zu* secundus
secundus *3* folgender, zweiter; nachstehend, geringer; secundae (partes) zweite Stelle *od* Rolle; begleitend, begünstigend, glücklich
secuntur = sequuntur
secūricula, ae *f* **1.** kleines Beil, kleine Axt **2.** Schwalbenschwanz (Verbindungsart von Bauhölzern) **3.** Sech (am Pflug, zum Zerschneiden von Wurzeln)
secūrifer, secūrifera, secūriferum *u.* **secūriger,** secūrigera, secūrigerum beiltragend
secūr|is, ~is *f* (*Sg Akk* ~im, *Abl* ~ī) **1.** Beil, Axt; Haue (am Winzermesser) **2.** Beil- *od* Axthieb, Wunde, Schaden **3.** *übertr* (*meist Pl*) Macht, Gewalt
sēcūritā|s, ~tis *f* Sorglosigkeit, Sicherheit; Fahrlässigkeit ⟦*spl jur* Quittung; *christlich* Seligkeit
sēcūrus *3* sorglos, sicher; securum facio versichern *Akk* jmdm.; unbekümmert, fahrlässig
secus I. *Subst n undekl* = sexus **II.** *Präp mit Akk* entlang, gemäß, aufseiten, bei **III.** *Adv* anders
secūt|or, ~ōris *m* Begleiter, Verfolger; Sekutor (ein mit Helm, Schild u. Schwert ausgerüsteter Gladiator)
secūtus →sequor
[1]**sēd** = se I. und II.
[2]**sed** *Kon.* aber; sondern
sēdām|en, ~inis *n* Linderung; Beruhigungsmittel
sēdātiō, ~nis *f* Beruhigung
sēdātus *3* still, ruhig
⟦**sedecenn|is,** ~e, *Gen* ~is *spl* sechzehnjährig
sēdecim *undekl* sechzehn
sēdēcula, ae *f* kleiner Sessel
sedentārius *3* sitzend, im Sitzen (arbeitend)
sedeō, sēdī, sessum *2* sitzen; sich senken; sich setzen; verweilen, lagern ⟦*ml* sitzen *Akk* auf
sēdēs, sēdis *f* Sitz; Platz; Wohnsitz, Aufenthaltsort, Heimat ⟦*ml* ~ apostolica der päpstliche Stuhl, Papsttum; ~ regni Thron
Sēdētānī, ōrum *m* Sedetaner (keltiberisches Volk in Nordostspanien)
sēdī →**1.** sedeo **2.** sido
sēdigitāl|is, ~e, *Gen* ~is sechs Finger breit
sedīl|e, ~is *n* Sitz, Sessel; das Sitzen
sedimentum, ī *n* (Boden-)Satz
⟦**Sedinum,** i *n ml* Stettin, *heute* Szczecin
sēditiō, ~nis *f* Aufruhr, Aufstand; Zwietracht, Zwist
sēditiōsus *3* aufrührerisch, unruhig
sēdō *1* beruhigen, beschwichtigen, zur Ruhe bringen; *auch* sich legen, sich beruhigen; *vgl* sedatus
sē|dūcō, ~dūxī, ~ductus *3* beiseiteführen; trennen ⟦*spl* verführen, verleiten
sēductiō, ~nis *f* Beiseiteführen, Trennen ⟦*spl* Verleitung, Verführung
⟦**seductor,** ~is *m spl* Verführer
⟦**seductorius** *3 spl* verführerisch
sēductus I. *Adj 3* entfernt, zurückgezogen **II.** *Part Perf Pass* →seduco
sēdulitā|s, ~tis *f* Emsigkeit, Geschäftigkeit, (Über-)Eifer
sēdulō *Adv* zu sedulus
sēdulus *3* emsig, eifrig; sorgfältig; absichtlich, vorsätzlich
Sedūnī, ōrum *m* Seduner (kelt. Volk am Oberlauf der Rhône)
Sedusiī, ōrum *m* Sedusier (germ. Volk im Heer des Ariovist)
sēdūxī →seduco
sege|s, ~tis *f* Saat; Saatfeld, fruchtbares Gefilde, (Nähr-)Boden

Segesta, ae *f* Segesta (1. Stadt auf Sizilien 2. Stadt südöstlich von Genua, *heute* Sestri Levante 3. Göttin des Saatfeldes = Segetia)
Segestānus I. *Adj 3* segestanisch, von Segesta 1. **II.** *Subst* ī *m* Segestaner, Einw. von Segesta 1.
Segestēnsis, ~ *m* = Segestanus II.
Segestica, ae *f* Segestica (Stadt an der Ostküste Spaniens)
segestr|e, ~is *n* Decke (als Matte, Hülle, Umhang gebraucht)
segm|en, ~inis *n* Abschnitt, Schnitzel, Stückchen
segmentātus (mit Goldplättchen) besetzt
segmentum, ī *n* Einschnitt, Abschnitt; Stück, Streifen; Bordüre (aus Goldblechstücken)
Segnī, ōrum *m* Segner (Volk östlich der Maas)
sēgn|is, ~e, *Gen* ~is träge, langsam, untätig; terra ~is unfruchtbares *od* ertragloses Land
sēgnitā|s, ~tis *f* Trägheit, Schlaffheit, Schwäche ⟦*ml* Untätigkeit
sēgniti|a, ~ae *f und* **~ēs,** ~ēī *f* = segnitas
Segontiācī, ōrum *m* Segontiaker (Volk im südlichen Britannien)
⟦**segregatio,** ~nis *f spl* Absonderung, Trennung *Gen* von
sēgregō *1* absondern, trennen, ausschließen; sermonem ~ verstummen ⟦*ml* abwenden, verführen
sēgre|x, *Gen* ~gis abgesondert, getrennt ⟦*ml* ungesellig
Segusiāvī, ōrum *m* Segusiaver (kelt. Volk an der Rhône)
sei *altl* = si
Sēia, ae *f* Seia (Göttin des Wachstums der Saaten)
Sēiānus I. *Adj 3* des Seius, seianisch **II.** *Subst* ī *m* Seianus (BN des L. Aelius ~, von Kaiser Tiberius begünstigter Prätorianerpräfekt, 31 n. Chr. wegen Machtmissbrauch verurteilt und hingerichtet)
sēiugātus *3* abgesondert, getrennt
sēiug|ēs, ~ium *m* Sechsgespann
sēiūnctim *Adv* abgesondert
sēiūnctiō, ~nis *f* Absonderung, Trennung; *übertr* Zwietracht
sē|iungō, ~iūnxī, ~iūnctus *3* trennen, absondern; unterscheiden
Sēius *3 Gent* Seius; Marcus ~ röm. Ritter und Freund Ciceros
sēlēctiō, ~nis *f* Auslese, Auswahl
sēlēctus *Part Perf Pass* →seligo
sēlēgī →seligo
Seleuc|ēa *u.* **~īa,** ae *f* Seleukeia (Name mehrerer Städte in Babylonien, Syrien, Kleinasien)
Seleucia, ae *f* **1.** Syrien **2.** = Seleucea
Seleucus, ī *m* Seleukos (N von Herrschern aus der Seleukidendynastie, *bes* ~ Nicator, Feldherr Alexanders von Makedonien, Herrscher von Syrien 309–281, Begründer des Seleukidenreiches)
sēlībra, ae *f* ein halbes Pfund (163,73 g)
sē|ligō, ~lēgī, ~lēctus *3* auswählen, auslesen
Selīnū|s, ~ntis *m f* Selinus (Stadt 1. auf Sizilien, *heute* Selinunte 2. in Kleinasien, bei Selindi)
sella, ae *f* Sessel, Stuhl, Sitz; Amtssessel (eines röm. Magistrats), Tragsessel; Kutschbock; Reitsattel
sellārium, ī *n* mit Sesseln ausgestatteter Raum
sellārius, ī *m* Wüstling ⟦*ml* Sattler
sellisternium, ī *n* (kultisches) Mahl der Götter (deren auf Sesseln stehenden Bildnissen Speisen als Opfer dargebracht wurden)
sellula, ae *f* kleiner Tragsessel
sellulārius I. *Adj 3* sitzend, Sitz- **II.** *Subst* ī *m* Handwerker
sēman- = semian-
semel *Adv* einmal
Semel|a, ae *u.* **~ēs,** ēs *f* Semele (T. des Kadmos, M. des Dionysos)
sēmen, sēminis *n* Same, Keim; Geschlecht, Stamm; Spross, Nachkomme; Element, Atom (im Sinne der antiken Atomistik)
sēmēnstr|is, ~e, *Gen* ~is **1.** sechs Monate alt *od* dauernd **2.** halbmonatlich luna ~is Vollmond
sēmentis, ~ *f* Aussaat, Säen, Saat; Saatzeit; Saatfeld
sēmentīvus *3* zur Saat gehörend, zur Saatzeit geschehend, Saat-
sēmerm- = semierm-
sēmēstris = semenstris
sēmēsus *3* halb verzehrt
sēmet = se II.
sēmiambustus *3* halb verbrannt
sēmianim|is, ~e, *Gen* ~is *u.* **~us** *3* halb tot
sēmiapertus *3* halb offen
sēmibarbarus *3* halb barbarisch
sēmi|bōs, ~bovis *m* **I.** *Adj* halbstierartig **II.** *Subst* Halbstier
sēmicānus *3* halb grau; angegraut
sēmicaper, semicaprī *m* halb Bock
sēmicirculus I. *Adj 3* halbkreisförmig **II.** *Subst* ī *m* Halbkreis
sēmiclausus *3* halb geschlossen
sēmicrem(āt)us *3* halb verbrannt
sēmicrūdus *3* halb roh; halb verdaut
sēmicubitāl|is, ~e, *Gen* ~is eine halbe Elle lang (22,2 cm)
⟦**semidea,** ae *f spl* Halbgöttin
sēmideus I. *Adj 3* halb göttlich **II.** *Subst* ī *m* Halbgott
⟦**semidies,** ei *m spl* ein halber Tag

a b c d e f g h i j k l m n o p q r s sem t u v w x y z

sēmidoctus *3* halb gelehrt; unwissend, ungeschickt

sēmierm|is, ~e, *Gen* ~is *u.* **~us** *3* halb bewaffnet

sēmiēsus *3* = semesus

sēmifactus *3* halb fertig

sēmifastīgium, ī *n* Halbgiebel

sēmifer, sēmifera, sēmiferum halb tierisch, halb wild

sēmigermānus *3* halb germanisch

sēmigraecus *3* halb griechisch

sēmigrav|is, ~e, *Gen* ~is halb betrunken

sēmigrō *1* fortwandern, wegziehen

sēmihiļāns, *Gen* ~antis halb offen

sēmihom|ō, ~inis *m* Halbmensch (halb Mensch, halb Tier); *übertr* halbwild

sēmihōra, ae *f* eine halbe Stunde

sēmilacer, sēmilacera, sēmilacerum halb zerrissen, halb zerfleischt

sēmilautus *3* halb gewaschen

sēmilīber, sēmilībera, sēmilīberum halb frei

sēmilixa, ae *m* halber Marketender *Schimpfwort*

⟦**semimagister,** semimagistri *m ml* (nicht vollwertiger) Lehrer

sēmimarīnus *3* halb Fisch

sēmi|mās, *Gen* ~maris **I.** *Adj kastriert,* entmannt **II.** *Subst m* Zwitter, Hermaphrodit

sēmimortuus *3* halb tot

sēminārium, ī *n* Baumschule, Pflanzenbeet; *übertr* Pflanzschule, Keimstätte, Brutstätte ⟦*ml übertr* Saat

sēminꞩt|or, ~ōris *m* Erzeuger

sēmine|x, *Gen* ~cis halb tot

sēminium, ī *n* Same; Art, Rasse

sēminō *1* säen, aussäen; besäen; befruchten; erzeugen

sēminūdus *3* halb nackt

⟦**semipaten|s,** *Gen* ~tis *spl* halb offen

sēmipedāl|is, ~e, *Gen* ~is einen halben Fuß lang (14,8 cm)

sēmiperfectus *3* halb vollendet

Sēmiplacentīnus *3* Halbplacentiner (die Mutter des L. Calpurnius Piso, Konsul 58 v. Chr., stammte aus Placentia)

sēmiplēnus *3* halb voll, halb vollständig ⟦*spl* halb hörbar *Laut*

⟦**semipuella,** ae *f spl* Sirene (Fabelwesen: halb Mädchen, halb Vogel)

sēmiputātus *3* halb beschnitten

Semīrami|s, ~dis *f* Semiramis (die sich durch polit. Aktivität u. luxuriösen Lebensstil auszeichnende Königin von Assyrien um 800 v. Chr.)

Semīramius *3* semiramisch, der Semiramis; babylonisch

sēmirāsus *3* halb geschoren

sēmireductus *3* sich etwas zurückziehend

sēmirefectus *3* halb ausgebessert

sēmirotundus *3* halbrund

sēmirutus *3* halb zerstört

sēmis I. *Subst* ~sis *u. undekl m* Hälfte, das Halbe; ein halber As, *iron* Pfifferling, Heller; *Pl* ~ses 6% Zinsen (jährlich) **II.** *Adv* halb, zur Hälfte

sēmisen|ex, ~is *m* ein halber Greis

sēmisepultus *3* halb begraben

sēmisomnus *3* schlaftrunken

⟦**semispat(h)a,** ae *f spl* Kurzschwert

sēmisupīnus *3* halb zurückgelehnt, halb zurückgebogen

sēmita, ae *f* Weg, Steig, Pfad

sēmitārius *3* auf Nebenwegen *od* in (dunklen) Gassen (gehend)

sēmiu- = semu-

sēmivir, ī *m* **I.** *Adj* entmannt, kastriert; unmännlich, weibisch; unzüchtig **II.** *Subst* **1.** zur Hälfte ein Mann (zur Hälfte ein Tier, Mischwesen der Sage) **2.** Zwitter, Hermaphrodit **3.** Kastrat

sēmivīvus *3* halb tot; *übertr* halb erstorben

sēmivocāl|is I. *Adj* ~e, *Gen* ~is lauterzeugend, Laute von sich gebend **II.** *Subst* ~is *f* (beim Buchstabieren) mit Vokal anlautender Konsonant

Sēmnon|ēs, ~um *m* Semnonen (germ. Volk im Elbe-Havel-Gebiet)

Sēmō, ~nis *m* Semo (BN des →Sancus)

⟦**semotim** *Adv ml* abgesondert, besonders, vertraulich

sēmōtus I. *Adj 3* entfernt, entlegen; abgesondert; vertraulich **II.** *Part Perf Pass* →semoveo

sē|moveō, ~mōvī, ~mōtus *2* entfernen

semper *Adv* immer

sempiternus *3* immerwährend, beständig, ewig

Semprōniānus *3* des Sempronius

Semprōnius *3 Gent* Sempronius (1. Tiberius ~ Gracchus, Konsul 177 u. 163 v. Chr., 2. seine Söhne Tiberius u. Gaius, Volkstribunen 133 bzw. 123 v. Chr.)

semul = simul

sēmuncia, ae *f* **1.** eine halbe Unze; ein Vierundzwanzigstel, *als Gewicht* 13,6 g **2.** Tragkorb (für Lasttiere)

sēmunciārius *3* eine halbe Unze (13,6 g) schwer; (als Zinssatz) $^1/_2$% jährlich

sēmustilātus = semustus

sēmustulō *1* ein wenig anbraten

sēmustus *3* halb verbrannt; *übertr* nicht ungeschoren

Sēna, ae *f* **1.** Sena Gallia *od* Sena Gallica (Küstenstadt in Umbrien, *heute* Senigallia) **2.** Fluss in der Nähe von 1.

senāculum, ī *n* Sitzungssaal des Senats

senāpis = sinapis

sēnāriolus, ī *m* Verslein, Senar

sēnārius, ī *m* Senar (sechsteiliger, meist jambischer Vers, Dialogvers der Komödie)

S

senāt|or, ~ōris *m* Senator, Mitglied des Senats; Ratsherr (in einer entsprechenden nicht römischen Körperschaft)
senātōrius I. *Adj 3* senatorisch, Senats- **II.** *Subst* ī *m* Senator
senātus, ūs *m* (*Nbf Gen Sg* senātī) Senat; Senatsversammlung, Senatssitzung; Senatorenschaft; Senatorenplätze (im Theater); Ältestenrat ⟦*ml* Rat (einer Stadt); senātūs consultum, Senatsbeschluss, *Abk* S.C.
senecta, ae *f* (hohes) Alter, Greisenalter; *übertr* die alte (Schlangen-)Haut
[1]**senectus** *3* alt, bejahrt, greis
[2]**senectū|s,** ~tis *f* (hohes) Alter, Greisenalter; Grämlichkeit
Sēnēns|is I. *Adj* ~e, *Gen* ~is aus Sena, senensisch **II.** *Subst* ~is *m* Einw. von Sena
seneō *2* alt sein, schwach sein
senēscō, senuī *3* alt werden, schwach werden, hinschwinden
senex, senis **I.** *Adj* alt, bejahrt, reif **II.** *Subst m* Greis, *f* Greisin (über 60 Jahre); *poet* senes, senum die Ahnen
sēnī, ae, a (*Gen Pl* senum) je sechs; sechs (zusammen)
Sēniēns|ēs, ~ium *m* Senienser, Einw. der colonia Seniensis, *heute* Siena
senīl|is, ~e, *Gen* ~is greisenhaft, Greisen-, Alters-
sēniō, ~nis *m* Sechs (als Würfelzahl)
seni|or, ~ōris **I.** *Adj* älter, reifer **II.** *Subst m, f* Greis(in), Alte(r) (*auch* zwischen 45 und 60 Jahren, *daher*) ~ores, ~um die älteren Bürger ⟦*ml* Läufer *Schachfigur;* Vorfahr; Ältester *als Führer, Sprecher;* Herr *bei Anrede und allg*
senium, ī *n* Altersschwäche; Abnehmen, Hinschwinden, Verfallen; Verdrießlichkeit, Verdruss; der Alte
Sĕnŏn|ēs, ~um *m* Senonen (kelt. Volk 1. in Mittelgallien, beim heutigen Sens 2. bei Ravenna)
sēnsa, ōrum *n* Ansichten, Vorstellungen
⟦**sensatus** *3 spl* verständig
sēnsī →sentio
sēnsībil|is, ~e, *Gen* ~is sinnlich wahrnehmbar ⟦*spl* mit Sinnen begabt, der sinnlichen Wahrnehmung fähig; *ml* vita ~is Sinnenleben, Sinnlichkeit
sēnsifer, sēnsifera, sēnsiferum Empfindungen verursachend
sēnsim *Adv* allmählich
⟦**sensual|is,** ~e, *Gen* ~is *spl* sinnlich
sēnsus I. *Part Perf Pass* →sentio **II.** *Subst* ūs *m* Empfindung, Gefühl; Gedanke, Ansicht; Gesinnung, Denkart; Verstand; Sinn, Bedeutung, Inhalt; Satz
sententia, ae *f* Ansicht, Gedanke, Meinung; Sinn, Bedeutung; Satz; Ausspruch, Sentenz ⟦*ml* Lehre, Wort; ~ tremenda das Jüngste Gericht
sententiola, ae *f* Sprüchlein
sententiōsus *3* gedankenreich
senticētum, ī *n* Dorngestrüpp
sentīna, ae *f* (in den Kielraum des Schiffes) eingedrungenes Seewasser, Bilgenwasser; *übertr* Abschaum, Auswurf
Sentīnā|s, *Gen* ~tis **I.** *Adj* sentinatisch, von Sentinum **II.** *Subst m* Sentinate, Einw. von Sentinum
Sentīnum, ī *n* Sentinum (Stadt in Mittelitalien)
sentiō, sēnsī, sēnsus *4* fühlen, empfinden, wahrnehmen; erfahren; verstehen, merken; denken, meinen; seine Meinung aussprechen, urteilen, entscheiden, abstimmen ⟦*ml Nbf Perf Akt* sentivi
sentis, ~ *m* Dornstrauch
sentīscō *3* wahrnehmen
sentus *3* dornig, rau, holprig, ruppig, struppig
senuī →senesco
senus I. *Adj 3 nur* bis ~ zwölf(fach) ⟦**II.** *Subst* i *m ml* = senex
⟦**seorsim** *ml* = seorsum
seors|um *u.* **~us** *Adv* besonders, abgesondert *Abl* von
sēparābil|is, ~e, *Gen* ~is trennbar
sēparātim *Adv* getrennt
sēparātiō, ~nis *f* Trennung
sēparātus I. *Adj 3* abgesondert, getrennt, verschieden **II.** *Part Perf Pass zu* separo
sēpārō *1* trennen, absondern (a *od* ex) *Abl* von
sepe = saepe
sepelībil|is, ~e, *Gen* ~is begrabbar, versteckbar; ~em facio begraben
sepeliō, sepelīvī, sepultus *4* (*Nbf Fut* sepelībō *spl, Perf* sepelī, *Part Perf Pass* sepelitus) bestatten, begraben; einschläfern ⟦*ml* verschweigen
sēpēs I. *Adj Gen* sēpedis sechsfüßig **II.** *Subst* sēpis *f* = saepes
sēpia, ae *f* **1.** Sepia, Tintenfisch **2.** *übertr* Tinte
sēpiola, ae *f* Tintenfischchen
Sēplasia, ae *f* »Salbengasse« (in Capua, ein Handelszentrum für Parfüms aller Art)
sēplasium, ī *n* Parfüm, Salbe; Parfümerie, Salbenladen
sē|pōnō, ~posuī, ~positus *3* beiseitelegen, besonders aufheben, reservieren, vorbehalten; absondern, trennen; ausweisen, verbannen
sēpositus I. *Adj 3* entlegen; ausgesucht, vortrefflich **II.** *Part Perf Pass* →sepono
sēposuī →sepono
sēpse = se ipse
septeiug|is, ~e, *Gen* ~is siebenspännig
septem *undekl* sieben

Septem|ber, ~bris *m* September
Septembr|is, ~e, *Gen* ~is September-
septemdecim = septendecim
septemfluus *3* siebenarmig (strömend)
septemgeminus *3* siebenfach; *poet* siebenarmig; siebenhüglig
septempedāl|is, ~e, *Gen* ~is sieben Fuß groß (207 cm)
septem|plex, *Gen* ~plicis siebenfältig, siebenfach; *poet* siebenarmig
septemtriō(nēs) = septentrio(nes)
septemvir, ī *m* Septemvir, Mitglied eines Kollegiums aus sieben Männern
septemvirāl|is I. *Adj* ~e, *Gen* ~is septemviralisch, Septemviral-, der Septemvirn **II.** *Subst* ~ēs, ~ium *m* die Septemvirn, das Siebenerkollegium
septemvirātus, ūs *m* Septemvirat, Amt des Septemvir
septēnārius I. *Adj 3* Sieben-, Siebener-, aus sieben Einheiten bestehend ⟦*ml* septenarium sacrum die heilige Siebenzahl; *auch* = septimus **II.** *Subst* ī *m* Septenar (Vers aus 7 Versfüßen)
septendecim *undekl* siebzehn
septēnī, ae, a sieben, je sieben, sieben zusammen
⟦**septennium,** i *n ml* Zeitraum von sieben Jahren
septentriō, ~nis *m* = septentriones
septentrionāl|is I. *Adj* ~e, *Gen* ~is nördlich **II.** *Subst* ~ia, ~ium *n* nördliche Gegenden
septentriōn|ēs, ~um *m* 1. Siebengestirn (der Große Bär *od* Wagen *od röm.* die sieben Dreschochsen) 2. Norden 3. Nordwind
septeresmus *3 altl* = septiremis
septiē(n)s *Adv* siebenmal
⟦**septiform|is,** ~e, *Gen* ~is *spl* siebenfältig
⟦**septimana,** ae *f spl* Woche
septimānī, ōrum *m* die Siebener, Soldaten der siebten Legion
septimontiāl|is, ~e, *Gen* ~is zum Siebenhügelfest (Septimontium) gehörig
septimontium, ī *n* **1.** die sieben Hügel, die Siebenhügelstadt Rom **2.** das Siebenhügelfest in Rom am 11. Dezember
septimum *Adv* zum siebten Male
septimus *3* siebter
septingentēsimus *3* siebenhundertster
septingentī, ae, a siebenhundert
septirēm|is, ~e, *Gen* ~is mit sieben Ruderreihen
⟦**septuagenarius** *3 spl* siebzigjährig
⟦**septuagesimae,** arum *f ml* Septuagesimae (der erste Sonntag in den 70 Tagen vor Ostern)
septuāgē(n)simus *3* siebzigster
septuāgintā *undekl* siebzig
septuenn|is, ~e, *Gen* ~is siebenjährig
septum = saeptum

sept|ūnx, ~uncis *m* sieben Unzen (95,2 g); sieben Zwölftel; sieben Stück (von einer Art)
sepulchrum = sepulcrum
sepulcrāl|is, ~e, *Gen* ~is Grab-, zum Grab gehörig
sepulcrētum, ī *n* Friedhof, Begräbnisplatz
sepulcrum, ī *n* Grab, Grabmal; Grabhügel; Grabdenkmal; *übertr* der Tote
sepultūra, ae *f* Bestattung *od* Verbrennung (des Toten); Grab
sepultus →sepelio
Sēquana, ae *m* Sequana (Fluss in Gallien), *heute* Seine
Sēquanī, ōrum *m* Sequaner (kelt. Volk zwischen Saône, Rhône u. Schweizer Jura)
Sēquanus I. *Adj 3* sequanisch **II.** *Subst* ī *m* Sequaner
sequā|x, *Gen* ~cis rasch *od* leicht folgend; nachgebend, leicht zu bearbeiten, folgsam, gelehrig ⟦*ml Subst m* Gefolgsmann
sequ|ēns, *Gen* ~entis **I.** *Part Präs zu* sequor **II.** *Subst n* Beiwort ⟦*ml* das Folgende (in der Darstellung)
sequentia I. *Nom/Akk Pl n zu* sequens I. **II.** *Subst* ae *f* Folge ⟦*ml* Sequenz (aus dem liturgischen Gesang hervorgegangene Strukturform ml. Dichtung)
seques|ter, ~trī *od* ~tris *m* **1.** Vermittler **2.** Sequester (Person, bei der eine strittige Sache zeitweilig zur Verwaltung bis zur Entscheidung hinterlegt wird)
sequestra, ae *f* Vermittlerin
⟦**sequestratio,** ~nis *f spl jur* Sequestration (zeitweilige Hinterlegung einer strittigen Sache bei einem Sequester)
⟦**sequestro** *1 spl jur* hinterlegen; absondern, entfernen
sequestrum, ī *n jur* Hinterlegung einer strittigen Sache bei einer dritten Person
sequius *Adv* [*Komp zu* secus] anders
sequor, secūtus sum *3* folgen *Akk* jmdm., nachgehen *Akk* jmdm., begleiten, aufsuchen; verfolgen, trachten *Akk* nach, anhangen *Akk* jmdm.; *ursächlich od logisch* sich ergeben; zuteilwerden, zufallen, gelingen *Akk* jmdm.; nachgeben
Ser. *Abk für* Servius
Sēr, Sēris *m Sg zu* Seres
sera, ae *f* **1.** Riegel **2.** ⟦*ml* [serus] Abend
⟦**seraphim** [*hebr*] *Pl undekl spl* Seraph *Engel*
Serāpiōn, ~is *m* Serapion (gr. PN)
Serāpi|s, ~dis *m* Serapis *od* Sarapis (ägyptisch-gr. Gott aus hellenistischer Zeit mit weit verbreitetem Kult, auch mit Zeus, Helios, Hades gleichgesetzt)
serēnitā|s, ~tis *f* (stille) Heiterkeit; Gemütsruhe; Ausgeglichenheit ⟦*spl Anrede des Kaisers* Durchlaucht
serēnō *1* aufheitern
serēnum, ī *n* heiteres Wetter

S

serēnus *3* hell, klar, heiter, ruhig, glücklich ⟦*spl Anrede des Kaisers* durchlauchtig; *ml Anrede an Herzogin* Hoheit
Sērēs, Serum *m* Serer (N für Chinesen) ⟦*spl auch Sg* Ser, Seris *m*
serēscō *3* **1.** trocken werden **2.** wässrig werden
sēria 1. ae *f* Tonne, Fass **2.** ōrum *n* ernste Dinge
[1]⟦**serica,** ae *f spl* = serica, orum *n*
[2]**sērica,** ōrum *n* Seidenstoffe
sēricātus *3* in Seide gekleidet
Sēricus *3* serisch, von den Serern; *auch* Seiden-
sēricus *3* seiden, aus Seide, Seiden-
seriēs, ēī *f* Reihe; Ahnenreihe ⟦*ml* ~ vitae Lebenslauf; ~ codicis Reihenfolge der Blätter *eines Buches;* Wortlaut *eines Textes;* Schar, Fülle
sēriō *Adv* im Ernst
⟦**seriosus** *3 ml* ernsthaft
Serīphius I. *Adj 3* von Seriphos **II.** *Subst* ī *m* Einw. von Seriphos
Serīph|os *u.* **~us,** ~ī *f* Seriphos (Kykladeninsel)
sērius I. *Adj 3* ernst(haft) **II.** *Adv Komp* später; zu spät
sermō, ~nis *m* Unterhaltung, Gespräch; Disputation, Dialog; Gerede; Umgangssprache, Ton der Umgangssprache; Ausdrucksweise; Sprache, Dialekt; Sprachgebrauch ⟦*spl* Predigt; philosophischer Vortrag; *ml* Erzählung
sermōcinātiō, ~nis *f* Zwiegespräch, Dialog
⟦**sermocino** *1 spl* = sermocinor
sermōcinor *1* sich unterhalten, plaudern; disputieren
sermunculus, ī *m* (böswilliges) Gerede, Geschwätz ⟦*spl* kleine Abhandlung *od* Rede
[1]**serō** seruī, sertus *3* aneinanderreihen, verknüpfen
[2]**serō** sēvī, satus *3* säen, pflanzen; hervorbringen, verursachen; besäen, ausstreuen
[3]**sērō I.** *Adv* spät, zu spät **II.** ⟦*Subst n undekl ml* Spätabend; ~ largum Weihnachtsgeschenk
sērōtinus *3* spät, verspätet
serp|ēns, ~entis *m, f* Schlange *auch Sternbild;* kriechendes Insekt ⟦*ml* Teufel
serpentigena, ae *m* Schlangensprössling
serpenti|pēs, *Gen* ~pedis schlangenfüßig (mit Füßen, die Schlangen gleichen)
serperastra, ōrum *n* (orthopädische) Knieschienen; *übertr* Zurechtweisungen
serpir- = serper-
serpō, serpsī, serptus *3* kriechen, schleichen; sich schlängeln; sich allmählich ausbreiten, um sich greifen
serpullum, ī *n* Feldthymian
serra, ae *f* Säge (1. Werkzeug 2. besondere Art der Gefechtsordnung von Truppen 3. eine Fischart 4. ⟦*spl* Dreschwagen mit gezackten Rädern)
serrācum, ī *n* (einachsiger) Wagen
serrātī, ōrum *m* Denare (*Münzen*) mit geriefeltem Rand
serrula, ae *f* kleine Säge
sert|a, ōrum *n u.* **~ae,** ~ārum *f* Kränze ⟦*ml auch* ~a, ae *f*
Sertōrius *3 Gent* Sertorius (Q. ~, 123–72 v. Chr., röm. Politiker u. Heerführer)
⟦**sertum,** i *n ml* = serta, orum
sertus →[1]sero
seruī →[1]sero
[1]**serum,** ī *n* Molke; wässrig-helle Flüssigkeit
[2]**sērum,** ī *n* späte Zeit, Abend
sērus *3* spät, zu spät; *poet* alt
serva, ae *f* Sklavin
servābil|is, ~e, *Gen* ~is errettbar; erhaltbar, erhaltenswert
servantissimus *3* auf das Genaueste beobachtend *Gen* etw.
servātiō, ~nis *f* Brauch, Regel, die Beobachtung *von Vorschriften*
servāt|or, ~ōris *m* Erretter, Erhalter, Bewahrer, Erfüller
servātrī|x, ~cis *f* Erretterin, Beschützerin, Bewahrerin
⟦**servien|s,** ~tis *m ml* Knecht; Scherge
servīl|is, ~e, *Gen* ~is sklavisch, Sklaven-, einem Sklaven gehörig *od* gemäß
Servīliānus *3* des Servilius, servilianisch
Servīlius *3 Gent* Servilius (bekannt vor allem 1. C. ~ Ahala, magister equitum 439 v. Chr. 2. P. ~ Rullus, Urheber der lex Servilia 63 v. Chr.)
serviō *4* Sklave sein, dienen; dienlich sein, taugen, gebraucht werden *Dat* zu etw.; *jur bei Grundstücken* mit Dienstbarkeiten belastet sein *Dat* für; sorgen *Dat* für, sich richten *Dat* nach ⟦*ml* abliefern; kredenzen
servitium, ī *n* Sklaverei, Sklavenstand, Sklavendienst, Sklavenschar ⟦*ml* Dienstleistung, Abgabe; ~ divinum Gottesdienst; *Pl* servitia, orum Einkünfte
⟦**servitor,** ~is *m spl* Knecht
servitrīcius *3* Sklaven-
servitūdō, ~inis *f* = servitus
servitū|s, ~tis *f* Sklaverei, Sklavendienst; Knechtschaft, Dienstbarkeit, Gehorsam; *jur* Verpflichtung zur Dienstleistung
Servius, ī *m* Servius (Vorname 1. des sechsten röm. Königs, ~ Tullius, 2. in der gens Sulpicia)
servō *1* erhalten, bewahren, aufbewahren; beachten, achten auf, hüten, bewachen; sich aufhalten; *jur* erstattet bekommen ⟦*ml* schützen ex vor; colloquia ~ Tagungen abhalten
servol- = servul-

servula, ae *f* junge Sklavin
servulus, ī *m* junger Sklave
servus I. *Adj 3* sklavisch, Sklaven-, unterworfen, dienstbar; *jur* mit einer Dienstleistungspflicht belastet **II.** *Subst* ī *m* Sklave, Diener ⟦*ml* Unfreier, Höriger; Diener; *milit* Knecht, Reisiger; Verehrer
sēsam|a, ~ae *f u.* **~um,** ~ī *n* [*sem*] Sesam *tropische Ölpflanze*
sēscēnār|is, ~e, *Gen* ~is *anderthalbjährig*
sescēnārius *3* je 600 Mann stark
sescēnī, ae, a je sechshundert
sescentēnī = sesceni
sescentēsimus *3* sechshundertster
sescentī, ae, a sechshundert; *übertr* unzählige
sescentiē(n)s *Adv undekl* sechshundertmal
sescentoplāgus, ī *m* (einer, der 600 Schläge bekommt) Prügelknabe
sēscunciāl|is, ~e, *Gen* ~is anderthalbzöllig
sēsē = [1]se II.
seselis, ~ *f* Sesel, Bergfenchel *ein Doldengewächs*
Sesōsis = Sesostris
Sesōstri|s, ~dis *m* Sesostris (N von drei ägyptischen Pharaonen der 12. Dynastie im 2. Jahrtausend)
sēsqueop|us, ~eris *n* anderthalb Tagewerk
sēsqui *Adv* anderthalbmal
sēsquialter, sesquialtera, sesquialterum anderthalb
⟦**sesquidies,** ei *m ml* anderthalb Tage
sēsquidigitus, ī *m* anderthalb Zoll (2,78 cm)
sēsquihōra, ae *f* anderthalb Stunden
sēsquimensis, ~ *m* anderthalb Monat
sēsquimodius, ī *m* anderthalb Scheffel (etwa 13,1 Liter)
sēsquioctāvus *3* neun Achtel enthaltend
sēsquipedāl|is, ~e, *Gen* ~is anderthalb Fuß lang (44,4 cm); *übertr* ellenlang
sēsqui|pēs, ~pedis *m* anderthalb Fuß (44,4 cm)
sēsquiplāga, ae *f* anderthalb Schläge
sēsquipl|ex, *Gen* ~icis anderthalbfach
sēsquitertius *3* vier Drittel enthaltend
sessibulum, ī *n* Stuhl
sessil|is, ~e, *Gen* ~is zum Sitzen geeignet; gut sitzend; in die Breite wachsend *od* gewachsen; (breit)bauchig
sessiō, ~nis *f* Sitzen; Sitzung; Sitz, Sitzplatz
sessitō *1* (immer) sitzen
sessiuncula, ae *f* Sitzung; Kränzchen
sess|or, ~ōris *m* Zuschauer; Reiter; Einwohner
sessōrium, ī *n* Wohnzimmer, Wohnung ⟦*spl* Sessel, Stuhl
sessum *Supin zu* **1.** sedeo **2.** sido
sēstertia, ōrum *n* tausend Sesterze
sēstertiārius *3* nur einen Sesterz wert
sēstertium, ī *n* hunderttausend Sesterze
sēstertius, ī *m* Sesterz (röm. Münze = $2^1/_2$ As, seit 43 v. Chr. aber = 4 As = $^1/_4$ Denar)
Sēstiānus *3* des Sestius
Sēstius *3 Gent* Sestius
Sēstos = Sestus
Sēstus I. *Adj 3* sestisch, aus Sestos **II.** *Subst* ī *f* Sestos (Stadt am Hellespont)
sēsuma = sesama
[1]**sēt** = [2]sed
[2]**sēt-** = saet-
Sēt- = Saet-
sētius *Adv* = secius
seu = sive
sē|vehor, ~vectus sum *3* wegfahren, abreisen *Abl* von
sevēritā|s, ~tis *f* Ernst, Strenge
sevēritūd|ō, ~inis *f* = severitas
sevērus *3* ernst, streng; hart, grausam
Sevērus, ī *m* Severus (**1.** *BN:* 1. Cornelius ~, Dichter z. Z. des Augustus 2. Septimius ~, Kaiser 193–211 3. Alexander ~, Kaiser 222–237 4. Sulpicius ~, christlicher Schriftsteller, 5. Jh. **2.** Berg im Sabinerlande)
sēvī →[2]sero
sēvir, ī *m* Sevir, Mitglied eines Sechsmännerkollegiums
sēvirātus, ūs *m* Amt eines Sevir
sēvocō *1* wegrufen, abrufen; trennen
sēvum = sebum
sex *undekl* sechs
Sex. *Abk für* Sextus
sexāgēnārius *3* sechzigjährig; sexagenaria fistula Röhre von 60 Zoll Umfang
sexāgēnī, ae, a je sechzig
sexāgēsimus *3* sechzigster
sexāgiē(n)s *Adv* sechzigmal
sexāgintā *undekl* sechzig
sexangulus *3* sechseckig
sexc- = sesc-
sexdecim = sedecim
sexennis, ~e, *Gen* ~is sechsjährig
sexennium, ī *n* Zeitraum von sechs Jahren, sechs Jahre
sexiē(n)s *Adv* sechsmal
sexprīmī, ōrum *m* die obersten Sechs (im Rat kleiner Städte), die sechs Vornehmsten unter den Bürgern
sextādecimānī, ōrum *m* die Sechzehner, Soldaten der 16. Legion
sext|āns, ~antis *m* Sechstel
sextantārius *3* ein Sechstel betragend
sextāriolus, ī *m* [*Dim zu* sextarius] Fläschchen
sextārius, ī *m* Sextarius (Hohlmaß, etwa 0,54 Liter) ⟦*ml* Metze (Hohlmaß)
Sextīl|is I. *Adj* ~e, *Gen* ~is des August **II.** *Subst* ~is *m Monat* Sextilis = August
Sextius = Sestius
sextula, ae *f* ein Sechstel einer Unze = $^1/_{72}$ eines Ganzen

S

sextum *Adv* zum sechsten Male
sextus *3* sechster; sexta (hora) Mittag (12 Uhr)
Sextus, ī *m* Sextus (Vorname)
sexus, ūs *m* Geschlecht
sī *Kon.* wenn; ob ⟦*ml* utrum ... vel ~ ob ... oder; mirari ~ = mirari quod sich wundern, dass
sibi (sibī) *Dat des Reflexivpronomens*
sībila, ōrum *n poet* = sibilus II.
sībilō *1* zischen, pfeifen; auszischen, auspfeifen ⟦*ml* zwitschern
sībilus I. *Adj 3* zischend, pfeifend **II.** *Subst* ī *m* das Zischen, Pfeifen, Pfiff
Sibulla *altl* = Sibylla
Sibylla, ae *f* Sibylle (*myth* Wahrsagerin, Prophetin)
Sibyllīnus *3* sibyllinisch, der Sibylle
sīc *Adv* so, also; folgendermaßen, der Art, unter solchen Umständen; ja
sīca, ae *f* Dolch; *übertr* Dolchstich, Meuchelmord
Sicambrī = Sigambri
Sicānī, ōrum *m* Sikaner (sizilisches Volk)
Sīcania, ae *f* Sikanien (= Sizilien)
Sīcani|s, ~dis *f* = Sicanius
Sīcanius *3* sikanisch, sizilisch
Sīcānus *3* = Sicanius
sīcārius, ī *m* Mörder, Bandit; inter sicarios wegen Meuchelmordes
siccitā|s, ~tis *f* Trockenheit *auch übertr; med* Gesundheit
siccō *1* trocknen; leeren; *Blutung* stillen
siccoculus *3* mit trockenen Augen
siccum, ī *n* das Trockene, das (trockene) Land
siccus *3* trocken; nüchtern, gefühllos *auch übertr;* durstig; fest, kernig; ohne Prunk; arm
Siceli|s, ~dis *f* = *Siciliensis*
⟦**sicerator,** ~is *m ml* Braumeister
Sichaeus = Sychaeus
Sicilia, ae *f* Sizilien
sicilicissitō *1* sizilisch sprechen; sich sizilisch geben, sizilische Art nachahmen
sīcīlicula, ae *f* Sichelchen *Kinderspielzeug*
sīcīlicus, ī *m* ein Achtundvierzigstel
Siciliēns|is I. *Adj* ~e, *Gen* ~is sizilisch **II.** *Subst* ~is *m, f* Einw. von Sizilien, Sizilier(in)
sīcīlimenta, ōrum *n* Nachmahd
sīcīlis, ~ *f* Sichel (1. Werkzeug 2. Waffe)
sīcine *Adv* so?, also?
Sicoris, ~ *m* Sicoris (Nebenfluss des Ebro), *heute* Segre
⟦**sicque** *ml* und so, daher, folglich
sīcubi *Adv* wenn irgendwo
sīcula, ae *f* kleiner Dolch, *scherzhaft übertr* = penis
Siculus I. *Adj 3* sizilisch **II.** *Subst* ī *m* Sizilier
sīcunde *Adv* wenn irgendwoher
sīcut(i) *Adv* wie; wie wenn
Sicyōn, ~nis *f* (*m*) Sikyon (Stadt westlich von Korinth)
Sicyōnia 1. ae *f* Sikyonien (Landschaft im Norden der Peloponnes) **2.** ōrum *n* (weiche und bequeme) Schuhe aus Sikyon
Sicyōnius *3* sikyonisch, aus Sikyon
Sīda, ae *f* Sida (Stadt im südlichen Kleinasien)
sīder- →sidus
sīdereus *3* Sternen-, zu den Sternen gehörig, gestirnt; Sonnen-, himmlisch, göttlich; strahlend
Sidētae, ārum *m* Sideter, Einw. von Sida
Sidicīni, ōrum *m* Sidiziner (Volk in Kampanien)
Sidicīnus *3* sidizinisch
sīdo, sēdī *u.* sīdī, *Supin* sessum *3* sich setzen; stecken bleiben, sitzen bleiben
Sīdōn, ~nis *f* Sidon (Stadt in Phoinikien), *heute* Saïda im Libanon
Sīdōnicus = Sidonius
Sīdoni|s, ~dis *f* **I.** *Adj* sidonisch, von Sidon **II.** *Subst* Sidonierin (1. Europa 2. Dido 3. deren Schw. Anna)
Sīdonius I. *Adj* sidonisch, phönizisch, *auch* thebanisch *od* karthagisch; purpurn **II.** *Subst* ī *m* Sidonier, Einw. von Sidon
sīdus, sīderis *n* Stern, Sternbild; (durch Sterne bestimmt) Zeit, Klima, Gegend, Wetter
siem *altl* = sim
Sigamber, Sigambra, Sigambrum sigambrisch
Sigambrī, ōrum *m* Sigambrer (germ. Volk am Niederrhein)
Sīgē(i)us *3* sigeisch, von Sigeion, *auch* trojanisch
Sīgēum, ī *n* Sigeion (Vorgebirge u. Hafenstadt im Nordwesten Kleinasiens)
sigillār|ia, ōrum *n* (*Abl auch* ~ibus) **1.** kleine Figuren, Statuetten (aus Wachs, Gips od. Ton) **2.** das Statuettenfest (an dem man einander mit ~ beschenkte) **3.** der Kunst- und Büchermarkt in Rom
sigillātus *3* mit Figuren verziert
⟦**sigillo** *1 ml* versiegeln de mit
sigillum, ī *n* (Relief-)Bild, Figürchen; Siegel, Zeichen
⟦**sigillus,** i *m ml* Zapfen
⟦**signabil|is,** ~e, *Gen* ~is *ml* zum Zeichen, kenntlich
⟦**signaculum,** i *n spl* Zeichen
⟦**signanter** *Adv spl* deutlich, genau
⟦**signatio,** ~nis *f spl* Kennzeichnung, Bezeichnung; Zeichen
sīgnāt|or, ~ōris *m* Unterzeichner
⟦**signatorius** *3 spl* Siegel-
signifer I. *Adj* signifera, signiferum Zeichen tragend, mit Bildern geschmückt; *astronomisch* orbis ~ Tierkreis **II.** *Subst* ī *m* **1.** Tierkreis **2.** *milit* Feldzeichenträger, *übertr* Anführer

sīgnificanter *Adv* deutlich
sīgnificantia **I.** *Part Präs Akt Nom/Akk Pl n zu* significo **II.** *Subst* ae *f* Deutlichkeit
sīgnificātiō, ~nis *f* Bezeichnung, Zeichen, Anzeichen; Bedeutung, Sinn; Nachdruck, Betonung; Beifall(sruf)
⟦**significativus** *3 spl* bedeutend, bezeichnend *Gen* für; *ml* bedeutungsvoll
sīgnificō *1* anzeigen, bezeichnen, kenntlich machen, zu erkennen geben
sīgnō *1* zeichnen, bezeichnen, mit einem Zeichen versehen; siegeln, besiegeln, versiegeln; Münzen prägen, stempeln; auszeichnen; beobachten ⟦*ml* das Zeichen des Kreuzes schlagen; se signare sich bekreuzigen; segnen
signum, ī *n* Zeichen, Kennzeichen, Merkmal; Feldzeichen, (Heeres-)Abteilung; Siegel, Bild, Bildnis, Statue; Sternbild ⟦*ml* in ~ zum Zeichen; Wunderzeichen; Wort(zeichen); Signum (Kreuz od. verkürzte Unterschrift)
sīl, sīlis *n* **1.** Ocker **2.** = seselis
Sīla, ae *f* Silawald (Gebirgswald in Süditalien)
sīlāceus *3* ockergelb
sīlānus **I.** *Adj 3* plattnasig **II.** *Subst* ī *m* (silensköpfige) Brunnenfigur
Silarus, ī *m* Silarus (Fluss in Süditalien), *heute* Sele
⟦**silenter** *Adv ml* stillschweigend
silentium, ī *n* Schweigen, Stille; Ruhe, Muße
Silēnus, ī *m* Silen, *gr* Seilenos (Erzieher u. Begleiter des Dionysos/Bacchus; *allg* N einer Waldgottheit)
sileō, siluī *2* still sein, ruhen, schweigen; verschweigen
siler, ~is *n* Pfaffenhütchen, Spindelstrauch
Silerus = Silarus
silēscō *3* verstummen ⟦*ml* = sileo
silex, silicis *m f* Kiesel, Stein; Fels
silicernium, ī *n* Totenmahl, Leichenschmaus; *übertr als Schimpfwort für Greis*
silīgineus *3 aus* Weizenmehl
silīg|ō, ~inis *f* Weizen; Weizenmehl
siliqua, ae *f* **1.** Hülse, Schote; Hülsenfrucht **2.** ⟦*spl* Siliqua (kleines Gewicht, kleine Münze)
Silius *3 Gent* Silius (C. ~ Italicus, epischer Dichter, 25–101 n. Chr.)
sillybus, ī *m* [*gr*] Titelstreifen *an Bücherrollen*
silua = silva
Silur|ēs, ~um *m* Silurer (kelt. Volk in Britannien)
silūrus, ī *m* Wels *Fisch*
silus *3* plattnasig
silva, ae *f* Wald, Park; Gebüsch; *poet* Baum; *übertr* Fülle, Stoff
Silvānus, ī *m* Silvanus (Gott des Waldes u. Feldes u. der Herden) ⟦*ml* = faunus Waldschrat
silvāticus *3* Wald-, Wild-; wild
silvēscō *3* verholzen, verwildern
silvester = silvestris *m*
silvestr|is, ~e, *Gen* ~is Wald-, mit Wald bewachsen, im Walde lebend, wild (wachsend)
Silvia →Rea
silvicola, ae *m, f* Waldbewohner(in)
silvicultrī|x, *Gen* ~cis *f* im Wald lebend, den Wald bewohnend
silvifragus *3* waldzerschmetternd
silvōsus *3* waldreich, holzreich
silvula, ae *f* Wäldchen
sim, sīs, sit, sīmus, sītis, sint *Konj. Präs* →sum
sīmia, ae *f* Affe
simila, ae *f* (feinstes) Weizenmehl, Semmelmehl ⟦*ml* Semmel *Lw*
Simila = Semela
similāgō, ~inis *f* = simila
simil|e, ~is *n* Gleichnis, ähnliches Beispiel
simil|is, ~e, *Gen* ~is ähnlich, *auch Gen* jmdm. *od* etw.; gleichartig)
similiter *Adv* ähnlich, in ähnlicher Weise; ~ atque *od* ~ ac ebenso wie
similitūd|ō, ~inis *f* Ähnlichkeit *auch Gen* mit; veri ~o Wahrscheinlichkeit; Gleichnis; Gleichförmigkeit
⟦**similo** *1 spl* ähnlich machen; *ml* vergleichen
sīmiolus, ī *m* Affe
simitū *Adv altl* zugleich
sīmius, ī *m* = simia
sīmō *1* platt drücken
Simo|ēs, ~entis *m* Simoes, *gr* Simoeis (Nebenfluss des Skamander)
⟦**simonia,** ae *f ml* Simonie (Verkauf geistlicher Ämter), Pfründenschacher
⟦**simonial|is,** ~e, *Gen* ~is *ml* von Simonie lebend
Simōnidēs, ae *m* Simonides (gr. Dichter, etwa 556–468 v. Chr.)
Simōnidēus *3* des Simonides, simonideisch
simpl|ex, *Gen* ~icis einfach; schlicht, arglos, ehrlich, natürlich; einzeln ⟦*ml* einfältig
simplicitā|s, ~tis *f* Einfachheit, Natürlichkeit, Ehrlichkeit ⟦*ml* Einfalt (als Tugend)
simplus *3* einfach
simpuium *od* **simpulum** *od* **simpuvium,** ī *n* Opferschale (für kult. Trankopfer)
simul **I.** *Präp mit Abl* zugleich mit, zusammen mit **II.** *Adv* zugleich, zusammen **III.** *Kon.* **1.** sobald **2.** simul ... simul teils ... teils, sowohl ... als auch
simulac = simul III.
simulacrum, ī *n* Abbild, Bild, Bildnis; Scheinbild, Trugbild, Traumbild ⟦*ml* Götzenbild

S

simulām|en, ~inis *n* Nachahmung, Bild ⟦*ml* = simulacrum
simul|āns, *Gen* ~antis nachahmend *Gen* jmdn. *od* etw.
simulanter *Adv* scheinbar
simulātē *Adv* zum Schein
simulātiō, ~nis *f* Verstellung, Schein, Täuschung, Vortäuschung, Vorwand
simulāt|or, ~ōris *m* Nachahmer; Heuchler
simulatque = simul III.
simulō *1* nachbilden, nachahmen; vorgeben, sich stellen (als ob), sich verstellen ⟦*ml* vergleichen
simultā|s, ~tis *f* Feindschaft, Rivalität
simulter *Adv* = similiter
sīmus I. *Adj 3* plattnasig **II.** *Verb: 1. Pers Pl Konj. Präs zu* sum
sīn *Kon.* wenn aber
sināpis, ~ *f* Senf
sincēritā|s, ~tis *f* Aufrichtigkeit; Gesundheit; Vollkommenheit
sincērus *3* aufrichtig; echt; unvermischt, rein, gesund, unverdorben, unversehrt
sincipitāmentum, ī *n* Halbkopfstück, Kopfhälfte
sincip|ut, ~itis *n* ein halber Kopf (als Fleischgericht) *übertr* Kopf, Verstand
sind|ōn, ~donis *f* feines Baumwollgewebe; Leinwand
sine I. *Präp mit Abl* ohne **II.** *Verb: Imp zu* sino
singillātim *Adv* einzeln
singulār|ia, ~ium *n* Auszeichnungen
singulār|is I. *Adj* ~e, *Gen* ~is einzeln, vereinzelt; Einzel-; einzig, ausgezeichnet, vorzüglich, außerordentlich; einzig und allein (zutreffend *od* geltend) **II.** *Subst* ~is *m gramm* Einzahl, Singular; ~ēs, ~ium *m* Singulares (Angehörige einer kaiserlichen Elitetruppe)
[singularita|s, ~tis *f ml* Besonderheit; Absonderlichkeit
singulārius *3* einzeln, einfach; außerordentlich
singulī, ae, ae einzeln, je einer, jeder einzelne
singultim *Adv* stockend
singultō *1* schluchzen, röcheln, gluckern ⟦*ml abgerissene Worte* stammeln
singultus, ūs *m* Schluchzen, Röcheln; Glucksen; der Schlucken
singulus *3* einzeln
Sinis, ~ *m* Sinis (*myth* Straßenräuber, von Theseus getötet)
sinister, sinistra, sinistrum links, auf der linken Seite befindlich; linkisch, ungeschickt, verkehrt; *bei Vorzeichen u. Ä. entweder* günstig, glücklich, *od nach gr Vorstellung* ungünstig, unglücklich
sinisteri|or, ~us, *Gen* ~oris = sinister
sinisteritā|s, ~tis *f* Ungeschicktheit, linkisches Benehmen
sinistra, ae *f* linke Hand *od* Seite
⟦**sinistrim** *Adv ml* links
sinistrors|um *und* **~us** *Adv* nach links (hin)
sinistrum, ī *n* **1.** linke Seite **2.** das Böse, Schlechte
sinō, sīvī, situs *3* lassen, zulassen, gestatten, geschehen lassen, gehen lassen; sine lass gut sein; sine *mit Konj.* möge, mag auch ⟦*ml* fallen lassen
Sinōpa, ae *f* Sinopa (1. = Sinope, es *f* 2. = Sinuessa)
Sinōpē, ēs *f* Sinope (Stadt an der Südküste des Schwarzen Meeres), *heute* Sinop
Sinōpēns|is I. *Adj* ~e, *Gen* ~is sinopisch, von Sinope **II.** *Subst* ~ēs, ~ium *m* Sinoper, Einw. von Sinope
Sinōp|eus, ~ī *m* (*Nbf Akk Pl* ~as) Sinoper, Einw. von Sinope
sinōpi|s, ~dis *f* Eisenocker *rote Erdfarbe*
Sinuessa, ae *f* Sinuessa (Stadt in Latium)
Sinuessānus *3* sinuessanisch, aus Sinuessa
sīnum, ī *n* (weites, bauchiges) Tongefäß
sinuō *1* krümmen, biegen, winden
sinuōsus *3* faltenreich, voll Biegungen *od* Vertiefungen; *übertr* gewunden, weitschweifig
[1]**sīnus,** ī *m* = sinum
[2]**sinus,** ūs *m* Krümmung, Rundung, Biegung, Ein- *od* Ausbuchtung; Bucht; Bausch (des Gewandes, der Toga, *daher*) Busen, Brust; (Gewand- *od* Toga-)Falte, (als) Tasche (benutzbar); Gewand; *übertr* Schoß (als Ort der Sicherheit, Geborgenheit)
sīparium, ī *n* kleiner Vorhang; *übertr* Komödie
sīparum, ī *n* Segel
Siphnos, ī *f* Siphnos (Insel im Ägäischen Meer), *heute* Sifnos
sīphō = sipo
sīphunculus = sipunculus
sīpō, ~nis *m* [*gr*] Röhre, Heber; Feuerspritze
Sīpontīnus *3* sipontinisch, von Sipontum
Sīpontum, ī *n* Sipontum (Hafenstadt in Süditalien)
sīpunculus, ī *m* kleine Springbrunnenröhre
Sipylus, ī *m* Sipylus, *gr* Sipylos (Gebirge in Westkleinasien)
sīquandō *Kon.* wenn einmal, wenn je
sīquidem I. *Kon.* wenigstens wenn, wenn wirklich, weil ja **II.** ⟦*Adv ml* offensichtlich, freilich, zum Beispiel, nämlich, nun
sīremps(e) *Adv altl* ebenso
Sīrēn, ~is *f* Sirene (*myth* Mädchen mit Vogelleib, vorüberfahrende Schiffer mit Gesang bezaubernd)
siric- = seric-
Sīrius I. *Adj 3* Hundsstern-, Hundstags- **II.** *Subst* ī *m* Sirius, Hundsstern

Sirmiō, ~nis *f* Sirmio (südliche Halbinsel im Gardasee), *heute* Sirmione
sirp|e, ~is *n* = laserpicium
sirp(e)us = scirp(e)us
sirpiculus = scirpiculus
sīrus, ī *m* Grube (für Getreide), Silo
sīs 1. = si vis bitte! **2.** = suis *Dat/Abl Pl zu* suus **3.** *2. Pers. Sg. Konj. Präs zu* sum
Sīsenna, ae *m* Sisenna (BN des L. Cornelius ~, Geschichtsschreiber, 118–67 v. Chr.)
siser, ~is *n* Zuckerwurzel (od. ähnliche Süßwurzel möhrenartiger Pflanzen)
sistō, stetī *u.* stitī, status *3* hinstellen, hinbringen; zurückgeben; aufführen, errichten; zum Stehen bringen, anhalten; befestigen; *ohne Akk* sich stellen, stehen bleiben; bestehen, sich halten [[*ml* sein
sīstrum, ī *n* [*gr*] Klapper *Kultgerät*
sisymbrium, ī *n* [*gr*] **1.** Bachminze **2.** Brunnenkresse
Sīsyphius *3* **1.** sisyphisch, des Sisyphos **2.** korinthisch
Sīsyphus, ī *m* Sisyphus, *gr* Sisyphos (*myth* König v. Korinth, wegen Überlistung der Götter zu sinnloser Strafarbeit in der Unterwelt verurteilt)
sitella, ae *f* Losurne (bauchiges, enghalsiges Gefäß, dem zur Entscheidungsfindung nur jeweils ein Los entnommen werden konnte)
Sīthon|es, ~um *m* (*Akk* ~as) Sithoner (Volk in Thrakien)
Sīthonii, ōrum *m* = Sithones
Sīthoni|s, ~dis *f* **1.** *Adj* thrakisch **2.** *Subst* Thrakierin
Sīthonius *3* sithonisch, thrakisch
sitīculōsus *3* **1.** durstig, sehr trocken **2.** Durst erregend
siti|ēns, *Gen* ~entis durstig, gierig *Gen* auf *od* nach
sitienter *Adv* durstig, gierig
sitiō *4* dürsten *Akk* nach; dürr sein; *vgl* sitiēns
[1]**sitis,** ~ *f* (*Akk Sg* sitim, *Abl Sg* sitī) Durst, Verlangen *Gen* nach; Trockenheit, Dürre
[2]**sītis** *2. Pers Pl Konj. Präs* →sum
[3]**sitīs** *Dat/Abl Pl zu* situs I. *und* II.
Siton|ēs, ~um *m* Sitoner (Volk in Nordostskandinavien)
situla, ae *f* Eimer; Krug; Losurne
situs I. *Adj 3* gelegen, liegend, befindlich **II.** *Part Perf Pass* →sino; hingestellt, hingelegt; begraben; angelegt *Geld* **III.** *Subst* ūs *m* Lage, Stellung; Anlage, Bau; langes Liegen, Brachliegen; Moder, Schimmel, Rost
sīve *Kon.* **1.** oder wenn **2.** sive ... sive sei es, dass ..., ... sei es, dass ..., entweder ... oder; oder **3.** sive ... sive ob ... oder ob [[*ml* und
sīvī →sino
[[**sixtus** *ml* = xystus
smaragdus, ī *m u. f* [*gr*] **1.** Smaragd **2.** grüner (Halb-)Edelstein (z. B. Jaspis)
smēgma, ~tis *n* [*gr*] Reinigungsmittel, Heilsalbe [[*ml* Salbe, Schminke
[[**smigma** *spl* = smegma
smīla|x, ~cis *f* Stechwinde *Pflanze*
Sminth|eūs, ~eī *m* Smintheus (BN Apollons)
Smyrna, ae *f* Smyrna (Stadt in Westkleinasien), *heute* Izmir
Smyrnaeī, ōrum *m* Einw. von Smyrna
sōbriefactus *3* vernünftig geworden, zur Vernunft gebracht
sobrīna, ae *f* Base, Cousine
sobrīnus, ī *m* Vetter, Cousin
sōbrius *3* nüchtern, nicht betrunken (machend); mäßig, enthaltsam; vernünftig, besonnen [[*ml* rein, lauter, sauber
[[**sobules** *spl* = suboles
socculus, ī *m* leichte Sandale
soccus, ī *m* leichter, flacher Schuh (bes. von Schauspielern getragen); *übertr* (Stil der) Komödie
socer, ī *m* Schwiegervater; socerī, ōrum Schwiegereltern
socia, ae *f* Gefährtin, Genossin, Teilnehmerin; Gattin
sociābil|is, ~e, *Gen* ~is gesellig, verträglich
sociāl|is, ~e, *Gen* ~is gesellig, gesellschaftlich; kameradschaftlich; verbündet, die Verbündeten betreffend; ehelich [[*ml* vita ~is Gemeinschaftsleben
sociennus, ī *m* Kamerad
societā|s, ~tis *f* Gemeinschaft, Gemeinsamkeit, Teilnahme; Verbindung, Bündnis; Handelsgesellschaft; iudicium ~tis Prozess wegen Unehrlichkeit gegenüber dem Geschäftsteilhaber
sociō *1* verbinden, vereinen; beigesellen; gemeinschaftlich tun
sociofraudus *3* Betrüger (des Geschäftsteilhabers)
socius I. *Adj 3* gemeinsam, verbündet [[*ml* auris socia das andere Ohr **II.** *Subst* ī *m* Gefährte, Genosse, Teilnehmer, (Geschäfts-)Teilhaber; Verbündeter, Bundesgenosse [[*ml auch* Hilfsgeistlicher
sōcordia, ae *f* Sorglosigkeit, Fahrlässigkeit; Beschränktheit, geistige Trägheit
sōcor|s, *Gen* ~dis sorglos, fahrlässig; beschränkt, stumpfsinnig
Sōcrat|ēs, ~is *od* ~ī *m* Sokrates (Philosoph in Athen, 469–399 v. Chr.)
Sōcraticus I. *Adj* sokratisch, des Sokrates **II.** *Subst* ī *m* Sokratiker, Schüler *od* Anhänger des Sokrates
[[**Socratinus,** i *m ml* Weiser
socrus, ūs *f* Schwiegermutter
sodālicium, ī *n* Kameradschaft, geselliger Umgang, Bruderschaft; Geheimbund
sodālicius *3* kameradschaftlich [[*spl auch* geheimbündlerisch

sodāl|is I. *Adj* ~e, *Gen* ~is kameradschaftlich, Freundes- **II.** *Subst* ~is *m* Kamerad, Gefährte, Geselle, Freund; Mitglied (1. eines Kollegiums 2. eines Geheimbundes)
sodālitā|s, ~tis *f* Freundeskreis; Kameradschaft, Gesellschaft; Geheimbund, illegale Vereinigung
[1]**sōdēs** [= si audes] bitte, wenn du willst
[2]⟦**sodes,** sodis *m ml* = sodalis
⟦**sogalis,** ~ *f ml* Spanferkel
Sogdiānus I. *Adj 3* sogdianisch, von Sogdiana (Landschaft zwischen Amu-Darja u. Syr-Darja) **II.** *Subst* ī *m* Sogdianer, Einw. von Sogdiana
sōl, sōlis *m* Sonne; Sonnenschein, Sonnenlicht, Sonnenwärme; Tag ⟦*ml* Termin
Sol, Sōlis *m* Sol (der Sonnengott), *gr* Helios
sōlāciolum, ī *n* schwacher Trost
sōlācium, ī *n* Trost, Trostmittel; Entschädigung ⟦*spl* Unterhalt, Unterstützung
sōlām|en, ~inis *n* = solacium
sōlānus, ī *m* Ostwind
sōlār|is, ~e, *Gen* ~is Sonnen-, zur Sonne gehörig
sōlārium, ī *n* **1.** Sonnenuhr **2.** flaches Dach, Söller, Terrasse
sōlātium = solacium
sōlāt|or, ~ōris *m* Tröster
soldurii, ōrum *m* [*kelt*] die Getreuen (kelt. Gefolgschaftsbund)
soldus *3* = solidus
solea, ae *f* **1.** Sandale **2.** Hufschutz (kein Hufeisen!) **3.** Fußfessel **4.** Scholle *Plattfisch*
soleārius, ī *m* Sandalenmacher
soleātus *3* mit Sandalen, Sandalen tragend
solemn- *und* **solenn-** = sollemn-
Solēns|ēs, ~ium *m* Solenser, Einw. von Soli
soleō, solitus sum *2* pflegen, gewohnt sein
soleum, ī *n* = solium
Solī, ōrum *m* Soli, *gr* Soloi (Stadt in Kleinasien)
soliditā|s, ~tis *f* Dichte, Festigkeit, Dauerhaftigkeit ⟦*spl* Dicke; *ml* Bedeutung
solidō *1* dicht machen, festmachen; vulnus ~ eine Wunde heilen *od* schließen; zusammenfügen, ganz machen
solidum, ī *n* das Feste, der feste Boden, das feste Land; das Ganze, Gesamtsumme; das Wesentliche, Echte, Dauerhafte
solidus I. *Adj 3* gediegen, massig, fest, hart, unerschütterlich, ununterbrochen, ganz, vollständig; wesentlich, echt, wahrhaft; dauerhaft **II.** ⟦*Subst* i *m spl* Solidus (seit 309 n. Chr. geprägte röm. Goldmünze)
soliferreum, ī *n* Wurfeisen, Geschoss ganz aus Eisen
solistimus *3* günstig
sōlitārius *3* alleinstehend, einsam, abgesondert; sich absondernd
sōlitūd|ō, ~inis *f* Verlassenheit, Einsamkeit, Einöde; Mangel
solitum, ī *n* Gewohnheit
solitus I. *Adj 3* gewöhnlich, üblich, gebräuchlich **II.** *Part Perf* →soleo
solium, ī *n* Lehnsessel; Thron; Badewanne; Sarg
sōlivagus *3* allein umherstreifend, sich allein bewegend
sollemn|e, ~is **I.** *Adj Nom/Akk Sg n zu* sollemnis **II.** *Subst n* **1.** Feierlichkeit **2.** Gewohnheit ⟦*ml* ~ia, ~ium *n* Hochamt, kirchliches Fest
sollemn|is, ~e, *Gen* ~is **1.** alljährlich wiederkehrend *od* gefeiert **2.** feierlich, festlich **3.** gewöhnlich ⟦*ml* offiziell
⟦**sollemnita|s,** ~tis *f spl* Feierlichkeit, feierlicher Brauch, Fest
⟦**sollemnium,** i *n ml* Fest
soller|s, *Gen* ~tis kunstfertig, geschickt, erfinderisch, einsichtig, schlau
sollertia, ae *f* Kunstfertigkeit, Geschicklichkeit, Erfindergeist, Einsicht; Schlauheit
sollicitātiō, ~nis *f* Beunruhigung; Aufwiegelung
sollicitē *Adv* voll Eifer, sorgfältig; besorgt
sollicitō *f* heftig bewegen, erregen, erschüttern, beunruhigen; anstacheln, aufwiegeln; einladen ⟦*ml* besorgen, betreuen
sollicitūd|o, ~inis *f* Unruhe, Sorge, Kummer ⟦*ml* Bemühung
sollicitus *3* **1.** stark bewegt; unruhig, besorgt, ängstlich, gespannt ⟦*ml* ~ sum überwachen super jmdn. *od* etw. **2.** beunruhigend, aufregend
sollif- *und* **sollis-** = solif- *und* solis-
sollus *3 altl* ganz, jeder, all
Solō, ~nis *m* Solon (einer der sieben Weisen Griechenlands, Gesetzgeber in Athen 594 v. Chr.)
soloecum, ī *n* [*gr*] sprachlicher Fehler
Solōn, ~is *m* = Solo
Solōnium, ī *n* Solonium (Gegend im südlichen Latium)
Solōnius *3* solonisch, von Solonium
sōlor *1* trösten, ermutigen; entschädigen, lindern, beschwichtigen
sōlstitiāl|is, ~e, *Gen* ~is zur Sommersonnenwende (gehörig), Sommer-, Sonnen-
sōlstitium, ī *n* (Sommer-)Sonnenwende; Sommer, Hitze ⟦*ml* ~ glaciale Wintersonnenwende
⟦**soltanus,** i *m ml* Sultan
⟦**solubil|is,** ~e, *Gen* ~is *spl* zertrennbar, zerstörbar
soluī →solvo
[1]**solum,** ī *n* Boden, Sohle, Grundlage; Fußsohle, Schuhsohle; Erdboden, Land
[2]**sōlum** *Adv* allein, nur
⟦**solummodo** *Adv spl* nur, allein

Solūntīnus I. *Adj 3* soluntinisch, von Solus (Stadt an der Nordküste Siziliens, *heute* Solunto) **II.** *Subst* ī *m* Soluntiner, Einw. von Solus
[1]**sōlus** *3* allein, einzig; einsam, verlassen; menschenleer
[2]**solus** *3* = sollus
solūtil|is, ~e, *Gen* ~is (leicht) zerfallend
solūtiō, ~nis *f* Lösen; *übertr* ~ linguae Zungenfertigkeit; Auflösung, Erschlaffung; Bezahlung, Abzahlung; Quittung ⟦*ml* Erfüllung
solūtus I. *Adj 3* gelöst, ungebunden, frei *Abl od Gen* von; gewandt; in freier Form, prosaartig; zügellos, ausgelassen; lässig, nachlässig, sorglos; locker, weich, flüssig; stomachus ~ Durchfall ⟦*ml* erlöst **II.** *Part Perf Pass* →solvo
solvō, solvī *und* (*selten*) soluī, solūtus *3* lösen, ablösen, losbinden, öffnen; *Schuld* abtragen, bezahlen; solvendo non esse zahlungsunfähig sein; *Versprechen* erfüllen; befreien, entbinden; auflösen, schwächen, schmelzen, trennen, beseitigen; navem ~ in See stechen, *auch* das Schiff zerschellen lassen ⟦*ml feiern*
Solymī, ōrum *m* Solymer (Ureinwohner von Lykien, im Südwesten Kleinasiens)
⟦**somarius,** i *m ml* Saumtier, Lasttier
somniculōsus *3* schläfrig; schläfrig machend
somnifer, somnifera, somniferum einschläfernd ⟦*ml* schläfrig, sinnbetört
somniō *1* träumen *Akk* von
somnium, ī *n* Traum, Traumbild
somnulentus *3* schläfrig
⟦**somnulus,** i *m ml* Schläfchen
somnus, ī *m* Schlaf; Schläfrigkeit
sōn- *auch* = **zōn-**
sonābil|is, ~e, *Gen* ~is klingend
sonāns, *Gen* sonantis tönend
sonā|x, *Gen* ~cis laut tönend
soni|pēs, ~pedis *m poet* Ross
sonitus, ūs *m* Geräusch, Getöse, Schall, Klang
sonīvius *3* hörbar
sonō, sonuī *1* tönen, ertönen, schallen, klingen (brausen, zwitschern *usw*); ausdrücken; ertönen lassen; preisen
sonor, sonōris *m* Ton, Klang, Geräusch, Getöse
⟦**sonorita|s,** ~tis *f ml* Klang
sonōrus *3* tönend, rauschend
sōns, *Gen* sontis **I.** *Adj* schuldig, strafbar, sträflich **II.** *Subst m* Schuldiger, Täter
sonticus *3* gefährlich, schädlich; hinderlich; causa sontica triftige Entschuldigung
sonuī →sono
sonus, ī *m* Laut, Ton, Stimme, Klang, Getöse; Stil
sophia, ae *f* [*gr*] Weisheit
sophisma, ~tis *n* [*gr*] Trugschluss
⟦**sophista,** ae *m spl* = sophistes
sophistēs, ae *m* [*gr*] Sophist; *iron* Gelehrter; Lehrer der Redekunst
sophisticus *3* spitzfindig ⟦*spl* sophistisch, trügerisch
Sophocl|ēs, ~is (*Nbf Gen* ~ī, *Akk* ~ea) *m* Sophokles (gr. Tragödiendichter, etwa 496–406 v. Chr.)
Sophoclēus *3* des Sophokles, sophokleisch
Sophonība, ae *f* Sophoniba, *auch* Sophonisbe (T. des karthagischen Politikers Hasdrubal, Gem. des Numiderkönigs Syphax)
⟦**sophor** *1 ml* deuteln
sophōs *Adv* brillant!, bravo!
sophus I. *Adj 3* weise **II.** *Subst* ī *m* der Weise
sōpiō I. *Subst* ~nis *m* das männliche Glied, »Schwanz« **II.** *Verb 4* einschläfern; beschwichtigen
sōpītus I. *Adj 3* schlafend, betäubt, trunken **II.** *Part Perf Pass zu* sopio II
sopor, sopōris *m* (fester) Schlaf, Todesschlaf; Betäubung; Schläfrigkeit, Trägheit; Schlaftrunk
sopōrātus *3* einschläfernd; eingeschlafen
sopōrifer, sopōrifera, sopōriferum = sopōrus
sopōrus *3* Schlaf bringend ⟦*ml* gratia sopora Gnade des Schlafes
Sōra, ae *f* Sora (Stadt im Volskerland), *heute* Sora
Sōract|e, ~is (*Abl* ~e *od* ~ī) *m* Soracte (Berg nördlich von Rom), *heute* Monte Soratte
sōracum, ī *n* Truhe
Sōrānus I. *Adj 3* soranisch, aus Sora **II.** *Subst* ī *m* Soraner, Einw. von Sora
sorbeō, sorbuī *u.* sorpsī *2* einschlürfen, verschlingen, hinunterschlucken
sorbil|is, ~e, *Gen* ~is zum Schlürfen
sorbillō *1* schlürfen
sorbilō I. *Verb* = sorbillo **II.** *Adv* schluckweise
sorbitiō, ~nis *f* Trank, Brühe
sorbum, ī *n* Vogelbeere, Frucht der Eberesche
sord|eō, ~uī *2* schmutzig sein; gering sein, gering erscheinen
sord|ēs, ~is *u.* **~ēs,** ~ium *f* Schmutz; Trauer, Trauerkleidung; schmutziger Geiz; niedrige Gesinnung; niedrige Herkunft
sordēscō *3* schmutzig werden, wertlos werden
sordidātus I. *Adj 3* in dunkler *od* schmutziger Kleidung **II.** *Part Perf Pass zu* sordido
⟦**sordido** *1 spl* beschmutzen
sordidulus *3* ziemlich schmutzig; ziemlich gering
sordidus *3* schmutzig, schwarz; gering, ärmlich, niedrig; gemein; geizig
sorditūd|ō, ~inis *f* Schmutz

sōrex, sōricis *m* Spitzmaus
sōricinus *3* von einer Spitzmaus
sōrītēs, ae *m* [*gr*] Sorit(es) (*wörtlich:* »Haufen«: 1. Schlussfolgerung über eine Anzahl von Voraussetzungen 2. Fangschluss vom Getreidehaufen)
soror, sorōris *f* Schwester; Kusine; Freundin
sororcula, ae *f* Schwesterchen
sorōricīda, ae *m* Schwestermörder
sorōrius *3* schwesterlich
sorpsī →sorbeo
sors, sortis *f* Los, Losstäbchen; das Losen; Losorakel, Weissagung; (durch Los zugewiesenes) Amt, Auftrag; Schicksal; Stand, Rang, Lage, Beruf; Sorte; Besitz, Erbteil, Anteil; Kapital ⟦*ml* Erfolg; *Pl* sortes Würfel
sorsum *Adv* = seorsum
sorticula, ae *f* Lostäfelchen
sortilegus I. *Adj 3* weissagend **II.** *Subst* ī *m* Weissager
sortiō *4* = sortior
sortior *4* losen; auslosen, erlosen; aussuchen; (durch Zufall) erlangen
sortītiō, ~nis *f* das Losen *Gen* um
sortītō *Adv* durch Los
sortītus I. *Part Perf zu* sortior; *auch Pass* erlost, durch Los bestimmt **II.** *Subst* ūs *m* Losen
Sosius *3 Gent* Sosius
sōsp|es, *Gen* ~itis **I.** *Adj* wohlbehalten; Glück bringend **II.** *Subst m* Erretter
Sōspita, ae *f* Sospita, Erretterin (BN der Juno)
sōspitāl|is, ~e, *Gen* ~is Glück bringend
⟦**sospita|s,** ~tis *f spl* Wohl, Wohlbefinden
sōspitō *1* schützen
sōtēr, ~is *m* [*gr*] Erretter
sōtēria, ōrum *n* [*gr*] Geschenke bei der Genesung
Sōtiāt|ēs, ~um *m* Sotiater (Volk in Südwestgallien)
Sp. *Abk für* Spurius
spādī|x, *Gen* ~cis [*gr*] **I.** *Adj* dattelfarben, braun **II.** *Subst m* **1.** (abgerissener) Palmzweig **2.** Spadix (lyraartiges Musikinstrument)
spadō, ~nis *m* [*gr*] Kastrat
spargō, sparsī, sparsus *3* streuen, spritzen, sprengen; bestreuen, besprengen, benetzen; ausstreuen, verbreiten; verteilen, zerstreuen
⟦**sparro,** ~nis *m ml* [*dt*] Sparren, Stange
sparsī →spargo
⟦**sparsim** *Adv spl* zerstreut, hier und da
sparsus I. *Adj 3* zerstreut; gesprenkelt ⟦*ml* bedeckt **II.** *Part Perf Pass* →spargo
Sparta, ae *f* Sparta (1. Hauptstadt Lakoniens 2. der Staat Sparta)
Spartacus, ī *m* Spartakus (Thraker, Führer des Sklavenaufstands 73–71 v. Chr.)
Spartānus I. *Adj 3* spartanisch **II.** *Subst* ī *m* Spartaner, Einw. von Sparta
Spartē, ēs *f* = Sparta
sparteus *3* aus Pfriemengras
Spartiātēs, ae *m* = Spartanus II.
Spartiāticus *3* = Spartanus I.
spartum, ī *n* **1.** Pfriemengras (aus dem Matten, Seile u. dgl. hergestellt wurden, *daher:*) **2.** das Tau
sparus, ī *m* Speer (mit Widerhaken)
⟦**spata** ae *f ml* = spatha
spatalium, ī *n* Armband
spatha, ae *f* **1.** Spatel, Rührlöffel **2.** Weberblatt (zum Andrücken des Fadens) **3.** Degen, Schwert
spatiāt|or, ~ōris *m* Pflastertreter, Spaziergänger
spatior *1* auf und ab spazieren; sich ausbreiten ⟦*ml* fortgehen; sich ergehen
spatiōsus *3* geräumig, weit; lang
spatium, ī *n* Raum, Weite; Spaziergang, Spazierweg; Bahn, Rennbahn; *übertr* Spielraum; Zeit, Zeitraum, Frist; Dauer, Länge
speciāl|is I. *Adj* ~e, *Gen* ~is von besonderer Art ⟦*ml* vertraut **II.** ⟦*Subst* ~is *m spl* besonderer Freund
⟦**specialita|s,** ~tis *f spl* Besonderheit, Erlesenheit
⟦**specialiter** *Adv ml* besonders, vor allem
speciēs, ēī *f* Anschauen, Blick, Anblick; Aussehen, Erscheinung, Bild, Bildnis, Standbild; (schöne) Gestalt, Pracht; Gesicht; Schein, Anschein; Vorstellung, Begriff, Idee; Musterbild; Art *einer Gattung* ⟦*spl* Gewürz, Spezerei; Ware; *ml* Rechtsfall
specillum, ī *n* Sonde ⟦*spl* Spiegelchen
specim|en, ~inis *n* Kennzeichen; Probestück, Probe, Musterbeispiel, Beispiel; Zierde, Schmuck, Glanz
speciō, spēxī, spectus *3* spähen, schauen
speciōsus *3* schön, wohlgestaltet, ansehnlich, glänzend; blendend, bestechend
spectābil|is, ~e, *Gen* ~is sichtbar; sehenswert, ansehnlich
spectāclum, ī *n* = spectaculum
spectāculum, ī *n* Anblick; Schauspiel; Zuschauersitz, Theaterplatz; Weltwunder ⟦*ml* Aussicht
spectām|en, ~inis *n* Probe, Beweis; Schauspiel
spectātiō, ~nis *f* das Anschauen, Betrachtung; Prüfung
spectāt|or, ~ōris *m* Betrachter, Zuschauer; Aufpasser; Prüfer, Kenner
spectātrī|x, ~cis *f* Betrachterin, Zuschauerin ⟦*spl* Prüferin, Beurteilerin
spectātus I. *Adj 3* sichtbar; sehenswert; anerkannt, bewährt **II.** *Part Perf Pass zu* specto

spectiō, ~nis *f* Recht auf Beobachtung (der Auspizien) ⟦*ml* Anblick
spectō *1* anschauen; prüfen, beurteilen; ins Auge fassen, streben *auch Akk* nach, zielen *auch Akk* auf; sich beziehen; hinschauen, gerichtet sein, liegen *auch Akk* nach ⟦*ml* erfüllt sehen; zustehen ad jmdm.
spectus *Part Perf Pass* →specio
spectrum, ī *n* Erscheinung, Bild, Vorstellung
[1]**spēcula,** ae *f* schwache Hoffnung
[2]**specula,** ae *f* Ausguck, Warte; in speculis auf der Lauer; Höhe, Anhöhe
speculābundus *3* lauernd
⟦**speculam|en,** ~inis *n spl* Blick
speculār|is I. *Adj* ~e, *Gen* ~is spiegelartig **II.** *Subst* ~ia, ~ium *u.* ~iōrum *n* Fensterscheiben
⟦**speculatio,** ~nis *f spl* Ausschau; Fernsicht; Betrachtung
speculāt|or, ~ōris *m* Kundschafter; Leibwächter, Ordonnanz; Kurier; Henker; Forscher ⟦*ml* Betrachter; ~or omnium Gott
speculātōrius *3* Kundschafter-; eines kaiserlichen Leibwächters
speculātrī|x, ~cis *f* **I.** *Adj* ausschauend *Gen* nach **II.** *Subst f* Ausspäherin
speculōclārus *3* spiegelblank
speculor *1* umherspähen, auskundschaften, beobachten, sich umsehen *Akk* nach
speculum, ī *n* Spiegel; Abbild
specus, ūs *m* Höhle; Mine, Schacht, Stollen, Tunnel; *übertr* Tiefe
spēlaeum, ī *n* [*gr*] Höhle ⟦*spl* Gruft
spēlunca, ae *f* Höhle
⟦**spera,** ae *f* = sphaera
spērābil|is, ~e, *Gen* ~is hoffenswert
spērāta, ae *f* Verlobte, Braut, Liebste
sperātus I. *Part Perf Pass zu* spero **II.** *Subst* ī *m* Verlobter, Bräutigam, Liebster
Sperchēi|s, ~dis *f Adj* spercheisch, des Spercheios
Sperchēos, ī *m* Spercheios (Fluss in Mittelgriechenland)
Sperchīus, ī *m* = Spercheos
⟦**spermologus,** i *m* [*gr*] *ml* Schwätzer (*wörtlich* Körnerpicker)
spernā|x, *Gen* ~cis Verachtung zeigend
spernō, sprēvī, sprētus *3* abweisen; abtrennen; verschmähen, verachten
spērō *1* hoffen, erwarten; fürchten ⟦*ml* hoffen in *Abl* auf; ~, ut fürchten, dass
⟦**spervarius,** i *m* [*dt*] Sperber
spēs, speī *f* Hoffnung, Erwartung
Speusippus, ī *m* Speusippos (gr. Philosoph um 350 v. Chr., Nachfolger Platons)
speusticus *3* [*gr*] in Eile hergestellt
spēxī →specio
sphaera, ae *f* [*gr*] Kugel; Himmelsglobus; Planetenbahn
sphaeristērium, ī *n* Saal für Ballspiele ⟦*spl* Ballspiel
sphaeromachia, ae *f* [*gr*] Boxkampf (mit durch Eisenkugeln verstärkten Faustbandagen)
Sphinga 1. *Akk Sg zu* Sphinx **2.** ⟦ae *f spl* = Sphinx
Sphin|x, ~gis (*Nbf Gen* ~gos, *Akk* ~ga) *f* Sphinx (Fabelwesen mit Kopf und Brust einer Frau und geflügeltem Löwenleib)
spīca, ae *f* Ähre; Büschel; *astronomisch* Spika (Stern im Sternbild Virgo)
spīcātus *3* Ähren tragend; ährenförmig ⟦*übertr spl* spitz
spīceus *3* Ähren-
spiciō *3* = specio
⟦**spiculator** *spl* = speculator
spīculō *1* zuspitzen
spīculum, ī *n* Spitze; Stachel; Speer, Pfeil
spīc|um, ī *n und* **~us,** ī *m* = spica
spīna, ae *f* Dorn, Stachel; Dornbusch; *übertr* Spitzfindigkeit; Sorge; Rückgrat, Rücken; sacra ~ Kreuzbein; Fischgräte ⟦*spl* Trennmauer (in der Zirkusrennbahn); *ml* Geißel
spīnēta, ōrum *n* Dorngebüsch, Dornhecke
spīneus *3* Dornen-
spīniger, spīnigera, spīnigerum Stacheln tragend
spīnōsus *3* voll Dornen, stachelig; spitzfindig; quälend
spintēr, ~is *n* [*gr*] Armband ⟦*ml* Spange
⟦**spinther** *ml* = spinter
spintria, ae *m* Homosexueller
spinturnīcium, ī *n* Unglücksvogel
spinturnī|x, ~cis *f* = spinturnicium
spīnus, ī *f* Schlehdorn
spīra, ae *f* (schneckenförmige) Windung; Schnecke, Kringel *Gebäck;* Haarreif; Gesims *am Säulenfuß;* Schar (von Leuten)
spīrābil|is, ~e, *Gen* ~is luftartig; belebend; atmend, atmen könnend
spīrāculum, ī *n* Luftloch ⟦*ml* das Wehen, der Hauch
spīrām|en, ~inis *n* Atmen; Luftweg ⟦*spl* Anhauch
spīrāmentum, ī *n* Luftweg, Spalt; Aufatmen, Pause; Duft, Dunst
spīritāl|is I. *Adj* ~e, *Gen* ~is Luft- ⟦*spl* Atem-; geistig; geistlich; *ml* vom Heiligen Geist erfüllt **II.** ⟦*Subst* ~e, ~is *n ml* geistliche Macht
⟦**spiritualis** *spl* = spiritalis
spīritus, ūs *m* Hauch, Atem, Luft, Lebenshauch, Leben; Seele, Wille, Gedanke; Selbstbewusstsein, Stolz, Anmaßung; Schwung, Begeisterung; Unwille ⟦*spl* Geist
spīrō *1* **1.** *ohne Akk* blasen, brausen, wehen; atmen, lebendig sein; begeistert sein, sich eifrig betätigen **2.** *mit Akk* aus-

atmen, hervorbringen, erfüllt sein von; duften nach
spissāmentum, ī *n* Abdichtung, Pfropf
spissēscō *3* dicht werden
spissigradus *3* langsam gehend
spissō *1* dicht machen, verdichten; *übertr* häufig tun
spissus *3* gedrängt, dicht, fest; schwierig, langwierig
spithama, ae *f* [*gr*] Spanne (= dodrans, 222 mm)
splēn, ~is *m* [*gr*] Milz
splend|eō, ~ūi 2 glänzen, strahlen
splend|ēscō, ~uī *3* erglänzen
⟦**splendico** *1 spl* strahlen, schimmern
splendidus *3* glänzend, strahlend, leuchtend; *Stimme* hell; prächtig, reich
splend|or, ~ōris *m* Glanz; Pracht; Ansehen, Herrlichkeit
splenduī →**1.** splendeo **2.** splendesco
splēnion, ī *n* = splenium
splēnium, ī *n* [*gr*] Milzkraut; (Schönheits)-Pflästerchen
Spolētānus = Spoletinus
Spolētīnus I. *Adj 3* spoletinisch, von Spoletium **II.** *Subst* ī *m* Spoletiner, Einw. von Spoletium
Spolētium, ī *n* Spoletium (Stadt in Mittelitalien), *heute* Spoleto
spoliārium, ī *n* **1.** Spoliarium (Raum im Amphitheater, wo die Gladiatoren für den Auftritt gerüstet u. die kampfunfähig gewordenen getötet wurden) **2.** Räuberhöhle
spoliātiō, ~nis *f* Beraubung, Plünderung; Verlust
spoliāt|or, ~ōris *m* Berauber, Plünderer
spoliātrī|x, *Gen* ~cis *f* raubend, plündernd, Beute machend *Gen* etw.
spoliātus I. *Adj 3* ausgeplündert; armselig **II.** *Part Perf Pass zu* ¹spolio
¹**spoliō** *1 dem erschlagenen Feind* die Rüstung abnehmen, wegnehmen; ausplündern; berauben *Abl* einer Sache
²⟦**spolio,** ~nis *m ml* Räuber
spolium, ī *n* (erkämpfte, im Kampf erbeutete) Rüstung; Beute, Raub; (abgezogene *od* abgestreifte) Haut, Fell
sponda, ae *f* Bett, Bettgestell, Bahre
spondeō, spopondī, spōnsus *2* feierlich versprechen, geloben; Bürge sein; verloben
⟦**spondēum,** ī *n* [*gr*] *spl* Opferschale
spond|ēus *u.* **~īus,** ī *m* [*gr*] Spondeus (Versfuß aus zwei langen Silben)
spongia, ae *f* **1.** Schwamm **2.** weicher, schwammartig nachgebender Panzer **3.** schwammartiges Gebilde (z. B. Wurzelgeflecht, Moos, Schlacke, poröses Gestein)
spongiōsus *3* schwammig, porös
spōns (*nur Gen* spontis *u. Abl* sponte) *f* Trieb, Antrieb, freier Wille; suae spontis esse sein eigener Herr sein, selbstständig od. unabhängig sein; sponte nach dem Willen *Gen* jmds.; sua sponte aus eigenem Antrieb, von sich aus, freiwillig, allein, ohne fremde Hilfe, von selbst
spōnsa, ae *f* Verlobte, Braut
spōnsāli|a, ~um *u.* ~ōrum *n* Verlobung, Verlobungsschmaus, -feier ⟦*spl* Verlobungsgeschenke; *ml* Hochzeitsgeschenke
⟦**sponsata,** ae *f ml* Braut
spōnsiō, ~nis *f* feierliches gegenseitiges Versprechen (*bes jur* im Falle der Verurteilung eine bestimmte Summe zu zahlen); Wette; (die dafür eingesetzte) Geldsumme
spōns|or, ~ōris *m* Bürge, Vermittler
spōnsum, ī *n* Versprechen, Übereinkunft
spōnsus I. *Part Perf Pass* →spondeo **II.** *Subst* **1.** ī *m* Verlobter, Bräutigam; Freier **2.** ūs *m* Bürgschaft ⟦*spl* Versprechen
⟦**spontaneus** *3 spl* freiwillig, selbst gewählt
spopondī →spondeo
sporta, ae *f* [*gr*] Korb
sportella, ae *f* **1.** Körbchen (bes. für kalte Speisen) **2.** (kalte) Speisen
sportula, ae *f* Körbchen (bes. mit Speisen, als Geschenk); Geschenk, Spende ⟦*ml* Almosen
S. P. Q. R. *Abk für* senatus populusque Romanus
sprēt|or, ~ōris *m* Verächter
sprētus I. *Adj 3* verächtlich, verachtenswert **II.** *Part Perf Pass* →sperno
sprevī →sperno
spūma, ae *f* Schaum
spūmēscō *3* aufschäumen
spūmeus *3* schäumend, schaumig; schaumbedeckt
spūmifer, spūmifera, spūmiferum *u.* **spūmiger,** spūmigera, spūmigerum Schaum tragend, schäumend
spūmō *1* schäumen; mit Schaum bedecken
spūmōsus *3* schäumend
spuō, spuī, spūtus *3* speien, spucken; ausspeien
spurcidicus *3* unflätig, schweinisch
spurcificus *3* der Übles tut; unflätig
spurcitia, ae *f* Schmutz, Unflat; Unflätigkeit
spurcō *1* verunreinigen, beschmutzen
spurcus *3* schmutzig, unflätig, schweinisch
Spurinna, ae *m* Spurinna (BN)
⟦**spurius,** i *m spl* uneheliches Kind (Vater unbekannt)
Spurius, ī *m* Spurius (Vorname)
spūtātilicus *3* zum Ausspucken
spūtāt|or, ~ōris *m* Spucker
spūtō *1* spucken, bespucken (auch als Zeichen abergläubischer Scheu, *daher:*) morbus, qui sputatur Epilepsie
spūtum, ī *n* Speichel, Spucke, Auswurf

spūtus *Part Perf Pass* →spuo
squāleō *2* schmutzig sein, ungepflegt sein; in Trauerkleidung sein, trauern; schuppig *od* rau sein; unbebaut sein
squālidus *3* schmutzig, von Schmutz starrend, ungepflegt; in Trauerkleidung; rau
squālor, ~ōris *m* Schmutz, Ungepflegtheit; Trauerkleidung, Trauer; Rauheit
squāma, ae *f* Schuppe
squāmeus *3* schuppig
squāmifer, squāmifera, squāmiferum *und* **squāmiger,** squāmigera, squāmigerum Schuppen tragend
squāmōsus *3* schuppig ⟦*spl* thorax ~ Schuppenpanzer
squilla, ae *f* = scilla
st *Interj* pst!, stille!
Stabiae, ārum *f* Stabiae (Stadt am Vesuv, 79 n. Chr. verschüttet)
Stabiānum, ī *n* **1.** das stabianische Gebiet **2.** Stabianum, Landgut bei Stabiae
Stabiānus I. *Adj 3* Stabianer, von *od* nach Stabiae, stabianisch **II.** *Subst* ī *m* Stabianer, Einw. von Stabiae
stabilīm|en, ~inis *n* Befestigung
stabilīmentum, ī *n* Stütze
stabiliō *4* befestigen; stärken; aufrechterhalten ⟦*ml* conubium ~ eine Ehe schließen
stabil|is, ~e, *Gen* ~is fest stehend, fest, standhaft, dauerhaft; unveränderlich
stabilitā|s, ~tis *f* Festigkeit; Unveränderlichkeit
stabilīt|or, ~ōris *m* Befestiger, der Festigkeit verleiht (BN des Jupiter)
stabulārius I. *Adj 3* Stall- **II.** *Subst* ī *m* **1.** Stallknecht **2.** Gastwirt, Wirt einer Ausspanne
stabulō *1* **1.** im Stall stehen, sich befinden **2.** *mit Akk* in den Stall stellen, unterbringen
stabulor *1* = stabulo 1.
stabulum, ī *n* Standort, Aufenthalt; Stall, Gehege; Gasthof; Bordell
stacta, ae *f* [*gr*] Myrrhenharz, (das daraus gewonnene) Myrrhenöl
stactē, ēs *f* = stacta
stadiodromos, ī *m* [*gr*] Wettläufer
stadium, ī *n* [*gr*] **1.** Stadion (Längenmaß, 600 Fuß = 177–192 m) **2.** Stadion, Rennbahn, Laufbahn **3.** Wettstreit ⟦*ml* fori stadia Marktplatz
Stagīra, ōrum *n* Stageira (Stadt an der Nordküste der Ägäis, Geburtsort des Aristoteles)
Stagīrītēs, ae *m* Stagirit (1. Einw. von Stageira 2. Aristoteles)
stāgnāl|is, ~e, *Gen* ~is in stehendem Gewässer lebend, Teich- ⟦*ml* See-, Hanse-
stāgnō *1* **1.** über die Ufer treten; überschwemmen; überschwemmt sein **2.** starr machen, festmachen; sichern
stāgnum, ī *n* **1.** stehendes Gewässer, See, Teich, Tümpel; Bassin **2.** Blei mit Silberbeimischung ⟦*spl* Zinn
stalagmium, ī *n* [*gr*] Ohrgehänge (in Tropfenform)
stām|en, ~inis *n* **1.** Grundfaden *od* Kettfaden (am Webstuhl) **2.** Faden, Faser, Saite; Lebens- *od* Schicksalsfaden **3.** Binde, Infula **4.** ⟦*spl poet* Gewebe
stamināt|us *3* krugweise; ~as duco aus vollen Krügen trinken
stāmineus *3* voller Fäden, faserig, fadenartig
⟦**stamultum,** i *n ml* Pantoffel
stannum, ī *n* = stagnum 2.
⟦**stant|es,** ~ium *m ml* die Standhaften (= Christen)
statārius I. *Adj 3* im Stehen (geschehend *od* handelnd); fest stehend, unverrückbar; miles ~ in Reih und Glied fechtend; ruhig **II.** *Subst* ī *m* Schauspieler in einer ruhigen Rolle
Statell- = Statiell-
statēra, ae *f* [*gr*] Waage
staticulus, ī *m* pantomimischer Tanz
Statiellā|s, ~tis **I.** *Adj* statiellatisch, von Statiellae **II.** *Subst m* Statiellate, Einw. von Statiellae
Statiellae, ārum *f* (Aquae) Statiellae (Stadt in Ligurien, Nordwestitalien), *heute* Acqui
Statiellēns|ēs, ~ium *m* = Statielli
Statiellī, ōrum *m* Statieller (ligurische Völkerschaft in Nordwestitalien)
statim *Adv* sogleich, auf der Stelle; fest stehend; beständig, regelmäßig
statiō, ~nis *f* das Stehen, Stillstand; Posten, Wache; Standort; Aufenthalt; Ankerplatz; Poststation; Versammlungsraum ⟦*ml* Station (der Prozession); Hoflager; in tertia ~ne zum dritten Mal
Statius, ī *m* Statius (Vorname *od Gent*)
statīv|us I. *Adj 3* (still)stehend, am Orte verweilend ⟦*spl* festgesetzt **II.** *Subst* ~a, ~ōrum *n* Standlager, Standquartier
stat|or, ~ōris *m* Diener (eines Beamten)
Stat|or, ~ōris *m* Stator (BN des Jupiter: der das fliehende Heer zum Stehen bringt)
statua, ae *f* Standbild
statuārius I. *Adj 3* Statuen- **II.** *Subst* ī *m* Bildhauer, Erzgießer
statūm|en, ~inis *n* Stütze, Unterlage; (beim Schiff) Spant
statunculum, ī *n* Figürchen
stat|uō, ~uī, ~ūtus *3* hinstellen, aufstellen, errichten; festsetzen, verordnen, bestimmen; *jur* entscheiden, beschließen; sich vornehmen; meinen
statūra, ae *f* Gestalt, Wuchs
statūrus *Part Fut Akt* →sto
status I. *Adj 3* festgesetzt, bestimmt, fest **II.** *Part Perf Pass* →sisto **III.** *Subst* ūs *m*

Stand, Stellung; Zustand, Beschaffenheit, Lage, Verfassung
statūtiō, ~nis *f* Aufstellung, Aufrichtung
statūtum, ī *n* Satzung
statūtus I. *Adj 3* untersetzt **II.** *Part Perf Pass* →statuo
stega, ae *f* [*gr*] Verdeck (eines Schiffes)
stēla, ae *f* [*gr*] Pfeiler; Grabstein
stēliō, ~nis *m* = stellio
stēlla, ae *f* Stern; *poet* Gestirn, Sternbild; Sonne; *übertr* Leuchtkäfer; Pupille; Meeresstern *Fisch* ⟦*ml* ~ maris Polarstern, *auch* BN *der Maria*
stēll|āns, *Gen* ~antis gestirnt, *von Sternen* schimmernd, blitzend
Stēllātīnus *3* vom Gebiet Stellas (in Kampanien)
Stēllātis ager *od* **~ campus** das Gebiet Stellas (in Kampanien)
stēllātus *3* mit Sternen besetzt; Argus ~ *poet* der vieläugige Argus; blitzend
stēllifer, stēllifera, stēlliferum Sterne tragend
stēlliō, ~nis *m* Sterneidechse; *übertr* Betrüger
stemma, ~tis *n* [*gr*] Stammbaum, Ahnenreihe; Kranz (als Schmuck der Ahnenbilder)
stephanūsa, ae *f* [*gr*] Kranzwinderin (eine Statue des Praxiteles)
stercor- →stercus
stercoreus *3* schmutzig, mistig
stercorō *1* **1.** düngen **2.** ausmisten
sterculīnum, ī *n* Misthaufen
sterc|us, ~oris *n* Mist, Kot, Dünger ⟦*spl* Schlacke
sterilēscō *3* unfruchtbar werden
sterilicula, ae *f* Gebärmutter einer Sau (die noch nicht geworfen hat)
steril|is, ~e, *Gen* ~is unfruchtbar, ertraglos, erfolglos; ohne *Gen od Abl* etw.
sterilitā|s, ~tis *f* Unfruchtbarkeit
sternā|x, *Gen* ~cis störrisch
sternō, strāvī, strātus *3* streuen, hinstreuen, ausbreiten; hinstrecken, niederstrecken, niederwerfen; ebnen, glätten; pflastern; bedecken, polstern; satteln
sternor, strātus sum *3* **1.** sich ausbreiten, sich erstrecken; sich lagern **2.** *Passiv zu* sterno
sternū(tā)mentum, ī *n* **1.** Niesen **2.** Niespulver
sternu|ō, ~ī *3* niesen; *übertr* knistern; *mit Akk* durch Niesen anzeigen
sterquil- = stercul-
stertēia, ae *f* Schnarcherin
Stertinius *3 Gent* Stertinius
stert|ō, ~uī *3* schnarchen
Stēsichorus, ī *m* Stesichoros (gr. Lyriker, um 600 v. Chr.)
stetī →**1.** sisto **2.** sto
Sthenelēi|s, ~dis *f zu* Stheneleius
Sthenelēius *3* stheneleisch, des Sthenelos, von Sthenelos abstammend
Sthenelus, ī *m* Sthenelos (N mehrerer Helden der gr. Sage)
stibadium, ī *n* [*gr*] (halbkreisförmige) Bank
stigma, ~tis *n* [*gr*] Brandmal, Schandzeichen, Schimpf; Schnittwunde ⟦*spl* Kennzeichen (für Soldaten); *ml* Wundmal
stilla, ae *f* Tropfen
stillicidium, ī *n* **1.** Tropfenfall, Träufeln **2.** Dachrinne ⟦*ml übertr* Spender
stillō *1* träufeln, tropfen; *mit Akk* tropfen lassen
stilus, ī *m* Schreibgriffel (mit Spitze zum Schreiben u. breitem, flachem Ende zum Glattstreichen des Wachses der Schreibtafel, *daher*) stilum vertere Geschriebenes wieder ausstreichen; Schreiben, schriftliche Abfassung; Schreibweise, Stil; *milit* Spitzpfahl; Fußangel; Stängel, Stamm ⟦*ml* ~ spiritus tui die Heilige Schrift
Stimula, ae *f* Stimula (Göttin der leidenschaftlichen Triebe, irrtümlich mit Semele gleichgesetzt)
stimulātiō, ~nis *f* Anreiz, Antrieb, Ansporn
stimulātrī|x, ~cis *f* Verführerin
stimuleus *3* stachlig; supplicium stimuleum Bestrafung mit dem Stachelstock
stimulō *1* anstacheln; quälen; anspornen, reizen
stimulus, ī *m* Stachel (zum Antreiben); *milit* kleiner Spitzpfahl mit Widerhaken, Fußangel; *übertr* Qual, Pein; Ansporn
stinguō *3* auslöschen, ersticken
stīpātiō, ~nis *f* Gedränge, Gefolge
stīpāt|or, ~ōris *m* Begleiter
stīpendiārius I. *Adj 3* tributpflichtig, steuerpflichtig; um Sold dienend **II.** *Subst* ī *m* Tributpflichtiger; Söldner
stīpendium, ī *n* Sold; Kriegsdienst; Dienstjahr (als Soldat); Steuer, Abgabe, Kriegssteuer; Kriegsentschädigung; Strafe ⟦*ml* Gewinn
stīp|es, ~itis *m* Pfahl, Stock, Stange; Klotz; Baum, Baumstamm
stīpō *1* zusammenstopfen, zusammendrängen, vollstopfen, dicht füllen; dicht umgeben
[1]**stīps** = stipes
[2]**stip|s,** ~is *f* Geldbeitrag, Gabe, Almosen; Lohn, Ertrag; Geldstück
stipul|a, ~ae *f* Halm; *Pl* ~ae, ~ārum Stroh
stipulātiō, ~nis *f* mündlicher Vertrag
stipulātiuncula, ae *f* geringfügige Abmachung
stipulāt|or, ~ōris *m* Gläubiger (durch einen mündlichen Vertrag)
stipulō 1 = stipulor 1.
stipulor *1* **1.** mündlich vereinbaren, zusichern **2.** sich zusichern lassen

stīria, ae *f* Eiszapfen
stirp|ēs *und* **~is** = stirps
stirpitus *Adv* mit Stumpf und Stiel
⟦**stirpo** *1 ml* pflanzen
stirp|s, ~is *f, auch m* Stamm mit Wurzeln, Pflanze, Staude; Geschlecht, Familie; Spross; Ursprung, Wurzel
stitī →sisto
stīva, ae *f* Pflugsterz
stlīs *altl* = lis
stō, stetī, statūrus *1* stehen, dastehen, zum Verkauf stehen; voll sein *Abl* von; stehen ab *od* cum *od* pro auf jmds. Seite; beruhen (in) *Abl* auf; stillstehen, stecken bleiben (in) *Abl* in; kosten *Dat* jmdn. *Abl* (*od Gen*) etw.; stehen (in) *Abl* (*auch spl Dat*) zu; schuld sein per von jmdm., abhängen per von ⟦*ml* stantes die Standhaften *Christen*
Stoechad|es, ~um *f* Stoichaden (Inselgruppe an der südgallischen Küste), *heute* Iles d'Hyères
Stōica, ōrum *n* stoische Philosophie
Stōicus I. *Adj 3* stoisch, zur stoischen Philosophie gehörig **II.** *Subst* ī *m* Stoiker, stoischer Philosoph
stola, ae *f* [*gr*] **1.** Stola (langes Damenkleid) **2.** Talar (priesterliches Kultgewand) ⟦*ml* Stola (langer Stoffstreifen, zum Messgewand gehörig)
stolātus *3* mit der Stola bekleidet
stoliditā|s, ~tis *f* Dummheit, Albernheit
stolidus *3* dumm, albern, tölpelhaft
stomacacē, ēs *f* [*gr*] Mundfäule (Erkrankung des Zahnfleischs, mit Zahnausfall)
stomachicus, ī *m* Magenkranker
stomachor *1* sich ärgern, ärgerlich sein *Abl* über
stomachōsus *3* unwillig, ärgerlich
stomachus, *ī m* [*gr*] Schlund, Speiseröhre, Magen; Geschmack; Ärger, Verdruss, Zorn
storea, ae *f* Matte
storia, ae *f* = storea
strabō, ~nis *m* Schieler
Strabō, ~nis *m* Strabo *BN, z. B. gr. Historiker und Geograf, ca. 600 v. Chr.–24 n. Chr.*
strāg|ēs, ~is *f* das Niederwerfen, -schlagen, -metzeln; Niederlage, Verheerung; Haufen
strāgulum, ī *n* Decke, Unterbett; Reitdecke
strāgulus *3* zum Ausbreiten, als Unterlage *od* Überdecke dienlich
strām|en, ~inis *n* Streu
strāmentīcius *3* Stroh-, von Stroh; zum Unterlegen geeignet
strāmentum, ī *n* Streu, Stroh; Packsattel ⟦*ml* Pflasterung
strāmineus *3* aus Stroh
strangulō *1* erdrosseln, ersticken; *übertr* quälen
⟦**strangulum,** i *n ml* Strick
strangūria, ae *f* [*gr*] Harnzwang
⟦**strata,** ae *f spl* Straße
stratēgēma, ~tis *n* [*gr*] Kriegslist, List
stratēgus, ī *m* [*gr*] Heerführer, Feldherr
stratiōticus *3* [*gr*] soldatisch, Militär-
Stratō, ~nis *m* Straton (Philosoph, etwa 350–270 v. Chr.)
Stratonīcēa, ae *f* Stratonikeia (Stadt in Südwestkleinasien)
Stratonīcēns|is I. *Adj* ~e, *Gen* ~is von Stratonikeia **II.** *Subst* ~is *m* Stratonikeer, Einw. von Stratonikeia
⟦**strator,** ~is *m spl* Reitknecht
strātum, ī *n* Decke, Lager; Pferdedecke, Packsattel; Straßenpflaster
strātūra, ae *f* das Pflastern; das Ausbreiten
Stratus, ī *f* Stratos (Stadt in Nordwestgriechenland)
strātus I. *Part Perf Pass* →sterno **II.** *Subst* ūs *m* Hinstreuen ⟦*spl* Decke, Teppich
strāvī →sterno
strēna, ae *f* (gutes) Vorzeichen; Neujahrsgeschenk
strēnuitā|s, ~tis *f* Geschäftigkeit, Emsigkeit
⟦**strenuiter** *Adv ml* = strenue
strēnuōsus *3* tüchtig
strēnuus *3* tüchtig, tätig, entschlossen, rasch wirkend, unternehmend; unruhig
⟦**strepa,** ae *f* [*dt*] *ml* Steigbügel
strepitō *1* lärmen
strepitus, ūs *m* Lärm, Getöse; Ton, Klang
strep|ō, ~uī, ~itum *3* lärmen, tosen, rauschen, schreien, rasseln *u. dgl; mit Akk* erschallen lassen
⟦**stria,** ae *f ml* = striga
striātus I. *Adj* 3 gestreift, gerillt, kanneliert **II.** *Part Perf Pass zu* strio
strictim *Adv* eng, knapp; flüchtig, obenhin
strictūra, ae *f* Roheisenmasse
strictus I. *Adj 3* dicht, straff, stramm, streng; eng, karg ⟦*spl* herb; *ml* genau, genau festgesetzt, strikt **II.** *Part Perf Pass* →stringo
strīd|eō, ~ī *2* zischen, schwirren, knirschen, pfeifen, sausen, zirpen, knarren ⟦*ml* schmettern
strīdō *3* = strideo
strīd|or, ~ōris *m* das Zischen, Knarren, Schwirren, Pfeifen, Brüllen
strīdulus *3* zischend, schwirrend, knarrend
strig- →strix
striga, ae *f* **1.** Reihe, Schwad, Furche **2.** Hexe, Nachtgespenst
strig(i)lis, ~ *f* **1.** Schabeisen, Striegel **2.** *med* kleine Kolbenspritze (zur Therapie des Ohres, der Blase u. Ä.)
strigmentum, ī *n* das Abgekratzte, Abgeschabte
strigō *1* innehalten, rasten

strigōsus *3* mager, dürr
stringō, strīnxī, strictus *3* zusammenschnüren, zusammenbinden, fesseln; zusammenfassen; im Zaum halten; abstreifen; *Schwert* ziehen; streifen, berühren; verletzen ⟦*ml* umschlingen; fidem ~ zur Treue verpflichten; lacrimas ~ Tränen hemmen
striō *1* riefeln, furchen
stri|x, ~gis *f* (*altl* strīx) Zwergohreule; Vampir
stropha, ae *f* [*gr*] **1.** List, Kunstgriff, Dreh **2.** ⟦*spl* Strophe
Strophad|es, ~um *f* Strophaden (Inselgruppe westlich der Peloponnes), *heute* Strofades
strophiārius, ī *m* Busenbandverfertiger
strophium, ī *n* [*gr*] Busenband (breite farbige Binde); Kranz ⟦*spl* ~ ancorale Ankertau; *ml* Gürtel
strūctil|is, ~e, *Gen* ~is gemauert; zum Mauern
strūct|or, ~ōris *m* **1.** Maurer; Zimmermann **2.** Anrichter, Tafeldecker
strūctūra, ae *f* Bau, Aufbau, Ordnung; Bauwerk, Mauerwerk ⟦*ml* Aufbauen
strūctus *Part Perf Pass* →struo
stru|ēs, ~is *f* (geschichteter) Haufen, Holzstapel, Scheiterhaufen; Menge; Opfergebäck
struī|x, ~cis *f* Haufen
strūma, ae *f* Drüsenschwellung, Geschwulst, Geschwür
strūō, strūxī, strūctus *3* aufschichten, aneinanderfügen; aufbauen, errichten; beladen; ordnen; bereiten, anstiften
struppus, ī *m* (gedrehter) Riemen; Kranz
strūthea, ōrum *n* [*gr*] birnenförmige Quitten
strūthocamēlus, ī *m* [*gr*] Strauß *Vogel*
strūxī →struo
Strȳm|ō, ~nis (*Akk auch* ~na) *m* Strymon (Fluss in Thrakien), *heute* Struma
Strȳmoni|s, ~dis *f* Thrakerin
Strȳmonius *3* vom Strymon, thrakisch; *poet* nordisch
⟦**stuba,** ae *f* [*dt*] *ml* Stube
⟦**studen|s,** ~tis *m ml* Student
stud|eō, ~uī *2* sich beschäftigen *Dat* mit, sich bemühen *Dat* um; novis rebus ~eo auf Umsturz des Bestehenden sinnen; studieren; günstig sein; Partei nehmen *Dat* für; studieren *Dat* etw.
⟦**studiorium,** i *n ml* Studierstube
studiōsus I. *Adj 3* eifrig, eifrig strebend *Gen* nach, bedacht *Gen* auf, besonders zugetan *Gen* jmdm. *od* etw.; studierend, gelehrt **II.** *Subst* ī *m* Gönner ⟦*ml* Student
studium, ī *n* eifriges Streben *Gen* nach, Neigung *Gen* zu etw. *od* für jmdn.; Eifer, Lust, Liebhaberei; wissenschaftliche Beschäftigung, Studium; Parteilichkeit, Parteinahme ⟦*ml Pl* studia, orum wissenschaftliche Schulen
stultiloquentia, ae *f* albernes Gerede, Geschwätz, dummes Zeug
stultiloquium, ī *n* = stultiloquentia
stultiloquus *3* dumm daherredend
stultitia, ae *f* Dummheit, Torheit
stultividus *3* nicht recht sehvermögend, blöd guckend
stultus I. *Adj 3* töricht, einfältig, dumm **II.** *Subst* ī *m* Tor, Dummkopf, Einfaltspinsel
stūpa, ae *f* = stuppa
stupe|faciō, ~fēcī, ~factus *3* betäuben
stupefactus *3* erstaunt, außer sich
stup|eō, ~uī *2* verdutzt sein, erstaunt sein, starr sein; stocken; staunen *Akk* über
stup|ēscō, ~uī *3* stillstehen, erstaunen
stūpeus *3* = stuppeus
stupiditā|s, ~tis *f* Dummheit, Stumpfsinnigkeit, Borniertheit
stupidus *3* verdutzt, betroffen, staunend; dumm
stup|or, ~ōris *m* Betroffenheit, Betäubung; Unbeweglichkeit; Staunen; Dummheit
stuppa, ae *f* [*gr*] Werg
stuppeus *3* Werg-, Hanf-
stuprāt|or, ~ōris *m* Schänder, Verführer, Ehebrecher
stuprō *1* schänden
stuprum, ī *n* Schande; Schändung, Unzucht, Ehebruch
stupuī →**1.** stupeo **2.** stupesco
⟦**sturio,** ~nis *m* [*dt*] *ml* Stör
sturnus, ī *m* Star *Vogel*
Stygius *3* stygisch, Totenwelt-; höllisch, schrecklich, unheilvoll
Stymphālicus *3* = Stymphalius
Stymphāli|s, ~dis *f* **I.** *Adj* stymphalisch **II.** *Subst* ~des, ~dum *f* die stymphalischen Vögel
Stymphālius *3* stymphalisch
Stymphālum, ī *n* = Stymphalus
Stymphālus, ī *m, f* Stymphalos (Stadt u. See in der nördlichen Peloponnes)
Styx, Styg|is (*Nbf Gen* ~os, *Akk* ~a) *f* **1.** Styx (1. Fluss im Totenreich, bei dem die Götter schworen 2. N einer Quelle, deren Wasser als giftig galt) **2.** Totenreich
sua, ōrum *n* sein *od* ihr Hab und Gut
⟦**suadela,** ae *f ml* Rat
Suādēla, ae *f* Suadela (die Göttin der Überredung)
suādeō, suāsī, suāsus *2* raten, zureden, empfehlen; einreden
⟦**suadus** *3 spl* gewinnend, freundlich
sualiternicum, ī *n* rötlicher Bernstein
suāpte *verstärktes* suā
suāsī →suadeo
suāsiō, ~nis *f* Rat, Empfehlung ⟦*ml* Zureden, Begründung

suās|or, ~ōris *m* Ratgeber, Fürsprecher
suāsōria, ae *f* Rat gebende *od* empfehlende Rede
suāsōrius *3* Rat gebend, empfehlend, überredend
suāsus I. *Part Perf Pass* →suadeo **II.** *Subst* ūs *m* Rat
suāveol|ēns, *Gen* ~entis angenehm duftend
suāviātiō, ~nis *f* = suavisaviatio
suāviloqu|ēns, *Gen* ~entis lieblich redend
suāviloquentia, ae *f* angenehmes Reden
suāviolum, ī *n* = saviolum
suāvior *1* = savior
suāv|is I. *Adj* ~e, *Gen* ~is süß, angenehm, lieblich **II.** ⟦*ml Subst* ~e, ~is Kuss
suāvisāviātiō, ~nis *f* süßer Kuss
suāvitā|s, ~tis *f* Lieblichkeit, Annehmlichkeit; Liebenswürdigkeit
suāvitūd|ō, ~inis *f* = suavitas
suāvium, ī *n* = savium
sub *Präp* **1.** *mit Akk räuml u. übertr* (*wohin?*) unter, unter ... hin, nahe heran an, an ... hin; *zeitl* um, gegen, gleich nach, kurz vor **2.** *mit Abl räuml u. übertr* (*wo?*) unter, unterhalb, nahe bei, an, hervor aus; *zeitl* während, bei, gegen, unmittelbar nach ⟦*ml* mit; sub tempore innerhalb
subabsurdus *3* ziemlich ungereimt; unpassend
subaccūsō *1* ein wenig tadeln
subāctiō, ~nis *f* intensives Durcharbeiten, Bearbeiten; *übertr* Training
subāctus *Part Perf Pass* →subigo
subaediānus *3* im Hausinneren beschäftigt
subagrest|is, ~e, *Gen* ~is etwas bäurisch, etwas einfältig
subālār|is, ~e, *Gen* ~is unter den Achseln versteckt
subalbus *3* weißlich
subamārus *3* etwas bitter
subaquilus *3* etwas dunkelfarbig
⟦**subarro** *1 ml* verpfänden; verloben
subarroganter *Adv* etwas anmaßend
⟦**subaudio** *4 spl* ein wenig hören; *den Nebensinn eines Wortes* mitverstehen
subaurātus *3* leicht vergoldet
subausculto *1* horchen
subbasilicānus *3* Müßiggänger, Bummler
sub|bibō, ~bibī *3* ein wenig trinken
subblandior *4* ein wenig schmeicheln
subc- = *auch* succ-
subcavus *3* unten hohl
subcenturiātus, ī *m* Ersatzmann
subcontumēliōsē *Adv* etwas schimpflich
subcrispus *3* etwas kraus
subcustō|s, ~dis *m* Hilfswächter
subdēbil|is, ~e, *Gen* ~is etwas gelähmt
subdēficil|ēns, *Gen* ~entis nach und nach ermattend
subdidī →subdo
subdifficil|is, ~e, *Gen* ~is etwas schwierig
subdiffīdō *3* nicht recht trauen
⟦**subditio,** ~nis *f ml* Unterordnung; ~ mea Gehorsam gegen mich
subditīvus *3* untergeschoben; verkappt
subditus I. *Adj 3* liegend *od* wohnend *Dat* bei **II.** *Part Perf Pass* →subdo **III.** ⟦*Subst* i *m ml* Untergebener
⟦**subdivido** *3 spl* weiter teilen
⟦**subdivisio,** ~nis *f spl* Unterabteilung
sub|dō, ~didī, ~ditus *3* setzen *od* stellen *od* legen *Dat* unter; tauros aratro subdo Stiere an den Pflug spannen; aquis subdo untertauchen; (am Schluss) hinzufügen; unterwerfen; preisgeben; (er)setzen, unterschieben; calcaria equo subdo dem Pferd die Sporen geben
subdoceō *2* stellvertretend unterrichten; als Aushilfslehrer dienen
⟦**subdoctor,** ~is *m spl* Hilfslehrer
subdolus *3* hinterlistig, heimtückisch
subdomō *1* überwältigen
subdubitō *1* einigen Zweifel hegen
sub|dūcō, ~dūxī, ~ductus *3* **1.** (heimlich) wegnehmen, entziehen; wegziehen, -führen, -bringen; *med* abführen **2.** hinaufziehen, hochziehen, hinaufführen; zusammenrechnen, berechnen, erwägen
subductiō, ~nis *f* Anlandziehen *von Schiffen;* Berechnung
subductus I. *Adj 3* entfernt, versteckt **II.** *Part Perf Pass* →subduco
subdūrus *3* ziemlich hart
subdūxī →subduco
sub|edō, ~ēdī *3* von unten zernagen
subēgī →subigo
sub|eō, ~iī *u.* ~īvī, ~itus (*Inf* ~īre) *mit Dat od Akk* **1.** gehen unter, treten unter, kommen unter; auf sich nehmen; eintreten für, ersetzen, ablösen **2.** aufrücken, emporsteigen; sich nähern, (allmählich) heranrücken; in den Sinn kommen ⟦*spl* manum ~eo die Hand stützen
sūber, ~is *n* Korkeiche; Kork
⟦**subera,** ae *f ml* Schuhsohle
subesse →subsum
subf- = suff-
subg- = sugg-
subgrand|is, ~e, *Gen* ~is ziemlich groß
subhorridus *3* etwas rau
subiaceō unten liegen, liegen *Dat* unter; *übertr* unterworfen sein, gehören *Dat* zu ⟦*spl* untergeben sein
sub|iciō, ~iēcī, ~iectus *3* **1.** daruntersetzen *od* -stellen *od* -legen *Dat* unter, zugrunde legen; unterwerfen; preisgeben; unterordnen; unterschieben, vorschieben; vorlegen, eingeben, in Erinnerung bringen; anfügen **2.** emporwerfen, hinaufbringen, von unten heranführen, hinaufbewegen; se subicere = subicior ⟦*spl* einwerfen

subicior **1.** *Pass zu* subicio **2.** emporwachsen
subiectiō, ~nis *f* **1.** Darstellung **2.** Unterlage *für ein Gerät* **3.** Unterstellung, Unterschiebung **4.** hinzugefügte Erklärung, Hinzufügung, Ergänzung ⟦*spl* Unterwürfigkeit
⟦**subiectivus** *3 ml* demütig
subiectō *1* **1.** darunterlegen **2.** in die Höhe werfen
subiect|or, ~ōris *m* Fälscher
subiectum, ī *n* Niederung ⟦*spl* Gegenstand, Begriff; *gramm* Subjekt
subiectus **I.** *Adj 3* liegend *Dat* unter *od* unterhalb *od* bei; angrenzend; unterworfen; ausgesetzt; unterwürfig **II.** *Part Perf Pass* →subicio **III.** *Subst* ī *m* Untergebener, Untertan
subigitātiō, ~nis *f* Unzüchtigkeit
subigitātrī|x, ~cis *f* schamloses Weibsstück
subigitō *1* unter sich bringen; bedrängen
sub|igō, ~ēgī, ~āctus *3* unterjochen, überwältigen; hart mitnehmen, bedrängen, zwingen; bearbeiten, durcharbeiten, kneten, schulen, drillen, zurechtmachen; *Vieh* (hinauf)treiben, *Schiff* hinauf-, stromauf rudern
subii →subeo
⟦**subillatus** →subinfero
subimpud|ēns, *Gen* ~entis ein wenig unverschämt
subinān|is, ~e, *Gen* ~is etwas eitel
subinde *Adv* gleich darauf; wiederholt; allmählich
⟦**sub|infero,** ~intuli, ~illatus *3 ml* erwidern
subīnsulsus *3* etwas geschmacklos
⟦**subintro** *1 spl* (heimlich) betreten, sich einschleichen, befallen
⟦**subintuli** →subinfero
subinvideō *2* ein wenig beneiden *Dat* jmdn.
subinvīsus *3* etwas verhasst
subinvītō *1* insgeheim auffordern
subīrāscor *1* etwas zürnen, ein wenig böse sein, etwas empfindlich sein
subīrātus *3* leicht verstimmt *Dat* gegen
subire →subeo
subitāneus *3* plötzlich
subitārius *3* plötzlich, eilig; in Eile zusammengebracht *od* entstanden; dringlich
subitō *Adv* **1.** plötzlich, **2.** aus dem Stegreif
subitum, ī *n* unvermutetes, plötzlich eintretendes Ereignis; Zufall
subitus **I.** *Adj 3* plötzlich, unvermutet, unerwartet; unvorbereitet; rasch zusammengerafft; eilig; unzuverlässig **II.** *Part Perf Pass* →subeo
⟦**subiugal|e,** ~is *n spl* Lasttier
⟦**subiugo** *1 spl* unterwerfen
⟦**subiunctivus** *spl* **I.** *Adj 3* unterordnend **II.** *Subst* i *m* Konjunktiv
subiungō, ~iūnxī, ~iūnctus *3* unterwerfen, unterjochen; unters Joch bringen, anspannen, anfügen ⟦*ml* entgegnen; erwähnen
sub|lābor, ~lāpsus sum *3* heimlich heranschleichen; zusammensinken, verfallen
sublātiō, ~nis *f* Hebung; Aufhebung
sublātus **I.** *Adj 3* erhaben, stolz, überheblich **II.** *Part Perf Pass* →tollo
sublectō *1* anlocken
sub|legō, ~lēgī, ~lēctus *3* auflesen; (heimlich) wegnehmen; *übertr* belauschen; nachwählen ⟦*ml* ausnehmen; entlang schleichen *Akk* an
sublestus *3* schwach, gering, dünn
sublevātiō, ~nis *f* Linderung
sublēvī →sublino
sublevō *1* erleichtern, lindern; emporheben, aufrichten; unterstützen
sublica, ae *f* Pfahl
sublicius *3* auf Pfählen ruhend, Pfahl-
subligāculum, ī *n* Schurz
sublig|ar, ~āris *n* = subligaculum
subligātus **I.** *Adj 3* hochaufgeschürzt **II.** *Part Perf Pass zu* subligo
subligō *1* anbinden
sublīm|e **I.** *Adj n* →sublimis **II.** *Subst* ~is *n* Höhe, Luft **III.** *Adv* hoch, in der Höhe, in die Höhe, durch die Luft
sublīm|em *und* **~en** *Adv* = sublime *Adv*
sublīm|is, ~e, *Gen* ~is hoch, hoch emporragend, sich hoch erhebend, in der Höhe schwebend, erhaben; hochtrabend
sublīmitā|s, ~tis *f* Höhe, Erhöhung; Erhabenheit, das Erhabene ⟦*spl* Würdenträger
sublīmō *1* emporheben; erhöhen
sublingulō, ~nis *m* Auslecker (der die Reste unten im Topfe ausleckt, *Komödienwitz* coqui ~ Küchenjunge)
sub|linō, ~lēvī, ~litus *3* beschmieren, bestreichen, anstreichen; grundieren, *Farbe* auftragen; *übertr* ōs sublino anschmieren, betrügen *Gen od Dat* jmdn.
sublūcānus *3* gegen Morgen
sublūceō *2* hervorleuchten, hervorschimmern
sublūcidus *3* dämmerig
sublūgeō *2* ein wenig trauern
sub|luō, ~luī, ~lūtus *3* (unten) waschen, abwaschen; *übertr* bespülen; vorbeifließen *Akk* an
sublūstr|is, ~e, *Gen* ~is dämmerig; etwas hell
subm- = *auch* summ-
sub|mergō, ~mersī, ~mersus *3* untertauchen, versenken ⟦*spl* unterdrücken
sub|mergor, ~mersus sum *3* versinken; ertrinken
submerus *3* fast unvermischt, fast pur
subministrāt|or, ~ōris *m* Helfershelfer
subministrō *1* darreichen, verschaffen, zukommen lassen, zu Hilfe schicken

submīsī →submitto
submissim *Adv* leise
submissiō, ~nis *f* Senkung (der Stimme); *rhet* ruhige, gelassene Art des Vortrags; *übertr* Schlichtheit, Einfachheit; Herabsetzung ⟦*spl* Demut, Unterordnung
submissus I. *Adj 3* leise, sanft; gelassen, schlicht, bescheiden, demütig; niedrig, niederträchtig, kriecherisch ⟦*ml* herablassend **II.** *Part Perf Pass* →submitto
sub|mittō, ~mīsī, ~missus *3* **1.** herablassen, niederlassen, senken, sinken lassen; vermindern; unterordnen, unterwerfen **2.** erheben; wachsen lassen, hervorbringen **3.** heimlich zu Hilfe schicken; als Nachfolger schicken **4.** *übertr* vorschicken, anstiften
submolestus *3* ziemlich unangenehm
sub|moneō, ~monuī *2* heimlich erinnern
submōrōsus *3* ziemlich verdrießlich
sub|moveō, ~mōvī, ~mōtus *2* wegschaffen, entfernen, vertreiben, wegdrängen; trennen, fernhalten *Abl* von *od* aus; Platz machen
⟦**submurmuro** *1 spl* murmeln, leise miteinander reden
submūtō *1* vertauschen
sub|nāscor, ~nātus sum *3* heranwachsen, nachwachsen
sub|nectō, ~nexuī, ~nexus *3* anknüpfen, anbinden, zusammenhalten; hinzufügen
subnegō *1* (halb und halb) verweigern
subnexuī, subnexus →subnecto
sub|niger, ~nigra, ~nigrum schwärzlich
subnimium (*nur Nom od Akk Sg n*) ein Zuviel (an Kleidung, *Komödienwitz als Gegenstück zu* supparum: ein Zuwenig)
subnīsus *3* = subnixus
subnīxus *3 mit Abl* stützend mit, sich stützend auf, gestützt auf; *übertr* sich verlassend auf; zuversichtlich wegen
subnotō *1* darunterschreiben, unterzeichnen; verba ~ Bemerkungen machen; zeigen *Akk* auf jmdn. ⟦*ml* unten angeben
subnuba, ae *f* Nebenbuhlerin, Nebenfrau
subnūbilus *3* leicht bewölkt, überschattet, ⟦*spl übertr* etwas dunkel
subō *1* brünstig sein
subobscēnus *3* etwas zweideutig, leicht unanständig
subobscūrus *3* etwas dunkel, nicht recht verständlich
subodiōsus *3* ziemlich widerwärtig
suboffendō *3* ziemlich Anstoß erregen
subol|ēs, ~is *f* Nachwuchs, Nachkommenschaft, Spross
subolēscō *3* heranwachsen, nachwachsen
subolet es schwant *Dat* jmdm. = jmd. merkt etw.
subolfaciō *3* wittern
suborior *4* von Neuem entstehen, allmählich nachwachsen

S

subornō *1* ausrüsten, ausstatten; (heimlich) anstiften
subortus, ūs *m* (allmähliches u. ständiges) Entstehen
subp- = supp-
⟦**subprior,** ~is *m ml* Subprior (im Kloster)
subr- = *auch* surr-
subrancidus *3* etwas ranzig, leicht verdorben
subraucus *3* leicht heiser
subrēctus →**1.** subrigo **2.** surgo
subrēmigō *1* rudern, nachrudern
subrēxī →subrigo
sub|rīdeō, ~rīsī *2* lächeln ⟦*spl* lächeln *Akk* über
subrīdiculē *Adv* ein wenig lächerlich
sub|rigō, ~rēxī, ~rēctus *3* emporrichten
subringor *3* sich ärgern, die Nase rümpfen
subrōstrānī, ōrum *m* Müßiggänger (die in der Nähe der rostra Neuigkeiten u. Gerüchte aufschnappten u. kolportierten)
subrotātus *3* unten mit Rädern, auf Rädern
subrūfus *3* rötlich, rothaarig
⟦**subruncivus** *3 spl* notdürftig gesäubert
sub|ruō, ~ruī, ~rūtus *3* unterwühlen, untergraben; zugrunde richten
subrupuī = subripui →surripio
subrūsticus *3* ein wenig bäurisch
subrutilus *3* rötlich
⟦**subsanno** *1 spl* verhöhnen, verspotten
⟦**sub|scalpo,** ~scalpsi, ~scalptus *3 spl* kitzeln, locken
sub|scrībō, ~scrīpsī, ~scrīptus *3* darunterschreiben, unterschreiben; genehmigen, beipflichten; Anklage (*auch* als Mitkläger) erheben in *Akk* gegen; (heimlich) aufschreiben, aufzeichnen
subscrīptiō, ~nis *f* Unterschrift; Beglaubigung, Bestätigung; Klage, Mitklage; (am Ende eines Dokuments angefügte knappe) Inhaltsangabe *od* Höflichkeitsfloskel, Aktenvermerk
subscrīpt|or, ~ōris *m* Unterzeichner; Mitkläger
subscrīptus →subscribo
subsecīvus *3* = subsicivus
sub|secō, ~secuī, ~sectus *1* (unten) abschneiden
subsecūtus →subsequor
subsēdī →subsido
subsellium, ī *n* Sitzbank, Bank; *übertr* Gericht, Prozess
sub|sentiō, ~sēnsī *4* spüren, herausfühlen
sub|sequor, ~secūtus sum *3* auf dem Fuße folgen *Akk* jmdm.; nachahmen; sich richten *Akk* nach
[1]**subserō** *3* nachpflanzen, nachsäen
[2]⟦**sub|sero,** ~serui, ~sertus *3 spl* darunterstecken, dazufügen
subserviō *4* **1.** untertan sein **2.** zu Hilfe kommen

subsess|or, ~ōris *m* Aufpasser; Jäger
subsicīvum, ī *n* (bei Landvermessung übrig bleibender) Abschnitt, Reststück
subsicīvus *3* abgeschnitten, erübrigt, Neben-, Rest-
subsidia, ōrum *n* Reservetruppen
subsidiārii, ōrum *m* Reservetruppen
subsidiārius *3* Reserve-
subsidior *1* als Reserve dienen
subsidium, ī *n* Reserve, Hilfe, Stütze, Hilfsmittel, Zuflucht
sub|sīdō, ~sēdī *3* sich niedersetzen, sich niederlassen, sich niederkauern; lauern *Dat od Akk* auf; (bei weiblichen Tieren) sich begatten lassen *Dat* von; sich senken, sich legen, sinken, nachlassen; sich festsetzen, zurückbleiben, sitzen *od* stecken bleiben
subsīgnān|us *3* unter den Fahnen befindlich, ~i milites Reservetruppen
subsīgnō *1* verzeichnen, eintragen; *übertr* Brief und Siegel geben *Akk* auf; verpfänden
sub|siliō, ~siluī emporspringen; hinab-, hineinspringen
sub|sistō, ~stitī *3* stillstehen, haltmachen, innehalten, aufhören; bleiben, verweilen; standhalten, aufhalten ⟦*spl* bestehen, in Kraft bleiben; beistehen; *ml* vorhanden sein; sich stellen *Dat* unter, sich unterwerfen
subsōlānus I. *Adj 3* östlich **II.** *Subst* ī *m* Ostwind
sub|sortior, ~sortītus sum *4* nachwählen
subsortītiō, ~nis *f* Nachwahl
substantia, ae *f* Wesen, Existenz, Vorhandensein; Vermögen, Besitz; Stoff, Masse
sub|sternō, ~strāvī, ~strātus *3* darunterbreiten, darunterlegen, unterstreuen; auspolstern; unterwerfen; preisgeben
substitī →subsisto
sub|stituō, ~stituī, ~stitūtus *3* darunterstellen, dahinterstellen; einsetzen; als zweiten Erben einsetzen; ~stituo animo sich vorstellen
substō *1* standhalten; vorhanden sein
⟦**substomachor** *1 spl* etwas verdrießlich sein
substrāvī, substrātus →substerno
⟦**substrepo** *3 spl* leise ertönen lassen
substrictus I. *Adj 3* schmächtig, mager **II.** *Part Perf Pass* →substringo
substringō, ~strīnxī, ~strictus *3* hochbinden, zusammenbinden; abschirren; aufrichten; zusammenfassen; anhalten, hemmen, unterdrücken
substrūctiō, ~nis *f* Unterbau, Fundament
sub|struō, ~strūxī, ~strūctus *3* mit einem Unterbau versehen; *übertr* fundamentum ~struo den Grund legen *Gen* für
subsultim *Adv* hüpfend
subsultō *1* hüpfen, springen

sub|sum, - (*Inf* ~esse) darunter sein, innewohnen, zugrunde liegen, vorhanden sein; nahe sein; *übertr* unterworfen sein
sub|suō, ~suī, ~sūtus *3* unten mit einem Besatz versehen
⟦**subtegm|en,** ~inis *n spl* = subtemen
subtēm|en, ~inis *n* Einschlag (beim Gewebe); Garn, Faden
subter I. *Präp mit Akk, poet Abl* unter, unterhalb, nahe bei **II.** *Adv* unten, untenhin ⟦*spl* unten, im Folgenden
subter|dūcō, ~dūxī *3* unter der Hand *od* heimlich entziehen
subter|fugiō, ~fūgī *3* heimlich *od* listig entfliehen *Akk* jmdm. *od* etw.
subter|lābor, ~lāpsus sum *3* dahinfließen *Akk* unterhalb von; heimlich entschlüpfen
subtermeō *1* dahinwandeln *Akk* unter
sub|terō, ~trīvī, ~trītus *3* unten abreiben, abtreten; zerreiben, zerstampfen
⟦**subterpono** *3 ml* darunterlegen, auslegen
subterrāneus *3* unterirdisch
⟦**subterro** *1 ml* begraben
subtervacō *1* darunter leer sein
sub|texō, ~texuī, ~textus *3* einflechten *Dat* in, anfügen *Dat* an; bedecken, verhüllen, *poet auch Dat,* jmdn. *od* etw. *Akk* mit
subtīl|is, ~e, *Gen* ~is fein, dünn, zart; feinfühlig; genau, scharfsinnig; schlicht
subtīlitā|s, ~tis *f* Feinheit, Feinfühligkeit; Scharfsinn, Genauigkeit; Schlichtheit
subtimeō *2* insgeheim fürchten ne *mit Konj.* dass
⟦**subtractio,** ~nis *f spl* Entziehung, Wegnahme; *mathematisch* Subtraktion
subtractus *Part Perf* →subtraho *u.* subtrahor ⟦*ml* a praesentibus ~ ohnmächtig
sub|trahō, ~trāxī, ~tractus *3* hervorziehen *Dat* unter; heimlich wegziehen, entziehen, entfernen, abwenden; beiseitelassen ⟦*spl mathematisch* subtrahieren
subtrahor, *Part Perf* subtractus *3* sich entziehen, weichen, entfliehen
subtrīst|is, ~e, *Gen* ~is etwas traurig
subtrītus, subtrīvī →subtero
⟦**subtrudo,** ~trusi, ~trusus *3 ml* widerrechtlich einsetzen
subturpiculus *3* = subturpis
subturp|is, ~e, *Gen* ~is etwas anzüglich
subtus I. ⟦*Präp mit Akk spl* unter **II.** *Adv* unten, unterhalb
subtūsus *3* geschlagen *Akk* auf ⟦*spl mathematisch* stumpf
subūcula, ae *f* Unterhemd
sūbula, ae *f* Schusterahle
subulcus, ī *m* Schweinehirt
Subūra, ae *f* Subura (dicht bevölkertes Geschäfts- und Wohnviertel Roms)
Subūrānus *3* zur Subura gehörend, suburanisch

suburbānitā|s, ~tis *f* Lage in der Nähe der Stadt (Rom)
suburbānum, ī *n* Landgut in der Nähe der Stadt (Rom)
suburbānus *3* in der Nähe der Stadt Rom (befindlich *od* wohnend)
suburbium, ī *n* Vorstadt
suburgeō *2* nahe herandrängen
sub|ūrō, –, ~ustus *3* ein wenig verbrennen, ansengen
subustus →subūro
subvectiō, ~nis *f* Zufuhr ⟦*ml* Transport, Fährdienst
subvectō *1* herbeischaffen
subvectus I. *Part Perf* →subveho *u.* subvehor **II.** *Subst* ūs *m* Zufuhr, Anfuhr ⟦*spl* Anfahrt
sub|vehō, ~vēxī, ~vectus *3* hinaufbringen, heranbringen, stromaufwärts bringen *od* fahren *Akk* jmdn. *od* etw.; contra ~veho in die Gegenrichtung treiben
sub|vehor, ~vectus sum *3* hinauf-, stromaufwärts fahren
sub|veniō, ~vēnī, ~ventum *4* zu Hilfe kommen; abhelfen; hinzukommen; in den Sinn kommen
subventō *1* helfen
subvereor *2* befürchten, ne dass
⟦**subversio,** ~nis *f spl* Vernichtung, Sturz
subvers|or, ~ōris *m* Vernichter, Zerstörer
sub|vertō, ~vertī, ~versus *3* umstürzen, zerstören
subvēxī →subveho
subvexus *3* sich erhebend, ansteigend
subvolō *1* emporfliegen, auffliegen
subvolturius *3* geierhaft, wie ein Geier
subvolvō *3* hinaufwälzen
subvortō *3* = subverto
suc|cēdō, ~cessī, ~cessum *3 auch mit Dat od Akk* gehen unter, hinaufgehen zu, heranrücken an, nachrücken, folgen; gelingen; gehören zu; auf sich nehmen, sich fügen ⟦*ml unpers* ergehen
suc|cendō, ~cendī, ~cēnsus *3* anzünden, entflammen
succenseō *2* = suscenseo
succēnsus →succendo
succentūriō I. *Subst* ~nis *m* Unterzenturio **II.** *Verb 1* ergänzend in die Zenturie einrücken lassen; ergänzen, ersetzen
successī →succedo
successiō, ~nis *f* Nachfolge ⟦*spl* Erfolg; *ml* ~nes, ~num *f* die Zeitläufte
⟦**successive** *Adv ml* hintereinander
success|or, ~ōris *m* Nachfolger
successum *Part Perf Pass* →succedo
successus, ūs *m* Heranrücken; guter Fortgang, Erfolg; Folge ⟦*spl* Höhle
succīdāneus *3* stellvertretend, als Ersatz
succīdia, ae *f* Speckseite
[1]**suc|cīdō,** ~cīdī, ~cīsus *3* abhauen, abschneiden
[2]**suc|cidō,** ~cidī *3* niedersinken, fallen
succiduus *3* niedersinkend, hinsinkend
⟦**succincte** *Adv spl* rasch, knapp
succīnctus I. *Adj 3* gerüstet, bereit *Dat* zu; kurz **II.** *Part Perf Pass* →succingo
suc|cingō, ~cīnxī, ~cīnctus *3* umgürten; umschließen, umgeben; ausrüsten; *ein Gewand* aufschürzen, hochbinden, gürten
succingulum, ī *n* Gürtel
succinō *3 musikalisch* begleiten; *übertr* zustimmen; murmelnd vorbringen
succīnxī →succingo
succipiō *3* = suscipio
⟦**succisio,** ~nis *f spl* Abhauen, Abschneiden
succīsus →[1]**succīdo**
succlāmātiō, ~nis *f Zuruf*
succlāmō *1* zurufen
succollō *1* auf die Schultern nehmen
suc|crēscō, ~crēvī *3* nachwachsen, heranwachsen ⟦*ml* anschwellen, steigen *vom Wasser*
succrētus *3* durchgesiebt
succrēvī →succresco
⟦**succuba,** ae *f spl* Beischläferin, Nebenbuhlerin; *ml* Teufel in weiblicher Gestalt, Hexe
succubuī →succumbo
⟦**succulentus** *3 spl* = suculentus
suc|cumbō, ~cubuī *3* niederfallen, niedersinken; unterliegen, nachgeben, sich fügen; sich begatten lassen *Dat* von
suc|currō, ~currī, ~cursum *3* herbeieilen, zu Hilfe eilen, helfen, abhelfen; in den Sinn kommen, einfallen
⟦**succussatura,** ae *f spl* Stoß; Ansporn
succussī →succutio
succussiō, ~nis *f* Erschütterung
succussus I. *Part Perf Pass* →succutio **II.** *Subst* ūs *m* Erschütterung, Schwingung, Stoß
suc|cutiō, ~cussī, ~cussus *3* emporschleudern, in die Höhe schleudern
sūcinum, ī *n* (*Nbf Nom Pl* sucini) Bernstein
sūcophanta, ae *m* = sycophanta
sūcōsus *3* saftreich, saftig; *übertr* schwerreich
Sucrō, ~nis *m* Sucro (in Ostspanien 1. Stadt, *heute* Alcira 2. Fluss, *heute* Júcar)
Sucrōnēns|is, ~e, *Gen* ~is von Sucro
sūctus →sugo
sucul|a, ae *f* **1.** Schweinchen **2.** Haspel, Seilwinde **3.** ~ae, ~arum *f* Plejaden *od* Hyaden *Sterngruppe*
⟦**suculentus** *3 spl* saftig, kräftig
sūcus, ī *m* Saft; *übertr* Kraft, Geist, Frische; Geschmack
sūdārium, ī *n* Schweißtuch, Taschentuch
sūdātiō, ~nis *f* Schwitzen; Schwitzmittel; Schwitzraum

sūdātōrium, ī *n* Schwitzbad, Schwitzraum
sūdātōrius *3* Schwitz-, zum Schwitzen dienlich
sūdātrī|x, *Gen* ~cis *f* den Schweiß hervortreibend
sudis, ~ *f* spitzer Pfahl; Spitze, Stachel; Pfeilhecht
sūdō *1* schwitzen; ausschwitzen; triefen *Abl* von; *übertr* schwer arbeiten, im Schweiße seines Angesichts tun; *Kleidung* durchschwitzen ⟦*spl auch* (Zeit) schwitzend (= schwer arbeitend, hart sich mühend) verbringen; *ml übertr* hervorbringen
sūd|or, ~ōris *m* Schweiß; *übertr* Anstrengung; Feuchtigkeit
sūduculum, ī *n* Schweißtuch, Wischtuch
sūdum, ī *n* heiteres Wetter
sūdus *3* trocken, heiter, sonnig
Suēbī, ōrum *m* Sueben (große westgermanische Völkergruppe)
Suēbia, ae *f* Suebenland
⟦**Suecia,** ae *f ml* Schweden
suēscō, suēvī, suētus *3* (*Nbf Perf* suesti ... suerunt = suevisti ... sueverunt) **1.** sich gewöhnen *Dat* an **2.** gewöhnen *Abl* an; →suevi
Suessa, ae *f* Suessa (Stadt 1. in Mittelitalien, *heute* Sessa Aurunca 2. ~ Pometia in Latium)
Suessānī, ōrum *m* Suessaner, Einw. von Suessa 1.
Suessānus *3* suessanisch, von Suessa 1.
Suessiōn|ēs, ~um *m* Suessionen (kelt. Volk im nordwestlichen Mittelgallien beim heutigen Soissons)
Suessula, ae *f* Suessula (Stadt in Kampanien)
Suessulānī, ōrum *m* Suessulaner, Einw. von Suessula
suēta, ōrum *n* Gewohnheiten
Suētōnius *3 Gent* Suetonius (C. ~ Tranquillus, ca. 70–140, Verfasser von Kaiserbiografien, unter Hadrian Chef der kaiserlichen Kanzlei)
suētus **I.** *Adj 3* gewöhnt *Dat* an, gewohnt, vertraut **II.** *Part Perf Pass* →suesco
suēvī **1.** →suesco **2.** sich gewöhnt haben, pflegen
Suēvī, ōrum *m* = Suebi
sūfē|s, ~tis *m* Suffet (einer der beiden obersten Beamten in Karthago, vergleichbar dem römischen Konsul)
suffarcinō *1* vollstopfen
suffēcī →sufficio
suffectus *Part Perf Pass* →sufficio; consul ~ **1.** (in republikanischer Zeit) ein nachgewählter Konsul **2.** (in Kaiserzeit) ein Titularkonsul, Konsul ehrenhalber (aber mit der Aufgabe zu repräsentieren)
sufferō, sustulī (*Inf* sufferre) *3* **1.** = tollo **2.** hinhalten, darreichen; ertragen, aushalten, auf sich nehmen; se sufferre sich aufrecht halten
⟦**sufferro** *1 ml* beschlagen
suffertus *3* vollgestopft; *übertr* voll tönend
suffe|s, ~tis *m* = sufes
suffici|ēns, *Gen* ~entis **I.** *Adj* hinreichend, genügend **II.** *Part Präs Akt zu* sufficio
⟦**sufficientia,** ae *f spl* Genügen, Zufriedenheit; Habe
suf|ficiō, ~fēcī, ~fectus *3* unterbauen, darunterbauen, unterlegen; färben, tränken; nachschaffen, nachwachsen lassen; nachwählen; darreichen, geben; ausreichend vorhanden sein, genügen; gewachsen sein ⟦*ml* non sufficio mirari sich nicht genug wundern können
suf|figō, ~fīxī, ~fīxus *3* anheften, anschlagen, befestigen *auch Dat* an; beschlagen
suffīm|en, ~inis *n* Räucherzeug, Räucherwerk
suffīmentum, ī *n* = suffimen
suffiō (*Nbf Perf Akt* suffiī) *4* räuchern; *kult* durch Räuchern reinigen *od* entsühnen; *poet* wärmen
suffīt|or, ~ōris *m* Räucherer
suffīxi, suffīxus →suffigo
sufflām|en, ~inis *n* Hemmschuh; Hindernis
sufflāminō *1* hemmen
sufflātus **I.** *Adj 3* aufgedunsen; eingebildet; zornig **II.** *Part Perf Pass zu* sufflo
sufflāvus *3* blond, gelblich
sufflō *1* blasen, (sich) aufblasen, anblasen; se sufflare zornig sein *Dat* auf
suffōcātiō, ~nis *f* Erstickungsanfall
suffōcō *1* ersticken, erwürgen ⟦*ml* sub pedibus ~ tottreten
suf|fodiō, ~fōdī, ~fossus *3* untergraben, unterminieren; (von unten) durchbohren
suffossiō, ~nis *f* Unterminierung, Unterhöhlung
suffossus →suffodio
suffrāctus →suffringo
⟦**suffraganeus,** i *m ml* Suffragan; Weihbischof (mit Sitz u. Stimme im Provinzialkonzil)
⟦**suffragan|s,** ~tis *m ml* = suffraganeus
suffrāgātiō, ~nis *f* Empfehlung, Begünstigung
suffrāgāt|or, ~ōris *m* Wähler, Anhänger; Werber, Förderer
suffrāgātōrius *3* die Unterstützung bei der Wahl betreffend
suffrāgin- →suffrago
suffrāgium, ī *n* Stimme (bei der Wahl); Abstimmung, Urteil, Zustimmung; Stimmrecht; stimmberechtigte Zenturie ⟦*spl* Privileg; *ml* Hilfe, Fürbitte; Almosen, Scherflein
suffrāg|ō, ~inis *f* **1.** Ferse, Fußgelenk (Tarsus) *an hinterer Tierextremität* **2.** Rebenschößling

suffrāgor *1* seine Stimme bei der Wahl geben, unterstützen; empfehlen, begünstigen
suf|fringō, ~frēgī, ~frāctus *3* zerbrechen
suffūdī →suffundo
suf|fugiō, ~fūgī *3* fliehen in *Abl* unter; entfliehen, entgehen *Akk* jmdm. *od* etw.
suffugium, ī *n* Zuflucht *Gen, auch Dat* vor, Hilfe *Gen* gegen
suf|fulciō, ~fulsī, ~fultus *4* stützen, halten, tragen
suffūmigō *1* (aus)räuchern
suf|fundō, ~fūdī, ~fūsus *3* daruntergießen, darunterlaufen lassen; benetzen, bedecken; färben, tränken; zugießen, eingießen; *vgl* suffusus
suffūror *1* stehlen
suffuscus *3* bräunlich
suffūsus I. *Adj 3* darunterströmend; unterlaufen, übergossen, durchströmt ⟦*spl* schamhaft **II.** *Part Perf Pass* →suffundo
Sugambrī, ōrum *m* = Sigambri
sug|gerō, ~gessī, ~gestus *3* darunterlegen; hinzufügen, anfügen, folgen lassen; zuführen, darreichen, herbeischaffen; aufführen, errichten; eingeben ⟦*spl* raten; *ml* hinterbringen, mitteilen
suggestiō, ~nis *f rhet* Ergänzung (der Redner beantwortet eine eigene Frage selber) ⟦*spl* Rat, Überredung, Einflüsterung; Eingabe (beim Kaiser)
⟦**suggestor,** ~is *m ml* Ratgeber
suggestum, ī *n* (künstlich geschaffene) Anhöhe, Erhöhung; Rednerbühne, Tribüne
suggestus I. *Part Perf Pass* →suggero **II.** *Subst* ūs *m* **1.** = suggestum **2.** ⟦*spl jur* Veranlassung, Anstiftung; Veranstaltung
suggil- = sugil-
sug|gredior, ~gressus sum *3* heranrücken
sūgillātiō, ~nis *f* blauer Fleck (von Schlag *od* Stoß); *übertr* Beschimpfung
sūgillō *1* verbläuen; beschimpfen ⟦*spl* einbläuen
sūgō, sūxī, sūctus *3* saugen; aussaugen; einsaugen
suī I. *Subst* **1.** ōrum *m* Verwandte, Freunde, Landsleute, die eigenen Leute **2.** *Dat Sg zu* sus **II.** *Verb* →suo **III.** *Pron* **1.** *Gen des Reflexivpronomens* **2.** *Gen Sg m, n od Nom Pl m zu* suus
suilla, ae *f* Schweinefleisch
suillus *3* Schweine-
⟦**suimet** *undekl ml* sein, ihr *refl*
Suion|ēs, ~um *m* Suionen (germ. Volk in Skandinavien)
sulcō *1* furchen, durchfurchen, pflügen, graben; *übertr* durchfahren ⟦*ml übertr* schreiben
sulcus, ī *m* Furche, kleiner Graben, Vertiefung, Rinne, Rille; Pflügen
sulf- = sulp-
Sulla, ae *m BN* →Cornelius
Sullān|us I. *Adj 3* sullanisch, des Sulla **II.** *Subst* ~ī, ~ōrum *m* Sullaner, Anhänger des Sulla
sullāturiō *4* den Sulla spielen wollen
Sulmō, ~nis *m* Sulmo (Stadt in Mittelitalien, Geburtsort des Ovid), *heute* Sulmona
Sulmōnēns|ēs, ~ium *m* Sulmonenser, Einw. von Sulmo
sulph- = sulp-
Sulpicia, ae *f* Sulpicia (röm. Dichterin z. Z. des Tibullus)
Sulpiciānus *3* sulpizianisch, des Sulpicius
Sulpicius *3 Gent* Sulpicius
sulpur, ~is *n* Schwefel; *poet* Blitz; *Pl* ~a Schwefelstücke, -dämpfe, -bäder ⟦*spl m*
sulpurātiō, ~nis *f* Schwefellager
sulpureus *3* schweflig
sultis [si vultis] bitte!
sum, fuī (*Inf* esse; *Imp* esto [te]; *Konj. Präs* sim, sīs *usw, altl* siem, siēs *usw*) **1.** sein; da sein, vorhanden sein, existieren; stattfinden; leben, sich befinden; gelten, in Kraft sein **2.** gehören a zu; verkehren cum mit; secum esse für sich sein; handeln de von; ex re *od* ex usu esse zum Vorteil *od* Nutzen sein *Dat* für **3.** *mit Gen* Eigentum *od* Eigenart *od* Aufgabe *od* Zeichen *od* Beweis sein; *bei Wertangaben* kosten, wert sein, tanti est es ist die Mühe wert; *mit Dat* dienen zu, gereichen zu, geeignet sein zu; *mit Dat der Person* haben, besitzen (*Dat wird Subjekt:* mihi est ich habe); *mit Abl* haben, besitzen, *bei Wertangaben* kosten **4.** *Wendungen:* sunt, qui es gibt Leute, die = manche; est, ubi manchmal; est, quod *od* cur es ist Grund vorhanden, dass; est *mit Inf* man darf, man kann, es kommt vor, dass; ita est so verhält es sich; id est das heißt, das bedeutet; meā, tuā *usw* est es ist mein, dein *usw* Eigentum; meum, tuum *usw* est es ist meine, deine *usw* Sache; esto es mag sein, nun gut ⟦*spl* est ja; *ml Inf als undekl Subst* Sein; non esse Nichtsein, Tod; *unpers* illis erat libenter audire = libenter audiebant
sumbolum, ī *n* = symbolum
sūm|en, ~inis *n* Brust (einer Stillenden); Euter, *bes* Saueuter (galt als Delikatesse); Sau; *übertr* Schmalztopf
summ- = *auch* subm-
summa, ae *f* oberste Stelle, Vorrang; Höhepunkt, Vollendung; Hauptsache, Hauptgegenstand, Hauptentscheidung; Gesamtheit, Gesamtzahl, Summe, Inbegriff; ad ~m überhaupt, kurz
summānō *1* hinrieseln; *mit Akk* berieseln
Summānus, ī *m* Summanus (Gott des Nachthimmels)
summārius, ī *m* Packesel

S

summā|s, *Gen* ~tis vornehm
summātim *Adv* summarisch
summātus, ūs *m* Oberherrschaft
summē *Adv* höchst, äußerst
⟦**summita|s,** ~tis *f spl* Spitze, Gipfel; *ml* Dach
summopere *Adv* gar sehr
summula, ae *f* Sümmchen
summum I. *Subst* ī *n* das Oberste, Wichtigste; Höhe; a summo von (ganz) oben **II.** *Adv* höchstens ⟦*spl* zum letzten Mal
summus I. *Adj* (*Sup zu* superus) *3* äußerster (Teil von etw.); *zeitl* letzter, äußerster; bester, größter, wichtigster; vollkommen, ganz; res summa das Ganze (= der Staat) ⟦*ml* summo mane in aller Frühe; locus ~ Posten des Vorgesetzten **II.** *Subst* ī *m ml* hoher Herr
sūmō, sūmpsī, sūmptus *3* nehmen, an sich *od* zu sich nehmen, ergreifen; kaufen; mieten; anwenden, verbrauchen; *Strafe* vollziehen de an; wählen, aussuchen; *als Beispiel* anführen, behaupten; sich herausnehmen
sumpse *altl* = **1.** ipsum **2.** = sumpsisse
sūmpsī →sumo
sūmptiō, ~nis *f* **1.** Abnehmen **2.** Voraussetzung ⟦*ml* Empfang
sūmptuārius *3* den Aufwand betreffend
sūmptuōsus *3* kostspielig; aufwendig; verschwenderisch
sumptus I. *Part Perf Pass* →sumo **II.** *Subst* ūs *m* Aufwand, Kosten; Lebensbedarf, Unterhalt
sumpuīs = simpuviis →simpuvium
Sūnium, ī *n* Sunion (Südspitze von Attika)
suō, suī, sūtus *3* nähen, zusammennähen, zusammenfügen
suōmet *u.* **suōpte** = *verstärktes* suo *Dat/ Abl Sg m, n zu* suus
suovetauril|ia, ~ium *n* (feierliches) Sühneopfer (mit Schwein, Schaf, Stier)
supellecticārius, ī *m* Sklave, der die Aufsicht über das Hausgerät führt
supellectil- →supellex
supelle|x, ~ctilis *f* Hausrat, Gerät, Ausstattung, Vorrat, *übertr* Schatz ⟦*spl Nom Sg* supellectilis; *ml* Kirchengerät, Kirchenschatz
super I. *Adj altl* = superus **II.** *Präp mit* **1.** *Akk örtl* über, obenauf, oberhalb, über ... hinaus; *zeitl* während, bei; *übertr* über, mehr als; außer ⟦*spl örtl* an; *zeitl* nach **2.** *Abl örtl* über, obenauf; *zeitl* während, bei; *übertr* über, wegen **III.** *Adv* oben, von oben, darüber, über; außerdem, übrig; satis ~que mehr als genug
superā I. *Verb Imp Sg zu* supero *1* **II.** *Präp od Adv* = supra
superābil|is, ~e, *Gen* ~is übersteigbar, überwindbar, bezwingbar
superad|dō, ~didī, ~ditus *3* noch dazu tun
superadōrnātus *3* auf der Oberfläche verziert
superāt|or, ~ōris *m* Überwinder, Besieger
⟦**superatri|x,** ~cis *f spl* Überwinderin, Besiegerin
superbia, ae *f* Stolz; Hochmut, Überheblichkeit; *übertr* ~ candoris leuchtendes Weiß
superbiloquentia, ae *f* übermütig-freches Reden
superbiō *4* stolz sein *Abl* auf; prangen, prächtig sein
superbus *3* stolz, hochmütig, eitel; erhoben, hervorragend; prächtig, ausgezeichnet
Superbus, ī *m* Superbus (»der Hochmütige«, BN des letzten röm. Königs Tarquinius)
super|cēdō, ~cessī *3* überschreiten
supercilium, ī *n* Augenbraue; *übertr* Hochmut, strenges *od* finsteres Wesen; *technisch* Rand, Auskragung, Überwölbung; Türsturz; Anhöhe, Vorsprung, Spitze ⟦*spl* Rand, Saum
supercon|tegō, ~tēxī *3* oberhalb bedecken
supercurrō *3* darüber laufen, übersteigen
super|dō, ~dedī, ~datus *1* darüber tun ⟦*ml* aufgeben, preisgeben
⟦**super|duco,** ~duxi, ~ductus *3 spl* hochziehen; zuführen, hinzufügen; zu viel nehmen
superēmineō *2* hervorragen *Akk* über
superēmorior *3* darüber hinsterben
superesse *Inf zu* supersum
⟦**superexalto** *1 spl* hoch erheben; sich hoch erheben, weit hinausgehen *od* erhaben sein *Akk, auch Abl* über
⟦**superexsalto** *1 ml* überspringen, *übertr* hinausgehen *Akk* über
superficiārius I. *Adj 3* auf fremdem *od* gepachtetem Boden stehend ⟦*spl jur* in Erbpacht befindlich; *ml* oberflächlich **II.** *Subst* i *m spl* Erbpächter
superficiēs, ēī *f* Oberfläche, Oberteil; die über dem Erdboden befindlichen Teile (von Pflanzen, Bauwerken u. dgl.); Fläche
super|fīō (*Inf* ~fierī) übrig bleiben
superfīxus *3* oben befestigt *Dat* an, aufgespießt *Dat* auf
super|fluō, ~flūxī *3* überströmen, über die Ufer treten; *übertr* Überfluss haben *Abl* an, in Überfluss vorhanden sein; überflüssig sein; vorbeifließen *Akk* an
⟦**superfluus** *3 spl* überflüssig
superflūxī →superfluo
superfūdī →superfundo
superfuī →supersum
super|fundō, ~fūdī, ~fūsus *3* darübergießen *od* -schütten *Dat* über; überschütten, begießen, bedecken; ausbreiten

super|fundor, ~fūsus *3* überströmen, sich ergießen, sich ausbreiten
superfūsus →**1.** superfundo **2.** superfundor
super|gredior, ~gressus sum *3* (*Nbf* ~gradior *u. spl* ~gredio) überschreiten; übertreffen
supergressus I. *Part Perf* →supergredior [[*spl passiv* **II.** *Subst* ūs *m spl* Überschreiten
super|iaceō, ~iacuī *2* darauf liegen (bleiben)
super|iaciō, ~iēcī, ~iectus *u.* ~iactus *3* daraufwerfen, darüberlegen, bedecken; übertreffen, übersteigen, überschreiten, hinausgehen *Akk* über
superimmineō *2* darüber emporragen
superim|pōnō, ~posuī, ~positus *3* oben drauflegen; -stellen *Dat* auf
superincidō *3* von oben herab- *od* hereinfallen *od* -stürzen
superincub|āns, *Gen* ~antis oben darauf liegend
superin|cumbō, ~cubuī *3* sich drauflegen
superin|duō, ~duī, ~dūtus *3* darüber anziehen
superin|iciō, ~iēcī, ~iectus *3* darüberwerfen [[*ml übertr* noch hinzufügen
superīn|sternō, ~strāvī *3* darüberbreiten, darüberlegen
[[**superintono** *1 ml* darüber erdröhnen
superi|or I. *Adj* ~us, *Gen* ~ōris (*Komp zu* superus) weiter oben gelegen, oberer; früherer, voriger, vergangen; älter; höher stehend; überlegen, mächtiger **II.** *Subst* **1.** ~ōris *m* Sieger; Vorgesetzter **2.** [[*ml* ~ora, ~um *n Pl* obere Räume; oben *im Schriftstück*
superiūmentārius, ī *m* Aufseher der Stallburschen
[[**superlabium,** i *n ml* Oberlippe
super|lābor, ~lāpsus sum *3* (hoch droben) dahingleiten
superlātiō, ~nis *f* **1.** *rhet* Übertreibung **2.** *gramm* Superlativ
superlātus *3* übertrieben
[[**superliminar|e,** ~is *n spl* Türsturz
super|mittō, ~mīsī, ~missus *3* dazuschütten, dazutun
supernatō *1* darüberschwimmen; obendrauf schwimmen *Dat* auf
supernē *Adv* oben; von oben her; nach oben
[[**supernimius** *3 ml* übergroß
[[**supernomino** *1 spl* mit einem Beinamen benennen
supern|us *3* oben befindlich, hoch gelegen, himmlisch [[*ml* cives ~i Himmelsbürger; gratia ~a göttliche Gnade
superō *1* **1.** *ohne Akk* hervorragen, hervorkommen; überlegen sein; reichlich vorhanden sein; übrig sein; *poet* überleben *Dat* jmdn *od* etw. **2.** *mit Akk* überschreiten, übersteigen, überragen, übertreffen; überwinden, besiegen; hinausgehen über, vorbeigehen an
superobruō *3* überschütten, (von oben) bedecken
superoccupō *1* überraschen
superpend|ēns, *Gen* ~entis überhängend
super|pōnō, ~posuī, ~positus *3* daraufsetzen, drauflegen; darübersetzen, höher stellen; *übertr* vorziehen; vorsetzen
[[**superruo** *3 spl* stürzen *Dat, auch Akk* auf
superscandō *3* überschreiten, übersteigen; hinwegsteigen *Akk* über
super|scrībō, ~scrīpsī, ~scrīptus *3* darüberschreiben, oben darauf schreiben
[[**superscriptio,** ~nis *f spl* Überschrift
super|sedeō, ~sēdī, ~sessus *2* sitzen *Abl, Dat, Akk* auf *od* über; sich nicht befassen *Abl* mit, unterlassen [[*ml* ablehnen
[[**supersemino** *1 spl* darauf säen
supersessus →supersedeo
supersiliō *4* (hin)aufspringen
[[**super|sisto,** ~stiti *3 spl* sich stellen *Akk* auf; darauf stehen
superstāgnō *1* über die Ufer treten
super|stes, *Gen* ~stitis **I.** *Adj* überlebend *Dat, auch Gen* jmdn. *od* etw., übrig *od* am Leben bleibend; gegenwärtig **II.** *Subst jur* Zeuge
superstitī →supersisto
superstitiō, ~nis *f* Aberglaube, abergläubische Scheu *Gen* vor, kultische Furcht; Kult (vor allem fremder, nichtrömischer Religionen)
superstitiōsus *3* prophetisch; abergläubisch
superstitō *1* reichlich vorhanden sein; bewahren
superstō *1* stehen *Dat od Akk* auf
superstrātus *3* darübergehäuft
super|struō, ~strūxī, ~strūctus *3* darauf bauen, darauf errichten
[[**supersubstantial|is,** ~e, *Gen* ~is *spl* für die Erhaltung des Lebens notwendig; den notwendigen Vorrat überschreitend; das irdische Sein überschreitend (fehlerhaft interpretierende Übertragung eines gr. Wortes)
super|sum, ~fuī (*Inf* ~esse) übrig sein, übrig bleiben; im Überfluss vorhanden sein; ausreichen, gewachsen sein; überlegen sein; vor Gericht beistehen
super|tegō, ~tēxī, ~tēctus *3* be-, überdecken
superurgeō *2* von oben hereindringen
superus I. *Adj 3* (*Komp* →superior, *Sup* →summus *u.* supremus) oben befindlich, oberer; mare superum Adriatisches Meer; de supero von oben **II.** *Subst* ī, ōrum *m* Götter, Menschen, die Lebenden
super|vacāneus *3 u.* **~vacuus** *3* überflüssig, unnütz

supervādō *3* übersteigen, überwinden
super|vehor, ~vectus sum *3* hinausfahren *Akk* über
super|veniō, ~vēnī, ~ventum *4* darüberkommen über; (überraschend) dazukommen *Dat od Akk* zu; überfallen; übertreffen, übersteigen; bespringen
superventus I. *Part Perf Pass* →supervenio **II.** *Subst* ūs *m* das Hinzukommen [[*spl* Überfall
super|vīvō, ~vīxī *3* überleben *Dat* jmdn. *od* etw.
supervol(it)ō *1* hinfliegen *Akk* über [[*spl auch mit Dat*
supīnō *1* rückwärtsbeugen, umlegen [[*ml* se supinare sich anlehnen *Akk* an
[[**supinum,** i *n spl* **1.** Supinum (Verbalsubstantiv auf -um *od* -u mit finaler Funktion) **2.** Gerundium (Verbalform auf -ndi, -ndo, -ndum)
supīnus *3* rücklings, zurückgebeugt, auf dem Rücken liegend; nach oben gekehrt; stolz; bequem, lässig; rückwärts; konkav; sanft ansteigend [[*ml* hinten über
supp- = *auch* subp-
suppāctus →suppingo
suppaenitet *unpers* es reut ein wenig *Gen* etw.
suppalpor *1* ein wenig *od* heimlich schmeicheln
sup|pār, *Gen* ~paris fast gleich
supparasītor *1* schmeicheln
suppar|um, ~ī *n u.* **~us,** ~ī *m* **1.** oberes Segel **2.** kurzes, mit halblangen Ärmeln versehenes Frauengewand **3.** [[*spl* Banner
suppeditātiō, ~nis *f* Überfluss
suppeditō *1* (reichlich) vorhanden sein, vorrätig sein; zureichen; gewachsen sein; darreichen, verschaffen; helfen
suppēdō *1* leise furzen
suppernātus *3* (an der Hüfte) getroffen
suppetiae, ārum *f* Hilfe, Beistand
sup|peto, ~petiī *u.* ~petīvī, ~petītus *3* (reichlich) vorhanden sein; gewachsen sein, entsprechen; dauern [[*spl jur* für eine andere Person vor Gericht auftreten
suppilō *1* stehlen, bestehlen
sup|pingō, –, ~pāctus *3* unten befestigen *Dat* an, unten beschlagen
[[**supplantator,** ~is *m spl* Betrüger
supplantō *1* ein Bein stellen *Akk* jmdm., zu Fall bringen; niederwerfen, umstoßen; in den Boden treten, am Boden festtreten
supplēmentum, ī *n* Ergänzung, Verstärkung; Hilfe
sup|pleō, ~plēvī, ~plētus *2* nachfüllen, (wieder) auffüllen, ergänzen, vollzählig machen; ersetzen
sup|plex, *Gen* ~plicis demütig bittend *Dat od Gen* vor; tuus est supplex er bittet dich inständig
supplicātiō, ~nis *f* Dankfest, Bittfest [[*ml* Gebet, Flehen
supplicium, ī *n* **1.** flehentliche Bitte, Gebet; (Versöhnungs-)Opfer **2.** Sühne, Buße, Strafe; Todesstrafe, Hinrichtung; ~ sumo hinrichten de jmdn.; Marter
supplicō *1* demütig anflehen *Dat* jmdn.; ein Dankgebet darbringen
sup|plōdō, ~plōsī, ~plōsus *3* aufstampfen pedem mit dem Fuß; [[*spl übertr* niedertreten; Beifall klatschen
supplōsiō, ~nis *f* das Aufstampfen *Gen* mit
sup|pōnō, ~posuī (*altl* ~posīvī), positus *u.* ~postus *3* darunterlegen, daruntersetzen, darunterstellen, darunterbringen; unterwerfen; (unten) ansetzen; anfügen; an die Stelle setzen, unterstellen, unterschieben; *jur* als Pfand einsetzen, verpfänden
[[**supportatio,** ~nis *f ml* Herbeibringen; cum ~ne mit Verlaub
supportō *1* herbeibringen, herbeischaffen [[*spl* unterstützen
suppositīcius *3* untergeschoben
suppositiō, ~nis *f* Unterlegen, Unterschieben
suppositus I. *Adj 3* darunter befindlich, untergeschoben; unterstellt, angenommen **II.** *Part Perf Pass* →suppono
supposīvī →suppono
suppostri|x, ~cis *f* (puerorum Kindes-)Unterschieberin
suppostus →suppono
supposuī →suppono
suppraefectus, ī *m* Gehilfe, *auch übertr*
suppressī →supprimo
suppressiō, ~nis *f* Unterdrückung; Unterschlagung; Beklemmung
suppressus I. *Adj 3* gedämpft, leise, kurz **II.** *Part Perf Pass* →supprimo
sup|primō, ~pressī, ~pressus *3* **1.** hinunterdrücken, unterdrücken; aufhalten, zurückhalten; unterschlagen **2.** empordrücken
supprōmus, ī *m* Hilfskellermeister
suppudet *unpers Akk* jmd. schämt sich ein wenig *Gen* vor
suppūrātiō, ~nis *f* Eiterung
suppūrātus I. *Adj 3* eiternd; *übertr* weiter wühlend **II.** *Part Perf Pass zu* suppuro
suppūrō *1* eitern, Eiter hervorrufen; *übertr* wie ein Geschwür hervortreiben
supputātiō, ~nis *f* Berechnung
supputō *1* **1.** *Bäume* beschneiden **2.** berechnen
suprā I. *Präp mit Akk räuml* über, oben auf, oberhalb; über hinweg, über hinaus; *zeitl* vor; *übertr* außer [[*ml* ~ manus et pedes auf allen vieren **II.** *Adv* oben, vorher, darüber hinaus; ~ quam mehr als
[[**supradictus** *3 spl* oben *od* bereits erwähnt
suprālātiō, ~nis *f* = superlatio

suprālātus *3* = superlatus
suprāscandō *3* überschreiten
suprā|scrībō, ~scrīpsī, ~scrīptus *3* oben hinschreiben
suprāscrīptus →suprascribo ⟦*ml* oben erwähnt
suprēma, ōrum *n* **1.** Tod **2.** letzter Wille **3.** letzte Ehre **4.** ⟦*spl* Überreste
suprēmum *Adv* zum letzten Mal
suprēmus *3* (*Sup zu* superus) oberster, höchster; größter, schlimmster; äußerster, letzter; Sterbe-, tödlich
sups- = subs-
supt- = subt-
Sur- = Syr-
sūra, ae *f* Wade; Wadenbein
surculus, ī *m* Zweig; (Setz-, Pfropf-)Reis; Splitter, Span; Stab
surdaster, surdastra, surdastrum schwerhörig ⟦*ml übertr* töricht
surditā|s, ~tis *f* Taubheit
surdus *3* taub; unempfindlich; dumpf tönend; unmerklich, lautlos, still; unbekannt
Surēna, ae *m* Surena (Name u. Titel des höchsten parthischen Würdenträgers)
sur|gō, ~rēxī, ~rēctus *3* aufstehen, sich erheben, wachsen; *mit Akk* erheben, emporrichten
surpiculus, ī *m* Korb
surpite = surripite
surpuit = surripuit
surrēctus *Part Perf Pass* →**1.** subrigo **2.** surgo
Surrentīna, ōrum *n* Surrentinerweine
Surrentīnī, ōrum *m* Surrentiner, Einw. von Surrentum
Surrentīnus *3* surrentinisch, von Surrentum
Surrentum, ī *n* Surrentum (Stadt am Golf von Neapel), *heute* Sorrento
sur|rēpō, ~rēpsī, ~rēptum *3* unten hinschleichen, kriechen *Akk* unter; sich heranschleichen, sich einschleichen, unbemerkt hervorkommen
surrēptīcius *3* **1.** heimlich **2.** gestohlen
⟦**surreptio,** ~nis *f spl* Diebstahl, Erschleichung; *ml* Raub, Überfall
⟦**surreptivus** *3 ml* verstohlen; unvermerkt, plötzlich
surrēptum →surrepo
surreptus →surripio
surrēxe = surrexisse *Inf Perf Akt zu* surgo
surrēxī →surgo
surrigō *3* = subrigo
sur|ripiō, ~ripuī, ~reptus *3* heimlich wegnehmen, entwenden, entziehen; se surripere = surripi sich (*bes* der Strafe) entziehen ⟦*ml* abnötigen; entrücken
surrogō *1* nachwählen lassen ⟦*ml von deutschen Königen:* filium sibi surrogare den eigenen Sohn zum Nachfolger wählen
surrupio *3* = surripio
surrupticius *3* gestohlen
sūrsum *Adv* aufwärts, in die Höhe; oben ⟦*ml* ab humero sursum altior einen Kopf größer; ~ et deorsum geradeaus und seitwärts (beim Schach); e ~ von oben
[1]**sūs,** suis *m f* (*Nbff Dat/Abl Pl* subus, *Gen Sg altl* sueris, *Nom Sg spl* suis) Schwein
[2]**sus** *Adv* aufwärts; ~que deque habeo ich mache mir nichts *Akk* aus
Sūsa, ōrum *n* Susa (eine der Hauptstädte des Perserreiches)
sus|cēnseō, ~cēnsuī *2* zornig *od* böse sein *Dat* auf jmdn. *Akk* wegen etw.
suscēpī →suscipio
susceptiō, ~nis *f* Übernahme ⟦*spl* Aufnahme, Empfang
⟦**susceptor,** ~is *m spl* Unternehmer; Einnehmer, Kassierer; Hehler; Empfänger; Helfer; *ml* Wirt, Herbergsvater, Hospizvorsteher
sus|cipiō, ~cēpī, ~ceptus *3* aufnehmen, annehmen, übernehmen, auf sich nehmen; stützen; anfangen; (als Kind) anerkennen, (als wahr) annehmen ⟦*ml* (aus der Taufe) heben; *örtl* sich anschließen *Akk* an; aufsuchen
suscitō *1* emportreiben, aufrichten; erregen, wecken, ermuntern ⟦*spl* wirksam erhalten; erzeugen; *ml* auferwecken
Sūsiāna, ae *f* Susiana (pers. Provinz), *heute* Chusistan
Sūsiānī, ōrum *m* Einw. von Susa *bzw* Susiana
Sūsiānus *3* susianisch, von Susa
Sūsi|s, *Gen* ~dis *f* susisch, persisch; ~dae Pylae Pässe zwischen Persien u. Susiana
suspectō *1* besehen; mit Argwohn betrachten ⟦*ml* schielen
suspector *1* **1.** verdächtig sein **2.** ⟦*spl* = suspecto
suspectus I. *Adj 3* verdächtig, Verdacht erregend; vermutet; angesehen ⟦*spl* misstrauisch **II.** *Part Perf Pass* →[1]suspicio **III.** *Subst* ūs *m* Blick nach oben; *poet* Höhe; Bewunderung
suspendium, ī *n* Erhängen ⟦*ml* Hangen und Bangen
sus|pendō, ~pendī, ~pēnsus *3* aufhängen ex *od* de *od* ab *od Abl od Dat* an; (durch Stützen) emporheben, schweben lassen, stützen; lockern, unterbrechen, hemmen; unentschieden lassen; *übertr* auf die Folter spannen ⟦*ml ohne Akk* haltmachen; freigeben, suspendieren
suspēnsūra, ae *f* auf Stützen ruhender Fußboden (bei Hypokausten)
suspēnsus I. *Adj 3* schwebend, aufgerichtet, hoch; locker; abhängend ex von; ungewiss, schwankend, ängstlich ⟦*spl* hoch gebaut **II.** *Part Perf Pass* →suspendo
suspēxī →[1]suspicio

suspicā|x, *Gen* ~cis argwöhnisch; verdächtig

[1]**suspiciō,** suspēxī, suspectus *3* emporblicken, bewundern; mit Argwohn betrachten ⟦*ml* voll Sorge betrachten, fürchten

[2]**suspīciō,** ~nis *f* Argwohn, Verdacht; ~nes Verdachtsmomente; Vermutung, Ahnung, Anschein

suspīciōsus *3* argwöhnisch; verdächtig

suspicō *1 altl* = suspicor

suspicor *1* in Verdacht haben de wegen; vermuten, argwöhnen

suspīrātus, ūs *m* tiefes Atemholen, Seufzen

suspīrium, ī *n* **1.** Seufzer **2.** Keuchen **3.** Atmen, Luftholen

suspīrō *1* tief Atem holen, seufzen; verliebt sein, seufzen in *Akk od Abl* nach, sich sehnen *Akk* nach; ausdünsten; dampfen

sussultō *1* = subsulto

sustentāculum, ī *n* Stütze ⟦*spl übertr* Nahrung, Lebensunterhalt

sustentātiō, ~nis *f* Aufschub, Verzögerung, *rhet* Hinhalten (der Zuhörer zur Erhöhung der Spannung) ⟦*spl* Unterstützung, Erhaltung; Geduld

sustentō *1* aushalten; emporhalten, stützen, unterstützen; ernähren, unterhalten; aufhalten, verzögern ⟦*ml* tragen

sustineō, ~tinuī *2* emporhalten, stützen, halten; tragen; ernähren; aushalten; auf sich nehmen, übernehmen; ertragen; aufhalten, zurückhalten, verschieben ⟦*ml* erwarten

sustollō *3* emporheben, aufrichten; aufheben; wegnehmen, vernichten, beseitigen

sustulī →**1.** suffero **2.** tollo

sūsum *Adv* = sursum

susurrāt|or, ~ōris *m übertr* Geflüster ⟦*spl* heimlicher Ratgeber, Einflüsterer

⟦**susurrium,** i *n spl* Flüstern; Zirpen

susurrō I. *Verb 1* summen, flüstern **II.** ⟦*Subst* ~nis *m spl* = susurrator

susurrus I. *Adj 3* flüsternd **II.** *Subst* ī *m* Summen; Säuseln; Flüstern

sūtēla, ae *f* Lügengewebe, Intrige

sūtil|is, ~e, *Gen* ~is zusammengenäht; zusammengebunden, geflochten

sūt|or, ~ōris *m* Schuster, Flickschuster ⟦*spl* Kompilator

sūtōrius I. *Adj 3* Schuster- **II.** *Subst* ī *m* ehemaliger Schuster

sūtrīna, ae *f* **1.** Schusterhandwerk **2.** Schusterwerkstatt

sutrīnum, ī *n* Schusterhandwerk

sūtrīnus *3* Schuster-

Sūtrīnus *3* sutrinisch, von Sutrium

Sūtrium, ī *n* Sutrium (Stadt in Etrurien), *heute* Sutri

sūtūra, ae *f* Naht

sūtus →suo

suum, ī *n* Eigentum; seine *od* ihre Sache, Pflicht

suus *3* sein, ihr, eigen; zugehörig, passend, günstig; sein eigener Herr, selbstständig; suo tempore zu rechter Zeit; suo iure mit vollem Recht

sūxī →sugo

S. V. B. E. E. (Q.) V. *Abk für* si vales, bene est, ego (quoque) valeo wenn du gesund bist, ist es gut, ich (für meine Person) bin gesund *Briefformel*

Sybaris, ~ *f* Sybaris (Stadt am gleichnamigen Fluss in Süditalien, sprichwörtlich als Sitz der Schlemmerei)

Sybarītānī, ōrum *m* Sybariten, Einw. von Sybaris

Sybarīticus *3* sybaritisch, von Sybaris, *übertr* erotisch

Sychaeus I. *Adj 3* des Sychaeus **II.** *Subst* ī *m* (*bei Vergil auch* Sȳ-) Sychaeus (König von Tyros, Gem. der Dido)

sȳcophanta, ae *m* Denunziant; Intrigant; Schmeichler

sȳcophantia, ae *f* Betrügerei

sȳcophantiōsē *Adv* betrügerisch

sȳcophantor *1* betrügen *Dat* jmdn.

Syēnē, ēs *f* Syene (Stadt in Oberägypten), *heute* Assuan

Syēnītēs, ae *m* Einw. von Syene; lapis ~ der rote Granit von Syene

Sygambrī, ōrum *m* = Sigambri

Sylla, ae *m* = Sulla

syllab|a, ~ae *f* Silbe; *übertr Pl* ~ae Verse

syllabātim *Adv* silbenweise

syllogismus, ī *m* Schluss (in der Logik)

syllogisticus *3* zum Syllogismus gehörig, syllogistisch; ars syllogistica Logik

Symaeth|ēus *u.* **~ius** *3* symaethisch, des Symaethus

Symaethi|s, ~dis *f* Symaethis (T. des Flussgottes Symaethus)

Symaethus, ī *m* Symaethus, *gr* Symaithos (Fluss in Ostsizilien), *heute* Simeto

symbola, ae *f* Geldbeitrag (zu gemeinschaftlichem Schmaus)

symbolum, ī *n* = symbolus ⟦*spl* Glaubensbekenntnis; *ml* Sinnbild

symbolus, ī *m* Kennzeichen (zur Legitimation)

symmetria, ae *f* Gleichmaß, Ebenmaß

⟦**symmysta,** ae *m spl* Miteingeweihter, Glaubensbruder

⟦**symphonator,** ~is *m ml* Musiker, Lautenspieler

symphōnia, ae *f* Harmonie; Instrumentalmusik; Konzert; Orchester ⟦*spl milit* (Signal-)Instrumente

symphōniacus I. *Adj 3* Musiker-; herba symphoniaca Bilsenkraut *Gift- u. Arzneipflanze* **II.** *Subst* ī *m* Musiker

⟦**symphonio** *1 ml* auf der Laute spielen

Symplēgad|es, ~um *f* Symplegaden (zwei kleine, der Sage nach »zusammenschlagende« Felseninseln, meist an der Ein-

fahrt zum Schwarzen Meer lokalisiert); *übertr* Hinterbacken
symposium, ī *n* Gastmahl, Gelage
⟦**synagoga,** ae *f spl* Synagoge; die Juden
⟦**synaxis,** ~ *f spl* Versammlung, Gottesdienst
synedrus, ī *m* Ratsmitglied, Beisitzer (im makedonischen Rat)
syngrapha, ae *f* Schuldschein, Wechsel
syngraphus, ī *m* schriftlicher Vertrag; Reisepass
synh- = syn-
Synnada, ōrum *n* Synnada (Stadt in Kleinasien)
Synna|s, ~dis *f* = Synnada
⟦**synodal|is,** ~e, *Gen* ~is *spl* Synoden-
⟦**synodicus** *3 spl* = synodalis
synodus, ī *f* Priesterkollegium ⟦*spl* Synode, Kirchenversammlung, kirchliches Konzil
synthesīna, ae *f* leichtes Obergewand Hauskleid
Syphā|x, ~cis *m* Syphax (numidischer König z. Z. des 2. Punischen Krieges)
Syrācosius *3 poet* = Syracusanus
Syrācūsae, ārum *f* Syrakus (Stadt auf Sizilien), *heute* Siracusa
Syrācū|sānus *3 u.* **~sius** *3* syrakusanisch, von Syrakus
Syrācūsānī, ōrum *m* Syrakusaner, Einw. von Syrakus
Syrī, ōrum *m* Syrer
Syria, ae *f* **1.** Syrien **2.** Seleukidenreich **3.** Assyrien
Syriacus *3* syrisch
Syrius *3* **1.** = Syrus **2.** von Syros
syrma, ~tis *n* langes Kleid mit Schleppe; *übertr* Tragödie
Sȳros, ī *f* Syros (Kykladeninsel)
Syrus *3* syrisch, von Syrien
Syrticus *3* syrtisch ⟦*spl* sandig
syrti|s, ~dis (*Akk* ~m) *f* Syrte, Sandbank im Meer, *bes* ~s maior *u.* ~s minor vor der Küste Nordafrikas, *heute* Klalid; Gabès u. Klali; Syrt; *auch* das Küstenland an den Syrten
⟦**systema,** ~tis *n spl* System; Akkord

T

T. *Abk für* **1.** →testamentum **2.** →titulus **3.** →Titus **4.** →tribunicius **5.** →tribunus **6.** →tu
tabella, ae *f* Brettchen; Schreibtafel; Brief, Urkunde, Vertrag; Bericht; Votivtäfelchen, Stimmtäfelchen; Gemälde; Spielbrett; Fächer
tabellārius I. *Adj 3* Brief-, Post-; Abstimmungs-, Wahl- **II.** *Subst* ī *m* Briefbote
tābeō *2* schmelzen, sich zersetzen, verwesen; triefen *Abl* von
taberna, ae *f* Hütte, Bude; Laden, Werkstatt; Gasthaus; Kneipe, Bordell
tabernāculum, ī *n* Hütte, Zelt; *kult* der Standort des Auguren ⟦*ml* Tabernakel, Sakramentshäuschen; Tempel; ~ foederis Bundeslade (im Alten Testament); *übertr* ~ linguae Schlund
⟦**Tabernae,** arum *f spl* Tabernae (Ort an den Vogesen), *heute* Saverne, *ältere dt Form* Zabern
⟦**tabernal|is,** ~e, *Gen* ~is *ml* zur Hütte *od* Schenke gehörig
tabernārius I. ⟦*Adj 3 spl* Krambuden- **II.** *Subst* ī *m* Kramladenbesitzer, Krämer ⟦*ml* Schenkwirt
tabernula, ae *f* Bude, Lädchen; ärmliche Wohnung
tāb|ēs, ~is *f* Schmelzen, Fäulnis, Verwesung, Schwinden; Schwindsucht, Auszehrung; Seuche; Gram, Liebeskummer; Matsch, Schlamm, Jauche
tāb|ēscō, ~uī *3* schmelzen, sich zersetzen; hinschwinden, vergehen; hinsiechen, sich abhärmen *Abl vor*
tābidus *3* schmelzend; verwesend; hinschwindend; auszehrend
tābificus *3* schmelzend; zersetzend
tablīnum, ī *n* = tabulinum
tābuī →tabesco
tabula, ae *f* Brett, Tafel; Tischplatte, Sitzbrett (einer Bank); Spielbrett; Gemälde; Schreibtafel; Liste, Verzeichnis, Urkunde, Akte, Schriftstück, Register; tabulae novae Anlage neuer Schuldregister (bei Annullierung alter Schulden); Landkarte ⟦*spl* Saatbeet, Feldstück; *ml* Altartisch; Klopfbrett (in der Karwoche anstelle der Glocken verwendet)
tabulār|is, ~e, *Gen* ~is Brett-, Tafel-
tabulārium, ī *n* Archiv, Urkundensammlung
tabulārius I. *Adj 3* Archiv- **II.** *Subst* ī *m* Archivar, Registrator
tabulātiō, ~nis *f* = tabulatum
tabulātum, ī *n* Bretterverschlag, Bretterboden; Stockwerk; Absatz, Stufe; Schicht; Täfelung
tabulīnum, ī *n* **1.** Tabulinum *od* Tablinum (Raum am Atrium, *urspr* Speise-, später Empfangszimmer, wo auch Urkunden, Akten u. dgl. aufbewahrt wurden, *daher:*) **2.** Archiv **3.** hölzerner Balkon *od* Altan, hölzerne Loggia **4.** ⟦*spl* Bildergalerie
⟦**tabulo,** ~nis *m ml* Brettspieler
tābum, ī *n* Gift, Pest; ekelhafte Flüssigkeit, Eiter; *poet* ~ Sidonium Blut der Purpurschnecke
Taburnus, ī *m* Taburnus (Bergkette in Samnium)
⟦**taccunatus** *3 ml* besohlt

tac|eō, ~uī, ~itus *2* schweigen; verschweigen, schweigen *Akk* von
Tacita, ae *f* Tacita (Göttin des Schweigens und der Zauberei)
tacitō *Adv* →tacitum 1.
tacitum, ī *n* **1.** Stille; per tacitum = tacito im Stillen **2.** Geheimnis
taciturnitā|s, ~tis *f* Schweigen, Verschwiegenheit, Schweigsamkeit
taciturnus *3* still, lautlos, schweigsam, verschwiegen, stumm
tacitus I. *Adj 3* schweigend; lautlos, still, verschwiegen; unausgesprochen, unbemerkt **II.** *Part Perf Pass* →taceo
Tacitus, ī *m* Tacitus (BN 1. des Historikers P. Cornelius ~, ca. 55–120, 2. des Kaisers M. Claudius ~, 275/276)
tāctiō, ~nis *f* = tactus II.
tāctus I. *Part Perf Pass* →tango **II.** *Subst* ūs *m* Berührung, Wirkung, Einfluss; Tastsinn, Gefühl
taeda, ae *f* Kiefer *Baum;* Kienholz, Kienspan; (Hochzeits-)Fackel ⟦*ml* Harz
taed|et, ~uit *2 unpers* es ekelt *Gen* vor, me taedet ich habe satt *Gen* jmdn. *od* etw.
⟦**taediatus** *3 ml* voll Ekel, voll Verdruss
taedifer, taedifera, taediferum eine Fackel tragend
taedium, ī *n* **1.** Ekel *Gen* vor, Überdruss; Widerwille *Gen* gegen, Unlust *Gen* zu **2.** Widerwärtigkeit ⟦*ml* Kummer
taeduit →taedet
Taenaridēs, ae *m* aus Taenarum
Taenari|s, ~dis *f* taenarisch
Taenarius *3* taenarisch
Taenar|um, ~ī *n u.* **~us,** ~ī *m* Taenarus, *gr* Tainaron (Vorgebirge u. Stadt in der Peloponnes), *heute* Kap Matapan
taen|ea *u.* **~ia,** ~eae *bzw* ~iae *f* [*gr*] Band, Binde, Kopfbinde; Papyrusstreifen; Bandleiste (am dorischen Säulengebälk); Bandwurm; *Pl* ~iae, ~iārum Reihen von Klippen im Meer
taeter, taetra, taetrum hässlich, abscheulich, widerwärtig
⟦**taetricus** *3 spl* = tetricus
tagam = tangam
tagā|x, *Gen* ~cis diebisch
Tag|ēs, ~ētis *u.* ae *m* Tages (etr. Gott)
⟦**Tageticus** *3 spl* tagetisch, des Tages
Tagus, ī *m* Tagus (Fluss in Spanien u. Portugal), *heute* Tajo *u.* Tejo
⟦**talar|e,** ~is *n ml* Talar
tālāri|a, ~um *n* (Fuß-)Knöchel; Flügel an den Knöcheln, Flügelschuhe; knöchellanges Gewand; Fußeisen (Folterinstrument), *vielleicht auch* (mit Knöcheln versehene) Geißeln
tālār|is, ~e, *Gen* ~is bis zu den Knöcheln reichend; Würfel-
tālārius lūdus billige Unterhaltung(skunst), schäbiges Vergnügungslokal
Talassi|ō, ~ōnis *u.* **~us,** ~ī *m* Talassio (alter Hochzeitsruf); Hochzeit
Talassus, ī *m* = Talassio
tālea, ae *f* Pfahl, Pflock; Balken; Steckling, Reis; Barren
talentum, ī *n* [*gr*] Talent (attische Masseeinheit von 26,2 kg u. die entsprechende Geldeinheit von 60 Minen = 6 000 Drachmen) ⟦*ml* **1.** Preis, Lösegeld **2.** = marca (Pfund Silber od. Gold)
tāliō, ~nis *f* Wiedervergeltung (durch den gleichen Schaden)
tāl|is, ~e, *Gen* ~is so, so beschaffen, solch, derartig
⟦**taliter** *Adv ml* in solcher Weise, so
tālitrum, ī *n* Stüber, Schnipsen mit den Fingern
⟦**tallia,** ae *f ml* Steuer
⟦**tallus,** i *m ml* Trinkschale, Becher
talpa, ae *f, poet auch m* Maulwurf
⟦**talpinus** *3 spl* maulwurfartig
tālus, ī *m* Sprungbein; Knöchel, Ferse; Würfel
tam *Adv* so, so sehr, so weit, in dem Grade; quam ... ~ je ... desto; non ~ ... quam nicht sowohl ... als vielmehr, nicht so sehr ... wie ⟦*ml* ~ ... quam sowohl ... als auch
tamdiū *Adv* so lange; seit so langer Zeit
tamen *Kon.* dennoch, jedoch; doch auch, doch wenigstens; si ~ doch nur, wenn; vorausgesetzt, dass ⟦*ml* freilich
tamenetsī *Kon.* = tametsi
Tames|a, ~ae *u.* **~is,** ~is (*Akk* ~im) *m* Tamesa *od* Tamesis (Fluss in Britannien), *heute* Themse
tametsī *Kon.* obgleich, wenn auch; freilich, jedoch
tamine = tamne so?, also?
Tamphiliānus *3* tamphilianisch, des Tamphilus
Tamphilus, ī *m* Tamphilus (BN)
tamquam *Adv* wie, gleichsam, als ob
Tamyris, ~ *f* = Tomyris
Tanagra, ae *f* Tanagra (Stadt in Boiotien, Mittelgriechenland), *heute* Tanagra (Ruinen)
Tanagraeus *3* von Tanagra
Tana|is, ~is *u.* ~idis (*Akk* ~im) *m* Tanais (1. Fluss, *heute* Don 2. Stadt an der Mündung von 1. 3. Fluss, *heute* Sir-Darja)
Tanaquil, ~is *f* Tanaquil (Gem. des Tarquinius Priscus), *poet für* herrschsüchtige Gattin
tandem *Adv* endlich, schließlich, *in Fragesätzen* denn ⟦*ml unbest* einmal
tangō, tetigī, tāctus *3* berühren, anfassen; in Berührung bringen *Abl* mit; bekommen; nehmen, zu sich nehmen; *übertr* rühren, bewegen, beeinflussen; erwähnen; betrügen, prellen; eine Abfuhr erteilen *Akk* jmdm. ⟦*ml Saiteninstrument* spielen; *übertr* nahegehen *Akk* jmdm.

tangomenas = tengomenas
tanquam = tamquam
tantā *Adv altl* = tanto *Adv*
Tantaleus *3* des Tantalus
Tantalidēs, ae *m* Tantalide, S. *od* Nachkomme des Tantalus
Tantali|s, ~dis *f* Tantalide, T. *od* Nachkomme des Tantalus
Tantalus, ī *m* Tantalus, *gr* Tantalos (sagenhafter König, für seine Freveltaten schwerer Strafe im Tartarus ausgesetzt)
tantī 1. *Gen Sg n* so hoch, so teuer, non ~ est *mit Inf* es ist nicht der Mühe wert **2.** *Nom Pl* tantī, ae, a so viele
tantidem →tantusdem
tantillum, ī *n* Kleinigkeit, ein *od* das bisschen
tantillus *3 so* klein
tantisper *Adv* so lange; inzwischen
tantō *Adv vor Komp* umso
tantopere = tanto opere *Adv* so sehr
tantulum, ī *n* eine solche Winzigkeit, eine solche Kleinigkeit
tantulus *3* so klein, so gering
tantum *Adv* so weit, so sehr; nur, bloß; *vor Adj* so; ~ non beinahe; ~ quod kaum dass; si ~ wofern nur, wenn nur
tantummodō *Adv* nur
tantundem *Nom/Akk Sg n zu* tantusdem
tantus *3* so groß, so bedeutend, so viel; Adv →tanta, tanto, tantum
tantusdem *3* ebenso groß, ebenso viel; *Gen Sg n* tantidem ebenso hoch, ebenso teuer; *Akk Sg n Adv* tantundem ebenso weit
tapē|s, ~tis *m u.* **~te,** ~tis *n u.* **~tum,** ī *n* Teppich, Decke ⟦*ml auch* ~ta, ~tae *f* Wandteppich; Tapete; Bahrtuch
Tāprobanē, ēs *f* Taprobane (Insel im Indischen Ozean), *heute* Ceylon
Tapūri, ōrum *m* Tapurer (Volk am Südufer des Kaspischen Meeres)
tarandrus, ī *m* [*gr*] Ren *od* Elch
tarandus, ī *m* = tarandrus
Tarbelli, ōrum *m* Tarbeller (Volk im Südwesten Aquitaniens)
Tarbellus *3* tarbellisch
tarda, ōrum *n* Hemmnisse
tardigradus *3* langsam schreitend
tardiloquus *3* langsam redend
tardi|pēs, *Gen* ~pedis lahm, hinkend
torditā|s, ~tis *f* Langsamkeit, Zögern, Schwerfälligkeit ⟦*spl med* Langwierigkeit
tarditūd|ō, ~inis *f* = tarditas
⟦**tardiuscule** *Adv spl* etwas spät
tardiusculus *3* etwas langsam
tardō *1* verzögern, hemmen, aufhalten; *ohne Akk* säumen, zaudern, zögern ⟦*spl med* andauern
tardus *3* langsam, zögernd, bedächtig, schwerfällig; langsam *od* spät wirksam; hemmend
Tarentīnus *3* tarentinisch, von Tarent
Tarent|um, ī *n* (*Nbf* **~us,** ī *f*) **1.** Tarentum (Stadt in Süditalien), *heute* Taranto **2.** = Terentum
Tarīch|ea, ~eae *u* **~(a)eae,** ~(a)eārum *f* Tarichea (Stadt am Westufer des Sees von Genezareth), *heute* Magdala
tarm|es, ~itis *m* Holzwurm
Tarpēia, ae *f* Tarpeia (T. des Tarpeius)
Tarpēius I. *Adj 3* tarpeisch (*BN* des mons Capitolinus in Rom) **II.** *Gent 3* Tarpeius (Spurius ~, der Sage nach Befehlshaber der Burgbesatzung auf dem Kapitol)
tarpessīta, ae *m* = trapezita
Tarquiniēns|is, I. *Adj* ~e, *Gen* ~is tarquiniensisch, von Tarquinii **II.** *Subst* ~ēs, ~ium *m* Einw. von Tarquinii
Tarquinii, ōrum *m* **1.** Tarquinii (Stadt in Etrurien), *heute* Tarquinia **2.** die Tarquinier (*etr.-röm. Gent*)
Tarquinius I. *Adj 3* tarquinisch, aus Tarquinii, zu den Tarquiniern gehörend **II.** *Subst* ī *m* Tarquinius (*Gent* des 5. u. des 7. röm. Königs)
Tarracīn|a, ~ae *f* (*Nbf* ~ae, ~ārum) Tarracina (Stadt in Latium, auch Anxur genannt), *heute* Terracina
Tarracīnēns|is I. *Adj* ~e, *Gen* ~is tarracinensisch, aus Tarracina **II.** *Subst* ~ēs, ~ium *m* die Tarraciner, Einw. von Tarracina
Tarracō, ~nis *f* Tarraco (Stadt an der Nordostküste Spaniens), *heute* Tarragona
Tarracōnēns|is I. *Adj* ~e, *Gen* ~is tarraconisch, von Tarraco **II.** *Subst* ~ēs, ~ium *m* Tarraconer, Einw. von Tarraco
Tarsēns|ēs, ~ium *m* Einw. von Tarsus
Tarsus, ī *f* Tarsus, *gr* Tarsos (Stadt an der Südostküste Kleinasiens), *heute* Tarsus
Tartara, ōrum *n* = Tartarus 1.
Tartareus *3* zum Tartarus 1. gehörig; unterirdisch; schrecklich ⟦*ml* Tartarei coloni die Teufel
Tartarus, ī *m* Tartarus (1. *myth* finsterer Strafort in der Tiefe der Unterwelt ⟦*ml christlich* Hölle 2. Fluss in Oberitalien, *heute* Tartaro)
Tartēssius *3* tartessisch, von Tartessus; *übertr* spanisch, westlich
Tartēssus, ī *f* Tartessus, *gr* Tartessos (Stadt an der Südwestküste Spaniens)
tat *od* **tatae** *Interj* Donnerwetter!, potz Blitz!
tata, ae *m* Vater
tatae 1. = tat **2.** *Gen, Dat Sg, Nom Pl zu* tata
Tatius, ī *m* Tatius (*myth* Sabinerkönig)
Taulantii, ōrum *m* Taulantier (Volk in Illyrien)
Taunus, ī *m* Taunus (Gebirge nördlich des Mains)
taureus *3* Stier-, Rinds-

Taurī, ōrum *m* Taurer (skythisches Volk auf der Krim)
Tauricus *3* taurisch
tauriform|is, ~e, *Gen* ~is stiergestaltig
Tauriī lūdī, ōrum *m* die Taurischen Kultspiele (zu Ehren der unterirdischen Götter)
Taurinī, ōrum *m* Tauriner (Volk in Nordwestitalien); Augusta Taurinorum, *heute* Turin
taurīnus *3* Stier-
Taurīnus *3* taurinisch, der Tauriner
Tauri|s, ~dis *f* Tauris (Insel an der Ostküste des Adriatischen Meeres), *heute* Šćedro (*od* Šipan)
taurobolium, ī *n* [*gr*] Stieropfer (zu Ehren der Magna mater Kybele)
Tauromenē, ēs *f* = Tauromenium
Tauromenitānus *3* tauromenitanisch, von Tauromenium
Tauromenium, ī *n* Tauromenium (Stadt an der Ostküste Siziliens), *heute* Taormina
Tauropolos, ī *f* Tauropolos (BN der Artemis von Amphipolis)
taurulus, ī *m* Stierlein
taurus, ī *m* **1.** Stier **2.** *übertr* (das Sternbild) Stier **3.** Rohrdommel **4.** eine Käferart **5.** *anatomisch* Damm (Perineum)
Taurus, ī *m* **1.** Taurus (Kettengebirgssystem im Süden Kleinasiens zwischen Ägäischem Meer u. armenischem Hochland), *heute* Toros **2.** (röm. BN)
taxātiō, ~nis *f* Schätzung, Wert ⟦*spl jur* (eine näher bestimmende) Klausel (in Verträgen)
taxō *1* taxieren, abschätzen; fest anfassen; tadeln; sticheln, necken
taxus, ī *f* Taxus, Eibe
Tāygeta, ōrum *n poet* = Taygetus
Tāygetē, ēs *f* Taygete (T. des Atlas, eine der Plejaden)
Tāygetus, ī *m* Taygetus, *gr* Taygetos (Gebirge auf der Peloponnes), *heute* Taygetos
tē *Akk od Abl zu* tu
Teānēns|ēs, ~ium *m* Teanenser, Einw. von Teanum
Teānet|ēs, ~um *m* = Teanenses
Teānum, ī *n* **1.** ~ Sidicinum (Stadt in Kampanien), *heute* Teano (Ruinen) **2.** ~ Apulum (Stadt in Apulien), *heute* Ponte di Cività
techna (*Nbf* techina), ae *f* [*gr*] listiger Streich ⟦*ml* Methode, Trick, List
[technopaegnium, i *n* [*gr*] *spl* Kunststück (moderner Ausdruck für ein spielerisch geformtes Gedicht)
technyphion, ī *n* »kleines Kunstwerk«, »Kunststückchen« (so bezeichnete Augustus seine Villa bei Rom)
Tecmēssa, ae *f* Tekmessa (Geliebte des Aiax 2.)
Tēcta via, ae *f* Tecta via (Bez. einer Straße in Rom nahe der porta Capena)
⟦**tectonicus** *3 spl* Bau-, das Bauen betreffend
tēct|or, ~ōris *m* Stuckateur; Wandmaler, Freskomaler; Verputzer
tēctōriolum, ī *n* zierliche Stuckarbeit; Wandmalerei
tēctōrium, ī *n* **1.** Decke **2.** Stuckarbeit; Wandmalerei; Putz, Tünche **3.** *kosmetisch* Maske ⟦*spl übertr* Schmutz
tēctōrius *3* zum Decken (eines Daches) dienlich; aus Stuck
Tectosag|ēs, ~um *u.* **~ī,** ~ōrum *m* Tectosagen (Keltenvolk)
tēctum, ī *n* Dach; Haus, Obdach, Wohnung; Zimmerdecke, Betthimmel
tēctus I. *Adj 3* bedeckt, verdeckt; geschützt; heimlich, vorsichtig, verblümt; heimtückisch **II.** *Part Perf Pass* →tego
tēcum = cum te
tēd *altl Abl Sg von* tu
Tēdīgniloquidēs, ae *m* ein Redstwiedusverstehst *Komödienwitz*
Tegea, ae *f* Tegea (Stadt in Arkadien/Peloponnes)
Tegeaea, ae *f* die Tegeäerin (*Bez für* Atalanta)
Tege|aeus *u.* **~ēus** *3* tegeäisch, von Tegea, arkadisch
Tegeātae, ārum *m* Tegeaten, Einw. von Tegea
tege|s, ~tis *f* Matte
tegillum, ī *n* Decke, Umhang
teg(i)m|en, ~inis *n* Decke, Bedeckung; Bekleidung, Schutz, Harnisch ⟦*spl* Dach
teg(i)mentum, ī *n* Decke, Bedeckung, Hülle
⟦**tegna,** ae *f ml* = techna
tegō, tēxī, tēctus *3* decken, bedecken, verstecken, verhüllen; *übertr* bemänteln, beschönigen; beschützen
tegoribus *Nbf Dat/Abl Pl* →tergus
tēgula, ae *f* **1.** Ziegel, Dachziegel, *auch* Ziegeldach; Deckplatte **2.** Pfanne, Tiegel
tegumen(tum) = teg(i)men(tum)
Tēī, ōrum *m* Einw. von Teos
Tēius *3* von Teos; *übertr* anakreontisch, des Anakreon
tēla, ae *f* Gewebe; Spinnwebe; *übertr* Erdachtes; Webstuhl; Querbalken am Webstuhl, Garn- *od* Kettbaum; Kettfäden, Aufzug
Telamō(n), ~nis *m* Telamon (V. des Aiax u. des Teukros)
Telamōniadēs, ae *m* Telamoniade, S. des Telamon
Telamōnius I. *Adj 3* telamonisch, des Telamon **II.** *Subst* ī *m* Telamonier, S. des Telamon
Telchīn|es, ~um (*Akk* ~as) *m* [*gr*] Telchinen (*myth* Priester auf Rhodos, be-

rühmte Schmiede, gefürchtete Zauberer und Dämonen)
Tēleboae, ārum *m* Teleboer (Volk in Nordwestgriechenland, später auch auf Capri)
Tēlegonus, ī *m* Telegonus, *gr* Telegonos (S. des Odysseus u. der Kirke, sagenhafter Gründer von Tusculum)
Tēlemachus, ī *m* Telemach(us), *gr* Telemachos (S. des Odysseus u. der Penelope)
Tēlephus, ī *m* Telephus, *gr* Telephos (König von Mysien, von Achill verwundet u. durch dessen Lanze wieder geheilt)
Telesia, ae *f* Telesia (Stadt im südlichen Mittelitalien), *heute* Telese
tēlinum, ī *n* [*gr*] (kostbare, wohlriechende) Salbe
tellū|s, ~ris *f* Erde, Erdboden, Erdreich; Grund u. Boden, Grundstück, Besitz; Land, Gebiet
Tellū|s, ~ris *f* Tellus (Göttin der Erde, des Saatfeldes, der Fruchtbarkeit des Bodens)
Telmēss|ēs, ~ium *m* Telmesser, Einw. von Telmessus
Telmēssicus *3* telmessisch, von Telmessus
Telmēssius **I.** *Adj 3* aus Telmessos **II.** *Subst* ī *m* Einw. von Telmessos
Telmēss|os, ~ī *f* = Telmessus
Telmēss|us, ~ī *f* Telmessus, *gr* Telmessos (Stadt in Kleinasien)
Tēloboae, ārum *m* = Teleboae
⟦**teloneum,** i *n spl* [*gr*] Zoll, Zollhaus
tēlum, ī *n* **1.** Waffe (Schwert, Dolch *od* Wurfspeer, Pfeil, Geschoss *od übertr* Blitz, Strahl) **2.** *übertr* männliches Glied **3.** *übertr* Anreiz, Ansporn **4.** ⟦*spl med* Stechen, stechender Schmerz **5.** *ml* Axt
Temenitēs, ae *m* der Temenite (Statue des Apollon in einem Hain bei Syrakus)
temerārius *3* zufällig; unüberlegt, waghalsig
temerāt|or, ~ōris *m* Störenfried, Störer
temere *Adv* blindlings, zufällig; aufs Geratewohl, ohne Überlegung, ohne Grund; non ~ nicht leicht, kaum; nullus ~ kaum ein(er)
temeritā|s, ~tis *f* Zufall; Unüberlegtheit, Unbesonnenheit; Verwegenheit
temerō *1* entweihen, schänden
Temes|a, ae *u.* **~ē,** ēs *f* Temesa (Stadt in Süditalien)
Temesaeus *3* temesäisch, von Temesa
Temesē, ēs *f* = Temesa, ae
tēmētum, ī *n* Met, Wein
Tēmnii, ōrum *m* Temnier, Einw. von Temnos
Tēmnītēs, ae *m* Temnite, Einw. von Temnos
temnō, tempsī *3* verachten, verschmähen
Tēmnos, ī *f* Temnos (Stadt in Westkleinasien)

[1]**tēmō,** ~nis *m* **1.** Deichsel (am Wagen) **2.** Wagen; *übertr* Sternbild Wagen **3.** Pflugbaum **4.** lange Stange
[2]⟦**temo,** ~nis *m spl* Rekrutengeld (als Ersatz für die Stellung von Rekruten)
Tempē *undekl n* (*nur Nom u. Akk Pl*) Tempe (durch landschaftliche Schönheit berühmtes Tal in Thessalien); *übertr* schönes Tal
temperāmentum, ī *n* Mäßigung, Zurückhaltung, Ausgeglichenheit; rechtes Maß, richtige Mischung; Mittelweg
temper|āns, *Gen* ~antis **I.** *Adj* Maß haltend, enthaltsam, gemäßigt **II.** *Part Präs Akt zu* tempero
temperantia **I.** *Adj n Pl zu* temperans **II.** *Part Präs Akt Nom/Akk Pl n zu* tempero **III.** *Subst* ae *f* Mäßigung, Selbstbeherrschung
temperātiō, ~nis *f* zweckmäßige Beschaffenheit; richtige Mischung, zweckmäßige Ordnung; ordnendes Prinzip
temperāt|or, ~ōris *m* Ordner, Regler; ein Genießer, der Maß zu halten versteht
temperātūra, ae *f* richtige Mischung; richtige Zubereitung ⟦*ml* ~ ordinata Harmonie
temperātus **I.** *Adj 3* gemäßigt, mild; beherrscht, besonnen; von angemessener Beschaffenheit **II.** *Part Perf Pass zu* tempero
temperī *Adv* zu rechter Zeit
temperiēs, ēī *f* (richtige) Mischung, (angemessene) Temperatur ⟦*spl* Mäßigung
temperius *Adv* zeitiger
temperō *1* (im richtigen Verhältnis) mischen; bereiten, verfertigen, zurechtmachen; regulieren, lenken; mildern, besänftigen; beherrschen; fernhalten; schonen *Dat* jmdn. *od* etw.; die Zügel anlegen, ein Maß setzen; sibi temperare sich enthalten *od* sich fernhalten *Abl* von, verzichten *Abl* auf ⟦*ml* sententiam ~ sich eine begründete Ansicht bilden
tempestā|s, ~tis *f* Zeit, Zeitabschnitt, Frist; Wetter, Witterung; schlechtes Wetter, Unwetter, Sturm; Ansturm ⟦*spl christlich* Bedrängnis, Verfolgung
Tempestāt|ēs, ~um *f* die Wettergöttinnen
tempestīvitā|s, ~tis *f* richtige Zeit *od* Beschaffenheit
tempestīvum, ī *n* der rechte Zeitpunkt
tempestīvus rechtzeitig, passend; frühzeitig; reif *Dat* für
⟦**templarius,** ī *m ml* Templer, Tempelherr (Angehöriger des Ritterordens der Templer)
templum, ī *n* Tempel, Heiligtum; heiliger Bezirk, heiliger Raum; Beobachtungskreis (den der Augur zur Beobachtung von Vorzeichen am Himmel u. auf dem Erdboden festlegte); erhöhter Platz, Tri-

büne; *architektonisch* Dachbalken ⟦*ml christlich* Gotteshaus, Kirche, Kapelle; *übertr* Himmel
tempor- →tempus, temporis *n*
⟦**temporale,** ~is *n spl* das Zeitliche, Irdische
temporāl|is, ~e, *Gen* ~is **1.** zeitweilig, vorübergehend; *gramm* die Zeit bezeichnend ⟦*spl* vergänglich, irdisch, weltlich **2.** Schläfen-
⟦**temporaliter** *Adv spl* in dieser Zeitlichkeit
temporārius *3* den Umständen entsprechend, zeitweilig; *übertr* wetterwendisch
tempori **I.** *Subst Dat Sg zu* tempus **II.** *Adv* zur rechten Zeit
⟦**temporivus** *3 ml* zeitgemäß, rechtzeitig
Temps- = Temes-
tempsī →temno
temptābundus *3* umhertastend
temptām|en, ~inis *u.* **~entum,** ~ī *n* Probe, Prüfung; Versuchung, Verführung
temptātiō, ~nis *f* Versuch; (Krankheits-) Anfall ⟦*spl christlich* Versuchung
temptāt|or, ~ōris *m* Versucher, Verführer, Angreifer
temptō *1* berühren, anfassen, prüfen, untersuchen, versuchen; bearbeiten, beunruhigen, quälen, in Versuchung führen, verleiten; erstreben, (feindlich) angreifen; sich vergreifen *Akk* an; *übertr von Krankheiten* befallen
temp|us, ~oris *n* **1.** Zeit; Zeitspanne, Zeitpunkt, Zeitalter, Zeitmaß, Zeitumstand; rechte Zeit, Gelegenheit, (günstige *od* widrige) Lage, Unglück; (de) ~ore zur rechten Zeit; ex ~ore aus dem Stegreif; ad ~us auf (kurze) Zeit; ex ~ore *od* ad ~us *od* ~oris gratia den Umständen entsprechend ⟦*ml* in ~oribus zeitweise; pro ~ore für jetzt; *Pl* ~ora, ~um Witterung **2.** *gramm* Tempus; Quantität (einer Silbe), Dauer (eines Tones) **3.** *anatomisch* Schläfe, *poet auch Pl* ~ora, ~um Gesicht, Kopf
⟦**tempusculum,** i *n spl* kurze Zeit
Tempȳra, ōrum *n* Tempyra (Stadt in Thrakien)
tēmulentia, ae *f* Trunkenheit
tēmulentus *3* betrunken, berauscht ⟦*spl* voll, reichlich
tenācitā|s, ~tis *f* Fähigkeit, jmdn. *od* etw. festzuhalten; Geiz ⟦*spl* Festigkeit, Standhaftigkeit
⟦**tenaculum,** i *n spl* Halter, Haltegriff
tenā|x, *Gen* ~cis festhaltend *Gen* an; dicht, fest, zäh; beharrlich, hartnäckig, stur; geizig, karg; hinderlich
Tencteri, ōrum *od* um *m* Tenkterer (germ. Volk am Unterrhein)
tendicula, ae *f* **1.** gespanntes Seil (von den Walkern für das Ausbreiten der Tuche zur Bearbeitung benutzt) **2.** Schlinge, Fallstrick
tendō, tetendī, tentus *u.* tēnsus *3* dehnen, spannen, strecken; (sich) ausdehnen, (sich) ausstrecken, sich erstrecken; (sich) lagern, (sich) aufstellen; hinreichen, hinlenken; streben, eilen, marschieren; Zuflucht nehmen; (sich) hinneigen; tätig sein, sich anstrengen ⟦*ml* glätten
tenebrae, ārum *f* Finsternis, Dunkelheit; Todesdunkel; Blindheit; Ohnmacht; Niedrigkeit; Versteck, Schlupfwinkel, Gefängnis; Dunst, *übertr* Wirrnis, Durcheinander
tenebricōsus *3* in Dunkel gehüllt
tenebricus *3* finster, dunkel
tenebrōsus *3* finster, dunkel ⟦*spl übertr* unverständlich
Tenedius **I.** *Adj 3* tenedisch, von Tenedos; *übertr* hart, streng, *auch* tückisch **II.** *Subst* ī *m* Einw. von Tenedos
Tenedus, ī *f* Tenedus, *gr* Tenedos (Insel vor der Nordwestküste Kleinasiens)
⟦**tenella,** ae *f ml* Zange
tenell|us *u.* **~ulus** *3* sehr zart
ten|eō, ~uī, ~tus halten, festhalten; besetzt halten; bewohnen, beherrschen; fassen, umfassen; erfassen, begreifen; verpflichten; zurückhalten, aufhalten; behalten, erhalten, bewahren; *mit Richtungsangabe* richten, erreichen, reisen; *ohne Akk* andauern ⟦*ml* Sitzung abhalten; halten *Akk* für
teneor *2* gehören *Abl* zu, enthalten sein *Abl* in; gebunden *od* verpflichtet sein *Abl* durch
tener, tenera, tenerum zart, weich, schwach; empfindsam; jung, jugendlich; a ~o von klein auf; in ~is in der Kindheit
teneritā|s, ~tis *f* = teneritudo
teneritūd|ō, ~inis *f* Zartheit, Weichheit ⟦*ml* Jugendlichkeit
tēnesmos, ī *m* [*gr*] Stuhlzwang *Krankheit*
tengomenas facio [*gr*] tüchtig zechen
Tēnii, ōrum *m* Tenier, Einw. von Tenus
Tenn|ēs, ~is *m* Tennes (sagenhafter König von Tenedos)
tennitur = tenditur
ten|or, ~ōris *m* Zusammenhang, Verlauf, Fortgang, Lauf, *übertr* Faden; Spannung, Schwung, Eigenart, Grundzug; *gramm* Ton (einer Silbe) ⟦*spl* Zusammenhang, Sinn, Inhalt, Wortlaut; *gramm* Stimmhöhe; *ml* Bedingung, Vertrag
tenor- →tenus I.
tēnsa, ae *f* Wagen, Kultwagen (für Götterbilder bei Prozessionen)
tēnsus *Part Perf Pass* →tendo
tenta- = tempta-
tēnta, ōrum *n übertr* erigiertes Glied
tentīg|ō, ~inis *f* Geilheit
tentō *1* = tempto

tentōriolum, ī *n* kleines Zelt
tentōrium, ī *n* Zelt
⟦**tenturium,** i *n ml* = tentorium
tentus I. *Adj* 3 vollgefressen; geil; *vgl* tenta **II.** *Part Perf Pass* →**1.** tendo **2.** teneo **III.** ⟦*Subst* ūs *m spl med* Hemmen, Aufhalten
tenuiculus *3* ärmlich, schmal
tenu|is, ~e, *Gen* ~is dünn, fein, zart, schwach; eng; flach; schlicht, einfach, unbedeutend, gering, arm
tenuitā|s, ~tis *f* Feinheit, Zartheit, Magerkeit; Einfachheit, Schlichtheit; Dürftigkeit, Armut
tenuō *1* verdünnen, auflösen, vermindern, schwächen; *poet* carmen ~ ein zartes Gedicht dichten
ten|us I. *Subst* ~oris *n* Schnur, Strick, Schlinge (zum Vogelfang) **II.** *Präp mit Gen od Abl, auch Akk, nachgestellt* bis an, bis zu, bis nach; verbo ~us bloß dem Wort nach ⟦*spl* Rheno ~us den Rhein abwärts
Tēn|us *u.* **~os,** ī *f* Tenus *gr* Tenos (Kykladeninsel), *heute* Tinos
Teos, ī *f* Teos (Stadt an der Westküste Kleinasiens, Geburtsort des Dichters Anakreon)
tepe|faciō, ~fēcī, ~factus *3* (*auch* tepē-) erwärmen
tepefactō *1* erwärmen
tepefactus *Part Perf Pass* →tepefacio
tepe|fiō (*Inf* ~fierī) erwärmt werden, warm werden
tep|eō, ~uī *2* warm sein, mild sein; *poet* **1.** verliebt sein, schwärmen **2.** erkaltet sein ⟦*ml* untätig sein
tep|ēscō, ~uī *3* **1.** warm werden **2.** erkalten **3.** *mit Akk* erwärmen
tepidārium, ī *n* Tepidarium (Bad mit lauem Wasser)
tepidus *3* warm, mild, lau; erkaltet
tep|or, ~ōris *m* **1.** (milde) Wärme; *übertr* Süden ⟦*spl* Hitze **2.** *übertr* Mattheit; Kühle
tepuī →**1.** tepeo **2.** tepesco
ter *Adv* dreimal; *übertr* mehrmals, sehr; zum dritten Mal
Ter. *Abk für* Tere(n)tina (tribu) aus der Terentinischen Tribus
tercentum *undekl* dreihundert
terdeciē(n)s *Adv* dreizehnmal
terebinthīnus *3* vom Terpentinbaum
terebinthus, ī *f* Terpentinbaum, Terebinthe
terebra, ae *f* Bohrer
terebrō *1* bohren, zerbohren, ausbohren
⟦**terebrum,** i *n spl* = terebra
Terentia, ae *f* Terentia (Gem. Ciceros)
Terentilla, ae *f* Terentilla (*Dim zu* Terentia)
Terentiānus *3* des Terentius
Terentius *3 Gent* Terentius (1. C. ~ Varro, Konsul 216 v. Chr., Feldherr bei Cannae 2. P. ~ Afer (*dt* Terenz), Komödiendichter, etwa 190–159 v. Chr. 3. M. ~ Varro, 116–27 v. Chr., vielseitiger Gelehrter u. Schriftsteller 4. P. ~ Varro Atacinus, 82–37 v. Chr. epischer Dichter 5. Q. ~ Scaurus, Grammatiker im 2. Jh.)
Terentīnus *3* terentinisch
Terentum, ī *n* Terentum (Platz auf dem Marsfeld in Rom, wo die ludi saeculares gefeiert wurden)
tere|s, *Gen* ~tis (*Abl Sg* ~tī) gedrechselt; glatt; ohne Ecken; rund; geschmackvoll, fein
Tēreūs, ī *m* (*Nbf Gen Sg* Tereos) Tereus (*myth* Thrakerkönig, wegen Schändung seiner Schwägerin Philomela in einen Wiedehopf verwandelt)
tergeminus *3 poet* = trigeminus
⟦**tergenus** *undekl spl* von dreifacher Art
ter|geō, ~sī, ~sus *2* abwischen, reinigen
Tergest|e, ~is *f u.* **~um,** ~i *n* Tergeste (Stadt an der Nordostküste der Adria), *heute* Triest(e)
Tergestīnī, ōrum *m* Tergestiner, Einw. von Tergeste
tergīnum, ī *n* Lederpeitsche
tergiversātiō, ~nis *f* Ausflucht, Winkelzug
tergiversor *1* Ausflüchte machen
tergō *3* = tergeo
tergor- →tergus
tergum, ī *n* Rücken; Rückseite, Hintergrund; *übertr* Haut, Fell, Leder (*daher auch* Schlauch, Pauke, Schild) ⟦*ml* a tergo relinquor zurückbleiben hinter
terg|us, ~ī *m und* ~oris *n* = tergum
⟦**teristratus,** i *m ml* Kastrat
⟦**teriugus** *3 spl* dreifach
termentum, ī *n* Schaden
term|es, ~itis **1.** *m* abgeschnittener Zweig **2.** ⟦*spl f* = tarmes
Termēssēns|ēs, ~ium *m* Termessener, Einw. von Termessus
Termēssus, ī *f* Termessus, *gr* Termessos (Stadt im Südwesten Kleinasiens)
Termestīnī, ōrum *m* Termestiner, Einw. von Termes (Stadt in Nordspanien)
Terminālі|a, ~um *n* Terminalia (Fest des Terminus am 23. Februar)
termінātiō, ~nis *f* Begrenzung; Bestimmung; Schluss, Ziel; ⟦*spl gramm* Endung
⟦**terminator,** ~is *m spl* Begrenzer
terminō *1* begrenzen, abgrenzen, bestimmen; beschränken; (*auch* rhythmisch) beendigen; *gramm* enden
terminus, ī *m* Grenzstein, Grenzpfahl; Grenze; Ziel; Schranke; Ende ⟦*ml* Termin, Frist, Verhandlung; ~ technicus Fachausdruck
Terminus, ī *m* Terminus (Gott der Grenzen)
termit- →termes
⟦**ternarius** *3 spl* drei-, dreifach

t

ternī, ae, a (*Gen Pl meist* ternum, *Nbf* ternus) je drei; drei (insgesamt)
terō, trīvī, trītus *3* reiben, zerreiben, abreiben, abnutzen; drechseln, glätten, polieren; dreschen; oft besuchen; oft benutzen; *Zeit* verbringen *od* vergeuden ⟦*ml* schleichen *Akk* über
Terpsichorē, ēs (*auch* ae) *f* Terpsichore, Muse der Tanzkunst; *übertr* Poesie
terra, ae *f* Erde; Land, Landschaft; Erdboden; *Pl* terrae, arum Welt ⟦*ml* ~ tenus zu Boden; Landgut, Grund u. Boden; das Heilige Land
Terra, ae *f* = Tellus
terrāneola, ae *f* Lerche
terrēna, ōrum *n* **1.** Landtiere **2.** irdische Dinge
⟦**terreni,** orum *m spl* Erdbewohner, Menschen
terrēnum, ī *n* Erde (als eines der vier Elemente); Acker, Ackerboden
terrēnus *3* irden, erdig, aus Erde bestehend, zur Erde gehörig, Erd-, Land-; irdisch; unterirdisch
terr|eō, ~uī, ~itus *2* schrecken, erschrecken, einschüchtern; abschrecken ne *od* quominus dass; aufscheuchen, verscheuchen ⟦*ml* erschrecken *Akk* vor
terrestr|is, ~e, *Gen* ~is auf der Erde *od* auf dem Land befindlich, Land-; irdisch
terreus *3* aus Erde ⟦*spl* irdisch
terribil|is, ~e, *Gen* ~is schrecklich ⟦*spl* ehrwürdig
⟦**terribilita|s,** ~tis *f ml* = terricula
terricul|a, ~ae *f u.* **~um,** ~ī *n* Schrecken, Schreckbild
terrificō *1* erschrecken
terrificus *3* schreckenerregend
terrigena, ae *m, f* von der Erde geboren
terriloquus *3* Schreckliches redend
territō *1* sehr erschrecken
territōrium, ī *n* Gebiet
territus *Part Perf Pass* →terreo
terr|or, ~ōris *m* Schrecken; *übertr* Schreckensnachricht
terruncius = teruncius
tersī →tergeo
tersus I. *Adj 3* sauber, fehlerfrei **II.** *Part Perf Pass* →tergeo **III.** ⟦*Subst* us *m spl* Abreiben, Abwischen
terti|a I. *Adj f zu* tertius **II.** *Subst* ~ae *f* dritte Stunde, dritte Rolle, Drittel, *auch Pl* ~ae, ~arum ⟦*ml* Terz (1. Intervall 2. Gebet in der 3. Stunde)
Tertia, ae *f* Tertia *PN*
tertiādecumānī, ōrum *m* die Dreizehner, Soldaten der 13. Legion
tertiāna, ae *f* Dreitagefieber (in dreitägigen Intervallen auftretende Fieberanfälle)
tertiānī, ōrum *m* die Dreier, Soldaten der 3. Legion
tertiānus = tertiani
tertiārius I. *Adj 3* ein Drittel enthaltend **II.** *Subst* ī *m* Drittel
tertiō I. *Verb 1* zum dritten Male tun; agrum ~ zum dritten Mal pflügen; verba ~ zum dritten Male sagen = stotternd hervorbringen ⟦*spl* in drei Teile teilen **II.** *Adv* zum dritten Mal; drittens ⟦*spl* dreimal
tertium *Adv* zum dritten Mal
tertius *3* dritter
Tertius, ī *m* Tertius *PN*
tertiusdecimus *3* dreizehnter
teruncius, ī *m* drei Zwölftel *od* ein Viertel; *als Münze* Viertelas, Pfennig
tervenēficus, ī *m* Giftmischer *Schimpfwort*
tesca, ōrum *n* Einöde
tessellātus *3* **1.** aus Mosaiksteinchen (bestehend) **2.** ⟦*spl* mit Knöcheln besetzt *Peitsche* **3.** quadratisch *Fläche*
tessera, ae *f* [*gr*] viereckige Platte, Täfelchen; Würfel; Marke, Kennzeichen; *milit* Losung; Befehl ⟦*ml Abl Sg* tessere, *Gen Pl* tesserum
tesserārius I. ⟦*Adj 3 spl* Würfel- **II.** *Subst* ī *m* **1.** *milit* Offizier, der die Losung weitergibt ⟦*spl* **2.** Würfelspieler **3.** Handwerker, der tesserae herstellt
tesserula, ae *f* Würfelchen, Mosaiksteinchen; Täfelchen
testa, ae *f* Tongeschirr, Krug, Schale, Topf, Lampe, Backform; Ziegelstein; Scherbe, Bruchstück; ~rum suffragia Scherbengericht (Ostrakismos in Athen); *übertr* Glasscheibe; Eisdecke; Schale; Schaltier; *Pl* testae Beifallsklatschen ⟦*spl* Hirnschale, Schädel
testāceus *3* aus gebranntem Ton *od* Ziegelstein bestehend; *zoologisch* mit einer Schale versehen
testāmentārius I. *Adj 3* Testaments- **II.** *Subst* ī *m* Testamentsfälscher ⟦*spl* Testamentsschreiber
testāmentum, ī *n* Testament, letztwillige Verfügung ⟦*spl christlich* Testament, Bibel; Bund, Vertrag
testātiō, ~nis *f* Zeugenaussage; Anrufung als Zeugen
testāt|or, ~ōris *m* Testator, Erblasser ⟦*spl* Zeuge
testātus I. *Adj 3* offenkundig **II.** *Part Perf zu* testor
testiculus, ī *m* Hode
testificātiō, ~nis *f* Bezeugung, Beweis ⟦*ml* Bestätigung
testificor *1* als Zeugen anrufen; bezeugen, aussagen, beweisen ⟦*spl* streng (vor Zeugen) ermahnen, warnen
testimōnium, ī *n* Zeugnis, Beweis ⟦*ml* Vollmacht; Leumund; Vorschrift; Gebot; Urkunde

testis, ~ **1.** *m, f* Zeuge, Zeugin; Mitwisser(in) ⟦*ml* ~ septimae manus Eideshelfer **2.** *m* Hode
testor *1* (*auch mit passiver Bedeutung*) bezeugen; als Zeugen anrufen; ein Testament aufsetzen
testū (*nur Abl, Nbf* testum, ī) *n* Gefäß aus Ton
testūdinātus *3* mit einer flach gewölbten Decke (versehen)
testūdineus *3* schildkrötenartig, wie eine Schildkröte; mit Schildpatt verziert
testūd|ō, ~inis *f* Schildkröte; Schildpatt; *übertr* Gewölbe, gewölbter Raum; *milit* Schilddach (aus zusammengehaltenen Schilden), Schutzdach (einer Belagerungsmaschine); *poet* Lyra (*od* ähnliches Saiteninstrument)
testula, ae *f* Scherbe; Scherbengericht (Ostrakismus) ⟦*spl* Lämpchen
tēte = te (*Akk od Abl zu* tu)
tetendī →tendo
tēter, tētra, tētrum = taeter
Tēth|ȳs, ~yos (*Akk* ~yn) *f* Tethys (Meeresgöttin, Gem. des Okeanos), *übertr* Meer
tetigī →tango
tetra- [*gr*] vier-, vierfach, aus vier Teilen bestehend
tetrachm|um, ī *n* [*gr*] (*Gen Pl* ~ōrum *od* ~um) Vierdrachmenstück *Münze*
tetr|āns, ~antis *m* Viertel, Quadrant; Linien-, Wegekreuz
tetraō, ~nis *m* Auerhahn
tetrarchēs, ae *m* Tetrarch, Vierfürst (der über ein Viertel des Landes herrscht); Regent, Fürst
tetrarchia, ae *f* [*gr*] Tetrarchie (Gebiet eines Tetrarchen)
tetrastich|os I. *Adj* ~os *m, f* ~on *n* aus vier Reihen *od* Zeilen bestehend **II.** *Subst* ~on, ~ī *n* Vierzeiler
tetrastyl|os I. *Adj* ~os *m, f* ~on *n* viersäulig, auf vier Säulen ruhend **II.** ⟦*Subst* ~on, ~i *n spl* Halle mit vier Säulenreihen
Tetrica, ae *f poet* = Tetricus mons
tetricus *3* finster, streng, unfreundlich, ernst; abscheulich
Tetricus mons Tetricus (Berg in Mittelitalien), *heute* Monti Sibillini
tetulī = tuli
Teucer, Teucrī *m* = Teucrus II.
Teucria, ae *f poet* Troja
Teucrus I. *Adj 3* teukrisch; des Teukros; trojanisch **II.** *Subst* ī *m* Teucrus, *gr* Teukros (1. S. des Skamander, erster König von Troja 2. S. des Telamon, König von Salamis 1.)
Teus, ī *f* = Teos
Teuthrant|ēus *u.* **~ius** *3* teuthrantisch, mysisch
Teuthr|ās, ~antis *m* Teuthras (1. Fluss in Mittelitalien 2. König in Mysien, Kleinasien)
Teutoburgiēnsis saltus *m* Teutoburger Wald (Ort der Varusschlacht 9 n. Chr., zwischen Ems und Weser gelegen)
Teutŏn|ēs, ~um *u.* **~ī,** ~ōrum *m* Teutonen (germ. Volk, Ende des 2. Jh. v. Chr. mit den Kimbern Gegner der Römer, 102 bei Aquae Sextiae in Südgallien von Marius geschlagen) ⟦*ml* die Deutschen
Teutŏnicus *3* teutonisch, *auch* germanisch ⟦*ml* deutsch
[1]**tēxī** →tego
[2]**texī** *Inf Präs Pass zu* texo
texō, texuī, textus *3* weben, flechten; bauen, herstellen; *übertr* verfassen ⟦*spl* einweben; *ml übertr* sagen, darlegen
textil|e, ~is *n* Gewebe
textil|is, ~e, *Gen* ~is gewebt, gewirkt, gestrickt, geflochten
text|or, ~ōris *m* Weber
textrīnum, ī *n* **1.** Weberei; Gewebe ⟦*spl übertr* Weberzunft **2.** Schiffswerft
textrī|x, ~cis *f* Weberin
textum, ī *n* Gewebe, Gefüge
textūra, ae *f* Weben, Gewebe
textus I. *Part Perf Pass* →texo **II.** *Subst* ūs *m* Gewebe, Geflecht; *übertr* Zusammenhang ⟦*spl* Inhalt; Text, Thema, Darstellung, Wortlaut
Thāi|s, ~dis *f* (*Akk* ~da) Thais (gr. FN)
thalamēgus, ī *f* [*gr*] Prunkgondel
thalamus, ī [*gr*] Schlafzimmer; Wohnraum; Bett, Ehebett, Ehe
thalassicus *3* [*gr*] zum Meer gehörig
Thalassiō = Talassio
Thal|ēs, ~ētis *u.* ~is *m* Thales (Philosoph, Naturforscher, Politiker, Ingenieur, aus Milet, um 624–546 v. Chr., einer der 7 Weisen)
Thalīa, ae *f* Thalia (Muse der Komödiendichtung)
Thamyrās, ae *m* Thamyras (*myth* thrakischer Dichter)
Thapsitānī, ōrum *m* Thapsitaner, Einw. von Thapsus
Thapsus, ī *f* Thapsus (1. Halbinsel u. Stadt auf Sizilien 2. Stadt in Nordafrika, Sieg Cäsars im Bürgerkrieg gegen Pompeius 46 v. Chr.)
Thasius *3* thasisch, von Thasos
Thasus, ī *f* Thasus, *gr* Thasos (Insel im Norden des Ägäischen Meeres), *heute* Thasos
theatrāl|is, ~e, *Gen* ~is theatralisch, Theater-
⟦**theatricus** *3 spl* Theater-
theatrum, ī *n* [*gr*] Theater, Theatergebäude; Bühne, Schauplatz, Wirkungskreis; Zuschauer, Zuhörer, Versammlung, Publikum

Thēbae, ārum *f* Theben (Stadt in 1. Boiotien, das siebentorige Theben, *heute* Thiva 2. Oberägypten, das hunderttorige Theben 3. Thessalien 4. Nordwestkleinasien)
Thēbaicus *3* thebaisch, aus Theben 2.
Thēbai|s, ~dis *f* **1.** Thebanerin (aus Thebae 1. u. 4.) **2.** Thebais (Titel eines Epos des Statius)
Thēbānus I. *Adj 3* thebanisch, von Theben 1. u. 4. **II.** *Subst* ī *m* Thebaner, Einw. von Theben
thēca, ae *f* Kapsel, Behälter ⟦*ml* Bibliothek; Gruft
⟦**theloneum,** i *n ml* = teloneum
thema, ~tis *n* Thema, Gegenstand; Stand der Sterne (bei der Geburt, *daher*) das Horoskop ⟦*ml* ~ imperii Provinz des Reiches
Themi|s, ~dis (*Akk* ~n) *f* Themis (Göttin des Rechts, der Gerechtigkeit, *auch* Wahrsagegöttin)
Themista, ae *u.* **-ē,** ēs (*Akk* -en) *f* Themista (Anhängerin des Philosophen Epikur, 3. Jh. v. Chr., aus Lampsakos in Kleinasien)
Themistocl|ēs, ~is *u.* ~ī *m* Themistokles (athenischer Politiker, um 524–459 v. Chr., Sieger gegen die Perser bei Salamis 480)
Themistoclēus *3* themistokleisch, des Themistokles
thēnsa, ae *f* = tensa
thēnsaurus, ī *m* = thesaurus
Theocritus, ī *m* Theokrit(os) (aus Sizilien, hellenistischer Dichter, 3. Jh. v. Chr., Begründer der Hirtenpoesie)
⟦**Theodericus,** i *m spl* Theoderich (König der Ostgoten, 454–526)
⟦**theodiscus** *3 ml* volkstümlich, deutsch
Theodōrus, ī *m* Theodoros (gr. PN)
⟦**Theodosius,** i *m* Theodosius (N röm. Kaiser: 1. ~ I., gestorben 395 n. Chr. 2. ~ II., Enkel von 1., gestorben 450 n. Chr.)
theogonia, ae *f* Theogonie (Titel einer Dichtung des Hesiod über den Ursprung der Götter)
theologia, ae *f* Theologie; Lehre von den Göttern
⟦**theologicall|is,** ~e, *Gen* ~is *ml* theologisch
theologus, ī *m* Mythologe (bes. hinsichtlich der Göttergenealogien) ⟦*ml* Theologe
Theophrastus, ī *m* Theophrast, *gr* Theophrastos (372–288 v. Chr., Schüler u. Nachfolger des Aristoteles, Philosoph u. Naturwissenschaftler)
Theopomp|ēus *u.* **~ius** *3* theopompisch, des Theopomp
Theopompus, ī *m* Theopomp, *gr.* Theopompos (gr. Historiker im 4. Jh. v. Chr.)
⟦**theotiscus** *3 ml* = theodiscus
⟦**theotocos,** i *f spl* [*gr*] Gottesmutter
Thēra, ae *f* Thera (Kykladeninsel im Ägäischen Meer), *heute* Thera
Thēraeus *3* aus Thera
Therapnaeus *3* therapneisch, von Therapne (Stadt südöstlich von Sparta, *daher poet auch:*) **1.** spartanisch **2.** tarentinisch **3.** sabinisch
Thēriclīus *3* im Stil des Therikles (berühmter Töpfer in Korinth um 400 v. Chr.)
thermae, ārum *f* Thermen, Bad; Warmbad, warme Heilquellen; *poet auch* = thermopolium
Thermae, ārum *f* Thermae (Stadt an der Nordküste Siziliens), *heute* Sciacca
Therm|aeus *3 u.* **~anus** *3* thermeisch, von Therme
Thermē, ēs *f* Therme (Stadt in Makedonien, *später* Thessalonike), *heute* Saloniki
Thermēns|es, ~ium *m* Thermenser (1. Einw. von Thermae 2. Leute aus Thermae)
thermipōlium, ī *n* = thermopolium
Thermitānī, ōrum *m* Thermitaner, Einw. von Thermae
Thermitānus *3* thermitanisch, aus Thermae
thermopōlium, ī *n* [*gr*] Schenke (wo warme Getränke verkauft wurden)
Thermōd|ōn, ~ontis *m* Thermodon (kleiner Fluss in Nordostkleinasien, wo angeblich die Amazonen wohnten)
Thermōdont|ēus *u.* **~iacus** *3* vom *od* am Thermodon, thermodontisch; Amazonen-
thermopōtō *1* sich mit einem warmen Getränk erfrischen
Thermopylae, ārum *f* Thermopylen (strategisch wichtiger Engpass in Mittelgriechenland, z. B. 480 v. Chr. gegen die Perser verteidigt)
Thersitēs, ae *m* Thersites (ein durch seine Hässlichkeit u. sein Schandmaul sprichwörtlich gewordener Grieche vor Troja)
thēsaurārius I. *Adj 3* Schatz- **II.** ⟦*Subst* i *m spl* Schatzmeister
thēsaur|us, ī *m u.* **~um,** ī *n* [*gr*] Schatz, Schatzkammer; Vorrat, Fülle; Vorratskammer, Speicher; *übertr* Fundgrube
Thēsēius *3* theseisch, des Theseus; *auch* athenisch
¹**Thēsēus** *3* theseisch, des Theseus; athenisch
²**Thēseūs,** eī *m* (*Nbf Gen* Theseos) Theseus (*myth* Heros, König von Athen)
Thēsīdēs, ae *m* Nachkomme des Theseus; *übertr* Athener
Thespiae, ārum *f* Thespiae (Stadt in Mittelgriechenland)
Thespia|s I. *Adj Gen* ~dis *f* thespisch, von Thespiae; boiotisch **II.** *Subst* ~des,

~dum *f* die Musen (als deren Wohnsitz der bei Thespiae gelegene Berg Helikon galt)
Thespiēns|ēs, ~ium *m* Thespier, Einw. von Thespiae
Thespis, ~ *m* Thespis (gilt als Schöpfer des dramatischen Spiels, da er 534 v. Chr. den ersten Schauspieler auftreten ließ)
Thesprōtia, ae *f* Thesprotien (Landschaft in Epirus)
Thesprōtius *3* thesprotisch, aus Thesprotia
Thessalī, ōrum *m* Thessalier (gr. Stamm in Nordgriechenland)
Thessalia, ae *f* Thessalien (Landschaft in Nordgriechenland, berühmt durch Pferdezucht, berüchtigt wegen Zauberei, Heimat des Achilles)
Thessal|icus *u.* **~ius** *u.* **~us** *3* thessalisch, von *od* aus Thessalien
Thessali|s, ~dis *f* **I.** *Adj* thessalisch **II.** *Subst f* **1.** Thessalierin **2.** Hexe, Zauberin
Thessalius *3* = Thessalicus
Thessalonica, ae *f* Thessalonike (Stadt in Makedonien), *heute* Saloniki
Thessalonīcēns|ēs, ~ium *m* Thessaloniker, Einw. von Thessalonike
Thessalus *3* = Thessalicus
Thestiadēs, ae *m* Thestiade, S. *od* Nachkomme des Thestius
Thestia|s, ~ dis *f* Thestiade, T. des Thestius
Thestius, ī *m* Thestius, *gr* Thestios (*myth* König in Ätolien/Mittelgriechenland)
Thestoridēs, ae *m* Thestoride (S. des Thestor, BN des weissagenden Priesters Kalchas in der Ilias)
Theti|s, ~dis *f* (*Akk* ~m *u.* ~n) Thetis (Meeresgöttin, M. des Achilles), *poet* Meer
thiasus, ī *m* [*gr*] (zu Ehren des Bacchus/Dionysos) tanzender Chor
Thisbaeus *3* thisbeisch, aus Thisbe 2.
Thisbē, ēs *f* Thisbe (1. Geliebte des Pyramus 2. Stadt in Mittelgriechenland)
Thoāns = Thoas
Thoantēus *3* thoantisch, taurisch
Thoantia|s, ~dis *f* Hypsipyle (T. des Thoas 2.)
Tho|ās, ~antis *m* (*Nbf Nom* Thoāns, *Akk* Thoanta) Thoas (1. *myth* König der Taurier 2. *myth* König auf Lemnos 3. gr. Feldherr, 2. Jh. v. Chr.)
tholus, ī *m* [*gr*] Kuppel, Gebäude mit Kuppel; Rundbau, Rotunde
thōrācātus *3* gepanzert
thōrā|x, ~cis (*Nbf Akk Sg poet* ~ca) *m* [*gr*] Brustpanzer, Harnisch; *med* Brust, Brustkorb; Brustlatz; Büste ⟦*ml* Wams
thōs, thōis *m* [*gr*] Schakal
Thrāc|a, ae *u.* **~ē,** ēs *f* = Thracia
Thrācia, ae *f* Thrakien (Gebiet zwischen Makedonien, Schwarzem Meer, Ägäischem Meer, Donau)
Thrācius I. *Adj 3* thrakisch **II.** *Subst* ī *m* Thraker
Thraecidica, ōrum *n* Waffen eines Thrakers (d. h. eines Gladiators in thrakischer Rüstung)
Thraessa, ae *f* = Thressa
Thrae|x, ~cis *m* = Thrax
Thrasea, ae *m* Thrasea (BN des Senators P. Clodius ~ Paetus, unter Nero 66 n. Chr. hingerichtet)
Thrasō, ~nis *m* Thraso (N eines prahlerischen Soldaten in der Komödie)
Thrasybūlus, ī *m* Thrasybulos (athenischer Politiker u. Feldherr, um 400 v. Chr.)
Thrasymachus, ī *m* Thrasymachos (Sophist u. Rhetor in Athen, um 430 v. Chr.)
Thrā|x, ~cis (*Akk Pl auch* ~cas) **I.** *Adj* thrakisch **II.** *Subst m* Thraker (1. Einw. von Thrakien 2. Gladiator in thrakischer Rüstung)
Thrēcē, ēs *f* = Thracia
Thrē|(i)cius *3* thrakisch
Thrē|issa, ~issae *u.* **~ssa,** ~ssae *f* Thrakerin
thronus, ī *m* [*gr*] Thron
Thūcȳdid|ēs, ~is (*Nbf Gen* ~ī, *Akk* ~ēn) *m* Thukydides (athenischer Feldherr u. Historiker des Peloponnesischen Krieges, um 460–396 v. Chr.)
Thūcȳdidīus *3* (in der Art) des Thukydides
Thūlē, ēs *f* Thule (Insel im Meer nördlich von Britannien, nicht näher lokalisierbar)
thunnus, ī *m* = thynnus
Thūrii, ōrum *m* Thurii, *gr* Thurioi (gr. Siedlung in Süditalien, 444/443 v. Chr. gegründet)
Thūrīnus *3* thurinisch, aus Thurii
thūs, thūris *n* = tus
Thyami|s, ~dis *m* Thyamis (Fluss in Epirus), *heute* Thuamis
Thybrīnus *3* tiberinisch, des Tiber
Thybri|s, ~dis *poet* **I.** *Adj* des Tiber **II.** *Subst m* = Tiberis
Thyestēs, ae *u.* is *m* Thyestes (S. des Pelops, Bruder des Atreus)
Thyestēus *3* thyestisch, des Thyestes
Thyestiadēs, ae *m* Thyestiade (S. des Thyestes, BN des Aigisthos)
Thȳia|s, ~dis *f* Bacchantin
thyius *3* aus Zitrusholz
thȳlacista, ae *m* Beutelmacher
Thȳlē, ēs *f* = Thule
thymbra, ae *f* Bohnenkraut (Satureia hortensis)
thymelicus I. *Adj 3* zum Chor (der Schauspieler) gehörig, Chor- ⟦*spl* theatralisch, Theater- **II.** *Subst* i *m spl* Schauspieler
thymum, ī *n u.* **-us,** ī *m* [*gr*] Thymian (Gewürz- u. Heilpflanze)
Thȳnēius *3* thynisch, aus Thynien
Thȳnī, ōrum *m* Thynier (thrakischer Stamm in Nordkleinasien)

t

Thȳnia, ae *f* Thynien (Landschaft in Nordkleinasien)
Thȳniacus *3* = Thyneius
Thȳnia|s, ~dis *f* (*Dat Pl* ~sin) thynisch
thynnus, ī *m* [*gr*] Thunfisch
Thȳnus *3* = Thyneius
thyon, ī *n* Zitrusbaum
Thyōnē, ēs *f* Thyone (1. M. des Dionysos = Semele 2. Amme des Zeus)
Thyōnēus, eī *m* Thyonier, S. der Thyone (BN des Dionysos)
Thyōniānus, ī *m übertr* Wein ⟦*spl* Thyonier (BN des Bacchus/Dionysos)
Thyreāti|s, ~dis *f* thyreatisch, von Thyrea (Stadt auf der Peloponnes)
Thyreum, ī *n* Thyreum (Stadt in Nordwestgriechenland)
Thyriēns|ēs, ~ium *m* Thyrienser, Einw. von Thyreum
thyrsiger, thyrsigera, thyrsigerum Thyrsustragend
thyrsus, ī *m* **1.** Stengel, Strunk **2.** Thyrsus, (mit Efeu u. Weinranken umwundener) Bacchusstab
Thysdra, ae *f* Thysdra (Stadt in Nordafrika)
Thysdrītānī, ōrum *m* Thysdritaner, Einw. von Thysdra
Ti. = Tib.
tiāra, ae *f* (*Nbf Nom Sg* tiārās *m*) Kappe, Mütze (aus Filz), Tiara
⟦**tiaratus** *3 spl* mit einer Tiara
Tib. *Abk für* Tiberius
Tibarānī, ōrum *m* Tibaraner (Volk in Südostkleinasien)
Tiberiolus meus *m* mein lieber Tiberius (*Dim zu* Tiberius)
Tiberīni|s, ~dis *f* tiberinisch, des Tiber
Tiberīnus I. *Adj 3* tiberinisch, zum Tiber gehörend, Tiber- **II.** *Subst* ī *m* Tiber, Tiberfluss; Tiberinus (N eines Königs von Alba Longa)
Tiberis, ~ *m* Tiber (1. Fluss in Mittelitalien, *heute* Tevere 2. Flussgott Tiber)
Tiberiānus *3* tiberianisch, des Tiberius
Tiberius, ī *m* Tiberius, röm. Vorname, z. B. des Kaisers 14–37
tībia, ae *f* Schienbein; Flöte
tībiāli|a, ~um *n* Beinbinden, Wickelgamaschen (zum Wärmen der Unterschenkel) ⟦*ml* Strümpfe, Strumpfhosen
tībīc|en, ~inis *m* Flötenspieler; Pfeiler, Stütze
tībīcina, ae *f* Flötenspielerin
tībīcinium, ī *n* Flötenspiel
tibimet *betonter Dat Sg zu* tu
Tibullus, ī *m* Tibullus (BN des röm. Elegiendichters Albius ~, um 50–19 v. Chr.)
Tībur, ~is *n* Tibur (Stadt in Latium), *heute* Tivoli
Tīburnus I. *Adj 3* tiburnisch, von Tibur **II.** *Subst* ī *m* **1.** Tiburner, Einw. von Tibur **2.** Tiburnus *PN* (Gründer von Tibur)
Tībur|s, *Gen* ~tis tiburtisch, von Tibur
Tīburtīnum, ī *n* Tiburtinum (Landgut bei Tibur)
Tīburtīnus *3* tiburtinisch, von Tibur
Tīburtus, ī *m* = Tiburnus II. 2.
Tīcīnum, ī *n* Ticinum (Stadt in Oberitalien), *heute* Pavia
Tīcīnus, ī *m* Ticinus (Fluss in Oberitalien), *heute* Ticino *od* Tessino
Tifāta, ōrum *n* Tifata (Berggebiet in Kampanien bei Capua)
Tifernum, ī *n* Tifernum (N mehrerer Städte in Mittelitalien)
Tifernus, ī *m* Tifernus (Berg u. Fluss in Samnium), *heute* Biferno (Fluss)
Tigellīnus, ī *m* Tigellinus (BN eines Günstlings Neros)
Tigellius *3 Gent* Tigellius
tigillum, ī *n* kleiner Balken
Tigillus, ī *m* Tigillus (BN des Jupiter)
tignārius I. *Adj 3* Balken- **II.** ⟦*Subst* i *m spl* Zimmermann
tīgnum, ī *n* Balken
Tigrān|ēs, ~is *m* Tigranes (N armenischer Könige)
Tigrānocerta, ae *f u.* ōrum *n* Tigranocerta (Hauptstadt Armeniens)
tigrīnus *3* gefleckt wie ein Tiger
tigr|is, ~idis (*Nbf Gen Sg* ~īs, *Akk Sg* ~im *od* ~in, *Abl Sg* ~ī, *Akk Pl poet* ~idas) *m, f* Tiger
Tigr|is, ~idis *u.* ~is *m* Tigris (Fluss in Mesopotamien)
Tigurīnī, ōrum *m* Tiguriner (helvetischer Stamm)
Tigurīnus *3* tigurinisch
⟦**Tigurum,** i *n ml* Zürich
tilia, ae *f* Linde; Bast, Baststreifen ⟦*spl* Tafel aus Lindenholz, *daher:* Protokoll
Tīmaeus, ī *m* Timaeus, *gr* Timaios (1. gr. Historiker, etwa 356–260 v. Chr. 2. pythagoreischer Philosoph z. Z. Platons)
Tīmāgen|ēs, ~is *m* Timagenes (Rhetor u. Historiker z. Z. des Augustus)
Timāvus, ī *m* Timavus (Fluss bei Triest)
timefactus *3* erschreckt
tim|eō, ~uī *2* fürchten *Akk* jmdn. *od* etw., *Dat* für *od* um, ne dass; sich fürchten; sich scheuen
timiditā|s, ~tis *f* Furchtsamkeit, Scheu, Schüchternheit
⟦**timidulus** *3 ml* furchtsam
timidus *3* furchtsam, schüchtern, scheu ad, *auch Gen* gegenüber ⟦*ml* ehrfürchtig
Tīmole|ōn, ~ontis *m* Timoleon (korinthischer Feldherr, 4. Jh. v. Chr.)
Tīmoleontēus *3* des Timoleon
Tīmōlus, ī *m* = Tmolus
Tīmōn, ~is *m* Timon (gr. PN, 1. ~ von Athen, 5. Jh. v. Chr., bekannt als Men-

a b c d e f g h i j k l m n o p q r s t Tim u v w x y z

schenfeind 2. ~ von Phleius, 3. Jh. v. Chr., skeptischer Philosoph und Dichter)
Tīmōnēus *3* timonisch, in der Art des Timon 1., *also* menschenverachtend, einsam, ungesellig
timor, timōris *m* Furcht a, *auch Gen* vor, de wegen, pro für, ne dass; Schrecken
⟦**timoratus** *3 spl* voll Ehrfurcht, gottesfürchtig
Tīmotheus, ī *m* Timotheus (gr. PN 1. ~ von Athen, 4. Jh. v. Chr., Feldherr u. Politiker 2. ~ von Milet, etwa 450–360 v. Chr., Musiker und Dichter)
tīnctil|is, ~e, *Gen* ~is aufstreichbar, auftragbar, streichfähig, flüssig
⟦**tinctio,** ~nis *f spl* **1.** Eintauchen, Färben **2.** Taufe
⟦**tinctum,** i *n ml* = tinctio
tinctus I. *Part Perf Pass* →tingo **II.** *Subst* ūs *m* Tunke, Soße
tinea, ae *f* Motte; Wurm, Ungeziefer
Ting|i(s), ~is (*Nbf Nom* ~e, *Akk* ~in) *f* Tingis (Stadt in Nordafrika), *heute* Tanger
Tingitānus *3* tingitanisch, von Tingis
tingō, tinxī, tinctus *3* benetzen, eintauchen; färben ⟦*spl* taufen
tinguo *3* = tingo
tinnīmentum, ī *n* Geklingel
tinniō *4* klingen; erschallen lassen, klingeln, klimpern
tinnītus I. *Part Perf Pass zu* tinnio **II.** *Subst* ūs *m* Geklingel, Geklimper; Klirren, Klingen
tinnulus *3* schallend
tintinnābulum, ī *n* Klingel, Glocke
tintinnāculus *3* klirrend
tintin|ō *und* ~**nō** *1* = tinnio
tīnus, ī *f* Lorbeerschlinge, lorbeerartiger Schneeball (*Strauch,* Viburnum tinus L.)
tippūla, ae *f* Wasserläufer *Insekt*
Tīresiās, ae *m* Tiresias, *gr* Teiresias (*myth* blinder Wahrsager in Theben)
Tīridāt|ēs, ~is *m* Tiridates (N armenischer Könige)
tīrō, ~nis **I.** *Adj* neu, unerfahren **II.** *Subst m* junger Soldat, Rekrut; Neuling, Anfänger, Debütant ⟦*ml* Knappe; Held; Novize
Tīrō, ~nis *m* Tiro (BN des M. Tullius ~, Sekretär u. Freigelassener Ciceros, Gelehrter und Erfinder der röm. Stenografie)
tīrōcinium, ī *n* erster Kriegsdienst, *übertr* Rekruten; Unerfahrenheit; Lehrzeit; Probe, Probestück, Debüt, erstes öffentliches Auftreten ⟦*ml* Turnier; Novizenzeit
tīrunculus, ī *m* ganz junger Soldat; völliger Neuling
Tīrynthius I. *Adj 3* tirynthisch, aus Tiryns (Stadt im Nordosten der Peloponnes, Geburtsort des Herakles, *daher:*) **II.** *Subst* ī *m* der Tirynthier (= Herakles)
tīs *altl Gen Sg zu* tu
tisanārium, ī *n* = ptisanarium
tisicus *3* [*gr* pthisikos] schwindsüchtig
Tīsiphonē, ēs *f* Tisiphone (eine der drei Furien, Rächerin des Mordes)
Tīsiphonēus *3* tisiphoneisch, von der Tisiphone verfolgt; verbrecherisch
Tissēns|es, ~ium *m* Tissener, Einw. von Tisse (Stadt auf Sizilien)
Tītān, ~is *u.* **~us,** ~ī *m* [*gr*] Titan (*myth* 1. einer der Söhne von Uranos u. Gaia/Tellus 2. Nachkomme eines Titanen, z. B. Prometheus)
Tītānia, ae *f* = Titanis
Tītāniacus *3* = Titanius
Tītāni|s, ~dis *f* **I.** *Adj* titanisch **II.** *Subst* Titanide (Nachkomme eines Titanen)
Tītānius *3* titanisch
Tīthōnus, ī *m* Tithonus (*myth* Gem. der Aurora, erlangte Unsterblichkeit, aber nicht ewige Jugend, wurde schließlich in eine Heuschrecke verwandelt)
Tīthōnius *3* tithonisch, des Tithonius
tītibillīcium, ī *n* Kleinigkeit
Titi|ēs, ~ium *m* = Titienses
Titiēns|es, ~ium *m* Titier (N der Angehörigen 1. einer der drei ältesten röm. Tribus 2. der daraus gebildeten Ritterzenturie 3. eines Priesterkollegiums)
tītillātiō, ~nis *f* Kitzel, Reiz
tītillō *1* kitzeln, reizen
titiō, ~nis *m* brennendes Holzscheit
⟦**tītillus,** ī *m* = titillatio
Titius *3 Gent* Titius, titisch
titubanter *Adv* unsicher
titubantia, ae *f* Unsicherheit; *übertr* ~ linguae Stammeln
titubātiō, ~nis *f* Wanken, Schwanken, Unsicherheit
titubō *1* wanken, schwanken, taumeln, unsicher sein; *übertr* in Verlegenheit geraten
⟦**titulo** *1 spl* benennen, mit einer Inschrift versehen
titulus, ī *m* Aufschrift, Inschrift, Überschrift; Grabinschrift, *übertr* Grab; Titel; Ehrenname; Ruhm; Vorwand, Aushängeschild ⟦*spl* Pfandbrief, Obligation; Rechtsanspruch, Rechtstitel; *ml* Verhandlungspunkt; Überschrift, Buchtitel, Kapitel, Paragraf; Würde
Titūriānus *3* des Titurius
Titūrius *3 Gent* Titurius
Titus, ī *m* Titus (*Vorname, Abk* T.)
Tityos, ī m Tityos (*myth* ein Titan)
Tītyrus, ī *m* Tityrus (*poet* N 1. eines Hirten in der Hirtenpoesie 2. der Hirtenpoesie selbst 3. des Vergilius), *übertr poet* Hirt
⟦**Tmarius** *3 spl* tmarisch
Tmarus, ī *m* Tmarus (Berg bei Dodona in Nordwestgriechenland)

Tmōlīt|ēs, ~ae *m* (*Nbf Gen Sg* ~is, *Dat Sg* ~ī, *Akk Sg* ~ēn, *Nom Pl* ~ae) **1.** Tmolit, Bewohner von Tmolus **2.** Wein vom Tmolus

Tmōlius I. *Adj 3* tmolisch, von Tmolus **II.** *Subst* ī *m* Wein vom Tmolus

Tmōlus, ī *m* Tmolus (1. König von Lydien in Kleinasien, Gem. der Omphale, Schiedsrichter im Streit zwischen Phöbus u. Pan 2. Gebirge in Westkleinasien, *heute* Boz Daği 3. Stadt an diesem Ort, 19 n. Chr. durch Erdbeben zerstört)

toculliō, ~nis *m* Wucherer

todillus *3* dünn

tōfīnus *3* Tuffstein-, aus Tuffstein

tōfus, ī *m* Tuff, Tuffstein

toga, ae *f* Toga (das offizielle Obergewand des röm. Bürgers), Obergewand; Gewand, Hülle; Friedenstracht, *übertr* Friede ⟦*spl* Zivildienst, Zivilbeamter; Advokat

togāta, ae *f* Komödie *od* Schauspiel (in röm. Kostüm und Milieu)

togātārius, ī *m* Schauspieler in einer togata

togātulus, ī *m* Klient

togātus I. *Adj 3* mit einer Toga bekleidet, römisch **II.** *Subst* ī *m* röm. Bürger ⟦*spl* Advokat; Zivilbeamter

togula, ae *f* kleine Toga

Tolbiācum, ī *n* Tolbiacum (Stadt in Gallia Belgica), *heute* Zülpich bei Köln

Tolēnus, ī *m* Tolenus (Fluss in Mittelitalien), *heute* Turano

tolerābil|is, ~e, *Gen* ~is geduldig; erträglich

tolerandus *3* erträglich

toler|āns, *Gen* ~antis geduldig, imstande zu ertragen *Gen* etw.; ausdauernd

tolerantia I. *Adj Nom/Akk Pl n zu* tolerans **II.** *Part Präs Akt Nom/Akk Pl n zu* tolero **III.** *Subst* ae *f* Ertragen, Dulden; Geduld

tolerātiō, ~nis *f* das Erdulden

tolerō *1* tragen, ertragen, aushalten, erdulden, dulden; erhalten, unterstützen; erträglich machen

Tolētānī, ōrum *m* Toletaner, Einw. von Toletum

Tolētum, ī *n* Toletum (Stadt in Spanien), *heute* Toledo

tollēnō, ~nis *m* Schwengel (am Brunnen), Schwingbalken; *milit* Hebe- *od* Schleuderkran (Gerät für die Verteidigung der Stadtmauer gegen Angreifer u. Belagerungsmaschinen)

tollō, sustulī, sublātus *3* aufrichten, aufheben, heben, emporheben; *milit* signa ~ aufbrechen; erhöhen; aufnehmen, auf sich nehmen; ein Kind (als eigen) anerkennen, aufziehen; beiseiteschaffen, entfernen, beseitigen, vernichten ⟦*ml* tragen; animam *Gen* ~ jmdn. hinhalten

Tolōsa, ae *f* Tolosa (Stadt in Südgallien), *heute* Vieille-Toulouse

Tolōsānus *3* tolosanisch, aus Tolosa

Tolōsāt|ēs, ~ium *m* Tolosaten, Einw. von Tolosa

Tolōsēns|is, ~e, *Gen* ~is tolosenisch, von Tolosa

Tolumnius, ī *m* Tolumnius (Lars ~, König von Veji, 5. Jh. v. Chr.)

tolūtārius I. *Adj 3* trabend, im Trab *od* Passgang gehend **II.** ⟦*ml Subst* i *m* Passgänger *Pferd*

tolūtim *Adv* im Trab

tomāculum, ī *n* (Brat-)Wurst

tōmentum, ī *n* Polsterung

Tomī, ōrum *n* = Tomis

Tomi|s, ~dis *f* Tomis (Stadt am Schwarzen Meer, Verbannungsort des Ovid), *heute* Constanța (Rumänien)

Tomītae, ārum *m* Tomiter, Einw. von Tomis

Tomītānus *3* tomitanisch, von Tomis

Tomīt|is, ~e, *Gen* ~is = Tomitanus

tomus, ī *m* [*gr*] Abschnitt, Stück ⟦*spl* Teil eines größeren Werkes, Band, Buch

Tomyris, ~ *f* Tomyris (skythische Königin, 6. Jh. v. Chr.)

Ton|āns, *Gen* ~antis *m* »Donnerer« (BN von Göttern) ⟦*ml christlich* Gott

tondeō, totondī, tōnsus *2* (ab)scheren, (ab)schneiden, rasieren, abhauen, abrupfen, abfressen; glätten ⟦*spl* summos fluctus ~ die Wogenkämme streifen; *ml* abweiden lassen

tonitr|us, ~ūs *m u.* **~uum,** ~ī *n* Donner ⟦*ml* Geschrei

tonō, tonuī *1* donnern, ertönen lassen; mit Donnerstimme reden

tōnsa, ae *f* Ruder

tōnsil|is, ~e, *Gen* ~is abgeschoren, zurechtgeschnitten

tōnsilla, ae *f* **1.** Pfahl (zum Festbinden von Schiffen) **2.** *med* Mandel

tōnsitō *1* scheren

tōns|or, ~ōris *m* Bartscherer ⟦*spl* Scherer; Gärtner

⟦**tonsoratus** *3 ml* geschoren; zum Priester geweiht

tōnsōrius *3* Scher-

tōnstrīcula, ae *f* Bartschaberin *verächtlich*

tōnstrīna, ae *f* Barbierstube, Friseurladen

tōnstrī|x, ~cis *f* Friseuse, Bartschererin, Haarschneiderin

tōnsūra, ae *f* das Scheren, Schur, Verschneiden (von Bäumen) ⟦*ml* Tonsur

tōnsus I. *Part Perf Pass* →tondeo **II.** *Subst* ūs *m* Haarschnitt

tonus, ī *m* [*gr*] Spannung (eines Seils, einer Saite); *gramm* Akzent, Betonung; *musikalisch* Ton; Farbton; *astronomisch* Abstand (der Gestirne voneinander); *übertr* Donner ⟦*ml* Wortlaut; Weise, Melodie

topanta *undekl n* [*gr*] das Ein und Alles
[[**topazion,** i *n u.* **topazius,** i *f spl* = topazos
[[**topaz|ōn,** ~ontis *m spl* = topazos
topazos, ī *f* Topas
topazus, ī *f* = topazos
tōph- = tōf-
topia, ōrum *n* [*gr*] Landschaftsmalerei, Landschaftsbild (auch mit myth. Szenen) [[*spl* Ziergärtchen
topiāria, ae *f* Gärtnerei, Gartenbaukunst
topiārius I. *Adj 3* zur Gartenkunst gehörig *od* dienlich **II.** *Subst* ī *m* Gärtner, Ziergärtner
topica, ōrum *n* Topik (Titel einer Schrift des Aristoteles, von Cicero lat. nachgebildet)
[[**topographia,** ae *f* [*gr*] *spl* Ortsbeschreibung
[[**topographus,** *i m* [*gr*] *spl* Kartenzeichner, Topograf
tor|al, ~ālis *n* (*Nbf Nom Sg* ~ālis *m u.* ~āle *n*) Decke, Schondecke, Überzug; Teppich
torcul|ar, ~āris *n* Kelter, Presse
torculārium, ī *n* Keltergefäß; Kelterraum; Kelterhaus
torculārius I. *3* Kelter- **II.** *Subst* ī *m* Kelterknecht
torculum, ī *n* Kelter
toreuma, ~tis *n* [*gr*] Treibarbeit (Kunstwerk aus getriebenem, kalt verformtem Metall); (mit Relief versehenes) Tongefäß
toreutēs, ae *m* [*gr*] Toreut, Kunsthandwerker, Goldschmied
toreuticē, ēs *f* [*gr*] Toreutik (Kunst, Metalle durch Treiben, Ziselieren u. a. Techniken kalt zu formen)
tormentum, ī *n* **1.** Winde **2.** Seil, Strick; Fessel; Folter; *übertr* Qual **3.** Wurfmaschine, Geschütz **4.** Geschoss [[*ml* Werkzeug (des Künstlers); Folterwerkzeug
tormin|a, ~um *n* Leibschmerzen, *bes* Ruhr; ~a urinae Harnzwang
torminōsus *3* an Ruhr leidend
[[**tornator,** ~is *m spl* Drechsler
[[**tornamentum** *u.* **torneamentum,** i *n ml* Turnier
tornō *1* drechseln, drehen, glätten
tornus, ī *m* **1.** Drechseleisen, Schnitzmesser **2.** [[*spl* Drehen, Tanz
Torōnē, ēs *f* Torone (Stadt an der Nordküste des Ägäischen Meeres)
torōsus *3* muskulös; *übertr* fleischig, dick
torpēd|ō, ~inis *f* **1.** Starrheit; *übertr* Lähmung, Stumpfheit, Trägheit **2.** Zitterrochen *Fisch*
torp|eō, ~uī *2* starr sein, gefühllos sein, betäubt sein, hilflos sein, träge sein
torp|ēscō, ~uī *3* erstarren, erlahmen, unbeweglich werden
torpidus *3* betäubt, regungslos
torp|or, ~ōris *m* Erstarrung, Lähmung, Reglosigkeit
torpuī → **1.** torpeo **2.** torpesco
torquātus *3* mit einer Halskette geschmückt *od* ausgezeichnet
Torquātus *3* Torquatus (BN in der gens Manlia)
torqueō, torsī, tortus (*spl* torsus) *2* drehen, wenden, umdrehen; lenken; *Geschoss* schleudern; verdrehen, verrenken; foltern; *übertr* genau untersuchen
torqu|ēs *u.* **~is,** ~is *m, f* Halskette; Halsring; Joch; Girlande [[*ml* Schmuck, Geschmeide; Fassung (eines Steines); Kragen
[[**torrela,** ae *f ml* Holzscheit; Brand
torr|ēns, *Gen* ~entis **I.** *Adj* glühend, erhitzt, heiß; heftig, lebhaft, kräftig **II.** *Part Präs Akt zu* torreo **III.** *Subst m* Wildbach; *übertr* (Wort-)Schwall
torr|eō, ~uī, tōstus *2* erhitzen, versengen, ausdörren, rösten; braten, backen
torr|ēs, ~is *f* dörrende Hitze
[[**torridulus** *3 ml* geröstet
torridus *3* **1.** ausgetrocknet, gedörrt, dürr; verbrannt, versengt; zusammengeschrumpft **2.** brennend, sengend, heiß
torris, ~ *m* (brennendes) Holz(scheit)
torsī →torqueo
torsus = tortus II.
[[**torta,** ae *f spl* Brotlaib, Brotfladen
tortil|is, ~e, *Gen* ~is gewunden, gekräuselt; ~e aurum Goldkette
tort|or, ~ōris *m* Folterer, Folterknecht; Schleuderer [[*ml* Peiniger, Bedränger; Henker
[[**tortula,** ae *f spl* Brotfladen; Kuchen
tortuōsus *3* sich windend, gewunden, gekrümmt; verworren, vieldeutig; schmerzhaft
[[**tortura,** ae *f spl* Marter, Qual, Folter
tortus I. *Adj. 3* gewunden, krumm, vieldeutig **II.** *Part Perf Pass* →torqueo **III.** *Subst* ūs *m* Windung; Schleudern
torulus, ī *m* **1.** Haarwulst **2.** Splint (Weichholz unter der Rinde) **3.** [[*spl* Fleischwulst
torus, ī *m* Wulst; gedrehtes Seil, Schleife; Muskel; Schwellung, Erhebung; Polster, Lager, Bett, Bahre
torvitā|s, ~tis *f* Grimmigkeit, Wildheit; Strenge
torvus *3* finster, grimmig, schrecklich; streng, ernst
tōsilla, ae *f* = tonsilla
tōstrīna, ae *f* = tonstrina
tōstus *Part Perf Pass* →torreo
tot *undekl* so viel, so viele; so wenig, so wenige
[[**totaliter** *Adv spl* gänzlich, sehr
totidem *undekl* ebenso viele atque wie; ebenso viel, eben das [[*spl* sooft
totiē(n)s *Adv* sooft; ebensooft

t

totondī →tondeo
tōtum I. *Subst* ī *n* das Ganze **II.** *Adv, auch* in ~ überhaupt
tōtus *3* (*Gen Sg m, f, n* tōtīus, *Dat Sg m, f, n* tōtī *od f* tōtae, *m, n* tōtō) ganz; völlig; *Pl* alle ⟦*ml* ganz aufgehend; jeder
toxicum, ī *n* [*gr*] Pfeilgift, Gift
tr. *Abk für* **1.** tribunicius **2.** tribunus
trabāl|is, ~e, *Gen* ~is Balken-; balkenartig, balkenstark
trabea, ae *f* Trabea (purpurfarbene *od* mit roten Streifen u. Purpursaum gezierte Toga, getragen von röm. Königen, Equites, Auguren, Konsuln)
trabeātus *3* mit der trabea bekleidet; im Staatsgewand
trab|s, ~is *f* Balken; *übertr* Baum, Baumstamm; Kielbalken = Schiff; Dachbalken = Haus; Tisch; Stock; Spieß; Fackel
Trāch|ās, ~antis *f* = Tarracina
Trāchīn, ~is *f* = Trachis
Trāchīniae, ārum *f* die Trachinierinnen (Titel einer Tragödie des Sophokles)
Trāchīnius *3* von Trachis, trachinisch
Trāch|is, ~īnis *f* Trachis (gr. Stadt in der Nähe des Oeta, durch den Tod des Herkules bekannt)
tractābil|is, ~e, *Gen* ~is berührbar, betastbar; nachgiebig; anwendbar, geeignet, tauglich; behandelbar
tractātiō, ~nis *f* Behandlung, Bearbeitung, Anwendung; Untersuchung, Beschäftigung *Gen* mit
tractāt|or, ~ōris *m* **1.** Masseur **2.** ⟦*spl* Erklärer, Erläuterer; *ml* Händler
tractātus I. *Part Perf Pass zu* tracto **II.** *Subst* ūs *m* Behandlung, Beschäftigung *Gen* mit; Erörterung, Abhandlung ⟦*spl* Überlegung; Predigt
tractim *Adv* sachte, langsam, gedehnt
tractō *1* herumzerren; berühren, betasten; behandeln, bearbeiten; sich beschäftigen *Akk* mit, umgehen *Akk* mit; betreiben, verwalten; anwenden, *eine Theaterrolle* darstellen; besprechen, erörtern, untersuchen; verhandeln; se tractare sich verhalten *Akk* gegenüber ⟦*ml* misshandeln
⟦**tractoria,** ae *f spl* Einladungsschreiben; *Pl* ae, arum schriftliche Anweisung des Kaisers, Reisende zu unterstützen
tractōrius *3* Zieh-, Hebe-
tractum, ī *n* (gekrempelte, zum Spinnen aufbereitete) Wolle
tractus I. *Adj 3* herkommend, herstammend, entsprungen; zügig, fließend **II.** *Part Perf Pass* →traho **III.** *Subst* ūs *m* Ziehen, Zug; Bewegung, (langsamer) Verlauf, Langsamkeit; Dehnung, Ausdehnung; Gegend, Landstrich; *gramm* Veränderung, Flexion
⟦**tradatus** *Part Perf Pass ml* = traditus →trado
trādidī →trado
trāditiō, ~nis *f* Übergabe, Überlieferung, Bericht; Lehre ⟦*spl* Verrat; *ml* Wandlung, Veränderung
trādit|or, ~ōris *m* Verräter ⟦*spl* Lehrer
trā|dō, ~didī, ~ditus *3* übergeben, anvertrauen; ausliefern, preisgeben, verraten; überliefern, mitteilen ⟦*ml* oblivioni trado vergessen
trā|dūcō, ~dūxī, ~ductus *3* (hinüber)führen, (hinüber)bringen; flumen *od* pontem ~duco über den Fluss *od* über die Brücke führen; versetzen; Zeit verbringen; verwenden, anwenden; durchführen, vorbeiführen; öffentlich bekannt machen; lächerlich machen; übertragen, übersetzen, ableiten ⟦*ml* entführen
trāductiō, ~nis *f* Versetzung; Übertragung, übertragener *od* wiederholter Gebrauch (eines Ausdrucks); Verlauf, Fortgang (der Zeit); Übergang, Überfahrt; Bloßstellung, Lächerlichmachung ⟦*spl* Vorbeiführung
trāduct|or, ~ōris *m* Überführer (gemeint ist Pompejus, der den Übergang des Patriziers Clodius in den Plebejerstand unterstützt hatte)
trāductus I. *Part Perf Pass* →traduco **II.** ⟦*Subst* ūs *m spl* Übergang
trādu|x, ~cis *m* Weinranke
trādūxī →traduco
trāferō *3* = transfero
⟦**tragedia,** ae *f ml* = tragoedia
tragicōmoedia, ae *f* Tragikomödie
tragicus I. *Adj 3* tragisch, Tragödien-; pathetisch, erhaben; schrecklich **II.** *Subst* ī *m* Tragödiendichter; Tragödienschauspieler
tragoedia, ae *f* Tragödie; tragisches Pathos ⟦*spl* trauriges Ereignis
tragoedus, ī *m* Schauspieler in Tragödien
tragopān, ~is *m* (*Akk* ~a) Tragopan (ein Fabelvogel)
trāgula, ae *f* **1.** Wurfspieß (mit Schwungriemen) **2.** Schleppnetz **3.** kleiner Schlitten
traha, ae *f* Schlitten (zum Dreschen des Getreides *od* zum Zerkleinern der Schollen nach dem Pflügen)
trahā|x, *Gen* ~cis raffgierig
trahea, ae *f* = traha
trahō, trāxī, trāctus *3* ziehen, schleppen; leiten, führen, verleiten; nach sich ziehen, an sich ziehen, annehmen; einziehen; wegführen, wegnehmen, ableiten; plündern; hin und her zerren, zerrütten; gründlich bedenken; in die Länge ziehen, verzögern, hinhalten; dauern; *Zeit* verbringen ⟦*ml* machen in *mit Akk* zu
Traiānus I. trajanisch, des Traian **II.** *Subst* ī *m* Traian(us) (röm. Kaiser M. Ulpius ~, 98–117)

trā|iciō, ~iēcī, ~iectus *3* hinüberwerfen, hinüberbringen; übersetzen *od* hinüberfahren *Ortsangabe im Akk* über, überqueren; hinüberkommen; durchstoßen, durchstechen, durchbrechen

trāiectiō, ~nis *f* Überfahrt *Gen* über, Übergang; *übertr* ~ stellae Sternschnuppe, ~nes stellarum das Vorübergleiten der Sterne; Zuschieben, Hinüberschieben; *rhet* Wortumstellung; Übertreibung ⟦*ml* Verwandlung

⟦**Traiectum,** i *n spl* Traiectum (Stadt in der Provinz Gallia Belgica), *heute* Utrecht

trāiectus I. *Part Perf Pass* →traicio **II.** *Subst* **1.** ūs *m* Überfahrt *Gen* über; Überfahrts-, Übergangsstelle **2.** ⟦i *m ml* Fähre

trāl- = transl-

Trall|ēs, ~ium **1.** *m* Traller (Volk in Illyrien) **2.** *f* = Trallis

Trallī, ōrum *m* = Tralles 1.

Trallïānī, ōrum *m* Trallianer, Einw. von Trallis

Trallïānus *3* trallisch, aus Trallis

Trall|īs, ~ium *f* Trallis (Stadt in Westkleinasien)

trām- = transm-

trāma, ae *f* Kette, Kettfaden (beim Gewebe) ⟦*spl* Schussfaden, Einschlag (beim Gewebe)

trām|es, ~itis *m* Pfad, Steig, Weg; *übertr* Nebenlinie (einer Familie)

trānatō *1* durchschwimmen, hinüberschwimmen

trānō *1* durchschwimmen, hinüberschwimmen; durchdringen

tranquillitā|s, ~tis *f* (heitere) Ruhe; Windstille, freundliches Wetter; Friede, friedliche Stimmung, Seelenfriede; *übertr* heiterer Glanz ⟦*spl in Kaisertitulatur* erhabene Ruhe, Erhabenheit

tranquillō I. *Verb 1* beruhigen **II.** *Adv* bei ruhigem Wetter

tranquillum, ī *n* Ruhe, Stille; Windstille, Meeresstille, ruhiges Wetter

tranquillus *3* ruhig, still; beruhigt; friedfertig ⟦*ml* geduldig, bescheiden

trāns *Präp mit Akk* über; jenseits

trānsab|eō, ~iī, ~itum (*Inf* ~īre) hindurchgehen *Akk* durch ⟦*spl Perf* ~īvi

trānsāct|or, ~ōris *m* Vermittler

⟦**transactum,** i *n spl jur* Vergleich, (Geschäfts-)Abschluss

trānsāctus *Part Perf Pass* →transigo

trānsad|igō, ~ēgī, ~āctus *3* durchbohren, durchstechen

trānsalpīnus *3* jenseits der Alpen (gelegen *od* wohnend *od* geschehend)

⟦**transalpizo** *1 ml* die Alpen überschreiten

trān|scendō, ~scendī, ~scēnsus *3* (hin)übergehen; überschreiten, übersteigen; übertreten; übertreffen

trānscēnsus I. *Part Perf Pass* →transcendo **II.** ⟦*Subst* us *m spl* Überschreiten, Überfahrt, Übergang

trāns|cīdō, ~cīdī *3* durchprügeln, verhauen

trān|scrībō, ~scrīpsī, ~scrīptus *3* abschreiben, übertragen; *jur* verschreiben, übertragen *Dat* auf; kopieren, abmalen; versetzen

trāns|currō, ~cucurrī *u.* ~currī, ~cursus *3* vorübereilen, durcheilen, durchgehen; übergehen; hineilen, hingehen

trānscursus I. *Part Perf Pass* →transcurro **II.** *Subst* ūs *m* Durcheilen, Vorübereilen; *übertr* flüchtige *od* beiläufige Erwähnung

trānsdō *1* = trado

trāns|dūcō, ~dūxī, ~ductus *3* = traduco

trānsēgī →transigo

trānsenna, ae *f* Gitter, Netz; *übertr* Falle

trāns|eō, ~iī *u.* ~īvī, ~itus (*Inf* ~īre) hingehen, hinübergehen, übergehen; hindurchgehen; vorübergehen; überschreiten, überholen, übertreffen; durchgehen *Akk* durch; vorbeigehen *Akk* an, übergehen; *Zeit* verbringen ⟦se transire *ml* über sich hinausgehen; sterben

trāns|ferō, ~tulī, ~lātus *3* hinüberbringen, -tragen, übertragen; versetzen, verlegen, verändern; vorbeitragen, vorübertragen

trāns|figō, ~fīxī, ~fīxus *3* durchstechen, durchbohren

trānsfigūrō *1* verwandeln

trānsfīxī, trānsfīxus →transfigo

⟦**transfluminal|is,** ~e, *Gen* ~is *spl* jenseits des Flusses (befindlich)

trāns|fluō, ~flūxī *3* herausfließen; vorüberfließen ⟦*spl* überfließen

trāns|fodiō, ~fōdī, ~fossus *3* durchbohren

trānsform|is, ~e, *Gen* ~is verwandelt, umgeformt; verwandlungsfähig

trānsformō *1* verwandeln, umwandeln

trānsforō *1* durchbohren

trānsfossus *Part Perf Pass* →transfodio

trānsfretō *1* (über das Meer) hinüberfahren, übersetzen ⟦*spl* übersetzen *Akk* über; *übertr* durchfahren; *ml* durchwaten

trānsfūdī →transfundo

trānsfuga, ae *m, f* **I.** *Adj* flüchtig, entflohen, entlaufen; treulos, abtrünnig **II.** *Subst* Überläufer, Flüchtling, Deserteur

trāns|fugiō, ~fūgī *3* (zum Gegner) überlaufen

trānsfugium, ī *n* Überlaufen; Gelegenheit zur Desertion

trāns|fundō, ~fūdī, ~fūsus *3* umgießen, umfüllen; übertragen

trāns|gredior, ~gressus sum *3* hinübergehen, übergehen, überschreiten; *übertr* (mit Stillschweigen) übergehen; übertreffen

trānsgressiō, ~nis *f* Übergang; *rhet* Umstellung, Versetzung (der Wörter als Stil-

mittel) ⟦*spl* Übertretung, Verletzung (einer Vorschrift)
⟦**transgressor,** ~is *m spl* Übertreter, Verletzer (einer Vorschrift)
trānsgressus I. *Part Perf (auch Pass)* →transgredior **II.** *Subst* ūs *m* Übergang *Gen* über ⟦*spl* = transgressio
trānsiciō *3* = traicio
trānsiectiō, ~nis *f* = traiectio
trānsiectus = traiectus
trāns|igō, ~ēgī, ~āctus *3* durchstoßen, durchbohren; *übertr Zeit* verbringen; durchführen, zu Ende bringen; ein Abkommen treffen ⟦*spl* verkaufen
trānsiī, →transeo
trānsil|iō, ~uī (*Perf Akt selten* ~iī *u.* ~īvī) *4* hinüberspringen *Akk* über, überspringen; durcheilen; überschreiten; hinübergehen
trānsitiō, ~nis *f* Übergehen, Übergang, Überlaufen; *med* Ansteckung; *gramm* Flexion; Durchgang
trānsitōrius *3* Durchgangs- ⟦*spl* vorübergehend, vergänglich
trānsitus I. *Part Perf Pass* →transeo **II.** *Subst* ūs *m* Übergang; Durchgang; Vorübergehen ⟦*ml übertr* Tod
trānslātīcius *3* überliefert, herkömmlich, gewöhnlich; *gramm* übertragen, bildlich ⟦*spl* stellvertretend eingesetzt
trānslātiō, ~nis *f* Übertragung, Versetzung, Verlegung, Verlagerung, Verpflanzung; Veränderung; Vertauschung; Abschrift; Übersetzung; *jur* Ablehnung, Abwehr ⟦*ml kirchlich* Translation (1. Überführung von Reliquien 2. Verlegung eines Festes od. 3. eines Amtssitzes 4. Versetzung)
trānslātīva, ae *f rhet* ablehnende Feststellung (die die zu entscheidende Sache einem anderen Sachgebiet zuzuweisen sucht)
trānslātīvus *3* ablehnend (einem anderen Sachbereich zuweisend)
trānslāt|or, ~ōris *m* Überläufer; ~or quaesturae Überläufer in der Quästur (Verres war als Quästor samt der Kasse zu Sulla übergelaufen) ⟦*spl* Übersetzer; Abschreiber; *ml* Erklärer
trānslātus I. *Part Perf Pass* →transfero **II.** *Subst* ūs *m* feierlicher Aufzug, Vorführung
trānslegō *3* vollständig rasch vorlesen
trānsloquor *3* (vollständig) aufzählen
trānslūceō *2* hinüberleuchten; durchschimmern; durchsichtig sein
trānslūcidus *3* durchsichtig; *übertr* gekünstelt, raffiniert
trānsmarīnus *3* jenseits des (Mittel-)Meeres befindlich, überseeisch
⟦**transmeabil|is,** ~e, *Gen* ~is *spl* rasch durchlaufbar
trānsmeō *1* überqueren, durchgehen, hindurchgehen *Akk* durch; vorbeigehen *Akk* an ⟦*ml* hinüberschwimmen
⟦**transmigratio,** ~nis *f spl* Auswanderung; Umsiedlung, Deportation; *übertr* die Deportierten
trānsmigrō *1* übersiedeln, umsiedeln; verpflanzen
trānsmineō *2* hindurchragen
trānsmīsī →transmitto
trānsmissiō, ~nis *f* Überfahrt ⟦*spl* Übersendung; Übertragung; Einzahlung von Abgaben
trānsmissus I. *Part Perf Pass* →transmitto **II.** *Subst* ūs *m* Überfahrt
trāns|mittō, ~mīsī, ~missus *3* **1.** hinüberbringen, hinüberschicken, hinübergehen lassen; überlassen; hindurchgehen lassen, hinweggehen lassen, vorbeilassen **2.** durchqueren, überqueren, überschreiten, hinüberfahren; übergehen, unbeachtet lassen; *Zeit* durchleben, verbringen; *Krankheit* überstehen ⟦*ml* ~mitto ad posteros an die Nachwelt überliefern
trānsmontānī, ōrum *m* Völker jenseits der Gebirge
trāns|moveō, ~mōvī, ~mōtus *2 milit* verlegen; übertragen
trānsmūtō *1* vertauschen; verlegen
trānsnatō *1* = tranato
trānsnō *1* = trano
trānsnōminō *1* umbenennen
trānsnumerō *1* durchzählen
Trānspadānus I. *Adj 3* jenseits des Po, transpadanisch **II.** *Subst* ī *m* Transpadaner, Bewohner der Gegend nördlich des Po
⟦**transpedo** *1 ml* hindurchgehen, überschreiten
trāns|pōnō, ~posuī, ~positus *3* versetzen, umsetzen, verpflanzen; umstellen; übersetzen
trānsportātiō, ~nis *f* Umsiedlung
trānsportō *1* hinüberbringen
trānspositus *Part Perf Pass* →transpono
trānsposui →transpono
Trānsrhēnān|us I. *Adj 3* jenseits (= rechts) des Rheins **II.** *Subst* ~ī, ~ōrum *m* Völkerschaften jenseits (= rechts) des Rheins
trānss- = trans-
trānstiberīnus *3* jenseits (= rechts) des Tiber befindlich *od* wohnend
trānstineō *2* hindurchführen; hindurchgehen
trānstrum, ī *n* Querbalken; Ruderbank
trānstulī →transfero
trānsultō *1* hinüberspringen
trān|suō, ~suī, ~sūtus *3* durchstechen
⟦**transvado** *1 u. 3 spl* durchwaten; *übertr* überschreiten
trānsvectiō, ~nis *f* Überfahrt *Gen* über; Vorbeifahren, Parade, Vorführung des

Ritterpferdes zur Musterung beim Zensor ⟦*spl* Transport
trānsvectus *Part Perf* →**1.** transveho **2.** transvehor
trāns|vehō, ~vexī, ~vectus *3* hinüberfahren, hinüberbringen; vorüberführen, vorführen
trāns|vehor, ~vectus sum *3* hinüberfahren *Akk* über, übersetzen; vorüberfahren, vorbeireiten; *übertr* vorübergehen, vergehen
trānsverberō *1* durchstechen, durchbohren ⟦*spl übertr* zerteilen; *ml übertr* aures ~ die Ohren treffen = verständlich sein
trānsversāria, ōrum *n* Querbalken
trānsversārius *3* Quer- ⟦*spl* entgegengesetzt
trānsversē *Adv* schräg, schief, quer
trānsversum **I.** *Adj Nom Sg n od Akk Sg m, n zu* transversus I. **II.** *Subst* ī *n* Querrichtung; ex transverso unvermutet, wider Erwarten **III.** *Adv* seitwärts, zur Seite
trānsversus **I.** *Adj 3* schräg, quer verlaufend, seitwärtsgerichtet; *milit* Seiten-, Flanken-; digitus *od* unguis ~ einen Fingerbreit; transverso foro quer über den Markt; abwärtsgehend **II.** *Part Perf Pass* →transverto
trāns|vertō, ~vertī, ~versus *3* umwenden ⟦*spl* abwenden; *ml* abbringen
trānsvexī →transveho
trānsvolitō *1* durchfliegen
trānsvolō *1* überfliegen; hinüberfliegen; durcheilen; vorüberfliegen, vorübereilen
trānsvor- = transver-
trapē|s, ~tis *m* = trapetum
trapētum, ī *n* Ölpresse, Olivenpresse
trapētus, ī *m* = trapetum
trapeza, ae *f* [*gr*] Tisch
trapezīta, ae *m* [*gr*] (Geld-)Wechsler, Bankier
trapezophorum, ī *n* [*gr*] (verziertes) Tischbein
Trapezū|s, ~ntis (*Akk* ~ntem *od* ~nta) *f* Trapezus (Stadt an der Südostküste des Schwarzen Meeres), *heute* Trabzon
trāsenna, ae *f* = transenna
Trasim|ennus *und* **~ēnus** = Trasumennus
Trasum|ennus *u.* **~ēnus** **I.** *Adj 3* trasimenisch **II.** *Subst* ī *m* der Trasimenische See (im östlichen Etrurien, 217 v. Chr. Sieg Hannibals über die Römer), *heute* Lago Trasimeno
trāv- = transv-
trāxī →traho
Trebia, ae *m* Trebia (1. Fluss in Norditalien, *heute* Trebbia 2. Stadt in Umbrien, *heute* Trevi)
Trebiānī, ōrum *m* Trebianer, Einw. von Trebia
Trebula, ae *f* Trebula (Stadt 1. im Sabinerland, *auch* ~ Mutusca 2. in Samnium, *auch* ~ Suffēna 3. in Kampanien)
Trebulānum, ī *n* Trebulanum (Landgut bei Trebula 3.)
Trebulānus *3* trebulanisch, von Trebula
trecēnī, ae, a (je) dreihundert
trecentēsimus *3* der Dreihundertste
trecent|ī, ~ae, ~a (*Nbf Gen Pl* ~um) dreihundert
trecentiēs *Adv* dreihundertmal
trechedīpnum, ī *n* [*gr*] leichtes, auffälliges Gewand
trēdecim *undekl* dreizehn
tremebundus *3* zitternd
treme|faciō, ~fēcī, ~factus *3* erschüttern, zittern lassen
tremendus *3* furchtbar, schrecklich
tremēscō *3* zittern *Akk* vor jmdm. *od* etw. ⟦*ml* sich scheuen
tremibundus *3* = tremebundus
tremīscō *3* = tremesco
trem|ō, ~uī *3* zittern, beben *Akk* vor jmdm. *od* etw.
trem|or, ~ōris *m* Zittern, Beben; *übertr* Schrecken
tremulus **I.** *Adj 3* **1.** zitternd, bebend **2.** schreckend **II.** *Subst* ī *f* Zitterpappel
trepidanter *Adv* ängstlich
trepidātiō, ~nis *f* Unruhe, Hast, Aufregung; Ängstlichkeit; Verwirrung, Unordnung
trepidō *f* unruhig *od* aufgeregt *od* ängstlich sein; unschlüssig schwanken; sich fürchten *Akk* vor; zagen, zögern; rieseln
trepidus *3* unruhig, ängstlich *poet Gen* wegen; besorgt; verwirrt, ratlos, unschlüssig; beunruhigend, aufregend
trēs *m, f,* tria *n* (*Gen* trium, *Dat/Abl* tribus) drei
trēsvir, ī *m* = triumvir
⟦**treuga,** ae *f* [*dt*] *ml* Landfrieden
Trēverī, ōrum *m* Treverer (kelt.-germ. Volk an der Mosel); *Hauptstadt* Augusta Treverorum, *heute* Trier
Trēvericus *3* treverisch
Trēvirī, ōrum *m* = Treveri
tria *Nom/Akk n zu* tres drei
triangulum, ī *n* Dreieck
triangulus *3* dreieckig
triārii, ōrum *m* Triarier (die ältesten u. erfahrensten Soldaten in der röm. Legion, die als letzte, schlachtentscheidende Reserve eingesetzt wurden); res ad triarios rediit es ist zum Äußersten gekommen
⟦**tria|s,** ~dos *f* (*Akk* ~da *u.* ~dem) [*gr*] *spl* Drei, Dreizahl, Dreiheit; *ml* die Heilige Dreifaltigkeit
triba|s, ~dis [*gr*] Tribade (homosexuelle Frau)

t

Triboc|ēs, ~um *u.* **~ī,** ~ōrum *m* Triboker (germ. Volk am linken Ufer des Oberrheins)

tribolus, ī *m* = tribulus

tribuārius *3* Tribus-, die Tribus betreffend

⟦**tribulatio,** ~nis *f spl* Drangsal, Anfechtung, Not

tribūlis, ~ *m* der (zur gleichen Tribus – Verwaltungseinheit – gehörende) Landsmann; *übertr* aus den ärmeren Volksschichten

trībulō *1* pressen ⟦*spl* plagen, peinigen, *auch* geplagt werden

trībulum, ī *n* Dreschschlitten

tribulus, ī *m* **1.** Burzeldorn (stachliges Unkraut) **2.** Wassernuss (stachlige Wasserpflanze) **3.** ⟦*spl milit* Fußangel

tribūn|al, ~ālis *n* Tribunal (erhöhter Platz für Amtspersonen, *milit* für den Feldherrn); Gedenkstätte; Erhöhung; Damm

tribūnātus, ūs *m* Tribunat (Amt 1. eines Volkstribunen 2. eines Militärtribunen *od* Stabsoffiziers einer Legion)

tribūnicius I. *Adj 3* tribunizisch, die Tribunen betreffend *od* zu den Tribunen gehörig *od* von den Tribunen ausgehend **II.** *Subst* ī *m* ehemaliger Volkstribun

tribūnus, ī *m* Tribun (Bez. verschiedener röm. Beamter)

trib|uō, ~uī, ~ūtus *3* zuteilen; erweisen; verleihen, widmen; zugestehen, einräumen; zuschreiben, anrechnen *Dat* als etw.; teilen, einteilen, zerlegen

tribus I. *Subst* ūs *f* Tribus (1. Stamm in der frühen Königszeit 2. städtischer Gemeindebezirk in Rom 3. Abteilung der röm. Vollbürger für Steuererhebung u. Militärdienst 4. Stimme einer Abteilung *od* Zunft 5. *übertr Pl* das gemeine Volk, Pöbel) **II.** *Dat/Abl zu* tres drei

tribūtārius *3* zu den Abgaben gehörig, die Abgaben betreffend; steuerpflichtig, abgabenpflichtig

tribūtim *Adv* tribusweise

tribūtiō, ~nis *f* Teilung, Einteilung ⟦*spl* Abgabe

tribūtum, ī *n* Tribut, Steuer, Abgabe; *übertr* Geschenk, Gabe ⟦*spl* Beitrag (zu einer Sammlung)

tribūtus I. *Adj 3* tribusweise, nach den Tribus geordnet **II.** *Part Perf Pass* →tribuo **III.** *Subst* ūs *m* = tributum

⟦**trica,** ae *f* [*gr*] *ml* Haar

trīcae, ārum *f* Unsinn, dummes Zeug; Verdrießlichkeiten

Tricastīnī, ōrum *m* Trikastiner (kelt. Volk)

trīcēnārius *3* Dreißiger-; dreißigjährig

trīcēn|ī, ae, a (*Gen* ~um) (je) dreißig

trīcē(n)simus *3* dreißigster

tri|ceps, *Gen* ~cipitis dreiköpfig, dreifach

trichila, ae *f* Laube, Hütte (aus Rohr *od* belaubten Zweigen)

trīciē(n)s *Adv* dreißigmal

triclīniarchēs, ae *m* [*gr*] Aufseher der Tafel

triclīniāri|a, ~um *n* Speisezimmer; Tischtuch

triclīnium, ī *n* [*gr*] Triclinium (1. drei u-förmig um den Tisch gruppierte Liegen *od* halbkreisförmige Liege am Tisch 2. Speisezimmer 3. ⟦*ml* Ruhelager)

trīcō, ~nis *m* schlechter Kerl

trīcor *1* Schwierigkeiten machen

tricorn|is, ~e, *Gen* ~is mit drei Hörnern ⟦*ml* mit drei Tortürmen

tricorpor, *Gen* ~is dreileibig

tricuspi|s, *Gen* ~dis dreizackig, mit drei Spitzen

tri|dēns, *Gen* ~dentis **I.** *Adj* mit drei Spitzen, dreizackig **II.** *Subst m* Dreizack ⟦*ml* dreizinkige Hacke

tridentifer, tridentifera, tridentiferum *u.* **tridentiger,** tridentigera, tridentigerum den Dreizack führend

Tridentum, ī *n* Tridentum (Stadt in Oberitalien), *heute* Trento, *dt* Trient

⟦**triduanus** *3 spl* drei Tage dauernd, dreitägig

trīduum, ī *n* Zeitraum von drei Tagen, drei Tage

trienni|a, ~um *n* das jedes dritte Jahr (= alle zwei Jahre) gefeierte Bacchusfest

triennium, ī *n* Zeitraum von drei Jahren, drei Jahre

tri|ēns, ~entis *m* Drittel

trientābulum, ī *n* Ersatz eines Drittels (an vorgeschossenem Geld durch Landzuweisungen)

triērarch|us, ī *m* (*Nbf* ~a, ae *m*) [*gr*] Kommandant einer Triere

triēr|is I. *Adj* ~e, *Gen* ~is mit drei Reihen von Ruderern (auf jeder Seite) versehen **II.** *Subst* ~is *f* Triere *Kriegsschiff*

trietērica, ōrum *n* (das alle zwei Jahre in Theben gefeierte) Fest des Gottes Bacchus

trietēricus *3* alle zwei (= in jedem dritten) Jahre gefeiert

trietēri|s, ~dis (*Akk* ~da) *f* [*gr*] Zeit von drei Jahren; alle zwei Jahre stattfindendes Fest

trifāriam *Adv* dreifach, an drei Stellen

trifau|x, *Gen* ~cis aus drei Schlünden

trifidus *3* dreifach (gespalten); trifida (via) Dreiweg, Wegegabelung, -kreuz

trifolium, ī *n* Klee

trifōrm|is, ~e, *Gen* ~is dreigestaltig, dreifach

trifūr, ~is *m* Gewohnheitsdieb

trifurcifer, ī *m* Halunke

trīga, ae *f* Dreigespann ⟦*spl übertr* Dreiheit, Dreiermenge

trīgārius, ī *m* Lenker eines Dreigespanns

trigeminī, ōrum *m* Drillinge

trigeminus *3* Drillings-; dreifach

trīgēsimus *3* = tricesimus
trīgintā *undekl* dreißig
trīgōn, ~is (*Akk auch* ~a) *m* **1.** Ball (für ein Spiel von drei Spielern auf dreieckigem Feld) **2.** das Ballspiel Dreiball
trīgōnum, ī *n* Dreieck
⟦**trihorium,** i *n spl* Zeitraum von drei Stunden, drei Stunden
⟦**triiug|is,** ~e, *Gen* ~is *spl* dreispännig
trilībr|is, ~e, *Gen* ~is dreipfündig, drei Pfund (libra) schwer (= 982 g)
trilingu|is, ~e, *Gen* ~is dreizüngig, mit drei Zungen; drei Sprachen sprechend
trilī|x, *Gen* ~cis aus dreifachem Faden *od* Draht bestehend
trimē(n)str|is, ~e, *Gen* ~is dreimonatig, drei Monate dauernd; satio ~is drei Monate nach der Aussaat reif
trimetr|os *u.* **~us I.** *Adj 3* trimetrisch, aus drei Versmaßen (metra) bestehend **II.** *Subst* ~ī *m* Trimeter (aus drei Versmaßen, metra, bestehender Vers)
trimodium, ī *n* ein drei modii (= 26,2 l) fassendes Gefäß
trīmulus *3* = trimus
trīmus *3* dreijährig, im Alter von drei Jahren, drei Jahre alt
Trīnacria, ae *f* Trinakria (ältester N Siziliens)
Trīnacri|s, ~dis *f* **I.** *Adj* trinakrisch, sizilisch **II.** *Subst* Trinakris (= Sizilien)
Trīnacrius *3* trinakrisch, sizilisch
trīnī →trinus
⟦**trinita|s,** ~tis *f spl* Dreizahl; Heilige Dreieinigkeit
Trinobant|ēs, ~um *m* Trinobanten (Volk im südöstlichen Britannien)
trinoctium, ī *n* Zeitraum von drei Nächten, drei Nächte
trinōd|is, ~e, *Gen* ~is mit drei Knoten ⟦*spl* dreisilbig
⟦**trinso** *1 ml* zwitschern; murmure ~ brummen
trinummus, ī *m* Dreigroschenstück (Titel einer Komödie des Plautus)
trinum nundinum *u.* **trinundinum** →nundinum
trīnus *3* (*oft Pl* trinī, ae, a) (je) drei; drei insgesamt; dreifach
⟦**trinxo** *1 spl* = trisso
triō, ~nis *m* Pflugochse; *Pl auch* = septentriones
triōbolus, ī *m* ein Dreiobolenstück, Triobolos (1. Münze = eine halbe Drachme 2. *übertr* Dreier, Kleinigkeit; homo trioboli ein Lump 3. Gewicht von 2,18 g)
Triōcala, ōrum *n* Triokala (Bergfestung in Westsizilien)
Triōcalīni, ōrum *m* Triokaliner, Einw. von Triokala
Triōcalīnum, ī *n* das Gebiet von Triokala
Triōcalīnus *3* von Triokala
Triopēi|s, ~dis *f* Mestra (T. des Erysichthon →Triopeius)
Triopēius, ī *m* Erysichthon (S. des *myth* thessalischen Königs Triopas)
triparcus *3* knauserig, geizig
⟦**triparius** *3 ml* dreifach
tripartītus *3* in drei Teile geteilt *od* teilbar; dreifach
tripectorus *3* dreibrüstig
tripedāl|is, ~e, *Gen* ~is drei Fuß groß
tripertītus *3* = tripartitus
tri|pēs, *Gen* ~pedis **I.** *Adj* dreifüßig, mit drei Füßen **II.** ⟦*Subst m spl* Dreifuß
⟦**tripetium,** i *n ml* dreibeiniger Schemel
tripl|ex, *Gen* ~icis **I.** *Adj* dreifach, dreiteilig, dreigeteilt, aus drei Teilen bestehend **II.** *Subst n* das Dreifache
triplic|ēs, ~um **I.** *Adj Nom/Akk Pl m, f zu* triplex I. **II.** *Subst m* Schreibtafel mit drei Blättern
triplicō *1* verdreifachen
triplinthius *3* [*gr*] drei Ziegel stark
triplum, ī *n* das Dreifache
triplus *3* dreifach
tripodātiō, ~nis *f* dreischrittiger Kulttanz
tripodō *1* = tripudio
Tripolis, ~ *f* Tripolis (gr. N mehrerer Landschaften und Städte)
Tripolitānus *3* tripolitanisch, aus Tripolis
Triptolemus, ī *m* Triptolemos (*myth* König von Eleusis, Begründer des Ackerbaus)
tripudiō *1* tanzen (bei bestimmten kult. Anlässen); *übertr* frohlocken
tripudium, ī *n* (dreischrittiger) Kulttanz; günstiges Vorzeichen (wenn die Weissagehühner gierig fraßen) ⟦*ml* Fröhlichkeit, Freudenlieder, Jubel
tri|pūs, *Gen* ~podis (*Akk Pl* ~podas) **I.** *Adj* dreifüßig **II.** *Subst m* Dreifuß (Kessel *od* Stuhl); *übertr* Orakel
⟦**triquadrus** *3 ml* dreifach geteilt
triquetrum, ī *n* Dreieck
triquetrus *3* dreieckig; *übertr* sizilisch
trirēm|is I. *Adj* ~e, *Gen* ~is mit drei Reihen von Ruderern (auf jeder Seite) **II.** *Subst* ~is *f* (*Abl Sg* ~e *od* ~ī) Trireme, Kriegsschiff
trirēsmos, ī *f* = triremis II.
trīs *altl Akk* = tres drei
⟦**trisso** *1 spl* zwitschern
trīsticulus *3* etwas traurig
trīstificus *3* schrecklich ⟦*spl* traurig stimmend
trīst|is, ~e, *Gen* ~is traurig, betrübt, wehmütig, schwermütig; betrüblich, schmerzlich, niederdrückend, unglücklich; trüb; herb; widerlich, unangenehm; unfreundlich, verdrießlich, finster, grimmig; ernst, streng, hart
trīstitia, ae *f* Traurigkeit, Niedergeschlagenheit; trauriger Zustand; Unfreund-

lichkeit, üble Laune; finsterer Ernst, Strenge ⟦*ml* Krankheit; Leid; Angst
trīstitiēs, ēī *f* = tristitia
⟦**tristor** *1 spl* traurig sein
trisulcus *3* dreifurchig; *übertr* dreifach; dreizackig
trītavus, ī *m* Urahn (Großvater des Ururgroßvaters)
trīticēia, ae *f* »Weizenfisch« *Komödienwitz*
trīticeus *3* Weizen-
trīticum, ī *n* Weizen
Trītōn, ~is *m* **1.** Triton (S. des Neptunus, Meergottheit); ~es, ~um *m* Tritonen (Meergottheiten niederen Ranges) **2.** N von Gewässern
Trītōn|ia, ~ae *f* Tritonia (Bez. für die Göttin Pallas Athena, *röm* Minerva)
Trītōniacus *3* tritonisch, der Tritonia
Trītōni|s, ~dis (*Nbf Gen* ~dos, *Akk* ~da) *f* **I.** *Adj* tritonisch, der Tritonia **II.** *Subst* = Tritonia
Trītōnius *3* tritonisch
trīt|or, ~ōris *m* Reiber; ~or compedium Kettenreiber (*Komödienwitz für* Sklave)
trītūra, ae *f* Dreschen, Ertrag beim Dreschen; Reibstelle; Reiben
trītus I. *Adj 3* abgerieben; abgedroschen, gewöhnlich; geübt ⟦*ml* klug, behände **II.** *Part Perf Pass* →tero **III.** *Subst m* (*nur Abl* ū) Reiben
trium *Gen zu* tres drei
triumphāl|is, I. *Adj* ~e, *Gen* ~is Triumph-, zum Triumph gehörig, einen Triumph veranlassend *od* bezeichnend **II.** *Subst* ~is *m* Triumphator; ~ia, ~ium *n* Ehrenzeichen des Triumphierenden
triumphāt|or, ~ōris *m* Triumphator, Sieger ⟦*spl Gen* über
triumphō *1* triumphieren *Akk* über, als Sieger (in Rom) einziehen, einen Triumph feiern *Akk* über, frohlocken; im Triumph vorführen; besiegen, erbeuten
triumphus, ī *m* Triumph; Sieg; feierlicher Einzug (des siegreichen Feldherrn u. Heeres in Rom), Triumphzug; Sieg
triumvir, ī *m* Triumvir, Mitglied eines Dreimännerkollegiums
triumvirāl|is, ~e, *Gen* ~is von den Triumvirn veranlasst, zu den Triumvirn gehörig
triumvirātus, ūs *m* Triumvirat; Amt eines Triumvirn
trivenēfica, ae *f* Giftmischerin *Schimpfwort*
trīvī →tero
Trivia, ae *f* Trivia (BN der Göttin Hekate *od* Diana *od* Luna)
triviāl|is, ~e, *Gen* ~is allgemein bekannt, gewöhnlich, Gassen- ⟦*spl* dreifach
trivium, ī *n* Scheideweg, Wegekreuzung, Wegegabelung; Gasse ⟦*spl* Trivium (die Grundlagenfächer Grammatik, Dialektik, Rhetorik im System der artes liberales)
trivius *3* an Wegegabelungen verehrt
Trōa|s, *Gen* ~dis (*Nbf Gen Sg* ~dos, *Akk Sg* ~da, *Akk Pl* ~das) *f* **I.** *Adj* troisch, trojanisch **II.** *Subst* **1.** Troas (Landschaft um Troja) **2.** Trojanerin
⟦**trochaeice** *Adv spl* im trochäischen Rhythmus
trochaeus, ī *m* [*gr*] **1.** Trochäus (Versfuß: –⏑) **2.** Tribrachys (Versfuß: ⏑ ⏑ ⏑)
trochilus, ī *m* [*gr*] **1.** Krokodilwächter *Vogel* **2.** Trochilus (Vertiefung an der ionischen Säulenbasis)
trochle|a, ae *f* [*gr*] Rolle; Kloben (beim Flaschenzug), *Pl* ~ae Flaschenzug ⟦*ml* Winde, Haspel
trochus, ī *m* [*gr*] Reifen, Rad (zum Spielen *od* Zaubern *od* zur Folter)
troclēa, ae *f* = trochlea
Trocmī, ōrum *m* Trokmer (Teilstamm der Galater in Kleinasien)
Trōes, Trōum *m* Troer, Trojaner
Troezēn, ~is (*Akk* ~a) *f* Troizen (Stadt im Osten der Peloponnes)
Troezēnius *3* troizenisch, von Troizen
Trōglodytae, ārum *m* = Trogodytae
Trōgodytae, ārum *m* Trogodyten (Bez. verschiedener wenig entwickelter Völker, bes. in Äthiopien; *spl* als Troglodyten = Höhlenbewohner gedeutet)
Trōgus, ī *m* Trogus (BN des röm. Historikers Pompeius ~, z. Z. des Augustus)
Trōia, ae *f* Troja **1.** (Stadt in Nordwestkleinasien) **2.** (N anderer, von überlebenden Trojanern gegründeter Städte) **3.** Troiae ludus das Trojaspiel (Reiterkampfspiel von Knaben aus angesehenen röm. Familien)
Trōiānus I. *Adj 3* trojanisch **II.** *Subst* ī *m* Trojaner
Trōi|cus *u.* **~us** *3* troisch, zu Troja gehörig
Trōilus, ī *m* Troilos (S. des Priamus)
Trōiugen|a, ~ae *m, f* **I.** *Adj* trojanisch, Troja entsprossen; **II.** *Subst m* Trojaner; *Pl* ~ae, arum (*od* ~um) *m auch* (die von Aeneas stammenden) Römer
Tromentīna, ae *f* Tromentina (N einer röm. tribus I.3.)
tropaeum, ī *n* [*gr*] Siegeszeichen; Sieg; Denkmal
tropica, ōrum *n* Veränderungen
tropicus I. *Adj 3* Wende-; übertragen, bildlich **II.** ⟦*Subst* i *m spl* Wendekreis
tropus, ī *m* [*gr*] *rhet* Tropus (übertragene, bildliche Verwendung eines Ausdrucks) ⟦*spl* Weise, Melodie
Trōs, Trōis *m* **1.** Tros (Enkel des Dardanos, König in Phrygien, Erbauer der Stadt Troja) **2.** Troer, Trojaner, *meist Pl* Troes, Troum *m*

trossulī, ōrum *m* **1.** die aktiv dienenden röm. Ritter (equites) **2.** Modegecken, Stutzer
tr. pl. *Abk für* tribunus plebis Volkstribun
tr. pot. *Abk für* tribunicia potestas, *inschriftlich Abl* tribunicia potestate Inhaber der tribunizischen Gewalt (Teil der Kaisertitulatur)
truc- →trux
trucīdātiō, ~nis *f* Gemetzel, Abschlachtung, Niedermetzelung; *med* Schnitt, Sektion; das Ausholzen der Bäume
trucīdō *1* abschlachten, niedermetzeln; zugrunde richten, vernichten, auslöschen
truculenter *Adv* grimmig, finster, schrecklich
truculentia, ae *f* Unfreundlichkeit
truculentus I. *Adj 3* unfreundlich, grimmig, griesgrämig, grob ⟦*ml* hochmütig **II.** *Subst* ī *m* der Grobian (Titel einer Komödie des Plautus)
trudis, ~ *f* (mit Eisen beschlagene) Stange, Stake
trūdō, trūsī, trūsus *3* (weg)stoßen, (hervor)treiben, drängen
Truentīnus *3* zu Truentum (Stadt in Mittelitalien) gehörig, aus Truentum
⟦**truffator,** ~is *m ml* Gauner, Windbeutel
trulla, ae *f* Schöpfkelle; Nachttopf; Pechpfanne, Kohlenbecken ⟦*spl* Maurerkelle
⟦**truncatio,** ~nis *f spl* Verstümmelung, Abhauen
truncō *1* verstümmeln, abschneiden, abhauen, stutzen; *übertr* hemmen
truncus I. *Adj 3* verstümmelt, gestutzt, abgehauen **II.** *Subst* ī *m* Baumstamm, Stamm, Schaft, Rumpf; *übertr* Klotz *Schimpfwort*
trūsi, trūsus →trudo
⟦**trutannizo** *1* [*gr*] *ml* herumstrolchen; betrügen
⟦**trutannus,** i *m ml* Bettler, Landstreicher
trutina, ae *f* [*gr*] Waage, Waagebalken
⟦**trutino** *1 spl* abwägen, untersuchen
trutinor *1* = trutino
tru|x, *Gen* ~cis (*Abl Sg* ~ce *od* ~cī) grimmig, drohend; rauh, heftig; trotzig, kühn
trygōnus, ī *m* [*gr*] Stachelrochen *Fisch*
tū (*Gen* tuī, *Dat* tibī, *Akk* tē, *Abl* tē, tēcum) du
tua 1. *Nom Sg f od Nom/Akk Pl n zu* tuus **2.** *Subst* ae *f* deine Geliebte, die Deine **3.** *Subst* ōrum *n* das Deine, dein Eigentum, deine Angelegenheiten
tuātim *Adv* nach deiner Art
tuba, ae *f* Röhre; Trompete (vor allem als milit. Signalinstrument); *übertr* Krieg; *übertr* epische Dichtung ⟦*spl* volltönende, erhabene Rede
Tubant|ēs, ~um *m* Tubanten (germ. Stamm an der Lippe)
[1]**tuber,** ~is **1.** *m* Frucht des Tuberbaumes **2.** *f* Tuberbaum (nicht näher bestimmbar, etwa Hagedorn)
[2]**tūber,** ~is *n* Höcker, Buckel, Beule, Geschwulst; Knorren am Holz, Wurzelknorren, Wurzelknolle; Trüffel *Speisepilz, auch Schimpfwort;* ~ terrae Saubrot (Wurzelknolle des Alpenveilchens)
Tūberō, ~nis *m* Tubero (BN in der gens Aelia)
tubic|en, ~inis *m* Trompeter ⟦*ml Abl Pl* ~inis
tubilūstrium, ī *n* Tubilustrium (Fest der Weihe der Kriegs- u. Kulttrompeten am 23. März und 23. Mai)
tubula, ae *f* kleine Trompete
tubulātus *3* mit (Heizungs-)Rohren versehen; hohl
tubulus, ī *m* Röhre, Rohr; Metallbarren ⟦*spl* Stutzen *Kleidungsstück*
tuburcinor *1* gierig verschlingen
tubus, ī *m* Röhre, Rohr
tueō *2* = tueor
tueor, tuitus *u.* tūtus sum *2* betrachten, untersuchen; beachten, beaufsichtigen; beschützen, bewahren, erhalten
⟦**tuguriolum,** i *n spl* Hüttlein
tugurium, ī *n* Hütte, Schuppen
tuī 1. *Gen zu* tu **2.** *Gen Sg m, n od Nom Pl m zu* tuus **3.** *Subst* tuī, ōrum *m* deine Leute, die Deinen
Tuiscō, ~nis *m* = Tuisto
Tuistō, ~nis *m* Tuisto (nach Tacitus der Vater des Mannus, des göttlichen Stammvaters der Germanen)
tuitiō, ~nis *f* das Erhalten, Bewahren, Instandhalten ⟦*spl* Sicherheit
tuitus *Part Perf* →tueo *od* tueor
tulī →fero
Tulingī, ōrum *m* Tulinger (den Helvetiern benachbarter Stamm)
Tullia, ae *f* Tullia (T. des 1. Servius Tullius 2. M. Tullius Cicero)
Tulliānum, ī *n* Tullianum (unterster Raum des röm. Staatsgefängnisses, Hinrichtungsstätte, *spl* carcer Mamertinus genannt, angeblich von Servius Tullius erbaut)
Tulliānus *3* tullianisch, des Tullius (*oft* = des Cicero)
Tulliola, ae *f* Tulliola (*Dim zu* Tullia 2.)
Tullius *3* Tullius (1. BN des Servius, des 6. röm. Königs 2. *Gent,* z. B. des M. ~ Cicero, 106–43 v. Chr.)
Tullus, ī *m* Tullus (Vorname des Hostilius, des 3. röm. Königs)
tum *Adv* dann, damals; darauf; ~ ... ~ bald ... bald; cum ... ~ sowohl ... als auch (besonders); *in Aufzählungen* ferner ⟦*ml* ~ ... ~ ... ~ erstens, zweitens, drittens
⟦**tumba,** ae *f* [*gr*] *spl* Grab

tume|faciō, ~fēcī, ~factus *3* aufblähen, anschwellen lassen
tum|eō, ~uī *2* geschwollen sein; aufgeblasen sein; aufbrausen, in Unruhe sein; *rhet* schwülstig sein
tum|ēscō, ~uī *3* anschwellen, aufwallen, aufbrausen; sich aufblähen; *poet* sich erheben
tumidus *3* geschwollen, schwellend, gebläht; aufgeblasen; aufbrausend; hochtrabend, schwülstig
tum|or, ~ōris *m* Geschwulst, Schwellung, Anschwellen, Aufgeschwollensein; Aufwallung; Aufgeblasenheit; Schwulst
tumuī →**1.** tumeo **2.** tumesco
tumulō *1* begraben
tumulōsus *3* hügelig
⟦**tumultor** *1 ml* = tumultuor
tumultuārius *3* in aller Eile gemacht; *milit auch* irregulär
tumultuātiō, ~nis *f* Lärm, Unruhe, Unordnung
tumultuō *1* = tumultuor
tumultuor *1* lärmen, unruhig sein, in Verwirrung sein
tumultuōsus *3* voll Lärm, voll Unruhe, voll Aufregung; in Unruhe versetzend
tumultus, ūs *m* Lärm, Unruhe, Getümmel, Aufruhr, Getöse, Verwirrung; Waffenlärm, (plötzlich ausbrechender) Krieg; tumultum decernere den Kriegszustand verkünden
tumulus, ī *m* Hügel; Grabhügel, Grabmonument
tunc *Adv* dann, damals ⟦*ml* sonst
tundō, tutudī, tūnsus *u.* tūsus *3* (zer)stoßen, schlagen; dreschen; zerstampfen; hämmern; vocibus ~ mit Zurufen bestürmen
Tunē|s, ~tis *m* Tunes (Stadt in Afrika), *heute* Tunis
Tungrī, ōrum *m* Tungrer (germ. Volk zwischen Maas und Schelde)
tunica, ae *f* Tunika (Kleidungsstück); Haut, Hülle
tunicātus *3* mit einer Tunika bekleidet, bequem *od* ärmlich gekleidet; mit einer Haut *od* Hülle umgeben
tunicla, ae *f* = tunicula
tunicula, ae *f* Unterkleid, Hemdchen; Häutchen
⟦**tunsio,** ~nis *f spl* Stoßen, Schlagen
tūnsus *Part Perf Pass* →tundo
tuom *altl* = tuum
tuōpte = tuo *Dat/Abl Sg m, n zu* tuus
tuor *3* = tueor
tūr- →¹tūs, tūris *n*
turba, ae *f* Unordnung, Getümmel, Gewühl, Gedränge, Durcheinander; Tumult, Lärm, Streit; *Pl* -ae Umtriebe, Ränke; Schwarm, Schar, Menge, Haufe; Gefolge, Anhänger
turbāmentum, ī *n* Mittel zur Aufwiegelung; Unordnung, Verwirrung
turbātiō, ~nis *f* Verwirrung
turbāt|or, ~ōris *m* Unruhestifter, Störer
turbātus I. *Adj 3* unruhig, stürmisch, aufgeregt, verwirrt, erzürnt **II.** *Part Perf Pass zu* turbo II.
turbēlae, ārum *f* Unfug ⟦*spl* Menge, Menschengewühl; *übertr* Verwirrung
turb|en, ~inis *m* = turbo I.
turbidum I. *Subst* ī *n* unruhige Zeit **II.** *Adv* ungestüm
turbidus *3* unruhig, aufgewühlt, erregt, verwirrt; zornig; stürmisch, trübe, getrübt; aufrührerisch
turbin- →**1.** turben **2.** turbo I.
turbineus *3* wirbelnd
turb|ō I. *Subst* ~inis *m* Wirbel, Wirbelwind, Sturmwind, Sturm; Schwung; Windung, Drehung, Kreislauf; Kreisel, Zauberrad; Spinnwirtel, Zapfen, Konus **II.** *Verb 1* verwirren, durcheinanderbringen, stören; zerrütten, zerstören; politische Unruhen anstiften
⟦**turbulentia,** ae *f spl* Verwirrung
turbulentus *3* stürmisch, aufgeregt, voller Wirren; unruhig, verwirrend
Turdētānī, ōrum *m* Turdetaner (Volk in Südspanien); *übertr* ~ milites turdetanische Soldaten (*Komödienwitz für* gebratene Drosseln, *vgl* turdus)
Turdētānia, ae *f* Turdetanien, das Land der Turdetaner (Südspanien)
Turdulī, ōrum *m* Turduler (Nachbarn der Turdetani)
Turdulus I. *Adj 3* turdulisch **II.** *Subst* ī *m* ein Turduler
turdus, ī *m* **1.** Drossel, Krammetsvogel **2.** Meerdrossel, Meeramsel *Fisch*
tūreus *3* Weihrauch-, von Weihrauch
turgeō, tursī *2* geschwollen sein, strotzen; zornig sein *Dat* auf; *rhet* schwülstig sein
turgēscō *3* anschwellen; *Pflanzen* emporschießen; *Saat* aufgehen; aufwallen, ergrimmen; *rhet* schwülstig werden ⟦*spl* anschwellen lassen
turgidulus *3* etwas geschwollen
turgidus *3* geschwollen, strotzend; *rhet* schwülstig
Turia, ae *m* Turia (Fluss in Ostspanien)
Turiānus *3* des Turius
tūribulum, ī *n* Weihrauchpfanne; Ständer *od* steinernes Säulchen für Opferfeuer; *übertr* Sternbild Altar (am Südhimmel)
tūricremus *3* von Weihrauch brennend
tūrifer, tūrifera, tūriferum Weihrauch hervorbringend ⟦*spl* Weihrauch opfernd
⟦**turificati,** orum *m spl* Weihrauchstreuer (abtrünnige Christen, die heidnischen Göttern opferten)
⟦**turificor** *1 spl* Weihrauch (als Opfer) streuen

tūrilegus *3* Weihrauch sammelnd
Turius *3 Gent* Turius
turma, ae *f* **1.** röm. Reiterabteilung (30, später 40 Mann) **2.** Schwarm, Schar
turmāl|is, **I.** *Adj* ~e, *Gen* ~is einer Turma zugehörig, turmenweise; ritterlich; scharenweise **II.** *Subst* ~ēs, ~ium *m* die Reiter einer Turma
turmātim *Adv* turmenweise; in Scharen
⟦**turnamentum,** i *n ml* Turnier
Turnus, ī *m* Turnus (*myth* König der Rutuler; Gegner des Aeneas)
Turon|ēs, ~um *u.* **~ī,** ~ōrum *m* Turonen (kelt. Volk in Mittelgallien)
turp|e **I.** *Subst* ~is *n* = ~itudo **II.** *Adj n Sg zu* turpis **III.** *Adv zu* turpis
turpiculus *3* recht hässlich
turpificātus *3* entstellt; entsittlicht
turpilucricupidus *3* nach schändlichem Gewinn gierig
turp|is, ~e, *Gen* ~is hässlich; schändlich; unsittlich
turpitūd|ō, ~inis *f* Hässlichkeit; Schändlichkeit, Schlechtigkeit; ⟦*spl med* wunde Stelle; *ml* Laster
turpō *1* entstellen, besudeln, schänden
turriger, turrigera, turrigerum einen Turm (*od* Türme) tragend
turr|is, ~is (*Akk Sg* ~im, *Abl Sg* ~ī) *f* Turm; Burg, Palast, Schloss; Bastion; Belagerungsturm; Leuchtturm; Taubenhaus
turrītus *3* mit Türmen versehen, Türme tragend; turmhoch
tursī →turgeo
turtur, ~is *m, f* Turteltaube
turturilla, ae *f* Turteltäubchen
⟦**turturinus** *3 ml* Tauben-
tūrunda, ae *f* **1.** Nudel (gerolltes Teigstück zum Mästen von Gänsen) **2.** *med* Tampon
⟦**turvus** *3 ml* wild
[1]**tūs,** tūris *n* Weihrauch; *Pl* tura Weihrauchkörner; tura mascula Tropfweihrauch (die beste Sorte Opferweihrauch)
[2]⟦**tus** *undekl ml* die Zwei (auf dem Würfel)
tūscānicae, ārum *f* etr. Gefäße (im Kult gebraucht)
Tūscī, ōrum *m* **1.** Etrusker **2.** Etrurien **3.** Tusci (ein Landgut des jüngeren Plinius)
Tūsculānae, ārum, ~ disputationes *f* die Tuskulanen, Gespräche auf dem Tusculanum (Titel einer Schrift Ciceros)
Tūsculānī, ōrum *m* Tuskulaner, Einw. von Tusculum
Tūsculānum, ī *n* Tuskulanum (Landgut des Cicero bei Tusculum)
Tūsculānus *3* tuskulisch, von Tuskulum; tuskulanisch, auf dem Tuskulanum
Tūsculī, ōrum *m* = Tusculani
tūsculum, ī *n* etwas Weihrauch, ein Weihrauchkörnlein
Tūsculum, ī *n* Tusculum (Stadt in Latium)
Tūsculus *3* = Tusculanus
Tūsc|us *3* tuskisch, etruskisch; vicus ~us (N einer Straße in Rom); amnis ~us der Tiber; mare ~um das Tyrrhenische Meer
tussicula, ae *f* Hüsteln, kleiner Husten, Hustenanfall
tussiō *4* husten
tuss|is, ~is (*Akk Sg* ~im) *f* Husten(anfall)
tūsus *Part Perf Pass* →tundo
tūtām|en, ~inis *n* = tutamentum
tūtāmentum, ī *n* Schutz, Schutzmittel
tūtē **I.** *Adv zu* tutus sicher **II.** = tutemet du
tūtēla, ae *f* **1.** Schutz, Obhut, Fürsorge; Beschützer, Schutzgeist, Schutzpatron; Gehege; Erhaltung, Ernährung, Vormundschaft **2.** Schützling, Mündel, Vermögen des Mündels
tūticus →medix
tūtō **I.** *Verb 1* schützen **II.** *Adv* sicher a vor
tūt|or **I.** *Subst* ~ōris *m* Beschützer; Vormund **II.** *Verb* ~or *1* sichern, beschützen, bewahren; abwehren, abzuwenden suchen
⟦**tutorius** *spl* **I.** *Adj 3* vormundschaftlich, als Vormund **II.** *Subst* ī *m* Beschützer
tutudī →tundo
tūtum, ī *n* Sicherheit
tūtus *3* geschützt, gesichert ab *od* ad gegen; sicher, gefahrlos, sorglos; vorsichtig, behutsam
tuum **1.** *Nom Sg n od Akk Sg m, n zu* tuus **2.** *Subst* ī *n* das Deine, deine Art, deine Pflicht, deine Sache
tuus *3* (*Nbf Gen Pl altl* tuūm *od* tuōm = tuōrum) *Poss* dein; dir (selbst) gemäß, für dich (passend *od* geeignet); *auch* zu dir, gegen dich, dir gegenüber (*z. B.* neglegentia tua aus Missachtung dir gegenüber)
tuxtax *Interj* klatsch, klatsch!
Tyba, ae *f* Tyba (Stadt in Syrien)
Tycha, ae *f* Tyche (Stadtteil von Syrakus, nach dem dortigen Tyche-Fortuna-Heiligtum)
Tȳde|us, ~ī (*Nbf Gen* ~os) *m* Tydeus (S. des Oineus, Br. des Meleagros, V. des Diomedes, einer der Sieben gegen Theben)
Tȳdīdēs, ae *m* Diomedes (S. des Tydeus, König von Argos, Held vor Troja)
⟦**tympanist|er,** ~ri *m ml* Paukenschläger, Pauker
tympanizō *1* das Tamburin schlagen
tympanotrība, ae *m* Tamburinschläger, Priester der Kybele; *übertr* Weichling *Schimpfwort*
tympanum, ī *n* [*gr*] Tamburin (mit Schellen behangen); Scheibenrad, Scheibe; Giebelfeld; Türfüllung; Schüssel
Tyndareus, ī *m* Tyndareus, *gr* Tyndareos (*myth* König von Sparta, Gem. der Leda, V. von Kastor, Pollux, Helena u. Klytaimestra)

Tyndaridēs, ae Tyndaride (Nachkomme des Tyndareos, *m* = Kastor *od* Pollux, *f* = Klytaimestra)
Tyndari|s, ~dis (*Nbf Gen* ~dos, *Akk* ~da) *f* **1.** Tyndaride, T. des Tyndareos (1. Klytaimestra 2. Helena) **2.** Tyndaris (Stadt in Nordsizilien), *heute* Tindari
Tyndaritānus *3* tyndaritanisch, von Tyndaris 2.
Tynē|s, ~tis *m* = Tunes
typanum, ī *n* = tympanum
Typhoe͡|us, ~ī (*Nbf Gen* ~os, *Akk* ~a) *m* Typhoeus (Ungeheuer mit 100 Feuer speienden Köpfen)
Typhōius *3* typhoisch, des Typhoeus
Typhōi|s, ~dis *f* typhoisch, des Typhoeus
Tȳphōn, ~is (*Akk* ~a) *m* = Typhoeus
⟦**typhus,** i *m spl* Stolz, Eitelkeit
⟦**typici,** orum *m spl med* am (regelmäßig wiederkehrenden) Wechselfieber Leidende
⟦**typicus** *3 spl* symbolisch, bildlich; *med* regelmäßig wiederkehrend
⟦**typographus,** i *m ml* Bildblockschneider, Drucker
typus, ī *m* [*gr*] Bild, Figur ⟦*spl jur* kaiserlicher Erlass; *med* regelmäßige Zu- u. Abnahme des Fiebers, regelmäßige Wiederkehr von Krankheiten; *ml* Form; Gleichnis; Bedeutung; Schemen
tyrannicīda, ae *m* Tyrannenmörder
tyrannicus *3* tyrannisch
Tyranniō, ~nis *m* Tyrannion (gr. Grammatiker, Lehrer u. Bibliothekar im Hause Ciceros)
tyranni|s, ~dis (*Akk auch* ~da) *f* Tyrannis, Gewaltherrschaft, Despotie, unumschränkte Herrschaft; Herrschaftsgebiet (eines Tyrannen) ⟦*spl* Fürstin, Herrscherin
tyrannoctonus, ī *m* [*gr*] = tyrannicida
tyrannus, ī *m* Tyrann, Gewaltherrscher; unumschränkter Herrscher, Herr, Gebieter, Fürst; Usurpator ⟦*ml* Wüterich
Tyrās, ae Tyras (1. *m* Fluss in Sarmatien, *heute* Dnestr 2. *f* Stadt an der Mündung von 1., *heute* Belgorod)
Tyriī, ōrum *m* **1.** Tyrer, Einw. von Tyros **2.** *übertr* Thebaner **3.** *übertr* Karthager
⟦**Tyrium,** i *n spl* Purpurgewand
Tyrius *3* **1.** tyrisch, aus Tyros, *übertr* = thebanisch, = karthagisch **2.** purpurn, purpurfarbig
Tyr|os, ī *u.* **~us,** ī *f* Tyros (Stadt in Phönizien), *heute* Sur; *übertr* Purpur, Purpurfarbe
tȳrotarīchum, ī *n* Ragout aus Käse u. Salzfisch
Tyrrhēnī, ōrum *m* Tyrrhener, Etrusker
Tyrrhēnia, ae *f* Etrurien
Tyrrhēnus I. *Adj 3* tyrrhenisch, etruskisch **II.** *Subst* ī *m* ein Tyrrhener, ein Etrusker
Tyrrhīdae, ārum *m* S. des Tyrrhus
Tyrrhus, ī *m* Tyrrhus (Hirt des *myth* Königs Latinus)
Tyrtaeus, ī *m* Tyrtaeus, *gr* Tyrtaios (Dichter in Sparta, Mitte des 7. Jh. v. Chr.)
Tyrus →Tyros

U

U. *Abk für* urbs
ūber, *Gen* ~is **I.** *Adj n* fruchtbar, ergiebig, reich *Abl od Gen* an; dick, wohlgenährt, groß; *übertr* inhaltsreich, wortreich, **II.** *Subst n* Euter, Zitze, Mutterbrust; *übertr* Fruchtbarkeit, Fülle, fruchtbarer Boden ⟦*spl* (traubenförmiger) Bienenschwarm
ūbertā|s, ~tis *f* Fruchtbarkeit, Ergiebigkeit, Reichtum *Gen* an
ūbertim *Adv* reichlich
ubi *u.* **ubī I.** *Adv relativ od fragend* wo **II.** *Kon.* sobald, sooft, wobei ⟦*ml* nachdem
ubi|cumque *u.* **~cunque** *Adv* wo auch immer, überall
Ūbiī, ōrum *m* Ubier (germ. Volk am Rhein)
ubinam *Adv* wo denn?, wo
ubi prīmum *Kon.* sobald
ubiquāque *Adv* = ubique 1.
ubīque 1. *Adv* überall ⟦*spl auch* überallhin **2.** = et ubi
ubiubi *Adv* wo immer
Ubius *3* ubisch, von den Ubiern
ubivīs *Adv* wo immer; sei es, wo es wolle; überall
ūdus *3* feucht, nass; frisch, weich, zart
Ufēns, Ufentis *m* Ufens (1. Fluss in Latium, *heute* Uffente 2. *poet PN*)
Ufentīnus *3* ufentisch
ulcer- →ulcus
ulcerō *1* wund machen, verwunden
ulcerōsus *3* voller Geschwüre *od* Auswüchse; wund
ulcīscor, ultus sum *3* **1.** rächen, Rache nehmen *Akk* für **2.** sich rächen *Akk* an, Rache nehmen *Akk* an; bestrafen, ahnden
ulc|us, ~eris *n* Geschwür; *übertr* wunde Stelle
ulcusculum, ī *n* kleines Geschwür
ūlīg|ō, ~inis *f* Feuchtigkeit (des Bodens)
Ulix|ēs, ~is (*Nbf Gen* ~ī *od* ~eī, *Akk* ~ēn) *m* Ulixes, *gr* Odysseus
⟦**ulligenus** *3 ml* irgendwie geartet
ūllus *3* (*Gen Sg* ūllīus, *Nbf m, n* ūllī; *Dat Sg* ūllī, *poet f auch* ūllae) irgendein, irgendjemand
ulmeus *3* Ulmen-
ulmitriba, ae *m* Ulmenreiber, *Komödienwitz* der oft (mit Ulmenruten) Geprügelte

ulmus, ī *f* Ulme, Rüster
ulna, ae *f* Elle (1. Knochen des Unterarms 2. ein Längenmaß = 444 mm); *übertr* Arm
ulpicum, ī *n* Knoblauch
ulteri|or I. *Adj m, f,* ~us *n, Gen* ~ōris *räuml* weiter jenseits gelegen, jenseitig, entfernter; *zeitl* weiter, länger, vergangen; *übertr* darüber hinaus, weiter II. *Subst* ~ōra, ~ōrum *n* das Weitere; das Vergangene
ulteri|us I. *Adj n Nom/Akk Sg zu* ~or, II. *Adv* (*Komp zu* ultra II.) weiter, mehr, länger
ultimō *Adv* zuletzt, endlich
ultimum I. *Subst* ī *n* das Äußerste, Größte, Schlimmste; Ziel II. *Adv* zuletzt, endlich, zum letzten Mal; ad ~ bis zuletzt, zuletzt, äußerst
ultimus *3* der Äußerste, Entfernteste, Letzte; Älteste; Größte, Höchste; Ärgste, Schlimmste; Niedrigste, Geringste
ultiō, ~nis *f* Rache, Strafe *Gen auch* wegen
ult|or, ~ōris *m* I. *Adj* rächend, strafend II. *Subst* Rächer, Bestrafer; *übertr* Kritiker
ultrā I. *Präp mit Akk* jenseits, über, über ... hinaus II. *Adv* (*Komp zu* ulterius) jenseits, weiter, darüber hinaus, weiterhin
⟦**ultraaequinoctial|is,** ~e, *Gen* ~is *ml* jenseits des Wendekreises wohnend
⟦**ultramarinus** *3 ml* jenseits des Meeres befindlich
⟦**ultramontanus** *3 ml* jenseits der Alpen wohnend
ultrī|x, ~cis *f* I. *Adj* rächend, strafend II. *Subst* Rächerin
ultrō *Adv* jenseits, nach der anderen Seite, drüben; ~ citroque hinüber u. herüber, hin und her; darüber hinaus, noch dazu, sogar; von selbst, aus freien Stücken, freiwillig; wider Erwarten
ultrōneus *3* freiwillig
ultus *Part Perf* →ulciscor
Ulubrae, ārum *f* Ulubrae (Ort in Latium)
Ulubrānus *3* aus Ulubrae
ulula, ae *f* Käuzchen
ululābil|is, ~e, *Gen* ~is kläglich heulend
ululātus I. *Part Perf Pass zu* ululo II. *Subst* ūs *m* Geschrei; Geheul, Wehklage; Siegesgeschrei, Jubel
ululō *1* heulen, klagen; von Geheul erfüllt sein; heulend *od* klagend rufen, beklagen; mit Geheul erfüllen
ulva, ae *f* Rohrkolben, Schilf
Umber, Umbra, Umbrum umbrisch, aus Umbrien
umbilīcus, ī *m* Nabel, Nabelschnur; *übertr* Mitte, Mittelpunkt; Knauf (des Rollenstabes der Buchrolle); Stab (der Sonnenuhr), Gnomon; Meerschnecke; ~ Veneris Venusnabel, Großes Nabelkraut *Pflanze*
umbō, ~nis *m* Schildbuckel; *übertr* Schild; Ellenbogen; Buckel, runde Erhebung
umbra, ae *f* 1. Schatten; *übertr* Begleiter; schattiger Ort, Schutz, Zuflucht, Ruhe, Einsamkeit; Dunkelheit; Schein, Vorwand; Abbild, Schemen, Schattenbild, Gespenst, Geist 2. Schattenfisch
umbrāculum, ī *n* schattiger, ruhiger Ort; Studierstube; Sonnenschutz, Sonnenschirm ⟦*spl* Schirm, Dach, Schutz; *ml auch* = umbra
umbrāticus *3* im Schatten bleibend, behaglich; für die Studierstube bestimmt
umbrātil|is, ~e, *Gen* ~is 1. gemächlich, beschaulich 2. nur für die Studierstube bestimmt
umbrāticulus, ī *m* Faulenzer
Umbrī, ōrum *m* 1. Umbrer, Bewohner Umbriens 2. umbrische Jagdhunde
Umbria, ae *f* Umbrien (Landschaft in Mittelitalien)
umbrifer, umbrifera, umbriferum schattig, Schatten spendend; die Schatten (der Verstorbenen) fahrend
umbrō *1* Schatten geben; beschatten, bedecken
umbrōsus *3* schattenreich, dunkel
ūmectō *1* benetzen, befeuchten; feucht sein
ūmectus *3* = ūmidus
ūmēns, *Gen* ūmentis feucht, nass
ūmenti|a, ~um *n* I. *Nom/Akk Pl zu* umens II. *Subst* Nässe, Feuchte, Morast
ūmeō *2* feucht sein, nass sein
umerus, ī *m* Schulter, Achsel, Oberarmknochen, Oberarm
ūmēscō *3* feucht werden, nass werden
⟦**umidita|s,** ~tis *f ml* Feuchtigkeit
ūmidulus *3* etwas feucht, saftig
ūmidum, ī *n* Feuchte, Nässe; feuchter *od* nasser Boden
ūmidus *3* feucht, nass; flüssig, wässerig, saftreich
ūmifer, ūmifera, ūmiferum feucht
⟦**umifico** *1 spl* befeuchten
ūmor, ūmōris *m* Feuchtigkeit, Nass, Wasser; Saft
umquam *Adv* = unquam
ūnā I. *Adv* zusammen, gemeinschaftlich, gleichzeitig II. *Abl Sg f zu* unus
ūnanim|āns, *Gen* ~antis = unanimus
⟦**unanim|is,** ~e, *Gen* ~is *spl* = unanimus
ūnanimus *3* einmütig, einträchtig
ūnanimitā|s, ~tis *f* Eintracht
uncia, ae *f* Unze, ein Zwölftel (1. als Längenmaß: Zoll = 24,5 mm 2. als Gewicht = 27,29 g 3. als Münze ein Zwölftelas 4. als Zinsfuß = 1% jährlich *od* ein zwölftel Prozent monatlich); *übertr* Kleinigkeit
unciāl|is, ~e, *Gen* ~is = unciarius ⟦*spl* littera ~is Unziale (wohl nach der Buchstabenhöhe von 24,5 mm = $^{1}/_{12}$ pes)

u

unciārius *3* ein Zwölftel enthaltend *od* betragend
unciātim *Adv* in kleinen, unzengroßen Portionen
uncinātus *2* hakenförmig
ūnctiō, ~nis *f* das Salben (*med od* zum Sport), *med* Einreibung; *übertr* Salböl [[*ml* ~ extrema Letzte Ölung (katholisches Sakrament); Salbung (bei Taufe, bei Einsetzung als Herrscher)
ūnctitō *1* oft salben
ūnctiusculus *3* etwas fetter
ūnct|or, ~ōris *m* Einreiber, Masseur, Kosmetiker
ūnctōrium, ī *n* Salb- u. Massageraum, Kosmetikraum (in den Thermen)
ūnctum, ī *n* eine fette Mahlzeit, etwas Leckeres [[*spl* Fett zum Salben; Parfüm
ūnctūra, ae *f* das Salben *od* Einbalsamieren (von Toten)
ūnctus I. *Adj 3* fettig, eingesalbt, parfümiert; schmierig; geteert; lecker; wohlhabend, üppig **II.** *Part Perf Pass* →unguo **III.** *Subst* ūs *m* das Salben, Einreiben
uncus I. *Adj 3* gekrümmt, hakenartig **II.** *Subst* ī *m* Haken, Widerhaken, Angelhaken; Bauklammer; *übertr* Anker
unda, ae *f* Welle, Woge; Gewässer, Wasser, Meer; Strömung, Strudel, Flut; *übertr* Hohlkehle [[*ml* ~ sacra Weihwasser; ~ baptismatis Taufe
unde *Adv* woher, wovon, woraus, von wo [[*ml* daher; weil, dass
ūndeciēns, ūndeciēs *Adv* elfmal
ūndecim *undekl* elf
ūndecimus *3* Elfter
unde|cumque *u.* **~cunque** *Adv* woher auch immer; von überall her; überall
undelibet *Adv* überall her, überall
ūndēnī, ae, a je elf
[[**undequaque** *Adv ml* in jeder Hinsicht; allenthalben
undeunde *Adv* woher auch immer
[[**undifragus** *3 spl* Wellen brechend
undique *Adv* von allen Seiten; auf allen Seiten, überall, in jeder Hinsicht
undisonus *3* wellenrauschend
undō *1* wallen, wogen; *poet auch* wallen lassen, wogen lassen
undōsus *3* wellenreich, heftig wogend
ūnetvīcē(n)simānī, ōrum *m* die Einundzwanziger, Soldaten der 21. Legion
ūnetvīcē(n)simus *3* der Einundzwanzigste
ungō *3* = unguo
ungu|en, ~inis *n* Salbe, Fett; Parfüm
unguentāria, ae *f* Salben- *od* Parfümhändlerin; Salben- *od* Parfümhandel
unguentārium, ī *n* Geld für Salben u. Kosmetika [[*spl* Salbgefäß
unguentārius I. *Adj 3* Salben- **II.** *Subst* ī *m* Salben- *od* Parfümhändler
unguentō *1* salben, parfümieren
unguentum, ī *n* Salbe, Salböl; Parfüm
unguiculus, ī *m* Finger- *od* Zehennagel; a teneris unguiculis von Kindesbeinen an
[[**unguilla,** ae *f spl* Salbengefäß
unguis, ~ *m* (*Nbf Abl Sg* unguī) **1.** Finger- *od* Zehennagel; Kralle; Huf; de tenero ungui von der ersten Kindheit an; ad *od* in unguem auf das Genaueste, bis aufs Haar **2.** *übertr* Blattspitze, Sprossspitze; Haken; *med* Flügelfell (krankhaft wuchernde Bindehautfalte, *gr* Pterygium)
ungula, ae *f* **1.** Kralle, Klaue, Huf; *übertr* Huftier, Pferd [[*spl* Kralle (ein Folterinstrument) **2.** *spl* [unguo] wohlriechende Salbe
[[**ungulatus** *3 spl* mit Klaue *od* Huf versehen
ungulus, ī *m* **1.** Zehennagel **2.** Fingerring
unguō, ūnxī, ūnctus *3* salben, bestreichen, beschmieren; *Speisen* schmalzen; [[*spl* taufen
ūnī *Dat Sg m, f, n od Nom Pl m zu* unus
ūnianimus *3* = unanimus
[[**unibo|s,** ~vis *m* Einochs (Titel einer ml. Schwankdichtung)
ūnicol|or, *Gen* ~ōris einfarbig
ūnicus *3* einzig, alleinig; vorzüglich, ausgezeichnet, außerordentlich
[[**unifico** *1 ml* vereinen, zu einer Einheit machen
ūnifōrm|is, ~e, *Gen* ~is einförmig, einfach
ūnigena, ae *m, f* von ein und derselben Herkunft: Bruder *od* Schwester; einzig [[*spl* = unigenitus
[[**unigenitus** *3 spl* eingeboren (= einzig der Geburt nach)
ūnimanus *3* einhändig
ūniō I. *Subst* ~nis **1.** *m* einzelne große Perle **2.** Unio (eine Zwiebelsorte, die keine Nebenzwiebeln bildet) **3.** [[*f spl* Vereinigung; Einheit; Eins (auf dem Würfel) **II.** *Verb 4* vereinigen, zu einer Einheit machen
ūnisubsellium, ī *n* Bank (auf der nur eine Person sitzen kann)
ūnitā|s, ~tis *f* Einheit, Einheitlichkeit, Einigkeit
ūniter *Adv* einheitlich, in eins verbunden
ūnius *Gen Sg zu* unus
[[**universali|a,** ~um *n spl* Universalien, Allgemein- *od* Gattungsbegriffe
ūniversāl|is, ~e, *Gen* ~is allgemein
[[**universaliter** *Adv spl* überhaupt, im Ganzen; *ml* ganz, gesamt
ūniversitā|s, ~tis *f* Gesamtheit, das Ganze; Welt, Weltall [[*spl jur auch* Körperschaft; *ml* Gemeinde, Bruderschaft, Versammlung der Meister, hohe Schule, Universität
ūniversum, ī *n* das Ganze; Weltall
ūniversus *3* ganz, sämtlich; insgesamt; allgemein; in universum im Allgemeinen, überhaupt

⟦**univira,** ae *f spl* (nur) einmal verheiratet
ūnivorsus *3* = universus
ūnoculus *3* einäugig
Unomammia, ae *f* Unomammien (*Komödienwitz* »das Einbrustland« *für* Land der Amazonen)
ūnōsē *Adv* überhaupt; einzig, nur
unquam *Adv* irgendeinmal; je; jemals
ūnus (*Gen* unius, *Dat* uni) *3 Zahlwort* einer, der eine; einzelner, einziger; allein, bloß; einzigartig; irgendeiner; ein und derselbe; ad unum omnes allesamt; ~ et alter etliche ⟦*spl* einer (*unbestimmter Artikel*); *ml Dat Sg f* unae
ūnusquisque, ūnaquaeque, ūnumquodque *und* ūnumquidque jeder einzelne
ūnxī →unguo
ūpiliō, ~nis *m* = opilio
upupa, ae *f* Wiedehopf *Vogel; übertr* Spitzhacke
u. r. *Abk für* uti rogas wie du vorschlägst (Formel der Zustimmung zu einem Gesetzesvorschlag)
Urani|a, ae *u.* **~ē,** ēs *f* Urania (Muse der Astronomie)
⟦**uranicus** *3 ml* himmlisch
urb. *Abk für* urbanus
urbānitā|s, ~tis *f* Stadtleben, Leben in Rom; städtische Lebensweise, städtische Kultur; feines Benehmen, guter Ausdruck, eleganter Witz; Verschlagenheit ⟦*ml* Höflichkeit
urbānus I. *Adj 3* städtisch, zur Stadt (*bes* zu Rom) gehörig, der Stadt entsprechend, auf die Stadt bezogen; fein, gebildet, geschmackvoll; witzig; dreist, unverschämt, *übertr von Gewächsen* veredelt ⟦*ml* höflich **II.** *Subst* ī *m* Städter ⟦*ml* Bürger
urbicapus, ī *m* Städteeroberer
urbicus I. *Adj 3* städtisch, Stadt-; römisch **II.** ⟦*Subst* i *m spl* ein Römer
Urbīnā|s, ~tis **I.** *Adj* urbinatisch, aus Urbinum **II.** *Subst m* Urbinate, Einw. von Urbinum
Urbīnum, ī *n* Urbinum (Stadt in Umbrien), *heute* Urbino
Urbius clīvus *m* der Clivus Urbius (N einer Straße von der Subura zum Esquilinus, auch Clivus Suburanus genannt)
urb|s, ~is *f* Stadt, *bes* Rom; Hauptstadt; *übertr* Stadt = Stadtbewohner, Einwohnerschaft
urceātim *Adv* wie aus Kannen
⟦**urceola,** ae *f ml* Eimer, Schöpfeimer (am Brunnen)
urceolus, ī *m* Krüglein
urceus, ī *m* Krug
ūrēd|ō, ~inis *f* Brand *Pflanzenkrankheit, übertr* Jucken
urgeō, ursī *2* drängen, stoßen, bedrängen; belästigen, in die Enge treiben; eifrig betreiben, bearbeiten, sich befassen *Akk* mit; fest behaupten, bestehen *Akk* auf
urgueō *2* = urgeo
ūrīna, ae *f* Harn, Urin; ~ m reddere urinieren; *übertr* Samen(flüssigkeit) ⟦*spl* Urinieren
ūrīnāt|or, ~ōris *m milit* Taucher
ūrīnor *1* tauchen, untertauchen
Urios, ī *m* Urios (BN des Jupiter, Geber günstigen Fahrtwindes)
ūrium, ī *n* schlammiger Abraum (im Bergbau)
urna, ae *f* **1.** Krug, Topf; Urne (für Asche od. Lose) **2.** Krug (als Maß für Flüssigkeit = 13 l) **3.** Urne (BN des Sternbildes Wassermann und der Flussgötter)
urnāl|is, ~e, *Gen* ~is einen Krug enthaltend *od* fassend *Maßangabe*
urnula, ae *f* kleiner Krug ⟦*spl* Aschenurne
ūrō, ussī, ustus *3* brennen, verbrennen; *Farben* enkaustisch auftragen; *Wunden* ausbrennen; versengen, dörren; verletzen; peinigen, quälen; entflammen
ursa, ae *f* Bärin, *poet auch* = Bär; *übertr* Sternbild (Großer und Kleiner) Bär
ursī →urgeo
ursīna, ae *f* Bärenfleisch
ursīnus *3* Bären-, vom Bären
ursus, ī *m* Bär; *übertr* Bärenhatz (im Zirkus)
urtīca, ae *f* Brennnessel
ūrūca, ae *f* = eruca 2.
ūrus, ī *m* Ur, Auerochse
Ūsipet|ēs, ~um *m* Usipeter (germ. Volk am Niederrhein)
Ūsip(i)ī, ōrum *m* = Usipetes
ūsitātus *3* gewöhnlich, gebräuchlich, üblich
uspiam *Adv* irgendwo; irgendwie
usquam *Adv* irgendwo, irgendwohin, irgendwie
ūsque I. *Präp beim Akk* bis zu; *auch nachgestellt* **II.** *Adv* **1.** weiter, ohne Unterbrechung, immer **2.** *bei Adv u. Präp* (ab, ex, ad, in) von (her *od* an), bis (zu *od* nach); ~ dum *od* quoad so lange bis ⟦*ml* stets; sogar; ~ ad centum volle Hundert
ūsquequāque *Adv* überall; immer
ussī →uro
ūssūra, ae *f* = usura
usta I. *Part Perf Pass Nom f od Nom/Akk Pl n zu* ustus **II.** *Subst* ae *f* gebrannter Ocker
Ustīca, ae *f* Ustica (1. Berghang im Sabinerland, nahe Horazens Landgut 2. Insel nördlich Siziliens, *heute* Ustica)
ustilō *1* = ustulo
ust|or, ~ōris *m* Leichenverbrenner
ustulō *1* anbrennen, sengen, verbrennen; (von Kälte) erfrieren lassen
ustus *Part Perf Pass* →uro
⟦**usual|is,** ~e, *Gen* ~is *spl* üblich, gebräuchlich; brauchbar

u

ūsū|capiō I. *Subst* ~capiōnis *f* durch Verjährung erlangtes Gewohnheitsrecht II. *Verb* ~cēpī, ~captus *3* durch Gebrauch *od* durch Gewohnheitsrecht erwerben
ūsūra, ae *f* Gebrauch, Nutzung, Genuss; Zinsen (monatlich berechnet); multiplicandis usuris durch Zins und Zinseszins ⟦*ml* Wucher
ūsūrārius I. *Adj 3* zur Benutzung dienend, geborgt; zu den Zinsen gehörig, verzinst II. ⟦*Subst* i *m ml* Wucherer
ūsūrpātiō, ~nis *f* Gebrauch, Benutzung, Anwendung; Beanspruchung; Erwähnung ⟦*spl* widerrechtliche Aneignung, Anmaßung, Missbrauch
⟦**usurpativus** *3 spl* missbräuchlich
ūsūrpō *1* sich aneignen, beanspruchen, (rechtlich *od* widerrechtlich) in Gebrauch nehmen, anwenden, benutzen; *übertr* bemerken, wahrnehmen; erwähnen, nennen
ūsus I. *Part Perf* →utor II. *Subst* ūs *m* Gebrauch, Benutzung, Anwendung, Praxis; Gewohnheit; Brauchbarkeit, Nutzen, Vorteil; Bedürfnis, Bedarf; Übung, Erfahrung; Sprachgebrauch; Bekanntschaft, Umgang, Verkehr; usui esse nützlich sein; usu venit es ereignet sich, widerfährt de in Bezug auf; usus est *Dat* jmd. hat Bedarf *Abl* an *od* Bedürfnis *Abl* nach
ūsūscapiō *3* = usucapio II.
ūsusfrūctus, ūs *m* (*auch* usus et fructus, usus fructusque) Nutznießung (fremden Eigentums)
ut I. *Adv* **1.** *Art u. Weise* wie; zum Beispiel II. *Kon.* **1.** *mit Ind* wie, *zeitl* als, sobald als; seit **2.** *mit Konj.* dass, damit, um ... zu; sodass; *nach »fürchten«* dass nicht; wenn auch; *auch* = utinam wenn doch
utcumque I. *Adv* wie auch immer; je nachdem; irgendwie II. *Kon.* sobald, jedesmal wenn
utei *altl* = ut
ūtēnsili|a, ~um *n* brauchbare Gegenstände, Geräte, Vorräte; Bedarf
ūtenti|or, *Gen* ~ōris imstande, mehr auszugeben
uter I. *Pron* utra, utrum (*Gen* utrīus, *Dat* utrī) wer von beiden; si ~ wenn einer, wenn der eine (von beiden); neque ~ *od* nec ~ = neuter keiner von beiden II. *Subst* **1.** utris *m* (lederner) Schlauch (als Behälter) **2.** *altl* = uterus
utercumque, utracumque, utrumcumque wer auch immer von beiden
⟦**uterinus** I. *Adj 3 spl* von derselben Mutter stammend, leiblich II. *Subst* i *m* Halbbruder mütterlicherseits
uterlibet, utralibet, utrumlibet einer, ein beliebiger (von zweien)
uterque, utraque, utrumque (*Gen Sg* utrīusque, *Dat Sg* utrīque, *Nbf Gen Pl* utrumque) jeder von beiden, beide; *dt Bezugswort im Pl, z. B.* uterque exercitus beide Heere; *Pl* utrique *auch* beide Parteien
uterus, ī *m* (*Nbf altl* uter, ī *m u.* uterum, ī *n*) Bauch, Unterleib; Bauchhöhle; Gebärmutter; Mutterleib; *übertr* das Innere
utervīs, utravīs, utrumvīs einer von beiden, beide
[1]**uti** = ut
[2]**ūti** *Inf Präs zu* utor
ūtibil|is, ~e, *Gen* ~is brauchbar, nützlich
Utica, ae *f* Utica (Stadt in Nordafrika, nahe Karthago)
Uticēns|is, I. *Adj* ~e, *Gen* ~is von Utica, uticensisch II. *Subst* ~ēs, ~ium *m* Uticenser, Einw. von Utica
ūtil|e, *Gen* ~is I. *Adj Nom/Akk Sg n zu* ~is II. *Subst n* das Nützliche, Vorteil
ūtil|is, ~e, *Gen* ~is nützlich, brauchbar, dienlich, verwendbar ⟦*spl jur* auf Analogie beruhend
ūtilitā|s, ~tis *f* Nützlichkeit, Brauchbarkeit, Nutzen, Vorteil, Interessen, Eigennutz; guter Dienst
utinam *mit Konj. in Wunschsätzen* wenn doch, hoffentlich
[1]**utique** *Adv* jedenfalls, durchaus, gewiss; non ~ nicht gerade; besonders
[2]**utique** = et ut und wie; und damit
ūtor, ūsus sum *3 mit Abl, selten mit Akk* gebrauchen, anwenden, verwenden, benutzen; genießen; haben; verkehren mit, umgehen mit
utpote *Adv begründend, oft vor Relativpron* nämlich, da ja
utputa *Adv* wie, zum Beispiel, nämlich
utquid *Adv* warum denn?
utquomque = utcumque
utr- = *auch* uter-
utrārius, ī *m* Wasserträger
utriculārius, ī *m* Dudelsackspieler
utriculus, ī *m* Schlauch; Bauch, Unterleib, Gebärmutter; *botanisch* Kelchblatt
utrimque *u.* **~ secus** *Adv* auf beiden Seiten, von beiden Seiten
utrō *Adv* wohin, auf welche von beiden Seiten
utrobī *Adv* wo, auf welcher von beiden Seiten
utrobīque *Adv* auf beiden Seiten; in beiden Fällen
utrōque *Adv* nach beiden Seiten *od* Richtungen
utrubī = utrobi
utrum **1.** *Nom Sg n od Akk Sg m, n zu* uter: welchen von beiden; was von beiden, **2.** *Fragepartikel, den ersten Teil einer Doppelfrage einleitend, im direkten Fragesatz unübersetzt, im indirekten* ob
utrumnam *verstärkt* = utrum 2.

utrumne *verstärkt* = utrum 2.
utut *Adv* wie auch immer
ūva, ae *f* Traube, Weintraube; *übertr* Weinstock; (traubenförmiger) Bienenschwarm; *med* Zäpfchen im Hals
ūvēscō *3* nass werden; sich bezechen
ūvidulus *3* etwas feucht
ūvidus *3* feucht, nass; gut bewässert; Regen bringend; *übertr* trunken ⟦*spl* saftig
Uxellodūnum, ī *n* Uxellodunum (Stadt in Südwestgallien)
uxor, uxōris *f* Ehefrau
uxorcula, ae *f* Frauchen
uxōrium, ī *n jur* Junggesellensteuer; *übertr* Liebestrank
uxōrius *3* **1.** die Ehefrau betreffend, der Ehefrau gehörend; res uxoria Ehestand *od* Mitgift **2.** der Ehefrau (zu) sehr ergeben
Uzita, ae *f* Uzita (Stadt in Nordafrika)

V

V *Abk für* **1.** valeo *od* vale **2.** versus **3.** verte! **4.** via **5.** vide! *od* vidi **6.** vir **7.** vivens, vivus *od* vixit **8.** votum *od* voto **9.** *Zahlzeichen für* 5; →v. c., v. f.
Vacalus, ī *m* = Vahalis
vacanti|a, ~um *n* **I.** *Nom/Akk Pl Part Präs Akt zu* vaco **II.** *Subst* herrenloses Gut; unnütze *od* überflüssige Gegenstände
vacanter *Adv* überflüssig ⟦*ml* sich Zeit lassend; eifrig
vacātiō, ~nis *f* Befreiung, Freisein, Entlastung *Gen* von; Urlaub, Freiheit; Geld für die Befreiung von Diensten, *bes* Kriegsdienst ⟦*ml* freie Zeit; Müßiggang
vacca, ae *f* Kuh
Vacca, ae *f* = Vaga
Vaccaei, ōrum *m* Vakkäer (Volk im nördlichen Spanien)
⟦**vaccaritia,** ae *f ml* Kuhherde
vaccīnium, ī *n* Hyazinthe (*poet auch für eine andere ähnliche Blume*) ⟦*ml* Heidelbeere, Schwarzbeere, Brombeere; Rittersporn *Blume*
vaccīnus *3* Kuh-
vaccula, ae *f* kleine Kuh
vacerrōsus *3* vernagelt, mit einem Sparren im Kopf
⟦**vacillanter** *Adv ml* wankend
vacillātiō, ~nis *f* Wanken, Wackeln
vacillō *1* wanken, wackeln; unsicher *od* unzuverlässig sein
vacīvē *Adv* in Muße
vacīvitā|s, ~tis *f* Mangel *Gen* an
vacīvus *3* leer, frei *Gen* von
vacō *1* (*Nbf Perf Akt spl* vacui) leer sein, unbewohnt sein, unbebaut sein; frei sein *Abl* von; befreit sein *Abl* von; fern sein, sich fernhalten, fernbleiben *Abl* von; freie Zeit haben *Dat* für; *unpers* vacat es steht frei, es ist gestattet; *übertr jur* herrenlos sein; unverheiratet sein
vacuē|faciō, ~fēcī, ~factus *3* leer machen; entvölkern; herausnehmen *Abl* etw. *Akk* aus ⟦*spl* entfernen, aufheben
vacuē|fio, ~factus sum (*Inf* ~fierī) **1.** *Pass zu* ~facio **2.** leer *od* herrenlos werden
vacuitā|s, ~tis *f* Freisein *Gen od Abl* von; das Freiwerden (eines Postens), Vakanz; *übertr* leerer Raum
Vacūna, ae *f* Vacuna (sabinische Göttin)
Vacūnāl|is, ~e, *Gen* ~is der Vacuna geweiht
vacuō *1* leeren, entleeren *Abl* durch *od* von ⟦*ml* berauben *Abl* einer Sache
vacuum, ī *n* Leere, leerer Raum; herrenloses Land; freie Zeit
vacuus *3* leer, frei, unbewohnt, unbesetzt; fern; befreit *Abl, poet auch Gen* von; ledig; offen, zugänglich; schutzlos; wertlos, unnütz; still; eitel, nichtssagend; ⟦*ml* unverrichteter Sache
vad- →[1]vas
Vada **1.** ae *f* Vada (Kastell in Gallia Belgica) **2.** ōrum *n* Vada (Stadt in Ligurien), *heute* Savona **3.** ~ Volaterrana, ōrum *n* Vada Volaterrana (Stadt in Etrurien)
vadātus *3* **1.** *Part Perf zu* vador **2.** *übertr* verpflichtet, verbunden; *Abl* vadato nach *od* aufgrund der Zusicherung (vor Gericht zu erscheinen)
Vadimōnis lacus *m* der Vadimonische See (in Etrurien)
vadimōnium, ī *n* Bürgschaft (für das Erscheinen vor Gericht); ~ missum facere die Bürgschaft erlassen; ~ concipere die Bürgschaft schriftlich festlegen; das Erscheinen vor Gericht; der Verhandlungstag, Prozesstermin ⟦*ml* Pfand
vādō *3* gehen; schreiten, wandeln; fließen
vador *1* jmdn. durch Bürgschaft verpflichten, vor Gericht zu erscheinen; gerichtlich belangen
vadōsus *3* seicht, voller Untiefen; *übertr* vadosae aquae unruhiges Wasser; navigatio vadosa (wegen der Untiefen) gefährliche Fahrt
vadum, ī *n* Untiefe, seichte Stelle, Furt; *übertr* Gewässer, Meer; Grund (eines Wassers)
vae *Interj* Wehe! O weh! Ach! ~ victis Wehe den Besiegten!; ~ mihi *od* me Weh mir! ⟦*spl undekl Subst n* das »Wehe!«
vae- = ve-
vafer, vafra, vafrum pfiffig, schlau; spitzfindig
⟦**vafricies,** ei *f ml* = vafritia
vafritia, ae *f* Pfiffigkeit
Vaga, ae *f* Vaga (N zweier Städte in Nordafrika)

V

⟦**vagabundulus,** i *m ml* fahrendes Schülerlein

⟦**vagabundus** *3 spl* umherschweifend, unstet; *ml* reisend; spazieren gehend, als Vagant (lebend)

Vagēns|ēs, ~ium *m* Vagenser, Einw. von Vaga

vāgīna, ae *f* Scheide; Hülle, Hülse; *bei Werkzeugen auch* Heft

vāgiō *4* schreien (von kleinen Kindern u. Tieren)

vāgītus, ūs *m* Schreien (kleiner Kinder); Meckern (der Ziegen)

vagō *1* = vagor

vagor *1* umherschweifen, umherstreifen; wandern, reisen, ziehen; sich ausbreiten, sich verbreiten

vagus I. *Adj 3* umherschweifend, umherstreifend, unstet; schwankend, unbeständig, unbestimmt; regellos, ungebunden, ziellos, planlos; flüchtig **II.** ⟦*Subst* i *m ml* fahrender Schüler, Vagant, Spielmann, Fahrender

vāh *Interj* (*verwundert od erfreut od abweisend*) ach!

Vahal|is, ~is *m* (*Akk* ~im) Vahalis (Mündungsarm des Rheins), *heute* Waal

valdē *Adv* (*zu* validus) sehr, stark, heftig; *in Antworten* ja, gewiss

valdius *Komp zu* valde

vale|dīcō, ~dīxī *3* Lebewohl sagen ⟦*ml mit Akk* verabschieden

⟦**vale|facio,** ~feci *3 spl* Abschied nehmen *Dat* von

valēn = valesne? wie gehts?

val|ēns, *Gen* ~entis **I.** *Adj* stark, kräftig, gesund; mächtig; wirksam, nahrhaft **II.** ⟦*Subst n ml* (Gegenstand) im Werte von

Val|ēns, ~entis *m* Valens (BN des röm. Kaisers Flavius ~ens, 364–378)

Valentīnī, ōrum *m* Valentiner, Einw. von Vibo Valentia (Stadt in Süditalien)

valentulus *3* ziemlich stark

val|eō, ~uī, ~itūrus *2* stark sein, kräftig sein, gesund sein; vale leb wohl (*auch* fort mit dir!); valere iubeo *Akk od* vale dico *Dat* Lebewohl sagen, Abschied nehmen von; Einfluss haben, Macht haben, Kraft haben, vermögen, gelten; wert sein; bedeuten; sich beziehen in *Akk* auf, abzielen auf ⟦*ml* können, in der Lage sein; krank sein

Valeriānus I. *Adj 3* valerianisch, des Valerius **II.** *Subst* ī *m* Valerianus (BN des Kaisers P. Licinius ~, 253–260, in pers. Gefangenschaft gestorben)

Valerius *3 Gent* Valerius (1. P. ~ Poplicola, beteiligt an der Vertreibung des Tarquinius, Konsul 509 v. Chr. 2. ~ Antias, Historiker, 1. Jh. v. Chr. 3. ~ Cato, Dichter, 1. Jh. v. Chr. 4. M. ~ Corvus, ca. 370–270 v. Chr. 5. L. ~ Flaccus, Anhänger Sullas 6. L. ~ Flaccus, Anhänger des Marius 7. L. ~ Flaccus, mit Cicero Konsul 8. M. ~ Messalla Corvinus, Redner u. Schriftsteller, Förderer u. Gönner von Ovid u. Tibull 9. ~ Maximus, Historiker unter Tiberius 10. C. ~ Flaccus Setinus Balbus, Verfasser des Epos Argonautica, 1. Jh.)

val|ēscō, ~uī *3* stark werden, kräftig werden

valētūdinārium, ī *n* Krankenhaus, Lazarett

valētūdinārius I. *Adj 3* krank, kränklich **II.** *Subst* ī *m* Kranker, Patient

valētūd|ō, ~inis *f* **1.** Gesundheitszustand **2.** Gesundheit, Wohlbefinden **3.** Krankheit, Unpässlichkeit, Schwäche

Valgius *3 Gent* Valgius (1. C. ~, Großgrundbesitzer z. Z. Sullas 2. ~ Rufus, Dichter, Freund des Horatius)

valgus *3* krummbeinig; schief

validus *3* kräftig, stark, gesund; mächtig, einflussreich, wirksam; *Speise* nahrhaft; *Boden* schwer; *Früchte* hart; aetate validior an Jahren überlegen

valit- = valet-

valitūrus *Part Fut Akt* →valeo

vallār|is, ~e, *Gen* ~is Wall-, zum Wall gehörig

vall|ēs *u.* **~is,** ~is *f* Tal; *übertr* vallis alarum Achselhöhle

vallō *1* mit einem Wall umgeben, verschanzen; schützend umgeben

vallum, ī *n* **1.** Wall, Verschanzung; Palisaden (auf dem Wall) **2.** = vallus 2.

vallus, ī *m* **1.** Pfahl (als Stütze od. Palisadenpfahl); *übertr* Zähne (eines Kammes); Verschanzung (mittels Pfählen) **2.** Getreide- od. Futterschwinge (flacher Korb) = vannus

⟦**valor,** ~is *m ml* Geltung, Wert

valuī →**1.** valeo **2.** valesco

valvae, ārum *f* die Türflügel, (Flügel-)Tür

Vandalī, ōrum *m* Vandalen (germ. Volk, seit 1. Jh. zwischen Oder u. Weichsel, 429–534 Reich in Nordafrika)

Vandalicus *3* vandalisch ⟦*spl* wild

Vandiliī, ōrum *m* **1.** Vandilier (Bez. für Gruppe germ. Stämme) **2.** = Vandali

vānēscō *3* verschwinden, vergehen ⟦*ml* eitel werden

Vangion|ēs, ~um (*Nbf Akk* ~as) *m* Vangionen (germ. Volk am Mittelrhein)

vānidicus *3* lügenhaft

vāniloquentia, ae *f* Geschwätz, Prahlerei

Vāniloquidōrus, ī *m* Prahlhansheinrich *Komödienwitz*

vāniloquus *3* lügenhaft; prahlerisch

vānitā|s, ~tis *f* Leere, Nichtigkeit, Gehaltlosigkeit; Eitelkeit, Selbstgefälligkeit; Geschwätz, Prahlerei; Unwahrheit, Unaufrichtigkeit; Erfolglosigkeit, Miss-

erfolg ⟦*ml* Leichtfertigkeit; Weltlichkeit, Vergänglichkeit
vānitūd|ō, ~inis *f* Lügerei
vannus, ī *f* Getreide- *od* Futterschwinge (flacher Korb); flacher Kasten ⟦*ml* Wanne; Worfschaufel
vānum, ī *n* das Leere, der leere Schein, Grundlosigkeit, Einbildung
vānus *3* leer, körperlos, unbedeutend, nichtig; grundlos, erfolglos, fruchtlos, falsch; eingebildet, trügerisch, lügenhaft, prahlerisch
vapidus *3* verdorben
vap|or, ~ōris *m* Dampf, Dunst, Rauch; Wärme, Feuer, Glut
vapōrārium, ī *n* Heizanlage; Hypokausten
vapōrifer, vapōrifera, vapōriferum Dampf *od* Hitze ausströmend
vapōrō *1* dampfen; mit Dampf *od* Dunst erfüllen, erwärmen, räuchern
vappa, ae *f* kahmiger (mit Schimmel überzogener) Wein, Fusel; *übertr* Taugenichts
vāpulār|is, ~e, *Gen* ~is Prügel erhaltend
⟦**vapulator,** ~is *m ml* Prügelknabe
vāpulō *1* geschlagen werden, Prügel bekommen; *übertr* ruiniert werden, geschädigt werden; sermonibus ~ durchgehechelt werden
vāra, ae *f* Querholz, Stütze, Gabelstange
Vardaeī, ōrum *m* Vardäer (Volk in Dalmatien)
Varguntēius *3 Gent* Vargunteius (Anhänger des Catilina, ein röm. Senator)
Varia, ae *f* Varia (Stadt im Sabinerland bei Horazens Landgut), *heute* Vicovaro
⟦**variam|en,** ~inis *n ml* Veränderung, Variation
Vāriānus *3* varianisch, des Varus 1.
variātiō, ~nis *f* Veränderung, Wechsel; Abweichung, Unterschied
vāricō *1* die Beine spreizen, grätschen
⟦**varicolor,** ~is *ml* verschiedenfarbig, bunt
vāricus I. *Adj 3* breitbeinig **II.** ⟦*Adv spl* breitbeinig
varietā|s, ~tis *f* Mannigfaltigkeit, Verschiedenheit, Abwechslung, Vielseitigkeit; Unbeständigkeit, Wankelmut; Buntheit
Varīnī, ōrum *m* Variner (germ. Volk an der Ostsee)
variō *1* **1.** *mit Akk* verändern, abwechseln; (bunt) färben, schmücken; abwechseln lassen; animum ~ Meinung ändern; abweichend berichten **2.** *ohne Akk* verschieden sein, abweichen; sich färben; wechseln, veränderlich sein; verschiedener Meinung sein, abweichend *od* unterschiedlich berichtet werden, unterschiedlich ausgelegt werden
⟦**Varistae,** arum *m spl* = Naristi
varius *3* mannigfaltig, gefleckt, bunt, verschiedenartig; vielseitig; unbeständig, wankelmütig, launenhaft
Varius *3 Gent* Varius (*z. B.* ~ Rufus, Freund von Horaz u. Vergil, Verfasser einer Tragödie Thyestes, Herausgeber der Aeneis des Vergil)
vari|x, ~cis *m, f* Krampfader ⟦*ml* Warze; Sehne
Varrō, ~nis *m* →Terentius
Varroniānus *3* varronianisch, des Varro
⟦**Varsovia,** ae *f ml* Warschau, *heute* Warszawa
Vārum, ī *n* = Varus 2.
vārus *3* auseinandergebogen, auswärtsgekrümmt; o-beinig; abweichend, entgegengesetzt
Vārus, ī *m* Varus **1.** röm. BN (bes. 1. P. Alfenus ~ →Alfenus 2. Quintilius ~, Freund von Horaz u. Vergil 3. P. Quintilius ~, Statthalter von Germanien, gefallen 9 n. Chr.) **2.** Fluss in Südgallien, *heute* Var
[1]**vas,** vadis *m* Bürge (für das Erscheinen jmds. vor Gericht, in Rom mittels Kaution, im nichtröm. Bereich mit dem eigenen Leben bürgend) ⟦*ml* Geisel, Pfand
[2]**vās,** vāsis *n* (*Pl* vāsa, ōrum) Gefäß; Geschirr; Gerät, Möbel; *milit* Gepäck, Kriegsgerät
⟦**vasallus,** i *m ml* Lehnsmann, Vasall
vāsārium, ī *n* **1.** Aufwandsentschädigung (für Reise u. Einrichtung des Statthalters in einer Provinz, aus der Staatskasse gezahlt) **2.** Fassgeld (Entschädigung für den Ölpresser) **3.** Kessel (in den Thermen) **4.** Verzeichnis, Archiv ⟦*ml* Anrichte
Vascon|ēs, ~um *m* Vaskonen (Volk in Nordspanien), *heute* die Basken
vāsculārius, ī *m* Gefäßmacher (Metallhandwerker), Goldschmied
vāsculum, ī *n* kleines Gefäß; Samenkapsel; Gerätlein (*übertr* für männliches Glied) ⟦*spl* Bienenkorb; *ml* Fässlein; Fläschchen
⟦**vassus,** i *m ml* Vasall
vāstātiō, ~nis *f* Verwüstung
vāstāt|or, ~ōris *m* Verwüster ⟦*ml* Teufel
vāstificus *3* verwüstend, zerstörerisch
vāstitā|s, ~tis *f* Öde, Leere; Verwüstung, Verödung; *übertr* unermessliche Weite, entsetzliche Größe, gewaltige Ausdehnung
vāstitiēs, ēī *f* Verwüstung, Zerstörung
vāstitūd|ō, ~inis *f* Verwüstung; (entsetzliche) Größe
vāstō *1* verwüsten, verheeren; leer machen *Abl* von, veröden; zerrütten ⟦*spl* gänzlich vernichten
vāstus *3* öde, wüst, leer; verödet, verwüstet; ungeheuer groß, gewaltig, entsetzlich; ungebildet, roh
vāsum, ī *n und* **vāsus,** ī *m* = [2]vas
vāt|ēs, ~is *m, f* (*Nbf Nom Sg* ~is, *Gen Pl* ~um *u.* ~ium) Seher(in), Prophet(in); Dichter(in); *übertr* Meister(in) (in einer Kunst od. Wissenschaft)

V

Vatia, ae *m* Vatia (BN)
Vāticānus I. *Adj 3* vatikanisch, des Vatikans **II.** *Subst* ī *m* **1.** Vatikan (einer der sieben Hügel Roms) **2.** Vaticanus (Schutzgott von 1.)
vāticinātiō, ~nis *f* Weissagung, Prophezeiung
vāticinātlor, ~ōris *m* Prophet
vāticinium, ī *n* Weissagung, Prophezeiung
vāticinius *3* weissagend
vāticinor *1* weissagen, prophezeien; mahnen, warnen; schwärmen, träumen
vāticinus *3* = vaticinius
vatillum, ī *n* Pfanne, flaches Becken; Schaufel
Vatīniānus *3* vatinianisch, des Vatinius
Vatīnius *3 Gent* Vatinius (1. P. ~, Anhänger Cäsars, 2. ein röm. Schuster)
⟦**vatus,** i *m ml* Seher, Prophet
⟦**vavassor,** ~is *m ml* Lehnsmann od. Vasall zweiten Grades, Untervasall
vavatō, ~nis *f* Puppe, Attrappe
v. c. *Abk. für* vir clarissimus erlauchter Herr *Titel der röm Kaiserzeit*
-ve *Kon. angehängt* oder, oder auch; ~ ... ~ (entweder) ... oder
Vecilius mons Vecilius (Berg in Latium)
vēcordia, ae *f* Wahnsinn, Unsinnigkeit; rasende Wut; Schlechtigkeit, Bösartigkeit ⟦*ml* Wehmut; Schwäche; Trägheit, Unlust
vēcorls, *Gen* ~dis unsinnig, wahnsinnig, verrückt; tückisch
⟦**Vecta,** ae *f spl* = Vectis
vectātiō, ~nis *f* Fahren; ~ equi Reiten ⟦*spl* Tragen (in feierlicher Prozession)
vectīglal, ~ālis *n* Abgabe, Zoll; ~al praetorium (das übliche) Ehrengeschenk für den Provinzstatthalter; ~al aedilicium Beitrag zu den Spielen (die von den Ädilen in Rom veranstaltet wurden); *Pl* ~alia, ~ium *n auch* Steuerbezirk; Einkünfte (auch von Privatpersonen), Einnahme, Einnahmequelle ⟦*ml* Fuhr- *od* Fährlohn, Entgelt, Geleitgeld
vectīgāllis, ~e, *Gen* ~is als Abgabe gezahlt; abgabe- *od* steuerpflichtig; die Abgaben betreffend; einträglich
vectiō, ~nis *f* Fahren, Reiten
vectis, ~ *m* Hebel, Hebebaum; Brecheisen; Tor- *od* Türbalken; Ramme; Pfosten (der Pressbalkenführung bei der Kelterpresse) ⟦*spl* Tragestange
Vectis, ~ *f* Vectis (Insel südlich Britanniens), *heute* Isle of Wight
vectō *1* führen; fahren; bringen
vectlor I. *Subst* ~ōris *m* Träger, Fahrer, Reittier; Fahrgast (auf einem Schiff), Seefahrer; Reiter **II.** *Verb 1* **1.** *Pass zu* vecto **2.** *Dep* fahren, reiten
vectōrius *3* zum Transport dienend; Fracht-
vectūra, ae *f* Fahren, Beförderung, Fuhre, Fracht; Frachtgeld, Fuhrlohn
vectus *Part Perf* →veho *und* vehor
Vēdiovis, ~ *m* = Veiovis
⟦**vegels,** ~tis *m ml* Weinernte; Weinfass
⟦**vegetabilila,** ~um *n ml* Pflanzenreich
⟦**vegetabillis,** ~e, *Gen* ~is *spl* belebend
⟦**Vegetius,** i *m spl* Flavius ~ Renatus, röm. Schriftsteller, um 400 n. Chr., Verfasser eines militärwissenschaftlichen Handbuches u. eines Lehrbuches der Veterinärmedizin
⟦**vegeto** *1 spl* beleben, anregen; lebendig sein
vegetus *3* lebhaft, rüstig
vēgrandlis, ~e, *Gen* ~is klein, kümmerlich; unnatürlich
vehemlēns, *Gen* ~entis heftig, leidenschaftlich, stürmisch; tatkräftig, streng; stark, gewaltig, wirksam; eindrucksvoll
vehementia, ae *f* Heftigkeit, Leidenschaftlichkeit; *übertr* Stärke, starke Wirkung ⟦*ml* Hast; Jähzorn
vehlēs, ~is *f* Fuhre, Fuder
vehiclum, ī *n* = vehiculum
vehiculum, ī *n* Fahrzeug, Fuhrwerk, Wagen; Kahn, Schiff
vehō, vēxī, vectus *3* fahren, befördern, bringen, tragen, mit sich führen, herbeiführen
vehor, vectus sum *3* fahren, reiten, fliegen, sich fortbewegen
Vēī, ōrum *m* Veji (Stadt in Etrurien, nahe Rom)
Vēilēns, *Gen* ~entis (*Abl Sg* ~ente *od* ~enti) **I.** *Adj* vejentisch, von Veji **II.** *Subst m* Vejenter, Einw. von Veji; *n* das Gebiet von Veji
Vēientānī, ōrum *m* Vejentaner, Einw. von Veji
Vēientānum, ī *n* Landgut bei Veji; Landwein von Veji
Vēientānus *3* vejentanisch, von Veji
Vēiovis, ~ *m* Veiovis (altröm. Gott)
veis *altl* = vis du willst
Vēius *3* vejisch
vel I. *Adv steigernd* sogar, wohl, leicht, besonders; *abschwächend auch* nur; zum Beispiel **II.** *Kon.* oder, oder vielmehr; ~ ... ~ (entweder) ... oder ⟦*spl* und; ~ ... ~ sowohl ... als auch; *ml* ~que = atque
Vēlābrum, ī *n* Velabrum (eine Marktstraße in Rom, zwischen Kapitol und Palatin)
Velaeda, ae *f* = Veleda
vēlāmlen, ~inis *n* Hülle, Gewand, Decke, Schleier ⟦*ml* ~en sacrum Nonnenschleier
vēlāmentum, ī *n* Hülle, Decke; *übertr* Deckmantel; weiße wollene Binde (womit Stab od. Zweig eines Schutzflehenden umhüllt war) ⟦*ml* Schleier
⟦**velata,** ae *f ml* Nonne

vēlātus I. *Part Perf Pass zu* velo II. *Subst* ī *m* Leichtbewaffneter

Veleda, ae *f* Veleda (germ. Weissagepriesterin, 1. Jh. n. Chr.)

vēles, vēlitis *m* Leichtbewaffneter (im röm. Heer)

Velia, ae *f* Velia (1. Ausläufer des mons Palatinus in Rom, 2. Stadt in Süditalien, *gr* Elea)

Veliēns|is I. *Adj* ~e, *Gen* ~is **1.** veliensisch (zu Velia 1.) **2.** veliensisch, zur Stadt Velia gehörig II. *Subst* ~ēs, ~ium *m* Velienser, Einw. von Velia

vēlifer, vēlifera, vēliferum Segel tragend

vēlificātiō, ~nis *f* Segeln

vēlificō *1* segeln

vēlificor *1* **1.** = velifico, **2.** *übertr* sich eifrig einsetzen *Dat* für

vēlificus *3* segelnd

velim, velis *usw Konj. Präs zu* ³volo

Velīna, ae *f* die Tribus Velina (im Tal des Velinus II.)

Velīnus I. *Adj 3* velinisch, von Velia 2. II. *Subst* ī *m* Velinus (See im Sabinerland)

Veliocass|ēs, ~ium *u.* **~ī,** ōrum *m* Veliokassen (kelt. Volk in Nordgallien)

vēlit- →veles

vēlitār|is I. *Adj* ~e, *Gen* ~is Leichtbewaffneten- II. ⟦*Subst* ~es, ~ium *m spl* Leichtbewaffnete

vēlitātiō, ~nis *f* Geplänkel; *übertr* Neckerei

Velīternus *3* veliternisch, von Velitrae

vēlitor *1* Angriffe unternehmen

Velītrae, ārum *f* Velitrae (Stadt in Latium), *heute* Velletri

vēlivol|āns, *Gen* ~antis = velivolus

vēlivolus *3* mit Segeln beflügelt *od* einherfahrend; mare velivolum von Schiffen befahrenes Meer

Vellaunodūnum, ī *n* Vellaunodunum (Stadt in Gallien), *heute* Château Landon

Vellāviī, ōrum *m* Vellaver (kelt. Volk in Mittelgallien)

velle *Inf Präs* →³volo wollen ⟦*ml* = Wille: tuum ~ dein Wille; pro ~ nach dem Willen

Vellēius *3 Gent* Velleius (z. B. C. ~ Paterculus, Offizier u. hoher Beamter unter Augustus u. Tiberius, Verfasser einer röm. Geschichte)

veller- →vellus

vellicātiō, ~nis *f* Neckerei; Stichelei

vellicō *1* rupfen, zwicken, zausen; *übertr* necken; sticheln ⟦*ml* lästern

vellō, vellī *od* vulsī, vulsus *3* rupfen, ausrupfen, herausreißen, einreißen; zupfen, zausen

vell|us, ~eris *n* Wolle, Wollflausch; Schaffell, Vlies; Fell; *übertr* Schaf; wollene Binde; Flocke, Wölkchen; Gespinst

vēlō *1* verhüllen, bedecken, umhüllen; umwinden, schmücken; verbergen, bemänteln, verhehlen; velanda corporis Schamteile

vēlōcitā|s, ~tis *f* Geschwindigkeit, Schnelligkeit; Behendigkeit, Lebendigkeit, Schwung

vēlō|x, *Gen* ~cis schnell, rasch, geschwind, behend, beweglich, eilend; schnell wirkend, schnell wachsend

vēlum, ī *n* Segel; vela dare *od* facere die Segel (in den Wind) setzen, lossegeln, mit vollen Segeln daherfahren; *übertr* Schiff; Tuch, Plane, Vorhang, Sonnensegel *im Theater* ⟦*ml* Teppich; Augenbinde

velut(ī) *Adv* wie; ebenso wie; wie zum Beispiel; gewissermaßen, sozusagen

vēmēns, *Gen* vēmentis = vehemens

vēna, ae *f* Ader; *med* Vene, *aber auch* Schlagader, Arterie; *übertr* Puls, Lebenskraft; *allg* Gang, Bahn, Leitung, Gefäß, Röhre; Pore; *im Gestein* Metallader, Erzgang; *im Holz* Maserung; *von Wasser* Quellader; *übertr* das Innere, Wesentliche; Ader = geistige Anlage, Charakter, ⟦*ml* Stahl

vēnābulum, ī *n* Jagdspieß; venabula sagittarum Pfeile in der Größe von Jagdspießen

Venāfrānus *3* venafranisch, von Venafrum

Venāfrum, ī *n* Venafrum (Stadt in Campania), *heute* Venafro

vēnāl|ia, ~ium *n* Waren

vēnālicium, ī *n* Schar verkäuflicher *od* gekaufter Sklaven, Ware ⟦*spl* Handelszoll

vēnālicius I. *Adj 3* verkäuflich ⟦*spl* Handels- II. *Subst* ī *m* Sklavenhändler

vēnāl|is I. *Adj* ~e, *Gen* ~is verkäuflich; käuflich, bestechlich II. *Subst* ~ēs, ~ium *m* Sklaven (die zum Verkauf angeboten werden)

vēnant|ēs, ~ium (*Nbf Gen Pl* ~um) *m* Jäger

⟦**Venantius,** i *m spl* Venantius Fortunatus, lat. Dichter, etwa 530–600

vēnāticus *3* Jagd-

vēnātiō, ~nis *f* Jagd; (das gejagte od. das erlegte) Wild; Tierhetze *im Amphitheater*

vēnāt|or, ~ōris *m* I. *Adj* Jagd- II. *Subst* Jäger ⟦*spl* Tierfechter *im Amphitheater*

vēnātōrius *3* Jäger-, Jagd-

vēnātrī|x, ~cis *f* I. *Adj* jagend II. *Subst* Jägerin

vēnātūra, ae *f* Jagd

vēnātus I. *Part Perf zu* venor II. *Subst* ūs *m* Jagen, Jagd; *auch* Fischfang; Jagdbeute

vēndā|x, *Gen* ~cis verkaufsüchtig, zum Verkaufen geneigt

vēndibil|is, ~e, *Gen* ~is (leicht) verkäuflich; angenehm, beliebt ⟦*spl* käuflich, bestechlich

⟦**vendico** *1 ml* verschachern

vēndidī →vendo

vēnditātiō, ~nis *f* Anpreisen; Prahlen, Großtun
vēnditāt|or, ~ōris *m* Ausrufer, Marktschreier; Prahler *Gen* mit
vēnditiō, ~nis *f* Verkauf; Versteigerung; Veräußerung; Verpachtung; der veräußerte Gegenstand
vēnditō *1* verkaufen wollen, zum Verkauf anbieten, empfehlen; verschachern
vēndit|or, ~ōris *m* Verkäufer, Verschacherer
vēn|dō, ~didī, ~ditus *3* verkaufen; versteigern; verpachten; verschachern; anbieten, empfehlen
Venedae, ārum *m* = Venedi
Venedī, ōrum *m* Veneder (Völkerschaft an der Weichsel) ⟦*spl* Slawen; *ml* Wenden
venēfica ae *f* Giftmischerin, Zauberin, Hexe
venēficium, ī *n* Giftmischerei, Zauberei; Zaubertrank
venēficus I. *Adj 3* Gift mischend; verzaubernd; giftig **II.** *Subst* ī *n* Giftmischer; Zauberer
Venellī, ōrum *m* Veneller (kelt. Volk in Nordgallien)
venēnārius I. *Adj 3* Gift- **II.** *Subst* ī *m* Giftmischer
venēnātus I. *Adj 3* giftig; vergiftet; verzaubernd, zauberkräftig; gefährlich, schädlich **II.** *Part Perf Pass zu* veneno
venēnifer, venēnifera, venēniferum Gift tragend = giftig
venēnō *1* vergiften; färben
⟦**venenosus** *3 spl* giftig
venēnum, ī *n* Gift; Zaubertrank, Zaubermittel; Säftchen, Tränklein; Färbemittel; Schminke; Balsam
vēn|eō, ~iī (*Inf* ~īre) verkauft *od* verpachtet *od* versteigert werden *Abl, auch Gen* für
vener- →venus
venerābil|is, ~e, *Gen* ~is **1.** verehrungswürdig, ehrwürdig, hochverehrt **2.** ehrfurchtsvoll, ehrfürchtig ⟦*ml* nox ~is die Heilige Nacht
venerābundus *3* ehrerbietig
venerandus I. *Adj 3* ehrwürdig **II.** *Gerdv zu* venero *od* veneror
venerātiō, ~nis *f* Verehrung, Hochachtung; Würde, Ehrwürdigkeit ⟦*spl Anrede* Ehrwürden
venerāt|or, ~ōris *m* Verehrer
venerius *3* sinnlich, geschlechtlich ⟦*ml* unzüchtig
Venerius I. *Adj 3* zur Venus gehörig, der Venus- dienend, Venus- **II.** *Subst* ī *m* Venuswurf (beim Würfelspiel, wo alle Würfel eine andere Augenzahl zeigen, galt als glücklichster Wurf)
venerō *1* **1.** anmutig gestalten **2.** = veneror
veneror *1* verehren; ehrend anrufen, anbeten; anflehen
Venetī, ōrum *m* Veneter (1. Volk in Oberitalien 2. kelt. Volk in Mittelgallien 3. = Venedi)
Venetia, ae *f* Venetia (Siedlungsgebiet der Veneter 1. u. 2.) ⟦*spl* Venedig, *heute* Venezia
Veneticus *3* venetisch (zu Veneti 2.)
venetus I. *Adj 3* bläulich, blau, meerblau **II.** *Subst* ī *m* ein Blauer (Rennfahrer der blauen Partei bei den Zirkusspielen)
Venetus I. *Adj* venetisch (zu Veneti 1.) **II.** *Subst* ī *m* ein Veneter 1.; ~ lacus Teil des Bodensees
venia, ae *f* Gnade, Verzeihung, Vergebung, Entschuldigung, Nachsicht; Erlaubnis, Gefälligkeit, Wohlwollen ⟦*ml* veniam agere um Vergebung bitten; veniam offerre ein Opfer bringen; Ablass
⟦**veniabil|is,** ~e, *Gen* ~is *spl* verzeihlich
⟦**venial|is,** ~e, *Gen* ~is *spl* gnädig; *ml* die Vergebung *od* Verzeihung betreffend, Ablass-
Venīlia, ae Venilia (1. Nymphe, M. des Turnus 2. Gem. des Janus)
veniō, vēnī, ventum *4* kommen, auxilio (*Dat*) ~ zu Hilfe kommen; heranrücken, anrücken; *übertr* hervorkommen, aufgehen, wachsen, entstehen; eintreten; vor Gericht auftreten; *in eine Lage od einen Zustand* geraten; eo ventum est, ut es ist so weit gekommen, dass; zuteilwerden, zufallen; gelingen ⟦*ml* Einwendungen erheben
[1]**venīre** *Inf Präs zu* venio
[2]**vēnīre** *Inf Präs* →veneo
vennuncula, *ae f* = venucula
vēnō *Dat Sg altl zu* [2]venus zum Verkauf; ~ dare verkaufen; ~ exercere Handel treiben *Akk* mit etw.
vēnor *1* jagen; Jagd machen *Akk* auf
vēnōsus *3* aderreich; *übertr* überquellend
vent|er, ~ris *m* Bauch, Leib, Unterleib; Magen; Mutterleib, Leibesfrucht, Embryo; *übertr* Gefräßigkeit, Fresslust; ~er Faliscus Faliskerwurst (gefüllter Rinds- od. Schweinsmagen); Krümmung
Ventidius *3 Gent* Ventidius (z. B. P. ~ Bassus, Kriegsgefangener aus Picenum, machte unter Cäsar u. Antonius bedeutende Karriere)
ventilāt|or, ~ōris *m* Getreideworfler; Jongleur ⟦*spl übertr* Antreiber, Beunruhiger, Aufwiegler
ventilō *1* (hin- und her)schwingen, (hin- und her)bewegen; *Getreide* worfeln; *Früchte* der Luft aussetzen, Kühlung zufächeln; anblasen, anfachen; beunruhigen ⟦*spl* erörtern; *übertr* (durch häufige Erwähnung) schlechtmachen
ventiō, ~nis *f* Kommen

ventitō *1* oft *od* immer wieder kommen
⟦**ventositā|s,** ~tis *f spl* Aufgeblasenheit, Eitelkeit, Geschwätz; *med* Blähung
ventōsus *3* voll Wind, windig; geschwollen; (cucurbita) ventosa Schröpfkopf *med. Instrument;* windschnell; windig, aufgeblasen, schwätzerhaft; wetterwendisch, unbeständig
ventriculus, ī *m* Bäuchlein; Magen; ~ furunculi Eiterpfropf (eines Geschwürs) ⟦*ml* Wamme; *neulateinisch med* Hirnkammer
ventriōsus *3* dickbäuchig
ventulus, ī *m* etwas Wind, ein Lüftchen
ventum 1. *Part Perf Pass unpers* →venio; eo ~ est, ut es ist so weit gekommen, dass **2.** *Akk Sg zu* ventus
ventus, ī *m* Wind; *übertr* Sturm, Unheil; ~ popularis Beifall der Menge; Blähung; Hauch, Nichts
vēnūcula, ae *f* Venucula (lagerfähige Weintraubensorte)
⟦**venui** *Dat Sg spl zu* ²venus; ~ subicere verkaufen; ~ habere zu verkaufen haben
vēnula, ae *f* Äderchen
vēnum *Akk Sg altl zu* ²venus zum Verkauf; ~ eō verkauft werden
vēnum|dō, ~dedī, ~datus *1* verkaufen
Venus, Veneris *f* **1.** Venus (Göttin der Schönheit, der Liebe, M. des Amor od. Cupido, des Aeneas, Ahnmutter der gens Iulia); Veneris mensis April; stella Veneris Venus (Planet, Morgen- od. Abendstern); Venuswurf, der große Wurf (beim Würfelspiel, wenn jeder Würfel eine andere Augenzahl zeigte) **2.** = ¹venus
¹**venus,** veneris *f* Anmut, Schönheit, Lieblichkeit; Liebe, Liebesgenuss, Liebeswonne; venerem rapere empfangen, schwanger *od* trächtig werden; Geliebte
²**vēnus,** ūs *u.* ī *m, nur Dat Sg* →venui *u.* veno, *Akk Sg* →venum
Venusia, ae *f* Venusia (Stadt in Apulien, Geburtsort des Horaz), *heute* Venosa
Venusīnum, ī *n* das Venusinum (Landgut Ciceros bei Venusia)
Venusīnus I. *Adj* venusinisch, von Venusia; horazisch **II.** *Subst* ī *m* Venusiner, Einw. von Venusia
venustā|s, ~tis *f* Schönheit, Anmut, Liebreiz, Liebenswürdigkeit; Annehmlichkeit, Vergnügen
⟦**venusto** *1 spl* schmücken, verschönen
venustulus *3* anmutig
venustus *3* anmutig, lieblich, reizend; liebenswürdig, geistreich ⟦*ml* stolz
vēpallidus *3* totenbleich
veprēcula, ae *f* Dornensträuchlein
vepr|ēs, ~is *m, auch f* Dornstrauch
vēr, ~is *n* Frühling, Lenz; *übertr* Gaben des Frühlings; ~ sacrum Frühlingsopfer (die in einem Frühling geborenen Menschen, Tiere, Früchte, die dem Mars od. Jupiter in bes. Notzeiten geweiht wurden)
⟦**veraciter** *Adv spl* gewiss, aufrichtig
Veragrī, ōrum *m* Veragrer (kelt. Volk im nordwestlichen Alpengebiet)
vērātrum, i *n* Nieswurz, Helleborus *Bez verschiedener Gift- und Heilpflanzen*
vērā|x, *Gen* ~cis die Wahrheit redend, wahrhaftig ⟦*ml* aufrichtig
verbēna, ae = verbēnae, ārum *f* **1.** grüne Zweige (bei Kulthandlungen zum Bekränzen od. Räuchern verwendet) **2.** *med* Heilkräuter (mit adstringierender Wirkung)
verbēnātus *3* mit Zweigen bekränzt
verber, ~is *n* Schlag, Hieb; Wurf; Schlagwerkzeug, Stock, Prügel, Peitsche; Schleuderriemen
verberābil|is, ~e, *Gen* ~is Prügel wert
verberābundus *3* prügelnd
verberātiō, ~nis *f* Prügelstrafe, Strafe
verberetillus, ī *m* Prügelknabe
verbereus *3* Schläge verdienend
verberō I. *Subst* ~nis *m* Schurke, Galgenstrick **II.** *Verb 1* prügeln, schlagen, züchtigen, auspeitschen; stoßen, werfen, beschießen; treffen
verbē|x, ~cis *m* = vervex
Verbigenus pagus Verbigenus (N eines der 4 Stammesteile der Helvetier)
verbivēlitātiō, ~nis *f* Wortgefecht
verbōsus *3* wortreich, weitschweifig ⟦*ml* geschwätzig
⟦**verbotenus** *Adv ml* Wort für Wort, aufs Wort
verbum, ī *n* (*Nbf Gen Pl altl* verbūm) **1.** Wort, Ausdruck; verbo mit einem Wort, mündlich; ad verbum wörtlich, aufs Wort, genau; e *od* de *od* pro verbo wortwörtlich, Wort für Wort; verbi causa *od* verbi gratia beispielsweise; meis, tuis usw. verbis in meinem, deinem usw. Namen; verba dare täuschen *Dat* jmdn; verba facere *od* habere eine Rede halten **2.** Äußerung, Ausspruch, Sprichwort **3.** *gramm* Verbum **4.** *Pl* verba, orum Formel, Lehre; Witze ⟦*spl theologisch* Logos, das »Wort«
Vercellae, ārum *f* Vercellae (Stadt in Oberitalien, Niederlage der Kimbern 101 v. Chr.), *heute* Vercelli
Vercingetorī|x, ~gis *m* Vercingetorix (König der Arverner, Führer des Gallieraufstandes 52 v. Chr., 46 in Rom hingerichtet)
vērculum, ī *n* Lenzchen *Kosewort*
verēcundia, ae *f* Scheu, Zurückhaltung, Schüchternheit; Ehrfurcht *Gen* gegen, Achtung *Gen* vor, Rücksicht *Gen* auf; Schamgefühl, Anstand; Achtung, Verehrung

verēcundor *1* sich scheuen, schüchtern sein, sich genieren
verēcundus *3* **1.** scheu, schüchtern; sittsam; bescheiden, genügsam; **2.** ehrwürdig, achtenswert
Verēcundus, ī *m* Verecundus (Bischof aus Nordafrika, 6. Jh. n. Chr.)
verēdus, ī *m* Pferd
verenda, ōrum *n* Schamteile, äußere Geschlechtsteile
verendus *3* ehrwürdig; furchtbar *Dat* für ⟦*spl* schämenswert, Scham-
vereor, veritus sum *2* fürchten; sich fürchten *Akk* vor; fürchten ne dass; fürchten *Dat* für; Achtung haben *Akk, auch Gen* vor; Rücksicht nehmen *Akk* auf
verētrum, ī *n* Schamteil, (äußeres) Geschlechtsteil
Vergiliae, ārum *f* Siebengestirn, Plejaden
Vergilius *3 Gent* Vergilius, *dt* Vergil (P. ~ Maro, röm. Dichter, 70–19 v. Chr.)
Vergīnia, ae *f* Verginia (T. des Verginius)
Vergīnius *3 Gent* Verginius (Plebejer, gab der Sage nach mit der Tötung seiner Tochter den Anstoß zum Sturz der Decemvirn 449 v. Chr.)
vergō *3* sich neigen, sich senken; sich richten, sich erstrecken; sich nähern; *poet* eingießen, einschütten ⟦*ml* bene ~ gut gehen, gut verlaufen
vergobretus, ī *m* Vergobret (höchster Jahresbeamter bei einigen gallischen Stämmen)
vergor *3* = vergo
vēridicus *3* die Wahrheit sagend; wahr, durch Erfahrung bestätigt
⟦**verifico** *1 ml* wahr machen
vēriloquium, ī *n* Etymologie ⟦*spl* Aufrichtigkeit, Wahrhaftigkeit; *ml* Wahrheit
vērīsimil|is, ~e, *Gen* ~is wahrscheinlich
vērīsimilitūd|ō, ~inis *f* Wahrscheinlichkeit
vēritā|s, ~tis *f* Wahrheit; Wirklichkeit, Realität; Wahrhaftigkeit, Ehrlichkeit, Unparteilichkeit; Wahrheitsliebe, Rechtlichkeit; *gramm* Regel
veritus →vereor
vēriverbium, ī *n* Wahrhaftigkeit
⟦**vermiclus** *3 ml* scharlachrot
vermiculātus *3* wurmförmig, gewunden, gekrümmt; von Würmern zerfressen ⟦*ml* bunt gefärbt, Mosaik-
vermiculus, ī *m* kleiner Wurm, Würmchen; ~ vestimentorum Kleiderlaus ⟦*spl* (durch eine Wurmkrankheit hervorgerufene) Tollheit (von Hunden); (durch Körpersäfte von Würmern erzeugte) Scharlachfarbe; (in wurmförmigen Windungen angelegte) Mosaikarbeit
vermin|a, ~um *n* (Bauch-)Schmerzen
vermis, ~ *m* Wurm
verna, ae *m, f* **I.** *Adj* einheimisch **II.** *Subst* Einheimischer; (im Hause des dominus geborener) Sklave
⟦**vernacula,** ae *f spl* (im Hause geborene) Sklavin
vernāculī, ōrum *m* (im Hause geborene) Sklaven, Hausgesinde; Witzbolde
vernāculus *3* zu den Haussklaven gehörig; einheimisch; *übertr* selbst erfunden, selber ausgedacht; römisch, (groß)städtisch
⟦**vernal|is,** ~e, *Gen* ~is *spl* Frühlings-
vernīl|is, ~e, *Gen* ~is nach Sklavenart, plump, frech, kriecherisch
vernīlitā|s, ~tis *f* Kriecherei, kriecherische Höflichkeit; das plumpvertrauliche Betragen der Haussklaven
vērnō *1* sich verjüngen, erblühen, sich frisch *od* frühlingshaft *od* lebhaft regen ⟦*ml* iaspide ~ von Edelsteinen leuchten
vernula, ae *m, f* **I.** *Adj* einheimisch **II.** *Subst* (junger, im Hause geborener) Sklave
vērnum, ī *n* Frühlingszeit
vērnus *3* Frühlings-
vērō *Adv bekräftigend* in der Tat, allerdings; minime ~ keineswegs; *aufmunternd* doch; *steigernd* sogar; *den Gegensatz betonend* aber
Veromanduī, ōrum *m* = Viromandui
Vērōna, ae *f* Verona (Stadt in Oberitalien), *heute* Verona
Vērōnēns|is I. *Adj* ~e, *Gen* ~is veronensisch, aus Verona, **II.** *Subst* ~is, ~is *m* Veroneser, Einw. von Verona
verpa, ae *f* das männliche Glied
verpus, ī *m* der Beschnittene
verr|ēs, ~is *m* (*Nbf Nom Sg* ~is) Eber
Verr|ēs, ~is *m* Verres (BN des C. Cornelius ~es, 73–71 Proprätor in Sizilien, von Cicero angeklagt)
Verria, ōrum *n* das Verresfest
⟦**Verrinae,** arum *f spl* Reden gegen Verres (die Cicero 70 v. Chr. verfasste)
Verrīnus I. *Adj* verrinisch, des Verres **II.** ⟦*Subst* i *m spl* Verrinus (*scherzhafter Eigenname:* Eberhard)
verrīnus *3* Eber-, Schweins-
Verrius I. *Adj 3* des Verres **II.** *Gent 3* ~ Flaccus (Grammatiker, 1. Jh. n. Chr.)
verrō, –, versus *3* hinstreichen *Akk* über, hinweggleiten *Akk* über, hinwegrutschen, (auf dem Boden) schleifen lassen, schleppen; kehren, fegen, zusammenkehren
verrūca, ae *f* Warze; *übertr* kleiner Fehler; Höcker, Vorsprung, Anhöhe
verrūcōsus *3* reich an Warzen *Schönheitsfehler*
Verrūg|ō, ~inis *f* Verrugo (Stadt der Volsker)
verruncō *1 nur in Gebetsformeln* sich wenden (bene zum Vorteil) *Dat* für
verrūt- = verut-

versābil|is, ~e, *Gen* ~is beweglich, veränderlich, unbeständig
versābundus *3* sich drehend
versātil|is, ~e, *Gen* ~is beweglich, drehbar; *übertr* gewandt
versātiō, ~nis *f* Umdrehung; Veränderung
⟦**versibilita|s,** ~tis *f spl* Wandelbarkeit
versicol|or, *Gen* ~ōris **I.** *Adj* bunt, vielfarbig, schillernd **II.** *Subst* ~ōria, ~ōrium *n* buntfarbige *od* gefärbte Gewebe
versiculus, ī *m* Verslein, Zeilchen, Sätzchen ⟦*ml* Bibelvers
versificāt|or, ~ōris *m* Verskünstler, Verseschmied
versificō *1* Verse machen; in Verse bringen
versipell|is I. *Adj* ~e, *Gen* ~is sein Aussehen wechselnd, die Gestalt *od* das Fell verändernd; *übertr* verschlagen, arglistig **II.** *Subst* ~is, ~is *m* Werwolf ⟦*ml* Betrüger, Fälscher; arglistiger Mensch
versō *1* drehen, hin- und herdrehen, wenden, umwenden, wälzen; *Buchrollen* aufrollen (= lesen); hin- und hertreiben, beunruhigen, aufregen; *übertr* sein Spiel treiben *Akk* mit; bearbeiten; überlegen, bedenken; drehen und wenden, auslegen, deuteln; zu gewinnen suchen
versor *1* sich drehen; sich aufhalten, leben, sich befinden; gehören in *Abl* zu, beteiligt sein in *Abl* an; sich beschäftigen in *Abl, auch* inter *od* circa mit; betreiben, anwenden ⟦*ml* versatur es handelt sich super um
versōria, ae *f* Schiffstau (zum Umwenden der Segel)
versum *Adv* = versus IV.
versūra, ae *f* Drehen, Wenden; Kehre; Ecke, Winkel; Seitenwand; Anleihe (um eine andere Schuld tilgen zu können); versura solvere vom Regen in die Traufe kommen; *übertr* Anleihe, Entlehnung
versus I. *Part Perf Pass* →**1.** verro **2.** verto; *bes* verlaufend, gelegen **II.** *Subst* ūs *m* Wendung, Drehung; Reihe, Linie; Zeile, Vers; Furche; Rute *Längen- od Flächenmaß* **III.** *Präp mit Akk* nach ... hin, nach ... zu *oft nachgestellt* **IV.** *Adv* (*u.* versum), *oft nach* ad, in, ab + *Ortsangabe* (nach) ... zu, (nach) ... hin
versūtia, ae *f* Verschlagenheit
versūtiloquus *3* trügerisch redend
versūtus *3* gewandt, listig, verschlagen, schlau
vertebra, ae *f* Gelenk; Wirbel *Knochen* ⟦*ml* Nabe, Haspel, Wirtel; Türangel; Kniescheibe
vertebrātus *3* gelenkig, beweglich
⟦**vertevolum,** i *n spl* Fischreuse
vert|ex, ~icis *m* Wirbel, Strudel; *übertr* Scheitel, Kopf; Himmelspol; Höhe, Spitze, Gipfel
⟦**vertibula,** ae *f spl* Steinchen bei einem Legespiel, Spielstein
vertic- →vertex
verticillus, ī *m* Spinnwirtel
verticōsus *3* voller Strudel
vertīg|ō, ~inis *f* Herumdrehen, Umdrehung; Schwindel, Schwindelgefühl; Veränderung
vertō, vertī, versus *3* wenden, drehen, umwenden, umdrehen; sich wenden, sich drehen; iter retro ~ umkehren; *milit Feinde* in die Flucht schlagen; tergum ~ fliehen; zuwenden, zueignen, anrechnen; *übertr* sich erstrecken, verlaufen; *vgl* versus; ändern, verändern, verwandeln, wechseln; *übertr* solum ~ auswandern; übertragen, übersetzen; *übertr* (sich) umherbewegen; *bei Zeitbegriffen* umlaufen, ablaufen; umkehren, umstoßen, umstürzen, verderben, zugrunde richten
vertor, versus sum *3* **1.** *oft* = verto *od* se vertere **2.** *Passiv zu* verto
vertragus, ī *m* Windhund *für die Hasenjagd*
Vertumnus, ī *m* Vertumnus (galt als Gott der Wandelbarkeit, des Wechsels in der Natur, des Handels und Verkehrs)
verū, ūs *n* Bratspieß; Wurfspieß ⟦*übertr spl* Spieß (am Rand des Textes als Zeichen für Unechtheit eines Wortes)
veruīna, ae *f* Spieß
[1]**verum,** ī *n* = veru
[2]**vērum I.** *Subst* ī *n* Wahrheit, das Wahre, Wirkliche, Echte **II.** *Adv* in der Tat, allerdings; (in Wahrheit) aber, doch; *nach Negation* sondern
vērumtamen freilich, doch
vērus *3* wahr, echt, wirklich; wahrhaft, aufrichtig; richtig, vernünftig, begründet
verūtum, ī *n* Wurfspieß
verūtus *3* mit einem Spieß bewaffnet
verv|ēx, ~ēcis *m* (*Nbf Gen Sg* ~icis *spl*) Hammel, Schaf, *auch übertr* ⟦*ml* Widder, Stier
⟦**vervicaritia,** ae *f ml* Schafherde
⟦**vervicinus** *3 spl* Schafs-
Vesaevus, ī *m* = Vesuvius
vēsānia, ae *f* Wahnsinn
vēsāni|ēns, *Gen* ~entis wütend, wahnsinnig, rasend
vēsānus *3* wahnsinnig, verrückt; rasend, wütend ⟦*spl* vesanum spirans wutschnaubend
Vesbius, ī *m* = Vesuvius
Vescia, ae *f* Vescia (Kleinstadt in Latium am Flusse Liris)
Vescīnus I. *Adj 3* vescinisch, von Vescia, **II.** *Subst* ī *m* Vesciner, Einw. von Vescia
vēscor *3* genießen *Abl, selten Akk* etw.; speisen, zu sich nehmen
vēscus *3* **1.** zehrend, fressend; *übertr* appetitlos **2.** ausgezehrt, mager, dünn; *übertr* dürftig
Veseris, ~ *m* Veseris (Fluss am Vesuv)

vēsīca, ae *f* Blase, *bes* Harnblase; *übertr* Schwülstigkeit *der Rede*
vēsīcula, ae *f* Bläschen
Vesontiō, ~nis *m* Vesontio (kelt. Stadt in Mittelgallien), *heute* Besançon
vespa, ae *f* Wespe
Vespasiānus, ī *m* Vespasianus (BN in der gens Flavia, bes. des Kaisers T. Flavius ~, 69–79)
vesper, ~ī *m* (*Abl Sg meist* ~e) Abend, Abendzeit; Abendmahlzeit; Abendstern; Westen
vespera, ae *f* Abend; Westen ⟦*ml* Vesper (abendliches Stundengebet *od* abendlicher Gottesdienst)
vesperāscō *3* Abend werden
vesperī *Adv* abends, spät
vespertīliō, ~nis *f* Fledermaus
vespertīnus *3* abendlich, am Abend; westlich ⟦*ml* laudes vespertinae Vespergebete; sacrificium vespertinum Abendmahl
vesperūg|ō, ~inis *f* Abendstern ⟦*spl* Fledermaus
vespillō, ~nis *m* Leichenträger (für arme Leute) ⟦*spl* Leichenschänder, Grabräuber; *ml* Räuber
Vesta, ae *f* **1.** Vesta (Göttin des Herdfeuers, *gr* Hestia); ad Vestae am *od* zum Vestatempel; Vestae sacerdos der pontifex maximus (der die Aufsicht über die Vestalinnen hatte) **2.** Vestatempel (in Rom) **3.** das heilige Herdfeuer
Vestālia I. *Adj Nom/Akk Pl n zu* Vestalis I. II. *Subst* ~ium *n* Vestafest (am 9. Juni)
Vestāl|is I. *Adj* ~e, *Gen* ~is **1.** der Vesta gehörig *od* geweiht, Vesta- **2.** vestalisch, zu den Vestalinnen gehörig *od* passend II. *Subst* ~is *f* Vestalin, Vestapriesterin
vester, vestra, vestrum **1.** *Poss Pron* euer **2.** *auch substantiviert gebraucht* vester euer Herr; vestri, orum *m* eure Leute, eure Freunde; → *auch* vestrum
vestiārium, ī *n* Kleidung; Kleiderkammer
vestiārius I. *Adj 3* Kleider- II. *Subst* ī *m* Schneider, Kleiderhändler; Garderobier ⟦*ml* Kämmerer
vestibulum, ī *n* Vorplatz, Vorhof; Eingang, Vorhalle; *übertr* Anfang, Anfangsgründe
vestīgātiō, ~nis *f* das Suchen u. Forschen *Gen* nach
vestīgāt|or, ~ōris *m* Spurensucher, Sucher; Denunziant
vestīgium, ī *n* Fußspur, Spur, Fährte; *übertr* Spur, Kennzeichen, Merkmal; Fußsohle; vestigia premo langsam gehen *od* stehen bleiben; Fuß; *übertr* Stelle, Standort; Zeitpunkt; e vestigio sogleich
vestīgō *1* aufspüren
vestīmentum, ī *n* Kleidung, Kleidungsstück; Decke, Teppich
Vēstīnī, ōrum *m* Vestiner (mittelitalisches Volk an der Adriaküste)
vestiō *4* (*Nbf Perf Akt* vestiī) kleiden, bekleiden; bedecken; schmücken
vestiplica, ae *f* Plätterin, Garderobiere
vestis, ~ *f* Kleid, Kleidung, Gewand; (servus) a veste Garderobier; Gewebe, Stoff; Teppich, Decke; Spinnengewebe; Schlangenhaut, Hülle
vestītus I. *Part Perf Pass zu* vestio II. *Subst* ūs *m* Kleidung, Bekleidung; ~ orationis der prachtvolle Schmuck der Rede
vestrī I. *Adj Gen Sg m, n od Nom Pl m zu* vester II. *Subst* ōrum *m* eure Leute, eure Freunde, die Eurigen III. *Personalpron Gen Pl zu* vos zu *od* gegen euch
vestrum I. *Adj* →vester; ~ est es ist eure Sache *od* Aufgabe *od* Pflicht *od* euer Eigentum II. *Subst* ī *n* euer Besitz *od* Wesen *od* Werk III. *Personalpron Gen Pl zu* vos von euch
Vesulus, ī *m* Vesulus (Berg in den Cottischen Alpen), *heute* Monte Viso
Vesuvius, ī *m* Vesuvius (Vulkan bei Neapel), *heute* Vesuvio
veter- →vetus
veter|a, ~um *n* das Alte, Ehemalige, Vergangene, Althergebrachte
Vetera, ~um *n* Vetera (röm. Legionslager am Rhein, nahe Xanten)
veteramentārius *3* sutor Flickschuster
veterānus I. *Adj* alt, langjährig, altgedient II. *Subst* ī *m* Veteran
veterāria, ōrum *n* Vorräte alten Weines
veterāt|or, ~ōris *m* I. *Adj* alt geworden, ergraut; erfahren, gewandt; durchtrieben II. *Subst* **1.** Routinier, Schlaukopf, alter Fuchs **2.** alter Sklave
veterātōrius *3* gewandt; durchtrieben
veter|ēs, ~um **1.** *m* die Alten, die Vorfahren, die Altvordern; die klassischen Autoren ⟦*ml* gr. u. röm. Klassiker **2.** *f* die alten Wechslerbuden (am römischen Forum)
veterīnārius I. *Adj 3* Tier-; veterinaria medicina *od* ars Tierheilkunde II. *Subst* ī *m* Tierarzt
veterīnus *3* Zugvieh-
veternōsus *3* altersschwach; schläfrig; kraftlos, matt
veternus I. ⟦*Adj 3 spl* alt II. *Subst* ī *m* alter Schmutz; Schlafsucht, Schläfrigkeit; Untätigkeit; Alter
veterrimus *3 Sup zu* vetus
vetitum, ī *n* Verbotenes; das Verbot
vetitus →veto
vetō, vetuī, vetitus (*u spl* vetatus) *1* verbieten, verhindern, nicht gestatten; ablehnen ⟦*spl* ausschließen *Abl* von
Vettōn|ēs, ~um *m* Vettonen (Volk im Westen Spaniens)
vetula, ae *f* die Alte, Greisin; Vettel

vetulus I. *Adj 3* ältlich, ziemlich alt II. *Subst* ī *m* ein Alter, Greis; mi vetule mein lieber Alter
vetuō = veto
Veturia, ae *f* Veturia (M. des Coriolanus)
Veturius *3 Gent* Veturius
vet|us, *Gen* ~eris (*Abl Sg* ~ere, *selten* ~erī; *Sup* ~errimus) alt; altgedient, erfahren *Gen* in; senectus ~us das schwache Greisenalter; ~us est es ist ein altes Sprichwort; ehemalig, früher
vetustā|s, ~tis *f* Alter; Altertum; lange Dauer, Länge der Zeit; alte Bekanntschaft; alte Erfahrung; (späte) Nachwelt ⟦*ml* der Alte Bund
vetustus *3* alt, altertümlich; ehemalig
vexātiō, ~nis *f* Erschütterung; Misshandlung; Beschwerlichkeit ⟦*spl christlich* Verfolgung; Anfechtung, Verdruss
vexāt|or, ~ōris *m* Quäler, Bedrücker, Peiniger; Störer
vēxī →veho
vexillārius, ī *m* **1.** Fähnrich, Fahnenträger (niederer Offiziersrang, Anführer eines vexillum) ⟦*spl* Räuberhauptmann **2.** *Pl* vexillarii, orum 1. (noch bei der Fahne dienende) Veteranen (nach dem offiziellen Ende ihrer Dienstzeit) 2. Abteilung von Soldaten = vexillatio
vexillātio, ~nis *f* Abteilung von Soldaten; Spezialkommandoeinheit ⟦*spl* Fähnlein, Trupp Reiter
⟦**vexillifer,** i *m spl* Standartenträger
vexillum, ī *n* Fahne, Standarte; Abteilung von Soldaten ⟦*spl* Trupp Reiter
vexō *1* erschüttern, quälen, plagen, misshandeln, heimsuchen, verheeren; pecuniam ~ Geld verschleudern; *übertr* schelten ⟦*ml* verspotten
v. f. *Abk für* verba fecit (*in Protokollen*)
vī *Abl Sg f zu* ²vis
via, ae *f* Weg; Straße, Gasse, Gang; viam dare den Weg freigeben, Platz machen; Marsch, Reise; *übertr* Gelegenheit; Mittel, Verfahren, Weg; (recta) via geradewegs; (ratione et) via methodisch, in gehöriger Ordnung, planmäßig; Zierstreifen (im Stoff) ⟦*ml* in via in der Art *Gen* von
viāl|is, ~e, *Gen* ~is Wege-
viārius *3* die Straßen u. Wege betreffend
viāticātus *3* mit Reisegeld versehen
viāticum, ī *n* Reisegeld, (der aus dem Sold od. der Beute zusammengesparte) Sparpfennig der Soldaten ⟦*ml* Wegzehrung; Verpflegung (für die Reise); das letzte Abendmahl (für den Sterbenden); Botenlohn; Tragaltar
viāticus I. *Adj 3* Reise-, cena viatica Abschiedsschmaus II. ⟦*Subst* i *m ml* Brevier (Reisegebetbuch); Botenlohn; Wegweiser, Führer

V

viāt|or, ~ōris *m* Reisender, Wanderer; Bote (*bes* der röm. Beamten) ⟦*ml* Pilger; Klosterbote
viātōrius *3* **1.** zur Reise gehörig, die Reise betreffend, Reise- **2.** Boten-
vībī|x, ~cis *f* Strieme, Schwiele
Vībō, ~nis *f* Vibo Valentia (Stadt in Süditalien)
Vībōnēns|is, ~e, *Gen* ~is von Vibo, vibonensisch
⟦**vibrabil|is,** ~e, *Gen* ~is *spl.* **1.** Wurf- **2.** schimmernd
⟦**vibram|en,** ~inis *n spl* rasche, schwingende Bewegung
vibrātus I. *Adj* 3 funkelnd, blitzend; *Haar* lockig II. *Part Perf Pass zu* vibro III. ⟦*Subst* ūs *m spl* = vibramen
vibrō *1* erzittern lassen, schwingen, schütteln; *Haar* kräuseln, wellen; *ohne Akk* zittern, beben, zucken; blitzen, funkeln, schimmern; schwirren, schrillen ⟦*ml* respectum ~ stolz umherblicken
vīburnum, ī *n* Schneeball *Strauch* ⟦*ml auch* Weide, Faulbaum
vīcānus I. *Adj 3* Dorf- II. *Subst* ī *m* Dorfbewohner ⟦*ml* Nachbar
Vīca Pota, ae *f* Vica Pota (altröm. Göttin)
vicārius I. *Adj 3* stellvertretend ⟦*ml* hilfreich II. *Subst* ī *m* Stellvertreter, Nachfolger; Untersklave (der einem anderen Sklaven unterstellt ist) ⟦*spl* Vikarius, Stellvertreter (eines hohen Beamten od. Offiziers), Adjutant, Vize-; *ml* Vikar, Hilfsgeistlicher; ~ imperii Reichsverweser; vicarii Christi die Apostel
vīcātim *Adv* in Dörfern; gassenweise, Gasse für Gasse
vice, vicem *zu* vicis
vīcēnārius I. *Adj 3* zwanzig (Einheiten umfassend) II. ⟦*Subst* i *m spl* Zwanzigjähriger
vīcēn|ī, ~ae, ~a (*Gen meist* ~um) je zwanzig, zwanzig zusammen
vīcēns- = vices-
vīcēsima, ae *f* Zwanzigstel, 5%ige Abgabe (als Steuer od. Zoll, z. B. auf Freilassung von Sklaven)
vīcēsimānī, ōrum *m* die Zwanziger, Soldaten der 20. Legion
vīcēsimārius I. *Adj 3* ein Zwanzigstel betragend; aurum vicesimarium aus der vicesima zusammengekommenes Geld II. *Subst* ī *m* Einnehmer *od* Pächter der vicesima
vīcēsimus *3* der zwanzigste
Vīcētia, ae *f* Vicetia (Stadt in Oberitalien), *heute* Vicenza
Vīcētīnī, ōrum *m* Vicetiner, Einw. von Vicetia
vīcī →vinco
vicia, ae *f* Wicke
vīciēs *Adv* zwanzigmal

Vicilīnus, ī *m* Vicilinus (BN des Jupiter)
vīcīna I. *Adj Nom Sg f, n Pl zu* vicinus **II.** *Subst* **1.** ae *f* Nachbarin **2.** ōrum *n* Nachbarschaft, benachbarte *od* nahe befindliche Gegend
⟦**vicinae,** arum *f ml* Stadtviertel
vīcīnāl|is, ~e, *Gen* ~is nachbarlich, die Nachbarn betreffend
vīcīnia, ae *f* Nachbarschaft; Straßenviertel, nähere Umgebung; Nähe; *übertr* Verwandtschaft, Ähnlichkeit ⟦*ml* Grenzgebiet
vīcīnitā|s, ~tis *f* Nachbarschaft, Umgegend; die Nachbarn; *übertr* Verwandtschaft, Ähnlichkeit
vīcīnum, ī *n* Nachbarschaft, Nähe
vīcīnus I. *Adj 3* benachbart, nahe, in der Nähe; *übertr* ähnlich, nahe kommend **II.** *Subst* ī *m* Nachbar ⟦*ml* Einwohner, Mitbürger
vic|is (*Gen Sg zu nicht belegtem Nom Sg* vix, *nur Akk Sg* ~em, *Abl Sg* ~e, *Nom/Akk Pl* ~ēs, *Dat/Abl Pl* ~ibus) *f* **1.** Wechsel (*bes* des Schicksals, Glückes, Kampferfolges, der Aufgabe, Stellung, Rolle) *astronomisch* ~es Mondphasen; Abwechslung; ~es servare eine bestimmte Reihenfolge einhalten; Wechselseitigkeit; Gegenseitigkeit; Gegenleistung; Erwiderung, Vergeltung; ~em reddo *od* refero vergelten; in ~em als Entgelt **2.** in *od* ad ~em *od* ~e anstelle, wegen, nach der Art (von); in ~em, in *od* per ~es abwechselnd, wechselweise, gegenseitig; ~e versa gegenseitig ⟦*ml* una ~e einmal; per tres ~es dreimal; crebris ~ibus vielmal; ~es ago Stelle vertreten; ~em reddo erwidern
vicissātim *Adv* = vicissim
vicissim *Adv* wiederum; andererseits; dagegen ⟦*ml* auf beiden Seiten, gegenseitig
vicissitūd|ō, ~inis *f* Wechsel, Abwechslung; wechselseitiger Einfluss ⟦*ml* ~inem ago Vergeltung üben
⟦**vicium,** i *n ml* = vitium
victima, ae *f* Opfertier; *übertr* Opfer ⟦*ml* Opferlamm; ~ paschalis Osterlamm = Christus
victimārius, ī *m* Diener bei Opferhandlungen; Händler mit Opfertieren
vīctitō *1* sich ernähren *Abl* von; parce ~ bescheiden leben; pulchre ~ gut essen
vict|or, ~ōris *m* **I.** *Adj* siegreich, als Sieger **II.** *Subst* Sieger, Besieger, Überwinder
Vict|or, ~ōris *m* Victor (BN)
victōria, ae *f* Sieg; Siegesruhm; Erfolg
Victōria, ae *f* Victoria (Siegesgöttin), *gr* Nike
victōriāt|us I. *Adj 3* mit dem Bilde der Victoria versehen ⟦*spl* durch Sieg erlangt **II.** *Subst* ī *m* (*Nbf Gen Pl* ~um) Victoriamünze (zu Beginn des 2. Jh. v. Chr. $^{3}/_{4}$ Denar, Ende des 2. Jh. v. Chr. $^{1}/_{2}$ Denar wert) ⟦*spl med* Gewicht von 3,41 g; *übertr* halbe Portion
Victōriola, ae *f* Victoriastatuette
victōriōsus *3* siegreich
victrī|x, ~cis *f* **I.** *Adj* siegreich **II.** *Subst* Siegerin, Besiegerin
Victrī|x, ~cis *f* die Siegreiche (BN)
⟦**victual|is I.** *Adj* ~e, *Gen* ~is *spl* zum Lebensunterhalt erforderlich **II.** *Subst* ~ia, ~ium *n spl* Lebensmittel
victuma, ae *f* = victima
Victumulae, ārum *f* Victumulae (Ort in Oberitalien)
[1]**victūrus** *Part Fut Akt* →vinco
[2]**vīctūrus** *Part Fut Akt* →vivo
[1]**victus** →vinco
[2]**vīctus,** ūs *m* Leben, Lebensweise; Nahrung, Kost, Speise; Lebensunterhalt, Lebensbedarf
vīculus, ī *m* Dörfchen
vīcus, ī *m* Gehöft, Bauerngut; Dorf; Stadtviertel, Straße, Gasse
vidēlicet *Adv* offenbar, sicherlich; *ironisch* natürlich; nämlich ⟦*ml* zum Beispiel
videō, vīdī, vīsus *2* sehen, erblicken, wahrnehmen; ansehen, betrachten; zusehen, beobachten; lesen; einsehen, erkennen, begreifen; erwägen, überlegen; im Auge haben, beabsichtigen; sorgen, achten; besuchen
videor, vīsus sum *2* **1.** scheinen; angesehen werden, gelten; ~ es scheint, dass ich; videtur es scheint (gut *od* richtig *od* angebracht); *amtlich* es wird entschieden **2.** *Passiv zu* video **3.** offenbar werden, sichtbar werden
videsis *unveränderlich* sieh doch, sieh mal an
vīdī →video
vidua, ae *f* Witwe, *auch* Strohwitwe; ledige, unverheiratete Frau
⟦**vidual|is,** ~e, *Gen* ~is *spl* Witwen-
viduertā|s, ~tis *f altl* Misswuchs
viduitā|s, ~tis *f* Witwenstand; Mangel
Vīdulāria, ae *f* Vidularia (»Kofferstück«, Titel einer nicht erhaltenen Komödie des Plautus)
vīdulus, ī *m* Korb, Reisekorb, Koffer
viduō *1* berauben *Akk* jmdn. *od* etw. *Abl* jmds. *od* etw.; zur Witwe machen
viduus *3* beraubt *Abl, selten Gen* jmds. *od* etw.; leer *Abl* von; ohne *Abl* jmdn. *od* etw.; verwitwet; alleinstehend; einsam
⟦**viella,** ae *f ml* Geige, Fiedel
Vienna, ae *f* **1.** Vienna (Stadt in Mittelgallien), *heute* Vienne **2.** ⟦*ml* = Vindobona
Viennēns|is I. *Adj* ~e, *Gen* ~is viennensisch, von Vienna **II.** *Subst* ~ēs, ~ium *m* die Viennenser, Einw. von Vienna
vieō, –, viētus *2* flechten, binden
viēscō *3* welken, schrumpfen, schrumpelig werden

viēt|or, ~ōris *m* = vitor
viētus I. *Adj 3* welk, schrumpelig, morsch **II.** *Part Perf Pass* →vieo
vig|eō, ~uī *2* lebenskräftig sein, lebendig sich regen, frisch sein, tätig sein; mächtig sein, angesehen sein, blühen
vigēscō *3* lebendig werden, sich zu regen beginnen
vīgēsimus *3* = vicesimus
vigil, *Gen* ~is (*Abl Sg* ~e *od* ~ī, *Gen Pl* ~um *od* ~ium) **I.** *Adj* wach, wachsam; munter, rege **II.** *Subst* ~ēs, ~um *m* Wächter; (von Augustus in Rom eingeführte) Nacht- u. Feuerpolizei
vigil|āns, *Gen* ~antis **I.** *Adj* wachsam, aufmerksam, fürsorgend ⟦*ml* non ~ans unvorsichtig **II.** *Part Präs Akt zu* vigilo
vigilanti|a I. *Adj* ~um *Nom/Akk Pl n zu* vigilans **II.** *Subst* ~ae *f* Wachsamkeit; Fürsorge
vigilā|x, *Gen* ~cis immer wach, wachsam
vigili|a I. *Adj* ~um *Nom/Akk Pl n zu* vigil **II.** *Subst* ~ae *f* Wachsein (während der Nacht), durchwachte Nacht; Schlaflosigkeit; Wache, Nachtwache (1. *zeitl* ein Viertel der Nachtzeit 2. Wachposten, Wachmannschaft); Wachsamkeit, Fürsorge, unermüdliche Tätigkeit; *kult* die nächtliche Feier ⟦*ml* ~as solvere den klösterlichen Nachtgottesdienst abhalten; ~a matutina Frühmesse; Vortag *od* Vorabend (eines hohen Kirchenfestes)
vigiliārium, ī *n* Wächterhäuschen
vigilō *1* wachen, wach sein; *Zeit* wachend zubringen; schlaflos sein; wachsam sein, unermüdlich tätig sein *Dat* in; *übertr* aufmerksam *od* sorgfältig bearbeiten ⟦*ml* funeri ~ Totenwache halten
vīgintī *undekl* zwanzig
vīgintīvirātus, ūs *m* Kollegium von 20 Beauftragten (1. eine von Cäsar eingesetzte Kommission für Landverteilung an entlassene Soldaten 2. zusammenfassende Bezeichnung für vier stadtrömische Behörden für Rechtspflege, Straßenaufsicht, Münzwesen, Vollstreckung von Todesstrafen)
vīgintīvirī, ōrum *m* das Kollegium der Zwanzig
vig|or, ~ōris *m* Lebenskraft, Spannkraft, Energie, Lebhaftigkeit; *übertr* Feuer
⟦**vigorosus** *3 ml* kräftig, rüstig
viguī →vigeo
vīle I. *Adj Nom/Akk Sg n zu* vilis **II.** *Subst* ~is *n* das Billige, Wertlose, Unbedeutende **III.** *Adv zu* vilis
⟦**vil|esco,** ~ui *3 spl* wertlos werden
vīlica, ae *f* **1.** Frau des vilicus, Wirtschafterin (auf der villa) **2.** Landmädchen
vīlicō *1* Verwalter sein ⟦*spl* verwalten
vīlicus, ī *m* Verwalter, (Ober-)Aufseher ⟦*ml* Diener (eines germ. Königs); Dorfhirt; Dorfschulze, Dorfrichter; Vogt, Amtmann
⟦**vilipendo** *1 spl* gering achten; *ml* schmähen
vīl|is, ~e, *Gen* ~is wohlfeil, preisgünstig, billig; wertlos, unbedeutend, gering; gleichgültig ⟦*ml* knauserig, geizig
vīlitā|s, ~tis *f* Niedrigkeit (des Preises); *übertr* geringer Wert, Wertlosigkeit, Geringfügigkeit; Geringschätzung
vīlla, ae *f* Villa, Landgut; Gutshof; Landhaus; ~ publica Villa publica (in Rom, das Amtsgebäude der Zensoren auf dem campus Martius, auch als Unterkunft für ausländische Gesandte benutzt) ⟦*ml* Dorf; Gehöft
⟦**villanus,** i *m ml* Bauer, Dorfbewohner
⟦**villatim** *Adv ml* dorfweise, in Dörfern
villic- = *auch* vilic-
villōsus *3* zottig, behaart
vīllula, ae *f* Gütchen, kleines Gut ⟦*ml* Dörfchen
vīllum, ī *n* Weinchen; *übertr* Räuschlein
villus, ī *m* zottiges Haar, Flausch (von Haaren *od* Fasern)
⟦**vilui** →vilesco
vim *Akk Sg zu* [1]vis
vīmen, vīminis *n* biegsame Rute, Weidengerte; Geflecht; Korb
vīmentum, ī *n* Flechtwerk, Reisig, Rutengeflecht ⟦*ml* Flechtzaun
vīmināl|is, ~e, *Gen* ~is Korb-
Vīmināl|is collis *m* der Viminalis, der viminalische Hügel (einer der 7 Hügel Roms)
vīmineus *3* aus Reisiggeflecht bestehend, geflochten; salix viminea Korbweide
vīn (= visne, *zu* [3]volo) willst du, dass ...?
vīnāceus, ī *m* **1.** Kern *od* **2.** Schale der Weinbeere
Vīnāli|a, ~um *n* das Weinfest (am 22. April für Jupiter, am 19. August für Venus gefeiert)
vīnārium, ī *n* Weinkrug, Humpen
vīnārius I. *Adj 3* Wein-, den Wein betreffend **II.** *Subst* ī *m* Weinhändler ⟦*spl* Säufer
vincibil|is, ~e, *Gen* ~is **1.** leicht siegend, siegreich **2.** besiegbar, bezwingbar
vinciō, vinxī (*Nbf spl* vincii), vinctus *4* binden, fesseln, umwinden, umschnüren; *übertr* verpflichten; einschränken, hemmen
vinclum, ī *n* = vinculum
vincō, vīcī, victus *3* siegen, besiegen; (*Wett-*)*Kampf* gewinnen; übertreffen, bewältigen; hinausgelangen *Akk* über; beweisen, darlegen; *unpers* vincit longe es empfiehlt sich weit mehr
vinctus *Part Perf Pass* →vincio
vinculum, ī *n* Band, Schnur, Strick, Seil; *Pl* vincula Fesseln, Bande, Gefängnis; *übertr* Verpflichtung, Bindung

Vindelic|ī, ~ōrum *m* Vindeliker (kelt. Volk an oberer Donau; Verwaltungszentrum in röm. Zeit; Augusta ~orum, *heute* Augsburg)
vīndēmia, ae *f* Weinlese; *übertr* Weintrauben; Zeit der Weinlese, Herbst; *übertr allgemein* Ernte, Einsammeln
vīndēmiāt|or, ~ōris *m* Winzer; *auch* N eines Sterns im Sternbild Jungfrau
vīndēmiō *1* Weinlese halten, ernten ⟦*spl übertr* abreißen; übel zurichten
vīndēmiola, ae *f* kleine Weinlese, geringer Ernteertrag
vīndēmit|or, ~ōris *m* = vindemiator
vind|ex, ~icis *m, f* **I.** *Adj* schützend, rettend; rächend, bestrafend **II.** *Subst* Beschützer(in), Retter(in), Befreier(in); Bürge (vor Gericht); Rächer(in), Bestrafer(in)
vindicātiō, ~nis *f* Schutz, Notwehr ⟦*spl jur* Recht des Anspruchs *Gen* auf, Eigentumsanspruch
vindiciae, ārum *f* (*altl Nbf* vindicia, ae *f*) der vor dem Prätor geltend gemachte Anspruch
vindicō *1* als Eigentum beanspruchen, Anspruch erheben *Akk* auf; *übertr* sich zuschreiben, sich zueignen; in libertatem ~ befreien; retten, schützen; se vindicare seine Verpflichtungen erfüllen ad gegenüber; bestrafen, rächen, vorgehen in gegen, tadeln
vindicta, ae *f* **1.** Anspruch auf Freilassung (eines Sklaven, in Form eines Scheinprozesses vor dem Prätor, eine der röm. Freilassungsformen) **2.** Freiheitsstab, Freilassungsstab (mit dem der Prätor den Sklaven berührt u. für frei erklärt) **3.** *übertr* Befreiung, Rettung; Rache, Strafe
⟦**Vindobona,** ae *f spl* Vindobona, *heute* Wien
Vindonissa, ae *f* Vindonissa (Stadt im Helvetierland), *heute* Windisch
vīnea, ae *f* **1.** Weinstock; Weinberg, Weingarten; Weinlaube **2.** *milit* Schutzdach (der angreifenden Belagerer)
vīnētum, ī *n* Weingarten
vineus *3* Wein-
vīnit|or, ~ōris *m* Winzer
vinnulus *3* lieblich
vīnolentia, ae *f* Trunkenheit; Trunksucht
vīnolentus *3* betrunken; trunksüchtig; mit Wein versetzt *od* vermischt
vīnōsus *3* betrunken; dem Trunk ergeben; weinartig, wie Wein
vīnum, ī *n* Wein; *übertr* Weintrauben, Weinstöcke; Weintrinken, Trunkenheit
vīnus, ī *m umgangssprachlich* = vinum
vinxī →vincio
viō *1* gehen, reisen, umherreisen
viola, ae *f* **1.** Veilchen; ~ nigra dunkelrotes *od* violettes Veilchen; ~ lutea Goldlack *Blume;* ~ tricolor Stiefmütterchen; Levkoje *od ähnliche Blumenart; übertr* Violett *Farbe* **2.** ⟦*ml* Viola, Bratsche
violābil|is, ~e, *Gen* ~is verletzbar
violāceus *3* violett, veilchenfarben
violārium, ī *n* Veilchenbeet
violārius, ī *m* Violettfärber
violātiō, ~nis *f* Verletzung, Entehrung, Schändung ⟦*ml* Verbrechen, Gewalttat
violāt|or, ~ōris *m* **1.** Verletzer, Schänder **2.** ⟦*ml* Violaspieler
viol|ēns, *Gen* ~entis gewalttätig, ungestüm
violentia I. *Adj Nom/Akk Pl n zu* violens **II.** *Subst* ae *f* Gewalttätigkeit; Ungestüm; Wildheit, Heftigkeit
violentus *3* gewalttätig; heftig, ungestüm, wild
violō *1* verletzen, misshandeln, vergewaltigen; entweihen; färben; *übertr* vergiften
vīpera, ae *f* Viper, Schlange
vīpereus *3* Schlangen-, schlangenbedeckt, schlangenhaarig; giftig ⟦*ml* teuflisch
vīperīnus *3* Schlangen-
Vipsānius *3 Gent* Vipsanius (bes. bekannt M. ~ Agrippa, etwa 62–12 v. Chr., Vertrauter u. Schwiegersohn des Octavianus/Augustus)
Vipstānus, ī *m* Vipstanus Messala (Redner und Historiker, 1. Jh. n. Chr.)
vir, virī *m* (*Nbf Gen Pl* virum) Mann; der echte Mann, Held; Ehemann; *bei Tieren* das männliche Tier; Krieger; Mensch; *Pl* ~i, ~orum Leute, Mannschaft, Fußvolk: *übertr* Zeugungskraft ⟦*spl Anrede* Herr
virāg|ō, ~inis *f* kraftvolles Mädchen, Amazone, *auch übertr* Mannweib; *poet* Heldenjungfrau
Virbius, ī *m* Virbius (*myth* 1. der vom Tode wiedererweckte Hippolytos 2. dessen Sohn)
virectum, ī *n* mit frischem, grünem Gras bewachsene Fläche; *übertr* das Grün
vir|ēns, *Gen* ~entis **I.** *Adj* grün, grünend, blühend, jugendlich **II.** *Part Präs Akt zu* vireo
vireō, viruī *2* grünen, grün sein; frisch sein, blühen
vīrēs, vīrium *f* **1.** *Pl zu* vis I. **2.** Streitkräfte, Truppen, Machtmittel
vir|ēscō, ~uī *3* grün werden, erblühen; erstarken, wachsen
virga, ae *f* Zweig, Reis, Rute, Gerte, dünner Stab, Stängel; Streifen ⟦*ml* Bischofsstab
virgāt|or, ~ōris *m* Prügler
virgātus *3* aus Ruten geflochten; mit Streifen versehen, gestreift
virgētum, ī *n* Weidengebüsch
virgeus *3* aus Ruten
virgidēmia, ae *f* Prügelernte (*Komödienwitz nach* vindemia Weinernte)

⟦**Virgilius,** i *m* **1.** *spl* = Vergilius **2.** ~ Maro (spätantiker Grammatiker)
virgin- →virgo
virginālis I. *Adj* ~e, *Gen* ~is jungfräulich, mädchenhaft **II.** *Subst* ~e, ~is *n* jungfräuliche Scham, Jungfräulichkeit
virginārius *3* Jungfrauen-, Mädchen-; ~ feles Mädchenräuber
virgineus *3* jungfräulich, mädchenhaft; mädchengestaltig; einer (als) Jungfrau (vorgestellten Göttin wie Diana, Minerva, Vesta) gehörig *od* geweiht
Virginisvēndōnidēs, ~is *m* Mädchenhändler *Komödienwitz*
virginitās, ~tis *f* Jungfräulichkeit ⟦*spl übertr* = virgines
virgō, ~inis **I.** *Adj m, f* jungfräulich; unversehrt, ungebraucht, unbearbeitet **II.** *Subst f* Jungfrau, Mädchen; junge Frau; BN von Göttinnen u. myth. Frauengestalten, z. B. bellica ~o Minerva; dea ~o Diana; ~inis aequor Hellespont; ~o maxima die älteste Vestalin; *Sternbild* Jungfrau
virgula, ae *f* Zweiglein, Stäbchen; ~ divina Zauberstab; Streifen; Strich (als Betonungszeichen, ~ censoria, textkritisches Zeichen) ⟦*ml auch Dim zu* virgo
virgultum, ī *n* Gesträuch, Gebüsch; Zweig, Reis, Setzling
virguncula, ae *f* Mädchen ⟦*ml auch* Zweiglein (*zu* virga)
Viriātīnus *3* des Viriatus
Viriātus, ī *m* Viriatus (ein Hirt, Anführer des Befreiungskampfes der Lusitanier in Westspanien gegen Rom, 147–139 v. Chr.)
viride, ~is **I.** *Adj n Nom/Akk Sg* →viridis **II.** *Subst n* das Grün (1. Farbe 2. grüne Gewächse)
viridia, ~um *n* Gartenanlagen, Rasen- u. Baumflächen (eines Gartens); Gartengewächse, Gartenpflanzen
viridiārium, ī *n* Garten, Park
viridis, ~e, *Gen* ~is grün (von blassgrün bis blaugrün), reich an Grün; frisch, jugendlich, lebhaft, rüstig, blühend; avis ~is Papagei; dii ~es Meeresgötter; lapillus ~is Smaragd; caelum ~e morgendlich heiterer Himmel
viriditās, ~tis *f* das Grün; Jugendfrische, Lebhaftigkeit
viridō *1* grünen; begrünen
virīlis, ~e, *Gen* ~is Männer-, männlich; mannbar, erwachsen; mannhaft, tapfer, mutig; ~es partes Männerrollen (auf dem Theater), pro ~i parte pro Kopf, gemäß dem Anteil eines jeden
virīlitās, ~tis *f* Männlichkeit, männliche Kraft, Zeugungsvermögen
[1]**viripotēns,** *Gen* ~entis mannbar, erwachsen, heiratsfähig
[2]**vīripotēns,** *Gen* ~entis mächtig an Kraft (BN des Jupiter)
virītim *Adv* Mann für *od* gegen Mann, pro Kopf, einzeln, auf den Einzelnen bezogen
Viromanduī, ōrum *m* Viromanduer (Volk im nördlichen Gallien)
⟦**viror,** ~is *m spl* das Grün; *ml* Lebenskraft, Stärke
[1]**virōsus** *3* mannstoll, auf Männer scharf
[2]**vīrōsus** *3* stinkend ⟦*spl übertr* giftig
⟦**virtuosus** *3 ml* tüchtig, wundertätig
virtūs, ~tis *f* Tüchtigkeit, Tatkraft; Tapferkeit, Heldenmut, Heldentat; Kraft, Macht; Qualität, Vorzug; Tugend, Sittlichkeit, Vollkommenheit ⟦*ml* Heilkraft, Wunderkraft; Wundertat; ~tes *auch* Engel
viruī →**1.** vireo **2.** viresco
⟦**virulentia,** ae *f spl* Gestank, Gift
vīrus, ī *n* Gift, Geifer; übler Geschmack *od* Geruch; zähflüssiger Saft, Schleim
[1]**vīs** *f* (*Akk* vim, *Abl* vī, *Pl* →virēs) Kraft, Stärke, Gewalt; Angriff, Gewalttat; Macht, Einfluss; Wesen, Begriff, Inhalt, Bedeutung; Menge, Masse
[2]**vis** *2. Pers Sg Ind Präs zu* [3]volo du willst
viscātus *3* mit Vogelleim bestrichen
vīscera, ~um *n* Eingeweide, Fleisch, Leib, das Innere; Kind; das Wesentliche; Hab und Gut
vīscerātim *Adv* stückweise
vīscerātio, ~nis *f* Fleischverteilung; *übertr* Fütterung, Abfütterung
viscum, ī *n* Mistel; Vogelleim (aus Mistelbeeren), Leimrute
[1]**vīscus,** ~eris *n* →viscera
[2]**viscus,** ī *m* = viscum
vīsendus I. *Adj 3* sehenswert **II.** *Gerdv zu* viso
vīsibilis, ~e, *Gen* ~is Sehvermögen habend ⟦*spl* sichtbar
vīsiō, ~nis *f* Anblick, Erscheinung, Vorstellung ⟦*spl jur* Gesichtspunkt; *ml* Schau, Erleuchtung, Vision, Traum
vīsitātiō, ~nis *f* Sichtbarkeit, Erscheinung ⟦*spl* Besichtigung, Besuch; Heimsuchung, Strafe
vīsitō *1* oft sehen; besuchen, besichtigen
vīsō, vīsī *3* ansehen, besichtigen; besuchen, aufsuchen
visp- = vesp-
Vistula, ae (*Nbf Nom Sg* Vistla) *m* Weichsel, *heute* Wisła
vīsum ī *n* Erscheinung, Bild, Traumbild, Fantasie, Vorstellung
Visurgis, ~ *m* Weser
vīsus I. *Adj 3* sichtbar **II.** *Part Perf Pass* →1. video 2. videor **III.** *Subst* ūs *m* das Sehen, Gesichtssinn; Blick; Anblick, Gestalt, Erscheinung
vīta, ae *f* Leben; Lebensweise, Lebenslauf, Lebenswandel, Lebenszweck; Lebens-

genuss; Lebensdauer, Dasein; Lebensbeschreibung; Seele; Welt, die Leute
vītāli|a **I.** *Adj Nom/Akk Pl n* →vitalis **II.** *Subst* ~um *n* Eingeweide, die lebenswichtigen Organe; Leichengewand, Kleidung für einen Toten
vītābil|is, ~e, *Gen* ~is wenig erstrebbar, wenig verlockend
vītābundus *3* ausweichend, zu (ver)meiden suchend
vītāl|is, ~e, *Gen* ~is Lebens-, zum Leben gehörig, Leben erhaltend, Lebenskraft habend *od* gebend; lebenswert; *übertr* lectus ~is Totenbett
vitātiō, ~nis *f* Vermeidung
Vitellia, ae *f* Vitellia (1. Ort in Mittelitalien 2. T. des Vitellius)
Vitelliānus **I.** *Adj 3* vitellianisch, des Vitellius **II.** *Subst* ī *m* Vitellianer, Anhänger *od* Soldat des Vitellius
Vitellius *Gent 3* Vitellius (z. B. A. ~, röm. Kaiser 69 n. Chr.)
vitellus, ī *m* **1.** Kälbchen **2.** Eidotter
vīteus *3* vom Weinstock [[*spl* Reben-
vīticula, ae *f* Weinstöckchen, Ranke [[*ml* = *auch* viticola, ae *m* Winzer
vītigenus *3* vom Weinstock (stammend)
vitilēna, ae *f* schändliche Kupplerin
vitilīg|ō, ~inis *f* Hautausschlag, Flechte [[*ml* Makel
vītil|is, ~e, *Gen* ~is geflochten
vitiō *1* verderben, verletzen; schänden; fälschen, verfälschen; (auspicia Vorzeichen *od* dies Termine) für unbrauchbar erklären
vitiōsitā|s, ~tis *f* Verdorbenheit
vitiōsus *3* fehlerhaft, mangelhaft; unbrauchbar, schadhaft, krank; anfechtbar; collegam vitiosum facere die Wahl des Amtskollegen anfechten; lasterhaft, verdorben, schlecht
vītis, ~ *f* **1.** Weinrebe, Weinranke; Weinstock; *übertr* Wein **2.** Stock des Zenturio; *übertr* Zenturionenstelle; **3.** = vinea 2. **4.** Zaunrübe (Bryonia)
vitisat|or, ~ōris *m* Rebenpflanzer
vitium, ī *n* Fehler, Mangel, Schaden, Leiden, Gebrechen; Missgriff, Versehen, Formfehler, Vergehen, Laster, Schande, Schuld; Verweichlichung, Schändung; Verfälschung [[*ml* Sünde; ~ originis Erbsünde
vītō *1* meiden, zu entgehen suchen; se vitare mit sich unzufrieden sein [[*ml* verhüten
vīt|or, ~ōris *m* Korbflechter
vitreārius, ī *m* Glasmacher, Glasbläser
vitreum, ī *n* Glas, Glasgefäß
vitr|eus *u.* **~ius** *3* gläsern, aus Glas; kristallen; kristallhell, glänzend; klar, durchsichtig; *übertr* gleißend; [[*spl* zerbrechlich, vergänglich
vitricus, ī *m* Stiefvater [[*ml* Verwalter der Kirchenkasse
vitrum, ī *n* **1.** Glas, Kristall [[*ml* Fenster **2.** Waid *Pflanze zum Blaufärben*
Vitrūvius *Gent 3* Vitruvius, *dt* Vitruv (z. B. M. ~ Pollio, Autor von De architectura, z. Z. des Cäsar und Augustus)
vitta, ae *f* Kopfbinde (bes. im Kult von Priestern od. Opfertieren getragen), Binde, Band (um Kultgegenstände) [[*ml* Kopftuch, Haube; Bischofshut; Infula
vittātus *3* mit einer Binde geschmückt
vitula, ae *f* Kalb; junge Kuh
vitulīna, ae *f* Kalbfleisch
vitulīnus *3* Kalbs-
vītulor *1* fröhlich sein, jubeln, einen Sieges- *od* Lobgesang anstimmen
vitulus, ī *m* Kalb, Jungrind; Jungtier, Füllen; ~ marinus Seehund
vituperābil|is, ~e, *Gen* ~is tadelnswert
vituperātiō, ~nis *f* Tadel; tadelnswertes Benehmen
vituperāt|or, ~ōris *m* Tadler
[[**vituperium,** i *n ml* Tadeln, Schelten
vituperō *1* tadeln, bemängeln
vīvācitā|s, ~tis *f* Lebenskraft [[*spl* Lebhaftigkeit
vīvārium, ī *n* Gehege; Teich; Tiergarten, Raum *od* Behälter für lebende Tiere
vīvā|x, *Gen* ~cis lebenskräftig, lebhaft; langlebig, dauerhaft; frisch, munter, aufgeweckt, feurig
vīvidus *3* lebendig, lebensvoll, feurig
[[**vivifico** *1 spl* lebendig machen, (wieder)beleben; *ml* erquicken
vīvirādi|x, ~cis *f* Steckling (mit Wurzel)
vīvō, vīxī, vīctūrus *3* leben; vive leb wohl! [[*ml* erleben
vīvum, ī *n* das Lebendige, das Innere, Mark, Substanz, Kapital
vīvus *3* lebend, lebendig; lebhaft; lebenstreu; frisch, natürlich
[1]**vix,** vicis *f* →vicis
[2]**vix** *Adv* kaum, mit Mühe, gerade noch
vixdum *Adv* kaum erst, kaum noch
vīxī →vivo
vixillum, ī *n* kaum ein Tröpfchen
vōbis *Dat/Abl zu* vos
vocābulum, ī *n* Benennung, Bezeichnung, Name; *gramm* Nomen, Substantiv
vocāl|is **I.** *Adj* ~e, *Gen* ~is klangvoll, tönend, stimmbegabt, stimmgewaltig **II.** *Subst* ~is *f* Vokal [[*spl* ~es, ~ium *m* Sänger, Musiker
Vocāt|ēs, ~ium *m* Vokaten (kelt. Volk in Südwestgallien)
vocātiō, ~nis *f* **1.** *altl* = vacatio **2.** Einladung, Vorladung [[*spl* Berufung; *ml* Tod
vocātivus **I.** *Adj 3 gramm* zum Rufen dienlich **II.** *Subst* ī *m* Vokativ, Rufkasus [[*ml scherzhaft* Rufer, Schreihals

vocāt|or, ~ōris *m* Einlader, Gastgeber ⟦*spl* Berufer
vocātus I. *Part Perf Pass zu* voco **II.** *Subst* ūs *m* das Rufen, Aufforderung; Einladung
Vocētius mons *m* Vocetius (Berg in den Alpen), *heute* Bötzberg
vōciferātiō, ~nis *f* Geschrei
⟦**vociferator,** ~is *m spl* Schreier
vōciferō *1* = vociferor
vōciferor *1* schreien, laut rufen; kreischen; tönen, ertönen
vocitō *1* nennen; laut rufen
vocīvus *3* = vacivus
vocō *1* rufen, herbeirufen; anrufen, anflehen; berufen, einladen, vorladen; herausfordern; nennen, bezeichnen; anreden; *übertr in eine Situation od einen Zustand* bringen
Vocōnius *3 Gent* Voconius
Vocontiī, ōrum *m* Vokontier (kelt. Volk in Südostgallien)
vōcula, ae *f* Stimmchen, Tönlein, Wörtchen; *Pl* voculae Gerede
vola, ae *f* hohle Hand; Fußsohle
volaemus *3* →volemum (pirum)
volant|ēs, ~ium **I.** *Nom/Akk Pl m, f zum Part Präs Akt zu* [2]volo **II.** *Subst f* Vögel
Volaterrae, ārum *f* Volaterrae (Stadt in Etrurien), *heute* Volterra
Volaterrānus I. *Adj 3* volaterranisch, von Volaterrae **II.** *Subst* ī *m* Volaterraner, Einw. von Volaterrae
⟦**volatica,** ae *f spl* Zauberin; Zauberkunst
volāticus *3* fliegend; flüchtig, unbeständig
⟦**volatili|a,** ~um *n spl* Geflügel, *übertr christlich* Engel
volātil|is, ~e, *Gen* ~is geflügelt; fliegend, flatternd; flüchtig, vergänglich
volātus, ūs *m* Fliegen, Flug; Flugfähigkeit
Volcacius *3 Gent* Volcacius
Volcae, ārum *m* Volker (kelt. Völkerschaft in Südgallien)
Volcān|al, ~ālis *n* das Vulcanal (ein dem Vulcanus geweihter Platz in Rom)
Volcānāl|is I. *Adj* ~e, *Gen* ~is Vulcanus- **II.** *Subst* ~ia, ~ium *n* das Vulcanusfest (23. August)
Volcānius *3* des Vulcanus, dem Vulcanus gehörig *od* geweiht
Volcānus, ī *m* Vulcanus (Gott des Feuers u. der Schmiedekunst, *gr* Hephaistos); insula Volcani die Vulcanusinsel (die südlichste der Liparischen Inseln), *heute* Vulcanello; insulae Volcani die Liparischen Inseln; *übertr* Feuer, Flamme
volemum (pirum), ī *m* Volemum *Birnensorte* ⟦*ml* Pfirsich(sorte)
volēns, *Gen* volentis **I.** *Adj* willig, geneigt; günstig, gnädig; gern, freiwillig; willkommen **II.** *Part Präs Akt zu* [2]volo

volenti|a I. *Nom/Akk Pl n zu* volens I. u. II. **II.** ⟦*Subst* ~ae *f spl* Wille, Neigung
volg- = vulg-
volitō *1* hin und her fliegen, herumflattern; *übertr* sich herumtreiben, sich tummeln
voln- = vuln-
[1]**volō,** ~nis *m* Freiwilliger
[2]**volō** *1* fliegen
[3]**volō** *3 mit Sonderformen Präs* →vis, →vult, →vultis, →velim, *Inf* →velle; *Perf Akt* voluī wollen, wünschen, verlangen, begehren; jmdn. sprechen wollen; *Gen* causā ~ jmdm. geneigt sein *od* Gutes wünschen; beschließen, bestimmen; annehmen, behaupten ⟦*ml* Wohlgefallen haben *Akk* an; ante ~ lieber wollen
Vologēs|ēs, ~is *u.* **~us,** ī *m* Vologeses (N mehrerer parthischer Könige)
volp- = vulp-
vols- = vuls-
Volscī, ōrum *m* Volsker (Volk in Latium)
Volscus *3* volskisch
volsella, ae *f* kleine Zange, Pinzette
Volsiniēns|is I. *Adj* ~e, *Gen* ~is volsiniensisch, von Volsinii **II.** *Subst* ~ēs, ~ium *m* Volsinier, Einw. von Volsinii
Volsiniī, ōrum *m* Volsinii (Stadt in Etrurien), *heute* Bolsena
volt- = *auch* vult-
Voltinia tribus *f* die röm. Tribus Voltinia
Voltiniēns|ēs, ~ium *m* Voltinier, Bürger der tribus Voltinia
Voltumna, ae *f* Voltumna (etr. Göttin)
volūbil|is, ~e, *Gen* ~is sich drehend, kreisend, rollend; drehbar, wandelbar, leicht beweglich; fließend, flüchtig; zungenfertig
volūbilitā|s, ~tis *f* Kreisbewegung, Kreisen, Beweglichkeit; Unbeständigkeit; Rundung; *übertr* Zungenfertigkeit
voluc|er, ~ris, ~re, *Gen* ~ris fliegend, geflügelt; schnell, eilig; vergänglich, unbeständig; *vgl* volucra, volucris
volūc|ra, ~rae *f* (*Nbf* **~re,** ~ris n *u. Pl* ~rēs, ~rum *f*) Wickelraupe, Wickler
volucris, ~ *f, auch m* Vogel; ~ parvula Fliege
volūm|en, ~inis *n* Schriftrolle, Buch, Band, »Wälzer«, Windung, Krümmung; Wirbel, Welle; Kreislauf, Wechsel
Volumnia, ae *f* Volumnia (FN, z. B. Gem. des Coriolanus)
Volumnius *3 Gent* Volumnius
voluntārius I. *Adj 3* freiwillig; gewollt, absichtlich **II.** *Subst* ī *m* Freiwilliger
voluntā|s, ~tis *f* Wille, Wunsch, Verlangen; Vorhaben, Absicht; Neigung, Zuneigung, Wohlwollen; guter Wille, Bereitwilligkeit, Eifer, Gesinnung; letzter Wille; Bedeutung, Sinn
volup *Adv* vergnüglich, angenehm
voluptābil|is, ~e, *Gen* ~is vergnüglich

voluptārius I. *Adj 3* die Lust betreffend; Lust gewährend, für Lust empfänglich, der Lust ergeben, genusssüchtig **II.** *Subst* ī *m* Genussmensch, Genießer
voluptā|s, ~tis *f* Vergnügen, Lust, Genuss, Wonne; Lustbarkeit ⟦*spl auch für* voluntas
⟦**voluptuose** *Adv spl* gern
voluptuōsus *3* ergötzlich
volūta, ae *f* Volute, Schnecke (am Säulenkapitell)
volūtābrum, ī *n* Suhle (der Wildschweine) ⟦*spl* Schmutz, Morast
volūtābundus *3* sich herumwälzend
volūtātiō, ~nis *f* Herumwälzen; Unruhe, Unbeständigkeit
volūtō *1* wälzen, rollen, winden, drehen; herumwälzen, herumdrehen; überlegen, bedenken; sich beschäftigen (in) *Abl* mit
volūtor *1* sich wälzen; sich befinden
volūtus *Part Perf Pass* →volvo
volva, ae *f* Gebärmutter; Hülle
volvō, volvī, volūtus *3* wälzen, rollen, drehen, winden, wirbeln; *Schriftrolle* aufrollen, lesen; fortwälzen, fortreißen; *Wort* dahinrollen (lassen); *Zeit* durchleben; *Schicksal* verhängen; erwägen, vorhaben; bedenken
volvor *3* dahinströmen; ablaufen
vōmer, ~is *m* Pflug, Pflugschar
vomica, ae *f* Geschwür, Beule; Abszess, Eiterbeule; *übertr* Unheil
vōmis, vōmeris *m* = vomer
vomitiō, ~nis *f* Erbrechen; das Erbrochene
vomitō *1* sich erbrechen, sich übergeben
vomit|or, ~ōris *m* Speier
vomitus I. *Part Perf Pass* →vomō **II.** *Subst* ūs *m* = vomitio
vomō, vomuī, vomitus *3* ausspeien, sich erbrechen
vorācitā|s, ~tis *f* Gier, Gefräßigkeit
vorāginōsus *3* voller Abgründe
vorāg|ō, ~inis *f* Schlund, Abgrund, Tiefe; *im Wasser* Strudel; *übertr* Fresser
⟦**vorator,** ~is *m spl* Fresser, Verschlinger
⟦**voratrina,** ae *f spl* Fresserei; Schlund, Abgrund
vorā|x, *Gen* ~cis gefräßig
vorō *1* verschlingen, gierig fressen; durcheilen
vors- = vers-
vort- = vert-
vōs *Nom/Akk des Personalpron* ihr, euch
Vosegus, ī *m* Vogesen (Gebirgszug in Ostfrankreich)
vōsmet = vos
voster *altl* = vester
vōtivus *3* durch Gelübde versprochen *od* geweiht; erwünscht ⟦*ml* einem Gelübde entsprechend; andächtig
[1]**votō** = veto
[2]**vōtō** = voveo
vōtum, ī *n* Gelübde, das gelobte Opfer; Gebet; Wunsch ⟦*ml* Mönchsgelübde; fromme Neigung, Andacht
voveō, vōvī, vōtus *2* geloben; wünschen
vōx, vōcis *f* Stimme, Ton, Laut; Wort, Äußerung, Zuruf; Formel, Spruch, Zauberspruch; Sprache
⟦**Vratislavia,** ae *f ml* Breslau, *heute* Wrocław
Vulcānus, ī *m* = Volcanus
vulgār|is I. *Adj* ~e, *Gen* ~is gewöhnlich, alltäglich ⟦*spl* sermo ~is Vulgärsprache, Umgangssprache des Volkes; verbum ~e Sprichwort; *ml* sermo ~is Nationalsprache, Muttersprache **II.** ⟦*Subst* ~ēs, ~ium *m spl* das Volk, die einfachen Leute
vulgātus I. *Adj 3* allgemein bekannt; allen preisgegeben **II.** *Part Perf Pass zu* vulgo I.
vulgivagus *3* unstet
vulgō I. *Verb 1* (allen) zukommen lassen, verbreiten, öffentlich (zugänglich) machen, veröffentlichen **II.** *Adv* vor aller Welt, allgemein ⟦*spl* in der Volkssprache
vulgus, ī *n, auch m* Menge, Volksmenge, Masse, der große Haufe, Publikum, Pöbel; in ~ allgemein
vulner- →vulnus
vulnerārius I. *Adj 3* Wund- **II.** *Subst* ī *m* Wundarzt
vulnerātiō, ~nis *f* Verwundung
vulnerō *1* verwunden, verletzen, kränken
⟦**vulnifer,** vulnifera, vulniferum *spl* Wunden bringend
vulnificus *3* Wunden verursachend, verwundend
⟦**vulniger,** vulnigera, vulnigerum *ml* verwundet
vuln|us, ~eris *n* Wunde, Verletzung; Hieb, Stich, Stoß, Schnitt, Biss; *übertr* Waffe, Geschoss; Verlust, Schaden, Kränkung, Niederlage
vulpēcula, ae *f* Füchslein
vulp|ēs, ~is *f* Fuchs (*auch übertr* als Sinnbild der Schlauheit u. Verschlagenheit); ~es marina Seefuchs *Fisch*
vulpīnus *3* Fuchs-
vulsī →vello
vulsus I. *Adj 3* **1.** haarlos, bartlos, gerupft; *übertr* geschwächt **2.** an Zuckungen leidend **II.** *Part Perf Pass* →vello
vult *3. Pers Sg Ind Präs zu* [3]volo er, sie, es will; quid sibi vult was will er, was hat er im Sinn?; quid sibi vult haec res was bedeutet das?
vulticulus, ī *m* ein kurzer Blick
vultis *2. Pers Pl Ind Präs zu* [3]volo ihr wollt
vultuōsus *3* mit reichem Mienenspiel, mit verzerrter Miene ⟦*ml* unwirsch, finster, traurig
vultur, ~is *m* Geier; *übertr* Nimmersatt

Vultur, ~is *m* Vultur (Geierberg, in Apulien), *heute* Voltore
vulturius, ī *m* Geier, Raubvogel; *übertr* Geierwurf (ein schlechter Wurf beim Würfelspiel)
Vulturnāli|a, ~um *n* Vulturnalien (Fest zu Ehren des Vulturnus)
Vulturnus I. *Adj 3* **1.** vulturnisch, des Vulturnus **2.** ~ ventus Ostsüdostwind (*zu* Vultur) **II.** *Subst* ī *m* Vulturnus (Fluss in Kampanien), *heute* Volturno
vultus, ūs *m* Gesicht, Gesichtsausdruck, Miene; vultūs trahere *od* ducere eine finstere Miene machen; vultūs fingere *od* componere seine Miene verstellen; Aussehen, Anblick
vulva, ae *f* = volva

W

⟦**wah** *ml* = vah
⟦**Waltharius,** i *m* Waltharius (Held des gleichnamigen ml. Epos)
⟦**wanna,** ae *f* [*dt*] *ml* großer Weidenkorb
⟦**wantus,** i *m* [*dt*] *ml* Handschuh
⟦**waranio,** ~nis *m* [*dt*] *ml* Zuchthengst
⟦**warentia,** ae *f* [*dt*] *ml* Krapp(farbe)
⟦**weregildus,** i *m* [*dt*] *ml* Wergeld
⟦**werra** = guerra
⟦**Wessofontum,** i *n ml* Wessobrunn (Ort u. Kloster in Oberbayern)
⟦**Wormatia,** ae *f ml* Worms (Stadt am Rhein)
⟦**Wratislavia** = Vratislavia

X

X *als Zahlzeichen* = 10, *daher auf Münzen* = 1 Denar = 10 As
Xanthippē, ēs *f* Xanthippe (die Frau des Sokrates)
Xanthippus, ī *m* Xanthippos (1. Athener, Vater des Perikles 2. Spartaner, Söldnerführer in karthagischen Diensten im 1. Punischen Krieg)
Xanthus, ī *m* Xanthos, gr. N von Flüssen, z. B. des Skamander in Kleinasien
Xenippa, ōrum *n* Xenippa (Stadt in Sogdiana, in der Gegend des heutigen Samarkand)
xenium, ī *n* [*gr*] Gastgeschenk
Xenō, ~nis *m* Xeno(n) (epikureischer Philosoph, 1. Jh. v. Chr.)
Xenocl|ēs, ~is *m* Xenokles (gr. Rhetor aus Kleinasien, 1. Jh. v. Chr.)
Xenocrat|ēs, ~is *m* Xenokrates (gr. Philosoph, 396–314 v. Chr., Schüler Platons)
⟦**xenodochium,** ī *n* [*gr*] *spl* Herberge; Pilgerhaus; Hospital
Xenophan|ēs, ~is *m* Xenophanes (Philosoph u. Dichter, um 520 v. Chr., aus Kolophon in Kleinasien)
Xenophō|n, ~ntis *m* Xenophon (1. Geschichtsschreiber, Heerführer, etwa 440–354 v. Chr., aus Athen 2. Romanautor, 2. Jh. n. Chr., aus Ephesus)
Xenophōnt|ēus *3 u.* **~īus** *3* xenophontisch, des Xenophon
⟦**xeromurra,** ae *f* [*gr*] *spl* Xeromurra (trockenes Parfüm)
Xerx|ēs (*od* Xersēs), ~is *u.* ī *m* Xerxes (Perserkönig, 486–465 v. Chr.)
Xyniae, ārum *f* Xyniai (Stadt in Thessalien)
xysticī, ōrum *m* [*gr*] Athleten
xystus, ī *m* [*gr*] (im gr. Gymnasium: bedeckte) Säulenhalle; (vor röm. Landhaus: freie) Terrasse

Y

⟦**ydolatria** = ido(lo)latria
⟦**ypocrisis** = hypocrisis
⟦**ypocrites** = hypocrites
⟦**yronicus** *3* = ironicus

Z

⟦**zabulus** *spl* = diabolus
Zacynthius *3* zakynthisch
Zacynth|us *u.* **~os,** ~ī *f* Zakynthos (Insel im Ionischen Meer)
Zaleucus, ī *m* Zaleucus, *gr* Zaleukos (*myth* Gesetzgeber der italischen Lokrer, um 650 v. Chr.)
Zama, ae *f* Zama (Stadt südwestlich Karthagos)
Zamēnsis, ~ *m* Einw. von Zama
zāmia, ae *f* [*gr*] Verlust
Zanclaeus *3* = Zancleius
Zanclē, ēs *f* Zankle (alter N für Messana/Messina)
Zanclēius *3* zankleisch, von Zankle
⟦**zeccha,** ae *f* [*dt*] *ml* Zeche, Gelage
Zēla, ae *f* Zela (Stadt in Kleinasien)
Zēlasium, ī *n* [*gr*] Zelasion (Vorgebirge in Thessalien)
⟦**zelo** *1* [*gr*] *spl* mit Eifer lieben
⟦**zelor** *1* [*gr*] *spl* sich ereifern
⟦**zelosus** *ml* **I.** *Adj 3* eifrig **II.** *Subst* i *m* Eiferer
zēlotypia, ae *f* [*gr*] Eifersucht
zēlus, ī *m* Nacheiferung; Eifersucht ⟦*ml* Eifer; ~ fidei Glaubenseifer; ~ ordinis Sehnsucht nach dem Ordensleben

Zēnobia, ae *f* Zenobia (1. T. des Mithradates, 1. Jh. v. Chr. 2. Herrscherin von Palmyra, 267–271/2)
Zēnō|(n), ~nis *m* Zenon (gr. PN, *z. B.* von Philosophen: 1. aus Elea, 5. Jh. v. Chr., Lehrer des Perikles 2. aus Zypern, um 300 v. Chr., Begründer der stoischen Philosophie 3. aus Sidon, 1. Jh. v. Chr., Epikureer, Lehrer Ciceros)
Zephyrīti|s, ~dis *f* Zephyritis (BN der Arsinoe, gest. 270 v. Chr., als Venus [Aphrodite] ~s vergöttlicht)
Zephyrium, ī *n* Zephyrium (N von westexponierten Punkten wie Kaps *od* ein gleichnamiges Kastell in Kilikien)
zephyrus, ī *m* [*gr*] Westwind; *poet* Wind
Zērynthius *3* zerynthisch
Zērynthus, ī *f* Zerynthos (Stadt auf Samothrake)
Zētēs, ae *m* Zetes (N des geflügelten Sohnes des Boreas, einer der Argonauten)
Zēthus, ī *m* Zethos (S. des Jupiter u. der Antiope, mit seinem Zwillingsbruder Amphion Gründer der Stadt Theben)
Zeugma, ~tis *n* Zeugma (Stadt in Syrien, mit Euphratbrücke)
Zeux|is, ~is *u.* ~idis *m* Zeuxis (berühmter gr. Maler, um 400 v. Chr.)
⟦**zindalum,** i *n ml* Zindel, dünner Seidenstoff
zingiber, ~is *m* Ingwer (*Lw*)
Ziobētis, ~ *m* Ziobetis (Fluss in Parthien)
⟦**zizania,** ae *f spl* Lolch, Unkraut
zmar- = smar-
Zmyrna = Smyrna
Zōilus, ī *m* Zoïlos (gr. Rhetor u. Grammatiker, 4. Jh. v. Chr., wegen seiner kleinlichen Homerkritik sprichwörtlich); *übertr* böswilliger Kritiker
zōna, ae [*gr*] Gürtel (der Frauen); Gürtel des Sternbildes Orion; Erdzone; Geldgurt, Geldkatze
zōnārius I. *Adj 3* Gürtel-, Beutel- **II.** *Subst* ī *m* Gürtelmacher
zōnula, ae *f* Gürtel
Zōpyrus, ī *m* Zopyrus (1. vornehmer Perser 2. Physiognom z. Z. des Sokrates)
Zōroastr|ēs, ~is *m* Zoroaster, Zarathustra (Erneuerer der altiranischen Religion, wohl 7. Jh. v. Chr.)
Zōstēr, ~is *m* Zoster (Vorgebirge u. Hafenstadt im Südwesten Attikas)
zōthēc|a, *und* **~ula,** ae *f* Ruhezimmer
⟦**zuchara,** ae *f ml* Zucker (*Lw*)
Zygia, ae *f* Zygia (BN der Juno als Ehestifterin)
zygius *3* [*gr*] hochzeitlich, ehelich

Lateinische Schriftsteller und ihre wichtigsten Werke

Antike (ca. 250 v. Chr. – 300 n. Chr.)

Livius Andronicus † ca. 200 v. Chr.	Begründer der römischen Literatur: Lyrik, Komödien und Tragödien (größtenteils verloren)
T. Maccius Plautus ca. 254–184 v. Chr.	Komödiendichter: 20 Komödien *(Menaechmi, Miles gloriosus, Trinummus, Amphitruo)*
P. Terentius Afer ca. 190–159 v. Chr.	Komödiendichter: sechs Komödien *(Hecyra, Heauton timorumenos, Phormio)*
M. Tullius Cicero 3. 1. 106 - 7. 12. 43 v. Chr.	Redner; Politiker, Anwalt und Philosoph: Staats- und Gerichtsreden *(In Verrem, De imperio Gn. Pompei, In L. Catilinam, Pro L. Murena)*, rhetorische Schriften *(De oratore, Brutus)*, philosophische Schriften *(De re publica, De officiis, Tusculanae disputationes, Laelius de amicitia)* und Briefe
C. Iulius Caesar 13. 7. 100 - 15. 3. 44 v. Chr.	Staatsmann, Feldherr und Geschichtsschreiber: *De bello Gallico, De bello civili*
C. Sallustius Crispus ca. 86–35 v. Chr.	Geschichtsschreiber: *Bellum Catilinae, Bellum Iughurtinum*
C. Valerius Catullus ca. 87–34 v. Chr.	erster römischer Lyriker: 116 *Carmina* (Elegien, Epigramme, Liebeslieder)
T. Lucretius Carus ca. 98–55 v. Chr.	Dichter: *De rerum natura* (naturphilosophisches Lehrgedicht in sechs Büchern)
P. Vergilius Maro ca. 70–19 v. Chr.	Dichter: *Eclogae* (Hirtengedichte), *Georgica* (Lehrgedicht über den Landbau), *Aeneis* (römisches Nationalepos in zwölf Büchern)
Q. Horatius Flaccus ca. 65–8 v. Chr.	Dichter: *Carmina* (Oden), *Sermones* (Satiren), *Epistulae* (Briefgedichte)
Sextus Propertius ca. 49–15 v. Chr.	Elegiker: vier Bücher *Carmina* (Liebesgedichte und historische und mythologische Stoffe)
P. Ovidius Naso 43 v. Chr. - ca. 18 n. Chr.	Dichter: Metamorphosen (Sagen), *Amores* (Liebeselegien), *Ars amatoria* (Liebeskunst), *Fasti* (Festkalender), *Tristia* (Briefe aus der Verbannung)
T. Livius ca. 59 v. Chr. - 17 n. Chr.	Geschichtsschreiber: *Ab urbe condita* (die römische Geschichte von der Stadtgründung an, 142 Bücher, davon 35 erhalten)
Phaedrus ca. 15 v. Chr. - 50 n. Chr.	Fabeldichter: fünf Bücher *Fabulae* nach dem Vorbild des griechischen Fabeldichters Äsop
L. Annaeus Seneca (d. J.) ca. 4 v. Chr. - 65 n. Chr.	stoischer Philosoph und Staatsmann: *Epistulae morales ad Lucilium, De vita beata, De brevitate vitae* sowie Tragödien
T. Petronius Arbiter ca. 14–66 n. Chr.	Senator und Autor des nur teilweise erhaltenen satirischen Romans *Satyricon*

C. Plinius Caecilius Secundus ca. 61–114 n. Chr.	Senator und Schriftsteller: *Epistulae* (zehn Bücher, Briefe, u.a. an Kaiser Trajan über den Ausbruch des Vesuvs 79 n. Chr.)
C. Suetonius Tranquillus ca. 70–135 n. Chr.	Historiker und Biograf: *De vita Caesarum* (zwölf Kaiserviten von Caesar bis Domitian)
M. Valerius Martialis ca. 40–104 n. Chr.	Epigrammatiker: 15 Bücher *Epigrammata* (polemisch-satirische Dichtungen über das römische Alltagsleben)
D. Iunius Iuvenalis ca. 60–130 n. Chr.	Satiriker: 16 *saturae* (pessimistische Kritik an der römischen Gesellschaft)
P. Cornelius Tacitus ca. 55–120 n. Chr.	Geschichtsschreiber: *Germania* (über die Germanen), *Annales* und *Historiae* (über die Jahre 14 bis 96 n. Chr.)
Tertullianus ca. 150–230 n. Chr.	frühchristlicher Schriftsteller, Vater des Kirchenlateins: Schriften zur Verteidigung des Christentums *(Apologeticum)*

Spätantike, Mittelalter, Neuzeit: (ca. 300 n. Chr. – 1500 n. Chr.)

Augustinus von Hippo ca. 354–430	Kirchenlehrer und Bischof: theologische Schriften: *De trinitate, Confessiones* (autobiografische Betrachtungen)
Boethius ca. 475–525	christlicher Philosoph, »letzter Römer«: *De consolatio philosophiae* in der Tradition des Neuplatonismus
Gregor der Große ca. 540–604	Papst und Kirchenlehrer: Bibelkommentare, Predigten, Heiligenleben *(Dialogi de vita et miraculis patrum Italicorum)*
Beda Venerabilis ca. 673–735	Benediktinermönch und Historiker: *Historia ecclesiastica gentis Anglorum,* theologische Schriften
Archipoeta ca. 1130–1160	Vertreter der Vagantendichtung: zehn Lieder über Wein, Spiel, Liebe, Spottgedichte, »Vagantenbeichte«
Erasmus von Rotterdam 1465–1536	Philosoph, Theologe und bedeutender Vertreter des Humanismus, Begründer der neuzeitlichen Philologie: *Encomium Moriae* (Lob der Torheit)
Thomas Morus 1478–1535	englischer Staatsmann, Humanist: *Utopia* (satirischer Roman über eine »ideale« Gesellschaft)
Johann Jacob Balde 1604–1668	Jesuit und neulateinischer Dichter, der »deutsche Horaz«: *Satyra contra abusum tabaci* (Pamphlet gegen das Rauchen)

Stilmittel in Prosa und Poesie

Stilmittel teilen sich in Wendungen (Tropen) und Figuren. Unter **Tropen** versteht man Wörter, die etwas anderes bezeichnen als ihren eigentlichen Inhalt. **Figuren** sind die kunstvolle Anordnung mehrerer Wörter. Dabei sind Wortfiguren, welche die Kombination von Wörtern beschreiben, zu unterscheiden von Gedankenfiguren, die den Aufbau von Wortgruppen behandeln.

Wendungen (Tropen)

Allegorie	die bildhafte Veranschaulichung eines Gedankens, oft durch mehrere gereihte Metaphern	Extemplo Libyae magnas it Fama per urbes ... [Vergil, Aen. IV, 173ff.] (Sofort eilt Fama durch Libyens große Städte ...)
Euphemismus	positive Umschreibung eines unangenehmen Begriffs	de vita decedere *statt* mori (aus dem Leben scheiden *statt* sterben)
Hyperbel	Übertreibung (in vergrößerndem oder verkleinerndem Sinne)	Te plus oculis meis amo. (Ich liebe dich mehr als mein Augenlicht.)
Ironie	das Gegenteil dessen, was man meint	bellus amicus (ein »sauberer« Freund)
Litotes	Ausdruck einer starken Bejahung durch Verneinung des Gegenteils	non ignorare (sehr wohl wissen) non sine periculo (besonders gefährlich)
Metapher	bildliche Wendung in einer übertragenen Bedeutung	flos iuventutis (Blüte der Jugend) oculis ardentibus (mit glühenden Augen)
Metonymie	Ersetzung eines Begriffs durch einen anderen, ihm gedanklich nahestehenden	ferrum *statt* gladius (Eisen *statt* Schwert)
Personifikation	ordnet unbelebten Dingen, Pflanzen oder Tieren Eigenschaften von Personen zu (eine Form der Metapher)	nondum ... suis ... / montibus ... pinus descenderat undas [Ovid, Met. 1, 94f.] (noch war die Fichte nicht von ihren Bergen hinabgestiegen ins Wasser)
Synekdoche	der engere Begriff steht anstelle des umfassenderen:	
	– Pars pro Toto (Teil für das Ganze)	tectum *statt* domus (Dach *statt* Haus)
	– Totum pro Parte (Ganzes für den Teil)	elephantus *statt* ebur (Elefant *statt* Elfenbein)

Wort- und Gedankenfiguren

Alliteration	Wiederkehr des gleichen Anlauts in aufeinanderfolgenden Wörtern	mutuo metu (von wechselseitiger Furcht)
Anapher	Wiederholung desselben Wortes oder derselben Wortgruppe jeweils am Satzanfang	Testis est Italia, testis est Sicilia, testis est Africa. (Zeuge ist Italien, Zeuge ist Sizilien, Zeuge ist Afrika.)
Antithese	Gegenüberstellung von Gegensätzen	Conferte hanc pacem cum illo bello! (Vergleicht diesen Frieden mit jenem Krieg!)
Asyndeton	beiordnende Konjunktionen werden weggelassen	Veni, vidi, vici. (Ich kam, sah, siegte.)
Chiasmus	Überkreuzstellung syntaktischer oder inhaltlicher Elemente	satis eloquentiae, sapientiae parum (genug Beredsamkeit, Verstand zu wenig)
Ellipse	Auslassung eines Wortes im Satz, ohne den Sinn zu beeinträchtigen	Vita brevis (est), ars longa (est). (Das Leben ist kurz, die Kunst ist lang.)
Hendiadyoin	Wiedergabe eines Begriffes durch zwei Wörter	licentia atque libertas (schrankenlose Freiheit [wörtl.: Willkür und Freiheit])
Hyperbaton	Trennung von Wörtern, die syntaktisch zusammengehören, durch einen anderen Satzbestandteil	Quis est omnium tam peritus rerum? (Wer ist in allen Dingen so erfahren?)
Interrogatio (rhetorische Frage)	Scheinfrage, auf die keine wirkliche Antwort erwartet wird	Quid est maius libertate? (Was ist wichtiger als Freiheit?)
Klimax	stufenweise Steigerung von weniger Bedeutendem zu Wichtigerem	Abiit, excessit, evasit, erupit. (Er ist weggegangen, verschwunden, fortgerannt, davongestürmt.)
Oxymoron	Verbindung sich widersprechender Dinge	Cum tacent, clamant. (Indem sie schweigen, schreien sie.)
Parallelismus	Wiederholung eines Satzbaumusters	Laudamus divitias, sequimur inertiam. (Wir rühmen den Reichtum, wir ergeben uns der Trägheit.)
Polysyndeton	Verbindung mehrerer Begriffe oder Satzglieder durch Wiederholung desselben Bindewortes	Ego et audio et video et sentio, quid a te cogitetur. (Ich höre und sehe und spüre, was von dir gedacht wird.)
Zeugma	ein Satzglied wird auf zwei Satzglieder bezogen, obwohl es vom Sinn her nur zu einem passt	Voces ac manus ad caelum tendit. (Er hebt [streckt] Stimme und Hände zum Himmel.)

Grundzüge der lateinischen Metrik

Der **Versfuß (Metrum)** ist das kleinste, regelmäßig wiederkehrende Element im Vers. Die wichtigsten Versfüße sind:

Jambus ∪ –	Daktylus – ∪ ∪	Trochäus – ∪
Anapäst ∪ ∪ –	Spondeus – –	

Je nach Zahl der Metren unterscheidet man verschiedene **Versformen: Tri**meter (drei Metren), **Tetra**meter (vier Metren), **Penta**meter (fünf Metren) und **Hexa**meter (sechs Metren).

Versgliederung: Die Länge der Verszeile stimmt in der Regel nicht mit der Satzlänge überein. Entweder wird über die Versgrenze hinaus gelesen (Enjambement) oder innerhalb der Verszeile eine Pause eingelegt. Solche Pausen sind folgendermaßen festgelegt:

Zäsur: Einschnitt innerhalb eines Versfußes,
Dihärese: Trennung von Versfüßen.

Hexameter und Pentameter

Hexameter und Pentameter sind daktylische Verse. Der **Hexameter** besteht aus sechs Daktylen (– ∪ ∪). Die Daktylen können durch Spondeen (– –) ersetzt werden. Das fünfte Metrum ist in der Regel ein Daktylus. Der sechste Daktylus ist unvollständig (– ∪). Der Hexameter wird hauptsächlich im Epos verwendet.

Grundschema: – ∪ ∪ | – ∪ ∪ | – ∪ ∪ | – ∪ ∪ | – ∪ ∪ | – ∪

Der Pentameter besteht aus zwei symmetrischen Halbzeilen. Nur in der ersten Halbzeile kann ein Daktylus durch einen Spondeus ersetzt werden, die zweite Halbzeile ist rein daktylisch.

Grundschema: – ∪ ∪ | – ∪ ∪ | – || – ∪ ∪ | – ∪ ∪ | –

Der Pentameter ist kein selbstständiger Vers, sondern wird immer einem Hexameter beigefügt. Ein solches Paar heißt Distichon („Zweizeiler“) und wird in Elegie und Epigramm verwendet.

– – | – ∪ ∪ | – ∪ ∪ | – – | – ∪ ∪ | – –
Cum sint crura tibi simulent quae cornua lunae

– ∪ ∪ | – ∪ ∪ | – || – ∪ ∪ | – ∪ ∪ | –
in rythio poteras, Phoebe, lavare pedes. (Martial, II 35)

(„Phoebus, du hast zwei Beine, die gleichen der Sichel des Mondes, badest im Trinkhorn drum dir deine Füße gar leicht.“)

Während der deutsche Vers gekennzeichnet ist durch einen akzentuierenden Rhythmus, d. h. den Wechsel von betonten und unbetonten Silben, ist der Rhythmus lateinischer Verse bestimmt durch die regelmäßige Abfolge langer und kurzer Silben (quantitierender Rhythmus).

Zeichen und Abkürzungen

[[spl, *ml*	spätlateinisch, mittellateinisch
=	gleichbedeutend mit
*	erschlossene Form
» «	besondere schriftstellerische Verwendung
→	siehe
¯	über Vokalen: Längezeichen
˘	über Vokalen: Kürzezeichen
Abk	Abkürzung
Abl	Ablativ
abs	absolut
abstr	abstrakt
AcI	Akkusativ mit Infinitiv
Adj	Adjektiv
Adv	Adverb
Akk	Akkusativ
akt, Akt	aktiv(isch), Aktiv
allg	allgemein
altl	altlateinisch
bes	besonders
Bez	Bezeichnung
bisw	bisweilen
BN	Beiname
Br.	Bruder
Bsdh	Besonderheit
ca.	circa
Dat	Dativ
Dem	Demonstrativpronomen
Dep	Deponens
dgl	dergleichen
Dim	Diminutiv
dt	deutsch
Eig	Eigenname
Einw.	Einwohner
erw.	erweitert
etr	etruskisch
etw.	etwas
f	Femininum
FN	Frauenname
Frg	Fragesatz
Fut	Futur
Fw	Fremdwort
Gem.	Gemahl(in)
Gen	Genitiv
Gent	röm. Gentilname
Gerdv	Gerundivum
germ	germanisch
Gerund	Gerundium
gew	gewöhnlich
Ggs	Gegensatz
got	gotisch
gr	griechisch
gramm	grammatisch
hebr	hebräisch
hist	historisch
Imp	Imperativ
Imperf	Imperfekt
Ind	Indikativ
Indefinitpron	Indefinitpronomen
Indik	Indikativ
indir Frg	indirekter Fragesatz
Inf	Infinitiv
Interj	Interjektion
Interr	Interrogativpronomen
iron	ironisch
Jh.	Jahrhundert
jmd.	jemand
jur	juristisch
kelt	keltisch
klass	klassisch
Komp	Komparativ
Konj.	Konjunktiv
Kon.	Konjunktion
konkr	konkret
kult	kultisch
lat	lateinisch
Lok	Lokativ

Lw	Lehnwort
m	Maskulinum
M.	Mutter
med., *Med*	medial, Medium
med	medizinisch
milit	militärisch
ml	mittellateinisch
myth	myth(olog)isch
n	Neutrum
N.	Name
nachgest	nachgestellt
Nbf	Nebenform(en)
n. Chr.	nach Christus
NcI	Nominativ mit Infinitiv
Nom	Nominativ
Obj	Objekt
od	oder
örtl	örtlich
osk	oskisch
Part	Partizip
Pass	Passiv
Perf	Perfekt
pers	persisch
Personal-pron	Personalpronomen
phil	philosophisch
Pl	Plural
pleb	plebejisch
Plperf	Plusquamperfekt
PN	Personenname
poet	poetisch
polit	politisch
Poss	Possessivpronomen
Präp	Präposition
Präs	Präsens
Pron	Pronomen
refl	reflexiv
Relativpron	Relativpronomen
rhet	rhetorisch
röm	römisch
S.	Sohn, Söhne
Schw.	Schwester
sem	semitisch
Sg	Singular
sp	später
spl	spätlateinisch
sprichw	sprichwörtlich
Subj	Subjekt
Subst	Substantiv
Sup	Superlativ
Supin	Supinum
T.	Tochter
u.	und
u. Ä.	und Ähnliches
übertr	übertragen
unbest	unbestimmt
undekl	undeklinierbar
unpers	unpersönlich
urspr	ursprünglich
urv	urverwandt
usw.	und so weiter
V.	Vater
v. Chr.	vor Christus
vgl	vergleiche
vl	vulgärlateinisch
Vok	Vokativ
zeitl	zeitlich
z. B.	zum Beispiel
z. Z.	zur Zeit